Joachim Radkau

Die Ära der Ökologie

Schriftenreihe Band 1090

Joachim Radkau

Die Ära der Ökologie

Eine Weltgeschichte

Bundeszentrale für politische Bildung

Joachim Radkau, geb. 1943, habilitierte sich mit einer Studie über Aufstieg und Krise der deutschen Atomwirtschaft. 1981 wurde er Professor für Neuere Geschichte an der Universität Bielefeld.

Bonn 2011
Lizenzausgabe für die Bundeszentrale für politische Bildung
Adenauerallee 86, 53113 Bonn

Umschlaggestaltung: Michael Rechl, Kassel
Umschlagfoto: © picture-alliance / M.i.S.-Sportpressefoto

Satz: Janß GmbH, Pfungstadt
Druck und Bindung: Druckerei C. H. Beck, Nördlingen

ISBN 978-3-8389-0090-2

www.bpb.de

INHALT

EINLEITUNG: ÜBER DIE GESCHICHTE ZUR ÖKOLOGISCHEN GEISTESGEGENWART

Eine unmögliche Geschichte? Um mit einem Bekenntnis zu beginnen: Als Anfang der 1970er Jahre die ersten «Umwelt»-Initiativen allenthalben wie Pilze aus dem Boden schossen, empfand ich schon bald: «Das ist *meine* Bewegung!» Während der 68er-Studentenrevolte in den Jahren davor hatte ich dieses Gefühl nicht gehabt: Zwar machten mir die karnevalesken Seiten dieser Bewegung Spaß (und vermutlich haben diese auf die meisten auch am stärksten gewirkt), aber der Revoluzzerjargon jener Zeit erschien mir unecht und anachronistisch. Im Kontrast dazu wirkte die Bürgerbewegung für Umweltschutz auf mich von Anfang an authentisch: Da suchte man nicht vergangene Revolutionen nachzuspielen, sondern Herausforderungen der Gegenwart aufzunehmen; da wurde endlich ein tiefes Unbehagen auf den Begriff gebracht und politikfähig gemacht, das ich wie unzählige andere seit eh und je empfunden, aber bis dahin nicht politisch zu artikulieren vermocht hatte.

Aber das war vor vierzig Jahren Gegenwart, kein Thema der Geschichte. Heute glauben viele in Deutschland – sehr im Unterschied zu anderen Weltregionen –, die Umweltbewegung sei schon mehr Geschichte als Gegenwart. Die erste Generation der Umwelthistoriker machte eine Entdeckung nach der anderen, wie weit der Protest gegen viele Umweltschäden in die Vergangenheit zurückreicht. War etwa der Eindruck, dass um 1970 etwas Neues begann, eine optische Täuschung? Eine wichtige Frage; ihr wird noch nachzugehen sein. Aber wie dem auch sei: Dass die Umweltbewegung mittlerweile zu einem historischen Phänomen, mehr noch, zur Signatur einer Ära geworden ist, daran ist kaum zu zweifeln. Und auch dann, wenn man sich mit dem, was an dieser Bewegung echt ist, identifiziert, ist es von hohem Reiz, sie aus historischer Distanz zu beleuchten. Bloße Momentaufnahmen sind oft irreführend, gerade bei einem so schillernden Phänomen wie dem Umweltschutz. Ihn vor einem weiteren zeitlichen Horizont zu analysieren, beschert viele Überraschungen und eine neue Qualität der Wahrnehmung.

Aber der Weg dahin ist nicht einfach. Schon seit vielen Jahren mache ich mir Notizen für eine künftige Geschichte der Umweltbewegung; aber immer wieder überkam mich der Verdacht, vielleicht sei das eine unmögliche Geschichte. Nie habe ich ein Buchprojekt derart Jahr über Jahr vor mir hergeschoben; selten verfolgte mich so penetrant das Gefühl: «Ich weiß, dass ich nichts weiß», jedoch nicht immer mit dem sokratischen Selbstvertrauen, genau dies sei die Weisheit. Oft blieb mir nur der pharisäische Trost, dass die Unkenntnis bei anderen noch viel größer war: Selbst versierte Historiker verrieten auf diesem Feld eine verblüffende Ignoranz; sogar gestandene Umweltaktivisten offenbarten über die Geschichte, in der sie sich selber befanden, ganz irreführende Vorstellungen. Die meisten Studenten brachten von der Schule, trotz aller Richtlinien-Rhetorik zur Umwelterziehung, so gut wie gar kein Vorwissen mit. Und immer wieder verdross es mich, dass die gleichen Leute, die über Krisen im Kaiserreich mit Witz und Akribie redeten, in einen laberigen Singsang verfielen, wenn sie auf Öko-Themen kamen. Kann man nicht die «Brent-Spar»-Affäre mit gleicher Gedankenschärfe analysieren wie die Daily-Telegraph-Affäre? Aber auch ich selbst war bei der Durchsicht der seit Jahrzehnten angesammelten Materialmassen immer wieder peinlich berührt, was ich alles vergessen oder überlesen hatte. Bisher hat die Geschichte des *environmentalism* etwas Gestaltloses; daher vergisst man vieles so leicht. Alles das war mir immer wieder ein Stimulus, nicht aufzugeben – dazu auch das Gefühl, dass sich da bei mir über die Jahrzehnte eine Masse von Beobachtungen und Gedankenfetzen angesammelt hatte, die zur Belastung wurde, wenn ich sie unverarbeitet herumliegen ließ.

Niklas Luhmann kommentierte einst die «ökologische Kommunikation» in seinem so betitelten Buch mit untergründiger Ironie: Die auf das Ganze der Welt bezogenen, vorwurfsvoll an «die Gesellschaft» gerichteten Öko-Proklamationen verhallten im leeren Raum, da sie in der modernen, in Subsysteme ausdifferenzierten und nur durch sie agierenden Gesellschaft gar keinen Adressaten hätten.[1] Das war damals witzig, ein Hieb gegen den durch das «kommunikative Handeln» von Jürgen Habermas genährten Intellektuellen-Wunschtraum, die bloße Kommunikation sei bereits Handeln. Aber wie bei aller Literatur zur Öko-Bewegung, diesem fließenden Phänomen, muss man auf das Erscheinungsjahr achten: 1986. Aus heutiger Sicht verblüfft, dass dieser Soziologiepapst von der rasanten Professionalisierung des Umweltschutzes, der perfekt in Subsysteme eingeklinkten Fachsimpelei, noch keine Ahnung hat. In Erinnerung an die Bielefelder Soziologenszene der frühen 80er Jahre ist diese Unkenntnis verzeihlich.

Nicht weniger verblüfft heute das Selbstbewusstsein, mit dem Luhmann glaubte, über die «ökologische Kommunikation» ohne viel Federlesens generelle und zugleich präzise Aussagen machen zu können. Notorisch ungesellig und der Öko-Szene fern, konstruierte er die Kommunikation ohne viel eigene Erfahrung. Ich habe über all die Jahrzehnte unendlich viel an «ökologischer Kommunikation» mitbekommen; denn die Umweltproblematik ist ein unendliches Thema, wo Problemlösungen gewöhnlich neue Probleme erzeugen, und es liefert Gesprächsstoff ohne Ende. Bei der Durchsicht meiner seit vielen Jahren gesammelten Notizen überraschte mich die Fülle einstiger Überraschungen und Aha-Erlebnisse. Wenn man es sich nicht mit einigen fixen Ideen bequem macht, sondern die geistigen Abenteuer liebt, generiert das Nachdenken über Umweltprobleme eine Kommunikation, die alle Grenzen sprengt: Grenzen der Wissenschaftsdisziplinen, Grenzen zwischen Theorie und Praxis, Grenzen zwischen Nationen und Kulturen. Alles in allem liefert diese Geschichte eine Menge Stoff für den Optimismus des Luhmann-Kontrahenten Habermas: dass nämlich diese Kommunikation eine grenzüberschreitende Öffentlichkeit hervorbringt, die am Ende etwas bewirkt. Aber diese Wirkung ist keineswegs gesichert, und in vielen Fällen lässt sie sich, wenn überhaupt, erst über die Länge der Zeit erkennen. Das erfordert den historischen Zugang, nicht die bloße Momentaufnahme, auch wenn sich diese als Strukturanalyse ausgibt. Kein Zweifel: Sehr oft kommt es vor, dass der Umweltprotest erst einmal wirkungslos verpufft, weil der handlungsfähige Adressat fehlt. Inwieweit Habermas oder Luhmann die Realität trifft, lässt sich nicht apriorisch und auch nicht ein für alle Mal bestimmen.

Eine Annahme allerdings ist beiden Vordenkern der heutigen Sozialwissenschaften gemeinsam: Soziale Systeme, schon gar solche transnationaler Art,[2] sind keine Apparaturen, die von der Kommunikation fertig vorgefunden werden, sondern sie werden durch Kommunikation erst geschaffen. Kommunikation braucht jedoch Themen. Handelt es sich bei der Umweltproblematik um ein solches Thema, das eine neue Öffentlichkeit, neue soziale Strukturen hervorbringt? Das ist erst einmal eine offene Frage. Grenzüberschreitend ist die Umweltproblematik ja wirklich zur Genüge; aber ist sie auch strukturbildend, oder ist sie dazu viel zu heterogen und zu diffus? Die ökologische Kommunikation bietet gerade durch ihre Grenzenlosigkeit ein Paradebeispiel für die von Habermas diagnostizierte «neue Unübersichtlichkeit».

Das macht die gedankliche Konzentration nicht gerade leicht – und auch nicht die Konzentration auf bestimmte Ziele in der politischen Praxis. Im Kreisen der eigenen Gedanken erfuhr ich die Bewegung der Umweltbewegung. Statt an das Thema *straight* heranzugehen, so wie es eigentlich meinem Naturell entspricht, geriet ich durch diese Materie wie von selbst – um im Programmierjargon zu reden – in «iterative Schleifen»; das passte zu den Mäandern der Umweltbewegung. Als das Einsammeln meiner eigenen Gesprächsnotizen gar kein Ende nahm, bemerkte ich zu meinem Schrecken, dass ich drauf und dran war, statt einer Weltgeschichte der Öko-Ära meine Autobiografie zu schreiben. So ging das nicht weiter; ich musste die eigenen Erfahrungen sezieren und strukturieren. Dabei ergab sich, dass ein Großteil der Gespräche, genauer besehen, doch eine begrenzte Zahl von Problemen umkreiste. Da reizte mich das Experiment mehr und mehr, ob sich die gesamte Öko-Geschichte nicht von diesen Problemen her aufrollen ließ; denn die puren Fakten fügen sich zu keiner Geschichte. Kommt vielleicht sogar die wahre Bewegung von den Problemen her, während bei den «Bewegungen» in der Regel rasch Erstarrungssymptome auftreten?

Was bewegt sich in der Bewegung? Der historische Empiriker, der die «Bewegung» beim Wort nimmt, hat es mit dem Begriff schwerer als der abstrahierende Systematiker. In Deutschland war «Bewegung» ein Modewort der 1920er Jahre, ein Kultwort der NS-Zeit,[3] nach 1945 lange mit braunem Beigeschmack, bis der Begriff als Amerikanismus erneut in Mode kam. Die einschlägige amerikanische Literatur geht mit dem Begriff *environmental movement* ungemein großzügig um; im Internet findet man unter diesem Begriff an die tausend Buchtitel. In den Augen solcher Soziologen, die es mit Begriffen genau nehmen, ist eine derartige Inflationierung der «Bewegung» skandalös; empirische Forscher allerdings finden oftmals, dass in der konkreten Wirklichkeit – hält man sich an die von peniblen Bewegungstheoretikern aufgestellten Kriterienkataloge – von den «Umweltbewegungen» nicht mehr viel übrig bleibt.

Wie halte ich es mit der «Bewegung»? Da bekam ich einen rettenden Tipp von Christof Mauch, der als Leiter des Deutschen Historischen Institutes in Washington die deutsch-amerikanischen Kontakte in der Umweltgeschichte intensivierte wie keiner vor ihm: Ich solle mich nicht krampfhaft an die «soziale Bewegung» klammern, sondern mich auf die beweglichste, für die «Umweltbewegung» am meisten charakteristische Bewegung konzentrieren: wie bestimmte Motive die Gruppen-, Szenen- und Ländergrenzen überspringen, sich mit anderen Motiven verknüpfen und neue Motive generieren. Der indische Umwelthistoriker Ranjan Chakrabarti warnte mich, allein die indische Umweltbewegung sei von der ungeheuren Vielzahl lokaler Initiativen her, deren bloße Namen und Adressen schon ein über 500 Seiten starkes Handbuch füllen,[4] unmöglich in den Griff zu bekommen; dies sei – wenn überhaupt – allein von den Themen, den Leitmotiven her möglich.

Wenn Luhmann die «ökologische Kommunikation» wie ein um die Subsysteme herumtanzendes Satyrspiel darstellt, mag man ihm eines zugestehen: Eine Systemlogik besitzt die Umweltbewegung nicht, zumindest nicht insgesamt. Man versteht sie nicht, wenn man keine lebendigen Menschen vor sich sieht. Die aalglatten Abstraktionen der Organisationstheoretiker lassen den Leser nach lebendigen Menschen hungern. Man begreift soziale Bewegungen nicht, wenn man von dem abstrahiert, um das es diesen Bewegungen geht, und sie lediglich als Exempel für allgemeine Bewegungsmodelle nimmt, die stets etwas Starres haben. Die Bewegung der Bewegung muss in Geschichten dargestellt werden. Nun, auch das trifft sich mit einem Trend: Schon seit geraumer Zeit ist es Mode, allenthalben «Narrative» zu entdecken und in gewissem Sinne das Geschichtenerzählen in der Geschichte zu rehabilitieren. Dabei wird freilich – und gewiss zu Recht – der konstruierte Charakter der Geschichten betont. Aber wie das Bekenntnis zum «narrativen Prinzip» allein mitnichten gute Erzähler hervorbringt, so ist auch das Bekenntnis zum Konstruktivismus nur selten mit der Fähigkeit verbunden, die Probe aufs Exempel zu machen und bestimmte Kapitel der Geschichte auf ganz unterschiedliche Weise zu erzählen – um hernach zu überlegen, wo «die Geschichte» bleibt. Ebendies möchte ich versuchen. Dass die Darstellung oft nur Schlaglichter zu setzen vermag und weder flächendeckend noch chronologisch lückenlos sein kann, wird wohl jeder verstehen, der sich mit dieser Materie herumgeschlagen hat. Nicht selten ist schon etwas erreicht, wenn das Erstaunliche, historisch Neuartige dieser Geschichte sichtbar wird und zugleich die Rätsel und offenen Fragen hervortreten und zur Weiterarbeit reizen.

Die bislang einzige Globalgeschichte der Umweltbewegung aus einem Guss, umfassend und flüssig geschrieben, wurde im Jahr 2000 von dem indischen Historiker Ramachandra Guha publiziert *(Environmentalism – A Global History)*, der 1992 zusammen mit dem Ökologen Madhav Gadgil eine «ökologische Geschichte Indiens» *(This Fissured Land)* herausgebracht hatte. Eine lesbare, weit ausgreifende Weltgeschichte des Ökologismus auf 150 Seiten: Jeder, der etwas Ähnliches versucht, wird vor der

Kunst und der Kühnheit des Autors alle Achtung haben. Aber die Konstruktion ist ebenso gewagt wie willkürlich, und sie gibt sich dem Laien nicht als eine solche zu erkennen. Der deutsche Leser entdeckt verblüfft, dass Guha von den geistigen Gründervätern des deutschen Umweltbewusstseins vor allem Rainer Maria Rilke hervorhebt. Von Gandhi handelt der indische Historiker ein ganzes Kapitel, und darüber hinaus enthält das Register 18 Belegstellen zu diesem Namen, obwohl erst einmal zu klären wäre, in welcher Weise er zur Geschichte des *environmentalism* gehört;[5] Greenpeace dagegen fehlt im Register.

Guha unterscheidet zwei große aufeinanderfolgende Wellen des *environmentalism,* die durch ein «age of ecological innocence» voneinander getrennt sind; dieses «Zeitalter der Unschuld» reicht in etwa von den Weltkriegen bis zur Publikation von Rachel Carsons *Silent Spring* 1962 (deutsch: *Der stumme Frühling*). Schaut man jedoch genauer hin, gibt es viel Grund zum Zweifel an der «Unschuld» jener Zeit. Zudem passen mehrere Geschichten nicht recht zueinander; der Fluss der Erzählung verdeckt manche Brüche; was in ein Nacheinander gebracht wird, existiert in Wirklichkeit als spannungsvolles Nebeneinander. Da erscheint es mir realitätsnäher, mehrere Geschichten zu erzählen und deren Spannungsbögen nicht zuletzt aus inneren Spannungen der Vielzahl von Formen des Umweltengagements zu beziehen.

Der deutschamerikanische Literaturhistoriker Jost Hermand schrieb vor zwanzig Jahren eine *Geschichte des ökologischen Bewusstseins.*[6] Damals konnte man noch glauben, gegenwärtig an einem Gipfelpunkt dieser Geschichte zu stehen, auf den – ganz im Sinne Hegels – die Selbstentfaltung des ökologischen Geistes zuläuft. Ein ungeheuer belesenes Buch, das viel heute Vergessenes in Erinnerung ruft – und doch begradigt Hermand vieles, was in der historischen Realität widersprüchlich und disparat war, zur kontinuierlichen Entwicklung, zur Bewusstseinsentwicklung von Rousseau bis zur Blut-und-Boden-Ideologie, von der Hundeliebe bis zu den Solarkollektoren. Genau diese Glättung soll hier vermieden werden. Wenn auch dieses Buch aus anderen Büchern schöpft, so zielt es doch auf die reale Geschichte, nicht auf eine Bewusstseinsgeschichte, die stets mehr oder weniger imaginär bleibt – und die, wie man sehen wird, in diesem Fall auch sehr viel Vergessensgeschichte enthält.

Zum Thema «Umwelt» gibt es seit langem einen Ozean von Literatur; und dennoch gibt es gewaltige Literaturlücken, gerade wenn man historisch herangeht. Zwischen punktueller und pauschaler Literatur, zwischen theoretischen Modellen und journalistischen Reportagen, zwischen der Literatur über das, was ist, und über das, was sein sollte, erstreckt sich über weite Strecken ein Niemandsland. «Bewegungen» sind ein scheues Wild; Aktenbestände, über die man sie erforschen kann,[7] beleuchten sie oft erst in einem gewissen Zustand der Erstarrung: kein Wunder, dass es über sie viel mehr Theorien als fundierte empirische Untersuchungen gibt. Zwar wird seit vierzig Jahren «Global denken – lokal handeln» wie ein Mantra wiederholt, aber die transnational vergleichende Literatur ist insgesamt dürftig; da überwiegen die Buchbindersynthesen der Sammelbände. Die Umweltbewegungen und Umweltpolitiken sind ein uferloses Thema, vollends unendlich dadurch, dass wir das Ende der Geschichte nicht kennen.

Da ist es aussichtslos, sich auf eine einzige Geschichte festlegen zu wollen. Dieses Vorgehen drohte sogar diejenigen, die sich umweltpolitisch engagieren, in die Irre zu führen: Als Akteur denkt man sich in einer Geschichte, die dem eigenen Handeln Sinn gibt; aber man muss auch mit der Möglichkeit rechnen, dass man sich in einer anderen Geschichte befindet als in der, in der man sich am liebsten denkt, und dass schon gar die anderen, mit denen man sich zusammenraufen will, sich innerlich in einer anderen Geschichte platzieren. Treibt das nur die Verwirrung auf die Spitze? Wer sich jedoch ernsthaft mit dem Geschichtenerzählen und auch mit dem Entwurf von Gegengeschichten versucht, stellt fest, dass es nicht unendlich viele glaubwürdige Geschichten gibt. Auf die Länge der Zeit gibt es überdies gewisse konstante Leitmotive und typische, immer wiederkehrende Spannungsbögen.

Und doch sollte man einstweilen nicht den Ehrgeiz hegen, aus alledem eine *master story* zu synthetisieren. René Dubos, der wie kein anderer die Stockholmer Umweltkonferenz von 1972 inspirierte, ging zu den Öko-Apokalyptikern auf Distanz und bekannte sich zu einem Zwielicht besorgter und hoffnungsvoller Zukunftsentwürfe.[8] Gerade die Pluralität möglicher Geschichten begründet die Zuversicht, dass man etwas tun kann. «He is not an optimist, he is not a pessimist, he is a ‹possibilist›, sagte Jakob von Uexküll am 9. Dezember 1988 bei der Verleihung des Alternativen Nobelpreises an den brasilianischen Umweltaktivisten José Lutzenberger.

I. SPURENSUCHE IM ÖKO-DSCHUNGEL – UMWELTSCHUTZ DENKEN

«Historiker versuchen in ihren Geschichten oder ihrer Geschichte eine Entwicklungslinie aufzuzeigen, indem sie stillschweigend ein Verhältnis von Ursache und Wirkung voraussetzen. Diese Annahmen, in den Tiefen staubiger Bibliotheken verborgen, waren überraschend, aber in der Regel unbewußt und kindisch ...»

Henry Adams (1838–1918): *Die Erziehung des Henry Adams* (postum veröffentlicht)[1]

Chamäleon «Umweltschutz»

Grüne Geschichtslosigkeit. In einer Sondersitzung der grünen Bundestagsfraktion am 22. April 1986 – vier Tage vor der Reaktorkatastrophe von Tschernobyl –, die sich jedoch mit keinem Umweltproblem, sondern mit dem Antisemitismus auseinandersetzte, sprach Ulrich Fischer von der «Geschichtslosigkeit der GRÜNEN» wie von einer bekannten Tatsache – und zugleich einem empfindlichen politischen Handicap, da die Grünen auf diese Weise gegenüber Attacken, die mit Geschichte operieren, hilflos seien.[2] Auch Ulrich Linse beginnt seine «Geschichte der ökologischen Bewegungen in Deutschland» (1986) mit der Feststellung: «Geschichtslosigkeit ist ein besonderes Kennzeichen der ‹neuen sozialen Bewegungen› in Deutschland.»[3] Man könnte meinen, Tschernobyl hätte den Grünen die beste Gelegenheit geboten, sich ihres Ursprungs aus der Anti-Atomkraft-Bewegung zu erinnern. Aber damals war mit einem Schlage alles gegen die Atomkraft; dieser Ursprung taugte nicht mehr zur politischen Identität. Und überhaupt: Reichten die wirklichen Wurzeln nicht weiter zurück?[4] Aber wohin? Die grüne Geschichtslosigkeit beruhte nicht auf bloßer Trägheit, sondern hat ihren Grund. Auch gelernte Historiker hätten den Grünen damals wenig geholfen. Bis heute kursieren über die Geschichte und Vorgeschichte der Umweltbewegung ganz unterschiedliche Versionen; und ob es da irgendwelche «Lehren der Geschichte» gibt, ist vollends nebulös.

Unter diesen Umständen ist es möglich, dass die Gegner der Umweltaktivisten geradezu absurde Geschichten über die Genese der Umweltbewegung verbreiten: Die einen machen aus ihr eine Ausgeburt reaktionärer Romantik mit Nähe zum Nationalsozialismus, die anderen eine Fortsetzung des kommunistischen Totalitarismus mit anderen Mitteln. Die letzte Version trifft man vor allem bei rabiaten Anti-Environmentalists in den USA, wo man in die europäischen Umweltbewegungen vieles hineinprojizieren kann,[5] aber auch in dem Buch des tschechischen Staatspräsidenten Václav Klaus *Blauer Planet in grünen Fesseln* (2007), das das seltsame Schauspiel bietet, wie sich ein oberster Staatsrepräsentant, üblicherweise die Seriosität in Person, mit einem schrillen Pamphlet exponiert. Der Präsident, der Michael Crichtons Science-Fiction-Roman *State of Fear* für bare Münze nimmt, entwirft das Schreckbild einer weltweiten mächtigen Öko-Clique, die an der Stelle des zerfallenen Sowjetimperiums die neu gewonnene Freiheit bedroht.[6] Nichts von der Vielfalt und Zersplitterung des Öko-Aktivismus, nichts von den ausgeprägten basisdemokratischen Elementen und auch nichts davon, dass der Klima-Alarm in der Öko-Szene viel Verwirrung stiftete, während er den Beifall der Atomlobby fand. Bücher dieser Art sind nur möglich, weil in der Öffentlichkeit vielfach eine totale Unkenntnis über die Geschichte der Umweltbewegung herrscht.

In welchem Sinne handelte es sich überhaupt um eine in sich zusammenhängende Bewegung, nicht lediglich um ein Potpourri von Ein-Punkt-Initiativen? Lehrten nicht die Theoretiker der «Neuen sozialen Bewegungen», dass die Gründung einer Partei, die Mitarbeit im parlamentarischen Politikbetrieb dem Wesen dieser Bewegung widerspricht? Mussten die Grünen nicht, sobald sie über ihre Bewegungsvorgeschichte nachdachten, an die Sinnlosigkeit ihres Parteiprojekts geraten – an dessen Sinn viele in der Tat immer wieder zweifelten? Und geriet man, wenn man die eigenen historischen Wurzeln weiter zurückverfolgte, in die Blut-und-Boden-Ideologie des Nationalsozialismus hinein?

Im Blick auf solche Fragen muss die historische Denkblockade nicht verwundern. Zugleich jedoch geisterten Gespenster der Geschichte herum, so etwa die fixe Idee, schon die bloße Heimat- und Naturliebe, der Kult alter Bäume, das regionale bäuerliche Traditionsbewusstsein seien für alle Zeit bräunlich kontaminiert. Am Schluss der genannten Fraktionssitzung gab der Abgeordnete Jo Müller seinem «Entsetzen» Ausdruck, «als er zum ersten Mal das grüne Plakat zum Bauerntag gesehen hat – Entsetzen davor, wie sich die deutsche Eiche (welch Symbol) wie ein

Phallus durchs Plakat geschoben hat.»[7] War dieser Horror berechtigt, oder führte ein defektes Geschichtsbild dazu, dass grüne Politiker vitale Wurzeln des Umweltbewusstseins zu kappen suchten?

Der Mangel an Geschichtsbewusstsein in der Umweltbewegung ist jedoch nicht nur ein deutsches Problem. Carl Anthony, Mitbegründer des amerikanischen *Urban Habitat Program*, stellte (2005) der «*Environmental-Justice*-Bewegung von heute» die Diagnose, sie leide an einem «Mangel an historischem Kontext». Sie wisse nichts von früheren Kämpfen um bessere Lebensbedingungen der Underdogs in den amerikanischen Städten und habe unter dem Einfluss des derzeitigen *mainstream environmentalism* einen zu engen Begriff von «Umwelt» – als ob es dabei nur auf das Umfeld und nicht auch auf den Zugang zu Ressourcen ankomme.[8] Gerade bei der amerikanischen Umweltbewegung könnte der Vorwurf eines Mangels an Geschichtsbewusstsein zunächst verwundern. Blickt diese nicht stolz auf eine ganze Ahnengalerie respektabler Ikonen: von Henry Thoreau über John Muir und Aldo Leopold bis zu Rachel Carson – eine vorzeigbare Galerie der Großen, wie sie den deutschen Umweltkämpfern fehlt? Aber für die *Environmental-Justice*-Bewegung sind diese Ikonen nicht zu gebrauchen; sie benötigt eine andere Art von Umweltbewusstsein. Und nicht zufällig bricht diese Galerie gerade mit der «ökologischen Revolution» von 1970 ab.[9] Als sich der *environmentalism* immer weiter ausfächert, gehen die Meinungen auseinander, welches die Ikonen sind, von denen die Bewegung ihre Identität bezieht.

«Natur» und «Umwelt»: Die phänomenale Zählebigkeit zweier vieldeutiger Begriffe. Was heißt überhaupt «Umweltbewusstsein»? Seit 1970 ist «Umwelt» in die Alltagssprache eingegangen, und längst gebraucht jeder diesen Begriff wie selbstverständlich. Dabei ist «Umwelt», kritisch betrachtet, ein gefundenes Fressen für Konstruktivisten, die unseren Begriffen die Selbstverständlichkeit nehmen und darauf insistieren, dass diese an bestimmte Sprachfiguren gebunden sind, in deren Kontext sie ein Eigenleben entwickeln. Das wird einem, wenn man es vergessen hat, schlagartig wieder bewusst, sobald man in die Zeit vor 1970 zurückgeht. Über Jahrtausende ist die Menschheit ohne den heutigen Umweltbegriff ausgekommen. Dieser Neologismus enthält ein Panoptikum konkreter Handlungsfelder, die bis dahin getrennt und unter diversen Namen liefen, wenn es sich auch meist um Komposita von «Schutz» handelte: Wasserschutz, Waldschutz, Natur-, Tier-, Landschaftsschutz, Bodenschutz,

Verbraucherschutz, Arbeitsschutz, Umgebungsschutz bei Industrieanlagen. Also zumindest teilweise von der Sache her ganz unterschiedliche Bereiche; eine Gemeinsamkeit besteht zunächst nur darin, dass ein Schutz zur öffentlichen Aufgabe geworden ist.

Oder gibt es auch Zusammenhänge in der Sache selbst; sind die Probleme durch den neueren Gang der Entwicklung zusammengewachsen? Es muss schon seine Gründe haben, dass sich der Umweltbegriff gerade ab 1970 schlagartig verbreitete, über Jahrzehnte so zäh gehalten hat – bisher zumindest – und überall auf der Welt eingeschlagen ist. Schon sein großer Vorläufer, der Begriff «Natur», hat in der westlichen Tradition trotz seiner Vieldeutigkeit die Jahrtausende überdauert.[10] Der Stuttgarter Kongress «Natur im Kopf» vom Juni 1993 organisierte die erste Großoffensive der Konstruktivisten auf das Konzept «Natur»; dennoch kam im Verlaufe dieser Tagung immer wieder heraus, dass die Natur eben doch nicht nur in unseren Köpfen spukt.[11] Offenbar speichert der Naturbegriff eine Vielfalt von Erfahrungen, die alle auf irgendeine Art daher rühren, dass der Mensch ein Organismus ist, dessen Gedeihen mit der Unversehrtheit gewisser elementarer Lebensbedingungen um ihn herum zusammenhängt. Bei «Umwelt» und «Natur» handelt es sich nicht um präzise definierbare Begriffe. Norbert Elias nannte «Natur» ein «Symbol, das eine Synthese auf sehr hoher Ebene repräsentiert» – auch so kann man es sagen. Ähnliches gilt für «Umwelt».[12]

Und doch hat die Vieldeutigkeit – wie könnte es anders sein? – ihre Tücken. Die zu schützende Natur: wie sieht sie aus, ganz konkret? Eine Mecklenburger Naturschutzbeauftragte plaudert aus dem Dienstalltag: Wenn ein Umweltminister mit drei Naturschützern vor einer Wiese stünde und diese über deren Schutzwürdigkeit gutachten ließe, bekäme er drei ganz unterschiedliche Urteile, da der eine Naturschützer auf die Störche, der andere auf die Kröten, der Dritte auf Schmetterlinge und Orchideen fixiert sei, während der dabeistehende alte Bauer, der die Wiese schon in vielen unterschiedlichen Zuständen erlebt habe, in sich hineinlache. Eine mittlerweile typische Anekdote![13] «Biodiversität» ist zum Zauberwort des Naturschutzes geworden; in Wahrheit versteckt sich jedoch hinter der Naturliebe meist die Liebe zu einer ganz bestimmten Natur. Solange man sich diese Beschränktheit der eigenen Naturlibido nicht bewusstmacht, geht von dem Zauberwort «Natur» ein spaltender Effekt aus. Wie der *Spiegel*-Redakteur Jochen Bölsche sarkastisch bemerkte: «Vogelschützer und Katzenfreunde sind offenbar nicht in der Lage, den gemeinsamen Nenner ihrer Aktivitäten zu erkennen.»[14] Nun, dieser Kommentar stammt von 1983; zum Glück sind auch solche Sarkasmen an Ort und Zeit gebunden.

Der Ökologe Josef H. Reichholf pflegt zu spotten, dass die Biodiversität in modernen Großstädten höher sei als in vermeintlichen «Naturlandschaften». Offenbar geht es dem «Naturschutz», der aus einer vorökologischen Zeit stammt, eben doch um mehr als um Biodiversität. Es lohnt sich zu überlegen, wie der Blick auf die Geschichte, auf den Strom der Zeit, bei derart fließenden Begriffen Verständigungschancen schafft. Man muss immer damit rechnen, dass das grenzüberschreitende Politikfeld Natur- und Umweltschutz auf die Dauer wieder in seine ursprünglichen Bestandteile zerfällt. Wäre dabei viel verloren – braucht wirksames Handeln nicht ohnehin begrenzte, konkrete Ziele? Auch das ist eine Frage an die Geschichte: was der große, im Zeichen der «Umwelt» hergestellte Verbund geleistet hat. Viele Naturschützer fühlten sich ab 1970 vom «Umweltschutz» überrollt.

Umweltschutz im Streit der Fakultäten. Die Systematiker und Spezialisten unter den Sozialwissenschaftlern haben es nicht leicht, mit journalistischen Reportagen mitzuhalten, wenn sie die Umweltbewegung in den Griff zu bekommen suchen. Ihre Spezialisierung hindert sie daran, die Spezifika dieses historisch neuartigen Phänomens zu fassen. Immanuel Kant hat in seinem *Streit der Fakultäten* (1794) mit spürbarem Spott geschildert, wie sich die Wissenschaftler nach dem Vorbild der Fabrik arbeitsteilig organisieren, sich jedoch ebendadurch in die Haare geraten. Die mittlerweile immensen Literaturmassen zu Umweltbewusstsein, Umweltbewegung, Umweltpolitik, Umweltproblemen bieten das beste Beispiel dafür, wie die Spezialisierung hier anders als am Fließband in der Fabrik zu einem großen Tohuwabohu widersprüchlicher Wahrnehmungen führt, nur dass diese Differenzen heutzutage nur selten durch Kontroversen ausgetragen werden: Die Spezialisierung geht mittlerweile so weit, dass die Disziplinen einander wechselseitig ignorieren.

Beginnen wir mit der *Soziologie*: Sie konzentriert ihre Aufmerksamkeit mit Vorliebe auf die «sozialen Bewegungen» und bevorzugt dabei alles das, was sich zur staatlichen Administration auf Distanz hält und möglichst wenig zur Institution verfestigt hat. Aber wenn man aus dieser «Bewegung» einen Typus macht, auf den sich eine Theorie bauen und dessen Eigenlogik sich systematisch entfalten lässt, bedeutet das in aller Regel, eine bloße Momentaufnahme als Struktur fehlzudeuten. Schon Max Weber hat dargestellt, wie neue Bewegungen nach einer ersten «charismatischen» Phase der Begeisterung im Zuge ihrer Veralltäglichung unvermeidlich Verfestigungsprozesse durchmachen; die gesamte Geschichte der Öko-Ära wimmelt von Beispielen davon, und im Gedanken an Weber sollte man diese Prozesse erst einmal werturteilsfrei und ohne Häme als etwas Normales begreifen.

In Europa denkt man bei «Bewegung» spontan als Erstes an Demonstranten, die Spruchbänder vor sich hertragen; aber eine Bewegung kann auch ganz anders aussehen. Die allermeiste Literatur über Umwelt-«Bewegungen» gibt es in den USA; das Konzept «Umweltbewegung» stammt überhaupt von dort, obwohl Straßendemonstrationen in jenem Land, wo die Straße dem Automobil gehört, bei Umweltaktionen eher selten sind. Die amerikanische Literatur ist schnell dabei, nicht nur eine *environmental movement* insgesamt, sondern auch eine *environmental justice movement*, eine *movement of religious environmentalism*, eine *antitoxic movement, forest movements*, sogar – man staune! – eine *certification movement*, aber auch *Anti*-Umwelt-«Bewegungen» zu konstruieren. Gerade in den USA etablierte sich jedoch am frühesten eine Elite von NGOs, *Non-Government Organizations*, die einen nicht selten erfolgreichen Lobbyismus betrieben, indem sie sich auf routinemäßige Kommunikation mit staatlichen Stellen hin organisierten. Robert Gottlieb, der das bislang gründlichste Opus über den «Wandel der amerikanischen Umweltbewegung» verfasste, erkennt eine «Drehtür zwischen Stabspositionen bei Mainstream-Umweltgruppen und Regierungs- und Industriepositionen».[15] Da führte die Bewegung der Geschichte von der sich spontan bewegenden Bewegung fort, hin zu Affinitäten mit staatlichen, ja sogar Industrie-Instanzen.

Erst recht die Umweltbewegungen in Deutschland und einer ganzen Reihe anderer Länder sind, wenn man sie in größerem zeitlichen Bogen betrachtet, ohne Impulse und auch ohne finanzielle Unterstützung aus Politik und Verwaltung gar nicht zu verstehen. Das hat seinen tieferen Grund: Viele Umweltprobleme sind ohne staatliche Regelungen unmöglich zu bewältigen. Die Bewegung um der Bewegung willen kann eine politische Einflussnahme geradezu verhindern. So gesehen, gehört eine Orientierung auf den Staat zum Wesen der Umweltbewegung, wenn sie politisch denkt. Wer sich zu einseitig auf «Zivilgesellschaft» und «grassroots movements» fixiert, bekommt das Phänomen als Ganzes nicht zu fassen.[16] Da kommt es vor, dass ein Beamter als Volkstribun auftritt und auch umgekehrt der Sprecher einer Umweltinitiative in eine Behörde überwechselt. In vielen Fällen muss der Umweltschutz geradezu als hybrider Sprössling von Staat und *civil society* verstanden werden. Wald und Wasser, Kernthemen der Umweltbewegung, sind zugleich seit vielen Jahrhunderten Arenen der Machtpolitik. Zwischen Bewässerung und Herrschaft, Waldschutz und Herrschaft besteht ein sehr alter Konnex. Deiche und Festungsmauern sind einander ähnlich. Auch bei der Herrschaftssicherung geht es um eine Art von Nachhaltigkeit: um ungeschmälertes Überdauern in künftigen Zeiten.

Es hat seine Gründe, wenn in der wissenschaftlichen Literaturflut über den Umweltschutz zunehmend *politikwissenschaftliche* Arbeiten dominieren. Diese sind jedoch, vor allem wenn sie es auf in sich geschlossene Theorien abgesehen haben, in der Regel ganz auf politische Institutionen und Handlungsstrategien konzentriert. Oft kommen die Bürgerbewegungen gar nicht vor, und wenn, dann nur am Rande – sie sind theoretisch uninteressant. Aber auch diese Sichtweise geht an der historischen Realität vorbei. Nicht aus innerer Systemlogik heraus wird die Politik auf einem neuartigen Revier aktiv; in bestimmten Phasen bedarf es der Anstöße von außen – durch Bürgerprotest, durch die Medien –, damit politische Instanzen mobil werden. Das gilt für Deutschland,[17] ja selbst für ein Land wie Japan. Wenn Miranda Schreurs den Umweltschutz in den USA und Japan als idealtypischen Kontrast darstellt: die NGOs als die Hauptakteure in den USA, die staatliche Administration in Japan,[18] ist die Gültigkeit auch einer solchen Feststellung auf einen bestimmten Zeitraum begrenzt; bei einem längeren Zeitrahmen geraten die Strukturen in Bewegung.[19] Die wirkliche Bewegung in der Umweltbewegung bewegt sich zwischen verschiedenen, von der Wissenschaft auseinanderdividierten Ebenen hin und her: Politik, Verwaltung, Bürgerinitiativen, NGOs, Denkern, Medien, Naturheilern und anderen mehr. Wie Thomas Ellwein 1983 bemerkte: Möge man die Umweltbewegung auch in bisherigen Schubladen nicht unterbringen können – «es gibt sie aber».[20]

Auch *philosophische* und *religionswissenschaftliche* Zugänge besitzen ihre Bedeutung. Die Rolle ideeller, ideologischer und spiritueller Motive soll auch im Verlaufe dieser Darstellung, soweit das möglich ist, genauer umrissen werden. Und doch: Es ist nicht unbedingt ein Zeichen von Tiefsinn, wenn man monomanisch darauf insistiert, vor allem anderen komme es auf ein neues Denken, ein neues Ethos an. Der historische Rückblick zeigt ziemlich eindeutig, dass Naturliebe, Streben nach Harmonie zwischen Mensch und Natur und Empörung über die Zerstörung von Natur durch den Menschen spätestens seit dem 18. Jahrhundert zu den Hauptströmen des westlichen Denkens gehören, zu der praktischen Umsetzung derartiger Gedanken jedoch oftmals die konkreten Ziele, die Instrumente und Institutionen sowie handlungsfähige Akteurskoalitionen fehlten.[21]

Mehr noch: Volltönende Worte über Natur und Umwelt haben oftmals schon in sich etwas Befriedigendes, ohne dass man weiter etwas tut; auf praktisches Handeln zielende Überlegungen sind oftmals trivial, während gerade der Verbalradikalismus häufig davon ablenkt, dass faktisch nicht viel geschieht. Wenn man nichts weniger als einen neuen Menschen in einer neuen Welt will, werden alle konkreten realistischen Ziele läppisch. Worte setzen sich nicht automatisch in Taten um, sondern können auch verhüllen;[22] gegenüber den Diskursen ist die Praxis eine eigene Welt. Aus der amerikanischen Umweltbehörde ist zu hören, dass ihr wiederholter Chef William Ruckelshaus, der selbst unter Reagan diesen dornigen Posten übernahm und in der Öffentlichkeit wenig hervortrat, de facto weit mehr bewirkt hat als Al Gore. In der bundesdeutschen Umweltpolitik waren die 1970er Jahre, hier wie in den USA die «ökologische Dekade», vorwiegend die Zeit der großen Worte, die 1980er Jahre demgegenüber stärker die Zeit der Taten.[23]

Der Autor einer Umweltgeschichte Lateinamerikas bemerkt, dass ebendeshalb, weil in der Umweltpolitik die Attitüde der Selbstlosigkeit zum guten Ton gehört, Politiker in Wahrheit jedoch selten selbstlos handeln, man in Umweltdeklarationen stets mit Heuchelei zu rechnen hat.[24] John McNeill resümiert gegen Schluss seiner Umweltgeschichte des 20. Jahrhunderts: «Selbst im Zeitalter der erklärten Umweltpolitik ist die reale Umweltpolitik fast immer von anderen Sorgen geleitet»; ungeachtet aller Bekenntnisse zum Umweltschutz herrschte nach wie vor die «traditionelle Politik».[25]

Aber neben dem soziologischen, dem politikwissenschaftlichen und dem philosophischen «Approach» gibt es noch ganz andersartige Zugänge, die nicht weniger wichtig sind, aber in der Regel von den bisher genannten getrennt laufen: *ökologische, technisch-ökonomische* und *rechtswissenschaftliche.* Die Ökologie, so wie sie populär verstanden wird, hat dem Umweltschutz seine Reiz- und Signalwörter geliefert; aber für ökologische Studien zu Naturschutzgebieten, die dem Ideal der Wildnis huldigen, gibt es nur den Fortschritt zum «Natur Natur sein lassen» und ist die nachhaltige Forstwirtschaft kein Thema, während zur selben Zeit die Umweltpolitik um das Zauberwort «Nachhaltigkeit» kreist.

Die Öko-Ära hat eine immense technologisch-ökonomische Literatur über erneuerbare Energien hervorgebracht, für viele praktisch denkende Umweltaktivisten das Schlüsselthema schlechthin; aber Sozialwissenschaftler behandeln «technokratische» Ansätze am liebsten von oben herab: Die Kluft zwischen Charles P. Snows «zwei Kulturen», der literarisch-humanwissenschaftlichen und der technisch-naturwissenschaftlichen, durchzieht auch das Öko-Schrifttum, obwohl gerade die Umweltbewegung besonders vielversprechende Ansätze enthält, diese Kluft zu überbrücken.[26] Und das Schrifttum zum *Umweltrecht:* Da besteht die Geschichte des Umweltschutzes im Kern in der Anerkennung bestimmter Umweltqualitäten als höhere Rechtsgüter und in der Durchsetzung bestimmter Rechtsgrundsätze: des Vorsorge- und des *Polluter-pays*-Prinzips. Jeder Umweltaktivist, der sich in riskante Konflikte stürzt, lernt ebenso rasch wie drastisch, wie viel dabei von dem rechtlichen Rückhalt abhängt. Für Greenpeace ist die Legitimation ein alles beherrschendes Thema – aber wer aus sicherer Distanz über Umweltschutz sinniert und nicht selber Jurist ist, macht um die einschlägige juristische Literatur am liebsten einen Bogen.

Alles in allem wirkt der Umweltschutz, wenn man ihn mit einem halben Dutzend unterschiedlicher Brillen betrachtet, wie ein Chamäleon, das zu seinem Dschungelhabitat passt. Das eine Mal begegnet er als Schlachtruf von Protestbewegungen, das andere Mal als Hebel bürokratischer Reglementierung und Etikett ganzer Batterien von Aktenordnern, das dritte Mal als Gegenstand von Ökologie als naturwissenschaftlicher Spezialdisziplin, dazu noch als spirituelle Lichtquelle der Meditation; in Indien als Kampf der Chipko-Frauen für traditionelle Dorfrechte am Wald, aber auch als Engagement von Naturschützern für Tigerschutz, der die Dorfbewohner gefährdet – und damit ist die Reihe der Metamorphosen noch nicht zu Ende.

Die Chance des historischen Zugriffs. Aber ebendiese Situation enthält auch eine besondere Chance für einen historischen Zugang, der die unterschiedlichen Perspektiven kombiniert. Nicht in irgendeiner Theorie, aber in der Realität und auf die Länge der Zeit hängen diese verschiedenen Erscheinungsformen des Ökologismus zusammen. Man bekommt die Eigenart der Umweltbewegung nur dann zu fassen, wenn man sie *nicht* unter allgemeine Modelle der Bewegungs- und Organisationssoziologie subsumiert. Die wahre Bewegung der Umwelt-«Bewegung» erkennt man erst in der *longue durée,* nicht durch die Analyse einzelner Umweltorganisationen, die sich doch, gerade wenn sie lebendig bleiben, im Laufe der Zeit wandeln. Wenn man sich mit Momentaufnahmen aus spezieller Perspektive begnügt, könnte man glauben, die Umweltbewegung sei Produkt bestimmter Gruppeninteressen oder Diskurse; wenn man sie dagegen weltweit und über die Jahrzehnte verfolgt, wird man gewahr, wie sehr ein solcher Reduktionismus zu kurz greift, und in all dem Hin und Her zeichnet sich am Ende die nicht wegzudiskutierende Wirklichkeit vieler Umweltprobleme ab, mag auch die Art und Weise, wie sie hochstilisiert werden, zeitgebunden sein. So führt der historische Zugang schließlich zur Sache selbst.

Ein historischer Zugang zur Öko-Ära: Das bedeutet auch, die einzelnen Umweltbewegungen in Kontexte der Zeit zu stellen, sie nicht isoliert zu sehen und auch nicht ausschließlich ihre umweltpolitischen Ziele zu beachten. In Joachim Raschkes 960-Seiten-Opus *Die Grünen* umfasst das Kapitel «Ökologie» ganze 12 Seiten.[27] Auch in der 1130-Seiten-Dokumentation über die «Grünen im Bundestag 1983–1987» nimmt die Auseinandersetzung mit Umweltthemen einen so geringen Bruchteil ein, dass man fragen kann, wie grün die Grünen damals eigentlich waren. Wenn Raschke allerdings konstatiert, das «grüne Grundproblem» bestehe darin, dass es den Grünen nicht gelinge, «Legitimität und Effizienz zu vereinbaren»,[28] muss man auf das Erscheinungsjahr des Handbuches schauen: 1993, kurz nach dem grünen Fiasko bei der deutschen Vereinigung. Auf das genaue Erscheinungsjahr sollte man überhaupt bei allen einschlägigen Publikationen als Erstes achten. Da sind sehr viele Wahrheiten zeitgebunden.

Gerade beim weltweiten Überblick wird deutlich, dass es vielen Umweltbewegungen nicht nur um die Umwelt geht. In typischen Fällen spielt auch der Kampf für lokale Autonomie hinein, nicht nur in der Dritten Welt. Dieser Kampf kann sich auch *gegen* Naturschutzprojekte wenden. Die *Environmental-Justice*-Bewegung kämpft im Kern für soziale, nicht für ökologische Ziele. Daher Vorsicht mit dem Ehrgeiz, die «wahre» Umweltbewegung von «unechten» Umweltbewegungen abzugrenzen. Lässt man nur jene Umweltinitiativen gelten, denen es um die «Natur um ihrer selbst willen» geht, riskiert man, dass am Ende nicht mehr viel übrig bleibt. Einzelne Menschen mögen selbstlos handeln, zumindest in bestimmten Momenten; aber bei breiteren Bewegungen spielt, von der Nähe besehen und auf die Länge der Zeit, in aller Regel auch Allzumenschliches hinein, am häufigsten die Sorge um Gesundheit und Lebensqualität. Nichts ist menschlicher als das. *Beauty, Health, and Permanence* ist die Geschichte der amerikanischen Umweltpolitik von Samuel P. Hays betitelt,[29] einem der scharfsichtigsten Analytiker des amerikanischen *environmentalism*, auch dessen vor der Öko-Ära.

Frühere Autoren unterschieden manchmal zwischen der Umwelt- und der Anti-AKW-Bewegung, weil es der Letzteren nicht eigentlich um die Umwelt, sondern um Gesundheit und technische Sicherheit gegangen sei. Diese Unterscheidung ist jedoch ganz und gar wirklichkeitsfern; denn gerade durch den Widerstand gegen Kernkraftprojekte formierte sich die Umweltbewegung in der Bundesrepublik und anderswo als Massenprotest. Vorsicht auch mit der Manier, all jene Bürgeriniativen, denen es nur um lokale Eigeninteressen geht, abschätzig als NIMBY-Bewegungen abzustempeln: Nichts ist normaler, als dass bei Bewegungen auch eine Portion Egoismus, ob individuell oder kollektiv, mitspielt. Von daher ist es auch nicht berechtigt, einen krassen Kontrast zwischen den aus materieller Not geborenen Umweltbewegungen der Dritten und den angeblich «postmaterialistischen» Umweltbewegungen der Ersten Welt aufzubauen, wo doch schon heute von der «postmaterialistischen Postmoderne» nicht mehr viel übrig geblieben ist. Mit dem NIMBY-Etikett würde man auch viele neuere *Environmental-Justice*-Initiativen abqualifizieren, die der existenziellen Bedrängnis entspringen und denen es mit ihren Zielen wirklich ernst ist.[30] Dass es ihnen nicht nur um die Umwelt, sondern mindestens so sehr um mehr Gerechtigkeit geht, ist kein Grund, sie aus der «eigentlichen» Umweltbewegung auszuselektieren. Die Öko-Initiativen in ihren außerökologischen Kontexten zu sehen entspricht dem historischen Realismus, ja kann obendrein von praktischem Nutzen sein, indem es den in Teilen der Öko-Szene immer wieder durchkommenden Hang zum Sektierertum bremst.

Für alle die, die terminologische Haarspaltereien lieben, ist das alltägliche Durcheinander der Begriffe «Natur», «Umwelt», «Ökologie» ein einziger Skandal, der nach dem Seziermesser des Analytikers schreit. Aber wenn man den *environmentalism* als historisches Phänomen nimmt, kommt man nicht umhin, diese breiten, sich überlappenden Begriffsfelder der Alltagssprache zu übernehmen: In dieser Form hat «Ökologie» Geschichte gemacht, und historisch gesehen haben diese Überlappungen ihren Grund.[31] Die Ökologie im engen, strengen naturwissenschaftlichen Sinn enthält als solche keinen Impetus zum politischen Handeln. Die Einsicht, dass in der Natur letztlich alles mit allem zusammenhängt und man daher bei allem, was man tut, mit unbeabsichtigten Nebenwirkungen rechnen muss, ist im Gegenteil erst einmal ein Hemmnis für jeglichen Aktionismus. Begreift man die Ökologie als politische Macht, wäre es ein Kardinalfehler, die «Stadtökologie» auszulassen: die Kämpfe für die Erhaltung «sozialer Biotope», historisch gewachsener Stadtviertel, dazu die Kämpfe gegen die Anlage von Flughäfen, die nach ökologischen Argumenten suchten, auch wenn sie dem Horror vor dem Lärm entsprangen, der den Anwohnern das Leben zur Hölle macht. Populär und konfliktfähig ist die Umweltbewegung nicht zuletzt durch derartige Kämpfe für die elementare Lebensqualität geworden, mehr als durch das Engagement für das Habitat von Fledermäusen.

Das Phänomen «Umweltbewegung» nicht zu eng sehen, heißt gerade nicht, alle «Umwelt»-Bekenntnisse für bare Münze zu nehmen. Eben weil «Umwelt» ein so vieldeutiger Begriff ist, weiß man bei vielen Umweltinitiativen weniger als bei Bewegungen älteren Typs auf den ersten Blick, woran man ist. Mehr als in manchem anderen Politikfeld wimmelt es in der Umweltpolitik von großen Worten, großen Gesten, vornehmer formuliert von «symbolischer Politik».[32] Gerhart Baum, ein Gründervater bundesdeutscher Umweltpolitik, betont mit größtem Nachdruck:[33] Nirgends sei es wichtiger als im Umweltschutz, sich nicht vom *linguistic turn* verführen zu lassen und Worte mit Realitäten zu verwechseln. Argumente, die an und für sich etwas Richtiges enthalten, können in bestimmten Situationen eine ablenkende Funktion haben. Umso mehr finden hier alte Historikerinstinkte ein neues und höchst ergiebiges Revier: das Misstrauen gegenüber bloßen Informationen aus zweiter, dritter, vierter Hand; die Suche nach authentischen Dokumenten; die dechiffrierende Quellenkritik und das Lesen zwischen den Zeilen; die Rekonstruktion der Kontexte; das Grundgefühl, dass der Teufel im Detail steckt und die wirklich wichtigen Motive oft verborgen oder halb verborgen sind.[34] Natürlich gilt all dies ebenso für die Gegenspieler von Umweltinitiativen, die heute nicht selten selber ökologisch argumentieren.

Edda Müller versicherte aus ihrer Insiderkenntnis heraus für Nordrhein-Westfalen, «dass es in der Luftreinhaltepolitik immer vorrangig um die nordrhein-westfälischen Kohleinteressen ging».[35] Immer! Insofern gerät man bei der chinesischen, indischen, US-amerikanischen Umweltpolitik nicht in eine ganz und gar fremde Welt: Überall dort, wo die Kohleressourcen noch auf absehbare Zeit reichen, beeinflusst dieses Wissen die Politik, auch wenn man nicht zu laut davon spricht. Sehr viele Umweltthemen sind längst nicht mehr unschuldig, sondern durch jahrelange Kontroversen, durch Rechthaberei und durch Milliardeninvestitionen belastet. Und viele sind in hohem Maße durch die modernen Medien stilisiert, wobei sich bei hochkontroversen Themen konträre

Informationsnetze herausgebildet haben, zwischen denen sich trotz der ins Unendliche wachsenden Informationsfülle weithin Niemandsland erstreckt. Inwieweit den virtuellen Welten des Internets eine Wirklichkeit entspricht und Umweltinitiativen nicht nur online existieren, sondern real etwas bewirken, ist oftmals nur vor Ort in Erfahrung zu bringen. Die Suche nach authentischer Information gewinnt im Medienzeitalter mehr als zuvor einen detektivischen, durch Schleier hindurchstoßenden Zug. Aber ebendies macht dieses Forschungsfeld spannend.

Eine neue Ära der Weltgeschichte?

Max Nicholson, ein Doyen der britischen Ökologie von internationalem Format, publizierte 1970 ein Buch mit dem auftrumpfenden Titel: *The Environmental Revolution – A Guide for the New Masters of the World.* Vierzig Jahre darauf, zum Umweltgipfel von Johannesburg, kürte die *Time* «Heroes of the Green Century». Selbst 1992, nach den Präsidentschaften von Reagan und Bush, glaubt Philip Shabecoff, ein Historiker der amerikanischen Umweltbewegung, triumphierend feststellen zu können: «So gut wie jeder Aspekt unseres Lebens – von dem, was wir essen, bis hin zu den Verpackungen, zu der Art, wie wir Auto fahren, zu den Sorgen um die Zukunft unserer Kinder – hat sich durch den *environmentalism* verändert.»[36] Wirklich? Oder ist das die optische Täuschung derer, die sich stets in Öko-Netzwerken bewegen und sich dort ihre eigene virtuelle Welt schaffen – dank Internet sogar global?

Der Althistoriker Karl-Wilhelm Weeber gab seinem Überblick über Umweltschäden in der klassischen Antike den Titel: *Smog über Attika.*[37] Er beginnt mit dem Plinius-Verdikt über diejenigen, die den Bergbau rücksichtslos in die Tiefe der Erde vorantreiben: *Spectant victores ruinam naturae* – «Siegesgewiss blicken sie auf den Zusammenbruch der Natur». Das gesamte Buch ist nach dem Muster geschrieben: Unsere vermeintlich modernen Umweltprobleme gab es bereits vor zweitausend Jahren. Allerdings meint der Autor diese Gleichsetzung von Antike und Moderne wohl nicht wirklich im Ernst. Gewiss haben die Feuer auch in der Antike geraucht, und die Feuer der Schmelzhütten auf besonders unangenehme Art; und doch hat es seinen Grund, wenn antike Quellen von keiner Anti-Smog-Bewegung berichten: Damals kreiste das Denken der Menschen um ganz andere Sorgen. Die Wirtschaft der Antike basierte nicht auf Steinkohle und Schwerindustrie. Max Weber, hierin bahnbrechend, betonte die alles durchdringende naturalwirtschaftliche Basis der antiken

Ökonomie und kritisierte die Projektion moderner Begriffe in die Antike, wie sie seit Theodor Mommsen immer wieder in Mode kam.[38] Der größte Teil der Welt lebte bis zum 19. Jahrhundert überwiegend auf agrarischer Grundlage und aus regionaler Selbstversorgung, auch wenn sich das Gros der Wirtschaftshistoriker vor allem für die anderen, in die Moderne weisenden Aspekte interessierte. Erst mit der Industrialisierung auf Steinkohlebasis wurde die «Rauchplage» zum öffentlichen Skandal; aber auch danach, bis in die Mitte des 20. Jahrhunderts, wurde sie ganz überwiegend als Problem der städtischen Ballungsgebiete und ihrer unmittelbaren Umgebung wahrgenommen.[39]

«Aus der Geschichte lernen»: Sofern man überhaupt glaubt, dass es das gibt, wird es üblicherweise in dem Sinne verstanden, dass man in der Gegenwart Analogien zur Vergangenheit sucht, und umgekehrt. Auf diese Weise können Historiker am besten ihr Wissen zeigen und Überraschungseffekte erzielen. Aber zur Geschichte gehört auch der Wandel; der Blick auf die Vergangenheit bekommt nicht zuletzt dadurch seinen Sinn, dass man das Neue in der Gegenwart identifiziert. Auf diese Weise kommt man davon ab, eingefahrene Reaktionsmuster auch in solchen Situationen zu wiederholen, auf die sie nicht passen. John R. McNeill gab seiner globalen Umweltgeschichte des 20. Jahrhunderts den Titel: *Something New Under the Sun*. Das war eine Anspielung auf das Wort im Prediger Salomo 1,9: «Nichts Neues geschieht unter der Sonne.» McNeill meint, dass dieses zweieinhalb Jahrtausende alte Wort heute nicht mehr gilt, und er stützt diese These mit einer Fülle von Fakten. Er handelt vor allem von der Neuartigkeit der Dimensionen der Probleme selbst; aber neuartig ist auch deren Wahrnehmung, und teilweise neuartig sind auch die Reaktionen darauf. Frank Uekötter schließt einen Essay «Wie neu sind die Neuen Sozialen Bemerkungen?», der von den Umweltinitiativen handelt, mit der Pointe, wenn man deren Geschichte weiter zurückverfolge, «sehen die neuen Bewegungen erstaunlich schnell ganz schön alt aus»;[40] aber auch er schließt sein großes Werk über den hundertjährigen Kampf gegen die Rauchplage mit der «ökologischen Revolution» um 1970.

Und doch: Ganz leicht erledigt sich die Frage nach dem Neuen nicht. Die oft etwas angekiffte Euphorie der *New-Age*-Szene ist für den ernsthaften Historiker erst einmal ein Grund, mit der Proklamation einer Neuen Ära vorsichtig zu sein. Wie selbst John McNeill nüchtern feststellt: Auch unter dem Etikett «Umweltpolitik» wird konventionelle Politik betrieben. Gerade der Umwelthistoriker sieht sich bei diesem Thema hin- und hergerissen: Die meisten Einzelelemente dessen, was heute unter «Umweltschutz» läuft, haben unter anderem Namen bereits eine lange, teilweise sehr lange Geschichte – je mehr der Historiker nachforscht, desto länger wird sie. Eines lässt sich immerhin vorweg festhalten: Mehr oder weniger neu waren ab 1970 die Vernetzung, die Breitenwirkung, der globale Horizont. Gerade wenn man sich an die technokratische Planungseuphorie der 60er Jahre erinnert,[41] wird die Zeit um 1970 als globale geistige Wasserscheide markant.

Donald Worster lässt seine *Geschichte der ökologischen Ideen* (1977), ein Gründeropus der Umweltgeschichte, am Ende in das «Zeitalter der Ökologie» münden, das er für eine evidente Tatsache hält. Er datiert dessen Beginn auf den 16. Juli 1945: auf die Explosion der ersten Atombombe bei Alamogordo, in der Wüste von New Mexico. Die Frage ist nun: War das eine Zeitenwende in der materiellen Realität oder im menschlichen Bewusstsein? Die Bombe war erst einmal brutale Realität; als sie bekannt wurde, löste sie in der amerikanischen Öffentlichkeit einen ungeheuren Triumph aus, jedoch nur bei wenigen ein Umdenken. Wie Worster selbst bemerkt: «Nicht vor 1958 wurden die ökologischen Wirkungen des atomaren Fallout amerikanischen Wissenschaftlern ein Gegenstand großer Sorge.»[42] Eine allgemeine Wende im öffentlichen Bewusstsein begann sich erst im Laufe der 60er Jahre abzuzeichnen; die 1970er Jahre galten als die «ökologische Dekade».

Geht es zu weit, die Ökologie zur Signatur einer damals beginnenden neuen Ära zu machen? Nichts ist riskanter, als die gegenwärtige Epoche zu bestimmen; jene historischen Epochen, die uns heute geläufig sind, bekamen ihre Namen in aller Regel erst aus der Rückschau. Gerade der Historiker darf das Vorläufige einer auf die allerjüngste Zeit bezogenen Namengebung nicht vergessen. Es ist nicht schwer, sich für die letzten Jahrzehnte diverse Gegenvorschläge auszudenken: Zeitalter der Globalisierung, des Zusammenwachsens der Welt nach dem Ende des Kalten Krieges, der weltweiten ökonomischen Liberalisierung, der elektronischen Revolution, der neuen Informations- und Kommunikationstechnik oder auch der großen Migrationen. Aber all diesen Alternativvorschlägen fehlt der sinnstiftende Horizont. Folgt man Max Weber, gehört zu dem epochalen Neuen in der Weltgeschichte das Charisma, die Mischung von Angst und Begeisterung, die Verknüpfung starker spiritueller und materieller Antriebe. Der kurze Traum, die von allen Barrieren befreite Weltwirtschaft werde weltweiten Wohlstand bringen und die Kluft zwischen Arm und Reich vermindern, ist längst ausgeträumt. Auch die Erwartung, die global liberalisierte Ökonomie werde durch Selbststeuerung die Nationalstaaten unnötig machen, ist spätestens in dem Crash von 2008 zerstoben.

Nach dem Ende der großen Ideologien bleibt die populäre Ökologie als einzige geistige Kraft übrig, die den neuen globalen Horizont inhaltlich füllt und auf die neuen Herausforderungen reagiert. Dass es wieder und wieder vorkommt, dass sich Umweltbewegungen zum Leidwesen mancher Mitstreiter im allgemeinen Mainstream auflösen, zeugt gerade von dem epochalen Charakter des *environmentalism:* Er ist stärker zeitbestimmend, als selbst viele Umweltschützer wahrhaben wollen.[43] Gerade die geschilderte Chamäleon-Natur dieser Ökologie zeugt von ihrer Vitalität: dass sie als Lebensphilosophie und als Herrschaftslegitimation, als Wissenschaft und als Kampfparole von Protestbewegungen in Erscheinung tritt. Zugleich beweist sie die historische Neuartigkeit des Gesamtphänomens. Blickt man auf ältere Bewegungen zurück – ob sozialistische, kommunistische, nationalistische, faschistische –, erkennt man, wie rasch dort die «Bewegung» eine feste Gestalt annahm und sich auf feste Ziele und fixe Ideen hin formierte – und wie gewaltig da der Unterschied zur Umweltbewegung ist.

Auf dem Zwanzigjahresjubiläum des Bundesumweltministeriums 2006 machte der *Spiegel*-Redakteur Gabor Steingart den Umweltaktivisten das Kompliment, sie hätten einen «Riesenerfolg» gehabt, und der Erfolg der Umweltinitiativen sei überhaupt *die* Erfolgsgeschichte der gesamten Nachkriegszeit – dann gäbe es guten Grund, von einer Öko-Ära zu reden. Kurz vor der Jahrtausendwende brachte der *Spiegel* einen langen, von Jochen Bölsche verfassten Rückblick auf ein Jahrhundert Natur- und Umweltschutz unter dem Titel «Weltmacht in Grün» mit der kühnen Behauptung, am Jahrhundertende seien «weite Teile der Industrie faktisch zu einem Teil der Umweltbewegung geworden».[44]

Nun, früher hatte er sehr anders geschrieben,[45] und zu der letzten These ließen sich jede Menge Gegenargumente ins Feld führen. Im «Zeitalter der Ökologie» haben der motorisierte Straßen- und Luftverkehr, die Belastung der Erdatmosphäre durch Emissionen unvermindert zugenommen; erst jetzt kam die Chemisierung der Landwirtschaft mitsamt der Kontamination von Boden und Grundwasser in vielen Weltregionen in vollen Gang; trotz aller Lippenbekenntnisse zur Nachhaltigkeit sind führende Konzerne mehr denn je auf maximalen kurzfristigen Profit orientiert. Je weniger die Unternehmen in dieser Ära wachsender Mobilität noch standortgebunden sind, einen desto rücksichtsloseren

Umgang mit der Umwelt können sie sich leisten. Die Artenvielfalt der Erde hat, wenn man den Hochrechnungen einschlägiger Ökologen glauben kann, kontinuierlich und in beunruhigendem Maße abgenommen. Und erst Afrika: Wie die UNEP-Studie GEO 2000 zeigte, hat sich dort die Umweltdegradation gerade seit den 1970er Jahren verschlimmert; bis in die 60er Jahre war Afrika noch eine Agrarexportregion gewesen.[46] Insgesamt ein eindeutiges Bild: Die Ökologie steht zu vielem, was realiter vor sich geht, in dialektischer Spannung – aber sie ist bislang die einzige Antwort darauf, zumindest die einzig umfassende von großem Format, größer als alle Verheißungen der Liberalisierung und Globalisierung. In diesem Sinne erscheint es berechtigt, von einer Öko-Ära zu reden.

Der springende Punkt besteht jedoch darin, dass die Problematik zum Großteil von einer Art ist, dass Lösungswege bislang nicht klar vor Augen stehen und die Probleme unmöglich alle auf einmal zu bewältigen und allesamt direkt anzugehen sind. Vor zwanzig Jahren glaubte Jost Hermand, es gebe «die nackte Wahrheit über den ökologischen Verfallscharakter der Welt»;[47] und zugleich schien er davon auszugehen, auch der Weg zur Rettung sei mehr oder weniger klar; aber davon kann heute keine Rede mehr sein. Daher diese mäandrierende Bewegung in der Umweltbewegung, der von der Sache her bestehende Zwang zu einer experimentellen Politik, sosehr auch viele einzelne Akteure sich auf bestimmte Ziele und Methoden fixieren. Das Hegel'sche Wort «Das Wahre ist das Ganze» bekommt hier einen spezifischen Sinn: Das Wesen der Öko-Ära zeigt sich am besten bei einem weiten räumlichen und zeitlichen Horizont. Und da erkennt man auch am besten ihre Neuartigkeit. Trotz der Flut von Umweltliteratur präsentiert sich diese neue Ära doch in weiten Teilen noch immer als eine *terra incognita*, wo überkommene Begriffe nicht greifen, sondern eher daran hindern, dass man das Neuartige bemerkt und sich darüber wundert. Aber gerade dieses Neuartige ist das Spannende. Man verdirbt sich diese Einsicht, wenn man seinen gesamten Ehrgeiz dareinsetzt, den *environmentalism* unter allgemeineren Rubriken zu verstauen.

Von Erfahrungen der Vergangenheit her gesehen, ist die Umweltbewegung eigentlich ein unmögliches Phänomen. Ein jüngst erschienenes Opus des amerikanischen Soziologen William T. Markham über die deutschen Umweltorganisationen – die bislang umfangreichste Untersuchung ihrer Art – kulminiert am Ende in einem Pandämonium scheinbar auswegloser Probleme. Ein Dilemma nach dem anderen: Dilemmas der inneren Struktur, indem Zentralisierung und Professionalisierung in

Widerspruch zu dem Charakter der Basisinitiativen geraten; Dilemmas der Akquisition von Ressourcen, indem man mit anderen Umweltorganisationen um Spenden konkurriert und in die Abhängigkeit vom Staatssäckel oder von finanzstarken Sponsoren gerät; Dilemmas der Ziele und Strategien, da bei der Umweltproblematik irgendwo alles zusammenhängt und man eigentlich gar nicht weiß, wo man anfangen soll. Markham allerdings, der von sich hervorhebt, er sei bei jedem Schritt von Theorie geleitet gewesen, weist darauf hin, diese Dilemmas ergäben sich mehr aus dem vorgefassten theoretischen Modell als aus dem historischen Geschehen.[48]

Alles in allem: Die Umweltbewegung ist etwas, was es in der Theorie gar nicht geben kann. Ihr ist denn auch von Anfang an immer wieder ein baldiges Ende prophezeit worden; das begann in den USA schon kurz nach dem Earth Day vom 22. April 1970. Als der deutschen Vereinigung zunächst ein grünes Desaster folgte, gab es kurz hintereinander Buchtitel wie: *Sind die Grünen noch zu retten?* und, von einem vormals prominenten grünen «Realo»: *Aufstieg und Fall der Grünen.*[49] Aber acht Jahre darauf waren sie in der Bundesregierung. Ihre bisherige Geschichte illustriert das Sprichwort: «Totgesagte leben länger.» Markham resümiert gegen Schluss seiner Untersuchung: «Das auffälligste Merkmal des deutschen ‹environmentalism› ist sein pures Beharrungsvermögen.»

Umso mehr muss man sich wundern, wie marginal die Umweltbewegung selbst in neueren Überblicksdarstellungen der Geschichte der Bundesrepublik bleibt. Mit Recht hat Hans Günter Hockerts jüngst dazu aufgerufen,[50] die bundesdeutsche Geschichte nicht nur von der Bewältigung der Vergangenheit, sondern auch von der Bewältigung von Problemen der Zukunft her zu rekapitulieren. Auch wenn die Deutschen, genau besehen, im Natur- und Umweltschutz längst nicht so vorbildlich sind, wie viele meinen,[51] hat doch, wie es scheint, nichts so sehr das Bild der Deutschen in der Welt verändert wie der Öko-Aktivismus und einen Farbenwechsel von Braun zu Grün bewirkt. Gerade der Historiker sollte nicht nur das Vergangene im Gegenwärtigen, sondern auch den Wandel der Zeiten entdecken.

Zugegeben, es ist ein Stück Definitionssache, ob man die großen Probleme der Zukunft als «Umweltprobleme» definiert. Man kann die Zeichen der Zeit wie auf dem Höhepunkt des Imperialismus vor einem Jahrhundert auch als Signal zum Kampf um die immer knapperen natürlichen Ressourcen deuten. Vielleicht wird das die Zukunft bestimmen und die Ära der Ökologie nur eine vorübergehende Phase der Hellsicht sein. Aber, alles in allem, das ist sie gewesen und ist sie immer noch. Voltaire vertrat einst die These, die Erforschung der Geschichte habe nur dann einen Sinn, wenn sie sich auf die wertvollen Errungenschaften der Menschheit konzentriere. Das mag man bezweifeln; und ihm selbst ist eine Art von Geschichtsschreibung, wie er sie forderte, nicht gelungen.[52] Aber wenn man gerne möchte, dass die Geschichtsforschung einen Sinn hat, lohnt es sich doch, darüber nachzudenken, ob sich die Forderung Voltaires nicht zumindest hier und da erfüllen lässt. Und als eine neue Aufklärung lässt sich die Öko-Ära in der Tat begreifen. Nicht zuletzt darin besteht ein Sinn des historischen Zugangs: die Euphorie der Erleuchtung, die Offenbarungserlebnisse wiederzuentdecken, mit denen vieles begann. Gewiss auch eine Aufklärung mit ihrer Dialektik: mit Scheuklappen, Machtstreben und Arroganz. Aber um eine aus irrationalen Ängsten entsprungene Massenpsychose, wie viele Gegner behaupteten, handelt es sich eindeutig nicht. In bestimmten Situationen mochte es so wirken, aber über die Länge der Zeit handelt es sich eindeutig um eine Fehlinterpretation: Auch das soll diese Darstellung zeigen.

Statt einer einzigen Meistergeschichte ein Ensemble von Spannungsszenarien

Wenn die speziellen Zugänge verschiedener Einzeldisziplinen nicht imstande sind, den Ökologismus (leider fehlt im Deutschen ein patentes Wort wie *environmentalism*) als Gesamtphänomen in den Griff zu bekommen, sondern ein ganzes Bündel von Annäherungen angesagt ist, bietet diese Situation zwar eine besondere Chance für einen historischen Zugang, macht es jedoch erst einmal schwer, Geschichte zu schreiben. Die Offenheit der Zukunft erschwert die Arbeit in diesem Fall noch zusätzlich: Geschichten lassen sich am besten dann erzählen, wenn es einen Anfang und ein Ende gibt, je markanter, desto besser. Schon darüber, wo der historische Anfang von Umweltbewegung und Umweltschutz liegen, gehen die Vorstellungen in der Literatur weit auseinander und bewegen sich zwischen 1770 und 1970; und erst recht das Ende ist völlig offen. Es ist wichtig, sich an diese Offenheit immer wieder zu erinnern; denn spontan bildet sich der Historiker am liebsten ein, an einem Ende zu stehen, von wo aus er sein Objekt in Ruhe betrachten kann.

Man möchte so gerne die definitive Geschichte, die *master story* präsentieren; aber in diesem Fall tut man besser daran, sich von diesem Ehrgeiz zu lösen und es gar nicht darauf anzulegen, die Pluralität der Geschichten gleichzuschalten und in eine Aufeinanderfolge zu reihen. Einstweilen kann es hier eine einzige Meistergeschichte mit eindeutigem Anfang und Ende, mit ganz bestimmten Hauptakteuren, Handlungssträngen und aufeinander folgenden Akten in einer lokalisierbaren Szenerie und mit schlagender Schlusspointe nicht geben. Je tiefer man in die Materie eindringt und je schärfer man erkennt, dass aus der einen und der anderen Perspektive ganz unterschiedliche Namen und Ereignisse wichtig sind, desto hoffnungsloser wird die Suche nach der *einen* Geschichte. Nur solange man noch keinen sehr breiten Überblick hat, bildet man sich ein, die Meistergeschichte schreiben zu können. Übersichtlicher wirkt die Vorgeschichte, zumindest aus heutiger Rückschau; aber auch da gibt es, wie noch zu zeigen sein wird, verschiedene Varianten und geradezu konträre Interpretationsmuster.

Und doch: Geschichten zu schreiben bleibt der Sinn der Geschichtsschreibung: nicht nur zur Unterhaltung des Lesers, sondern auch zur Orientierung der Handelnden. Der ungeheure Erfolg des *Silent Spring* (1962) und auch die politische Schubkraft, die von diesem Buch ausging, erklären sich nicht zuletzt daraus, dass Rachel Carson eine – teils reale, teils imaginäre – Geschichte erzählte: eine Geschichte der sich durch die Nahrungskette fortpflanzenden Zerstörung des Lebens durch DDT und andere Gifte. Nicht durch allgemeine Naturbetrachtungen ohne Ort und Zeit, sondern durch Entwurf einer historischen Situation hier und jetzt gewann die Naturliebe politische Handlungsfähigkeit.

Die im Jahre 1982 unter dem Eindruck des «Waldsterben»-Alarms von fünfzig Greenpeace-Sezessionisten ins Leben gerufene Umwelt-Aktionsgruppe «Robin Wood», deren Name auf den halbmythischen Helden Robin Hood anspielt, wollte erst einmal von einer Rückschau auf die Geschichte nichts wissen, ja wies dergleichen geradezu trotzig zurück, zumal man von den eigenen historischen Wurzeln nur ganz diffuse Vorstellungen hatte: «Für den Verein sind die anarchistischen Landkommunen der Jahrhundertwende, die Naturbewegung in den zwanziger Jahren oder die Öko-Bauern-Aussteiger-Welle jüngeren Datums keinerlei Thema.»[53] Vielleicht scheute man gerade im Gedanken an schwülstige deutsche Waldromantik vor dem *Back to the roots* zurück. Im Laufe der Jahre jedoch, als die Aufregung über das Waldsterben abflaute, sich zudem das Schornsteinklettern, die Spezialität der «Rächer der Entlaubten», in den Augen der Medienleute als Gag abnutzte und es obendrein unsicher war, ob die Kampagnen zum Tropenholz-Boykott in der Dritten Welt als Anti- oder als

Neokolonialismus ankamen, kam man doch nicht umhin, sich über die eigenen Prämissen und deren Wandel zu verständigen.

Auch die Klima-Alarmisten präsentieren eine Geschichte – genauer gesagt, sogar zwei, die jedoch gewöhnlich miteinander verquickt werden: eine Geschichte von der Verstärkung des Treibhauseffekts durch die vom Menschen verursachten Emissionen in die Atmosphäre und eine weitere Geschichte von den Auswirkungen der globalen Erwärmung auf das menschliche Dasein. Zumindest bei der zweiten Geschichte hätten die Historiker mitzureden. Wie wir sahen, gibt es mittlerweile auch Gegengeschichten von dem weltweiten Machtstreben eines Klima- und Öko-Establishments. Wer die unendlich komplizierten Klima-Computermodelle nicht überprüfen kann, gewinnt doch durch den historischen Rückblick einige Anhaltspunkte, um die Plausibilität beider Geschichten miteinander zu vergleichen.

Vor allem durch den amerikanischen Geschichtstheoretiker Hayden White sind die Narrative und das Nachdenken darüber rehabilitiert worden. In seiner bahnbrechenden *Metahistory* (1973) hat er dargelegt, dass Geschichtsschreibung großen Stils mit Vorliebe literarischen Mustern folgt: dem Epos, dem Drama, der Tragödie, der Apokalypse, dem Entwicklungsroman. Wie es bei alledem mit der historischen Wahrheit bestellt ist, bleibt offen. In einem Großteil der Öko-Literatur erkennt man unschwer die Grundmuster der Tragödie und der Apokalypse, wenn nicht gar der Kriminalgeschichte und der Moritatengeschichte von Missetat und gerechter Strafe: Die Menschheit ist dabei, sich durch ihre eigene Wirtschaftsweise, ob bewusst oder unbewusst, zugrunde zu richten.

Dieser Literaturtyp kommt offenbar beim Publikum an; der *Kollaps* von Jared Diamond (2005) ist der erfolgreichste aller Rundumschläge über die Umweltgeschichte.[54] Da wird nahezu die gesamte Weltgeschichte eine Einbahnstraße in den Abgrund; dabei erweckt der Autor den irrigen[55] Eindruck, wir wüssten über die Ursachen des Niedergangs früherer Kulturen genau Bescheid: darüber, dass diese Kulturen ökologischen Selbstmord begangen hätten. Ganz am Ende bietet er mit amerikanischem Optimismus dann doch noch Lösungen an; aber seine gesamte Darstellung hinterlässt im Grunde nur den Schluss, dass die großen Umweltprobleme unlösbar sind und die Menschheit rettungslos der Katastrophe zutreibt. Wenn man Wikipedia glauben darf, wusste der 79-jährige James Lovelock, der Schöpfer der Gaia-Theorie, in einem Interview mit dem *Guardian* 2008 nur noch den Rat: «Genießt das Leben, solange ihr könnt. Denn wenn wir Glück haben, dauert es noch 20 Jahre, bis die

Karre gegen die Wand fährt.» Unter solchen Umständen sind die quälenden Sorgen um die Jahrzehntausende der nuklearen Endlagerproblematik unnötig, und daher befürwortet Lovelock mittlerweile die Kernenergie, weil diese die kurze Galgenfrist immerhin noch ein wenig verlängere und komfortabler mache. Greenpeace jedoch hat *zwei* Werbefilme: einen, der eine Zukunftswelt zeigt, in der man nur noch mit Gasmaske herumlaufen kann, und einen anderen, der die Erfolgsgeschichte der «Regenbogenkämpfer» Revue passieren lässt.

Wie allerdings die Bucherfolge von Josef H. Reichholf zeigen,[56] finden manchmal auch solche Öko-Bücher, die ein Element der Komödie haben, ihr Publikum. In der Tat ist die Geschichte der Umwelt und des Umweltschutzes voller Überraschungen: längst nicht immer eine moralische Geschichte von Schuld und Sühne, sondern oft auch eine Geschichte überraschender Folgewirkungen und manchmal sogar eine Erfolgsstory. Daher empfiehlt sich dem literarisch sensiblen Historiker des Ökologismus am ehesten Shakespeare mit seiner Mischung von Tragödie und Komödie als Vorbild, die von späteren Puristen kritisiert, aber von Goethe verteidigt wurde. Nicht umsonst galt Shakespeare immer wieder als Vorbild naturhafter Poesie. Aber auch manche Literaturmuster des 20. Jahrhunderts sind für *Open-End*-Geschichten, wo dazu die Perspektive wechselt, wie geschaffen.

Das Geschichtenerzählen galt unter modernen Historikern oft als altmodisch und banal. Wenn sie über Themen der alten Geschichte schrieben, war das der einfachste Weg; denn in den literarischen Quellen fanden sie die Geschichten fertig vor, und wer etwas Neues bringen wollte, musste diese dekonstruieren. Ganz anders bei der Geschichte des Ökologismus: Da dominieren ahistorische Literaturtypen, und oft muss man zu den Geschichten erst mühsam vordringen: zumindest zu denen mit längerem Atem, die über die Happenings der Pressereportagen hinausgehen. Oft ist es gar nicht leicht, «harte Fakten» zu bestimmen.

Es hat keinen Sinn, die Geschichte der Öko-Ära in dem Stil «dann war das, und dann war das» abhandeln zu wollen. Auch wenn man die konkreten Geschehnisse nicht als bloße Fallbeispiele für Theorien nehmen will, kommt man ohne theoretisch-systematische Vorüberlegungen nicht aus, wenn man eine Szenerie abstecken und bestimmen will, welche Themen, Akteure und Ereignisebenen wichtig sind und welche nicht, wo die Bewegung ist und woher die Dynamik kommt. Einige der von Markham geschilderten Dilemmas der Umweltorganisationen – er kommt auf ganze sieben – taugen als Spannungsgeneratoren diverser Dramenentwürfe für Geschichten der Umweltbewegung. Wenn es deren mehrere gibt, so doch – wie es scheint – durchaus nicht beliebig viele.

Die *allererste* Bewegung der Umweltbewegung ergibt sich aus der Grundbedingung, dass Initiativen, um etwas zu bewirken, sich auf ein bestimmtes Ziel konzentrieren müssen, die Umweltprobleme jedoch vielfältig und untereinander vernetzt sind. Früher, vor der Öko-Ära, hätten Umweltinitiativen Ein-Punkt-Bewegungen bleiben können; der neue Horizont dagegen enthielt stets ein Element der Unruhe, die über die anfängliche Fixierung hinausdrängte. Eine *zweite* Quelle von Dynamik entspringt dem Umstand, dass sich in Umweltbewegungen in typischen Fällen Interessen der Selbsterhaltung mit selbstlosen, manchmal spirituellen Motiven verbanden. Initiativen, die aus Angst, Empörung oder Begeisterung entstanden und wo Max Webers Charisma-Konzept trifft, machen Prozesse der Institutionalisierung durch, wo das Interesse der Organisation an Selbsterhaltung beherrschend und die Beziehung zu Staatsstellen immer intimer wird – und finden manchmal doch zu ihren kämpferischen, enthusiastischen Anfängen zurück, und sei es nur, um ihre Spendengelder nicht zu verlieren. Die *dritte* fundamentale, nie für die Dauer gelöste Spannung ist die zwischen Konflikt- und Konsensstrategien. Man konnte die gesamte Umweltmisere so konstruieren, dass den Akteuren nur ein Freund-Feind-Denken im Sinne des Politikbegriffs von Carl Schmitt adäquat erschien. Ging man jedoch davon aus, dass «Umwelt» ein neuer Begriff für ein Gemeinwohl ist, das bei entsprechender Aufklärung von mehr und mehr Menschen erkannt wird, konnte die Umweltpolitik auch als ideales Feld für «kommunikatives Handeln» im Sinne von Jürgen Habermas aufgefasst werden.

Konflikt-Konsens-Schleifen kennzeichnen das um den Naturschutz gebündelte Spannungsfeld: zwischen dem Naturschutz für die Menschen und dem gegen die Menschen, zwischen Naturschutz und Jagd, Naturschutz und Tourismus und überhaupt zwischen ökologischen und sozialen Motiven in der Umweltbewegung – ein besonders weites und unübersichtliches Feld. Und dann am Schluss jene Diskrepanz, die von den Anfängen der Umweltbewegung bis heute einen besonders markanten Spannungsbogen beschreibt: die zwischen dem globalen Horizont und den *grassroots movements* – eine Spannung, die mit der Parole «Global denken – lokal handeln» nur verbal, nicht real aufgelöst wird.

Das ist überhaupt ein entscheidender Punkt: In allen Fällen handelt es sich um Spannungen, die nicht am Ende zu einer definitiven Lösung gelangen – bisher nicht, und man kann vermuten: auch in Zukunft nicht.

In der Umweltbewegung gibt es nicht nur Evolution, sondern auch viel Hin und Her, zirkuläre und Pendelbewegungen. Darin liegt auch ein Element der Hoffnung, eine Chance auf Neubelebung. Betrachtet man nur eine einzelne Bewegung über einen begrenzten Zeitraum, mag die Bürokratisierung als irreversibler Vorgang wirken, so wie es sich Max Weber in trüben Phasen vorstellte; weltweit und über die Jahrzehnte betrachtet, verliert die Geschichte ihren linearen Zug.

Wie gern würde ein Optimist die Geschichte der Öko-Ära als einen Fortschritt von der Nachsorge zur Vorsorge schildern.[57] Aber da muss man ehrlich sein: Trotz aller Bekenntnisse zum Vorsorgeprinzip und trotz der immer neuen Einsicht in die Uferlosigkeit des hinterdreinhinkenden Umweltschutzes ist dieser Fortschritt bislang auf breiter Front nicht erfolgt. Eher erkennt man ein gewisses Verwirrspiel: Auch die Vorsorge für hypothetische Zukunftsrisiken muss sich als Reaktion auf eine akut drohende Katastrophe präsentieren, um in der Politik etwas zu bewegen, ob in Sachen Kern- oder Gentechnik, Waldschäden oder Klimawandel. Kein Wunder, dass es immer wieder auch übertriebene Alarme gab, die das Hohngelächter der Gegenseite hervorriefen.[58] Man muss das öko-revisionistische Schrifttum lesen, um in dieser Hinsicht klarer zu sehen. Es hat seine Gründe, wenn es in der Geschichte der Öko-Ära manchen Themenwechsel gegeben hat.

Und doch wird sich immer wieder zeigen, dass es in all dem *environmentalism* nicht nur Zersplitterung und chamäleonhaften Farbwechsel gibt, sondern auch Konstanten und Leitmotive. Die Grenzen des Wachstums, die Energie- und Emissionsprobleme, die Angst vor neuartigen Gesundheitsrisiken, die Sehnsucht nach lebensvoller Natur, die ganz elementaren Bedürfnisse nach sauberem Wasser, sauberer Luft und ruhigem Schlaf schlagen immer wieder durch. All diese Motive hängen mit keiner Systematik zusammen; und doch hat es seine Gründe, wenn sie sich immer wieder miteinander verquicken. Gerade für den, der historisch denkt, besitzt der Gedanke daran, dass die heutige Menschheit in einem Jahr fossile Ressourcen von einer Jahrmillion verbraucht, etwas tief Beunruhigendes. Auch wenn sich daraus mehrere denkbare Geschichten ableiten lassen, sind doch solche Geschichten, in denen dieses Grundfaktum ohne Bedeutung ist, ganz und gar unglaubwürdig. Die Energie- und Ressourcensorgen, die zwischendurch als überholt galten, tauchen auf die Dauer doch wieder auf. Die Einheit der Öko-Ära ist keine Schimäre, auch wenn sie ganz anderen Charakter hat als frühere Epocheneinheiten in der Zeit der Revolutionen und der Weltkriege.

II. UMWELTBEWEGUNGEN VOR DER UMWELTBEWEGUNG

Von Rousseau bis zur Romantik: Naturkult und «Holznot»

Die gütige Mutter Natur. Wo beginnt die Geschichte der Umweltbewegung? Die Literatur-, Kunst- und Geistesgeschichtler, ob diesseits oder jenseits des Atlantiks, antworten darauf mit Vorliebe: natürlich im späten 18. Jahrhundert, in der Ära der großen Naturschwärmerei und des Naturkults, im Zeitalter Rousseaus, des Sturm und Drang, der frühen Romantik. Aber auch Reimar Gilsenbach, «Urgestein des Naturschutzes im Osten», vertrat die These, der Naturschutz brauche einen weiteren historischen Horizont, um seine Enge zu überwinden, die sein ewiges Handicap sei: Der wahre Naturschutz beginne nicht erst mit Conwentz und seiner «Naturdenkmalpflege», sondern ein Jahrhundert davor mit Alexander von Humboldt und Ernst Moritz Arndt, nicht zu vergessen den mutigen 1848er Erich Adolf Roßmäßler, Gilsenbachs speziellen Liebling.[1]

In der Tat, noch nie zuvor war in der Geschichte von der Natur so viel die Rede wie in der Zeit von Rousseau bis zur Romantik; noch nie war die Natur derart in Mode gewesen wie damals, aber auch noch nie war sie so vieldeutig geworden. Philosophiehistoriker, die von der Antike bis zur Renaissance in die Begriffsgeschichte von «Natur» noch eine leidliche Ordnung gebracht haben, geben danach mehr und mehr auf.[2] Montesquieu spottete in seinen *Considérations sur la France,* die Natur sei eine Dame, deren intimer Bekanntschaft sich neuerdings jeder rühme; so werde ihr Ruf ruiniert. Umso bemerkenswerter, dass sich «Natur» dennoch so wenig abnutzte: Um 1800, nach den Erfahrungen der Revolution, wird sie sogar das «gefährlichste Wort der französischen Sprache» genannt.[3] Selbst philosophische Autoren jener Zeit setzen offenbar ein intuitives Vorverständnis von «Natur» voraus, auch der verschiedenen Gesichter der Natur. «Natur» wurde zur Parole der Freiheit von den Zwängen der alten Gesellschaft; in den Tropen und in Amerika entdeckte man eine üppige und wilde Natur, wie man sie in der Alten Welt nicht gekannt hatte, und wilde «Naturmenschen» dazu; aber zur gleichen Zeit machten die Naturwissenschaftler stürmische Fortschritte in der Entdeckung von Gesetz und Ordnung innerhalb dieser Natur.

«Man gehorcht ihren Gesetzen, auch wenn man ihnen widerstrebt, man wirkt mit ihr, auch wenn man gegen sie wirken will»: solche Aussprüche des 32-jährigen Goethe über die Natur notierte der junge Schweizer Tobler 1781 bei seinem Besuch in Weimar.[4] «Süße, heilige Natur / Lass mich gehen auf Deiner Spur, / Leite mich an Deiner Hand / Wie ein Kind am Gängelband»: So beginnt das Gedicht «An die Natur» (1775) des jungen Grafen Friedrich Leopold zu Stolberg, der zusammen mit dem jungen Goethe in einem Schweizer See nackt badete und dadurch die biederen Schweizer vor den Kopf stieß. Karl Marx machte später diese Lust am Gegängeltwerden als «patriarchalische Naturfaselei» lächerlich;[5] aber in dieser Naturschwärmerei steckte paradoxerweise zugleich ein Vollgefühl von Freiheit. Eine latente Spannung, die zwei Jahrhunderte darauf in der Umweltbewegung immer wieder offen aufbricht: «Natur» als Parole des Auslebens der Spontaneität, aber auch als Memento an die Grenzen der Freiräume für menschliches Vorwärtsstürmen. Und zugleich: «Natur» als ein leidenschaftlich emotional besetzter Begriff – ein Wort der Liebe, der Begeisterung, aber auch des Erschauerns –, zugleich jedoch als Namengeberin der neuen Wissenschaft. Bei Goethe ist beides da: Sein «Erlkönig» handelt von der Magie eines Naturgeistes, aber es ist der rational-aufgeklärte Vater, der überlebt.

Wenn man Rousseau, die Stürmer und Dränger und die frühen Romantiker an den Anfang der Umweltbewegung stellt, impliziert man eine bestimmte Geschichtsphilosophie: Am Anfang stehen die Ideen, die Visionen, auch spirituelle Motive. Die im 18. Jahrhundert verehrte Natur trug die Züge einer säkularisierten Göttin; der Naturkult jener Zeit besaß einen pantheistischen Zug. Spinozas *Natura sive Deus* wurde – so Wolfgang Riedel – zum «verbreitetsten naturphilosophischen Axiom des 19. Jahrhunderts».[6] Aber führte von dort ein direkter Weg zu der modernen Sorge um die Natur? Wenn die Natur allmächtig war: War nicht gerade dann die Naturzerstörung undenkbar? Immanuel Kant, dessen Naturglaube seiner Erkenntniskritik entschlüpfte,[7] hält es in seiner Schrift *Zum ewigen Frieden* (1795) für evident, dass die Natur die Menschen mit Holz versorge, selbst am Rande der Arktis: «Am meisten aber erregt die Vorsorge der Natur durch das Treibholz Bewunderung, was sie (ohne dass man recht weiß, wo es herkommt) diesen gewächslosen Gegenden zubringt, ohne welches Material sie weder ihre Fahrzeuge und Waffen, noch ihre Hütten zum Aufenthalt zurichten können ...»[8]

Die große Angst vor der Holznot. Das Kuriose ist nun, dass genau in jenen 1790er Jahren ein europaweites Alarmgeschrei über die Zerstörung der Wälder und die «so entsetzlich einreißende Holznot» kulminierte.[9] Da ist die direkte Analogie zu den *Grenzen des Wachstums* von 1972 da, jener Studie des *Club of Rome*, die zur Weltsensation wurde. Aber man muss sich von dem Naturbegriff und der damaligen Naturliteratur lösen, um zu der Vorgeschichte der modernen Warnungen vor Naturzerstörung zu gelangen. Den Holznot-Alarm findet man in ganz anderen Literaturmassen: den Forstakten und Forstordnungen, den Akten städtischer Holzämter, den Schriften zur Propagierung holzsparender Erfindungen, den Klagen kleiner und großer gewerblicher Holzverbraucher, aber auch in jenen *Cahiers des doléances* an die französische Regierung, in denen man verfolgen kann, wie sich die Revolution zusammenbraute. Da wimmelt es nur so von schrillen Warnrufen. 1789 bei der Einberufung der französischen Generalstände rangierten die Klagen über Holzmangel sogar an oberster Stelle. Die Furcht davor grassierte zu jener Zeit nach dem Urteil französischer Forsthistoriker wie ein periodisch wiederkehrendes Wechselfieber.[10]

Nicht weniger trieb sie ihr Wesen im damaligen Deutschland, obwohl den Deutschen nach einer Berechnung Heinrich Rubners um 1800 im Durchschnitt mehr als dreimal so viel Holz pro Kopf zur Verfügung stand wie den Franzosen.[11] Im gleichen Jahr, 1795, als Kants *Ewiger Friede* erschien, prophezeite eine preisgekrönte Schrift in Leipzig, durch die Verwüstung der Wälder werde «unseren Nachkommen das Dasein, Handeln und Wirken auf alle Weise erschwert und ihnen durch unsere Verwüstungen das Andenken ans uns schrecklich gemacht». Ein Erfinder eines holzsparenden Ofens kündigte 1797 an: «Nimmt der Holzmangel in den nächsten 20 Jahren in dem Verhältnisse zu, wie er es in den letzten 20 getan hat, so gnade uns dann Gott.» Die meisten Menschen würden den größten Teil ihres Einkommens für Holz ausgeben müssen. «Holzmangel! Holzteurung! Ist die allgemeine Klage in fast allen großen und kleinen Staaten von Deutschland», begannen 1798 die «freimütigen Gedanken über den Holzmangel» eines Forstmannes.[12]

Wäre also die Quintessenz sonnenklar: Wir haben den Ursprung unseres Umweltbewusstseins zu Anfang an der falschen Stelle gesucht – nicht von den Philosophen und Poeten ist es gekommen, sondern von den Praktikern, aus den Nöten des Alltags? Aber ganz so einfach ist es nicht. Auch die Klagen über Holznot – ob über aktuelle oder künftig drohende – darf man nicht unbesehen allesamt für bare Münze nehmen. Der Realitätsgehalt dieser Klagen ist vielmehr Gegenstand einer Kontroverse ohne Ende, in Deutschland und anderswo.[13] Schon kurz nach 1800 wurden nämlich die Alarmisten von führenden Forstleuten mit Hohn und Spott überschüttet. Der bayerische Forstreformer Joseph Hazzi höhnte 1804, der «fürchterliche Lärm über einbrechenden Holzmangel» sei eine Art, wie «Forstscharlatane» der Regierung und Öffentlichkeit zu imponieren suchten; tatsächlich sei es ihnen zeitweise gelungen, eine sinnlose Hysterie zu erzeugen. Der preußische Forstlehrer Wilhelm Pfeil stieß ins gleiche Horn: Das «sich immer mehr und mehr nahende Ungeheuer der schrecklichsten Holznot» sei «ein Schreckbild, womit uns manche Forstmänner und andere Schriftsteller einschüchtern wollen, wie Afrikaner mit dem Mumbo Tumbo ihre Weiber». Wenn das Holz teurer werde und einen anständigen Preis bekomme: famos, das sei ein Zeichen, dass es mit den Gewerben aufwärtsgehe, und dann bekämen alle Waldbesitzer endlich einen kräftigen Anreiz, ihre Wälder in besten Stand zu setzen.[14]

Alles in allem ein Pro und Kontra «Waldsterben»-Alarm, das auf den ersten Blick sehr modern klingt. Liest man die Zitate jedoch im Kontext, stellt sich in vielen Fällen rasch heraus, dass es sich um nichts anderes handelte als um die große Kontroverse jener Zeit: den Angriff des Liberalismus auf den Merkantilismus, auf das landesherrliche Protektionswesen der absolutistischen Ära. Mit den langen Wachstumszeiten der Bäume gewannen die Etatisten ein neues Argument für die Notwendigkeit eines obrigkeitlichen Waldschutzes; die Liberalen konterten, steigende Holzpreise seien der stärkste Antrieb zur Aufforstung. Der staatliche Schutz sei nichts wert, da man nicht neben jeden Baum einen Polizisten stellen könne und viele Forstbeamte ohnehin korrupt seien. Am besten sei der Waldschutz bei denen aufgehoben, die ein vitales Interesse an der Nutzung der Wälder hätten. Eine Kontroverse, die bis heute in weiten Teilen der Welt virulent ist, zumal sich nicht ein für alle Mal sagen lässt, wer recht hat.[15] Als Russland, vom Evangelium der Deregulierung verführt, 2007 die staatliche Forstverwaltung aufhob, wurde mit der Jagd nach kurzfristigen Profiten der Brandschutz in einem Maße vernachlässigt, dass Waldbrände ein horrendes Ausmaß annahmen. Mögen die landesherrlichen Forstaufseher oft auch von zweifelhaftem Wert gewesen sein, so ist doch in moderner Zeit die Existenz eines kompetenten und effizienten Beamtentums für den Erfolg der Umweltpolitik essentiell geworden.

Um 1800 war dies noch nicht so deutlich; und zudem wurde die Situation dadurch kompliziert, dass in den Streit um die Holznot noch zwei andere Kontroversen hineinspielten, wobei sich die Fronten nicht überall deckten: der Interessengegensatz zwischen der lokalen Brennholzwirtschaft und dem Bau- und Nutzholzhandel und der Streit um die alte bäuerliche Allmende. In allen Seefahrernationen besaß die Versorgung der Flotte mit Holz die oberste politische Priorität; sobald diese auch nur ein wenig beeinträchtigt war, pflegten die Parteigänger der Flotte wegen Holznot Alarm zu schlagen. So erklärt sich der Warnruf von Colbert: «La France perira faute du bois» – Frankreich wird an Holzmangel zugrunde gehen. «Der Kult des Hochwalds war die Staatsreligion des Ancien Régime», bemerkt Andrée Corvol, und sie spricht von der «Legende der Entwaldung», mit der die Aufforstung von Hochwald legitimiert wurde.[16]

Wenn der Hochwald ein wenig zurückging, bedeutete das den meisten Waldnutzern wenig, da neun Zehntel des Holzes als Brennstoff gebraucht wurden. Dazu genügte der Niederwald, und der wuchs durch Stockausschlag ganz ohne Förster und künstliche Aufforstung fortwährend von selber nach. Die Nachhaltigkeit war im Niederwald gar kein Thema, denn sie war dieser Art der Waldwirtschaft inhärent – und die inhärente Nachhaltigkeit ist in der Geschichte im Allgemeinen verlässlicher als die von höchster Stelle verordnete. Die Waldzerstörungsgeschichten, von denen die Forsthistorie wimmelt, beruhen oft darauf, dass man – am modernen Holzmarkt orientiert – nur den Hochwald beachtete und den Niederwald vergaß. Eine Krise der Waldwirtschaft gab es im späten 18. Jahrhundert in der Tat; aber es war weniger eine ökologische als eine institutionelle Krise: Die alten Instanzen und Methoden der Holzzuteilung kamen mit der wachsenden Vielfalt des Holzbedarfs nicht mehr mit. In Frankfurt klagten die Deputierten der Bürgerschaft schon Mitte des 18. Jahrhunderts über die «in unbeschreibliche Unordnung geratene Holzangelegenheit» und die beim Holzamt «eingerissenen unaussprechlichen großen Konfusionen».[17] Die wirkliche Holznot gab es gewiss am allermeisten bei denen, die nicht in der Lage waren, Öffentlichkeit und Ämter mit ihren Klagen zu bombardieren, und ebenso wenig dazu, die steigenden Holzpreise auf dem freien Markt zu bezahlen: bei den Armen, deren Gewohnheitsrechte im Wald rapide beschnitten wurden. Wer Holz auf dem freien Markt kaufen musste, hatte kein Interesse, laut über Holznot zu klagen; denn dadurch trieb er nur den Preis in die Höhe.

Das Ende der Allmende als Epochenscheide. Damit kommen wir auf die sozialgeschichtlich bedeutsamste Kontroverse im Hintergrund des Holznot-Alarms: den Kampf um die alte Allmende, die dörflichen Wald- und

Weidegemeinschaften («*commons*» im Englischen).[18] Die Reformer versicherten, die Allmende sei ein Sumpf von Schlendrian und Misswirtschaft, und die gemeinen Wälder und Weiden seien verkommen wie die gemeinen Huren, da sie von allen benutzt würden und sich niemand im Eigeninteresse für sie verantwortlich fühle. Der Biologe Garrett Hardin hat mit seinem Essay *The Tragedy of the Commons* (1968), der – in scharfer Opposition gegen das 68er-Kommunardentum – einen amerikanischen Umweltdiskurs anstieß und von weltweiter Wirkung war, diese alten Klagen wieder aufgegriffen, nunmehr auf die «globalen commons» zielend und ohne Beachtung der sozialen Kontrolle und Selbstregulierung in der alten Allmende.[19] Elinor Ostrom hat dagegen empirisch und theoretisch dargestellt, dass bei Abschottung nach außen ein nachhaltiger Umgang mit natürlichen Ressourcen auf genossenschaftlicher Basis sehr wohl möglich ist,[20] und dafür 2009 als erste Frau den Nobelpreis für Ökonomie erhalten.

Inwieweit Ostroms Modell auf die historischen Allmenden zutraf, lässt sich von den Quellen her nicht vollständig klären; aber vieles spricht dafür, dass die Symbiosen der Dörfer mit ihren vor aller Augen liegenden natürlichen Ressourcen, wo man krasse Übernutzung rasch bemerkte, einigermaßen stabil sein konnten und es vor allem die unersättlichen Landesherren mit ihren Festungen, Bergwerken und Kriegen waren, die diese Stabilität störten, dazu allerdings auch der wachsende Bevölkerungsdruck und die Verlockungen des Handels und der Geldwirtschaft. Eine «Tragödie der Allmende» ereignete sich vor allem dann, wenn die Beteiligten an diese Tragödie glaubten, die Auflösung der Allmende in naher Zukunft erwarteten und daher jeder für sich noch so viel herausholte, wie es nur eben ging.

Diese Situation entstand in der zweiten Hälfte des 18. Jahrhunderts. Von zwei Seiten geriet die Allmende unter Beschuss: von den landesherrlichen Förstern und Agrarreformern, aber auch von den liberalen Vorkämpfern der Privatisierung. Einiges spricht dafür, dass die Aufhebung und Auflösung der Allmende in ihrer flächendeckenden und mentalen Breiten- und Tiefenwirkung der einschneidendste Prozess jener Zeit war. Für den Schweizer Rechtshistoriker Bernd Marquardt bedeutet die Aufteilung der Gemeinheiten nichts weniger als den «Untergang des alteuropäischen Umweltregimes».[21]

Einst hatte die Allmende-Wirtschaft selbst auf den Ökonomen Wilhelm Roscher einen «wohltuenden Eindruck» gemacht: mit ihrer «Liberalität, womit fast überall bei nicht sehr gedrängter Bevölkerung die Mitbenutzung der Gemeinweide auch solchen gestattet wurde, die strenggenommen kein Recht darauf hatten».[22] Schon der Bevölkerungsdruck erschütterte diese altgewohnte, wenn auch brummige Gutmütigkeit; vollends dann die Privatisierung und der vordringende Agrarkapitalismus. Die englische Agrarhistorikerin Joan Thirsk, eine der gründlichsten Kennerinnen der Materie, weist darauf hin, dass als Folge der Einhegungen von Privatland «die Disziplin, die Dinge auf faire Art mit dem Nachbarn zu teilen, nachließ und jeder Haushalt in sich eine Insel wurde. Das war die große Revolution im Leben der Menschen, größer als aller ökonomische Wandel im Gefolge der Einhegungen.»[23]

Dass das ländliche Leben ungemütlicher wurde, heißt nun nicht zwangsläufig, dass das Land ökologisch heruntergewirtschaftet wurde. Man kann im Gegenteil annehmen, dass jener ältere Typ der Agrarreformen, der sich seit dem späten 18. Jahrhundert in Europa auf breiter Front durchzusetzen begann, die Bodenökologie in mehrfacher Hinsicht förderte: durch bessere Nutzung des Tierdungs und durch stickstoffbindende Schmetterlingsblütler. Die Hecken schützten den Boden gegen Winderosion, und sie boten Brutstätten für Vögel. Auch hier gibt es nicht eine einzige Geschichte. Die Hoffnung liberaler Forstreformer jedoch, dass der Holzmarkt ganz von selbst für prächtige Wälder sorgen würde, wurde oftmals enttäuscht, wobei freilich stets umstritten bleibt, was ein «guter Wald» ist.[24] Und selbst dann, wenn die Allmenden rein ökonomisch gesehen nicht gut bewirtschaftet wurden, bedeutet das noch lange nicht, dass sie auch ökologisch ruiniert wurden. Frühere Allmende-Landschaften sind wegen ihrer Artenvielfalt heute die Eldorados der Naturschützer.[25]

Wenn man das damalige Hin und Her um den Holznot-Alarm und die Selbststeuerung der Waldnutzung durch den Markt rekapituliert, könnte man mit Blick auf heutige Dispute zunächst meinen: «Alles schon einmal da gewesen.» Und doch ist die Szenerie vor zweihundert Jahren, aus der Nähe besehen, in entscheidenden Punkten ganz anders. Bei den Wäldern konnte man schon seit der frühen Neuzeit in weiten Teilen Europas nicht daran zweifeln, dass es sich um eine begrenzte Ressource handelte. Jeder hatte anschaulich vor Augen, wie rasch ein Baum gefällt ist, der in einem Jahrhundert gewachsen ist, und wie unendlich viel schneller das Holz im Kamin verbrennt, als es zum Nachwachsen braucht. Das bedrohte Dasein der Wälder war geradezu überanschaulich: Ein Baum fällt mit einem Krach, das Wachstum der Bäume dagegen vollzieht sich unmerklich und geräuschlos, und die Holzvorräte in der Tiefe der Wälder überblickten bis zu der Zeit der großen, berechenbaren Nadelholz-Reinbestände nicht einmal die Förster.[26] Von daher gab es immer wieder eine Tendenz, sich die Situation der Holzversorgung dramatischer vorzustellen, als sie in Wirklichkeit war. Erst moderne Naturschützer, die artenreiche Weidelandschaften offenhalten möchten, machten die Erfahrung, wie leicht, ja lästig der Wald auch ohne Aufforstung nachwächst und wie wenig die Entwaldung in feuchten Regionen irreversibel ist.

Wenn die Vorwürfe der Waldübernutzung und die Warnungen vor Holznot im 18. Jahrhundert von ganz verschiedener Seite kamen und nicht selten wie Bälle hin und her flogen, erklärt sich das nur daraus, dass sie ein gewisses Maß an Glaubwürdigkeit besaßen. Pure Phantasien über den Wald hätten keinen Glauben gefunden: Dazu war der Wald zu handgreiflich und zu anschaulich. Solange man noch wirkliches, organisches Wachstum vor Augen hatte, waren die «Grenzen des Wachstums» eine Banalität; man brauchte sie nicht mit Großcomputern zu errechnen. In dieser Hinsicht ist die Situation bei heute gefährdeten Ressourcen – den Öl- und Erdgasvorkommen, den Weltmeeren, der Atmosphäre – von Grund auf anders; und daher erfordert sie andersartige Gegenstrategien mit viel breiteren Akteurskoalitionen.

In mehrfacher Hinsicht besitzt der Holznot-Alarm um 1800 eine neue Aktualität. Ähnlich wie der Waldsterben-Alarm der 1980er Jahre reagierte er nicht so sehr auf eine akute Katastrophe als vielmehr auf eine sich bei Fortsetzung aktueller Achtlosigkeit zukünftig abzeichnende Krise: Die Vorsorge musste sich als aktuelles Krisenmanagement ausgeben, um politisches Durchsetzungsvermögen zu erlangen. Im Anblick des natürlichen Wachstums musste man lernen, mit den Grenzen des Wachstums umzugehen und zu einer nachhaltigen Nutzung regenerativer Ressourcen zu gelangen. So gesehen, war die Zeit um 1800 ein historischer Augenblick der Klarsicht und der ökologischen Vollendung der Aufklärung, der in der Folge mit dem Siegeszug der Kohle – wie Volker Hauff feststellt[27] – von einem «zweihundertjährigen Tiefschlaf» abgelöst wurde.

Die Unmöglichkeit einer großen grünen Allianz um 1800. Zu einem breiten Bündnis für Natur- und Umweltschutz ist es um 1800 jedoch nicht gekommen, konnte es auch nicht kommen. Die aus heutiger Sicht «ökologischen» Motive waren damals auf verschiedene, teilweise zueinander konträre geistig-politische Strömungen verstreut. Das Ancien Régime kultivierte den Hochwald, die Revolution die Freiheitsbäume (die zu Kultzwecken entwurzelt und neu eingepflanzt werden mussten). Die Naturbegeisterung, die stets auch eine Begeisterung für das Naturhafte im Menschen war, verband sich in aller Regel mit dem Ruf nach Freiheit, nach Deregulation, während der Holznot-Alarm typischerweise im Verbund mit staatspaternalistischen Positionen ertönte: mit dem Ruf nach «guter Polizey» und der Verteidigung überkommener obrigkeitlicher Regulierungen. Ob man die Natur als Geliebte, als Göttin oder als Gesetzgeberin verehrte: Stets waren dabei der liberale Drang nach der Durchbrechung alter Schranken und der Glaube an die natürliche Selbstregelung der menschlichen wie der ökonomischen Beziehungen im Spiel. Diejenigen Kräfte dagegen, die die Aufrechterhaltung alter Beschränkungen und Kontrollinstanzen verteidigten und damit über einen Handlungsrahmen verfügten, innerhalb dessen sich für ein Gleichgewicht zwischen Mensch und Natur praktisch hätte etwas tun lassen, standen in der Regel auf der Gegenseite.[28] Der große Wirtschaftstheoretiker, der an die Grenzen des Wachstums – am allermeisten des Bevölkerungswachstums – erinnerte, war um 1800 Thomas Malthus; aber seine Lehre besaß zu einer Zeit, in der die Methoden zur Empfängnisverhütung noch unvollkommen waren, einen menschenfeindlichen Zug.

In Frankreich waren es um 1800, wie Andrée Corvol schreibt, die «Ultras der Restauration», die eine erschreckende Entwaldung erkennen wollten.[29] War nicht unter der Herrschaft der Jakobiner die Ziege, die «Kuh der armen Leute» und schlimmste Feindin des Waldes, ungehindert in die Wälder eingedrungen? Der französische Ingenieur F. A. Rauch brachte in der 1818 veröffentlichten Neufassung seines Werkes *Régénération de la nature vegetale* die von ihm emphatisch propagierte Regeneration der Wälder in innere Verwandtschaft mit der politischen Restauration.[30] Er übersah, dass die Revolution auf ihre Art, wenn auch unbeabsichtigt, dem Wald zugute kam: Indem sie den Bauern die freie Jagd gewährte und damit den Wildstand radikal dezimierte, förderte sie die natürliche Verjüngung des Laubwaldes.

Unter den Bedingungen der älteren Zeit wurde der Wald nicht nur durch die Forstordnungen, sondern zum Teil auch durch Verstöße gegen die Forstordnungen geschützt, so wenn die Bauern das Totholz im Wald liegen ließen, wo es den Boden düngte, oder ihre Schweine in Eichen- und Buchenwälder trieben: eine Praktik, die später als «Waldkur» zu Ehren kam. Insgesamt gesehen gewinnt man den Eindruck, dass letztlich das Fehlen eines klar erkennbaren Problemdrucks die Ursache dafür war, dass es zu keiner breiten umweltpolitischen Akteurskoalition kam wie heute. Während heutzutage das menschliche Trägheitsgesetz eher für die Umweltzerstörung arbeitet, resultierte in vormoderner Zeit vermutlich der beste Schutz der Umwelt aus der menschlichen Trägheit: Es war so mühsam, in unwegsamem Gebiet Bäume zu fällen und zu transportieren. An den Flüssen blockierten diverse Interessen einander wechselseitig: die der Schiffer und Flößer, der Wassermüller und der um ihre Wiesenbewässerung besorgten Bauern. Aber begeisterte Reformer wollten ja gerade die Trägheitsgesetze überwinden. Unter solchen Bedingungen war Umweltschutz kein Ziel für eine große Bewegung mit breiter integrativer Kraft.

Wenn man sich zu sehr auf den Begriff «Natur» fixiert, wird man von der wirklichen Vorgeschichte des modernen Umweltbewusstseins abgelenkt. Die Beschwörung der «Natur» enthielt zu jener Zeit in der Regel kein Memento an die Grenzen des Wachstums, eher eine Begeisterung für das Wachstum. Bei Politikern und Ökonomen geschah sie nicht selten im Kontext von Wachstumsstrategien, die auf die gänzliche Erschließung der «Schätze der Natur» eines Landes zielten. Es war die Zeit, wo allenthalben die ersten exakten und detaillierten flächendeckenden Karten angefertigt wurden: auch dies eine eminent wichtige Zäsur in der Geschichte der Umweltwahrnehmung. «Natürlich» war im Übrigen jener Geist der Freiheit, der gegen grundherrliche Eheverbote ebenso wie gegen zünftlerische Gewerbebeschränkungen aufbegehrte und auch gegen all die Zollschranken und Stapelrechte, die den Handel daran hinderten, dem natürlichen Strom der Flüsse frei zu folgen. «Unnatürlich» waren empfängnisverhütende Sexualpraktiken. Gerade im 18. Jahrhundert begann, mit Rousseau gipfelnd,[31] eine hysterische Kampagne gegen die Onanie; es hieß, mit solchen Praktiken werde «die Natur betrogen».

Die gesamte Moderne ist in ihrem Verhältnis zur Natur seit der Zeit Bacons von einer tiefen Dialektik durchzogen: Je systematischer man die Natur auszubeuten suchte, desto genauer lernte man sie kennen und begriff ihre Eigengesetzlichkeit. Aus den alpinen Salinen und dem sächsischen Berg- und Hüttenwesen des 18. Jahrhunderts stammt das Konzept der «nachhaltigen» Waldwirtschaft:[32] Gerade dadurch, dass diese größten Holzverbraucher der Zeit, deren Schicksal an den Waldressourcen hing, ihre Wälder maximal zu nutzen suchten, waren sie im eigenen Interesse gezwungen, dieses Maximum genau zu berechnen. Es wäre verkehrt, daraus zu folgern – wie es viele Forsthistoriker getan haben –, den forstlich unbelehrten Menschen davor habe jeglicher Sinn für Nachhaltigkeit gefehlt. Eher war es umgekehrt: Innerhalb der bäuerlichen Wirtschaft verstand sich das Gebot der Nachhaltigkeit von selbst. Natürlich wusste jeder, dass man, wenn man eine Eiche fällte, rechtzeitig eine neue hochkommen lassen musste, wenn man für Schweinemast und Hausbau vorsorgen wollte – dazu brauchte man kein *sustainable development* von Rio. Erst bei den großen «Holzfressern» wurde die nachhaltige Waldwirtschaft nichttrivial.

Deutsche Regionen wurden um 1800 international zu Pionieren der Aufforstung; und zur gleichen Zeit wurde Deutschland zum Land der Waldromantik. Es liegt nahe, zwischen dem einen und dem anderen einen Zusammenhang anzunehmen. Dieser ist jedoch erstaunlich schwer nachzuweisen. Wie es scheint, handelt es sich mehr um eine Dialektik als um direkte Kausalität. Die Waldromantik mag unterschwellig ein Reflex der voraufgegangenen Welle von Warnungen vor Waldzerstörung sein; deutlicher jedoch spiegelte sich in ihr die Vorstellung von der Unendlichkeit der Wälder.

Am ehesten sind Waldromantik und Waldschutzengagement bei Ernst Moritz Arndt, dem Vorkämpfer des deutschen Nationalismus, in Personalunion vereint. 1820 warnte er: Die Axt, die an den Baum gelegt werde, drohe zur Axt zu werden, «die an das ganze Volk gelegt werde». Eigentlich hätten die Forstleute darüber empört sein müssen; denn der Holzschlag war ja der ökonomische Sinn ihres Daseins. Wenn Arndt jedoch aus seiner nationalpolitischen Wertschätzung des Waldes die Forderung ableitete, zum Verkauf angebotene Wälder «um jeden Preis» in Staatsforsten umzuwandeln, so konnte das den Staatsförstern gefallen. Und auch wenn er dazu aufrief, die Gewerbe aus dem Wald zu vertreiben: «Also weg mit den waldverwüstenden Fabrikanten! Weg mit ihnen von den Höhen und Berggipfeln!»[33] Das romantische Ideal der Waldeinsamkeit traf sich mit dem Ziel des Försters, im Wald allein zu bestimmen und dort nicht durch Gewohnheitsrechte der Köhler, Glasmacher und Pechbrenner behelligt zu werden.

Und doch: Jene knorrigen alten Eichen, die die Romantiker so liebten, waren für die Forstökonomen «faule Gesellen»; denn sie wuchsen nicht mehr weiter und waren obendrein voller Astlöcher, die den kommerziellen Wert des Holzes verdarben. Wilhelm Heinrich Riehl – auch einer der großen Ideologen der deutschen Waldromantik und zugleich Fürsprecher der Einrichtung forstlicher Professuren – klagte um 1850, Deutschland habe «in neuerer Zeit» durch die «künstliche Umwandlung des stolzen Laubholzhochwaldes in kurzlebige Nadelwälder mindestens ebensoviel von seinem eigentümlichen Waldcharakter verloren als durch die völlige Rodung ungeheurer Waldflächen».[34]

Ein Konnex zwischen Aufforstung und Waldromantik ist immerhin deutlich: Wenn die Forstleute im 18. Jahrhundert von allen Staatsbeamten in der Landbevölkerung am meisten verhasst gewesen waren,[35] der Förster jedoch im 19. Jahrhundert zum Traumberuf der Deutschen avancierte – was ihm in vielen anderen Ländern keineswegs gelang –, war das zu einem Gutteil das Werk der Romantik. Aber eigentlich war es gar nicht der moderne, konsequent ökonomisch denkende Förster, den die Romantiker liebten. Carl Maria von Webers *Freischütz* (1821), der den Förster zum Opernhelden machte und mit seinem prompten und ungeheuren Erfolg wohl am allermeisten die populäre deutsche Waldromantik begründete, ging noch ganz unbefangen davon aus, dass sich der angehende Förster durch Schießkünste und durch Protektion qualifiziert. Das war genau jener Förstertyp, den die Forstreformer abschaffen wollten. Der «holzgerechte» sollte den «hirschgerechten» Förster ersetzen. Aber in letzter Konsequenz hat sich diese Reform bis heute nicht durchgesetzt: Noch immer sind viele Forstleute in ihrem Herzen «hirschgerecht», zur Empörung derer, denen das Holz wichtiger ist als das Wild und in deren Augen die Wildschäden in den Wäldern ein Skandal sind.

Aus der Rückschau fällt auf, dass sich bei dem Alarm um den Wald im 18. Jahrhundert alles um das Holz dreht. Kannte man keine anderen Werte des Waldes? Die Waldromantik kannte sie in reichem Maße; aber sie erreichte ihren Höhepunkt erst zu einer Zeit, als sich das «Gespenst der Holznot»[36] mehr und mehr verflüchtigte. Im Laufe des 19. Jahrhunderts operieren die Plädoyers für Waldschutz und Aufforstung – und zwar von Nordamerika bis Britisch-Indien – zunehmend mit protoökologischen Argumenten: mit dem Wert des Waldes für den Bodenschutz und den Wasserhaushalt des Bodens und mit der (behaupteten) Bedeutung des Waldes für das Klima. Hier begegnen wir erstmals dem von modernen Ökologen geforderten «vernetzten Denken» und erstmals auch der These von einem anthropogenen Klimawandel.

Vor dem Hintergrund des voraufgehenden Holznot-Alarms, mit dem die erste Generation der Forstreformer die Regierungen und die öffentliche Meinung zu mobilisieren suchte, wirken diese protoökologischen Argumente ein wenig als Lückenbüßer. Aber die Geschichte wirft auch ein Licht auf die Ökologie der Ökologie. Deutsche Landschaften waren mit oder ohne Wald regen- und wasserreich; der Wert des Waldes für die Regulierung des Wasserhaushalts wurde zuerst in der alpinen Schweiz und in Südfrankreich entdeckt oder auch nur behauptet, hier nach Überschwemmungskatastrophen und dort nach Zeiten der Dürre. Für die amerikanische Aufforstungsbewegung wurde das Wasser-Argument in der zweiten Hälfte des 19. Jahrhunderts zentral. Bei George Perkins Marsh, der 1864 als amerikanischer Botschafter in Florenz mit *Man and Nature* das berühmteste amerikanische Pamphlet gegen Umweltzerstörung vor Rachel Carsons *Silent Spring* (1962) publizierte und dabei kahle und ausgedörrte mediterrane Gebirge vor Augen hatte, kreist fast alles um Wald und Wasser; und beide Themen hängen für ihn zusammen. Deutschland ist für ihn das Vorbild in der Forstwirtschaft; dafür habe man in Frankreich den Zusammenhang zwischen Wald und Wasser aufmerksamer untersucht.[37]

Japan: ein außerwestlicher Pionier nachhaltiger Waldwirtschaft. Ein besonders denkwürdiges außerwestliches Beispiel bietet *Japan:* das einzige außerwestliche Land, das schon frühzeitig eine systematische Politik von Waldschutz und Aufforstung betrieb. Im weltweiten Überblick zeichnet sich ein Zusammenhang zwischen ökonomischer und ökologischer Energie ab; und diejenigen Länder, in denen sich frühzeitig der Waldschutz institutionalisierte, sind ab 1970 in typischen Fällen auch im Umweltschutz vorangegangen. In den schmalen japanischen Ebenen erheben sich die steilen Berge oft in Sichtweite; von daher könnte man vermuten, dass man dort relativ früh den Zusammenhang zwischen Wald und Wasserhaushalt begriff: früher als in China, wo die Ursprünge der großen Ströme in unbekannter Ferne lagen. Und doch waren auch im japanischen Schrifttum Wald und Flüsse bis in die frühe Neuzeit getrennte Themen. Am evidentesten war die durch Abholzung der Wälder am Steilhang bewirkte Bodenerosion, durch die die Flüsse verschlammten, an denen die Bewässerung der Reisfelder hing. Es war diese Misere, die seit dem Ende des 17. Jahrhunderts die Shogune in Edo, dem späteren Tokio, dazu veranlasste, eine Behörde zur Erosionskontrolle einzurichten, die sich um den Schutz des Waldes ebenso wie um den der Flüsse kümmerte.[38]

Gleichwohl sprechen gewichtige Indizien dafür, dass das Geheimnis des relativ erfolgreichen Waldschutzes in Japan nicht so sehr bei der Zentrale, sondern mehr noch bei regionalen Akteuren[39] und den bäuerlichen Waldgenossenschaften zu suchen ist, deren Wirksamkeit Elinor Ostrom gewürdigt hat.[40] Bis heute gelingt Waldschutz am besten aus der Nähe; das galt erst recht unter den Verkehrsbedingungen der Vormoderne. In dieser Hinsicht besteht eine auffallende Analogie zwischen Japan, das durch seine Gebirge in viele Kleinlandschaften zerteilt ist, und dem territorial zersplitterten Deutschland mit seinen dörflichen Gemeinwäldern. Wenn das Bakufu Verordnungen zum Waldschutz erließ, hing diese Zentralbehörde der Shogune von Edo doch zugleich mit den größten Holzverbrauchern zusammen, nicht anders als viele Verwaltungsspitzen Europas. Wie Conrad Totman, der beste westliche Kenner der japanischen Forstgeschichte, mit beißender Ironie bemerkt: «Der Kern des Entwaldungsproblems lag in dem von oben autorisierten, nicht in dem illegalen Holzschlag. Die Schutzmaßnahmen wurden von den obersten Waldräubern erlassen, nicht um die Wälder zu erhalten, sondern um ihren eigenen Zugriff auf das Holz zu sichern.»[41] Der Entwaldungsschub, der der Schwächung der regionalen Autonomie im Zuge der Meiji-Reformen ab 1868 folgte, wirft aus der Rückschau ein Licht auf die forstlichen Meriten der Zeit davor.[42]

Das ist bis heute das Problem der Forstgeschichte überall auf der Welt: Der Waldschutz von höchster Stelle ist stets am allerbesten dokumentiert; aber ob er auch am effektivsten war, ist oft fraglich. Ähnliches gilt mehr oder weniger für die Umweltpolitik insgesamt. Es ist auch das Grunddilemma des im Zeichen des *sustainable development* von Rio 1992 mit der Entwicklungshilfe verkoppelten Umweltschutzes, der mit Regierungsstellen kooperiert. Wie Elinor Ostrom feststellt, sind gerade durch die – regelmäßig mit drohender Waldzerstörung begründeten – Verstaatlichungen der Wälder de facto «Ressourcen mit freiem Zugang entstanden, wo zuvor im Gemeineigentum befindliche Ressourcen mit beschränktem Zugang existiert hatten»:[43] und auf diese Beschränkung des Zugangs kommt es an, der durch ineffektive und korrupte staatliche Forstverwaltungen oft am wenigsten gewährleistet wird. Manches von der alten deutschen Kontroverse darüber, wer der beste Waldschützer ist, besitzt exemplarischen Charakter und lässt sich heute auf weite Teile der Welt übertragen.[44]

Die neue Verbindung von Wald- und Klima-Alarm. Das Plädoyer des französischen Ingenieurs F. A. Rauch für die «Regeneration» der Wälder trug in der Erstfassung von 1802 den Titel «Harmonie hydro-végétale et météorologique»:[45] Da finden wir bereits das neue, ebenso zukunftsträchtige wie dubiose Thema der Bedeutung des Waldes für das *Klima*. Ursprünglich herrschte in Europa die Meinung, in Waldländern – da hatte man Skandinavien und Russland, aber auch das Germanien des Tacitus vor Augen – sei das Klima rau, und die Abholzung der Wälder beschere den Menschen ein milderes und freundlicheres Klima. Immerhin, die meisten Bäche und Flüsse entsprangen im Wald; es gab deutliche Anzeichen dafür, dass die Wälder das Wasser speicherten und vielleicht sogar die Regenwolken festhielten. Da jedoch das regenreiche Mittel- und Westeuropa in früheren Jahrhunderten feuchter war als heute und man zur Urbarmachung nicht nur Wälder rodete, sondern auch Niederungen trockenlegte, war es nicht unbedingt ein Vorzug, wenn die Wälder Regen spendeten. Um 1800 gab es den Literaturtypus der «medizinischen Topographie»: Abhandlungen über die (behaupteten) Wirkungen dieser und jener Landschaft auf Gesundheit und Krankheit – eine Fundgrube für das Umweltbewusstsein jener Zeit, das damals wie heute nicht zuletzt Gesundheitsbewusstsein war. Da galten feuchte Landschaften generell als ungesund und Rodungen als heilsam.[46]

Aber diese Denkweise kippte im 19. Jahrhundert mehr und mehr um. Der von Gilsenbach zum Ahnherr der Öko-Bewegung erhobene Ernst Moritz Arndt schrieb 1820: «Die Bäume, wann sie belaubt sind, dunsten reichlich aus und setzen befruchtende Teile ab, die, wie die Erfahrung lehrt, den Menschen und den benachbarten Feldern gedeihlich sind.» Vor allem deshalb verkündete er, dass «die Axt, die an den Baum gelegt wird», nur zu oft zu einer Axt werde, «die an das ganze Volk gelegt wird».[47] Der Mittelmeerraum, bis daher das von den Nordländern ersehnte arkadische Park- und Gartenparadies, wurde kritischen Reisenden, die von den Lehren der Agrar- und Forstreformer erfüllt waren, mehr und mehr zur entwaldeten und verdorrten Natur.[48] Für George P. Marsh wurde der regenspendende Effekt des Waldes am Ende sogar das wichtigste Argument für den Waldschutz. Wie der amerikanische Forsthistoriker Michael Williams sarkastisch bemerkt: «Perverserweise war es ausgerechnet *Man and Nature*, das sich als wahrer Katalysator für einen Schwall literarischer Regenmacher nach dem Bürgerkrieg erwies.»[49] Immer wieder die fixe Idee, mit Waldstreifen, die die Regenwolken festhielten, könne man die Prärien des Westens in Ackerland verwandeln. Die Unsinnigkeit solcher Projekte vermeintlicher Klimapolitik wurde erstaunlich langsam erkannt: So attraktiv war die Idee des Klimamanagements.

Auch die Forstverwaltung in Britisch-Indien rechtfertigte ihr straffes Regiment mehr mit dem Klimaschutz als mit der Holzversorgung:[50] Auch wenn sie es in Wahrheit zuoberst auf das heiß begehrte Teakholz abgesehen hatte, war das Klima-Argument doch ein Patentmittel, um dem Waldschutz von oben ein gemeinnütziges Image zu geben. Auf indische Waldleute machte diese Propaganda natürlich keinen Eindruck;

stattdessen trug sie dazu bei, dass der koloniale Waldschutz den Einheimischen suspekt wurde. Anders steht es mit dem Wert des Waldes für den Wasserhaushalt des Bodens: Das war und ist ein Nutzen, der auch den Bauern in dürrebedrohten Regionen der Dritten Welt einleuchtet und in neuerer Zeit wiederholt zum Argument von Protestbewegungen gegen auswärtige Holzfirmen wurde.[51]

Ökologisierung der «Rache der Natur». Es lohnt sich, in diesem Zusammenhang das Umsichgreifen des Paradigmas *«Rache der Natur»* zu verfolgen, das für die moderne Umweltbewegung schlechthin konstitutiv wurde. Das Denkmuster reicht, vor allem auf die menschliche Natur gemünzt, bis in die Antike zurück: *Naturam expelles furca, tamen usque recurret* – «Treibst du die Natur auch mit der Mistgabel aus, sie kehrt doch zurück», heißt es schon bei Horaz: in neuerer Zeit ein geflügeltes Wort. Die spätantike «Allgöttin Natura» – so Ernst Robert Curtius – ist keine «Personifikation eines Begriffes. Sie ist eine der letzten religiösen Erfahrungen der spätheidnischen Welt.»[52] Im Mittelalter tritt sie wiederholt als Klägerin auf: Im *Planctus Naturae* des Alan de Lille (1128–1202) klagt sie über die Sodomie, die die Natur betrügt und die Zeugung verhindert;[53] in dem *Iudicium Jovis* des Paulus Niavis, der im späten 15. Jahrhundert entstandenen Phantasie einer Gerichtsverhandlung der olympischen Götter über die Verletzung der Erde durch den Bergbau der Menschen, tritt die Mutter Erde – in den anklagenden Worten Merkurs – «am ganzen Körper voller Wunden und blutbespritzt» auf.[54] Die mittelalterliche Natur kann nur klagen, nicht strafen, und bei Niavis kommt sie mit ihrer Klage nicht einmal durch.

Im Laufe der Neuzeit jedoch gewinnt die Natur an Macht; jetzt kann sie selbst die Rache vollziehen. Die *Fliegenden Blätter* bringen 1852 eine Karikatur, auf der ein Baum mit grimmigem Lächeln einen Mann zersägt; darunter der Vers: «Es fällt durch der Sägen und Äxte Gewalt / Der frische, fröhliche freie Wald; / Was Wunder, wenn endlich der Baum sich rächt / Und seinen Mörder in Stücken sägt.» *Man and Nature* von George P. Marsh (1864) ist schon ganz von der Vorstellung der Rache der Natur durchzogen. Die gigantischen Waldabholzungen in den USA, aber auch der Qualm und Ruß der neuen industriellen Ballungsgebiete versetzen dem Wohlgefallen am Fortschritt auch bei sonst fortschrittlich gesinnten Beobachtern einen Stoß. Selbst Friedrich Engels kennt nicht nur die Rache des Proletariats, sondern – von der Marx'schen Hoffnung auf den Fortschritt der Produktivkräfte her eigentlich nicht logisch – auch die

Rache der Natur. «Schmeicheln wir uns indes nicht zu sehr mit unseren menschlichen Siegen über die Natur», schreibt er in seiner *Dialektik der Natur* (nach 1871); «für jeden solchen Sieg rächt sie sich an uns.»[55] Ein im Ursprung moraltheologisches Denkmuster[56] setzt mehr und mehr ökologische Substanz an; schon im 19. Jahrhundert wird es in dieser säkularisierten Form zum Gemeingut. Aber damals ist es vorerst bloße Betrachtung, kein Handlungsimpuls. Das Gleiche gilt für die in Mary Shelleys *Frankenstein oder der neue Prometheus* (1819) enthaltene Idee, dass der Mensch sich durch seine eigenen technischen Erfindungen selbst vernichtet: Das war ein Jahrhundert vor der Ära der technisierten Weltkriege und der Atomwaffen eine schrille Phantasie, keine zum Handeln herausfordernde Realität.

Immerhin, in *einer* Hinsicht war der Naturkult der älteren Zeit dem modernen Naturschutz voraus: Zu jener Zeit, als man bei «Natur» auch an die menschliche Natur dachte, entsprang dem «Naturrecht» die Idee der Menschenrechte, die allen Menschen von Natur aus eingeboren sind.[57] In das Naturrecht konnte man viel hineinprojizieren; aber es begründete zumindest einen elementaren Respekt vor dem menschlichen Körper. Unter dem Einfluss des Naturrechts – so Franz Wieacker – «verzüngelten seit dem Beginn des 18. Jahrhunderts langsam die Scheiterhaufen, verstummte das Röcheln der Gefolterten oder martervoll Hingerichteten ...»[58] Im Naturkult des 18. Jahrhunderts bestand ein fließender Übergang zwischen Natur- und Menschenliebe: Liebe des ungekünstelt Natürlichen im Menschen. Bereits bei Rousseau, der 1765 nach manchen Verfolgungen Zuflucht auf einer Insel im Bieler See suchte, ist allerdings auch die Sehnsucht nach der *einsamen* Natur da: «O Natur, o meine Mutter, hier steh ich unter deinem Schutz allein, hier kann sich kein schlauer schurkischer Mensch zwischen dich und mich drängen.»[59] In der Romantik wird diese Art der Naturliebe leidenschaftlicher. Aber die Spannung zwischen Natur- und Menschenliebe bleibt latent.

Erstes Zeitfenster: Die lange Jahrhundertwende von Naturschutz und Lebensreform

1875 England: *Public Health Act* zur besseren Organisation einer hygieneverträglichen Abfallbeseitigung in den Städten.

1876 England: weitgehendes Verbot der Vivisektion durch den *Cruelty to Animals Act*, mit Unterstützung der britischen Frauenbewegung und der Königin Victoria. Bereits 1824 wurde die *Royal Society for the Prevention of Cruelty to Animals* (RSPCA) gegründet.

1876 Gründung des Kaiserlichen Gesundheitsamtes in Berlin, der künftigen Wirkungsstätte von Robert Koch.

1877 Internationaler Verein gegen Verunreinigung der Flüsse, des Bodens und der Luft gegründet.

1877 Der preußische Staat verbietet die Einleitung ungeklärter Abwässer in die Flüsse (in der Folge Aufweichung des Verbots auf Druck der Städte).

1878 Deutscher Verein zum Schutz der Vogelwelt gegründet.

1879 Deutscher Tierschutzkongress in Gotha; Ernst von Weber: *Folterkammern der Wissenschaft* (Standardwerk der deutschen Anti-Vivisektionisten).

1880 Ernst Rudorff: *Über das Verhältnis des modernen Lebens zur Natur* (Gründertext des deutschen Naturschutzes).

1880 Der Deutsche Landwirtschaftsrat richtet einen ständigen Ausschuss ein, der die Möglichkeit der Rezyklierung städtischer Fäkalien als Düngemittel in der Landwirtschaft untersucht.

1880 George M. Beard: *A practical treatise on Nervous Exhaustion (Neurasthenia)* (Gründeropus der Lehre von der modernen Nervosität).

1881 *Smoke Abatement Exhibition* in London.

1884 Erster internationaler Ornithologen-Kongress in Wien: Vereinbarung über ein internationales Netz von Beobachtungsstationen als Basis für Vogelschutzmaßnahmen.

1886 USA: Gründung der ersten *Audubon Society* für Vogelschutz.

1888 England: Gründung der *Arts and Crafts Exhibition Society*.

1888 Institut Pasteur in Paris eröffnet, Vorbild für weitere bakteriologische Forschungszentren.

1888 Heinrich Lahmann gründet die vegetarische Naturheilstätte «Weißer Hirsch» bei Dresden; im gleichen Jahr bringt Eduard Bilz *Das neue Naturheilverfahren* heraus, das mit 3,5 Millionen verkauften Exemplaren zum größten Naturheil-Bestseller der Zeit wurde.

1889 Deutscher Bund der Vereine für Gesundheitspflege und arzneilose Heilweise gegründet (ab 1900 Deutscher Bund der Vereine für naturgemäße Lebens- und Heilweise).

1890 USA: Gründung des *Yosemite National Park*.

1890 William Morris: *News from Nowhere* (erste «Ökotopie», die um die Wiederherstellung der Harmonie mit der Natur kreist).

1890 Auf Initiative des Psychiaters Auguste Forel entsteht der Schweizer «Verein zur Bekämpfung des Alkoholgenusses»; 1895 fusioniert er mit dem deutschen «Alkoholgegnerbund» zum «Internationalen Verein zur Bekämpfung des Alkoholgenusses».

1892 Cholera-Epidemie in Hamburg: letzter Beweis für die Notwendigkeit der Flusswasserklärung zur Gewinnung von Trinkwasser.

1892 USA: Gründung des *Sierra Club* unter Vorsitz von John Muir.

1893 Frederick Jackson Turner: *The Significance of the Frontier in American History* («Turner-These», dass der Kampf mit der Wildnis den amerikanischen Charakter geprägt habe).

1893 Vegetarische Obstbaukolonie Eden gegründet (bei Oranienburg nördlich von Berlin).

1895 England: *National Trust for Places of Historic Interest or National Beauty gegründet* (bis heute führende britische Landschafts- und Denkmalschutz-Vereinigung).

1895 Svante August Arrhenius, der spätere Nobelpreisträger der Physik, stellt erstmals die Hypothese über den durch Kohlendioxid in der Atmosphäre hervorgerufenen Treibhauseffekt vor.

1897 Japan: erstes Forstgesetz; im gleichen Jahr Gesetz zur Erhaltung der Tempel.

1897 Max Bircher-Benner, der Erfinder des Müsli, gründet in Zürich sein Naturheilsanatorium.

1898 März: Wilhelm Wetekamp plädiert vor dem preußischen Abgeordnetenhaus für Naturparke.

1898 *Bund für Vogelschutz* unter Vorsitz von Lina Hähnle gegründet.

1898 Der Burenpräsident Paul Krüger gründet das Sabie-Wildreservat (ab 1926 Krüger-Nationalpark).

1898 Ebenezer Howard: *Tomorrow. A Peaceful Path to Real Reform* (einflussreichstes Buch der Gartenstadtbewegung).

1898 Wilhelm Bölsche: *Das Liebesleben in der Natur.*

1900 Britisch-deutsche *London Convention for the Preservation of Wild Animals, Birds, and Fish in Africa.*

1900 Gründung der *World League against Vivisection.*

1900 Eduard Bertz: *Philosophie des Fahrrads.*

1900 Eröffnung des *Chicago Sanitary and Ship Canal*, der die Abwässer von Chicago, die bis dahin in den Michigan-See flossen, dem Mississippi zuleitet.

1901 Deutsches Reich: Institut für Wasser-, Boden- und Lufthygiene (WaBoLu) des Reichsgesundheitsamtes gegründet.

1901 Der Staat Missouri klagt gegen die von dem Staat Illinois geplante Ableitung der Abwässer von Chicago in den Mississippi.

1901 Gründung der Naturheilstätte auf dem Monte Verità bei Ascona, der damals zum Sammelpunkt von Lebensreformern wird.

1901 Gründung des Wandervogels in Berlin-Steglitz.

1902 Paris: Internationaler Vertrag zum Schutz «nützlicher» Vögel.

1902 *International Council for the Exploration of the Sea* mit Sitz in Kopenhagen eingerichtet, um Informationen über die Entwicklung der Fischbestände zu sammeln.

1902 Gründung der Deutschen Gartenstadtgesellschaft.

1902 Gründung des Isartalvereins.

1902 Denkmalschutzgesetz in Hessen, das auch den Schutz von Naturdenkmälern vorsieht.

1903 Theodore Roosevelt (US-Präsident von 1901 bis 1909) und John Muir im Yosemite-Nationalpark.

1904 Internationaler Frauenbund für Vogelschutz gegründet.

1904 Gründung des *Bundes Deutscher Heimatschutz* als Dachorganisation regionaler Heimatschutzvereine.

1904 Gründung der Emschergenossenschaft: Zur Reinhaltung der Ruhr wird die Emscher zum «Opferfluss» für die Abwässer des Ruhrreviers.

1904 Upton Sinclair: *Der Dschungel* (Enthüllungsroman über die fabrikartigen Schlachthöfe).

1905 U.S. Forest Service unter Leitung von Gifford Pinchot gegründet.

1905 *Anti-Smoke League* in Baltimore gegründet; zur gleichen Zeit ähnliche Initiativen auch in anderen amerikanischen Städten (1908 Anti-Smoke League als Frauenverband in Chicago, setzt sich für Elektrifizierung der Bahn ein).

1905 Bayern: Landesausschuss für Naturpflege gegründet.

1906 Preußen: Staatliche Stelle für Naturdenkmalpflege unter Leitung von Hugo Conwentz gegründet.

1906 In Berlin entsteht die Deutsche Luftbadegesellschaft für Freikörperkultur.

1906 Gründung der Gartenstadt Hellerau bei Dresden, die zu einem Zentrum der Reform von Kunst und Design wird.

1906 USA: *Pure Food and Drug Act.*

1907 Robert Baden-Powell gründet die Boy Scouts (in Deutschland Pfadfinder).

1908 Der Philosoph Theodor Lessing gründet einen «Lärmschutzverband» mit dem Vereinsorgan «Der Anti-Rüpel».

1908 In Berlin-Charlottenburg «Centralstelle zur Abwehr des Strassenstaubs» gegründet.

1908 Gustav Mahler: *Das Lied von der Erde.*

1909 Schweden erlässt als erstes Land ein Naturschutzgesetz.

1909 Internationaler Kongress für Heimatschutz in Paris.

1909 Internationaler Tierschutzkongress in London: Kampagne gegen die Vivisektion.

1909 In Stuttgart wird der Verein Naturschutzpark gegründet; 1910 erwirbt er den Wilseder Berg: Kern des Naturschutzgebietes Lüneburger Heide.

1910 Paul Sarasin, Vorsitzender des 1909 gegründeten Schweizerischen «Bundes für Naturschutz», hält auf dem 8. Internationalen Zoologenkongress in Graz ein Grundsatzreferat über «Weltnaturschutz», in dem er im Blick auf bedrohte Tierarten die Einrichtung einer Weltnaturschutz-Kommission fordert.

1910 Gifford Pinchot: *The Fight for Conservation*.
1910 Protestversammlung in Tölz gegen das geplante Walchensee-Wasserkraftwerk: Höhepunkt einer (erfolglosen) Protestbewegung.
1911 Gründung der französischen Liga für Vogelschutz und des ersten französischen Naturschutzgebietes.
1911 Hermann Löns beschimpft den «conwentzionellen» Naturschutz als «Pritzelkram».
1911 Internationale Hygieneausstellung in Dresden (5 Millionen Besucher!).
1912 Auf Burg Altena wird die erste deutsche Jugendherberge eingerichtet.
1913 Weltnaturschutzkonferenz in Bern.
1913 British Ecological Society gegründet; 1914 Ecological Society of America.
1913 Treffen der «freideutschen Jugend» auf dem Hohen Meißner; Botschaft von Ludwig Klages: *Mensch und Erde*.
1913 Bund Naturschutz in Bayern gegründet, Initiator des späteren BUND.
1913 USA: Migratory Birds Act.
1913 Niederlage des Sierra Club im Kampf gegen die Ausgliederung des Hetch-Hetchy-Tals aus dem Yosemite-Nationalpark zur Wasserversorgung von San Francisco.
1914 März: Die Schweiz gründet den Nationalpark im Engadin, den ersten europäischen Nationalpark.

Umweltaktivismus im «nervösen Zeitalter»

Die Belle Époque in der Geschichte des Umweltbewusstseins. Der Historiker ist von Hause aus neugierig, ob schon die bloße Chronologie etwas verrät: Gleichzeitigkeit und Ungleichzeitigkeit, zeitliche Aufeinanderfolge und die Konzentration gewisser Daten in bestimmten Zeiträumen. Sucht man nach den historischen Ursprüngen der modernen Umweltbewegung, massieren sich die Daten in den Jahrzehnten um 1900: Eine «lange Jahrhundertwende» zeichnet sich ab, eine eindrucksvolle «Sattelzeit» hin zur ökologischen Moderne in den meisten Industriestaaten jener Zeit, in den USA sogar mindestens so markant wie in Deutschland und England. Viele Bestandteile der modernen Umweltbewegungen treten in jener Zeit erstmals öffentlich in Erscheinung; die Fülle der Gleichzeitigkeiten und der raschen Aufeinanderfolgen ist frappant.

Auch die Suche nach Prioritäten setzt den Forscher auf manche Fährten und wirft die Frage auf, ob am Anfang die Hygienebewegung steht – die Initiativen zur Sanierung der im eigenen Abfall und Rauch erstickenden Großstädte – oder eher die Tier- und Vogelschutzbewegung, die stets eine besondere Erbitterung zu mobilisieren vermochte. An der Wurzel der Umweltbewegung die Sorge um die Gesundheit – oder eine selbstlose

Leidenschaft? Oder kam beides zusammen; ist ebendies der Punkt? Eine Frage von geschichts- und naturphilosophischer Tragweite! So oder so reizt die Massierung der Jahreszahlen zur Suche nach Kettenreaktionen und Wechselströmen. Aber Vorsicht: Machen wir nicht zu rasch aus den Zahlen und Fakten eine in sich geschlossene Geschichte; lassen wir sie erst einmal neben- und nacheinander stehen. Wenn man aus heutiger Retrospektive diese Zahlen herauspickt und den Rest der Weltgeschichte fortlässt, könnte man auf eine optische Täuschung hereinfallen. Vor 1970 wurden diese Daten nur partiell im Zusammenhang wahrgenommen, und wenn, dann in anderen Kontexten als in denen der Öko-Ära.

Samuel P. Hays, der als Erster die amerikanische *Progressive Era* mit einem Schwerpunkt auf dem damals proklamierten staatlichen Schutz der natürlichen Ressourcen darstellte, betitelte sein Buch: *Conservation and the Gospel of Efficiency* (1959). Das war eine Anspielung auf das abschließende Crescendo in der Ansprache, mit der Präsident Theodore Roosevelt 1908 die Gouverneure der Einzelstaaten zur Erhaltung der Naturschätze aufrief: «Finally, let us remember that the conservation of our natural resources, though the gravest problem of today, is yet but part of another and greater problem to which this Nation is not yet awake, but which it will awake in time, and with which it must hereafter grapple if it is to live – the problem of national efficiency, the patriotic duty of insuring the safety and continuance of the Nation.»[60] Da applaudierten die Gouverneure: *Efficiency* war eines der populärsten amerikanischen Schlagworte jener Zeit und ließ sich mit einem Appell an den Patriotismus verbinden. In den Worten Roosevelts bekommt diese Effizienz bereits einen Sinn, den man ein Jahrhundert darauf auf den Begriff *Nachhaltigkeit* gebracht hätte.

Robert H. Wiebe, der die *Progressive Era* ebenfalls noch kurz vor der «ökologischen Revolution» darstellte, gab seinem Buch den aus heutiger Sicht erstaunlichen Titel: *The Search for Order* (1967). Kein Wunder, dass bei ihm zwar Gifford Pinchot vorkommt, der legendäre und wortgewaltige Gründervater einer nachhaltig geordneten Forstwirtschaft, nicht jedoch John Muir, der Prophet der durch Nationalparke zu schützenden Wildnis. Für Wiebe verkörpert sich der Geist jener Zeit am besten in dem 1888 veröffentlichten technokratischen Science-Fiction-Roman von Edward Bellamy: *Looking Backward*, der «populärsten Utopie der amerikanischen Geschichte:[61] einer schaudernden Rückschau auf die chaotische Gegenwart aus dem Jahr 2000, wo sich die amerikanische Gesellschaft im Dienste des Gemeinwohls nach dem Muster militärischer Disziplin organisiert hat. Die zwei Jahre darauf, 1890, erschienene utopische Romanze von William Morris, für Jan Holm der «Prototyp der Ökotopie»,[62] der bei Wiebe nicht vorkommt, war jedoch ein aus genossenschaftlichem Denken geborener Gegenentwurf zu der zentralistischen Vision von *Looking Backward*. Überblickt man das Gesamtpanorama jener Zeit, traf Morris – später für Shaw der größte Geist seiner Zeit[63] – die damaligen Zukunftsträume mindestens so gut wie Bellamy. Die Sehnsucht nach selbst organisierter «natürlicher» Gemeinschaft ohne alles beherrschende staatliche Bürokratie trieb um 1900 eine Vielfalt von Blüten und ist ein nationenübergreifendes Leitmotiv der Belle Époque.

In der deutschen Geschichtsschreibung haben die vielen Reformbewegungen um 1900, die heute zukunftsträchtig wirken, noch keinen Sammelbegriff gefunden, über den sich die Historiker einig wären. Meist werden sie voneinander getrennt behandelt; übergreifende Rubriken lauten «Lebensreform», «Reformpädagogik», «Jugendbewegung», «Jugendstil» oder auch einfach «Reformbewegungen». In den ersten Nachkriegsjahrzehnten beachtete man vor allem diejenigen Linien, die zum Nationalsozialismus hinführten. In Wirklichkeit waren Pazifismus, Sehnsucht nach Völkerverständigung und nach kleinen, freiheitlichen Gemeinschaften für jene Bewegungen weitaus typischer als Chauvinismus und Protofaschismus. «International» war in dieser Szene ein positiv besetztes Reizwort; manchmal nannte man sich selbst dann «international», wenn man in Wahrheit regional war.[64] Der *Deutsche Bund der Vereine für naturgemäße Lebens- und Heilweise*, die Dachorganisation der Naturheilvereine – seit 1900 unter diesem Namen –, setzte sich für eine «Demokratisierung des Gesundheitswesens» ein und war frei von chauvinistischen und rassistischen Anwandlungen:[65] ein umso bemerkenswerterer Zug, als der imperiale Nationalismus zu jener Zeit in der westlichen Welt seinem Siedepunkt zutrieb.

Aber jene Zeit war eben nicht nur Vorgeschichte der Weltkriege, sondern enthielt noch ganz andere Geschichten: Da lässt sich aus der Sicht der Öko-Ära manches wiederentdecken. Dass der Verzicht auf Fleischgenuss den Menschen friedlicher mache, war schon damals eine gängige, durch Völkerkundler bestärkte Meinung; der Vegetarismus – ein gemeinsamer Nenner von mehreren der Lebensreformbestrebungen – verband sich in typischen Fällen mit Pazifismus.[66] Der legendäre «Erste Freideutsche Jugendtag» auf dem Hohen Meißner im Oktober 1913 entstand als Gegenkundgebung gegen die offiziellen Festveranstaltungen zum Gedenken an die Leipziger Völkerschlacht von 1813. Da hielt Gustav Wyneken – ein führender Reformpädagoge und Anhänger der Nacktkultur – eine Rede, die als «Schauer von unendlicher Schönheit» erlebt wurde und von der besonders dieser Ausruf in Erinnerung blieb: «Wenn ich die leuchtenden Täler unseres Vaterlandes hier zu unseren Füßen ausgebreitet sehe, so kann ich nicht anders als wünschen: Möge nie der Tag erscheinen, wo des Krieges Horden sie durchtoben. Und möge auch nie der Tag erscheinen, wo wir gezwungen sind, den Krieg in die Täler eines fremden Volkes zu tragen.»[67]

Es gab mehrere Arten von Naturliebe, darunter auch eine Natur-Libido mit einem Element von Jagdleidenschaft und kämpferischer Wildheit, so im amerikanischen Westen. Ein Highlight der Memoiren des amerikanischen Präsidenten Theodore Roosevelt ist das «Mahl der Bärenjäger», die er zu sich ins Weiße Haus eingeladen hatte: für ihn Prachtkerle, die ihn «stolz darauf machten, dass sie Amerikaner waren».[68] Die Liebe zur naturhaften Landschaft verband sich jedoch in der Regel mit einer Sehnsucht nach Frieden. Der Naturschutz war in seinem Grundton defensiv, nicht aggressiv. Keineswegs ist er pauschal mit einem Sozialdarwinismus gleichzusetzen, der den Kampf zum Lebenselixier machte. Das wohl berühmteste und glühendste Bekenntnis zur Naturliebe aus jener Zeit ist die Botschaft des Philosophen Ludwig Klages an den Hohen Meißner: *Mensch und Erde*. Klages, der den Krieg verabscheute und 1914 in die Schweiz emigrierte, erteilte dem Darwinismus eine scharfe Abfuhr: «Die Natur kennt keinen ‹Kampf ums Dasein›, sondern nur *den* aus der Fürsorge für das Leben.» Seine Botschaft mündet in die Vision einer Rettung der Erde durch einen kosmischen Eros: die «weltschaffende Webekraft allverbindender Liebe».[69] «Webekraft»: Die «Vernetzung» gab es ja noch nicht. Für Klages, den Liebhaber der wilden Franziska Gräfin zu Reventlow, bildete die Naturliebe eine Einheit mit dem sinnlichen Eros. Der Nexus zwischen Naturliebe und Menschenliebe war noch nicht zerrissen. «Die heimliche Herzenswärme der Menschheit ist aufgetrunken», aufgetrunken mit der Zerstörung der Natur, klagt Klages.[70] Im Übrigen lag es auch den erfolgreichsten Popularisierern des Darwinismus in Deutschland, Ernst Haeckel und Wilhelm Bölsche, ganz fern, den Kampf zu verherrlichen; ganz im Gegenteil: Für Bölsche war die Natur eine Lehrmeisterin der Liebe, und in seinem Bestseller *Das Liebesleben in der Natur* (1898), der auch unter Arbeitern viel gelesen wurde,[71] schilderte er mit unverhohlenem Vergnügen die vielfältigen Spielarten der Sexualität in der Tier- und Pflanzenwelt: eine monumentale Verspottung jeglichen prüden Abscheus vor «unnatürlichen» Sexualpraktiken. Rolf Peter

Sieferle weist darauf hin, dass «fast alle Sozialdarwinisten» zumindest bis 1914 den Krieg ablehnten: wenn nicht aus Prinzip, so doch deshalb, weil sie erkannten, dass der moderne technisierte Krieg keineswegs zu einer Auslese der Besten führt.[72]

Der Schutz der Zugvögel, die keine nationalen Grenzen kennen, enthielt per se einen Impetus zu internationalen Abkommen. Gewiss sollte man die Teleologie jener Aufbruchsbewegungen hin zum Faschismus nicht vorschnell mit einer hin zu «Ökopax» vertauschen und das heutige Netzwerk von Umweltinitiativen nicht unbesehen in jene Zeit zurückprojizieren. Der 1877 gegründete «Internationale Verein gegen Verunreinigung der Flüsse, des Bodens und der Luft» klingt mit seinem hochtönenden Namen schon ganz nach globalem und vernetztem Denken; de facto war er jedoch «eigentlich ein deutscher Verein zur Bekämpfung der Schwemmkanalisation, der spätestens seit der Jahrhundertwende nur noch ein Ein-Mann-Unternehmen war» (Frank Uekötter).[73] Und doch öffnet die Öko-Ära den Blick für eine Neuentdeckung von Vernetzungen der Belle Époque, die durch die darauffolgende Ära der Weltkriege teilweise zerrissen wurden. Über weite Strecken gewinnt man den Eindruck, dass sich etwas Ähnliches wie jene Umweltbewegung, die in den 1970er Jahren Gestalt annahm, schon nach 1900 entwickelt hätte, wären die damaligen Ansätze nicht durch die Kriegs- und Nachkriegsnöte unterbrochen worden – und in den USA durch jenen Boom, der die Illusion unbegrenzter Ressourcen reaktivierte. Zwar wirkt die Bedrohung des Ökosystems Erde um 1900 aus heutiger Sicht noch geradezu harmlos; aber Klages und andere Naturfreunde zeigten sich damals schon ähnlich alarmiert wie heutige Apokalyptiker. Bereits 1913 fand Klages die «Fauna Germaniens» fast ganz vernichtet. «Und wer gewahrt nicht mit heimlicher Angst die von Jahr zu Jahr schnellere Abnahme unserer lieblichen Sänger, der Zugvögel?» «Noch vor knapp einem Menschenalter» sei «selbst in Städten zur Sommerzeit die blaue Luft vom Schwirren der Schwalben» voll gewesen; jetzt sei es sogar auf dem Lande «unheimlich still» geworden.[74]

Da ist schon Rachel Carsons Schreckensvision des «stummen Frühlings», die ein halbes Jahrhundert darauf die amerikanische Öffentlichkeit alarmierte. Man mag den einen wie den anderen Alarm bei nüchterner Betrachtung übertrieben finden; in Wirklichkeit war der Artenschwund weltweit noch in keiner Weise zu kalkulieren: Es gab lediglich lokale Berechnungen bei bestimmten Arten.[75] Aber mit der «Natur» war vor hundert Jahren noch weit mehr als heute auch die Natur im Menschen gemeint;

und deren Bedrohung scheinen viele damaligen Zeitgenossen lebendiger empfunden zu haben als heutige Menschen. Damals hatten sich viele an das moderne Tempo, die städtische Umwelt, die sitzende Lebensweise noch nicht so gewöhnt wie wir Heutigen, und man hatte auch noch weit weniger in der Freizeit Gegengewichte gegen Zivilisationsschäden entwickelt als in unserer fitnessbewussten Zeit: Auch daraus erklärt sich die breite Skala damaliger Lebensreformbewegungen. Im Vergleich zu der Zeit um 1800 ist das Gesamtbild eindeutig: Die allmächtige, einst bedrohliche Natur ist zur bedrohten Natur geworden.

Die urbane Umweltkrise und die Hygienebewegung. Eine wirkliche Umweltkrise, die mit den Sinnen sehr empfindlich wahrzunehmen war, gab es zu jener Zeit am allermeisten in den großen Städten, die im Zuge der Industrialisierung ihre alten Grenzen gesprengt hatten und in ihrem Müll und Qualm zu versinken drohten. Eine ganze Generation von Umwelthistorikern hat diese Krise mitsamt der Flut zeitgenössischer Klagen wiederentdeckt.[76] Wenn man im späten 19. und frühen 20. Jahrhundert nach Pendants zur heutigen Umweltpolitik sucht, darf man sich nicht zu sehr auf den Begriff *Natur* fixieren: Sehr vieles lief zu jener Zeit unter Begriffen wie «Hygiene», «Volksgesundheit», «Public Health», «Urban Sanitation», «Sanitary Movement». Da haben wir es ohne Zweifel mit einer der mächtigsten transnationalen Reformbewegungen jener Zeit zu tun, die in den Industriestaaten Epoche gemacht hat.[77] Im Zeichen der Hygiene entstand ein europaweites Netzwerk, das kommunale Reformpolitiker, Mediziner und Ingenieure vereinte und von einem Ethos und einer Energie getragen war, die sich bis zum Fanatismus steigern konnte, wenn man Widersacher in eine Reihe mit dem Kindermörder Herodes stellte. Die Sauberkeit im hygienischen Sinne stand in bestem Einklang mit dem viktorianischen Streben nach moralischer Sauberkeit. Impulse bekam die Hygienebewegung jedoch auch von Sozialreformern und Sozialisten. Diese Bewegung brachte eine ganze Flut von Literatur und eine eindrucksvolle Galerie kommunalpolitischer Tatmenschen hervor.[78]

Aber gerade bei der Hygienebewegung stellt sich mit besonderer Schärfe die Frage: Hat sie wirklich etwas mit den Naturschutz-, Naturheil- und Lebensreformbewegungen zu tun, oder führt sie in eine ganz andere, geradezu konträre Richtung? Ist sie der schlagende Beweis dafür, dass das, was heute unter «Umweltschutz» läuft, damals eben noch überhaupt nicht zusammengehörte, sondern eine voneinander getrennte, wenn nicht gar gegenläufige Geschichte hatte? Diese Fragen müssen auf dem gegenwärtigen Forschungsstand teilweise offenbleiben; aber insgesamt wird recht deutlich, dass sich der Beginn unserer heutigen Öko-Ära nicht komplett auf die Zeit um 1900 zurückdatieren lässt. Die Naturschützer und Wandervögel, oftmals Großstädter, strebten so weit wie möglich weg von den Städten; aber gerade die großen Städte waren die Arena der Hygieniker und Sanierer. Diese waren überall typischerweise begeisterte Technokraten, ja mehr noch als die Privatunternehmer die Pioniere der flächendeckenden technischen Systeme: der Röhrenkaskaden der Wasserver- und -entsorgung im Untergrund der Städte, der Netzwerke der Gas- und Elektrizitätsversorgung. Das war geradezu die Gegenwelt zu der der Naturschwärmer.

Manche modernen Umweltprobleme wurden durch die aus dem 19. Jahrhundert stammende Hygienebewegung geradezu verstärkt. Diese Art der Stadtsanierung war zu weiten Teilen im Kern nichts anderes als eine Problemverschiebung großen Stils. Kommunale Umweltpolitik steht stets in der Versuchung, die Probleme der eigenen Stadt auf Kosten des Umlands zu lösen oder durch Schaffung eines industriefreien «Westends» auf Kosten der Wohngebiete der Unterschichten. Im Prinzip war diese Problematik frühzeitig erkennbar; aber es mangelte an Institutionen, die dazu imstande gewesen wären, flächendeckenden Umweltschutz für ganze Regionen zu betreiben. «Vernetztes Denken», wie es moderne Ökologen fordern, gab es zwar im Ansatz bereits im 19. Jahrhundert; aber wo es um die praktischen Konsequenzen ging, blieb man stecken.

Zeitgebundene Grenzen des «vernetzten Denkens». Immerhin, zu einer Zeit, da Dünger noch kostbar war, wusste man sogar besser als später in der Zeit des Mineraldüngers, dass der Nährstoffkreislauf das Ideal war, konkret: die Rezyklierung der städtischen Abfälle in der Landwirtschaft. Im 19. Jahrhundert konzentrierte sich die öffentliche Aufmerksamkeit beim Abfallproblem noch auf die Exkremente, die Ekel verursachten, jedoch einen Düngewert besaßen; die industriellen Abfälle waren zunächst nicht das große Thema. Der britische Hygienepapst Edwin Chadwick (1800–1890), der im viktorianischen England in den Augen seiner kommunalen Gegenspieler zu einer Art «Gesundheitsdiktator» aufstieg und verkündete, die soziale Frage sei letztlich eine Frage der Städtehygiene,[79] machte aus der Zirkulation geradezu eine Philosophie. «Zirkulation statt Stagnation» war die Losung der von Chadwick geführten britischen «Sanitary School», ob es um Luft, Wasser oder Nährstoffe ging. Daher sollten die Abwässer als Düngemittel in Rieselfelder geleitet, das so geklärte Wasser dem natürlichen Wasserkreislauf zurückgegeben werden. Mit diesem System, so Chadwick, «machen wir den Kreis vollkommen und realisieren den ägyptischen Typ von Ewigkeit, indem wir den Schwanz der Schlange ins Maul der Schlange führen».[80] Je mehr die natürlichen Kreisläufe gestört wurden, desto ambitiöser wurden die technischen Kreislaufprojekte.[81] Im späten 19. Jahrhundert gab es eine europaweite Diskussion über die nützliche Verwertung der städtischen Abfälle;[82] wie Tim Cooper schreibt, war das viktorianische England zeitweise von der Idee des Abfallrecycling geradezu besessen,[83] während der sonst eher anglophile Chemiepapst Justus Liebig den Engländern unterstellte, mit dem Wasserklosett «allen Ländern die Bedingungen ihrer Fruchtbarkeit» zu rauben und einen «sündhaften Eingriff in die Weltordnung» vorzunehmen, der unmöglich «ohne Strafe» bleiben werde. «Einem Vampir gleich», hänge England «an dem Nacken Europas, man kann sagen der Welt, und saugt ihr das Herzblut aus».[84]

In der deutschen Reichshauptstadt wollte man es besser machen. Berlin, von märkischem Sand umgeben, der viel Dünger vertrug, besaß um 1900 die größten Rieselfelder der Welt und wurde damit zum Vorbild des am Wüstenrand gelegenen Kairo. Aber die städtischen Abfälle wurden immer unübersichtlicher und undurchsichtiger; industrielle Schadstoffe verdarben mehr und mehr den Düngewert der Abwässer. Die Berliner Rieselfelder, anfangs als «Kulturwerk ersten Ranges» gefeiert,[85] wurden gerade in den Augen von Naturfreunden zur «Schweinerei», die zum Himmel stank.[86] Die ökologische Harmonie zwischen Stadt und Umland war auf diese Weise nicht mehr zu retten. Auch der Weg zum perfekten Klärwerk und zur ebenfalls perfekten Entsorgung des Klärschlamms erwies sich als nicht endende Durststrecke. Die von Ort zu Ort wechselnde und sich mit der Zeit verändernde Zusammensetzung der Abfälle verhinderte, dass man jemals zu einem überall anwendbaren Patentmodell gelangte, das das Entsorgungsproblem ein für alle Mal gelöst hätte. Die Kreislaufmodelle, die dem Wasserklosett und der Mischkanalisation freie Bahn gegeben hatten, wurden nur in Bruchstücken realisiert: Der Kreislauf blieb offen und vervielfachte das Abfallproblem. Das Streben nach dem unerreichbaren Kreislauf wich schon bald einer anderen Ambition: dem, was der amerikanische Umwelthistoriker Joel A. Tarr «the search for the ultimate sink» nannte – der Suche nach der endgültigen Senke. Noch ein Jahrhundert darauf findet sich die gleiche Zielverschiebung in der Geschichte der Kerntechnik: zunächst das Streben nach dem möglichst perfekten «Brennstoffkreislauf» mit Brutreaktoren und Wiederaufarbeitung, danach – als sich dieser Kreislauf als unerreichbar erwies – das kaum weniger fragwürdige Streben nach der definitiven Endlagerung.

An der Ruhr bestand der epochale Gewaltakt der Sanierung um 1900 darin, dass man die Abwässer auf die zur «Opferstrecke» deklarierte Emscher konzentrierte, um auf diese Weise die Aussicht zu haben, zumindest die Ruhr wieder halbwegs sauber zu bekommen. Die 1900 zu diesem Zweck gegründete Emschergenossenschaft, später als «Mutter der Wasserwirtschaft» gerühmt,[87] blieb über Jahrzehnte international ein Prototyp überkommunal-großflächiger Regelung akuter Umweltprobleme,[88] in Kooperation mit dem in der Folge gegründeten Ruhrsiedlungsverband und dem Ruhrtalsperrenverein, der das Ruhrrevier mit sauberem Trinkwasser versorgte. Natürlich landeten die Abwässer des Ruhrreviers letztlich im Rhein, ungeklärt; aber da war es nicht mehr weit bis zur niederländischen Grenze. Ohnehin war der «deutsche Strom» damals drauf und dran, zur Kloake zu verkommen. Erst ab 1991, im Zeichen der neuen Öko-Ära, wurde die «Renaturierung» dieses misshandelten Flusses – in Wirklichkeit: die Schaffung einer vorher nie da gewesenen Emscher-Naturlandschaft – zum milliardenschweren Vorzeigeprojekt eines Ruhrreviers, das das «Kohlenpott»-Image abzuschütteln suchte.[89]

Bereits um 1900 gab es jedoch auch erste Müllverbrennungsanlagen, die das Abfallproblem in die Luft verlagerten. In der Kohlennot der Kriegs- und Nachkriegszeiten jedoch, als nur wenig Brennbares auf den Müll gelangte, war dieser Ausweg in die Luft zunächst versperrt.[90] Umso mehr machten die Fabriken von diesem Entsorgungsweg Gebrauch. Höhere Schornsteine signalisierten eine Strategie der guten Nachbarschaft; denn sie verminderten die Rauchplage für die unmittelbare Umgebung. Noch in den 1970er Jahren erreichte die Hochschornsteinpolitik einen letzten Höhepunkt. Aber schon seit man mit dem Barometer den Luftdruck messen konnte, wusste man im Prinzip sehr wohl, dass die Erdatmosphäre keineswegs unendlich war und der Rauch mitnichten, wenn man die Schornsteine nur hoch genug machte, im Weltraum verschwand.[91] Vor allem beim Hüttenrauch war längst nachgewiesen, dass dieser die Vegetation auch über weite Entfernungen schädigte. Aber dort ließ sich der Bergbau ohne viel Aufsehen und Prozesse auf eine Entschädigungspraxis ein, und nicht wenige «Rauchbauern»[92] bezogen von nun an lieber mühelos ihr Geld, als dass sie auf Abstellung der Rauchschäden insistiert hätten.

Der größte gemeinsame Nenner: Gesundheit. Alles in allem erkennt man zu jener Zeit zwischen den um «Hygiene» und den um «Natur» gescharten Reformbestrebungen nur wenige direkte Querverbindungen. Der Kampf gegen die Wasser- und Luftverschmutzung vollzog sich in der Regel in einer ganz anderen, nämlich großstädtischen Arena als in jenen grünen Gefilden, wo sich die Wandervögel, die Naturheiler und die Natur-, Vogel- und Landschaftsschützer tummelten. Und doch gab es *einen* großen gemeinsamen Nenner: *Gesundheit.* Schopenhauers Lebensweisheit, dass «die Gesundheit alle äußern Güter» überwiegt,[93] wurde in einer Zeit wachsenden Wohlstands zum Gemeingut. Allerdings muss man auch da die Unterschiede und Phasenverschiebungen beachten. Der erste große Schub der Stadtsanierungen und der Zentralisierung und Hygienisierung der Wasserver- und -entsorgung wurde von der Seuchenangst vorangetrieben, insbesondere der Angst vor Cholera und Typhus, die noch schreckenerregender waren als die schleichende Tuberkulose, der größte Killer jener Zeit. Die Hamburger Cholera von 1892, die vor den Toren von Altona haltmachte, brachte den endgültigen Sieg der von Robert Koch geführten bakteriologischen Schule und bewies zugleich die Notwendigkeit der Flusswasserklärung; denn Altona besaß bereits eine Kläranlage, Hamburg noch nicht.[94] Der Triumph der Bakteriologen über die Miasmatiker, die die Seuchen aus Versumpfungen und Verunreinigungen des Bodens erklärten, lenkte die Aufmerksamkeit jedoch erst einmal von Umweltproblemen ab. Hibbert Winslow Hill, der amerikanische Protagonist einer strikt auf Bakteriologie gegründeten *New Public Health,* verkündete 1916: «The old public health was concerned with the environment; the new is concerned with the individual.»[95] Unter der Herrschaft der Bakteriologie wurde sogar die so empfindliche «Rauchplage» als Gesundheitsrisiko völlig unterschätzt.

1890 präsentierte Robert Koch der Öffentlichkeit das von ihm entwickelte Tuberkulin als ein Mittel, das endlich die Heilung der Tuberkulose versprach und durch das Koch in den Augen eines Verehrers «mit einem Schlage zum größten, erfolgreichsten und verdienstvollsten aller Forscher für alle Zeiten» aufstieg.[96] In Wahrheit entpuppte sich das vermeintliche Wundermittel schon bald als einer der größten Flops der Pharmageschichte. Die Lungenheilstätten im Gebirge mit ihrem Naturheil-Evangelium von Licht und Luft erlebten einen Boom wie nie zuvor; der «Tuberkulintaumel» dagegen blieb als «psychische Epidemie» in übler Erinnerung. Gerade die Fortschritte der medizinischen Diagnose führten zunächst oftmals zu einem «therapeutischen Nihilismus»: zu der Einsicht, dass die Ärzte nicht viel ausrichten konnten. Entweder war die Seuchenprävention eine Sache der Kommunalpolitiker und Ingenieure, oder man sah sich erneut auf die *vis medicatrix naturae*, auf die Luft-, Licht- und Wasserkuren, auf gesunde Ernährung und auf harmonischen Wechsel zwischen *quies et motus*, Ruhe und Bewegung, verwiesen. Mochten die Ärzteverbände auch gegen die «Kurpfuscher» wettern, wirkte die Naturheilphilosophie doch allenthalben in die ärztliche Praxis hinein. Um 1900 war der unaufhaltsame Aufstieg der Pharmaindustrie noch keine anerkannte Tatsache; im Gegenteil erschien die Arzneimitteltherapie vielen nicht als etwas Modernes, sondern als Überbleibsel der alten «Quacksalberei».[97] Ganz besonders war dies – und mit Grund – bei «nervösen» Leiden der Fall; und seit den 1880er Jahren galten diese als die psychische Epidemie der Zeit. Die von dem New Yorker Nervenarzt George M. Beard 1880 in einem Lehrbuch präsentierte «Neurasthenie» verbreitete sich – zu einer Zeit, als der medizinische Transfer gewöhnlich noch in Gegenrichtung über den Atlantik lief – in rasantem Tempo auch im Deutschen Reich;[98] noch kurz vor 1914 war sie die häufigste unter allen Diagnosen.[99]

Nervöse Naturliebe. Der Nervenarzt Willy Hellpach, einer der rührigsten Nerven-Publizisten nach der Jahrhundertwende und zeitweiliger Berater des von seinen Nerven geplagten Max Weber, brachte den durchschlagenden Erfolg von Beards «Neurasthenie» in Deutschland mit der großen Wende jener Zeit in Verbindung – dem Katzenjammer nach dem Boom der Gründerjahre und der Abkehr vom Freihandel: Der liberale Industrialismus habe um 1880 gleichsam einen «nervösen Kollaps» erlitten.[100] In den USA gab es in dem stürmischen Industrialisierungsschub der auf den Bürgerkrieg folgenden «Ära der Reconstruction» vergleichbare Erfahrungen. Das «nervöse Zeitalter» wurde zum stehenden Begriff. In der Hygieneliteratur kam um 1900 der Begriff «Nervenhygiene» auf.[101]

Zwischen der «nervösen» Selbsterfahrung und dem Naturheil-Boom bestand ein enger Konnex; die Wasser-, Nerven- und Naturheilstätten, die allenthalben wie Pilze aus dem Boden schossen, bildeten mit ihren Philosophien und Therapien ein Kontinuum. Beard, zeitweise ein Mitarbeiter Edisons, hatte noch geglaubt, die Neurasthenie mit Elektrotherapie kurieren zu können; Paul Julius Möbius jedoch, der erste Propagandist dieser neuen Nervosität in Deutschland, erklärte das Elektrisieren für Unfug; allein durch veränderte Lebensweise könne man die Nervosität überwinden.[102] 1908 stellte der Neurologe Wilhelm His in einem Vortrag vor der

Berliner medizinischen Gesellschaft fest, «erst nachdem die Nervosität Volkskrankheit geworden» sei, hätten «die Naturheilmethoden ihre wichtigste Indikation, ihre erfahrungsgemäße Anerkennung» gefunden.[103]

Nicht weniges spricht dafür, dass man am ehesten hier eine innere Einheit vieler Natur- und Umweltschutzbestrebungen findet, auch dort, wo direkte Querverbindungen undeutlich sind. In der Natur suchte man Erholung von dem nervenaufreibenden Getriebe der Stadt; was zunächst nur Romantiker und Rousseau-Jünger taten, wurde mit dem Fortschritt der Verkehrstechnik zur modernen Massenbewegung. «Kaufmann und Anwalt fliehen das Getöse und das Treiben der Straßen», schrieb Emerson schon 1836 in seinem Essay *Natur*; «kaum erblicken sie wieder den freien Himmel und die Wälder, und sie sind wieder Mensch.»[104] John Muir, der amerikanische Prophet der Nationalparke und der Wildnis, erblickte seine Bundesgenossen in den Nervösen. 1898 verkündete er: «Tausende von erschöpften, nervenzerrütteten, überzivilisierten Menschen sind dabei herauszufinden, dass der Weg in die Berge ein Weg nach Hause ist, dass Wildnis eine Notwendigkeit ist und dass Bergparke und Schutzgebiete nicht nur Quellen von Holz und von Flusswasser, sondern Quellen des Lebens sind.»[105] Als Theodore Roosevelt 1903 im Yosemite-Nationalpark John Muir traf («the bulliest day of my life») – das Foto der beiden gehört zu den Ikonen des amerikanischen Naturschutzes und wurde zum Titelbild eines Buches über *American Nervousness*[106] –, war dies eine Demonstration der in der wilden Natur wiedergewonnenen Nervenkraft; denn auch dieser Präsident, der sich stets als Energiebündel präsentierte, hatte sich einst als Neurastheniker gefühlt.[107] Charlotte Perkins Gilman, durch ihre Autobiografie eine literarische Kronzeugin für die amerikanische Neurasthenie jener Zeit,[108] ist zugleich als Autorin der ersten feministischen Ökotopie berühmt.[109] Nicht ohne Grund waren Deutschland und die USA um 1900 sowohl die Hochburgen der Neurasthenie[110] wie auch die des Naturschutzes. Bei Hermann Löns, dem Erfinder der Heideromantik, wechselten nach dem Urteil seiner Frau «Zustände grenzenloser Depression ... mit größter Reizbarkeit ab».[111] Auch Octavia Hill hatte, bevor sie die Initiative zur Gründung des *National Trust* ergriff, einen schweren Nervenzusammenbruch erlitten.[112]

Nationale Unterschiede und Konvergenzen. Damals wie heute erkennt man bei transnationalem Vergleich in Umrissen eine Ökologie des Ökologismus: charakteristische Unterschiede von Land zu Land. «Sanitary Science is the product of the English mind», erklärte 1885 ein Dr. Ballard, einer von jener wachsenden Zahl der MOH's, Medical Officers of Health, die die britische *Public-Health*-Bewegung trugen.[113] Die Gründerzeit dieser Bewegung liegt bereits in den 1830er und 40er Jahren; hygienische und soziale Anklage hingen da eng zusammen; Friedrich Engels' *Lage der arbeitenden Klasse in England* (1845) schöpft aus den provokanten Hygienereports jener Zeit. Aber die MOHs waren lange Zeit unterbezahlt und in schwacher Position; zu einer Macht wurde die Hygienebewegung vor allem seit den 1880er Jahren, als sie – von der Seuchenangst getrieben – auch von Städtereformern und Ingenieuren getragen wurde.[114] Zu jener Zeit griff sie auch auf die anderen westlichen Industriestaaten über und zog ehrgeizige Tatmenschen an. Deutschland war hier wegen der relativ starken Stellung der Kommunen im Vorteil; denn wirksame Maßnahmen ließen sich in diesem Fall nur auf kommunaler Ebene treffen, auch wenn die städtischen Honoratioren häufig erst durch Anstöße von oben mobil gemacht werden mussten. Auch der Kampf gegen die Tierquälerei reicht in England weit zurück und wurde vor allem bei den Puritanern und Quäkern schon früh zum Element einer einflussreichen sozialen Bewegung;[115] aber auch deutsche Koryphäen wie Arthur Schopenhauer und Richard Wagner bekundeten öffentlich ihren Abscheu vor Tierquälerei einschließlich der medizinischen Vivisektion, und 1881 gehörten bereits über 150 Vereine zum «Verband der Tierschutzvereine des Deutschen Reiches».[116] Der organisierte Tierschutz geht dem organisierten Naturschutz historisch voraus.

Der Kult der Wildnis mitsamt den Nationalparken kam – wie konnte es anders sein? – aus den USA, wo sich ein neuer Nationalstolz auf die Monumente der Natur richtete – die gewaltigen Canyons und gigantischen Sequoien –, mit denen man die architektonischen Monumente der Alten Welt übertrumpfen wollte. In Preußen-Deutschland musste sich Hugo Conwentz, ab 1906 Leiter der Staatlichen Stelle für Naturdenkmalpflege, vorerst mit dem Schutz punktueller «Naturdenkmäler» begnügen – hierin war er immerhin innerhalb von Europa bahnbrechend –, aber auch dort bewunderten und beneideten die Naturfreunde die großen amerikanischen Nationalparke und hätten etwas Ähnliches am liebsten auch im eigenen Land gehabt. Der Breslauer Oberlehrer Wilhelm Wetekamp machte bereits 1898 in einem emphatischen Plädoyer für Naturschutz vor dem preußischen Abgeordnetenhaus die amerikanischen Nationalparke zum großen Vorbild.[117] Hermann Löns, der für die Weite der Heidelandschaft schwärmte, schmähte 1911 den «conwentzionellen» Naturschutz als «Pritzelkram». «Der Naturverhunzung dagegen kann man eine geniale Großzügigkeit nicht absprechen.»[118] Dafür verstand sich Conwentz – mehr Naturwissenschaftler als Naturschwärmer[119] – umso besser darauf, den Naturschutz im Staatsapparat zu verankern. Dass es mit dem Schutz isolierter «Naturdenkmäler» nicht getan war, war ihm wohlbewusst; aber um sich in der Administration zu etablieren, brauchte man erst einmal einen klar abgegrenzten Kompetenzbereich, der nicht sogleich Konflikte mit dem Agrarressort heraufbeschwor. Hinter Conwentz stand Friedrich Althoff, der starke Mann der Wissenschaftspolitik.[120] Nicht nur «Bewegung», sondern auch eine Beziehung zu Staat und Wissenschaft steht am Ursprung des Naturschutzes. Das gilt für die USA ebenso wie für das Deutsche Reich. Samuel P. Hays hat nachgewiesen, dass der Schutz der «natürlichen Ressourcen» in der Ära Theodore Roosevelt, so gerne er sich ein *Grassroots*-Image gab, de facto doch im Kontext des Ausbaus zentraler staatlicher Kompetenzen erfolgte, ebenso wie eine Generation darauf unter Franklin D. Roosevelt. Schon damals zeichnete sich ein fundamentales Spannungsfeld des Umweltschutzes ab.[121]

1909 wurde in der Münchener «Künstlerklause» der «Verein Naturschutzpark» gegründet, der Großparke nach amerikanischem Vorbild forderte und vom «Österreichischen Reichsbund für Vogelkunde und Vogelschutz», aber auch vom «Dürerbund» unterstützt wurde: Ein bis in die Kunstszene reichendes Netzwerk zeichnet sich ab. Hatten sich in der «Künstlerklause» noch 34 Personen getroffen, wuchs die Mitgliedschaft bis 1913 auf rund 16 000 Personen und über 600 korporative Mitglieder an, auch wenn man in Deutschland einstweilen von amerikanischen Naturpark-Dimensionen nur träumen konnte. Am ehesten kam der Verein in der Lüneburger Heide voran. Dort fand er sogar Rückhalt bei Kaiser Wilhelm II. und bekam 1912 das Enteignungsrecht verliehen, mit dem er eine landschaftsstörende Bebauung verhindern und die Jagd einschränken konnte.[122] Damals wollte man die Heide gerne als «Ur-Natur» sehen; erst später, als Boden- und Pollenkundler die ursprüngliche Bewaldung nachwiesen, spotteten die Waldfreunde, die Heideromantiker hätten eine in Wahrheit durch Schafweide und den Holzverbrauch der Lüneburger Saline zerstörte Natur als Wildnis missverstanden.[123]

Selbst die «Wildnis» des amerikanischen Westens war allerdings, wie wir heute wissen, nicht so unberührt, wie ihre Apostel meinten, sondern hatte ihren malerisch aufgelockerten Charakter nicht zuletzt durch die indianische Brandwirtschaft bekommen.[124] Auch die amerikanische Liebe zur Wildnis war in Wirklichkeit die Liebe zu einer Kulturlandschaft, nur dass sie sich dessen nicht bewusst war. Eine Naivität des ästhetisch motivierten Naturschutzes jener Zeit bestand aus heutiger Sicht darin, dass er ein bestimmtes als schön empfundenes Landschaftsbild gleichsam wie ein Gemälde konservieren wollte, ohne wahrhaben zu wollen – was man aus der Darwin'schen Evolutionslehre bereits hätte wissen können –, dass die sich selbst überlassene Natur in ewigem Wandel begriffen ist und die «arkadische» Landschaft mit Wald und Gestrüpp zuwächst. Bis in die Gegenwart tut sich der Naturschutz mit Konsequenzen aus dieser Einsicht schwer.

Der *Antialkoholismus* – auch er ein Kernstück damaliger Lebensreformbewegungen – wurde am stärksten in den USA zur politischen Bewegung; die Anhänger der Prohibition kämpften mit ähnlichem moralischem Pathos wie vor ihnen die Abolitionisten, die Gegner der Sklaverei, wobei der Erfolg in beiden Fällen, wie sich in der Folge herausstellte, etwas von einem Pyrrhussieg hatte. War der Rausch naturwidrig? Darüber konnte man streiten; aber allbekannt war zu jener Zeit, dass «Naturvölker», die mit der modernen westlichen Zivilisation in Kontakt kamen, am allerschlimmsten durch den Branntwein zerrüttet wurden. Mehr noch als in den USA wurde der Antialkoholismus in Deutschland, wo Trinkrituale zur studentischen und militärischen Geselligkeit gehörten, zum Bestandteil einer Lebensreform im Zeichen der Natur. Führenden Psychiatern jener Zeit wie Auguste Forel und Emil Kraepelin kam die Erkenntnis wie eine Offenbarung, dass der Alkohol der ärgste Feind der seelischen Gesundheit sei.[125] Der Verzicht auf Alkohol und auf Tabak bedeutete im damaligen Deutschland eine Kulturrevolution. Der Vegetarismus bekam sein bis heute wirkendes Markenzeichen durch den Zürcher Heilstättengründer Max Bircher-Benner, den Erfinder des Müsli; aber da gab es eine transatlantische Affinität mit dem noch fanatischeren Vegetarier John Harvey Kellogg, dessen Bruder die nach ihm benannten Cornflakes erfand und der in seinem Sanatorium in Battle Creek, Michigan, die vegetarische Kost mit Lachübungen, schwedischer Gymnastik und allerlei Methoden zur Beförderung des Stuhlgangs kombinierte.[126]

Die meisten Bewegungen, von denen dieses Kapitel handelt, waren vorwiegend für die germanischen Länder Europas charakteristisch, wo eine protestantisch-puritanische Moral, durch den industriellen Leistungsdruck verstärkt, besonders heftig mit Exzessen im Fleisch- und Alkoholkonsum kollidierte, die ebenfalls durch den wachsenden Wohlstand zunahmen. Auch die Neurasthenie galt als typisches Leiden des germanisch-protestantischen Europa, wie selbst Paolo Mantegazza anerkannte, der Autor des bekanntesten italienischen Buches zum Thema.[127] Vor allem über den Vogelschutz entstand eine regelrechte germanisch-romanische Konfrontation. In Italien wurde der Vogelfang im Zeichen der freien Jagd zu einem populären Volkssport. Populär war er einst auch nördlich der Alpen gewesen, wie Papagenos Vogelfänger-Arie aus Mozarts *Zauberflöte* verrät; selbst im preußischen Westfalen konnte noch bis 1904 jedermann nach Belieben Zugvögel jagen.[128] Um die Jahrhundertwende vollzog sich jedoch im öffentlichen Bewusstsein eine Wende; von nun an erblickten britische und deutsche Natur- und Vogelfreunde in der Vogeljagd ebenso wie in den abgeholzten Bergen ein Zeichen für das gestörte Naturverhältnis der Südländer.[129] Der Priester Giovanni Salvadori dagegen, der seine Heimatprovinz Trient im Österreichischen Nationalrat vertrat und von Jugend auf dem landesüblichen «nahrhaften» Vogelfang huldigte, ärgerte den Ersten Internationalen Ornithologen-Kongress in Wien 1884 mit seiner Streitschrift: *Schützet die Insekten und gebt den Vogelfang frei*.[130] Ein wunder Punkt des damaligen Vogelschutzes bestand darin, dass er auf die «nützlichen» Vögel zielte. Da konnte Salvadori spöttisch gegenfragen: Richten diese Vögel nicht auch manchen Schaden an; und sind die von ihnen gefressenen Insekten wirklich allesamt schädlich – gehören nicht auch sie zum Ganzen der Natur? Da traf er ein bis heute grummelndes Grundproblem des Artenschutzes.

Natur- und Heimatschutz. Als breitere Bewegung existierte der Naturschutz im wilhelminischen Deutschland vor allem als Bestandteil des *Heimatschutzes*. Da war die zu schützende Natur die überkommene bäuerliche Landschaft. In dieser Hinsicht war er dem späteren ökologisierten Naturschutz sogar voraus, dessen Blickfeld sich auf kleine Reservate einengte und auf diese Weise den allergrößten Teil der Landschaft aus den Augen verlor. Der Heimatschutz hatte einen weiteren Horizont und steht in mancher Hinsicht sogar dem modernen Umweltbewusstsein näher.[131] Da die bäuerliche Wirtschaftsweise bis ins 19. Jahrhundert, vor der großen Zeit der Flurbereinigungen, einen Artenreichtum förderte, besaß die Erhaltung des traditionellen Dorfensembles auch aus heutiger ökologischer Sicht ihren Sinn. Und nicht nur dies: Anders als die allgegenwärtige Göttin Natura der älteren Zeit musste ja die zu schützende Natur erst einmal lokalisiert werden. Ernst Rudorff, der geistige Gründervater des Naturschutzes, wurde auch der Programmatiker des Heimatschutzes; beides hing für ihn zusammen.[132] Das Gleiche gilt für Hugo Conwentz, der sich für einen Heimatkunde-Unterricht an den Schulen einsetzte, der nicht zuletzt durch Exkursionen in die Landschaft die Liebe und das Verständnis der heimischen Natur förderte. Als vorbildlich rühmte er eine auf den Wilseder Berg verlegte Lehrerkonferenz.[133]

Ein Evangelium der Heimat-Naturkunde wie *Der Dorfteich als Lebensgemeinschaft* von Friedrich Junge (1885) stand der späteren Öko-Bewegung näher als die damals von Ernst Haeckel begründete «Ökologie», die vorerst ein Programm ohne Forschungspraxis blieb. Die Heimatkunde auf den Volksschulen ist in Deutschland eine noch viel zu wenig gewürdigte Propädeutik des Naturschutzes; ausgerechnet in der Zeit der «ökologischen Revolution» wurde sie vielfach als vermeintlich NS-belastet[134] durch den blutleeren «Sachunterricht» verdrängt:[135] auch dies ein Indiz für grüne Geschichtslosigkeit. Schon bei dem Naturforscher Emil Adolf Roßmäßler (1806–1867), der als Radikaler von 1848 seine Professur für Zoologie an der Forsthochschule Tharandt verlor, war eine Verbindung von Heimat- und Naturschutz vorgegeben, so in der von ihm 1853 begründeten Zeitschrift *Aus der Natur.*[136] Ähnlich war es mit dem im 19. Jahrhundert florierenden natur- und lokalgeschichtlichen Vereinswesen einschließlich der örtlichen «Verschönerungsvereine», das als Ursprung des Naturschutzes noch viel zu wenig gewürdigt ist.

Handelt es sich bei alledem um einen deutschen Sonderweg anrüchiger Art? In der letzten Kriegsphase suchte die NS-Führung die Front vergeblich mit Heimatschutz-Parolen zu halten; seither hat sich in vielen Köpfen die fixe Idee festgesetzt, «Heimat» sei ein Nazi-Begriff,[137] obwohl sich bei einiger Belesenheit leicht hätte erkennen lassen, dass er weitaus mehr zu Homers *Odyssee* und zur *Heidi* der Johanna Spyri zurückführt als ausgerechnet zu Adolf Hitler. «Heimat» ist per se ein subjektiver Begriff, der sich anders als «Rasse» unmöglich ontologisch aufladen lässt; er ist per se nichtexpansiv und meint einen eng begrenzten, überschaubaren Raum. In seinem Grundzug war der deutsche Heimatschutz antizentralistisch und stand zu der Einheitseuphorie nach 1871 in innerer Distanz.[138] Nationalistische Töne waren denn auch in der Heimatschutz-Publizistik eher selten und keineswegs zentral; stattdessen wurden auch andere Länder als Vorbild angeführt und internationale Kontakte gepflegt.[139] Gerade zwischen dem Deutschen Reich und Frankreich bestand bis 1914 ungeachtet der immer schärferen Feindseligkeit auf politischer Ebene eine enge Zusammenarbeit im Heimatschutz.[140] Im Oktober 1909 tagte in Paris sogar ein internationaler Kongress für Heimatschutz, bei dessen Eröffnungssitzung Conwentz der Vorsitz übertragen wurde:[141] So hoch war seine internationale Reputation! Ein Winzling innerhalb der preußischen Bürokratie, war er im internationalen Naturschutz doch ein großer Mann. «Mit seinem Konzept eines effizienten und straff organisierten institutionellen Naturschutzes machte er in Europa Furore» (Anna Wöbse).[142] Seine Wirkung reichte bis Skandinavien und Russland; er unterstützte russische Naturschützer sogar darin, ihre eigenen Konzepte für ihr vom Deutschen Reich so verschiedenes Land zu finden.[143] Der andere Pionier der Internationalisierung des Naturschutzes war der Schweizer Paul Sarasin. Anders als Conwentz war er ein großer Rhetoriker; bei ihm findet sich bereits das Pathos der Rettung der Welt, mit dem der Naturschutz zum Spitzenreiter in der Sinnproduktion aufstieg.

Der 1895 gegründete britische *National Trust for Places of Historic Interest or Natural Beauty* – die bis heute führende Organisation des Natur- wie des Denkmalschutzes in England, der in Deutschland nichts Vergleichbares gegenübersteht – gründete sich ebenfalls wie selbstverständlich auf eine Verbindung von Natur- und Heimatschutz, wobei das vor Augen stehende Traditionsmodell freilich nicht so sehr Fachwerkhäuser und Bauernwälder, vielmehr die typisch britischen Herrenhäuser mit ihren «arkadischen» Parklandschaften waren. Später kursierten Witze darüber, wie überschuldete Adelsgüter an den National Trust abgestoßen wurden. Vorausgegangen war allerdings die 1865 gegründete «Commons Preservation Society»: Da war es ähnlich wie in Deutschland die alte Allmende, die zum Idyll der Naturfreunde wurde.[144]

Eine ganz andersartige, aber nicht weniger bezeichnende Verbindung von Natur- und Heimatliebe gab es in den USA: in der Romantik des Wilden Westens. Auch da war letztlich der Staat gefordert, wenn man in den Nationalparken ein Stück davon erhalten wollte. Während der deutsche Heimatschutz jedoch mit einigem Erfolg an den Lokalpatriotismus der Leute vor Ort appellierte, war der Kult der Wildnis keine sonderlich geeignete Ideologie für *grassroots movements,* denn er kollidierte mit den Interessen der regionalen Rancher und Holzfäller. Dafür waren die Anti-Smoke-Initiativen der USA lange Zeit viel stärker als ähnliche Initiativen in Deutschland von der Vitalität der amerikanischen *Civil Society* geprägt. Wie Frank Uekötter für das frühe 20. Jahrhundert lakonisch bemerkt: «Auf Eingaben an Behörden konnten sich die amerikanischen Stadtbürger schon deshalb nicht beschränken, weil es solche Behörden schlichtweg nicht gab.»[145]

Naturschutz und Stadthygiene waren äußerlich zwei Welten; untergründig waren sie jedoch dadurch verbunden, dass sie beide typische Bewegungen der Hochindustrialisierung waren, die sich mit deren

Schattenseiten auseinandersetzten. Und nicht nur das: Obwohl viele Vorkämpfer des Naturschutzes ihren Hauptfeind im Massentourismus sahen, wurde dieser doch die stärkste Triebkraft hinter der neuen Sehnsucht nach Natur, die den Naturschutz politikfähig machte. Diese innere Spannung durchzieht die Geschichte des Naturschutzes von Anfang an bis heute überall auf der Welt. Noch nie sei so viel vom «Naturgenuss» die Rede gewesen wie heute, seufzt Rudorff schon 1880 in seinem Aufsatz *Über das Verhältnis des modernen Lebens zur Natur*, der zur Programmschrift des Naturschutzes wurde; aber dieses Naturverlangen tobe sich in der Reiserei aus. «Man feiert die Natur, aber man feiert sie, indem man sie prostituiert. ... Eine wahre Manie hat die Welt ergriffen, die Natur in ihrem eigensten Wesen zu zerstören unter dem Vorgeben, dass man sie dem Genuss zugänglich machen will.»[146] Das war die Klage desjenigen, der in der Natur die Einsamkeit sucht. In Wirklichkeit waren die Auswirkungen des Tourismus auf den Natur- und Umweltschutz keineswegs nur negativ. Gerade die Kurorte gingen im Umweltschutz voran: Sie brachten es als Erste fertig, rauchende und stinkende Industrieanlagen rigoros zu verbannen und für sauberes Wasser und reine Luft zu sorgen. Generell war damals in England und Frankreich die Beziehung der Natur- und Landschaftsschützer zum Tourismus unbefangener als in Deutschland,[147] wo die typischen elitären Naturschützer nicht wahrhaben wollten, dass ihre Massenbasis die von ihnen geschmähten Touristen waren.

«Bußfertige Schlächter»: Jagd und Naturschutz. Noch ein anderes sehr heikles Spannungsfeld bestand von Anfang bis heute, ja hat sich seither verschärft: das zwischen Naturschutz und *Jagd*. Die Liebe zur Wildnis zielte ursprünglich auf das Wild und hatte ihren historischen Ursprung in der Jagdleidenschaft. Kaum eine andere einflussreiche Gruppe besaß eine derart intime Beziehung zur wilden Natur wie die Jäger, an deren Spitze Angehörige der höchsten Gesellschaftskreise standen. Es war eine aktive, nicht nur kontemplative Beziehung. Viele Jäger glaubten und glauben bis heute, sie seien die besten Kenner und Liebhaber der Natur. Leidenschaftliche Jäger waren Theodore Roosevelt wie Hermann Löns. Auf Initiative britischer und deutscher Großwildjäger tagte 1900 in London die erste internationale Konferenz zur Erhaltung des afrikanischen Großwilds, die trotz der gerade durch den Burenkrieg angeheizten britisch-deutschen Animosität zu einer entsprechenden Konvention gelangte. Sogar eine Wildschutzvereinigung – vor allem gegen afrikanische Wilderer – wurde von Großwildjägern gegründet, mit dem klingenden Namen: «Society for the Preservation of the Fauna of the Empire». Die britische Presse verlieh ihr den Spitznamen *Penitent Butchers Club*, «Klub der bußfertigen Schlächter».[148] Hier liegt der historische Ursprung der afrikanischen Nationalparke – und zugleich der Ursprung ihrer Probleme.[149]

Es gab also, alles in allem, nicht nur offene, sondern auch verschämte und verborgene Vernetzungen zwischen den Natur- und Umweltschutzinitiativen und anderen Hauptströmungen jener Zeit. Zumindest verbal war «Natur» das Zauberwort, das viele Reformer vereinte: «‹Rückkehr zur Natur› und ‹natürliche Lebensweise› – diese Schlagworte galten als Orientierungsmarken aller Reformbemühungen» (Wolfgang Krabbe).[150] Ein direkter Zusammenhang bestand zwischen Tierschutz, Antivivisektionismus und Vegetarismus; nicht selten kamen Querverbindungen mit der Naturheilbewegung und dem Naturschutz dazu, auch wenn die meisten Vogelschützer noch ganz auf ihre gefiederten Freunde fixiert waren und sich der Vogelschutz erst viel später in der Öko-Ära zum Habitatschutz ausweitete.[151] Aber auch ohne den Begriff «Habitat» war die Einsicht, dass Vogelarten durch agrarische Flurbereinigungen bedroht werden, bereits um 1900 vorhanden.[152] Und die Überzeugung, dass Naturnähe nicht nur eine Frage des Naturschutzes, sondern auch des Lebensstils ist, war damals mindestens so lebendig wie heute.

Umweltbewusstsein und Lebensstil. Der Anarchosozialist Erich Mühsam freilich machte sich darüber lustig, wie der Vegetarismus von seinen Jüngern «zu einer menschheitsbefreienden Idee aufgepustet» wurde, und verspottete die Spinat- und Salatfanatiker, die er bei aller Naturschwärmerei für sexuell verklemmt hielt, in seinem «Vegetarierlied»: «Wir hassen das Fleisch, ja wir hassen Fleisch / Und die Milch und die Eier und lieben keusch. / Die Leichenfresser sind dumm und roh, / Das Schweinevieh – das ist ebenso.»[153] Vor allem den Arbeitern gegenüber, für die ein gutes Stück Wurst das Nonplusultra war, machten sich die Lebensreformer mit vegetarischen Evangelien lächerlich. Das Vegetariertum war zu jener Zeit im Kern moralisch begründet; die Zeit war noch fern, wo man das «Imperium der Rinder» im Namen des Ökosystems Erde anklagen konnte. Wollte man die «arkadische» Weidelandschaft erhalten, durfte man eigentlich nicht den Fleischgenuss bekämpfen.

Und doch: Ganz so banal, wie Mühsam glaubte, scheint der Vegetarismus zu jener Zeit doch nicht gewesen zu sein. Weit schärfer als heute bedeutete er einen Bruch mit dem herrschenden Lebensstil; er war geradezu der «Kern der Lebensreformbewegung».[154] Ein Tierschützer behauptete sogar 1909, «fast alle Fortschrittsdenker – und das sind doch alle Freidenker» – hingen «der Naturheilbewegung, ein großer Teil auch dem Vegetarismus an».[155] Das war gewiss übertrieben; aber der von späteren Modernisierern aufgebaute Popanz von dem reaktionär-fortschrittsfeindlichen Naturschutz[156] ist in dieser Pauschalität falsch.[157] Über das Zauberwort «Reform», «Lebensreform» war die Verbindung zur Geisteswelt des Fortschritts gegeben. Dem Naturschutz ließ sich auch mit Leichtigkeit eine antikapitalistische Pointe geben; mit diesem Tenor plädierte selbst Karl Liebknecht emphatisch für den Schutz der Natur.[158] Der historische Überblick lässt gar keinen Zweifel daran, dass der Naturschutz ein typisches Phänomen der Moderne, nicht etwa ein Relikt der Vormoderne ist. Nicht umsonst war in den USA der erste Schub von Ressourcenschutzinitiativen ein charakteristisches Element der *Progressive Era*.

Der «Monte Verità» bei Ascona, wo Mühsam sein Vegetarierlied reimte und zu Zeiten auch Hermann Hesse und Max Weber weilten, wurde seit der Gründung der dortigen Naturheilstätte 1900 der internationale Sammelpunkt von einem kunterbunten Spektrum von Alternativbewegungen jener Zeit: Kleidungsreform und Nacktkultur, freie Liebe und freier Tanz, Anarchismus und Okkultismus.[159] Wie nicht zu verwundern, war dieses Ensemble nicht frei von Spannungen. In welchem Maße all diese Strömungen untereinander und mit «Mainstreams» jener Zeit zusammenhingen, ist noch über weite Strecken zu erforschen. Einschlägige Studien widmen sich mit Vorliebe einer einzigen Richtung und stellen diese als möglichst einzigartig dar, da die Beteiligten gerne ihr mutiges Außenseiter- und Querdenkertum betonten und fern von dem modernen Ehrgeiz waren, sich «total vernetzt» zu präsentieren. Wenn man jedoch hört, dass die Naturheilstätte auf dem «Berg der Wahrheit» von Wagnerianern gegründet wurde und die «Naturmenschen» dort nackt auf der «Parsifalwiese» tanzten und vom «Walkürenfelsen» in die Weite schauten, erkennt man eine halbverborgene Nähe zur herrschenden wilhelminischen Kultur, die auch ihre antitraditionellen Potentiale besaß.[160]

Mag auch eine Revue der Reformbewegungen, wenn man sich auf das Bizarre konzentriert, wie ein Kuriositätenkabinett wirken, so erkennt man doch beim Gesamtüberblick, dass dieser Eindruck täuscht. Bei der Hygienebewegung ist offenkundig, dass sie in der gesamten westlichen Welt zu einer institutionalisierten Macht wurde; aber bis zu einem gewissen Grade gilt dies selbst für den Naturschutz. Er kultivierte mit Vorliebe die Erinnerungen an seine Niederlagen; so in den USA *Remember Hetch-*

Hetchy – als von dem Yosemite-Nationalpark, bei nüchterner Betrachtung nicht unverständlich, ein Tal zur Wasserversorgung von San Francisco abgetrennt wurde, worauf John Muir die Stadt verfluchte[161] – oder am Oberrhein das Memento an den vergeblichen Widerstand gegen die Überflutung der Laufenburger Stromschnellen durch ein Wasserkraftwerk;[162] aber demgegenüber resümiert Friedemann Schmoll: «Entgegen dem oft kultivierten Selbstbild handelt es sich um eine äußerst erfolgreiche gesellschaftliche Bewegung. Ihre Anliegen wurden innerhalb kürzester Zeit als Fragen des Gemeinwohls und öffentlichen Interesses auch vom Staat anerkannt. ... Hier bildeten sich private und staatliche Institutionen aus, die sich durch eine erstaunliche Langlebigkeit auszeichnen sollten.»[163]

Der Naturschutz in der Lüneburger Heide stand unter der Patronage von Wilhelm II. Als ein Freiherr von Wolff-Metternich im Reichstag den Vogelfang mit Schlingen verteidigte, erntete ein Gegenredner «lebhaften Beifall», als er brüsk erklärte: «Man sollte die Herren, die den Vogelfang verteidigen, einmal eine Viertelstunde an einem Beine aufhängen, damit sie es an ihrem eigenen Leibe spüren.»[164] Bei diesem Thema kamen sogar im kaiserlich-deutschen Reichstag radikale Töne an. In England genossen die Tierschützer ebenso wie die Hygieniker die Sympathie der Königin Victoria. Es gibt sogar die These, dass der britische *Cruelty to Animals Act* von 1876 ohne den von der Queen ausgeübten Druck gegen den Widerstand der Mediziner nicht durchgekommen wäre.[165] Ein Teil der Reformbewegungen trug in England durchaus viktorianische, in Deutschland wilhelminische Züge und wurde ebenfalls von dem amerikanischen Präsidenten Theodore Roosevelt begeistert aufgegriffen.

Ein Bindeglied zwischen Stadthygiene und Naturbegeisterung war die *Gartenstadt*: auch sie, von England ausgehend, um 1900 ein Nukleus lebensreformerischer und soziokultureller Utopien. Sie war allerdings vor allem das Projekt derjenigen, die die Vermenschlichung und Vernatürlichung der großen Städte bereits aufgegeben hatten. Eine Ironie der Geschichte liegt darin, dass die Banalisierung der Gartenstadt und ihre Vereinnahmung durch die Stadtplanung in eine eher antisoziale Suburbanisierung der Wohnweise mündeten, die mit der Massenmotorisierung einherging und die Landschaft weit mehr zerschnitt, als dies die großen Agglomerationen je vermocht hätten.

Statt die Geschichte zu rasch nach «Gut» und «Böse» zu sortieren, muss der Umwelthistoriker einen Sinn für die Ironie der Geschichte haben, zumal er es mehr noch als manche Kollegen mit unbeabsichtigten Folgen menschlichen Handelns zu tun hat. So erkennt man eine derartige Ironie auch in der Frühgeschichte des Fahrrads. Aus der Rückschau ist es die sanfte Alternative zum Auto; in der Frühzeit dagegen fungierte es als Einübung in die neue individuelle Temposucht, die unmittelbar darauf mit dem Auto ihre harte Droge bekam. Um 1900 gab es eine Welle von Fahrrad-Enthusiasmus wie später selbst in der Öko-Ära nicht mehr; aber in vielen Fällen stand dieser emotional dem Naturgenuss fern, sondern lebte mehr aus dem neuen Kraftgefühl und Geschwindigkeitsrausch.[166] Da präsentierte sich sogar der frühe Automobilismus mitunter gemütlicher.[167]

In den USA wurde die latente Spannung zwischen den Liebhabern der Wildnis und den Vorkämpfern einer nachhaltigen Forstwirtschaft, zwischen *preservation* und *conservation* konkret: zwischen John Muir und Gifford Pinchot manchmal virulent, so in der Kontroverse um das Hetch-Hetchy-Projekt;[168] im deutschen Süden stießen bei der Auseinandersetzung um das Walchensee-Kraftwerksprojekt Landschaftsschützer mit den Fürsprechern einer sauberen Energieerzeugung ohne rauchende Schlote zusammen.[169] Aus der heutigen Rückschau fällt auf, dass die «grünen» Bewegungen um 1900 viele Chancen zu Akteurskoalitionen ungenutzt ließen – das Gleiche gilt allerdings auch für grüne Bewegungen der jüngsten Zeit. Ludwig Klages' Botschaft *Mensch und Erde* an den Hohen Meißner war von einem hinreißenden Natureros getragen: Aber was wollte er konkret; zu welcher Praxis rief er auf? In ihren Vernetzungen und in ihrem praktischen Elan ist die moderne Umweltbewegung ihren Vorläufern um 1900 ganz gewaltig voraus.

Aber längst nicht in jeder Hinsicht ist der Fortschritt der letzten hundert Jahre so klar. Der Nutzen einer Rekapitulation des Vergangenen besteht nicht zuletzt in einem schärferen Blick auf die Gegenwart. Auch hier existiert die allumfassende «Umweltbewegung» mehr in den Medien als in der Praxis und lenken große Worte nicht selten von der Dürftigkeit praktischer Effekte ab. Bei einem Großteil der Reformbewegungen um 1900 ging es letztlich nicht um die Umwelt, sondern um die menschliche Gesundheit; aber ebendieses Motiv versteckt sich auch heute sehr oft unter dem Schlagwort «Umwelt». Die Reformbestrebungen um 1900 besaßen mit dem Jugendstil in Deutschland, mit der *Arts-and-Craft*-Bewegung in England eine opulente ästhetische Seite; aber auch die moderne Umweltbewegung gewann ihre Popularität und politische Schlagkraft nicht selten besonders dort, wo sie lange verleugnete Schönheiten wiederentdeckte und für die Erhaltung alter Stadtstrukturen kämpfte. Mit der Ökologisierung hat die Umweltbewegung ein Stück eigener Geschichte vergessen. So schärft die historische Rückschau den Blick dafür, dass wir mit unserem heutigen Umweltbewusstsein nicht am Ende der Geschichte stehen.

Umweltsorgen der Krisenzeit: New Deal und NS-Deutschland

Die epochale Bedeutung des *Dust Bowl*. Oft kann man hören, Umweltsorgen seien ein Schönwetterphänomen; in schweren Krisen hätten die Menschen andere Sorgen. Dann wäre es bezeichnend, dass die Belle Époque und der lange Boom nach dem Zweiten Weltkrieg, als sich viele Angehörige der Mittelklassen ein partiell «postmaterialistisches» Denken leisten konnten, große Zeiten von Natur- und Umweltschutzinitiativen waren. Aber längst grassieren Umweltsorgen auch in der Dritten Welt; es gibt auch ein Umweltbewusstsein der Krisenzeiten und Krisenregionen. Eine Bedrohung der Umwelt wird gerade dann besonders stark empfunden, wenn sie sich mit einer Bedrohung der eigenen Existenz verbindet.

Die 1930er Jahre sind als eine Epoche der «Umweltbewegung vor der Umweltbewegung» noch nicht allgemein geläufig; und doch spricht vieles dafür, sie als eine solche Epoche zu begreifen, wobei der Impetus diesmal nicht von Europa, sondern von den USA ausging. Denn der *Dust Bowl* – die 1934 im amerikanischen Mittelwesten einsetzenden verheerenden Staubstürme, die als «Rache der Natur» für ein rücksichtsloses Aufbrechen fragiler Böden gedeutet wurden – führte weit über die USA hinaus zu einer Welle von Besorgnissen um die Böden.[170] Mit diesem Brennpunkt ist das Umweltbewusstsein der 30er Jahre nicht nur dem der Jahrhundertwende, sondern sogar dem heutigen ein Stück voraus. Denn früher wie heute konzentrierten sich Umweltbewusstsein und Umweltpolitik auf die drei großen Allmenden Wasser, Wald und Weide:[171] Da entstand ein über die Hauswirtschaft hinausreichender Regelungsbedarf, und da entstanden infolgedessen Quellenmassen für Umwelthistoriker und Interventionsansätze für Umweltpolitiker. Heute konzentrieren sich Umweltinitiativen mit globalem Horizont auf die Atmosphäre und auf die Weltmeere. Dabei bleiben die Böden, deren Beackerung Privatsache oder jedenfalls eine lokale Angelegenheit ist, regelmäßig am Rande; umso mehr, als die Bodenerosion in weiten Teilen Europas nicht spektakulär ist.[172] Je mehr man den Boden mikroskopisch erforschte, desto mehr wuchs seine Komplexität bis ins Unendliche.[173] Von Ort zu Ort ist der Boden verschieden, und jeder hat seine eigene Geschichte: Daher liefert er im Allgemeinen keinen Stoff für große Thesen, die die Weltöffentlichkeit mobilisieren. Kein Wunder, dass das Thema Boden in den Umweltdebatten gewöhnlich unter Kurs läuft, obwohl es im Blick darauf, dass wir vom Boden leben, Umweltschäden in dieser ultimativen Senke aller Umweltgifte besonders irreversibel sind und Statistiken über die weltweite Bodendegradation schockierender sind als viele andere Hiobsbotschaften,[174] eigentlich das wichtigste Thema ist. In den 1930er Jahren kam es als solches zur Geltung.

Der *Dust Bowl* machte den Bodenschutz in den USA, wo staatliche Interventionen traditionell auf heftigsten Widerstand privater Interessen trafen, zum Politikum ersten Ranges. Für Donald Worster, den Doyen der amerikanischen Umweltgeschichte und Abkömmling einer vom *Dust Bowl* betroffenen Familie, reicht zwar die Geschichte der «ökologischen Ideen» bis ins späte 18. Jahrhundert zurück; jedoch erst in den 1930er Jahren, «zu einem Großteil als direkte Folge der *Dust-Bowl*-Erfahrung», habe sich der Umweltschutz in Richtung einer «mehr umfassenden, koordinierten, ökologischen Perspektive» entwickelt. Große Staubstürme habe es schon vorher gegeben; aber erst vor dem Hintergrund der Weltwirtschaftskrise, der Erschütterung des Glaubens an den industriekapitalistischen Fortschritt habe der *Dust Bowl* diese epochale Wirkung ausgeübt. Genau genommen waren viele verarmte Farmer, die damals aus dem Mittelwesten nach Kalifornien strömten, mehr Opfer der ökonomischen als der ökologischen Krise; aber es war die Naturkatastrophe, die Stoff für eine große Saga stiftete.[175]

Fast schlagartig wurde nun eine bedrohliche Bodenerosion auch in anderen Weltregionen wahrgenommen. Das 1935 von der Universität von Oklahoma, im Zentrum der *Dust-Bowl*-Region, publizierte aufrüttelnde Buch des Botanikers Paul Sears, *Deserts on the March*, wurde zum «bedeutendsten populären ökologischen Werk des Jahrzehnts» (Worster). Es hatte bereits einen weltweiten Horizont und begriff die Staubsturmkatastrophe als Ausdruck der fundamentalen Krise einer auf rücksichtslose Ausbeutung der Böden gegründeten Zivilisation.[176] Zwanzig Jahre darauf veröffentlichte die University of Oklahoma Press ein Buch *Top-Soil and Civilization*, das von Hugh Bennett, dem früheren Chef des *Soil Conservation Service*, inspiriert war und von der *Dust-Bowl*-Erfahrung her nichts weniger als eine alarmierende Neuinterpretation der amerikanischen, ja der Weltgeschichte unternahm: die Geschichte der Zivilisation über weite Strecken als Geschichte eines schleichenden ökologischen Selbstmords durch Ausplünderung der Böden.[177]

Ressourcenschutz als Machtpolitik. Richard Andrews, der Historiker der amerikanischen Umweltbewegung, betont die epochale Bedeutung der Reformzeit unter Franklin D. Roosevelt: «Die Ära des New Deal hinterließ der amerikanischen Umweltpolitik ein Erbe von Umweltschutz-Errungenschaften, wie es das bis dahin nicht gegeben hatte. Keine andere Ära der amerikanischen Geschichte brachte eine derart außergewöhnliche Bilanz von Restauration und Verbesserung der Umwelt hervor, und keine andere hat so viel dazu beigetragen, den Sinn für die Harmonie zwischen menschlichen Gemeinschaften und ihrer Umwelt zu verbessern.»[178] Vieles erinnert an die ältere *Progressive Era* von Theodore Roosevelt; mehr noch als damals trafen brisante Umweltprobleme diesmal auf eine neue Regierung, die mit einer Energie wie noch keine amerikanische Regierung davor nach Revieren für eine staatliche Aktivität großen Stils suchte. Der Innenminister Harold L. Ickes, ein «starker Mann» des neuen Präsidenten, erblickte im Ressourcenschutz ein Patentmittel zu einer immensen Ausdehnung der Kompetenzen seines Ressorts.[179] Da der New Deal von einer ganzen Generation von Intellektuellen getragen wurde, die in den Staatsdienst strömten, entwickelte er eine Eigendynamik, die es rechtfertigt, nicht nur von einem Abschnitt der Politik, sondern auch von einer «Bewegung» zu reden. Wie nie zuvor bildeten sich politisch aktive Expertenkartelle heraus, die System, Organisation, Management in die Politik brachten.

Auch eine heute naiv anmutende Technikgläubigkeit kennzeichnet dieses neue Expertentum. Lewis Mumford, der später in der beginnenden Öko-Ära vor der menschheitsmordenden «Megamaschine» warnte, verkündete 1934 die schöne neue Welt der «Neotechnik», bei der Deutschland Pionier sei und die die vormoderne, «eotechnische» Symbiose von Wirtschaft und Natur auf eine faszinierende neue Art wiederherstellen werde. Ganz im Geist des New Deal zeigte er sich besonders von den Wasserkraftwerken fasziniert: «Das paläotechnische Leichentuch von Qualm reißt auf: Mit der Elektrizität kehren der klare Himmel und das reine Wasser der eotechnischen Ära zurück; das Wasser, das durch die unbefleckten Turbinenschaufeln strömt, kommt in lauterem Zustand heraus.»[180] Das Mysterium der unbefleckten Empfängnis: in den Wasserkraftwerken geht es in Erfüllung.

In einer Zeit der Massenarbeitslosigkeit ließen sich staatliche Interventionen umso besser rechtfertigen, je mehr Menschen sie Arbeit beschafften; und dazu waren flächendeckende Bodenschutzmaßnahmen wie geschaffen. Das *Civilian Conservation Corps* (CCC) setzte arbeitslose junge

Männer zu Bodenschutzarbeiten, zum Dammbau und zum Baumpflanzen ein.[181] 1935, unter dem frischen Eindruck des *Dust Bowl*, bewilligte der Kongress den *Soil Conservation Service* (SCS) unter der Leitung von Hugh Hammond Bennett: Es war die erste Bodenschutzbehörde der Geschichte. «Big Hugh» war ähnlich wie David Lilienthal, der Chef der mit dem SCS kooperierenden Tennessee Valley Authority (TVA), ein starker Mann mit missionarischen Zügen, dem die Rolle des Retters gut stand.[182] Er wetterte: «Infolge Erosion verlieren wir täglich den Gegenwert von 200 Farmen von je 40 Acres. Jährlich werden an die drei Milliarden Tonnen Erdboden vom Wasser abgetragen oder vom Wind weggeblasen. Damit könnte man einen Güterzug füllen, der 18mal um den Äquator reicht.»[183] In den Jahren ab 1935 erließen fast alle amerikanischen Bundesstaaten Bodenschutzgesetze. *Fortune* schrieb 1935: «Es ist vorstellbar, dass, wenn die Geschichte unserer Generation aus der Sicht eines Jahrhunderts danach geschrieben wird, die Rettung des zerstörten Bodens als die größte und dauerhafteste Errungenschaft unserer Zeit gelten wird.»[184]

All diese Aktivitäten präsentierten sich mit einem Pathos der *Grassroots*-Demokratie, wie es zu New Deal und Bodenschutz passte, zumal man sich im Prinzip darüber im Klaren war, dass der Farmer der entscheidende Akteur war, wenn es um die flächendeckende Umsetzung der Bodenschutzeinsichten in die Praxis ging.[185] Der SCS operierte über regionale Distrikte, die von den Farmern selbst kontrolliert wurden; bis 1947 wurden 1670 solcher Distrikte eingerichtet.[186] Die Absichten waren ähnlich wohlmeinend wie später bei der stark vom New Deal inspirierten Entwicklungshilfe in der Dritten Welt; jedoch liegt es im Wesen der mit Experten gerüsteten großen Organisation, dass sie einen bürokratischen «Top-down»-Politikstil begünstigt. Insgesamt brachte der New Deal den größten Schub hin zum administrativen Zentralismus in der amerikanischen Geschichte. «Um 1940 arbeitete der amerikanische Farmer in einem System, das von einem Wechselspiel zwischen großen öffentlichen und privaten Organisationen dominiert wurde.»[187]

Mit diesem Politikstil lassen sich jedoch leichter Staudämme und Kraftwerke bauen als Terrassenfelder und Windschutz-Waldstreifen anlegen, so wie es die Strategen der *Soil Protection* planten.[188] «Nur verstreute Flicken des Schutzgürtelprojekts des New Deal wurden tatsächlich gepflanzt, und noch wenigere davon haben überlebt.» Wo es solche Baumhecken gibt, die den lokalen Bedingungen und Bedürfnissen entsprechen, sind diese in aller Regel aus Eigeninitiative der Farmer entstanden.[189] Die TVA, das Flaggschiff des New Deal, konzentrierte ihre Energie auf die öffentlichkeitswirksamen Großprojekte des Damm- und Kraftwerksbaus, während der Bodenschutz, wo alles auf unspektakuläre lokale Kleinarbeit ankam, ebenso wie das Forstprogramm hinterherhinkte.[190] Der bewässerte Boden wurde ja, solange er feucht war, vom Wind nicht weggeblasen; die Bewässerung präsentierte sich als Patentlösung für den Horror des *Dust Bowl*. Erst viel später bemerkte man die Übernutzung des Grundwassers durch New-Deal-Projekte im Mittelwesten.[191]

Alles in allem brachte der New Deal weit größere Fortschritte im *Wissen* über die Bodenökologie als in deren praktischer Verbesserung.[192] Epochale Bedeutung bekam er zuoberst dadurch, dass er eine «große Ära des Dammbaus» eröffnete (Carolyn Merchant):[193] zuerst innerhalb der USA, dann in weiten Teilen der Welt – ein klassisches Beispiel dafür, wie der Versuch, Umweltprobleme durchgreifend und in großem Stil zu lösen, neue Umweltprobleme schafft, die nicht selten noch vertrackter sind. Der Kampf gegen Staudämme wurde in den letzten Jahrzehnten zu einem Leitmotiv von Umweltbewegungen in der Dritten Welt. Der als Chef der TVA zu Ruhm gekommene David Lilienthal wurde nach dem Krieg der erste Vorsitzende der *Atomic Energy Commission*. Später projektierte die TVA ein Kernkraftwerk nach dem anderen.[194] Mit dem «friedlichen Atom» verbanden sich ganz ähnliche Perspektiven wie die, die später die Umweltbewegung bestimmten: die Hoffnung auf eine dank der Brüter unerschöpfliche und allen Weltregionen zugängliche emissionsfreie Energiequelle. Später gehörte der gleiche Lilienthal allerdings zu den ersten prominenten nuklearen Skeptikern.[195]

Die von Donald Worster rekapitulierte «Geschichte der ökologischen Ideen» läuft teilweise quer zu der Geschichte der Taten. Gerade in den 1920er und 30er Jahren begründete Frederic Clements unter dem Eindruck der Prärie von Nebraska, in der er aufgewachsen war und forschte, die Theorie von der natürlichen «Klimax» einer Landschaft und zugleich eine «Climax Community» in der Ökologie. Da gab es bei aller Dynamik der Natur doch ein natürliches Gleichgewicht einer Landschaft, das der Mensch nicht ohne Schaden zu verändern vermochte: Das «Zurück zur Natur» bekam eine ökologische Basis.[196] Selbst Hugh Bennett hielt es im Prinzip für besser, in Teilen der Great Plains den Ackerbau einzustellen und die einstigen Prärien wieder dem Gras zu überlassen; aber er war nun einmal ein Aktivist und Projektemacher, der mit solchen Weisheiten nichts anzufangen wusste.[197] Nicht nur die Wildwestnostalgie, sondern auch das nüchterne Kalkül führte in ariden Regionen zu diesem Schluss; denn dort übertrafen die Kosten der Bewässerung bei Weitem die agrarischen Erträge, und allen Bekenntnissen zum «free enterprise» zum Trotz konnten die Farmer nur mit massiver staatlicher Subvention überleben.[198] Später, in der Öko-Ära, überkreuzten sich wissenschaftliche und populäre Ökologie in umgekehrter Weise: Die ökologische Wissenschaft hatte sich längst von der Klimaxtheorie entfernt und kannte keine stabilen Gleichgewichtszustände mehr in der Natur; der Natur- und Umweltschutz dagegen brauchte zumindest die Fiktion solcher Zustände, um Kriterien für das zu Schützende zu haben.[199] Bis heute tut er sich schwer damit, sich von dieser Fiktion zu lösen.

Verwissenschaftlichung der Umweltpolitik. Agrargeschichte machte der Bodenschutz der New-Deal-Ära vor allem mit der Attacke auf den Pflug, den traditionellen Stolz der Landwirtschaft. «Pflügen, pflügen, pflügen», hatte Cato der Ältere dem römischen Bauern eingehämmert, und Plinius der Ältere hatte hinzugesetzt: «Pflüge mit aller Kraft!»[200] Aber das war eine Zeit, in der die Pflüge noch aus Holz waren und nach modernen Maßstäben den Boden nur ritzten. Im Zeitalter des Stahls und des motorisierten Traktors musste man auf fragilen Böden umlernen. 1937 brachte das US-Department of Agriculture (USDA) einen Lehrfilm heraus: *The Plow That Broke the Plains*, der schon im Titel dem Pflug die Schuld am *Dust Bowl* gab; der Film musste damals nach heftigen Protesten der Agrarlobby zurückgezogen werden.[201] 1943 publizierte Edward H. Faulkner, ein Agronom aus dem erosionsgefährdeten Ohio, einen Generalangriff auf den Pflug unter dem provozierenden Titel *The Plowman's Folly;* das Buch wurde zum Bestseller. Da erklärte er nicht nur das tiefe Pflügen in fragilen Böden, sondern das Pflügen schlechthin zu einer Torheit und zu einer «Sabotage» an der Natur des Bodens.[202] Tatsächlich wurde der Pflug im Mittleren Westen mehr und mehr durch die Egge ersetzt. Auch die Agrarchemie unterstützte diese sanfte Revolution in der Bodenbearbeitung; denn da das Unkraut von nun an nicht mehr untergepflügt wurde, ließ sich ein drastisch erhöhter Bedarf an Herbiziden konstruieren. Auch in dieser Konsequenz lief der Bodenschutz der New-Deal-Ära quer zu der späteren Öko-Ära, an deren Anfang Rachel Carsons Alarm gegen die Pestizide stand.

Die neue Aufmerksamkeit für die natürlichen Ressourcen zusammen mit dem für den New Deal typischen Aktivismus und Geist des *scientific management* machte sich auch in anderen umweltpolitisch relevanten

Bereichen bemerkbar. 1933 erschien das Buch des Forstwissenschaftlers Aldo Leopold *Game Management*, das zur «Bibel der *wildlife profession* (Donald Worster) wurde[203] und seinen Verfasser posthum zu einem der Großen in der Galerie der amerikanischen Vordenker des *environmentalism* machte.[204] «Thinking like a mountain» wurde seine immer wieder zitierte, wenn auch in ihrem Sinn etwas dunkle[205] Parole. 1935 wurde er Mitbegründer der *Wilderness Society*, des neben dem 1892 gegründeten *Sierra Club* wichtigsten organisatorischen Bindegliedes zwischen dem älteren und dem neueren Ökologismus. Seiner Biografin Susan Flader zufolge markiert das Jahr 1935 in Leopolds Denken eine Wende: «eine Abkehr von einer Rechtfertigung der Wildnis durch ihren historischen und Erholungswert und eine Hinwendung zur ökologischen und ethischen Fundierung».[206] Die zu schützende Wildnis musste nicht mehr nur aus malerischen Schluchten und Wasserfällen bestehen.

Leopolds prägende Erfahrung war die Kaibab-Affäre gewesen. 1906 war der Kaibab-Forst beim Grand Canyon zum Wildschutzgebiet erklärt worden. Wölfe, Koyoten und Berglöwen wurden zum Schutze des Rotwilds abgeschossen. Als Folge wuchs die Zahl der Hirsche in 18 Jahren von 4000 auf nahezu 100 000. Scheinbar ein Rekord von *Game Management* – aber die auf mehr als das Zwanzigfache gewachsene Rotwildpopulation verursachte schwere Waldschäden und wurde schließlich durch Hungersnöte wieder auf einen Bruchteil reduziert. Für Leopold war das die Lektion, dass auch das Raubwild zum ökologischen Gleichgewicht des Waldes beitrug.[207] Nicht nur aus ökologischen, sondern auch aus emotionalen Gründen gehörte es für ihn fortan dazu: Als er zu jener Zeit Deutschland bereiste, vermisste er in den dortigen, forstlich so vorbildlichen Wäldern das Raubwild. «Allein das Wissen um das Vorhandensein eines Bären verleiht einem ganzen Land eine besondere Würze. Aus den deutschen Bergen ist dieser Duft verschwunden, Opfer des fehlgeleiteten Eifers der Wildheger und Viehhalter.»[208]

Nun, im dichtbesiedelten Mitteleuropa, wo das Raubwild seit Jahrhunderten nahezu ausgerottet war, waren Wildschäden ein altes Thema, keine neue Entdeckung. Dort stand jedoch die Wiedereinbürgerung von Wölfen und Bären nicht zur Debatte; und in den Rehen und Hirschen bestand der Reiz der Wälder für die Jäger.[209] Zur gleichen Zeit, als Aldo Leopold sein *Game Management* verfasste, brachte in NS-Deutschland Göring das Reichsjagdgesetz (1934) durch, das den Kreis der Jagdberechtigten beschränkte und den Wildstand auf waldschädliche Höhen anwachsen ließ.[210] Göring durchkreuzte mit seinem Jagdfieber die auf maximale Nutzung heimischer Ressourcen erpichte NS-Autarkiepolitik, während Aldo Leopold zeigte, wie sich Wald- und Wildschutz miteinander vereinbaren ließen. Das heißt nicht, dass Leopold in jeder Hinsicht ein New Dealer gewesen wäre: Betrübt verfolgte er, wie die Leute vom CCC «Schutzstraßen» zur Kontrolle von Bränden und Raubwild durch die Wildnis schlugen.[211] Gehörten zur Wildnis nicht auch die wild um sich greifenden Brände? Und doch kam Leopold am 21. April 1948 beim Kampf gegen einen Präriebrand ums Leben: ein Heldentod ganz im Sinne der herkömmlichen amerikanischen Forstwirtschaft, die ihren heroischen Zug durch den Kampf gegen die Waldbrände bekam.

Von der Toxikologie zur Ökologie: Ursprünge des Umweltbewusstseins aus der Arbeitsmedizin. Für Robert Gottlieb, den Historiker der amerikanischen Umweltbewegung, beginnt die Galerie der Öko-Heroinen schon lange vor Rachel Carson mit *Alice Hamilton* (1869–1970), die durch Pionierleistungen bei der Erforschung von Schadstoffen und Berufskrankheiten berühmt wurde, an erster Stelle der – im Prinzip schon seit alters bekannten – Bleivergiftung.[212] Am Ursprung der modernen Umweltbewegung steht nicht nur die Ökologie, sondern mindestens so sehr die Toxikologie. Die pathogene Wirkung vieler Umweltgifte wurde am frühesten in der Arbeitsmedizin nachgewiesen. Diese bekam durch die industrie- und kapitalismuskritische Stimmung der 1930er Jahre Rückenwind und erweiterte ihren Gesichtskreis über die Fabrikhallen hinaus. Aus der Rückschau ist für jene Zeit ein *environmental turn* der Arbeitsmedizin registriert worden;[213] die Forschung galt nun nicht mehr nur der Wirkung der Schadstoffe auf die Beschäftigten, sondern auch auf die Umwelt. Erst dadurch wurden diese Giftstoffe zum Politikum und gelangte die Arbeitsmedizin aus ihrer Schattenexistenz heraus.

Später bezog Rachel Carson wesentliche Informationen über das vom DDT ausgehende Krebsrisiko von Wilhelm Hueper, dem Leiter der *Environmental Cancer Section* des *National Cancer Institute*.[214] Die Beziehung zwischen Arbeitsmedizin und Umweltbewegung ist trotz ihrer eminenten Bedeutung noch kaum systematisch erforscht worden. Sie war nicht ohne Spannungen. Aus rein arbeitsmedizinischer Sicht war ein Problem erledigt, wenn die Schadstoffe aus der Fabrikhalle hinaus in die Umwelt ventiliert worden waren. Die einst so kämpferische Alice Hamilton zeigte sich 1948 als Ruheständlerin im Rückblick zufrieden: Die amerikanische Industrie sei gesundheitsbewusst geworden.[215] Für die Umweltforschung dagegen fingen die Probleme damit erst an; auf diese Weise störte sie das mittlerweile eingespielte Arrangement zwischen Arbeitsmedizin und Großindustrie.[216] Für Arbeitsmediziner, die einzig nach individuellen Kausalitäten und haftpflichtigen Verursachern suchten, waren Befunde über die weiträumige Umweltbelastung durch eine Mehrzahl von Schadstoffen kontraproduktiv. Dennoch haben Arbeitsmedizin und Umweltforschung einander, insgesamt gesehen, wechselseitig bestärkt.

Einen neuen Anschub erhielt in den Jahren des New Deal auch die *Rauchbekämpfung*. Einen Helden, der an die legendären Sheriffs des Westens erinnert, bekam sie in Raymond Tucker, der 1937 zum «Commissioner of Smoke Regulation» von St. Louis ernannt wurde und Vollmachten bekam wie kein «Smoke Inspector» davor. Dass die Stadt im Herbst 1939 durch den schlimmsten Smoghorror ihrer Geschichte geschockt wurde, kam ihm zu Hilfe. 1940 erließ der Stadtrat von St. Louis ein Ortsgesetz, das – was bis dahin noch nie vorgekommen war – sämtliche Rauchquellen der Stadt regulierte. «Niemals zuvor hat ein einzelner Ingenieur in der amerikanischen Luftreinhaltung eine ähnliche Macht besessen. Und – wie sich zeigen sollte – niemals danach» (Frank Uekötter).[217]

Bis zur Ära Tucker war die Rauchbekämpfung in St. Louis eine Geschichte der Frustration gewesen; jetzt kam eine sichtbare Wende von einem Jahr auf das andere.[218] Das Beispiel von St. Louis machte Schule: Ab 1940 mutierte Pittsburgh, bis dahin die Smoke City par excellence, zum Pionier in der Rauchbekämpfung. Joel Tarr spricht für diese Stahlmetropole von einer förmlichen «smoke control movement».[219] Merkwürdig kann man aus heutiger Sicht finden, dass in all den Anti-Rauch-Kampagnen, die sich über ein halbes Jahrhundert hinzogen, nie das Zigarettenrauchen ins Visier geriet, obwohl dessen Schädlichkeit die vieler Schornsteinemissionen bei Weitem übertraf. Gehörte die Zigarette zu jener Zeit zu untrennbar zum Habitus des progressiven Intellektuellen? Nur die deutsche NS-Regierung, die diesen Intellektuellentyp am liebsten ausgemerzt hätte, führte eine Kampagne gegen das Tabakrauchen.[220] Diese Kampagne stand nicht isoliert da: Auch in der Erforschung des Kausalzusammenhangs zwischen Asbest und Lungenkrebs war Deutschland damals führend; dort wurde 1943 erstmals der durch Asbest verursachte Lungenkrebs als entschädigungspflichtige Berufskrankheit anerkannt.[221] Auch das von radioaktiver Strahlung ausgehende Gesundheitsrisiko wurde in NS-Deutschland argwöhnischer untersucht als in anderen westlichen Ländern. An diesem Punkt war die nationalsozialistische Sorge um das Erbgut produktiv.

Der *Dust-Bowl*-Alarm geht um die Welt. Es lohnt sich, die Ära des New Deal so ausführlich zu würdigen; denn hatte in den 1920er Jahren die industrielle Hegemonie der USA in der Welt begonnen, so begann in den 30er Jahren die amerikanische Hegemonie in jenen Bereichen, die später unter Umweltpolitik liefen. Durch die Experten-Community des *Dust Bowl* angestoßen, entdeckte man auch in anderen Weltregionen die Bodenerosion als Problem ersten Ranges. Besonders prompt war die Wirkung in *Australien*. Auch da war ähnlich wie im amerikanischen Westen umstritten, ob man die Wüste als naturgegeben hinzunehmen hatte oder durch Bewässerung in Ackerland verwandeln könne. Ebendiese Vision hatte 1918 ein über tausend Seiten starkes Opus von Edwin J. Brady, *Australia Unlimited*, verkündet. Aber diese Vision beruhte auf der irrigen Annahme, das Grundwasser unter den Wüsten Australiens sei unerschöpflich. War jedoch auf permanente reichliche Bewässerung kein Verlass, drohte die Zerstörung der Grasnarbe durch Beackerung selbst Steppen in Wüsten zu verwandeln und drohten Sandstürme selbst die Agrargebiete Australiens zu verheeren. Diese Sorgen wurden durch die *Dust-Bowl*-Expertise virulent.[222] Und anders als im Tennesseetal konnte man hier nicht mit Staudämmen eine Bewässerung großen Stils betreiben.

Während in den USA der *Dust Bowl* kein dauerhaftes Trauma hinterließ, sondern in den 1940er Jahren bei Kriegskonjunktur, feuchterem Klima, Bewässerung und Agrarchemie von einem neuen Optimismus verdrängt wurde, hatte diese Erfahrung in Australien eine nachhaltigere Wirkung als in ihrem Ursprungsland. Der unter dem Eindruck des *Dust Bowl* entstandene Bericht des aus Britisch-Indien stammenden Ökologen Francis Ratcliffe über die Erosion in Australien (*Flying Fox and Drifting Sand: The Adventures of a Biologist in Australia*, 1938), der dort in den 50er Jahren Schullektüre war, trug dazu bei, dass 1938 und 1940 in den Staaten New South Wales und Victoria Bodenschutzbehörden eingerichtet wurden.[223] Ratcliffe, der nicht nur mit der Ökologie des Bodens, sondern auch mit den Klimaerfahrungen des vergangenen halben Jahrhunderts argumentierte, warnte eindringlich nicht nur vor einer Expansion des Ackerbaus, sondern auch davor, eine stationäre Weidewirtschaft europäischen Stils in aride Regionen Australiens zu übertragen: Diese werde auf die Dauer unweigerlich ihre eigenen Grundlagen zerstören.[224]

Die *Dust-Bowl*-Erfahrung besaß sehr unterschiedliche Lesarten: Die eine erinnerte an fundamentale Grenzen des Wachstums,[225] die andere nahm die Bodenkrise als Herausforderung für große Bewässerungsprojekte. Wirkungsvoll wurde in der weltweiten Entwicklungspolitik der Nachkriegsjahrzehnte vor allem die Letztgenannte; «Entwicklung» wurde in aller Welt geradezu synonym mit gigantischen Dammbauten. Diese optimistisch-aktivistische Version der *New-Deal*-Erfahrung war in Reinkultur in Walter Clay Lowdermilk verkörpert, dem dynamischen, von Roosevelts berühmtem Agrarminister Henry A. Wallace bewunderten Assistant Chief des SCS und zugleich Präsidenten der *American Geophysical Union*, der von Nordafrika bis China[226] als Berater in Sachen Bodenschutz herumreiste. Obwohl nicht jüdischer Herkunft, wurde er – in den Worten von Wallace – der perfekteste zionistische Konvertit, den man sich vorstellen konnte. 1939 bereiste er Palästina und verkündete in Jerusalem über den Rundfunk sein «Elftes Gebot»: «Thou shalt inherit the holy earth as a faithful steward conserving ist resources and productivity from generation to generation. Thou shalt safeguard thy fields from soil erosion, thy living waters from drying up, thy forests from desolation, and protect thy hills from overgrazing by the herds, that thy descendants may have abundance forever.» Er schlug dort vor, analog zur TVA eine «Jordan Valley Authority» zu gründen, obwohl der Jordan an Wasserreichtum mit dem Tennessee River nicht auch nur entfernt mithalten kann.

Lowdermilk bewunderte die Energie, mit der die zionistischen Siedler in dem kargen Land Bewässerungsoasen schufen, und ohne sich viel um die Begrenztheit der dortigen Wasserressourcen zu sorgen, belieferte er die Zionisten mit einer schlagkräftigen ökologischen Ideologie: Die arabischen Invasoren, die Beduinen und Fellachen, hätten das Gelobte Land, in dem Milch und Honig fließen, in eine Wüste verwandelt; die Zionisten würden es mit Bewässerung, Baumpflanzung und *contour farming* – Pflügen entlang den Höhenlinien – wieder in einen Garten Eden verwandeln.[227] Das gelte selbst für die Wüste Negev, die von Natur aus nie grün war. Solange dort die Beduinen herrschten, sei alle Mühe umsonst: Sie würden die Bewässerungsanlagen verkommen lassen und ihre Kamele auf die Felder treiben. «Nur ein energisches Volk, das wissenschaftliche Methoden des *dry farming* und Dammbaus zur Nutzung des Fluss- und Regenwassers anwendet, kann die Negev fruchtbar machen.»[228] Da übernahm er ein Geschichtsbild, das die französischen Kolonisatoren schon vorher in Nordafrika propagiert hatten: Die einstige «Kornkammer Roms» sei von den Nomaden zur Wüste gemacht worden; durch moderne Bewässerungssysteme werde sie erneut in ein grünes Eldorado verwandelt werden.[229] Die Beduinen in der Rolle jener kurzsichtigen Yankee-Farmer, die den *Dust Bowl* verschuldet hatten. Dass eine extensive Weidewirtschaft den Boden schont, während Bewässerungssysteme ihre eigene ökologische Fragilität besitzen, wurde erst später im Zeichen der Ökologie wiederentdeckt.

Von der Sache her hätte eigentlich die *Sowjetunion* das Zentrum des Bodendiskurses sein müssen; denn die Tschernosjom-Böden der Ukraine waren für ihre Fruchtbarkeit berühmt, zugleich jedoch seit langem besonders durch Winderosion bedroht. 1928 hatte es dort ein Staubsturmdesaster gegeben, und weitere Staubstürme folgten.[230] Russische Wissenschaftler waren damals weit mehr als amerikanische international führend in der Bodenkunde, gerade auch in der Bodenökologie und Erosionsforschung;[231] nicht umsonst tragen viele Bodenarten russische Namen. Mindestens so sehr wie in der deutschen Blut-und-Boden-Literatur gab es in Russland eine patriotische Rhetorik des Bodens, verbunden mit einem Bewusstsein der Gefährdung der Steppenböden.[232] Hatte es zeitweise die Theorie gegeben, dass der Wald die Bodenqualität verschlechtere, so hatten sich in den 1930er Jahren die Anhänger der Aufforstung von Waldgürteln zum Bodenschutz durchgesetzt. 1936 wurden die wasserhaltenden Waldzonen im Einzugsbereich der Flüsse des europäischen Teils der Sowjetunion sogar per Gesetz unter Naturschutz gestellt.[233] Im gleichen Jahr tagte im Moskauer Bodenkundlichen Institut eine Pan-Sowjet-Konferenz zum Kampf gegen die Bodenerosion.[234]

Das Fehlen einer selbstbewussten Zivilgesellschaft im stalinistischen Russland verhinderte jedoch eine lebendige öffentliche Auseinandersetzung mit den Bodenproblemen. Wenn Schutzwälder ihren Sinn erfüllen sollen, müssen sie den lokalen Bedingungen angepasst sein; das war im Prinzip auch in der Sowjetunion bekannt, aber dem entsprach die zentrale Planwirtschaft noch weniger als die *New-Deal*-Planung. Neben den Stahlkombinaten wurden gigantische Dammbauten auch in der Sowjetunion zum Inbegriff von Entwicklung. Selbst aus westlicher Sicht waren die Anreize zu großflächiger Bewässerung kaum irgendwo anders so verführerisch wie in weiten Gebieten des sowjetischen Südens.[235] Ihren Höhepunkt erreichten ökologisch rücksichtslose Bewässerungsprojekte in ariden Gebieten allerdings erst unter Chruschtschow, der aus der Ukraine kam und sich zum Unglück der sowjetischen Landwirtschaft einbildete, ein Agrarexperte zu sein.[236]

Bodenbewusstsein im Zeichen von «Blut und Boden»: das Phänomen Alwin Seifert. Ein merkwürdiges und widersprüchliches Bild in boden- und umweltpolitischer Hinsicht bietet das *nationalsozialistische Deutsch-*

land. Die NS-Ideologie wird oft mit der Alliteration «Blut und Boden» bezeichnet; ob dabei jedoch «Boden» mehr als eine bloße Metapher war, blieb in der Schwebe. Im Register von Hitlers *Mein Kampf* sucht man das Stichwort «Boden» jedenfalls vergebens. Im regen- und lehmreichen Deutschland stellten sich Bodenprobleme anders dar als im amerikanischen Mittelwesten. Während des Krieges war Düngermangel das große Problem gewesen; in der Folgezeit, im Zuge der ersten Begeisterung für die Agrarchemie, machte man bereits negative Erfahrungen mit dem übermäßigen Einsatz chemischer Düngemittel,[237] hier und dort allerdings auch – und da entstand eine Affinität zur amerikanischen Situation – mit der Schädlichkeit einer zu weit getriebenen Entwässerung. «Wir lebten bisher im Zustande einer unbewussten wirtschaftlichen *Wasserscheu*», glaubte 1926 ein hessischer Landes-Ökonomierat zu erkennen, wobei seine Kritik mehr die Agrarpolitik traf als die Bauern selbst, die gerade in neuerer Zeit den Nutzen der Wiesenbewässerung gelernt hatten.[238] Bei den Agrarpolitikern dagegen richte sich aller Ehrgeiz darauf, das für den Ackerbau momentan nicht benötigte Wasser so rasch und so restlos wie möglich über begradigte Bäche und Flüsse ins Meer zu leiten. Wenn die Deutschen so weitermachten, würden sie «einer gefährlichen *Austrocknung der obersten Erdschichten* entgegengehen» und ihre gesamte Kultur in Gefahr bringen.[239]

Ebendiese Warnung verkündete zehn Jahre später, unter dem frischen Eindruck des *Dust Bowl*, Alwin Seifert (1890–1972) mit der rhetorischen Gewalt eines Propheten. In der Umweltpolitik der NS-Zeit ist er die markanteste und farbigste Gestalt, aus mancher Sicht eine charismatische Erscheinung, aus anderer eine «Mischung von Hofnarr und Kassandra» (Thomas Zeller).[240] Er war ein exzellenter Selbstdarsteller und ist daher in seiner realen Bedeutung manchmal überschätzt worden; größer war seine Bedeutung im Öko-Diskurs. Äußerliche Prominenz erlangte Seifert, bis dahin an der TH München Lehrbeauftragter für Gartenbau und Friedhofsgestaltung, nach 1933 als «Reichslandschaftsanwalt» beim Autobahnbau. Als Mitarbeiter von Fritz Todt, dem Generalinspektor für das deutsche Straßenwesen, setzte er sich dafür ein, dass sich die Autobahnen in geschwungener Linienführung der Landschaft einpassten und an den Seiten nicht Gräben, sondern mit heimischen Arten bepflanzte Böschungen angelegt wurden. Ein Verehrer jubelte schon, nun sei «ganz Deutschland sein Garten», der Garten eines leidenschaftlichen Verfechters des naturgemäßen Gartenbaus; aber, nüchtern besehen, war dieses Beratertum am Rande der Autobahn doch eher «Pritzelkram», um mit Löns zu reden. Immerhin, Todt war ein mächtiger Mann, und zwischen ihm und Seifert entwickelte sich eine ruppige Männerfreundschaft nach dem Motto «Pack schlägt sich, Pack verträgt sich».[241] Die Mesalliance von Autobahnbau und Landschaftsplanung erinnert von ferne an das Phänomen Robert Moses, der ab 1926 jahrzehntelang im Umfeld von New York gewaltige Grünanlagen projektierte und zugleich mit einer Brutalität wie keiner vor und nach ihm New York mit Stadtautobahnen durchschnitt, damit man die Anlagen mit dem Auto rasch erreichen konnte.[242] Dauerhaft in Erinnerung blieb Seifert nach 1945 als Protagonist eines naturgemäßen Gartenbaus ohne Chemie, dafür mit kunstvollem Kompost.[243]

Von größtem Interesse ist dagegen in unserem Zusammenhang sein 1935 einsetzender Generalangriff auf den deutschen Wasserbau, der noch immer die gerade Linie liebte, die Seifert den Autobahnbauern auszutreiben suchte. Da brach bei ihm eine Natur- und Wassermystik durch: Wie die Natur im Kleinen wie im Großen «überall ein geschlossener lebender Organismus» sei, so sei auch der Fluss von Natur aus ein Lebewesen, dessen Lebendigkeit nicht frevelhaft mit Beton gebrochen werden dürfe.[244] In der Essenz war seine Argumentation jedoch rational, ganz im Sinne der von dem hessischen Agrarpolitiker beklagten deutschen «Wasserscheu»: Der traditionell vorherrschende Drang, das Wasser so rasch und gründlich wie möglich fortzuleiten, stamme aus einer Zeit, in der in Mitteleuropa ein feuchteres Klima geherrscht habe. Seit den 1880er Jahren dagegen werde das deutsche Klima wärmer und trockener. Solche Zeiten seien eigentlich gute Zeiten; aber diese Chance werde verdorben, wenn man die Wasserwirtschaft der feuchten Zeit fortsetze.[245] Da habe man mit dem *Dust Bowl* das Menetekel vor Augen: Wenn man so weitermache, werde man es dahin bringen, dass der deutsche Boden «nach Russland fliegt» und die Deutschen in der Landschaft und auch in der Seele zu einem «Steppenvolk» würden wie die Slawen.[246] Daher gehe es für die Deutschen in der Wasserfrage «um Sein oder Nichtsein».[247]

Seiferts Anbiederungen an die völkische Ideologie verstehen sich als Taktik; denn zugleich macht er den Deutschen wiederholt andere Völker zu beschämenden Vorbildern eines für die Natur sensiblen Wasser- und Straßenbaus. Als Vorbild rühmt er auch den amerikanischen *Soil Conservation Service*, während man dort den deutschen Bodenschutz als vorbildlich hinstellte.[248] In den USA gingen Bodenschutz und Wasserbau Hand in Hand; in der von Seifert entfachten Kontroverse war die Konstellation umgekehrt. Belegen konnte er seine Versteppungsthese nur punktuell.[249] Inwieweit war sein Alarm fundiert? Aus der Distanz ergibt sich ein ähnlicher Eindruck wie bei dem «Waldsterben»-Alarm nach 1980: Eine schleichende Gefahr wurde zu einer akut drohenden Katastrophe hochstilisiert. Dass die Gefahr tatsächlich bestand, hat noch zwei Jahrzehnte darauf Heinrich Lübke als Bundeslandwirtschaftsminister anerkannt.[250]

Hatte Seiferts Attacke in der NS-Zeit eine Wirkung? Natürlich führte sie unter Wasserbauingenieuren zu einem Aufschrei der Empörung; aber in dieser Kontroverse hielt Todt zu Seifert, zumal es aus Fachkreisen auch viel zustimmende Resonanz gab und der Autobahnbau als positiver Kontrast zur Flussbegradigung dastand: «Während der Straßenbau gelernt hat, naturverbunden zu arbeiten, herrscht im Wasserbau der Beton und die Gerade und das genaue Profil ...» (Todt)[251] Seiferts Polemik traf keinen Kern der NS-Politik. David Blackbourns *Eroberung der Natur* – gemeint ist: Eroberung der deutschen Natur durch den Wasserbau – kulminiert in der NS-Diktatur und vermittelt dem oberflächlichen Leser den Eindruck, der Wasserbau habe im Zentrum der NS-Politik gestanden, und der Nationalsozialismus habe einen Gipfel hydraulischer Herrschaft bedeutet. Dieser Eindruck entspricht jedoch in keiner Weise der Realität: Flussbegradigungen der NS-Zeit wie die Regulierung der Leipziger Luppe oder der westfälischen Ems, die im regionalen Natur- und Heimatschutz auf Widerspruch stießen,[252] waren Kinkerlitzchen gegenüber den Großprojekten des New Deal im Tennesseetal. Ohnehin war damals die große Zeit des deutschen Talsperrenbaus unter Otto Intze schon vorbei. Blackbourn selbst bemerkt, dass der 1936 fertiggestellte Hoover Dam fast 200-mal so viel Wasser staute wie der 1914 geschaffene Edersee, die größte deutsche Talsperre.[253]

Gewiss, Dränage und Flussbegradigungen gehörten zu den Aufgaben des Reichsarbeitsdienstes; aber schon in *Mein Kampf* hatte Hitler kein Hehl daraus gemacht, dass ihm der Gedanke der «inneren Kolonisation» suspekt war, da er von der Expansion nach außen ablenkte.[254] Es war möglich, dass Walther Schoenichen, der Leiter der staatlich-preußischen Stelle für Naturdenkmalpflege und ab 1933 der wortreichste Propagandist eines Naturschutzes im nationalsozialistischen Geist, zugleich einen kritischen «Appell der deutschen Landschaft an den Arbeitsdienst» publizierte.[255] Hans Klose, der – ohne Mitglied der NSDAP zu sein – sein Nachfolger wurde,[256] ging 1936 in Berlin auf der ersten Reichstagung für Naturschutz vor den versammelten Naturschutzbeauftragten, nunmehr mit dem Reichsnaturschutzgesetz von 1935 im Rücken, sogar zur offenen Polemik über: «Es wird niemanden in diesem Saal geben, der nicht von kaltem Grauen gepackt wird bei dem Gedanken, dass die unentwegte Weiterverfolgung der durch Landeskultur und Arbeitsdienst vielerorts schon fast zu weit gegangenen Wasserentziehungsprozesse in wenigen Jahren dazu führen muss, unserem Vaterlande diese Naturgüter fast restlos zu entstellen und damit zu nehmen.»[257]

Nationalsozialismus und Naturschutz. Hitler war für seine Person so wenig am Naturschutz interessiert, dass er ihn in *Mein Kampf* nicht einmal dort ins Feld führte, wo er ihn hätte brauchen können: als Argument gegen die Idee, die «innere Kolonisation» böte einen großen Ausweg aus der Enge des deutschen Nahrungsspielraums. Er nannte die Natur «die grausame Königin aller Weisheit».[258] Diese Natur brauchte keinen Schutz. Seifert dagegen wies ähnlich wie Klages die darwinistische Vorstellung zurück, in der Natur herrsche «ein unerbittlicher Kampf aller gegen alle»: Diese «Schulmeinung» entspreche dem «Geist des Gestrigen, der überall das Trennende, die Zerspaltung, das Einzelwesen betont».[259]

Die Frage nach der Beziehung zwischen Naturschutz und Nationalsozialismus wurde wiederholt zum Gegenstand von Kontroversen.[260] Die Frage ist in dieser Pauschalität falsch gestellt: Sie setzt eine ideelle Einheit von Natur- und Landschaftsschutz voraus und geht auch von der Annahme aus, der Nationalsozialismus sei ein in sich konsistentes Denksystem mit einer eindeutigen Position in Sachen Natur gewesen. Die NS-Ideologie war jedoch in weiten Teilen ein ideologisches Konglomerat. Auch der «typische Nazi» existierte nur in der NS-Propaganda und in der Anti-Nazi Karikatur; in Wirklichkeit trafen sich in der NS-Bewegung sehr unterschiedliche Menschentypen: nicht nur Naturromantiker, sondern mindestens so sehr begeisterte Technokraten. Immerhin, auch der naturverbundene Jäger – der jedoch nicht den gesamten Naturschutz verkörperte – gehörte zu den Prototypen des Nationalsozialismus: Das erkennt man an der Person Görings und seiner in der Schorfheide inszenierten grünen Jagdherrlichkeit, um die sich einiges an NS-Prominenz scharte. Am liebsten hätte Göring aus der Schorfheide etwas Ähnliches wie einen Nationalpark amerikanischer Dimension gemacht; aber das konnte nicht einmal dieser Reichsforst- und Reichsjägermeister gegen andere Ressorts durchsetzen.[261]

Gemeinnutz geht vor Eigennutz war die NS-Parole; manchmal konnten Naturschützer durchsetzen, dass der Gemeinnutz in ihrem Sinne definiert wurde,[262] aber auch Militär und Wirtschaft reklamierten den Gemeinnutz für sich selbst. In Fragen der Natur gab es keine feste Parteilinie; hier waren innerhalb gewisser Grenzen öffentliche Diskussionen möglich und konnten sich ohne Anstoß aus Kreisen der NS-Führung Initiativen formieren, die den Charakter einer Bewegung hatten. So konstituierte sich während der NS-Zeit innerhalb des Deutschen Heimatbundes ein Ausschuss zur Rettung des Laubwaldes, der seine Aktivität sogar nach Kriegsbeginn verstärkte und 1941 mit einer Denkschrift an die Öffentlichkeit trat. Da klagte ein Verseschmied: «O deutscher Wald, o Buchengrün / Und Kraft der starken Eichen / O deutscher Wald, du sinkst dahin / Von deines Würgers Streichen!» Man beachte: Der «Würger» war derjenige, der die im Zuge der Kriegswirtschaft verordneten hohen Hiebsätze befolgte. Die Denkschrift fand eine breite positive Resonanz, wobei in der Menge der eingegangenen Stellungnahmen auffällt, dass nationale Töne neben ökologischen und wasserwirtschaftlichen Argumenten ganz zurücktreten: selbst im Kriegsjahr 1941.[263]

Es wäre nicht richtig, den Naturschutz jener Zeit lediglich als Instrument des NS-Regimes zu begreifen: Auch das kam vor, dass Naturschützer nicht ohne Erfolg versuchten, den NS-Apparat umgekehrt für ihre Zwecke zu instrumentalisieren. Der Hegauer Heimatdichter Ludwig Finckh führte über 25 Jahre mit dem Kampfruf «Stofflio!» eine Kampagne dagegen, dass dem «heiligen» Hohenstoffeln, einem markanten Basaltkegel im Hegau, durch die Steinbrüche des Barons von Hornstein sein Profil geraubt werde. Am Ende gelang es ihm, selbst Himmler und Göring für sein Ziel zu mobilisieren. Bedenkenloser noch als Schoenichen zog er dabei alle Register des völkischen Jargons, selbst antisemitische;[264] dabei war er ein Freund Hermann Hesses und sah seine Mission darin, «für alles Unterdrückte, Vergewaltigte, Verkannte ein(zu) treten».[265] Der Fall Finckh gibt eine Vorstellung von der Doppelbödigkeit des Naturschutzes in der NS-Zeit. Nicht selten stellte gerade derjenige, dessen nationalsozialistische Gesinnung Anlass zu Zweifeln gab, Gesinnungstüchtigkeit besonders penetrant zur Schau;[266] wer fest im Sattel saß, hatte das nicht nötig. Immerhin, zu Ehren der Naturschützer lässt sich sagen, dass sie sonst – soweit zu überblicken – nur in seltenen Ausnahmefällen antisemitische Tiefschläge verübt haben, obwohl ihnen dieses leicht möglich gewesen wäre; denn nicht nur für Antisemiten, sondern auch für Zionisten war es erwiesene Tatsache, dass die Juden von ihren fast zwei Jahrtausenden der Heimatlosigkeit her kein Verhältnis zur Natur und zum Boden besaßen.[267]

Die NS-Zeit ist in der Geschichte des Natur- und Umweltschutzes eine überhaupt nicht belanglose Periode, jedoch eine, von der es mehr als nur eine einzige Geschichte gibt. Bezeichnend ist die extrem ambivalente Rückschau von Hans Klose, 1938 bis 1945 Leiter der Reichsstelle für Naturschutz und dort schon vorher der entscheidende Mann: Die Jahre von 1935 bis 1939 seien «zweifellos die hohe Zeit des deutschen Naturschutzes in 50 Jahren» gewesen, und doch hätten sich ab 1933 «die naturzerstörenden Kräfte ins Unermessliche» gesteigert.[268] Die NS-Regierung, die auf vielen Gebieten unablässig Aktivismus zur Schau stellte, suchte sich anfangs auch im grünen Bereich zu profilieren: In den Jahren 1933 bis 1935 peitschte Göring Schlag auf Schlag ein Verbot der Vivisektion, ein Reichstierschutzgesetz, ein Reichsjagdgesetz mit der Verpflichtung zu «waidgerechtem» Jagen ohne Schrotschuss, ein Gesetz gegen Waldverwüstung und ein Reichsnaturschutzgesetz durch.[269] 1934 trat der ostelbische Gutsbesitzer Walter von Keudell, ein erklärter Feind des Kahlschlags und der Fichtenmonokultur, an die Spitze des neu geschaffenen Reichsforstamts und suchte sein Leitbild des «Dauerwalds» mit jener Rücksichtslosigkeit durchzusetzen, die dem Stil der neuen Zeit entsprach.[270]

Der Reichslandwirtschaftsminister Darré, der gegen das chemische «Retortendenken» und das «diabolische Grinsen des Kapitalismus» in der Landwirtschaft wetterte, verkündete bisweilen Botschaften, die dem späteren «ökologischen Landbau» nahestanden.[271] Um Devisen für Düngemittelimporte zu sparen, wurde den Kommunen 1935/36 vorgeschrieben, bei der Abwasserentsorgung zunächst in jedem Fall die Möglichkeit landwirtschaftlicher Nutzung zu prüfen und erst bei deren nachgewiesener Unmöglichkeit Kläranlagen zu bauen.[272] Das Reichsnaturschutzgesetz von 1935, das zu jener Zeit einzigartig in der Welt und über den alten Schutz von «Naturdenkmälern» weit hinausgehend – die Beteiligung des Naturschutzes an allen landschaftsverändernden Planungen vorschrieb und sogar die Möglichkeit der Enteignung zu Naturschutzzwecken vorsah, löste in Naturschutzkreisen jahrelang eine wahre Euphorie aus. Schon die bloße Drohung mit dem Enteignungsparagrafen, auch wenn mit der Enteignung nur in Ausnahmefällen Ernst gemacht wurde, machte Grundbesitzer verkaufswillig. «Nie in der deutschen Geschichte wurden so viele Naturschutzgebiete in so kurzer Zeit durchgesetzt» (Frank Uekötter).[273]

Der Naturschutz besaß jedoch weder den Apparat noch das Durchsetzungsvermögen, um sich maßgebend in die Raumplanung einzuschalten. In Sachen Natur- und Umweltschutz war das NS-Regime weit entfernt von jener Rücksichtslosigkeit und Radikalität, die es in seiner Kriegs- und Rassenpolitik bewies. Wo Umweltbedenken mit gewichtigen

Wirtschafts- und Militärinteressen kollidierten, blieben sie machtlos: gewiss keine NS-deutsche Besonderheit. Keudell verlor seinen Posten, als seine Laubmischwaldpolitik mit dem Vierjahresplan und dem Bedarf nach raschem und maximalem Massenertrag über Kreuz ging. Interne Sympathien für den Landbau ohne Chemie reichten bis zu Himmler und Bormann, Hitlers engstem Vertrauten im Krieg;[274] aber in der Praxis dominierten die Expertenkartelle der IG-Farben. Wenn es um maximalen Kalorienertrag in der agrarischen «Erzeugungsschlacht» ging, wurde zum Hohn auf die Öko-Philosophie Darrés sogar der Maisanbau forciert,[275] ähnlich wie in den Wäldern selbst der Eukalyptus akzeptabel wurde,[276] der Inbegriff des forstlichen Fremdlings. Die Holzforschung erfuhr eine Förderung wie noch nie in ihrer Geschichte; in Forstkreisen triumphierte man, endlich erhalte das heimische Holz die Gleichberechtigung neben den Metallen, und noch im Juli 1939 wurde die Tagung des Deutschen Forstvereins in der Berliner Krolloper «mit unerhörtem Glanz und Luxus» eröffnet, ganz im bombastischen Stile Görings;[277] aber der im Zuge der Autarkiepolitik eingeschlagene Kurs auf ein neues «hölzernes Zeitalter» stellte in letzter Konsequenz die Autonomie des Forstwesens in Frage. Ein zukunftsträchtiger Zielkonflikt.

Grüne Zielkonflikte sind auch heute normal; es liegt in der Natur der Natur, dass verschiedene Naturpolitiken einander ins Gehege kommen. Im totalitären Staat war es jedoch schwieriger als in der Demokratie, derartige Konflikte offen auszutragen und auf diesem Wege zu bereinigen, wenn auch zu Fragen des Natur- und Umweltschutzes, soweit diese nicht Kernbereiche der NS-Politik tangierten, eine öffentliche Diskussion möglich war. Aber eine große grüne Allianz kam in NS-Deutschland nicht zustande; immer wieder wirkten Rivalitäten blockierend. Göring war anfangs innerhalb der NS-Führung so etwas wie eine grüne Identifikationsfigur,[278] aber der grüne Bereich war ihm doch vorwiegend Instrument seiner Jagdleidenschaft; Zentrum seiner Aktivität – soweit er nicht in Trägheit verfiel – waren die Luftfahrt und der Vierjahresplan. Zwischen Seifert und Darré, die sich in der Naturphilosophie so nahestanden, entwickelte sich eine feindselige Rivalität. Auch Projekte kommunaler Abfallrezyklierung waren Seifert aus Gründen der Landschaftsästhetik und des Wohlgeruchs ein Gräuel. Bei dem Keudell'schen Dauerwald-Dirigismus ging manchen Forstleuten «das Messer im Sack auf».[279] Man schwärmte vom «deutschen Wald»; aber von einem Konsens darüber, wie dieser konkret auszusehen habe, war man in der Forst- und Holzbranche weit entfernt, vom Naturschutz ganz zu schweigen.

Das Gesamtbild ist jedoch nicht nur negativ. Obwohl der Enteignungsparagraf des Reichsnaturschutzgesetzes Konfliktstoff enthielt, waren die Beziehungen zwischen Naturschutz und Bauern insgesamt freundlicher als sechzig Jahre darauf unter der Ägide der FFH-Richtlinie der EU. In den 1930er Jahren, als die Bauern noch nicht die chemischen Insektizide besaßen, brauchten sie noch die Vögel und Vogelhecken zum Schutz gegen Insektenbefall. Zwar war für Bauern, die mühsam Heidegebiete urbar gemacht hatten, die vom Naturschutz betriebene Wiederherstellung der Heidelandschaft eigentlich ein Ärgernis; aber gegen die Ausbreitung des Militärs in der Lüneburger Heide standen Bauern und Naturschützer zusammen. Da konnten sich die vom NS-Regime umworbenen Bauern sogar ungestraft eine herausfordernde Protestkundgebung leisten, für die anderen das KZ gedroht hätte.[280]

In der deutschen Brennstoffnot nach Kriegsende wurden nicht nur Wälder, sondern auch Windschutzhecken abgeholzt, und norddeutsche Regionen wurden von Windverwehungen heimgesucht wie seit dem 18. Jahrhundert nicht mehr: Da entstand ein *Dust-Bowl*-Szenario amerikanischen Stils, und Seiferts Warnung erschien aktueller als zehn Jahre davor. «Die Versteppung Deutschlands, die Austrocknung und Verödung des Landes sind tatsächlich in vollem Fluss»:[281] So das 1947 erschienene Buch des Journalisten Anton Metternich *Die Wüste droht*, ein an Seifert anknüpfendes deutsches Pendant zur amerikanischen *Dust-Bowl*-Literatur, ebenfalls mit globalem und welthistorischem Horizont. In weiten Teilen findet man schon ganz den Tenor der modernen Öko-Apokalypse. Die Öko-Reflexionen sind jedoch auch von denen sich zu ihrer Zeit anbietenden Rettungsrezepten mitbeeinflusst; und so trifft man gegen Schluss, wo Lösungswege gezeigt werden, auf Kapitel über die «synthetische Leberwurst» und die «künstliche Eiweißplantage»[282] – zu einer Zeit, als die Deutschen aus Not Landwirtschaft ohne Chemie betreiben mussten, aber dabei hungerten. In einer Situation akuter Not waren dem ökologischen Denken die Flügel beschnitten; erst in einer besseren Zeit erlangte es wieder einen längeren Atem. In Notzeiten verstand es sich ohnehin von selbst, dass kaum einer etwas wegwarf, was noch irgendwie zu gebrauchen war. Das änderte sich in einer langen Ära des wachsenden Massenwohlstandes so drastisch wie noch nie zuvor in der Geschichte. Das wurde die Ausgangssituation für ein neues Umweltbewusstsein, das jedoch zum realen Gang der Dinge in dialektischer Spannung stand.

Think Big!
Charismatisches Zwischenspiel auf olympischer Höhe

Die vergessene Naturkonjunktur der Nachkriegszeit. Die frühen umweltpolitischen Ansätze im Umfeld von Völkerbund und UNESCO, die Gründerjahre der 1948 geschaffenen International Union for the Conservation of Nature (IUCN) und des 1961 aus dessen Umfeld hervorgegangenen World Wildlife Fund (WWF) und die vielfältigen Naturschutzaktivitäten eines Julian Huxley, Max Nicholson und ihrer ebenso exquisiten wie einflussreichen Freundeskreise sind zu einer Zeit, als man bei «Umweltbewegung» an protestierende Massen dachte, fast in Vergessenheit geraten; erst in jüngster Zeit hat Anna Wöbse diese Vorgeschichte der Öko-Ära wiederentdeckt und darauf hingewiesen, dass die «Natur» in der Nachkriegszeit eine förmliche «Explosion neuer Bedeutungszuweisungen» erfuhr.[283] Handelt es sich um einen bloßen Schnörkel der Weltgeschichte? Aus der Rückschau wohl doch um einiges mehr. Denn der globale Horizont ist konstitutiv für das moderne Umweltbewusstsein. Das Hochgefühl, etwas für die Rettung der Welt zu tun, ist für zahllose Umweltaktivisten eine Quelle der Euphorie, wenn es auch stets ein Problem bleibt, seine praktische Bedeutung zu bestimmen. «International» war, wie wir sahen, im Naturschutz schon um 1900 ein positiv besetzter Begriff; aber eine kontinuierliche und expansive institutionelle Gestalt erlangte diese Internationalität erst nach 1945. Gerade vor dem Hintergrund der keineswegs unbeachtlichen Umweltschutzinitiativen im Völkerbund der Zwischenkriegszeit[284] wird deutlich, in welchem Maße nach 1945 im Umkreis der UNESCO Belange der Natur mit ganz neuem Schwung und Tempo in Angriff genommen wurden.[285]

Der Frieden legte den Blick frei auf gemeinsame Probleme der Menschheit, mehr noch: veranlasste die, denen es um dauerhaften Frieden ging, nach einer Suche nach solchen Aufgaben, die die Menschheit verbanden und nach internationaler Kooperation verlangten. Nicht immer und überall, aber im Großen und Ganzen enthält das moderne Umweltbewusstsein schon von dem grenzüberschreitenden Charakter vieler Umweltprobleme her einen Antrieb zu transnationaler Verständigung und Kooperation. Das Umweltbewusstsein korreliert nicht nur mit Umweltproblemen, sondern auch mit Gezeiten der internationalen Politik; seine Hochkonjunkturen fallen nicht zufällig in Zeiten internationaler Entspannung. Gewiss liefern Umweltprobleme, wo es um den Zugang zu vitalen Ressourcen geht, eine Fülle an Konfliktstoff; aber weit mehr als ideologische Konfrontationen und Fragen des nationalen Prestiges erzeugen sie eine Atmosphäre rationaler Regelung – bisher zumindest.

Globale Umweltfragen besitzen ein Doppelgesicht von realem und konstruiertem Problem; denn die Welt ist groß und unübersichtlich, und globale Risiken haben keine sinnenhafte Evidenz. Obendrein war das «Ökosystem Erde» vor zwei, drei Generationen noch weit weniger übersichtlich und statistisch erfasst als heute. Im Unterschied zu der von einem Industriekomplex verursachten Umgebungsverseuchung treten globale Probleme nicht per se in Erscheinung; sondern es muss Personengruppen und Institutionen geben, die ein Interesse daran haben, solche Probleme aufzugreifen.

Das Dilemma des Internationalismus in der Zwischenkriegszeit: Umweltinitiativen im Völkerbund. Schon Mitarbeiter des Völkerbunds der Zwischenkriegszeit erkannten grenzüberschreitende Umweltprobleme als Aktionsfeld, um nationale Fronten zu überspielen, so vor allem evidente Missstände auf den Weltmeeren wie die «Ölpest» – die Meeresverschmutzung durch von den Schiffen abgelassene Ölrückstände – und die rücksichtslose Überjagung der Walbestände. Die Letztere erreichte historisch neuartige Dimensionen im Zeitalter der Dampfschiffe, vor allem nach dem Ersten Weltkrieg, als Walfänger, die zugleich schwimmende Fabriken waren, nach Dezimierung der nördlichen Walbestände in die Gewässer der Antarktis vordrangen. Die in den 1920er Jahren erfundene Methode, Waltran zur Margarineproduktrion zu raffinieren – wovon viele Konsumenten nichts ahnten –, gab der Walfangbranche einen Industrialisierungsimpuls.[286] Von da an war es ein argentinischer Diplomat, José León Suárez, der über Jahrzehnte den Walschutz mit ganzer Leidenschaft betrieb. Wie beim Wald- und Wildschutz konnte sich man auch beim Schutz der Wale im Eigeninteresse der Jäger und Nutzer, ganz ohne Sentimentalität, auf das Prinzip der Nachhaltigkeit berufen. Aber wie sollte man die Fangquoten unter den Ländern gerecht verteilen und auf welche Weise deren Einhaltung durchsetzen?

Diese Probleme blieben ungelöst. Es waren vor allem die traditionellen Walfangnationen England und Norwegen, die die Genfer Walfangkonvention von 1931 durchsetzten: Wenn man den Status quo zur Richtschnur machte, kamen sie bei den Quoten am besten weg. Aber die neu aufstrebenden Walfangnationen, an der Spitze Japan und ab 1933 auch das nationalsozialistische Deutschland, pfiffen auf Genfer Restriktionen.[287] Die Atmosphäre zunehmender internationaler Feindseligkeit machte einen internationalen Walschutz unmöglich. Am Ende erwies sich der Krieg als der einzige effektive Walschutz: Alle britischen und japanischen Fabrikschiffe und auch ein Großteil der norwegischen wurden durch Torpedos versenkt.[288]

Im Frieden gab es zwar wieder internationale Walfangkonferenzen, aber de facto ging die rücksichtslose Jagd von Neuem los. Gleich 1946 tagte in Washington eine Internationale Walfangkonferenz. Durch ihren Beschluss wurde 1949 eine Internationale Walfangkommission (IWC) eingerichtet, aber diese wurde zur Gefangenen kurzfristiger Interessen der Walfangnationen. Wie zum Hohn auf die IWC begann Aristoteles Onassis, der spektakulärste Milliardär der Nachkriegsjahrzehnte, 1949 mit seinem Fabrikschiff *Olympic Challenger* und unter verschiedenen Flaggen eine Waljagd, die an demonstrativem Zynismus ihresgleichen sucht. Onassis, der die Barhocker seiner Jacht *Christina* mit der Penishaut von Walen überziehen ließ, stöberte die Wale per Flugzeug auf und ließ sie samt und sonders töten, egal, ob es sich um trächtige Kühe oder Jungtiere handelte.[289] Von nun an bis zu den spektakulären Aktionen von Greenpeace verlegte sich der internationale Artenschutz mehr auf die Elefanten als auf die Wale: mehr auf die größten Land- als die größten Seetiere, mehr auf Afrika als auf die Weltmeere.

Die Wahl der Tierikonen hat es in sich. Der Schutz der Wale und der Elefanten konnte nur aus der Ferne organisiert werden; da fehlte dem Naturschutz der Unterbau regionaler *grassroots*-Bewegungen. Der Schutz des afrikanischen Großwilds besaß darüber hinaus einen kolonialistischen Beigeschmack; er schuf eine Front gegen die einheimische Bevölkerung, solange diese nicht vom Safari-Tourismus profitierte. Im Vergleich dazu gab es beim Schutz der Zugvögel, die dem Vogelschutz per se einen Drall zur Transnationalität gaben, eine weitaus bessere Chance, den globalen Horizont mit lokalen Initiativen zu unterfüttern.

Ein in dieser Hinsicht besonders instruktives Beispiel ist in den 1950er Jahren der Kampf um den *Knechtsand*. Es handelte sich um eine unbewohnte Insel in der Wesermündung, die ab 1953 als Ersatz für das an die Deutschen zurückgegebene Helgoland zum Bombenziel bei Manövern der britischen Besatzungsmacht wurde. Zunächst protestierten Fischer aus der Umgebung; aber deren Protest hatte keinen Erfolg. Ab 1954 sammelte sich dann eine Protestbewegung im Zeichen des Vogelschutzes; denn der Knechtsand war im Spätsommer ein Sammelpunkt von schätzungsweise 75 000 Brandgänsen, die sich dort mauserten. Am 8. September 1957 kam es vor dem Knechtsand zu einem Happening mit

300 Demonstranten auf zwanzig pittoresk geschmückten Kuttern: einem mediengerechten Spektakel, mit dem man sich bereits in die Zeiten von Greenpeace versetzt glaubt. Von der Nähe besehen, war der Vogelschutz von einem Teil der Protestler nur vorgeschoben; und doch fand der Protest Resonanz bei den britischen Vogelschützern, deren Einfluss bis in das Militär reichte, und führte zum Erfolg. Der Initiator der Protestbewegung, der Volksschullehrer Bernhard Freemann, wurde in den britischen Medien populär. Während sich die Bundesregierung zurückhielt, stellten die Briten 1958 von sich aus das Bombardement ein. «Nicht umsonst war Großbritannien seinem kulturellen Selbstverständnis nach eine ‹nation of animal lovers› und galt als das aufgeklärte Kernland der traditionellen Tier- und Vogelschutzbewegung» (Anna Wöbse).[290] Am Ende spielte die Natur dem Naturschutz allerdings einen Streich: Der gerettete Knechtsand wurde im Laufe der Zeit zur bloßen Sandbank. Immerhin begannen mit der zu jener Zeit einzigartigen Aktion die Initiativen, die seit den 1970er Jahren – in Zusammenarbeit mit den Niederlanden und Dänemark, nunmehr allerdings unter heftigen Konflikten mit den um ihre Deiche und Krabbenfischerei besorgten Einheimischen[291] – zur Schaffung des Nationalparks Niedersächsisches Wattenmeer[292] führten.

UNESCO und IUCN – Julian Huxley und sein Freundeskreis. Im Naturschutz war während der ersten beiden Nachkriegsjahrzehnte am ehesten eine internationale Verständigung möglich. Die Initiative ging dabei vor allem von dem Biologen *Julian Huxley* (1887–1975), dem ersten Generalsekretär der UNESCO, und von der Schweizer Liga für Naturschutz aus. Auf der UNESCO-Konferenz von 1947 in Mexico City gelang es Huxley, diese laut Titel für Erziehung, Wissenschaft und Kultur zuständige Organisation davon zu überzeugen, dass konsequenterweise auch die Natur in ihre Kompetenz gehöre; denn der Genuss der Natur sei Teil der Kultur, und die Erhaltung «seltener und interessanter Tiere und Pflanzen» sei eine wissenschaftliche Pflicht.[293] Im gleichen Jahr tagte auch eine internationale Naturschutzkonferenz in Brunnen in der Schweiz; und der entscheidende Anstoß zu der neuen Organisation kam aus der von Charles Bernard geführten Schweizerischen Liga für Naturschutz, die stolz darauf verweisen konnte, dass die Schweiz im Engadin den ältesten Nationalpark Europas besaß.

Zeitweise bot sich eine verworrene Szenerie: Es kam zu Eifersüchteleien zwischen Kontinentaleuropäern und Angloamerikanern, aber auch diese waren untereinander uneins; bei alledem waren die westlichen Länder noch nahezu unter sich. Hauptstreitpunkt war damals, ob die neue Organisation eigenständig oder ein Organ der UNESCO sein solle. Die Kontinentaleuropäer setzten eine zumindest formal eigenständige, dafür finanziell minimal ausgestattete Organisation durch: aus späterer Sicht möglicherweise eine Fehlentscheidung, wenn man an die künftige Schlüsselrolle von UNO und UNESCO als Foren internationaler Umweltpolitik denkt.[294] Damals befürchtete man von der UNESCO noch eine Hegemonie der USA; erst später verkehrten sich die Rollen, und in den USA verbreitete sich die bis heute herrschende Animosität gegenüber internationalen Organisationen. Die Kontroversen dieser «eher chaotischen, aber nichtsdestoweniger euphorischen Gründerjahre»[295] waren immerhin ein Indiz für ein dämmerndes Bewusstsein dessen, dass es hier nicht nur um schöne Worte ging, sondern möglicherweise wichtige Weichen gestellt wurden.

Die IUCN entstand als IUPN, International Union for the *Preservation* of Nature; aber aus angloamerikanischer Sicht klang «Preservation» zu rückwärtsgewandt und nicht aktivistisch genug.[296] «Conservation» besaß in den USA seit Theodore Roosevelt und Gifford Pinchot einen kraftvollen Klang; da war über den Naturschutz hinaus bereits die nachhaltige Bewirtschaftung ökonomisch wichtiger Ressourcen mitgedacht: der Brückenschlag zu dem, was später «Umweltpolitik» hieß. Resolutionen in diesem Sinne gab es von Anfang an,[297] auch wenn sich die Organisation de facto dann doch auf die Naturschutznische beschränkte. Vor allem die amerikanischen Mitglieder setzten 1956 den Namen IUCN durch; zu jener Zeit kam der winzige Etat zur Hälfte aus den USA.[298]

Im August/September 1949 gab es in *Lake Success* im Staat New York, dem provisorischen Hauptquartier der UNO, das merkwürdige Schauspiel zweier Parallelkonferenzen zum weltweiten Natur- und Umweltschutz: der Mammutkonferenz UNSCCUR (United Nations Scientific Conference on the Conservation and Utilization of Resources), zu der an die 4000 Experten aus aller Welt geladen waren, und der IUPN-UNESCO-Konferenz über den Naturschutz. Ob es sich bei dieser Parallelität mehr um Kooperation oder um Konkurrenz handelte, wurde von den Beteiligten unterschiedlich empfunden. Max Nicholson (1904–2003), der einflussreiche und eigenwillige Gründervater des britischen Council for Nature und des British Trust for Ornithology,[299] der vom Vogelschutz her zum Umweltschutz kam, hielt das ganze Unternehmen für verfrüht: Die UNO verstehe nichts vom Naturschutz, und bevor man sich auf «grandiose internationale Wagnisse» einlasse, müsse man erst einmal die

Basis stärken: die nationalen Naturschutzorganisationen, mit Großbritannien voran.[300] Zugleich betonte er jedoch, «wir» seien ebenso wie die Amerikaner «internationally minded».[301] Obwohl der Kalte Krieg bereits im Gange war und sich die Sowjetunion der UNSCCUR fernhielt – während China noch mit Forstwissenschaftlern vertreten war –, überwog noch der Geist der frühen Nachkriegszeit: die Vision der Einen Welt. Jimmy G. Crowther, ein Mitglied des UNESCO-Stabs, brachte sogar allen Ernstes das Projekt auf, die gesamte Erdoberfläche zu einem «Weltpark» zu machen. Er hatte die amerikanischen Nationalpark-Verwaltungen studiert und daraus die Zuversicht gewonnen, die technischen Probleme der Kontrolle dieses Weltparks ließen sich lösen. Ein französischer IUPN-Protagonist, Roger Heim, begeisterte andere Mitstreiter für das Projekt, die Camargue als das Eldorado europäischer Zugvögel zu einem Internationalpark zu machen.[302]

Die IUPN war in ihrer Gründerzeit ein Unikat ohne historischen Vorläufer: ein «Hybrid aus gouvernementalen und nichtgouvernementalen Körperschaften» (John McCormick),[303] in gewissem Sinne die erste GONGO[304] – Governmental-Organized Non-Governmental Organization – und in dieser Hinsicht Modell für spätere Kombinationen von staatlicher Initiative und Selbstorganisation. Ohne Rückhalt bei der UNESCO hätte sie schwerlich bestehen können – und ebenso wenig ohne eine in diesen Kreisen verbreitete Atmosphäre des guten Willens, dass international für den Natur- und Ressourcenschutz etwas geschehen müsse. Entscheidende Bedeutung besaß bei alledem das persönliche Engagement von Julian Huxley, der IUPN und UNESCO anfangs per Personalunion verband: ein Engagement auf der Basis wissenschaftlicher Autorität, zugleich jedoch mit visionärer Leidenschaft und der Überzeugung, dass die Ökologie als eine praktische Wissenschaft in den Dienst der Menschheit zu stellen sei.[305] Mit seiner charakteristischen Mischung von biologisch-zoologischer Kompetenz und begeistertem Dilettantismus, der den umtriebigen Mann, wenn er nicht gerade durch seine periodischen Depressionen gelähmt war, nicht selten als Hans-Dampf-in-allen-Gassen erscheinen ließ, verkörperte er bereits die Brücke von der bis dahin politikfernen Spezialdisziplin Ökologie zur späteren populären Ökologie.

Die Seele der frühen UNESCO und der IUPN bestand in keinem Apparat, sondern – lange vor der Ära des Internets – in einem Elitennetz[306] erlesener Freundeskreise aufsteigender Wissenschaftler von Format, die ungeachtet mancher Differenzen doch durch das Grundgefühl verbunden waren, dass nach diesem furchtbaren Krieg und diesem schrecklichen Untergang von Chauvinismus und Rassismus der historische Augenblick gekommen sei, die Grundlagen für eine bessere Welt zu legen: eine friedliche, soziale, kultivierte, auf Erhaltung ihrer Naturbasis bedachte Welt. Den Weg dorthin zu weisen sei Sache führender Wissenschaftler; denn der Wissenschaft gehöre die Zukunft, und die recht verstandene Wissenschaft führe in die Praxis hin zur Verbesserung der Welt. Was im späteren Alltag der Umweltpolitik oft in Vergessenheit geriet: Am Anfang standen Augenblicke der Euphorie und Erleuchtung.[307] Später erwarb sich die IUPN jedoch auch in der statistischen Kleinarbeit ihre Meriten: Von ihr stammte jene «Rote Liste», die – zuerst 1966 der Weltöffentlichkeit präsentiert – zum «erfolgreichsten und vielleicht bekanntesten Instrument des Artenschutzes» wurde.[308]

Noch in seinem Vortrag auf der Stockholmer UN-Umweltkonferenz von 1972 ging der Ökonom Gunnar Myrdal, ein prominentes Mitglied dieser Elite, der sich zum Glauben an die Macht der Bücher und der Wissenschaft bekannte, wie selbstverständlich davon aus, dass die Sorge um das Ökosystem Erde von den verantwortungsbewussten Naturwissenschaftlern, nicht etwa von einer Bewegung breiter Massen herrühre.[309] Führende Köpfe in dieser Szene wie die Wissenschafts- und Technikhistoriker Desmond Bernal und Joseph Needham, der künftige Autor des Riesenwerks über Wissenschaft und Technik in der chinesischen Geschichte, waren – wiewohl unabhängige Geister – Kommunisten oder jedenfalls an einer Verständigung mit der Sowjetunion interessiert und durch die Aversion gegen die Weltherrschaft des amerikanischen Kapitalismus vereint.

In den 1950er Jahren erfuhr die Vision der Einen Welt eine kalte Dusche durch den Kalten Krieg; aber einiges davon hielt sich noch in jener Zeit, zumal es Zwischenphasen der Entspannung gab. Weit mehr als in den USA war man sich im verwundbaren Europa dessen bewusst, dass es lebensgefährlich war, den Kalten Krieg bis in die Nähe des heißen Krieges anzuheizen, und so gab es auch auf den Höhepunkten des Ost-West-Konflikts stets Unterströmungen, die abzuwiegeln suchten; man wird nicht fehlgehen, wenn man auch die internationale Naturkommunikation im Großen und Ganzen diesem Kontext zuordnet. Auch die Hochkonjunkturen des Umweltschutzes in den 1970er und 90er Jahren fallen in Zeiten der Entspannung, mochten die deutschen Grünen die Wende von 1989/90 auch zunächst als Fiasko erleben. Solange noch das quälende *chicken game* der atomaren Abschreckungsszenarien durch die Albträume geisterte, ging es erst einmal um das Überleben in den nächsten Jahren, nicht so sehr um Vorsorge für künftige Generationen.

Eine für den Geist der Einen Welt charakteristische Show war Edward Steichens Fotoausstellung *The Family of Man*, die am 24. Januar 1955 im New Yorker Museum of Modern Art eröffnet und später als die erfolgreichste Ausstellung in der Geschichte der Fotografie gerühmt wurde. Mit 503 Bildern von 273 Fotografen aus 68 Ländern wollte Streichen «the essential oneness of mankind throughout the world» zeigen: Angst und Freude, Tränen und Lachen, Liebe und Tod – überall auf der Welt präsentieren sich Elementarphänomene des menschlichen Daseins auf irgendwo ähnliche Art, die jeder spontan versteht. Die typische Kritik bemängelte, dass die Menschen dort nur als Instinktwesen, nicht als Kulturträger vorkämen. Ein Kritiker spottete, die *Family of Man* solle besser vom Museum of Modern Art in das Museum of Natural History überführt werden.[310] In der Tat, bei der internationalen Naturkommunikation jener Zeit war oft auch die menschliche Natur mitgedacht.

Die Tsetsefliege als wirksamster Naturschützer: Übervölkerung als Hauptgefahr. Wodurch war die Natur akut bedroht? In Kreisen der IUCN galten nicht industrielle Emissionen als die Gefahr Nummer eins; sondern am ehesten rangierte die *Übervölkerung* an der Spitze der Risikoskala.[311] Für die Nachkriegszeit ist dies überraschend; denn erschreckend waren damals gerade aus europäischer Sicht die furchtbaren Menschenverluste durch den Krieg, nicht ein Übermaß an Menschen. Da erkennt man die spezielle Sichtweise der Protagonisten afrikanischer Nationalparks, die ihren Traum von afrikanischer Wildnis durch afrikanische Siedler akut bedroht sahen.[312] So begeisterte sich der sonst so humane Julian Huxley für die Tsetsefliege, die Mensch und Vieh mit dem oft tödlichen Schlafkrankheitserreger infiziert: Zu Unrecht gelte dieses Insekt als «Geißel Afrikas». Da es nur zahme Tiere befalle, wilde Tiere dagegen gegen den Erreger immun seien, habe es «die großartige Hierarchie der ursprünglichen wilden Lebewesen in voller Kraft erhalten». «Dank der Tsetsefliege waren weite Landstriche von der menschlichen Besiedlung ausgeschlossen und dienten dem Naturschutz. Ist der Vorschlag also absurd, diesem Insekt als dem Retter des unverdorbenen Afrika und seiner einzigartigen Fauna ein Denkmal zu setzen?»[313]

Das Pro und Kontra Tsetsefliege reicht bis zur Jahrhundertwende zurück, als die Schlafkrankheit weite Regionen Ostafrikas verheert hatte, die Großwildjäger jedoch das Wiedervordringen der Wildnis mit grimmiger Befriedigung registrierten.[314] Huxley stand in den 1950er und 60er Jahren mit dem Lob auf dieses Insekt nicht allein; auch Bernhard Grzimek attestierte der Tsetsefliege, durch sie würden noch «große Teile des feuchten, tropischen Afrikas» geschützt.[315] Im Übrigen propagierte Huxley jedoch keine menschenfeindlichen Methoden, um der Überbevölkerung zu wehren, sondern kannte und schätzte Margaret Sanger, die Protagonistin der Empfängnisverhütung und Sponsorin der in den 50er Jahren entwickelten «Antibabypille».[316] Von nun an verlor der Ruf nach Geburtenkontrolle den säuerlichen misanthropischen und puritanischen Beigeschmack des alten Malthusianismus. Der Schutz der wilden Natur war nicht mehr mit der Unterdrückung der wilden Natur im Innern des Menschen verknüpft: ohne Zweifel eine epochale Wende in der Geschichte der Mensch-Natur-Beziehung.

In der Ära der Atomeuphorie: Grüne Visionen für die Eiswüsten. Gerade weil Julian Huxley in vielem wie ein Gründervater der späteren Umweltbewegung wirkt, verblüfft aus heutiger Sicht umso mehr, dass er zugleich ein entschiedener Fürsprecher der Kernenergie war, und zwar – typisch für die Atomeuphoriker der 50er Jahre[317] – keineswegs nur zum Betrieb von Kraftwerken. Zu einer Zeit, als die zivile Kernenergie realiter noch gar nicht existierte, konnte man in sie umso unbekümmerter Wunschträume projizieren. Mit dem Physiker Desmond Bernal, dem Autor des berühmt gewordenen Großüberblicks *Science in History* (1954), war sich Huxley über den vielfältigen Nutzen des «friedlichen Atoms» einig, und es ist nützlich, die Liste zu lesen, um den späteren Wandel der Zeiten in seiner Krassheit zu begreifen: «Sprengungen für Dammbauten, Erdarbeiten zur Schaffung neuer Bewässerungsanlagen; Abschmelzen der Polareisdecken, um neues Land freizulegen und das Klima zu mildern (obwohl das den Nachteil hätte, dass sich der Meeresspiegel über dreißig Meter höbe und Gebiete wie Nordostindien überschwemmt und zahlreiche Küstenstriche weggespült würden); und vor allem die Elektrizitätserzeugung ...»[318]

Das verkündete er schon im Herbst 1945, unter dem frischen Eindruck von Hiroshima, einer «riesigen Versammlung im New Yorker Madison Square Garden», die von ihm eigentlich Aufklärung über die Zukunft einer Welt mit atomaren Waffen erwartete; und noch 1970, als diese nukleare Vision längst zur Schimäre geworden war, wiederholte er sie in seinen Memoiren ohne kritische Distanz. Die heute mit der globalen Erwärmung verbundene Schreckensvision als zugegeben lästige, aber nun einmal nicht zu vermeidende Nebenerscheinung einer grundsätzlich segensreichen Erwärmung des Nordens. Man ahnt die Tücken des *Think Big!* Der Schwede Georg Borgstrom allerdings begann sein Buch *Der hungrige Planet* (1965), mit dem wir uns bereits der «ökologischen Revolution» von 1970 nähern, mit der lakonischen Bemerkung, wenn man «die Arktis und die Antarktis durch Atomenergie in riesige Treibhäuser» verwandle, würde das Schmelzwasser «den größten Teil der Menschen ertränken».[319]

«Das Atom war in den Visionen der fünfziger Jahre wie das Rheingold Richard Wagners: Den guten und friedlichen Menschen bringt es Glück, den bösen und machtgierigen dagegen Verderben.»[320] Die Verknüpfung von Warnrufen vor den Atomwaffen mit einem emphatischen Bekenntnis zum «friedlichen Atom» war typisch für die ersten Nachkriegsjahrzehnte und begegnet im «Göttinger Manifest» (1957) der bundesdeutschen Atomphysiker ebenso wie bei dem damaligen französischen «Atompapst» Fréderic Joliot-Curie.[321] Die phantastischsten Stilblüten finden sich im *Prinzip Hoffnung* (1959), dem Hauptwerk des Propheten-Philosophen Ernst Bloch, der die Kernenergie (bei der schlecht informierte Enthusiasten schon an die kommende Kernfusion dachten[322]) in nächste Nähe der Solarenergie rückt: «Wie die Kettenreaktionen auf der Sonne uns Wärme, Licht und Leben bringen, so schafft die Atomenergie, in anderer Maschinerie als der der Bombe, in der blauen Atmosphäre des Friedens, aus Wüste Fruchtland, aus Eis Frühling. Einige hundert Pfund Uranium und Thorium würden ausreichen, die Sahara und die Wüste Gobi verschwinden zu lassen, Sibirien und Nordkanada, Grönland und die Antarktis zur Riviera zu verwandeln.»[323] Im Unterschied zu Huxley sind dem sichtlich in seine eigene Naivität verliebten Philosophen nicht einmal die Folgen des Meeresspiegelanstiegs der Erwähnung wert: Man versteht, dass sein Mitemigrant Hans Jonas später seine Öko-Philosophie mit dem Titel *Das Prinzip Verantwortung* (1979) zum Gegen-Opus stilisierte.

Ernst Bloch fand die Dystopie *Brave New World* (1931) von Julian Huxleys Bruder Aldous «idiotisch».[324] Aber in den 1950er Jahren gab es noch bruchlose Übergänge zwischen Öko-Visionen und wissenschaftlich-technischen Allmachtsträumen, allerdings auch bereits skeptische Nebenströmungen. Eigentlich lag schon seit Hiroshima der Verdacht nahe, dass auch die zivile Kerntechnik ihre Tücken habe; im Empfinden vieler Menschen blieb die Assoziation mit der Bombe stets bestehen. Kein anderer als Robert Oppenheimer, der legendäre «Vater der Atombombe», hatte bereits im November 1945 auf einem ersten «Symposium on Atomic Energy» darauf hingewiesen, dass zwischen Reaktoren und Bomben eine technische Nachbarschaft bestehe und jeder Reaktor zugleich bombenfähigen Spaltstoff produziere. Und doch brach sogleich nach Hiroshima «die utopische Hoffnung auf unbegrenzte Verfügung über Atomkräfte durch»; vielen erschien das «friedliche Atom» «geradezu als die Strahlungsmitte einer erneuerten Welt» (Friedrich Wagner),[325] und diese Vision spiegelt sich auch in den wohlmeinenden Machtträumen der Wissenschaftlereliten um Julian Huxley und Desmond Bernal.

Huxley gehörte – ebenso wie Gregory Pincus, der Erfinder der «Antibabypille» – zu den Mitarbeitern des berühmt-berüchtigten Kolloquiumsbandes der Ciba Foundation *Man and His Future* (1963), der ein «weltweites Echo» fand[326] und in dem der Genetiker J. B. S. Haldane mit einer eigenen Art von britischem Humor – unmittelbar nach dem horrenden Thalidomid-(Contergan-)Skandal – darüber spekulierte, mit einem ähnlichen Mittel könnte man künftig Raumfahrer mit verkümmerten Beinen züchten, die es ohne unnötiges Gewicht bis zum *Alpha Centauri* schafften. Oder auch Menschen mit vier kurzen Beinen für das Leben auf dem Jupiter mit seiner hohen Gravitation.[327] Die deutsche Ausgabe wurde von Robert Jungk mitherausgegeben, dem später schrillen Kämpfer gegen die Kernenergie, der zuvor die Atomforscher, und zwar gerade die deutschen, als Herolde einer neuen verantwortungsbewussten Wissenschaft verklärt hatte.[328]

In diesem Band publizierte auch der 76-jährige Julian Huxley ein emphatisches Plädoyer für die Steuerung der menschlichen Evolution. «Klar ist, dass die allgemeine Qualität der Weltbevölkerung nicht sehr hoch ist, dass sie sich zu verschlechtern beginnt und dass sie verbessert werden könnte und sollte», gerade auch im Interesse eines einverträglichen Zusammenlebens der Menschen miteinander und mit der Natur. In der bisherigen Evolution sei der Mensch «von einer Krise zur anderen getaumelt»; gegenwärtig gerate die Evolution auf die Bahn der Selbstzerstörung; da seien die Aufgaben der Wissenschaft so klar wie nur möglich: «die menschliche Evolution zu einem sich selbst steuernden kybernetischen Prozeß» zu gestalten[329] – die Kybernetik war die Modewissenschaft der 1960er Jahre. Ein, zwei Jahrzehnte darauf wirkten solche Referate der Ciba-Tagung wie Schreckbeispiele wissenschaftlichen Größenwahns. Aber der Blick auf diese Vergangenheit lohnt sich nicht zuletzt deshalb, weil damals vieles im Klartext ausgesprochen wurde, was man später verklausulierte. Auch spätere Positionen der Öko-Ära sind darauf zu prüfen, ob nicht auch sie zwischen den Zeilen ein Element von Megalomanie enthalten und auf eine Transzendierung bisheriger menschlicher Möglichkeiten zielen, wie sie sich nur bei weltweiter genetischer Umprogrammierung des Menschen denken lässt. Damals wie heute findet man im Denken über Natur ein ungeklärtes Nebeneinander von Transzendenz und Immanenz. Von Hause aus war der Naturalismus jedoch eine Gegenposition zum metaphysischen Transzendentalismus, und in der Biologie war die Überzeugung von der Existenz einer organisch bedingten menschlichen Natur tief verwurzelt. Wie man an der Ausstellung *The Family of Man* erkennt, gehörte sie auch zu dem auf die Eine Welt gerichteten Gedankengut der 50er Jahre.

Man darf eben das sich im Umkreis von UNESCO und IUCN verknüpfende Netz geistiger Eliten nicht mit einem widerspruchsfreien Denksystem gleichsetzen. Sogar die beiden berühmten Brüder Julian und Aldous Huxley, deren Interessen sich vielfach überschnitten und die lebenslang in engem Kontakt zueinander standen, hatten durchaus unterschiedliche Vorstellungen und Denkstile: Aldous mit seiner berühmten technikskeptischen Dystopie und Julian mit seinem periodisch durchbrechenden Hang zu technokratischem Utopismus.[330] Doch auch Aldous Huxley verfasste kurz vor seinem Tod seine positive Utopie, und zwar eine Ökotopie: den Roman *Island* (1962), von dem Ernest Callenbach später sagte, vermutlich hätte er sein *Ecotopia* nicht geschrieben, wenn er jenes Buch schon vorher gekannt hätte.[331] Island erschien im gleichen Jahr wie *Silent Spring*, und wie Rachel Carson war auch Aldous Huxley zu jener Zeit unheilbar an Krebs erkrankt. Der entscheidende Punkt des Öko-Idylls auf Huxleys fiktiver Insel Pala besteht in der Verhinderung des Bevölkerungswachstums, ja sogar in eugenischen Praktiken mittels künstlicher Befruchtung;[332] diese Priorität sieht er damals ähnlich wie sein Bruder, während er in *Brave New World* die Eingriffe in die natürliche Fortpflanzung noch karikiert hatte. Julian Huxley erwähnt jedoch *Island* in seinen Memoiren nur nebenbei und ohne Kommentar;[333] nichts lässt erkennen, dass ihm diese von Südseeträumen angehauchte Ökotopie etwas bedeutete. Die Gemeinsamkeit der Brüder Huxley war naturwüchsig und folgte keiner Diskurslogik. Julian schrieb das Vorwort für die britische Ausgabe des *Silent Spring*, würdigte jedoch Rachel Carson in seinen Memoiren keiner Erwähnung. Aldous Huxley allerdings klagte gegenüber seinem Bruder im Gedanken an die von Rachel Carson beschriebenen Wirkungen des DDT, mit den Singvögeln «we are losing half the basis for English poetry».[334]

Ein Leitstern der 1950er Jahre war *Albert Schweitzer;* für viele Zeitgenossen, die nach Frieden, Humanität, Naturverbundenheit und Hilfe für die Dritte Welt verlangten, stand er in der Nähe des lieben Gottes. Rachel Carson widmete ihm den *Silent Spring* und stellte dem Buch ein Wort des Urwaldarztes voran, das als einzigen Weg zur Rettung – sofern es diese überhaupt gab – nur ein Zurück zum ursprünglichen Menschsein offen ließ: «Der Mensch hat die Fähigkeit, vorauszublicken und vorzusorgen, verloren. Er wird am Ende die Erde zerstören.» Auch Julian und Aldous Huxley besuchten Albert Schweitzer; aber sie waren von ihm enttäuscht, wie Julian in seinen sonst in persönlichen Dingen diskreten Memoiren zugibt: «Seine Äußerungen enthielten mehr Proklamationen als wissenschaftliche Analysen, und sein Hauptthema: allem Leben gebühre die gleiche Hochachtung, klang hohl.»[335] Kein Wunder, dass sich Julian Huxley darüber ärgerte: Für ihn war keineswegs alles Leben gleichwertig, und mit Blick auf die drohende Überbevölkerung packten die missionarischen Tropenärzte die Misere Afrikas am falschen Ende an.[336] Zudem wusste Huxley, dass auch Schweitzer mit dieser Devise unmöglich Ernst machen konnte. Engagieren konnte man sich nicht für das Leben schlechthin, sondern nur für ganz bestimmtes Leben; und das bedeutete für Huxley in Afrika konkret: für das bedrohte Großwild. Schweitzer in Lambarene dagegen, der Afrika nicht vom Flugzeug aus sah, erlebte die wilde Natur noch als übermächtig, empfand «Wonne» bei der Urbarmachung von Urwald und billigte die Tötung wilder Elefanten, die die Pflanzungen zerstörten[337] – natürlich, in seiner Situation *konnte* er sich gar nicht anders verhalten. Wie *Der Spiegel* in seinem Grzimek-Titel vom 14. September 1960 zu berichten wusste, wandte sich Schweitzer sogar mit Schärfe gegen den von Grzimek betriebenen Elefantenschutz: «Die zunehmende Vernichtung der Pflanzungen durch Elefanten wird eine Katastrophe.»[338]

Erfolg durch Gipfeldiplomatie und durch ansteckende Begeisterung. Liest man in Huxleys Memoiren, gewinnt man den Eindruck einer verblüffenden Erfolgsgeschichte: Erfolg nicht durch Organisation, zähen Lobbyismus, politischen Kampf, sondern entscheidend durch Gespräche auf den Höhen der Gesellschaft und durch eine mit Charme betriebene Einwirkung auf sensible Elitemenschen, um die in ihnen schlummernde Naturliebe zu wecken. Huxley kommt 1930 zu Sydney Webb, dem sozialistischen Theoretiker, damals britischen Kolonialminister, um ihn für Wildreservate zu erwärmen. Der reagiert spontan ablehnend: «‹Wild› bedeutete für ihn mit seinen sozialistischen Neigungen etwas, das reiche Grundbesitzer jagten, und Reservate galten ihm als Gehege, in denen man Säugetiere und Vögel zum Vergnügen Reicher schützte. Ich erläuterte jedoch die wahre Situation ..., und binnen weniger Jahre wurden in allen drei ostafrikanischen Territorien Nationalparks eingerichtet.»[339]

So einfach war das, wenn man ihm glauben kann – zumindest in der Kolonialzeit. Oder auch im afrikanischen Ancien Régime. 33 Jahre später tagt eine IUCN-Konferenz in Addis Abeba. Die Delegierten besichtigen ein «schönes Waldreservat», sind begeistert und plädieren «augenblicklich» dafür, «es zum Nationalpark zu erklären». «Alles Erforderliche war vorhanden: eine schöne Hügellandschaft, prachtvolle Bäume und viele interessante Vögel, von denen einige Arten nur in Äthiopien vorkamen.»[340] Die Ökologie ist, so scheint es, nur dazu da, das spontan und intuitiv Empfundene zu bestätigen. Wenn Huxley über die Natur Zentralafrikas schreibt, tut er das im Grundton des Enthusiasmus.

Wie Anna Wöbse schreibt, wurde Afrika für die Naturschutzelite zur «ökologischen Spielwiese» und zugleich zum identitätsstiftenden Eldorado.[341] Kein Zweifel, es war ein westlicher, kein afrikanischer Blick auf Afrika, auch wenn Huxley und seine Freunde die Apartheid verabscheuten. Am Ursprung der afrikanischen Nationalparke standen die von kolonialen Großwildjägern durchgesetzten Wildreservate; aber von den Jägern hatten sich die Naturschützer mittlerweile emanzipiert. Grzimek geriet im Gegenteil mit seiner Nationalpark-Werbung, die sich die neue Weltmacht Fernsehen zunutze machte und in ihrer Wirksamkeit alles Bisherige übertraf, heftig mit den Großwildjägern aneinander,[342] die nicht ganz zu Unrecht[343] behaupteten, seine alarmierenden Zahlen über die Dezimierung der Wildbestände seien aus der Luft gegriffen.[344] Umso mehr appellierte er an das Interesse der devisenhungrigen neuen afrikanischen Staaten am Tourismus. Auf der von der FAO und der UNESCO gesponsorten IUCN-Konferenz in Arusha (Tansania) 1961 erklärte er dem tansanischen Regierungschef Julius Nyerere, Tansania könne an szenischen Attraktionen nun einmal nicht mit den Alpen und den Rocky Mountains konkurrieren. «Wenn Touristen hierhin kommen, dann deshalb, weil sie leicht und sicher Elefanten, Löwen, Giraffen und Nashörner beobachten können: einen Reichtum an wilden Tieren, wie es ihn anderswo nicht gibt.» Nyerere bekannte, er selbst mache sich nichts aus Tieren und könne sich nicht vorstellen, einen freien Tag mit der Beobachtung von Krokodilen zu verbringen. Aber er wisse, den

Europäern und Amerikanern mache das nun einmal Vergnügen; wilde Tiere würden nach Sisal und Diamanten Tansanias dritte große Einkommensquelle werden, und daher wolle er sie schützen.[345]

Nyerere galt als einer der Integersten und Besonnensten unter den neuen afrikanischen Regierungschefs. Aber Grzimek machte auch dem blutrünstigen Diktator von Uganda, Idi Amin, ohne Skrupel Avancen, als dieser sich bereit zeigte, seine Machtmittel für den Schutz der Nationalparke einzusetzen.[346] Vehement setzte er sich für die Aussiedlung der Massai aus seiner geliebten Serengeti ein, ohne einen Gedanken daran, dass die vermeintliche «Wildnis» in Wahrheit auch von den dort ansässigen Menschen geprägt war.[347] Selbst aus amerikanischer Sicht machte Grzimek mehr als irgendeiner vor ihm die Werbung für die Wildnis zur hohen Kunst und mobilisierte dafür mehr Fördermittel und afrikanische Bürokraten als sonst irgendwer in der Geschichte. Und doch war dieser Typus von Naturschutz, der seither Schule gemacht habe, in den Augen eines späteren Afrikaexperten des WWF eine fatale Sackgasse gewesen: nicht nur deshalb, weil er gegen die Einheimischen betrieben wurde, sondern auch wegen seiner Fixierung auf das Großwild anstatt auf die gesamten Ökosysteme.[348] Selbst ein gestandener Bio-Ökologe wie Julian Huxley nahm in seiner Begeisterung den letztlich unökologischen und touristischen Zug dieser Strategie nicht wahr und pries die Serengeti mit dem dortigen Forschungsinstitut als «das größte ökologische Laboratorium der Welt».[349]

In der Leidenschaft für die Wildnis konnte eine latente Menschenverachtung stecken. Julian Huxley berichtet in seinen Memoiren von einem Treffen mit Churchill 1939, kurz vor Kriegsausbruch, als er selbst Sekretär der Londoner Zoologischen Gesellschaft war. Churchill fragte ihn, was der Zoo im Kriegsfall vorhabe. Huxley erwiderte, man werde alle gefährlichen Tiere erschießen, die bei einem Luftangriff entkommen könnten. Da brütete Churchill vor sich hin und sagte dann plötzlich: «Wie schade.» Und dann brach es aus dem alten Krieger heraus: «Stellen Sie sich einen großen Luftangriff auf diese unsere große Stadt vor – Geschwader feindlicher Flugzeuge entladen ihre Bomben über London, Häuser stürzen zusammen, überall bricht Feuer aus – Leichen liegen in der rauchenden Asche – und Löwen und Tiger streifen auf der Suche nach den Leichen durch die Verwüstung – und Sie wollen sie erschießen! Schade!» Anschließend führte Huxley ihn zu dem Pandabären. Churchill, in der Begeisterung für wilde Tiere ein Herz und eine Seele mit Huxley: «Er hat alle meine Erwartungen übertroffen ... und sie waren *sehr* hoch.»[350] Man kann sich vorstellen, dass auf diese Weise das künftige Logo des World Wildlife Fund geboren wurde.

Von der IUCN zum World Wildlife Fund (WWF) – Materialisierung der Wildnisvision. Die Art und Weise, wie sich ein Julian Huxley und seine Mitstreiter auf den Höhen ihrer Zeit bewegten, ist himmelweit entfernt von der Vereinsmeierei des regionalen Naturschutzes. Bei alledem besaß jedoch die IUCN etwas seltsam Imaginäres. Ihr Jahresbudget betrug Mitte der 1950er Jahre um die 33 000 Dollar,[351] was nichts anderes bedeutete, als dass die IUCN als Organisation so gut wie gar nicht existierte. Es gab keine festen Beiträge der Mitgliedstaaten;[352] die IUCN lebte von Almosen. In der Essenz war sie eben vor allem ein klingender Name und ein exquisites Netzwerk. Sie konnte nur Naturschutzprojekte anstoßen, die ohnehin im Trend lagen; etwas gegen Widerstände durchzusetzen, vermochte sie nicht. Die IUPN stellte 1948, gleich bei ihrer Gründung, die ersten «roten Listen» gefährdeter, damals auch seltener Arten auf,[353] aber verfügte nicht im Mindesten über weltweite flächendeckende Daten, die fundierte und im Konfliktfall belastbare Aussagen ermöglicht hätten.[354] Der Alarm vermochte nur denjenigen zu beeindrucken, dessen emotionale Voreinstellung er bestätigte.

Aus der Sicht der 1950er Jahre wäre die IUCN für den Historiker, für den nur harte Fakten existieren, kaum eine Fußnote der Weltgeschichte wert gewesen. Nur aus der Rückschau erkennt man, wie der internationale Naturschutz doch – zunächst unmerklich – aus der Nische hervorgelangte und wie dieses imaginäre Gebilde langsam, aber sicher materielle Substanz ansetzte – nicht zuletzt durch die neue Macht der visuellen Medien, deren sich Grzimek virtuos bediente. Offenkundig wurde dies 1961 mit der aus IUCN-Kreisen hervorgehenden[355] Gründung des *World Wildlife Fund* (WWF). Auch der WWF präsentierte sich mit seinem Gründungspräsidenten Prinz Philip selbstbewusst als eine Stiftung der besten Gesellschaft und zeigte keinerlei Ehrgeiz, sich als *grassroots movement* darzustellen; aber während die IUCN finanziell stets am Hungertuch nagte, gab es hier endlich Geld, Geld, Geld![356]

Von Anfang an zeigte sich der WWF dessen bewusst, dass es nicht nur darauf ankam, afrikanische Wilderer zu bekämpfen, sondern mehr noch darauf, die Habitate der Tiere zu erhalten; und dies geschah am einfachsten dadurch, dass man diese Gebiete kaufte – da brauchte man sich nicht länger mit afrikanischen Bezirkshäuptlingen herumzuschlagen. Die simple Grundidee stammte von dem britischen Geschäftsmann Victor

Stolan: nämlich die, sich an die «ganz Reichen» zu wenden. In seinen Worten: «Es muss einen Weg zum Gewissen, zum Herzen wie zum Stolz und zur Eitelkeit der ganz Reichen geben, einen Weg, sie dazu zu bringen, dass sie mit den Händen tief in die Tasche greifen», um sich in der herrlichen afrikanischen Wildnis «ein strahlendes geschichtliches Denkmal» zu setzen. Diesen Weg gab es in der Tat; er erwies sich sogar als verblüffend breit und direkt, vor allem als sich Max Nicholson unter der Devise «Naturschutz braucht Geld» mit aller Energie in dieses Projekt stürzte.[357] Den Vorsitz des WWF Deutschland übernahm der ehemalige VW-Chef Kurt Lotz. Der WWF bestallte in seinen Schutzgebieten «Ranger» in olivgrünen Uniformen mit gleichfarbigen Jeeps:[358] Das war gegenüber dem Naturfreund älteren Typs ein neuer Menschenschlag. Es war die Zeit, in der Rachel Carsons *Silent Spring* Furore machte; in die internationale Natur- und Umweltschutzbewegung kam unverkennbar ein neuer Zug.

Von der Kampagne gegen die Atomwaffentests zum Verdacht gegen das «friedliche Atom». Und noch von ganz anderer Seite kam eine neue Dynamik: durch die von prominenten Wissenschaftlern, darunter Nobelpreisträgern wie Linus Pauling, repräsentierte *Protestbewegung gegen die Atomwaffentests* in der Atmosphäre, die zu dem amerikanisch-sowjetischen Teststopp-Abkommen von 1963 führte. Wenn Donald Worster den Beginn des «Zeitalters der Ökologie» auf den 16. Juli 1945 datiert, auf die erste Atombombenexplosion bei Alamogordo, so weist er doch zugleich darauf hin, dass die Gefahren des radioaktiven Fallout erst ab 1958 unter amerikanischen Wissenschaftlern große Unruhe hervorriefen.[359] Es war die gleiche Zeit, als die erste Begeisterung über das «friedliche Atom» der Ernüchterung wich.[360] Jetzt gab es nicht mehr nur konsensbeflissenen Naturschutz, sondern auch scharfen Protest, wobei die Kampagnen auf nationaler und internationaler Ebene einen Unterbau durch lokale Initiativen fanden. Zu einem Zentrum des Widerstandes gegen Atomtests wurde St. Louis, das unter Raymond Tucker bereits im Kampf gegen industrielle Emissionen vorangegangen war und in einem Gebiet mit besonders hohem Fallout lag. Das dort 1958 von Wissenschaftlern und Laien gegründete Committee for Nuclear Information – man beachte die neue Waffe Information – erregte mit seinen Veranstaltungen und Publikationen – darunter der alarmierende Bericht *Nuclear War in St. Louis* – über Jahre einiges Aufsehen.

Als die Öffentlichkeit die Gefährlichkeit nicht nur der Bombenexplosion, sondern auch radioaktiver Niedrigstrahlung entdeckte, geriet zwangsläufig auch die zivile Kerntechnik ins Visier. An Orten wie St. Louis ging der Protest gegen die Atomtests direkt in Warnungen vor der zivilen Kerntechnik über; dort gewann erstmals Barry Commoner, später ein führender Kopf der «ökologischen Revolution», ein scharfes politisches Profil.[361] In Europa, das von Atomtests verschont blieb, war der Übergang nicht so direkt wie in den USA; aber auch dort wurde 1958 der «Weltbund zum Schutze des Lebens» (WSL) gegründet – genau genommen eine österreichisch-deutsche Vereinigung –, der von der Öko-Apokalypse des österreichischen Forstmannes Günther Schwab *Morgen holt dich der Teufel* (1958) inspiriert war und zur frühesten Keimzelle der Anti-Atomkraft-Bewegung wurde. *Dieser* Protest blieb jedoch bis in die 1970er Jahre überwiegend lokal und behielt für jene Intellektuellen, die noch in der Vorstellungswelt der Atomeuphorie lebten und sich damit fortschrittlich dünkten, etwas Hinterwäldlerisches. Immerhin, das erste große deutschsprachige, auf wissenschaftliche Belege verweisende Kompendium der Umweltrisiken, der 600-Seiten-Band des Arztes Bodo Manstein *Im Würgegriff des Fortschritts* (1961), der dem indischen Ministerpräsidenten Nehru als einem neutralen Vermittler im Kalten Krieg gewidmet ist und den Umgang mit der Radioaktivität – nicht nur der Bombe – zur Existenzfrage der Menschheit erklärt,[362] lässt gegenüber dem «sich überstürzenden Ausbau» der zivilen Kerntechnik eine tiefe Unruhe erkennen und erörtert ausführlich deren Risikopotentiale, wenn auch ohne definitive Bewertung.[363]

Rachel Carson. 1960, als *Rachel Carson* (1907–1964) am *Silent Spring* arbeitete, war ihr Verleger Paul Brooks (Houghton Mifflin) frappiert von der von ihr erkannten Analogie zwischen den Risiken der Pestizide und denen der Radioaktivität.[364] Die Parallele zwischen diesen beiden Gefahrenpotentialen, schrieb er ihr, sei «so dramatisch, dass die Leute gar nicht umhinkönnen, sich diese Idee zu eigen zu machen. So gesehen gibt Ihnen diese ganze Publizität um den Fallout einen Vorsprung, um die Leute über die Gefahren der Chemikalien wachzurütteln.»[365] Vor diesem Hintergrund verwundert es, dass Stichworte wie «Fallout», «Atomwaffen» und «Radioaktivität» im Register von *Silent Spring* fehlen. Es blieb dem Leser überlassen, diese Verbindung herzustellen. Die Autorin konzentrierte ihre Warnungen auf die Pestizide, insbesondere auf DDT. Sie hielt sich aus den politischen Kontroversen um die Atomrüstung heraus, dachte jedoch insofern politisch, als sie ihre Hauptenergie auf ein einzi-

Rachel Carson (1907–1964) arbeitete zunächst als Biologin bei der US-Fischereibehörde.

ges Ziel richtete, in der zutreffenden Annahme, dass man am ehesten dann etwas praktisch bewirkt – und das wollte sie. Eine innere Spannung, die die Umweltbewegung von Anfang bis heute begleitet: Aus praktischen Gründen muss man Prioritäten setzen; aber darüber vernachlässigt man notgedrungen andere Probleme, die sich auf die Länge der Zeit möglicherweise als gravierender erweisen.

Silent Spring war trotz (oder wegen) heftigster Attacken seitens der chemischen Industrie[366] ein sofortiger Erfolg;[367] nach einer Vorabveröffentlichung als Fortsetzungsserie im *New Yorker* waren schon am Tage der Auslieferung Ende September 1962 an die 40 000 Exemplare vorbestellt. Prompt stellte ein Senator das Buch neben *Onkel Toms Hütte*, die einstige Bibel der Anti-Sklaverei-Bewegung, und das *Time Magazine* verglich es sogar mit Darwins *Ursprung der Arten*. Wie man sieht, konnte man das Buch ebenso als literarisches wie als wissenschaftliches Opus lesen; nicht zuletzt auf dieser Synthese von wissenschaftlicher Aufklärung und poetischer Vision beruht seine Wirkung, und ihr ist es zu verdanken, dass es viele andere Öko-Bestseller überlebte. Der schlagartige Riesenerfolg zeigt jedoch, wie sehr der Boden für diese Botschaft vorbereitet war. Die IUPN/IUCN hatte die Risiken der Herbizide und Insektizide von Anfang an beachtet,[368] allerdings mehr die Gefahren für die nichtmenschliche

Natur als für die Menschen. Rachel Carson dagegen argumentierte, dass das DDT am meisten den Menschen selbst bedrohe, da es sich in der Nahrungskette der Lebewesen anreichere und der Mensch am Ende dieser Nahrungskette stehe.

Dieser Alarm für die menschliche Gesundheit konnte seine durchschlagende Wirkung erst um 1960 erzielen; denn in den 50er Jahren wurde das DDT noch als das Wundermittel gefeiert, das den endlichen Sieg über die Malaria brachte, die bis dahin wie seit Jahrhunderten in den Feuchtregionen des Südens gewütet hatte. Die nach globalen Rettungsaufgaben suchende *World Health Organization* (WHO) machte die Kampagne für das DDT geradezu zu einer ihrer Hauptaktionen. Als dagegen die Angst vor der Malaria verschwand, konnten die Naturfreunde nicht nur eine ungetrübtere Freude an den Sumpflandschaften empfinden, dem neuen Eldorado des Naturschutzes, sondern auch die Pestizide ins Visier nehmen. Denn von nun an wurde der Krebs zur *grande peur* der Industriestaaten. Nicht zuletzt diese Gezeitenwende der großen Ängste steht am Ursprung der modernen Umweltbewegung – nicht zufällig rief Präsident Nixon auch zum «Kampf gegen den Krebs» auf, als er sich an die Spitze der «ökologischen Revolution» zu stellen suchte.[369] Rachel Carsons ursprünglicher Impuls war die Naturliebe; aber was sie über den herkömmlichen Naturschutz hinausführte, war die Fähigkeit, auch die Bedrohung des Menschen überzeugend darzulegen. Es ist diese Sorge, nicht die selbstlose Naturliebe allein, die die Umweltbewegung zur Großmacht werden ließ. Rachel Carsons Arbeit am *Silent Spring* war von wachsender Krebsangst begleitet; da wurden ihre Ausführungen über das Krebsrisiko immer länger.[370]

Rachel Carson, die während des Krieges Karriere im Fish and Wildlife Service (FWS) gemacht hatte, einer unter dem Protektorat von Ickes gegründeten New-Deal-Behörde, hatte schon 1951 mit *The Sea Around Us* (deutsch: *Geheimnisse des Meeres*) einen Bestseller publiziert und war als «Frau des Jahres in der Literatur» gefeiert worden. Aus der Rückschau kann man es verwunderlich finden, dass sie nicht durch über die Meere auf neue Dimensionen der Umweltschädigung ausmerksam wurde. Damals hatte sie jedoch noch in ungetrübter Begeisterung für das Meer geschwelgt und sogar beifällig die Anstrengungen der Ingenieure zur Nutzung des submarinen Öls geschildert; erst 1960 im Vorwort zur Neuauflage sprach sie von der Gefährdung des Meeres durch radioaktive Kontamination.[371] Auch als sie an *Silent Spring* arbeitete, hegte sie Bestseller-Ehrgeiz, und das Buch hält eine fein austarierte Balance zwischen scheinbar nüchterner Analyse und Schreckensvisionen. So steht sie auf der Grenze zwischen jenem Naturschutz, der an geistige Eliten appellierte, und dem auf Massenwirkung angelegten Umweltalarmismus. Präsident Kennedy, der gerne seine Aufgeschlossenheit für neue Wissenschaft und Reformen demonstrierte – sich im Vietnamkrieg allerdings noch aufgeschlossener für die neue Art biologischer Kriegführung zeigte –, bekundete an Rachel Carsons Warnungen prompt Interesse und lud sie in sein Beraterkomitee, vorerst freilich ohne praktische Folgen: Ein Verbot des DDT erfolgte erst zehn Jahre darauf, als das Interesse der Industrie am DDT – nicht zuletzt wegen der wachsenden Zahl DDT-resistenter Schädlinge – ohnehin stark zurückgegangen war.[372] 1968 brachte der bundesdeutsche Zentralverband Gartenbau eine Broschüre *Keine Angst vor Pflanzenschutz* heraus, die immerhin erkennen ließ, dass es eine derartige Angst schon (oder noch?) gab.[373] Noch auf der Stockholmer Umweltkonferenz von 1972 waren die Meinungen in Sachen DDT geteilt.[374] Sogar die in ihrer ersten Zeit sonst oft angriffslustige amerikanische Umweltbehörde EPA zeigte im Fall der Pestizide zur Irritation der Umweltaktivisten eine Beißhemmung.[375]

Von Hause aus Meeresbiologin, hegte Rachel Carson besonderes Mitgefühl mit den Lachsen: Es rührte sie, wie diese Fische aus dem Meer, das so reich an Nährstoffen ist, unter vielen Mühen und Gefahren wieder flussaufwärts, über Hürden springend, in ihre Heimat zurückkehren. Nicht wenige Sportangler, ob in Europa oder in den USA, wurden schon seit dem 19. Jahrhundert durch den Rückgang der Lachse für die Gefahren der Flussverschmutzung sensibilisiert;[376] Rachel Carsons Liebe zu den Lachsen dagegen war selbstlos. Zuerst und vor allem appelliert *Silent Spring* jedoch an die Liebe zu den Vögeln und sucht die Vogelschützer zu mobilisieren, die seit jeher die Kerntruppe des Naturschutzes waren. Aber auch für die Insekten, die Beute der Vögel, vermochte sich Rachel Carson zu erwärmen; kein Wunder, dass sich Ernst Jünger – neben seiner Schriftstellerei begeisterter Insektenforscher – als ihr Verehrer bekannte.[377] Ihre Naturliebe war eben vielseitig; auch darin war sie vielen anderen Naturfreunden voraus und zur Integrationsgestalt geschaffen, die zugleich eine tragfähige Brücke zur Ökologie schlug. Wer ganz auf eine einzige Art fixiert ist, tendiert dazu, diese auf Kosten anderer Arten zu fördern und sich den Blick auf das Ganze der Natur zu versperren.

Silent Spring schlug in den USA nicht zuletzt aus dem Grund so prompt ein, weil zwei Monate davor der Thalidomid-Skandal publik geworden war.[378] Die Bundesrepublik wurde schlimmer betroffen als die

USA, da die dortigen Gesundheitsinstanzen schleppender reagierten als jenseits des Atlantiks. Die deutsche Chemie hatte eine große Tradition, und anders als in den USA verließ man sich hierzulande auf die Selbstkontrolle der Chemie- und Pharmabranche. Bis in die 1960er Jahre gab es bei den Deutschen in dieser Hinsicht eine «Kultur des grenzenlosen Vertrauens» (Willibald Steinmetz),[379] die aus einer Zeit stammte, als noch die Geduld als «die wichtigste Eigenschaft des guten Chemikers» galt.[380] Von seinen unmittelbar sichtbaren Folgen her war der Thalidomid-(Contergan-)Skandal weitaus schlimmer als alle bundesdeutschen Skandale der späteren Öko-Ära; die bestürzend geringe Reaktion von Politik und Öffentlichkeit wirft ein scharfes Licht auf eine deutsche Dickfelligkeit während jener Zeit, als «die Pille» der Inbegriff der schönen neuen Welt war und der neue Boom der Naturtherapien noch in der Zukunft lag. In diesem Punkt waren die USA damals weiter; es hatte seine Gründe, weshalb der Durchbruch der neuen Umweltbewegung vor allem von dort kam.

Aber Rachel Carson trat noch nicht als Sprecherin einer Protestbewegung auf, obwohl es – wie sich im Laufe der 1960er Jahre zeigte – sehr wohl möglich war, die United Farm Workers zu mobilisieren; denn die Landarbeiter bekamen das explosionsartige Wachstum des Pestizideinsatzes am empfindlichsten zu spüren.[381] Rachel Carson war jedoch keine Arbeiterführerin. In ihrem Habitus war sie dezent; sie ließ sich zu Rundfunk- und Fernsehinterviews einladen, aber man kann sie sich schwer mit schrillen Alarmrufen am Mikrofon vorstellen. Anders als späteren Umweltbürokraten konnten ihr die vollmundigen Protagonisten des Privateigentums nichts anhaben; denn ihr Ausgangspunkt war gerade die Verletzung privater Eigentumsrechte, indem DDT ohne Rücksicht auf Grundstücksgrenzen vom Flugzeug aus versprüht wurde. Sowohl mit apokalyptischen Szenarien wie auch mit dem Aufbau von Feindbildern blieb sie zurückhaltend; es ist aufschlussreich, den *Silent Spring* in dieser Hinsicht mit der Brandschrift *Der Tanz mit dem Teufel* (1958) zu vergleichen, der dämonologischen Horrorstory von Günther Schwab, dem Mitbegründer des «Weltbundes zum Schutze des Lebens», der die DDT-Risiken schon Jahre vor Rachel Carson entdeckte.[382] Sein Buch war für jene Zeit vorzüglich informiert, aber unter Intellektuellen nicht zitierfähig. Er widmete das Buch zwar einer Elite großer Geister, gehörte jedoch nicht zu ihr.

Rachel Carson dagegen war von exquisiten Freundeskreisen umgeben; ihre Biografin hebt innerhalb derer sogar einen *inner circle* hervor.[383] Mit einer ganzen Reihe von Experten in Korrespondenz, hatte sie ihr Buch doch im Alleingang, gleichsam als wissenschaftlicher Privatdetektiv, geschrieben. Seit ihrer Jugend stand sie in Kontakt zur Audubon Society, der traditionsreichen Vogelschutzgesellschaft; aber zu David Brower, dem streitbaren Executive Director des Sierra Club, der diesen Traditionsverein seit 1952 auf eine offensivere umweltpolitische Linie zu führen suchte, trat sie erst ganz zuletzt, nach dem Erscheinen des *Silent Spring*, in Verbindung.[384] Zur Bibel einer Bewegung wurde das Buch erst im Zuge der «ökologischen Revolution» um 1970. Erst musste sich der Bann des Kalten Krieges lösen, damit die Stunde der Ökologie schlug.[385] Und auch zwei Jahrzehnte darauf war es die Wende im Ostblock, die erneut den Blick auf globale Umweltprobleme freilegte.

Silent Spring entstand nicht in öffentlichen Kontroversen, sondern in einer sehr intimen Sphäre: in der leidenschaftlichen Liebesbeziehung Rachel Carsons zu der fünf Jahre älteren Dorothy Freeman, die mit dem leitenden Manager eines Agrarkonzerns verheiratet war. Bei der Lektüre des Briefwechsels dieser Freundinnen fühlt man sich in die Zeit der Romantik zurückversetzt. In einem der langen, zärtlichen Briefe, die Dorothy Anfang 1964 noch an die sterbende Rachel schreibt, weiß sie sich mit der Freundin darin einig, dass die Venusberg-Klänge aus «Tannhäuser» ihrer Seelenlage besser entsprechen als Hindemith.[386] Auch das machte *Silent Spring* zum Klassiker: Anders als Günther Schwabs grinsende Teufel, die den Verderb der Menschheit aushecken, hat hier der Schrecken einen Grundton von Liebe und Schönheitsdurst. Die alte Einheit von Eros und Naturliebe lebt bei Rachel Carson fort.

III. DIE «ÖKOLOGISCHE REVOLUTION» UM 1970

Zweites Zeitfenster: Die Jahre der «ökologischen Revolution»

1965	Drei Bücher: Murray Bookchin/Louis Herber, *The Crisis of the Cities;* Alexander Mitscherlich, *Die Unwirtlichkeit unserer Städte;* Georg Borgstrom: *Der hungrige Planet.*
1965–1970	US-Luftwaffe versprüht 41 Millionen Liter der Herbizide Agent Orange, Agent White und Agent Blue auf vietnamesische Wälder und Reisfelder; dafür kommen in der Folge die Begriffe «Ökozid» und «ökologisches Auschwitz» auf.
Februar 1965	Oleg Volkov (1900–1996), *Tuman nad Baikalom* (Nebel über dem Baikal): erster Großangriff in der sowjetischen Öffentlichkeit auf die Vergiftung des Baikalsees durch Industrieabwässer.
1965	US-Botschafter bei der UNO (und Ex-Präsidentschaftskandidat) Adlai Stevenson: «We travel together, passengers on a little spaceship, preserved from annihilation only by the care, the work, and I will say the love we give our fragile craft.»
November 1965	Erster Weltkongress über Reinhaltung der Luft in Buenos Aires; auf Betreiben der US-amerikanischen *Air Pollution Control Association* kommt es zur Gründung der IUAPPA *(International Union of Air Pollution Prevention Associations).*
1965	Dokumentation des Deutschen Naturschutzrings: *Natur in Not,* mit zustimmenden Briefen von Adenauer, Franz Josef Strauß und Bundespräsident Lübke.
1966	Der Biologe Barry Commoner, ein führender Kopf der Protestbewegung gegen Atomwaffentests und gegen den amerikanischen Vietnamkrieg, gründet das *Center for the Biology of Natural Systems* und führt Kampagnen gegen industrielle Schadstoffemissionen.
1966	In Crotonville (New York) sammelt sich unter Führung von Robert Kennedy eine Protestbewegung gegen die zunehmende Verschmutzung des Hudson und das Projekt eines Wasserkraftwerks.
1966	Katastrophe von Aberfan in Wales: Eine stürzende Kohlenhalde begräbt einen Teil eines Dorfes. Impetus zur Entsorgungskontrolle.

1966	Die IUPN veröffentlicht *The Red Data Book:* die erste Rote Liste über gefährdete Arten.
15.7.1966	Im Einvernehmen mit führenden Naturschützern fasst die bayerische Landesregierung den Plan zur Gründung des Nationalparks Bayerischer Wald, des ersten deutschen Nationalparks. Nach heftigen öffentlichen Diskussionen erfolgt am 22.7.1969 die entsprechende Verordnung.
5.10.1966	Versuchsbrüter «Enrico Fermi» bei Detroit durch einen Super-GAU zerstört; darüber 1975 ein Enthüllungsbuch von John G. Fuller: *We Almost Lost Detroit.*
Weihnachten 1966	Vortrag des Mediävisten Lynn White: *Über die historischen Ursprünge unserer ökologischen Krise* (Gründertext der Umweltgeschichte!).
Weihnachten 1966	Unter der Parole *Christmas in Kathmandu* strömen Hippies in der Hasch-Metropole und Hauptstadt von Nepal zusammen.
1966/67	GROMET-Projekt: Um Indien als Verbündeten zu gewinnen, versuchen sich die USA dort – ohne viel Erfolg und gegen pakistanischen Protest – als Regenmacher, indem sie Silberjodid auf Regenwolken versprühen.
1967	New York: *Environmental Defense* (ED) gegründet: eine der größten amerikanischen Umwelt-NGOs, die, teilweise in Zusammenarbeit mit Chemieunternehmen, vor allem gegen neuartige giftige Substanzen vorgeht.
1967	England: Auf einer Außerordentlichen Vollversammlung des 1895 gegründeten *National Trust for Places of Historic Interest or Natural Beauty* bricht ein «Vulkan von Unzufriedenheit» über das elitäre Verhalten des Vorstandes aus. Konflikt über den Bau einer Schnellstraße durch «unveräußerliches» Trust-Gebiet. Appeal Director Conrad Rawnsley beschuldigte den Trust «of being bancrupt in ideas, bankrupt in leadership, bankrupt in the common touch».
1967	Der schwedische Wissenschaftler Svante Oden veröffentlicht die erste weit diskutierte Untersuchung über die Schadenswirkungen des sauren Regens auf Wälder, Gewässer und Ernteerträge.
1967	Schweden richtet eine Behörde für Umweltschutz ein.
18.3.1967	Havarie des Öltankers *Torrey Canyon* vor der südenglischen Küste: Bilder von der «Ölpest» verursachen öffentliche Empörung.
1967	Dominikanische Republik: Präsident Joaquín Balaguer beginnt mit einer drastischen Waldschutzpolitik, der weitere umweltpolitische Maßnahmen folgen.
1967	Unter dem Eindruck von Hungersnöten erwägt die indische

	Regierung erstmals die Zwangssterilisation von Paaren, die mehr als drei Kinder haben.
1967	Julius Nyerere, der kommende Präsident von Tansania, erlässt das Arusha-Manifest, das die Rahmenbedingungen für den Naturschutz im postkolonialen Afrika festlegt.
1967	Roderick Frazier Nash: *Wilderness and the American Mind.*
2.6.1967	Der Student Benno Ohnesorg wird bei einer Anti-Schah-Demonstration von einem Polizisten erschossen: Auftakt zum Höhepunkt der bundesdeutschen Studentenbewegung.
1968	Der Europarat erlässt eine Wasser-Charta sowie eine «Europäische Charta zur Reinhaltung der Luft» mit Verursacherprinzip: Der Verursacher, nicht der Steuerzahler muss für die Kosten aufkommen. Er erklärt das Jahr 1970 zum Europäischen Naturschutzjahr.
1968	Schweden schlägt eine UNO-Konferenz zu Umweltproblemen vor; der Vorschlag wird von der 23. UN-Vollversammlung angenommen.
1968	USA: Gründung der *Union of Concerned Scientists,* die öffentliche Hearings über nukleare Risikostudien organisiert.
1968	Paul Ehrlich: *The Population Bomb;* Garrett Hardin: *The Tragedy of the Commons.*
1968	Barry Commoner: *The Killing of a Great Lake* (Alarmartikel über den drohenden biologischen Tod des Eriesees).
1968	Der US-Verteidigungsminister Robert McNamara, der den Vietnamkrieg mittlerweile für aussichtslos hält, wechselt über zur Leitung der Weltbank.
1968	René Dubos (1901–1982), *So Human an Animal* (Gründeropus der Umweltethik, gegen Antibiotika). Sein zusammen mit Barbara Ward verfasster Report *Only One Earth* wurde zur Grundlage der Stockholmer Umweltkonferenz von 1972.
1968	Französische Wissenschaftler und Naturschützer gründen die Französische Föderation der Naturschutz-Gesellschaften (FFSPN); 1969 erster großer Konflikt, als die französische Regierung den erst 1963 gegründeten Nationalpark Vanoise für den Bau eines Ski-Zentrums freigibt.
1968	Günther Schwab (Mitbegründer des «Weltbundes zum Schutze des Lebens»): *Morgen holt dich der Teufel* (erste deutsche Brandschrift gegen die zivile Kerntechnik).
1.3.1968	New York: Robert Moses, der 44 Jahre lang die Stadtplanung beherrschte, wird nach einer jahrelangen Kampagne von Jane Jacobs gegen seine brutale Art der Stadtsanierung entmachtet.
April 1968	In der Accademia die Lincei in Rom konstituiert sich der *Club of Rome.*

10./11.5.1968	Paris: «Nacht der Barrikaden»: Höhepunkt der Studentenbewegung.
Juli 1968	Max-Otto Bruker: *Der Notstand der Demokratie – aufgezeigt am Kernkraftwerk Würgassen* (einer der ersten überregionalen deutschen Brandartikel gegen die zivile Kernkraft).
September 1968	*Biosphere Conference* (UNESCO) in Paris: wichtigster Vorläufer von Stockholm 1972; Ursprung des «Man and Biosphere»-(MAB-)Programms der UNO von 1970 und des Modells Biosphere Reserve («Biosphärenreservat»): Alternative zum Nationalpark-Modell.
28.10.1968	Beginn der amerikanischen Hearings über die von Rachel Carson behaupteten Schadenswirkungen des DDT, die den Mangel an Tests enthüllen, die unabhängig von der chemischen Industrie durchgeführt wurden.
1969–1973	Dürrekatastrophe in der Sahelzone.
1969	In den USA wird eine wachsende «nukleare Kontroverse» konstatiert; der Protest gegen atomare Waffentests beginnt sich auch gegen zivile Atomanlagen zu richten.
1969	In den USA beginnt eine heftige Kontroverse über den Bau der Trans-Alasca Pipeline, das «most ambitious construction project in American history» zur Erschließung des «largest oil field in American history». Erst nach der Ölkrise von 1973 kommt es durch.
1969	Sheldon Novick: *The Careless Atom* (bahnbrechendes Opus über die Risiken der zivilen Kerntechnik).
1969	Die japanische Schriftstellerin Ishimure Michiko veröffentlicht eine aufsehenerregende literarische Dokumentation über die «Minamata-Krankheit», die durch Methylquecksilberableitungen der Chemiefirma Chisso hervorgerufen wurde (*Kugai Jodo* – «Paradies im Meer der Qualen»).
1969	USA: *National Environmental Policy Act* (NEPA); dadurch veranlasst 1970 Gründung der *Environmental Protection Agency* (EPA) unter Leitung von William D. Ruckelshaus, dem Präsidenten (damals Nixon) unterstellt, 1988 vom Kongress mit Polizeibefugnissen ausgestattet: nicht bloß Aufstellung, sondern mehr und mehr auch effektive Durchsetzung nationaler Umweltstandards.
1969	USA: *Endangered Species Act.*
1969	Kanada: An der Universität von Toronto wird die «Pollution Probe» gegründet, die sich zur führenden kanadischen Umweltorganisation entwickelt.
1969	England: Royal Commission on Environmental Pollution gegründet.
1969	Die UNESCO veröffentlicht einen umfangreichen Bericht

	über die Bedrohung von Venedig durch ein Zusammenwirken von Umwelteinflüssen (Rapporto su Venezia; frz.: Sauver Venise).
Januar 1969	Unter großer Öffentlichkeit und Mitwirkung von Ralph Nader gründen Bergarbeiter und Bergarbeiterwitwen die *West Virginia Black Lung Association.*
März 1969	Kopenhagen: Mit einem spektakulären Happening wird die Umweltschutzorganisation NOAH gegründet.
7.6.1969	Eine *Ecology-Action*-Gruppe in Berkeley demoliert ihr Auto und macht aus den Trümmern eine Skulptur. Happenings werden zu einer Aktionsform der entstehenden Umweltbewegung.
19.7.1969	Neil Armstrong betritt als erster Mensch den Mond.
15.–17.8.1969	Woodstock: «3 Days of Peace & Music» mit ca. 400 000 Teilnehmern; Höhepunkt der Hippie- und Rockmusik-Bewegung.
September 1969	USA: *Friends of the Earth* unter David Brower gegründet: Sezession von dem 1892 gegründeten Sierra Club, vor allem aus dem Grund, weil dieser sich dem Widerstand gegen Kernkraftprojekte verweigerte. Brower stellt die neue Vereinigung unter die Devise, die seither vielerorts zum Slogan der Umweltbewegung geworden ist: *«Think globally, act locally.»*
1969	Protestbewegung gegen zwei bei Monticello am Mississippi geplante Kernkraftwerke.
November 1969	10. Generalversammlung der IUCN in Delhi: über den Naturschutz hinaus wird die «Lebensqualität» als neues, umfassendes Ziel proklamiert («The time has come for a new strategic approach»).
November 1969	Aufrüttelnde Fotos von dem amerikanischen Massaker in My Lai am 16.3.1968 gehen durch die Welt.
7.11.1969	BRD: In einer Besprechung beim neuen Bundesinnenminister Genscher schlägt dessen Braintruster Peter Menke-Glückert mit sofortigem Erfolg nach US-Vorbild «Umwelt» als neuen Sammelbegriff für einschlägige beim BMdI zu bündelnde Kompetenzen vor. Es folgen u.a. ein Benzinbleigesetz, ein Abfallgesetz, ein Bundesimmissionsschutzgesetz, ein Fluglärm- und ein Umweltstatistikgesetz. Damit geht die Bundesrepublik innerhalb Europas legislatorisch voran.
Dezember 1969	Willy Brandt ernennt Bernhard Grzimek zum Bundesbeauftragten für die Fragen des Naturschutzes. Dieser tritt 1973 zurück, da er seine Arbeit als zu gering geschätzt empfindet.
1.1.1970	Präsident Nixon unterzeichnet den *National Environmental*

Policy Act, der die Bundesregierung dazu verpflichtet, ihre sämtlichen Aktivitäten auf ihre Implikationen für die Umwelt zu prüfen.

1.1.1970 Schweden verbietet DDT für die meisten Anwendungen, vorerst für zwei Jahre.

1970 USA: *Natural Resources Defense Council* (NRDC) mit Unterstützung der Ford Foundation gegründet.

1970 USA: *Occupational Safety and Health Administration Act* (OSHA).

1970 Lewis Mumford: *The Pentagon of Power;* Arthur R. Tamplin/John W. Gofman: *‹Population Control› Through Nuclear Pollution;* Charles A. Reich: *The Greening of America;* Dee Brown: *Begrabt mein Herz an der Biegung des Flusses.*

7.2.1970 Barry Commoner wird Titel der *Time.*

16.2.1970 Kenneth Hahn, Mitglied des Board of Supervisors von Los Angeles, weist den Generalbundesanwalt der USA darauf hin, es bestehe begründeter Verdacht auf eine Verschwörung von Automobil- und Ölindustrie, die Produktion von Autos ohne schädliche Emissionen zu verhindern.

12.3.1970 *Resolution von Tokio* (Symposium des Internationalen Rates für Sozialwissenschaften zu Umweltschutzfragen»): «Jeder Mensch hat das Recht auf eine Umwelt, die weder seine Gesundheit oder sein Wohlbefinden beeinträchtigt noch die Natur einschließlich ihrer ästhetischen Reize gefährdet.» An Julitagen 1970 sterben in Tokio Kinder an photochemischem Smog: Das wird nunmehr zum öffentlichen Skandal. Im November legt das japanische Kabinett 14 Gesetze gegen Umweltverschmutzung vor; sie werden sämtlich vom Parlament angenommen. Zum 1.7.1971 japanisches Umweltamt gegründet.

24.3.1970 Sprecher des Sierra Club und der Friends of the Earth gründen zusammen mit anderen Umweltaktivisten und Kongressabgeordneten die *Citizen's League against the Sonic Boom*, finden auf dem Earth Day am 22. 4. ein breites Publikum und führen eine erfolgreiche Kampagne gegen das Projekt von Überschallflugzeugen (SST = Supersonic Transport). Da dieses keine Aussicht auf Rentabilität hat und obendrein die Ozonschicht der Erde gefährdet, wird es noch im gleichen Jahr im Senat niedergestimmt.

1970 Große Flutkatastrophe am Südrand des Himalaya wird zum «turning point in the ecological history of the region» (Ramachandra Guha): Protestbewegung gegen die Abholzung von Wäldern unter Missachtung traditioneller Dorfrechte; daraus entsteht die Chipko-Bewegung, die lange Zeit berühmteste,

	großenteils von Frauen und von Gandhi-Anhängern getragene Umweltbewegung der Dritten Welt.
1970	Friedensnobelpreis für Norman Borlaugh, den «Vater der Grünen Revolution».
22.4.1970	*Earth Day*, auf Initiative des Kongressabgeordneten Gaylord Nelson, mit ca. 10 000 Teilnehmern in Washington und angeblich über 20 Millionen weltweit.
1970	Weltklimakonferenz des Massachusetts Institute of Technology (MIT).
1970	*California Environmental Quality Act*. Der damalige kalifornische Gouverneur Ronald Reagan, obwohl innerlich ein Gegner des *environmentalism*, sucht Kalifornien als umweltpolitischen Vorreiter zu profilieren.
Mai 1970	Die DDR erlässt ein Landeskulturgesetz (Landschafts-, Natur- und Umweltschutz, Recycling, Meliorationen); zum 1.1.1972 gründet sie das Ministerium für Umweltschutz und Wasserwirtschaft.
1970	Europäisches Naturschutzjahr.
1970	Die OECD, die sich seit 1968 mit Studien und Empfehlungen zum Umweltschutz profilierte und darin der damaligen EWG voraus war, gründet ein *Environment Committee*.
1970	Gründung des Nationalparks Bayerischer Wald, des ersten deutschen Nationalparks nach amerikanischem Vorbild.
1970	Zumeist aus Vogelschutz-, Fischerei- und Wandervereinen bilden sich die Arbeitsgemeinschaften «Naturschutz Östlicher/Westlicher Bodensee», die «aggressive» Öffentlichkeitsarbeit gegen die Einleitung ungeklärter Abwässer und die Zersiedlung des Bodenseeufers betreiben.
Sept. 1970	Frankreich: Jacques Cousteau, durch seine Unterwasserfilme weltberühmt, beginnt mit öffentlichen Warnungen vor der Verseuchung der Meere.
19.9.1970	Erste Hausbesetzung in Frankfurt/Main; im Herbst 1971 beginnt der «Frankfurter Häuserkampf».
5.10.1970	Erster Umwelttitel des *Spiegel* («Vergiftete Umwelt»), der damals dieses Thema in Deutschland für völlig neu hält.
20.11.1970	Schlagzeile der *Süddeutschen Zeitung: Atomare Schlacht um Würgassen*.
1970	USA: *Resource Conservation and Recovery Act* (RCRA) ermächtigt die EPA zur Überwachung des Umgangs mit Müll, insbesondere Giftmüll, und des Recyclings.
Ende 1970	Clean Air Act vom US-Kongress verabschiedet, in Verstärkung eines Clean Air Act von 1967: erstmals verbindliche nationale Ziele für die Luftqualität. (In England schon 1956 Clean Air Act!)

7.12.1970	Willy Brandts Kniefall am Denkmal des Gettoaufstands in Warschau: markantester Höhepunkt der «neuen Ostpolitik».
24.12.1970	Fernsehsendung von Horst Stern *Bemerkungen über den Rothirsch* mit scharfen Angriffen auf die Jagdlobby und die von ihr betriebene Wildüberhegung: Warnung vor Waldzerstörung durch Wildschäden.
1971	Die Bundesregierung richtet einen Sachverständigenrat für Umweltfragen ein.
1971	Bundesrepublik: Das «Fluglärmgesetz» schreibt für alle Verkehrsflughäfen entsprechende Kommissionen vor.
März 1971	Beginn des «Kabeljaukrieges» zwischen Island und Großbritannien, als Island aufgrund des Rückgangs der Kabeljaubestände seine Hoheitsgewässer auf fünfzig Meilen ausdehnt.
12.4.1971	Marsch von ca. 1500 Demonstranten auf das Kernkraftwerk Fessenheim (Elsass): erste europäische Großdemonstration gegen ein Kernkraftwerk. Im Juli protestieren etwa 15 000 Demonstranten gegen den Bau des Kernkraftwerkes Bugey an der Rhone.
1971	*Greenpeace* in Vancouver (Kanada) gegründet; erregt zuerst Aufsehen mit einer Aktion gegen französische Atomtests bei dem Mururoa-Atoll in der Südsee (die dortige Kampfparole «Lieber aktiv als radioaktiv» in der Folge auch gegen die «friedliche» Kerntechnik gewandt).
1971	Auf Betreiben des Gouverneurs Tom McCall beginnt Oregon eine beispielhafte Gesetzgebung zum Umweltschutz.
1971	Erste spektakuläre Aktion der britischen *Friends of the Earth*, indem sie 1500 Wegwerfflaschen vor das Firmentor von Schweppes kippen.
1971	Der japanische Mitsui-Konzern verliert einen Prozess, den die Opfer der Itai-Itai-Krankheit (Kadmiumvergiftung), die zuerst 1955 bekannt geworden war, gegen ihn führten.
1971	In Frankreich wird ein Umweltministerium geschaffen.
1971	Erster *Environmental Advisor* bei der World Bank.
1971	Die EPA erklärt das Asbest zum gesundheitsgefährlichen Luftverschmutzer; Asbestsanierungen werden zu einem der ersten Schwerpunkte praktischer Umweltpolitik.
1971	USA: Alle Zigarettenwerbung im Rundfunk wird verboten; Nixon ruft zum «Krieg gegen den Krebs» auf.
1971	Niigata-Skandal in Japan: Wirkungsvolle Protestbewegung gegen ein Chemiewerk, das quecksilberhaltige Abwässer in einen Fluss entlässt und dadurch eine Welle von Vergiftungen verursacht hat.
1971	Barbara Ward gründet das *International Institute for Environment and Development* (IIED).

1971	Barbara Ward/René Dubos: *Only One Earth* (deutsch: *Wie retten wir unsere Erde?*); grundlegend für die Stockholmer Umweltkonferenz von 1972.
1971	Konferenz von Ramsar (Iran): Convention on Wetlands of International Importance.
1971	Barry Commoner: *The Closing Circle* (deutsch: *Wachstumswahn und Umweltkrise*).
1971	Bo Gunnarsson: *Japans ökologisches Harakiri.*
1971	Konrad Lorenz: *Die acht Todsünden der zivilisierten Menschheit,* mit der Übervölkerung und «Verwüstung des Lebensraums» als ersten beiden Sünden.
27.12.1971	Alvin M. Weinberg, langjähriger Leiter des amerikanischen Kernforschungszentrums Oak Ridge, erklärt in einem öffentlichen Vortrag: «We nuclear people have made a Faustian bargain with society.»
Februar 1972	Nixon in China.
1972	Dennis L. Meadows u.a.: *The Limits to Growth.* Bericht des Club of Rome.
1972	Frankreich: Unter Führung von Brice Lalonde organisieren *Les Amis de la Terre* ihre erste Großdemonstration, *La Vélorution* (Velo-revolution): Treffen von etwa 20 000 Radlern in Paris.
1972	Hans Dollinger: *Die totale Autogesellschaft* (detaillierte Nachweise über direkte und indirekte Schadenswirkungen des wachsenden Automobilismus).
Juni 1972	UN-Umweltkonferenz von Stockholm; von den Ostblockstaaten nimmt nur Rumänien teil, aber auch China, das im selben Jahr in die UNO aufgenommen wurde. Die Abholzung des Amazonasurwalds wird als «ökologisches Hiroshima» bezeichnet. Über 400 NGOs sind offiziell vertreten: Die UNO trägt dazu bei, dass die NGOs zu öffentlich anerkannten Institutionen werden. Gründung des *United Nations Environmental Programme* (UNEP); Gründungsdirektor: Maurice Strong.
1972	Indien: Als Reaktion auf eine schwere Dürre im Bundesstaat Maharashtra, die durch den hohen Wasserverbrauch von Zuckerrohrplantagen verschlimmert wird, Anfänge der Pani-Panchayat-Bewegung, die sich für das Recht aller Einwohner auf Wasser einsetzt.
1972	Welterbe-Konvention der UNESCO.
1972	Film *Home* mit der fiktiven Rede des Indianerhäuptlings Seattle, die fortan in der Öko-Literatur oft als authentisches Dokument und Beleg für die indianische Harmonie mit der Natur begegnet.
1972	Gründung der Dachorganisation BBU (Bundesverband der Bürgerinitiativen Umweltschutz).

20.7.1972	Die «Gruppe Ökologie» um Hubert Weinzierl und Konrad Lorenz präsentiert ein «Ökologisches Manifest».
Oktober 1972	Erste Konferenz der EG-Umweltminister in Bonn. Diese vereinbaren, künftig auch den Umweltschutz in die Aufgaben der Gemeinschaft aufzunehmen. Dieser Beschluss hat allerdings bis in die späten 1980er Jahre nur wenig konkrete Folgen.
1972	Auf Initiative der USA wird die Londoner Dumping-Konvention beschlossen, mit einer Schwarzen und Grauen Liste für Substanzen, deren Einleitung ins Meer strikt verboten bzw. nur bedingt gestattet ist. Die Überwachung liegt bei den Unterzeichnerstaaten; Sanktionen sind nicht vorgesehen.
1972	USA: Clean Water Act (Pendant zum Clean Air Act): erstmals verbindliche nationale Normen zunächst für die chemische, dann auch biologische Reinheit des Wassers.
1972	USA: Federal Environmental Pesticides Control Act (FEPCA); Verbot des DDT (Rachel Carson: *Silent Spring*, 1962!); Auftrag, auch sämtliche anderen (ca. 50 000!) Pestizide zu überprüfen. Ebenfalls 1972 wird das DDT auch in der Schweiz verboten (1968 hatten die USA die Einfuhr von Schweizer Käse verboten, weil er zu viel DDT enthielt).
1972	USA: *Office of Technology Assessment* (OTA) gegründet.
1972	USA: Toxic Substances Control Act (TSCA) ermächtigt die EPA zur Kontrolle der Gesundheitsschädlichkeit von Chemikalien.
1972	Itai-Itai-Skandal in Japan: Erfolg von Opfern kadmium-, zink- und bleihaltiger Abwässer gegen den mächtigen Mitsui-Konzern.
1972	Sog. Würgassen-Urteil des Bundesverwaltungsgerichts: Vorrang der Sicherheit vor der Förderung der Kernenergie bei der Auslegung des Atomgesetzes.
1972	Selbstverbrennung der britischen Vivisektionsgegnerin Olive Parry.
1972	Der mexikanische Psychologe und Umweltaktivist Fernando Césarman überträgt den aus der Protestbewegung gegen den Vietnamkrieg stammenden Begriff «Ökozid» auf zivile Bereiche des Umgangs mit der Natur *(Ecocido: Estudio psicoanalítico de la destrucción del medio ambiente)*.
1972	Gregory Bateson: *Steps to an Ecology of Mind.*
1972	Wendepunkt in der weltweiten Bevölkerungsentwicklung («demografischer Übergang»): beginnender Rückgang des Bevölkerungswachstums.

Die große Kettenreaktion

Das Jahr des Triumphs. Wie wir schon sahen, veröffentlichte Max Nicholson, seit Jahrzehnten ein führender Kopf im britischen und internationalen Naturschutz, 1970 ein Buch *The Environmental Revolution* mit dem von globalem Machtrausch zeugenden Untertitel *A Guide for the New Masters of the World.* Eine derartige Euphorie konnte einen Protagonisten der Natur in jenem Jahr überkommen. Martin Holdgate, von 1988 bis 1994 Generaldirektor der IUCN und mit der weit zurückreichenden Geschichte des Natur- und Umweltschutzes bestens vertraut, spricht noch aus dem Rückblick, drei Jahrzehnte danach, von der «Environmental Explosion» der Jahre von 1966 bis 1975.[1] Damals, 1970, nur wenige Monate nach der Mondlandung vom 19. Juli 1969, trumpft Nicholson auf: «Der Stolz, den Mond erreicht zu haben, ist zerronnen gegenüber der demütigenden Einsicht, es so weit gebracht zu haben, dass wir unseren eigenen heimatlichen Planeten in einen Slum verwandelten. Ganz plötzlich ist der Kampf einer kleinen Minderheit für den Naturschutz von einer breiten Welle des erwachten Bewusstseins breiter Massen aufgenommen worden ... Alte Werte, Denkmuster und eingefahrene Praktiken stehen auf der ganzen Welt unter Beschuss.» Alles in allem handele es sich um nichts weniger als um eine «Revolution», eine «Umweltrevolution».

Aber merkwürdig: Er liefert keine Erklärung für diese Wende, die sich selbst für ihn, der den langen Vorlauf am besten kennt, als abrupt darstellt. Er bekennt sogar: «Unglücklicherweise haben Revolutionen eine Art, die Revolutionäre zu überraschen», so dass diese den Überblick und die Kontrolle verlieren.[2] Er vermeidet das geflügelte Wort des Girondisten Vergniaud von der Revolution, die wie Saturn ihre eigenen Kinder frisst, und doch hätte auch dies in seinem Fall zugetroffen: Selbst in der Öko-Szene geriet sein Name in Vergessenheit, und vierzig Jahre darauf wird seine *Environmental Revolution,* die nach 1970 gleich in mehrere Sprachen übersetzt wurde, für einen symbolischen Preis von einem Cent im Internet verramscht. Hat es die «Umweltrevolution» gar nicht gegeben, oder ist gerade auch dieses Vergessen ein Indiz für die dramatische Horizontverschiebung? 1987 brachte Nicholson noch ein Buch heraus, diesmal mit kleingeschriebenem Titel: *The new environmental age.* Das Vorwort schrieb der Herzog von Edinburgh: Wie schon beim WWF bewegt man sich in den besten Kreisen. Da ist von einer «Revolution» um 1970 nicht mehr die Rede, sondern jene Zeit steht unter dem dezenteren Titel *Interactions.*[3] In der Ehrengalerie der «Pioneers of conservation» handelt er von lauter Namen, die schon 1970 weit zurück lagen und später kaum einer mehr kannte. Daher gibt es Grund zu einer nüchternen Überprüfung, inwieweit die Zeit um 1970 wirklich einen Wendepunkt der Geschichte markiert oder man sich bloß von dem abrupt in den Medien grassierenden Neuwort «Umwelt» täuschen lässt.

Die Zehntausende von jungen Öko-Enthusiasten, die am 22. April 1970 in Washington und vielen anderen Städten den *Earth Day* begingen, glaubten zur Irritation altgedienter Naturschützer, sie seien die Allerersten, die die akute Bedrohung der Natur entdeckten, und hatten in aller Regel von der langen Reihe ihrer Vorläufer keine Ahnung.[4] Gerade deshalb entwickelten viele Umwelthistoriker den Ehrgeiz, jene Einbildung, der Umweltschutz habe 1970 auf dem Nullpunkt begonnen, als historisch ignorant nachzuweisen. In der Tat, die Wurzeln reichen weit zurück – so weit, dass der bei den ersten Anfängen einsetzende Historiker oft schon erschöpft ist, wenn er das Jahr 1970 erreicht.[5] Und doch erscheint es auch vierzig Jahre danach als grundfalsch, diese Wende zu bagatellisieren.

Am detailliertesten hat Frank Uekötter den Kampf gegen die «Rauchplage» in deutschen und amerikanischen Städten bis ins 19. Jahrhundert zurückverfolgt; für die Bundesrepublik registrierte er bereits für die Zeit um 1960 eine «stille Revolution» und einen unauffälligen, jedoch unaufhaltsamen «Aufstieg des Vorsorgeprinzips».[6] Demgegenüber sei in den ersten Jahren nach 1970, wenn man auf die effektiven Maßnahmen schaue, nicht viel Neues geschehen, vielmehr habe der gesetzgeberische Aktivismus in der administrativen Praxis erst einmal ein «gigantisches Chaos» angerichtet.[7] Und doch spricht auch er von einer «ökologischen Revolution», ja einem «ökologischen Urknall»,[8] wenn auch mehr für die USA als für die Bundesrepublik. Viele Naturschützer fühlten sich ab 1970 von den neuen «Umweltschützern» überfahren und grollten, sie hätten das Gleiche doch ohne großen Klamauk seit eh und je betrieben; und doch anerkennt Hubert Weinzierl, jahrzehntelang der führende Kopf im bayerischen Naturschutz, aus der Rückschau nach über dreißig Jahren: «Erst der gesellschaftspolitische Stimmungsumschwung Ende der 60er Jahre schuf den Nährboden für neue soziale Bewegungen und damit auch für eine tragfähige Ökologiebewegung. Mit dem Europäischen Naturschutzjahr 1970 kam eine ganzheitliche Sicht des Naturschutzes zum Durchbruch, die Erde wurde als gemeinsames Haus alles Lebendigen erkannt.»[9]

Alles in allem bleiben auch bei wiederholtem Hinschauen viele Indizien dafür, dass es sich bei der «ökologischen Revolution» von 1970 um eine wirkliche Wende und um kein bloßes Pseudoereignis handelt. Der Begriff «Revolution» verführt zu einer dramatischen Ereignisgeschichte; aber verfallen wir nicht zu schnell ins Geschichtenerzählen. Auch wenn man sonst lange Listen von Geschichtszahlen verabscheut, ist es in diesem Falle doch nützlich, erst einmal die Masse der puren Fakten und Daten auf sich wirken zu lassen: Geschichtszahlen, die bislang in den allermeisten Geschichtsbüchern noch fehlen. Allein das massenhafte zeitliche Zusammentreffen besitzt hier seine Faszination. Wenn man gleich mit einer bestimmten Geschichte ankäme, geriete nur ein kleiner Ausschnitt dieser Fakten ins Visier. Manchmal ist es nützlich, die genauen Daten und die zeitliche Aufeinanderfolge zu kennen. Das gibt immerhin erste Anhaltspunkte dafür, was Ursache und was Folge ist. Aber vielleicht sind gar nicht Kausalitäten das Entscheidende, sondern Wechselwirkungen und Synergieeffekte. Lassen wir all diese Daten erst einmal neben- und nacheinander stehen, ohne vorweg zu bestimmen, was die Haupthandlungen und die entscheidenden Akteure sind, was zentral und was marginal ist, was dazugehört und was nicht.

Die pure Datenliste lässt viele Fragen offen; und doch enthält sie auf einige Grundfragen einigermaßen klare Antworten, wenn diese auch typischerweise in einem Ja-aber oder Nein-aber bestehen. Auf den ersten Blick ist evident, dass der stärkste Impuls der neuen Umweltbewegung aus den USA kam. Das erscheint trivial, geriet jedoch in weiten Kreisen der europäischen Umweltbewegung später oft in Vergessenheit, zumal als die USA unter Reagan und Bush junior zur Bastion eines umweltpolitischen Roll-back wurden. Die Priorität der USA erklärt sich nicht nur aus dem kämpferischen Potential der dortigen Zivilgesellschaft, sondern auch daraus, dass die Rücksichtslosigkeit im Umgang mit den natürlichen Ressourcen dort von alters her besonders krass war. Dass DDT aus dem Flugzeug versprüht wurde, kam in Deutschland nur in der DDR vor. Um 1970 kam heraus, dass in amerikanischen Leichen viel höhere DDT-Mengen gespeichert waren als in bundesdeutschen.[10]

So oder so entstand jedoch in Sachen Umweltschutz sehr rasch eine transatlantische Gemeinsamkeit zwischen den USA und ihren europäischen Verbündeten. Amerikanische Umweltschützer, die eine staatliche Intervention forderten und dafür von ihren Gegnern als Kryptokommunisten attackiert wurden,[11] konnten auf europäische Vorbilder verweisen, um zu demonstrieren, dass eine staatliche Vorsorge für das Gemeinwohl eine gute alte westliche Tradition ist. Selten haben die Europäer von einem einflussreichen Amerikaner derart charmante Komplimente für ihr Umweltbewusstsein bekommen wie von Jeremy Rifkin, einem Vordenker in Fragen der Umwelt und Technologie.[12] Innerhalb Europas zeichnete sich sehr rasch eine führende Rolle der Bundesrepublik ab: Vor allem dort erlangte der umweltpolitische Aktivismus fast augenblicklich ein amerikanisches Tempo. Bis dahin war eher England bei «grünen» Themen wie Landschafts-, Natur- und Vogelschutz vorangegangen, und die britischen Naturschützer waren auf diese Führungsrolle stolz gewesen. Auf diesen traditionellen Sektoren blieb der britische Umweltschutz auch weiterhin stark und wohlorganisiert.[13] Bei neuen Themen wie dem Kampf gegen Kernenergie, Emissionen und sauren Regen gerieten die Briten jedoch ins Hintertreffen und wurden aus kontinentaleuropäischer Sicht als Bremser wahrgenommen, bis die neue grüne Dynamik Europas auch auf die britische Insel rückwirkte.[14]

Ökologische Wende bis nach Ostasien. Auf den ersten Blick erkennt man aus den puren Fakten, dass die «ökologische Revolution» um 1970 ein ganz überwiegend westliches Ereignis war. Zugleich bemerkt man jedoch, dass sie augenblicklich auf jenes außerwestliche Land übersprang, dass in der Industrialisierung bis dahin am weitaus erfolgreichsten mit dem Westen mitgehalten hatte: auf Japan. Bis dahin hatte sich die japanische «Kultur des Schweigens» auch über Umweltskandale gebreitet; nunmehr vollzogen Teile der japanischen Eliten, in den Medien wie in der Administration, zumindest bei einigen besonders eklatanten Umweltvergiftungen eine drastische Kehrtwende und suchten einen neuen Ehrgeiz darin, Japan international als umweltpolitischen Vorreiter zu profilieren. Schon seit 1956 war die durch Quecksilberemissionen des Chemiekonzerns Chisso hervorgerufene «Minamata-Krankheit» an die lokale Öffentlichkeit gedrungen, im Übrigen jedoch totgeschwiegen worden; 1969 dagegen wurde das Enthüllungsbuch von Ishimure Michiko *Paradies im Meer der Qualen* – eine Dokumentation in romanhafter Form – trotz heftiger Anfeindungen von Seiten der Chemielobby zum Bestseller und ähnlich wie *Silent Spring* mit *Onkel Toms Hütte* verglichen.[15]

Man beachte den Unterschied: Rachel Carsons Frühling der toten Vögel war Phantasie, die von der Japanerin geschilderten menschlichen Qualen dagegen waren real. Der spätere deutsche Schreckensruf im «Waldsterben»-Alarm «Erst stirbt der Wald, dann stirbt der Mensch» war lediglich Ausdruck einer apokalyptischen Fiktion; in Minamata dagegen starben tatsächlich zuerst die Katzen, dann die Menschen. Mit dem Quecksilber-Alarm standen die japanischen Umweltschützer jedoch nicht allein: Auch der Biologe Barry Commoner, der am 7. Februar 1970 zum Titel der *Time* wurde – auch dies ein Signal der ökologischen Wende[16] –, konzentrierte zu jener Zeit seine Umweltkampagnen auf die Quecksilbergefahr: ein Risiko, das zwar seit der Antike im Prinzip bekannt war, jedoch durch das rasante Wachstum der synthetischen Chemie historisch neuartige Dimensionen erlangt hatte.[17]

Während die Sowjetunion und ihre Satelliten die Stockholmer Umweltkonferenz von 1972 boykottierten, nahm die mit Moskau zerstrittene Volksrepublik China teil. Nach außen hin profilierte sie sich zwar als sehr kritischer Teilnehmer, brandmarkte den «Neokolonialismus» als Hauptgefahr für die Umwelt und wollte von Geburtenkontrolle und einem Verbot der Atomwaffentests nichts wissen; in Wahrheit hinterließ jedoch die Flut der in Stockholm übermittelten Informationen über Umweltrisiken bei manchen chinesischen Beteiligten eine nachhaltige Wirkung. Qu Geping, einer der chinesischen Delegierten und ab 1973 stellvertretender Direktor eines beim Staatsrat neu eingerichteten Büros für Umweltschutz, äußerte sich zehn Jahre darauf überaus anerkennend über diesen ersten Welt-Umweltgipfel: Stockholm 1972 bedeute einen welthistorischen «Wendepunkt»; seither sei «der chinesische Umweltschutz in eine neue Entwicklungsphase eingetreten». China habe diese Konferenz aktiv unterstützt und dort sehr viel gelernt; durch Stockholm inspiriert, habe es 1973 die erste nationale Umweltkonferenz abgehalten.[18] Hatte die maoistische Regierung gerade noch die Geburtenkontrolle als reaktionären Malthusianismus verdammt, begann China ab 1980 westliche Menschenrechtler durch seinen Rigorismus in der Eindämmung des Bevölkerungswachstums zu erschrecken. Qu Geping veröffentlichte 1994 eine Umweltgeschichte Chinas, in der das Bevölkerungswachstum über die Jahrtausende der Fluch des Landes und der Ruin seiner Böden ist.[19]

UNESCO und Raumfahrt: Realität und Fiktion der globalen Ebene. Mit Stockholm 1972 sind wir bei einer zentralen Frage unseres Themas: der Bedeutung der internationalen Konferenzen, überhaupt der transnationalen Kommunikation. Für wen nur sinnenhafte Realitäten und konkrete Effekte zählen – und das gilt gerade für viele Umweltaktivisten, die nicht nur große Reden halten, sondern etwas Sichtbares bewirken wollen –, für den behält die internationale Ebene etwas Imaginäres und Körperloses, und er wird den Verdacht nicht los, dass es sich bei dem internationalen Lobbyismus um eine Spielart des Tourismus handelt. In dem Gros der Literatur zum amerikanischen *environmentalism* kommt Stockholm überhaupt nicht vor, oder wenn, dann nur ganz marginal; viel stärker ist der Ehrgeiz, sich als genuin amerikanische Bewegung zu inszenieren. Für europäische Umweltinitiativen dagegen bedeutete dieser Umweltgipfel schon im Voraus, seit dem entsprechenden Beschluss der UN-Vollversammlung von 1968, eine Ermutigung und Aufwertung.[20] Mit Blick auf Stockholm suchten sich mehrere Staaten umweltpolitisch zu profilieren, von Frankreich bis zur DDR.[21] Zu Jahresbeginn 1972 gründete die DDR sogar ein Umweltministerium – 14 Jahre vor der Bundesrepublik. Über dessen Aktivität gibt es allerdings bis heute nur spärliche Informationen. Ausgerechnet ab Ende der 60er Jahre leitete die DDR die salzhaltigen Abwässer der Kaliindustrie in vollem Umfang in die Werra, während sie bis 1968 eine 1913 zwischen den damaligen Anliegern ausgehandelte Vereinbarung eingehalten hatte:[22] Längst nicht immer deckte sich die symbolische mit der realen Politik.

Das Pathos der Einen Welt war von Anfang an essenziell für die neue Umweltbewegung, so wie sie sich seit der zweiten Hälfte der 1960er Jahre artikulierte. Die Raumfahrtfotos gaben dem «blauen Planeten» mitsamt seiner hauchdünnen Atmosphäre eine sinnliche Realität, ganz anders als der alte Globus aus Pappmaché auf dem Schreibtisch, auch wenn die damalige kleinräumige Ökologie noch weit davon entfernt war, dem «Ökosystem Erde» eine wissenschaftliche Substanz zu geben. Es ist eine der großen Ironien der Geschichte, dass die Raumfahrt gerade durch ihre Erfolge in den 60er Jahren ihre eigene Magie zerstörte. Kein Wunder, dass sich die NASA anfangs nur widerwillig zu der Einsicht bequemte, dass es auf dem Mars unmöglich Leben gebe.[23] Hatten phantasievolle Leute noch in den 1950er Jahren geglaubt, man werde, wenn es einem auf der Erde zu eng werde, auf andere Himmelskörper auswandern können, machte gerade die Raumfahrt den Menschen bewusst, wie leer und leblos der Weltraum ist und dass wir nur diese eine Erde haben.

In gewissem Sinne also eine «kopernikanische Wende» rückwärts: War die Erde seit Kopernikus ein Planet unter anderen, wurde sie jetzt wieder zu etwas Einzigartigem im All: zu etwas Schönem und zugleich Verletzlichem.[24] Barbara Ward, eine Vordenkerin der Stockholmer Konferenz und 1976 von der englischen Königin zur Baronin geadelt, publizierte 1966 das Buch *Spaceship Earth*, und ihr 1971 zusammen mit dem Mikrobiologen René Dubos herausgebrachtes Opus *Only One Earth: The Care and Maintenance of a Small Planet*, unter größtem Zeitdruck mit Beratern aus 58 Ländern verfasst, wurde zum Grundbuch von Stockholm. Um den neuen globalen Horizont zu schätzen, erinnere man sich, wie

Hermann Löns 1911 den damaligen Naturschutz als «Pritzelkram» beschimpft hatte. Das war fortan nicht mehr möglich. Wenn man von nun an gegen die Verschmutzung eines Baches kämpfte, dann mit dem Stolz, einen winzigen Teil zur Rettung der Welt beizutragen.

Wenn man sich einseitig auf die *grassroot movements* fixiert und die *Top-down*-Impulse und die elitären Züge des neuen Umweltaktivismus bagatellisiert, erfasst man nur die halbe, ja oft nicht einmal die halbe Geschichte: Man braucht nur die bloßen Fakten durchzugehen, um das zu erkennen. In der bundesdeutschen Medien der 1970er und 80er Jahre haftete der Öko-Szene lange Zeit, am längsten bei ihren Gegnern, das Image langhaariger Hippies und Aussteiger an; aber dieser Eindruck war orts- und zeitgebunden. Was sich vielerorts als Subkultur präsentierte, war in Wahrheit ein Segment der neuen Hochkultur. Insgesamt gesehen, war man mit dem Umweltengagement von Anfang an in guter, ja in bester Gesellschaft. Nicht durchweg in unverdächtiger Gesellschaft, deren Idealismus über alle Zweifel erhaben gewesen wäre. Vielmehr trifft man bei führenden Köpfen auf schillernde Biographien: Der kanadische Geschäftsmann Maurice Strong, der Generalsekretär der Stockholmer Konferenz und noch zwei Jahrzehnte darauf des Umweltgipfels von Rio, erster Exekutivdirektor des damals beschlossenen Umweltprogramms der UN (UNEP), kam aus der Mineralöl- und Kraftwerksbranche, und Aurelio Peccei, der «starke Mann» des *Club of Rome* und die treibende Kraft hinter den *Grenzen des Wachstums*, war Direktor der lateinamerikanischen Abteilung von Fiat und Chef von Olivetti. Auf einen Neomarxisten aus der 68er-Studentenbewegung wirkten nicht wenige Protagonisten der Umwelt, gelinde gesagt, erst einmal befremdlich.[25]

Priorität der Politik. In der Bundesrepublik trat die Umweltbewegung seit Mitte der 70er Jahre, als sich am Atomkonflikt die Geister schieden, als militanter Protest breiter Massen, darunter vieler Ex-68er, in Erscheinung. Die bloße Aufeinanderfolge der Daten zeigt jedoch ganz deutlich, dass gerade in Deutschland die Priorität bei der Politik liegt. Noch im Wahrkampf von 1969 war das Thema «Umwelt» ohne Bedeutung gewesen. Es war in einer Besprechung bei dem neuen Bundesinnenminister Genscher am Nachmittag des 7. November 1969, als nach amerikanischem Vorbild der «Umweltschutz» erfunden wurde:[26] wohlverstanden als Bündelung administrativer Aktionsfelder, die es für sich genommen längst gab. Später war auf der Gegenseite häufig zu hören, es seien sensationsgeile Medienleute gewesen, die eine Umwelthysterie ausgelöst hätten – die Fakten sprechen eindeutig dagegen.

Selbst der *Spiegel*, dem oft eine Pionierrolle nachgesagt wurde, brachte seinen ersten Umwelttitel («Vergiftete Umwelt») erst am 5. Oktober 1970, und er hielt dieses Thema im damaligen Deutschland für völlig neu: Gefordert sei ein «tiefgreifender Umdenkprozeß, für den in der Bundesrepublik bislang nicht die leisesten Anzeichen, in Ländern wie den USA, Japan und Schweden allenfalls erste Ansätze zu erblicken» seien.[27] Heute liegen ganze Stapel umwelthistorischer Untersuchungen vor, die dokumentieren, dass viele Einzelbestandteile des neuen «Umweltbewusstseins» damals schon mindestens ein Jahrhundert zurückreichten. Umso aufschlussreicher ist es, durch dieses *Spiegel*-Zitat daran erinnert zu werden, in welchem Maße sich diese Vorgeschichte außerhalb des Horizontes jener kritisch-reformerischen Intellektuellenschicht abspielte, aus der sich Redaktion und Leserschaft dieses Nachrichtenmagazins rekrutierten.

Wenn damalige Mitarbeiter des Innenministeriums selbstbewusst versichern: «Wir haben die Umweltbewegung erfunden», wird dies durch die Aufeinanderfolge der Fakten bestätigt.[28] Und doch bei genauerem Hinsehen nicht ganz: Innerhalb des Innenministeriums kam die Initiative von Peter Menke-Glückert, einem ganz und gar antibürokratischen Bürokraten – vom Typ her mehr Braintruster als Beamter –, der es fertigbrachte, seine Kollegen als «Bürofaschisten» zu beschimpfen, und der die grenzüberschreitende Umweltproblematik dazu benutzte, um die administrative Routine durcheinanderzubringen – natürlich ohne großen Erfolg, weshalb ihm seine Widersacher den Spitznamen «Menke-Glücklos» anhängten. Wenn er irgendwo auftrat, wusste man nicht, ob er als Staatsbeamter oder als Autonomer sprach. Auf seine Art war er – auch hierin typisch für die Umweltschützer neuen Stils[29] – bei aller Kritik an blinder Wachstumsmanie doch von dem Planungsoptimismus der 1960er Jahre, der damaligen Modewissenschaft Futurologie und dem ebenfalls zeittypischen Ehrgeiz, in die Politik Wissenschaft und «System» hineinzubringen, angesteckt: Auch vor diesem Hintergrund versteht sich seine Begeisterung für die «Umweltpolitik».[30] Er hatte diesen neuen Trend frisch aus den USA mitgebracht, kannte überhaupt mehr von der Welt als die meisten Beamten des Bonner Innenministeriums und war Leiter der *Science Resource Division* der OECD, die im Unterschied zur EWG zu den Umweltpionieren gehörte. In dieser Funktion hatte er 1968 an der Biosphärenkonferenz der UNESCO in Paris teilgenommen. Von sich selbst sagte er, aus Amerika habe er «den Sinn für eiserne Logistikherrschaft» und aus der OECD «ein hohes Freiheitsbewusstsein» mitgebracht.[31]

So verkörperte er in höchstem Maße den neuen Stil der frühen Ära Brandt. Brandt selbst machte sich in seinen Reden gerne das neue Schlagwort «Lebensqualität» zu eigen; ansonsten gewinnt man den Eindruck, dass er, neuen Trends gegenüber zumindest nach außen hin offen, ausgerechnet von der Umweltbewegung so gut wie unberührt blieb.[32] Er lebte noch vorwiegend in den bis dahin herrschenden Vorstellungen von Modernität; von daher war ihm die 68er-Revolutionsromantik besser verständlich als die neue Naturemphase. Als Berliner Oberbürgermeister hätte er am liebsten auf der Pfaueninsel im Wannsee ein Kernkraftwerk zur Stromversorgung seiner von der Außenwelt abgeschnittenen Teilstadt errichtet; dieses in der Öffentlichkeit nie diskutierte Projekt wurde durch ein Bonner Veto durchkreuzt, als herauskam, dass die Westberliner bei einem großen Störfall in die DDR hätten evakuiert werden müssen – wenige Jahre nach dem Mauerbau! Noch in den frühen 70er Jahren unterstützte Brandt intern das BASF-Projekt eines großstadtnahen Kernkraftwerks, das sogar von Mitgliedern der nuklearen «Community» für bedenklich gehalten wurde und selbst dann aus Bonn kein grünes Licht bekam, als sich die BASF bereit erklärte, einen aufwendigen «Berstschutz» für die Eventualität eines «Super-GAU» zu bauen.[33] Immerhin trug Brandts neue Ostpolitik vermutlich zu jenem milderen Klima bei, in dem die Umweltpolitik gedieh, ja geradezu eine «Sturm- und Drangzeit»[34] erlebte ähnlich wie in Washington. Ein wesentlicher Schub kam jedoch von unten: Seit der Zeit um 1970 schossen Bürgerinitiativen allenthalben aus dem Boden, sodass es schon 1972 so weit war, dass ein Dachverband gegründet werden konnte: der *Bundesverband der Bürgerinitiativen Umweltschutz* (BBU). Dabei traf in vielen Fällen das von Niklas Luhmann entworfene Szenario der «ökologischen Kommunikation» ganz und gar nicht zu: Viele Initiativen richteten ihre Appelle nicht ins Leere – an «die Gesellschaft», die, wie Luhmann spottete, weder Adresse noch Telefon hat –, sondern an zuständige Instanzen. Auch wo die neue Umweltpolitik nicht unmittelbar etwas bewirkte, besaß sie doch ein Verdienst daran, dass das neue Umweltengagement seine Adressaten bekam und nicht im leeren Raum verpuffte. Und ohne die Bürgerbewegung wäre die Umweltpolitik eine vorübergehende Mode geblieben, die unter Brandts Nachfolger Helmut Schmidt ins Abseits geraten wäre. Die Bonner Umweltpolitiker waren sich mindestens so sehr wie ihre amerikanischen Kollegen dessen bewusst, dass sie ohne Bürgerbewegung auf verlorenem Posten standen.[35]

Deutlicher als in der Bundesrepublik ist in den USA, dem Ursprungsland der Umweltpolitik, die Priorität der «Bewegung» vor der Politik. Dort handelte es sich allerdings mehr um Initiativen aus sozialen Eliten, die in Kontakt zu staatlichen Stellen standen, als um Revolten von unten. Gegenüber dem alten, längst konsensgeneigten Naturschutzestablishment von *Sierra Club, Audubon Society* und *Wilderness Society* machten sich jedoch in den späten 60er Jahren neue herausfordernde, konfliktfähige Kräfte geltend. Das passte zum Zeitklima, zur afroamerikanischen Bürgerrechtsbewegung und zur Protestbewegung gegen den Vietnamkrieg, entsprach jedoch auch einer Situation, wo die alten kommunalen Regelungsprozeduren, die sich im Kampf gegen die ärgste Rauchplage und Wasserverschmutzung in der unmittelbaren Nachbarschaft leidlich bewährt hatten, nicht mehr griffen.[36] Weder den Autoabgasen noch dem Fallout oder dem aus dem Flugzeug versprühten DDT und überhaupt der wachsenden Lawine neuartiger industrieller Emissionen, die man weder sah noch roch und die sich weiträumig verteilten, war mit den eingespielten Konsensprozeduren beizukommen.

Führer in verschiedene Richtungen: David Brower und Barry Commoner. Es war ein Zeichen der Zeit, als David Brower (1912–2000), seit 1952 Executive Director des Sierra Club und ein Energiebündel mit Charisma – ein Historiker nannte ihn den «Bismarck», ein anderer den «Erzdruiden» der Wildnisfreunde[37] –, sich 1969 mit dem Sierra Club zerstritt, weil ihm dieser in seinem ganzen Agitations- und Aktionsstil zu kompromisslerisch und zu wenig couragiert war,[38] und seine eigene, bald internationale Organisation gründete: die *Friends of the Earth.* In den Augen seiner Bewunderer war Brower, der damals jenen Slogan aufbrachte, der fortan durch die Welt ging – *Think globally, act locally* –, der «Erfinder des modernen amerikanischen Umweltaktivismus» schlechthin; er war freilich nicht der einzige Anwärter auf diesen Ruhmestitel. In seinem Herzen war er vor allem ein leidenschaftlicher Liebhaber der Wildnis,[39] und ihr zuliebe wollte er, wenn es hart auf hart ging, zum offenen Kampf gegen den *Forest Service* und das *Bureau of Reclamation* mit seinen Staudammprojekten aufrufen. Ende der 60er Jahre engagierte er sich jedoch darüber hinaus im Kampf gegen die Kernenergie; und auch in dieser Kampfeslust sah er sich vom Sierra Club im Stich gelassen[40] – wer einzig darauf fixiert war, die Canyons des Westens vor Wasserkraftwerken zu bewahren, sah in der Kernenergie eine willkommene Entlastung. Ähnlich pronuklear war das Gros der älteren Generation der Naturschützer in

David Brower (1912–2000; das Bild zeigt ihn im Jahre 1995) gründete mehrere Umweltorganisationen, darunter 1969 Friends of the Earth.

der Schweiz und in Oberbayern eingestellt. Die *Friends of the Earth* dagegen begründeten das erste transnationale antinukleare Informationsnetz. Holger Strohm, der 1973 das erste umfassende Arsenal von Anti-Atomkraft-Argumenten in deutscher Sprache herausbrachte,[41] war damals Direktor der deutschen Sektion der *Friends of the Earth.*

Viele Amerikaner, so auch die Redaktion der *Time*, erblickten um 1970 den Führer des neuen kämpferischen *environmentalism* in Barry Commoner (geb. 1917). Von Hause aus Mikrobiologe, mit dieser seiner Disziplin jedoch auf die Dauer nicht zufrieden, verkörperte er Ende der 60er Jahre rückhaltloser als viele naturwissenschaftliche Kollegen den neuen Typus des «kritischen Wissenschaftlers».[42] Schon seit den späten 50er Jahren im Kampf gegen die Atomtests und dann auch gegen den Vietnamkrieg bewährt, wurde er anders als Brower zu einem der Wortführer der Neuen Linken. Er kam nicht aus der alten Romantik der Wildnis, sondern verkörperte von vornherein den Umweltschutz neuen Stils, insbesondere den direkten Übergang von dem Protest gegen die atomare Rüstung zur Kritik an der zivilen Kerntechnik.[43] *Everything is Connected to Everything Else* war sein «Erstes Gesetz der Ökologie»; demgemäß vermied er die ausschließliche Fixierung auf ein einziges Risiko, sondern spürte auch über Jahre den industriellen Quecksilberemissionen nach und erregte die Öffentlichkeit mit Alarmrufen über die Ver-

Der Biologe Barry Commoner (geb. 1917; hier eine Aufnahme aus dem Jahr 1974) gründete 1966 das Center for the Biology of Natural Systems und führte Kampagnen gegen industrielle Schadstoffemissionen. 1970 wurde er zum Titel des *Time Magazine*.

schandelung der Flüsse durch die Phosphate in den Waschmitteln. Dem Wissenschaftshistoriker Donald Fleming zufolge, dem der neue Umweltaktivismus unter Kollegen dubios war, war die von Barry Commoner 1968 hochgespielte «angebliche ‹Ermordung› des Eriesees» durch Phosphate die (bis 1972) «wohl berühmteste Horrorgeschichte der *New-Conservation*-Bewegung».[44]

Merkwürdig nur: Obwohl sich Brower und Commoner um 1970 beide im Kampf gegen die Kernkraft engagierten, scheinen sie sich gegenseitig mehr oder weniger ignoriert zu haben. In den 550-Seiten-Memoiren Browers kommt Commoner kein einziges Mal vor; und in Egans Biografie von Commoner begegnet Brower nur ein einziges Mal als derjenige, der Paul Ehrlich zur Abfassung seiner *Population Bomb* veranlasste, die Commoner zu einer großen Kontroverse provozierte. In England scheinen sich Max Nicholson und Ernst F. Schumacher, der Autor des neuen Kultbuches *Small Is Beautiful* (1973) und damals der bedeutendste wirtschaftsphilosophische Vordenker der Öko-Szene, gegenseitig ignoriert zu haben.

Das verweist auf einen entscheidenden Punkt, der bislang nur wenig Beachtung fand: Die verschiedenen amerikanischen Umweltbewegungen vereinten sich nicht aus sich selbst heraus zu einer einzigen großen Bewegung; vielmehr entwickelte sich zwischen ihnen nur zu oft, ob offen oder untergründig, eine Rivalität, besonders im «Fundraising», im Werben um Spenden, und damit auch im Werben um Publicity. Zur Vernetzung der Umweltinitiativen bedurfte es immer wieder der Anstöße aus der Politik, der positiven Anreize wie der Herausforderungen: Die Politik schuf den Umweltinitiativen gemeinsame Adressaten und Arenen – und immer wieder auch den gemeinsamen Gegner, der die in sich zentrifugalen grünen Bewegungen wieder zusammenführte.

Earth Day. Der zuerst am 22. April 1970, fortan jedes Jahr in vielen amerikanischen Städten gefeierte *Earth Day*, in der öffentlichen Wahrnehmung die spektakuläre Ouvertüre zur neuen Öko-Ära und in den Worten des nationalen Koordinators Denis Hayes «die größte organisierte Demonstration der menschlichen Geschichte»,[45] ging auf die Initiative eines demokratischen Senators aus Wisconsin, Gaylord Nelson, zurück. Eine der größten Ironien in der Geschichte des *environmentalism* besteht darin, dass die Umweltpolitik ausgerechnet unter Präsident Nixon – aus der Sicht der reformerischen Intelligenz der politische Giftzwerg par excellence – ihren großen Anschub bekam: Damals wurde die amerikanische Umweltbehörde (EPA) geschaffen, und grundlegende Gesetze zum Umweltschutz folgten Schlag auf Schlag. Von sich aus wäre Nixon nie auf diese Idee gekommen, und er war auch nicht gerade stolz auf diese Errungenschaft seiner Regierung, sondern redete mitunter geradezu zynisch darüber. Aber im Anblick des immer eklatanteren Fiaskos in Vietnam brauchte er, um seinen Kritikern Wind aus den Segeln zu nehmen, dringend etwas Populäres, das aktivistisch und fortschrittlich wirkte, und da kam die Konjunktur für Umweltschutz gerade recht.[46] Die damalige Paperback-Ausgabe von *Silent Spring* erschien sogar mit einem Nixon-Zitat auf dem Einband.[47] Aber schon 1972 vollzog er eine Abkehr vom *environmentalism*, als er merkte, dass ihm das Gros der republikanischen Geschäftswelt dieses Experiment verübelte.[48] Ohne breite Bewegung wäre es mit dem *environmentalism* bald vorbei gewesen, ob in Washington oder in Bonn.

Später begegnete man häufig der These, das Neue an der Umweltbewegung sei der selbstlose, «postmaterialistische»[49] Grundzug. Wenn das zuträfe, wären ihre derzeitigen Aussichten düster; denn mit der Wirtschaftskrise wird erneut die Sicherung der materiellen Existenz zur obersten Sorge. Die historischen Fakten sprechen jedoch dagegen. Die (scheinbar) selbstlose Liebe zur Natur, die Begeisterung für die Wildnis war um 1970 alles andere als neu; sie war das Leitmotiv des längst institutionell etablierten Naturschutzes, der sich nunmehr von neuen Umweltkämpfern in den Schatten gestellt sah. Der Beschluss für die Konferenz von Stockholm fiel 1968 auf der Pariser Biosphärenkonferenz der UNESCO, und das neue Schlagwort «Biosphäre» meinte eben nicht das alte Wildnisideal, sondern eine menschenfreundliche Natur, in der es sich leben lässt. Ein anderes Leitbild wäre zu einer Zeit, als Teile Afrikas und Asiens von Hungersnöten bedroht waren, in UN-Kreisen auch gar nicht diskutabel gewesen. Erst dadurch, dass es nicht um ein Eigenrecht der Natur, sondern um das Wohlbefinden oder gar Überleben der Menschen ging, wurde der Umweltschutz politikfähig, schon gar auf internationalem Parkett. «Lebensqualität» war ein charakteristisches Ideal der beginnenden Öko-Ära. Vieles, was einst unter «Stadthygiene» oder «Volkshygiene», «Public Health» gelaufen war, floss in den neuen *environmentalism* hinein und verlieh ihm politische Schubkraft.[50] Auch das gehört zu den Zeichen der Zeit, dass in den USA 1971 jegliche Zigarettenwerbung im Rundfunk verboten wurde.[51] Die älteren Anti-Rauch-Kampagnen waren nie auf die Idee gekommen, sich auch den Zigarettenrauch vorzunehmen. Um 1970 wie später ging es bei dem wirkungsvollsten Umweltalarm typischerweise um giftige Emissionen, die die Gesundheit gefährden.

Zugleich richteten sich jedoch Umweltinitiativen gegen jenen Typus von Stadtsanierung, der ein Erbe der älteren Hygienebewegung war. Aus einer rein ökologischen Sicht der Umweltbewegung fallen solche Initiativen heraus; in der historischen Wirklichkeit dagegen sind Protestbewegungen gegen die Zerstörungen gewachsener Stadtstrukturen vielerorts für die Umweltbewegung zentral. In der deutschen Literatur gab es kein Pendant zu Rachel Carsons *Silent Spring*; eine vergleichbare initiatorische Bedeutung besitzt am ehesten eine Streitschrift wie Alexander Mitscherlichs *Unwirtlichkeit unserer Städte* (1965). Der Horror über die unerträgliche Situation, in die viele Städte durch den wachsenden Pkw-Verkehr gerieten, ist eine der zentralen Umweltklagen in den Medien der 1960er Jahre, nicht nur in der Bundesrepublik. Damals konnte man allerdings den Ausweg noch in einem forcierten Schnellstraßenbau sehen. Der *Spiegel*-Titel 25/1969 «Wucher mit dem Quadratmeter», auf dem sich ein Haus mitten in eine Autobahn hineinschiebt, suggeriert noch, dass das Enteignungsrecht rigoroser zugunsten des Autobahnbaus erweitert werden müsse. Der Titel 27/1971 setzt den Akzent anders: Da steht quer zur Autobahn ein Sarg. Die neue Botschaft war eindeutig: Schluss mit der Raserei.

Am Anfang die Angst und die Katastrophenerfahrung? Später hieß es oft, am Anfang des neuen Umweltbewusstseins habe die Angst, die traumatische Erfahrung oder – in der Sprache der Kritiker – die Hysterie gestanden. Heute hat man sich längst an Informationen über Umweltschäden gewöhnt; aber damals war vielen dieses Thema noch neu, und es gab Grund genug, angesichts der sich überstürzenden Horrormeldungen zu erschauern. Und doch besteht der vielleicht auffälligste Befund aus der puren Chronologie der Fakten darin, dass dem neuen «Umwelt»-Boom keinerlei Umweltkatastrophe vorausging, die sich in irgendeiner Weise als wesentlicher Impetus identifizieren ließe. Senator Gaylord Nelson bekam die Idee zum Earth Day angeblich unter dem Eindruck einer Ölpest vor dem Strand von Santa Barbara bei Los Angeles;[52] aber dieses von einer Bohrinsel der *Union Oil Company* verursachte Desaster[53] war bald vergessen und ging nicht in die kollektive Erinnerung der Öko-Szene ein. In der englischen Öffentlichkeit riefen die Bilder vom qualvollen Vogelsterben nach der durch die Havarie des Öltankers *Torrey Canyon* vor der Küste von Cornwall verursachten Ölpest eine Zeitlang helle Empörung hervor. Max Nicholsons *Environmental Revolution* bezieht sich vor allem auf diese Umweltkatastrophe,[54] aber auch sie blieb außerhalb Englands nicht als Memento in Erinnerung, obwohl die oft von dubiosen Reedereien unter dubioser Flagge über die Weltmeere geschickten Öltanker ein ideales Angriffsziel boten und immer neue Umweltskandale verursachten.

Ein erster Anstoß für Schweden, bei der Einberufung der ersten internationalen Umweltkonferenz die Initiative zu ergreifen, waren Hinweise darauf, dass die schwedischen Wälder durch sauren Regen, der aus englischen Emissionen herrührte, geschädigt wurden;[55] aber von einem dadurch ausgelösten Großalarm ist zu jener Zeit nichts zu bemerken:[56] Einen solchen gab es in Deutschland erst zehn Jahre darauf unter dem Eindruck des befürchteten «Waldsterbens». Auf der Konferenz von Stockholm gelang es den Schweden nicht, dem Thema «saurer Regen» ein sonderliches Gewicht zu geben; die wissenschaftlichen Befunde waren punktuell und machten keinen Eindruck.[57] Überhaupt kann man eine Paradoxie darin erkennen, dass die ökologische Erleuchtung ausgerechnet in eine Zeit fiel, in der die qualmenden Fabrikschlote immer mehr aus den Städten der hochindustrialisierten Staaten verschwanden und Umweltschäden für die sinnliche Wahrnehmung weniger krass waren als noch zehn, zwanzig Jahre hervor. Für jenes Gefahrenpotential, das in der Bundesrepublik und anderen Ländern den heftigsten Protest hervorrief, gab es gar kein menschliches Sinnesorgan: für die Radioaktivität.

Alles in allem spricht vieles dafür, den Umweltboom mit Jeremy Rifkin mehr unter die großen Aufklärungen als unter die großen Ängste der Weltgeschichte einzureihen – was nicht ausschließt, dass auch das Umweltbewusstsein, sobald es sich mit politischer Macht verband, eine «Dialektik der Aufklärung» in Gang setzte.[58]

Jost Hermand will in dem «Doomsday-Schock von 1972», der *Club-of-Rome*-Studie *Grenzen des Wachstums*, den Urknall des neuen Umweltbewusstseins erkennen.[59] Aber diese These wird schon durch die Chronologie der Ereignisse widerlegt: Der Umweltboom begann eindeutig Jahre davor; erst auf den Wogen dieser neuen Strömung konnte diese Studie zum Welt-Bestseller werden. Noch zwei Jahrzehnte früher wären die Grenzen des Wachstums für die meisten Weltbewohner eine Banalität gewesen. Menke-Glückert, der ebenso wie der ab 1969 in Bonn für Umweltfragen zuständige Staatssekretär Günter Hartkopf[60] mehr auf Optimismus als auf Pessimismus baute, hielt die *Grenzen des Wachstums* für miserabel fundiert und für teilweise geradezu kontraproduktiv und lähmend. Den *Club of Rome* nannte er einen «elitären Club von Möchtegernstaatsmännern», der der Menschheit sein pessimistisches Weltbild «aufoktroyieren» wolle.[61] Barry Commoner nannte *Die Grenzen* des *Wachstums* «einen Schritt zurück», wofür ihm Paul R. Ehrlich einen Mangel an ökologischer Kompetenz attestierte.[62] Die Studie des *Club of Rome* rief alsbald in der intellektuellen Elite der gesamten westlichen Welt eine aufgekratzte Pro-und-Kontra-Diskussion hervor:[63] Sie war intellektuell überaus anregend, aber schwerlich geeignet, ganze Menschenmassen ernsthaft zu traumatisieren. Abgesehen davon überkreuzte sich die Sorge vor den Grenzen des Wachstums in dem neuen Umweltbewusstsein mit einer konträren Sorge: dass ein weiterhin ungebremstes Wachstum durch unerwünschte Nebenwirkungen auf die Umwelt die Lebensqualität der Menschen schädigen würde. Wäre auf die damals schon in nächster Nähe prophezeiten Grenzen des Wachstums Verlass gewesen, hätte man sich um die Umwelt sehr viel weniger Sorgen machen müssen.

Bezeichnenderweise war das Titelbild des ersten Umwelttitels des *Spiegel* – des Heftes 41/1970 vom 5. Oktober 1970 – viergeteilt, obwohl dies der auf klare Konturen bedachten *Spiegel*-Ikonologie widersprach: Es zeigte rote Rauchwolken, Müllberge, ein ausgetrocknetes Gewässer mit Schwemmholz und einer Kinderpuppe sowie Abgase in der Autoschlange. Eine bezeichnende Unschlüssigkeit: Die Redaktion konnte sich nicht darüber einigen, welches Problem aktuell Priorität besaß. Der Aufhänger der Titelstory «Der Mensch zerstört die Erde» waren

Chemieabwässer, aber dann folgte ein derartiges Pandämonium von vielerlei Umweltschädigungen, dass man fragen musste, wieso die Redaktion diese Gräuel nicht längst bemerkt hatte. Auch hier keine bestimmte Katastrophe, die eine Kettenreaktion von Ängsten ausgelöst hätte. Am allermeisten stehen noch in *Japan*, wo die Industriepolitik bis dahin mit einer unter zivilisierten Staaten beispiellosen Rücksichtslosigkeit gegenüber den Lebensbedingungen der Anwohner betrieben worden war,[64] vier große und eklatante Umweltvergiftungsskandale am Anfang der Öko-Ära.[65] Aber auch dort greift das Reiz-Reaktions-Schema zur Erklärung nur begrenzt; denn die Quecksilbervergiftung an der Minamata-Bucht war innerhalb der Region schon seit 1956 bekannt gewesen. Erst in der Öko-Ära wurden Umweltkatastrophen, die bis dahin totgeschwiegen worden waren, zum öffentlichen Skandal, der die Politik unter Zugzwang setzte.[66]

Die Risiken der Kerntechnik waren in den USA bereits ein Thema der «ökologischen Revolution» um 1970: zu einer Zeit, als sie in der Bundesrepublik, der künftigen Hochburg der Kernkraftgegner, in aller Regel noch in der Regionalpresse vergraben waren und in den Augen der meisten Intellektuellen etwas Hinterwäldlerisches besaßen.[67] An der Spitze der Kritik standen in den USA Experten mit Insiderwissen, die aus dem nuklearen Establishment ausgebrochen waren: ein Typus, den es in Deutschland zu jener Zeit nur erst spärlich gab. Selbst aus dem inneren Kreis des *Advisory Committee on Reactor Safeguards* (ACRS) sickerten seit der zweiten Hälfte der 1960er Jahre immer mehr Informationen nach außen, dass Reaktorstörfälle denkbar seien, die mit den vorhandenen Sicherheitsvorkehrungen nicht beherrscht würden, sondern die Evakuierung ganzer Regionen erforderten:[68] ein Umstand, der zu der inoffiziellen Regel führte, Kernkraftwerke nur in dünnbesiedelten Regionen zu bauen,[69] während man in der Bundesrepublik noch Kernkraftwerke im Großraum Frankfurt[70] und Mannheim-Ludwigshafen plante.[71]

Alvin M. Weinberg, einer der Halbgötter der amerikanischen Atomforschung und langjähriger Leiter des Kernforschungszentrums Oak Ridge, machte sogar zu Weihnachten 1971 in Philadelphia in einem Vortrag vor der American Association for the Advancement of Science das seither viel zitierte Bekenntnis: «We nuclear people have made a Faustian bargain with society.»[72] Für den Kenner des *Faust* ein Satz von geradezu unheimlicher Kryptik: Wer ist hier Faust, und wer ist der Teufel? Spontan identifiziert man den Atomforscher mit Faust; aber ist hier nicht er selber in Wahrheit der Teufel? Bei alledem fällt jedoch auf, dass die Kritik vor allem mit hypothetischen Risiken operiert, nicht mit real geschehenen Störfällen. Die schlimmen Spätfolgen des Reaktorstörfalls vom 8. Oktober 1957 im britischen Windscale waren der Öffentlichkeit damals noch unbekannt; und Ähnliches gilt für die beunruhigenden Aspekte des Störfalls vom 5. Oktober 1966 in dem Versuchsbrüter «Enrico Fermi» dreißig Meilen von Detroit entfernt, der Grund zum Zweifel an der Beherrschbarkeit großer Störfälle gab und erst 1975 durch ein Enthüllungsbuch mit dem Titel *We Almost Lost Detroit* (nach der angeblichen Aussage eines beteiligten Ingenieurs) Sensation machte. Verglichen mit den bürgerkriegsartigen Szenen des späteren bundesdeutschen Atomkonflikts, vollzog sich die «nukleare Kontroverse» in den USA in zivilen Formen.

Alles in allem war die Entstehungsphase der Öko-Ära weit mehr vom Intellekt als von der puren Emotion bestimmt;[73] das war schon durch die führende Rolle von Wissenschaftlern garantiert. Oder waren diese doch von untergründiger Angst geleitet? Am Tag vor dem Earth Day und in Vorbereitung darauf erklärte Barry Commoner den Studenten in Harvard: «Ihr seid die erste Generation in der Geschichte der Menschheit, die Strontium-90 in den Knochen und DDT im Fett trägt; eure Körper werden dereinst die volle Wirkung der Umweltzerstörung auf die Menschheit bezeugen.»[74] Auf einem DDT-Hearing in Washington wurde behauptet, ein Kannibalenhäuptling habe seinen Stammesgenossen verboten, Amerikaner zu fressen, weil sie zu viel DDT enthielten.[75] Einiges spricht dafür, dass die Krebsangst – die neue epochale Angst nach dem Schwinden der alten Angst vor den Infektionskrankheiten – eine untergründige Triebkraft des neuen Umweltbewusstseins und der gemeinsame Nenner diverser Sorgen war, ganz besonders der Furcht vor Radioaktivität.[76] Der Krebs wurde seinerseits zur Metapher der Gefahr für die Umwelt: «Das Wachstum als Selbstzweck ist die Ideologie der Krebszelle» wurde zu einem Slogan der amerikanischen Öko-Szene. «War es die Angst vor Krebs, dieser fünfzehnte Nothelfer aller Umweltdemagogen, die unsere Besorgnis um die Erde wachrüttelte?», fragt James Lovelock mit spürbarer Ironie, da er die Kernenergie für unverzichtbar hält.[77] Weil die Angst vor Krebs so panisch ist, dass viele davon am liebsten nicht reden – auch Rachel Carson schwieg in der Öffentlichkeit von ihrem Krebsleiden –, muss man sie oft dechiffrieren; das erschwert den exakten Beweis. In der älteren Rauchdebatte war der Krebs noch kein Thema gewesen; seit den 1950er Jahren jedoch mehrten sich Hinweise darauf, dass Luftverschmutzung das Krebsrisiko erhöht.[78] Die Emissionen wurden vom kommunalen zum nationalen Thema. In den 60er Jahren verstärkte sich der Verdacht auf karzinogene Effekte der Autoabgase. Kenneth Hahn, Mitglied des *Board of Supervisors* von Los Angeles, schrieb am 16. Februar 1970 an den Generalbundesanwalt, es bestehe begründeter Verdacht auf eine Verschwörung der Automobil- und Mineralölbranche zur Verhinderung der Produktion von Automobilen und Treibstoffen ohne schädliche Abgase.[79] Die EPA suchte sich im Kampf gegen den Krebs zu profilieren, allerdings mit wenig Erfolg: Da fehlte die Kompetenz.[80]

Am Anfang der Ökozid in Vietnam? Oder gab es um 1970 doch eine ganz bestimmte große anthropogene Umweltkatastrophe, die die «ökologische Revolution» auslöste: der seit 1965 von der amerikanischen Luftwaffe in Vietnam geführte biologische Krieg, die großflächige Entlaubung der Wälder mit Herbiziden, an der Spitze das berüchtigte Agent Orange, von dem über vierzig Millionen Liter aus der Luft versprüht wurden?[81] Arthur Galston, Professor für Pflanzenbiologie in Yale, brachte damals für diese Kriegführung analog zu Genozid den Begriff Ökozid in Umlauf und forderte, dieser müsse ebenso vor Gericht gestellt werden wie der nationalsozialistische Völkermord.[82] In dem mit Herbiziden geführten Krieg in Vietnam war der Albtraum des wenige Jahre davor erschienenen *Silent Spring* Wirklichkeit geworden. Späteren vietnamesischen Schätzungen zufolge hatten etwa eine Million Menschen über drei Generationen an den Folgen zu leiden; wie sich herausstellte, waren auch Tausende von amerikanischen Soldaten betroffen. Um 1970 war in der ganzen Welt keine akute ökologische Katastrophe bekannt, die sich in ihrem Ausmaß und in ihrem aufreizenden Charakter auch nur entfernt mit dem Ökozid in Vietnam hätte vergleichen lassen.

Im Blick darauf ist es jedoch geradezu verblüffend, eine welch marginale Rolle Vietnam nach allem, was sich bislang erkennen lässt, in dem ökologischen Aufbruch jener Zeit spielte. In den umfangreichen Memoiren von David Brower kommt das Thema Vietnam gar nicht vor; dagegen feiert er die Unterzeichnung des Wilderness Act durch Präsident Johnson am 3. September 1964 als einen der größten Erfolge seines Lebens.[83] Die Umweltbewegung war eben *keine* direkte Fortsetzung der Protestbewegung gegen den Vietnamkrieg; eher entsprach sie einer Situation, in der viele nach einem neuen Konsens in der gespaltenen Gesellschaft suchten: einer neuen großen Aufgabe, die die Fronten überbrückte. Das Thema Ökozid hätte in die alte Kampfszenerie zurückgeworfen; das Thema Krieg hätte von dem neu erkannten allergrößten Problem der

Zeit, den *unbeabsichtigten* Folgen des friedlichen Fortschritts abgelenkt. Ohnehin ging Präsident Nixon 1970 zur bisherigen Kriegführung in Vietnam auf Distanz und bekannte sich zu der Ächtung der biologischen Waffen im Genfer Protokoll von 1925, dem die USA damals nicht beigetreten waren. Das in Agent Orange enthaltene Dioxin wurde erst ein Jahrzehnt darauf durch den Giftmüll von Love Canal zum Fanal der Umweltbewegung, obwohl dieser Skandal im Vergleich zu dem Ökozid in Vietnam geradezu winzig war. Erst danach schlug Ralph Nader Alarm: «Drei Unzen Dioxin könnten über eine Million Menschen töten!»[84]

Anti-Vietnamkriegs-Aktivisten mit Barry Commoner an der Spitze waren beim Earth Day vom 22. April 1970 dabei und schon unter den Initiatoren vertreten;[85] aber Parolen gegen den Ökozid in Vietnam beherrschten nicht die Szene, und viele Anhänger der Neuen Linken beteiligten sich an dem Happening mit gemischten Gefühlen.[86] In den amerikanischen Medien wurde der Earth Day als ein welthistorisches Ereignis ersten Ranges gefeiert; in den Worten eines zeitgenössischen Beobachters: «Seit dem japanischen Angriff auf Pearl Harbor hatte kein öffentliches Ereignis einen derart massiven Widerhall in allen Nachrichtenmedien gefunden, ob lokal oder national.»[87] Eine konservative Anti-Öko-Fronde hatte sich noch nicht formiert; Earth Day war vorwiegend ein Schauspiel nationaler Gemeinsamkeit, keine Arena für große Kämpfe. Der Tag verlief, in den Worten eines beobachtenden Journalisten, «surprisingly lighthearted», auch wenn Demonstranten tote Fische über die New Yorker Fifth Avenue trugen, um die Verschmutzung des Hudson anzuprangern.[88] Am darauffolgenden Tag schrieb die *New York Times* über die Kampagne: «Konservative waren dafür. Liberale waren dafür. Demokraten, Republikaner und Unabhängige waren dafür. Dafür waren die Insider, die Outsider, die Exekutive und die Legislative in der Regierung.»[89]

In der euphorischen Zelebrierung einer durch eine neue Erleuchtung gewonnenen großen Einheit, die bestehende Divergenzen einen glücklichen Moment lang überdeckte,[90] erinnert der Earth Day an das Woodstock-Festival der «Blumenkinder» acht Monate davor. Der Mediävist Lynn White hatte in seinem zu Weihnachten 1966 gehaltenen Vortrag über die «historischen Wurzeln unserer ökologischen Krise», der zum Gründungsdokument der Umweltgeschichte wurde,[91] die Beatniks – die Vorläufer der Hippies – in eine Reihe mit Franz von Assisi gestellt und als Pioniere der Versöhnung von Mensch und Natur genannt; die Hippie-Szene revanchierte sich für dieses Historiker-Kompliment.[92] Die 700-Seiten-Enzyklopädie der Hippie-Kultur, die von Stichwörtern zur Umweltbewegung wimmelt, behauptet unter dem Stichwort «Environmental movement»: «Evolved from the hippie *back-to-the-earth* movement.»[93] Offenbar gibt es da einen atmosphärischen Zusammenhang, der allerdings noch kaum erforscht ist und sich nicht ganz leicht empirisch fassen lässt.[94]

Und doch herrschte auf vielen Festivitäten zum Earth Day überhaupt kein Hippie-Habitus; eher fand man sich oft in bemerkenswert seriöser Gesellschaft. Das *National Resources Defense Council* (NRDC) – eine der neuen Umwelt-NGOs, die einen wirkungsvollen Lobbyismus in Washington betrieben – wurde 1970 mit finanzieller Unterstützung der Ford Foundation von Studenten der Yale Law School, einer der nobelsten Rechtsfakultäten der USA, zusammen mit Aktivisten des Protests gegen das geplante Wasserkraftwerk am Hudson gegründet;[95] überhaupt trifft man in dem neuen ökologischen Aufbruch auffallend häufig auf Absolventen der Yale Law School.[96] Von dort kam Denis Hayes, der Organisator des *Earth Day*; und dort lehrte Charles A. Reich, der 1970 den Bestseller *The Greening of America* herausbrachte. Mehr als in Deutschland und anderen Ländern stand in den USA die Professionalisierung bereits am Anfang der Umweltbewegung. Eine Geschichte nach dem Muster «Von der Sponti-Initiative zur Professionalisierung», die von deutschen Erfahrungen her naheliegt, würde die amerikanischen Geschehnisse nicht treffen. Da gab es keine historische Evolution von dem einen zum anderen, sondern beides war damals bunt gemischt. Charles A. Reich glaubte am Horizont von Woodstock das Morgenrot der kommenden «Revolution» zu erkennen,[97] der Auflehnung einer neuen Jugend mit einem neuen Bewusstsein gegen den verkrusteten *corporate state;* und als Motto stellte er seinem *Greening of America* Woody Guthries *This land is your land* und *Get Together* der Youngbloods voran, der Szenezeitschrift *Rolling Stone* zufolge die «informelle Hymne der späten 60er Jahre».[98] Noch die deutschen Gorleben-Aktivisten tanzten sich in der Frühjahrskälte 1979 mit *This land is your land* warm.[99]

In den USA formierte sich um Umweltthemen von Anfang an eine neue Elite, selbstbewusst und wohlinformiert, auch bei regionalem Rückhalt mit weitem Horizont. Ihre Position im wissenschaftlichen Establishment war zwar vielfach noch unsicher,[100] und jene «Ökologie», auf die sie sich berief, war nicht unbedingt identisch mit der bisherigen recht unpolitisch-kleinräumigen Spezialdisziplin Ökologie,[101] wie überhaupt vielen damaligen Warnungen über die Gefährdung des Ökosystems Erde eine wissenschaftlich exakte Grundlage fehlte.[102] Und doch wird, verglichen mit früheren großen Bewegungen, sogleich klar, dass *Informationen* – ob durch Wissenschaft oder doch Weltreisen gewonnen – noch nie in einem derartigen Maße den Kern einer Bewegung ausmachten wie hier. «The Politics of Science» kennzeichnet Samuel P. Hays nach seinem Rückblick auf die Frühgeschichte des Umweltschutzes die neue Umweltpolitik, die um 1970 einsetzte.[103] Mit dem Paukenschlag der *Grenzen des Wachstums*, deren Angaben sich auf Großrechner des MIT stützten, hatte sogar erstmals wenn schon nicht der Computer selbst, so doch der Glaube an den Computer Geschichte gemacht, obwohl schon die simpelste mathematische Logik darüber hätte aufklären können, dass Wachstum als Dauerzustand eine absurde Idee ist.[104] Bereits seit den naturgeschichtlichen Vereinen des 19. Jahrhunderts hatte ein enger Konnex zwischen Naturschutz und Wissenschaftspopularisierung bestanden;[105] und je spezialisierter und für den Laien unverständlicher die Wissenschaft wurde, umso mehr wurde die – einst auch von wissenschaftlichen Koryphäen betriebene – Popularisierung zu einer mediengängigen Branche eigener Art. Nicht zuletzt auf dieser Ebene findet die Umweltbewegung ihren wissenschaftssoziologischen Ort.

Alles in allem: Anders als Woodstock war der *Earth Day* kein subkulturelles Happening, sondern vereinte Subkultur und Hochkultur ebenso wie Angehörige von beiden Seiten der erbitterten Kontroverse um den Vietnamkrieg. Aber dieses Fest der Einheit war kein Ende der Geschichte: Im Gegensatz zu Woodstock war der *Earth Day* ein Anfang, obwohl auch hier schon bald eine erste Ernüchterung folgte. Ein Protestpotential und Element der Gegenkultur blieb in der Umweltbewegung lebendig, in den USA wie anderswo, und es lebte auf, sobald sich eine Gegenfront formierte. Einen ihrer promptesten und spektakulärsten Erfolge erzielten Umweltaktivisten jedoch 1970 bei ihrer Kampagne gegen das von Staat und Industrie gemeinsam betriebene Überschallflugzeug-Projekt (SST, Supersonic Transport) durch eine Konvergenz mit ökonomischer Rationalität; denn in Wirtschaftskreisen hatte man längst durchschaut, dass diese Temposuperlative nicht nur durch ihren Knall beim Durchbrechen der Schallmauer unter Anwohnern helle Empörung auslösten, sondern obendrein keinerlei Aussicht auf Rentabilität hatten. Daher ging damals selbst Boeing, der Hauptauftragnehmer, auf Distanz. Was in der Öffentlichkeit als Sieg der Ökologie wirkte – denn die Aktivisten hatten den Krach zum Öko-Skandal stilisiert –, war in Wahrheit mindestens so sehr ein Sieg der Ökonomie. Selbst die Raumfahrtbehörde NASA nahm angesichts der Krise der Raumfahrt Abstand von dem von ihr bis dahin mitgetragenen SST-Projekt und suchte ihren ökologischen Nutzen zu demonstrieren, indem sie Gefahren des Überschallflugs für die Ozonschicht der Erde aufdeckte.[106] Konvergenzen mit Ökonomie und Forschungsapparaten blieben bis heute – ob offen oder insgeheim – eine Erfolgsbedingung der Umweltbewegung.

1968 und 1970. Die Beziehung der Umweltinitiativen zur Studentenrevolte und Subkultur der 60er Jahre ist noch merkwürdig wenig erforscht; sie ist offenkundig vorhanden, gewiss mit Ambivalenzen und mehreren Facetten. Vor allem in ihrem Aktionsstil trat die Umweltbewegung – nicht durchweg und überall, aber streckenweise – das Erbe der 68er an: mit Sit-ins, Teach-ins, Happenings und Demonstrationen und Platzbesetzungen bis hin zu Zusammenstößen mit der Polizei. Schon der *Earth Day* war ein Teach-in: sogar eines von nie da gewesener Dimension. Zwischen den Bewegungen der 1960er und der 70er Jahre gab es zahllose personelle Kontinuitäten; Daniel Cohn-Bendit wie Rudi Dutschke, der französische wie der deutsche Studentenführer, gingen später zu den Grünen.

Daraus ist jedoch nicht unbedingt auf ideologische Kontinuität zu schließen. Immerhin, der Abscheu vor der technokratischen Art des Fortschritts und der Konsumgesellschaft gehörte bereits zu den Leitmotiven von 1968,[107] und auf der anderen Seite besaß die Umweltbewegung gerade in ihrer Gründerzeit in vielen Fällen antikapitalistische Züge; nicht selten hat man den Eindruck, dass ihre Rhetorik ganz einfach das ausgebeutete Proletariat durch die ausgebeutete Natur ersetzte. Über die horrenden Umweltschäden in den kommunistischen Ländern war damals noch wenig bekannt. Man kümmerte sich auch nicht viel darum: Das Thema hätte nur abgelenkt. Selbst ein vergleichsweise so unabhängiger Kopf wie Hans-Magnus Enzensberger, dessen Radikalsozialismus damals gerade in Kuba seine erste kalte Dusche erlebt hatte und der sich auf dem Weg zur Umweltbewegung befand, schrieb 1973 in seinem *Kursbuch*, dem Seismografen der neuen Linken: «Die besten Chancen für das ökologische Überleben der Menschen aber bietet sicherlich die chinesische Gesellschaft. Der sparsame Umgang mit den Ressourcen der Natur ist ein wesentlicher Bestandteil der chinesischen Kultur.» Die chinesische Regierung habe «als einzige Regierung der Welt» «konsequente Strategien zur Verhinderung der Katastrophe entwickelt».[108] Und doch war die Natur etwas sehr anderes als das Proletariat; das war unmöglich zu verkennen, je mehr man sich in die Umweltproblematik einarbeitete. Zu Dutschkes Mentoren hatte Ernst Bloch gehört. Er und viele andere 68er gelangten erst über politische Enttäuschungen und Lebenskrisen zum neuen Naturbewusstsein. 1968 war die Natur nicht das Thema.[109] Umweltaktivisten hätten dem «Baggerführer Willibald», der in dem bekanntesten Pseudokinderlied der 68er-Zeit besungen wurde, am liebsten Wasser in den Tank geschüttet.

Gerade in der bundesdeutschen Umweltbewegung kam es erst sekundär zur Fusion mit Teilen der 68er Szene: vor allem durch den Anti-Atomkraft-Protest, wo es Zielscheiben für den 68er-Aktionsstil und für antikapitalistische Positionen gab. Mehr als in der Bundesrepublik begann der Umweltprotest in Dänemark, wo es sonst weniger turbulent zuging, gleich im März 1969 mit einem Happening von einer ekelerregenden Drastik, die die meisten deutschen Happenings jener Zeit in den Schatten stellte. Damals tagte an der Universität Kopenhagen unter prominenter Beteiligung die NOA, eine respektable Gesellschaft für Naturgeschichte. Auf einmal betrat eine Studentengruppe den Hörsaal und verschloss die Türen. Einer dieser Aktivisten berichtete:

«Wir schlossen sie alle ein. Wir waren etwa zwanzig Leute. Nachdem wir die Türen verschlossen hatten, schalteten wir die Ventilation ab und begannen sie zu vergiften. Es war hübsch heftig. Wir stiegen auf das Podium und sprachen über Luftverschmutzung. Wir verbrannten Müll und Tabak in großen Mengen. Wir gossen Abwässer aus einer nahe gelegenen Fabrik in ein Aquarium mit Goldfischen, die langsam starben. Auf die Wand projizierten wir Filme über Krebs und Umweltverschmutzung, und über einen Lautsprecher dröhnte Verkehrsalarm. Wir versprühten Wasser aus dem Endrupsee ins Auditorium. Und wir hatten eine Wildente dabei, die wir mit Öl bedeckten. ‹Kommt her und rettet sie›, kreischten wir. ‹Ihr redet über Umweltverschmutzung. Warum tut ihr nichts dagegen?› Zuletzt schnitten wir ihr den Kopf ab, um ihr Leiden zu beenden, und wir gingen die ersten Stuhlreihen entlang, so dass alle, die da saßen, mit Blut bespritzt wurden. Nach einer Stunde öffneten wir die Türen und erklärten, dass wir eine Umweltbewegung beginnen wollten und die Gründungsversammlung im Nebenraum abgehalten würde. Das war der Anfang der NOAH.»[110]

In der Gesamtszenerie der «ökologischen Revolution» um 1970 ist dieses Happening singulär. Beachtung verdient immerhin: Am Ende steht keine Entfesselung des Chaos, sondern der Auftakt zu einer Organisation. Das war der Unterschied zu bundesdeutschen Happenings jener Zeit. NOAH präsentierte sich als Bewegung, die mit den Zielen der alten NOA endlich

Ernst machte, und schloss sich den im gleichen Jahr gegründeten *Friends of the Earth* an.

Die «Bevölkerungsbombe». Ein gemeinsamer Nenner der entstehenden Umweltbewegung war inner- und außerhalb der USA noch am ehesten – und das wirkt aus heutiger deutscher Sicht überraschend – der Horror vor einem ungebremsten weltweiten Bevölkerungswachstum. Mehr noch als die Atombombe war es die nach ihrem Muster konstruierte *Bevölkerungsbombe* – so der rasch zum Schlagwort avancierende Titel des 1968 erschienenen Bestsellers des Biologen Paul R. Ehrlich –, die viele Umweltschützer beunruhigte. Die nuklearen Dissidenten John W. Gofman und Arthur R. Tamplin, Mitarbeiter an dem renommierten Lawrence-Strahlenlaboratorium, spielten mit dem sarkastischen Titel ihres Generalangriffs auf die Atomkraft nicht auf die Atom-, sondern auf die Bevölkerungsbombe an: ‹*Population Control Through Nuclear Pollution* (1970). Schon bevor die *Grenzen des Wachstums* Furore machten, waren es die von den natürlichen Ressourcen gesetzten, von menschlicher Blindheit jedoch missachteten Grenzen des Bevölkerungswachstums, die an der Basis des modernen Umweltbewusstseins standen. Auch der bald weltberühmte Essay des mit David Brower befreundeten Biologen Garrett Hardin *The Tragedy of the Commons*, zuerst ebenfalls 1968 erschienen, lief in seiner Logik darauf hinaus, dass das Bevölkerungswachstum der Kern aller Umweltprobleme sei.[111] Bei den Advokaten der Wildnis, vor allem der afrikanischen, war das damals, wie wir sahen, schon ein altes Thema; in den 60er Jahren machte vor allem die von Hungersnöten begleitete «Bevölkerungsexplosion» in Indien Schlagzeilen.[112] Ehrlich berief sich nicht nur auf die Statistik, sondern auch auf das eigene Erleben: 1966 habe er «in einer heißen, übelriechenden Nacht in Delhi» eine «höllische» Stunde der Wahrheit erlebt, als ihn im Taxi das Gefühl überkam, in den Menschenmassen zu ertrinken.[113] Er prophezeite, in den 70er Jahren würden «Hunderte von Millionen» Menschen verhungern.[114] Nie bekam Barry Commoner so viele kritische Zuschriften wie um 1970, als er angezweifelt hatte, dass das Bevölkerungswachstum ein aktuelles ökologisches Hauptproblem sei, obwohl er gar nicht bestritt, dass die kritische Situation in Teilen der Dritten Welt durch den Bevölkerungsdruck verschärft wurde.[115]

Noch ein anderes Ereignis fiel in das Wendejahr 1970: der Friedensnobelpreis für Norman E. Borlaugh für dessen Verdienste um die Hochzüchtung von Getreidearten. Er wurde als «Vater der grünen Revolution» gefeiert: «Grün» war damals mehrdeutiger als ein Jahrzehnt darauf. Borlaugh behauptete, ohne DDT wären seine Erfolge nicht möglich gewesen; und er wetterte, die Welt sei zum Hungertod verurteilt, wenn eine gewisse «mächtige und hysterische Interessengruppe» es dahin bringe, dass der Einsatz chemischer Düngemittel «mit sinnlosen Gesetzen untersagt» werde:[116] also ganz der Vollton der Chemieattacken auf Rachel Carson. Durch hochgezüchtete Arten wurde die indische Ernährungssituation in den 70er Jahren in einem Maße verbessert, wie man es im Jahrzehnt davor nicht vorhergesehen hatte; Paul Ehrlich musste manchen Spott ertragen. 1996 konnte er jedoch in einer wütenden Entgegnung auf seine Kritiker mit einigem Recht darauf hinweisen, was bereits 1972 auf der Stockholmer Konferenz im Prinzip bekannt war,[117] dass die «Grüne Revolution» mit ihrem hohen Wasser- und Herbizidverbrauch bei fortgesetztem Bevölkerungswachstum die Umweltkrise längerfristig verschärfte, und er konnte sich dabei sogar auf Borlaugh berufen.[118] Mochte man die Kritik an dem ungebremsten Bevölkerungswachstum in Indien 1968 noch als westliche Arroganz abtun, war eine rigorose Geburtenkontrolle in den 90er Jahren längst zur offiziellen indischen Politik geworden.

Ein Standardvorwurf gegen die *Population-Bomb*-Rhetorik lautete, dass diese von der Hauptschuld der Ersten Welt ablenke[119] und die Entwicklungshilfe für sinnlos und schädlich erkläre. Aber gerade der indische Premierminister Nehru war schon seit den frühen 1950er Jahren ein erklärter Protagonist der «Familienplanung»,[120] und auch ein Fürsprecher der Entwicklungshilfe und Vordenker des skandinavischen Wohlfahrtsstaates wie der international angesehene Gunnar Myrdal erklärte 1972 auf der Stockholmer Konferenz, «in gewissem Sinne» sei «die Bevölkerungszunahme der Schlüsselfaktor des Umweltproblems».[121] Barbara Ward und René Dubos sprechen in *Only One Earth* von der «Bevölkerungsexplosion» ohne Anführungszeichen.[122] In der Bundesrepublik setzte sich Georg Picht, zu jener Zeit ein Vordenker deutscher Reformen, 1970 in seinem Buch *Mut zur Utopie* entschieden für eine sofortige «systematische Geburtenkontrolle» ein;[123] erst viel später brandmarkten die Grünen den behaupteten Kausalzusammenhang von Umweltzerstörung und Übervölkerung als «Irrlehre».[124]

An und für sich bot die «Bevölkerungsbombe» kein geeignetes Angriffsziel für eine Bewegung; und doch organisierte sich um 1970 in den USA eine Fraueninitiative *Zero Population Growth*, wenn auch nicht ohne Spannung zum Feminismus.[125] Selbst Teile der *Peace-and-love*-Szene, die die durch die Antibabypille bescherte neue Freiheit genoss, konnten der

Propaganda für Empfängnisverhütung einiges abgewinnen, da sich hier eine Gegenmacht gegen jenes konservative Establishment formierte, das «die Pille» als moralisch zersetzend verdammte.[126] Zu jener Zeit kamen die Indianer in der Öko-Szene zu Ehren, und dort gab es Vorbilder, wenn auch nicht gerade verlockende, für eine gezielte Niedrighaltung der Geburten. Es hieß, bei den Cheyenne, die gerade durch den letzten Western John Fords berühmt geworden waren, habe ein Mann von Charakter bei der Geburt seines ersten Sohnes geschworen, von jetzt ab sieben oder sogar vierzehn Jahre keine weiteren Kinder zu haben.[127] Zwar war in der Logik von Ehrlichs «Bevölkerungsbombe» selbst massiver Zwang zur Geburtenkontrolle legitim. Aber gerade zu jener Zeit begann sich in der westlichen Welt der «Pillenknick» abzuzeichnen; und von daher war es vorstellbar, dass der Zwang künftig ganz unnötig sein würde und der Weg zum Geburtenrückgang nunmehr über die Liebe führe.

Konrad Lorenz, durch seine Symbiose mit den Graugänsen populär und der berühmteste Verhaltensforscher seiner Zeit, dessen *Acht Todsünden der zivilisierten Menschheit* (1971) zu den Gründertexten des Umweltbewusstseins im deutschen Kulturraum gehörten und der österreichische Umweltproteste fortan mit Leidenschaft unterstützte,[128] nannte als erste Todsünde die Übervölkerung, und dies nicht nur aus ökologischen Gründen: Die «herzliche und warme Menschenliebe» erstürbe, wenn die Menschen zu dicht gedrängt aufeinanderlebten. Menschenliebe könne nur dann gedeihen, wenn es nicht zu viele Menschen gebe und jeder freien Raum um sich habe.[129] 1973 erhielt Lorenz den Nobelpreis für Medizin und Physiologie.

Aber was konnten Umweltschützer gegen das Bevölkerungswachstum in der Dritten Welt ausrichten? Das war die Crux, dass die Klage über die «Bevölkerungsexplosion» keine praktischen Aufgaben für die Umweltbewegung enthielt. Insofern taugte sie schlecht als gemeinsamer Nenner einer Bewegung.[130] Innerhalb der westlichen Welt gab damals ohnehin eher der Geburtenrückgang als das Bevölkerungswachstum Anlass zur Sorge. Das neue Umweltbewusstsein entsprang, insgesamt gesehen, gewiss keinem demografischen Diskurs. Ebendies ist der Punkt: Die «ökologische Revolution» von 1970 lässt sich aus keiner bestimmten Kausalität heraus erklären: weder aus einer vorhergegangenen Umweltkatastrophe noch aus bestimmten Diskursen oder den Interessen bestimmter sozialer Gruppen. Bei zeitlich und räumlich begrenzten Geschichten mögen sich bestimmte Kausalitäten abzeichnen, aber diese zerfasern, sobald man den räumlichen und zeitlichen Horizont weiter spannt. Selbst Edda Müller, die für die Bundesrepublik die Priorität der Politik betont, kann sich nicht des Verdachts erwehren, dass den Bonner Erfindern der Umweltpolitik «die politische Tragweite und spätere politische Brisanz der Umweltproblematik 1969 noch nicht bewusst war», und sie vermutet sogar, es werde «immer unklar bleiben», welche Anstöße damals entscheidend waren.[131] Auch eine Untersuchung über die gleichzeitige Entstehung des Umweltaktivismus in Frankreich gerät bei der Suche nach den Gründen an lauter «unbeantwortete Fragen».[132] Selbst Commoner stellte 1971 fest: «Obwohl man sich ständig auf sinnlich wahrnehmbare Alltagserfahrungen bezieht – verpestete Luft, verschmutztes Wasser, Müllhalden –, besitzt die Umweltkrise etwas Unwirkliches.»[133]

Was beweist die Vergeblichkeit der Suche nach dem hinreichenden Grund? In seiner Untersuchung über den Selbstmord (*Le Suicide*, 1897), einem Gründeropus der Soziologie, operierte Emile Durkheim *per exclusionem*: Er schloss eine Ursache nach der anderen für die Häufung von Selbstmorden in bestimmten Ländern und Zeiten aus – Wahnsinn, Rasse, Erblichkeit, Klima, Nachahmung –, um hernach über dieses Ausschlussverfahren zu seiner Pointe zu gelangen: Ursache ist *«die Gesellschaft»*, genauer gesagt: die soziale Anomie. Ähnlich könnte man versucht sein, bei der geheimnisvollen Genese des modernen Umweltbewusstseins des Rätsels Lösung letztlich in der entstehenden *Weltgesellschaft* zu suchen. Hat nicht der heutige Globalisierungsjargon eine Hauptwurzel in der Rhetorik der 1960er Jahre vom «Raumschiff Erde» und unserem bedrohten «blauen Planeten»? Aber Vorsicht: Die «Weltgesellschaft» ist bislang ein luftiges Gebilde, bei dem man nicht weiß, ob es wirklich existiert. Ähnliches gilt für die früher oft als Erklärung bemühte «postmaterialistische» Gesellschaft: Seit 1970 hat die Gier nach einem Ressourcen verbrauchenden Konsum insgesamt gesehen ganz und gar nicht abgenommen. Pessimisten finden sogar, sie sei noch nie so groß gewesen. Nicht zu vergessen: Schon bei Kriminalprozessen kann die Tätersuche *per exclusionem* trügerisch sein. Man kann nie wissen, ob man wirklich alle Möglichkeiten ausgeschlossen hat.

Vor allem sollte man gerade in diesem Fall nicht die Möglichkeit als naiv abtun, dass der letzte Grund in den Umweltproblemen selbst liegt und es doch so etwas wie eine Logik der Geschichte gibt. Gewiss, die Umweltbewegung ist ein diffuses Phänomen; aber diffus stellen sich auch die Probleme selbst dar, und vor vierzig Jahren waren sie noch weit unübersichtlicher als heute: Ebendies könnte sich in der Umweltbewegung spiegeln. Denn *dass* sich hinter all den Einzelproblemen ein gewaltiger, in seinen Dimensionen neuartiger Problemkomplex auftat, wurde überdeutlich. Schon im Zuge des ersten großen Industrialisierungsbooms im späten 19. Jahrhundert war er in Sicht geraten; aber dann hatte der Krieg den Blick verstellt. Das Ende der Ära der Weltkriege und das Zerbröckeln der Fronten des Kalten Krieges legten den Blick auf die gemeinsamen Menschheitsprobleme frei, nachdem Jahrzehnte eines welthistorisch einzigartigen Wachstums vorhergegangen waren: eines demografischen wie ökonomischen Wachstums, eines Wachstums der Emissionen und der Verbrennung fossiler Energieträger. Christian Pfisters These von dem «50er Syndrom» hat vieles für sich: dass mit den 1950er Jahren historisch neuartige Dimensionen der anthropogenen Umweltveränderung einsetzen, im Vergleich zu denen alles Vorherige zur Alten Zeit wird.[134]

Von Bedeutung ist dabei noch ein anderer Punkt: Der Umweltschutz wurde in einer Zeit zu einer Aufgabe *sui generis*, als die Elemente inhärenter Sicherheit im menschlichen Umgang mit der Umwelt rapide schwanden. Die längste Zeit war das Trägheitsgesetz, die stärkste Kraft der Geschichte, ein Garant gegen einen gar zu unersättlichen Umweltverbrauch gewesen: Ohne moderne Technik war es so mühsam, viele Wälder abzuholzen, die Kohleflöze in der Tiefe und die Fischbestände der Weltmeere auszubeuten. Noch im Zeitalter der Eisenbahn blieben weite Weltregionen unerschlossen und unermessliche Naturreserven erhalten. All das wandelte sich dramatisch vor allem seit der Mitte des 20. Jahrhunderts. Das Trägheitsgesetz kippte gleichsam um: Wenn man von nun an die Dinge einfach laufen ließ, hatte die Ausplünderung der Natur keine Grenzen.

Oder man denke an die technische Revolution in der Landwirtschaft, die seit den 1950er Jahren alle vorherigen Agrarreformen in den Schatten stellte. Bis dahin hatten die Bauern zumindest in der Alten Welt im eigenen Interesse noch auf die Intaktheit ihres Ökosystems achten müssen: auf eine gewisse Diversifizierung ihrer Wirtschaft, auf die richtige Kombination von Ackerbau und Viehzucht, auf die sorgfältige Rezyklierung des Dungs, auf den Humus im Boden, auf die Hecken, die den Boden schützten und in denen Vögel nisteten, die schädliche Insekten fraßen. Ein Großteil dieser inhärenten ökologischen Stabilität der Landwirtschaft ging durch die chemischen Düngemittel, die Pestizide und die Tierfabriken verloren. Und hatten Technikoptimisten eine Generation zuvor noch gehofft, das gesamte Abfallproblem würde über kurz oder lang durch Rieselfelder, Müllverwertung und überhaupt den Erfindungsgeist der Chemie gleichsam von selbst gelöst werden, hatte sich diese Hoffnung gründlich als Illusion erwiesen: Ganz im Gegenteil nahm das Müllproblem nach dem Ende der Nachkriegszeit explosionsartig zu und verschärfte sich durch den nichtrezyklierbaren Plastikmüll. Die Suche nach Kausalzusammenhängen der «ökologischen Revolution» führt, gerade wenn sie mit Akribie betrieben wird, am Ende zur Sache selbst – diese war jedoch ein Riesenknäuel von Problemen.

Sobald aber die Umweltbewegung einen Zipfel der politischen Macht erlangte und zur Tat schritt, musste sie in diesem Wirrwarr von Problemen Prioritäten bestimmen und sich für bestimmte Lösungswege entscheiden. Da im «vernetzten Denken» alles mit allem zusammenhängt, besaßen derartige Entscheidungen für weitsichtige Ökologen stets etwas Unbefriedigendes und Vorläufiges; diese innere Spannung bestimmt den Umweltschutz bis heute, ob bewusst oder unbewusst. Und mit diesen Entscheidungen begannen die Konflikte. Die amerikanischen Umweltgesetze, die ab 1970 in raschem Tempo aufeinanderfolgten, setzten nicht nur Obergrenzen für die zu tolerierende Umweltbelastung, sondern bestimmten auch die technischen Lösungswege: Katalysatoren für den Auspuff der Automobile, Filter für die Abwasserrohre, Reinigungsvorrichtungen für die Emissionen der Kraftwerke. In diesem praktischen Sinn für die konkret-technische Inangriffnahme waren die Amerikaner den Europäern oft überlegen; aber da zerstob sogleich die Harmonie des *Earth Day* und begannen die Kollisionen zwischen Umweltadministration und Industrie.[135] Die amerikanischen Umweltschützer waren jedoch anders als viele europäische Mitstreiter von Anfang an mit Juristen wohl versorgt, die in dem neuen Umweltrecht ein unerschöpfliches Betätigungsfeld fanden. Als die Umweltgesetzgebung einmal anlief, war ihre zunehmende Perfektionierung kaum mehr zu bremsen, nicht einmal unter der Regierung Reagan.[136]

Die neue «Umweltpolitik» schuf ab 1970 eine große, in der Tendenz globale Einheit von einem bis dahin höchst heterogenen Bündel aus vielerlei Bestrebungen, die jede ihre eigene Geschichte hatte. Aber diese Vereinigung wurde zwangsläufig mit inneren Spannungen erkauft, die der Öko-Ära bis heute ihre Dramatik geben: teils offen, teils latent. Schon René Dubos, der Vordenker der Stockholmer Konferenz von 1972, griff David Browers Parole auf: *Think globally, act locally!*[137] Eine patente Paradoxie, die sich gut anhörte, als das Denken wie das Handeln gerade erst anfingen – aber wie schon bereits in der *Progressive Era* und der Zeit des New Deal war von einer prästabilierten Harmonie zwischen den *grass-*

roots movements und den Planungskonzepten auf höchster Ebene keine Rede. Das greifbare Ergebnis von Stockholm war vor allem die Einrichtung des US-Umweltprogramms (UNEP), aber daraus wurde ein Apparat ohne Handlungskompetenz, den Spötter später als «Saftladen» titulierten.[138] Eine Spannung zwischen dem Drang nach zentraler Planung und dem nach lokaler Autonomie durchzieht den Umweltschutz bis heute in vielen Regionen der Welt. Der Begriff «Umweltschutz» hat den alten Dualismus von Naturschutz und *public health* vielfach nur äußerlich überbrückt; beide Bestrebungen lebten von unterschiedlichen Leidenschaften und wurden von unterschiedlichen Menschentypen getragen, und diese Differenz bricht immer wieder auf. Der Ruf nach Natur entsprang schon seit Jahrhunderten zum Teil der Menschenliebe, zum Teil aber auch dem Horror vor den Menschenmassen; diese Ambivalenz haftet der Naturliebe bis heute an. Spannungen, die bis um 1970 latent blieben, brachen auf und führten dazu, dass es von nun an nicht mehr nur einen Mainstream des *environmentalism*, sondern eine Vielzahl von Geschichten gibt. Die zur Macht gekommene ökologische Aufklärung unterliegt der Dialektik der Aufklärung.

IV. DIE GROSSEN DRAMEN DER UMWELTBEWEGUNG

1. Das ewige Wechselspiel zwischen vernetztem Denken und praktischer Priorität

James Lovelock, durch seine Forschungen für die amerikanische Raumfahrtbehörde NASA an einen globalen Blick gewöhnt, bekam um 1970 die Erleuchtung, man müsse die gesamte Erde, ihren anorganischen Teil eingeschlossen, als ein großes Lebewesen begreifen, in dem alles mit allem vital zusammenhängt. Diese seine «Gaia»-Theorie war eine Hypothese, besser gesagt, eine Vision; bis heute ist sie empirisch schwer zu testen. Eigentlich gab sie dem Menschen nicht viele Handlungschancen; als Akteur hätte sie den lieben Gott gebraucht. Wenn alles mit allem zusammenhängt und noch dazu in weltweiter Dimension: Wo soll der Mensch da anfangen, wenn er beunruhigende Symptome für eine Erkrankung Gaias entdeckt? Missbilligend sieht Lovelock, wie sich viele Umweltaktivisten auf die Kerntechnik eingeschossen haben: als ob das nukleare Risiko für das Leben Gaias von Belang sei! Und doch, auch er hat sein Steckenpferd, seine ganz bestimmte Priorität: die überkommene britische Heckenlandschaft, die Landschaft seiner Kindheit. Die Hecken schützen den Boden; in ihnen nisten die Vögel. Und so findet er es unverzeihlich, dass die gegen Kernkraftwerke demonstrierenden Umweltschützer darüber den Kampf gegen die Flurbereinigungen und die Mechanisierung der Landwirtschaft vergessen haben. Ist das angewandte Gaia-Theorie? Gewiss lässt sich der Schutz der Hecken ökologisch begründen – und doch ist diese seine Priorität, wie er offenherzig erkennen lässt, noch mehr ein Produkt seiner Jugendliebe und seines Schönheitssinns als eines der Ökologie.[1] Die Art und Weise, wie Prioritäten zustande kommen, gehört zu den spannendsten Fragen in der Geschichte des *environmentalism.*

Gegen Ende seines Buches *Kollaps – Warum Gesellschaften überleben oder untergehen* schreibt Jared Diamond: «Häufig hört man die Frage: ‹Welches ist heute im Zusammenhang mit Umwelt und Bevölkerung das wichtigste Einzelproblem?› Darauf kann man ganz frech erwidern: ‹Das größte Einzelproblem ist unsere falsche Fixierung auf die Frage, welches das größte Einzelproblem ist!›»[2] Aber diese Art, den Frager von oben herab abzukanzeln, ist nicht fair. Einer, der sich kontemplativ am Allzusammenhang der Natur ergötzt oder im Gedanken an die kommende Apokalypse erschauert, kann so reden; aber wer praktisch etwas bewegen will – denn womöglich lässt sich die Apokalypse eben doch noch über eine geraume Zeit verschieben –, stellt diese Frage mit Recht. Jeder kennt die Alltagserfahrung: Wenn man alles auf einmal machen will, bringt man überhaupt nichts zustande. Aus diesem simplen Umstand ergibt sich eine Dauerspannung, die den Umweltschutz von Anfang bis heute in Bewegung hält und kaum je eine definitive Lösung finden dürfte. Aus der Ökologie als solcher ergibt sich eben kein eindeutiger konkreter Imperativ, obwohl immer wieder dieser Eindruck erweckt wird.

Daniel J. Fiorino, der mehr als viele andere Autoren über die amerikanische Umweltpolitik aus der Sicht der Akteure und aus dem Wissen des Insiders heraus schreibt,[3] legt Gewicht darauf: «Die Herausforderung an die Umweltpolitik besteht in der klassischen politischen und administrativen Notwendigkeit, Prioritäten zu setzen. ... Die Umweltpolitik ist voll von solchen Entscheidungen. Wie vergleichen wir ein ökologisches Risiko wie den Verlust eines Feuchtgebietes mit einem Gesundheitsrisiko wie dem gehäuften Auftreten von Lungenkrebs in der Nähe einer Chemiefabrik?»[4] Auch die Begründer der bundesdeutschen Umweltpolitik bekräftigen: «Prioritäten setzen», «Wichtiges von Unwichtigem unterscheiden», darauf komme es an.[5] Ein Umweltkämpfer würde dagegenhalten: Wieso muss man sich überhaupt bei diesen Risiken für eine Priorität entscheiden; wieso besteht ein Widerspruch dazwischen, das Feuchtgebiet zu erhalten und die Chemiefabrik dazu zu zwingen, schädliche Emissionen abzustellen? Fiorino würde erwidern, dass dieser Aktivist nicht strategisch denke: In beiden Fällen (vorausgesetzt, das Feuchtgebiet ist für eine ökonomische Nutzung attraktiv) habe man es mit mächtigen Wirtschaftsinteressen zu tun, und es sei unklug, an mehreren Fronten zugleich zu kämpfen. Alle strategische Erfahrung der Geschichte spreche dafür, die gesammelte Kraft auf *einen* Punkt zu konzentrieren; dies gelte umso mehr, je konfliktgeladener ein Ziel sei. Ernst Ulrich von Weizsäcker fordert 1989 von einer «ökologischen Realpolitik» nicht ohne Schärfe: «Wir müssen von übertriebenen und *hysterischen Forderungen ablassen*, die den Blick für Prioritäten verstellen und die notwendige breite Zustimmungsbasis für die drastischen Schritte verhindern, welche für die erdpolitische Wende unerlässlich sind.»[6] Wer nur ad infinitum diskutieren will, liebt die Unendlichkeit der durch die Ökologie erschlossenen Wechselwirkungen; der Handelnde dagegen, der etwas durchsetzen will, kann das «vernetzte Denken» in bestimmten Situationen geradezu als Ablenkungsmanöver empfinden.

Olson-Paradox und Umweltschutz. Nun könnte man entgegnen, der Umweltschutz liege doch mehr oder weniger im Interesse *aller* Menschen. Schon in den allerersten Anfängen der Umweltbewegung stand das Ziel im Raum, das enge traditionelle Naturschützerdenken zu überwinden, dem es einzig um bestimmte Vogelarten in einem bestimmten Sumpfgebiet ging.[7] Gerade beim Artenschutz ist die Fixierung auf bestimmte Prioritäten zum Objekt von Standardwitzen geworden, wo die einen die Störche und die anderen die Frösche vor den Störchen schützen wollen. Aber gerade der Liebe zu ganz bestimmten Tier- und Pflanzenarten entspringt immer wieder eine ganz besondere kämpferische Leidenschaft, während die unspezifische Naturliebe etwas Diffuses besitzt. Da bekommen wir es mit dem *Olson-Paradox* zu tun: Kleine und entschlossene, durch ein spezielles gemeinsames Interesse verbundene und durch kontinuierlichen Face-to-face-Kontakt aufeinander eingespielte Gruppen sind durchsetzungsfähiger als ein anonymes Großkollektiv mit einem sehr allgemeinen Interesse. Das ist die große Chance für die Lobbys und ebenso für lokale Protestbewegungen gegen bestimmte Projekte – und zugleich das heikelste Problem für Umweltpolitik in einem umfassenden Sinne. Frank Uekötter bringt es auf die paradoxe Kurzformel: «Je größer die Gruppe, um so geringer der individuelle Anreiz, die Interessen dieser Gruppe zu vertreten.»[8]

Für die Umweltbewegungen kommt es darauf an, das Olson-Paradox erst einmal zu nutzen, ihm jedoch auf die Dauer ein Schnippchen zu schlagen. Würde es sich dabei um ein Naturgesetz von unbegrenzter Gültigkeit handeln, wäre jede Umweltpolitik, die diesen Namen verdient, zum Scheitern verurteilt.[9] Aber im Laufe der Moderne haben sich über die archaischen Clanloyalitäten hinaus auch weiterreichende Loyalitäten entwickelt, wenn auch in verschiedenen Ländern und Kulturen in sehr unterschiedlichem Maße. Die Chance der Umweltpolitik hängt ganz wesentlich an diesem Prozess – zugleich jedoch auch an der Bereitschaft, sich für die Erhaltung der eigenen unmittelbaren Lebenswelt zu engagieren. Es dürfte kaum je einen Fortschritt der Umweltbewegung zu einem ganz und gar universalistischen Denken geben, das jegliche «NIMBY»-Motive definitiv hinter sich lässt. Schon aus Gründen, die in der Natur des Menschen liegen, bleibt eine Grundspannung bestehen. Entgegen dem, was vor allem in Deutschland lange geglaubt wurde, gibt es keinen Kollektivinstinkt zur Erhaltung der Art, sondern nur einen individuellen Überlebens- und Fortpflanzungswillen, einen egoistischen Naturinstinkt zur «Nachhaltigkeit».[10] Der Präsidentenneffe Robert Kennedy jr., der sich an die Spitze jener «Riverkeeper» stellte, die gegen die Verschmutzung des Hudson kämpften, berichtet sogar beifällig, wie seine Mitstreiter das ursprünglich abschätzig gemeinte Etikett «NIMBY» in einen Ehrennamen verwandelten.[11]

«Everything Is Connected to Everything Else», aber manches doch ganz besonders. Um 1970 verkörperte sich die Spannung zwischen dem vernetzten Denken und der praktischen Notwendigkeit zur Entscheidung für Prioritäten besonders eindrucksvoll in der Person von Barry Commoner. «Everything Is Connected to Everything Else», alles groß geschrieben,[12] war sein «erstes Gesetz der Ökologie»: umso bemerkenswerter, als er vom Typ her eigentlich ein Kämpfer war, der ein bestimmtes Ziel brauchte. Mit dem Ablauf des *Earth Day* am 22. April 1970 war er nicht zufrieden. Diese abrupte «Explosion» von öffentlichem Wirbel um Themen, mit denen Leute wie er sich seit Jahren herumgeschlagen hätten, habe ihn – so bekannte er – «überrascht», und das sei keine freudige Überraschung gewesen. «Was mich am meisten überraschte, waren die zahlreichen zuversichtlichen Erklärungen über Ursache und Ausweg aus der Krise.» Dabei immerzu die Einbildung, man wisse über die eine Ursache und den einen Lösungsweg genau Bescheid – und dabei hatte jeder davon eine andere Vorstellung.[13] Über fünf Seiten lässt er die kunterbunte Vielfalt von Schuldzuweisungen – darunter die Übervölkerungsthese von Paul Ehrlich und Garrett Hardin – ironisch Revue passieren. Alles zusammen ein Spiegel dessen, dass die moderne Umweltproblematik viele Seiten hat; aber diese Vielseitigkeit ist den Einzelnen nicht bewusst; und gerade die fixe Idee, man selbst besitze die Wahrheit über den letzten Grund, bewirkt ungewollt eine totale Zersplitterung der Öko-Szene.

Auch von daher versteht sich Commoners Ärger über Ehrlichs «Bevölkerungsbombe». Es fiel ihm nicht ein zu bestreiten, dass das Bevölkerungswachstum zu einer wachsenden Belastung der Umwelt beitragen kann: Nur hielt er es für irreführend und praktisch nutzlos, daraus die eine große Bombe zu machen. Ganz realistisch sah er, dass man Umweltbewegungen besonders wirkungsvoll dadurch lahmlegen kann, dass man zwar verbal mit Feuereifer dabei ist, die Aufmerksamkeit jedoch auf

Probleme fixiert, die von den hier und jetzt geforderten Aktionen ablenken. Er rechnete vor, zwar sei das Wachstum der amerikanischen Produktion von 1946 bis 1968 mit einem vergleichbaren, wenn auch um ein Drittel geringeren Bevölkerungswachstum einhergegangen; die damit verbundene Umweltverschmutzung dagegen sei in der Größenordnung von 200 bis 2000 Prozent gestiegen. Mochten die Schätzungen auch um den Faktor zehn auseinandergehen, so böten doch die vorhandenen Daten den «schlagenden Beweis, dass die meisten Verschmutzungsprobleme zuerst in den Jahren nach dem Zweiten Weltkrieg aufgetreten sind oder sich seither sehr stark verschlimmert haben».[14]

Das entsprach der Grundtendenz von *Silent Spring:* Auch die rapide Diffusion des DDT beginnt am Ende des Zweiten Weltkriegs. Es ist die Klärung der historischen Situation, die in dem Pandämonium der Umweltprobleme Anhaltspunkte für die Aktion bietet; Naturbetrachtungen ohne Raum und Zeit sind nutzlos: Genau dies hatte bereits Rachel Carson begriffen. Bei ihr wie bei Commoner war die Bestimmung der historischen Situation nicht vorrangig von dem Interesse bestimmt, eigene Kompetenzen als Trumpf auszuspielen; denn weder war Rachel Carson von Hause aus für agrarische Alternativen ohne Herbi- und Insektizide kompetent noch Barry Commoner für Alternativen der industriellen Technik, die besonders riskante Schadstoffe vermieden. Rachel Carsons Schlusskapitel über die Alternative einer biologischen Schädlingsbekämpfung trägt die Überschrift «Der andere Weg»; aber die Richtung dieses Alternativpfades bleibt noch undeutlich; das biologische *Integrated Pest Management* (IPM) wurde zu jener Zeit unabhängig von ihr entwickelt.[15] Bei Commoner erkennt man, dass er auf kritische Wissenschaft und demokratische Kontrolle, aber auch auf die Entwicklung umweltfreundlicher Technologien setzt; eine Frontstellung «politische kontra technokratische Lösung» liegt ihm fern.

Wenn Commoner sich dagegen verwahrt, das gesamte Denken auf *eine* Ursache und *eine* Lösung zu fixieren, lässt er doch zugleich erkennen, dass für ihn ein begrenzter Kreis von Umweltrisiken besondere Priorität besitzt: (1) der radioaktive Fallout der Atomwaffentests, daneben auch bereits die Emissionen der Kernkraftwerke; (2) die Autoabgase, im Smog von Los Angeles zum sichtbaren Skandal kondensiert; (3) die Schädigung der Böden und des Grundwassers durch chemische Düngemittel, insbesondere durch Nitrate; (4) die Zerstörung des Ökosystems von Gewässern, mit dem Eriesee als krassem Beispiel; (5) schädliche Emissionen durch neue Industriezweige; (6) gelegentlich auch bereits die Gefährdung der Erdatmosphäre, hier durch die Überschallflugzeuge, damals der akute Konfliktfall.[16] Das Thema «Wildnis» fehlt. In der Folgezeit konzentrierte er sich – ähnlich wie in den darauffolgenden Jahren die bundesdeutsche Umweltbewegung – auf Probleme und Alternativen der Energieerzeugung (*The Poverty of Power,* 1976). Damals entdeckte er die Solarenergie als Alternative zur Kerntechnik.[17] Fortan gab es in Sachen Energie nicht nur Angriffsobjekte, sondern auch ein positives Projekt, für das man sich engagieren konnte, wenn auch das Potential der Solarenergie und die optimalen technologischen Pfade zu ihrer Nutzung vorerst noch undeutlich waren.

Die Geburt von Prioritäten: ein geheimnisvoller Prozess. Auf welche Weise kommen Prioritäten zustande? Das ist die große Frage! Oft ist sie nur durch intensive Quellenanalyse zu klären; denn Protestbewegungen präsentieren ihr Objekt mit Vorliebe als eines, dessen Relevanz sich von selbst versteht. Der «ökologischen Revolution» von 1970 war jedoch keine große Umweltkatastrophe vorausgegangen, die eine für das Gros der Beteiligten evidente Priorität gesetzt hätte. Hilft das Modell der *rational choice,* um den Entscheidungsprozess, der zu Prioritäten führt, zu erklären? Aber was heißt in diesem Fall «rational»? Genau das ist der Punkt: Eine Rationalität gibt es hier zwar auf abstrakter Ebene – Wiederherstellung einer Umweltverträglichkeit der menschlichen Wirtschafts- und Lebensweise –, aber nicht mehr, sobald man dieses Ziel in konkrete Aufgaben übersetzt. «Statt die wesentlichen Prioritäten einer modernen Umweltpolitik zu erkennen, läuft ununterbrochen ein grünes Geräuschband ab», klagte Peter Menke-Glückert – Ende 1969 der Erfinder der Bonner Umweltpolitik – nach über zwei Jahrzehnten, die für entsprechende Entscheidungsprozesse reichlich Zeit gelassen hätten.[18]

Offenbar steckt in diesem Manko ein grundsätzliches Problem. Für einen Ministerialbeamten ist eine «wesentliche Priorität» am besten dann gegeben, wenn das dabei in Angriff genommene Umweltproblem in die Kompetenz des eigenen Ressorts fällt oder dazu geeignet ist, dessen Zuständigkeit zu erweitern und ihm eine Chance zur politischen Profilierung zu bieten. Daher war der Atomkonflikt den Umweltpolitikern im Bonner Innenministerium der 1970er Jahre ein Ärgernis; denn da gab es für sie nichts zu tun: Die Energiepolitik gehörte zum Wirtschafts- und zum Technologieressort, bis 1986, nach Tschernobyl, das damals gegründete Bundesumweltministerium auch die Kompetenz für die Reaktorsicherheit bekam. Die Beamten des Innenministeriums, mit Günter Hartkopf an der Spitze, hatten sich mit den Bürgerbewegungen ihre politische Lobby schaffen wollen;[19] jetzt erging es ihnen wie Goethes «Zauberlehrling»: «Die ich rief, die Geister / Werd' ich nun nicht los.» Aus der Sicht der Bürgerbewegungen ist es rational, sich auf solche Ziele zu konzentrieren, mit denen man möglichst viele Sympathisanten mobilisieren und Spender werben kann. Für Wissenschaftler ist es rational, die vorrangigen Umweltprobleme so zu definieren, dass sie ihre eigene Fachkompetenz ausspielen können. Für Medienleute steht der alarmierende und sinnlich wahrnehmbare Charakter der Probleme an erster Stelle. Im Idealfall wirken alle diese vier Akteure zusammen; aber dieses Zusammenspiel ist in der Regel kein glatter, sich aus der Logik der Sache ergebender Prozess.

Fiorino entwirft unter pessimistischen Prämissen folgendes Zukunftsszenario: «Das Land gerät in eine Falle, in der sich ein Konsens nur dadurch erreichen lässt, dass man sich auf Probleme fokussiert, in denen die Schäden offenkundig sind und der Handlungsdruck auf die Politik überwältigend ist. Die politischen Institutionen sind derart polarisiert, dass wir ein verrückt gesticktes (crazy-quilt) Muster finden: Für einige Probleme existieren strenge Regeln und für andere fast gar keine, ohne Rücksicht auf ihr vergleichsweises Risiko.»[20] Von den bisherigen Erfahrungen her gibt es also keine Gewähr, dass das Prioritätenproblem jemals in einer befriedigenden Weise gelöst wird – wobei Fiorino freilich voraussetzt, dass die Wissenschaft der Ermittlung der von der Sache her erforderten Prioritäten mittlerweile doch ein Stück näher gekommen ist.

Die acht Ursprünge der Umweltbewegung. In der «ökologischen Revolution» von 1970 ging das neue «vernetzte Denken» einher mit der Vernetzung mehrerer bereits existierender Politik- und Verwaltungsressorts, von denen bis dahin jedes seine eigene Geschichte gehabt hatte: in manchen europäischen Ländern mit langer etatistischer Tradition noch mehr als in den USA. Alles in allem kann man nicht weniger als acht Regulierungsfelder mit teilweise langer Tradition unterscheiden:

(1) Die längste Tradition besitzt in Deutschland und in anderen mittel- und westeuropäischen Ländern der *Waldschutz:* nicht im amerikanischen Sinne eines Schutzes der Wildnis, sondern im Sinne einer nachhaltigen Waldwirtschaft, auch der Erhaltung von Schutzwäldern im Hochgebirge.

(2) Eine zum Teil noch längere, wenn auch längst nicht immer wirkungsvolle Tradition besitzt der *Wasserschutz:* die Sorge um die Verfügbarkeit von Trink- und Brauchwasser und um die Reinhaltung der Brun-

nen und Gewässer. Früher stand die bloße Verfügbarkeit des Wassers, seit den Seuchen des 19. Jahrhunderts die Sauberkeit des Wassers im Vordergrund, im Blick darauf auch die hygienisch einwandfreie Entsorgung der Abwässer.

(3) Die *Luftreinhaltung*, konkret: der Kampf gegen den Rauch. Auch er begann bereits am Ende des 19. Jahrhunderts, wenn er auch lange hinter der Wasserhygiene zurückstand, da hier die Seuchenangst als Impetus fehlte – die Krebsangst kam erst später – und die Reinhaltung der Luft juristisch wie technisch schwerer in den Griff zu bekommen war als die Reinhaltung des Wassers.

(4) Der *Tierschutz*, voran der Vogelschutz, der – von England ausgehend – ebenfalls seit dem späten 19. Jahrhundert vor allem in Nordwesteuropa zu einer populären und leidenschaftlichen Bewegung wurde.

(5) Der *Naturschutz* im Sinne von Landschaftsschutz, in Preußen seit 1906 institutionell etabliert und oft – nicht nur in Deutschland – mit dem *Heimatschutz* und dem Vogelschutz verbündet, ist im Vergleich mit den meisten hier aufgeführten Aktionsfeldern sogar ein relativer Spätkommer.

(6) Auch der mit medizinischer Kompetenz ausgerüstete *Arbeitsschutz* besaß eine bis ins 19. Jahrhundert, ja letztlich bis zu Ramazzinis Opus über die Berufskrankheiten (1700) zurückreichende Tradition; viele Umweltgifte wurden am frühesten von der Arbeitsmedizin nachgewiesen.

(7) Der *Verbraucherschutz*, seit den 1970er Jahren besonders in den USA ein starker Verbündeter des Umweltschutzes, lag ebenfalls bereits seit der Hygienebewegung des 19. Jahrhunderts im Zug der Zeit; die Sorge vor verunreinigten und verfälschten Nahrungsmitteln reicht sogar bis in vorindustrielle Zeiten zurück. Ralph Nader, der als Vorkämpfer des Verbraucherschutzes zum amerikanischen Superstar wurde und einen ganzen Stab von Mitarbeitern um sich scharte, erregte in den 1960er Jahren mit seinen Attacken gegen Sicherheitsmängel der Automobile großes Aufsehen, dehnte seine Angriffe jedoch auch auf die freigesetzten Schadstoffe aus und stand für viele schon um 1970 in einer Reihe mit Brower und Commoner als ein, wenn nicht sogar *der* Führer der Umweltbewegung.[21]

(8) Die *Naturheillehre*, der Glaube an die Heilkraft von Licht, Luft, Wasser und einer «naturgemäßen» Lebensweise – unterschwellig vermutlich eine der stärksten Triebkräfte der Umweltbewegung –, erlebte schon um 1900 einen ersten Boom, vom Deutschen Reich bis in die USA.

Durch das «vernetzte Denken» wurden diese älteren Handlungsfelder keineswegs automatisch miteinander vernetzt und ineinander integriert: desto weniger, je stärker sie bereits ihr institutionelles Eigenleben entwickelt hatten. In der Regel bewahrten sie dieses Eigenleben auch nach 1970. Gerade der große Anlauf, sie unter der Rubrik «Umweltschutz» zusammenzubringen, ließ Rivalitäten aufbrechen, so in den USA zwischen den Anhängern der Wildnis und den Vorkämpfern einer nachhaltigen Forstwirtschaft, in Deutschland zwischen Natur- und Umweltschützern. Der Naturschutz hatte, wie Anna Wöbse bemerkt, mit der Konzentration auf separate Schutzgebiete zu einer «Zweiteilung der Welt» in einen zu rettenden und einen anderen – leider viel größeren – rettungslosen Teil geführt;[22] der neue Umweltschutz war vor diesem Hintergrund ein Anlauf zur Wiedervereinigung der Welt – aber bis dahin war es noch ein weiter Weg. Aus der Sicht mancher Umweltpolitiker sind die Naturschutzanwälte bis heute politikferne «Piepmatzschützer»,[23] aus deren Sicht die Umweltpolitiker kalte Technokraten, denen um der erneuerbaren Energien willen jeder Windpark recht ist. Nach 1970 fühlten sich viele Naturschützer von den neuen Umweltschützern überfahren[24] – und hatten dabei aus ihrer Sicht nicht einmal ganz unrecht: Sie konnten mit dem neuen Politikstil oft nicht mithalten und blieben bei den neu entstehenden Netzwerken draußen vor.[25] Und doch blieb der Naturschutz, ob in der Alten oder in der Neuen Welt, die lustvolle Seite des *environmentalism*: Emissionsgrenzwerte sind nichts, was die Herzen wärmt.[26]

Solange die diversen Instanzen für sich arbeiteten, gab es kein Prioritätenproblem. Dieses stellte sich auch nach 1970 nicht, wenn man einfach in der bisherigen Routine weitermachte. Man konnte sogar von der Sache her argumentieren, dass es am sinnvollsten sei, Umweltaspekte innerhalb der bestehenden Ressorts – so etwa der Energie-, der Verkehrs- oder der Agrarpolitik – zur Geltung zu bringen, wo sie hingehörten, anstatt aus ihnen einen eigenen Verbund zu machen.[27] Was die große Vernetzung konkret leistet, verdient von Fall zu Fall eine kritische Prüfung. Die schlagartige Ausbreitung des Umweltbegriffs fällt in einen Zeitkontext, in dem sich in den politischen Diskursen die Begriffsblasen auffällig mehrten. Es war die Zeit, in der im Zeichen von Modewissenschaften wie Kybernetik, Systemtheorie und Futurologie mit großer Eloquenz die «Verwissenschaftlichung» der Politik proklamiert wurde. Auch «Umwelt» war stets in Gefahr, zu einer bloßen Begriffsblase zu werden.

Konkretisierungsbedarf und Expansionspotential des Umweltbegriffs. Ähnlich wie der hegelianische Weltgeist[28] bedarf der globale Begriff «Umwelt» immer wieder der Konkretisierung und Fleischwerdung, um lebendig zu bleiben. Eine vergleichende Untersuchung der Berichterstattung der britischen und der indischen Medien zu Umweltfragen kommt zu dem Resultat, dass die «global environmental issues» als solche den meisten Indern nichts sagen oder gar einen Beigeschmack von geistigem Kolonialismus besitzen; dagegen konkrete und lokale Fragen der Hygiene und Gesundheitsgefährdung, der Abfallentsorgung und des Wassermanagements bewegten die Leute sehr wohl.[29] Nicht ohne Stolz hebt der indische Umwelthistoriker Ramachandra Guha hervor, Indien besitze «mit Sicherheit die stärkste Umweltbewegung der nichtwestlichen Welt».[30] Wenn man stets auf einem globalen und pauschalen Umweltbegriff insistiert, kann dies die globale Verständigung geradezu blockieren. In Teilen der Dritten Welt besitzt «Umwelt» einen derartigen Erste-Welt-Beigeschmack, dass es vermutlich besser wäre, über konkrete Bodenprobleme zu reden, damit die Betroffenen begreifen, dass es um ihre eigenen Lebensinteressen geht. In dieser Hinsicht besteht eine bezeichnende Analogie zwischen den interkulturellen Verständigungsproblemen und denen zwischen den Generationen. In einer Zeit, da die Öko-Szene der frühen Jahre zur Elterngeneration geworden ist, hört man von den Schulen, «Umwelt sei mega-out»; aber wo es um ganz konkrete Schädigungen der Umwelt gehe, ließen sich Jugendliche nach wie vor mobilisieren. In dieser Hinsicht erkennt die Medien-Untersuchung, die sich auf Befunde der 1990er Jahre bezieht, sogar eine britisch-indische Gemeinsamkeit: «Es ist nicht so, dass die Leute sich überhaupt nicht um Umweltprobleme kümmerten; es ist eben nur so, dass diese so lange keine hohe Priorität besitzen, wie sie keine wahrnehmbare lokale Wirkung haben.»[31]

Insofern enthält der Megabegriff «Umwelt» nicht nur ein expansives Programm, sondern auch eine inhärente Dauerspannung – aber ebendadurch auch ein Element der Dynamik, das die Umweltbewegung in Bewegung hält. Alois Glück, ein bayerischer Umweltpolitiker der frühen Jahre, erinnert sich, dass die Umweltpolitik «etwa ab 1976/77 ein ziemlich mühsames Geschäft» wurde, seit man sich nämlich bemüht habe, diese «in Richtung Ganzheitlichkeit und Ökologie» weiterzuentwickeln, statt sich darauf zu beschränken, bestimmte Tierarten unter Schutz zu stellen, ohne Rücksicht darauf, dass deren Habitat zerstört wurde. Immerhin sei diese Mühe mit der Vernetztheit am Ende produktiv gewesen:

Von nun an habe die Umweltpolitik «eine neue, ganz eigene, politisch geprägte Dynamik» gewonnen.[32]

Robert Poujade, der erste französische Umweltminister, bemerkte, der bloße Begriff «Umwelt» besitze, so wie er nunmehr verstanden werde, eine «imperialistische» Qualität, indem er immer ausgedehntere Interventionen legitimiere.[33] Aber er vermochte dieses imperiale Potential mit seinem noch winzigen «Ministerium des Unmöglichen» nicht im Mindesten zu realisieren; der Mangel eines klar umgrenzten Kompetenzbereichs war vorerst ein schweres Handicap. Bis heute fördert die Vielgesichtigkeit des Umweltschutzes den Naturtrieb der Bürokratie zur Verantwortungsdiffusion. Stets besteht die Gefahr, dass vieles unverbunden nebeneinanderher oder gegeneinander läuft, zumal wenn integrierende Thinktanks fehlen.

Zur Ökologie des Ökologismus

Noch viel bunter wird das Bild bei internationaler Perspektive und entsprechend vertrackter die Aufgabe, dort, wo es nötig ist – wie bei den globalen Allmenden –, zu einer gemeinsamen Prioritätenskala zu gelangen. Als Barbara Ward und René Dubos im Vorfeld der Stockholmer Konferenz von 1972 für ihr Buch *Only One Earth* Experten aus aller Welt konsultierten, bekamen sie von asiatischer Seite zu hören, erst einmal müsse jedes einzelne Land lernen, «sein Ökosystem selbst in Ordnung zu halten». «In unserer *einen* Welt» existierten «viele verschiedene Welten», «die sich nicht nur in ihren physikalischen und Wirtschaftsstrukturen voneinander unterscheiden, sondern auch – was noch wichtiger ist – in ihren kulturellen Traditionen und Vorstellungen.»[34] Für Umweltkonferenztouristen, die überall auf der Welt unter Kollegen mehr oder weniger die gleichen Umweltdiskurse erleben, eine immer wieder überraschende Entdeckung.

Handelt es sich bei dieser Diversität nur um einen Übergangszustand, der mit fortschreitender Einsicht überwunden wird? Ganz im Gegenteil, meint der australische Zoologe Tim Flannery, obwohl Autor eines Bestsellers zur Klimaproblematik (*The Weathermakers*, 2005); die regionale Diversifizierung nehme sogar noch zu, selbst innerhalb der USA, sowohl durch ökonomische wie durch ökologische Dynamik. «Die Menschen im Mittelwesten haben sich wahrscheinlich noch nie so weit von denen in New York entfernt gefühlt, während die Kalifornier mehr denn je fühlen, dass sie nach ihrem eigenen Gesetz leben. Diese Diversität droht das moderne Amerika zu zerreißen, und die Kommunikationstechnologien – selber ein Resultat der ‹amerikanischen Revolution› – befinden sich in einem Wettlauf gegen die Zeit, um dies zu verhindern.»[35] Mehrere breit angelegte empirische Untersuchungen über Umweltprotest in diversen europäischen Ländern – von England bis nach Griechenland und von Schweden bis nach Spanien – haben zu dem Resultat geführt, dass ungeachtet der Verdichtung transnationaler Netzwerke das Gesamtbild der Umweltbewegungen selbst innerhalb der EU nicht homogener geworden ist: ein im Blick auf die gängige Annahme einer «Europäisierung der Umweltbewegung» überraschender Befund.[36]

Das Faktum der nationalen Differenzen ist im Prinzip allbekannt; woraus sich diese jedoch speziell im Umweltschutz erklären, ist noch merkwürdig wenig erforscht. In einer bis heute einzigartigen quantifizierenden Erhebung hat Wolfgang Rüdig 1990 einen weltweiten Überblick über den Widerstand gegen die Kernenergie vorgenommen und die Prozentzahlen danebengestellt, inwieweit die Atomprojekte von 1974 – der Anfangsphase des Widerstandes – in den verschiedenen Ländern realisiert oder gar noch überschritten wurden: Der Mangel an Korrelation zwischen beiden Zahlenreihen ist verblüffend.[37] Bloße Zahlenangaben über Umweltinitiativen in diesem und jenem Land und über die Anzahl der Beteiligten sind immer wieder überraschend, geben aber erst einmal Rätsel auf. Qualitative Momente, so der Anteil gewalttätiger Aktionen, hängen vermutlich mit dem Aktionsstil der Gegenseite zusammen; man versteht die Umweltbewegungen nicht, wenn man sie isoliert sieht.

Sozialwissenschaftler erklären die Unterschiede am liebsten aus institutionellen und soziokulturellen Rahmenbedingungen; aber gerade wo es um die Natur geht, sollte man naturgegebene Faktoren nicht missachten. Es wäre widersinnig, wenn die Öko-Bewegung nicht ihre eigene Ökologie hätte. Und ebenso widersinnig wäre es, die verschiedenartigen Umweltprioritäten unterschiedlicher Weltregionen von vornherein nach einem einzigen Maßstab zu bewerten und andere Länder als umweltpolitische Akteure abzuschreiben, weil sie bestimmte Kriterien des eigenen Landes nicht erfüllen. Umweltprobleme stellen sich – die Feststellung ist trivial – in hochindustriellen Ländern anders dar als in industriell zurückgebliebenen, in dicht besiedelten anders als in dünn besiedelten, in den gemäßigten Breiten anders als in den Tropen, in ariden Regionen anders als in wasserreichen. Je dichter ein Land besiedelt ist, desto kritischer wird die Anlage von Mülldeponien. In ariden Gebieten beherrscht die Rivalität um das Wasser alles andere – nicht umsonst ist die ursprüngliche Bedeutung von «Rivale»: «Bachanrainer». Kein Wunder, dass die «guerras del agua», die «Wasserkriege», unter den spanischen Umweltkonflikten obenan stehen, zumal in Zeiten wachsender Dürre.[38] Dafür kann ein relativ dünn besiedeltes Land wie Spanien sich der größten Artenvielfalt innerhalb Europas rühmen, ohne viel dafür zu tun,[39] während dicht besiedelte und seit langem intensiv und flächendeckend kultivierte Ländern es viel schwerer haben, artenreiche Schutzgebiete auszuweisen. In einem Land wie Italien gibt es fast nur alte Kulturlandschaften zu schützen; die Wildnis ist in der dortigen Öko-Szene kein Thema. Auch in Deutschland wurde, je besser man die eigene Waldgeschichte erforschte, der Urwald zur romantischen Imagination, die man nur in den Kolonien als Realität zu finden glaubte.[40] Eine Wildnisbewegung wie in den USA und in Australien konnte es in Deutschland nicht geben[41] – was ist der Drachenfels, 1836 die Geburtsstätte des deutschen Naturschutzes, im Vergleich zu den pittoresken Canyons und gigantischen Sequoien des amerikanischen Westens, den Naturwundern Australiens? Die virtuose Art, mit der die modernen Medien pittoreske Landschaftsszenerien zur optischen Sensation machen – wobei man vergisst, dass der amerikanische Westen über weite Strecken arg monoton ist –, hat diese Wahrnehmung noch gewaltig verstärkt.

Gewiss darf man dabei nicht die kulturellen Hintergründe übersehen: In den USA und Australien fehlten die antiken Tempel und die gotischen Dome; da blieben nur die Naturdenkmäler als nationale Monumente. Russland war stets überreich an Wäldern, und seine Geschichte ist von ihnen geprägt; aber so recht populär ist die Waldromantik dort nicht geworden[42] – man hatte mit den Wäldern immer zu viel Mühe gehabt. Der große Historiker Wassilij Kliutschewskij (1841–1911) bemerkte über das «unfreundliche oder geringschätzige Verhalten des Russen zum Walde»: «Er hat seinen Wald nie geliebt. Betrat er das schattige Halbdunkel, so befiel ihn ein Zagen, über das er sich nicht Rechenschaft abzulegen vermochte.» Ganz anders ging es ihm am Fluss: «Am Fluss lebte er auf und war mit ihm ein Herz und eine Seele. Er liebte seinen Fluss, und in seinen Liedern hat er für nichts im Lande so zärtliche Worte gefunden wie für ihn; dazu hatte er auch allen Grund.»[43] Kein Wunder, dass sich die russische Umweltbewegung vor allem am Protest gegen die Verschmutzung des Baikalsees und gegen die geplante Umleitung großer sibirischer Flüsse in nichtrussische Regionen Zentralasiens entwickelte.[44]

Im Anblick der Bergriesen des Himalaya entstand keine Wildnisbewegung, jedenfalls keine einheimische. Im Übrigen haben moderne Umwelthistoriker den Mythos der «Wildnis» im amerikanischen Westen destruiert und nachgewiesen, dass die vermeintlich «wilde» Natur unter dem Einfluss der indianischen Brandwirtschaft entstanden war.[45] Und doch sollte man die ganz trivialen Gründe in den nationalen Unterschieden der Naturbegeisterung nicht bagatellisieren: Der Grand Canyon weckt nun einmal andere Emotionen als die Wutachschlucht im Schwarzwald. Unterschiedlich – und zwar zum Teil aus natürlichen Gründen – waren auch die Methoden, um die geliebte Natur zu erhalten. In Australien und Neuseeland hat dabei der Kampf gegen Neophyten und Neozoen Priorität, die sich in diesen über Jahrmillionen isolierten Ökosystemen ungehemmter vermehren als sonst irgendwo auf der Welt. «Naturschutz in Neuseeland heißt in erster Linie töten», erklärt Doug Mende vom dortigen *Mt. Bruce National Wildlife Centre* ganz brutal.[46]

Das Verführerische des ökologischen Determinismus: das Beispiel Japan. Wenn ein westlicher Naturfreund zum ersten Mal nach *Japan* kommt, ist er enttäuscht, dass die Nationalparke, obwohl es sie gibt, diesem für seine Naturliebe so berühmten Land nicht viel zu bedeuten scheinen: gar kein Vergleich mit dem Kult, den die Amerikaner mit ihren Nationalparken treiben. («The best idea America ever had»!) Von Japankennern wird man belehrt, das sei ganz leicht zu erklären: In Japan gelte die Naturliebe «gerade nicht der wilden Natur, sondern vor allem einer Natur als Trägerin einer Funktion für Kultur und Gesellschaft».[47] Die westliche Japanliteratur stylt Japan mit Vorliebe als Kontrast zum Westen, als ob die Teezeremonie das japanische Wesen schlechthin verkörpere. Aber nicht nur die japanische, sondern auch die amerikanische Gesellschaft hat ihren Konformismus; und nicht nur der Westler, sondern auch der Japaner liebt gewisse Nischen, wo er sich frei ausleben kann. In Japan wird nicht nur die zurechtgestutzte Gartennatur, sondern – wie viele Tempelhaine zeigen – auch die üppige, scheinbar wilde Natur kultiviert.

Aber in den kleinräumigen und dicht besiedelten japanischen Ebenen sind Nationalparke amerikanischer Dimension undenkbar; und an den steilen japanischen Berghängen, wo die Holznutzung zu teuer geworden ist, verwildern die Wälder seit Jahrzehnten ohnehin, auch ohne Wildnisschutz und zum Leidwesen der Forstleute[48] – kein Wunder, dass es da keine populäre *Wilderness Society* gibt. Stattdessen ist die Entvölkerung der Waldgebiete mitsamt dem Verfall vieler Bergdörfer das Umweltproblem, gegen das die Landschafts- und Heimatschützer anzugehen suchen.[49] Auch das ist kein ganz und gar japanischer Sonderweg: Viele französische Umweltfreunde lieben ebenfalls die traditionelle bäuerliche Landschaft und beklagen den *exode rural*, der nach 1945 dramatische Formen annahm.[50] Nicht nur hier sind unbeabsichtigt entstandene neue Wildnisse nicht selten artenärmer und ästhetisch weniger ansprechend als alte Bauernlandschaften.

Gewiss gibt es Grund zur Vorsicht mit einem ökologischen Determinismus, zumal in solchen Ländern, deren kulturelle Hintergründe man zu wenig durchschaut. Wenn Japan zu zwei Dritteln der Landfläche bewaldet ist, pflegt man dies spontan darauf zurückzuführen, dass ebendiese zwei Drittel steiles Bergland sind, das sich nur mühsam beackern lässt. Aber in Nordchina und anderswo sind gerade viele Gebirge entwaldet und die Hänge teilweise für den Ackerbau terrassiert. Auch in Japan ist das in früheren Zeiten geschehen. Conrad Totman wagt sogar die These: «Von der dortigen spezifischen Interaktion von Geographie und Geschichte her müsste Japan ein (ökologisch) ruiniertes Land sein.»[51] Der vergleichsweise nachhaltige Umgang Japans mit seinen Wäldern seit dem 18. Jahrhundert ist ein Phänomen, das sich nicht einfach mit einem Blick auf die Landkarte erklärt; und doch wäre es abwegig, den japanischen Umgang mit der Umwelt ohne ebendiese Umwelt erklären zu wollen.

Die kleinen Unterschiede: europäische Differenzen. Das Gleiche gilt mehr oder weniger für viele andere Länder. In den Alpenländern wird der Biolandbau durch Natur und Politik begünstigt; denn eine hochmechanisierte Landwirtschaft hat auf alpinem Terrain ohnehin wenig Chancen; und für die Touristen, von denen die Wirtschaft abhängt, verlieren die Alpen ihren Reiz, wenn die Bergbauern verschwinden und der weite Blick vom Wald überwuchert wird. Aber auch in England und Frankreich nehmen viele Umweltschützer die traditionelle ländliche Landschaft als schützenswertes Gut wahr. Das *Council for the Protection of Rural England* ist ein charakteristischer Bestandteil der britischen Umweltbewegung.[52] In den Augen französischer Naturschützer gehört die überkommene Bauernwelt zum *«patrimoine»*: zu dem erhaltenswerten nationalen Kulturerbe. Da fällt dem Deutschen auf, dass dieses Element in der hiesigen sonst so vielfältigen Umweltbewegung fehlt: Die «Natur» wird hierzulande vorwiegend als eine vor den Bauern zu schützende Welt abseits der Agrarlandschaften wahrgenommen, die in der Tat immer artenärmer geworden sind. In dieser Hinsicht ist die moderne deutsche Umweltwahrnehmung mehr amerikanisch als europäisch. Früher, in der Zeit der

Allianz von Natur- und Heimatschutz, war das anders gewesen; aber durch die Blut-und-Boden-Ideologie war den deutschen Intellektuellen die agrarische Nostalgie gründlich verleidet worden. Hildegard Hamm-Brücher, die kommende Grande Dame des Linksliberalismus, hatte in den 1960er Jahren eine Pressekampagne gegen «Im Märzen der Bauer die Rösslein anspannt» und andere Relikte dieser Nostalgie in deutschen Lesebüchern geführt.

Dass die Niederlande weit mehr als die Alpenländer ein Land der Radler sind, versteht sich leicht, nicht so leicht allerdings, dass dieses traditionelle Windmühlenland *par excellence* sehr im Unterschied zu Dänemark[53] kein Vorreiter bei den modernen Windrotoren ist. Da fehlte es nicht am Wind, wohl aber am politischen Rückenwind.[54] Die kleine, nicht sehr gebirgige und devisenarme DDR wäre eigentlich zum Radfahrerland prädestiniert gewesen: Da hätte Ulbrichts so viel verspottete Devise «Überholen, ohne einzuholen» einen zukunftsträchtigen Sinn bekommen. Stattdessen hat sie die Anlage von Radwegen schnöde vernachlässigt; «Radwege für Ostberlin» wurde eine Parole der Wende. Mehr als im Westen wurde das Fahrrad in der DDR zum Requisit von Umweltprotestlern. Dass dagegen in der Sicht vieler DDR-Bürger die Kernenergie länger ihren Charme behielt als in der Bundesrepublik,[55] ist in einem Land mit immer penetranterem Braunkohlegeruch nicht zu verwundern. Die internationale Spitzenstellung der Bundesrepublik in der Solartechnik erklärt sich jedoch gewiss nicht daraus, dass die Deutschen von der Sonne besonders begünstigt wären. Wohl aber erklärt sich die neuerliche Vorreiterrolle Bayerns innerhalb Deutschlands in der Solarenergie aus natürlichen Gegebenheiten: nicht nur daraus, dass Bayern sonnenreicher ist als der Norden, sondern auch daraus, dass dieses Land lange genug unter der Herrschaft der Ruhrkohle gelitten hat. Aber auch im Naturschutz behauptet Bayern seit langem eine Spitzenstellung, die aus norddeutscher Sicht überrascht,[56] wo man «öko» die längste Zeit mit «links» assoziierte. Das erklärt sich zum Teil aus touristischen Interessen, zum Teil aber auch aus der dort ungebrochenen Verbindung zwischen Natur- und Heimatschutz. Der BUND hatte bayerische Wurzeln, die bis ins Kaiserreich zurückreichen; noch in den 1990er Jahren kamen über die Hälfte der BUND-Mitglieder aus Bayern.[57]

Verschiedene Wege der Verkehrspolitik. Eine neuere Umfrage unter Experten in zwanzig verschiedenen Ländern über die Sektoren, die für den Umweltschutz die stärksten Hemmnisse darstellen, ergab folgende Reihenfolge: (1) der Energiesektor, (2) der Straßenverkehr, (3) die Land- und (4) die Bauwirtschaft.[58] Dabei fällt auf, dass es sich sämtlich um Sektoren handelt, die stark national und regional geprägt sind. Daher gibt es ganz rationale Gründe für eine «Ökologie der Öko-Bewegung». Es versteht sich, dass die Optionen der *Verkehrspolitik* – und diese ist ein Nerv der Umweltpolitik – stark von den geographischen Gegebenheiten bestimmt werden. Das beste Beispiel dafür bietet in Europa die Schweiz, die sich unauffällig zum «Eisenbahnland Nr. 1» (Heiner Monheim) entwickelt und den Lkw-Verkehr energisch durch hohe Mautgebühren gebremst hat.[59] Die Enge der Alpentäler macht es leichter, die Konzentration des Verkehrs auf die Schiene als patriotische Pflicht hinzustellen. Das wird zusätzlich dadurch begünstigt, dass es sich bei einem Großteil des Straßenverkehrs um ausländischen Transitverkehr handelt. Der Kanton Uri, durch die Kontrolle des Gotthardpasses seit vielen Jahrhunderten in einer Schlüsselposition, hatte zunächst arglos triumphiert, als die Passroute durch Eisen- und Autobahn gigantisch ausgebaut wurde, und zu spät erkannt, dass er durch den explodierenden Transitverkehr in ein lärmdurchtostes Abseits geriet.[60]

Gewiss liefert die Geographie der Verkehrspolitik lediglich Rahmenbedingungen; sie ist keine Determinante. Und diese Rahmenbedingungen lassen sich unterschiedlich interpretieren. Bundesdeutsche Technologiepolitiker setzten seit den frühen 1970er Jahren auf die Magnetschwebebahn, den Transrapid: jenes Verkehrsmittel, in dem die Bewohner von Ernest Callenbachs *Ökotopia* (1975) voller Behagen, sanft und ohne Geratter, mit 360 Stundenkilometern durch die Landschaft fliegen. Aber das war damals Phantasie. Wie bei so vielen «neuen Technologien» steckte der Teufel im Detail: Bei ersten Versuchsstrecken stellte sich heraus, dass der angeblich «flüsternde Pfeil» bei Spitzentempo den Lärm eines Tieffliegers verursachte. Aber in der kleinräumigen Bundesrepublik konnte er das Spitzentempo ohnehin nur selten ausfahren. Am Ende erwies sich das Projekt als Fehlschlag, zumal es eine neue Infrastruktur erfordert hätte.[61] Umweltfreundlich war es nur unter ganz bestimmten Prämissen und Aspekten; im Übrigen passte es schlecht zu einem dicht besiedelten Land mit einem bereits vorhandenen engmaschigen Schienennetz.

In ähnlicher Diskrepanz zu den geographischen Bedingungen der Bundesrepublik steht die gerade seit den 1970er Jahren in der Automobilbranche dominante fixe Idee, das deutsche Erfolgsrezept bestehe in superschnellen Autos, und ein Tempolimit, wie es in anderen Ländern längst üblich ist, bedeute für den Leitsektor der deutschen Wirtschaft den

Dolchstoß in den Rücken. Zu einer Zeit, da die Bundesrepublik in der Welt weithin ein Ansehen als umweltpolitische Führungsmacht genießt, sieht sich der deutsche Umweltschützer stets durch das ausgerechnet hierzulande regelmäßig hintertriebene Tempolimit beschämt. Selbst mit der Einführung des Katalysators bei Automobilen hinkten die deutschen Autobauer mindestens um ein Jahrzehnt hinter Amerikanern und Japanern hinterdrein, bis sie den Katalysator als Konkurrenzvorteil gegenüber europäischen Rivalen entdeckten.[62] Die sonst so streitbare deutsche Umweltbewegung zeigte sich gegenüber den eklatanten durch den Autoverkehr verursachten Umweltschäden die gesamten 70er Jahre hindurch gehemmt.[63] Während die US-Amerikaner traditionell auf die Einschränkung der persönlichen Freiheit reizbarer reagieren als die Deutschen, verkehrten sich in diesem Fall die Rollen. Gegen alle Argumente verschanzte sich die Autolobby mitsamt ihrer Klientel in Sachen Tempolimit in einer Trotzhaltung, die sonst eher zum Stil amerikanischer Anti-Environmentalists gehört.

Blickt man als Deutscher auf die gerade in England[64] besonders militanten Protestbewegungen gegen die immer weitere Expansion von Automobilismus und Schnellstraßenbau – auf die *Carmageddon*-Kampagne und die *Reclaim-the-streets-*, *Roadblock-* und *Road-Alert!*-Revolten, die ihren Höhepunkt in den 90er Jahren erreichten[65] –, wird man sich dessen bewusst, in welchem Maße der Handlungsspielraum der deutschen Umweltbewegung durch die Macht der Autolobby abgesteckt ist. Die Unversehrtheit der typisch englischen Parklandschaft mit ihrer arkadischen Aura ist für britische Umweltschützer ein kardinaler Wert.[66] Britische Umweltpolitiker haben die geographische Lage ihres Landes allerdings oft anders interpretiert: Da England im Unterschied zu den mitteleuropäischen Staaten durch keinen Transitverkehr belastet wird, zeigten sie kein Interesse daran, diesen durch saftige Gebühren an die Kandare zu nehmen.[67] Auch bei Emissionsnormen sind die Briten innerhalb der EU die Bremser: erklärbar aus der Insellage im europäischen Nordwesten, wo die Westwinde die Emissionen meist rasch in andere Länder befördern.[68]

Innerhalb Großbritanniens lässt sich schon seit dem 19. Jahrhundert ein spezifisch *schottisches* Umweltbewusstsein beobachten; dieses lebte in jüngster Zeit in Verbindung mit dem neuen schottischen Regionalismus wieder auf. Während schottische Ökonomen das britische Wirtschaftsdenken prägten, prägten schottische Mediziner das Umweltbewusstsein im britischen Empire. Daheim hatten sie die kahlen Berge vor Augen; in den englischen Kolonien – von Südafrika bis nach Neuseeland – entwickelten manche von ihnen in scharfer Kritik am mangelnden britischen Waldbewusstsein eine förmliche «Baumpflanzmanie».[69] Für den schottischen Arzt Hugh Cleghorn, seit 1858 *Conservator of the Forests* in Madras, bestand der Wert des Waldes nicht nur im Holzertrag, sondern mehr noch in seinem wohltuenden Einfluss auf das Klima und die menschliche Gesundheit. Er klagte, von allen europäischen Nationen hätten die Briten den geringsten Sinn für den Wert der Forsten, und diese Achtlosigkeit setze sich noch in den USA fort, wo die Siedler die Wälder rücksichtslos zerstörten.[70] Das schottische Umweltgeschichtsbewusstsein ist heute zwiespältig: Die *Highland clearances* des 18. Jahrhunderts leben als traumatische Erinnerung fort;[71] zugleich jedoch hatten Naturfreunde die weiten kahlen Höhen mit ihrer eigenen Ästhetik und ihrer Flora und Fauna lieben gelernt und protestierten mit Unterstützung des WWF gegen eine vom Staat üppig subventionierte Aufforstung von Nadelwald – zur selben Zeit, als in Deutschland der Alarm über das Waldsterben ertönte. Ein touristisches Interesse kam hinzu: «Wer will noch in Schottland Urlaub machen, wenn jede Straße nur noch durch einen dunklen Tunnel aus Fichtenholz führt?»[72]

Vom Hudson bis zum Colorado: inneramerikanische Kontraste. Ausgeprägte regionale Unterschiede im Umweltbewusstsein finden sich innerhalb der USA. Gewiss gehen sie nicht nur auf naturgegebene Unterschiede zurück. Als eine «Brutstätte» der amerikanischen Umweltbewegung gilt das Tal des Hudson,[73] dessen Verklärung durch die Hudson-River-Malerschule im 19. Jahrhundert an die deutsche Rheinromantik erinnert. Die *Riverkeeper* des Hudson-Tals, zu denen auch Robert Kennedy junior gehörte und die frühzeitig politische, publizistische und juristische Register zu betätigen verstanden, wurden zu einem Modell für den entstehenden *environmentalism*.[74] Die Nähe von New York ist für den dortigen Umweltaktivismus jedoch vermutlich von größerer Bedeutung als die Schönheit und die Gefährdung des Hudson. Kernregion der amerikanischen Umweltbewegung ist vor allem der Nordosten: der am frühesten und am dichtesten besiedelte Teil der USA mit der stärksten Konzentration der Intelligenz.

Nicht nur im politischen Gesamtklima, sondern auch im Umweltbewusstsein ist der Kontrast zu den Südstaaten so markant, dass man versucht ist, analog zu der berühmten «Weber-These» vom Zusammenhang zwischen puritanisch-protestantischer Ethik und Kapitalismus eine weitere These über den Konnex zwischen ebendieser Ethik und dem *environ-*

mentalism aufzustellen, zumal sich auch innerhalb der europäischen Umweltbewegungen ein vergleichbarer Nord-Süd-Kontrast beobachten lässt. «Offenbar ist eine liberale Wählerschaft kombiniert mit einer moralistisch geprägten politischen Kultur der beste Garant für eine besonders innovative Umweltpolitik», kommentiert Kristine Kern diesen Befund,[75] gerade auch im Blick auf die umweltpolitischen Schwächezonen im Süden[76] und Mittelwesten, obwohl gerade diese Gebiete am stärksten von Bodenerschöpfung und Bodenerosion betroffen wurden.[77] Aus einem objektiv bestehenden ökologischen Problemdruck allein ist die Genese der Umweltbewegung nicht zu erklären.

Auffallend sind die beiden anderen regionalen Hochburgen des amerikanischen Umweltbewusstseins, beide an der Westküste gelegen und doch zueinander in markantem Kontrast: Oregon und Kalifornien. Kristine Kern zufolge ist Oregon sogar «der umweltpolitisch innovativste Einzelstaat der USA», der sich bereits in den 1970er Jahren als das «environmental model for the nation» zu profilieren suchte.[78] Kalifornien, von der Hetch-Hetchy-Kontroverse (1906–1913) her, dem ersten ökologisch motivierten Staudammkonflikt, den Freunden der Wildnis als Missetäter in Erinnerung – *Remember Hetch-Hetchy!* –, ist mittlerweile drauf und dran, den nördlichen Nachbarstaat als ökologisches Musterland noch zu überholen. Schon 1975 verlegte Ernest Callenbach sein *Ecotopia* nach Kalifornien, der damaligen Hochburg der Hippies und der studentischen Gegenkultur.[79]

In Oregon trafen sich seit 1970 Umweltschutzinitiativen von oben und von unten: Der Gouverneur Tom McCall wurde zu einem starken Mann des entstehenden *environmentalism*; aber auch eine aus der Subkultur hervorgegangene Studentenverbindung *Nature's Conspiracy* machte mit dem Slogan «Make Love, Not Lumber» – einer Variante auf die Anti-Vietnamkrieg-Parole «Make Love, Not War» – gegen die Abholzung urtümlicher Wälder mobil.[80] Dort verband sich das Umweltbewusstsein mit dem Stolz auf eine eigene noch vergleichsweise intakte Umwelt: Knapp zur Hälfte ist das Land mit Wald bedeckt, und dieser ist zu 60 Prozent öffentliches Eigentum: Staatlicher Waldschutz provoziert nicht sogleich eine *Private-property*-Agitation. Der vom Aussterben bedrohte Fleckenkauz *(Northern Spotted Owl)*, der in den USA zur Ikone der bedrohten Natur und zugleich zum Objekt einer jahrzehntelangen Kontroverse zwischen Wildnisschützern und Holzunternehmen avancierte,[81] ist in den Wäldern von Oregon beheimatet, und von dort kamen die ersten Initiativen zum Habitatschutz. Kein anderes Tier hat in der amerikanischen Öko-Ära so viel Wirbel gemacht wie diese außerhalb Amerikas kaum bekannte Eulenart. Das Umweltselbstbewusstsein von Oregon verbindet sich aber auch mit dem Stolz, gegenüber dem Goldgräberland Kalifornien auf eine solide und redliche Tradition zurückzublicken.[82] Eine neue Version der Weber-These, die den kapitalistischen durch den ökologischen Geist ersetzt, würde auch hier zutreffen.

Komplizierter wird es mit Kalifornien. Auch dieser Staat hat seinen Naturstolz: So befinden sich auf seinem Gebiet nicht weniger als 99 Prozent der gigantischen Sequoien, auch diese seit den Zeiten von John Muir Ikonen der Wildnis.[83] Aber das kalifornische Umweltbewusstsein enthält darüber hinaus – um mit Mike Davis zu reden – eine gehörige Portion von «Ökologie der Angst»:[84] Angst vor Waldbränden und Erdbeben,[85] dazu in Los Angeles, der Metropole des Automobilismus und des Smogs, der Horror vor den Autoabgasen. In den frühen 1960er Jahren sammelte sich nördlich von San Francisco die erste erfolgreiche Anti-Kernkraft-Initiative der Welt: gegen das geplante Kernkraftwerksprojekt an der Bodega Bay, die gerade durch Hitchcocks Horrorfilm *Die Vögel* berühmt-berüchtigt geworden war. Entsprang das wahre Motiv wohl dem Landschaftsschutz, wurde das das dortige Erdbebenrisiko zum durchschlagenden Argument.[86] Der Kampf gegen den Smog – als dessen Ursache rasch die Autoabgase unter Verdacht gerieten – reicht sogar bis 1943 zurück und kulminierte bereits in den 60er Jahren: Kein anderer Emissionskonflikt erlangte damals landesweit eine höhere Publicity als dieser und bewirkte, dass die USA mit der Einführung des Katalysators international vorangingen.[87] In der Folge wurde Nordkalifornien zum amerikanischen Pionier der Solarenergie, machte zugleich jedoch die Erfahrung, dass die Siliziumverarbeitung alles andere als ein ökologisch unschuldiges Metier ist; dafür bildete sich eine *Silicon Valley Toxics Coalition*, die eine bundesweite *Campaign for Responsible Technology* (RT) startete.[88]

Arnold Schwarzenegger, der es wie schon 1966 Ronald Reagan 2003 vom Filmstar zum Gouverneur von Kalifornien brachte, stellte im Gegensatz zu Reagan Aktivismus nicht im Kampf *gegen*, sondern *für* den Umweltschutz zur Schau: Dieser war in Kalifornien nicht nur eine Nische von Althippies[89] geblieben, sondern längst auch zu einer Arena für Tatmenschen geworden. Anders als Oregon mit seiner vergleichsweise homogenen Bevölkerung ist Kalifornien ein Staat mit ungewöhnlichen und noch zunehmenden soziokulturellen Kontrasten: zwischen konservativer *middle class* und Gegenkultur, Millionärsparadiesen und Slums und mehr und mehr auch ethnischen Subkulturen; um die Jahrtausendwende war der Anteil der Weißen unter 50 Prozent gesunken.[90] Die kalifornische Umweltbewegung begann um 1965 mit einer *slow-growth rebellion*, konkret mit Hausbesitzerinitiativen in privilegierten Wohnvierteln, die um die gute Luft und den freien Blick auf die Natur in ihrer Umgebung besorgt waren.[91] Kalifornien ging jedoch 1999 auch mit einem *Environmental Justice Act* in den USA voran.[92] Ob der Umweltschutz in sozialer Hinsicht eher spaltend wirkt oder sein integratives Potential ausspielt, ist in Kalifornien eine besonders spannende Frage.

Die Herausbildung eines neuen amerikanisch-europäischen Kontrastes im Zeichen der Ökologie. Nicht nur regionale, sondern auch großräumige Differenzen sind in der Umweltpolitik von Bedeutung. Erst in den letzten Jahrzehnten zeichnet sich umrisshaft eine grundsätzliche Differenz zwischen den USA und der EU ab. Ursprünglich präsentierte sich die Umweltbewegung als amerikanische Errungenschaft; dieser Ursprung ist jedoch schon seit der Ära Reagan mehr und mehr in Vergessenheit geraten. Heute bauen amerikanische *Anti-Environmentalists* das Feindbild einer unamerikanischen, europäischen Envirokratie auf, die von der Heiligkeit des Privateigentums und der unbeschränkten Verfügungsfreiheit darüber nichts wissen will.[93] Ein Vordenker des Umweltschutzes wie Jeremy Rifkin dagegen idealisiert Europa als eine Weltregion von alter Weisheit, wo man – durch viele Krisen klug geworden – eine vorsorgende Vorsicht gelernt habe und sich dessen bewusst sei, dass der Einzelne nicht allein auf der Welt lebt und die individuelle Handlungsfreiheit nicht das höchste aller Güter ist.[94] Für viele Amerikaner war die Erfahrung der eigenen Verwundbarkeit am 11. September 2001 ein kolossaler Schock, ja der Beginn einer neuen Ära der Geschichte; für die Europäer verstand sich spätestens nach den Weltkriegen die eigene Verwundbarkeit von selbst: ein Grundgefühl, das auch das Umweltbewusstsein prägte. Die USA hatten sich lange Zeit als das Land der unbegrenzten Möglichkeiten gefühlt; in Europa waren die «Grenzen des Wachstums» nur vorübergehend, in dem Boom der ersten Nachkriegsjahrzehnte, in Vergessenheit geraten. In der amerikanischen Tradition war die Idee der Freiheit untrennbar mit dem rücksichtslosen Vordringen in Freiräume verbunden;[95] unter alteuropäischen Bedingungen war es seit langem evident, dass man ohne soziale Rücksichtnahmen nicht auf die Dauer bestehen konnte.

Und doch zeigten die USA zunächst, um 1970, in der Umweltpolitik mehr Elan als die meisten anderen Länder der Welt. Washington begrub damals prompt das Überschallflugprojekt, während Frankreich und England das ökonomisch wie ökologisch gleichermaßen unsinnige *Concorde-*

Projekt noch über Jahrzehnte fortsetzten. «Genau die Tatsache, dass die Amerikaner die Entwicklung eines europäischen Überschallflugzeugs nicht wünschten, bestärkte nur die französische Entschlossenheit, das Projekt durchzuziehen.»[96] Mitunter war es von Vorteil, dass die ökonomische Rationalität in den USA höher rangierte als mancherorts in der Alten Welt. Mehr noch: Unter amerikanischen Bedingungen, wo sich Umweltverschmutzer weniger als in europäischen Ländern mit etatistischer Tradition hinter einer staatlichen Gewerbeaufsicht verstecken konnten, ließ sich das *Polluter-Pays*-Prinzip mit entsprechend größerer Härte durchsetzen. Das antagonistische amerikanische Rechtssystem, in dem die Schadensfeststellung Sache der Kläger ist und bei entsprechender Gewinnchance von deren Anwälten mit detektivischem Eifer betrieben wird, war der Ermittlung von bereits eingetretenen Schäden günstiger als ein Rechtssystem, in dem die Ermittlung dem Staatsanwalts überlassen bleibt und dieser überlastet und in Umweltfragen wenig kompetent ist. Umweltprozesse boten der amerikanischen Öffentlichkeit immer wieder spannende Kampfszenen.

Ganz anders ist es jedoch bei hypothetischen Risiken ohne bereits eingetretene nachweisbare Schadenswirkungen: Da greift dieses System nicht. Das Vorsorgeprinzip vermochte sich in den USA bis heute nicht durchzusetzen, während es sich in der EU zumindest als Prinzip,[97] wenn auch längst nicht überall als gängige Praxis behauptete. Der europäisch-amerikanische Unterschied in der Grundeinstellung zeigte sich seit den 1990er Jahren besonders deutlich im Umgang mit den Risiken der Gentechnik und des Klimawandels. Es ist bemerkenswert, wie sich innerhalb der EU ein breiter Konsens zugunsten eines restriktiven Umgangs mit der Gentechnik herausbildete, auch ohne dass sich bislang ein gentechnisches Tschernobyl ereignet hätte.

In der Essenz handelt es sich um eine Frage der Beweislast: ob die Schädlichkeit oder die Unschädlichkeit einer Technologie bewiesen werden muss. Bei neuen Technologien mit hohem hypothetischem Risiko setzte sich in Europa zumindest in der Tendenz die letztgenannte Position durch, was nicht heißt, dass daraus durchweg praktische Konsequenzen gezogen worden wären. Die administrative Kleinarbeit ist gegenüber den Grundsatzdiskursen eine andere Welt.[98] Für die Umweltjuristen, die sich zu einem Berufsstand eigener Art ausbildeten, wurde die Konkretisierung des Vorsorgeprinzips jedoch zu einer produktiven Herausforderung. Die restriktive Politik gegenüber der Gentechnik traf sich teilweise mit Interessen der europäischen Landwirtschaft, die auch ohne Gentechnik seit langem unter Überproduktion litt und über das ökologisch begründete Verbot gentechnisch manipulierter Arten Agrarimporte aus der EU heraushalten konnte, ohne gegen den von der WTO überwachten Grundsatz der Handelsfreiheit zu verstoßen.

Differenzen zwischen Alter und Neuer Welt sind nicht unüberbrückbar. Die Idee, der Gefährdung der Erdatmosphäre mit «marktbasierten Instrumenten», konkret mit einem Handel mit Emissionsrechten, beizukommen, taucht bereits in den frühen 1970er Jahren in dem *Clean Air Act Program* der EPA auf. Sie war von ihrem Design her sehr amerikanisch und stieß in Europa zunächst auf Abwehrreflexe,[99] zumal sie etwas Demoralisierendes besaß:[100] Die finanzstärksten Konzerne der Welt konnten sich auf diese Weise, anstatt mit gutem Beispiel voranzugehen, weiterhin nach Belieben Emissionen leisten, indem sie den ärmeren Ländern Emissionsrechte abkauften, und die letzteren erhielten einen Anreiz, erst einmal so viel wie möglich zu emittieren, um sich hernach möglichst hohe Rechte abkaufen lassen zu können. Der Erfolg dieser Strategie hängt ganz daran, dass der Preis der Emissionen zu hoch ist, dass ein starker Anreiz zur Reduzierung besteht, und dass sich die strikte Beschränkung der Emissionen auf die eingehandelten Rechte effektiv durchsetzen lässt. Bislang ist weder von dem einen noch dem anderen die Rede; die lange gegen dieses Geschäft bestehenden EU-Vorbehalte erscheinen nach wie vor begründet. Dennoch gewann der Emissionshandel im Zuge der Deregulierung auch in Europa immer mehr Anhänger und wurde im Zeichen von Kyoto trotz fortdauernder Kritik zur offiziellen EU-Politik, während ausgerechnet die USA nunmehr zurücksteckten.[101]

Kluft zwischen Erster und Dritter Welt? Bisher haben wir uns meist in der westlichen Welt unter Einschluss Japans bewegt. Und kein Zweifel: Die moderne Umweltbewegung stammt aus dem Westen, genauer gesagt: aus dem Nordwesten, und westliche Einflüsse finden sich auch bei vielen außerwestlichen Umweltinitiativen. Aber schon seit der Stockholmer Konferenz von 1972 bestand das heikelste Problem der internationalen Umweltpolitik in der Frage, ob hier eine Gemeinsamkeit zwischen Erster und Dritter Welt möglich war oder sich eine unüberbrückbare Kluft auftat. Von Anfang an stand der Vorwurf im Raum, das Umweltbewusstsein sei ein Luxus der reichen Länder, die – nachdem sie sich selber lange Zeit ein üppiges Wirtschaftswachstum geleistet hätten – nunmehr die «Grenzen des Wachstums» entdeckten, um den ärmeren Ländern ein Aufholen zu verwehren, und die – nachdem sie selber ihre natürlichen Ressourcen bis zur Grenze genutzt hätten – nun von der Dritten Welt erwarteten, dass diese ihre verbliebenen Wildnisse den Wildnisfans der Ersten Welt zuliebe unangetastet lasse. Ein Widerspruch, der in der Tat Stoff genug für eine wütende Rhetorik lieferte.

Auf der anderen Seite kam jedoch bald heraus, dass Umweltprobleme von einer Art, die die Lebenschancen vieler Menschen massiv beeinträchtigt, in Teilen der Dritten Welt noch übler sind als in den führenden Industriestaaten. In vielen Drittweltländern, ob in Afrika oder Asien, gab der neue für Umweltprobleme geschärfte Blick den Impetus für Entdeckungen ohne Ende. Aber handelte es sich hier um ein Umweltbewusstsein, das mit dem der Ersten Welt nichts zu tun hatte, ja dem sogar zuwiderlief: ein Krisenbewusstsein, dem es um das menschliche Überleben, nicht um den Schutz der Natur vor dem Menschen ging.

Der australische Umweltaktivist *Timothy Doyle*, der das bislang eindrucksvollste Panorama weltweiter Differenzen unter den Umweltinitiativen entworfen hat (2005), erkennt insgesamt sechs große Leitmotive und Bewegungstypen, die er vor allem auf sechs verschiedene Länder verteilt findet: *Forest Movements* in den USA, Anti-Bergbau-Bewegungen auf den Philippinen, Wildnisbewegungen in Australien, Anti-Straßen-Bewegungen in England, *River Movements* in Indien und – last but not least – Anti-Atomkraft-Bewegungen in Deutschland. Wer sich mit dem vertrackten Problem herumgeschlagen hat, in die Umweltbewegungen der ganzen Welt irgendeine leidliche Struktur hineinzubringen, wird diesem strukturierenden Kraftakt den Respekt nicht versagen. Wie Doyle schreibt, überkam ihn die erleuchtende Inspiration für das Buch auf einem Kirchenstuhl auf der philippinischen Insel Mindanao: die Einsicht, dass sich zwischen den Umweltbewegungen reicher und armer Länder ein «enormer Abgrund» auftue und es grundfalsch sei, diese Kluft mit Umweltrhetorik zu verdecken. Sein Ziel sei es, den fundamentalen Unterschied politischer Erfahrung herauszuarbeiten. «Dieses Buch zelebriert mehr die Differenzen als die Ähnlichkeiten – die evidente Tatsache, dass es auf der ganzen Welt nicht *eine* Umweltbewegung gibt, sondern eine Vielzahl von Bewegungen. Und die Umweltbewegungen der ganzen Welt müssen diese ihre Vielfalt begrüßen, auf ihr beharren und dem allmächtigen, nur zu verständlichen Drang nach weltweiter Homogenisierung der Umweltbewegung und Schaffung einer einzigen Bewegung widerstehen.»[102]

So gesehen, wäre es ein fundamentaler Irrweg, auf Gipfelkonferenzen globale Prioritäten im Umweltschutz festklopfen zu wollen, und man müsste heilfroh sein, dass derartige Ansätze immer wieder stecken bleiben. Doyle spricht denn auch abfällig von dem «Konzept des *sustainable development*», das 1992 von dem Umweltgipfel von Rio zur Zauberformel gemacht wurde: Das sei eine Ausgeburt der «für Big-Business-Interessen arbeitenden Public-Relations-Industrie». In der Tat handelte es sich um eine Kompromissformel zwischen Erster und Dritter Welt; ob um ein durchdachtes Konzept mit konkreter Substanz und integrativem Potential, ist bis heute nebulös geblieben.[103] Für Doyle besteht der praktische Sinn der «nachhaltigen Entwicklung» in nichts anderem als der Legitimation der Ausbeutung natürlicher Ressourcen durch Akteure, die sich eine PR-Abteilung zur Öko-Imagepflege leisten können.[104] Als gemeinsamer Nenner der Umweltbewegungen der Welt sei *sustainable development* untauglich: Diese Gemeinsamkeit könne, wenn überhaupt, nur durch ein gemeinsames Bewusstsein der Vielfalt und über eine wechselseitige Bejahung der Andersartigkeit entstehen. Einzig im Blick darauf hat es für ihn einen guten Sinn, all diese Initiativen unter dem Sammelbegriff *environmental movements* im großen Zusammenhang darzustellen.

In der Tat, ebendarin könnte auch der praktische Wert dieser Weltgeschichte der Öko-Ära bestehen. Und doch ist das nicht alles. Doyle möchte für seine Person gerne die Wildnis-Bewegung in seinem Heimatland Australien als Versöhnung von Erster und Dritter Welt gelten lassen, da diese dahin gelangt sei, die Aborigines als «natürliche Verbündete» zu betrachten.[105] Das mag für Australien gelten; insgesamt gesehen, ist es allerdings gerade der Kult der Wildnis, der beide Welten am meisten voneinander trennt, da die allermeisten Bewohner der Dritten Welt keine Wilden sind – sofern es «Wilde» überhaupt gibt. Und doch gibt es drei Einwände gegen eine allzu einseitige Betonung der Kluft zwischen Erster und Dritter Welt:

(1) Wenn es seit über einem halben Jahrhundert gängig geworden ist, von der «Dritten Welt» wie von einem Faktum zu reden, das mit bestimmten Bildern von Elend und Hoffnung verbunden wird, vergisst man leicht, dass es sich dabei in Wahrheit um eine höchst imaginäre Einheit handelt: um ein westliches Konstrukt, das vorwiegend zur Einwerbung von Entwicklungshilfe auch von Sprechern dieser Dritten Welt übernommen worden ist, jedoch eine irreführende Suggestion von Homogenität und anstehender «Entwicklung» enthält.[106] In Wirklichkeit liegen Welten zwischen Ländern wie Brasilien und Bangladesch; Afrika ist zu einer Dritten Welt innerhalb der Dritten Welt geworden. Von Anfang an war «Dritte Welt» ein Pauschalbegriff, der

fragwürdige Pauschalurteile produzierte; heute ist er vollends zum Anachronismus geworden.[107]

Die Sprecher der Dritten Welt gehören nicht selber zu den Hungernden und vertreten in vielen Fällen nicht deren Interessen. Die Gruppendynamik der Gipfelkonferenzen hat zwar wiederholt zu einem Gegenüber von Erster und Dritter Welt geführt; die wirkliche «Ökologie der Öko-Bewegung» ist jedoch vielfältiger und geht nicht in einem derartigen Dualismus auf. Wenn von manchen, die sich als Sprecher der Dritten Welt ausgeben, die Behauptung aufgestellt wird, dort gälten ganz andere Werte als in der Ersten Welt, gerade auch in Sachen Umwelt, sind solche Versicherungen mit Vorsicht zu nehmen: Dahinter können sich bestimmte Interessen verstecken. Gerade die Risiken der Pestizide, die durch Rachel Carson zum ersten Stimulus des amerikanischen Umweltbewusstseins wurden, sind durch die Grüne Revolution – die zu Rachel Carsons Zeiten erst in den Anfängen stand – auch in führenden Ländern der Dritten Welt brisant geworden.[108]

(2) Wenn Doyle bestimmte Länder mit bestimmten Typen von Umweltbewegungen identifiziert, besitzen diese Zuschreibungen doch im Kern idealtypischen Charakter. In Wirklichkeit ist die Vielfalt der Motive innerhalb der einzelnen Länder viel größer, und teilweise haben sich die Leitmotive im Laufe der Zeit auch verschoben. Die amerikanische Umweltbewegung, so wie sie sich um 1970 in rascher Kettenreaktion ausbreitete, war gerade etwas anderes als der vormals vom Sierra Club und der Wilderness Society betriebene Kult der Redwoods, der gewaltigen Baumriesen des Westens. Die Bewegung der Umweltbewegung zeigt sich nicht zuletzt in der Beweglichkeit ihrer Motive. Auch die bundesdeutsche Umweltbewegung ist über die Jahrzehnte gerade durch ihr breites Zielspektrum charakterisiert; als bloße Ein-Punkt-Bewegung, einzig auf die Kernkraftwerke fixiert, hätte sie nicht Geschichte gemacht.

(3) Für alle sechs der von Doyle behandelten Leitmotive gilt, dass sie längst nicht nur für ein einziges Land charakteristisch sind, sondern auch Ländergrenzen überschreiten. Wenn Doyle diese Motive dazu benutzt, verschiedene Länder auseinanderzudividieren, sind sie doch mindestens so sehr dazu angetan, transnationale Verbindungen herzustellen. Wenn der weltweite *environmentalism* sich in verschiedenen Ländern als Gesamtphänomen höchst unterschiedlich darstellt und durch kein gemeinsames soziales Milieu verbunden ist, so erkennt

man doch manche Verbindungen durch ein ganzes Netz gemeinsamer Motive. Zugespitzt gesagt: Auf die Länge der Zeit und weltweit betrachtet, sind nicht Gruppeninteressen, sondern Sachprobleme die Hauptakteure der Öko-Ära.

Themensprünge. Nicht nur in England, sondern auch in der Bundesrepublik wimmelte es von Initiativen gegen Schnellstraßen, obgleich es ihnen oft an überregionaler Vernetzung und verbindender Philosophie fehlte. Der Protest gegen die Atomkraft ist, wenn auch in der Bundesrepublik stärker als anderswo, ganz und gar keine deutsche Besonderheit, mochte ihn die Atomlobby auch mit Vorliebe als speziell teutonische Hysterie hinstellen. Bewegungen für Waldschutz kennzeichnen nicht nur die USA, sondern sind der vermutlich weltweit häufigste Typus einer Umweltschutzinitiative. Auch der Kampf für die Intakterhaltung von Flüssen findet sich in vielen Regionen der Welt, von der Donau bis zum Colorado. Die in Japan 1988 einsetzende Protestbewegung gegen die Aufstauung des Nagara, des «letzten frei fließenden Flusses in Japan», bezog Impulse von den indischen Aktivisten gegen den Narmada-Staudamm.[109] Klagen über Umweltschädigung durch den Bergbau finden sich nicht nur auf den Philippinen, sondern – wie die *Klage der Natur* von Paulus Niavis bezeugt – in Deutschland bereits im 15. Jahrhundert.

Ein Sammelband über Umweltpolitik und Umweltprotest in Südostasien (1998)[110] ist nicht nach Ländern, sondern nur nach Leitmotiven gegliedert: nach Auseinandersetzungen um große Dämme, um die Waldnutzung, um den Bergbau, um gesundheitsschädliche Verschmutzung und um Tourismusprojekte, die Letzteren in Thailand und Bali. Dass Bewegungen zum Schutz der Wildnis fehlen, verwundert nicht; bei dem Protest gegen großflächigen Holzschlag durch auswärtige Firmen geht es um regionale Waldrechte. Wieder: Das Gesamtspektrum wirkt gegenüber der Öko-Szene in den westlichen Ländern sehr exotisch; und doch gibt es in den Motiven Überschneidungen. Immer wieder, wenn auch mit wechselnden Problemkonstellationen, Wald und Wasser, die beiden klassischen großen Allmenden der Geschichte; Konflikte um Staudämme von der Donau bis zum Mekong; immer wieder Bergbauprobleme und gesundheitsschädliche Wasser- und Luftverschmutzung; besonders für hoch industrialisierte Staaten Proteste gegen Landschaftszerstörung durch Schnellstraßen und gegen spezifische Risiken neuer Technologien, vor allem der Kerntechnik und der Chemie, und vor allem dort auch Bewegungen zum Tierschutz und zum Schutz der Wildnis. Nicht in allen

Punkten, aber doch partiell sind diese Problemkreise miteinander vernetzt; über die Logik der Sache gelangt man von einem in den anderen Kreis. Die Erkenntnis, dass Wald und Wasserführung der Bäche und Flüsse miteinander zusammenhängen, steht überhaupt am Ursprung des «vernetzten Denkens». Über den Kampf gegen Wasser- und Luftverschmutzung, eine klassische Arena des Umweltschutzes, gelangt man zu einer Vielzahl schädlicher Emissionen und mitten in die Diskussion der Risiken moderner Technologien hinein.

Mit Pirandello in die globale Geschichte der Umweltbewegung. Die Probleme sind, weltweit gesehen, nicht so unterschiedlich wie die Akteure. Sie lassen sich wohl innerhalb bestimmter Episoden, jedoch nicht insgesamt auf bestimmte Gruppeninteressen und Diskurse zurückführen; vielmehr werden sie in verschiedenen Ländern und zu verschiedenen Zeiten von unterschiedlichen Akteuren aufgegriffen. Luigi Pirandello machte in den 1920er Jahren mit seinem Theaterstück *Sechs Personen auf der Suche nach einem Autor* Furore. Wenn man aus der Geschichte der Umweltbewegung ein Theaterstück machte, könnte man es betiteln: *«Sechs Probleme auf der Suche nach Akteuren»*. Bei weiterer Untergliederung käme man auf neun Probleme oder gar auf ein ganzes Dutzend. Es wäre ein modernes Theaterstück ohne klassische Einheit von Raum und Zeit, auch ohne ein für alle Mal feststehende handelnde Subjekte und ohne definitiven Schluss.

An allererster Stelle unter den Themen, die die Umweltbewegungen auf der ganzen Welt miteinander gemein haben, steht ein von Timothy Doyle ausgelassenes Thema, bei dem der Umweltschutz auf die Arbeitsmedizin zurückgreifen konnte: das Thema *Gift*. Blättert man die Umwelttitel des *Spiegel* über die Jahrzehnte durch, findet man immer wieder als ein Leitmotiv die drohende Vergiftung, signalisiert etwa durch Fässer mit Totenkopf.[111] Günter Hartkopf, als Staatssekretär im Bundesinnenministerium von 1969 bis 1983 der starke Mann der Bonner Umweltpolitik, pflegte das Thema «Opfer» in die internen umweltpolitischen Diskussionen einzubringen; und da ging es ihm um die menschlichen Opfer. «In der Gladiolendiskussion, die gebietsbezogene Maßnahmen der Luftreinhaltung betraf und die Frage, ob auch in Belastungsgebieten z. B. die besonders empfindlichen Gladiolen wachsen können müssen, fragte er nach den Gesundheitsschäden.»[112] Wo es diese gab, wurde Umweltschutz am ehesten politikfähig, ob in der Ersten oder Dritten Welt.

Wieder: Das Neue um 1970 und danach war nicht die Sorge um die Natur als solche, sondern die Sorge um den Menschen. Gesundheitsschädliche Emissionen legitimierten nicht nur die behördliche Intervention, sondern wurden oft auch Zielscheiben von Protestbewegungen, besonders in solchen Ländern, denen es bis dahin an einer wirksamen Gewerbeaufsicht gefehlt hatte. Hier gab es ein klares Ziel, eine klare Legitimation, zugleich oftmals auch praktikable Lösungswege und eine bestimmte Gruppe vital Betroffener, die sich mobilisieren ließ. Vor allem Giftskandale lösten die japanische Umweltbewegung aus und machten die Politik mobil. Ein japanischer Sonderweg? Aber sogar Carolyn Merchants *Columbia Guide to American Environmental History* (2002) behandelt die *Antitoxics Movement* als einziges konkretes Beispiel der modernen Umweltbewegungen.[113]

Da sozial benachteiligte Schichten in aller Regel schädlichen Emissionen am meisten ausgesetzt waren, hat die *Environmental-Justice*-Bewegung dieses ursprüngliche Motiv der Öko-Ära erneut reaktiviert und zugleich eine Verbindung zu lokalen Umweltprotesten in der Dritten Welt hergestellt. In der Regel waren Proteste gegen Giftmüll lokal; da sich jedoch arme Dritte-Welt-Länder immer häufiger als Müllkippe der Ersten Welt anboten, haben Anti-Giftmüll-Initiativen in manchen Fällen die nationalen Grenzen überschritten, zumal sie Greenpeace ein ideales Terrain für spektakuläre Aktionen zur See boten.[114] Besonders hier konnte der Umweltschutz Solidarität mit der Dritten Welt demonstrieren.

Das Giftproblem suchte sich wechselnde Akteure; abwechselnd begegnet es als typisches Motiv eines Umweltschutzes von oben und von unten.[115] Die Kritik an der Kernkraft, ursprünglich ein Motiv konservativer Antimodernisten, wurde in den 1970er Jahren von Neomarxisten aufgegriffen. In der Ablehnung der Gentechnik trafen sich Öko-Feministinnen und traditionalistische Bergbauern. Für die Wildnis begeisterten sich passionierte Jäger wie leidenschaftliche Jagdgegner. Der Naturschutz übte eine Attraktion auf Menschenfeinde wie auf Panerotiker aus.

Nicht immer fanden die Umweltprobleme Akteure, die für sie wie geschaffen waren. Wer auf die bestehenden Verhältnisse eine Wut im Bauch hat, sucht sich oft die Protestbewegung, die es gerade gibt; und da boten sich seit 1970 oft Umweltproteste an. Wie alle Protestbewegungen haben diese damit zu schaffen, dass sich ihnen streitsüchtige Menschentypen anschließen, deren Wut sich mitunter auch gegen eigene Mitstreiter Luft macht. Im Idealfall brauchte der Umweltschutz eigentlich Menschen, die ihrer Heimat und Familie verbunden sind, denen die Verpflichtung für kommende Generationen leibhaftig vor Augen steht, für die bestimmte Werte und Regeln verbindlich sind und die, wenn es darum geht, auch den Staat als Ordnungsmacht bejahen. Stattdessen waren es nach 1970 in typischen Fällen ehemalige 68er, die – nachdem sie bisherige Zielobjekte verloren hatten – als Aktivisten gegen Umweltskandale mobilisierbar waren: kinderlose Singles, denen Heimat, Familie, Normen, Gesetze tief suspekt waren, denen ihre spontanen Impulse über alles gingen und die am liebsten in der Welt herumreisten. Was nicht ausschließt, dass sie am Ende für den Umweltschutz dennoch etwas bewirkten. Die Geschichte der Öko-Ära liefert Stoff für Erfolgsgeschichten wie für Tragödien, aber auch nicht wenig Stoff für Komödien.

Die Leitmotive Wasser und Atom

Die älteste Arena der Umweltpolitik. Das *Wasser,* dieses flüssige Element, ist mehr noch als der Wald und der Boden im Umweltschutz ein Element der Bewegung und der Vernetzung, zugleich allerdings auch eines, an dem sich die «Ökologie der Öko-Bewegung», die Wirksamkeit geographischer und kultureller Unterschiede, zeigt. Das, was wir heute «Umweltbewusstsein» nennen, entwickelte sich, soweit wir bislang wissen, am allerfrühesten am Wasser.[116] Hier reichen Traditionen der Regulierung bis in die frühen Stromkulturen zurück, mit denen die schriftlich dokumentierte Weltgeschichte beginnt: Jahrtausende weiter als die Regulierung der Waldnutzung, die sich erst im Laufe der Neuzeit verdichtet. Aus historischer Sicht ist die Priorität von Wasserproblemen in vielen Weltregionen nicht schwer zu verstehen und ebenso wenig aus der Sicht der Öko-Logik. Ob man einen Fluss eindeichte oder aus ihm Wasser ableitete, stets entstanden Konflikte mit unteren Flussanrainern, die nach Regulierung und einem gewissen Maß an Systemplanung verlangten. Mehr noch, am Wasser wurde die Umweltpolitik – auch hierin zukunftsträchtig – schon früh zu einer abwägenden Strategie der *Balance,* bei der man vernetztes Denken lernte. Venedig wurde frühzeitig zu einem Pionier dieser Kunst: Es musste sich gegen die Hochflut wehren, aber auch die Verschlammung seiner Lagune verhindern. Der monomanische Kampf gegen das Wasser, die einseitige *Ent*wässerung führte auf die Dauer ebenso in die Krise wie die immer weiter in aride Regionen vorangetriebene *Be*wässerung.

Weniger umsichtig als die Venezianer waren die spanischen Konquistadoren: Die von Cortez geführten Reiterkämpfer hatten bei der Eroberung Mexikos die in einem See gelegene Aztekenhauptstadt Tenochtitlán, das «Venedig des Westens», als tückische Falle erlebt und sich nach dem Sieg nicht darauf verstanden, das aztekische Ökosystem zu erhalten, sondern Abfälle und Fäkalien in den See geleitet, so dass dieser zur Kloake verkam und verschlammte. Damit erhöhte sich nicht nur die Seuchen-, sondern auch die Hochwassergefahr, da sich die Wasserrückhaltekapazität des Sees verringerte. Daher stand die mexikanische Umweltpolitik über Jahrhunderte im Zeichen der *desague*, der Entwässerung, bis sich im Tal von Mexiko eine Salzsteppe ausbreitete und Staubstürme die Hauptstadt verheerten.[117]

Bereits Alexander von Humboldt erklärte die Monomanie der *desague* für eine «Dummheit»: «Aber die Spanier haben das Wasser als Feind betrachtet. Sie wollen anscheinend, dass dieses Neu-Spanien genau so trocken wie die Innenbezirke ihres alten Spaniens ist. Sie wollen, dass die Natur ihrer Moral ähnlich wird, und das gelingt ihnen nicht schlecht.»[118] Immerhin, das ist nicht die einzige Geschichte: Gegenüber dem späteren Ehrgeiz der Yankees, aride Gebiete des von ihnen eroberten Mexiko mit Bewässerung um jeden Preis in Ackerland zu verwandeln, wird die relative Vernunft spanischer Kolonisten wiederentdeckt, die aus Trockengebieten stammten und in ariden Regionen Mexikos in eine Landschaft kamen, die sie verstanden, als aride akzeptierten und entsprechend extensiv bewirtschafteten.[119]

Von Anfang bis heute war das Wasser ein Leitmotiv von Umweltkonflikten und Umweltpolitik; in der europäischen Stadthygiene des späten 19. Jahrhunderts besaßen die Wasserver- und -entsorgung unter hygienischen Aspekten höchste Priorität. Fortan hatten die Verwaltungen in Mittel- und Westeuropa zumindest die ärgste Verschmutzung prinzipiell im Griff, so dass Wasserprobleme zunächst nicht ins Zentrum der neuen Umweltbewegung rückten. Aber schon an dem wasserärmeren und kommunalpolitisch rückständigen Südeuropa ging die Reformära um 1900 weitgehend vorbei; da standen elementare Forderungen der Stadthygiene nach wie vor im Raum.[120] Schon gar in wasserarmen Teilen der Dritten Welt ist die hygienische «Hydropolis» west- und mitteleuropäischen Typs nur in privilegierten Wohnvierteln der Metropolen zu realisieren; die Fixierung auf dieses Hygienemodell ist fast automatisch mit umweltpolitischer Diskriminierung verbunden.[121]

Die neue Brisanz der Wasserpolitik. Vieles deutet darauf hin, dass Wasserprobleme weltweit an Priorität zunehmen. Wenn sich die globale Erwärmung fortsetzt, macht sie sich in vielen Weltregionen besonders empfindlich in der Wasserversorgung bemerkbar. Die moderne Technik macht es möglich, Wasser über immer weitere Entfernungen zu leiten und machtpolitisch unterlegenen Gebieten ihr Wasser zu entziehen, so wie ihnen schon vorher andere natürliche Ressourcen entzogen worden waren. Auf diese Weise können Metropolen die von ihnen betriebene Übernutzung der heimischen Wasserressourcen verschleiern. In den 1990er Jahren versuchte das US-Unternehmen Sun Belt Water, kanadisches Wasser in großem Stil in das stets durstige Kalifornien zu importieren, und verklagte die kanadische Regierung auf zehn Milliarden Dollar Schadenersatz, als diese ein Veto einlegte.[122] Die Wasserversorgung der vertrocknenden Region um Peking war ein Hintergedanke beim Bau des gigantischen Dreischluchten-Staudamms am Yangtse,[123] der die bislang aufsehenerregendste Umweltkontroverse in China provozierte. Konflikte dieser Art dürften zukunftsträchtig sein. Wenn Nordchina auszutrocknen droht, ist es mittlerweile technisch möglich, Wasser aus dem Süden dorthin zu pumpen.

Mit Öko-Logik könnte man den kategorischen Imperativ aufstellen: Damit den Menschen der Wert des Wassers bewusst wird und sie dazu erzogen werden, mit Wasser sparsam umzugehen, muss das Wasser einen Preis bekommen, den der Wassernutzer spürt. Die Situation erinnert verblüffend an den Konflikt um die Holzversorgung in deutschen Landen vor zwei Jahrhunderten, als es viele Menschen noch gewohnt waren, ihre «Hausnotdurft» an Holz nahezu gratis zu bekommen, nunmehr jedoch von den Forstreformern belehrt wurden, im Interesse der guten Wald- und Holzwirtschaft müsse das Holz einen guten Preis bekommen. Aber gerade in wasserarmen Gebieten, wo dem Wasser der höchste Preis zukäme, ist die Masse der Menschen oft am ärmsten. In kaum einem anderen Bereich ist die Synthese von Umwelt- und Sozialpolitik so wichtig und zugleich so vertrackt wie hier. Und kaum irgendwo anders besteht eine derart üble Synergie von Umweltschädigung und Profit; denn je mehr die Wasserverschmutzung voranschreitet, desto mehr sind die Menschen darauf angewiesen, sich das Wasser im Supermarkt zu kaufen, und desto mehr kann der Preis hochgetrieben werden.

Wasserprojekte konnten bevorzugt auf Förderung durch die Weltbank rechnen: Aber damit diese kreditwürdig wurden, musste das Wasser zu einem Preis verkauft werden, der die Rückzahlung des Kredits einigermaßen gewährleistete. Zum weltweit bekanntesten Prototyp der daraus entspringenden Konflikte wurde der «Wasserkrieg von Cochabamba» in Bolivien von 1999/2000: Dort war die Wasserversorgung auf Empfehlung der Weltbank privatisiert worden, mit dem Effekt, dass der Preis auf eine Höhe schnellte, die arme Leute dazu zwang, einen erheblichen Teil ihres Lohns für Wasser auszugeben. Darauf kam es zu einem regelrechten Aufstand und Generalstreik, bei dem Massen von Bolivianern – manche reden sogar von Millionen – nach Cochabamba strömten. Der Widerstand hatte nach blutigen Zusammenstößen Erfolg: Die Privatisierung wurde zurückgenommen. Der exemplarische Charakter des Konflikts war bewusst: Sprecher des Protests verkündeten die *Cochabamba Declaration*, die das Recht auf Wasser in die zu schützenden Menschenrechte aufnahm. Bei kaum einer anderen umkämpften Ressource war die elementare Lebensnotwendigkeit so evident wie beim Wasser und ein Naturrecht so leicht zu begründen. «Wasser ist Leben»: Aus der Protestbewegung von Cochabamba ging die mittlerweile weltweit bekannte *Coordinadora de Defensa del Agua y de la Vida* hervor.[124]

Den Deutschen ist es bis heute selbstverständlich, dass aus der kommunalen Wasserleitung Wasser mit Trinkwasserqualität strömt; in Wirklichkeit ist dieser Vorzug – im Unterschied zu so manchem eingebildeten deutschen Sonderweg – in der heutigen Welt höchst ungewöhnlich. Das Wasser ist wie die Luft ein Grundelement der Welt und allen Lebens; der Begriff «Naturrecht» bekommt bei dem Recht auf Wasser und Luft einen evidenten Sinn – aber wer bestimmt, auf wie viel Wasser der Mensch ein Recht hat und welche Qualität dieses haben muss? Soll man sich für die Trennung von Trink- oder Brauchwasser einsetzen, oder ist genau das grundfalsch, weil es den Großteil des Wassers für eine begrenzte Verschmutzung freigibt und viele doch das Brauchwasser trinken würden? Auch hier erscheint es aussichtslos, nach einer generellen Antwort zu suchen; es handelt sich um ein Musterbeispiel der Ökologie des Umweltschutzes. Ähnliches gilt für den Wasserbau.

Große Staudämme als Objekte von Protestbewegungen. Die indische Schriftstellerin Arundhati Roy stellte 1999 Großstaudämme in ihrer flächendeckenden Vernichtungswirkung in eine Reihe mit den Atombomben.[125] Staudämme und Kernkraftwerke wurden diejenigen technischen Großprojekte, die auf der ganzen Welt den stärksten Protest hervorriefen und jeweils einen Typus von Protestbewegung hervorbrachten, der die Grenzen von Nationen und Kulturen überschritt. In diesem Faktum liegt eine Ironie der Geschichte, wenn man sich an Mumfords schwärmerische Begeisterung für die umweltfreundliche «Neotechnik» erinnert, die er am meisten in Wasserkraftwerken verkörpert fand. Wasser- wie Kernkraft zogen früher Hoffnungen auf sich, die später zu Triebkräften der

Umweltbewegung wurden: Hoffnungen auf eine umweltfreundliche und unerschöpfliche Energiequelle, ohne rauchende Schornsteine und ohne Raubbau an den erschöpfbaren fossilen Energieträgern.

Bis heute sind zumindest bei der Wasserkraft die Meinungen in der internationalen Öko-Szene geteilt. Das hat Gründe, die in der Sache selbst liegen: Es ist ein Unterschied, ob man Stauseen im deutschen Mittelgebirge oder in den Tropen anlegt. Im Sauerland fanden sich selbst die Naturschützer über kurz oder lang mit den Stauseen ab, zumal diese, sobald die Natur die Ufer zurückerobert hat, ihren eigenen landschaftlichen Reiz besitzen und Brutstätten für Vögel bieten. Schon im Umfeld der Alpen wurden Naturschützer jedoch zu Anhängern der Kernenergie, um diese gegen geplante Stauseen auszuspielen. In südlicheren Regionen, wo die Verdunstung enorm ist, in Stromkulturen durch Stauseen kostbares Ackerland verloren geht, stehende Gewässer zu Brutstätten von Krankheitserregern werden und über kurz oder lang zu verschlammen drohen, ist die Anlage großer Stauseen häufig schon rein ökonomisch irrational und nur daraus zu erklären, dass die großen Staudämme – mit dem Vorbild der Tennessee Valley Authority (TVA) vor Augen – jahrzehntelang als der Gipfel von Fortschritt und «Entwicklung» galten. Nehru nannte sie die «Tempel des modernen Indien»;[126] das wurde zum geflügelten Wort. Sunderlal Bahaguna dagegen, der Sprecher der Chipko-Bewegung, verdammte die großen Dämme als «Monumente der Dummheit des 20. Jahrhunderts».[127] Vandana Shiva klagte, der Dammbau sei in Indien nach Erlangung der Unabhängigkeit zur «Epidemie» geworden.[128] Wie nicht zu verwundern, war die Einstellung zum Dammbau teilweise eine Frage der geographischen Lage: Wer kein Flussanrainer war, konnte darauf hoffen, zu den Gewinnern zu gehören.

Bahnbrechend in der internationalen Öko-Kommunikation wurde das 1984 vom Sierra Club herausgebrachte, von zwei Mitarbeitern des britischen Magazins *The Ecologist* verfasste 400-Seiten-Opus *The Social and Environmental Effects of Large Dams*. Es ist ein in mehrfacher Hinsicht bemerkenswertes Werk. Während es – wie wir sahen – in der Frage der Kommerzialisierung der Wasserversorgung nicht leicht ist, Ökologie und soziale Gerechtigkeit miteinander in Einklang zu bringen, war aus der Sicht der Autoren dieses Werkes, Edward Goldsmith und Nicholas Hildyard, bei den großen Dämmen die Lage klar und einfach: Diese sind ökologisch verhängnisvoll, auf die Länge der Zeit wegen der hervorgerufenen Bodenversalzung und der Verschlammung des Stausees auch ökonomisch unsinnig und zu alledem unsozial. In typischen Fällen sind es

Prestigeprojekte der jeweiligen Machthaber, im Interesse der Metropolen und auf Kosten der Kleinbauern. Protestbewegungen konnten zugleich für die Umwelt und für soziale Gerechtigkeit kämpfen. Regionen abseits der Wasserkraftwerke, die über diese mit Strom versorgt zu werden hofften, hatten von «Gerechtigkeit» allerdings oft andere Vorstellungen. Eindeutig verdammenswert waren im Übrigen auch aus der Sicht der Protestbewegungen nur die «großen» Dämme. Aber was heißt hier «groß»? Das sei – so die Autoren – nicht quantitativ, sondern nur qualitativ zu bestimmen: durch die großräumigen Umweltwirkungen. Als «kleine» Alternative bieten sie kein generelles Modell, sondern konkrete historische Beispiele, an der Spitze die Qanate des alten Iran: Bewässerungsnetze, deren untergründiger Verlauf die Verdunstung mitsamt weiteren Unannehmlichkeiten verhinderte.[129] Die Verfasser halten sich ausführlich bei den kleindimensionierten, für lokale Bedürfnisse bestimmten Vorbildern aus der Vergangenheit auf; nur wenige andere Pionierwerke der Umweltbewegung zeugen von einem derart kenntnisreichen Geschichtsbewusstsein.

Über die Dritte Welt entdeckte die umweltbewusste amerikanische Öffentlichkeit auch die Irrationalität großer Dämme und Bewässerungsanlagen im Westen ihres eigenen Landes: «asiatische» Verhältnisse in dem angeblichen Musterland der freien Wirtschaft.[130] Der alte Hass amerikanischer Wildnisfreunde auf den Hetch-Hetchy-Damm und andere Colorado-Staudämme lebte mit modernen Argumenten wieder auf: «The finest fantasy of eco-warriors is the destruction of the dam and the liberation of the Colorado», bekannte Dave Foreman mit seiner brutalen Offenheit.[131] Auch wenn der Earth-First!-Führer sich das Vergnügen verkniff und Proteste gegen bereits angelaufene Staudammbauten gewöhnlich erfolglos blieben, war in den 1990er Jahren doch die Zeit vorbei, in der die Staudämme überall auf der Welt als die Monumente der Zukunft galten.[132]

Gegenüber den Bauern wurde der Dammbau üblicherweise mit dem Hochwasserschutz und den Chancen für die Bewässerung der Felder gerechtfertigt. «Jeder, der sich der Bewässerung widersetzt, ist ein Feind der Nation», droht mit schneidender Schärfe selbst Tirunellai N. Seshan, zeitweise indischer Staatssekretär für Umweltfragen mit dem Image eines integren und unabhängigen Politikers, dem die ökologischen Tücken der Dammbauten wohlbekannt sind und der sich sonst sarkastisch über den Hang von Politikern zu Megaprojekten auslässt.[133] De facto dominierte bei den Dammbauten jedoch in aller Regel, in Indien wie anderswo, das Interesse der Elektrizitätswirtschaft, oftmals auf Kosten anderer Interessen. Es war das Kraftpotential der Staudämme, das Ingenieure wie Politiker faszinierte.[134]

Das erste gigantische und noch jahrzehntelang spektakulärste Staudammprojekt der Dritten Welt, der Assuan-Staudamm, diente offenkundig nicht den Fellachen, sondern *zerstörte* geradezu jene natürlichen Überflutungen des Niltals, die seit fünf Jahrtausenden mit den Schlammpartikeln die Felder gedüngt hatten. Der erste um 1900 nach den Plänen des geschichtsbewussten[135] Sir William Willcocks errichtete Assuandamm hatte noch mit Schleusen dafür gesorgt, dass ein Großteil des Schlamms weiterhin durchgelassen wurde.[136] John McNeill resümiert, dass mit der Fertigstellung des neuen, unter Leitung sowjetischer Ingenieure errichteten Assuan-Staudamms 1971 die weitaus dauerhafteste nachhaltigste Wirtschaftsform der Weltgeschichte zerstört worden sei.[137] 1971, in der Zeit der «ökologischen Revolution»! Man kann es als phänomenal ansehen, dass sich damals kein Aufschrei der Empörung erhob. Aber man kann ebendies bezeichnend finden. Die Probleme der agrarischen Nachhaltigkeit wurden erst im Laufe der Zeit wiederentdeckt; der Assuandamm war überladen mit Symbolik der «Entwicklung», und der größte Teil des islamischen Raums ist bis heute auf der Weltkarte der Umweltbewegung ein leerer Fleck, obwohl Grün die Farbe des Islams ist und die Scharia, das traditionelle islamische Recht, eine genaue Regelung der Wassernutzung und gemeinsamen Instandhaltung der Bewässerungssysteme enthielt, den Fellachen allerdings an das untere Ende der sozialen Hierarchie stellte.[138] Zwar hat Ägypten seit 1988 die erste grüne Partei der arabischen Welt; aber nicht einmal diese traute sich an das Thema «Assuandamm» heran, sondern konzentrierte sich – ihrer Herkunft aus der städtischen Intelligenz entsprechend – auf Probleme der Stadthygiene.[139]

Aufruhr gegen die «Tempel des modernen Indien». *Indien* galt unter Hydraulikern traditionell als «Märchenland der Bewässerung», das «in der Vielseitigkeit seiner Bewässerungsverfahren selbst China bei weitem» übertraf; diese Vielseitigkeit spiegelte die Vielfalt der lokalen Bedingungen.[140] Noch die britischen Ingenieure des 19. Jahrhunderts lernten in Indien Respekt vor den hydraulischen Leistungen der Mogulzeit, die von kleinen Stauteichen bis zu Riesenanlagen reichten. Vor diesem historischen Hintergrund lässt es sich verstehen, dass die indische Regierung nach der Unabhängigkeit hier einen besonderen Ehrgeiz entwickelte.

Einer Berechnung zufolge gingen von 1947 bis 1982 fünfzehn Prozent der gesamten Staatsausgaben in den Dammbau. Aber gerade in einem Land der Bewässerungskulturen sind breite Täler, die sich für Stauseen eignen, in der Regel dicht besiedelt; schätzungsweise wurden von 1947 bis 1992 an die zwanzig Millionen Menschen durch diese Projekte aus ihrer Heimat vertrieben.[141] In der Dritten Welt, wo die zentralen Bürokratien oft noch schärfer als in alten Industriestaaten von der Welt der Dörfer durch einen Kulturbruch getrennt sind, vollzogen sich die Planungen nicht selten mit aufreizender Nichtachtung über die Köpfe der Einheimischen hinweg; in den 60er Jahren kam es sogar vor, dass diese die Dimensionen eines Stausees erst durch den steigenden Wasserspiegel bemerkten.[142]

So erklärt es sich, dass das einstige «Märchenland der Bewässerung» in den 1980er Jahren zum Zentrum des Kampfes gegen Staudammprojekte und zum Vorbild für ähnliche Protestbewegungen in anderen Ländern wurde: vor allem durch den breiten Widerstand gegen den Sardar-Sarovar-Staudamm am Narmada-Fluss nördlich von Bombay, damals das «größte Staudammprojekt der Welt».[143] Er war als Abschlussdamm des *Narmada Valley Development Project* geplant, das insgesamt nicht weniger als 30 große, 135 mittlere und 3000 kleinere Dämme durch den bis in die 1970er Jahre naturbelassenen Fluss vorsah.[144] Spirituell angehauchte Publikationen zum Konflikt um den Sardar-Sarovar-Staudamm heben hervor, der Narmada, dessen Kiesel «wie kleine *Lingas*, Phallussymbole des Gottes Shiva», aussähen,[145] sei ein heiliger Fluss wie der Ganges. Die Heiligkeit dieser Flüsse hat die Anwohner jedoch weder von ihrer Nutzung noch von ihrer Verschmutzung abgehalten:[146] Die religiöse Tradition liefert keine befriedigende Erklärung für den Widerstand. Im Prinzip war die Nutzung des Flusswassers zur Bewässerung eine Selbstverständlichkeit. Im Falle des Narmada war es der jahrzehntelange Streit der Anliegerstaaten um das Wasser, der Dammbauprojekte immer wieder verzögerte.[147] Wichtiger als die spirituelle Beziehung zum Fluss erscheint ein anderer Hintergrund: Auch das Selbstbewusstsein der Protestbewegung speiste sich aus der reichen hydraulischen Tradition Indiens. Viele Dörfer besaßen ihre eigene Kompetenz im Wasserbau und waren seit Jahrhunderten darin erfahren, sich selbst mit Wasser zu versorgen. Sie brauchten das Großprojekt nicht; vielmehr wurden ihre eigenen Bewässerungsnetze dadurch bedroht. Selbst Indira Gandhi und nach ihr Rajiv Gandhi waren über die menschlichen Kosten der großen Staudämme erschrocken;[148] aber sogar als Regierungschefs sahen sie sich außerstande, die einmal angelaufene Projektmaschinerie zu stoppen.

Ein sozialer oder ein ökologischer Konflikt? Gewiss ging es den allermeisten Widerstandskämpfern nicht um die Ökologie als solche, sondern um die bedrohten Rechte der Einheimischen. Vandana Shiva verweist auf einen entscheidenden Punkt aller großen Dammbauprojekte: Selbst dann, wenn diese potentiell vielen Menschen nützlich sein könnten, sind sie doch in aller Regel mit der Annullierung traditioneller dörflicher Nutzungsrechte und der Entmachtung der Dorfgenossenschaften verbunden.[149] Das ist überhaupt in weiten Teilen der Welt die Tücke all jener Umweltpolitik, die im Endeffekt – und sei es unter der Parole *sustainable development* – die Macht der Zentrale stärkt. Man könnte daher fragen: Handelt es sich überhaupt um einen Umweltkonflikt? Ist die Ökologie nicht nur der äußere Schein; handelt es sich nicht im Kern um einen sozialen Konflikt, und zwar um einen von welthistorischer Tragweite: um die Durchsetzung der modernen Machtapparate gegen die alten bäuerlichen Welten?

Aber mit der Ökologie haben auch diese alten kleinen Welten eine moderne Waffe von großem Format in die Hand bekommen. Die Erschütterung fixer Ideen vom technischen Fortschritt, die geschärfte Aufmerksamkeit für die unbeabsichtigten Nebenwirkungen, das *Small is Beautiful*, die Forderung nach «vernetztem Denken» – dies alles trug dazu bei, dem Widerstand gegen die Staudämme exemplarischen Charakter und Ausstrahlungskraft zu verleihen. Schon die bloße Chronologie der Ereignisse lässt erkennen, dass der Widerstand gegen die großen Dämme erst in der Öko-Ära eine Erfolgschance bekam und nicht in Desperadoakten stecken blieb, sondern Selbstbewusstsein erlangte, Verbündete fand und politisch konfliktfähig wurde.

Besonders in den Jahren zwischen Tschernobyl und Rio, 1986 bis 1992, erlebten Umweltsorgen international eine neue Hochkonjunktur; und vor allem in den 1980er Jahren sammelte sich der Widerstand gegen große Dammbauten, von Österreich bis nach Indonesien. Am 28. September 1989 fand die erste Großkundgebung der Protestbewegung gegen den Narmada-Damm statt, die sich *Narmada Bachao Andolan*, «Rette die Narmada-Bewegung», nannte.[150] Im Blick auf die Beteiligung der Weltbank am Narmada-Projekt veranstalteten amerikanische Kongressabgeordnete 1989 ein Hearing, zu dem indische Wortführer des Widerstands geladen wurden. Da auch Japan in dem Projekt finanziell engagiert war, veranstalteten japanische NGOs 1990 ein internationales Narmada-Symposium; darauf zog Japan seine Beteiligung am Narmada zurück. Ende 1990 strömten Massen der Bevölkerung zu einem Sit-in auf dem Bauplatz.[151] Es war eine spektakuläre Demonstration, die an den berühmten Salzmarsch unter Führung von Mahatma Gandhi erinnerte.

NGOs bestürmten über Jahre die Weltbank, ihre Förderung des Projekts zurückzuziehen. Ein unter solchem Druck im Auftrag der Weltbank 1992 vorgelegter Bericht über das Narmada-Projekt brachte vernichtende Resultate: Die gesamte Projektplanung wirkte schlampig und unprofessionell; man hatte es nicht einmal für der Mühe wert gehalten, die Zahl der auszusiedelnden Menschen auch nur leidlich genau zu ermitteln. Nun kam heraus, dass infolge der Fernwirkungen des Staudamms voraussichtlich 240 000 Menschen statt wie bis dahin angenommen 90 000 obdachlos werden würden.[152] Kein Ereignis trug stärker zur darauffolgenden «sozial-ökologischen Wende» in der Weltbank bei wie der Narmada-Skandal, der sich auf das Image dieser Bank derart verheerend auswirkte, dass Forderungen nach ihrer Zerschlagung laut wurden.[153] Am Ende zog sich die Bank aus dem Projekt zurück.[154] Dennoch war die Fertigstellung des Sardar-Sarovar-Staudamms nicht mehr zu stoppen. Im Tal des Narmada ist jedoch noch eine ganze Kette weiterer Staudämme geplant:[155] Stoff genug für künftige Kontroversen. «Auch wenn wir diesen Kampf verlieren, werden wir die Schlacht gewinnen», prophezeite Medha Patkar, die als Sprecherin des Widerstandes international berühmt wurde.[156]

«Yangtse! Yangtse!» Der Widerstand gegen die großen Staudämme ist ein besonders schlagendes Beispiel dafür, wie in der Öko-Ära, von dem neuen Denken transportiert, bestimmte Motive um die ganze Welt wandern und dabei sehr unterschiedliche Akteure mit unterschiedlichen kulturellen Hintergründen anziehen. Es liegt nahe, den Kampf um das Narmada-Projekt mit der chinesischen Kritik an dem Projekt des Dreischluchten-Staudamms im dichtbesiedelten Tal des Yangtse zu vergleichen, die ebenfalls 1989 mit der Dokumentation der Ingenieurin Dai Qing die Weltöffentlichkeit erreichte. Die mutige Frau, deren Persönlichkeit uns noch später beschäftigen soll, wurde dafür mit zehn Monaten Gefängnis bestraft.[157] Die gigantischen Dimensionen dieses Vorhabens stellten selbst das Narmada-Projekt in den Schatten: Der geplante Stausee erstreckt sich über 600 Kilometer; das Kraftwerk soll so viel Strom erzeugen wie 16 große Kernkraftwerke. Zuerst hieß es, an die zwei Millionen

Menschen müssten umgesiedelt werden, mittlerweile ist deren Zahl um weitere Millionen gestiegen.[158]

In China war die Konfliktszenerie ganz anders als in Indien, dem Land mit einer lebendigen, von lokalen Initiativen wimmelnden Zivilgesellschaft. Die Autonomie der Dörfer war von der kommunistischen Diktatur weithin zerstört worden; nicht sie konnten den Widerstand tragen. Dai Qing präsentierte eine in sachlichem Stil geführte Debatte unter Experten: und doch bei aller äußeren Dezenz eine faszinierende Diskussion, bei der die über Jahrtausende zurückreichende hydraulische Erfahrung Chinas und der auf viele Flutkatastrophen gegründete Respekt vor der Gewalt der Flüsse spürbar werden. Intern war das Dreischluchten-Projekt schon seit drei Jahrzehnten diskutiert worden; aber angesichts dieser Dimension hatte selbst Mao Tse-tung quergeschossen, zumal ein derartiger Staudamm die militärische Verwundbarkeit Chinas erhöhte und die maoistische Rhetorik die Bauern und deren Volkskommunen zur Basis der kommunistischen Herrschaft machte. Dai Qing fand Unterstützung selbst bei Li Rui, Maos einstigem Sekretär für Industrieangelegenheiten und Vizeminister für Wasserressourcen und Elektrizität, der sich auf die «Gesetze der Natur» berief und den Projekt-Enthusiasten im KP-Jargon linksradikalen Emotionalismus und subjektivistische Willkür vorwarf.[159]

Auf die «Gesetze der Natur» hatte sich schon 1957 der couragierte Hydrauliker Huang Wanli, einst Mitarbeiter bei der amerikanischen TVA, in seiner Kritik an dem Sanmenxia-Damm berufen, der den Hoangho aufstauen sollte und infolge der Schlammfracht, die dem «Gelben Fluss» seinen Namen gegeben hatte, zu einem Fiasko geriet. Noch als Achtzigjähriger schrieb er Briefe an den chinesischen Regierungschef Jiang Zemin und an den US-Präsidenten Clinton, in denen er vor dem Dreischluchten-Projekt warnte, wobei er zugleich versicherte, als Hydrauliker sei er nicht prinzipiell gegen Dammbauten. Er spielte Erfahrungen aus der chinesischen Vergangenheit gegen die mangelnde Landeskenntnis sowjetischer Berater aus.[160] Für Dai Qing selbst ging es nicht nur um den Yangtse, sondern mehr und mehr auch um die Demokratisierung ihres Landes.[161] Aber ebendieses Faktum, dass das Projekt zur politischen Kraftprobe wurde, mag dazu beigetragen haben, dass die chinesische Regierung daran festhielt. Doch auch das Unbehagen gegenüber dieser Überflutung einer alten Kulturlandschaft bleibt im heutigen China salonfähig: Ein Riesengemälde von Liu Xiaodong «Die neuen Migranten der Drei Schluchten» wurde 2007 von der Gründerin einer Pekinger Restaurantkette für umgerechnet über zwei Millionen Euro ersteigert.[162]

Die Kontroversen um das Narmada- und das Dreischluchten-Projekt sind längst keine Einzelfälle mehr, sondern Prototypen von Umweltprotest. Der Widerstand gegen große Dammbauten ist vor allem in Süd-, Ost- und Südostasien zu einer regelrechten Bewegung geworden, ob am Mekong, der im südchinesischen Jünnan entspringt und mehrere Länder Südostasiens durchfließt, im Kedungombo-Gebiet im Zentrum von Java oder an anderen der mittlerweile zahlreichen Staudammprojekte.[163] Bei Flüssen, die Staatsgrenzen überqueren, werden die Kontroversen zum Teil zwischen den Staaten ausgetragen.

Bei den innerstaatlichen Konflikten geht es, wie in dicht besiedelten Stromkulturen nicht zu verwundern, vor allem um die Aussiedlung der Bevölkerung aus den überfluteten Tälern. Zugleich jedoch besitzt der Konflikt eine ausgeprägte symbolische Ebene, und zwar auf beiden Seiten. Für die Fürsprecher verkörpert der Damm den magischen Begriff «Entwicklung», für die Gegner die zum Ungeheuer Leviathan gewordene Staatsgewalt.[164] Und auch die Protagonisten des Dammbaus argumentieren mit sozialer Gerechtigkeit: Sie machen aus den großen Dämmen «Symbole der Gerechtigkeit durch die Verteilung der Wohltaten der Entwicklung unter den Provinzen».[165] Ein weiteres Beispiel dafür, dass sich mit einer uniformierenden Gerechtigkeit viele staatliche Eingriffe begründen lassen, wovon bereits die gesamte Geschichte des Kommunismus zeugt. Aber auch die Ökologie besitzt, machtpolitisch gesehen, vor allem als abstraktes Prinzip schon längst ein Doppelgesicht: Sie fungiert nicht nur als Waffe von Widerständlern, sondern auch als Herrschaftsinstrument. Das indonesische «Transmigrationsprojekt», das als «ehrgeizigstes Siedlungsprojekt der Welt» galt und Millionen armer Leute aus Java auf die äußeren Inseln Indonesiens umsiedelte, wurde quasiökologisch gerechtfertigt: mit der unerträglichen Übervölkerung Javas.

Eine neue ökologische Basis für das Recht auf Heimat. Aber die ökologische Einsicht liefert, sobald sie ins Konkrete vordringt, auch Gegengründe. Ein zukunftsträchtiger Aspekt der Ökologie besteht nicht zuletzt darin, dass sie dem Recht auf Heimat – für herkömmliche Anhänger von Fortschritt und Mobilität lediglich ein Reflex des Trägheitsgesetzes – eine rationale Grundlage gibt. Gerade das indonesische «Transmigrationsprojekt» führte nicht nur zu massenhafter Verelendung, sondern auch zu einem ökologischen Desaster großen Ausmaßes, da die Siedler zu ihren neuen Umwelten kein Verhältnis besaßen und mit den dortigen Bedingungen nicht vertraut waren.[166] Selbst Teile der indonesischen Armee sympathisierten mit der Protestbewegung gegen die Staudämme und rührten gegen die Demonstranten nicht die Hand.[167]

Schon der Schriftsteller Valentin Rasputin, einer der geistigen Väter der russischen Umweltbewegung, stellte in seinem literarischen Hauptwerk *Abschied von Matjora* (1976), das eindrucksvoll verfilmt wurde, die Heimatliebe gegen den Staudamm: ein neuer Ton in der Sowjetunion, in der über Generationen die gigantischen Staudämme als Kathedralen des Kommunismus gefeiert worden waren. Rasputins Heldin ist eine alte Frau – Prachtexemplar einer lebensvollen und heimatverbundenen russischen Bäuerin –, die in ihrem Dorf bleibt, auch als es von dem Stausee überflutet wird.[168] Er selbst drohte in einem Brief an den russischen Regierungschef, sich auf dem Roten Platz das Leben zu nehmen, falls die geplante Umleitung sibirischer Ströme nach Zentralasien realisiert würde.[169] Auch Medha Patkar kündigte 1989 in einem Brief an den Exekutivdirektor der Weltbank an, sie und ihre Mitstreiter würden das Tal des Narmada nicht verlassen, auch wenn es überflutet würde:[170] Rasputins literarische Imagination wurde in die Realität übersetzt.

Die Mehrdeutigkeit der Ökologie an der Donau. In eine ganz andere Atmosphäre geraten wir bei der österreichischen Protestbewegung gegen das bei *Hainburg*, 60 Kilometer donauabwärts von Wien, geplante Wasserkraftwerk, das die von Naturfreunden geliebte Auenlandschaft zu überfluten drohte. Das Projekt stammte noch aus dem Großdeutschen Reich, war jedoch über vierzig Jahre über die Planungen nicht hinausgekommen; erst in den frühen 1980er Jahren wurde es ernst. Der World Wildlife Fund startete eine Kampagne «Rettet die Auen». Als im Dezember 1984 mit der Rodung des Auenwaldes begonnen wurde, besetzten Naturschützer die Au, worauf die Rodungen am 2. Januar 1985 vorläufig gestoppt wurden, nachdem ein brutaler Polizeieinsatz eine breite öffentliche Empörung hervorgerufen hatte. An die Spitze dieser Protestbewegung stellte sich der damals international berühmteste Österreicher: der über achtzigjährige Verhaltensforscher Konrad Lorenz, Nobelpreisträger von 1973 und Autor der *Acht Todsünden der zivilisierten Menschheit*, eines Gründertextes der Umweltbewegung. Mit anderen Wissenschaftlern und Umweltschützern zusammen forderte er einen Volksentscheid über das Hainburg-Projekt.[171] Sprecher der Initiative veranstalteten am 7. Mai 1984 ein medienwirksames Happening: eine «Pressekonferenz der Tiere», in der sie als roter Auhirsch, Schwarzstorch, Blaukehlchen und Rotbauchunke verkleidet auftraten. Auch wenn es hier anders als am Narmada nicht unmittelbar um menschliche Heimat, sondern um ein artenreiches Stück Natur ging, waren Lorenz und seine Mitstreiter überzeugt, dass die Mehrheit der österreichischen Bevölkerung die Donauauen als ein erhaltenswertes Stück ihrer Heimat empfinden werde. Die Wiener Regierung spielte auf Zeit und beschloss, das Projekt vorerst zu vertagen.

Lorenz hatte sich schon vorher in dem erfolgreichen Widerstand gegen das geplante Kernkraftwerk Zwentendorf exponiert. Aber nun geriet er mit seinem alten Freund Otto Koenig aneinander, der zuvor den Spitznamen «Lorenzulus» gehabt hatte, da er Lorenz bis in die Barttracht nachahmte. Auch Koenig war ein angesehener Verhaltensforscher und zugleich ein führender Kopf des österreichischen Naturschutzes. Aber er dachte mittlerweile in einem weiteren umweltpolitischen Rahmen. Auf irgendeine Art musste das Land mit Energie versorgt werden: wenn nicht mit Kernenergie und nicht mit Kohle, dann blieb vorerst nur die Wasserkraft. Schon seit 1970 beriet er die Donaukraftwerke, die flussaufwärts von Wien bereits einen Staudamm nach dem andern bauten, über umweltverträgliche Kraftwerksanlagen; mit Unterstützung dieser Kraftwerksgesellschaft baute er sein Institut für Öko-Ethologie aus.[172] Die Donau war nicht der Nil und nicht der Hoangho; ein Donau-Stausee bedeutete keine ökologische Katastrophe. Stauten sich nicht auch die sich selbst überlassenen Flüsse zu anmutigen Seen, die ganzen Vogelscharen Brutplätze boten? Was ökologisches Denken bedeutete, war im Fall von Wasserkraftwerken in den gemäßigten Breiten nicht eindeutig.

Für Otto Koenig waren die Konflikte um die Wasserkraft ein Zeichen dafür, dass der Naturschutz im Zeichen der Öko-Ära von Grund auf umdenken musste: vom bloßen Konservieren eines vertrauten Stücks Landschaft hin zu einem aktiv-strategischen und ganzheitlichen Denken, das sich auf die Herstellung einer umweltverträglichen Wirtschaft im gesamten Land richtete. «Der Naturschutz steht heute an der falschen Front», schimpfte er nach der Kampagne gegen das Hainburg-Projekt. Heute gebe es «kaum noch ungestörte Landschaften» zu erhalten; Biotopschutz gelinge «vielfach nur noch auf dem Weg gezielter Revitalisierung», der Schaffung von «Lebensraum aus zweiter Hand». Da nahm er sogar einen Begriff von Konrad Lorenz auf. Wer die Geschichte kenne, der wisse, dass das von Naturschützern so geliebte Naturparadies um den Neusiedler See in Wahrheit solch ein «Lebensraum aus zweiter Hand» sei, als Folge eines Kanalbaus entstanden. Aber Naturschutz hin, Naturschutz her: «Primär haben wir heute für Entgiftung der Umwelt zu sorgen»: Da ist wieder das Leitmotiv «Gift». «Echte Naturschützer müssen in dieser Wahnsinnszeit ganzheitlich denken, ganzheitlich planen, ganzheitlich handeln.» «An den richtigen Fronten» müssten sie kämpfen, «wo es tatsächlich ums Überleben und nicht um ein medienwirksames Spektakel geht». Daher seien Wasserkraftwerke ein «wesentlicher Schritt» in die richtige Richtung. Und dann, ohne Lorenz beim Namen zu nennen: «Ich weiß, dass es Zoologen und Botaniker gibt, denen eine bestimmte Baumkulisse, ein paar Larven im vertrauten Tümpel wichtiger sind als die durch Abgase betroffene Bevölkerung. Es sind jene ‹Naturschützer›, die dann mit dem Auto zur Aubesetzung fahren.»[173] Nur selten hat ein führender Umweltaktivist das Prioritätenproblem so konkret und provokativ formuliert.

Anfangs quer zum Naturschutz: die Anti-Atomkraft-Bewegung. Während italienischen Naturschützern die Front gegen die Wasserkraft unverständlich war – in Italien besitzt der Wasserbau eine sehr alte Tradition –, nahmen Naturschützer alten Schlages in den Alpenländern sogar Kernkraftwerke in Kauf, wenn sie auf diese Weise die Verschandelung von Tälern durch Staumauern verhindern konnten; für Koenig dagegen besaß der Kampf gegen die Kernkraft Priorität, obwohl ihm das «groteske Indianer- und Revolutionsspiel» vieler Mitstreiter ein Gräuel war.[174] Damit sind wir mitten im *Atomkonflikt.* 1979 erreichte die bundesdeutsche Anti-AKW-Bewegung mit der Demonstration vom 31. März ihren Höhepunkt, als an die 100 000 Kernkraftgegner nach Hannover zogen, nachdem die Mehrheit der Österreicher in der Volksabstimmung vom 5. November 1978 das Aus der Kernenergie entschieden hatte. Da verkündete Robert Jungk eine «informelle Internationale» des Widerstands von Skandinavien bis Australien.[175]

In der Tat, kein anderes Thema stand derart im Zentrum der neuen, von Naturschutztraditionen erst einmal unberührten Umweltbewegung wie der Protest gegen die Kernkraftwerke: am allermeisten in Mitteleuropa, jedoch nicht nur dort. Hier stand am Anfang die Bürgerbewegung, nicht die Politik. Umweltpolitiker, die sich in den Bürgerinitiativen ihre Lobby schaffen wollten, gerieten durch diese Protestpriorität in Verlegenheit; denn die Energiepolitik lag außerhalb ihrer Kompetenz. Später wurde der Kampf gegen die Kerntechnik oft ökologisch begründet: die Atomspaltung, die die Grundelemente der Welt antaste, als Versündigung an der Schöpfung. Zuerst einmal ging es jedoch nicht um die Natur, sondern um die technische Sicherheit und die menschliche Gesundheit. So gesehen, ordnete sich die neue Protestbewegung in die weltweiten *antitoxic movements* ein.

Die «Pfadfinderrolle» der Kerntechnik: die Konfrontation mit dem hypothetischen Risiko. Und doch enthielt der Protest gegen die Kerntechnik einen neuartigen, in die Zukunft weisenden Zug: Hier ging es im Unterschied zu fast allen anderen Umweltproblemen, die damals Schlagzeilen machten, im Kern nicht um eine sichtbare, sondern um eine unsichtbare Gefahr: nicht um bekannte und erwiesene Schadenswirkungen, sondern um ein hypothetisches Risiko. Das war etwas Neues und Zukunftsträchtiges, auch aus heutiger Sicht, wenn man an die Risiken der Gentechnik, an die Gefährdung des Klimas oder der Ökosysteme in den Weltmeeren oder gar an das besonders hypothetische Risiko «Elektrosmog» denkt. Der Umgang mit hypothetischen Risiken erfordert einen neuen Politikstil: den Bürgerdialog zur Ermittlung dessen, was die Gesellschaft akzeptiert; das Durchspielen diverser Optionen; den Entwurf solcher Strategien, die sich im Eventualfall wieder zurücknehmen lassen. Kein anderer als Wolf Häfele, der gerne als «Brüterpapst» apostrophierte Gründervater des Schnellbrüterprojekts im Kernforschungszentrum Karlsruhe, wies schon 1973 auf diese «Pfadfinderrolle der Kernenergie» hin,[176] gewiss auch deshalb, um im Anblick der sich damals sammelnden Opposition daran zu erinnern, dass der nukleare Risikotypus mit seinen Unsicherheiten in der Risikolandschaft der neuen Technologien keineswegs allein dastand.

Oder stand letztlich doch Hiroshima am Anfang der Anti-AKW-Bewegung: eine sichtbare, offensichtliche Katastrophe schrecklichster Art? Aber gerade unter den Intellektuellen und Meinungsmachern hatte es bis dahin als aufgeklärt gegolten, das «friedliche Atom» von der Bombe scharf zu unterscheiden, so wie es das «Göttinger Manifest» der deutschen Atomforscher 1957 getan hatte. Noch die deutschen Atomkraftgegner der 1970er Jahre empfanden das Thema «Bombe» eher als Ablenkung; diese tauchte eher im Argumentationsmuster der Atomlobby auf: Nicht die zivile Kernkraft, sondern die Bombe sei die wirkliche Gefahr; das friedliche Atom befinde sich als Prügelknabe in einer Stellvertreterrolle, die es ganz und gar nicht verdient habe.

Nicht von vornherein war der Anti-AKW-Protest Bestandteil, ja Katalysator einer breiteren Umweltbewegung; in vielen Fällen verband er sich erst einmal mit einer kolossalen Fixierung auf diesen einen Punkt – schon ganz einfach deshalb, weil es so zeitaufwendig und zugleich so faszinierend war, sich in riskante Details der Kerntechnik einzuarbeiten, dass man in der Regel erst einmal zu nichts anderem kam. Nicht nur die Genese einer Priorität, sondern auch die Art und Weise, wie sich die ausschließliche Fixierung auf dieses Thema löste und sich der Blick auf ein breiteres Spektrum von Umweltrisiken öffnete, ist in diesem Fall ein bedeutsamer Vorgang exemplarischer Art, ganz besonders in Deutschland.

Die Bundesrepublik als Ausreißer: kein Erklärungsbedarf? Zwar ist der Protest gegen die Kernenergie längst nicht in dem Maße eine bundesdeutsche Besonderheit, wie die Atomlobby oft behauptete und selbst viele AKW-Gegner glaubten; aber doch kam selbst bei weltweiten systematischen Vergleichen der Anti-AKW-Bewegungen immer wieder heraus, dass die Bundesrepublik in diesem Punkt der große Ausreißer ist und eine konkurrenzlose Spitzenposition einnimmt. Dass bis zu 120 000 Menschen an einer Anti-AKW-Demonstration teilnahmen, wie es in der Bundesrepublik vorkam, steht noch nach heutiger Erkenntnis auf der ganzen Welt einzig da.[177] Singulär ist auch die Zähigkeit, mit der sich diese Bewegung über Jahrzehnte hielt und auch den Generationenwechsel und das abnehmende Interesse der Medien überdauerte. Und da besteht ein offensichtlicher Zusammenhang mit einer anderen Spitzenstellung der Deutschen: den weltweit bislang singulären Erfolgen der bundesdeutschen Grünen, deren wichtigster Ursprung in der Anti-AKW-Bewegung liegt. Als sie entstanden, Ende der 1970er Jahre, war es die Frage pro oder kontra Kernenergie, an der sich entschied, wer dazugehörte und wer als Gegner galt. Im verwirrenden Gesamtspektrum der Umweltprobleme war hier der feste Anhaltspunkt, das vorrangige Zielobjekt: zumindest in der Bundesrepublik.

Merkwürdig genug: Eine überzeugende, breit fundierte und weithin anerkannte Erklärung dieses deutschen Sonderweges fehlt bis heute.[178] Je mehr man über diesen Fragenkomplex nachdenkt, desto mehr erkennt man, dass dieses Thema viel Stoff liefert für grundsätzliche Reflexionen darüber, auf welche Weise man historische Kausalitäten nachweist und inwieweit es auch historische Zusammenhänge nichtkausaler Art gibt. Spielen vielleicht auch Zufälle, Kontingenzen, bestimmte Personen und Beziehungsnetze eine größere Rolle, als der Historiker ihnen zugestehen möchte; setzen gerade moderne Sozial- und Strukturhistoriker allzu sehr ihren Ehrgeiz darein, die Geschichte im Übermaß zu determinieren?

Aus der Sicht deutscher AKW-Gegner liegen die Dinge ganz einfach: Die Kerntechnik ist hochriskant; also ist es kein Wunder, dass sich heftiger Widerstand dagegen sammelt. Da gibt es keinen großen Erklärungsbedarf; zu erklären ist dagegen, wieso in anderen Ländern der Widerstand weniger stark ist als in der Bundesrepublik. In der Tat kann man bei einer auf Deutschland beschränkten Sicht zu dem Schluss kommen, dass die Kontroverse mit innerer Logik aus dem Gang der kerntechnischen Entwicklung speziell in der Bundesrepublik hervorgegangen sei. Dafür lassen sich vor allem die drei folgenden Argumente anführen:

(1) Während die bundesdeutsche Atomwirtschaft zunächst eigene Reaktorentwicklungen präferiert hatte und anfangs durchaus ein Bewusstsein dafür vorhanden gewesen war, dass die dicht besiedelte Bundesrepublik Reaktoren mit erheblich höherer inhärenter Sicherheit braucht als die USA, setzten sich spätestens seit 1967 die amerikanischen Leichtwasserreaktoren durch. Diese waren jedoch selbst aus der Sicht amerikanischer Reaktorsicherheitsexperten wegen des hohen «Restrisikos» nur für dünn besiedelte Gebiete verantwortbar, wie es sie in der Bundesrepublik nicht gab.[179] So gesehen, lässt sich die Heftigkeit des Widerstandes in der Bundesrepublik ganz logisch aus einer «Ökologie der Öko-Bewegung» heraus verstehen.

(2) Bis in die 60er Jahre hatte man in Expertenkreisen über das nukleare Risiko mit bemerkenswerter Offenheit geredet. Seitdem jedoch Milliarden in Leichtwasserreaktoren investiert wurden, setzten sich Sprachregelungen durch, und Diskussionen über das Maximalrisiko wurden unterdrückt. Es hatte seine Logik, dass Diskussionen, die in den zuständigen Expertengremien nicht mehr stattfanden, in eine oppositionelle Öffentlichkeit abwanderten.[180]

(3) Solange die Kernenergie eine Vision für die Zukunft war, konnte man viele Wunschträume in sie hineinprojizieren; und in der Tat gab es in den 1950er Jahren, in Deutschland wie in weiten Teilen der Welt, eine förmliche Atomeuphorie. Das hörte in dem Moment auf, als Kernkraftwerke massive Realität wurden. Diese Realität war ernüchternd. Sobald ein Kernkraftwerk in der eigenen Nachbarschaft geplant wurde, war es nur logisch, dass sich viele argwöhnischer als bisher fragten, ob man sich auch im schlimmsten Fall auf die nuklearen Sicherheitsvorkehrungen verlassen konnte.[181]

Die Kontroverse über die Kerntechnik war in gewissem Sinne die größte öffentliche Kontroverse in der bisherigen Geschichte der Bundesrepublik: durch ihre von Wyhl (1975) bis in die Gegenwart reichende Dauer – die alle Thesen über die Kurzlebigkeit der Moden in der heutigen Medienwelt widerlegt –, durch ihre Heftigkeit – die größten Anti-AKW-

Kundgebungen übertrafen alle Demonstrationen der Studentenbewegung von 1968 –, durch die Masse der Beteiligten und durch die Vielfalt und das teilweise hohe Niveau der Argumente. Die Protestbewegung begeisterte nicht nur durch das Erlebnis der gemeinsamen Auflehnung gegen die Bevormundung von oben, sondern sie besaß auch ihren intellektuellen Reiz, nicht zuletzt durch den Versuch, die Kluft zwischen Sozial- und Naturwissenschaften zu überbrücken.

All dies galt nicht nur für Deutschland, sondern auch für andere Länder der Welt. Und doch besitzt die Bundesrepublik in dieser Hinsicht eine Sonderstellung. Um den spezifisch bundesdeutschen Bedingungen näher zu kommen, ist der Vergleich mit den nuklearen Kontroversen und auch Nichtkontroversen in drei anderen Ländern besonders aufschlussreich: Frankreich, den USA und Japan.

Zum Vergleich: Frankreich. Heute wissen nur noch wenige, dass die erste europäische Großdemonstration gegen ein geplantes Kernkraftwerk nicht in Deutschland, sondern in Frankreich stattfand: am 12. April 1971 im elsässischen Fessenheim. Kurz darauf strömten zehnmal so viele Demonstranten, an die 15000, zu dem Reaktorbauplatz bei Bugey an der Rhone; die Kundgebung gipfelte in einem großen «antinuklearen Fest» im Juli 1971.[182] Diese Aktionen führten nicht zum Erfolg; erfolgreich dagegen war der 1974 im Elsass einsetzende Widerstand gegen das bei Marckolsheim geplante Bleichemiewerk. Französische Traditionen der *action directe* und des bäuerlichen Widerstandes, Gegenkultur-Happenings im Stil der Studentenrevolte der 60er Jahre, aber auch das wachsende Selbstbewusstsein des Regionalismus prägten den Aktionsstil.

Im Zeichen der Öko-Ära konnten die Elsässer ein neues Selbstbewusstsein zur Schau stellen, das ihnen noch wenige Jahrzehnte davor als nationaler Verrat ausgelegt worden wäre. Am 28. Dezember 1971 trafen sich in Straßburg Vertreter von angeblich rund fünfzig Anti-Kernkraft-Initiativen aus verschiedenen Ländern, und schon damals glaubten Beobachter registrieren zu können, dass «nach einer Periode ‹spontaner› und individueller Aktionen man nunmehr zur Phase der Organisation, der Konzertierung der Vereinigungen übergeht». Vorbilder von jenseits des Rheins waren bei der Besetzung des Bauplatzes für das geplante Kernkraftwerk Wyhl am 18. Februar 1975 von Bedeutung, mit der der Anti-AKW-Protest in der Bundesrepublik erstmals als militante Massenbewegung in Erscheinung trat und schlagartig in die Hauptschlagzeilen der Medien rückte. Noch 1974 hatte eine Untersuchung des Battelle-Instituts ergeben, dass unter etwa

10 000 deutschen Presseartikeln über die Kernenergie nur ein winziger Bruchteil kritisch war: Entgegen dem, was später oft behauptet wurde, kam der primäre Impuls nicht von den Medien.[183]

Erst in der Folgezeit, als Frankreich zur unbestrittenen Hochburg der Kernenergie geworden war, wurde es beliebt, einen idealtypischen Kontrast zwischen der Bundesrepublik und Frankreich zu konstruieren: Frankreich als das Land der Rationalität und des Glaubens an den Fortschritt, Deutschland als das Land der Romantik und des Unbehagens an der Moderne. Besonders die deutsche Atomlobby polemisierte mit Vorliebe gegen die angebliche deutsche Tradition romantischer Technikfeindschaft. Ein Körnchen Wahrheit mag in diesem konstruierten Kontrast enthalten sein. Aber mit Leichtigkeit lassen sich eine Menge Fakten anführen, die nicht in dieses Bild passen. Die deutsche Technikgeschichte dokumentiert nicht gerade eine deutsche Technikfeindschaft. Und entgegen dem, was viele Deutsche glaubten,[184] war *«Vive l'atome»* keineswegs die in Frankreich allein vorherrschende Stimmung; vielmehr gab es auch dort viel Protest, und Meinungsumfragen offenbaren, dass ein Unbehagen gegenüber der Kerntechnik in Frankreich nicht sehr viel weniger verbreitet war als in der Bundesrepublik.[185]

Zum Teil versteht sich die deutsch-französische Differenz aus einer Öko-Logik. Drei Unterschiede zwischen Frankreich und der Bundesrepublik sind evident und können teilweise erklären, weshalb die Opposition in Frankreich weit weniger wirksam war als in Deutschland. Zum einen ist Frankreich viel dünner besiedelt als Westdeutschland. Zum anderen verfügt es über weitaus geringere Kohlevorräte. Seit den 1950er Jahren gehörte es zur Pariser politischen Rhetorik, dass Frankreich bis dahin infolge seines Kohlemangels hinter England und Deutschland industriell zurückgeblieben sei, jetzt aber durch die Kernkraft seine große Chance erhalte;[186] dabei hatte Frankreich auch ohne reiche Kohlelager diesen Rückstand längst aufgeholt. In den 60er Jahren erregten zwar Solarkraftprojekte in den Pyrenäen und Gezeitenkraftwerksprojekte am Atlantik öffentliche Aufmerksamkeit; aber am Ende war deren Bedeutung mehr symbolischer als realer Art. Zum Dritten war Frankreich Atommacht; von daher stand der dortigen Nukleartechnik bereits ein umfangreicher organisatorischer Apparat zur Verfügung, mit dem sich die Deutsche Atomkommission nicht im Mindesten vergleichen konnte. Und zudem verbanden sich im Frankreich de Gaulles mit der Kerntechnik nationalistische Motive, die es zwar klammheimlich auch in der Bundesrepublik gab, die sich dort jedoch nicht an die Öffentlichkeit wagten.

Die atomare Bombenproduktion bedeutete für das «friedliche Atom» allerdings nicht nur einen Startvorteil, sondern auch eine Belastung. Sie übte auf die Reaktorentwicklung einen Sog aus, der zu den Bedürfnissen der Energiewirtschaft in Spannung stand. Aus «nationalen» Motiven insistierte das CEA (Commissariat à l'energie atomique) unter de Gaulle auf der Gas-Graphit-Reaktorlinie, die Frankreich von der amerikanischen Technologie unabhängig zu machen versprach, während die EdF (Electricité de France) schon damals gerne die billigeren amerikanischen Leichtwasserreaktoren übernommen hätte, so wie es zu jener Zeit die deutsche Energiewirtschaft tat. Unter diesen Umständen kam es in der Ära de Gaulle zu keiner in sich geschlossenen nuklearen Community; diese Situation war für französische Kritiker der Kerntechnik eine Zeitlang von Vorteil. Als jedoch de Gaulles Nachfolger Pompidou auf die Leichtwasserreaktoren umschwenkte, schloss sich die nukleare Front. Vollends nach der Ölkrise vom Herbst 1973 setzte die französische Regierung, von der wachsenden Kritik an der Kernkraft unbeirrt, alle ihre Machtmittel ein, um nahezu die gesamte französische Elektrizitätsversorgung auf atomare Basis zu stellen und «mit atemberaubender, drakonischer Kühnheit» (Michael Bess)[187] Frankreich in der Kerntechnik zur weltweiten Führungsmacht zu machen.[188]

In den späten 1970er Jahren war der Widerstand gegen Kernkraftprojekte in Frankreich zeitweise noch gewalttätiger als in der Bundesrepublik. Wenn er dennoch am Ende stecken blieb, war dafür wohl der französische Zentralismus der entscheidende Grund. Damit der Protest sich ausbreitet, muss er nicht nur Grund zur Empörung haben, sondern auch eine Chance zum Erfolg erkennen:[189] Das war offensichtlich in der Bundesrepublik mehr als in Frankreich der Fall. In den 1960er Jahren hegte die deutsche Atomwirtschaft einen Horror vor französischer Bürokratie und französischer *planification* und war infolgedessen voller Misstrauen gegen die Europäische Atomgemeinschaft (Euratom), die anfangs den Spitznamen trug: «Europäische Gemeinschaft zur friedlichen Produktion der französischen Atombombe». Selbst der *Industriekurier* kolportierte diesen «Volkswitz».[190] In den 70er Jahren dagegen begann die deutsche Atomindustrie den französischen Zentralismus zu beneiden.

Das bundesdeutsche Genehmigungsverfahren von Kernkraftwerken besaß zumindest formal ein dezentrales Element: mit den lokalen Erörterungsterminen. Da gab es ein Forum für Kritiker, die mit den Kernkraftwerken in nächster Nachbarschaft leben sollten. Zwar erwiesen sich die lokalen Erörterungstermine häufig als Farce, da der Bau der Kernkraftwerke längst mit der Landesregierung abgemacht war; aber gerade diese Erfahrung brachte Kritiker, die sich nicht ernst genommen sahen, erst recht in Rage und zerstörte das Vertrauen in die Rechtschaffenheit des Genehmigungsverfahrens. Und dann die Erfahrungen mit der Polizei! Die protestierenden deutschen Studenten der 68er-Revolte glaubten in der Regel, die deutsche Polizei sei besonders brutal, weil es in ihr noch viele ehemalige Nationalsozialisten gab. Wer sich in Frankreich an den Demonstrationen gegen das Brüterprojekt von Malville beteiligte, sah sich eines anderen belehrt. Wie es in einer Broschüre *Gegen den Atomstaat* mit Texten von Wolf Biermann, Klaus Traube und Günter Wallraf heißt: «Im Vergleich zu Malville war Brokdorf ein Spaziergang. Mit Nebel-, Gas- und Offensiv-Granaten schoss die Polizei wie im Krieg.»[191] Das hätte an und für sich für leidensbereite AKW-Gegner eine Chance bedeutet, zu Helden zu werden. In Frankreich hatten sie ein noch kompakteres Feindbild als in der Bundesrepublik. Aber in den späten 1970er Jahren war die Zeit des Che-Guevara-Kults vorbei. Die Umweltbewegung war von einem neuen Pathos des *Lebens* erfüllt; nur sehr begrenzt besaß sie einen Sinn für ein Märtyrertum.

Zum Vergleich: die USA. Den meisten deutschen Kernkraftgegnern war nicht bewusst, dass die frühesten Impulse der deutschen Kernkraftkontroverse aus den USA kamen. Holger Strohm, der das erste umfangreiche deutsche Kompendium von Anti-AKW-Argumenten verfasste (*Friedlich in die Katastrophe*, zuerst 1973), war Vorsitzender der deutschen Sektion der *Friends of the Earth*, und seinen Informationsvorsprung hatte er durch seine amerikanischen Beziehungen erlangt. Merkwürdigerweise sind die amerikanischen Ursprünge der Kernenergiekontroverse selbst unter amerikanischen Umwelthistorikern seit langem vergessen. In der amerikanischen *Encyclopedia of World Environmental History* (2004) – drei große Bände – sind Kerntechnik und Anti-AKW-Bewegung nur Randthemen; die Reaktorkatastrophe von Tschernobyl, für die deutsche Umweltszene eine welthistorische Zäsur, ist keines eigenen Artikels gewürdigt worden.[192] Für einen Umwelthistoriker, für den die Kernkraftproblematik das Thema Nummer eins ist, eine ganz und gar rätselhafte Bewusstseinslage, zumal sonst keine andere Umweltbewegung ein derart ausgeprägtes Geschichtsbewusstsein besitzt wie die amerikanische.

Diese Differenz erklärt sich teilweise daraus, dass zwischen den Atomkonflikten in den USA und in der Bundesrepublik eine auffällige Ungleichzeitigkeit besteht. In den USA kulminierte der Konflikt bereits in den 1960er Jahren. Da gab es einen direkten Übergang von der Protestbewegung gegen Atomwaffentests in der Atmosphäre zu den Protesten gegen zivile Kernkraftwerke. Ein Bindeglied war der Protest gegen das *Plowshare*-Programm, dessen Titel auf die Devise der Friedensbewegung «Schwerter zu Pflugscharen» anspielte: das Programm eines zivilen Einsatzes von Atombomben, um einen neuen Panamakanal («Panatomic Canal») auf Meeresniveau ohne Schleusen durch den Isthmus von Panama zu sprengen.[193] Die Kritik an Kernkraftwerken verschärfte sich in den späten 60er Jahren, als Versuche ergaben, dass auf das Notkühlsystem bei schweren Störfällen nur begrenzt Verlass ist: woraus sich im Klartext die reale Möglichkeit einer ungeheuren Katastrophe ergab, die das «friedliche Atom» doch in nächste Nähe der Bombe rückte.[194]

Mitte der 1970er Jahre dagegen, auf dem Höhepunkt des Atomkonflikts in der Bundesrepublik, war es in den USA bereits wieder ruhig geworden. Zwar gab es keinen prinzipiellen Ausstieg aus der Kernenergie; de facto wurden jedoch keine neuen Kernkraftwerke bestellt. Der Hauptgrund waren die hohen Kosten. Bei dortigen Umweltaktivisten stand mittlerweile die Unterbindung des Exports von waffenfähigem Spaltstoff ganz im Mittelpunkt ihres Engagements.[195] Unter der Präsidentschaft Jimmy Carters wandte sich die US-Regierung vor allem aus Gründen der Proliferationsverhütung, also im Interesse der Aufrechterhaltung des Nuklearwaffenmonopols der Atommächte, gegen Schnelle Brüter und Wiederaufarbeitungsanlagen (WAA): gegen genau jene Projekte, die damals in der Bundesrepublik – siehe Kalkar und Gorleben – zu Zielscheiben besonders heftiger Proteste avancierten.[196] Unter diesen Umständen bestand in den USA nur noch wenig Anlass zu großen Protestbewegungen, nicht einmal nach dem schweren Störfall von Harrisburg (Three-Mile Island) im März 1979. Da genau in jenen Tagen in Hannover unter Vorsitz von Carl Friedrich von Weizsäcker das internationale Gorleben-Symposium tagte,[197] das mit dem Rückzieher der niedersächsischen CDU-Regierung von dem WAA-Projekt endete – für einen Sprecher der Atomwirtschaft das «Cannae» der deutschen Atompolitik –, hat Harrisburg möglicherweise in der Bundesrepublik eine stärkere Wirkung ausgeübt als in den USA selbst.[198]

Bis wenige Jahre davor hatte man nukleare Kompetenz demonstriert, wenn man über den Bau der Kernkraftwerke hinaus die «Schließung des Brennstoffkreislaufs», konkret den Bau von Brütern und Wiederaufarbeitungsanlagen, forderte, durch die die Kernkraft in die Nähe der erneuerbaren Energien rückte. «Schließung des Brennstoffkreislaufs» mit Seitenhieb auf die amerikanische «Wegwerfwirtschaft», die auf Wiederaufarbeitung verzichtete, hatte sogar ökologisch geklungen. Als sich dagegen die Wiederaufarbeitung als einer der unangenehmsten Risikosektoren der Kerntechnik entpuppte, bei dem obendrein eine Wirtschaftlichkeit überhaupt nicht abzusehen war, verlor die Kernenergie den letzten Rest ihres einstigen Charmes als umweltfreundliche und regenerative «Neotechnik».[199] In den USA, wo man die Kernenergie stets nüchterner und geschäftsmännischer betrachtet hatte, hatte sie ihn schon längst verloren.

Noch ein anderer Unterschied zwischen den USA und der Bundesrepublik verdient in diesem Zusammenhang Beachtung: In den USA standen von Anfang an namhafte Wissenschaftler an der Spitze der Kritik an Nuklearprojekten. Kritiker sahen sich von der Wissenschaft nie ganz allein gelassen. Kein Geringerer als David Lilienthal, nach 1945 der erste Vorsitzende der AEC (Atomic Energy Commission) und zuvor charismatischer Projektleiter des New Deal, vollzog um 1960 eine Wende zum Kernenergieskeptiker.[200] Die aus der Kritik an den Kernwaffen hervorgegangene *Union of Concerned Scientists* wurde teilweise auch zu einem Braintrust der Kritik an Kernkraftwerken. Gofman und Tamplin, Wortführer der wachsenden Kritik an der AEC (die in der Folge aufgelöst wurde), waren führende Experten für Kerntechnik gewesen. Nun attackierten sie die AEC als ein Gremium gewohnheitsmäßiger Lügner und Gauner, das nie aus seinen Fehlern lerne und eine «heimtückische Art von Sadismus und Völkermord» praktiziere: Radikaler hätte es kein Straßenkämpfer sagen können.[201] Mindestens so wichtig war Barry Commoner, dessen Kopf im Februar 1970 den ersten Umwelttitel der *Time* zierte. Bei ihm war alles beisammen: Protest gegen Atomtests, gegen den Vietnamkrieg, gegen zivile Kernkraftwerke, und all das auf der Grundlage einer breiten technischen und ökologischen Kompetenz.

In der bundesdeutschen Anti-AKW-Bewegung fehlte es lange an Autoritäten mit vergleichbarer wissenschaftlicher Reputation. Die deutschen Atomphysiker, die im «Göttinger Manifest» vom April 1957 ihre Stimme gegen die atomare Bewaffnung der Bundeswehr erhoben hatten, hatten sich zugleich emphatisch für die Nutzung des «friedlichen Atoms» ausgesprochen und hielten auch in der darauffolgenden Zeit an dieser Position fest.[202] Gerade im Vergleich zu den USA erkennt man die Bedeutung einer solchen Rahmenbedingung für die Genese der deutschen Protestbewegung. In der amerikanischen Öffentlichkeit konnte der Eindruck entstehen: Unter den Experten gibt es kritische Köpfe genug, denen wir vertrauen können. Vermutlich war das ein Grund, weshalb es in den USA zwar viel kritische Literatur zur Kerntechnik, jedoch nur wenig große Demonstrationen gab. In der Bundesrepublik dagegen entstand weit stärker der Eindruck eines ineinander verfilzten Establishments von Wissenschaft, Wirtschaft und Politik: eine Situation, in der die Eigeninitiative der Laien gefordert war. Da war viel mehr Raum für eine Militanz, die keinerlei Rücksichten auf akademische Reputation zu nehmen brauchte.

In den USA bestand ein viel direkterer historischer Zusammenhang als in der Bundesrepublik zwischen der Kritik an der zivilen Kernenergie und der an der Nuklearrüstung. Das stand ganz im Einklang mit «Ökopax»: mit der pazifistischen Grundtendenz der Umweltbewegung, die um 1980 im Zuge von Nachrüstung und neuer Friedensbewegung auch bei den deutschen Grünen zum Leitmotiv wurde. Umso merkwürdiger kann man es finden, dass der antinukleare Protest nicht einmal durch die charismatische Gestalt Barry Commoners, der 1980 sogar für die US-Präsidentschaft kandidierte, zu einem Grundelement der amerikanischen Umweltbewegung wurde. Michael Egan vertritt die These, der amerikanische *mainstream environmentalism* der 70er Jahre habe eine Abkehr von den antikapitalistisch-sozialkritischen Anschauungen Commoners vollzogen.[203] Wenn das zutrifft, stünde der antinukleare Protest in den USA in einem Kontext, der auf dem Höhepunkt des dortigen *environmentalism* bereits der Vergangenheit angehörte. Offenbar ist es wichtig, bei der Analyse der Anti-AKW-Proteste wie auch anderer Umweltinitiativen in verschiedenen Ländern auf derartige Kontexte und Zeitverschiebungen zu achten.

Zum Vergleich: Japan. Da wird es besonders vertrackt. An und für sich liegt der Vergleich zwischen der deutschen und der japanischen Nachkriegsgeschichte nahe und ist nicht selten aufschlussreich; denn beide Länder hatten ein ähnliches Schicksal durchgemacht: einen tiefen Absturz nach einer Phase des megalomanischen Chauvinismus und Imperialismus und dann nach einer Zeit des Elends und der Machtlosigkeit einen spektakulären wirtschaftlichen Wiederaufstieg. In der deutschen wie in der japanischen Tradition gibt es einen ausgeprägten Kult der Natur, und beide Nationen profilierten sich in der ökologischen Ära nach 1970 zeitweise – allerdings nicht durchweg und keineswegs in jeder Beziehung – als Musterländer der Umweltpolitik.

In Japan jedoch fehlt eine große Kernenergiekontroverse. Das ist sehr merkwürdig, aus mehreren Gründen: Japan ist das erste und bislang einzige Opfer der Atomwaffen. Als der japanische Thunfischfänger «Glücklicher Drache» im März 1954 in den Fallout eines amerikanischen Wasserstoffbombentests geriet und die 23-köpfige Besatzung unter Strahlenkrankheit litt, gab dieser Skandal den Anstoß zu der internationalen Protestbewegung gegen Atomwaffenversuche in der Atmosphäre.[204] Die japanischen Ebenen sind überdies noch weit dichter besiedelt als die Bundesrepublik: Entsprechend höher ist das «Restrisiko» der Kerntechnik. Nicht genug damit, ist Japan eines der erdbebenreichsten Länder der Welt. Die Erdbebengefahr war in den USA das schlagkräftigste Argument der ersten Initiative gegen ein Kernkraftprojekt gewesen: bei Bodega Bay in Kalifornien.

Noch aus einem ganz anderen Grund waren die Bedingungen in Japan günstig für den Anti-AKW-Protest: Da sich die japanische Elektroindustrie – hierin vorausschauender als die deutsche – schon frühzeitig nicht auf die Kerntechnik, sondern auf die Elektronik konzentrierte, hatte die Kernkraft kein «nationales» Argument für sich, im Gegenteil: Die Reaktoren mussten aus den USA importiert werden. 1977 wurde in Zusammenarbeit mit den USA, die zunächst Einspruch erhoben hatten, sogar eine Wiederaufarbeitungsanlage (Tokaimura) in Betrieb genommen.[205] Als der Brüterbau in den USA und Deutschland bereits abgebrochen worden war, nahm Japan einen Schnellen Brüter in Betrieb.

Wieso es in Japan trotz alledem zu keiner großen Protestbewegung kam, wäre noch zu untersuchen: Es handelt sich um eine jener Fragen, auf die man erst durch den internationalen Vergleich kommt. Wer nur über Japan forscht, dem fällt das Thema gar nicht auf.[206] Vermutlich liegt der Hauptgrund in dem Umstand, dass man in Japan von Anfang an zur Kernenergie keine Alternative sah. Japan verfügt nicht über reiche Kohlevorkommen; die Abhängigkeit von der chinesischen Kohle wäre ein Albtraum gewesen. Die großen Ölressourcen der Erde sind von Japan noch viel weiter entfernt als von Europa; auch die Windkraft ist im Land der Taifune eine nicht gerade vertrauenerweckende Energieressource. Dass Energiesparen kurzfristig die weitaus wirksamste Energieressource ist, begriff die japanische Automobilindustrie zu ihrem Glück viel früher als die deutsche, wogegen die Raumheizung in Japan seit dem späten Ende des «hölzernen Zeitalters» um 1960 vorzugsweise – in den Augen der Energiesparstrategen ein Skandal – durch die elektrischen Klimaanlagen geschieht.

Und Hiroshima? In Tokio gibt es nur ein kleines, verstecktes und wenig besuchtes Mahnmal für die Opfer der Atomwaffen. Als Petra Kelly

1976 Japan bereiste, war sie über die dort verbreitete Gleichgültigkeit gegenüber dem nuklearen Risiko fassungslos und empört.[207] Das Thema wurde in Japan am liebsten verdrängt. Die Opfer hatten unter Diskriminierungen zu leiden; eine «Erinnerungskultur» ist nicht entstanden.[208] Europäische Japankenner erklären dies damit, dass die Japaner am liebsten gelassene Heiterkeit zur Schau stellen und ungern von Unglück und Leiden reden.[209] Ob dieses Urteil in dieser pauschalen Form haltbar ist, mag man bezweifeln; man findet in der japanischen Literatur auch Gegenstimmen. Aber der Universalhistoriker Arnold Toynbee hat vermutlich recht mit seiner These, dass kulturelle Leistungen zwar als Antwort auf Herausforderungen, auf Krisen entstehen, diese Herausforderungen jedoch nicht zu stark sein dürfen. In Deutschland hat man einige Erfahrung damit, dass viele Menschen erst aus einer gewissen zeitlichen Distanz heraus zur kreativen Verarbeitung jener furchtbaren Katastrophe fähig wurden, die die NS-Herrschaft und der Zweite Weltkrieg bedeuteten. Aus Russland wird berichtet, dass zwar die Vergiftung des durch seine Schönheit berühmten Baikalsees der Umweltbewegung starke Impulse gab, nicht jedoch die Reaktorkatastrophe von Tschernobyl, die den auf Spitzentechnik wie den Sputnik gegründeten russischen Nationalstolz im Kern traf. Vermutlich waren die Atomkatastrophen von Hiroshima und Nagasaki so ungeheuer, dass sie von vielen Japanern nicht mehr kreativ verarbeitet, sondern nur noch verdrängt werden konnten.

Bei anderen japanischen Umweltkatastrophen war das keineswegs der Fall, zumindest nicht auf die Dauer. Das gilt ganz besonders für die Minimata-Tragödie: die Vergiftung einer bis dahin paradiesischen Bucht der Insel Kyushu durch Methylquecksilberableitungen eines Chemiekonzerns mit horrenden Gesundheitsschäden für die Anwohner. Die literarische Dokumentation dieses Skandals durch die Schriftstellerin Ishimure Michiko (*Paradies im Meer der Qualen*, zuerst 1969) erlangte für den japanischen Umweltprotest eine Bedeutung, die an den von Rachel Carsons *Silent Spring* (1962) für die amerikanische Umweltbewegung erinnert. Aber vermutlich stoßen wir hier auf einen weiteren wichtigen Punkt: Wenn wir fragen, warum es in einem Land keinen großen Atomkonflikt gab, müssen wir auch darauf schauen, ob es vielleicht zu jener Zeit dort andere große Konflikte gab, die die Öffentlichkeit beherrschten. Jeder, der sich an der Kernenergiekontroverse beteiligte, weiß aus eigener Erfahrung: Dieses Engagement erfordert viel Zeit und Energie; man kann sich nicht zugleich an diversen anderen Umweltkämpfen beteiligen – selbst wenn man die Zeit dazu hätte, es fehlt der innere Elan dazu.

Da sind wir wieder bei dem Grunddilemma der Umweltbewegung: Das Spektrum der Umweltprobleme ist ungeheuer breit, und vieles ist miteinander vernetzt – aber unsere Kräfte sind begrenzt, und wer sich engagiert, muss sich auf ein bestimmtes Ziel konzentrieren. Warum gab es in England keinen großen Atomkonflikt,[210] obwohl es dort, in Windscale am 8. Oktober 1957, den ersten großen – allerdings jahrzehntelang heruntergespielten – Reaktorstörfall gab? Vielleicht, weil britische Natur- und Umweltschützer traditionell auf ganz andere Ziele konzentriert waren, die das Potential an Militanz absorbierten: Vogelschutz, Kampf für Tierrechte und gegen die Jäger und dann später gegen die Schnellstraßen, *Reclaim the Streets*? In der DDR begegnete man nach Tschernobyl selbst bei solchen Intellektuellen, die über die ostdeutschen Zustände tief frustriert waren, einer Irritation über die westdeutsche Erregung: Hierzulande ersticke man fast am Braunkohlequalm; man wäre froh, stattdessen mehr Kernkraftwerke zu haben; die Art, wie die Protestler in Westdeutschland außer Rand und Band gerieten, sei typisch für ein Luxusland.

Alles in allem: Um die Auseinandersetzung mit der Kernenergie zu verstehen, darf man sich nicht ganz und gar auf den Umkreis der Kernkraftwerke fixieren, sondern muss auch die Gesamtszenerie eines Landes im Auge behalten. Natürlich bleibt diese nicht immer gleich; sie ist es auch in Japan nicht geblieben. Ähnlich wie in Deutschland wurden auch hier nach Tschernobyl besonders die Frauen mobil. Mit zwanzigjähriger Zeitverschiebung gegenüber Deutschland erwiesen sich auch hier Brüter und Wiederaufarbeitungsanlage – also gerade jene «Schließung des Brennstoffkreislaufs», die einstmals so beruhigend geklungen hatte – als die wundesten Punkte der Kerntechnik. Der schwere Störfall in dem Schnellen Brüter Monju 1995 und in der Wiederaufarbeitungsanlage Tokaimura 1997, die einen gerade in Japan nicht erwarteten Dilettantismus enthüllten und in die Nähe großer Katastrophen gerieten, lösten eine Welle öffentlicher Empörung über die Atomwirtschaft aus, wie es diese in Japan bis dahin noch nie gegeben hatte.[211] Eine neue Welle der Empörung – auch wenn die Protestbewegung immer noch lokal blieb – erregte der schwere Störfall im Kernkraftwerk Mihama 2004.[212] Am Ende überschreiten brisante Umweltprobleme doch nationale Grenzen und suchen sich ihre Akteure.

In jüngster Zeit konzentrierte sich der antinukleare Aktivismus in Japan auf die Endlagerung von hochradioaktivem Atommüll.[213] Ein ähnlicher Schwerpunkt hat sich in Südkorea herausgebildet: Dort kam es

1990 zu einem förmlichen Aufstand auf der Insel Anmyondo, als bekannt wurde, dass dort insgeheim ein nukleares Endlager vorgesehen war.[214] In dieser Hinsicht besteht sogar eine Parallele zur weiteren Entwicklung der antinuklearen Entwicklung in Deutschland. Sie besitzt ihre Logik; denn sobald die Kernkraftwerke einmal da waren, boten nur noch die Transporte abgebrannter Reaktorbrennstäbe Protestlern eine Zielscheibe – wobei es allerdings auch keine Lösung war, den Müll bei den Kernkraftwerken selbst zu belassen oder ihn in irgendeinen unkontrollierten Winkel zu kippen, wo sich kein Protest rührte.[215] Bei der jahrzehntausendelangen Halbwertszeit des Plutoniums war eine zufriedenstellende definitive Lösung ohnehin prinzipiell unmöglich: Dieses Dilemma der Kerntechnik war von Anfang an bekannt; und am Ende war es wiederum dieser nicht wegzuleugnende wunde Punkt, auf den sich der Protest konzentrierte, durch die immer neuen Eiertänze der Gegenseite gereizt und bestätigt. Die Aussicht, zur atomaren Müllkippe zu werden, war besonders aufreizend: Hier ließ sich relativ leicht Protest mobilisieren. Aber auch der lokal begrenzte Protest offenbarte immer wieder das prinzipielle Dilemma.

[illegible] erklärt sich die deutsche Spitzenstellung im Atomkonflikt? Wie schon [illegible] hnt, haben deutsche Protagonisten der Kerntechnik, um ihre Wider[illegible] er in schlechte deutsche Traditionen zu stellen, häufig behauptet, der [illegible] ulande besonders heftige Widerstand sei Ausfluss einer typisch [illegible] schen Ängstlichkeit und technikfeindlichen Romantik. Diese These [illegible] dieser Pauschalität leicht zu widerlegen. Aber eine gewisse deutsche [illegible] tion der Vorsicht kann man schon erkennen; man findet sie jedoch [illegible] estens so sehr wie bei den Technikgegnern bei den Technikern [illegible] t.[216] Es sieht so aus, als seien deutsche Ingenieure und Gewerbeauf[illegible] sbeamte traditionell weniger risikofreudig gewesen als ihre Kollegen in manchen anderen Ländern. Aber wenn das zutrifft, war diese Besorgtheit – insgesamt gesehen – weder ein Hemmnis noch ein Schaden für die technische Entwicklung.

Friedrich Münzingers *Atomkraft*, das bundesdeutsche Standardwerk der 1950er Jahre über den Reaktorbau, ist voll von Warnungen vor den Risiken der Kerntechnik, wie man sie zwanzig Jahre darauf nur noch in den Schriften der AKW-Gegner findet. Für ihn war die atomare Euphorie der 50er Jahre eine «Atomkraft-Psychose», erklärbar nur aus der «geistigen Verwirrung, unter der die Welt seit Jahren schwer leidet». Verheißungen wie die, «dass die Atomkraft das Los des kleinen Mannes bald in unerhörter Weise erleichtern werde», seien «durch Sachkenntnis nicht getrübte Flunkereien». Mit Befriedigung stellte er fest, dass viele Deutsche nuklearen Anlagen «argwöhnischer» gegenüberstünden «als beispielsweise die Amerikaner».[217] Notabene: Münzinger war alles andere als ein Technikfeind, vielmehr war er ein erfahrener Bauleiter von Großkraftwerken. Eben deshalb war ihm bewusst, dass es dort Risikodimensionen gab, von denen die Physiker in ihren Labors keine Ahnung hatten. Bereits in seinem Buch *Ingenieure* (1942) hatte er dargelegt, dass gerade die genaue Kenntnis des Risikos zur Kompetenz des guten Ingenieurs gehöre und diesen vor dem technischen Laien auszeichne.

Wie steht es mit der deutschen Romantik als potentiellem Urgrund der deutschen Spitzenstellung im Atomkonflikt? Es ist reizvoll zu verfolgen, auf welche Weise sich in der Bundesrepublik der Umweltprotest im Laufe der Jahre mit der alten deutschen Waldromantik verband. Von Anfang an hat diese Verbindung nicht bestanden. Da erkennt man eine Priorität bei den Umweltschützern im Elsass, aus deren Reihen Antoine Waechter, einer der kommenden Führer der französischen Grünen, hervorgegangen ist, und die im Zeichen der Ökologie nicht mehr zu befürchten hatten, bei ihrer Liebe zu Heimat und Wald deutscher Sympathien verdächtigt zu werden.[218] In Deutschland war der Wald die Domäne der Förster, die hier auf eine besonders lange Tradition nachhaltiger Waldwirtschaft stolz waren; es sah zunächst nicht so aus, als müssten sich die Umweltschützer um den Wald sorgen. Zu einer ersten Verbindung zwischen Anti-AKW-Protest und Waldromantik kam es im Umkreis von Gorleben. Dort gründeten die Protestler ein Anti-Atom-Dorf «Freie Republik Wendland», lebten im Stil einer Landkommune, umarmten Bäume und kletterten in Baumkronen, als die Polizei das Gelände gewaltsam räumte. Eine der damaligen «Baumfrauen», Rebekka Harms, wurde dreißig Jahre darauf Europa-Abgeordnete der Grünen.[219]

Zum breiten Strom wurde die Allianz von Umweltbewegung und Waldromantik durch den «Waldsterben»-Alarm, der mit dem *Spiegel*-Titel vom 16. November 1981 «Der Wald stirbt» einsetzte. Aber gerade dieser Alarm, der aus heutiger Sicht übertrieben war, brachte die Fronten durcheinander und ist ein Argument gegen alle jene, die den Gang der Umweltbewegung aus der Logik eines Umweltdiskurses herleiten wollen: Denn jetzt wurden die Kohlekraftwerke zu Zielscheiben der Kritik – eine Tendenz, die sich später durch den Klima-Alarm noch verstärkte –, und viele Parteigänger der Kernkraft begannen innerlich zu jubeln. Der Triumph wurde ihnen freilich Jahre darauf durch die Katastrophe von Tschernobyl verdorben.

Eine Warnung: Nicht zu tief nach den Wurzeln graben! Wenn man in den 70er Jahren an einer öffentlichen Diskussion pro und kontra Kernenergie teilnahm, erkannte man in aller Regel auf den ersten Blick, zu welcher Seite ein Redner gehörte: Der gesamte Habitus der Kontrahenten unterschied sich auf drastische Art. Die Protagonisten der Kernkraft waren stets korrekt gekleidet, mit grauem Anzug und Krawatte; korrekt war auch ihre Frisur und diszipliniert ihre gesamte Körpersprache. Ihre Gegner waren in der Regel jünger, oft langhaarig und bunter, zumindest lässiger gekleidet und in ihrer Körpersprache zwangloser. Alles in allem ein Musterbeispiel für das Habituskonzept von Pierre Bourdieu. Und aus diesem äußerlichen Eindruck wurden oft weitergehende Folgerungen gezogen: als träfen hier fundamental unterschiedliche Kulturen, unterschiedliche Weltanschauungen und Menschentypen aufeinander. Heute sind viele Befürworter und Gegner der Kernenergie jedoch schon längst nicht mehr an ihrem äußeren Habitus zu identifizieren. Nicht selten sind die Gegner älter als die Befürworter. Die alten Anti-AKW-Kämpen sind zur Generation der Eltern geworden.

Aber schon vor über dreißig Jahren hätte man wissen können, dass die Kernenergiekontroverse kein Ausdruck eines in der Tiefe der deutschen Geschichte verwurzelten Kulturkonflikts war. Denn noch in den 1960er Jahren waren die Fronten völlig anders gewesen. Damals galt die Kernenergie gerade den «kritischen» Intellektuellen – viele andere waren, wie Umfragen zeigen, stets skeptisch gewesen – als Inbegriff des erstrebenswerten Fortschritts. Wer sich «progressiv», «links» fühlte, pflegte die Bundesregierung dafür zu kritisieren, dass sie (angeblich) aus Konservatismus, Trägheit, Wissenschaftsferne und wirtschaftsliberalem Dogmatismus diese Energie der Zukunft nicht zielstrebig genug vorantreibe.[220]

Auch in jener früheren Zeit hat es zwar keineswegs an skeptischen Stimmen gefehlt; aber man findet sie dort, wo man sie aus späterer Sicht am wenigsten vermutet: bei manchen Vordenkern der «sozialen Marktwirtschaft» Ludwig Erhards, bei erfahrenen Ingenieuren – siehe Friedrich Münzinger – oder an der Spitze von RWE, des mit Abstand größten Stromproduzenten der Bundesrepublik. RWE hatte in den 50er und 60er Jahren mit gewaltigem Aufwand am Niederrhein große Braunkohlenfelder erschlossen: Die Braunkohle war sein Trumpf; da war die Kernenergie eher ein Störfaktor, ein potentieller Vorteil der Konkurrenz. Der RWE-Chef Heinrich Schöller bezeichnete 1959 die damalige Atomeuphorie als «Atomhysterie» und warnte, durch ein solcherart forciertes Tempo des Reaktorbaus könnten die Deutschen böse «hereinfallen».[221] Eine derartige Skepsis hielt sich im RWE-Vorstand noch bis in die späten 60er Jahre. Als RWE in den 70er Jahren an vorderster Front die Kernkraft gegen den Ansturm des Widerstands verteidigen musste, war es auf diesen Kampf nicht von langer Hand vorbereitet.

Die 68er Studentenbewegung und die Genese des Anti-AKW-Protests. Ein besonders spannendes Kontinuitätsproblem! In den USA verkörpert sich eine Kontinuität in der führenden Rolle von Barry Commoner. Auch in der Bundesrepublik gibt es zahlreiche personelle Kontinuitäten, aber in aller Regel begannen sich Achtundsechziger erst *nach* Wyhl 1975, nach der Manifestation eines breiten Massenprotests, für die Kritik an der Kerntechnik zu interessieren, und sie hatten zunächst arge Mühe, diese neue Position, die vorerst nur einer spontan-emotionalen Sympathie für Protestler entsprang, theoretisch zu begründen. Unter den Neomarxisten der Neuen Linken und nicht nur unter ihnen war die Auffassung verbreitet, der Fortschritt der Produktivkräfte fördere den gesellschaftlichen Fortschritt, dieser Fortschritt gründe sich auf eine zunehmende Verwissenschaftlichung der Produktivkräfte, und diese verkörpere sich ganz besonders in der Atomkraft. Diese Theorie war unter Intellektuellen in West und Ost nicht zuletzt deshalb beliebt, weil sie ihnen selbst eine schmeichelhafte Pionierrolle zuschrieb.

Wir sahen, wie der Philosoph Ernst Bloch – um 1968 ein Mentor des Studentenführers Rudi Dutschke – in geradezu kindlicher Begeisterung von den Segnungen der Kernenergie schwärmte und die (angebliche) «spätbürgerliche Technikfeindschaft» dafür attackierte, dass sie den Sprung in diese Zukunft hinauszögere. Aus der Rückschau erscheinen viele Zeugnisse der einstigen Atomeuphorie gerade in Kreisen der «progressiven» Intelligenz unfasslich. Eine Erklärung bietet das Charisma-Konzept Max Webers. Die Kerntechnik war bis dahin Element einer charismatischen Zukunftsvision; und wer von dieser Begeisterung erfüllt war, wischte alle Bedenken als Kleinkram kleiner Geister beiseite. Das Charisma ist jedoch seiner Natur nach vergänglich; es verging bereits, als die Kernkraft von der Vision zur Realität in Beton wurde – und sprang auf visionäre Alternativen zur Kernkraft über.[222] Man beachte: Es war ein Charisma der Sache, nicht der Person. Im Vergleich zu anderen Umweltbewegungen der Welt fällt auf, dass die Anfänge der bundesdeutschen Protestbewegung gegen die Atomkraft ungemein diffus sind und durch keine Führerpersönlichkeiten markiert werden.

Der große Zustrom aus der Neuen Linken kam jedoch erst Jahre nach 1968. Auf der Ebene der Diskurse führt offensichtlich kein direkter Weg von der Studentenrevolte zum Anti-AKW-Protest. Das könnte allerdings auch ein Hinweis darauf sein, dass man die Diskurstheorie nicht gar zu sehr überstrapazieren sollte. Denn auf anderen Ebenen gibt es offenkundige Kontinuitäten: auf der der beteiligten Personen und der Aktionsstile. Der Stil der großen Demonstrationen und Platzbesetzungen, der es auf Zusammenstöße mit der Polizei ankommen ließ, stammt von 1968, ebenso wie das ausgeprägte Freund-Feind-Denken und die Konstruktion der Feindbilder aus Großkapital, staatlicher Bürokratie und wissenschaftlichen Autoritäten. Dennoch stelle man sich die Kehrtwende der Linken gegen die Atomkraft nicht zu einfach vor. Es scheint, dass um 1970 der internationale Kontext von Bedeutung war. Natur- und Umweltschutz hatten – wenn auch ohne den Begriff «Umwelt» – in Deutschland an und für sich eine lange Tradition; diese galt jedoch bis dahin den Linksintellektuellen als mehr oder weniger dubios, wenn nicht gar durch den Nationalsozialismus kontaminiert. Die erste umfassende deutschsprachige Brandschrift gegen die Kerntechnik kam von dem österreichischen Forstmann Günther Schwab, dem Gründer des «Weltbundes zum Schutze des Lebens», einem ehemaligen NSDAP-Mitglied.[223]

Aber um 1970 wandelte sich die Szenerie in dramatischer Weise. Mit dem amerikanischen *Earth Day* und der Erfindung der Umweltpolitik in den USA, dem Stockholmer Umweltgipfel von 1972, dem Europäischen Naturschutzjahr und weltweit vielen anderen Gleichzeitigkeiten bekamen Natur- und Umweltschutz einen internationalen, «progressiven» Anstrich. Ein eigentlich altes Anliegen wurde frisch und neu. Erst dadurch wurde das Einströmen der Neuen Linken in die Umweltinitiativen möglich und wurde der Umweltschutz zu einer auf Konflikt angelegten Bewegung. An keinem anderen Objekt konnte der Stil der aggressiven Großdemonstrationen so ausgelebt werden wie an den Atomanlagen. Kein anderes Umweltproblem wurde auch nur entfernt in dem Maße zum Scharnier zwischen 1968 und der Umweltbewegung wie das nukleare Risiko. Spätere Umweltthemen lieferten nicht mehr derart ideale Zielscheiben.

Von marxistisch-leninistischen Positionen her konnte man den Kampf gegen die Kernkraft am schwersten begründen; denn die Sowjetunion lieferte in dieser Hinsicht nicht gerade ein leuchtendes Vorbild. Am leichtesten dagegen machten die Maoisten mobil, und bei Zusammenstößen mit der Polizei beherrschten jahrelang die «K-Gruppen» die Szene. Zwar enthielt Maos «Rotes Buch» kein Wort gegen die Kerntechnik; aber die Rhetorik des Aktionismus und des Bündnisses mit den Bauern passte zu der Agitation gegen die Kernkraftwerke, die vorzugsweise in abgelegenen bäuerlichen Gegenden errichtet wurden. Die Maostin Nina Gladitz drehte mit Winzern und Fischern aus der Umgebung von Wyhl einen packenden Dokumentarfilm und wurde dafür von Seiten der DKP, wo man ihr Blut-und-Boden-Romantik unterstellte, als «neue Leni Riefenstahl» diffamiert.[224]

Ein Erklärungsversuch auf Eliteniveau. Die revoltierenden Studenten von 1968 kämpften gegen das «Establishment» und verbanden damit in der Bundesrepublik gewöhnlich die Vorstellung, das deutsche Establishment sei besonders massiv und mächtig und habe in Weltkriegen und NS-Diktatur eine spezifische Fähigkeit zur Brutalität bewiesen. Im internationalen Vergleich stellt sich allerdings die Frage, was an der Oligarchie deutsche Besonderheit ist. Auch die älteren Demokratien sind, aus der Nähe betrachtet, Oligarchien; auch dort gibt es gewöhnlich eine Kontinuität gesellschaftlicher Eliten über politische Zäsuren hinweg. Im Vergleich zu diesen entsteht eher der Gesamteindruck, dass Deutschland als Erbe der vielhundertjährigen Kleinstaaterei in deutlich geringerem Maße über eine homogene Elite verfügte. Das brachte Vor- wie Nachteile mit sich. In einer Nation mit homogener Elite wäre der Aufstieg einer obskuren und unberechenbaren Gestalt wie der eines Adolf Hitler zum alles beherrschenden Diktator schwer vorstellbar. Die relative Heterogenität der deutschen Eliten scheint jedoch auch eine Vorbedingung dafür zu sein, dass hier die Kernenergiekontroverse länger und heftiger wurde als irgendwo anders und die gesamte grüne Bewegung prägte.

In Österreich, der Schweiz,[225] den Niederlanden, den skandinavischen Ländern[226] und Italien[227] ließen die politischen Eliten die Kernkraftprojekte, vorerst zumindest, fallen, als diese offenkundig unpopulär wurden. In der Bundesrepublik dagegen hatte sich zwar eine starke, lange Zeit von Begeisterung getragene nukleare «Community» herausgebildet, die so leicht nicht aufgab; aber einen mächtigen, wohlausgestatteten und zentral gesteuerten militärisch-wissenschaftlich-industriellen Komplex wie bei den Atommächten gab es hier nicht. Die AKW-Gegner haben die Deutsche Atomkommission (DAtK) zwar oft für einen Moloch des «Stamokap» (Staatsmonopolkapitalismus) gehalten; ein Studium der Aktenmassen offenbart jedoch, dass diese Vorstellung ganz falsch war: Die DAtK war zu einem Großteil vielmehr ein schlecht organisiertes und teilweise sogar miserabel informiertes Sammelsurium von Gremien, die sich aus ehrenamtlichen Mitgliedern zusammensetzten und die Kernenergieentwicklung immer schlechter zu steuern vermochten.

Teile des zuständigen Gerichtswesens entwickelten ein latentes, wenn auch von den AKW-Gegnern selten gewürdigtes Bremspotential, seit das «Würgassen-Urteil» des Bundesverwaltungsgerichtes 1972 das bundesdeutsche Atomgesetz im Sinne eines Vorranges der Sicherheit vor der Wirtschaftlichkeit interpretierte.[228] Der bundesdeutsche Föderalismus behinderte eine wirksame Bonner Pro-Kernenergie-Politik, so wie die atomare Community unter dem Druck der Kontroverse sie immer eindringlicher forderte. Rudolf Schulten, der Erfinder des nach ihm benannten Hochtemperaturreaktors, erklärte 1987 in einer öffentlichen Diskussion in der Universität Bielefeld mit einem Stoßseufzer, in der bundesdeutschen Kernenergieentwicklung sei «alles geworden gegen den Willen aller»; aus einem unkoordinierten Zusammenwirken divergenter Interessen sei etwas geworden, was ursprünglich keiner gewollt habe.

Und in der Tat: Das Gros der Energiewirtschaft hatte gar keinen aktuellen Bedarf nach Kernkraftwerken gehabt; als man sich doch dazu herbeiließ, bestellte man die amerikanischen Leichtwasserreaktoren, die vergleichsweise am billigsten und erprobtesten waren, und durchkreuzte damit die ursprünglichen Bonner Atompläne. Das RWE baute zwar bei Kalkar den Brüter, verdarb jedoch aus Kostengründen den vollen Bruteffekt und damit die charismatische Qualität der regenerativen Energie und hintertrieb aus Konkurrenzgründen den Bau eines großstadtnahen Kernkraftwerks der BASF. Viele AKW-Gegner spürten, dass sie trotz der Härte des Konflikts auf eine bröckelnde Front trafen. Sie aktivierten ein latentes Desinteresse der Energiewirtschaft an Brütern und Wiederaufarbeitung. Bei den Schaukämpfen «Ökologie kontra Ökonomie» ist nicht zu vergessen, dass die Umweltbewegung, um Erfolg zu haben, auf Konvergenzen mit ökonomischen Bedingungen angewiesen ist, und seien diese nur latent. Aber auch auf Konfliktfähigkeit, und sei es nur aus Gründen der Medienwirksamkeit.

Ein immer neuer Szenenwechsel: Vom «Waldsterben» bis zum Dioxin-Alarm

Die neue Kommunikationstechnik und die Bewegung in der Umweltbewegung. Hier ist der Ort für eine Zwischenbetrachtung über die Rolle der *Medien* und der medialen Erfolgsgesetze für die Umweltbewegung. Barry Commoner präsentierte 1971 sein «Erstes Gesetz der Ökologie»: «Alles hängt mit allem zusammen» als angewandte Kybernetik,[229] und ebenso im Folgejahr Frederic Vester das «vernetzte Denken».[230] Die Kybernetik war eine Mode jener Zeit, in die sich manches hineinprojizieren ließ. Die «Grenzen des Wachstums» von 1972 machten nicht zuletzt deshalb Furore, weil sie sich auf Großcomputer stützten, obwohl man auch ohne Computer leicht hätte ausrechnen können, dass Wachstum als Dauerzustand absurd ist. Schon zu einer Zeit, als aus heutiger Sicht die revolutionäre Entwicklung der modernen Informations- und Kommunikationstechnik noch kaum begonnen hatte, kam es vor, dass die Bedeutung der technischen Medien für das Umweltbewusstsein auf superlativische Weise hervorgehoben wurde. Dennoch wurde bislang nur wenig untersucht, wie diese Wirkung im Detail aussah und sich überdies im Lauf der Zeit veränderte. Dieses gesamte Terrain ist durch vorschnelle Wertungen belastet und auch durch wechselseitige Schuldzuweisungen.

Auf einer Bielefelder Tagung «Klimaforschung und Medien» Ende 1996 flogen die Beschuldigungen zwischen Forschern und Medienleuten hin und her: Ein Klimaforscher stichelte, die Medien seien «dressierte Hunde, die aus den Händen der Apokalyptiker fressen»; ein Pressevertreter schlug zurück, es seien die Wissenschaftler selbst, die in ihrer Mediengeilheit die Journalisten mit Katastrophenszenarien köderten. Da klagte einer der Forscher: «Wenn man nur im Elfenbeinturm forscht, kriegt man kein Geld!»[231] Kein Zweifel: Die Umweltbewegung hat es nicht nur mit Wechselwirkungen zwischen Mensch und Natur zu tun, sondern sie ist auch selber Wechselströmen unterworfen, in einem spannungsvollen Dreieck von Wissenschaft, Politik und medialer Öffentlichkeit. Es handelt sich um ein zentrales Phänomen der Öko-Ära mit einer Dynamik, die ein durchaus kreatives Potential enthält und nicht im Voraus pauschal zu bewerten ist.

Nicht zu vergessen: Die Fortschritte der Informationstechnik unter Einschluss der Messmethoden erweiterten entscheidend die administrativen Durchsetzungsmöglichkeiten von Umweltschutz. Die schon Ende des 19. Jahrhunderts eingeschlagene Strategie der Emissionsgrenzwerte war so lange eine mehr oder weniger symbolische Politik gewesen, wie man die Emissionen nicht exakt messen konnte. Mitte der 1970er Jahre dagegen wurde unter der Ägide des Staatssekretärs Hartkopf, der für seine Person von Publicity nicht viel hielt, ein vollautomatisches Lufthygienisches Überwachungssystem installiert.[232] Heute hängt die Effizienz einer globalen Klimapolitik nicht zuletzt daran, inwieweit supranationale Monitoren Emissionen eines Landes auch gegen dessen Willen messen können.

Der Einfluss moderner Medien reicht bis in die Frühzeit des Naturschutzes zurück. Diese Geschichte begann schon beim Naturschutz: Obwohl er die sinnlichste Seite des Umweltschutzes ist – gleichsam dessen erogene Zone[233] –, sind doch die Legitimationsgrundlagen vieler Naturschutzgebiete, die dort geschützten «gefährdeten Arten», den allermeisten Menschen nur durch Farbfotos und Farbfilme zu vermitteln. Der normale Wanderer soll sie ja gar nicht zu Gesicht bekommen; sonst gerieten sie gerade durch den Naturschutz in Gefahr![234] «Es wäre schwierig, die Wirkung und den Einfluss des Bildmaterials der Naturschutzbewegung auf die Weltmeinung zu übertreiben», und dies, obwohl sich sogar viele Naturschützer dessen gar nicht bewusst seien, schrieb Max Nicholson schon 1970 in seiner *Environmental Revolution*.[235] Die Chancen zur optischen Attraktivierung wirkten auf den Naturschutz zurück und tun es bis heute. Heute sind Tierfilme und Tierfotos möglich, die vor ein, zwei Generationen unvorstellbar waren. Auf den Plakaten, die um Spenden für Wildnisschutz-Organisationen werben, blicken uns Tiger und Gorillas an, obwohl jeder Bodenkundige weiß, dass die Regenwürmer für die Ökologie unserer Welt von unendlich viel größerer Bedeutung sind. Aber diese sind die optisch unscheinbarsten Wesen, die sich oberhalb der Mikroben denken lassen.

Die Ökologisierung des Naturschutzes enthielt eigentlich die Tendenz, die Aufmerksamkeit von dem unmittelbar Faszinierenden fortzuverlagern. «Im Gegensatz zu der traditionellen Konzentration auf charismatische Megafauna wurde nun die Bedeutung der Mikroflora und Mikrofauna betont» (Anna Wöbse).[236] Immerhin, die moderne Bildtechnik entwickelte auch in zunehmendem Maße die Kunst, das auf den ersten Blick Unscheinbare und mit bloßem Auge nicht Sichtbare optisch erregend zu machen oder durch Collagen einen Schein von Anschaulichkeit zu erzeugen. Diese Kunst war besonders bei neuartigen Umweltproblemen gefordert – von der Radioaktivität bis hin zur Gefährdung des Klimas –, die nicht mehr den unmittelbaren sinnlich aufreizenden Charakter besaßen wie der alte schwarze oder gar grüngelbe Rauch, der aus den Fabrikschornsteinen quoll. Das war eine Herausforderung an die Phantasie der Medienmacher; und nicht wenige von ihnen nahmen diese Herausforderung an.[237] Das zum Nationalpark und neuerdings sogar zum Weltnaturerbe erhobene Wattenmeer, für die meisten Nordseetouristen sonst der Inbegriff der Öde, wurde erst durch Luftbilder und durch Aufnahmen kleiner Details optisch attraktiv. In der Bilderflut der Öko-Publikationen kann man schier vergessen, wie abstrakt eigentlich die

Gesamtheit dessen ist, was unter «Umwelt» läuft. Chris Rootes, der wiederholt transnationale Symposien zur Umweltbewegung organisierte, gewinnt den Gesamteindruck, dass «die *environmentalists* von diesen neuen Technologien einen größeren, kreativeren und effektiveren Gebrauch gemacht haben als die Korporationen, die sie bekämpften».[238]

Diese Situation beeinflusste den gesamten Charakter der Umweltbewegung: Diese, mit Greenpeace an der Spitze, hatte es in ihrer öffentlichen Selbstdarstellung oftmals an erster Stelle auf die Medien abgesehen, nicht auf Solidarisierungseffekte gegenüber denen, die die Aktionen unmittelbar mitbekamen, und auch nicht auf eine direkte Beeinflussung der Politik durch Lobbyismus und durch Lösungsvorschläge, mit denen die Politiker etwas anfangen konnten.[239] Mit Blick auf den medialen Effekt glaubte David Kraft, Kampagnenleiter von Greenpeace Kanada, davor warnen zu müssen, den Schwerpunkt der Aktionen vom Meer auf das Land zu verlegen: «Von 25 Greenpeace-Aktionen an Land ist nur eine so spektakulär und gut wie jede einzelne zur See.»[240] Der Greenpeace-Rivale und Walfängerjäger Paul Watson, der Kommunikationswissenschaften studiert hatte, ging daher gar nicht erst an Land: «Überleben in einer Mediengesellschaft bedeutet, die Medien zu durchschauen und zu manipulieren lernen, um bestimmte strategische Ziele zu erreichen.»[241]

Schon die 68er-Studentenrevolte war von der Erfahrung beeinflusst, dass sich nichts bewegt, solange man vernünftige Reformvorschläge auf korrektem Wege unterbreitet, dagegen eine Menge in Bewegung gerät, sobald man einen medienwirksamen Klamauk macht. Viele Umweltaktionen bauten auf dieser Erfahrung auf. Hatte früher einmal – und später noch in den totalitären Systemen – die Macht von Bewegungen mitunter gerade in ihrer Verborgenheit bestanden, die die Voraussetzung für konspirative Aktivitäten war, hieß es nunmehr: «Eine Bewegung, über die nicht berichtet wird, findet nicht statt» – eine Neudefinition der «Bewegung» von der unterstellten Allmacht der Medien her.

Es gab und gibt auch eine Tendenz, die Bedeutung der Medien zu übertreiben, gerade auch beim Atomkonflikt. Am Anfang standen hier nicht die Medien, sondern die Bürgerinitiativen; und die verbreitete Ablehnung der Atomkraft hielt sich auch über Zeiten, in denen das Thema den Medien langweilig geworden war. Zeitweise war von Medienwissenschaftlern zu hören, der Klima-Alarm sei ausgereizt und damit «out». Aber nicht die Gesetze der Medien allein regieren das Umweltbewusstsein, denn die Umweltprobleme sind eben doch kein pures Konstrukt. Medial vermittelte Ikonen spielten für das neue Umweltbewusstsein, das sich in typischen Fällen eben nicht aus der unmittelbaren Anschauung speiste, offenbar eine eminente Rolle; und doch blieb das Umweltbewusstsein im Unterschied zum Ostchristentum im Laufe der Zeit nicht auf bestimmte Ikonen fixiert.[242] Unmittelbare Anschauung und sinnliche Erfahrung ließen sich aus dem Umweltbewusstsein nie auf die Dauer eliminieren – und auch daraus resultierte eine Bewegung in der Umweltbewegung.

Wenn sich die Umweltbewegung streckenweise auf bestimmte Prioritäten fixierte, nach einiger Zeit dagegen auch die Themen wechselte, folgte das bis zu einem gewissen Grade den Gesetzen der Medien und auch denen der Politik. Von «der Sache» her, der Umweltproblematik als solcher, hätte es stets eine Pluralität der Themen her gegeben, während ein Themenwechsel dem Bedürfnis von Umweltgruppen nach eigener Identität zuwiderlief. Auf die Länge der Zeit lässt sich die Dynamik der Öko-Ära weder ausschließlich auf die inhärente Dynamik der Medien noch auf die der sozialen Bewegungen reduzieren. Letztlich erkennt man hinter all dem Hin und Her doch eine inhärente Dynamik der Sache selbst: der Umweltproblematik mit ihrem chamäleonhaften Farbenspiel.

Die typischen Chancen, die die Medien den Umweltaktivisten boten und durch die sie den neuartigen Charakter der Umweltbewegung gegenüber früheren Bewegungen beeinflussten, haben sich im Verlaufe der letzten vierzig Jahre verändert. In den 1960er Jahren, als das Fernsehen das aufregende neue Medium war und auch die Farbigkeit in Fotografie und Film immer raffinierter wurde, entstand ein starker Anreiz zur pittoresken Aktion, aber auch zur optisch faszinierenden Präsentation exotischer Tierwelten. Eine Generation davor hätten weder Schlauchboot-Aktionen gegen Walfänger noch die Gorillas im afrikanischen Regenwald eine breite Öffentlichkeit derart gepackt, wie dies dank der neuen Bildtechnik möglich war. Der klassische Regenbogenkämpfer von Greenpeace musste immun gegen die Seekrankheit, der Aktivist von Robin Wood schwindelfrei für die Schornsteinkletter-Happenings sein. In einem pazifistischen Milieu, das das alte Kriegsheldentum verabscheute, begründeten die Umweltaktivisten ein neuartiges Heldentum und demonstrierten, dass die Öko-Philosophie der Vorsicht und Vorsorge keineswegs Ausdruck persönlicher Ängstlichkeit war.

Wie nicht zu verwundern, hatte die Versessenheit auf massenmediale Wirkung auch ihren Preis: Im Wettlauf nach dem maximalen Effekt konnte es zumindest eine Zeitlang – selten auf längere Dauer – geschehen, dass die pure Sensationsmache siegte oder ein sentimentaler Bambi-

Kitsch einen überlegten Naturschutz übertrumpfte.[243] Wer es bis zur großen Publicity brachte, hatte diese oft am liebsten für sich selbst. Mediales Kalkül und Spendeneinwerben förderten die Rivalität zwischen verschiedenen Umweltaktivisten und ihren Organisationen. Jacques-Ives Cousteau, der Grzimek der Tiefsee und für viele Frankreichs berühmtester *environmentalist*, dessen 1968 vom französischen Fernsehen ausgestrahlter Unterwasserfilm über Wale Furore machte, wäre wie kein anderer für die Zusammenarbeit mit Greenpeace prädestiniert gewesen; aber er machte seine eigene Show, wollte es sich mit der herrschenden Meinung in seinem Land nicht verderben und fiel 1987 den Protesten gegen die französischen Atomwaffentests bei der pazifischen Insel Moruroa in den Rücken.[244] Überdies nutzte sich auf die Dauer der Effekt der Schlauchboot- und Schornsteinkletter-Aktionen[245] ab: ein Problem, das manchen Umweltgruppen bemerkenswert früh[246] bewusst wurde und Anstoß zu Neuorientierungen gab.

Führende Umweltverbände der USA begannen bereits in den 1980er Jahren Kongressabgeordnete und andere potentielle Sympathisanten mit Mails zu überschütten, machten jedoch schon bald die Erfahrung, dass sich der Effekt von Mails durch die Masse abnutzt.[247] Das Internet, das in den späten 90er Jahren omnipräsent wurde, war für die Bedürfnisse der Umweltbewegung wie geschaffen, wo es ganz entscheidend auf Information und auf eine Vernetzung ankam, die etablierte Organisations- und Informationsmonopole unterlief. «E-Mail und Internet verwandelten die Umweltdebatte in einen *Cyberspace War*», heißt es in einer Geschichte der amerikanischen Umweltbewegung von 2007.[248] In der Internetwelt besaß die optisch spektakuläre Aktion jedoch nicht entfernt die entscheidende Bedeutung wie in der Fernsehwelt. Zugleich trat mehr noch als davor das elektronische Netzwerk an die Stelle der überkommenen Vereinskultur mit ihren abendlichen Sitzungen und Tagesordnungsdiskussionen, die viele jüngere Umweltaktivisten, die ganz auf Information und Aktion orientiert waren, ohnehin nie sehr gemocht hatten. «Von der ‹Struktur› zum ‹Netzwerk›» – damit folgte der *environmentalism* bis hin zur Partei der deutschen Grünen einem allgemeinen Trend der jüngsten Zeit, der sich auch im Wirtschaftsleben beobachten lässt.[249]

Vorsicht jedoch mit der Konstruktion einer fundamentalen und irreversiblen Wende: Grundgesetze des menschlichen Zusammenlebens werden auch durch die Revolution in der Kommunikationstechnik nicht gänzlich außer Kraft gesetzt; allein durch elektronische Kontakte entsteht kein Vertrauen. Ob durch Netzwerke, die allein über das Internet funktionieren, handlungsfähige Akteurskoalitionen zustande kommen, ist fraglich. Gerade die dank der neuen Technik explosionsartig anschwellende Kommunikation könnte im Gegenteil dahin führen, dass sich die Ebene der Kommunikation immer weiter von der der Aktion entfernt – und die Aktion durch Verselbständigung einen neuen radikalen Zug erlangt. Noch immer entsteht das für eine gemeinsame Aktion nötige wechselseitige Vertrauen entscheidend durch den «Face-to-face»-Kontakt und spielen sich Aktionen und politische Einflussnahmen überwiegend in regionalem Rahmen ab. Zwischen den Ebenen der Kommunikation und der Aktion besteht eine Spannung, die dazu beiträgt, die Umweltbewegung in Bewegung zu halten. Man darf die bewusst paradoxe Parole «Global denken – lokal handeln» nicht im Sinne einer problemlosen Harmonie missverstehen. Eine groß angelegte amerikanische Untersuchung über internationale Verbindungen von Umwelt-NGOs kommt 1998 zu dem Ergebnis: «Viele dieser Beziehungen beschränken sich auf fragile Fax- und Cyberspace-Skelette, und die starken beruhen häufig mehr auf kulturüberbrückenden Schlüsselpersönlichkeiten als auf dichten institutionellen Verbindungen. ... Die Protestbewegungen mit der breitesten Basis bleiben diejenigen, die sich auf lokale bereits bestehende haarfeine (capillary) soziale Netzwerke gründen, von denen viele nicht einmal Telefon haben, von Computern ganz zu schweigen.»[250] Technische Netzwerke generieren keineswegs automatisch soziale Netzwerke und erst recht keine Akteurskoalitionen. Die Konstruktion einer «Informationsgesellschaft», die bisherige Grundgesetze des Daseins aufhebt, vergisst die menschliche Natur.

Vom Atomkonflikt zum «Waldsterben»: eine verwirrende Wende. Die auslösende Rolle bestimmter Medien ist bei demjenigen Thema besonders augenfällig, das nach 1980 jahrelang zu *dem* Leitmotiv bundesdeutscher Umweltdiskurse wurde, ähnlich wie dies bis kurz davor die Kernenergie gewesen war, und das sogar noch stärker einen spezifisch deutschen Pfad in der Öko-Ära markiert: dem *«Waldsterben»*! Die Schadenswirkungen des sauren Regens wurden von Skandinavien bis Nordamerika diskutiert, ab 1983 waren sie sogar das Topthema der durch die Rückkehr von Ruckelshaus reaktivierten EPA,[251] aber das Schlagwort «Waldsterben» war deutsches Eigenbräu. Als «leidenschaftlicher Waldläufer» spottete später der Medienwissenschaftler Rudi Holzberger, auf eine derart monomanisch verfolgte fixe Idee hätten nur Journalisten kommen können, die kaum je in den Wald gehen und stattdessen auf Klischees abfahren.[252]

Den Startschuss gab am 16. November 1981 der *Spiegel* mit seinem Titel: «Der Wald stirbt – Saurer Regen über Deutschland». Oben auf dem Titelbild ein Wald rauchender Schlote, deren mittlerem dicker schwefelgelber Qualm entquoll; drunten ein schütterer Stangenwald, der oben bereits angebräunt war. Nach einer noch etwas unschlüssigen Phase erreichte der Alarmchor in der deutschen Medienlandschaft 1983 seinen Höhepunkt. Auch ohne dass etwas unmittelbar Aufschreckendes passiert gewesen wäre, das als Aufhänger hätte dienen können, ging der *Spiegel* am 14. Februar 1983 so weit, in einer Schlagzeile von einem «ökologischen Hiroshima» zu sprechen: eine Klimax, die nicht mehr zu überbieten war. «Erst stirbt der Wald, dann stirbt der Mensch» wurde zur neuen Öko-Parole. 1984 glaubte die *Zeit:* «Am Ausmaß des Waldsterbens könnte heute nicht einmal der ungläubige Thomas zweifeln, allenfalls ein pathologischer Ignorant.»[253] Gerade solche Zitate verraten jedoch, dass es sich beim «Waldsterben» nicht mehr nur um ein Thema rationaler Analyse handelte, sondern es drauf und dran war, zum Glaubensartikel zu werden.

Wie erklärt sich dieser Großalarm, der durch deutsche Umweltdiskurse der 1970er Jahre in keiner Weise vorbereitet war? Oder war er doch vorbereitet? Eine Merkwürdigkeit besteht darin, dass schon 1979 ein großer Band *Rettet den Wald* erschienen war, eindrucksvoll aufgemacht und medienwirksam präsentiert.[254] Wer hinter diesem Band stand, wurde aus den Titelseiten nicht ganz klar; fett gedruckt war unter den Autoren der Journalist Horst Stern, den Hermann Graf Hatzfeld, ein Vorkämpfer des naturgemäßen Waldbaus, damals den «Robin Hood unter den Umweltschützern» nannte.[255] Von ihm stammte jedoch nicht einmal ein Zwanzigstel des Textes; im Übrigen vereinte der Band eine ganze Phalanx deutscher Forstwissenschaftler, und die Publikation wurde von der Arbeitsgemeinschaft Deutscher Waldbesitzerverbände unterstützt. Aus der Rückschau verblüfft, dass das Stichwort «saurer Regen» in dem umfangreichen Register fehlt und die Schäden durch Schwefeldioxid in dem gesamten umfangreichen Band nur mit einem einzigen Satz (S. 345) erwähnt werden. Stattdessen bewegte sich die Polemik ganz auf der traditionellen Linie «Laubmischwald kontra Nadelwald-Monokulturen» oder – noch traditioneller – auf der Linie «holzgerechte kontra hirschgerechte Förster» aus der Zeit der Forstreformen um 1800.

Diese Polemik hatte bei Horst Stern Tradition. Bereits am Heiligabend 1971 hatte er mit einer Fernsehsendung *Bemerkungen über den Rothirsch* Furore gemacht, in der er die These vertrat, dass die von der Jagdlobby betriebene Überhegung des Rotwildes die deutschen Wälder ruiniere. «Der deutsche Wald ist krank bis auf den Tod.» Mit seinem Kampf gegen die Bambi-Sentimentalität war Stern in gewissem Sinne ein Anti-Grzimek. Die Szenerie erinnert an die Kaibab-Affäre in den USA, die 1928 zum Schlüsselerlebnis für Aldo Leopold geworden war; in der Alten Welt, wo das Rotwild schon lange keine natürlichen Feinde mehr hatte, war jedoch das Problem der Wildschäden im Prinzip altbekannt,[256] jedoch immer ein wenig tabu, da der typische Förster in seinem Herzen Jäger war.[257] Die heftigen Reaktionen auf den Film legten «schlagartig die lange unter der Decke naturschützerischer Solidarität gehaltenen Interessengegensätze zwischen Forstwirtschaft, Jagd und Naturschutz frei» (Jens Ivo Engels),[258] wirkte also spaltend unter den Waldfreunden. Die gesamten 1970er Jahre hindurch war der Wald denn auch kein irgendwie integrierendes Thema der Umweltbewegung.

Ganz anders wurde das mit dem neuen «Waldsterben»-Alarm: Durch diesen gerieten Jäger und konventionelle Forstleute erst einmal aus der Schusslinie, und die neue Sorge um den Wald führte sogar Natur- und Umweltschützer zusammen.[259] Eigentlich hatte das Thema «saurer Regen» bereits am Anfang der Öko-Ära gestanden. Aber 1972 hatten die Schweden auf der Stockholmer Konferenz vergeblich versucht, die Deutschen und andere Nationen für dieses Umweltproblem zu erwärmen. Sobald sie damit drohten, an Verursacherländer wie die Bundesrepublik Schadenersatzansprüche zu stellen, machten die Deutschen dicht, und ein Bonner Kabinettsbeschluss machte den Ferntransport von Schwefeldioxid zu einem «Nichtthema».[260] Nun jedoch, da der deutsche Wald bedroht schien, bekam der saure Regen auf einmal höchste Priorität. Aus der Umweltbewegung war dieses Leitmotiv nicht hervorgegangen,[261] und es bot auch wenig Objekte für Bürgerinitiativen und Demonstrationen, wenn man von den Schornsteinkletterern von «Robin Wood» absieht, die es ganz auf den Medieneffekt abgesehen hatten. Dafür wurde die gesamte Szenerie des bundesdeutschen *environmentalism* durch das Leitmotiv «Waldsterben» von Grund auf verändert, und Fronten gerieten durcheinander. Nicht mehr die Kernenergie, sondern die Kohle wurde zum Hauptgegner: eine peinliche Wende für Sozialdemokraten, für die die Solidarität mit den Ruhrkumpeln geheiligtes Traditionsgut war. Dafür entstand schlagartig eine Verbindung zum Hauptstrom der deutschen Waldromantik.

Der Umweltschutz wird zur deutschen Volksbewegung. «Wenn's um den Wald geht, da kriegen wir eine Volksbewegung», sah der Münchener Oberbürgermeister Hans-Jochen Vogel kommen.[262] 1985 schrieb Carl Amery: «Das Waldsterben war das erste gewaltige Schock-Erlebnis ökologischer Natur, welches die ganze Nation trifft und betrifft.»[263] Und noch aus späterer Rückschau urteilen zwei Umwelthistoriker: «Man darf bezweifeln, ob es den ‹Grünen› auch ohne die Waldsterbensdebatte gelungen wäre, im März 1983 mit 5,6 Wählerstimmen zum ersten Mal in den deutschen Bundestag einzuziehen»[264] – und dabei lenkte das Waldsterben von dem Atomkonflikt, aus dem die Grünen hervorgegangen waren, erst einmal ab. Auch konservative Milieus, die von den Prügelszenen zwischen K-Gruppen und Polizei am Bauzaun von Kernkraftwerken verschreckt worden waren, fühlten sich von nun an der Umweltbewegung im geistigen Sinne zugehörig. Und wenn es für Bürgerbewegungen hier wenig zu tun gab, so bekam die neue von der CDU geführte Bundesregierung Kohl dafür eine glänzende Gelegenheit, sich gleich vom Start weg umweltpolitisch markanter zu profilieren, als dies die vorangegangene Regierung des Sozialdemokraten Helmut Schmidt je vermocht hatte: mit der Großfeuerungsanlagen-Verordnung von 1983, die für Kraftwerke Rauchgasentschwefelungsanlagen vorschrieb. Es handelte sich um ein Milliardenprojekt und war die bis dahin bei Weitem größte Einzelmaßnahme des deutschen Umweltschutzes.

Die Forderung danach stand längst im Raum; die Schädlichkeit des Schwefeldioxids für die Vegetation war seit dem 19. Jahrhundert bekannt; aber bis dahin hatten sich die führenden Energieversorgungsunternehmen stets damit herausgeredet, solche Anlagen seien nicht «Stand der Technik». Dabei wies der TÜV schon 1974 darauf hin, dass solche Anlagen in Japan bereits mit Erfolg betrieben würden.[265] Um 1980 nahm auch das Großkraftwerk Mannheim, ein alter Gegenspieler der Elektrogiganten, eine solche Großanlage in Betrieb und schuf damit einen nicht mehr zu leugnenden Stand der Technik, auf den sich die Regierung Kohl berufen konnte.[266] Die drastische Senkung der Schwefelemissionen trug mit dazu bei, dass der Waldsterben-Alarm statt zu einer *self-fulfilling* zu einer *self-refuting prophecy* wurde: Er gab den Anstoß zu Maßnahmen, die die Waldschäden verminderten, und wurde überdies für viele Umweltinteressierte zum Impetus, sich über die Waldschäden hinaus in Fragen der Waldökologie einzuarbeiten.[267]

Dennoch blieb das «Waldsterben» in Teilen der Öko-Szene noch lange ein Glaubensartikel. Ansonsten jedoch ergoss sich über diese Alarmmache seit den 1990er Jahren mehr und mehr Hohn und Spott. Es kam heraus, dass die deutschen Wälder – ob durch Unternutzung oder den zunehmenden CO_2-Gehalt der Atmosphäre –, anstatt zu sterben, stärker wuchsen denn je.[268] Um die Jahrtausendwende war der deutsche Wald entgegen der Prophezeiung nicht tot, sondern Deutschland war das waldreichste Land der EU. Es war eine Erfahrung, die jeglichen Öko-Alarmismus zu diskreditieren drohte. Der *Cry-Wolf*-Effekt wurde zum Memento der Öko-Diskurse (während die Freunde der Wildnis zugleich den Wolf rehabilitierten und wieder einzubürgern suchten): die Warnung, dass dann, wenn man zu oft blinden Alarm schlägt, sich nichts rührt, wenn der böse Wolf doch einmal wirklich kommt.

Was war geschehen? Ursprung des Alarms waren nicht die Medien allein, sondern ein Wechselspiel zwischen Medien und Wissenschaft. Gerade inmitten der modernen Bilderwelt fällt auf, wie wenig sich dieser Alarm mit aufreizenden Bildern visualieren ließ; stattdessen wurden Warnungen wie «das Bild trügt», «die Idylle trügt» zu stehenden Wendungen des Alarm-Journalismus.[269] Reporter konnten dieses Waldsterben nicht erfinden. Die Journalisten beriefen sich auf wissenschaftliche Autoritäten: an erster Stelle auf Bernhard Ulrich, den Direktor des Instituts für Bodenkunde und Waldernährung der Universität Göttingen. Der glaubte um 1980 erkannt zu haben, dass sich die Wälder entgegen dem, was man bis dahin angenommen hatte, infolge von (groß geschrieben) «Saurer Deposition» aus der Luft in einer «Destabilisierungsphase» befänden.[270] In dem Alarm wurde denn auch stets das Neuartige dieser Waldschäden betont, obwohl diese Neuartigkeit längst nicht in allen Fällen gesichert war.

Aber auch aus heutiger Sicht war die damalige Sorge nicht unbegründet. Eine immer weiter zunehmende Bodenversauerung bedroht tatsächlich solche Wälder, die ohnehin auf sauren Böden wachsen; bislang wird sie durch Kalkung wettgemacht, aber ob sich diese Methode unbegrenzt fortsetzen lässt, ist fraglich. Auch wenn man die Offenheit mancher Fragen erkennt, entsprachen doch intensive Debatten und Vorkehrungen gegen Eventualitäten ganz dem in der Öko-Ära proklamierten Vorsorgeprinzip.[271] Ulrich und seine forstlichen Mitstreiter waren jedoch der Überzeugung: Damit sich in der Politik endlich etwas bewegt und die waldschädlichen Emissionen wirksam gesenkt werden, muss Katastrophenalarm geschlagen werden. Daher wurden die Waldschäden zum Wald*sterben* gesteigert; die chronische Gefährdung wurde zur akuten Katastrophe hochstilisiert, und aus dem hypothetischen Risiko wurde ein klar erwiesenes Fiasko gemacht. Der Vorgang ist exemplarisch für die Kommunikationsprobleme zwischen Wissenschaft, Öffentlichkeit und Politik bei neuartigen, nur teilweise zu übersehenden Umweltrisiken. Der unmittelbare praktische Effekt, die Einführung der Entschwefelungsanlagen, verdient auch aus heutiger Sicht Respekt. Aber das Kommunikationsproblem steht noch immer ungelöst als Spannungsquelle im Raum.

Vom deutschen Wald zu den Tropenwäldern. Die «sanften Rebellen» von *Robin Wood*, die sich 1982 von Greenpeace abgespalten hatten, da ihnen die «Regenbogenkämpfer» über den Walen und Weltmeeren die Wälder vernachlässigten – obwohl auch Greenpeace Deutschland im Juni 1981 sein Debüt mit dem Erklettern eines Schornsteins (bei der Hamburger Chemiefabrik Boehringer) gegeben hatte –, konzentrierten sich ab Frühjahr 1987 auf eine Kampagne zum Schutz der Tropenwälder. Der Übergang vom «Waldsterben» zum bedrohten Regenwald verdient eine genauere Betrachtung. Das Thema «Wald» war das Bindeglied; und doch war es ein für jene Zeit bezeichnender Wechsel der Gesamtszenerie. Was später in Vergessenheit geriet: Am Anfang standen hier mindestens so sehr *Top-Down*-Initiativen wie Vorstöße von unten: Warnungen aus Kreisen der Holzbranche, die 1985 zur Beförderung nicht nur des Holzhandels, sondern auch einer besseren Forstwirtschaft in den Tropen die *International Tropical Timber Organization* (ITTO) gründete. Die Welternährungsorganisation (FAO) erklärte das Jahr 1985 zum «Internationalen Jahr des Forstes» und ließ einen Report vorbereiten: *Tropical Forests: A Call for Action.*[272] Die Tropenwaldkampagne stand nicht mehr im Zeichen des Waldsterbens, sondern des 1986 erstmals losbrechenden Klima-Alarms. Da war nicht mehr das Schwefeldioxid, sondern das Kohlendioxid das Thema, das bis dahin nur wenig beachtet worden war, zumal es das Wachstum der Wälder fördert. Aber durch das Verbrennen und Verrotten der Wälder wird es freigesetzt. «Mit dem Schutz des Tropenwalds schützen wir das Klima»: Diese Verknüpfung hat sich bis heute gehalten, ja sie wurde durch den zwei Jahrzehnte darauf mit neuer Stärke ertönenden Klima-Alarm reaktiviert. «Mit seinem Lebensraum schützen wir unser Klima», steht auf Plakaten, auf denen ein Gorilla den Betrachter anblickt: Auf diese Weise bekommt das zu schützende Klima Fleisch und Blut.

Vor zwanzig Jahren stand die Angst vor dem ansteigenden Meeresspiegel an erster Stelle; am 11. August 1986 hatte der *Spiegel* seinen berühmt-berüchtigten Titel «Die Klima-Katastrophe» mit dem zur Hälfte unter Wasser stehenden Kölner Dom gebracht. «Damit Norddeutschland nicht im Meer versinkt», war eine Parole von «Robin Wood» bei der Kampagne für den Tropenwald.[273] Aber nicht nur Ängste, sondern auch Paradiesträume waren im Spiel: Viele Öko-Romantiker konnten sich für die Tropenwälder mehr begeistern als für die deutschen Wälder. Zwar ist der Urwald in Wirklichkeit über weite Strecken monoton, aber der medial vermittelte tropische Regenwald war eine ideale Projektionsfläche für die Phantasie. Und jetzt konnte man sich konkret vorstellen, global zu denken.

Anders als bei dem Waldsterben-Alarm handelte es sich bei dem Alarm um den Tropenwald um keinen deutschen Sonderweg. Zwar war «Robin Wood» trotz seines Namens ursprünglich eine deutsche Gründung; diese bekam jedoch durch die Tropenwald-Kampagne sogleich internationale Verbindungen, die von England bis nach Australien reichten. In England standen die radikalen Aktivisten von *Earth First!* bei dem Kampf für den Schutz der tropischen Wildnis in vorderster Front.[274] Schon auf der Stockholmer Konferenz von 1972 wurde die Abholzung des Regenwalds im Amazonas als «ökologisches Hiroshima» gebrandmarkt – wieder die Hiroshima-Metapher! Wenn man vom «Urwald» träumte, dachte man jetzt an erster Stelle an den Amazonas, nicht mehr an Afrika.

Claude Lévi-Strauss (1908–2009), der berühmteste Anthropologe des Jahrhunderts, schon durch die *Traurigen Tropen* (1955) weltbekannt und von Trauer um die dem Untergang geweihte Kultur der Indigenen erfüllt, hatte den Schutz der Tropenwälder schon damals nicht nur mit der Erhaltung des Lebensraums der dortigen Stammesvölker begründet, sondern bereits mit dem Schutz der Erdatmosphäre, wenn auch noch ohne CO_2-Argument: «Die ganze Menschheit ist in Gefahr, denn wir sollten nicht vergessen, dass die tropischen Urwälder nicht mehr nachwachsen, wenn sie einmal zerstört sind. ... Sie kommen nie wieder. Soviel ich weiß, stammt ein beträchtlicher Teil des Sauerstoffs der Erdatmosphäre aus den Urwäldern des Amazonas. Wenn sie gerodet würden, wäre die Sauerstoffversorgung der ganzen Menschheit in Gefahr.»[275]

Anti- oder Kryptokolonialismus? Der Schutz der Wildnis war als Motiv viel älter als die Öko-Ära. Ende 1981 – genau zu der Zeit, als in Deutschland der Waldsterben-Alarm ertönte – starteten WWF und IUCN, zwei Organisationen aus der Vor-Öko-Zeit, eine weltweite und medienwirksame Kampagne zur Rettung der tropischen Regenwälder.[276] Später machte auch Greenpeace bei diesem Thema mobil. Die gesamte Kampagne ist durch eine merkwürdige Mischung anti- und kryptokolonialer Motive gekennzeichnet; sie geschah im Geist von Lévi-Strauss, aber auch von

Grzimek und setzte die Nationalpark-Bestrebungen der 1950er und 60er Jahre fort, die aus den kolonialen Großwildreservaten hervorgegangen waren. Regenwaldschützer riefen zum Boykott von Tropenholz auf; aber vor dem Hintergrund der Vergangenheit hatten Politiker der Dritten Welt es leicht, dies als kolonialistische Einmischung zu brandmarken. Biodiversität und Klimaschutz waren denkbar ungeeignet, die Erhaltung der Wälder den Einheimischen als eigenes Interesse bewusst zu machen. Der globale ökologische Blick hat die kulturenübergreifende Kommunikation nicht selten versperrt.[277] Das Dilemma wird uns noch an späterer Stelle im Zusammenhang mit dem damals erfundenen *Debt-for-Nature*-Handel begegnen.

Der «edle Wilde» lebte in der Öko-Szene wieder auf, obwohl gerade Lévi-Strauss gezeigt hatte, dass auch die vermeintlichen Wilden komplexe kulturelle Systeme besaßen; linke, antikoloniale Umweltaktivisten wollten mit den Tropenwäldern nicht nur die Lebenswelt der Gorillas, sondern auch die der menschlichen Indigenen schützen. Aber deren Kultur war allenthalben im Zerfall begriffen. Wie schon in der Zeit der Rousseau-Schwärmer und der Missionare machten die Freunde der «Naturvölker» regelmäßig die Erfahrung, dass diese sich, sobald sie mit der Geldwirtschaft in Berührung kamen, nur allzu leicht zur Ausbeutung ihrer Natur korrumpieren ließen und dass gewährte Reservatsrechte mitunter gerade dem ungehemmten Holzschlag freie Bahn öffneten.[278]

Zum Helden und bald auch Märtyrer der Kämpfer für den Regenwald des Amazonas wurde dagegen der am 22. Dezember 1988 ermordete Kautschukzapfer Chico Mendes. Als Vorsitzender der regionalen Landarbeitergewerkschaft hatte er sich im Interesse seines vom Regenwald lebenden Berufsstandes, der Seringueiros, der Waldrodung durch Rancher widersetzt, denen es um die Ausweitung ihrer Weidegebiete ging. Chico Mendes wurde weltweit zum Öko-Mythos, obwohl es ihm – wie konnte es nach Lage der dortigen Dinge anders sein? – um Naturnutzung und nicht um die Natur als solche ging. Jahre nach seinem Tod bekamen seine Seringueiros ein umfangreiches Reservat; aber auch viele von ihnen fanden auf Dauer die Viehzucht profitabler.[279]

Die Natur lässt sich auf lange Sicht nur durch Formen nachhaltiger Nutzung schützen, nicht durch den Versuch, jegliche moderne ökonomische Nutzung zu unterbinden. Es hat seine Logik, dass der Öko-Diskurs international seit den 1990er Jahren von dem Leitziel *Nachhaltigkeit* beherrscht wird; das alte Zauberwort *Wildnis* erwies sich mehr und mehr als Irrlicht.[280] Wie jedoch eine nachhaltige Bewirtschaftung im Falle der Tropenwälder aussieht, diese Frage ist weiterhin offen, und eine allgemeingültige Antwort scheint es nicht zu geben. Formen der *agroforestry* – regional unterschiedliche Kombinationen von Ackerbau und Baumnutzung – gelten vielfach als die beste Lösung.[281] Es ist immer wieder frappant, in welchem Maße Erfolgsgeschichten von *sustainable development* gerade aus der Dritten Welt ausgeprägt lokalen Charakter tragen.[282] «Global denken» läuft mitunter Gefahr, den Blick für ein Erfolg versprechendes lokales Handeln zu trüben.

Erstarrung und Beweglichkeit in der Umweltbewegung. Seit Jahrzehnten ist die Klage zum Gemeinplatz geworden, dass Umweltkontroversen in einem stereotypen Schlagabtausch mit dem ewig gleichen Argumentenarsenal erstarrt seien und man nicht vorankomme, da die Differenzen letztlich aus unterschiedlichen Weltbildern und Lebensanschauungen resultierten. Wer sich im Internet über kontroverse Fragen orientieren will, verfängt sich leicht in bestimmten Netzwerken, die zumindest auf den ersten Blick in sich hermetisch erscheinen. Das gilt besonders für die ganz großen Kontroversen – von der Kernenergie bis zum Klima –, an denen sich Fronten und Zusammengehörigkeiten formierten.

Schon 1977, nach zwei Jahren Atomkonflikt, klagte Jürgen Dahl in einem Essay «Zur Metaphysik der Atomenergie-Erzeugung», der öffentliche Diskurs um die Kernkraft sei «zum Ritual erstarrt: Die Argumente und Gegenargumente sind allerseits bekannt, Zitate von Gewährsleuten aller Couleur werden wie Keulen nach festen Kampfregeln geschwungen, Rede und Gegenrede folgen einander nach einem seit Jahren eingeübten Programm».[283] Damals grollte Herbert Wehner, die «sogenannten Hearings» seien «beinahe für die Katz»; sie seien eine bloße Mode, von der man wieder wegkommen möge. Das war ein Seitenhieb auf den «Bürgerdialog Kernenergie», den Wehners sozialdemokratischer Parteigenosse Hans Matthöfer bereits im Juli 1975 nach den Zusammenstößen auf dem Bauplatz von Wyhl eröffnet hatte; die aus den Pro-und-Kontra-Dialogen entstandenen Broschüren fanden einen massenhaften Absatz.[284] Aber war es ein wirklicher Dialog, wo der eine auf den anderen hörte; führte er weiter?

Kein Zweifel: Die Papierfluten der Öko-Ära wimmeln von stereotypen Sprachfiguren, die einer vom anderen übernimmt und bei denen man oftmals Präzision und konkrete Substanz vermisst. Die Umweltbewegungen haben auf diese Weise nicht wenige Chancen zu praktischer Wirksamkeit vertan und bei vielen Beteiligten am Ende Langeweile verbreitet.

Und doch: Der Eindruck der Stereotypie überwiegt nur so lange, wie man lediglich kleine Ausschnitte – zeitlich, räumlich, thematisch – im Visier hat. Über die Länge der Zeit und bei dem Überblick über verschiedene Nationen, Regionen und Szenen wandelt sich das Bild. Das vermochte Jürgen Dahl 1977 noch nicht zu erkennen. Schon die Kontroverse um die Kernkraft war über die Jahre, genau besehen, längst nicht so starr, wie Dahl glaubte; und der «Bürgerdialog Kernenergie» besitzt daran ein Verdienst, das weder von der Pro- noch von der Kontra-Seite angemessen gewürdigt wurden ist.[285] Man denke allein schon an die Schwerpunktverlagerungen vom Normalbetrieb auf den Maximalstörfall («Super-GAU»), auf Brüter und Wiederaufarbeitung, auf die Proliferationsgefahr und Endlagerung. Die neueste und umfangreichste amerikanische Analyse der deutschen Umweltorganisationen kommt zu dem Schluss, der «vielleicht bemerkenswerteste Zug des deutschen *environmentalism*» sei erst einmal sein «pures Durchhaltevermögen», zugleich aber auch die «eindrucksvolle Wandelbarkeit» seiner Leitthemen.[286]

Das «vernetzte Denken» ist – kein Wunder – nicht in jedem Moment und nicht in jedem einzelnen Hirn präsent. Überblickt man jedoch die bislang vier Jahrzehnte Öko-Ära international, so haben sich unendlich viele Vernetzungen vollzogen, und starre Stereotype sind ins Fließen geraten. Vor allem dies gibt einer Weltgeschichte der Öko-Ära, so fragmentarisch sie auf begrenztem Raum zwangsläufig ist, über das Panoptikum der Phänomene hinaus ihren Sinn. Erst in ihrer Gesamtheit und über die Länge der Zeit werden all die Umweltinitiativen und Umweltpolitiken zur Umweltbewegung im genuinen Sinne des Wortes. Die fließende Vielfalt und die immer neue Vernetzung der Motive unterscheiden die Umweltbewegung von allen früheren großen Bewegungen der Geschichte. In vielen Einzelepisoden, aber nicht insgesamt und auf die Dauer lassen sich der Umweltaktivismus und bestimmte Gruppen und Gruppeninteressen auf fixe Ideen und Gruppenidentitäten reduzieren. In dem Wust der Wortfiguren schlägt doch die Sache auf die Dauer immer wieder durch.

Ein immer neuer Szenenwechsel. Man führe sich bei dem großen Überblick über die Geschichte der Umweltinitiativen nur diese chamäleonhafte Fähigkeit zum Farbenwechsel vor Augen! Schon der bundesdeutsche Übergang vom Atom- zum Waldsterben-Alarm in den frühen 1980er Jahren: dieser Wandel der Szenerie und diese Verwirrung der Fronten und Verschiebung der Sympathisantenbasis. Und dann vom «Waldsterben» weiter zur Kampagne für den tropischen Regenwald, dieser Blickwechsel von der Heimat zur Exotik, verbunden mit einer Internationalisierung der Szene, und von dort weiter zur Gefährdung des Klimas und zu den Gefahren, die von der großflächigen Rinderhaltung drohen, für den Tropenwald wie für das Klima. Da bekam das alte Vegetariertum unversehens einen neuen global-ökologischen Sinn, und zugleich vollzog sich ein neuer Brückenschlag von der Alten zur neuen Welt. Im Anblick der Kühe auf den Schweizer Almen wäre man nie auf die Idee gekommen, dass dem Ökosystem Erde ausgerechnet durch die Rinder Gefahr drohe. 1992 erschien in den USA Jeremy Rifkins Großangriff auf die weltweit rasant expandierende Rinderhaltung; die deutsche Ausgabe von 1994 wurde von Ernst Ulrich von Weizsäcker, dem Leiter des *Wuppertal-Instituts für Klima, Umwelt und Energie,* eingeleitet.[287] In Kontinentaleuropa, wo das Steak weniger als in Amerika und Großbritannien im Zentrum der Esskultur steht, war es leichter, auf diese neue Warnung zu reagieren. Ironie der Geschichte: Ausgerechnet im Tschernobyl-Jahr 1996 ertönte zugleich der erste schrille Alarm vor der globalen Erwärmung und ihren Folgen, obwohl dieses neue Thema vom nuklearen Risiko auf ganz andere Risikoebenen lenkte, wo die Kernenergie sogar als Retterin in Szene treten konnte. Ein eklatanter Beweis dafür, dass die Entwicklung des Umweltbewusstseins allenfalls eine Strecke weit, jedoch nicht auf die Länge der Zeit von der Logik bestimmter Diskurse dirigiert wird.

In der Nachfolge des Atomkonflikts: die Kontroverse um die Gentechnik. Ein besonders aufschlussreicher Fall ist die Kampagne gegen die *Gentechnik*: aufschlussreich sowohl für Lern- und Tranferprozesse, allerdings auch Stereotype im kollektiven Umweltbewusstsein sowie für charakteristische Differenzen zwischen Alter und Neuer Welt. Befürworter wie Kritiker der Gentechnik suchten aus dem Atomkonflikt zu lernen, jeder von beiden – versteht sich – auf seine Art.[288] Vor allem in der Frühzeit der Gentechnik waren viele von der Analogie zur Atomtechnik frappiert: Wie die eine Technik die Grundelemente der anorganischen Natur verändert, rührt die andere an die Grundelemente der organischen Natur; beide Technologien versprechen Kettenreaktionen, physische wie ökonomische; beide verbinden sich mit Visionen der Omnipotenz, in der Sicht der Befürworter wie der Gegner. Da sich Organismen fortpflanzen und manipulierte Gene auf andere Organismen überspringen können, erschien das hypothetische Risiko vielen Kritikern sogar noch höher als das Risiko der Kerntechnik. Sie argumentierten: Da gentechnisch veränderte Organismen keine natürlichen Feinde haben, entsteht hier das Neophytenrisiko in einer Weise wie noch nie: Die neu kombinierten Arten könnten sich ungehemmt auf Kosten der bestehenden Natur vermehren; durch Gensprünge könnte Krebs zur ansteckenden Krankheit werden. Die Befürworter hielten dagegen, dass es die neu kombinierten Arten, die keinen darwinistischen Ausleseprozess durchgemacht hätten, ganz im Gegenteil in der freien Natur sehr schwer hätten und meistens außerhalb des Labors nicht überlebten. Aber ob es sich dabei um ein Naturgesetz handelte, war fraglich; die Gentechniker arbeiteten ja genau daran, dass ihre Schöpfungen im Freien überlebten.

«I started thinking in terms of the atomic bomb and similar things», erinnerte sich die Molekularbiologin Janet Mertz, eine Urheberin der amerikanischen Gentechnikkontroverse, die bereits in den 1970er Jahren kulminierte, als die deutsche Öko-Szene noch mit der Atomkraft beschäftigt war. «I didn't want to be the person who went ahead and created a monster that killed a million people.» Diese Super-Frankenstein-Horrorvision begleitete die heißen Phasen der Kontroverse um die Gentechnik, ob in den USA oder der Bundesrepublik, und würzte die nächtlichen Diskussionen, obwohl sie – bislang zumindest – von dem wirklichen Hauptrisiko der Gentechnik ablenkte: der weltweiten Monopolisierung der Agrarwirtschaft durch einige wenige Konzerne, die ihre patentierten Neukombinationen zum Standard machen. Insofern könnte man bezweifeln, ob die von den nuklearen Kettenreaktionen inspirierte Kritik an der Gentechnik tatsächlich den wirklich brisanten Punkt traf. Bislang war nur die Tier- und Pflanzenzucht, nicht die Menschenzucht ökonomisch attraktiv; an Experimenten mit menschlichen Embryonen waren vorwiegend Forscher interessiert, nicht Industriemanager. Auch die Crux der Kerntechnik hing allerdings aus heutiger Sicht mindestens so sehr mit dem mit ihr verbundenen Sog der ökonomischen Machtkonzentration wie dem ökologischen und humangenetischen Risiko zusammen.

Amerikanisch-deutsche Stildifferenzen im Atomkonflikt lassen sich ebenfalls in der Kontroverse um die Gentechnik beobachten. Das Gros der amerikanischen Molekularbiologen suchte aus der nuklearen Kontroverse zu lernen und die Risikodebatte von vornherein in der eigenen Community zu halten. Schon in den ersten Anfängen der öffentlichen Risikodiskussion, im Juli 1974, veröffentlichten führende amerikanische Forscher einen Brief, in dem sie dazu aufforderten, im Blick auf das potentielle Seuchenrisiko bestimmte gentechnische Experimente vorerst zu unterlassen. Dieses sogenannte «Moratorium», das später immer wieder als historisches Dokument für das Verantwortungsbewusstsein der Forscher und die funktionierende Selbstkontrolle der Forschung hochgehalten wurde, wurde zum Gründungsdokument der amerikanischen Gentechnikdebatte. Im Februar 1975 folgte die Konferenz im kalifornischen Asilomar: ein internationales Treffen von 140 Wissenschaftlern zur Verständigung über Sicherheitsvorkehrungen für die künftige Forschung. Entschiedene Gegner der Gentechnik waren nicht eingeladen. Asilomar, von vornherein als «historisches Ereignis» inszeniert, sollte die von den Kritikern geforderte Regulierung von außen abwehren.

Dieses Kalkül schien zunächst fehlzuschlagen: Die Kontroverse zog in der amerikanischen Öffentlichkeit weitere Kreise; zeitweise sah es so aus, als habe gerade Asilomar schlafende Hunde geweckt. Aber schon gegen Ende der 1970er Jahre flaute die öffentliche Kontroverse in den USA wieder ab. Lokale «Biohazard»-Komitees wurden in «Biosafety»-Komitees umbenannt. Asilomar war von der Sicherheitsphilosophie der Vorsorge getragen worden; aber in der Folge schlug wieder die alte Einstellung durch, dass nicht die Unschädlichkeit, sondern die Schädlichkeit nachzuweisen sei und die Beweislast bei den Kritikern liege. James D. Watson, der 1962 als ein Entdecker der Doppelhelix-Spiralstruktur der DNA den Nobelpreis bekommen hatte, titulierte alle die, die über eine nicht genau bekannte Gefahr redeten, als eine «Herde von Eseln».[289] Zwar kam die staatliche Regulierung 1980 nach jahrelangen Verzögerungen doch; aber die Bestimmungen fielen milder aus als anfangs geplant und wurden in der Folge weiter abgeschwächt. Die Aktienkurse der rasch aus dem Boden sprießenden Gentechnikfirmen stiegen.[290]

In den darauffolgenden Jahren ging die Kontroverse in Deutschland jedoch erst richtig los. Hier wurde sie von keiner bereits etablierten Forschergemeinde domestiziert, da die Deutschen infolge der Machtstellung der synthetischen Chemie in der Gentechnik zurückgeblieben waren;[291] und hier wie in anderen – nicht allen – europäischen Ländern wirkte die Kritik nachhaltiger als in den USA. Ähnlich wie zuvor der Atomkonflikt brachte diese neue Kontroverse eine ganze Welt von Literatur und Argumenten hervor, in der sich derjenige, der bei dem Thema Feuer gefangen hatte, rund um die Uhr einspinnen konnte. Noch weitaus stärker als bei der Kernenergie klafften bei der Gentechnik empirisch bereits erwiesene Schadenswirkungen und hypothetische Risiken auseinander. Die Gentechnik war durch kein Hiroshima belastet; man konnte allerdings die großen Seuchen und Neophytenprobleme als Vorgeschmack des neuen Risikos nehmen. Angloamerikanische Pläne für den Einsatz von Anthrax-Bazillen im Zweiten Weltkrieg enthüllten, dass ein biologisches Über-Hiroshima sehr wohl im Bereich des Denkbaren lag. Wie bekannt wurde, waren es damals nicht moralische Skrupel, sondern Mängel in der militärischen Kalkulierbarkeit gewesen, die vom Einsatz von Biobomben abhielten. Die moderne Gentechnik machte es jedoch denkbar, biologische Waffen so zu programmieren, dass sie nur den Gegner und nicht die eigene Bevölkerung trafen, wenn der Gegner einer anderen Rasse angehörte.[292]

Aber dieses grausige Thema war in der Bundesrepublik erst einmal weit weg. Die Risiken der Gentechnik behielten etwas Hypothetisches. Solange das Gros der Umweltaktivisten vom Atomkonflikt absorbiert wurde, fehlten zur Einarbeitung in die noch esoterischere Problematik der Gentechnik Zeit und Kraft. Anders als bei der Kerntechnik fehlte es hier an eindrucksvollen Objekten für große Demonstrationen; mehr als beim Atomkonflikt blieb die Kontroverse Expertensache. Sie gipfelte Mitte der 80er Jahre in der Zeit der großen Aids-Phobie, und einige Außenseiter brachten den Verdacht auf, diese neuartige Lustseuche, die der durch die «Antibabypille» eröffneten sexuellen Freiheit einen argen Dämpfer versetzte, stamme aus den Labors der Gentechnik. Ganz zu entkräften vermochten den Verdacht damals nicht einmal die vom Bundestag bestellten Experten;[293] aber es kennzeichnet die relative Sachlichkeit dieser Kontroverse, dass mit diesem vagen Verdacht nur selten Großalarm geschlagen wurde.

Während der Bundestag die Enquete-Kommission «Zukünftige Kernenergiepolitik» 1979/80 erst nach bürgerkriegsähnlichen Zusammenstößen einberufen hatte, setzte er 1984, schon in einem relativ frühen Stadium der neuen Kontroverse in der Bundesrepublik, die Enquete-Kommission «Chancen und Risiken der Gentechnologie» ein, die einen Berg von Papier produzierte, der für Laien eher desorientierend war. Eine gewisse Unschlüssigkeit blieb in Teilen der Öko-Szene bestehen, da theoretisch nicht auszuschließen war, dass die Gentechnik – unter ökologisch umsichtiger Regie entwickelt – eine «grüne» Technik würde, die den Einsatz von Energie und Chemie in der Landwirtschaft verringerte. Der *Spiegel*, der den Atomkonflikt viele Jahre anheizte, hielt sich in Sachen Gentechnik beharrlich zurück, nachdem er sich im Vorfeld einmal mit der Schlagzeile «Genetik: ‹Tausendmal schlimmer als Hitler›»[294] unter Experten lächerlich gemacht hatte. Obwohl die Kontroverse um die Gentechnik in einem Erbschaftsverhältnis zum Atomkonflikt steht, wurden die Positionen hier auf die Länge der Zeit deutlich differenzierter. Der hypothetische Charakter dieses Risikos erforderte einen neuen Politikstil und hielt viele von einer dauerhaften Verschanzung in apodiktischen Positionen ab.

Die Qual der Wahl: Prioritätensuche in der Chemiepolitik. Die Gentechnik präsentierte sich – wenn auch zunehmend von der chemischen Industrie eingekauft – als Alternative zur *Chemie*, und das trug dazu bei, die Situation zu verwirren. Denn von Rachel Carsons *Stummem Frühling* und den Kampagnen Barry Commoners her war eigentlich die Chemie mehr als alle anderen Industriebranchen die gegebene Zielscheibe der Umweltbewegung. Aber nirgends war es schwieriger, Prioritäten zu bestimmen und der Öffentlichkeit zu vermitteln, als in dieser ebenso unübersichtlichen wie undurchsichtigen Branche. Das begann schon mit der Definition der in Angriff zu nehmenden Stoffgruppen: War es die gesamte synthetische Chemie, oder sollte man sich besser auf ganz bestimmte Stoffe wie DDT oder Dioxin konzentrieren? Oder auf die gesamte Chlorchemie oder enger eingegrenzt auf die chlorierten Kohlenwasserstoffe, zu denen auch DDT gehörte?[295] Oder besser nicht auf die Stoffe als solche, sondern auf bestimmte Entwicklungspfade?[296]

Zwei Chemieexperten, die 1988 über eine ökologisch ausgerichtete Chemiepolitik reflektierten, die in der Bundesrepublik als unerfüllte Forderung schon seit einem Jahrzehnt im Raum stand, stießen erst einmal einen tiefen Seufzer aus: «Ähnlich verschwommen und undurchschaubar wie das System von Rohrleitungen in der Chemiefabrik, das die verschiedenen Produktionseinheiten untereinander verbindet, stellt sich ‹die Chemie› durchaus auch in ihrer inneren Struktur dar – ein hochkomplexes vernetztes System, in dessen Inneren Anfang und Ende kaum auszumachen sind.»[297] Rachel Carsons Erfolg war nicht zuletzt darauf zurückzuführen gewesen, dass sie sich trotz eines breiten Problempanoramas auf ein einziges Zielobjekt konzentrierte: auf DDT. Dreißig Jahre darauf war evident, dass eine derartige Priorität auf die Dauer nicht zu halten war: 1992 verkündete der kommende US-Vizepräsident Al Gore, dass die amerikanische Chemie ungeachtet des DDT-Verbots dreizehntausendmal mehr Pestizide als zu Zeiten Rachel Carsons produziere![298] Veranlasste man die Chemie dazu, sich auf Ersatzstoffe zu verlegen (die nicht selten profitabler waren), bedeutete das nur allzu oft, dass man ein bekanntes durch ein unbekanntes Risiko ersetzte: eines, das sich nicht selten als noch unangenehmer erwies.[299]

Der Asbest-Alarm. Frühe Umweltinitiativen, die auf die Chemie zielten, richteten sich in typischen Fällen auf Stoffe, deren Schadenspotential im Prinzip altbekannt war und wo sich Schäden am ehesten einklagen ließen, wie Blei, Quecksilber, Chlor oder Schwefelverbindungen. Auch bei Pestiziden war der Verdacht von Anfang an logisch und plausibel, dass sich deren Wirkung nicht nur auf die zu bekämpfenden Unkräuter und Schädlinge beschränkte. Nicht altbekannt war die krebserzeugende Wirkung eines Stoffes, der bis dahin als sprichwörtliches «Wundermittel», als *magic mineral* der modernen Wärmeisolation und des Brandschutzes gegolten und um dessen Ressourcen internationale Machtkämpfe getobt hatten,[300] den jedoch die neu geschaffene EPA ab 1971 zentral als Schädling ins Visier nahm: *Asbest.* Innerhalb der Arbeitsmedizin war die Asbestose als Berufskrankeit schon seit den 1920er Jahren bekannt; aber in eine weitere Öffentlichkeit war das Asbestrisiko nicht gedrungen. Erst die Öko-Ära brachte hier die Wende: in Deutschland erst über ein Jahrzehnt nach den USA. Die Asbestose wurde zu einer der «bekanntesten modernen industriellen Gefährdungen».[301]

Während das in den 1970er Jahren von der EPA verfügte Asbestverbot 1991 vom amerikanischen Bundesgericht teilweise wieder aufgehoben wurde, wurde die Verwendung von Asbest in Deutschland, wo sie noch in den 70er Jahren geboomt hatte, 1993 generell verboten, 2005 in der gesamten EU. In den USA bekam die Anti-Asbest-Kampagne zeitweise unter dem Einfluss der Medien Züge einer kollektiven Hysterie. «Der Satz ‹*One fiber can kill*› wurde von den Medien weit und breit wiederholt und in das öffentliche Bewusstsein eingraviert.»[302] Zum Nutzen von Baufirmen teilweise zweifelhafter Kompetenz wurden enorme Summen ausgegeben, um das Asbest aus Schulwänden herauszureißen und durch andere Materialien zu ersetzen, obwohl es innerhalb der Wände in vielen Fällen unschädlich gewesen wäre und gerade das Herausreißen Asbestpartikel freisetzte. Später blieb dort die Anti-Asbest-Kampagne auch unter Umweltschützern eher als warnendes Beispiel von Überregulation und zu weit getriebener Monomanie in Erinnerung – für Öko-Revisionisten natürlich ein gefundenes Fressen.[303] Im Jahr 2002 jedoch ging der Asbest-Alarm von Neuem los, als herauskam, dass in dem Bergbauort Libby (Montana), wo die Luft mit Asbestfasern geschwängert war, fast ein Fünftel der erwachsenen Bevölkerung an asbestbedingten Lungenabnormalien litt und schon über 200 Todesfälle an Asbestose belegt waren. Gesundheitsschäden im Umkreis des Bergbaus waren an und für sich einer der ältesten bekannten Umweltskandale und fanden schon im 16. Jahrhundert Beachtung. Im neuen *environmentalism* war dieses alte Thema zunächst randständig gewesen; jetzt bekam der Protest der Bergbaugeschädigten jedoch neuen Rückenwind durch die *Environmental-Justice*-Bewegung.[304]

«Vergiften uns die Bauern?» In Deutschland war die Chemie seit einem Jahrhundert Paradebeispiel einer «verwissenschaftlichen» Industrie, die zwar bei Anwohnern nie beliebt gewesen war, der man jedoch lange Zeit zugetraut hatte, nicht nur Kokereirückstände in leuchtende Farben, sondern nach und nach nahezu alle Abfälle in wertvolle Güter zu verwandeln und die dunklen Winkel der Industriegesellschaft auf diese Weise produktiv und präsentabel zu machen. Da gab es keine Außenkontrolle, nur die Selbstkontrolle der Chemie; und bis in die 1970er Jahre hatte es diese verstanden, alle auf sie selbst bezogenen Diskussionen innerhalb ihrer Expertenkartelle zu halten. Der erste markante Einbruch geschah hier 1978, als die Umweltschäden aus der Chemisierung der Landwirtschaft, die bis dahin vielen noch als Naturschützer im weiteren Sinne gegolten hatte, ins Visier öffentlicher Kritik und ebenso der Bonner Umweltpolitik gerieten. Der *Spiegel* vom 30. Oktober 1978 trug den Titel «Vergiften uns die Bauern? Chemie in der Landwirtschaft»; das Titelbild zeigte einen Sämann mit Gasmaske mit einem giftig roten Zeug in seinem Korb. Der erste Anstoß kam jedoch nicht von dem Nachrichtenmagazin, sondern von dem Staatssekretär Hartkopf, dem Motor der Bonner Umweltpolitik, unter dessen Regie schon seit Jahren mit der Chemie über ein Chemikaliengesetz verhandelt wurde, und dem im Oktober 1978 der Kragen platzte, so dass er der Chemie «öffentlich den Fehdehandschuh» zuwarf (Edda Müller).[305] Diese Wende öffnete nebenbei in Bonn neue Möglichkeiten der Zusammenarbeit zwischen der Umweltpolitik und dem noch beim Landwirtschaftsminister angesiedelten Naturschutz. Damals bekam die durch Helmut Schmidts Spitzengespräch auf Schloss Gymnich zurückgeworfene bundesdeutsche Umweltpolitik eine neue Dynamik. 1979 verkündete Hartkopf, sonst großen Worten abgeneigt: *«Es ist Zeit für die ökologische Wende.»*[306]

Vom Dioxin-Alarm zum Dualen System Deutschland. Bereits am 10. Juli 1976 hatte sich im italienischen Seveso jene Chemiekatastrophe ereignet, die nationenübergreifend zu einem Fanal der Umweltbewegung wurde und der von der Chemie drohenden Gefahr einen Namen gab: *Dioxin*! 1978 erschien eine vorzüglich dokumentierte Brandschrift unter dem

Titel, der zum Alarmruf wurde: *Seveso ist überall – Die tödlichen Risiken der Chemie*;[307] Mitautor war Fritz Vahrenholt, seit 1976 Leiter des Fachgebietes «Chemische Industrie» im Umweltbundesamt und von da an ein einflussreicher Vordenker der Chemiepolitik. Der *Spiegel* brachte seinen Titel «Seveso ist überall» allerdings erst am 30. Mai 1983, als herausgekommen war, dass auch auf deutschen Müllhalden Dioxinfässer achtlos herumlagen. Fortan zog sich eine Dioxinspur durch die deutsche Chemiepolitik. Am 24. September 1984 besetzten vier Umweltschützer zwölf Stunden lang die Schornsteine der Bielefelder Müllverbrennungsanlage (MVA), die noch einige Zeit davor als fortschrittlichste Anlage Europas gerühmt worden war. Selbst die Richter zeigten für die Angeklagten Sympathie und stellten das Verfahren ein.[308] Auch anderswo fanden Umweltkämpfer zu jener Zeit in den monströsen MVAs ein neues Angriffsobjekt. Dabei waren diese bereits das Produkt einer ersten Phase der Umweltpolitik, die verhindern wollte, dass weiterhin Müll in unbeobachtete Winkel gekippt wurde, aber auch, dass die Mülldeponien aus allen Nähten platzten.

In den 1990er Jahren wandelte sich wiederum die Szenerie: Technische Verbesserungen reduzierten schädliche Emissionen, zwischen Kritikern und Kritisierten entwickelte sich Kooperation, und die *Mülltrennung* wurde in Deutschland und anderen Ländern zum Inbegriff eines praktischen Umweltschutzes im Alltag. Umwelterziehung auf der Grundschule begann nun mit Vorliebe damit, dass ein nicht gar zu ekliger Mülleimer in den Klassenraum gekippt und sodann kundig sortiert wurde. Umweltschutz sollte von nun an bedeuten, selber etwas zu tun und nicht vorwurfsvoll an die Gesellschaft zu appellieren. Das «Duale System», das in Deutschland vordem die auf Schule und Betrieb verteilte berufliche Bildung gemeint hatte (dort aber schon längst kein Ruhmesblatt mehr war), meinte nunmehr die Mülltrennung, und mit dem «DSD» (Duales System Deutschland), das am 28. September 1990 – eine Woche vor der Wiedervereinigung – als Großunternehmen gegründet wurde, verband sich ein gewisser ökologischer Nationalstolz. Selbst der grüne Bundesumweltminister Jürgen Trittin glaubte, dass Deutschland dafür «weltweit bewundert» werde.[309]

Aber auch dieses Happy End des Entsorgungsproblems war nicht von Dauer. Zehn Jahre nach der Gründung des DSD klagte Gertrude Lübbe-Wolff, die Abfallverwertungspolitik sei zum «bloßen Begriffsverwirrspiel ... heruntergekommen».[310] Vielerorts kam heraus, dass der so geflissentlich getrennte Müll am Ende doch vereint in die MVA kam. Die prinzipielle Crux aller *End-of-the-pipe*-Lösungen wurde zum Gemeingut der internationalen Umweltdiskussion. Die MVAs und Klärwerke blieben wegen der sich ändernden Abfälle und Abwässer stets Provisorien; das Recycling funktionierte nur unvollkommen, war energieaufwendig und oft unrentabel und schuf eigene Umweltprobleme.[311] Fritz Vahrenholt spottete 1996, das «Auseinandergrabbeln vergammelter Joghurtbecher auf Sortierbändern» lenke von den wirklich wichtigen Problemen ab.[312] So fügte sich das DSD in die über hundertjährige Geschichte der Problemlösung durch Problemverlagerung ein. Schon früher bei den Rieselfeldern und der versuchten «Schließung des nuklearen Brennstoffkreislaufs» per Wiederaufarbeitung hatte man einsehen müssen, dass der perfekte Kreislauf ein unerreichbares Ideal ist, sofern nicht von vornherein, bereits im Produktionsprozess, auf die Herstellung wieder verwendbarer Stoffe geachtet wird.[313] «Die eigentlichen Emissionen der Chemie sind ihre Produkte»: Diese Einsicht brachte die chemiepolitische Diskussion auf ein neues Niveau.[314] Heute ist die neueste Hiobsbotschaft, die die Meeresfreunde mit Übelkeit erfüllt, dass der Meeresgrund zunehmend durch Plastikmüll versiegelt wird, der dort seine «ultimative Senke» findet. *Seveso ist überall* hatte sich in den umweltpolitischen Konsequenzen noch – hierin von der damaligen Strategie der amerikanischen EPA beeinflusst – auf die «Beseitigung des chemischen Abfalls», speziell des Giftmülls, konzentriert.[315]

Konfusionen und Klärungen. Aber vermeiden wir eine Hyperkritik, die es in der Umweltpolitik nur allzu leicht hat: Da sind Maßnahmen nun einmal in der Regel Provisorien, keine definitiven Lösungen. Waren auch viele Verordnungen als solche wenig effektiv, hat doch die Furcht vor schärferen Verordnungen in der Industrie manches bewirkt.[316] Wesentliche Auswirkungen der chemiepolitischen Diskussion vollziehen sich im Verborgenen:[317] für den Außenstehenden ein Problem. Bei allem Hin und Her erscheinen die bisherigen Geschicke der Umweltinitiativen alles in allem doch nicht als konfuse Tragikomödie ohne jeglichen tieferen Sinn. Die Umweltbewegung zeigte über alle Fixierungen hinweg am Ende immer wieder Beweglichkeit; und diese Bewegung war kein orientierungsloses Herumirren, sondern stets auch ein Kreisen um Leitmotive, wobei sich in diesem Umkreisen manches klärte. Seit der Hygienebewegung des späten 19. Jahrhunderts kehrten Umweltinitiativen immer wieder, wenn auch teilweise von verschiedener Seite her, zu den Themen Luft und Wasser zurück. Die Gefährdung des Klimas hat sich seit den 1980er Jahren international entgegen dem Abwechslungsgesetz der Medien als Leitmotiv gehalten, wenn auch mit einigem Auf und Ab; es gibt dem alten Motiv der Emissionsreduktion eine neue Aktualität; in ariden Weltregionen äußert sich die Erwärmung vor allem als Wasserverknappung. Die «Grenzen des Wachstums» werden immer neu, wenn auch von unterschiedlicher Seite, als das Problem der Probleme offengelegt, selbst wenn sich schließlich nicht so sehr das Bevölkerungswachstum wie vielmehr die Wachstumsprogrammiertheit des bestehenden Wirtschaftssystems als der wahre Kern des Problems herausschält. Seit dem Crash von 2008 wagt man wieder eine Abkehr von der Wachstumswirtschaft zu denken.

Das Gesamtspektrum der Umweltthemen ist mithin nicht ganz und gar diffus, sondern es fehlt nicht an Vernetzungen. Um mit Hegel zu reden: «Das Wahre ist das Ganze»; zur Umweltbewegung im vollen Sinne werden die einzelnen Umweltinitiativen in ihrer Gesamtheit, in ihrer Beweglichkeit und Vernetztheit und über die Jahrzehnte hinweg. Das Problem der ökologisch nachhaltigen Energieversorgung gewinnt von Anfang bis heute immer wieder Priorität. Denis Hayes, der Organisator des *Earth Day* von 1970, später vom *Time Magazine* zum «Hero of the Planet» gekürt, hat sich zum Vorkämpfer der Solarenergie entwickelt. Die *Alternative* wurde seit den späten 70er Jahren zum Zauberwort der Öko-Szene; im Tschernobyl-Jahr 1986 schrieb das *Robin-Wood-Magazin:* «Kümmern wir uns also um den ‹toten Hund› Atomenergie nur soviel wie nötig und sowenig wie möglich und widmen wir uns vor allem der Aufgabe, neuen Energieversorgungsstrukturen zum Durchbruch zu verhelfen.»[318] Soll man von einem Lernprozess reden? Lieber nur mit Vorsicht; denn die Weltgeschichte ist keine Schulstube, sondern eine Arena voller Machtspiele und Interessenkämpfe, und mit allem Zugewinn an Erkenntnis vollziehen sich auch klammheimliche Prozesse des Vergessens. Da kann man nie sicher sein, ob die Geschichte nicht wieder von vorne beginnt, ob bei der Kernenergie, dem Klimaproblem oder anderswo.

2. Charismatiker und Ökokraten

Spirituelle Suche und charismatische Momente

Die Apokalypse verlangt nach Propheten. Wie schon oft bemerkt wurde, stehen Visionen vom kommenden ökologischen Selbstmord der Menschheit in alten Traditionen der christlichen Apokalypse. Für den westfälischen Kleriker Gobelinus Person, der zwischen 1406 und 1418 seinen «Weltenlauf» (Cosmidromius) schrieb, war es offenbar, dass die Weltgeschichte auf abschüssiger Bahn verlief und das Ende nah war; den Weltuntergang erwartete er 1426 und starb noch rechtzeitig 1422. Seine Grundthese: «Das Alpha enthielt bereits das Omega»; der Sündenfall im Paradies enthielt bereits das Ende der Welt. Ganz in diesem Sinne liest man immer wieder in grünen Weltgeschichten, von Clive Ponting (1991) bis zu Jared Diamond (2005), dass der (angebliche) ökologische Selbstmord der Osterinsulaner, die in blinder Gier ihren letzten Baum abgeholzt hätten, bereits das Grundmuster für den zu befürchtenden ökologischen Selbstmord der Menschheit enthalte[1] – und das, obwohl es deutliche Indizien dafür gibt, dass sich auf der Osterinsel kein ökologischer Selbstmord, sondern Mord ereignete: durch Kolonisten und Sklavenhändler[2] – eine für Umweltaktivisten eigentlich viel passendere Pointe.

Der erste Boom der Öko-Apokalypsen fällt zu beiden Seiten des Atlantik in die Zeit um 1970.[3] Michael Egan gibt in seiner Biographie Barry Commoners jenem Kapitel, in dem er die Entwicklung seines Helden zum Umweltaktivisten darstellt, die Unterschrift «The New Jeremiad» und stellt ihm als Motto das Commoner-Wort voran: «Wenn du Licht am Ende des Tunnels siehst, hast du in die falsche Richtung geschaut.»[4] Zugleich schildert er ihn als «außergewöhnlich charismatisch», allerdings als einen charismatischen Unglückspropheten, der es zu keiner großen und dauerhaften Schar von Jüngern gebracht habe. Dazu zitiert er die Soziologin Deborah Lynn Guber, die die «grüne Revolution» in den USA durch die Meinungsumfragen verfolgte: «Indem die Umweltbewegung die Fortschritte im Umweltschutz herunterspielte und übertriebene Weltuntergangswarnungen benutzte, um das öffentliche Bewusstsein aufzurütteln, hat sie ihre eigene Glaubwürdigkeit geopfert, indem sie der Politik des kleinen Kükens nachgab.»[5] Eine andere Version des «Cry-Wolf-Effekts»: Das ängstliche kleine Küken einer amerikanischen Kindergeschichte glaubt bei einem Plumps, der Himmel sei eingestürzt, und versetzt die Tiere vorübergehend in Panik, um sich hernach selbst der Lächerlichkeit auszusetzen. Die Rolle des Jeremias ist nicht ohne Risiko. Schon Machiavelli erkannte am Vergleich von Moses und Savonarola – so eine berühmte Stelle im sechsten Kapitel des *Principe* –, dass ein Prophet verloren ist, wenn er außer seinem Charisma keine anderen Machtmittel besitzt. Eine Einsicht, die auch Beachtung verdient, wenn man die Schicksale charismatischer Umweltaktivisten über die Jahrzehnte verfolgt. Wobei man jedoch nicht vergessen sollte, dass die Öko-Apokalyptiker, falls unsere Zivilisation – was nicht auszuschließen ist – tatsächlich einem ökologischen Kollaps entgegengehen sollte, künftig einmal als Propheten gelten werden.[6]

Der exzentrische Charismatiker Max Webers. Die Apokalypse verlangt nach einem Messias; ohne messianische Botschaft wirkt sie nur lähmend.[7] Ein Bedarf nach kühnen und suggestiven Führergestalten lässt sich auch aus dem heillos diffusen Charakter der Umweltproblematik herleiten, wo man, wenn man zu sehr diskutiert und räsoniert, gar nicht mehr weiß, wo man anfangen soll.[8] Aber da gelangen wir an eine fundamentale Spannung des *environmentalism*. Denn dieser hat seinen aufklärerischen Grundcharakter nie auf die Dauer verleugnet. Die apokalyptische Angst wurde, wie es scheint, mehr in den Medien inszeniert als wirklich empfunden.[9] Das gilt noch für die neueste Apokalypse: die kommende Klimakatastrophe, die globale Erwärmung.

Egan ruft mit seiner Commoner-Analyse Max Weber in Erinnerung, den Schöpfer des modernen Charisma-Begriffs, dessen Ehefrau Marianne während des Ersten Weltkrieges das Gefühl hatte, dass ihr Mann, wenn er über Jeremia redete, zugleich von sich selber sprach.[10] «Charisma» bedeutet eigentlich «Gnadengeschenk»; aber bei Max Weber besitzt der Charismatiker zugleich die Begabung zu düsteren apokalyptischen Visionen, die breite Massen aus ihrem Alltagstrott herauszureißen und in Bewegung zu setzen vermögen. Er wirkt wie ein Verrückter, wenn der Geist über ihn kommt: «Jeremia wird wie ein Trunkener und schlottert an allen Gliedern.» «Gluthitze erfasst ihn»; er «läuft mit einem Joch auf dem Nacken umher».[11] Charisma im Sinne Webers ist etwas sehr anderes als das smarte Charisma, mit dem die Medien jugendlich-siegesbewusst wirkende US-Präsidenten wie Kennedy und Obama ausgestattet haben. Die Öko-Apokalypse dagegen ist für Charismatiker wie geschaffen; kein Wunder, dass wir in der Geschichte der Umweltbewegung nicht wenige Gestalten finden, deren Habitus an das ursprüngliche Charisma-Konzept Max Webers erinnert.

Eines allerdings passt nicht: Bei Max Weber hat die Stunde des Charismatikers in Zeiten allgemeiner Verzweiflung geschlagen. Die «furchtbare Angst» der Israeliten vor der Grausamkeit und Übermacht der Assyrer bringt sie in jene apokalyptische Stimmung, in der sie auf die Propheten hören. Die große Stunde der Ökologie schlug dagegen um 1970 und dann wieder um 1990 in einer weltpolitischen Situation, da sich der apokalyptische Albtraum des Atomkriegs im Morgenlicht auflöste. Vor diesem Hintergrund kommen Zweifel auf, ob der Unglücksprophet in diese historische Situation passte. Zum Charisma als soziologischem Phänomen gehört nicht nur der Prophet, sondern gehören auch die Jünger, die mitspielen – und im Blick darauf werden wir in der Geschichte der Öko-Ära immer wieder auf verhinderte Charismatiker stoßen. Speziell bei den deutschen Grünen erkannte Herbert Gruhl, der als Erster von vielen Führungsaspiranten bei den Grünen durchfiel, eine «panische Angst vor Leitfiguren».[12] Die Umweltbewegung liebte weit mehr die Diskussion als das Gefolgschaftswesen und gehört aufs Ganze gesehen eher in die Tradition der Aufklärung als in die der chiliastischen Bewegungen.

Und doch versteht man sie als Gesamtphänomen nicht, wenn man nicht auch ihre spirituellen[13] Elemente ernst nimmt. Öko-Ikonen – Bilder von charismatischen Tieren und Landschaften – verraten deutlicher als ökologische Texte, dass auf dem Grunde des populären Ökologismus der alte Traum vom Paradies fortlebt.[14] Es handelt sich jedoch erst einmal um ein *verlorenes* Paradies. Wie das *Prinzip Verantwortung* des Philosophen Hans Jonas, das Gegen-Opus gegen Blochs *Prinzip Hoffnung*,[15] zu erkennen gibt, enthält das ökologische Denken ein ausgeprägtes antiutopisches Element. Dieses kann nüchtern-realistisch sein, aber auch eine eigene Eschatologie enthalten. Max Weber hatte in seinem viel zitierten Vortrag «Politik als Beruf» (1917) Gesinnungs- und Verantwortungsethik als Kontrastpaar präsentiert; bei Hans Jonas und vielen anderen Vordenkern der neuen Verantwortung für die Umwelt fallen beide Ethiken zusammen und erlangt die Verantwortungsethik die ganze Emphase der Gesinnungsethik.

Protestantische Ethik und Geist des Environmentalism? Auf der Suche nach einer präziseren Bestimmung grüner Spiritualität. Welcher Art sind die spirituellen Motive der Umweltbewegung? Wer der Religion innerlich fernsteht, neigt dazu, alle Religiosität in einen Topf zu werfen.[16] Max Weber war sich jedoch dessen bewusst, dass es auf die Unterscheidungen ankommt. Es gibt rationale und ekstatische, einsame und gemeinschaftliche Formen religiöser Erfahrung. Zum Charisma gehört eine bestimmte Art von Religiosität: eine, die sich nach Erlösung und Erleuchtung sehnt und zum Leiden und zur inneren Umkehr bereit ist, um dorthin zu gelangen.

Der Mediävist Lynn White erkannte in seiner berühmten Weihnachtsansprache aus dem Jahr 1966 über die «historischen Wurzeln unserer ökologischen Krise» in der modernen Umweltproblematik einen religiösen Kern: Die jüdisch-christliche Tradition habe den Menschen aus dem beseelten Ganzen der Natur herausgelöst und ihm die Natur als Objekt der Herrschaft und Ausbeutung gegenübergestellt; östliche Religionen seien weiser gewesen und hätten den Menschen als Teil der Natur begriffen. «Die Beatniks, die die wahren Revolutionäre unserer Zeit sind, zeigen in ihrer Neigung zum Zen-Buddhismus einen gesunden Instinkt.»[17] Nicht durch noch mehr Wissenschaft und Technik, sondern nur durch eine spirituelle Wende sei die Umweltkrise, wenn überhaupt, zu bewältigen.

Da stimmte ihm der alte Welthistoriker Arnold Toynbee aus vollem Herzen zu.[18] Ambivalent dagegen reagierte René Dubos, der inspirierende Geist der Stockholmer Umweltkonferenz von 1972: Auch er bestritt nicht die religiöse Wurzel der Problematik; aber er beurteilte die historische Rolle ebenso wie das aktuelle Potential des Christentums positiver als White. Durch eine überlegte Art der Nutzung füge man der Natur keinen Schaden zu; auch durch den Gartenbau nähere man sich dem Paradies.[19] Zugleich zerstörte der aus China stammende Geograph Yi-fu Tuan den Mythos von der östlichen Harmonie mit der Natur: Da habe man die Wunschträume philosophischer Einsiedler mit der durchaus konträren Wirklichkeit ihrer Welt verwechselt.[20] Da der Umweltschutz in der alten Tradition des gegen privaten Egoismus zu schützenden Gemeinwohls steht, ist das im Vergleich zu anderen Religionen ausgeprägte soziale Element des Christentums zumindest potentiell von Vorteil. Mehr als in den meisten anderen Weltregionen besteht in Mittel- und Westeuropa seit der frühen Neuzeit die Tradition, dass sich Herrschaft nicht nur durch Waldrodung, sondern mindestens so sehr durch Waldschutz manifestiert;[21] und wenn man bedenkt, dass das Konzept der Nachhaltigkeit aus der Forstwirtschaft stammt, erscheint es nicht als Zufall, dass die Umweltpolitik im Westen erfunden wurde und dort immer noch am ehesten nicht nur auf dem Papier steht, sondern bisweilen auch in die Praxis durchschlägt.

Der Ursprung der Umweltbewegung in den protestantischen Ländern ist sogar noch markanter als der historische Zusammenhang von Protes-

Konnex zu Protestantismus & Ökologismus

tantismus und Kapitalismus – denn der Kapitalismus besitzt auch mittelalterlich-katholische Wurzeln –, so dass man versucht ist, die berühmte Max-Weber-These von der «Wahlverwandtschaft» zwischen «protestantischer Ethik und Geist des Kapitalismus» durch eine neue These vom Konnex zwischen Protestantismus und Ökologismus zu ersetzen. Im Umweltbewusstsein erkennt man viel protestantisches Sündenbewusstsein, das weder durch die Beichte noch durch einen Ablass zu beschwichtigen ist. Und in der Vorstellung von der Rache der Natur erkennt man unschwer säkularisierte Theologie: den strengen Gott, der Verstöße gegen seine Gebote unnachsichtig bestraft. Das ist nun allerdings eine eher rationale, rechenhafte Art von Religiosität, ohne jene Aura, die der nach Gnade und Erlösung schreiende Charismatiker braucht. In Webers «Protestantischer Ethik» sucht man die Idee des Charismas noch vergebens.

Aber es gibt ja nicht nur die depressive und schuldbewusste Art von Umweltbewusstsein, die an die von Max Weber beschriebene puritanische Ethik und «innerweltliche Askese» gemahnt. Roderick Nash schilderte die Begeisterung für die Wildnis in *Wilderness and the American Mind* (1967), das zum amerikanischen Kultbuch wurde, geradezu als Enthemmung und Auflehnung gegen die puritanische Tradition Neuenglands,[22] wenn auch die Beziehung des altamerikanischen Protestantismus zur Wildnis der Neuen Welt, die doch auch göttliche Schöpfung war, in Wahrheit wohl ambivalenter aussah, als Nash es in jenen Roaring Sixties beschrieb.[23] Der norwegische Bergsteiger-Philosoph Arne Naess (1912–2009), der sich an Seilen über einen norwegischen Fjord hängte und nicht aufgab, bis ein dortiges Staudammprojekt abgeblasen wurde, schildert die von ihm 1973 begründete *Deep Ecology*, die Züge einer pantheistischen Naturreligion trägt, als eine Philosophie der Freude und Anleitung zum Vollgefühl eines ganz und gar diesseitigen Lebens. Er erkannte das Problem, dass die vom Öko-Fundamentalisten geforderte selbstlose Liebe zur Natur entweder sauertöpfische Lust- und Menschenfeinde oder Heuchler hervorbringt, da Menschen selten völlig selbstlos sind. Seine Lösung bestand in der Aufforderung, das eigene Selbst nicht «mit dem begrenzten Ego zu verwechseln», sondern ein weites Gefühl dieses Selbst zu gewinnen, das die Grenzen unseres Körpers sprengt, das Ganze der Natur umfasst und die Natur im eigenen Inneren mit der Unendlichkeit der außermenschlichen Natur vereint.[24] Dieses Selbstgefühl besiegt die Furcht vor dem Tod und damit einen Urgrund aller Traurigkeit.

Hubert Weinzierl, seit den Anfängen der Öko-Ära ein wortgewaltiger Sprecher des deutschen Natur- und Umweltschutzes, der die spirituellen

Antriebe des Naturschutzes bei aller Ökologie nie verleugnete und davon sprach, das Vorhandensein eines Luchses heilige einen Wald, verkündet nach der Jahrtausendwende, Begriffe wie «Öko» und «Bio» dürften «nicht länger mit Moral und Askese belastet bleiben, sondern müssen mit Lebensfreude verbunden werden». «Deshalb muss Nachhaltigkeit zum Kult werden. Dann macht auch die Fun-Gesellschaft mit: Denn gibt es einen größeren Spaß, als lustvoll im Einklang mit der Natur zu leben?»[25] «Kult» hier nicht nur im sakralen Sinn, sondern auch im Sinn der Spaßgesellschaft! Das wirft ein Schlaglicht auf den Wandel eines charakteristischen Menschentyps in der Öko-Szene, und damit auf einen der bedeutsamsten Wandlungsprozesse im *environmentalism* überhaupt, nachdem dieser zunächst oftmals Züge eines neuen Puritanismus trug.

Dieser Wandel war jedoch zugleich eine Rückkehr zu den historischen Wurzeln des Naturschutzes. Schon von Anfang an gehörte zum Umweltbewusstsein nicht nur die Sorge, sondern auch die Hochstimmung: die Begeisterung für die blühende, ja für die wilde Natur, und diese kann sich bis zur Ekstase steigern. Die romantische Landschaftsmalerei vom Rhein bis zum Hudson gipfelt nicht im Naturalismus, sondern in einer von einem überirdischen Schimmer verklärten Natur. Gerade im Kult der Wildnis ist der spirituelle Zug nicht zu verkennen. Rein ökologisch ist der Schutz der Wildnis nicht zu begründen; viele Gärten sind artenreicher als viele Wildnisse. Wenn der Naturschutz in der Abriegelung einer Zone A kulminiert, aus der die Menschen absolut ausgeschlossen sind, steht dies unverkennbar in der Tradition der Tabuisierung des Heiligen, auch wenn es bei den Brutplätzen bestimmter Vogelarten einen ökologischen Sinn macht.

Spirituelle Motive finden sich vor allem im Naturschutz. «Natur» als Ideal enthält säkularisiertes religiöses Gedankengut. Bereits in der christlichen Tradition gab es nicht nur die sündige, durch den Sündenfall zum Verderben verurteilte Natur, sondern auch die Natur als Schöpfung Gottes; das hat Lynn White nicht beachtet. Eine pantheistische Unterströmung durchzieht die Geschichte des Christentums, offenkundig seit der Physikotheologie des 18. Jahrhunderts,[26] unterschwellig schon seit dem Mittelalter; der Topos vom «Buch der Natur» – das nicht anders als die Bibel göttliche Weisheit enthält – geht bis auf das 13. Jahrhundert zurück.[27]

Spirituelle Triebkräfte des Naturschutzes äußern sich oftmals besonders unbefangen in der Zeit *vor* der Ökologisierung des Naturschutzes in der Öko-Ära. Kaum eine andere Gestalt des amerikanischen *environmen-*

talism besitzt einen derart prophetenhaften Habitus wie John Muir, der Vorkämpfer der Wildnis und der Nationalparke. Für ihn war der Kampf für den wilden Wald «Teil des ewigen Kampfes zwischen Gut und Böse».[28] Das Engagement für die Wildnis – so David Brower 1957– beziehe seine Kraft aus dem «Druck des Gewissens, eines uns eingeborenen Wissens, dass wir aus ethischen Gründen gewisse Dinge der einzigen Welt, die wir haben, nicht antun dürfen».[29] Wilhelm Lienenkämper, eine charismatische Gestalt des westfälischen Naturschutzes, der als Naturschutzbeauftragter im Sauerland allein von 1936 bis 1938 nicht weniger als 19 Naturschutzgebiete durchsetzte[30] und zu dessen Lieblingsblumenwiese Scharen von Naturschützern noch vierzig Jahre nach seinem Tod pilgerten, berief sich auf ein Erweckungserlebnis im Frühling 1926 in einem «verborgenen Paradies» an einem Bergbach.[31] Später, in der Zeit der Roten Listen, mahnte er, das Naturschutz-Schrifttum solle «nicht nur aus dem knöchernen Gerippe der behördlich vorgeschriebenen Liste» bestehen, sondern auch das «Feuer der Liebe» entflammen.[32] In den 1930er Jahren begeisterter Nazi, da der Nationalsozialismus ebenso wie der Naturschutz «totale Hingabe und Opfer» fordere,[33] fand er schließlich einen «wertvollen Helfer» in der Kirche und erläuterte – theologisch durchaus vertretbar –, das Dominium-terrae-Gebot des alttestamentlichen Gottes («Macht euch die Erde untertan») verpflichte auch zum Schutz der Erde.[34] Die Arche Noah wurde zu einer Ikone der Öko-Bewegung: Symbol der Verantwortung für die Erde, wobei der Umweltschützer in die Rolle eines von Gott begnadeten Erzvaters rückt.

Blumen- und Tierreligion – «charismatische Megafauna». Ebenso wie es unterschiedliche Arten der Naturliebe gibt, gibt es auch unterschiedliche Arten von Naturreligiosität. Als Theodore Roosevelt, der große Jäger, 1903 mit John Muir durch das Yosemite-Tal wanderte, sah er verwundert, dass Muir kein Sensorium für die Vögel und ihren Gesang besaß: «Ihm sagten die Einsiedlerdrosseln nichts und die Bäume und Klippen alles.»[35] Hegel unterscheidet innerhalb der «natürlichen Religion» die friedlich-selbstlose «Unschuld der Blumenreligion» von der animalisch-aggressiven «Tierreligion», die «in die Mannigfaltigkeit der ruhigen Pflanzengestalten eine feindselige Bewegung» bringt.[36] Der Gedankensprung liegt nahe, dass die Tierschützer, zumal sie es mit den Jägern zu tun kriegen, in typischen Fällen weitaus aggressiver sind als die Schützer der pflanzlichen Natur.

Nicht nur Tierschützer, sondern auch Tiere können ihr Charisma besitzen. Bereits Max Weber, dessen Charisma-Begriff etwas Animalisches hat, erkennt im Zuge der Erläuterung des Charismas bei berauschten indischen Kriegselefanten eine «Heldenekstase».[37] Die «charismatische Megafauna» – Löwen, Tiger, Elefanten, Nashörner, Pandas, Eisbären, neuerdings auch die lange Zeit überbeleumdeten Wölfe[38] – ist bereits ein stehender Begriff, obwohl es ökologisch wie sozialpolitisch nicht unbedenklich ist, sich vielmehr an Medien- und Spendensammeleffekten orientiert, wenn sich der Wildnisschutz gar zu monomanisch auf diese charismatischen Geschöpfe fixiert.[39] Das kann auf Einheimische, die unter Tigern und Elefanten zu leiden haben, wie bare Menschenverachtung wirken; oder es kann davon ablenken, dass im Übrigen mit der Umwelt rücksichtslos umgegangen wird. Mit Blick auf China wurde «Panda-Politik» zum stehenden Begriff; das Abkommen des WWF mit China von 1980 zur Rettung des Großen Panda gehört zu den Ereignissen, die Chinas Wende vom Maoismus zur Öffnung nach dem Westen markieren.[40]

Aber auch kleine Lebewesen erlangten ihr Charisma: nicht nur Kraniche, die in der Estremadura als Glücksboten gelten, sondern auch Fledermäuse, die bis dahin Vampirassoziationen hervorgerufen hatten. Erst mit den Finessen der modernen Fotografie bekamen diese Nachtschwärmer ein Gesicht. In den 1990er Jahren wurde ein europaweites Fledermausprojekt aus der Taufe gehoben (European Batnight Project). Mit besonderer Freude nahmen viele Pfarrer daran teil; denn Fledermäuse hausen gerne in Kirchtürmen, und durch ihren Schutz erlangte die Kirche eine ökologische Legitimation.

Naturschützer, die es mit der Ökologie ernst meinten, verfolgten den Medienrummel um charismatische Tiere mit gemischten Gefühlen. Henry Makowski bemerkt zu dem allgemeinen Sturm der Empörung über das Robbensterben von 1988, das in Wahrheit wohl durch einen Virus und nicht durch Nordseeverschmutzung verursacht war: «Nie zuvor in seiner Geschichte hat der Naturschutz seine Forderungen wirksamer übermitteln und durchsetzen können wie über die sterbenden Robben»[41] – die Robben mit ihrem traurig-vorwurfsvollen Blick. Wolfgang Haber spottet, die Fixierung des Artenschutzes auf «charismatische» Tiere laufe im Endeffekt darauf hinaus, die Landschaft in einen großen zoologischen Garten zu verwandeln.[42] Aufschlussreich ist die Geschichte des Walschutzes nach 1945: Dieser führte zwar zu dem Problem hin, auf welche Weise sich die Ausbeutung von Ressourcen auf hoher See regulieren lässt – schon damals gab es erste Erdölfunde auf dem Meeresgrund –, lenkte jedoch durch die Fixierung auf diese eine charismatische

Großtierart erst einmal von der ungeheuer vertrackten Gesamtproblematik ab – und konnte letztlich ohne ein globales Regime der Weltmeere doch nicht zum Ziel kommen.

In den *Confessions of an Eco-Warrior* – «Warrior», nicht bloß «Fighter» – von Dave Foreman (1991), dem Gründer von *Earth First!* und Fürsprecher der *Ecotage*, der ökologischen Sabotage, erkennt man ganz besonders eine Identifikation mit dem gefährlichen Grizzly-Bären, dem *Ursus arctos horribilis*. «Eine Grizzly-Bärin, die mit ihren beiden Jungen im Yellowstone-Nationalpark den Pelican Creek entlangschnüffelt, hat das gleiche Lebensrecht wie jeder Mensch und ist ökologisch bei Weitem wichtiger.» «John Muir hat gesagt: Käme es jemals zu einem Krieg zwischen den Rassen, würde er es mit den Bären halten. Dieser Tag ist gekommen.» Als Motto nimmt Foreman ein Wort des anderen großen Wildnispropheten, Aldo Leopold: «Den Grizzly nach Alaska zu verbannen ist, wie das Glück in den Himmel zu verbannen: Es kann sein, dass man nie hinkommt.» Und am Schluss gibt er ganz im Geist der *Deep Ecology* die Parole aus: «Laufe die Flüsse entlang, klettere auf die Berge, begegne dem Grizzly – und piss auf die Gräber der Entwickler.» «Developer» als schlimmstes Schimpfwort! Und noch einmal: «Pissing on what was politically correct. And thereby doing sacred work.» «Wir brauchen absolut eine Mythologie, die uns in unserer Arbeit leitet.»[43] Man beachte: Foremans Begriff des Heiligen ist mit Abscheu vor der naturfeindlichen puritanischen Tradition verbunden.[44] Die wilde Begeisterung in der Wildnis ist eine ganz andere Art von Religiosität.

«Small is Beautiful»: die ökologische Neuerfindung des Buddhismus. Besonders typisch für die Öko-Szene wurde jedoch ein Buddhismus, in dessen Zentrum eine friedliche Verbundenheit mit allem Lebendigen stand und der mit Elementen des Hinduismus und mit Lehren von Gandhi und Albert Schweitzer verbunden wurde. Voran ging dabei *Fritz (später E. F. = Ernst Fritz) Schumacher* (1911–1977), ein aus Bonn stammender Ökonom, der 1936 nach England emigrierte, dort zum Leiter der statistischen Abteilung des National Coal Board aufstieg und zunächst als Lobbyist der Kohle eine kritische Grundhaltung gegenüber der Kerntechnik entwickelte. Eine persönliche Pikanterie bestand darin, dass er ein Schwager Werner Heisenbergs war, des Halbgotts der deutschen Atomphysik, der in den 1950er Jahren als Spiritus Rector der entstehenden bundesdeutschen Atomwirtschaft galt, obwohl ihm als theoretischem Physiker die für die Projektierung von Kernkraftwerken erforderliche technische

Kompetenz fehlte.[45] Er, der sonst innerhalb seiner Verwandtschaft selbst zu Diskussionen mit militanten Linksextremisten bereit war, vermied ganz bewusst das Gespräch mit seinem englischen Schwager, den er als Demagogen empfand[46] und der sein eigenes Lebenswerk im Kern traf. Dabei gehörte Schumacher lebenslang zu den eher sanften und fröhlichen Propheten, die nicht die kommende Apokalypse verkündeten (auch wenn sie diese für durchaus möglich hielten), sondern es ganz darauf anlegten, Zeichen der Hoffnung zu setzen und pragmatische Vorschläge zu machen, die sich hier und jetzt, auch ohne neue Menschen in einer neuen Welt, in die Praxis umsetzen ließen.

Schon in den frühen 1950er Jahren wandte er sich dem Buddhismus zu, lange bevor dieser im Westen allgemein in Mode kam und der Dalai-Lama zum «geheimen Papst der Protestanten» aufstieg. Wegweisend waren für ihn die Eindrücke bei Aufenthalten in Burma und die Bekanntschaft mit einem Mitemigranten, der ein brillanter und überaus kenntnisreicher Lehrer des Buddhismus war: mit Edward (ursprünglich Eberhard) Conze (1904–1979).[47] Er empfahl seinen Schülern zuallererst die Versenkung in die «heitere Ruhe des Geistes».[48] Es war ein freundlich-warmer Buddhismus des Mittleren Weges, in Distanz sowohl zu dem kühlen japanischen Zen-Buddhismus,[49] der sich – wie sich herausstellte – nur allzu gut zur modernen Managerreligion eignete, wie auch zu der tantrischen Sexualmystik des Himalaya-Buddhismus, die später die Hippies entzückte und nicht nur sie. Für Schumacher, den Statistiker des *Coal Board*, wurden Eindrücke in Burma und Indien zur Erleuchtung,[50] als er dort Handwerker nach alter Art bei der Arbeit sah: nach westlicher Statistik bettelarm, aber fröhlich und in ihren Fähigkeiten besser entfaltet als viele westliche Fließbandarbeiter und Büroangestellte. Diese Eindrücke zusammen mit eigenen Erfahrungen im «organischen» Gartenbau formten sich mehr und mehr zu einem neuen Weltbild mit einem magischen Dreieck von Lebensqualität, ökologischem Landbau und alternativer Technik.

Seit den frühen 1960er Jahren gab er dem Mittleren Weg des Buddhismus eine ganz praktisch-technische Wende: mit seinem Konzept der *«Intermediate Technology»*,[51] die – anfangs nur ein Schlagwort – mehr und mehr konkrete Gestalt annahm und, zunächst für Drittweltländer wie Indien konzipiert, das Nachdenken über technische Alternativen auch im Westen inspirierte. In *einem* Punkt stimmte die buddhistische Ethik aus seiner Sicht – obwohl buddhistische Mönche nicht arbeiten – mit der protestantischen Ethik Max Webers überein: darin, dass menschliche Selbstverwirklichung durch Arbeit geschieht. Aber ebendiese Selbstverwirklichung durch Arbeit werde durch moderne Techniktrends verdorben, die den Menschen zum Rädchen im Getriebe machten oder in die Arbeitslosigkeit entließen. Mittlere, vermittelnde Technologie, so wie er sie verstand, machte sich Errungenschaften moderner Technik zu eigen, bewahrte dabei jedoch einen handwerklichen Charakter, der in dem Arbeitenden vielseitige Fähigkeiten ausbildete und keine Massen von Arbeitskräften freisetzte. Sie sollte so billig sein, dass auch Kleinbetriebe der Dritten Welt sie sich leisten konnten. Es war eine sehr persönliche Interpretation des Buddhismus; viele andere buddhistische Lehrer halten eher jene Gelassenheit für weise, die die Welt so lässt, wie sie ist, und sich nicht vergebens mit einer Veränderung der Welt abmüht.

Schumachers pragmatischer Buddhismus war etwas anderes als der Buddhismus der Tierfreunde, die jenen Buddha der Legende verehrten, der – die Vogelpredigt des Franz von Assisi noch übertreffend – sich selbst in einen Kuckuck verwandelte, und war noch weiter entfernt von dem späteren schrillen Buddhismus einer Petra Kelly, der ganz auf den großen Konflikt angelegt war und von einem selbstgenügsamen Mittleren Weg nichts wusste. Bis in die späten 1960er Jahre machte sich Schumacher mit seinen Ideen bei den Ökonomen lächerlich; aber 1973 avancierte er mit seinem Buch *Small is Beautiful* urplötzlich zum Guru, der auch in den USA vor brechend vollen Sälen redete und mit Anfragen aus aller Welt derart überhäuft wurde, dass es mit seiner Gesundheit rapide bergab ging. Am allererfolgreichsten war wohl der Buchtitel, auf den er nicht einmal selber gekommen war:[52] *Small is Beautiful* war in seiner genialen Einfachheit, kurz und knackig wie ein Spruch aus Maos «Rotem Buch» (von dem Schumacher kurz davor beeindruckt gewesen war),[53] zur zündenden Parole wie geschaffen. Schon einige Jahre darauf waren Grundgedanken Schumachers derart zum Gemeingut geworden, dass sein Buch schon fast als Sammelsurium von Gemeinplätzen wirkte.[54]

Rein von der Theologie her hätte man erwarten können, dass religiöse Fundamentalisten der USA, die den Schöpfungsbericht der Bibel wörtlich nahmen und gegen Darwin verteidigten, ähnlich wie deutsche Schöpfungstheologen für ökologische Botschaften besonders aufnahmebereit gewesen wären. Dennoch war ganz überwiegend das Gegenteil der Fall.[55] Denkt man nicht theologisch, sondern historisch, ist das nicht zu verwundern: Die Spiritualität der Öko-Szene sucht die Weite, nicht die Enge; sie sucht die Offenheit, nicht die Orthodoxie. Und auf den Geist, nicht auf die Theologie kommt es an. Nicht von dem doktrinären Kreationismus, sondern von der pazifistischen Quäker-Tradition waren die amerikanischen Anfänge von Greenpeace inspiriert.[56] Die Quäker hatten schon 1956 eine Protestfahrt gegen die amerikanischen Atomtests auf dem Bikiniatoll organisiert.[57] Merkwürdigerweise blieb diese friedlich-brüderliche Freikirche bei der spirituellen Suche der Öko-Aktivisten meist unbeachtet.

Spirituelles Vagabundentum: Rudolf Bahro. Charisma und Spiritualität haben in der Öko-Szene bislang glücklicherweise keine neue Orthodoxie begründet, zumindest nicht für die Dauer, sondern sind eher ein Element der Bewegung geblieben. Ein Musterexemplar einer vagabundierenden Spiritualität bietet *Rudolf Bahro* (1935–1997), der, wie einst der Prophet aus der Wüste, aus der DDR in die ergrünende linke Szene der Bundesrepublik kam. Als linker und jahrelang verhafteter DDR-Dissident war er Ende der 1970er Jahre weitaus berühmter als alle anderen Gründer der Partei der Grünen.[58] Er wurde – in den USA mindestens so sehr wie in Deutschland – nächst Petra Kelly als die charismatische Gestalt der grünen Gründerjahre wahrgenommen. Aber ähnlich wie sie spielte er im politischen Alltag der Grünen bald nur noch eine marginale Rolle. 1985 verließ er die Partei; damals hatte er sich seit zwei Jahren der diesseitigen, tantrisch inspirierten Erlösungsbewegung des Gurus Bhagwan Shree Rajneesh zugewandt.[59]

Bahros Buch *Die Alternative – Zur Kritik des real existierenden Sozialismus* (1977), dessen Manuskript seinerzeit in den Westen geschmuggelt worden war und das erschien, während er noch als politischer Häftling in Bautzen saß, hatte in der internationalen linksintellektuellen Szene als Paukenschlag gewirkt. Der «real existierende Sozialismus» – im Kontrast zum idealen Sozialismus der Zukunft – wurde dadurch zum Begriff; Bahros politisches Kapital beruhte lebenslang auf diesem Buch. Umso merkwürdiger, dass er nicht auf dieser Basis mit gleicher intellektueller Disziplin weiterdachte. Schon da klingt gelegentlich Öko-Apokalyptik an, wenn er bemerkt, dass, wenn die gegenwärtige Entwicklung noch einige Jahrzehnte so weitergehe, «sich die kommenden Generationen damit befassen» müssten, «Sauerstoff für die Atmosphäre, Wasser für die Flüsse, Kälte für die Pole herzustellen»:[60] einer der Geistesblitze jenes Buches, die in der Erinnerung haften blieben. Aber seine späteren Schriften wurden selbst für grüne Sympathisanten immer unlesbarer. Es ging ihm wie so manchem anderen Zeitgenossen aus der linken Szene, der – sobald er aus dem marxistischen Korsett

Rudolf Bahro (1935–1997; hier eine Aufnahme aus dem Jahr 1990) gehörte zu den profiliertesten Dissidenten der DDR und schloss sich nach seiner Abschiebung bald der neu gegründeten Partei «Die Grünen» an.

ausbrach – den intellektuellen Halt verlor und sich von wechselnden Trends treiben ließ.

Der aus der CDU kommende Wertkonservative Herbert Gruhl, der zu den Gründern der Grünen gehört hatte, dann jedoch rasch ausgegrenzt wurde, hegte bis zu seinem Tod auf Bahro einen tiefen Groll, dieser habe die linke Machtübernahme bei den Grünen verschuldet,[61] während Jörg Bergstedt, der linke Kritiker basisferner Bürokratisierungstrends im Naturschutz, von dem «braunen Kreis um Rudolf Bahro» spricht:[62] So sehr geriet Bahro, der zunächst das Zeug zum Charismatiker zu haben schien, am Ende zwischen alle Stühle, ebenso wie vorher sein Gegner Gruhl. Als Bahro 1983 für eine Wende hin zu einem grünen Wertkonservatismus und zu einem Bündnis mit Heimatliebe und Spiritualität plädierte, zog Joschka Fischer diese seine Wende ins Lächerliche, indem er ihm die Position unterstellte, «jetzt müssten wir in die Krachledernen und ins Dirndl einsteigen und mit viel Weihrauch Prozessionen in Richtung Bauplätze von Atomkraftwerken veranstalten».[63] Schon auf dem Karlsruher Gründungsparteitag der Grünen am 12. Januar 1980 hatte er spontan den Ökobauern Baldur Springmann – auch einen mit dem Habitus eines erleuchteten Propheten – auf dem Podium umarmt, der in der Folge von den Alt-68ern als Blut-und-Boden-Mystiker aus der Partei verdrängt wurde.[64]

Ganz im Gegensatz zu den meisten Exponenten der Grünen ließ er sich 1990 von dem neuen deutschen Nationalgefühl mitreißen, kritisierte die Grünen dafür, dass sie das «völkische Moment» nicht bedienten, und dann rutschte ihm zum Entsetzen vieler Grüner noch heraus: «Eigentlich ruft es in der Volkstiefe nach einem grünen Adolf. Und die Linke hat davor nur Angst, anstatt zu begreifen, dass ein grüner Adolf ein völlig anderer wäre als der bekannte.»[65] Er hatte wohl das richtige Gespür dafür, dass die Grünen weit mehr Wähler hätten gewinnen können, wenn sie unbefangener die deutsche Natur- und Heimatliebe angesprochen hätten, statt das neu belebte Nationalbewusstsein zu beleidigen. Aber für den damaligen Bahro gilt, was Treitschke über den Turnvater Jahn schrieb: «Jener wunderliche Heilige ... konnte auch das Vernünftige nur auf närrische Weise betreiben.»[66] Bahro brachte noch den letzten Rest seiner Anhänger in Verwirrung, als er, der einstige Häftling von Bautzen, 1992 dem Häftling Honecker anbot, ihn zu verteidigen, und nach dem Untergang der DDR verheißungsvolle Ansätze der SED-Diktatur entdeckte.[67]

Die amerikanische Umweltaktivistin Charlene Spretnak, die 1984 eines der ersten Bücher über die Grünen publizierte und stark von Gesprächen mit Petra Kelly und Rudolf Bahro beeinflusst wurde, gewann den – aus heutiger Sicht geradezu absurden und kaum mehr verständlichen – Eindruck, bei dieser Partei handele es sich im Kern um eine spirituelle Bewegung. Bahro verfiel selbst auf Parteiversammlungen in eine prophetische Sprache; auf der Hamburger Bundesversammlung der Grünen im Dezember 1984 verkündete er: «Der Wettlauf mit der Apokalypse kann nur gewonnen werden, wenn dies eine große Glaubenszeit wird, eine Pfingstzeit mit dem lebendigen Geist, möglichst gleichermaßen ausgegossen über alle.» Das wurde selbst der Ex-Pfarrerin Antje Vollmer zu viel; ganz treffend erwiderte sie aus theologischer Kompetenz, Bahro habe «eines wirklich vergessen: Man macht sich nicht selbst zum Propheten, sondern dazu wird man gemacht, indem Leute einem folgen und Vertrauen haben in das, was man sagt».[68]

In der Tat, das war der Punkt: Zum Propheten gehört eine Zuverlässigkeit gegenüber den Jüngern, geistig wie menschlich: etwas, das dem bis zum Autismus selbstverliebten Bahro fehlte. Der dem DDR-Gefängnis entronnene Mann, der, bevor er berühmt war, mit seinem runden Kindergesicht von Frauen oft nicht für voll genommen worden war, zeigte in der Freiheit des Westens einen rastlosen Nachholbedarf: intellektuell, spirituell, sexuell. Selbst der Bahro bis dahin geistig nahestehenden Petra Kelly platzte schon kurz nach dem Einzug der Grünen in den Bundestag (1983) der Kragen, als Bahro mit seinem Horror vor jeglicher Bürokratisierung eine effizientere Organisation des chaotischen grünen Bürobetriebs zu durchkreuzen suchte.[69] Und Ende 1983 heißt es im Fraktionsprotokoll: «Allgemein wird Rudolf Bahro vorgeworfen, er würde Weltuntergangsstimmung betreiben.»[70]

Die grüne Bundestagsfraktion bot keinen geeigneten Resonanzboden für einen prophetischen Apokalyptiker. Aber auch für Menschen mit religiöser Antenne wurde Bahro mehr und mehr zum heillosen Flipper. Als DDR-Dissident war er «ein großer Bewunderer Luthers» gewesen;[71] dann wandte er sich Meister Eckart, Spinoza, Buddha, Laotse und noch anderen Denkern zu,[72] bis er bei Bhagwan landete, der in den Medien jahrelang durch tantrisch-sexuelle Praktiken, zu denen er seine Jünger und Jüngerinnen aufrief, Furore machte. Ihm selbst gelang es jedoch nicht, zum grünen Guru zu werden; sein Charisma blieb an einen historischen Moment gebunden. Mit all seiner Exzentrizität war er ein Typ seiner Zeit, sonst mehr auf den unteren Rängen der Öko-Szene als auf der Führungsebene anzutreffen: einer, der aus eigener Sicht «auf der Suche» war, aus kritischer Außenperspektive dagegen wahllos widersprüchliche spirituelle Trends aufschnappte, von der kühlen japanischen Zen-Meditation bis zu den Schwitzhütten indianischer Schamanen. «Esoterik» wurde exhibitionistisch; «Spiritualität» verkam nicht selten zum bloßen Reizwort.

Grüner Märtyrerkult? Nicht nur auf Organisations- und Bewegungsstrukturen, mehr noch auf Menschentypen, Formen von Menschlichkeit, Leidenschaft und Leidensbereitschaft kommt es an, gerade bei den grünen Bewegungen. Robert Michels, über Jahre ein intimer Gesprächspartner Max Webers, wies darauf hin, eine der wichtigsten Eigenschaften des Charismatikers im Sinne Webers bestehe in der «Bereitschaft zum Sterben».[73] Sucht man die diversen Spielarten grüner Spiritualität genauer zu bestimmen, kann es aufschlussreich sein, darauf zu achten, ob und wo man Analogien zum christlichen Märtyrerkult findet: eine Kultur der Erinnerung an Umweltaktivisten, die gewaltsam zu Tode gekommen sind oder Selbstmord begangen haben und aus deren Tod eine Verpflichtung für die Lebenden gemacht wird. Gerade dies wirft ein Licht auf spezifische Formen der Religiosität. Märtyrerkult ist nicht charakteristisch für *die* Religion schlechthin, sondern am allermeisten für das Christentum, insbesondere für den Katholizismus, daneben auch für das Judentum der Nach-Makkabäerzeit und innerhalb des Islam für die Schiiten. «Märtyrer» bedeutet wörtlich «Zeuge»; aber *was* der christliche Märtyrer bezeugt, ist unter Theologen umstritten.[74]

Der Buddhismus, der in der Öko-Szene frühzeitig viele Sympathien fand, kennt keine Märtyrer, ja missbilligt den achtlosen Umgang mit dem eigenen Leben. Wie der nationalsozialistische Kult mit den Toten des Hitlerputsches von 1923 zeigt, kann sich der politische (und auch der religiöse) Märtyrerkult mit ausgeprägter Gewaltbereitschaft verbinden: das Schicksal der (nicht selten erfundenen) Märtyrer als Legitimation, den Gegnern ein Gleiches anzutun. Aber auch der von Gandhi gepredigte gewaltlose Widerstand, der weltweit zum Gemeingut der Umweltbewegung bis hin zu Greenpeace geworden ist, kann in bestimmten Situationen eine Bereitschaft zum Martyrium fordern, so bei dem berühmten Salzmarsch von 1930, wo sich Gandhis Anhänger widerstandslos den Schlagstöcken rabiater Polizeieinheiten aussetzten. Auch die Regenbogenkämpfer von Greenpeace faszinierten die Weltöffentlichkeit zuerst durch ihre Bereitschaft, «zu sterben, um die Wale zu retten» (Monika Griefahn),[75] ohne selber zur Gewalt überzugehen, selbst wenn sie ihre Aktionen wohlüberlegt planten, um zu überleben und dennoch den maximalen Eindruck auf die Öffentlichkeit zu erzielen.

Der berühmteste Märtyrer: Chico Mendes. Weltweites Aufsehen erregte der Mord an *Chico Mendes* am 22. Dezember 1988, mitten in einer Zeit, in der der Alarm über die Zerstörung des Regenwalds am Amazonas seinen Höhepunkt erreichte. Als Vorsitzender einer regionalen Kautschukzapfer-Gewerkschaft gehörte er zwar streng genommen nicht zu jenen Indigenen, für die sich die Öko-Szene der Ersten Welt begeisterte, aber doch zu einem mit dem Regenwald verbundenen Berufsstand, der im eigenen Interesse für die Erhaltung des Waldes kämpfte. Schon zu Lebzeiten war er in den Medien als Umweltkämpfer prominent geworden, obwohl er sein dort präsentiertes Klimaretter-Image gar nicht mochte; bei einer Fernsehsendung dieser Art rief er aus: «Ich schütze den Wald nicht deshalb, weil ich mir Sorgen mache, dass in zwanzig Jahren die Welt betroffen sein wird. Ich mache mir Sorgen, weil da Tausende von Menschen leben, die vom Wald abhängen und deren Leben Tag für Tag in Gefahr

Der Brasilianer Chico Mendes (1944–1988) gilt als erster prominenter Kämpfer für die Erhaltung des Regenwaldes. Das Bild zeigt ihn im Dezember 1988 vor dem Hauptquartier der von ihm gegründeten Gewerkschaft der Kautschukzapfer, nur wenige Tage vor seiner Ermordung durch zwei Farmer.

ist.»[76] Lokal wie international wurde er nach seinem Tod Objekt einer ökologischen Erinnerungskultur. Er hatte gewusst, dass er mit seinem Widerstand gegen die Viehbarone trotz seines gewerkschaftlichen Rückhalts riskierte, von bezahlten Killern ermordet zu werden.[77] Mehr als andere Morde an Umweltaktivisten wurde dieser Mord in Erinnerung gehalten. Chico Mendes und seine Mitstreiter hatten die katholische Kirche ihrer Region hinter sich gehabt; und in dieser Kirche hat die Verehrung von Märtyrern ihren Ort.[78]

Auch in der Folgezeit kam es unter dem Einfluss der Befreiungstheologie immer wieder vor – von Südamerika bis zu den Philippinen –, dass katholische Geistliche regionalen Protestbewegungen gegen die Ausbeutung dortiger Ressourcen durch fremde Unternehmen Beistand leisteten. Weite Regionen Lateinamerikas galten jedoch später als so gefährlich, dass selbst Greenpeace auf dortige Aktionen verzichtete. Wie Marcie Mersky, die Leiterin von Greenpeace Zentralamerika, erklärte: «Man wird hier ganz einfach sehr schnell erschossen!»[79] Insofern war die Erinnerung an diesen empörenden Mord mindestens so sehr eine Warnung wie ein Ansporn, das Werk des Ermordeten fortzusetzen. Am 2. Juni 2001 wurde in Kolumbien Kimy Pernia Domico, der Führer einer indigenen Widerstandsbewegung gegen den Verkauf lokaler Wasserrechte an einen Konzern, von paramilitärischen Einheiten gekidnappt und ist seither verschwunden. Der internationale Kongress *Water for People and Nature*, der im Juli 2001 im kanadischen British Columbia tagte, widmete sich darauf dem Andenken an diesen Aktivisten.[80]

Der vergessene Märtyrer: Ken Saro-Wiwa. Am 10. November 1995 wurde der nigerianische Schriftsteller und Bürgerrechtler *Ken Saro-Wiwa* (geb. 1941) auf Betreiben des Militärdiktators Sani Abacha trotz internationaler Proteste zusammen mit acht Mitstreitern gehängt. Im Jahr davor, als er bereits zum Tode verurteilt worden war, hatte er zusammen mit dem von ihm 1989 gegründeten *Movement for the Survival of the Ogoni People* (MOS OP) den Alternativen Nobelpreis erhalten. Selbst der damalige britische Premierminister John Major brandmarkte die Hinrichtung als Justizmord; da der britische Shell-Konzern in diesen ungeheuerlichen Skandal involviert war, war England in spezieller Weise betroffen. Zwei Tage nach der Hinrichtung tagten die Commonwealth-Staaten im neuseeländischen Auckland; sie setzten Nigerias Mitgliedschaft im Commonwealth mit sofortiger Wirkung aus. Die Anklage hatte ihm vorgeworfen, er habe Jugendliche zum Mord an vier politischen Gegnern aufgehetzt; mehrere Zeugen der Anklage gaben jedoch später zu, von der nigerianischen Regierung zu Falschaussagen bestochen worden zu sein.[81]

Als Angehöriger der Ogoni-Volksgruppe hatte Ken Saro-Wiwa, Autor von 27 Büchern, der in diesem mit Abstand bevölkerungsreichsten Land Afrikas seine eigenen Positionen temperamentvoll und pointiert zu vertreten wusste[82] und das Gros der Regierenden gut kannte, eine Protestbewegung gegen die großflächige Umweltzerstörung durch auslaufendes Öl aus defekten Pipelines im dicht besiedelten Ogoni-Land um das Nigerdelta herum geführt. *«The flares of Shell are flames of hell»* begann eines seiner Gedichte.[83] Obwohl er die Ölförderung nicht unterbinden, sondern nur die Ogoni an den Einnahmen angemessen beteiligen wollte, wurde er für die nigerianische Regierung dadurch hochgefährlich; denn diese bezog die Hälfte des Etats und neun Zehntel der Deviseneinnahmen aus der Ölförderung, an der Shell als größter privater Partner durch ein Joint Venture beteiligt war. Auf die Proteste hin – an einer Großdemonstration im Januar 1993 sollen sich an die 300 000 Menschen beteiligt haben – stellte Shell 1994 die Ölförderung im Ogoni-Gebiet vorübergehend ein; aber obwohl sich in diesem Fall Umweltschutz weithin mit technischer Perfektion der Ölförderung deckte, hielt sich der seit Jahrzehnten mit der nigerianischen Machtelite verfilzte Konzern bedeckt.[84]

Der nigerianische Bürgerrechtler und Umweltaktivist Ken Saro-Wiwa (1941–1995) gründete 1989 die «Bewegung für das Überleben des Ogoni-Volkes». 1995 wurde er zusammen mit acht Mitangeklagten hingerichtet. Die Aufnahme zeigt ihn am 5. Januar 1993 bei der Ogoni-Day-Demonstration.

Im Biafra-Krieg hatte Ken Saro-Wiwa die Einheit des nigerianischen Staates verteidigt;[85] der Zerfall des Staates in Stammesverbände war nicht sein Ziel. 1987/88 übernahm er sogar vorübergehend eine leitende Stellung beim *Directorate of Mass Mobilisation for Self-Reliance, Social Justice and Economic Recovery* (MAMSER), das die Aufgabe hatte, den Nigerianern «die Tugenden des Patriotismus und der positiven Partizipation an nationalen Angelegenheiten einzuprägen».[86] Offensichtlich hatte er den Kern vieler Probleme von Drittweltländern erkannt: den Mangel an einer Loyalität gegenüber dem Staat, der im Falle Nigerias ein ethnisch extrem heterogenes, durch die britische Kolonialmacht geschaffenes Gebilde war. Aber wenn man sein weiteres Leben verfolgt, erkennt man deutlich, wie am Ende doch wieder seine eigene Volksgruppe, die Ogoni, zu seiner politischen Heimat wurde, so wie er 1990 auch öffentlich forderte, den nigerianischen Staat als «Föderation aus 300 ethnischen Gruppen» neu zu verfassen.[87] Unter seiner Leitung verband die MOSOP-Bewegung den Protest gegen die Ölpest mit der Forderung nach regionaler Autonomie und Beteiligung an den Ölprofiten: eine für weite Teile der Welt typische Verbindung von Umweltschutz und neuem Regionalismus. Für das damalige nigerianische Militärregime wurde MOSOP dadurch umso gefährlicher. Bei den folgenden Repressalien kamen über tausend Menschen ums Leben.[88] Ken Saro-Wiwa, der selber Gewaltlosigkeit predigte, warf dem Regime Völkermord vor.[89] Wenn die Umweltbewegung ihrer Toten gedenkt, hätten nur wenige ein solches Andenken verdient wie er. Aber aus einem Land wie Nigeria war man schon seit dem blutigen Biafra-Krieg (1967–1970) an Horrormeldungen gewöhnt;[90] für weite Teile Afrikas hatten viele die Hoffnung auf rechtsstaatliche Verhältnisse längst aufgegeben, und das Nigerdelta spielte in den Paradiesträumen der Naturfreunde nicht entfernt die Rolle wie der Regenwald des Amazonas, obwohl es den drittgrößten Mangrovenbestand der Welt besitzt.[91] So wurde der Name von Ken Saro-Wiwa anders als der von Chico Mendes international allenfalls vorübergehend zum Begriff.

Im gleichen Jahr 1995 machte Greenpeace gegen Shell mobil: aber nicht gegen das nigerianische Todesurteil, sondern gegen die Versenkung der Bohrinsel Brent Spar in der Nordsee – eine Affäre, die für die Regenbogenkämpfer am Ende zu einer halben moralischen Niederlage wurde, als herauskam, dass sie mit weit übertriebenen Zahlen operiert hatten. Vergeblich hatten Mitstreiter von Ken Saro-Wiwa versucht, die grüne Weltmacht Greenpeace auf den unvergleichlich viel schlimmeren Skandal in Nigeria zu lenken. Es war ein krasses Beispiel dafür, in welchem Maße sich diese Umweltorganisation im Zweifelsfall am Medieneffekt orientierte. Greenpeace hätte sich auf das didaktische Grundprinzip berufen können: «Man muss die Menschen dort abholen, wo sie sind.» Der PR-Referent von Greenpeace zählte in Sachen Nigeria etwa 400, in Sachen Brent Spar dagegen 16 000 Eingänge an Protestpost. Ein Ungleichgewicht, das auch Greenpeace zu denken gab.[92] In der Öffentlichkeit war die peinliche Disproportionalität jedoch rasch vergessen.

Thailand: Märtyrer der Wildnis und der Dorfwälder. In thailändischen Naturschutzkreisen wird *Sueb Nakasathien* als Märtyrer in Erinnerung gehalten. Als langjähriges Mitglied des Königlichen Forstdepartments und Leiter des Huai Kha Kheang Wildlife Sanctuary gehörte er zur Prominenz des thailändischen Naturschutzes. Im August 1990, als er starb, wurden – nachdem die Wälder des Landes bereits großenteils abgeholzt waren – auch die Nationalparke von Holzfirmen bedroht. Nakasathien hatte sich den Invasoren mit aller Energie widersetzt, sah jedoch all sein Bemühen zum Scheitern verurteilt. Das Rätsel ist nun, dass über seinen Tod zwei verschiedene Versionen kursieren: die eine, dass er sich selbst das Leben genommen habe, um ein Fanal des Protests zu setzen;[93] die andere, dass er von bezahlten Killern im Auftrag der Holzfirmen getötet worden sei.[94]

Sein Tod wird von manchen Autoren als «Wendepunkt in Thailands Umweltgeschichte» hervorgehoben.[95] In der Tat machte das Forstdepartment in der Folgezeit mit dem Waldschutz Ernst, griff gegen Rechtsbrecher rigoros durch und betrieb Aufforstungsprojekte. Der Waldschutz neuen Stils bedeutete jedoch, dass die bisherigen Bewohner der Nationalparks pauschal des Waldfrevels verdächtigt und ausgesiedelt wurden, während außerhalb dieser Schutzgebiete – wiederum in Nichtachtung überkommener dörflicher Waldnutzungen – teilweise schnellwüchsige Eukalyptusplantagen angelegt wurden: ein überall dort, wo es zu einem Bündnis von Umweltschutz, Herrschaft und Kommerz kommt, mittlerweile typisches Szenario. Wo nachhaltige Waldwirtschaft von einer großstädtischen Oligarchie gegen eine arme Landbevölkerung durchgesetzt wird, wird sie zum Herrschaftsmittel und zur Methode, die Interessen der großen Waldnutzer gegen die der kleinen durchzusetzen: Dieses Spiel wiederholt sich seit Jahrhunderten auf der ganzen Welt in geradezu monotoner Weise.

In einem 300-Seiten-Sammelband von 1996 zur Umweltbewegung in Thailand wird Nakasathien keiner Erwähnung gewürdigt. Der Held und Märtyrer ist dort wie in anderen einschlägigen Publikationen der buddhistische Mönch *Phra Prajak Khuttajitto,* der sich ab 1990 an die Spitze einer gewaltfreien Protestbewegung gegen die Holzfäller und in der Folge auch gegen Armeeeinheiten stellte und vieles an Haft und Misshandlungen erduldete. Anfang 1994 legte er sein Mönchsgewand ab und verschwand, nachdem er einem Bericht zufolge zuvor erwogen hatte, sich das Leben zu nehmen. Er prophezeite, künftig werde das Land «voller Blut» sein: eine Ankündigung, die heute (2010) prophetisch wirkt.[96] Im Unterschied zu Nakasathien ging es ihm nicht um den Schutz der Wildnis, sondern um den der angestammten Rechte der Dorfbevölkerung, auch von Bauern, die zugunsten kommerziell motivierter Eukalyptuspflanzungen – man munkelte: für japanische Firmen – ausgesiedelt werden sollten.[97] Unter seiner Führung umgaben im Frühjahr 1991 Hunderte von Dorfbewohnern einen bedrohten Wald mit einem geweihten Band. Die größten und ältesten Bäume wurden mit einer safrangelben Robe umkleidet, so wie sie die buddhistischen Mönche tragen.[98] Prajak stand in einer Tradition der wandernden Mönche, die den Wald als Ort der Meditation suchen, wobei die Begegnung mit einem Tiger als hohe Schule unerschütterlicher Ruhe gilt.[99]

Eine ökologische Neuerfindung des Buddhismus vollzog sich nicht nur im Westen: Prajak wurde im ganzen Land bekannt, fand jedoch keine Unterstützung bei den lokalen religiösen Autoritäten und hatte auch Teile der Landbevölkerung gegen sich, die sich von der Regierungspolitik Vorteile erhofften. Beachtung verdient, dass die Proteste in ihrer Grundtendenz damals im Einklang mit einer eben verkündeten offiziellen Wende der Politik standen. Bis dahin hatte die Rodung von Wald wie in so vielen Teilen der Welt als etwas prinzipiell Gutes gegolten: nicht nur, weil auf diese Weise Acker- und Bauland gewonnen, sondern auch, weil der Wald als Unterschlupf von Guerillas und wilden Volksstämmen gefürchtet wurde. Aber 1989 hatte die Regierung Thailands nach verheerenden Überschwemmungen ein landesweites Holzschlagverbot erlassen.[100] Immer wieder finden wir in der ganzen Welt die Einsicht in den Zusammenhang von Wald und Wasserhaushalt der Flüsse an der Wurzel des Umweltbewusstseins. Die Regierung spielte jedoch auch Umwelterlasse gegen Prajak aus und klagte ihn an, illegal Holz für den Bau eines Klosters gefällt zu haben.[101] Auch dies ist längst typisch: dass der Umweltschutz nicht nur als Protestsignal, sondern auch Hebel gegen Oppositionelle fungiert.

Der mysteriöse Tod von Karen Silkwood. Eine aufrüttelnde Wirkung geht von einem tragischen Tod noch am ehesten dort aus, wo ein Rechtsstaat auf eine umweltbewusste Öffentlichkeit Rücksicht nehmen muss. Eine nicht nur ungewöhnliche Publicity, sondern auch praktische Wirkung erlangte der Tod der 28-jährigen *Karen Silkwood* am 13. November 1974, obwohl nie nachgewiesen wurde, dass es sich um keinen bloßen Verkehrsunfall, sondern um ein Attentat der Atomlobby handelte. Die Spekulationen über die Ursache ihres Todes dauern bis heute an. Gründe zum Verdacht gab es in der Tat. Ihr Tod mitsamt der Vorgeschichte warf ein Schlaglicht auf die Gesundheitsrisiken am Arbeitsplatz, wo man mit hochradioaktiven Substanzen in Berührung kam, und auf die Bedeutung der Arbeitsmedizin für das neue Umweltbewusstsein. Zugleich geriet das Berufsethos des zuständigen Managements in ein fragwürdiges Licht, so dass ihm Teile der amerikanischen Öffentlichkeit einen geplanten Mord zutrauten.

Silkwood, gelernte Chemietechnikerin und aktive Gewerkschaftlerin, war in einer Anlage zur Herstellung nuklearer Brennelemente des Konzerns Kerr-McGee bei Crescent (Oklahoma) beschäftigt. Dort wurde sie auf Verstöße gegen Sicherheitsbestimmungen beim Umgang mit radioaktiven Substanzen aufmerksam, ging diesen nach und sammelte systematisch belastendes Material. Auch in ihrem eigenen Körper fand sie Spuren des hochgefährlichen Plutoniums. Ausgerechnet auf dem Weg zu einem Treffen mit Reportern und Gewerkschaftlern, auf dem sie ihre Unterlagen der Öffentlichkeit übergeben wollte, ereignete sich der tödliche Verkehrsunfall. Die von ihr mitgeführten Unterlagen in dem alsbald berühmten braunen Umschlag waren nachher am Unfallort nicht aufzufinden. Der offizielle Polizeibericht sprach von «Übermüdung»; aber dass Silkwood ausgerechnet in dieser Situation am Steuer eingeschlafen sein sollte, klang nicht sehr überzeugend.

Das Aufsehen war gewaltig und ging über die Grenzen der USA hinaus. Der Bericht des *Spiegel* über diesen Skandal vom 24. Februar 1975 war dessen erste Reportage über mulmige Seiten der Kerntechnik, während das Nachrichtenmagazin die Bauplatzbesetzung in Wyhl vom 18. Februar 1975 noch nicht beachtet hatte. Umfangreiche Untersuchungen brachten peinliche Ergebnisse; schon 1975 entschloss sich Kerr-McGee, die Anlage komplett zu schließen. Bei dem Spielfilm *Silkwood* (1983) spielte Meryl Streep die Hauptrolle. Die Geschichte besaß den Reiz einer Detektivstory, mit einem ausgeprägt aufklärerischen Impetus.[102] Und doch gelangte sie nicht sehr weit über das Kolportageniveau hinaus; in den Registern der wissenschaftlichen Literatur zum amerikanischen *environmentalism* sucht man den Namen «Karen Silkwood» meist vergeblich – was auch an einer gewissen Menschenscheu der Sozialwissenschaften liegen mag.

Tod eines Regenbogenkämpfers. Besonders nachhaltig wirkte auch der Tod von *Fernando Pereira* am 10. Juli 1985: jenes holländischen Fotografen portugiesischer Herkunft, der vor der Küste Neuseelands ertrank, als das Greenpeace-Schiff *Rainbow Warrior*, wie in der Folge herauskam, durch zwei Unterwasserminen des französischen Geheimdienstes versenkt wurde, gerade als die Regenbogenkämpfer im Begriff waren, ihre größte Aktion gegen die französischen Atomwaffentests bei der Insel Mururoa zu inszenieren. Das war eine Rückkehr zu den eigenen Ursprüngen; denn mit einer waghalsigen Anti-Atomtest-Aktion bei Mururoa unter der zukunftsträchtigen Parole *«Lieber aktiv als radioaktiv!»* war Greenpeace 1971 zuerst in die Schlagzeilen der Weltpresse gelangt. Der aus der Labour-Partei kommende Premierminister Neuseelands, ohnehin Atomwaffengegner, ließ gegen diese Verletzung der Souveränität seines Landes zügig ermitteln, und die Pariser Beteuerungen, mit einem solchen

Kriegsakt im Frieden nichts zu tun zu haben, wurden als Lügengebäude entlarvt. Die Geschichte gewann kriminalistischen Reiz.[103]

Natürlich war Greenpeace über dieses Attentat zunächst ebenso entsetzt wie die Weltöffentlichkeit; aber noch nie wurden die Regenbogenkämpfer derart mit Spenden überschüttet wie in der darauffolgenden Zeit: Der Publicity-Effekt war durch diese Tragödie noch größer, als wenn die Aktion bei Mururoa gelungen wäre – nur in Frankreich selbst verlor Greenpeace eine Zeitlang jegliche Popularität und Anhängerschaft, so dass dieser berühmtesten aller Umweltorganisationen 1987 nichts anderes übrig blieb, als ihre französische Sektion vorübergehend aufzulösen. Wenn laut Meinungsumfrage 78 Prozent der Franzosen das Geheimdienstattentat für falsch erklärte, war das lediglich eine formale *political correctness*; die Mehrheit der Bevölkerung befürwortete gleichwohl die Fortsetzung der Atomtests und auch «kräftige Maßnahmen» gegen Blockaden durch Umweltaktivisten.[104] Insofern war diese Erfahrung für Greenpeace tief ambivalent und dazu geeignet, Diskussionen darüber anzustoßen, inwieweit ein auf spektakuläre Effekte angelegter Konfliktkurs auf die Dauer klug war. Monika Griefahn, damals im Greenpeace-Vorstand, beklagte, dass eine derartige Kollision mit einem vermeintlichen Nationalinteresse Trotzreaktionen auslöste, die von der Umweltproblematik ablenkten: Die Franzosen fühlten sich «in ihrem Nationalstolz getroffen»; selbst in der französischen Schweiz schlage Greenpeace «regelrechter Hass entgegen». «Es war das Schlimmste, was ich je bei Greenpeace erlebt habe.»[105] Nach dem Attentat von Neuseeland gab es innerhalb von Greenpeace eine heftige Kontroverse darüber, ob man das havarierte Schiff rund um die Welt schicken und von Freiwilligen reparieren lassen oder ob man es versenken sollte. Diejenigen, die der Versenkung den stärkeren Symbolwert zusprachen, setzten sich durch; andere hingegen meinten, das sei der größte Fehler gewesen, den Greenpeace je gemacht habe.[106] Unbegründet war jedoch das Kalkül auf die Symbolik des Begräbnisses nicht: Später gab es immer wieder organisierte Pilgerfahrten zu dem Wrack und zu Pereiras Grab.

Selbstverbrennung vor der Petrikirche. Dem Märtyrer im altchristlichen Sinne am nächsten kam *Hartmut Gründler*, jener 47-jährige Tübinger Lehrer, der sich am 21. November 1977 auf den Stufen der Hamburger Petrikirche verbrannte: am Buß- und Bettag und, gleichfalls von Bedeutung: vor dem Hintergrund des dortigen Parteitags der SPD. Als Grund nannte er die hartnäckige Fehlinformation der Öffentlichkeit durch die

Bundesregierung über das nukleare Risiko. Sein Fall verdient besondere Beachtung, gerade auch deshalb, weil sein Tod in der Geschichte der deutschen Umweltbewegung ein Nichtereignis blieb. Von seiner Lebensgeschichte her wirkt er weder als Fanatiker noch als Psychopath, eher wie ein Prototyp des aufrechten Idealisten, der zur letzten Konsequenz bereit ist; seine Selbstverbrennung war keine Kurzschlusshandlung, sondern ein überlegter Akt.

Gründler war ein Umweltaktivist der ersten Stunde gewesen, der sich nach einer vorübergehenden K-Gruppen-Phase zum Anhänger Gandhis gewandelt und über der Gewaltfrage von den militanten Linken getrennt hatte. 1972 gründete er den «Arbeitskreis Lebensschutz – Gewaltfreie Aktion im Umweltschutz» und entfaltete in Tübingen eine umfangreiche Flugblattaktivität. Trotz seiner Bemühungen um den Ausbau von Netzwerken blieb sein Arbeitskreis im Spektrum der Anti-AKW-Bewegung marginal. In *einem* Moment allerdings machte er Geschichte: als er 1975 durch einen dreiwöchigen Hungerstreik eine Öffentlichkeitswirkung anstieß, die den Bundesforschungsminister Matthöfer dazu bewog, wenn auch widerstrebend Anti-AKW-Initiativen als Gesprächspartner zu akzeptieren und den «Bürgerdialog Kernenergie» ins Leben zu rufen. Noch vor seiner Selbstverbrennung bedankte er sich in einem Brief an Matthöfer für dessen «ritterliche Haltung bei unseren Diskussionen».[107]

Gewiss erwartete er, sein Selbstopfer – ein in der bundesdeutschen Geschichte noch nie da gewesener Akt – werde einen Schock auslösen, der nach jenem ersten verheißungsvollen Anfang in der Bundesregierung einen atompolitischen Umdenkprozess vorantreiben werde. Von seiner geplanten Selbstverbrennung informierte er vorab den Kanzler, die Bundesregierung und Presseleute und setzte sich selbst auf diese Weise unter einen fatalen Zwang, mit seinem schrecklichen Vorhaben Ernst zu machen – niemand scheint die Ankündigung beachtet zu haben. In die politische Landschaft der Bundesrepublik passte eine solche Tat nicht hinein; zudem stand die Öffentlichkeit im «deutschen Herbst» 1977 ganz im Bann der RAF, die ihre Aggression gegen andere und nicht gegen sich selbst richtete. Da die deutsche Öffentlichkeit mittlerweile ohnehin für die Risiken der Kerntechnik in hohem Maße sensibilisiert war, wirkte Gründlers grausige Tat seltsam anachronistisch. Man gewinnt den Eindruck, dass selbst vielen AKW-Gegnern der Fall Gründler eher peinlich war; selbst innerhalb der Öko-Szene wurde sein Name nicht zum Begriff.[108]

Um die Bedeutung dieser Unterreaktion zu ermessen, vergleiche man die Wirkung von Gründlers Vorbildern. Am 18. August 1976 hatte sich der Pfarrer Oskar Brüsewitz vor seiner Kirche in Zeitz verbrannt; sein Akt hatte über christliche Kreise hinaus als Fanal gewirkt und zusammen mit der Verhaftung von Rudolf Bahro und der Ausbürgerung Wolf Biermanns – alles in den gleichen Monaten – dazu beigetragen, dass die bis dahin gegenüber der DDR eher wohlwollende Stimmung der bundesdeutschen Intelligenz zu kippen begann.[109] Als sich der tschechische Student Jan Palach am 17. Januar 1969 aus Protest gegen die Knebelung der Presse selbst verbrannte, wurde er sofort «als neuer Jan Hus» zum Symbol des Widerstands gegen die Diktatur.[110] Als buddhistische Mönche in Südvietnam gegen Polizeigewalt bei Prozessionen zum Geburtstag Buddhas im Mai 1963 durch Selbstverbrennung protestiert hatten, trug dies wesentlich dazu bei, dass der Regierungschef Diem den Rückhalt bei den USA verlor.[111]

Vor diesem Hintergrund kann man verstehen, dass sich der unglückliche Gründler über die Wirkung seines Selbstopfers Illusionen machte. Und zugleich erkennt man den Grund dieses Mangels an Nachwirkung. Mit dem «deutschen Herbst» von 1977 war die Zeit der Leib und Leben riskierenden K-Gruppen vorbei; «*Gorleben soll leben*» wurde die Parole; das emphatische Bekenntnis zum Leben bestimmte die grüne Rhetorik. Gerade in den einsamen Wäldern um Gorleben, diesem abseitigen in die DDR hineinragenden Zipfel der Bundesrepublik, weitete sich die Anti-AKW-Bewegung zur Umweltbewegung im umfassenden Sinne. Da wurde der Kampf gegen die atomare Bedrohung zugleich zum Kampf für den Wald. Wenn es hier eine spirituelle Unterströmung gab, war diese eher pantheistischer Natur. Da passte ein düsterer Märtyrerkult schlecht hinein.

Am 3. Juli 1995 nahm sich der 49-jährige *Alexander Langer* das Leben, ein deutschstämmiger Politiker aus Südtirol, der sich zuerst bei der Neuen Linken (Nuova Sinistra) und dann bei den italienischen Grünen engagiert hatte und als deren Vertreter von 1989 bis 1984 Mitglied des Europaparlaments gewesen war. Er war mit Rudolf Bahro befreundet und Trauzeuge gewesen, als Bahro 1984 in einer kleinen Bergkirche in Südtirol seine große Liebe Christine Schröter heiratete, mit der vereint er vergebens «die Wagnerische Erlösungssehnsucht zu erfüllen» hoffte – seine schon bald folgende nächste Liebe, Beatrice Ingermann, stürzte sich, von ihm vernachlässigt, am 4. September 1993 von der Berliner Siegessäule zu Tode und tötete damit auch Bahros geistige Kreativität.[112] Langer hatte sich für verbesserte Beziehungen zwischen der deutsch- und der italienischsprachigen Bevölkerung seiner Region eingesetzt und sich beharrlich geweigert, für eine der Bevölkerungsgruppen zu optieren; daran war im Frühjahr 1995 seine Kandidatur für das Amt des Bürgermeisters in Bozen gescheitert.[113] Er hatte sich mit den deutschsprachigen Honoratioren Südtirols angelegt, aber auch mit der radikal multikulturellen Kampagne italienischer Grüner *Terra nostra, vita, ambiente, solidarietà,* die sich für eine freizügige Politik gegenüber Migranten einsetzte.[114] Sein Freitod war offenbar nicht so sehr ein Fanal wie die Selbstverbrennung Hartmut Gründlers, sondern eher ein Akt der Verzweiflung in einer Situation, in der er sich perspektivlos zwischen allen Stühlen sah. Das Andenken an ihn wird seit 1997 von der Alexander Langer Stiftung gepflegt. 2007 hatte in Bozen der von ihm handelnde Film *Uno di noi – Einer von uns* Premiere.

Aus den dargestellten Schicksalen und ihrer Nachwirkung zu folgern, Todesbereitschaft und Märtyrerkult seien ein charakteristischer Zug eines grünen Charismas und grüner Spiritualität, wäre ohne Zweifel verfehlt. In mehreren Fällen kann man eher darüber betroffen sein, wie die Toten in Vergessenheit geraten oder die Erinnerung nur ganz vage geblieben ist. Die Erinnerung an Hartmut Gründler und Alexander Langer blieb gänzlich obskur. Im Unterschied zu den fundamental-christlichen Anhängern des Pfarrers Brüsewitz besaßen die meisten Grünen für ein Martyrium wenig Sinn. Die einzige Ausnahme sind innerhalb Europas britische Tierrechtler, die die Selbstverbrennung von Olive Parry 1972 aus Protest gegen die Vivisektion bewunderten und in Erinnerung hielten;[115] aber nicht nur in dieser Hinsicht ist der *Animal-Rights*-Aktivismus ein Ausreißer innerhalb der Umweltbewegung. Sucht man in ihr nach spirituellen Unterströmen, findet man vor allem eine Mystik des Lebens, nicht des Todes. Und nicht zu vergessen: Im Vergleich zu den meisten anderen großen Bewegungen der Geschichte fällt bei der Umweltbewegung auf, wie selten Blut geflossen ist, obwohl es Konfliktstoff in Hülle und Fülle gab und die Rettung der Erde theoretisch viel Gewalt hätte legitimieren können. Zur Legitimation von gewaltfreiem Widerstand brauchte man jedoch keine Märtyrer.

Zwölf Heroinen: Inkarnationen weltweiter Spannungsfelder der Umweltbewegung

Ökofeminismus. Wenn bei der Suche nach einem grünen Märtyrerkult gerade die Fehlanzeigen vielsagend sind, gab es doch in der weltweiten Öko-Szene ein ausgeprägtes Streben nach einem Heldentum neuer Art; und Helden sind potentielle Märtyrer. Es handelt sich um ein Thema, das von dem Gros der *Environmental-movements*-Literatur systematisch vernachlässigt wurde. Beispielhaft sind zahlreiche weibliche Helden: Häufig verkörpern sie besonders offen außeralltägliche Triebkräfte und charakteristische Profile, aber auch innere Spannungen der Umweltbewegung, gerade auch Spannungen zwischen den ursprünglichen Impulsen und Prozessen der Institutionalisierung, auch zwischen den grenzüberschreitenden Horizonten und den lokalen Kraftquellen des Umweltaktivismus. Ihre Lebensgeschichten werfen ein Licht auf das unterschiedliche Innenleben von Umweltbewegungen in verschiedenen Weltregionen.

Schon frühzeitig entwickelten sich Querverbindungen zwischen «ökologischer Revolution» und neuer Frauenbewegung. Françoise d'Eaubonne prägte 1974 in Frankreich den Begriff «Ökofeminismus», und dieser sprang rasch auf die USA über, um dort weit populärer zu werden als in Frankreich selbst.[116] Die Grundidee ist die, dass Unterdrückung der Frauen und der Natur eng miteinander zusammenhängen. Unter Feministinnen umstritten ist der sich leicht daran knüpfende Gedankensprung, dass die Frau in besonderem Maße die Natur verkörpert und es eine «weibliche Natur» gibt oder doch ein spezifisch weibliches Verantwortungsbewusstsein dafür, dass den Kindern und Kindeskindern eine Umwelt erhalten bleibt, in der es sich leben lässt. In der Verantwortung für die Kinder erblickt Hans Jonas den «Archetyp allen verantwortlichen Handelns», der «zumindest dem gebärenden Teil der Menschheit» «von der Natur mächtig eingepflanzt» sei.[117] In diesem Punkt ist der Feminismus tief gespalten; viele Feministinnen weisen die These, dass es eine durch die Fähigkeit zur Mutterschaft geprägte weibliche Natur gebe, mit Schärfe als diskriminierenden Biologismus zurück.

Aber auch unabhängig von derartigen Vorstellungen über die «weibliche Natur» ist der Eindruck verbreitet, dass es eine spezifisch weibliche Disposition zum Umweltbewusstsein gebe, und sei es dadurch, dass die Technikbesessenheit unter Frauen weit weniger verbreitet ist als unter Männern und dafür der Garten traditionell als Reich der Frau gilt. Bereits Jakob von Uexküll (1864–1944), einer der Schöpfer des modernen Umweltbegriffes – der jedoch von der «Umwelt» nur im Plural spricht und noch keine globale Umwelt kennt –, widmet dem Thema «Frauen und Umwelten» besondere Beachtung. Gerade als er die volltönende Maxime formuliert hat: «Das Reich der Natur aber sind die Umwelten, aus denen sie sich ihren Tempel erbaut», fährt er fort: Das «Merkwürdigste» sei bei alldem, «dass es nur den Männern gegenüber nötig» sei, «so große Worte zu gebrauchen». «Die Frauen brauchen keine Umweltslehre. Die Umwelten sind für sie das Selbstverständliche.»[118] Noch Sunderlal Bahaguna, der Führer der stark von Frauen getragenen Chipko-Bewegung, verehrt Uexküll als einen jener Weisen, die die Grundlage für eine «Wissenschaft der Nachhaltigkeit» gelegt hätten.[119]

Hält man sich an die überregional bekannten Führungseliten und an diejenigen, die die programmatischen Bücher geschrieben haben, ist die Umweltbewegung trotz Rachel Carson ganz überwiegend eine Männerbewegung ähnlich wie die meisten großen Bewegungen der Geschichte. Die prominenteste Ausnahme ist in der Frühzeit der organisierte Vogelschutz, der in Deutschland vom Kaiserreich bis zur NS-Zeit in *Lina Hähnle*, einer wohlhabenden Fabrikerbin, seine charismatische Führergestalt besaß, ähnlich wie in England die *Royal Society for the Protection of Birds* von 1891 bis 1954 (!) in der Herzogin von Portland.[120] Weiblich waren jedoch auch bevorzugte Gegner der frühen Vogelschützer: die Damen mit den Federhüten. Insgesamt gesehen, war der Vogelschutz keineswegs eine Frauenbewegung. Ähnliches gilt für die im Westen zum ökofeministischen Mythos hochstilisierte[121] Chipko-Bewegung am Südrand des Himalaya: Im Kern handelte es sich um eine Bauernbewegung zur Verteidigung der traditionellen dörflichen Waldrechte, in der Frauen hauptsächlich deshalb stark vertreten waren, weil vor allem sie die Landarbeit verrichteten.[122]

Und doch ist die Frage nach der besonderen Rolle von Frauen in der Umweltbewegung mit dieser und jener Entmythologisierung mitnichten erledigt. Uexkülls These erscheint als nicht ganz und gar aus der Luft gegriffen: Oft ist es so, dass in Umweltinitiativen der weibliche Faktor stärker wird, je mehr man sie aus der Nähe betrachtet und nicht nur auf die Programmschriften und international sichtbaren Repräsentanten schaut. Marieluise Beck-Oberdorf und Elke Kiltz wiesen 1991 auf einen der bedeutsamen kleinen Unterschiede hin, die das Umweltengagement vor Ort prägen: «(Frauen) sind *anders* mobil. Sie sind häufiger zu Fuß, mit öffentlichen Verkehrsmitteln oder dem Fahrrad unterwegs und häufig noch mit der einen oder anderen Einkaufstasche, einem Kinderwagen oder beidem befrachtet.» Eine «Stadt der nahen Wege», billiger und gut ausgebauter öffentlicher Nahverkehr, gute Radwegenetze sind für sie von vitalerer Bedeutung als für viele Männer.[123] Es bedarf keiner Spekulationen über die besondere Naturnähe der weiblichen Natur, um eine besondere Beziehung vieler Frauen zu Umweltfragen zu begründen. Und in der Tat: Die Rolle der Frauen ist in der Umweltbewegung deutlich markanter als in den meisten anderen großen Bewegungen der Geschichte. Und besonders hier kommt es darauf an, auf die Menschen und nicht nur auf die Organisationsstrukturen zu schauen.

«The best known Green in the World»[124] und Inkarnation eines Spannungsbündels: Petra Kelly. In kaum einer anderen Gestalt ist ein ganzes Bündel von Spannungen der Umweltbewegung so aufwühlend und zugleich paradigmatisch verkörpert wie in *Petra Kelly* (1947–1992): Spannungen zwischen Bewegung und Organisation, zwischen Spiritualität und Realismus, zwischen charismatischem Führertum und Horror vor jeglicher Hierarchie, zwischen weltweitem Horizont und *Grassroots*-Verwurzelung, zwischen zielstrebigem Aktionismus und diffuser Unruhe.[125] Sie, die von 1959 bis 1970, von ihrem zwölften bis zu ihrem dreiundzwanzigsten Lebensjahr in den USA lebte und zuerst dort politisiert wurde, besaß mit ihrem herausfordernden weiblichen Selbstbewusstsein ebenso wie mit ihrer wie selbstverständlichen Mischung von Politik und Spiritualität Charakterzüge ebenso des amerikanischen wie des deutschen Ökofeminismus. Ihr Tod passt mehr in eine Tragödie Shakespeares – mit dem Ex-General Gert Bastian, ihrem Geliebten, in der Rolle des Othello – als in die Geschichte der Bundesrepublik.

In den ersten Jahren der bundesdeutschen Grünen wirkte Petra Kelly – aus amerikanischer Perspektive mehr noch als aus deutscher[126] – wie die charismatische Führerin par excellence, eine Jeanne d'Arc[127] der neuen Öko-Ära; aber als Bastian in der Nacht des 1. Oktober 1992 zuerst sie und dann sich selbst in ihrer Bonner Wohnung erschoss, dauerte es fast drei Wochen, bis die Leichen gefunden wurden. Noch immer hatte sie Berge von Post aus aller Welt bekommen: Die stets auf grüne Internationalität bedachte Petra Kelly hatte ein Schicksal der Internetära vorweggenommen, in der man tausend Kontakte in aller Welt haben kann und doch niemanden, der sich regelmäßig um einen kümmert.

Schon seit Mitte der 80er Jahre hatte Petra Kellys Charisma etwas Irreales bekommen; es bestand nur aus der Ferne, nicht aus der Nähe. Bei Max Weber wurzelt das idealtypische Charisma im kleinen Kreis und

Petra Kelly (1947–1994, hier in einer Aufnahme von 1984) war nach ihrem Austritt aus der SPD 1979 Gründungsmitglied der «Grünen».

gründet sich auf intimen persönlichen Kontakt; nur über die Jüngerschaft strahlt es aus. Petra Kelly dagegen war seit vielen Jahren innerhalb der Partei isoliert, ja bei den Grünen im Grunde nie so recht angekommen; schon 1984, als der «Weiberrat» in der Partei die Macht übernahm und der neue Vorstand der Grünen nur aus sechs Frauen bestand, war ausgerechnet sie nicht dabei. Wütend reagierte sie auf den Vorwurf von Antje Vollmer, sie würde sich «in atemberaubender Schnelligkeit von Basisbeschlüssen und vom Alltagsleben entfernen».[128] Sie war ein ständig übersprudelnder, in permanenter Hektik und oft im Alleingang agierender Hochdruckmensch: der größte Kontrast zu dem damals an der grünen Basis nicht seltenen «Schluffi»-Typ. Einen Schicksalsgenossen sah sie in Joseph Beuys, dem Abgott der alternativen Kunstszene und wie sie ein Grüner der ersten Stunde, in ihren Worten sogar «urgrüner Vordenker», der «bei einer Kandidatenaufstellung in NRW durch zehn Wahlgänge gedemütigt und nicht aufgestellt wurde».[129] Beuys hatte seinerseits Petra Kelly zum Kunstwerk erklärt.[130] Auch er war nur als Aushängeschild, nicht jedoch für den politischen Alltag zu gebrauchen.

Petra Kelly ertrug mehr und mehr um sich herum nur Gleichgesinnte und verhielt sich nach dem Prinzip: «Wer nicht für mich ist, ist gegen mich.» «Bekommt sie ihren Willen nicht, schreit sie, knallt die Türen und schließt sich aus Wut ein» (Alice Schwarzer).[131] Am Ende konnte selbst ihr Liebhaber sie nicht mehr ertragen. Alice Schwarzer, die mit Schärfe klarstellte, dass es sich entgegen der Sprachregelung wohlmeinender Medienleute um keinen, und sei es auch nur mutmaßlichen, «Doppelselbstmord» handelte, sondern eindeutig um Mord, bekennt gleichwohl, dass sie, je mehr sie über diese Beziehungsgeschichte recherchierte, desto besser verstand, wieso der General am Ende durchdrehte und aus Verzweiflung zur Pistole griff.[132]

«Mein Engagement bei den Grünen hat von erster Stunde an sehr, sehr viel mit meiner zutiefst religiös-spirituellen Orientierung zu tun», betonte Petra Kelly, «denn ich halte die authentische Grüne Internationale Bewegung nicht nur für eine politische, sondern für eine *politisch-spirituelle Bewegung*.»[133] Sie wusste, dass «eine Reihe von Kräften innerhalb der Grünen» «eine solche Bezeichnung heftig ablehnen»; ihre Aussage impliziert, dass solche Grünen nicht «authentisch» seien. Zugleich erkennt man, dass Internationalität und Spiritualität für sie zusammenhängen. Couragierter als die meisten anderen Bonner Politiker knüpfte sie schon Jahre vor der Wende Kontakte zu Bürgerrechtlern in der DDR; aber als der Ruf ertönte: «Deutschland, einig Vaterland», war sie geistesabwesend wie das Gros der grünen Führung. Das Überschreiten der nationalen Grenzen besaß für sie etwas von diesseitiger Transzendenz: womit sie wohl repräsentativ stand für den in der intellektuellen Öko-Szene verbreiteten Exotismus – jene politisch irrationale Mentalität, die sich lieber für den tropischen Regenwald engagiert als für die heimischen Wälder und bei keinem Thema außer der Atomkraft so aggressiv wird wie bei jeglichem Festhalten an nationalen Grenzen.[134] «Sie war nicht von dieser Welt, sie hatte eine unglaubliche spirituelle Dimension», erinnerte sich ihr einstiger Liebhaber Lukas Beckmann nach ihrem Tod.[135]

Aber «spirituell» ist ein weiter Begriff; welcher Art war ihre Spiritualität? Journalisten glaubten schon viele Jahre vor ihrem Tod eine «märtyrerhafte Aura» um sie herum zu spüren.[136] Das passt zu der apokalyptischen Grundstimmung, in der sie sich schon zu einer Zeit befand, als sie auf vielen Fotos noch strahlende Augen hat.[137] Dann hätte parlamentarische Politik keinen Sinn mehr gehabt; man konnte nur noch Zeugnis ablegen wie die Märtyrer, die «Zeugen». Zwischendurch spricht sie von dem «erotischen Charakter echter Religiosität» und nennt als Beispiele nicht nur «Tantra-Yoga», sondern auch «Tao»:[138] Da geraten die Beispiele zu einer wahllosen Aneinanderreihung spiritueller Reizworte, die damals im Umlauf waren. Sie selbst war sowohl zur Liebe wie zur Meditation zunehmend unfähig. Anderswo, in einer Evangelischen Akademie, bekannte sie sich, wie es sich für eine Linkskatholikin gehörte, zu dem brasilianischen Erzbischof Dom Helder Camara,[139] dem berühmten Befreiungstheologen, den der grüne Pressesprecher Heinz Suhr 1983 am liebsten zum Einzug der Grünen in den Bundestag eingeladen hätte.[140] Um noch einmal Beckmann zu zitieren: «Die Petra nahm alles in sich auf und verkörperte es quasi. Sie war so eine Art Medium.»[141] Wieder diese vagabundierende Spiritualität, die wir bereits bei Rudolf Bahro trafen, der Petra Kelly nach anfänglicher Sympathie bald auf die Nerven fiel.

Ihr wahrer Heiliger wird schließlich der Dalai-Lama, den sie erstmals 1987 in Bonn trifft und in der Folge hemmungslos verehrt.[142] Fortan spricht sie ohne Rücksicht auf die peinlichen Gefühle ungläubiger Grüner nur noch von «Seiner Heiligkeit dem Dalai-Lama».[143] Dabei steht sie, die Verkörperung rastloser Unruhe und Dauererregung, in ihrem ganzen Wesen der Gelassenheit und dem «Mittleren Weg» des Buddhismus so fern wie nur möglich, ist vielmehr in ihrem rigiden Gut-Böse-Denken aus dem Provinzkatholizismus, in dem sie aufwuchs, nie herausgekommen. Sie steigerte sich in die Forderung nach einer vollständigen Autonomie für die Tibeter hinein, die im Grunde auf eine Loslösung Tibets von China hinauslief und – wie Bastian als General genau wusste – ohne einen Krieg gegen China nicht zu erreichen war. Mit dieser Position fand sie – für Grüne damals höchst ungewöhnlich – im Bundestag sogar den Beifall der CDU.[144] Gegenüber einem pragmatischen Plädoyer für eine begrenzte Autonomie der Tibeter innerhalb des chinesischen Staates bekundete sie geradezu physischen Ekel und rief auf einer Tibet-Veranstaltung in der Hamburger Kongresshalle 1991 nach dem ersten Golfkrieg – zum sichtlichen Unbehagen des neben ihr sitzenden Bastian – schrill ins Mikrofon: «Schade, dass Tibet kein Öl hat!» – was damals im Klartext nur bedeuten konnte: «Schade, dass die Amerikaner nicht auch dort angreifen!»[145]

Offenbar war ihr nicht bewusst, dass sie mit dieser Militanz dem Dalai-Lama in den Rücken fiel, der bei Gelegenheit die Autonomie Südtirols innerhalb des italienischen Staates als Vorbild für Tibet pries, jedoch stets große Mühe hatte, radikale Anhänger von einer selbstmörderischen Anti-China-Militanz abzuhalten. Jutta Ditfurth – auch sie in der Anfangszeit von den Medien als grüne Charismatikerin gehandelt – schüttelte sich derweil vor Abscheu vor dem grünen Kult um den «ständig grinsenden, ach so gewaltlosen Gelbmützen-Häuptling» aus dem Osten, übernahm sämtliche Anti-Dalai-Lama-Klischees der ewigen Maoisten und bezeichnete die westlichen Anhänger des religiösen Oberhauptes der Tibeter als bare Dummköpfe, die sich Belehrungen über das Nirwana anhören, «ohne dass sie ihre Leere im Kopf spüren».[146] Sie nennt dabei nicht den Namen Petra Kellys, aber nach Lage der Dinge konnte ihre Attacke nur zuoberst auf ihre einstige grüne Rivalin zielen. Wie bei Petra Kelly der Kult mit «Seiner Heiligkeit», wurde bei Jutta Ditfurth der Hass auf ihn und seine Jünger und Jüngerinnen zu einer förmlichen Obsession.[147]

Der seit 1959 im Exil lebende Dalai Lama, der 1989 den Friedensnobelpreis erhielt und in jenen Jahren weltweite Aufmerksamkeit erlangte, ging mit der ökologischen Neuerfindung des Buddhismus voran. Insofern bot er ein ideales Vorbild für eine Verbindung von Spiritualität und Ökologismus – nur handelte es sich eher um eine Synthese in einer exotischen Fantasiewelt, die von Handlungsmöglichkeiten im Hier und Jetzt bundesdeutscher Umweltpolitik abführte. Aber war es Petra Kelly überhaupt um derartige Möglichkeiten zu tun? Wäre das der Fall gewesen, hätte sie schon vorher von ihrem Erfahrungshintergrund her glänzende Chancen gehabt. Was man später leicht vergaß: Von 1972 bis 1982 war sie Verwaltungsrätin bei der EG in Brüssel gewesen, im Sekretariat der Fachgruppen Sozialfragen, Umweltschutz, Gesundheitswesen und Verbrauch. Nicht nur das: 1971 begann die Vierundzwanzigjährige eine Beziehung zu dem vierzig Jahre älteren Sicco Mansholt, dem starken Mann der Brüsseler EG-Zentrale. Seit 1968 erregte der «Mansholt-Plan», der mit den Fördermitteln der EU den Konzentrations- und Modernisierungsprozess in der Landwirtschaft massiv vorantreiben und dem traditionell wirtschaftenden Kleinbauerntum den Garaus machen sollte, europaweit die Wut der Bauern (abgesehen von den großbäuerlichen Nutznießern); von Schleswig-Holstein bis Bayern gab es damals den Typus des «Anti-Mansholt-Protestes», auf den Mansholt selbst nur mit lächelnder Überlegenheit reagierte.[148]

Der Mansholt-Plan war das exakte Gegenteil von «Small is beautiful». Gerade in der Gründerphase der Grünen wurde in der Bundesrepublik der ökologische Horror der chemisierten Landwirtschaft entdeckt, der in den USA bereits die Zielscheibe Rachel Carsons gewesen war. Die Brüsseler Agrarpolitik hatte bei diesem Prozess eine Schlüsselrolle gespielt; niemand wäre mehr dazu prädestiniert gewesen als Petra Kelly, die aus intimer Erfahrung heraus die Brüsseler EU-Bürokratie verabscheute,[149] mit ihrer Insiderkompetenz den Grünen bei diesem Kernthema des Umweltschutzes die Meinungsführerschaft zu erobern. Aber nichts davon;[150] wenn man sich in ihre Lebensgeschichte vertieft, kann man die Ökologie fast vergessen. Mit *einer* Ausnahme: dem Thema «Atomkraft und Krebs». Ihre jüngere Schwester war mit zehn Jahren an Krebs gestorben; dieser Tod verfolgte sie lebenslang, und nach eigener Aussage war er der Ausgangspunkt für ihr politisches Engagement. Von sich selbst glaubte sie, sie könne kein gesundes Kind zur Welt bringen, da die Ärzte sie zu oft geröntgt hätten; als sie schwanger war, ließ sie abtreiben.[151] Über die Protestbewegung gegen die Nachrüstung stieß sie zu den Grünen; anders als für viele AKW-Gegner der 1970er Jahre waren Atombombe und zivile Atomkraft für sie ein Kontinuum, und ihr Hass auf beides entsprang dem Horror vor Krebs; in vielen Reden warnte sie vor einer «Verkrebsung der Menschheit».[152]

Die ewig gehetzte Frau kam jedoch kaum dazu, sich in bestimmten Bereichen der Umweltpolitik kompetent zu machen. Als sie Anfang 1985 ihre Weigerung begründete, gemäß dem grünen Rotationsprinzip aus dem Bundestag auszuscheiden, nannte sie drei Anliegen, die ihr dabei vor allem wichtig waren: Initiativen zugunsten krebskranker Kinder, gegen Menschenrechtsverletzungen in Ost und West und «gegen die Militarisierung der EG».[153] Nicht etwa der damals viel akutere Skandal der Brüsseler Agrarpolitik; überhaupt findet sich unter ihren Herzensanliegen nicht ein einziges spezifisch «grünes» Thema. In den Jahren davor hatte der Kampf gegen die Nachrüstung ganz im Vordergrund gestanden, bei dem Bastian seine militärische Kompetenz ausspielen konnte. Das Ende dieser letzten Phase des Kalten Krieges gab zusammen mit Tschernobyl und dem Klima-Alarm an und für sich der Umweltbewegung weltweit Chancen wie noch nie; aber gerade die deutschen Grünen, die stärkste grüne Partei der Welt, wussten diese am wenigsten zu nutzen.

Das verweist auf ein generelles Phänomen der Führungsschicht der bundesdeutschen Grünen in jener Zeit: Es waren keine genuin grünen Motive, aus denen die politische Dynamik kam. Das ist bei der Durchsicht der Sitzungsprotokolle der Bundestagsfraktion der Grünen in deren erster Legislaturperiode, von 1983 bis 1987, ganz unverkennbar. Politisch ist das paradox; denn in jener Zeit des «Waldsterbens»-Alarms war das Gros ihrer Wähler offenbar von dem Wunsch motiviert, für Natur und Umwelt etwas zu tun. Vor allem diesem Wunsch verdankten die Grünen ihren Einzug in den Bundestag. Das Grundgefühl, dass für den Umweltschutz sehr viel mehr getan werden müsse, war zu jener Zeit auch in politisch konservativen Kreisen allgemein verbreitet; vermutlich hätten die Grünen noch weit höhere Wahlerfolge erzielt, wenn sie diese Kreise angesprochen und nicht mit chaotischen Allüren, Debatten über die Straffreiheit von Päderastie und Missachtung der weiblichen Mutterrolle vor den Kopf gestoßen hätten. Zur Aktivierung wertkonservativer Wählerpotentiale rief Bahro die Grünen 1983 auf dem Hannoveraner Parteitag auf; aber selbst Joschka Fischer, der aufsteigende Star der Realos, zog diese Idee damals ins Lächerliche.[154]

Michael Vesper, damals Geschäftsführer der grünen Bundestagsfraktion, der schon nächtelang am PC saß, als die Grünen noch über die Zulässigkeit der neuen Elektronik debattierten, und der der Fraktion das nötige Minimum an Einhaltung von Regeln und parlamentarischer Professionalität beizubringen suchte, rief die damals nachgerückten grünen Abgeordneten 1985 in der *taz* dazu auf, endlich Vollblutparlamentarier zu werden: «Sie müssen im Plenum agieren, auch mal agitieren, intrigieren, integrieren, antichambrieren, Wut und Betroffenheit, Leidenschaft und menschliche Zuwendung zeigen.»[155] Nun, Leidenschaft und Betroffenheit zur Schau stellen konnte Petra Kelly so glaubwürdig wie kaum ein anderes Bundestagsmitglied, und sie vermochte auch demagogische Register zu ziehen; im Übrigen trug sie jedoch auf ihre Art nicht wenig zu jenen hohen menschlichen Reibungsverlusten bei, den der grüne Politikstil in Bonn mit sich brachte und die sie bei anderen immer wieder heftig beklagte. Vom Typus her war sie keine Parteipolitikerin, sondern verkörperte ewige Bewegung.

Im Jahr vor ihrem Tod explodierte sie förmlich vor Wut und Verzweiflung: «Zuallererst» seien die Grünen in der Politik «menschlich gescheitert»; die acht Jahre Bundestag seien «acht Jahre Selbstzerfleischung» gewesen – Selbstzerfleischung durch «fruchtlose, die politischen Aktivitäten lähmende Flügelkämpfe mit den jeweiligen Flügelmullahs und ein unerträgliches, von Neid und Misstrauen geprägtes Klima».[156] Das war eine Anspielung auf die giftigen Querelen zwischen «Fundis» und Realos», die sich durch die 1980er Jahre gezogen hatten. Petra Kelly, die 1968 in den USA gewesen und nicht durch Marxismus und K-Gruppen hindurchgegangen, jedoch ebenso wenig Realpolitikerin war, hatte sich aus diesem Dauerstreit herausgehalten, dafür jedoch ihre eigenen Fronten aufgemacht.

War das menschliche Klima unter den Grünen wirklich kälter als in anderen Parteien? Die Gereiztheit entstand wohl vor allem dadurch, dass typische Grüne anfangs in der Politik einen intimen und informellen Raum suchten wie in der Wohngemeinschaft. Petra Kelly wollte wie so viele andere keine Trennung von Politik und Privatleben; sie und ihr General zogen – das hatte es noch nie gegeben – ganz offen als Liebespaar in den Bundestag. Sehr persönliche Lebenskrisen machte sie bis zur Peinlichkeit publik; «Bürokraten und Technokraten» waren ihr Feindbild.[157] Aber gerade grüne Bonner Erfahrungen jener Jahre waren ganz dazu angetan, nicht nur den praktischen Nutzen, sondern selbst den humanen Wert und die entspannende Wirkung gewisser Regeln und Routinen wiederzuentdecken. Das ist nicht nur ein deutsches Phänomen: Überall in der Welt sind aus der Öko-Szene, aller basisdemokratischen *Grassroots*-Ideale zum Trotz, tüchtige Bürokraten hervorgegangen, die die administrative Regulierung mit Engagement und Überzeugung betrieben.

Siegerin über den Schnellen Brüter: Dominique Voynet. Hier ist der Punkt, um von Deutschland nach Frankreich zu springen und von Petra Kelly zu *Dominique Voynet* (geb. 1958), der bislang profiliertesten weiblichen Führungsgestalt der französischen Grünen. Michael Bess nennt sie «eine Art von gallischer Petra Kelly»;[158] und doch besteht zwischen beiden Frauen in mehr als einer Hinsicht ein geradezu idealtypischer Kontrast. Fast ist man versucht, den Gegensatz auf die Formel «Gallische *clarité* und *raison* versus germanische Romantik und Phantastik» zu bringen, gäbe es in beiden Nationen nicht so viele Gegenbeispiele und wäre Petra Kelly mit ihrer extrovertierten Spiritualität und ihren globalen Projektionen nicht ebenso ein amerikanischer wie ein deutscher Typus. Auch passt nicht zu den üblichen deutsch-französischen Kontrastklischees, dass die Deutsche die Französin an heißblütiger Eloquenz bei Weitem übertraf.

Die bisherige Vita der Dominique Voynet: ein überhaupt nicht chaotisches Leben – mit 23 Jahren abgeschlossenes Studium der Medizin; Mutter von zwei Töchtern; obwohl von 1989 bis 1991 Europa-Abgeordnete, auch auf kommunaler und regionaler Ebene präsent; eine Politikerin ebenso der Provinz wie der Pariser Metropole, im Kontrast zu Petra Kelly, die am liebsten in der Welt herumreiste. 1984 gehörte sie zusammen mit Antoine Waechter zu den Gründern der französischen Grünen; 1991 verzichtete sie auf ihren Sitz im EU-Parlament, um deren Sprecherin zu werden. 1997 wurde sie unter dem Ministerpräsidenten Lionel Jospin das erste grüne Regierungsmitglied. Zwar war schon 1988 Brice Lalonde, ein grüner Politstar der frühen Jahre, Umweltminister geworden; aber durch diese Karriere hatte er sich von der Partei entfernt, nachdem er schon vorher gegen die Atomwaffentests bei Mururoa nichts einzuwenden gehabt hatte.[159] Ihm wurde ein Charisma zugesprochen; dieses war jedoch nicht von solcher Art, dass das Gros der französischen Grünen dabei mitgespielt hätte.[160] Als Minister

Dominique Voynet (geb. 1958) war von 1997 bis 2001 als erstes grünes Regierungsmitglied französische Ministerin für Umwelt und Raumplanung. Seit 2008 ist sie Bürgermeisterin der Stadt Montreuil.

gründete Lalonde 1990 seine eigene Partei: die *Génération écologie.*[161] Dominique Voynet dagegen übernahm 2001 nach ihrem Rücktritt vom Ministerium den Parteivorsitz der Grünen. 2008 wurde sie nach einem Wahlsieg über den dort seit 1984 regierenden Kommunisten Jean Pierre Brard Bürgermeisterin der nordfranzösischen Mittelstadt Montreuil sous bois.

Dominique Voynet zeigte kaum Ambitionen, sich als Charismatikerin zu inszenieren. Sehr im Unterschied zu Petra Kelly wirkte sie nicht spaltend, sondern integrierend, insbesondere zwischen jenen männlichen Führern, die bis dahin das grüne Milieu spalteten und zur politischen Machtlosigkeit verurteilten:[162] dem «Pariser Dandy»[163] Lalonde und dem elsässischen Regionalisten und Öko-Fundamentalisten Antoine Waechter, der glaubte, mit dem Eintritt in ein Ministerium verkaufe ein Grüner seine Seele. Sie legte Wert auf die Bündnisfähigkeit der Grünen und auf die Erweiterung des grünen Programms über Umweltziele hinaus, ohne die grüne Identität aufzugeben. Ihre führende Rolle erwuchs mehr aus ihrem Ministeramt als aus der grünen Bewegung, wo sie bis dahin nur ein Name unter anderen gewesen war.[164] Als Ministerin zeigte sie keinen Ehrgeiz, in ihrem äußeren Habitus gegenüber ihren nichtgrünen Kollegen hervorzustechen, legte es vielmehr ganz darauf an, ihr Amt so professionell wie möglich auszuüben, und zeigte ein nicht geringes Geschick darin, den administrativen Zentralismus, der der französischen Umweltbewegung bis dahin so viel zu schaffen gemacht hatte, partiell in eine progrüne Richtung umzusteuern. In ihrer Amtszeit setzte sie durch, dass der Etat ihres Ministeriums um 30 Prozent und die Unterstützung für den Naturschutz um 80 Prozent erhöht wurden.[165]

Wiederum im Kontrast zu Petra Kelly verbindet sich ihr Name mit umweltpolitischen Erfolgen ersten Ranges, symbolischen wie realen. Ihr erster Akt als Ministerin war die Stilllegung des Super-Phénix, des Schnellen Brüters bei Creys-Malville, um den zwanzig Jahre zuvor blutige Kämpfe getobt hatten.[166] Zu jener Zeit war dieser Entscheid mühelos auf seriöse Art zu rechtfertigen: Der Brüter stand mittlerweile in nahezu der gesamten Welt isoliert dar; von Rentabilität war keine Rede, vielmehr erhöhte er das Defizit der unter ihren nuklearen Überkapazitäten seufzenden Energiewirtschaft. Durch die in Betrieb befindlichen Kernkraftwerke entstand bereits ein derartiger Überfluss an Plutonium, dass es – von den Sicherheitsrisiken ganz abgesehen – ökonomisch absurd war, dazu noch Weiteres zu erbrüten.[167] Dominique Voynet verfügte weiterhin den Abbruch des gleichfalls seit langem von Umweltschützern angefochtenen Rhein-Rhone-Kanalprojekts:[168] auch dies ähnlich wie der Main-Donau-Kanal ein nicht nur ökologisch, sondern auch ökonomisch fragwürdiges Vorhaben. Durch die Protestbewegung gegen dieses Projekt war sie einst politisiert worden. Auf dem Klimagipfel in Kyoto Ende 1997 machte sie eine gute Figur, als sie an der Spitze der Europäer der amerikanischen Verschleppungstaktik Kontra gab.[169] Wie Michael Bess resümiert, hätte sie keinen Erfolg gehabt, wären nicht gewisse Leitmotive der Umweltbewegung mittlerweile in den Mainstream des französischen Denkens eingedrungen; und doch markiert ihre Zeit als Ministerin den historischen Moment, wo «grüne Visionen» deutlich zum «integralen Bestandteil französischer Modernität» wurden.[170]

Am 18. Mai 2007 kündigte der damalige Umweltminister ein *Grenelle Environment* an: ein Forum von Repräsentanten verschiedener politischer Kräfte, das auf breiter Konsensbasis eine ganze Kaskade langfristiger umweltpolitischer Richtlinien erarbeiten sollte. Tatsächlich begann am 24. Oktober 2007 unter Vorsitz von Nicolas Sarkozy und im Beisein der beiden Friedensnobelpreisträger und Öko-Berühmtheiten Al Gore und Wangari Maathai eine *table ronde du Grenelle* zu tagen und ein breit angelegtes umweltpolitisches Strategiepapier zu erarbeiten, das in seinem gesamten Design als historischer Akt großen Stils konzipiert war und Parteigänger der Deregulation dazu veranlasste, eine «grüne Diktatur» an die Wand zu malen und eine unheilige Allianz zwischen dem Ministerium und den «militanten Berufsökologisten des Tam-Tam» zu erkennen.[171] «Grenelle» war eine Anspielung auf den im Sozialministerium an der Rue du Grenelle am 25. Mai 1968 unter dem Druck der studentischen Barrikaden und der Streikbewegung geschlossenen Kompromiss zwischen Regierung und Gewerkschaftsführung.[172] Seither wurde «Grenelle» zum stehenden Begriff für einen historischen Kompromiss. Aber 1968 war mit «Grenelle» nicht zu Ende; und auch das *Grenelle Environnement* dürfte, wie sich schon in der neuerlichen Wirtschaftskrise abzeichnet, nicht das Ende der Geschichte sein.

Wenden wir uns den USA zu, finden wir dort nur eine einzige unbestrittene und allseits verehrte Heroine des *environmentalism*: Rachel Carson. Die 1964 gestorbene Frau war jedoch noch nicht als Sprecherin einer Bürgerinitiative aufgetreten; erst nach ihrem Tod wurde sie zur Ikone einer breiten Bewegung. Dafür verkörperte sie in Personalunion verschiedene Tendenzen des alten und neuen *environmentalism*, die sonst nicht selten nebeneinander herliefen oder zueinander in Spannung standen: Schutz der wilden Natur und Schutz der menschlichen Gesundheit, Umweltschutz aus Naturliebe und Umweltschutz aus der Kenntnis ökologischer Kreisläufe. Rachel Carson ist uns bereits in der «Umweltbewegung vor der Umweltbewegung» begegnet; mit ihr endet die Galerie allseits anerkannter Ikonen des amerikanischen Umweltschutzes. Jetzt wollen wir uns einem Trio von international kaum bekannten Umweltaktivistinnen zuwenden, die ganz unterschiedliche, teilweise umstrittene Strömungen im Umweltschutz verkörpern und zwar von ihren jeweiligen Bewunderern neben Rachel Carson gestellt, von anderen jedoch nur nebenbei erwähnt oder überhaupt ignoriert[173] werden: Marjory Douglas, Celia Hunter und Jane Jacobs.

Rachel Carson der Everglades: Marjory Douglas. *Marjory Stoneman Douglas* (1890–1998), Schriftstellerin, Feministin, Umweltaktivistin, schon durch das mehr als biblische Alter von 108 Jahren, auf das sie es brachte, ein Phänomen – und sie blieb bis in ihre letzten Lebensjahre aktiv –, wurde als publizistische Vorkämpferin des Everglades-Nationalparks in Florida berühmt.[174] Schon 1934 ratifizierte der Kongress den *Everglades National Park Act*, aber noch über ein Jahrzehnt bestand dieser Nationalpark nur auf dem Papier; erst 1947 traten entsprechende Ausführungsbestimmungen in Kraft.[175] In jenem Jahr veröffentlichte Marjory Douglas jenes Buch, das zum sensationellen Erfolg wurde, ihren Ruhm begründete und später

Marjory Douglas (1890–1998), die «Mutter der Everglades», wurde als publizistische Vorkämpferin des Everglades-Nationalparks in Florida berühmt. Sie wurde 108 Jahre alt. Das Bild zeigt sie 1989, kurz vor ihrem 101. Geburtstag, bei der Untersuchung von Grashalmen des tropischen Marschlandes der Everglades, die auch «Grasfluss» genannt werden.

manchmal neben den *Silent Spring* gestellt wurde: *The Everglades: River of Grass.* Da schilderte sie auf packende Weise, wie die zum Nationalpark deklarierten Everglades gleichwohl permanent bedroht und zerstört wurden: durch Baufirmen, die Landschaftsteile zubetonierten, und durch Agrarunternehmer, die für Zuckerrohrplantagen Feuchtgebiete trockenlegten und mit ihren Düngemitteln das Wasser verdarben. Hinreißend schilderte sie die von lebendigem Wasser durchströmte Vegetation der Everglades und warnte, mit der Trockenlegung dieses Naturparadieses würde ganz Florida austrocknen. Bis dahin waren die Everglades selbst bei vielen Nationalpark-Enthusiasten nicht so recht populär gewesen; denn da gab es nicht die malerische Landschaftsszenerie des Westens: keine pittoresken Canyons und solitären Tafelberge, keine gigantischen Mammutbäume und Wasserfälle. Die Everglades sind eine platte, auf den ersten Blick monotone Landschaft; selbst mit den heutigen Finessen der Fotografie ist es nicht leicht, sie fotogen zu machen.[176] *River of Grass* trug dazu bei, dass sie in der amerikanischen Öffentlichkeit mit starken Emotionen besetzt wurden.

Die Durchsetzung dieses Nationalparks markiert eine ökologische Wende in dem bis dahin von der romantischen Ästhetik des 19. Jahrhunderts geleiteten Kult einer Wildnis, die man durchwandern konnte.[177] Die Everglades waren kein Wandergebiet, keine touristische Attraktion; hier wurde erstmals der totale Naturschutz zum Programm.[178] Die biologische Vielfalt und Besonderheit, der Lebenszusammenhang seltener Feuchtgebiete wurde das Schützenswerte. «There are no other Everglades in den World»: Mit diesem Satz begann *River of Grass;* er wurde zum geflügelten Wort. Ähnlich wie später beim deutschen Wattenmeer, das bis dahin ebenfalls als ganz unansehnlich gegolten hatte, entdeckte man erst durch den erweiterten Horizont die Einzigartigkeit dieses Gebietes. Bedroht blieb es weiterhin; und Marjory Douglas blieb bis an ihr Lebensende eine streitbare und konfliktfähige Frau. Noch im Alter von 79 Jahren, 1969, gründete sie die Protestbewegung *Friends of the Everglades* gegen einen dort geplanten Flughafen.

Sie, die noch aus dem 19. Jahrhundert stammte, hatte in jungen Jahren für die bürgerliche Gleichberechtigung der Frauen gekämpft und war insofern für den Ökofeminismus prädestiniert, auch wenn sie für die neue Frauenbewegung denn doch zu alt und zu altmodisch war. Im Alter von 102 Jahren bekannte sie offen, nach ihrer kurzen unglücklichen Ehe mit einem Schwindler nie wieder Sex gehabt zu haben: «I wasn't a wild woman.» Ein Ausspruch von ihr wie der folgende begeisterte nicht alle Feministinnen und auch nicht global orientierte Umweltschützer: «It's a woman's business to be interested in the environment. It's an extended form of housekeeping.»[179] Nach ihrem Tod wurde sie zuerst – heroisierende amerikanische Erinnerungskultur – in die *National Wildlife Federation Hall of Fame,* dann jedoch in die *National Women's Hall of Fame* überführt, obwohl sie selbst lieber in einer «Citizen's Hall of Fame» verewigt worden wäre. Als sie sich 1948 in einem Komitee engagierte, das sich für die Versorgung der Slums von Miami mit sauberem Wasser einsetzte, nahm sie manches von der *Environmental-Justice*-Bewegung ein halbes Jahrhundert darauf vorweg. Aber nicht bei allen dort Ansässigen war sie beliebt: 1983 wurde die Dreiundneunzigjährige auf einer Versammlung von Hausbesitzern verspottet und niedergeschrien, als sie als Einzelkämpferin gegen ein dortiges Dränageprojekt Stellung bezog. Aber als sie die Schreier foppte, ob sie nicht noch lauter schreien könnten, da sie eine alte Frau sei, mussten selbst ihre Gegner lachen. Eine derart unerschütterliche Selbstsicherheit konnte das Bewusstsein verleihen, für die Rettung der Umwelt zu kämpfen. Es war nicht zuletzt dies, wodurch die Um-

Celia Hunter (1919–2001) war die erste Frau an der Spitze einer amerikanischen Umweltorganisation. Das Bild zeigt sie beim Wasserholen in den Anfangsjahren der von ihr gegründeten Touristenstation in Denali, dem Zentrum des späteren Nationalparks.

weltschützer für ihren selbstlosen Einsatz belohnt wurden. Aber oft auch durch den Erfolg. So auch hier Marjory Douglas: Die Dränage unterblieb.

Eine Bomberpilotin kämpft für die Wildnis in Alaska: Celia Hunter. Dave Foreman, der durch seine zur Selbstopferung bereite Konsequenz – «No Compromise in Defense of Mother Earth» war die Devise von *Earth First!* – seit den 1980er Jahren ein Charisma eigener Art gewann, klagte 1991 über das gesichtslose Epigonentum in der amerikanischen Umweltbewegung: Vergebens halte man Ausschau nach einem John Muir, einem Aldo Leopold, einer Rachel Carson. Und: «Was haben wir mit ihren noch lebenden Erben getan, wie David Brower oder Celia Hunter?»[180] David Brower kennen wir; aber man kann sich über Jahre mit der amerikanischen Umweltbewegung beschäftigen, ohne auf den Namen *Celia Hunter* (1919–2001) zu stoßen.[181] Und dabei wurde sie 1976 Präsidentin und später Exekutivdirektorin der einflussreichen *Wilderness Society*; sie war die erste Frau an der Spitze einer führenden amerikanischen Umweltorganisation. Aber ähnlich wie Marjory Douglas mit einer ganz speziellen und umstrittenen Wildnis – den Everglades – verbunden war, so auch Celia Hunter: mit dem Schutz der wilden Natur in Alaska.

Bereits John Muir war 1879, zwölf Jahre nach dem Erwerb Alaskas durch die USA, auf der Suche nach der letzten Wildnis dorthin gepilgert und hatte in der unendlichen menschenleeren Weite eine Erfahrung von Transzendenz gehabt;[182] aber das war weit mehr ein spirituelles Erlebnis als eine ökologische Entdeckung gewesen, die einen Blick für das Detail erfordert hätte. Während der Everglades-Nationalpark die ökologische Wende der Wildnisschützer markiert, bedeutete die Begeisterung für das «Pristin Paradise» von Alaska im Grunde einen Rückfall in den alten Monumentalismus.[183] In der Tat, der kargen Weite von Alaska – den einförmigen Nadelwäldern und mehr noch der baumlosen Tundra mit schneebedeckten Gipfeln im Hintergrund – lassen sich, schon gar mit den Mitteln der modernen Farbfotografie und mit Luftbildern, weit mehr panoramische Reize abgewinnen als den Everglades; und doch erleben bis heute nur die wenigsten Amerikaner ihren nördlichsten Bundesstaat *in natura*. Selbst der Denali-Park, der meistfrequentierte Nationalpark Alaskas und die erste Wirkungsstätte von Celia Hunter, zählte im Jahr 2002 mit «nur» 280 911 Besuchern nicht einmal drei Prozent der Touristen im verkehrsgünstigen Great Smoky Mountains National Park zwischen North Carolina und Tennessee.[184] Auf eigene Faust ohne gute Landeskenntnis in der Wildnis von Alaska zu wandern war nicht ungefährlich; das war etwas sehr anderes als der amerikanische Urtyp des Wildnisidylls: die Waldeinsamkeit von Henry Thoreau in nächster Nähe von Concord. 1996 erregte ein Buch des Erfolgsautors Jon Kracauer *Into the Wild* Aufsehen, das von dem Schicksal des jungen Chris McCandless handelte, der, mit Thoreaus *Walden* im Rucksack, nach eigener Aussage eine «spirituelle Wallfahrt»[185] in die Wildnis von Alaska unternahm und dort elend verhungerte. In Alaska war die Wildnis noch nicht bedroht, sondern immer noch bedrohlich. Hier konnte man exemplarisch erleben, dass sie erst dann zum Wert wird, wenn sie knapp wird.

«Kein anderes Umweltthema hat in den letzten 20 Jahren für die amerikanische Öffentlichkeit einen größeren Symbolwert erlangt als die Erhaltung der Unberührtheit der arktischen Zuflucht», glaubte der Exekutivdirektor des Sierra Club 2004 feststellen zu können.[186] Schon Ende der 1970er Jahre hatte Präsident Carter die *environmentalists*, die er unter dem Druck der Ölkrise in der Energiepolitik vor den Kopf stieß, mit der unerschütterlichen Unterstützung des Wildnisschutzes in Alaska bei der

Stange gehalten.[187] Transzendentale Träume ließen sich in Alaska jedoch leichter aus der Ferne hineinprojizieren als aus der Nähe. Der Mythos der im amerikanischen Westen verlorenen «Frontier» wurde von den Alaskafans auf den Norden übertragen; aber diese «New Frontier» ließ sich nicht so leicht mit prallem Leben füllen wie der alte Westen. Selbst Roderick Nash, dessen *Wilderness and the American Mind* (1967) zum Standardwerk der Freunde der Wildnis wurde, handelt zwar in späteren Auflagen ausführlich von Alaska, aber zeigt sich gegenüber dem dort propagierten Wildnisschutz gegenüber bemerkenswert reserviert und macht keinen Hehl daraus, dass ihn dieses unwirtliche und kühle Land kaltlässt. Er spottet, von Alaska schwärmten am meisten solche Leute, die nie dort waren und nie dorthin wollten. Nur ein einziges Mal und ganz beiläufig erwähnt er Celia Hunter.[188] Stattdessen zeigt er Verständnis für jene überwiegende Mehrheit der Einheimischen, die die strengen Nationalpark-Auflagen in ihrer Region für Unsinn halten. So zitiert er Joe Vogler von der *Alaska Independence Party:* «Wer auch immer behauptet, die Ökologie [von Alaska] sei fragil, ist ein Ignorant oder ein gottverdammter Lügner.»[189]

Kein Wunder, dass in der amerikanischen Öko-Szene umstritten ist, ob Celia Hunter zu den Großen gehört oder im Gegenteil zu denjenigen, die von den wirklich wichtigen Themen ablenkten und das Engagement für die Umwelt in Sackgassen manövrierten. Am Ende hatten sie und ihre Mitstreiter einen zumindest auf der Landkarte spektakulären Erfolg: Am 2. Dezember 1980 stellte Präsident Carter über ein Viertel der Landfläche von Alaska unter Naturschutz, ein Gebiet größer als Kalifornien. Von der Fläche her war es «der größte Einzelakt der Weltgeschichte zur Erhaltung der Wildnis».[190] Fraglich ist nur, ob diese Art von Wildnis den Schutz wert war. Die Legitimation der Wildnis, üblicherweise durch eine Kombination von bedrohten Arten und Brutplätzen, landschaftlichem Reiz und touristischem Interesse bewerkstelligt, fiel bei diesem flächengrößten Naturschutzgebiet der Welt besonders schwer, zumal der größte Teil der dort Lebenden, ob Yankees oder Indigene, diesen Schutz als Schikane empfand.

Der Superlativ des Wildnisschutzes traf sich ausgerechnet zu Beginn der Öko-Ära mit einem anderen, konträren Superlativ: 1968 wurde an der arktischen Nordküste Alaskas bei Prudoe Bay das bis dahin größte Ölfeld der nordamerikanischen Geschichte entdeckt; und die prompt dorthin projektierte Pipeline galt als das «ehrgeizigste Bauprojekt der amerikanischen Geschichte». Es war die Zeit des *Earth Day*; die neue ökologische

Erweckung suchte nach Zielen. Ölkatastrophen waren in frischer Erinnerung; über der *Trans-Alaska Pipeline*, deren Trasse durch das *Arctic National Wildlife Refuge* führen sollte, eskalierte eine landesweite Kontroverse, wie es sie in der Geschichte des amerikanischen Naturschutzes bis dahin nicht gegeben hatte. Aber da brach die Ölkrise vom Herbst 1973 herein; maximale Unabhängigkeit vom Nahost-Öl gewann oberste nationale Priorität. Unter diesen Umständen war die Pipeline nicht mehr zu stoppen.[191] In den Jahrzehnten darauf wurde Kupfer eines der begehrtesten, zunehmend verknappten Metalle der Welt, und ausgerechnet in den Regionen Alaskas, auf die es die Wildnisschützer abgesehen hatten, gab es umfangreiche Kupfervorkommen.[192] Kein Wunder, dass der «Kampf um Alaska» auch mit der Deklaration von Nationalparken nicht zu Ende war.[193] Die Havarie des Öltankers «Exxon Valdez» vor der Küste von Alaska im Jahr 1989, als Umweltsorgen erneut Hochkonjunktur hatten, erregte die amerikanische Öffentlichkeit mindestens so sehr wie die Reaktorkatastrophe von Tschernobyl. Das sarkastische Gedicht *Alaska 1984?*, das Jay Hammond, der spätere Gouverneur von Alaska, bereits in den 1960er Jahren verfasst hatte, wirkte nunmehr prophetisch; es begann mit dem Vers: «Remember how lousy things used to be? Before we had oil, fish cluttered the sea.»[194]

Zurück zu Celia Hunter: Es ist reizvoll, die Parallelen, aber auch die Kontraste zu Marjory Douglas zu beachten. Die Kämpferin für die Wildnis von Alaska war ursprünglich überhaupt keine Schreibtischnatur, sondern eine Outdoor-Aktivistin; sie hat nur ganz wenig publiziert. Während Marjory Douglas im Ersten Weltkrieg zuerst als Sekretärin zur Navy ging, in der Folge aber doch lieber beim Roten Kreuz arbeitete, diente Celia Hunter – eine schärfere Absage an die traditionelle Frauenrolle ist kaum denkbar – als Pilotin in der amerikanischen Luftwaffe und hätte am liebsten Bombereinsätze geflogen, wenn man sie als Frau gelassen hätte. Als Pilotin kam sie zuerst – noch ohne Naturschutzambitionen – nach Alaska, wo man ohne Flugzeug nicht weit kommt;[195] am 1. Januar 1947 landete sie bei Schneesturm in Fairbanks. Dort nahm sie einen Job als Flugbegleiterin der ersten organisierten Alaskatouristen an, unternahm zwischendurch eine zehnmonatige Radtour durch das kriegszerstörte Europa, trampte dann auf Tankern zurück in die USA und gründete mit Freunden zusammen 1952 eine aus einem Zeltlager bestehende Touristenstation in Denali, dem Zentrum des späteren Nationalparks, mit Blick auf die Viertausender der Alaska Range. Am Anfang des Wildnisschutzes standen also Tourismuspläne.

Ab 1956 gesellten sich ihr Wildnisfans zu, die zur Erhaltung einheimischer Tierarten weite Gebiete unter Schutz stellen wollten. Zuerst glaubte man wohl, das sei in diesem menschenleer wirkenden Land nicht schwer; aber die wenigen Bewohner wehrten sich vehement gegen jegliche Einschränkungen ihrer Freiheit, das Land nach Belieben zu nutzen. Die 1960 gegründete *Alaska Conservation Society* (ACS), deren Exekutivsekretärin Celia Hunter zwölf Jahre lang war, fand ihren Rückhalt fast ausschließlich außerhalb Alaskas. Dieses Dilemma des Wildnisschutzes in Alaska blieb noch lange bestehen. Die erste Zielscheibe der ACS wurde der 1959 projektierte Rampart Dam, ein Wasserkraftwerk am Yukon, das einen 480 km langen Stausee geschaffen und ein geplantes Aluminiumwerk mit Elektrizität versorgt hätte. Dieser Kampf war vor Ort sehr unpopulär, da sich die ansässige Bevölkerung von dem Projekt billigen Strom erhoffte und obendrein stolz darauf war, den «größten künstlichen See der Welt» zu bekommen. Wie Roderick Nash bemerkt, erblickten viele Bewohner Alaskas in dem Rampart Dam ein von Washington beschertes «Geburtstagsgeschenk», das die «lange Nacht des Kolonialismus» beendete und Alaska endlich zu einem vollwertigen Bundesstaat der USA machte.[196] Als das Innenministerium 1967 das Rampart-Projekt aufgab – mit der beginnenden Öko-Ära gewannen Anti-Staudamm-Aktivisten in der amerikanischen Öffentlichkeit wachsende Sympathie –, hinterließ dieser Sieg der Naturschützer in Alaska einen tiefen Groll.[197]

Besser standen die Chancen auf Popularität bei dem zweiten Kampf, dem Protest gegen das 1961 bekannt gewordene «Project Chariot»: den Plan, mit einer Atombombe einen Hafen in die arktische Küste Alaskas zu sprengen. Da sah sich Alaska zum nuklearen Testfeld degradiert, und die Aktivisten fanden Anschluss an die wachsende Protestbewegung gegen das «Plowshare»-Programm zur Nutzung von Atomexplosionen für zivile Zwecke. Das «Project Chariot» wurde zwar nie offiziell fallen gelassen, aber nicht realisiert. Nach Tschernobyl trumpfte Celia Hunter auf, seinerzeit sei die Atomkommission drauf und dran gewesen, auch Alaska ein Tschernobyl zu bescheren.

Zu jener Zeit hatte sich die ACS aus Mangel an Ressourcen bereits aufgelöst (1980). Sie war auch nicht mehr nötig; denn schon seit 1971 wurde der Schutz der Wildnis des Nordens von der *Alaska Coalition* propagiert, der «größten und mächtigsten Bürgerorganisation für Umweltschutz in der amerikanischen Geschichte» (Roderick Nash), zu der sich die fünf führenden Wildnisschutz-NGOs der USA zusammengeschlossen hatten.[198] Derweil gründete Celia Hunter mit einem Mitstreiter die

Alaska Conservation Foundation, bei der sie bis kurz vor ihrem Tod arbeitete. Daneben übernahm sie noch zahlreiche andere Posten in Organisationen, die eine Beziehung zum Naturschutz hatten – alles in allem eine exemplarische Karriere vom Outdoor-Aktivismus zum Büro.

Seit den 1970er Jahren fanden die Freunde der Wildnis einen mit Vorbehalt Gleichgesinnten in Jay Hammond, der zuerst 1974 zum Gouverneur von Alaska gewählt wurde. Das war ein Mann wie ein Bär mit einem Odeur von Wildnis. Hatte einst Aldo Leopold die Parole ausgegeben: «Thinking like a mountain», schwärmte ein Mitarbeiter des neuen Gouverneurs: «Hammond is Alaska. He looks like a goddam Alaska mountain.» In der Tat liebte Hammond auf seine Art die Wildnis, und vor allem verstand er, dass es in der Öko-Ära unklug war, sich mit den Umweltschützern frontal anzulegen, es sich vielmehr empfahl, den ökologischen Alaska-Mythos zu nutzen, der mehr und mehr Touristen und großstadtmüde Amerikaner anzog. «Environment», belehrte Hammond seine Leute, «is not an obscene four-letter word. It has eleven letters, just as does the word ‹development›.»[199] Und in der Tat, in den Weiten Alaskas gab es Raum genug, um «environment» und «development» miteinander zu vereinbaren; von diesen Chancen hatte die Konfliktszenerie nur abgelenkt.

Kämpferin für das historisch gewachsene Stadtviertel gegen die Stadtutopie der klassischen Moderne: Jane Jacobs. In eine völlig andere, nämlich eine kunterbunte und von Menschen wimmelnde urbane Welt geraten wir mit *Jane Jacobs* (1916–2006), der streitbaren New Yorkerin, die ihr Greenwich Village mit Geschick und Courage gegen den bis dahin allmächtigen Robert Moses (1888–1981) verteidigte, den größten Stadtsanierer der amerikanischen Geschichte, und mit diesem David-gegen-Goliath-Kampf, der sich zur Heldenlegende geradezu anbot, eine bis über den Atlantik ausstrahlende Kettenreaktion zur Erhaltung gewachsener und bunt gemischter Stadtviertel und Nachbarschaften auslöste.[200] Gehört Jane Jacobs überhaupt in die Geschichte der Umweltbewegung? Mit Ökologie im biologischen Sinne hatte sie nichts zu tun. Aber wenn sie die bisherige Stadtplanung als lebensfeindliche «Pseudowissenschaft» attackierte, umriss sie am Horizont eine neue urbane Denkschule, die die Brücke zu den *life sciences* schlägt. Städte seien wie das Leben «organisierte Komplexität», die man nicht auf der Tabula rasa nach einem Schema planen könne.[201] Alexander Mitscherlich, der von ihr zu seiner ebenfalls epochalen Streitschrift *Die Unwirtlichkeit unserer Städte* (1965)

In ihrer 1961 erschienenen Streitschrift *Tod und Leben großer amerikanischer Städte* protestierte Jane Jacobs (1916–2006) gegen die Stadtplanung ihrer Zeit.

inspiriert wurde,[202] nennt auch «die Stadt, in der man durch Jahrhunderte lebte» (Jane Jacobs musste sich in New York mit geringeren Zeiträumen begnügen), ein «Biotop», da diese ein Ort sei, «an dem sich Leben verschiedenster Gestalt ins Gleichgewicht bringt und in ihm erhält».[203] Mag Jane Jacobs auch aus einem theoretisch konstruierten Idealtyp von Ökologismus herausfallen, besteht doch gar kein Zweifel, dass in der historischen Wirklichkeit eine enge Verbindung zwischen Umweltinitiativen und Initiativen zur Erhaltung von Altbauvierteln besteht, ob in den USA, in Deutschland oder in anderen Ländern. Nicht zufällig war der Frankfurter Häuserkampf ein Katalysator der grünen Bewegung, und nicht ohne Grund gerieten die Umweltaktivisten in der späten DDR gerade über der «Stadtökologie» mit dem SED-Regime in Konflikt. Die alte deutsche Allianz von Natur- und Heimatschutz, die vielen Grünen als dubioser deutscher Sonderweg galt, findet hier einen weltweiten Kontext.

Jane Jacobs lebte seit 1947 in Greenwich Village, dem legendären Literaten- und Avantgardeviertel von der Belle Époque bis zu den Roaring Twenties, das mittlerweile freilich heruntergekommen war und je nach Sichtweise als Bohème-Ambiente oder schlichtweg als Slum wirkte. Für Robert Moses und seine Stadtplaner ein klarer Fall: Auf deren Betreiben erklärte der New Yorker Bürgermeister Robert F. Wagner am 20. Februar 1961 Greenwich Village zum Slum, der im Zuge der Stadtsanierung zu 80 Prozent zum Abriss freigegeben wurde.[204] Im gleichen Jahr 1961 publizierte Jane Jacobs ihre Streitschrift, die international Furore machte: *The Death and Life of Great American Cities.* Man beachte die Auferstehungsmetaphorik im Titel! Es war ein Frontalangriff auf all das, was die Stadtplaner bis dahin als Ideal von Moderne präsentiert hatten, wobei Jane Jacobs auch sehr geschickt an die wachsende Angst vor großstädtischer Kriminalität appellierte:

«Man sehe sich einfach an, was gebaut wurde: Siedlungen für Minderbemittelte, die schlimmere Brutstätten für Verbrechertum, Vandalismus und allgemeine soziale Hoffnungslosigkeit geworden sind als jene Slums, die sie ersetzen sollten; ... Kulturzentren, in denen sich nicht einmal eine gute Buchhandlung halten kann; Verwaltungszentren, die, außer von Tagedieben, ... von jedermann gemieden werden; ... Promenaden, die irgendwo sinnlos anfangen und nirgendwo hinführen und die kein Spaziergänger benutzt. Wir haben Schnellverkehrsstraßen, die unsere Großstädte ausweiden. Das ist keine Stadterneuerung, das ist Raubbau, Städteabbau.»[205]

Sie schrieb nicht im Stil jener Stadtplaner, die einer utopischen Zukunftsvision nachjagen, sondern entdeckte die Menschenfreundlichkeit des real existierenden Stadtlebens; es ging ihr wie den Naturschützern um Erhaltung, nicht um Planung. Die Nachbarschaft und die von Menschen wimmelnde, nicht von Autos durchraste Straße waren die beiden Brennpunkte ihres Stadtideals. Sie idealisierte das Straßenleben in den New Yorker Altbauvierteln (die aus europäischer Sicht noch recht neu und chaotisch waren) zu einer Art von blühender Natur, die aus sich selbst heraus Ordnung und Schönheit schafft:

«Unter der scheinbaren Unordnung der alten Stadt herrscht ... eine wunderbare Ordnung, welche die Sicherheit und die Bewegungsfreiheit in den Straßen gewährleistet. Es ist eine sehr komplexe Ordnung. ... Diese Ordnung setzt sich zusammen aus Bewegung und Wechsel ... und wir könnten sie mit einem Tanz vergleichen ... Das Ballett eines gut funktionierenden Bürgersteigs ist an jedem Ort ein anderes, es wiederholt sich nie und wird ... stets erneut mit Improvisationen angereichert.»

Robert Moses suchte seine Kontrahentin arrogant als «Hausfrau» abzufertigen, die von Stadtplanung keine Ahnung habe; aber Jane Jacobs, Ehefrau eines Architekten, war Redakteurin der Zeitschrift *Architectural*

Forum und wusste, wovon sie sprach. Eine säkulare Trendwende im ästhetischen Empfinden der New Yorker Intelligenz kam ihr entgegen. Im gleichen Jahr 1961 gab die *Pennsylvania Railroad* ihren Plan bekannt, die von 1904 bis 1910 erbaute Penn Station – ein monumentales Prachtexemplar des Klassizismus – abzureißen und durch den heute bestehenden unterirdischen Bahnhof zu ersetzen. Bis dahin hatte die Penn Station nicht die Anziehungskraft ausgeübt, die man von diesem größten und repräsentativsten Bahnhofsbau der Metropole erwartet hatte.[206] Erst als der Säulenwald unter den Bagger geriet, lernten die New Yorker ihn lieben. Von Anfang an erhob sich unter Architekten und geschichtsbewussten New Yorkern ein breiter Protest gegen den Abrissplan; das Ende der klassischen Moderne zusammen mit der Wiederentdeckung alter Schönheit kündigte sich an. Zunächst standen die Protestler jedoch ziemlich allein. Als aber der Abriss tatsächlich erfolgte, schäumte selbst die *New York Times*, bis dahin eine Parteigängerin von Robert Moses,[207] gegen diesen «unglaublichen Akt des Vandalismus gegen eines der größten und wunderbarsten Wahrzeichen seiner Epoche», an dessen Stelle nunmehr eine «Hochstaplerarchitektur für unsere Hochstaplergesellschaft» rücke. Robert Wagner spürte die Trendwende und rief am 19. April 1965 eine kommunale Denkmalschutzkommission ins Leben: die erste in den USA.

Die Penn Station war nicht mehr zu retten; aber das alte Greenwich Village wurde gerettet und Jane Jacobs über das «Village» hinaus zur populären Gestalt. Die Mutter von drei Kindern spielte gegen Robert Moses auch weiblich-mütterliche Urbanitätsinteressen aus, wenn sie für eine Stadt der Nachbarschaften, des bunten Straßenlebens und der kurzen Wege plädierte, wo es die Frauen nicht weit zum Einkaufen haben und sie ihre Kinder unbesorgt auf der Straße spielen lassen können. Der bald 80-jährige Robert Moses, der fast vier Jahrzehnte die New Yorker Stadtplanung beherrscht hatte, verkörperte auf einmal nicht mehr die Moderne, sondern war in den Augen jüngerer Kommunalpolitiker nur noch ein «mürrischer, dickköpfiger Greis».[208] Da vergisst man leicht, dass auch Moses auf seine Art die urbane Sehnsucht nach Natur verkörperte. Er wollte den New Yorkern – genauer gesagt: denen, die ein Auto besaßen – die Stadtautobahnen schaffen, auf denen sie rasch ins Grüne und ans Meer gelangten, und auch die Enge der Altbauviertel aufsprengen, um zwischen den neuen Hochhäusern breite Grünflächen zu schaffen. Das war nichts anderes als das aus dem späten 19. Jahrhundert stammende stadtreformerische Ideal, den Städten unter der Devise «Licht und Luft» die alte Enge auszutreiben und die Wirtschaftsbetriebe mit ihrem Lärm und Rauch möglichst weit von den Wohnvierteln zu separieren. Je höher man die Häuser baute, desto breitere Grünflächen konnte man zwischen ihnen schaffen. «Robert Moses hat die Stadtwüste zum Blühen gebracht», jubelte die *New York World-Telegram* 1934, nicht zuletzt im Blick auf die vielen von ihm geschaffenen Spielplätze für Kinder. Selbst Lewis Mumford schrieb damals, die von Moses betriebene Stadtsanierung sei «die beste Planung in großem Maßstab seit der Erschließung des Central Park».[209]

Die Kontroverse zwischen Jane Jacobs und Robert Moses war kein Kampf zwischen Gut und Böse. Sie bekommt vielmehr ihre besondere Pikanterie dadurch, dass Jane Jacobs auch mit Lewis Mumford zusammenstieß, der uns bereits als ein Gründervater der amerikanischen Umweltbewegung begegnete. «Natur» ist, auf die Stadt bezogen, ein mehrdeutiges Ideal. Der 1895 geborene Mumford, noch aus der gleichen Generation wie Moses, hing in seiner urbanen Vision ebenfalls an dem Ideal von «Licht und Luft» und hatte für die sozialen und vitalen Reize dicht bebauter Viertel aus der düsteren Ära der «Eotechnik» keinen Sinn. Er hatte weit länger als Jane Jacobs in einem solchen Viertel gelebt und war immer froh, wenn er hinauskam, in eine Kleinstadt mit schattigen Alleen und einer alten Kirche aus Bruchsteinen. Er glaubte, die New Yorker Wirklichkeit besser zu kennen als seine Kontrahentin, in deren Augen er ein eingefleischter Kleinstädter war.[210] Von den Siedlungsutopien nach der Jahrhundertwende geprägt, liebte er vor allem die Gartenstadt, die von Jane Jacobs als steriles Refugium sozial isolierter Mittelständler verachtet wurde; nicht zu Unrecht schrieb sie, die urbane Utopie eines Le Corbusier – die Moses mit seinen Abrissbaggern in New York zu realisieren suchte – sei nichts anderes als die Anwendung des Gartenstadtprinzips auf große Bevölkerungsdichten.[211]

Im gleichen Jahr 1961, als *Death and Life* erschien, veröffentlichte Mumford sein eigenes *Opus magnum* zum Thema, das die Summe seines Lebens sein sollte: *The City in History*. Es wandte sich an ebenjene liberal-reformerische Intelligenz, die auch Jane Jacobs erreichen wollte, und man spürt in seiner Kritik an der Rivalin, neben der er auf einmal alt aussah, eine wütende Eifersucht,[212] auch wenn er mit ihr in dem Horror vor der wuchernden Suburbanisierung übereinstimmte und gelegentlich den Verlust der Nachbarschaft beklagte, den er jedoch bereits in das 19. Jahrhundert verlegte.[213] Für ihn war die «organische Stadt» längst verloren, zumindest in den USA; sie konnte nicht erhalten, sondern nur neu geschaffen werden. Obwohl (oder gerade weil?) auch er mittlerweile die unter der Regie von Robert Moses errichteten 14- oder 18-stöckigen Mietskasernen als «trostlos» und «unmenschlich» anprangerte und die brutal durch die Stadt geschlagenen Highways als Etappen auf dem Weg von der «Megalopolis» zur «Nekropolis» verabscheute[214] – das Motiv vom Tod der Stadt auch bei ihm –, konnte er sich über Jane Jacobs nicht beruhigen; ein ganzes Jahr polemisierte er gegen sie im *New Yorker.*

In der Tat, *The Death and Life* war eine Streitschrift ebenso gegen Lewis Mumford wie gegen Robert Moses. Jane Jacobs spottete, Mumford wolle einfach nicht begreifen, dass die Leute in jenen Vierteln, die er für Slums halte, ganz vergnügt lebten.[215] Aber in der Entscheidungsschlacht gegen Robert Moses hielten die beiden dann doch zusammen: im Kampf gegen das Lomex-Projekt, das Projekt eines Highways durch Lower Manhattan, das alte Herz der Stadt.[216] Es handelt sich um eine der spannendsten Kontroversen nicht nur zwischen *environmentalists* und *developers,* sondern auch innerhalb der Umweltbewegung, auf hohem Niveau und mit einem Unterton von Hassliebe, wobei man auch aus heutiger Sicht nicht ein für alle Mal bestimmen kann, wer recht hat. War etwa Harlem, dessen dicht bebaute Altbauviertel vorerst von Sanierungen verschont blieben, eine Stadtgegend, wo man vor Straßenkriminalität sicher war?[217] Gerade im Laufe der 1960er Jahre nahm die Kriminalität in New York dramatisch zu; es war evident, wie die Stadt gerade nach dem Ende der Ära Moses herunterkam. Längst nicht alle alten New Yorker Viertel besaßen den Charme von Greenwich Village; und in vielen anderen amerikanischen Städten war von lebendigen Altbauvierteln, die von Fußgängern wimmelten, ohnehin nicht mehr viel übrig.

Das «Village» wurde – noch eine Ironie der Geschichte – durch seine Rettung, die eine landesweite Welle von Sympathie auslöste, zum attraktiven Wohnviertel für Besserverdiener, die eine bunte Urbanität zu schätzen wussten. Was folgte, ist seither für ähnliche Viertel in aller Welt typisch geworden: «Gentrifizierung», aufwendige Restaurierung und Verdrängung armer Bewohner durch steigende Mieten. Selbst Jane Jacobs verließ 1969 das «Village» und zog nach Toronto. Mit Recht hatte sie ihrem Buch den Hinweis vorangestellt: «Städte sind ein immenses Laboratorium von Versuch und Irrtum.»[218] Auch bei alternativen Stadtkonzepten gab es kein Modell, das ein für alle Mal galt und überall anwendbar war. Thomas Menino unkte als Bürgermeister von Boston, das Vetorecht der Bürger in allen Bauangelegenheiten in der eigenen Nachbarschaft führe in letzter Konsequenz zum BANANA-Prinzip: «Build absolutely nothing anywhere near anything.»[219]

Ob Stadtsanierung oder Erhaltung von Altbauvierteln: Allein durch Baupolitik sind soziale Probleme nicht zu lösen. Im Übrigen wirft die Kontroverse zwischen Lewis Mumford und Jane Jacobs ein Schlaglicht auf eine Grundspannung inner- und außerhalb der Umweltbewegung, die bis in das Innere der Menschen hineinreicht und sich bereits in dem Seufzer Tucholskys Luft macht, sein Ideal sei eine Wohnung, die nach der einen Seite auf den Ku-Damm und nach der anderen auf die Ostsee blicke.

Gorillafreundin und Menschenfeindin: Dian Fossey. Um nun zu *Afrika* überzugehen: Da ist es ebenso aufregend wie aufschlussreich, zwei weltweit bekannte Heroinen des Natur- und Umweltschutzes einander gegenüberzustellen: Dian Fossey, deren tragisches Ende ihr Leben vollends filmreif machte (*Gorillas im Nebel*, 1988), und Wangari Maathai, die 2004 als erste afrikanische Frau den Friedensnobelpreis bekam: mit der Begründung, dass der Friedensbegriff damit bewusst erweitert werde, weil es ohne intakte Umwelt keinen dauerhaften Frieden gebe.[220] Wenn Max Weber erläutert, dass man den Idealtyp, für ihn das Grundelement sozialwissenschaftlicher Erkenntnis, nicht etwa durch einen *Durchschnitt* realer Phänomene, vielmehr «durch einseitige *Steigerung eines* oder *einiger* Gesichtspunkte» konstruiert,[221] dann besitzt das Schicksal von *Dian Fossey* (1932–1985) in der Tat idealtypische Züge, und dies in mehrfacher Hinsicht. Zum einen bietet sie ein exzentrisches Beispiel für Tierschutz aus monomaner, blindwütiger Tierliebe, die nur allzu leicht in Menschenfeindlichkeit, ja in Gewalttätigkeit gegen Menschen umschlägt. «Ich habe keine Freunde», sagte sie ohne Bedauern; «je mehr man über die Würde der Gorillas lernt, um so mehr meidet man die Menschen.»[222] Sie verkörpert den alten, aus dem 19. Jahrhundert überkommenen Typ von Artenschutz, dem es ausschließlich um bestimmte Tierarten und um deren Schutz gegen Verfolger zu tun ist und der noch nicht jenen Lernprozess vollzogen hat, durch den der Artenschutz in den Umweltschutz mündet: die Einsicht, dass es entscheidend auf den Habitatschutz ankommt.[223] Zum anderen bietet ihr Aktionsstil ein nicht weniger extremes Beispiel dafür, wie der Kampf für die wilde afrikanische Natur noch in postkolonialer Zeit mit größter Selbstverständlichkeit krasse koloniale Manieren annimmt. Dian Fosseys Forschungszentrum Karioke liegt in dem an Ruanda gelangten Teil des schon 1925 im Belgisch-Kongo einge-

Die britische Verhaltensforscherin Dian Fossey (1932–1985) mit Berggorillas in Ruanda, drei Jahre vor ihrer Ermordung.

richteten Albert-Nationalparks, des ersten afrikanisches Nationalparks, wo bewaffnete belgische Ranger einen Gorillaschutz betrieben, dessen rigoroser Stil bis in deutsche Groschenhefte drang.[224] Dian Fossey, die die Afrikaner in der Wut «Affen» nannte,[225] setzte diese Tradition rücksichtslos fort.

Zum Dritten steht sie idealtypisch für die Spannung zwischen Einzelkämpfern, die aus einer sehr persönlichen Leidenschaft heraus handeln, und jenen Interessen und Institutionen, ohne die alles Bemühen um den Schutz wilder Natur auf die Dauer hoffnungslos ist, zumal im Innern Afrikas: dem organisierten Tourismus und den daran geknüpften Interessen Einheimischer, der Waldbewohner wie der Regierungsstellen, und auch jenen Umwelt-NGOs und Wissenschaftsorganisationen, die zur Einwerbung von Fördermitteln und Kompetenz unerlässlich sind. Dian Fosseys Verhältnis zu den Gorillas war völlig distanzlos; die wissenschaftliche Ausbeute ihres sich über 18 Jahre hinziehenden Zusammenlebens mit den Menschenaffen war minimal.[226] Sie wollte ja die Gorillas am liebsten als Ihresgleichen erleben und nicht als Wesen eigener Art, vom Menschen durchaus unterschieden, analysieren; Zoologen warfen ihr Anthropomorphismus vor. Die Europäer in Kigali, der Hauptstadt von Ruanda, rissen Witze über ihre Affenliebe und erzählten, Dian wolle beim Papst um Dispens für die Hochzeit mit ihrem Lieblingsgorilla nachsuchen.[227] Zwischendurch zeigte sie sich zwar durchaus dessen bewusst, dass sie den Gorillatourismus als Verbündeten brauchte, den die Regierung des bettelarmen Ruanda als Devisenquelle begeistert begrüßte;[228] aber dann kam es vor, dass sie Touristen mit Schreckschüssen verscheuchte, weil sie fürchtete, diese könnten die Gorillas mit Krankheiten infizieren.[229] Ihr Verhältnis zum World Wildlife Fund, der National Geographic Society und der African Wildlife Foundation, an deren Unterstützung das Karisoke Research Center hing, blieb gespannt, auch wenn die Frau, die mit den Gorillas lebte und sich mit ihnen filmen ließ, von Zeit zu Zeit zur Mediensensation avancierte.[230] Die Studenten, die zu ihr kamen, wurden von ihr wie Kinder herumkommandiert und stellten fast alle fest, dass es unmöglich war, mit dieser Frau zusammenzuarbeiten.[231]

Die Art, wie sie mit den Gorillas zusammenlebte, erinnert an die berühmte und ebenfalls durchaus liebevolle Symbiose eines Konrad Lorenz mit seinen Graugänsen, wobei zum Zusammenleben mit Riesenaffen im Urwald Innerafrikas ohne Zweifel sehr viel mehr Mut gehörte; aber diese im Grunde friedlichen Tiere akzeptierten die in sie verliebte Frau in ihrer Mitte. Kein Zweifel, Dian Fossey ist ein Phänomen: Ewig kränkelnd und von ihrer körperlichen Konstitution her für ein Leben in der afrikanischen Wildnis denkbar schlecht geeignet, überwand sie mit ihrer Besessenheit, verbunden mit viel Alkohol und Zigaretten, ihr physisches Handicap und hielt fast zwei Jahrzehnte, bis zu ihrer Ermordung, in der afrikanischen Wildnis durch, begünstigt durch das gemäßigte Klima des Berglands. Die Liebe zu den Gorillas war ihr erster Antrieb; aber ins Zentrum ihres dortigen Daseins rückte immer mehr der Kampf: der Kampf gegen die Wilderer, von denen sie ihrerseits als Eindringling empfunden wurde. Bei diesem Kampf steigerte sie sich in einen blinden Fanatismus hinein; mit einer Truppe einheimischer Askaris zerstörte sie nicht nur Fallen, sondern legte Wilderer in Fesseln, folterte sie und soll in einem Fall sogar das Kind eines Wilderers gekidnappt haben, um es gegen ein entführtes Gorillababy auszutauschen.[232] Kein Wunder, dass sie sich auf diese Weise bei den Einheimischen verhasst machte. Als sie ihren geliebten Gorilla Digit, der bereits zum Fernsehstar von *National Geographic* avanciert war, getötet fand, schrieb sie einen Brief an den Präsidenten von Ruanda, in dem sie um die Ermächtigung bat, Wilderer zu töten.[233]

Die Geschichte wird immer absurder, je mehr man ins Detail geht. Wie heute bekannt ist, konnte ein Großteil der dort wohnenden Indigenen – vor allem die Angehörigen des Batwa-Pygmäenstammes – mehr oder weniger glaubwürdig versichern, dass sie gar keine Jagd auf Gorillas machten (dennoch wurden in der Folge etwa 1700 von ihnen aus dem Nationalpark ausgesiedelt).[234] Getötet wurden vor allem Dian Fosseys Lieblingsgorillas: Es handelte sich offenbar zumindest teilweise um gezielte Racheakte – eine durch ihre Jagd auf die Wilderer ausgelöste Eskalationsspirale.[235] Auch dies ist mittlerweile typisch: dass ein von außen aufoktroyierter Naturschutz bei den Einheimischen Trotzreaktionen provoziert. Das Ende: Am Morgen des 27. Dezember 1985 wurde die Frau in ihrer Hütte erschlagen aufgefunden. Der Mord wurde nie überzeugend aufgeklärt. Spontan würde man eine Rache der Wilderer vermuten; aber diese hätten reichlich Gelegenheit gehabt, sie im Wald zu ermorden und unauffindbar zu verscharren. Begründeter erscheint der Verdacht, dass der Mord im Auftrag von Tourismusinteressenten geschah, die das lukrative Geschäft des Gorillatourismus durch sie beeinträchtigt sahen.

Tragische Ironie der Geschichte: Gerade durch ihren Tod wurde die Bahn frei für einen wirksamen Gorillaschutz, der in geschickter Weise Teile der Einheimischen einbezog, die vom Tourismus profitierten. Dian Fossey hatte prophezeit: Wenn sie stürbe, würden die Berggorillas binnen zehn Jahren ausgerottet sein; in Wahrheit kam ihr Tod den Gorillas zugute, und zwanzig Jahre darauf gab es dort mehr als zu ihren Lebzeiten.[236] Als bare Groteske muss man ihr Leben dennoch nicht sehen: Sie hatte dem Gorillaschutz eine Publicity verschafft, die er ohne sie vermutlich nicht so leicht erworben hätte. Bis heute sind die Gorillas auf jenen Plakaten, die um Spenden für die Wildnis werben, zu charismatischen Tieren avanciert. Und auch bei Wissenschaftlern enthält der Schutz der Wildnis, selbst wenn er nüchtern-ökologisch mit Klimaschutz oder mit Listen bedrohter Arten legitimiert wird, einen Untergrund von Leidenschaft. So gesehen ist Dian Fossey nur Extremfall einer Normalität: eben ein Idealtyp im Weber'schen Sinn. Der Märtyrerkult um diese Frau blieb im Ansatz stecken: Nur zu deutlich zeugte ihr Martyrium von nichts anderem als von einer sehr persönlichen Liebe.

«Mutter der Bäume»: Wangari Maathai. Vertieft man sich in die Lebensgeschichte von *Wangari Maathai* (geb. 1940), der «Mutter der Bäume», kann man über weite Strecken Themen wie Wildnis und Nationalparke vergessen. Ihr geht es um Baumpflanzungen zum Nutzen der Leute vor Ort:

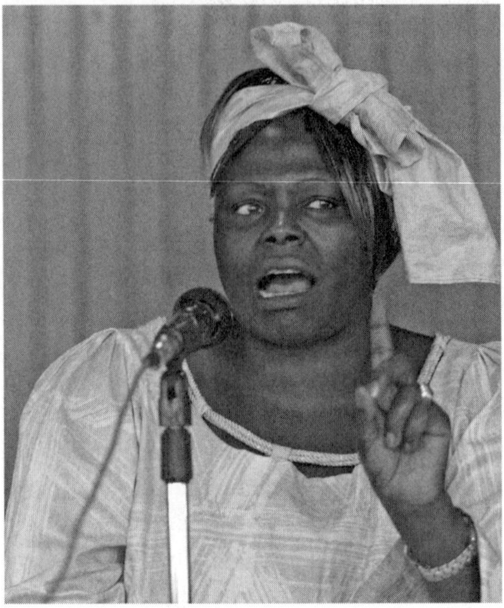

Die Kenianerin Wangari Maathai sieht in der Förderung von Frauen und Frauenrechten die beste Umweltpolitik. 2004 erhielt sie als erste Afrikanerin den Friedensnobelpreis für ihren Einsatz für «nachhaltige Entwicklung, Frieden und Demokratie».

zur Gewinnung von Brennholz und Futterlaub und zum Schutz des Bodens gegen Ausdörrung und Erosion. Dagegen war einer ihrer lange Zeit ärgsten Gegenspieler, William ole Ntimama, der Vertreter der Massai im Parlament von Kenia, der Hauptnutznießer des Zebra-, Gnu- und Antilopentourismus im Massai-Mara-Wildschutzgebiet. Bei vielen Kenianern ist der Wildschutz, der in dem dichtbesiedelten Land fast zwangsläufig auf Kosten der Bauern geht, nicht gerade populär, zumal wenn die Opfer der Wildschäden nicht zugleich die Nutznießer des Tourismus sind.[237]

Wangari Maathai studierte Biologie in Deutschland und den USA und erwarb 1971 als erste Frau Ostafrikas in diesem Fach den Doktortitel; im gleichen Jahr wurde sie Professorin an der Universität von Nairobi für veterinäre Anatomie, insbesondere für die der Rinder, einer Grundlage der kenianischen Bauernwirtschaft.[238] 1982 wurde ihr von der Universität gekündigt, als sie sich – vergeblich – um ein Parlamentsmandat beworben hatte. 2005, nach der Verleihung des Nobelpreises, verlieh ihr die gleiche Universität die Ehrendoktorwürde.[239] Trotz fortbestehender Stammesloyalitäten und zunehmender Übervölkerung galt Kenia mit seinen erfolgreichen christlichen Missionen, seiner breiten bäuerlichen Basis und der Hochschätzung der Bildung – wenn auch nicht unbedingt weiblicher Bildung – innerhalb Schwarzafrikas lange vergleichsweise als

Musterland. Als der Umweltschutz international im Kurs stieg, legte die Regierung zunehmenden Wert darauf, das Land auch in der Umweltpolitik nach außen zum Vorbild zu machen.[240] Präsident Daniel arap Moi, der sich zunehmend zum Diktator des Landes aufwarf und dessen zwanzigjährige Herrschaft von Wangari Maathai später als «schwarze Wolke» über ihrem Land empfunden wurde,[241] verbrannte 1989 vor laufenden Kameras und unter dem Beifall der Weltpresse öffentlich gewildertes Elfenbein, um sich vor der Welt als Elefantenschützer zu profilieren.[242] Zunächst hatte er sogar die von Wangari Maathai geführte Baumpflanzbewegung unterstützt.[243]

Viele Episoden im Leben dieser Frau werfen ein erschreckendes Licht auf die alltägliche Gewalt in Afrika und auf die Skrupellosigkeit der neuen Machteliten; und doch war Kenia nicht Nigeria – sonst hätte Wangari Maathai schwerlich überlebt. Dass Umweltschutz im Prinzip offizielle politische Linie war und auch bei Richtern Respekt fand, ließ sie nicht ganz aus der Legalität herausfallen. Wiederholt komplizierte sich ihre Situation jedoch dadurch, dass Umweltschutz auch *gegen* sie ausgespielt wurde und Sprecher regierungstreuer Organisationen sich ihr gegenüber als die wahren Umweltschützer aufführten. Das widerfuhr ihr auf besonders schmerzliche Art mit den «Pfadfinderinnen» (Maendeleo Ya Wanawake), die einen Großteil der Landfrauen vertraten.[244]

Wangari Maathai wirkt mit ihrem wallenden farbenfrohen Gewand auf Westler wie die Seele Afrikas, und als Sprecherin der afrikanischen Landfrauen tritt sie gegenüber der Weltöffentlichkeit auf; gleichwohl gehört sie in ihrer Denkweise zur internationalen ökologischen Community. Im Gegensatz zu Dian Fossey stellt sie jedoch ihr ökologisches Denken ganz in den Dienst der Einheimischen. Auf ihre Art besitzt auch sie mit ihrer Ausstrahlung idealtypischen Charakter. Da in afrikanischen und anderen Drittweltländern die Feldarbeit und das Brennholzsammeln in besonderem Maße Sache der Frau sind, besitzt die Verbindung von Fraueninitiativen und Umweltschutz, ja «Entwicklung» überhaupt hier eine noch kompaktere materielle Basis als anderswo.[245] Die von Frauen besonders empfundene Holzverknappung wurde ein Ausgangspunkt für den Umweltaktivismus der späteren Nobelpreisträgerin.[246] Auf ihre Initiative hin schleppten 1985 Hunderte von Landfrauen große Holzbündel vor das pompöse Konferenzzentrum im Herzen Nairobis, wo die Weltfrauenkonferenz tagte.[247]

Zuerst gründete sie eine Baumschule, jedoch ohne Erfolg, dann am 5. Juni 1977, dem Weltumwelttag – nunmehr als Mitglied des Nationalen

Frauenrates –, die *Green Belt Movement* (GBM). Die in jenem Jahr in Nairobi abgehaltene internationale UN-Konferenz über Desertifikation (UNCOD), die unter dem Eindruck der Dürrekatastrophe in der Sahel zustande gekommen war,[248] sicherte der neuen Bewegung von Anfang an internationalen Rückhalt; und die Rückendeckung durch die in Nairobi stationierte Umweltagentur der UNO (UNEP) wurde für Wangari Maathai, wie auch sie selbst stets voller Dankbarkeit hervorhebt, wiederholt zur Rettung.[249] Die «Grüngürtelbewegung» blieb bis in die 1980er Jahre eine «Bewegung» in wörtlichem Sinne mit heftigem Auf und Ab; erst mit Unterstützung durch die norwegische Forstgesellschaft begann sie eine NGO zu werden, die sich ein Büro mit Angestellten leisten konnte. Dabei war Wangari Maathai im Grunde mehr der Typ für eine Wirksamkeit über Institutionen als für «Outdoor»-Aktivismus; wie sie selbst bekennt: «Sobald ich das Büro betrat, hatte ich wieder das Gefühl, ein Ziel vor Augen zu haben.»[250] Aber in der Zeit, als sie von der Polizei schikaniert wurde, bestand ihr «Büro» nur aus einem heillosen Durcheinander von Papieren in ihrer Privatwohnung.[251] Die Verfolgung verhinderte eine Bürokratisierung ihrer Bewegung. Und sie selbst war sich ohnehin der Gefahr bewusst, die entsteht, wenn sich die Regie einer Bewegung zu sehr in ein Hauptstadtbüro verlagert und der Bodenkontakt zu den Dörfern verloren geht.[252] Die Autonomie und Konfliktfähigkeit ihrer Bewegung gegenüber dem Staat wird gerade auf den *Mangel* an Institutionalisierung zurückgeführt; und dieser erklärt sich wiederum aus der konkurrenzlosen Führungsstellung dieser Frau.[253] Und doch, nicht sie, sondern die baumpflanzenden Bauersfrauen blieben die Ikone der Grüngürtel-Bewegung.[254]

Vergleicht man sie mit Vandana Shiva, mit der sie auf den ersten Blick viel Ähnlichkeit besitzt und die als Nächste vorgestellt werden soll, fällt gerade im Blick auf ihr Streben nach ländlicher Verwurzelung auf, wie viel weniger als die Inderin sie auf kulturelle Traditionen des eigenen Landes zurückgreift.[255] In Kenia war sie, obwohl Mitglied der allmächtigen Regierungspartei KANU (Kenyan African National Union), über viele Jahre ohne politische Hausmacht und sah sich oft erschreckend isoliert; sie klagt: «Allmählich wurde ich in meinem eigenen Land zur Geächteten.»[256] Dafür bekam sie zusammen mit ihrer Grüngürtel-Bewegung 1984 den Alternativen Nobelpreis, dem zwanzig Jahre darauf der nichtalternative folgte. Ohne Unterstützung aus dem Ausland wäre sie mehr als einmal verloren gewesen. Ein reiner *Grassroots*-Aktivismus hat es unter heutigen afrikanischen Bedingungen – der Schwäche des

Rechtsstaates und der Zivilgesellschaft – extrem schwer. Die Karriere dieser Frau zeigt in exemplarischer Weise die Chancen eines Ineinandergreifens regionaler und internationaler Impulse. «Ich stellte immer sicher, dass die Medien uns begleiteten, damit sie alles verfolgen und in Kenia und im Ausland über das Vorgefallene berichten konnten», berichtet sie über Aktionen auf den Dörfern.[257]

Im Laufe der Jahre strahlte die «Grüngürtel-Bewegung» auf andere afrikanische Länder aus; in der Ära der Ökologie, wo der Nutzen von Baumgürteln im Prinzip allgemein anerkannt war, besaßen baumpflanzende Frauen eine suggestive Symbolik. Der Akt als solcher war kein Protestsignal, sondern entsprach in Kenia sogar der offiziellen politischen Norm; suspekt wurde der damaligen Regierung die damit verbundene autonome Frauenbewegung. So merkwürdig der geografische Sprung auf den ersten Blick erscheint: Die Konstellation erinnert an die Bedingungen von Umweltinitiativen in der DDR während der 1980er Jahre. In beiden Staaten entwickelte sich eine Demokratisierungsbewegung unter dem Schirm des Umweltschutzes und in Konkurrenz zu regimetreuen Umweltorganisationen: in der DDR zu der GNU (Gesellschaft für Natur- und Umweltschutz),[258] in Kenia zu den Pfadfinderinnen. In der DDR war wie in Kenia Umweltschutz ein offizielles Staatsziel, und das Pflanzen von Bäumen konnte als solches nicht kriminalisiert werden. Kritisch wurde es in der DDR wie in Kenia erst dann, wenn man nicht nur Bäume pflanzte, sondern auch nach den Ursachen von Abholzung und Umweltzerstörung fragte, und mehr noch dann, wenn man sich aus Naturschutz-Nischen heraus in die «Stadtökologie» begab und sich mit umweltschädlichen urbanen Prestigeprojekten anlegte.

So erging es Wangari Maathai, als sie sich 1989 an die Spitze einer Protestbewegung gegen ein megalomanisches Hochhausprojekt im Stadtpark von Nairobi stellte: ein sechzigstöckiges Turmhaus, das das höchste in Afrika werden und eine gigantische Statue des Präsidenten Moi enthalten sollte.[259] 1992 wurde das Projekt stillschweigend annulliert. Besonders in diesem Kampf, wo es um das Prestige des Präsidenten ging, war Wangari Maathai immer neuen Schikanen ausgesetzt; sie wurde mehrmals inhaftiert und misshandelt. In bizarrer Weise wechseln in ihrem Lebensweg Prominenz und Verfolgung einander ab. Gerade noch in Haft, flog sie dank ausländischer Intervention 1992 mit dem Präsidenten Moi zum Umweltgipfel nach Rio, wo sie Al Gore traf.[260] 2002 wurde sie nach einem Regimewechsel stellvertretende Ministerin für Umweltschutz; in dieser Position erhielt sie 2004 den Friedensnobelpreis, im gleichen Jahr auch den Petra-Kelly-Preis der Heinrich-Böll-Stiftung. Aber in der gleichen Woche, in der ihr der Nobelpreis zuerkannt wurde, fiel das von ihr entworfene Waldgesetz im Parlament von Kenia durch.[261] Als sie dafür plädierte, zur Einsparung von Holz Tote künftig in Plastiksärgen zu bestatten, machte sie sich damit ähnlich unpopulär wie zwei Jahrhunderte zuvor Kaiser Joseph II. mit seinen Holzsparsärgen, die er in seinem Aufklärungsübereifer vergeblich durchzusetzen suchte.

Inwieweit das Beispiel Wangari Maathai tatsächlich zeigt, dass eine einzige Frau selbst unter afrikanischen Bedingungen im Umweltschutz die Dinge in Bewegung bringen kann oder in welchem Maße ihre Person von der internationalen Frauen- und Umweltbewegung hochgespielt wurde, weil man genau eine solche Heroine haben wollte, ist bislang schwer zu durchschauen. Gewiss wäre es falsch, die bäuerlich-weibliche Baumkultur in Kenia ganz in ihrer Gestalt zu personifizieren. Noch in einer Reportage von 1997 über die Baumfeldkultur von Bauersfrauen in Kenia, mit Akazien im Mittelpunkt, kommt ihr Name nicht vor.[262] Bevor sie den Nobelpreis erhielt, war sie selbst in Nachbarländern kaum bekannt, und nicht wenige Kommentatoren in der Weltpresse zeigten sich von dieser Ehrung irritiert; man munkelte von «Quotenfrau».[263]

Die Baumpflanzaktionen könnten den Verdacht aufkommen lassen, dass sich Wangari Maathai zu einseitig auf symbolische Aktionen konzentrierte. Sie war und blieb eine Städterin, eine Intellektuelle der Metropole; in ihrer Autobiografie schildert sie den Kampf für die ungeschmälerte Erhaltung des Karura Forest, des Stadtwaldes von Nairobi, mit besonderer Dramatik und Leidenschaft.[264] Die Dorfwälder bleiben daneben mehr im Hintergrund. Wenn das Pflanzen von Bäumen auf den Dörfern jedoch nicht im Einklang mit lokalen Interessen geschieht und nicht dafür gesorgt ist, dass die jungen Bäume vor Abholzung und Weidevieh geschützt werden, bleibt es – und das ist nur zu oft der Fall – eine bloße Komödie, die für die Medien und die Entwicklungshilfe-Agenturen inszeniert wird. Das Pflanzen ist die geringste Leistung; entscheidend ist die darauffolgende Fürsorge für die Setzlinge.

Wangari Maatai, die anfangs über keine Erfahrungen ländlicher Baumkultur verfügte, gelangte zu dieser Einsicht erst durch Enttäuschungen: «Allmählich begriff ich, dass man Einheimische braucht, die sich dem Projekt verpflichtet fühlen und mit ihrer Gemeinschaft daran arbeiten, sonst sind die Bäume zum Tode verurteilt.»[265] Bereits Jomo Kenyatta, der erste Regierungschef des unabhängigen Kenia, pflanzte überall Bäume, wo er hinfuhr; und dennoch verlor Kenia seit seiner Unabhängigkeit neun Zehntel seiner Wälder.[266] In der gleichen Zeit vervierfachte sich seine Bevölkerung von acht auf 32 Millionen:[267] Die Metapher «Bevölkerungsexplosion» erscheint nicht übertrieben und der Konnex zwischen Bevölkerungswachstum und Umweltdegradation so evident wie nur möglich.

Und doch lehnt Wangari Maathai Mittel zur Empfängnisverhütung ab.[268] Sie begründet das mit ihrem gläubigen Katholizismus;[269] hinzu kommt wohl auch die Aversion der Frauenrechtlerin gegen jegliche staatliche Reglementierung des Gebärens. Aber die Verhütungsmittel können ebenso der weiblichen Selbstbestimmung dienen und haben dies sehr oft getan. Auch dieser Widerspruch besitzt etwas Typisches: Er steht exemplarisch für ein Dilemma katholischer Entwicklungshilfe, das am meisten von denen empfunden wird, die in Sachen Moral skrupulös sind. Die Bedeutung der Aktivität von Wangari Maathai liegt offenbar stärker auf symbolischer als auf realer Ebene – und auch darin ist sie idealtypisch; denn ein Großteil Umweltpolitik ist überall in der Welt symbolische Politik.[270] Auf die Länge der Zeit vermag jedoch symbolische Politik, wird sie nur hartnäckig genug betrieben, reale Substanz anzusetzen.[271] Der Reiz der historischen Langzeitperspektive besteht nicht zuletzt darin, diesen Prozess zu verfolgen. Ob er sich auch in Kenia vollzieht, kann erst die Zukunft zeigen.

Eines erkennt man deutlich, bei Wangari Maathai wie bei anderen zu Helden erhobenen Umweltaktivisten: Eine Prominenz, die sich wesentlich auf internationale Kommunikationsnetze gründet, kann auf afrikanische Dörfern schwerlich eine Breitenwirkung ausüben. Es liegt im Wesen der Medien der Welt und des von ihnen betriebenen Starkults, dass deren Scheinwerfer stets nur auf Einzelne fällt; diese pflegen dann eine Auszeichnung nach der anderen zu erlangen, wofür dann zahllose andere im Dunkel bleiben. Viele heutige Sozialwissenschaftler, die es sich leicht machen wollen, ziehen daraus die Folgerung, ihr Forschungsobjekt «Gesellschaft» überhaupt nur durch kommunikative Netzwerke zu definieren. Niklas Luhmann lehrte: Ob in den Flüssen Fische durch Abwässer stürben, interessiere den Soziologen nicht; dem gehe es einzig darum, ob und wie über die toten Fische kommuniziert würde. Aber auf diese Weise landet man bei einem merkwürdig substanzlosen Begriff von Gesellschaft: einem Gebilde, das wie ein akademisches Kolloquium nur aus Gerede besteht. Ein zentrales Problem gerade der Umweltpolitik ist dagegen die Diskrepanz zwischen Worten und Taten. Diese Kluft wird umso größer, je höher die Ebene ist. Wer sich zu sehr von den großen

Worten der globalen Kommunikation beeindrucken lässt, läuft Gefahr, auf Illusionen hereinzufallen.

In der Gandhi-Tradition – globale und lokale Kämpferinnen für die Autonomie indischer Dörfer: Vandana Shiva und Medha Patkar. Hier lohnt es sich, beide Persönlichkeiten einander gegenüberzustellen, in ihren verwandten wie in ihren zueinander kontrastierenden Zügen.[272] Vandana Shiva (geb. 1952), Tochter eines Forstmanns und im Umkreis des berühmten Forstkollegs von Dehra Dun am Fuße des Himalaya aufgewachsen, erhielt 1993 den Alternativen Nobelpreis und wurde nach zahlreichen weiteren Ehrungen 2002 anlässlich des Umweltgipfels von Johannesburg von der *Time* zu einer der fünf *Heroes of the Green Century* erkoren.[273] Autorin einer stattlichen Reihe kenntnisreich und wirkungsvoll geschriebener Bücher, mit einem breiten Themenspektrum und wissenschaftlichem wie spirituellem Hintergrund, ist sie im Westen viel bekannter als Medha Patkar, die uns schon als Sprecherin der Protestbewegung gegen den Narmada-Staudamm begegnete. Selbst ihre Kritikerin Haripriya Rangan nennt Vandana Shiva «die meistbekannte indische (und Dritt-welt-)Ökofeministin der Welt von heute».[274] In Indien selbst sieht es anders aus: Ramachandra Guha, der führende indische Umwelthistoriker, der Vandana Shiva bestens kennt – sie beide schrieben über die Chipko-Bewegung –, erwähnt sie in einem Überblick über die indische Umweltbewegung mit keinem Wort, während er Medha Patkar als *«the most celebrated environmental activist in contemporary India»* feiert.[275]

Während Vandana Shiva als Beraterin von Regierungsstellen, über ihr Forschungsinstitut und über ihre internationalen Kontakte, durch ihre Publikationen und ihre flammenden Reden auf Massenveranstaltungen auch in westlichen Ländern wirkte, sich dabei aber kaum jemals physisch in Gefahr begab, wirkt Medha Patkar (geb. 1954), Tochter eines Gewerkschaftsführers, ganz als furchtlose Kämpferin an der Basis, ist dagegen kaum durch Publikationen bekannt, obwohl sie Dozentin am Tata-Institut für Sozialwissenschaften war.[276] Mit ihrer Kampagne gegen den Narmada-Staudamm bewirkte sie eine Wende in der Strategie der Weltbank; und doch gehört sie mehr zu den *Grassroots*-Aktivisten als zu den etablierten NGOs, die regulären Zugang zur Weltbank besitzen.[277] In Indien, wo in der Gandhi-Tradition des gewaltlosen Widerstandes die Bereitschaft zur Selbstopferung hohes Ansehen genießt, hinterließ Medha Patkar einen tiefen Eindruck, als sie damit Ernst machte, was sie 1989 in einem Brief an den Direktor der Weltbank angekündigt hatte: sich an

Die indische Ökofeministin Vandana Shiva (geb. 1952) bei der Teilnahme an einem Friedensfestival in Sydney im November 2010.

einer geheim gehaltenen Stelle in das steigende Wasser des Stausees zu stürzen. Sie wurde dennoch rechtzeitig gefunden und gerettet; immerhin versprach die Regierung daraufhin eine unabhängige Prüfung des Narmada-Projekts.[278] Sogar aus der Sicht der Weltbank erlangte sie nunmehr Weltruhm.[279] 1993 kündigte sie dem Londoner *Guardian* gegenüber erneut an, sie und ihre Mitstreiter würden an Ort und Stelle bleiben, wenn die Überflutung käme. Das sei kein Selbstmord; sondern «wir werden uns an das Land klammern, wie sich das Baby an seine Mutter klammert.»[280] Selbst Tirunellai N. Seshan, der frühere Umweltstaatssekretär, für den jeder Gegner künstlicher Bewässerung ein Staatsfeind ist, bezeugt der Kämpferin gegen den Staudamm hohen Respekt: Über Frauenfragen weit hinausgehend und doch die Stärke von Frauen demonstrierend, habe sie «geradezu besessen und ohne viel Rücksicht auf ihre eigene Sicherheit und Gesundheit» für die Rechte der Rechtlosen gekämpft.[281]

Der Kampf um den Sardar-Sarovar-Staudamm setzt sich bis in die Gegenwart fort; dabei war die von Medha Patkar geführte Protestbewegung der «Oustees», der von Aussiedlung Bedrohten, auf eine für Außenstehende schwer zu durchschauende Art mit dem Gerangel der beiden Anliegerstaaten um die Verteilung von Nutzen und Folgekosten des Damms

Die indische Ökologin Medha Patkar (geb. 1954) beendete 2006 ihren Hungerstreik gegen den Sardar-Sarovar-Staudamm nach 20 Tagen, nachdem der Oberste Gerichtshof verfügt hatte, dass zwangsumgesiedelte Bewohner zu rehabilitieren seien.

verquickt: zwischen Gujarat, auf dessen Gebiet der Damm liegt und das stets vehement dessen maximale Dimensionierung unterstützte,[282] und Madhya Pradesh, durch dessen Gebiet der größte Teil des Narmada fließt und in dem die meisten überfluteten Dörfer liegen. Der neue Streitpunkt wurde die Höhe des Damms. Als er im Jahr 2006 von 110 auf 122 Meter erhöht werden sollte, begann Medha Patkar einen Hungerstreik, bis sie verhaftet und zwangsernährt wurde.[283] Sie erlitt eine neue Niederlage; aber die Zeit, in der die großen Dämme als «Tempel des modernen Indien» galten, war vorbei. Um eine Reihe anderer Staudammprojekte ist es still geworden. Auch der Widerstand dagegen scheint allerdings schwächer zu werden, je mehr das politische Durchsetzungsvermögen des ländlichen Indiens gegenüber dem städtischen abnimmt.

Für das bäuerliche Indien kämpfte auch Vandana Shiva; aber sie wirkte auf andere Art als Medha Patkar. Wenn sie auf westlichen Massenveranstaltungen ins Mikrophon rief: «You ask: What is Nature? I am Nature!», kam es vor, dass Ökofrauen in Tränen ausbrachen.[284] Auf sie wirkte sie wie die Verkörperung der weiblichen Seele Indiens, wie die Inkarnation einer spirituell überhöhten Natur. Während andere den Buddhismus ökologisch neu erfanden, verkündete sie eine ökofeministische Neuerfindung des Hinduismus: den Ursprung allen Lebens aus Prakriti, der weiblichen Inkarnation der Natur.[285] Dazu passte es, wenn sie die traditionelle Weisheit der indischen Bauern – mehr noch der Bäuerinnen – gegen die moderne westliche Wissenschaft und die altindischen Elemente dörflicher Autonomie gegen die von multinationalen Konzernen beherrschte Weltwirtschaft stellte.

Schon bevor die Anti-Globalisierungsbewegung aufkam und zu der Zeit des Umweltgipfels von Rio 1992, als «global denken» gerade in der Öko-Szene noch durchweg als Ausweis von richtigem Bewusstsein und Verbundenheit mit der Dritten Welt galt, klagte sie – und gewiss wusste sie, wovon sie sprach –: «Anstatt den Blickwinkel zu erweitern, hat die Konzentration auf ‹globale Umweltprobleme› den Aktionskreis in Wirklichkeit verengt.»[286] Lobbyismus bei der UNO und der Weltbank statt Aktivität vor Ort mit Blick auf ganz konkrete lokale Nöte. Darüber kann man jedoch leicht übersehen, dass gerade ihr eigener Werdegang als Umweltaktivistin keineswegs nur typisch indische, sondern auch sehr internationale Züge trägt und selbst solche Elemente besitzt, die als «typisch deutsch» gelten. Insofern ist sie ein lebendes Beispiel dafür, dass über Nord-Süd- und Ost-West-Gegensätze hinaus eine ökologische «Weltgesellschaft» tatsächlich existiert, zumindest als Kommunikationsnetz.

Zur Umweltbewegung kam sie über den Kampf für den Wald: für die Erhaltung der alten Dorfwälder und dörflichen Waldnutzungsrechte gegen die auswärtige Holzindustrie am Südhang des Himalaya, wo sie aufgewachsen war. Ihre ersten Umweltpublikationen im Tschernobyl-Jahr 1986, als weltweit Umweltinitiativen einen neuen Anschub bekamen, galten der Chipko-(«Umarmt die Bäume»-)Bewegung. Schon vorher war ihr Umweltbewusstsein, wie sie selber schreibt, durch Einblicke in die Risiken der Kerntechnik geweckt worden; in den frühen 1970er Jahren hatte sie Kernphysik studiert und beim Schnellbrüter-Projekt des *Bhabha Atomic Center* gearbeitet.[287] Weit mehr als Medha Patkar verfügt sie über ein umfangreiches Arsenal ökologischer Argumente, das sie eindrucksvoll auszuspielen versteht. Ihre späteren Schriften umfassen ein breites Themenspektrum.

Im Zentrum stehen jedoch weder das nukleare Risiko noch die Auseinandersetzung um Wald und Wasser, sondern die soziale und ökologische Gefährdung der traditionellen bäuerlichen Wirtschaft im Gefolge jener «Grünen Revolution», die in Indien als Rettung vor der drohenden Hungersnot gefeiert wurde. Seit über zwanzig Jahren erhebt sie heftige Anklage dagegen, dass durch ein Zusammenwirken von staatlicher Agrarpolitik, internationaler Finanz und multinationalen Konzernen die Bauern dazu verführt und gezwungen werden, ihre alten Anbauarten und damit ihr überkommenes Erfahrungswissen aufzugeben, hochgezüchtetes Saatgut zu kaufen, sich dadurch und überdies durch massenhaften Einsatz von chemischen Dünge- und Pflanzenschutzmitteln zu verschulden und obendrein durch die damit verbundene Verschmutzung und Übernutzung des Grundwassers ihre eigenen ökologischen Lebensgrundlagen zu zerstören. Dabei griff sie die westliche Kontroverse über die Gentechnik auf, dirigierte diese jedoch zu einer Zeit, als diese sich als Disput über das ökologische Risiko (vorerst?) als Sackgasse erwiesen hatte, auf den einstweilen sehr viel evidenteren sozialpolitischen Skandal. Diese Frontstellung fand auf dem Lande breite Rosenanz. Besonders schockierend sind ihre Berichte über die «Suizidepidemie» unter indischen Bauern, die – moralisch skrupulös wie nur wenige Schuldner in der heutigen Welt – ihre Überschuldung als moralische Schande empfinden.[288] Streckenweise hält sie sich an das Leitmotiv Rachel Carsons, die Kritik an der Agrarchemie; zugleich ist ihre Prioritätensetzung jedoch ganz von indischen Bedingungen bestimmt. Es gibt gute Gründe dafür, in dem von ihr geschilderten Szenario das indische Umweltproblem Nummer eins zu sehen, fataler noch als die Emissionen der Industrie. Später lenkte sie den Blick der Weltöffentlichkeit auf den Massenprotest von Dorfbewohnern im südindischen Staat Kerala gegen das Abpumpen von täglich anderthalb Millionen Liter Grundwasser durch eine Coca-Cola-Filiale. Die Übernutzung des Grundwassers, nicht zuletzt als Folge der Grünen Revolution, ist vermutlich ein noch weitaus tückischeres Problem als die zerstörerische Auswirkung der großen Staudämme, auf die Medha Patkar ihren Kampf ganz und gar konzentriert.

«Wem gehören die Wälder und das Land? Uns, sie gehören uns», so beginnt das Lied der Anti-Damm-Aktivisten.[289] Das Problem nur: Wer sind «wir», und wer bleibt dabei draußen? Die Sänger würden erwidern: «Wir», das sind die Dorfbewohner. Vandana Shiva stimmt mit Medha Patkar darin überein, dass sie die Alternative zu dem fatalen Gang der Dinge in den Dorfgemeinschaften sucht: den Traditionen dörflicher Autonomie, dörflicher Geselligkeit, dörflichem Traditionswissen im Umgang mit dem Boden, dem Wasser und dem Wald. Beide denken bei den Dörfern besonders an die der *adivasi* (engl. *tribes*): jener ethnischen Minderheiten, die noch am wenigsten vom Mainstream der Modernisierung erfasst sind. Es scheint jedoch, dass der Rekurs auf die Dörfer ein Element von Sozialromantik enthält, das aus der Ferne eindrucksvoller wirkt als aus der Nähe: Westler, die ein von Gandhi beeinflusstes Wunschbild des alten Indien in sich tragen und ins unbekannte Landesinnere projizieren, können sich für derartige Ideen offenbar leichter begeistern als moderne Inder[290] – und Umweltinitiativen rekrutieren sich in Indien nicht anders als in westlichen Ländern ganz überwiegend aus urbanen Mittelschichten mit moderner Bildung.[291]

Ob die Dorfgesellschaften in weiten Teilen Indiens noch jene Lebenskraft besitzen, die sie zu der von den Frauen erhofften Aktivität befähigt, ist fraglich.[292] Zudem würde ein Konflikt zwischen Stadt und Land drohen, wenn man in ganz Indien mit einer Stärkung dörflicher Rechte an Wald und Wasser Ernst machte. Die *«riparian rights»*, auf die sich Medha Patkar in ihrem Brief an den Präsidenten der Weltbank berief[293] – die Wasserrechte der Flussanrainer –, gehen zwangsläufig, sobald man sie zur primären Grundlage des Wasserrechts macht, auf Kosten der vom Fluss weiter abliegenden Orte. Kein Wunder, dass diese Anti-Damm-Aktivistin dort keineswegs beliebt ist.[294] In den Städten wurde es Usus, bei den häufigen Stromausfällen auf Medha Patkar zu schimpfen.[295] Die Dammbaufrage ist für fundamentalistische Positionen wenig geeignet. Rein technisch gab es Kompromisse: Man konnte den Damm höher oder niedriger bauen, protestierende Bevölkerungsgruppen durch großzügigere Wasserzuteilung und Auszusiedelnde durch höhere Entschädigungen gewinnen.[296]

Das Ideal der alten Dorfgemeinschaft steht ganz in der Tradition Gandhis, der seinerseits von britischen Sozialromantikern des 19. Jahrhunderts beeinflusst war. Aber Nehru ging schon 1932 – in unausgesprochener Kritik an Gandhi – in seinen aus dem Gefängnis geschriebenen Briefen an seine Tochter Indira zu dieser Idealisierung auf kritische Distanz: Diese Dorfgemeinschaften seien «ziemlich primitiv und rückständig» gewesen. «Wachstum und Fortschritt beruhen auf Zusammenarbeit immer größerer Gemeinwesen. Je mehr eine Person oder eine Gruppe sich isoliert, umso größer ist die Gefahr, dass sie egozentrisch, selbstsüchtig und engstirnig wird.» Die Verländlichung Indiens sei das Werk der britischen Kolonialherrschaft, die die städtischen Gewerbe durch die Konkurrenz der britischen Industrieprodukte in den Ruin getrieben habe; diese Ausbreitung der Dörfer auf Kosten der einst blühenden Städte sei Indiens Unglück geworden.[297]

Man muss solche Texte lesen, um sich dessen bewusst zu werden, in welchem Maße Vandana Shiva – auf den ersten Blick eine glühende Antiimperialistin im Namen eines indischen Kulturnationalismus[298] – in Wahrheit gegen die herrschende Ideologie des modernen Indien kämpft.[299] Und mehr noch, wenn sie «Entwicklung», das Zauberwort Indiens wie der allermeisten «Entwicklungsländer», geradezu verteufelt! Da wäre Gandhi mit ihr ein Herz und eine Seele gewesen. Eine Paradoxie des heutigen indischen Nationalbewusstseins besteht darin, dass zwar Gandhi als der «Vater des modernen Indien» über aller Kritik steht, die Modernisierungspolitik des unabhängigen Indien jedoch von Anfang an den Ideen Gandhis diametral zuwiderlief. Vor diesem Hintergrund gesehen haben Umweltaktivisten wie Vandana Shiva, Medha Patkar und Sunderlal Bahaguna, der von Gandhi inspirierte geistige Führer der Chipko-Bewegung, ein subversives Potential des indischen Nationalbewusstseins aktiviert.

«Yangtse! Yangtse!» Dai Qing. Mit *Dai Qing* (geb. 1941), die uns bereits als Kämpferin gegen den geplanten Dreischluchten-Staudamm begegnete, sehen wir uns in eine ganz andere Welt versetzt. Unter all den bekannten weiblichen Umweltaktivisten der Welt, die hier vorgestellt werden, ist sie eine außergewöhnliche Erscheinung: Denn sie wirkt in einem noch immer weithin totalitären System, auch wenn mittlerweile öffentliche Diskussionen möglich sind, die unter Mao undenkbar waren. Sieht man, mit welcher Courage und Rücksichtslosigkeit diese Frau herrschende Zustände attackiert, ohne dafür auf der Stelle verhaftet und mundtot gemacht zu werden, mag man mitunter glauben, das Recht auf freie Meinungsäußerung sei in China bereits erreicht. Aber Dai Qing ist ein besonderer Fall: Wenn auch in mancher Hinsicht exemplarisch, darf man von ihrem Beispiel doch nur mit Vorsicht auf generelle Freiräume in ihrem Land schließen.

Vieles an ihr fällt einem erst auf, wenn man sie mit den schon geschilderten Heroinen vergleicht. Von Ökofeminismus und Spiritualität ist bei Dai Qing kaum etwas zu finden. Sie argumentiert gegen den Staudamm ganz überwiegend nüchtern-rational, zwar mit Leidenschaft, jedoch ohne Sentimentalität. Obwohl der Titel der von ihr herausgebrachten Dokumentation *Yangtse! Yangtse!* wie ein Aufschrei klingt, wird selbst die Romantik der Yangtse-Schluchten, die durch den gigantischen Damm und den Stausee verdorben zu werden droht, von ihr nur selten beschworen. Sogar die Leiden der von der Umsiedlung betroffenen Bevölkerungsmassen sind für sie – welch ein Kontrast zu Medha Patkar! – nur ein Argu-

Die chinesische Dissidentin Dai Qing (geb. 1941), die durch ihre Aktionen und Bücher gegen den Dreischluchten-Staudamm bekannt wurde, besuchte 2009 trotz Ausladung ein Symposium im Vorfeld der Frankfurter Buchmesse.

ment unter anderen;[300] und dabei war es von Anfang an klar, dass die Zahl der «Oustees» im dichtbesiedelten Yangtse-Tal noch weit höher liegen würde als im Tal des Narmada: bei weit über einer Million, wenn nicht darüber. In einem Interview mit Patrick McCully, dem Autor eines globalen Überblicks über Staudammkonflikte, schätzte Dai Qing die Zahl der Stauseevertriebenen für ganz China sogar auf Größenordnungen zwischen 40 und 60 Millionen.[301] In China, dessen fruchtbares Ackerland dicht bevölkert ist, bestand von vornherein keine Chance, all den Millionen der Auszusiedelnden gleichwertiges Land wiederzugeben. Und doch führte Dai Qing das Leid der «Oustees» längst nicht mit gleicher Intensität ins Feld wie Medha Patkar.[302] Das Flussanrainer-Argument war zweischneidig; denn auch die Gegenseite argumentierte damit: mit dem Schutz der Anrainer *unterhalb* des Staudammes vor Überschwemmungen. Das war sogar das ursprüngliche Motiv des Dreischluchten-Projekts gewesen. Auch *Yangtse! Yangtse!* lässt nicht unerwähnt, dass 1954 eine säkulare Überschwemmungskatastrophe am Mittel- und Unterlauf des Yangtse 30 000 Menschen das Leben kostete.[303]

Dai Qing trat nicht als *Grassroots*-Aktivistin auf und dachte nicht daran, bäuerlichen Widerstand gegen die Aussiedlung, den es sehr wohl gab,[304] zu mobilisieren und anzuführen – wofür sie in einem Staat wie der Volksrepublik China kriminalisiert und an jeder breiten Öffentlichkeitswirkung gehindert worden wäre. Vielmehr richtete sie ihre Bemühungen ganz darauf, kritischen Stimmen innerhalb der chinesischen Eliten Gehör zu verschaffen und eine Atmosphäre freier Diskussion herzustellen, jedoch auf professionellem Niveau. Als Spross der kommunistischen Elite Chinas besaß sie dazu eine bessere Ausgangsbasis als der allergrößte Teil der Bevölkerung. Bereits ihr Vater war ein profilierter Kommunist gewesen, von den japanischen Besatzern hingerichtet und in die Ehrengalerie der «revolutionären Märtyrer» aufgenommen worden.[305] Das Mädchen war daraufhin von Marschall Ye Jianying adoptiert worden, einem der Armeeführer Mao Tse-tungs, der ab 1973 bei der Entmachtung der «Viererbande» mitwirkte und Deng Xiaoping den Weg zur Macht bahnte.[306] Diesen sehr prominenten Rückhalt darf man bei ihrem weiteren Weg nicht vergessen.

Wie so viele spätere Oppositionelle war auch sie in der Zeit der Kulturrevolution begeisterte Rotgardistin gewesen und hatte damals in einem Artikel sogar den sehnlichen Wunsch nach einer Erfindung geäußert, mit der junge Leute Mao ihre Jugend und damit ein längeres Leben schenken könnten. Wozu der amerikanische Sinologe Ian Buruma, der sie gut kennt, kommentiert: «Vielleicht war das unbewusst eine Variation der – vom großen Vorsitzenden selbst vertretenen – taoistischen Lehre, dass häufiger Sex mit sehr jungen Mädchen das Leben eines Greises um Jahre verlängert.»[307] Als sie jedoch erleben musste, wie ihre Mutter von den Roten Garden halbtot gefoltert wurde und niemand ihr beizustehen wagte außer einem selber von den Garden gequälten «Klassenfeind» und wie auch ihr Stiefvater nach grausamen Foltern wahnsinnig wurde und im Irrenhaus endete,[308] begann in ihr – ihrer eigenen Schilderung zufolge – ein Prozess des Umdenkens, wenn auch nicht so rasch und radikal, wie man nach einer derart traumatischen Erfahrung erwarten könnte. Eher scheint es so gewesen zu sein, dass die Kulturrevolution in ihr ein tiefes Misstrauen gegen jegliche Art von Radikalität hinterließ, die sich selbstverliebt in die eigene Wut hineinsteigert und jede Ordnung zerstört. «Ich weiß die Stabilität unseres Landes zu schätzen und glaube fest daran, dass Stabilität auf lange Sicht wichtiger ist als alles andere, denn nur unter der Bedingung der Stabilität können wir zu Wohlstand, Bildung und Zivilisation kommen», notierte sie noch im Gefängnis. «Demokratie» dagegen war für sie kein magisches Wort.[309]

Auch die Studentenbewegung von 1989 erinnerte in manchen Erscheinungsformen an die Kulturrevolution; und ähnlich wurde sie auch von Dai Qing erlebt.[310] Bei den großen Studentendemonstrationen auf dem Tian'anmen-Platz im Mai 1989, die das Militär am 4. Juni in einem Blutbad erstickte, suchte sie, die dank ihrer Verbindungen das Kommende vorausahnte, in einer Rede die Studenten von weiteren Provokationen abzuhalten: Sie hätten bereits einen großen Sieg errungen und sollten sich nunmehr auf Kompromisse einlassen; andernfalls riskierten sie, den politischen Fortschritt um mindestens zwanzig Jahre zurückzuwerfen. Später erklärte sie Buruma, sie befürchte, dass ein radikaler Umsturz «viel unheilvoller wäre als das Festhalten an der bestehenden politischen Ordnung».[311] Damals setzte sie sich zwischen alle Stühle; denn weder die Demonstranten noch die Regierung wollten einen Kompromiss. Die chinesische Ausgabe von *Yangtse! Yangtse!* kam genau zu jener Zeit heraus und wurde von der Regierung sehr zu Unrecht im Kontext der Studentenunruhen wahrgenommen und kriminalisiert; Dai Qing wurde am 14. Juli 1989 verhaftet und erhielt eine zehnmonatige Haftstrafe.

In den westlichen Medien avancierte sie in der Folgezeit wiederholt zur berühmtesten chinesischen Dissidentin. Ihre Einladung zur Frankfurter Buchmesse führte 2009 zu einer Kraftprobe zwischen Frankfurt und Peking; sie selbst war jedoch auf den im Westen zum Markenzeichen gewordenen Titel «Dissident» gar nicht besonders erpicht,[312] zumal es unter den ins Exil gegangenen Dissidenten widerwärtige Hahnenkämpfe gab.[313] Vielmehr wollte sie aus China selbst heraus wirken, als Repräsentantin chinesischer Traditionen der «Ordnung und Balance zwischen Mensch und Natur»[314] und als Sprecherin kritischer Angehöriger der geistigen Elite ihres Landes, die kompetenter waren als die großen Projektemacher und doch nicht zu Worte gelassen wurden. Sie besaß Insiderkenntnisse wie kaum ein anderer Kritiker: Früher hatte sie als Expertin für Überwachungstechnik im Ministerium für Staatssicherheit und danach, bis 1982, im militärischen Geheimdienst gearbeitet.[315] Bei einem derartigen Hintergrund ist es umso erstaunlicher, dass sie erst im Herbst 1988, und zwar durch die Presse in Hongkong, auf die Problematik des Dreischluchten-Projekts stieß. Dieses Schweigen selbst innerhalb der Eliten über ein höchst riskantes Projekt, bei dem es um Lebensfragen der Nation ging, hat Dai Qing ihrem eigenen Bekenntnis nach ganz besonders beschämt.[316] Sie selbst verfügte von ihrem Werdegang her über keine hydraulische Kompetenz, sondern musste von anderen lernen; in ihren Yangtse-Büchern präsentiert sie sich nicht als Einzelkämpferin, sondern als Mediatorin eines respektablen Expertenstabs.

Für sie stand in China vorerst und vor allem Aufklärung auf der Tagesordnung; die Demokratisierung war in diesem vielfach noch rückständigen Riesenreich ein langer Prozess, der nicht zu forcieren war. Sie bemerkt – wohl mit leichtem Lächeln –, sie sei «ganz geschmeichelt» darüber, dass sie in chinesischen und ausländischen Medien als *environmentalist* tituliert werde; sie selbst und ihre Mitarbeiter bei *Yangtse! Yangtse!* sähen sich nicht so. «Unser Ziel bestand darin, China auf dem Weg zur freien Meinungsäußerung über Entscheidungsprozesse in der Regierung ein kleines Stück voranzuführen.»[317] Es fiel ihr nicht ein, eine neue ökologische Weltanschauung zu verkünden; der gelernten Ingenieurin kam es darauf an, Projekte sorgfältig und mit solider technischer Kompetenz zu diskutieren. Immer wieder warfen sie und ihre Mitstreiter den Projektemachern mangelnde Professionalität vor. Das Kosten-Nutzen-Verhältnis, die zu erwartende Verschlammung des Stausees, der Aufwand der Umsiedlungen und vieles andere – überall sei bei der Berechnung schlampig verfahren worden.

Der große Damm sei kein ökonomisch rationales, sondern ein politisches Prestigeprojekt, erklärte Dai Qing, und gewiss wusste sie, wovon sie sprach; «er gibt fetten Bürokraten, die Aufträge verteilen, und Beamten, die für die Umsiedlungen zuständig sind, die Gelegenheit, Geld abzukassieren.»[318] Die Brandmarkung korrupter Beamter war beste chinesische Tradition; auch Mao Tse-tung hatte sich durch Beschimpfung der Bürokraten populär gemacht. Dai Qing und ihre Mitstreiter waren keineswegs gegen jeden Dammbau; sie hielten nur mehrere kleine Dämme an Zuflüssen des Yangtse gegenüber dem einen großen Damm für vorteilhafter, und dafür gab es in der Tat gute Gründe. Auch dies stand in einer maoistischen Tradition, die den chinesischen Weg der Industrialisierung von dem stalinistisch-sowjetischen mit seinen Mammutprojekten unterschied. Nehru hatte die großen Dämme die «Tempel des modernen Indien» genannt; Mao dagegen, ohnehin gegenüber Tempeln ohne jeden Respekt, soll zu Chou En-lai gesagt haben, als die Stadt Xi'an als Folge des Sanmenxia-Staudamms überschwemmt zu werden drohte: «Wenn nichts anderes hilft, dann sprengt den Damm eben in die Luft!» (Was riskant gewesen wäre; er wurde stattdessen umgebaut.) Ein Mitstreiter von Dai Qing erinnerte an dieses Wort des Großen Vorsitzenden.[319] Der Dreischluchten-Damm wurde dennoch gebaut; und doch war die Aufklärungsarbeit von Dai Qing und ihren Kombattanten nicht ohne Wirkung: Als der Nationale Volkskongress 1992 über den Dammbau abstimmte, stimmte ein Drittel der Delegierten mit Nein – ein offener Dissens, wie es ihn bis dahin in der chinesischen Geschichte nicht gegeben hatte.[320]

Während Vandana Shiva und Wangari Maathai auf das Thema «Übervölkerung» wütend reagierten, war es für Dai Qing ebenso wie für die nachmaoistische Führung Chinas evident, dass das unter Mao neu stimulierte Bevölkerungswachstum für China verhängnisvoll sei.[321] Darin besteht überhaupt ein Grundkonsens unter chinesischen Umweltaktivisten, und es gibt keinen Grund, daran zu zweifeln, dass diese Sichtweise realistisch ist – umso weniger, als sie unpopulär ist. Inwieweit jedoch der Kampf gegen den großen Staudamm an den Kern der chinesischen Umweltprobleme führte, ist schwerer zu sagen. Gewiss wurde zugleich mit den Staudämmen die Schlammfracht der Flüsse zum Problem; und damit fiel ein Licht auf die Bodenerosion und auf die Waldzerstörung, auch auf den Niedergang der alten Kunst des Terrassenbaus als Folge des Zerfalls der alten Dorfgesellschaft. Die sich hier und jetzt bietende Alternative zur Wasserkraft waren jedoch, von der Kernenergie abgesehen, der Ausbau der Kohlekraftwerke und die Forcierung der Kohleförderung: auch dies eines der dunkelsten Kapitel der aktuellen chinesischen Umweltsituation. He Bochuan, dessen aufrüttelndes Buch *China on the Edge*, das manchmal neben Rachel Carsons *Silent Spring* gestellt und dessen Weiterverbreitung ebenso wie die von *Yangtse! Yangtse!* nach dem 4. Juni 1989 verboten wurde, hielt die Investitionen in die Wasserkraft für zu niedrig und beklagte, dass immer noch Kohlekraftwerke den Vorrang vor der Wasserkraft hätten. Einig war er sich mit Dai Qing in der Kritik an dem unprofessionellen Management großer Wasserkraftprojekte,[322] einem Manko, das in einem Land mit jahrtausendelanger hydraulischer Tradition wie China überrascht. «Jeder weiß, dass China unter Energieknappheit ... und unter häufigen Überschwemmungen leidet», schreibt auch Dai Qing 1998. Es gehe nicht darum, Staudämme grundsätzlich zu verhindern, sondern zu prüfen, ob nicht kleinere Staudämme an Zuflüssen des Yangtse vorteilhafter wären als der eine große Damm. Die mangelnde Bereitschaft der Führung zum Abwägen von Alternativen sei der Kern des chinesischen Dilemmas.[323] Eine Diagnose, die nicht nur auf China zutrifft.

Eine japanische Rachel Carson: Ishimure Michiko. Fragt man in Japan nach einem dortigen Pendant zu Rachel Carson, fällt gewöhnlich der Name *Ishimure Michiko* (geb. 1927); und in der Tat: Bei oberflächlicher Betrachtung erinnert keine andere der hier dargestellten Frauen so stark an

Ishimure Michiko (geb. 1927) gilt als die japanische Rachel Carson. In ihrer Trilogie *Paradies im Meer der Qualen* (1969/70) schildert sie die sogenannte Minamata-Krankheit, die durch den Verzehr von quecksilberverseuchten Meerestieren hervorgerufen wird. Die Betroffenen leiden an Seh-, Hör und Bewusstseinsstörungen sowie Lähmungen; Schwangere bringen missgebildete Kinder zur Welt.

Rachel Carson wie diese Schriftstellerin. Ihr zuerst 1969 erschienenes Buch *Kugai Jodo* (deutsch: *Paradies im Meer der Qualen*) war ähnlich wie der *Silent Spring* eine Verbindung von Sachbuch, Streitschrift und poetischer Phantasie. Die Vergiftung der Meeresbucht von Minamata durch Methylquecksilber-Ableitungen des Chemiekonzerns Chisso war zwar denen, die es wissen wollten, spätestens seit 1956 bekannt; aber obwohl im Laufe der Jahre mehr als tausend der dort Lebenden an vergiftetem Fisch qualvoll zugrunde gingen, wurde diese beispiellose Umweltkatastrophe beharrlich totgeschwiegen. Um 1967 begannen Enthüllungen in der Presse; aber erst Ishimure Michiko brachte das Ausmaß des menschlichen Leidens durch ihr Buch der großen Öffentlichkeit zum Bewusstsein: mit ergreifender Sprachgewalt und zugleich mit symbolischer Überhöhung.

Ebenso wie *Silent Spring* wurde *Kugai Jodo* in seiner aufwühlenden Wirkung mit *Onkel Toms Hütte* verglichen.[324] Gerade weil die Schriftstellerin in ihrem Grundton eher verhalten ist, geht ihre Schilderung unter die Haut, wenn im Anblick der Qualen der Fischer Wut und Entsetzen durchbrechen. Rachel Carsons *Stummer Frühling* war eine Zukunftsvision; das *Meer der Qualen* dagegen war Realität. Ishimure Michiko handelte nicht von einem fiktiven Ort, sondern von ihrer Heimatstadt und einer Meeresbucht, die einst als paradiesisch gegolten hatte. Die Gefahren des DDT für den Menschen, vor denen *Silent Spring* warnte, waren zum Teil hypothetischer Art; die Giftigkeit des Quecksilbers dagegen war altbekannt. Im Prinzip handelte es sich um keinen neuen Risikotyp; aber Japan, in seinem Industrialisierungsehrgeiz lange Zeit blind, hatte von der westlichen Hygienebewegung gegen Ende des 19. Jahrhunderts nur wenig mitbekommen.[325] Der Minamata-Skandal gehörte zu jenen vier großen Giftskandalen, die als Anstoß der japanischen Umweltbewegung und umweltpolitischen Wende zum Begriff wurden.

Und doch gibt es zwischen dem Schicksal von Ishimure Michiko und dem von Rachel Carson einen bemerkenswerten Unterschied: Die Japanerin blieb trotz ihres Bucherfolgs – Rezensenten sprachen vom wichtigsten literarischen Werk Japans seit dem Zweiten Weltkrieg[326] – als Mensch erschreckend isoliert. Auch auf Rachel Carson prasselten zwar die Attacken der chemischen Industrie ein; aber sie erfuhr doch von Anfang an eine breite, ja überwältigende Solidarität. Ishimure Michiko dagegen stand allein. Denn während andere japanische Intellektuelle bei erster Gelegenheit in die Metropolen streben, blieb sie an ihrem Heimatort Minamata wohnen. In dieser Kleinstadt war der Chisso-Konzern, dessen Betonkomplex schon optisch das Stadtbild dominiert, nach wie vor die beherrschende Autorität,[327] die zu respektieren sich gehörte, und das von der Schriftstellerin erregte Aufsehen galt als höchst ungehörig. Selbst für ihre eigenen Verwandten war sie der Schandfleck der Familie.[328]

Warum blieb sie dennoch dort wohnen? Weil für sie die Heimatliebe, mag sie auch zur «Hassliebe» werden,[329] ein Ursprung von Menschlichkeit ist. Die Heimatverbundenheit als emotionale Basis von Umweltbewusstsein: Dieser Nexus begegnet uns auf der ganzen Welt immer wieder. Sehr zu Unrecht gilt er hierzulande als anrüchiger deutscher Sonderweg. Es ist der zunehmende Verlust der Heimat unter den Bedingungen des modernen Japan, der Ishimure Michiko am meisten erschreckt; sie erkennt eine Verbindung mit der alarmierenden Zahl der Selbstmorde. Die Schriftstellerin bekennt sich zu ihrer eigenen Art von japanischem Traditionsbewusstsein und gibt zugleich zu erkennen, dass ihr Buch nicht nur Dokumentation, sondern auch Projektion von Phantasien ist: «Die Figuren in *Paradies im Meer der Qualen* sind nicht nur Reinkarnationen der Bauern aus dem Dorf Yanaka, sondern auch Projektionen unserer selbst in die Vergangenheit, d. h. Verkörperungen unserer Ahnen, die an bestimmte Werte und eine bestimmte Philosophie des Lebens glaubten, die wir längst eingebüßt haben. Die Figuren in diesem

Buch wurzeln in dem, was man als den ursprünglichen Mutterboden unseres Denkens bezeichnen könnte.»[330] Der Titel spielt auf «jodo», das «Paradies des Reinen Landes» des Amida-Buddhismus, an.[331] Zwar spürt man in dem Buch die antikapitalistische Erbitterung von 1968 – an japanischen Universitäten damals mindestens so heftig wie an deutschen; die Schriftstellerin stellt jedoch keinen politischen Aktivismus zur Schau und verkündet keine radikale Ideologie.

Die Minamata-Katastrophe bedeutete für sie keine Herausforderung zu einer hygienischen Optimierung der industriellen Technik, sondern war für sie eine Metapher für den von Grund auf zerstörerischen Charakter der modernen Zivilisation. Darin traf sie sich mit dem radikalen Antimodernismus und der apokalyptischen Grundstimmung von Ivan Illich, zu dem sie Kontakt aufnahm;[332] aber das trennte sie vom Mainstream der Umweltbewegung. Ihr Werk trägt buddhistische, aber auch archaisch-animistische Züge; es zeugt von dem Glauben an eine ursprünglich beseelte Natur, deren Seele durch die Moderne zerstört wird.[333] Auch der westlichen Öko-Literatur sind solche Gedanken nicht fremd; aber bei der Japanerin besaßen sie einen religiös begründeten Ernst, wie man ihn bei westlichen Naturliebhabern nicht so leicht findet. Später gründete sie mit Geistesverwandten eine buddhistische Gemeinschaft und führte das Dasein einer Nonne.

Unter allen Umweltskandalen erregen giftige Emissionen, die die menschliche Gesundheit gefährden, stets besondere Empörung; zugleich jedoch kann die Umweltpolitik vor allem hier relativ leicht sichtbare Erfolge vorweisen. Auch führende japanische Konzerne schalteten um und demonstrierten Umweltbewusstsein, als sie in der Öffentlichkeit ihr Gesicht zu verlieren drohten. Der Präsident von «Nippon Chisso» kniete sogar vor Quecksilberopfern nieder und bat sie um Verzeihung für das ihnen von seiner Firma zugefügte Leid; sein öffentliches Schuldbekenntnis wurde vom Fernsehen landesweit ausgestrahlt. Die deutsche Presse zog beschämte Vergleiche zu dem dickfelligen Verhalten der Chemie Grünenthal in der Contergan-Affäre.[334] Für Ishimure Michiko allerdings klangen die entschuldigenden Worte des Präsidenten «wie Luftblasen, die in einem Teich an die Oberfläche blubbern».[335] Sie sah nur eine leere Geste, keine grundlegende Abkehr von der arroganten Einstellung der Industrieführer gegenüber der Bevölkerung. Einzelne Schadensursachen, die Aufsehen verursacht hatten, wurden beseitigt; und doch blieb die generelle Regulierung des Umgangs mit Giftmüll höchst mangelhaft.[336] Hatte Japan zeitweise in Reaktion auf Umweltskandale von singulärer Krassheit in der Umweltpolitik eine internationale Vorreiterrolle erlangt, war dieser Vorsprung nicht von Dauer. Auch bei Ishimure Michiko blieb die Bitterkeit; von einem Triumphgefühl ist kaum etwas zu spüren.

Welche Bedeutung besitzt sie für jene immerhin partielle ökologische Wende, die die japanische Industriepolitik um 1970 vollzog? In Japan ergriff damals sehr rasch die Bürokratie die Initiative im Umweltschutz; das war eine Welt, in der eine Schriftstellerin nicht vorkam. In Überblicksdarstellungen der Genese des japanischen Umweltschutzes wird Ishimure Michiko nicht erwähnt.[337] Eine direkte politische Wirkung scheint sie nicht gehabt zu haben. Eine politisch entscheidende Wende war wohl der Schwenk der lokalen Chemiegewerkschaft, die bis dahin gegen die wachsende Unruhe der Fischer auf Seiten der Firma gestanden hatte, sich jedoch ab 1967 auf die Seite der Opfer stellte.[338] Der bloße Protest der armen Fischer war ohnmächtig gewesen. Eine Schlüsselrolle spielten jedoch auch japanische Gerichte, die die Chancen der Opfer auf angemessene Entschädigung drastisch erhöhten, indem sie bei der Ermittlung der Ursache der Vergiftungserscheinungen auch den statistischen Kausalitätsnachweis zuließen. Bis dahin hatte die Schwierigkeit des individuellen Nachweises die Opfer oft in eine rechtlich aussichtslose Position gebracht.[339]

Ishimure Michiko selbst zeigte nie den Ehrgeiz, ihre eigene Bedeutung für Fortschritte im japanischen Umweltschutz herauszustreichen. Von all den hier vorgestellten Umweltaktivistinnen hat sich keine so sehr von einer Selbstdarstellung in der Öffentlichkeit zurückgehalten wie sie; das fällt gerade im Vergleich auf. Von der angeblichen «Rachel Carson» Japans findet man keine Biografie in Wikipedia (2010); vergeblich sucht man nach spektakulären Auftritten im In- und Ausland. Im Unterschied zu anderen, die es mindestens so sehr auf internationale Resonanz wie auf Wirkung im eigenen Land abgesehen hatten, scheint diese heimatverbundene Frau keine Weltwirkung erstrebt zu haben. Ihre Heimatliebe ging so weit, dass sie den Minamata-Dialekt in ihre poetische Sprache einfließen ließ und dadurch selbst Japaner befremdete.[340] Die Zerstörung der Heimat ist auch das Leitmotiv eines Fortsetzungsromans zu *Kugai Jodo*: *Tenko* (1997; engl.: *Lake of Heaven*), der davon handelt, wie ein Bergdorf in Kyushu im Zuge der Errichtung eines Staudamms zerstört wird. Ein neuer Beweis für die aufreizende Wirkung der großen Dammbauten! Auch solche Umweltaktivisten, die die internationale Ebene nicht suchen, stehen in globalen Zusammenhängen.

Die Meer-Frau: Elisabeth Mann Borgese im Zauberberg der Weltgesellschaft. Den Abschluss unserer Galerie der Heroinen bildet eine Frau, die sich ganz der globalen Höhe verschrieb: *Elisabeth Mann Borgese* (1918–2002), der lange Zeit unauffälligste, am Ende jedoch glücklichste und am meisten zukunftsweisende Sprössling von Katja und Thomas Mann. 1938 emigrierte sie mit ihren Eltern in die USA und arbeitete ab 1939 in Chicago am «Komitee für eine Weltverfassung» mit: zuerst als Sekretärin und Assistentin, dann als Ehefrau des Leiters, des 1931 aus dem faschistischen Italien emigrierten Giuseppe Antonio Borgese. Es war vor allem die Situation am Ende des Zweiten Weltkrieges, die die Planer für eine künftige Weltregierung in euphorische Stimmung versetzte. Aber auch in der Zeit des Kalten Krieges ließ Elisabeth Mann Borgese von diesem Wunschtraum nicht ab, auch wenn sie 1952 unter dem Druck des McCarthyismus, den sie heftig verabscheute, mit ihrem Mann, der kurz darauf starb, nach Italien ging.

Die Idee der Weltregierung führte sie dahin, ihre Lebensaufgabe in den Meeren zu suchen, die sie von Kind auf liebte und von denen, so wie sie es empfand, die stärkste Suggestion zu einem Weltstaat als dem naturgegebenen Ziel der Geschichte ausging. Aber hatte nicht gerade die Grenzenlosigkeit der Meere in der Geschichte immer wieder zu Kämpfen zwischen aufstrebenden Seemächten geführt? Da gelangte sie von den Meeren zur Umweltproblematik, zur Gefahr der Übernutzung der Meeresressourcen, die den Sachzwang zu einem globalen Regime verstärkte. Vor allem um 1970, in der Zeit der großen ökologischen Erweckung, wurde ihr diese Gefahr bewusst.[341]

Bei dem Kalkül auf die globale Logik der Weltmeere erkennt man eine gedankliche Analogie zu Greenpeace, obwohl der Weg dieser Frau ein ganz anderer war als der der Regenbogenkämpfer und – ganz im Geiste des Borgese-Komitees, in dem sie begann – über Netzwerke prominenter Intellektueller im Umkreis von UNO und UNESCO und später auch des Club of Rome führte. Die Tochter Thomas Manns, obwohl lange im Schatten ihrer exzentrischen Geschwister, war auf diesem Parkett zu Hause. Ihr exquisiter Freundeskreis erinnert mit seinen globalen Gedankenflügen an den *Zauberberg* ihres Vaters. 1970 stellte sie auf der Konferenz von Malta *Pacem in Maribus* (PIM) ihren Entwurf einer Seerechtsverfassung vor; 1972 gründete sie mit Freunden zusammen auf Malta das *International Ocean Institute* und organisierte dort und anderswo an die zwanzig internationale Seerechtskonferenzen.

Zu den Meeren gehörten für sie ganz selbstverständlich auch die

Die Seerechtlerin und Ökologin Elisabeth Mann Borgese (1918–2002, Aufnahme von 1978), die jüngste Tochter Katja und Thomas Manns, war 1970 das einzige weibliche Gründungsmitglied des Club of Rome.

Fischer. Gewiss galt es, der Überfischung der See zu wehren; aber sie dachte doch nicht daran, aus den Weltmeeren einen globalen Naturpark machen zu wollen, der ein unantastbares Heiligtum sein sollte. Ganz im Gegenteil: Ihre besondere Begeisterung galt sogar der künstlichen Aquakultur, deren ökologische Tücken – Folgen der Überdüngung der betroffenen Meeresregionen – erst nach und nach entdeckt wurden.[342] 1980 veröffentlichte sie einen reich ausgestatteten Repräsentationsband *Seafarm – The Story of Aquaculture*, der darstellte, dass die Aquakultur – das maritime Pendant zur Agrikultur – ein Erbe uralter chinesischer Weisheit und zugleich die große Zukunftshoffnung der Menschheit sei. Auf den Meeren lasse sich der Sieg über den Hunger erringen. Das naturgegebene und auch das wissenschaftlich-technische Entwicklungspotential der im Meer enthaltenen Ernährungsressourcen sei unendlich.[343] Dem Buch stellte sie das Gotteswort aus dem biblischen Schöpfungsbericht (1. Mose 1,20) voran: «Es errege sich das Wasser mit webenden und lebendigen Tieren ...» Der Mensch, der Aquakultur betreibt, als Vollender der göttlichen Schöpfung.

Da die Aquakultur vor den Küsten betrieben wird und sich überhaupt der größte Teil der Fischerei in Küstennähe vollzieht, wo die Meere am fischreichsten sind, lässt sich die Nutzung am bequemsten durch Ausdehnung der nationalen Hoheitsgebiete auf die Schelfgebiete vor den jeweiligen Küsten regeln, und ebendieser Weg wurde auch durch die Seerechtskonvention von 1994 beschritten;[344] aber genau dies wollte Elisabeth Mann Borgese verhindern: Die Meere sollten zur «globalen Allmende» werden, die nach einem globalen Regime verlangte. Die Ausbeutung der Ressourcen der Tiefsee ist ja in der Tat nicht über die Nationalstaaten auf friedlichem Wege zu regeln. Man vermisst jedoch bei der «Meer-Frau», wie sie gerne genannt wurde, jene analytische Dickbrettbohrerei, die der Massivität dieser Problematik angemessen gewesen wäre. Ihr Reden und Schreiben besitzt einen Grundton von fröhlicher Naivität; und dieser durchzieht auch die immer neuen Planungen zu einer Weltregierung, an denen sie sich lebenslang beteiligte: idealistische Luftschlösser ohne viel Rücksicht auf die Interessen und Verbissenheiten der bestehenden Weltmächte.

Nur gegenüber den USA bricht bei der einstigen Emigrantin immer wieder die Wut enttäuschter Liebe durch; es empört sie, wie der imperiale Egoismus und «schamlose Starrsinn»[345] dieser Weltmacht, die eigentlich mehr als alle anderen dazu berufen wäre, die Idee der Weltregierung der Wirklichkeit näher zu bringen, derartige Bestrebungen immer wieder hintertreibt. In einem Interview bekannte die 73-Jährige im Jahr 1991, als im Vorfeld von Rio Hoffnungen auf ein globales Umweltregime erneut Auftrieb erhielten (um abermals enttäuscht zu werden),[346] zwar sei der Aktivismus von Greenpeace nicht ihr eigener Weg; aber sie habe ihren Kollegen auf der Seerechtskonferenz immer angedroht: «Sollten die Amerikaner zum Beispiel, ohne das Völkerrecht zu befolgen, Tiefseebergbau beginnen, dann würde ich mit Greenpeace auf einem Schiff daherkommen. Das habe ich immer angedroht. Ich habe immer gesagt, wenn die Seerechtsverhandlungen schiefgehen, dann steht mein nächster Beruf schon fest: Ich werde Meeres-Terroristin.»[347]

Institutionalisierung, Routinisierung, Revitalisierung

Probleme der Forschung. Blenden wir nun über auf die anonymen Prozesse. Bereits die biographischen Skizzen geben manche Aufschlüsse auch dadurch, dass sie Grenzen des biographischen Zugangs erkennen lassen. Immer wieder stellt sich heraus, dass es eine Frage der Perspektive ist, welche Bedeutung man einer Einzelpersönlichkeit zumisst: Die gleichen Frauen, die aus der einen Perspektive Heldinnen sind, kommen aus anderer Sicht in der Geschichte der gleichen Umweltbewegung nicht vor. Die Medien stellen mit Vorliebe Einzelgestalten ins Rampenlicht; aus der Sicht derjenigen Aktivisten, die dabei im Dunkeln bleiben, ist das oft ungerecht. Frauengeschichten werfen mehr noch als viele Männergeschichten in ihrer Unterschiedlichkeit ein Licht auf charakteristische Spannungen innerhalb der Umweltbewegung, die man in dieser oder jener Form auf der ganzen Welt findet: Spannungen zwischen unterschiedlichen Triebkräften, die alle unter der Rubrik «Umweltschutz» laufen, aber auch Spannungen zwischen persönlichen emotionalen Antrieben und überindividuellen Trends und Dynamiken.

Sucht man diese kollektive Geschichte zu schreiben, darf man nie vergessen, dass man sich auf unsicherer empirischer Basis bewegt, ob bei der Darstellung der Bürgerbewegungen oder der des Engagements für die Umwelt innerhalb der staatlichen Administrationen. An Theoriemodellen über das eine wie das andere herrscht kein Mangel; aber mit Untersuchungen auf solider empirischer Basis sieht es viel dürftiger aus. Die Menge der Bürgerinitiativen, die als «Umweltbewegung» firmieren, ist weltweit riesengroß und für keinen Einzelnen auch nur annähernd zu überblicken. In sehr vielen Fällen besitzen sie keine geordneten Archive, und in noch mehr Fällen geben sie – und dafür haben sie ihre Gründe – Außenseitern keinen Einblick in ihr internes Schrifttum. Am leichtesten sind ihre Statuten zu erfahren, am schwierigsten das, was sie tatsächlich tun und aus welchen Motiven heraus sie es tun und bestimmte Prioritäten setzen. Da gründen sich Untersuchungen notgedrungen auf Interviews und Zeitungsartikel.[348] Das Informationsdilemma gilt sogar für das wohlgeordnete Deutschland. Selbst in Indien und China werden viele Tausende von Umweltgruppen registriert: Niemand besitzt den Über- und Durchblick, um zu beurteilen, was sich hinter solchen Zahlen verbirgt. Deutlich wird immerhin, dass *environmentalist* in der Öko-Ära zum Gütesiegel geworden ist, das – ob zu Recht oder zu Unrecht – Orientierung am Gemeinwohl und Förderungswürdigkeit ausweist.

Nicht einmal von der bundesdeutschen Anti-Atomkraft-Bewegung oder von Greenpeace besitzen wir breit fundierte Darstellungen, die wissenschaftlichen Ansprüchen genügen. Michael Cohens wohldokumentierte 550-Seiten Geschichte des *Sierra Club*, der traditionsreichsten amerikanischen Umweltorganisation, endet 1970: genau in dem Jahr, wo es am spannendsten wird. Bei den staatlichen Verwaltungen gibt es Akten *en masse*, in heutiger Zeit eher viel zu viel; aber für die Öko-Ära unterliegen sie großenteils noch der Sperrfrist. Auch zur Geschichte der von staatlichen Stellen betriebenen Umweltpolitik gibt es weltweit nur enttäuschend wenige Darstellungen, die in einer Weise fundiert sind, wie es der Historiker erwartet. Da muss man erst einmal von Modellgeschichten ausgehen und dann nach Anhaltspunkten suchen, wieweit diese die Realität treffen oder nicht.

Noch einmal zurück zu Max Weber. Da bietet sich eine altbekannte und nicht gerade ersprießliche Geschichte an: die Geschichte des Übergangs vom Charisma zur Veralltäglichung, von der Bewegung zur Erstarrung, von der Spontaneität zur Regulierung und Routinisierung, von der Bürgerinitiative zur Bürokratisierung. Bei dieser Geschichte handelt es sich um kein Spezifikum des *environmentalism.* «Der Bürokratisierung gehört die Zukunft», ist eine der bekanntesten Prophezeiungen Max Webers in *Wirtschaft und Gesellschaft,* zumal sie in Erfüllung gegangen ist. Gegenüber anderen Prozessen der Modernisierung – so Weber – zeichne sich dieser durch seine «weitaus größere Unentrinnbarkeit» aus, und dies nicht nur in der Staatsverwaltung, sondern auch in der Privatwirtschaft, den Parteien und anderen nichtstaatlichen Korporationen. Weber zufolgte zeigt die Geschichte, dass die Bürokratie überall dort, wo sie zur Herrschaft gelangt ist, nicht wieder verschwindet – nur durch den Untergang der gesamten Kultur.[349] Diese Unentrinnbarkeit habe ihren Grund, und zwar einen technischen: «Die technische Überlegenheit des bureaukratischen Mechanismus steht felsenfest, so gut wie die technische Überlegenheit der Arbeitsmaschinen gegenüber der Handarbeit.» Weber hatte eben vor allem die preußische Bürokratie seiner Zeit vor Augen, aber auch die Sozialdemokratie mit ihrem Parteiapparat und ihrer Parteidisziplin. Die eine wie die andere bürokratische Organisation war, jede auf ihre Art, sehr effizient, zumindest zu Webers Zeit. Und doch fand er – so in seinem Temperamentsausbruch auf der Wiener Tagung des Vereins für Sozialpolitik 1909 – die «Leidenschaft für die Bureaukratisierung», ganz besonders die preußisch-deutsche, schier «zum Verzweifeln».[350] Da vergisst er sein Postulat der werturteilsfreien Wissenschaft, das unter Weberianern zum Mantra geworden ist. Ihn faszinierten in der Geschichte vor allem die charismatischen Momente, wo eine Verzweiflung in Ekstase umschlägt, alle Alltagsroutine durchbricht und in die Geschichte einen Neubeginn bringt.

Auf den ersten Blick spricht vieles dafür, die Geschichte der Umweltbewegung nach dem Muster Max Webers zu erzählen: vom charismatischen Aufbruch hin zur Institutionalisierung und zur Bürokratisierung. Der Umweltschutz sei «von der Bewegung zur Verwaltung» geworden, erklärte der Landschaftsökologe Ulrich Eisel nicht ohne elegischen Unterton 2001.[351] Oder in dem üblichen sarkastischen Ton Niklas Luhmann: «Als Sediment erloschener sozialer Bewegungen entstehen organisierte, planstellendefinierte Entscheidungskompetenzen auf der einen Seite und brachliegende Protestpotentiale auf der anderen sowie, zur Vermittlung gleichsam, nostalgische Rückblicke auf die civic virtue des public man.»[352]

Nimmt man mit Max Weber an, dass es sich um einen unvermeidlichen Prozess handelt, müsste man ihn eigentlich ohne Häme schildern. In der Tat haben wir es keineswegs nur mit einem deutschen, vielmehr mit einem weltweiten Phänomen zu tun, das auch in Ländern begegnet, die anders als Deutschland nicht gerade für ihren Ordnungsfanatismus berühmt sind. Wie wir sahen, fühlte sich selbst Wangari Maathai, die «Mutter der Bäume», später am wohlsten in ihrem Büro. Sogar die mexikanische «Partei der institutionalisierten Revolution» (PRI), seit Jahrzehnten an der Macht und längst mehr Institution als Revolution, schuf sich in den 1980er Jahren zur Erhaltung der eigenen Macht eine mit Partei und Staat verquickte Umweltbewegung.[353] Der mexikanische Präsident Carlos Salinas de Gortari griff 1982 den aus der Umweltrhetorik stammenden Begriff «Ökozid» auf.[354] In der Dominikanischen Republik bot Joaquín Balaguer schon ab 1967, verstärkt nach seinem erneuten Machtantritt 1986, der Welt das auf der Insel Haiti besonders verblüffende Schauspiel eines Regimes mit Zügen einer Öko-Diktatur.[355]

Umweltschutz war zwar nicht in allen, aber doch in manchen Aspekten schon früh für Staatsapparate attraktiv. Flächendeckender Ausbau der Landesherrschaft per Forstordnungen war eine in Mittel- und Westeuropa, besonders in deutschen Landen schon seit dem 16. Jahrhundert gängige Herrschaftstechnik; sie ist heute auf der ganzen Welt verbreitet. Schon 1972, zu Beginn der Öko-Ära, bedrohte die Regierung von Guinea – koloniale Traditionen noch drakonisch verschärfend – die Brandwirtschaft mit der Todesstrafe;[356] dabei war diese nunmehr zur bösartigen Brandstiftung gestempelte Wirtschaftsweise von alten Zeiten her weltweit verbreitet gewesen.[357] Der *environmentalism*, ursprünglich ein Revier der *social-movement*-Forscher, ist mehr und mehr zur Domäne von Organisationssoziologen und Politikwissenschaftlern geworden. Waren in den 1970er und 1980er Jahren die «Neuen sozialen Bewegungen» (New Social Movements, NSM)[358] das Standardthema derer, die aus den Umweltinitiativen ein Objekt für die Wissenschaft zu machen suchten, sind es vor allem seit dem Umweltgipfel von Rio 1992[359] die NGOs, die Non-Governmental Organizations. In der Wahrnehmung der 80er Jahre gingen noch NSM und NGO durcheinander;[360] heute jedoch treten die NGOs längst als ein von den *Grassroots*-Bewegungen deutlich abgehobenes Establishment mit ordentlicher Satzung und Büroangestellten in Erscheinung.

Grassroots-Bewegungen, NGOs, BINGOs und GONGOs – nicht nur in China. Im Einzelnen sind die Übergänge weiterhin fließend und in steter Bewegung; *Grassroots*-Bewegungen können zu NGOs werden. Die alten deutschen Begriffe, die heute altmodisch wirken, sind «Bürgerinitiativen» und «Verbände»; bereits 1972 wurde jedoch ein *Bundesverband Bürgerinitiativen Umweltschutz* (BBU) gegründet. Rein von der Mitgliederzahl her war er über viele Jahre der größte deutsche Umweltverband. Seine Mitglieder bewahrten jedoch ihre Autonomie; und so war der BBU stets von Zerfallstendenzen bedroht und vermochte nicht den politischen Einfluss auszuüben wie der BUND, sondern wirkte vorwiegend über die politischen Verbindungen einzelner Vorstandsmitglieder wie Jo Leinen und Manfred Wüstenhagen.[361]

Neben den Begriff der NGO ist mittlerweile nicht nur der der BINGO, der Big International NGO, sondern auch der der *GONGO* getreten, der «Government-Organized Non-Governmental Organization»: vom Wortsinn her eigentlich eine *contradictio in adjecto*, und «GONGO» steht denn auch an der Grenze von seriösem Begriff und Sarkasmus.[362] In Nepal kam es 1984 vor, dass der König höchstpersönlich eine Naturschutz-NGO gründete; nicht umsonst gaben die Royal Nepal Airlines den Werbeslogan aus, neben Buddhismus und Hinduismus besitze Nepal nunmehr eine dritte Religion: Tourismus. Auch manche führenden deutschen Umweltverbände sind mittlerweile allerdings in einem Maße vom Staat finanziert und in ihrer Tätigkeit durch Kooperation mit Staatsstellen bestimmt, dass sie dem Typus GONGO nahekommen.[363] Sehr im Unterschied zu den USA macht sich hier die deutsche korporatistische Tradition bemerkbar.

Als Paradebeispiel für eine dominante Stellung der GONGOs gilt das postmaoistische *China*. Zumindest im Prinzip wird in dortigen Eliten ebenso wie in breiten Bevölkerungskreisen erkannt, dass der spektakuläre Wirtschaftsboom durch Umweltschäden schwer gefährdet wird.[364] Der Umweltschutz ist in China in typischen Fällen eine Priorität der Zentralregierung, den diese gegen die mit Wirtschaftsunternehmen verfilzten Provinzverwaltungen durchzusetzen sucht. Dabei dienen GONGOs als wichtige Instrumente.[365] Es wäre daher falsch, sie lediglich als Farce zu betrachten, die der Öffentlichkeit ein nicht vorhandenes Umweltbewusstsein vorspiegeln soll. Besonders populär ist die zum stehenden Begriff gewordene «Panda-Politik»: der Schutz charismatischer Tiere und berühmter landschaftlicher Szenerien. Sehr im Unterschied zu den großen Dammbauten besteht hier am ehesten die Chance für einen nationalen Konsens. Tang Xiyang, dessen Frau während der Kulturrevolution von Rotgardisten zu Tode geprügelt worden war und der später eine amerikanische Umweltaktivistin (Marcia Bliss Marks) heiratete, wurde seit den 1980er Jahren als Herausgeber des Magazins *Nature*, des Organs des *Beijing Museum of Natural History*, zum Sprecher der neubelebten Naturschutzbewegung. Dass diese im Prinzip eine politisch korrekte Veranstaltung war, hielt ihn nicht von dem Bekenntnis ab, Chinas größtes Umweltproblem sei der Mangel an Demokratie.[366] Chinas bislang berühmteste Umwelt-NGO, 1994 gegründet – ab 1994 nehmen überhaupt die chinesischen Umweltorganisationen schlagartig zu –, widmet sich dem Naturschutz und trägt den Namen «Freunde der Natur». Sie steht unter der «starken und charismatischen Führung» des renommierten Historikers und Regierungsberaters Liang Congjie und genießt weitgehende Handlungsfreiheit.

Handlungsspielraum und Konfliktfähigkeit der meisten anderen chinesischen NGOs und GONGOs sind bislang für Außenstehende schwer zu durchschauen. Auch formal unabhängige NGOs, die es mittlerweile auch in China in großer Zahl gibt, sehen sich zur Rücksichtnahme auf die Regierung angehalten. Bei den allermeisten herrscht dem Staatsapparat gegenüber der Grundsatz: «Hilf, aber mach keinen Ärger; beteilige dich, aber interveniere nicht; handele, aber verletze nicht.» Charismatische Führergestalten, aber auch finanzielle Unterstützung von großen ausländischen NGOs sind offenbar für viele chinesische Umweltorganisationen von existenzieller Bedeutung.[367] Eine bloße staatliche Veranstaltung sind diese NGOs nicht; auch in der chinesischen Umweltbewegung ist eine Eigendynamik nicht zu verkennen, nicht zuletzt als Folge der in China allenthalben empfundenen Brisanz von Umweltproblemen.

Die Big Ten der USA. Die USA sind mit ihrer traditionell starken Zivilgesellschaft ein Gegenmodell zu China; aber auch dort ist die Verfestigung eines Establishments von Umweltorganisationen, die in Washington wirksam Lobbyismus betreiben und von Kongressabgeordneten und Staatsstellen privilegiert behandelt werden, sehr markant, besonders wo es um den Schutz der Wildnis geht. Dort ebenso wie in anderen Ländern ist seit Jahrzehnten ein Establishment der Umwelt-NGOs bemerkenswert stabil. Die «Big Ten», die Großen Zehn, begegnen in der Literatur mitunter als stehender Begriff, auch wenn es nicht immer genau zehn sind; manche zählten zwölf. Gewiss gehören zu ihnen der Sierra Club, die Wilderness Society, die National Audubon Society, die Friends of the Earth, das Natural Resource Defense Council (NRDC), der Environmental Defense Fund (EDF), wohl auch noch die National Parks and Conservation Association, die National Wildlife Federation und The Nature Conservancy, dazu von den internationalen Organisationen Greenpeace und der World Wildlife Fund. Womöglich noch die American Forestry Association oder das American Rivers Conservation Council oder Zero Population Growth[368] – gegen Ende des Zehner- oder Zwölfer-Rankings wird es unsicher.

Die Spitzenleute der Big Ten kennen sich und stehen untereinander in Verbindung. Da gab es Rivalitäten, aber auch Arbeitsteilung. Michael McCloskey, damals Vorsitzender des Sierra Club, aber um Fairness gegenüber konkurrierenden Umwelt-Spitzenreitern bemüht, bemerkte 1992, viele dieser Organisationen seien «bei bestimmten Sachen besonders gut»: «der Sierra Club bei der Mobilisierung seines umfangreichen Kaders von *Grassroots*-Aktivisten» (sein Sierra Club mit dem Charme der *Grassroots*-Bewegung), «die Wilderness Society bei Forschung und Public Relations, Nature Conservancy bei Habitatüberblicken, die National Wildlife Federation durch ihre Fähigkeit, auch Mittel- und Unterschichten mit einer Umweltbotschaft zu erreichen, das RNDC in der Beherrschung der Komplexität von Bundesprogrammen, die Audubon Society im Betrieb von Schutzgebieten, und der Sierra Club Legal Defense Fund im Führen von Gerichtsprozessen.»[369]

Robert Gottlieb, der Historiker der amerikanischen Umweltbewegung, erkennt 1993, nach dem Ende des gegen den frühen *environmentalism* gerichteten Roll-back in Reagans erster Amtszeit, eine «Drehtür zwischen Stabspositionen in den Mainstream-(Umwelt)gruppen und Regierungs- und Wirtschaftspositionen».[370] Dennoch darf man daraus keine korporatistische Verquickung deutscher Art von Staat und nichtstaatlicher Organisation folgern; Spannungen zur Umweltbehörde (EPA) blieben bestehen. Aus der Sicht eines EPA-Angehörigen, der gerne eine engere Zusammenarbeit gehabt hätte: «Unglücklicherweise hat die EPA die NGOs zu oft als Gegenspieler behandelt, statt in ihnen ihre natürlichen Verbündeten zu sehen. Es gibt viele gute Beispiele der Zusammenarbeit, jedoch zu viele Beispiele dafür, dass man gegeneinander arbeitete.»[371] Überhaupt scheinen sich die Big Ten als große grüne

Allianz zuerst 1981 in der Defensive gegen Reagans Generalangriff auf die Umweltschützer formiert zu haben.[372]

«Mainstream» als Schimpfwort. Wie so viele Organisationen dieser Welt präsentieren sich auch die großen Umwelt-NGOs aus der Außensicht anders als aus der Innenschau. Der etablierte «Mainstream» der Umweltbewegung wurde für neu hinzukommende militante Aktivisten zum Schimpfwort; sie warfen dem Establishment vor, mit Regierung und Industrie unter einer Decke zu stecken, es nur noch auf Geld und Vergünstigungen abzusehen und arrogant, basisfern und bürokratisch geworden zu sein.[373] Der Australier Timothy Doyle, der die Partei der *Grassroots*-Kämpfer in der Dritten Welt ergreift, schreibt über Umweltschützer des EDF und andere Manager aus der Spitze der Big Ten, diese Leute verstünden «die Erde selbst als eine massive Korporation, die, wenn man sie nur nach *Best-practice-business*-Strategien betriebe, den derzeitigen ökologischen Schluckauf überleben würde».[374]

Alles in allem eine typische Konfrontation zwischen den arrivierten Aktivisten von gestern und den neuen Kämpfern: eine Konstellation, wie es sie an vielen Orten der Welt gab und gibt, nicht nur in der Ersten Welt. Sunderlal Bahaguna, das geistige Oberhaupt der Chipko-Bewegung, legte Wert darauf, die Kräfte des Wandels müssten aus dem Volk kommen, und das heiße konkret: «aus kleinen lokalen Initiativen, kleinen Freiwilligengruppen, nicht aus NGOs, die Supplemente der Regierung und Teil des Establishments sind».[375] In Deutschland hat vor allem Jörg Bergstedt, Mitbegründer einer Jugendumweltbewegung, in polemischer Absicht eine Fülle von Material über Verbindungen vor allem führender Naturschutzorganisationen zu Staat und Industrie gesammelt. Er unterscheidet in den 1990er Jahren «zwei Umweltbewegungen»: zum einen die Anti-AKW- und Anti-Gentechnik-Initiativen, die durch ihre Ziele gegen Vereinnahmung von oben immun seien, und zum anderen die «großen Umweltverbände», die «überwiegend auf Schmusekurs mit Politik und Wirtschaft» gingen.[376] Anders als in den USA hat es in Deutschland von 1970 bis heute nie eine Bundesregierung gegeben, die sich frontal mit der gesamten Umweltbewegung angelegt hätte; da fehlte der Außendruck zu einer breiten Allianz gegen den Staat. Für Bergstedt ist die Autonomie gegenüber Staat und Industrie ein Wert in sich und ein Konflikt immer gut,[377] selbst dann, wenn man durch Kooperation mit den Mächtigen bestimmten Umweltzielen näher käme. Wem die Umwelt wichtiger ist als die Autonomie der eigenen Gruppe, verhält sich anders.

Ein differenziertes Bild der NGOs, die Kontakt zur Weltbank suchen – einem wichtigen Adressaten vieler NGOs seit den 1980er Jahren, vor allem solcher aus der Dritten Welt[378] –, entsteht aus der Sicht eines Weltbankdirektors venezolanischer Herkunft, der sich selbst als eine Ein-Mann-NGO bezeichnet und die NGOs nur teilweise ernst nimmt. «Ganz allgemein kann man sie in drei Typen klassifizieren: die ernsthaft besorgten und aufrichtig engagierten seriösen NGOs, die vom Eigeninteresse geleiteten NGOs (in der Entwicklung gibt es eine Menge Geld und Geschäfts- oder Beratungsgelegenheiten); und schließlich die Groupies, die herumhängen und nach irgendeinem Nervenkitzel (kick in life) suchen.» «Viele NGOs in den Entwicklungsländern sind oftmals den hochprofessionellen (sophisticated) NGOs aus der Ersten Welt vollständig untergeordnet, und das finde ich sehr traurig.»[379]

Bürokratisierung: ein Naturgesetz? Alles in allem: Belege für die Affinität von Umweltverbänden zu den Staatsapparaten und für bürokratische Strukturen innerhalb der Umweltverbände gibt es auf der ganzen Welt in Hülle und Fülle. Wolfgang Sachs, der selber in der Folge zum Wuppertal-Institut ging, erkennt in der Zeit nach Rio weltweit eine «aufsteigende Ökokratie».[380] Es ist jedoch die Frage, ob man daraus eine gesetzmäßige *Evolution* von spontanen Bürgerbewegungen – ob charismatisch inspiriert oder nicht – hin zur Institutionalisierung und Regulierung folgern muss. Kein Zweifel, über begrenzte Zeiträume hinweg *gibt* es diese Evolution, und doch ist das nicht die ganze Geschichte. Das bemerkt man sogleich, wenn man nicht den *Earth Day* vom 22. April 1970, dieses Mega-Happening mit seinem Hauch von Woodstock, als Stunde Null der Umweltbewegung ansieht, sondern die fast über ein Jahrhundert zurückreichende «Umweltbewegung vor der Umweltbewegung» einbezieht. Da erkennt man, dass eine Affinität zum Staat und ein Trend zur Institutionalisierung von Anfang an da waren, ob in den USA mit Gifford Pinchot oder in Preußen-Deutschland mit Hugo Conwentz. Dave Foreman, der «Eco-Warrior» und Fürsprecher der «Ecotage» zur Rettung der Wildnis ohne viel Rücksicht auf das Gesetz, bemerkt mit gewissem Recht (und bei ihm mit einem Unterton von Verachtung): «Die frühe Umweltschutz-(Conservation-)Bewegung in den USA war ein Kind – und nicht einmal ein Bastard – des Establishments. Die Gründer des Sierra Club, der National Audubon Society, der Wilderness Society und der Wildschutzgruppen waren in der Regel Säulen der amerikanischen Gesellschaft.»[381] Und schon damals liefen die Forderungen nach dem Schutz der natürlichen

Ressourcen auf Erweiterungen der Kompetenzen des Staates hinaus, und zwar der Zentrale in Washington, nicht der Einzelstaaten.

In Deutschland schlug die föderalistische Struktur im Natur- und Umweltschutz stärker durch; aber auch dort gab es im Naturschutz fast von Anfang an einen Hang zur Organisation, lange Zeit freilich mehr in der Tradition des deutschen Vereinswesens und nicht auf Effektivität hin orientiert. Als um 1910 die deutschen Heimatschutzbünde ihren Zusammenschluss zu einem Dachverband in endlosem Palaver durchkauten, kam es vor, dass der Musiker Ernst Rudorff, der geistige Vater des deutschen Naturschutzes, entnervt aufstöhnte, «wir würden unseren Bund noch einmal zu Tode organisieren».[382] Die (scheinbar) selbstlose Natur- und Heimatliebe drohte in eine selbstbezogene Vereinsmeierei umzuschlagen; einen Sinn bekam der Dachverband nur durch politische Lobbyarbeit. Mindestens so sehr wie in den USA bestand in deutschen Landen zwischen den frühen Umweltaktivisten und staatlichen Stellen eine enge Affinität. Der starke Mann des bayerischen Naturschutzes war in den ersten Nachkriegsjahrzehnten Otto Kraus, von 1949 bis 1967 Leiter der Bayerischen Landesstelle für Naturschutz. Er handelte in amtlicher Funktion und doch nicht selten im Stil eines Volkstribunen, der das Gemeinwohl gegen egoistische Beschränktheiten vertritt. Da führt es in die Irre, wenn man Staat und Zivilgesellschaft als Akteure auseinanderdividiert.[383]

Die stärkste Präsenz in der bundesdeutschen Umweltpolitik besaß bis zu dem steilen Aufstieg des NABU, der in die Zeit ab 1990 fällt, der BUND (Bund Naturschutz).[384] Dessen «weitaus stärkster und einflussreichster Landesverband» ist der bayerische, aus dem der BUND hervorging; als Bund Naturschutz (BN) wurde er in Bayern bereits am 26. Juni 1913 gegründet.[385] Rekrutierte er sich dort überwiegend aus einem konservativen CSU-Milieu, entstand der BUND in Nordrhein-Westfalen Mitte der 1970er Jahre im Umfeld der SPD; aber die Nähe zu staatlichen Organen hatte er mit seinem bayerischen Pendant gemein.[386] Peter Menke-Glückert, der Erfinder der Umweltpolitik im Bonner Innenministerium, nannte es in seiner unverblümten Art «eine der umweltpolitischen Meisterleistungen» des Staatssekretärs Hartkopf, «durch vielfältige Förderungsmethoden und Dialoge einzelne Umweltverbände für Ziele der Bundesregierung zu gewinnen und zu instrumentalisieren» (sic!).[387] Eine Instrumentalisierung wird jedoch auch in umgekehrter Richtung betrieben. Als Jochen Flasbarth, von 1992 bis 2003 der für seine Dynamik bekannte Präsident des NABU (Naturschutzbund

Deutschland), der diesen von einem beschaulichen Vogelschützerverein zu einer kämpferischen Umweltorganisation geformt hatte,[388] am 1. September 2009 Präsident des Umweltbundesamtes (UBA) wurde, schlug er dort einen für einen Amtsleiter ungewöhnlichen radikalen Aktivistenton an: So möge man endlich einmal deutlich sagen, «die Hälfte der weltweiten Fischereiflotten müsse einfach stillgelegt werden».[389]

Aus alledem darf man jedoch nicht auf ungetrübte Harmonie zwischen Staat und Umweltschutz schließen. Schon um gegenüber ihren Anhängern nicht das Gesicht zu verlieren, mussten auch BUND und NABU bei aller Kooperation mit Staatsstellen von Zeit zu Zeit ihre Konfliktfähigkeit beweisen.[390] So führte der BUND-NRW einen erbitterten Kampf gegen das von der Landesregierung massiv unterstützte Projekt einer Autobahn durch das Rothaargebirge; sein Vorsitzender Michael Harengerd (1992–1998) sprach von der «SPD-Mafia». Ein Spruchband auf einem BUND-Treffen Anfang der 90er Jahre brandmarkte den sozialdemokratischen Ministerpräsidenten Johannes Rau als «Umweltverbrecher».[391] Hubert Weinzierl, ab 1969 der neue dynamische, von der anbrechenden «ökologischen Revolution» beflügelte Vorsitzende des BN, schlug ohne Rücksicht auf den starken Anteil staatlicher Finanzierung einen offensiveren Ton an, vertrat jedoch zugleich die Überzeugung, «dass der Naturschutz heute nur eine Überlebenschance hat, wenn er gemanagt wird».[392] Zwischen charismatischer Führung und rationalem Management besteht nicht notwendig ein Gegensatz. Das Bundesinnenministerium suchte sich nach 1970 in Umweltinitiativen eine Lobby zu schaffen; aber teilweise erging es ihm dabei wie dem Zauberlehrling, der die Geister, die er rief, nicht mehr loswird.[393]

In den USA beeilte sich der Sierra Club, der in der «ökologischen Revolution» von 1970 auf einmal alt auszusehen drohte, mit dem neuen militanten Ton mitzuhalten: Gleich im April 1970, gerade richtig zum *Earth Day*, warf er ein *Handbook for Environment Activists* unter dem Titel *Ecotactis* als Taschenbuch auf den Markt, das mit der These begann: «A revolution is truly needed» (um fortzufahren: «in our values, outlook and economic organization») und immerzu von *action*, Revolution und Kampf gegen Feinde der Erde handelte, auch wenn es, wo es konkret wurde, für keine Gesetzesverletzungen agitierte. Aber wenn eine Herausgeberin beifällig ein Mädchen zitierte: «General Motors is killing us» (durch die Autoabgase),[394] war gegen einen solchen Feind eigentlich alles erlaubt.

Wie kommt es zu jener Regulierung, Institutionalisierung und Bürokratisierung, die die Attraktivität der Umweltbewegung für Jugendliche, die eine frische Begeisterung mitbringen, nicht gerade erhöht? Oder ist das eine dumme Frage? Hält man sich an Max Weber, wirkt dieser Vorgang wie ein Naturprozess: Enthusiastische, charismatische Zustände sind von Natur aus vorübergehend und nicht von Dauer; unweigerlich folgt die Veralltäglichung, und diese trägt in den modernen von bürokratischen Administrationen und Institutionen beherrschten Gemeinwesen, wo es meist auch um Finanzen geht, zwangsläufig die Züge ihrer Zeit. Das gilt als das *Natural-History*-Modell der sozialen Bewegungen; dieses enthält allerdings auch die Wahrscheinlichkeit, dass der Niedergang eintritt, sobald der erste Schwung vorbei ist und keine solide Institutionalisierung gelingt.[395] Selbst Rockgruppen werden ja über kurz oder lang gerade dann, wenn sie Erfolg haben, mitsamt ihrem Management zu Apparaten, die den Gesetzen der Unterhaltungsindustrie folgen.

Im Falle der Umweltbewegung besitzt der Trend zur Institutionalisierung jedoch darüber hinaus spezifische Gründe: Denn viele Ziele des Umweltschutzes sind, zumal wenn sie sich über größere Flächen erstrecken, ohne ein Eingreifen des Staates gar nicht zu erreichen. Das ist von Anfang bis heute der Grundwiderspruch der Umweltbewegung: Eine Gruppenkohärenz und einen kämpferischen Elan gewinnen Initiativen vor allem dadurch, dass sie sich ganz auf bestimmte Ziele einschießen; aber das holistische Konzept «Umwelt» mit seinem gruppenübergreifenden Anspruch und seiner Forderung nach vernetztem Denken läuft auf das genaue Gegenteil hinaus. Gerade wenn sie konsequent sind, gelangen Umweltinitiativen regelmäßig dahin, dass sie den Staat brauchen. Als Lobbyist und als Ansprech- und Verhandlungspartner staatlicher Instanzen muss man auf Letztere seriös wirken und sich auf deren Code und deren Kompetenzen einstellen. Und auch dann, wenn man wie Greenpeace durch spektakuläre Aktionen die Medien mobilisieren will, ist zur Optimierung des Verhältnisses von Risiko und Erfolgschance eine straffe Organisation von Nutzen: Bei freier öffentlicher Diskussion könnte man über Prioritäten unter den Zielen und Aktionen ohne Ende debattieren, mit dem Handeln zu spät kommen und den Effekt im Voraus verderben. Auch empfiehlt es sich, Aktionen im Blick auf anstehende Gerichtsprozesse und Gegenkampagnen der Kontrahenten möglichst professionell zu kalkulieren.

Unter den amerikanischen Bedingungen wurden Gerichtsverfahren zu einer Hauptwaffe der Umwelt-NGOs, die bald Hunderte von Prozessen gleichzeitig führten.[396] Dazu brauchte man Juristen, und diese ließen nicht auf sich warten, zumal das zunächst noch verworrene, jedoch in stürmischem Wachstum befindliche Umweltrecht reizvolle Aufgaben in Hülle und Fülle bot. Schon 1967 unkte ein Mitarbeiter des Sierra Club dem Vorsitzenden David Brower gegenüber, im Jahr zuvor seien New Yorker Rechtsanwälte dem Klub in solcher Zahl beigetreten, dass er fürchte, der Sierra Club sei drauf und dran, zur *New York Bar Association* (Anwaltsvereinigung) zu werden.[397] Zu Prozessen mit hohem Streitwert braucht man in den USA einen starken finanziellen Rückhalt; den bekommt man am besten durch Sponsoren aus der Industrie, und auch dafür ist es wichtig, selbst eine juristische Person zu sein, seriös zu wirken und eine Satzung und ein Büro zu haben.

EU, UNO, Weltbank: transnationaler Lobbyismus und Herausbildung eines NGO-Establishments. Da verschiedene Gruppen bei alledem sehr unterschiedlichen Erfolg haben und nur wenigen der Zugang zu höheren staatlichen Instanzen gelingt, bildet sich auf diese Weise zwangsläufig ein Establishment innerhalb der Umweltbewegung heraus, und dies umso mehr, je erfolgreicher die Umweltbewegung ist. Je höher die Ebene ist, desto kleiner die Gruppe der NGOs, die dort noch aktiv mitzuspielen vermögen. UNO und UNESCO haben frühzeitig die Formierung der Umweltbewegung beeinflusst; nicht zuletzt dort wurde «NGO» zum Markenzeichen. Innerhalb Europas gewann die EU vor allem seit den 90er Jahren, als sie in der Umweltpolitik die Initiative ergriff, eine rasch wachsende Bedeutung, die auf die Umweltbewegung zurückwirkte. War die EU bis dahin der Öko-Szene als Maschinerie zur Forcierung des industriellen Wachstums und zur Technisierung der Landwirtschaft suspekt gewesen, verbreiteten die FFH-Richtlinien ab 1992 unter Naturschützern Triumphstimmung: «Noch nie in seiner Geschichte hat der Naturschutz derart umfassend auf die Machtmittel des Interventionsstaates gesetzt!» (Frank Uekötter)[398]

Eine prominente Rolle bei der weltweiten Formierung der Umweltbewegung spielte die *Weltbank* in Washington. Sie beteiligte sich an der Finanzierung großer Staudämme und anderer Großprojekte von *development*, gegen die die Umweltaktivisten kämpften; zugleich war sie jedoch als eine dem Gemeinwohl verpflichtete Institution dazu angehalten, auf die Weltmeinung Rücksicht zu nehmen. Insofern war sie durch den steigenden Rang beeinflussbar, den Umweltprobleme in der Weltöffentlichkeit einnahmen. Besonders seit Ende der 1980er Jahre, als Umweltprobleme eine neue Hochkonjunktur erlebten, wurde sie zunehmend zum Adressaten und dann auch zum Förderer von Umweltorganisationen. Im

Laufe der 90er Jahre erkennt man bei ihr eine Art von ökologischer Wende; und diese Kurswende wurde wesentlich durch die wachsende Kritik an dem Narmada-Staudammprojekt angestoßen, die der Weltbank in einem Maße zu schaffen machte wie kaum eine andere Kontroverse davor. Während Vandana Shiva in der Weltbank bis heute vor allem den Gegner sieht, besonders wegen der durch die Kreditkonditionen dieser Bank vorangetriebene Kommerzialisierung der Wasserwirtschaft,[399] appellierte Medha Patkar bereits 1989 in einem offenen Brief an den neuen Weltbank-Präsidenten Lewis Preston: eines der eindringlichsten Dokumente, die von ihr in Umlauf gelangten.[400] Offenbar erwartete sie in Washington eher Verständnis als in Delhi oder gar in Bombay; und darin täuschte sie sich nicht. Wie wir sahen, verstand sie es, als *Grassroots*-Aktivistin ohne etablierte NGO im Rücken die Spitze der Weltbank zu beeindrucken und schließlich zum Rückzieher zu bewegen. Philippinische Umweltaktivisten empfanden spontan einen Horror vor der Weltbank: Mit dieser Bank zusammenzuarbeiten bedeute, «mit dem Feind zu schlafen».[401] Und doch fanden sie bei der Weltbank schließlich Rückhalt in ihrem Kampf gegen das Großprojekt der Philippine National Oil Corporation zur Nutzung der Geothermie am Mt. Apo.

In Washington erkannte man das Missliche der Situation, wenn einige wenige etablierte NGOs dort als Lobbyisten eine Monopolstellung erlangten, und so begann man, auch *Grassroots*-Initiativen auf der ganzen Welt einzubeziehen und zu fördern,[402] so wie es der Bericht des Generalsekretärs des *Club of Rome* Bertrand Schneider («Die Revolution der Barfüßigen») 1986 gefordert hatte.[403] Vor allem seit 1989 zeichnet sich eine Kurswende ab.[404] Ein Bericht von 2001 über die von der Weltbank in den 90er Jahren über die *Global Environment Facility* geförderten Projekte[405] liest sich wie ein Kompendium von Umweltinitiativen und Umweltprojekten aus der ganzen Welt, von denen man die allermeisten aus dem Gros der einschlägigen Literatur nicht einmal dem Namen nach kennt: 26 allein in China, 16 in Indien, 14 in Indonesien, 14 in Peru, 13 auf den Philippinen, 10 in den beiden Kongo-Republiken, je 7 in Senegal und auf den Seychellen. Man ahnt, in welchem Maße das Szenario der Umweltprojekte in aller Welt aus Washington gesteuert wird, auch wenn die Initiativen aus der Region kommen.

Die Kontroverse um Arun III: Globale und innernepalische Kommunikation. Einen Höhepunkt erreichte die ökologische Wende an der Spitze der Weltbank Mitte der 90er Jahre mit der Kontroverse um das Projekt des

Staudamms Arun III im Osten Nepals.[406] Seit langem schauten die Hydrauliker Indiens wie gebannt auf die gewaltigen Wasserkraftpotentiale des Himalaya, neben denen die des Narmada verblassten, und auch dem armen Nepal eröffneten sich da potentiell schwindelerregende Profitchancen. Aber die politische Gespaltenheit dieses höchsten Gebirgsmassivs der Welt, die instabilen Verhältnisse in Nepal und der Mangel an professionellem Management verhinderten bislang alle Großprojekte wirksamer, als Umweltschützer dies vermocht hätten.[407] Rein technisch erschien das Arun-Projekt attraktiv. Im Hochgebirgstal des Arun hätten weit weniger Menschen ausgesiedelt werden müssen als im dichtbesiedelten Narmada-Tal; aber dafür – und wiederum im Unterschied zum Narmada-Damm – brachte das Arun-Projekt weltweit die Freunde der Wildnis in Harnisch, da es eine von der Moderne noch unberührte Natur mitsamt urtümlichen Ethnien bedrohte.[408] Da standen die Advokaten der Natur und der Indigenen zusammen. Sie trafen in Washington auf eine neue singuläre Konstellation: Da hatte soeben James Wolfensohn die Leitung übernommen, der das hochkapitalistische Image der Bank abschütteln und sichtbar die Partei der Armen ergreifen wollte,[409] und sein Berater war Maurice Strong, der einstige Generalsekretär der Stockholmer Umweltkonferenz. Die neue Weltbank-Leitung stellte die Unterstützung des Arun-Projekts ein; und da Nepal anders als Indien aus eigener Kraft keinen großen Staudamm finanzieren konnte, war das Projekt damit gestorben. Auf internationaler Ebene trat die Kontroverse um Arun III als Umweltkonflikt in Erscheinung. Auch innerhalb Nepals tobte der Konflikt, aber dort ging es ganz überwiegend darüber, wer von dem Damm profitierte und wohin die Schmiergelder geflossen waren.[410] Andere Staudammprojekte in Nepal, die von Indien finanziert wurden, erregten in der Öffentlichkeit des Himalayastaates Empörung, weil die eigenen Täler indischen Interessen geopfert wurden und sich die ohnehin allgegenwärtige Gefahr erhöhte, zum bloßen Satelliten der benachbarten Großmacht zu werden.[411] So breitet die global vernetzte «ökologische Kommunikation» – gewiss nicht nur hier – einen Schleier über die Interessenkämpfe vor Ort.

Das Befreiende der Werturteilsfreiheit. Bei alledem stellt sich immer wieder die Frage: *Wie ist was zu bewerten?* Die Literatur zu Umweltthemen wimmelt von Werturteilen: von offenen und mehr noch von versteckten. Oft schmuggeln sie sich mit Selbstverständlichkeit ein und sind den Autoren als solche gar nicht bewusst. Nicht selten sind die Werturteile zueinander geradezu konträr. Schon am Ursprung des Natur- und Umweltschutzes erkennt man konträre Impulse: Die Freude an der frei wuchernden Natur hat etwas Anarchisches; aus der Empörung über die «freie Wirtschaft» dagegen, die die Natur mit Bagger und Beton verschandelt, entspringt der Ruf nach einer durchgreifenden staatlichen Ordnungsmacht, die ein vertrautes Landschaftsbild konserviert.

Wem die Autonomie der höchste aller Werte ist, für den ist jegliche Kooperation von Umweltinitiativen mit staatlichen Instanzen per se Verrat. Für wen prinzipiell nur der Staat zu wirksamem Umweltschutz fähig ist, in dessen Augen ist der Umweltschutz auf die Dauer bei privaten Organisationen schlecht aufgehoben, und denen werden Zensuren erteilt, je nachdem, ob und wie sie mit staatlichen Instanzen zu kooperieren vermögen. Wer Staatsbürokratien prinzipiell für träge, inkompetent und korrupt hält, für den liegt alles Heil bei nichtstaatlichen Organisationen. Wer glaubt, Naturschutz müsse stets gegen die große Masse der Menschen durchgesetzt werden, wertet Naturschutzverbände nach ihrer Konfliktfähigkeit; wer glaubt, aller erfolgreiche Naturschutz beruhe auf einem Konsens mit den Anwohnern, wertet Naturschützer nach ihrer «kommunikativen Kompetenz». Wem die Wissenschaft die Basis aller modernen Umweltpolitik ist, der wird leicht angewidert durch die in den Umweltschutz hineinspielenden Emotionen. Wer aus Liebe und Leidenschaft dabei ist, für den ist der mit staubtrockenen rationalen Papierfluten operierende Umweltschutz, für den geliebte Tiere und Landschaften als Werte nicht existieren, ein blutleeres ökologisches Eunuchentum. Für wen die wahre Umweltbewegung von selbstloser Liebe zur Natur um ihrer selbst willen getrieben ist, der registriert mit Häme, wenn sich hinter dem Kampf gegen ein Bauprojekt angeblich im Namen einer bedrohten Fledermausart in Wahrheit der Kampf für die Ungestörtheit des Eigenheims im Grünen versteckt. Wer alle Umweltgruppen daran misst, ob sie die Maxime «Global denken – lokal handeln» befolgen, für den sind alle die, denen es einfach nur um ihren Heimatort, ihren Stadtteil geht, borniert-egoistische NIMBY-Existenzen. Für wen die wahre Umweltbewegung das Ganze der Umwelt meint, für den sind alle Ein-Punkt-Bewegungen borniert.

Alles in allem erkennt man überdeutlich die Gefahr, dass einseitige und überzogene Bewertungskriterien die Würdigung der Umweltbewegung unmöglich machen.[412] Max Webers einst oft überstrapaziertes Postulat werturteilsfreier Wissenschaft löst unter vielen modernen Sozialwissenschaftlern nur noch ein Gähnen aus; und doch könnte es die

Erforschung von Umweltpolitik und Umweltbewegung geradezu revolutionieren. Zuallererst muss man sich gründlich von der ganz und gar ahistorischen Idee frei machen, es gebe für die Lösung der Umweltprobleme unserer Welt *ein* Patentrezept, *eine* effektive Methode, *eine* optimale Instanz und Organisation. Hier gibt es keine Wahrheiten ohne Raum und Zeit, ohne Situation und Akteure. Alle Werturteile sind hier relativ und zeitgebunden, sind an bestimmte Bedingungen und Voraussetzungen geknüpft.

Der Grundwiderspruch der Umweltbewegung. Der einst prominente Staatsrechtler Ernst Forsthoff (1902–1974) hatte die «Daseinsvorsorge» zu einer der vornehmsten Aufgaben des Staates erklärt und damit eigentlich der Umweltbewegung, wenn sie dem Staat fordernd entgegentrat, die beste rechtsphilosophische Grundlage geben; er war jedoch vielen Umweltaktivisten als Repräsentant einer autoritären Tradition des deutschen Staatsdenkens suspekt. In der Tat wusste er die Bürgerinitiativen, soweit er sie noch mitbekam, zu wenig zu würdigen. Er glaubte 1971 zu erkennen, dass der sich in privaten Bürgerinitiativen formierende Umweltschutz wirkungslos verpuffe, da zwischen dem partikularen Charakter dieser Bewegung und dem antipartikularen Wesen des Umweltschutzes ein Widerspruch bestehe und allein der nicht in eine Pluralität von Interessen zerfallende Staat diesem der Daseinsvorsorge benachbarten Interesse nachzukommen vermöge.[413]

Nun, das war 1971, und bei allen Urteilen in Sachen der so sehr in Bewegung befindlichen Umweltbewegung muss man auf den Zeitpunkt achten. Ein, zwei Jahrzehnte darauf hätte Forsthoff schwerlich mehr urteilen können, dass diese Bewegung nichts bewegt hätte. Er sah zu wenig, dass auch «der Staat» keine kompakte Einheit ist, seine Bürokratie vielmehr zur Diffusion der Verantwortung neigt und dass der Staatsapparat nicht per se für das Gemeinwohl sorgt, sondern dafür immer wieder der Außenimpulse bedarf. Gerade die Geschichte des Umweltschutzes bietet dafür Belege in Hülle und Fülle. Im Prinzip ist diese Erkenntnis nicht neu. Schon 1872 hatte der einst berühmte, von Forsthoff jedoch attackierte Rechtslehrer Rudolf von Jhering in seinem Wiener Vortrag vom *Kampf um's Recht* verkündet, das «abstrakte Recht» bleibe ein «bloßer Schein» und stehe nur «auf dem Papier», solange die Individuen nicht um ihr Recht kämpften.[414] Jhering dachte an individuelle Rechte; aber für Gesetze zum Umweltschutz gilt das Gleiche: Auch dieses Gemeininteresse wird erst durch eine Vielfalt von individuellen Interessen aktualisiert; und nur zu oft bleibt das Umweltrecht toter Buchstabe, wenn nicht Individuen für dessen praktische Durchsetzung kämpfen.[415]

Und doch besitzen diese Einzelinteressen, ob von Individuen oder Gruppen, ihre jeweilige Borniertheit und verletzen, monomanisch verfolgt, nicht selten legitime Interessen anderer; das gilt auch im Umweltschutz. Dafür bietet dessen Geschichte Beispiele genug. Insofern ist Forsthoffs Kritik nicht ganz und gar überholt; gerade bei Konflikten zwischen verschiedenen Umweltinitiativen wird sie aktuell. Wie alle Organisationen entwickeln auch Umweltverbände ihren Organisationsegoismus; bei der Einwerbung privater Spenden und staatlicher Fördergelder geraten sie zueinander in Rivalität. Ähnliches geschieht beim Kampf um Publicity; denn die Aufmerksamkeit der Medien verteilt sich nicht gleichmäßig auf ein beliebig breites Spektrum von Themen und Aktionen. Im Interesse des Umweltschutzes wäre eigentlich dringend geboten, dass alle Umweltverbände zusammenhalten; dies kann jedoch durch das Interesse der Organisationen an Selbsterhaltung durchkreuzt werden. Noch am ehesten besteht bei ehrenamtlichen Mitarbeitern vor Ort die Chance auf Kooperation über Verbandsgrenzen hinweg.

Schon um 1970 war in den USA zu erkennen, dass die Vielzahl der aus dem Boden schießenden Umweltgruppen und Ad-hoc-Bürgerinitiativen nicht nur eine Stärke bedeutete, sondern auch eine Gefahr in sich trug: die der Aufsplitterung des großen Zusammenhanges der ökologischen Problematik.[416] Gerade die USA bieten heute das beste Beispiel für das von Forsthoff bezeichnete Dilemma: Zwar haben sie seit vierzig Jahren die stärkste zivilgesellschaftliche Umweltbewegung der Welt und können eine lange Kette von Erfolgen vorweisen, vor allem bei der Unterbindung bestimmter giftiger Industrieemissionen, und doch treten sie bei der Reduzierung der CO_2-Emissionen, wo es um das gemeinsame Interesse der Menschheit geht, als der große Blockierer in Erscheinung.

Nach miserablen Erfahrungen der Entwicklungshilfe mit den Staatsapparaten in vielen Ländern der Welt und im Zuge des allgemeinen Trends zur Deregulierung vor allem seit den 1990er Jahren ist «NGO» zum Zauberwort geworden – attraktiver als das deutsche Wort «Verband» –, so als sei bereits die bloße Nichtstaatlichkeit ein Qualitätsausweis. Den NGOs fehlt jedoch die demokratische Legitimation; ihre Legitimität gründet sich darauf, dass man bei ihren Mitgliedern ein gewisses Maß an Idealismus vermuten kann. Auch das ist nicht in jedem Fall sicher; und von dem Trägheitsgesetz der Staatsapparate sind auch die großen wohlausgestatteten NGOs nicht ganz frei, auch wenn sie nicht entfernt so hohe Gehälter und sichere Pfründen zu bieten haben. Alles in allem hängen die Chancen des Umweltschutzes in aller Welt ganz entscheidend am Vorhandensein einer einigermaßen kompetenten und energischen Beamtenschaft mit einem Minimum an Berufsethos und Integrität, die durch eine kritische Öffentlichkeit kontrolliert wird. Weil es damit in vielen Ländern der Welt schlecht bestellt ist, darf man auch von der Vielzahl der Umweltgruppen, die ganze Handbücher füllen, nicht auf ähnlich umfangreiche Wirkungen schließen.

Da es auf grünen Aktivismus im Staatsapparat ankommt, kommt es auch auf die Parlamente an; aber an denen zeigt die Literatur zum *environmentalism* das geringste Interesse. Als das Modell «Neue soziale Bewegungen» in Mode war, lautete die Lehrmeinung, eine Umweltpartei sei ein Widerspruch in sich, und immer wieder wurde den deutschen Grünen, auch aus den eigenen Reihen, ein baldiges Ende prophezeit. Sie sind gleichwohl bis heute, über dreißig Jahre, die weltweit weitaus berühmteste Öko-Partei geblieben, und über sie gibt es mittlerweile viel Literatur; diese konzentriert sich jedoch auffallend stark auf die grüne Frühphase,[417], als der Kampf zwischen Fundis und Realos tobte, sich die grüne Bundestagsfraktion ewig darüber zerstritt, ob sie in Bonn Partei oder Antipartei spielen sollte, und die grüne Gesamtszenerie den Reiz des Grotesken besaß.

Immer neu: die Suche nach Ordnung. Die über 1100 Seiten umfassenden Sitzungsprotokolle der Grünen – öffentliche wie interne – aus ihrer ersten Legislaturperiode, 1983–1987, die 2008 publiziert wurden, sind eine auf der ganzen Welt einzigartige Dokumentation, singulär auch in ihrer enthüllenden Offenherzigkeit, mit wiederholten Seelenexplosionen frustrierter Fraktionsmitglieder und unkorrekten Bemerkungen von Protokollanten. Man lese das Protokoll der Fraktionssitzung vom 20. November 1983, wo debattiert wird, ob die Grünen bei der Bundestagsdebatte über die Nachrüstung entgegen dem parlamentarischen Rede-Usus einen «Schweigekreis» bilden sollen. «Sabine Bard findet die menschliche Geste Schweigen an einem unmenschlichen und zynischen Ort wie dem Bundestag verfehlt. ... Auf die Frage von Joschka Fischer, wer macht es?, entsteht ein Chaos, wer, wo, wie, was, wann; in der folgenden Abstimmung stellt sich heraus, dass 8 schweigen würden und der Rest nicht.» Gegen Schluss der Sitzung wieder «ein kleiner Tumult». «Damit hört die Sitzung irgendwie auf.»[418] Ein Durcheinander von Parlamentarismus und Antiparlamentarismus. Im Übrigen lässt gerade das detaillierte Studium des grünen Politikbetriebs jener Zeit erkennen, wie sehr die Partei auf Umweltverbände, Bürgerinitiativen und Öko-Institute angewiesen war: Durch den Parlamentsalltag überfordert, vermochten die Grünen aus sich heraus weder Alternativen zu Kern- und Kohlekraftwerken zu entwickeln noch neue Umweltprobleme zu identifizieren.

Noch etwas anderes verrät die Dokumentation: Der anfängliche Mangel an Einhaltung formaler Regeln, der weithin informelle Charakter der Entscheidungsprozesse macht diese keineswegs transparenter. Nicht wenige Dokumente der Grünen sind in ihren Anspielungen und ihrem Jargon für spätere Außenstehende schwerer zu verstehen als Reichstagsprotokolle der Bismarckzeit. Irgendwo fallen die Entscheidungen: wenn nicht tags in der Sitzung, dann nachts in der Kneipe; die Informalität verstärkt oft das Insidertum. Nachkommende junge Umweltaktivisten sind erst einmal irritiert über das über Jahrzehnte verdichtete verbale Spinnengewebe von Öko-Jargon, der – zumal in Vermischung mit dem Jargon der alternden neuen Linken[419] – auf Neulinge nicht unbedingt einladend wirkt (allerdings ergeht es ihnen in Selbsterfahrungs-, Esoterik- oder Feministinnengruppen nicht viel besser). Ähnliches wusste selbst der vielerfahrene Reimar Gilsenbach zu berichten, ein geheimer Guru der Öko-Szene in der DDR, als er nach der Wende unter die westlichen Naturschützer geriet.[420] Der Jargon gedeiht jedoch in informellen Szenen mindestens so sehr wie in formalen Institutionen.

Greenpeace contra Shell: ein Pyrrhussieg? Selbstreflexion in der Umweltbewegung. Bei all dem vielen, was zu Sarkasmen verführt, sollte man gleichwohl nie vergessen: Die Feststellung, dass es in der Umweltbewegung wie überall menschlich-allzumenschlich zugeht, auch in Umweltverbänden über Besetzung des Vorstandes und Verwendung der Gelder gestritten wird und auch sie ihren Anteil haben an den Routinisierungs- und Alterungsprozessen der Menschen und ihrer sozialen Beziehungen, ist als solche banal und kann nur denjenigen erschüttern, der zuvor an ökologische Wunder geglaubt hat. Bemerkenswert ist dagegen vieles, was *nicht* in dieses Schema passt. Teilweise schon von Anfang an und verstärkt seit der welthistorischen Wende um 1990, mit der eine neue Phase der Umweltpolitik begann, stand vielen Umweltaktivisten das Schicksal der sozialistischen und kommunistischen Bewegungen als warnendes Beispiel vor Augen, die sich – einst aus der Empörung der Machtlosen hervorgegangen – blindlings in einen autoritär-bürokratischen Zentralismus schlimmster Art gestürzt hatten.

Man kann sich bei der Umweltbewegung über ganz Unterschiedliches wundern: wie rasch nicht wenige Umweltaktivisten, die sich anfangs als wilde Rebellen gegen das Establishment gebärdeten, dann doch in Funktionen gelangten, wo sie auf professionelle Art mit Instrumentarien der Macht hantierten; aber auch darüber, wie kritisch und selbstkritisch viele Umweltkämpfer diesen Prozess verfolgten und Exzessen vorzubeugen suchten. Selbst innerhalb der bundesdeutschen Umweltbürokratie war es geraume Zeit Usus, höhere Beamte, die normalerweise aus ihren Büros nicht herauskamen, von Zeit zu Zeit «an die Front» zu schicken (Spitzname: «Kinderlandverschickung») und sich in Dorfgasthäusern mit Bauernversammlungen über neue Naturschutzauflagen herumzuschlagen, um nicht jedes Gefühl für die Problematik einer reinen «Top-down»-Naturschutzpolitik zu verlieren; erst unter der rot-grünen Bundesregierung wurde dieser auf seine Art durchaus sinnige Brauch abgeschafft.[421]

Ein Musterbeispiel für die geschilderte Dialektik der Umweltbewegung bildet *Greenpeace*. Seit vierzig Jahren ist es die mit Abstand berühmteste Umweltorganisation der ganzen Welt, und niemand hat wirkungsvoller als die Regenbogenkämpfer ein neues grünes Heldentum begründet, das auch solche zu begeistern vermochte, die den sauertöpfischen und ewig lamentierenden Typus des «Öko» nicht ausstehen konnten. Die tollkühnen Aktionen auf den Weltmeeren gegen Walfänger und gegen Atomwaffentests haben viel dazu beigetragen, der «ökologischen Revolution» von Anfang an einen kühnen Zug und globalen Horizont zu geben, himmelweit von dem von Löns gescholtenen «Pritzelkram» entfernt. Aber die Greenpeace-Aktionen erforderten eine generalstabsmäßige Planung; die straff-hierarchische Struktur und Selbstbezogenheit dieser zunehmend mit Spenden überschütteten Organisation erregten den wachsenden Groll anderer Umweltgruppen, die mehr im Schatten standen und Greenpeace ironisch «the Empire» titulierten.

Der Greenpeace-Stratege Harald Zindler verkündete rundheraus: «Ich lass mir nicht von einer Vollversammlung jemanden ins Schlauchboot setzen.» «Debatten wie etwa zwischen Fundis und Realos bei den Grünen in Bonn, in denen man sich in endlosen Nächten die Nerven zerreibt und zerstreitet, gibt es bei Greenpeace nicht.»[422] In den Worten von Matti Wuori, einem anderen Greenpeace-Generalstäbler: «Wenn du irgend etwas auf der Welt verändern willst, brauchst du Macht dazu; du musst dich letztlich entscheiden, ob du nette, endlose und meist ergebnislose Debatten oder effiziente Veränderungen durchziehen willst; und das geht nur mit einer gewissen Hierarchie – um diesen Widerspruch kommt man nicht herum.»[423] Nun, Diskussionen müssen nicht unbedingt ergebnislos sein. Aber immer wieder spürt man die Erfahrung ungeregelter Endlosdiskussionen in der Öko-Szene. Da konnte es zur Offenbarung werden, wie wundervoll eine straffe Organisation ist.

Der *Spiegel* hielt sich in seinem ersten Greenpeace-Titel vom 6. September 1982 ganz an die bereits zur Ikone gewordene heroische Selbstdarstellung der Regenbogenkämpfer: zwei Männer im Schlauchboot vor einem riesigen, rot leuchtenden Atompilz. Neun Jahre darauf jedoch, am 16. September 1991, war es das gleiche Nachrichtenmagazin, das – von Greenpeace mit einer *Spiegel*-Persiflage «Umweltkiller Druckpapier» herausgefordert – mit dem Titel «Geldmaschine Greenpeace» eine Breitseite auf den Umweltstar schoss und dabei ausgiebig aus der mittlerweile in der Öko-Szene gesammelten Eifersucht schöpfte. Wieder auf dem Titelbild die Regenbogenkämpfer im Schlauchboot, wieder vor ihnen ein übermächtiger, hell leuchtender Schwall – aber diesmal ist es kein Atompilz, sondern ein wahrer Tsunami von Hundertmarkscheinen. «David ist zum Öko-Goliath herangewachsen», der fast doppelt so viel Spenden wie die Welthungerhilfe kassiere und – da es ihm an einem Konzept fehle und er nicht mehr wisse, wohin mit dem Geld – bereits 60 Millionen DM auf Festgeldkonten gelagert habe. Dieser «McDonald der Umweltszene» orientiere sich nicht an realer Relevanz seiner Zielscheiben, sondern einzig am Medieneffekt; so habe er das Auto erst neuerdings als Umweltschädling entdeckt, da Kritik am Auto die längste Zeit unpopulär gewesen sei.[424] In der Folge suchte Greenpeace ein «Öko-Auto» zu entwickeln.

Ganz auf den Medieneffekt kalkuliert war auch vier Jahre darauf die Greenpeace-Aktion gegen die zur Versenkung bestimmte Bohrinsel «Brent Spar» in der Nordsee, aber da leistete der *Spiegel* den Regenbogenkämpfern wieder Schützenhilfe in alter Art: erneut die Helden im winzigen Schlauchboot; vor ihnen statt des Atompilzes das verteufelt ähnlich wirkende Shell-Logo und davor die «Brent-Spar»-Plattform. Das Schlauchboot war längst «zu einem unentbehrlichen Element der klassischen David-Goliath-Erzählung» geworden (Anna Wöbse), noch als Greenpeace selber zum Goliath geworden war. Die Regenbogenkämpfer enterten die Plattform und wurden dort von Wasserwerfern beschossen, all das vor den laufenden Kameras der Fernsehleute: Es war ein nicht mehr zu übertreffender Gipfel des medialen Effekts, und er schlug wie eine Bombe ein. Europaweit wurden Shell-Tankstellen boykottiert. Selbst Bundeskanzler Kohl unterstützte die Kampagne, die an Popularität alle bisherigen Umweltaktionen überstieg.

Dieser größte Öffentlichkeitserfolg von Greenpeace hatte ein ungewöhnlich kontroverses Vorspiel innerhalb der Organisation. Warnendes Beispiel war damals eine «rundum erfolglose» Greenpeace-Aktion: der am 7. April 1991 unternommene Versuch, eine norwegische Probebohrung im Wattenmeer zur Verlegung einer Pipeline zu verhindern.[425] War der optische Reiz dieser Aktion zu gering, oder hatte sich die Attraktivität des Öko-Piratentums auf den Meeren in den Augen der Medien abgenutzt? In den Augen vieler Experten, die den «Regenbogenkämpfern» mittlerweile zugeströmt waren und «Strukturreformen» forderten, war der Stil der Schlauchbootaktionen mit ihrer simplen David-gegen-Goliath-Symbolik mittlerweile antiquiert und nicht der vermeintlichen Wissensgesellschaft des kommenden 21. Jahrhunderts angemessen. Sie wollten die alten Kämpen loswerden, waren jedoch in deren Augen «Tintenpisser». «Die *Brent-Spar*-Aktion war das Aufbegehren einer kleinen Gruppe alter Haudegen, die Greenpeace als Aktivistenorganisation wiederherstellen wollen.» Ulrich Jürgens, der Leiter der Aktion, erklärte rundheraus: «Wenn du mit Wissenschaftlichkeit argumentierst, bist du immer verloren. Ist mir doch egal, ob da zehn oder tausend Tonnen Giftschlamm drin sind. Es geht darum, wie eine hochentwickelte Gesellschaft mit ihrem Müll umgeht.»[426] Und der Erfolg übertraf alle Erwartungen – ein neuer Beweis dafür, dass die Menschen immer wieder simple und sinnlich eindrucksvolle Bilder brauchen, um aufgerüttelt zu werden. Auch die Ölkatastrophe des Jahres 2010 im Golf von Mexiko erinnert daran, dass triviale Tücken der Technik, die man zwischendurch für erledigt hielt, immer wieder aktuell werden.

Greenpeace zwang Shell zum Rückzug – der spektakulärste Sieg, der je von einer Umweltorganisation errungen worden war. Hatte die Greenpeace-Zentrale in Amsterdam in den Jahren davor wegen eines Rückganges der Spenden über 90 Stellen streichen müssen, erfolgte nun ein neuer Spendenrekord.[427] Dann jedoch folgte ein peinliches Nachspiel, als herauskam, dass Greenpeace – wenn nach eigener Behauptung[428] auch nicht mit Absicht, sondern aufgrund eines Messfehlers – vorübergehend mit weit überzogenen Zahlen operiert hatte: Nicht wie behauptet 5000, sondern nur 100 Tonnen Ölschlamm befanden sich in der «Brent Spar».[429] Was zunächst als Geniestreich erschien, wurde selbst in den Augen mancher Greenpeace-Freunde zum Pyrrhussieg. Hatte die hemmungslose Art und Weise, wie «Brent Spar» hochgespielt wurde, nicht von dem unvergleichlich viel schlimmeren Shell-Skandal im Nigerdelta abgelenkt, der jedoch keine Objekte für Schlauchbootaktionen geboten hatte? Dennoch blieb der Symbolwert der Aktion bestehen: Der Protest gegen die Manier, die Meere zur Müllkippe zu machen, trifft einen Skandal, der sich noch in der Gegenwart von Jahr zu Jahr verschlimmert. Ein Greenpeace-Aktivist, der nachträglich die Legitimität dieser Aktion bekräftigte, wies darauf hin, dass die Versenkung der Bohrinsel zum Präzedenzfall geworden wäre: «*Brent Spar* war das Pilotprojekt für die Beseitigung von etwa 420 weiteren, wesentlich größeren Plattformen und Bohrinseln in der Nordsee in den nächsten Jahren. Ermessensentscheidungen gegen die Tiefseeentsorgung anderer Plattformen wären nach einer Genehmigung für *Brent Spar* kaum mehr möglich gewesen.»[430]

Greenpeace selbst veröffentlichte 1997 eine partiell selbstkritische Dokumentation, in der es an maliziösen Presseartikeln über das eigene Haus nicht fehlte. Am bemerkenswertesten war ein in der *FAZ* am 24. Juni 1996 gebrachtes Gespräch mit Eric Hobsbawm (geb. 1917), dem großen alten Mann der linken Historiographie, das unter der (nicht ganz korrekten) Schlagzeile stand: «Greenpeace, das ist die Revolution der Reichen.»[431] Hatte zuerst Shell in öffentlichen Anzeigen beteuert: «Wir werden uns ändern», kamen jetzt verhaltenere Signale der Selbstkritik auch von seinem Widersacher Greenpeace. Einen Teil der Spendeneinnahmen wollte man nun für ein ebenso unspektakuläres wie unpopuläres Projekt verwenden: für eine beim Deutschen Institut für Wirtschaftsforschung in Auftrag gegebene Studie über eine ökologische Steuerreform.[432] Als Greenpeace im Mai 1996 eine Kampagne gegen die für die Fischmehlindustrie betriebene «Gammelfischerei» startete, die an erster Stelle Dänemark traf, kam es zu einem heftigen Konflikt mit Greenpeace Dänemark.[433] «Brent Spar» bot kein beliebig wiederholbares Erfolgsrezept; darin hatten die Kritiker Recht.

Die Nachreflexionen zu «Brent Spar» gehören zu den nachdenklichsten Dokumenten aus der Geschichte der deutschen Umweltbewegung; es sieht allerdings nicht so aus, als sei diese Erfahrung in einer breiteren grünen Öffentlichkeit gründlich diskutiert worden. Aber spätestens seit jener Zeit stand inner- und außerhalb von Greenpeace das Thema im Raum: die Forderung nach einem neuen Nachdenken über die Kernprobleme des Ökosystems Erde jenseits aller medienwirksamen Happenings. Die darauffolgende Karriere der Klimathematik, die in den gemäßigten Breiten kaum je (oder nur scheinbar) durch erregende Ereignisse aktualisiert wurde, wäre ohne derartige Denkanstöße schwer vorstellbar. In den 1990er Jahren hatte der Klima-Alarm in den Medien schon zeitweise als ausgereizt gegolten; der berühmt-berüchtigte *Spiegel*-Titel vom 11. August

1986 mit dem zur Hälfte unter Wasser stehenden Kölner Dom hatte sich als weit übertrieben erwiesen, und der *Spiegel* machte sich hernach selber über die Klimasorgen lustig.[434] Aber die Gesetze medialer Publicity sind nicht alles. Gerade die in der Öko-Szene erkennbare Fähigkeit zur Selbstreflexion verspricht über alles Auf und Ab hinaus eine nachhaltige Wirksamkeit. Innerhalb von Greenpeace reaktivierte die Sinnkrise freilich auch die Tendenz zu straffer Organisation.[435]

Renaissance des Radikalismus. Wie schon erwähnt, erwies sich das Establishment führender Umweltorganisationen über die Jahrzehnte im Großen und Ganzen als bemerkenswert stabil. Innerhalb derselben NGOs konnte jedoch die Fluktuation unter den Aktivisten ganz erheblich sein.[436] Zudem machten den etablierten NGOs Sezessionen und radikalere Rivalen zu schaffen, und sie mussten darauf achten, gegenüber der neuen Konkurrenz nicht alt auszusehen. Schon Ende 1982, als sich Greenpeace Deutschland gerade konstituiert hatte, spaltete sich Robin Wood ab, das den Wald von den Schlauchbootaktivisten vernachlässigt fand, und außerdem: «Greenpeace würde lieber mitleiderregende Robbenbabys[437] vermarkten als vor Ort langfristige Kampagnen gegen die Praktiken der Chemieindustrie führen», lautete ein Vorwurf.[438] Schon seit 1977 sah sich Greenpeace auf den Weltmeeren der Konkurrenz des militanten Greenpeace-Apostaten Paul Watson und seiner «Sea Shepherd» gegenüber, der Walfänger kurzerhand mit dem betonverstärkten Bug seines Schiffes rammte und seine bisherigen Mitstreiter von Greenpeace als Bürohengste verspottete.[439]

Der Sierra Club hatte 1969 seinen charismatischen Führer David Brower, unter dessen Ägide sich die Mitgliederzahl von etwa 5000 auf 70 000 vervierzehnfacht hatte, im Streit abgesetzt, und dieser hatte darauf die *Friends of the Earth* gegründet.[440] Dieser Eliteklub hatte in der Zeit des *Earth Day* mithin allen Grund, sich so aktivistisch wie nur möglich zu gebärden, und sein neues Handbuch *Ecotactics* zeugt davon in geradezu übertriebener Weise. Wenn man sich wie bisher auf bloßen Lobbyismus beschränkte, drohten einem die Mitglieder davonzulaufen. 1980 verließ Dave Foreman die Wilderness Society und gründete *Earth First!*; sein militanter Stil mit dem Aufruf zu Sabotageakten passte zu der damals unter Reagan anlaufenden Gegenoffensive. Zeitweise schien er der charismatische Führer der amerikanischen Wildnisbewegung zu werden; selbst Elite-Universitäten brachten ihm Standing Ovations.

Derartige Herausforderungen trugen das Ihre dazu bei, die *Big Ten* von einem allzu offenen Schmusekurs gegenüber der staatlichen Administration abzuhalten. Selbst der Präsident des Sierra Club befürwortete 1992 eine «gesunde Interaktion zwischen den radikaleren und den Mainstream-Gruppen» und erblickte in der mangelnden Offenheit des «Mainstream» gegenüber den Radikalen ein Hauptmanko der Umweltbewegung. Management allein sei kein Schlüssel zum Erfolg: «Die Geschichte zeigt, dass Organisationen typischerweise dann am erfolgreichsten sind, wenn sie es hinkriegen, Elemente zu kombinieren, die sich oft schlecht miteinander vertragen: die, die ein leidenschaftliches Sendungsbewusstsein in sich tragen und von Visionen getrieben sind, und die, die das Finanz- und Personalmanagement beherrschen.»[441] Eine «Lehre der Geschichte», die man gelten lassen kann!

In England, wo sich die Umweltschützer – mit Ausnahme der *Animal-Rights*-Bewegung[442] – lange Zeit vergleichsweise dezent und konsensorientiert gegeben hatten, kam es in den 1990er Jahren vor allem durch die *Reclaim-the-Streets*-Bewegung[443] und den Kampf gegen Straßenbauprojekte zu einer Welle von Militanz: Wo die Bagger anrückten, gab es aufreizende Angriffsobjekte. Zur gleichen Zeit brachte in den USA die *Environmental-Justice*-Bewegung, der Kampf gegen Giftmülldeponien in der Nähe von ohnehin benachteiligten Wohngebieten, ungeachtet der fortdauernden Dominanz der *Big Ten* oder *Big Twelve* einen neuen Boom von *Grassroots*-Initiativen.[444] Besonders im Kampf gegen giftige Emissionen hatte sich die EPA in ihrer ersten großen Zeit profiliert; jetzt kehrte die *anti-toxic movement* von unten zurück. Nicht einmal in China vermochten GONGOs und andere regierungskonforme NGOs den Umweltschutz zu monopolisieren: Franz Alt zufolge kam es selbst nach offiziellen Zahlen allein im Jahr 2008 zu 86 000 mitunter militanten Protesten, von denen viele durch Umweltskandale ausgelöst wurden, bei denen die Gesundheitsgefahr für die örtliche Bevölkerung evident war.[445] Schon an der Jahrtausendwende registrierte ein chinesischer Beobachter eine rasche Zunahme umweltbezogener sozialer Proteste seit dem Ende des Maoismus. In typischen Fällen wurden Trauerfeiern, wo Menschenansammlungen und kollektiver Ausdruck von Trübsal legal sind, zu Protestkundgebungen umfunktioniert.[446]

Alles in allem: Die so oft – teils melancholisch, teils hämisch – geäußerte Erwartung, die Institutionalisierung des Umweltprotestes werde sich unweigerlich bis zur Erstarrung und Mumifizierung fortsetzen, hat sich bislang im Großen und Ganzen nicht bestätigt: Das zeigen in überraschendem Maße breit angelegte quantitative Untersuchungen über Mittel- und Westeuropa,[447] das zeigt der Blick auf die USA, wo selbst der Vorsitzende des Sierra Club seit den 1980er Jahren einen «neuen Radikalismus» registriert,[448] und das zeigt auch der Blick in den Fernen Osten, ob nach China oder auf die Philippinen. Der Fortgang der Geschichte hält sozialwissenschaftliche Modellbastler immer wieder zum Narren.

«Ehernes Gesetz der Oligarchie» und Gesetz der kleinen Zahl. Die Prämisse, die der Erstarrungsprognose zugrunde lag, wurde am schärfsten von Robert Michels mit seinem «ehernen Gesetz der Oligarchie» formuliert. Damals, 1911, hatte er vor allem die deutsche Sozialdemokratie als lebendes Beispiel vor Augen. Dieses «eherne Gesetz» machte ihm seine Wende zum Faschismus leicht; denn demnach hätte es im demokratischen Sozialismus ohnehin an Freiheit nichts zu verlieren gegeben. Dem «ehernen Gesetz» lag jedoch letztlich die Überzeugung von Michels' Mentor Max Weber zugrunde, dass das Neue in der Geschichte nicht aus Massenverbänden entspringt, sondern aus kleinen Gruppen, die einander durch starke Leidenschaften verbunden sind – daher Webers besonderes Interesse an den Sekten.[449]

Bei diesen kleinen Gruppen braucht es sich jedoch keineswegs um mächtige Eliten zu handeln, schon gar nicht am Anfang: Webers Gesetz der kleinen Zahl gibt auch Randgruppen eine Chance. Zum gleichen Schluss führt das schon genannte Olson-Paradox. Wie der österreichische Kulturethologe Otto Koenig aus vieljährigen Erfahrungen sowohl in der Verhaltensforschung wie in der Umweltbewegung resümiert: «Der Mensch ist und bleibt Kleingruppenwesen, das seine schlagkräftigsten Energien eben in der 12–20 Köpfe zählenden Sozietät entfaltet. ... Der nur aus zahlenden Mitgliedern bestehende Großverein wird im Ernstfall viel schlechter bestehen als die immer reaktions- und verteidigungsbereite Kleingruppe. Darin liegt der Vorteil der Aktivisteneinheit gegenüber der berühmten ‹schweigenden Mehrheit›, die zwar nicht einverstanden ist, aber dennoch nichts tut.»[450] Und darin liegt die immer neue Chance und zugleich Grundproblematik der Umweltbewegung, die ihre Vitalität aus lokalen Aktivistengruppen bezieht, aber zugleich das Interesse der gesamten, ja der noch ungeborenen Menschheit vertreten möchte. Inwieweit die Internetforen den Vorteil kleiner Randgruppen noch verstärken, wo sich Gleichgesinnte finden, die sich sonst nie begegnet werden, oder stattdessen zur Verzettelung der Kommunikationsfähigkeit führen, die irgendwo auf ihre Grenzen stößt, ist eine der spannendsten Fragen der Zukunft.

Die Fülle der Zeit. Für Kierkegaard war der «*kairos*» (altgriechisch: «günstiger Augenblick»), die «Fülle der Zeit», «der Begriff, um den sich im Christentum alles dreht»;[451] und es ist verlockend, diesen Begriff auch zum Verständnis der Umweltbewegung zu erproben. Der Nichttheologe würde vom «historischen Augenblick» sprechen; Systematiker haben mit ihrem Eifer, überall Struktur zu konstruieren, in den 1990er Jahren stattdessen die *political opportunity structure* (POS) erfunden und dort die Buntheit der wirklichen Geschichte verstaut, um zu erklären, dass Bewegungen trotz üppiger Ressourcen manchmal partout nicht reüssieren, in bestimmten Situationen dann aber doch.[452] Das Kairos-Phänomen ist offenbar mit im Spiel, wenn von Zeit zu Zeit Erstarrungsprozesse in der Umweltbewegung aufbrechen und neue Initiativen mit neuen Themen eine Chance bekommen. Der Waldsterben-Alarm brachte Anfang der 1980er Jahre die bundesdeutsche Öko-Szenerie gehörig durcheinander. Die Mütterbewegung nach Tschernobyl, von den alten Anti-AKW-Kämpen als «Becquerel-Bewegung» bespöttelt, gab der Absurdität des giftigen innergrünen «Mütterkonflikts» alias «Schwesternstreits»[453] darüber, ob aus der Sorge für Kleinkinder eine Lebenssituation mit spezifischen Bedingungen entstehe, endlich den letzten Rest: Nichts ging damals selbst führenden Wirtschaftsleuten so sehr unter die Haut wie der Gedanke daran, sie könnten ihre Kinder nicht mehr unbesorgt im Garten spielen lassen.[454] Das antiökologische Rollback unter Reagan bewirkte im Endeffekt eine «Wiederverjüngung» der amerikanischen Umweltbewegung;[455] auch mit Bush junior bekam sie wieder ein ideales Feindbild,[456] wie es den deutschen Grünen seit langem fehlt. Die großen Dammbauprojekte in aller Welt, die nur schwer zu stoppen waren, hinderten die Umweltaktivisten ebenfalls an behäbiger Selbstzufriedenheit. Bei allem Nutzen weltweiter ökologischer Netzwerke waren es doch immer wieder die Initiativen vor Ort, aus denen sich die Vitalität der Umweltbewegung regenerierte. Man wird an den mythischen Riesen Antäus erinnert, der seine Kraft immer wieder aus dem Kontakt mit seiner Mutter Erde gewann. Zu viel Abgehobenheit ist der Umweltbewegung auf die Dauer ebenso schlecht bekommen wie Antäus in seinem Kampf mit Herakles, der ihn hochhob und erwürgte.

Kleingruppen, Einzelpersonen und Ereignisse sind es, die in die Umweltbewegung immer neu Bewegung gebracht haben; daher ist es wichtig und keine bloße Konzession an das Geschichtenerzählen, immer wieder dort zu verweilen. Diese Bedeutung des Episodischen hat ihren tieferen Grund: Letztlich sind es die Unendlichkeit der Umweltproblematik selbst und die Unmöglichkeit einer endgültigen Lösung, die ewig nach Neuansätzen verlangt und neu hinzukommenden Aktivisten ihre Chancen zuspielt. Eine praktische Aufgabe des Historikers könnte darin bestehen, den Sinn für den Kairos, den historischen Augenblick, die historische Situation, auch für die Gegenwart zu schärfen, auch wenn man nie im Voraus weiß, wie real die Chance zu etwas Neuem ist. Die Geschichte wurde allzu oft dazu benutzt, den realen Gang der Dinge überzudeterminieren; und als besonders erfolgreich galt derjenige Historiker, der besonders zwingend zu suggerieren wusste, dass alles so kommen musste, wie es gekommen ist. Aber je mehr man sich der Gegenwart nähert, desto klarer erkennt man die Vieldeutigkeit der in den Geschehnissen enthaltenen Potentiale. Diese Einsicht könnte für die Umweltbewegung, die so anfällig für Fatalismus ist, einen praktischen Sinn gewinnen.

3. Freund-Feind- oder Win-win-Szenario?

Von der Kernkraft bis zum Fleckenkauz: Zur Frage der Kreativität von Konflikten

Auf in den Kampf – aber mit welchen Waffen? Als der Bremer Physikprofessor Jens Scheer Anfang der 1980er Jahre vor Münsteraner Studenten einen Vortrag über die Risiken der Kerntechnik hielt – in sachlichem Ton, so wie es sich für einen Physiker gehört –, schloss er mit der Frage: «Und was folgern wir daraus?» Und er antwortete mit dem Ruf: *«Auf, zum Kampf!»* Eben noch nüchterner Naturwissenschaftler, überraschte er das Publikum mit einem Finale im Ton von Bizets *Carmen*. Nun, Scheer galt in den 70er Jahren als «Bremens wildester Kommunist» – was etwas heißen wollte, da die Universität Bremen damals ohnehin die Hochburg der Linken war –, der nicht nur gegen die Atomlobby, sondern auch gegen einen stärker nach Verständigung suchenden Kritiker der Kernkraft wie seinen Kollegen Dieter von Ehrenstein kämpfte, dagegen die radioaktiven Emissionen chinesischer Atomwaffenversuche als unvermeidlich verteidigte. Da er die Gewalttätigkeit der K-Gruppen unterstützt hatte, wurde ihm von 1975 bis 1980 die Lehrbefugnis entzogen. Er stärkte jedoch nicht nur die physische, sondern auch die verbale Schlagfertigkeit der Kernkraftgegner, indem er ein für die damalige Zeit (1975) exzellentes Kompendium von Gegenargumenten gegen alle Standardargumente der Kernkraftapologeten inspirierte; es war brauchbarer als die meisten anderen Anti-AKW-Schriften, wenn es bei lokalen Erörterungsterminen hart auf hart ging und die Befürworter den Schlagabtausch auf Spezialistenebenen manövrierten, wo sie den Laienverstand ihrer Kontrahenten bloßzustellen hofften.[1]

Die Prügelszenen vor den Bauzäunen der Kernkraftwerke dürfen nicht davon ablenken, dass der Atomkonflikt von Anfang an auch ein Kampf der Geister war, der eine nicht endende Literaturflut auslöste. Aber es war Kampf: ein Kampf, der viel länger dauerte und weitaus größere Massen mobilisierte als die militanten Demonstrationen der 68er-Zeit. Nachdem die Umweltpolitik ursprünglich in Bonn wie in Washington als Konsensfeld erfunden und allseits begrüßt[2] worden war – «Umwelt» als neue Version des Gemeinguts, dessen Erhaltung alle angeht –, entstand durch die Kontroverse um die Kernenergie ein ganz neues konträres Szenario, das der gesamten Umweltthematik einen provokativen Unterton verlieh, den diese bis dahin allenfalls im Ansatz besessen hatte.

In Naturschutzkreisen war das Vokabular des Kampfes nicht ganz neu; aber da blieb der «Kampf» die längste Zeit doch bloße Metapher und ein trotziger rhetorischer Gestus. Für John Muir war der Kampf um die Wildnis ein Kampf zwischen Gut und Böse. Wilhelm Lienenkämper, der uns bereits als ehrwürdige Gestalt des westfälischen Naturschutzes begegnete, schloss 1963 ein Naturschutz-Plädoyer mit dem Kampfruf: «Wenn es Euch sauer wird, Ihr Regierenden in Behörden und Parlamenten, die Mächte der Wirtschaft in die Schranken zu weisen, so sprecht beim Eintritt in das Amtszimmer: ‹Landgraf, werde hart!›» Eine Kampfparole mit dezidiert konservativem Zungenschlag! Und dann, mit Anspielung auf das Wanderlied «Wilde Gesellen vom Sturmwind durchweht»: «Wenn Euch der Speier und Spötter verlacht, Ihr Gutwilligen und Einsatzbereiten, so denkt im stillen: Sie handeln gegen besseres Wissen.»[3] Gewiss dachte Lienenkämper, der sich am Schluss auf Albert Schweitzer beruft, nicht an Gewalttätigkeiten gegen Polizisten; eher erkennt man, dass er darauf baut, die Staatsmacht gegen den Egoismus der Wirtschaft zu mobilisieren. Der Kampf kann also auch von oben geführt werden. Kamen andere Naturschützer sich wie letzte Mohikaner vor, die auf verlorenem Posten standen, ist Lienenkämpers Schlussakkord siegesbewusst. Da der Mensch die Natur braucht, bleibt der Kämpfer für die Natur am Ende Sieger. Zum Kampfgeist gehört, sieht man von den Desperados ab, eine gehörige Portion Optimismus. Und man muss einen Gegner vor Augen sehen, gegen den sich der Kampf lohnt.

Einen Grundton von Kampfeslust besitzt auch das Nationalpark-Buch des alterfahrenen Naturschützers Henry Makowski (geb. 1927) mit seinem Untertitel *Kampfplätze des Naturschutzes* (1997), das als Begleitband zu einer Fernsehserie *Deutschlands wilde Tiere* herauskam. Sein immer wiederkehrendes Leitmotiv: Nur mit Kampf lassen sich Nationalparke durchsetzen; solche Kämpfe seien jedoch Übergangserscheinungen, «Geburtswehen», «Stürme im Wasserglas», die nur so lange anhielten, bis die Reize der sich neu entfaltenden Natur mehr und mehr Menschen verzauberten und zur Touristenattraktion würden. Den Zusammenschluss der «Nationalparkbetroffenen» im Harz vergleicht er mit naiven Hexen vom Blocksberg, die sich hätten verführen lassen und «dem vertappten Teufel den Hintern» küssen. Er zeigt eine pittoreske Fachwerkkirche am geplanten Nationalpark Elbaue, gegen den Bauern mit Schildern protestierten: «Nationalpark Elbaue – das gibt Haue!» «In dieser Kirche ließ der Pfarrer gegen den Nationalpark beten. Er verglich den schmalen Streifen Land für den Nationalpark, der sich zwischen den Deichen und einigen Sumpfflächen dahinter hinziehen soll, mit dem Turmbau zu Babel. Er bezeichnete den Nationalpark als gegen das Leben gerichtet. Wie heißt es doch so schön in der Bibel: Herr, vergib ihnen, denn sie wissen nicht, was sie tun!»[4]

Wer auf dem Radwanderweg an der Elbe geradelt ist, weiß die Schönheit der Elbauen zu schätzen. Aber auch die weidenden Pferde und Kühe gehören zu ihnen – und auch die Fachwerkkirchen. Da stellt sich die Frage: Geht es nicht eher um den Schutz einer Kulturlandschaft, die am allermeisten durch Elbausbaupläne der Kanallobby bedroht wird, gegen die die Naturschützer mit den Bauern besser gemeinsame Front machen sollten? Makowski baute darauf, dass sich die Kampffronten durch die im Menschen angelegte Naturfreude auf die Dauer von selbst erledigen. Bei anderen Naturschützern besitzt die Naturliebe einen Untergrund von Menschenfeindschaft: Im Grunde ist die Menschheit insgesamt der Feind, der «Krebs der Erde». Aber auf diese Weise führt sich die Feindbildmache selber ad absurdum. Sie macht keinen Mut zum Kampf: Gegen die Menschheit kann man nicht kämpfen.

Brauchen Umweltkämpfer Feinde? «Kampf» ist ein mehrdeutiger Begriff, der vom sportlichen Kampf bis zum Amoklauf, vom geistigen Kampf bis zu physischer Gewalt reicht. In Politik, Wirtschaft, Wissenschaft und anderswo sind Auseinandersetzungen ein normales Durchgangsstadium mit dem Ziel, sich am Ende irgendwie zusammenzuraufen. Aber es gibt auch den Kampf, der als Ziel nur die Vernichtung des Gegners kennt; zu solchen Kämpfen wurden die Weltkriege des 20. Jahrhunderts. Berühmt-berüchtigt ist Carl Schmitts «Begriff des Politischen»: Essenziell für alles politische Handeln ist aus seiner Sicht «die Unterscheidung von *Freund* und *Feind*». Diese Unterscheidung ist für ihn «nicht aus anderen Kriterien ableitbar», sondern axiomatisch im Begriff des Politischen enthalten, auch ohne dass es einen moralisch bösen oder sonst wie widerwärtigen Feind gibt.[5] Es handelt sich um eine apodiktische Aussage, die nicht durch politische Erfahrung und Reflexion gewonnen ist, sondern eher der hasserfüllten Nachkriegszeit und nicht zuletzt auch jener schneidigen Härte entspricht, die Schmitt gerne zur Schau stellte.

Auf den ersten Blick scheint Schmitt einen Denkansatz Max Webers bis zur radikalen Konsequenz zu treiben. In Webers elektronisch erfasstem Gesamtwerk kommt «Kampf» nicht weniger als 785-mal vor; von seiner Freiburger Antrittsrede von 1895 bis in seine politischen Abhandlungen im Weltkrieg zieht sich das Leitmotiv: *Politik ist Kampf.*[6] Ihm kommt es besonders auf die Unterscheidung zwischen Politik und Administration, zwischen Staatsmännern und Bürokraten an. Dass es auch sehr viel Kampfgeist erfordern kann, Gesetze administrativ durchzusetzen – ein im Umweltrecht alltägliches Phänomen –, damit hatte Weber wenig Erfahrung; gewiss hätte er kämpferischen Umweltbeamten seinen Respekt nicht versagt. Mit der preußisch-deutschen Bürokratie seiner Zeit vor Augen hegte er eine aus heutiger Sicht viel zu hohe Vorstellung von der Fähigkeit einer modernen Administration, die Dinge mit rein technischer Rationalität zu regeln. Aus seiner Sicht entspringt der Kampf vor allem dem «Polytheismus der Werte», und er schätzt ihn als Kraftentfaltung. Der Feind gehört nicht zu Webers Begrifflichkeit. Im Laufe der Geschichte haben Gegner und Verbündete oft gewechselt; ein Max Weber muss sich, um zu kämpfen, keine Feindbilder vormachen.

Ausgerechnet auf einem der Symposien auf der Insel Mainau, die der grünen Verständigung über bestehende Fronten hinweg dienten, hat der Weberianer[7] Horst Baier 1982 Schmitts Begriff des Politischen gegen damalige Bemühungen ausgespielt, die noch jungen Grünen zu integrieren: «Wer sind diese Grünen, wollen wir uns ihnen als Freunde anschließen, oder sind sie unsere Feinde? Muß man nicht immer die Theorie von Carl Schmitt voll heranziehen?» Offenbar optierte er dafür, die Grünen klipp und klar zu Feinden zu machen – aber er stieß sogleich auf heftigen Widerspruch.[8]

Auf der anderen Seite hatten auch die Grünen ihre Schwierigkeiten mit festen Feindbildern. Immer wieder wechseln Kampfstimmungen und Umarmungsimpulse miteinander ab: Auch diese Spannung lässt sich durch die gesamte Geschichte der Umweltbewegung verfolgen, ob in Deutschland oder anderswo. Ob man Kampf für angesagt hielt oder nicht, hing wesentlich von den Gegenspielern ab, mit denen man es zu tun hatte, aber auch davon, wie man die Essenz der Umweltproblematik interpretierte. Geht es darum, gebieterische Forderungen der Natur zu erfüllen? Dann ist jeder Kompromiss Schwäche, ja Verrat. Wie Fernand Braudel über die von den Aufklärern unablässig beschworene Natur (wohl mit ironischem[9] Unterton) schreibt: «Als Argument duldet sie keinen Widerspruch.»[10] Oder handelt es sich um ein Aktionsfeld, wo die Positionen ein Stück weit Ansichts-, Interessen- und Geschmackssache sind und auch Lösungen in aller Regel vorläufigen Charakter tragen? Dann droht man sich in Sackgassen zu verrennen, wenn man sich zu fest in Schützengräben verschanzt.

Zu dem gleichen Ergebnis gelangte man, wenn man davon ausging, dass Umweltschutz im Interesse *aller* Menschen liegt und viele ihr wahres Interesse nur erst erkennen müssen. Dann wurde der Prozess der Einsicht, der letztlich ein Prozess der Selbsterkenntnis war, durch harte Kampffronten blockiert. *Kommunikation* wurde in den 1970er Jahren zum Modewort und ist es seither geblieben; je nach Situation klang es mehr nach kontroverser Debatte oder mehr nach Verständigung. Die gesamte Umweltproblematik war zum Tummelfeld der Kommunikation wie geschaffen. Der Hang vieler Grüner in der Frühzeit ihrer Partei zu unendlichen Diskussionen, der die Aktivisten kribbelig machte, zeugt von einem Glauben an die unbegrenzte Macht der Kommunikation. Ulrich Beck prägte die Formel: «Not ist hierarchisch, Smog ist demokratisch.»[11] Genau genommen war diese griffige Formel allerdings bestenfalls eine Halbwahrheit: Von vielen Umweltschäden waren verschiedene Bevölkerungsgruppen durchaus unterschiedlich betroffen. Die Umweltproblematik enthielt Konfliktstoff in Hülle und Fülle, der nicht durch bloße Kommunikation aufgelöst werden konnte.

Der Atomkonflikt: Grundmuster einer Freund-Feind-Konstellation – und deren Zeitgebundenheit. Bei den deutschen Grünen war ganz zu Anfang der Feind klar: die Atomlobby. Schon als sie 1983 in den Bundestag einzogen, war mit dieser Frontstellung allerdings nicht mehr viel anzufangen; denn damals war es um die Kernenergie still geworden; neue Kernkraftwerke wurden kaum noch in Auftrag gegeben – das zehn Jahre zuvor unter dem Eindruck der ersten Ölkrise beschlossene ambitiöse Atomprogramm war vergessen –, und der Waldsterben-Alarm beherrschte das Umweltbewusstsein. Als die SPD von der Regierung in die Opposition wechselte, griff auch dort – von der Kohlelobby der Ruhr unterstützt – die nukleare Skepsis ganz offen um sich; sie war kein Monopol der Grünen mehr und kein zuverlässiges Kriterium, wer dazugehörte und wer nicht.

Von den großen Kämpfen der 1970er Jahre wurde mit Vorliebe die Erinnerung an die Protestbewegungen gegen das Kernkraftwerksprojekt Wyhl und das Wiederaufarbeitungsprojekt Gorleben kultiviert: Beide Kämpfe hatten am Ende zum Erfolg geführt – auch wenn nicht ganz durchsichtig war, inwieweit der Abbruch dieser Projekte auf das Konto der Protestler ging oder ökonomisch motiviert war –,[12] und in beiden Fällen war es im Zeichen der Gewaltfreiheit zu einer Allianz der Umweltaktivisten mit Teilen der ortsansässigen bäuerlichen Bevölkerung gekommen.[13] Die Gegenseite spottete gern über die «Anti-Atom-Touristen»; hier jedoch erlangte der Protest etwas von einer *Grassroots*-Bewegung. Traumatischer waren dagegen für viele Beteiligte die gewalttätigen Zusammenstöße mit der Polizei an den Baustellen von Brokdorf und Grohnde. Man muss Filmstreifen und Flugblätter aus diesen Kämpfen betrachten, um eine Vorstellung davon zu bekommen, in welchem Maße damals an diesen Bauzäunen eine Bürgerkriegsstimmung entstand und von K-Gruppen gezielt angeheizt wurde; vielen Anhängern der Grünen war diese Erinnerung später eher peinlich.[14]

Auch in der Gorleben-Bewegung herrschte anfangs der blanke Hass. Ein lebensechtes Zeitdokument ist das *Gorlebener Tagebuch* des Schriftstellers und Rowohlt-Lektors Hans Christoph Buch (geb. 1944). Da notiert er am 12. Januar 1977, noch wisse niemand so recht, was eine Wiederaufarbeitungsanlage eigentlich sei, «nur dass es etwas Furchtbares ist, tausendmal schlimmer als jedes Atomkraftwerk, das wissen alle».[15] Der niedersächsische Ministerpräsident Albrecht, der zwei Jahre darauf das Gorleben-Projekt als «politisch nicht durchsetzbar» stoppte, war der böse Feind (schlimmer noch als der Feind Carl Schmitts, der nicht unbedingt moralisch böse zu sein brauchte): «Ich traue einem Mann wie Albrecht jede, aber auch jede Schandtat zu.» «Ich hätte kotzen können vor Wut oder dem Oberganoven Albrecht eins in die Fresse schlagen.» Und am 14. Februar 1979: «Ich schlage vor, den Bauplatz zu verminen, damit die Bohrfahrzeuge in die Luft fliegen.» Und immer wieder die Gleichsetzung des Feindes mit den Nazis, ganz in der Tradition der 68er: «Die Terminologie – Endlagerung, Entsorgung usw. – erinnert an die Endlösung der Judenfrage.»

Aber im März 1979, als die WAA-Gegner mehr und mehr Rückenwind verspüren und mittlerweile sogar Washington hinter sich wissen, plädiert Buch doch für Gewaltfreiheit und lässt sich als «Gandhifreak» verspotten. «Die Gefahr geht nicht von den paar Scharfmachern aus, die es auf seiten der Polizei genauso gibt wie auf seiten der Demonstranten, sondern von den auf beiden Seiten aufgestauten Aggressionen und Vorurteilen; jeder sieht im anderen den Feind. Anstatt diese Feindbilder abzubauen, werden sie von manchen von uns noch verstärkt, indem sie Gewaltaktionen wie die in Grohnde noch zu rechtfertigen versuchen.» Er war mit dort eingesetzten jungen Bundesgrenzschutzleuten ins Gespräch gekommen und hatte gehört, dass diese vorher «einen Film über Grohnde vorgeführt bekamen, um dadurch scharfgemacht zu werden für die kommenden Auseinandersetzungen»; «in Grohnde hätten die Demonstranten mit Stahlkugeln auf Polizisten geschossen».[16]

Zusammen mit dem Gewerkschaftsdissidenten Heinz Brandt hatte Hans Christoph Buch bereits 1977 das Manifest «Gorleben soll leben» verfasst, das zum klassischen Dokument der Anti-AKW-Bewegung und dessen Titel zur Parole wurde. Da stand im Zentrum nicht mehr der Kampf, sondern das positive Programm: «Wiederaufforstung statt Wiederaufbereitung», Förderung erneuerbarer Energien statt Kernenergie.[17] «Gorleben soll leben» signalisierte aus der zeitnahen Rückschau eines Beteiligten die Hinwendung zu einem «offensiven Lebensbedürfnis», nachdem der Versuch der K-Gruppen, die Führung zu usurpieren, vereitelt worden war.[18] Der allgemeine Stimmungsumschlag in Kreisen der Linken seit dem «deutschen Herbst» 1977 trug zu dem Atmosphärenwechsel bei. So erklärt sich, dass die Selbstverbrennung Hartmut Gründlers am Buß- und Bettag 1977 merkwürdig unbeachtet blieb. Die Umweltaktivisten wollten jetzt Signale des Lebens, nicht des Todes. Ende März 1979 folgte der größte historische Augenblick der deutschen Anti-AKW-Bewegung, als das in Hannover von Carl Friedrich von Weizsäcker geleitete internationale WAA-Symposium mit dem Störfall von Harrisburg und einer nach Hannover strömenden Riesendemonstration zusammentraf, Albrecht von dem Gorleben-Projekt zurücktrat und die atomare «Community» ihr «Cannae» erlebte.

Vor diesem Hintergrund waren die darauffolgenden Kämpfe um das WAA-Projekt im oberpfälzischen Wackersdorf, die ihren Höhepunkt 1985/86 mit der Bauplatzbesetzung und gewaltsamen Bauplatzräumung erreichten, bei aller Erbitterung nur noch ein Nachspiel.[19] Gegenüber dem Gorleben-Projekt, das die größte Wiederaufarbeitungsanlage der

Welt geworden wäre, war Wackersdorf bereits kräftig geschrumpft worden und doch immer noch «das bisher größte industrielle Investitionsvorhaben in der Geschichte der Bundesrepublik Deutschland».[20] Die Protestbewegung gegen die geplante WAA Wackersdorf fand trotz ihrer zunehmenden Militanz bei der Bevölkerung in der Umgebung viel Sympathie. Die Oberpfälzer, die sich ohnehin von München benachteiligt fanden, sahen nicht ein, dass ihnen etwas zugemutet werden sollte, von dem man die Bauern des Wendlandes um Gorleben verschont hatte.

Der Protest stand unter dem Eindruck der neuen Friedensbewegung und des Kampfes gegen die «Nachrüstung»; im Unterschied zu der Gorleben-Bewegung wurde er durch den Verdacht verschärft, das dort aus abgebrannten Reaktorbrennstäben gewonnene Plutonium sei in Wahrheit für Bomben bestimmt, da es keine mit Plutonium zu betreibenden Reaktoren gab.[21] Damals hatte sich herumgesprochen, was Fachleute schon vorher wussten: dass die Wiederaufarbeitung nicht bereits mit den bestehenden Leichtwasserreaktoren, sondern erst in Verbindung mit Brutreaktoren einen Sinn bekam. Als der bei Kalkar errichtete Schnelle Brüter ein Opfer der kernkraftfeindlichen Stimmung nach Tschernobyl wurde – selbst bei den Befürwortern der Kernkraft wurde es von nun an Sprachregelung, die Nukleartechnik lediglich als «Übergangstechnik» bis zur Marktreife der erneuerbaren Energien zu bezeichnen –, erledigte sich auch das Wackersdorf-Projekt von selbst. Am 31. Mai 1989 wurden die Bauarbeiten eingestellt. Noch 1988 waren gegen eine erneute Teilerrichtungsgenehmigung nicht weniger als 881 000 Einwendungen von Bürgern ergangen: in der Geschichte des Atomkonfliktes ein Rekord.

Bürgerdialog Kernenergie: eine bloße Show? Unter dem Eindruck der Bauplatzbesetzung in Wyhl, unmittelbar angestoßen auch durch den Hungerstreik von Hartmut Gründler, begann der Bundesforschungsminister Hans Matthöfer – von seiner Vergangenheit her ohnehin mit Respekt vor Rebellen, allerdings vorwiegend vor lateinamerikanischen – den «Bürgerdialog Kernenergie». Er veranstaltete öffentliche Streitgespräche über Fragen der Kerntechnik, zu denen auch erklärte Gegner geladen wurden, und ließ die Protokolle in hoher Auflage drucken und zu geringem Preis verschicken. Schon in den ersten sechs Wochen wurden 70 000 Exemplare angefordert.[22] In Schulen und Hochschulseminaren wurde seit den 1970er Jahren *Diskussion* großgeschrieben; und mehrere der Bürgerdialog-Broschüren waren dafür eine ideale Basis, wo sich auf spannende Weise das Tor zu ganz neuen Wissenswelten öffnete. Für Hardliner der

Protestbewegung war der «Bürgerdialog» – versteht sich – nichts als ein fauler Zauber; und gewiss war es die Absicht des Ministeriums, auf diese Weise für die Kerntechnik «Akzeptanz» herzustellen und zum «Konsens» zu gelangen: auch dies neue Modewörter, charakteristisch für die Ära der Kommunikation. Hält man sich an bloße Momentaufnahmen, erscheint der «Dialog» als stereotyper Schlagabtausch; auf längere Sicht gesehen, war er dennoch keine bloße Farce, sondern hat dazu beigetragen, dass eine Menge von Argumenten zum Gemeingut interessierter Laien wurde und die 1959 von C. P. Snow beklagte Kluft zwischen den «zwei Kulturen»[23] – der literarisch-humanwissenschaftlichen und der naturwissenschaftlich-technischen – in einem Maße überbrückt wurde wie bis dahin kaum je in der Geschichte. Noch die Studentenrevolte von 1968 hatte diese Kluft eher vertieft. Wie jedoch Carl Amery für die Öko-Ära ab 1970 feststellte: «Die interessanten Fronten verlaufen nicht mehr die Grenzlinien der beiden Kulturen entlang, es findet vielmehr ein lebhafter Grenzverkehr statt.»[24]

Der spannendste unter den von Matthöfer inszenierten und publizierten «Bürgerdialogen» war die am 19. Mai 1977 veranstaltete Pro-und-Kontra-Diskussion über den Schnellen Brüter, der die Kerntechnik zur regenerativen Energiequelle zu machen versprach. Bei diesem mit ungebremsten Neutronen arbeitenden Reaktortyp war ein prinzipiell höheres Risiko zu vermuten als bei den bisherigen Reaktoren, die die Kettenreaktionen mit Moderatoren bremsten; überdies gab es mit Brütern bislang nur wenig Erfahrungen, und auch die waren nicht unbedingt ermutigend. Die US-Regierung Carter rückte damals zur Verhütung der Proliferation von waffenfähigem Spaltstoff von weiteren Brüter- und Wiederaufarbeitungsplänen ab; der Bericht der renommierten Ford Foundation, auf den sich diese Entscheidung berief, enthielt Argumente, die man bis dahin in der Bundesrepublik nur von Anti-AKW-Aktivisten gehört hatte, die von der «Community» als Ignoranten abgetan wurden.[25]

Die Protagonisten der Kernkraft pflegten sich auf die USA zu berufen, das große Vorbild in so vielen Dingen; von nun an ließ sich das USA-Argument umdrehen und von Kritikern benutzen. Das blieb nicht ohne Wirkung auf den Stil der Diskussion. Beim Brüter leisteten sich die Experten 1977 Erörterungen über das «Restrisiko», die beim Leichtwasserreaktor, an dem mittlerweile das Schicksal der Atomindustrie hing, zu riskant waren. Selbst Häfele, der als charismatischer Leiter des Karlsruher Brüterprojekts zu Ruhm gekommen war, räumte ein, der Bruteffekt werde erst «nach dem Jahre 2030» zum Tragen kommen: also nichts von einem Nutzen des Brüters in naher Zukunft.[26] Da blieb nur die Schlussfolgerung, dass man sich mit dem Brüter Zeit lassen konnte; diese Einsicht beeinflusste die Politik der Folgezeit.[27]

Modell einer frontenüberschreitenden Konsensstrategie: die bundesdeutsche Enquete-Kommission «Zukünftige Kernenergiepolitik». Am 14. Dezember 1978, nach erbitterten Massendemonstrationen vor dem Bauplatz von Kalkar, fasste der Bundestag den denkwürdigen Kompromissbeschluss, den Bau des SNR-300 zwar fortzusetzen, die Inbetriebnahme des Brüters jedoch einem weiteren Entscheidungsprozess vorzubehalten. Zur gründlichen und kompetenten Vorbereitung dieser Entscheidung wurde die Einsetzung der *Enquete-Kommission «Zukünftige Kernenergiepolitik»* beschlossen, in der Abgeordnete mit Experten diskutieren sollten. Diese Kommission wurde am 29. März 1979 einberufen, also in einem historischen Augenblick: in ebenjenen Tagen, als sich der schwere Störfall von Harrisburg (Three Mile Island) ereignete und in Hannover das internationale Gorleben-Symposium tagte, an dessen Abschluss Albrecht seinen Rückzieher erklärte.

Anstatt gleich in medias res zu gehen und bei dem üblichen Pro und Kontra Kernenergie zu landen – was bei der Zusammensetzung der Kommission sogleich zu einem Patt geführt hätte –, entschied sich die neue Enquete-Kommission dafür, mehrere mögliche Pfade der Energiepolitik insgesamt durchzuspielen, zuvor jedoch gemäß der Methodik einer wissenschaftlichen Politikberatung Kriterien zur Bewertung energiepolitischer Optionen festzulegen. Darüber konnte man sich verständigen; und daraus ergab es sich scheinbar wie von selbst, dass auch ein Pfad *ohne* Kernenergie zur Diskussion stand.[28] Und wenn man einmal daranging, diesen genauer zu prüfen, kam man nicht um die Feststellung herum, dass auch dieser Weg durchaus gangbar war, sofern mit dem Energiesparen konsequent Ernst gemacht wurde. Es ergab sich, dass die beiden mittleren unter den vier durchgespielten Pfaden zumindest im darauffolgenden Jahrzehnt parallel liefen und eine harte Kursentscheidung *hic et nunc* unnötig machten. Beide Seiten konnten hoffen, dass die Potentiale der Energieeinsparung und der erneuerbaren Energien – die um 1980 nicht auch nur annähernd zu beziffern waren – zehn Jahre darauf besser zu übersehen sein würden. Voraussetzung dazu war allerdings, dass diese Frist entsprechend genutzt wurde. Das war, wie sich zeigen sollte, zumindest bis Tschernobyl nur wenig der Fall.

Der neue Politikstil kommunikativer Konsensfindung auf einem neuartigen Terrain – und sei es nur die Einigung über eine präzisere Bestimmung der beiderseitigen Differenzen – erreichte in dieser Enquete-Kommission einen singulären Höhepunkt; nicht nur innerhalb der Bundesrepublik, sondern auch international markiert sie eine bemerkenswerte Episode, wo Umweltbewegung und Umweltpolitik und zugleich ein Austesten von kontroversen Positionen und Konsenspotentialen ineinanderlaufen.[29] Die Leistung dieser Kommission ist umso beachtlicher, wenn man sich an die vorausgegangenen bürgerkriegsähnlichen Szenen erinnert. Bemerkenswert ist sie auch durch ihren kurzen und klaren Schlussbericht mit seinen konkreten Empfehlungen im Kontrast zu den meisten darauffolgenden Enquete-Kommissionen, wo das wissenschaftliche Politikberatertum oftmals zum Selbstläufer wurde und mit Fachjargon überladene Papiermassen produzierte, mit denen handelnde Politiker nur wenig anzufangen wussten.[30]

Die oft nach ihrem Vorsitzenden, dem jungen SPD-Abgeordneten Reinhard Ueberhorst, benannte erste Kernenergie-Enquetekommission – eine zweite weniger glückliche sollte folgen – gelangte in bemerkenswert kurzer Zeit zu einem übersichtlichen Katalog politischer Handlungsempfehlungen. Mehr noch: Sie hat in einer überaus angespannten Situation der Kernenergiepolitik einen relativen Konsens herbeigeführt, der in einem Teil der Medien sogar als «historischer Kompromiss» gefeiert wurde und noch in einer neueren Untersuchung als «kleine Revolution» (Cornelia Altenburg) im politischen Umgang mit Energiefragen anerkannt wird.[31] Sie hat die bis dahin überwiegend im außerparlamentarischen Bereich ausgetragene Kontroverse politikfähig gemacht, politikfähig insbesondere im parlamentarischen Sinne, und in einer militant polarisierten Situation ein Modell rationaler Kommunikation geschaffen. War Kernenergiepolitik bis dahin oft lediglich als Vollzug von Sachzwängen begriffen worden, so wurde sie erst jetzt, durch die Offenlegung einer Mehrzahl von Optionen, zur Politik im vollen Sinne, die etwas zu entscheiden hatte.

Eine Leitlinie dieses Buches besteht darin, dass es mehrere mögliche Geschichten der Umweltbewegung gibt. Dafür bietet gerade diese Enquete-Kommission das beste Beispiel: Ihre Geschichte besitzt zwei kontrastierende Lesarten. Man könnte die eine als Habermas-, die andere als Luhmann-Version charakterisieren: die eine als ein Exempel gelungenen kommunikativen Handelns, die andere als eine Komödie bloßer Pseudo-Kommunikation zweier Subsysteme, die ihren durchaus unterschiedlichen Code besitzen und behalten. Es lohnt sich, dies im Detail vorzuführen:

Erste Geschichte: Die erste Kernenergie-Enquete bietet ein Musterbeispiel dafür, dass unter intelligenten und integren Leuten, die sich die Kant'sche Definition der Aufklärung im Sinne des autonomen Gebrauchs der eigenen Vernunft zu eigen gemacht haben, eine politische Kommunikation im Habermas'schen Sinne tatsächlich gelingen kann, selbst in einer zunächst hoffnungslos erscheinenden, von gegenseitigem Hass erfüllten Situation: eine rationale, sich in das Gegenüber hineindenkende Kommunikation, die zu einem Sieg der Vernunft führt und eine verbissen-«positionelle» Denkweise zugunsten einer Einsicht in die Pluralität politischer Optionen überwindet.

Die Energiepolitik insgesamt und die Kernenergie insbesondere umfassten ja Problemkomplexe mit zahlreichen Unbekannten; Energiepolitik war – richtig verstanden – ein Umgang mit Unsicherheit; es kam nur darauf an, dies zu begreifen und daraus Konsequenzen zu ziehen. Die Konsequenzen lagen in Richtung einer Identifikation mehrerer möglicher Politikpfade und einer «diskursiven», experimentellen, nicht in bestimmten Schützengräben einbetonierten Politik. All dies hat die Ueberhorst-Kommission in modellhafter Weise herausgearbeitet, angeleitet durch die modernen Moderatorkünste ihres jungen Vorsitzenden – Sprechers einer neuen Generation im Politikbetrieb[32] – und mitgerissen von dem intellektuellen Reiz spannender Diskussionen über ein spannendes Thema und dadurch zumindest partiell in innerer Unabhängigkeit gegenüber der eigenen «Szene» oder «Community». Ueberhorst gab die Parole aus, den bisherigen «positionellen Politikstil» durch einen «diskursiven» zu ersetzen. Vorbild war damals das schwedische Modell, Energiepolitik unter breiter Bürgerbeteiligung zu diskutieren:[33] Nicht nur im Sexualleben, sondern auch in der Energiepolitik wurden die Schweden zum Vorbild einer neuen Lässigkeit, die Männlichkeit nicht mehr durch verbissenes Festhalten an bestimmten Positionen zu demonstrieren suchte. Die von Ueberhorst eingeschlagene Strategie war die Pfadbetrachtung: Statt sich gleich in einer Pro-und-Kontra-Diskussion festzubeißen, sollten verschiedene Pfade in die Zukunft projiziert werden. Und siehe da: Als man die «große» Kernenergieoption bis in die letzte langfristige Konsequenz durchspielte und erkannte, wie flächendeckend man auf diesem Wege die Welt mit Brütern bestückte, wurde der Kommissionsmehrheit die Absurdität dieser Option evident, ja löste Gelächter aus.

«Konsens» und «Optionen» wurden zu Zauberwörtern. Die im Abschlussbericht der Kommission versteckte[34] Abkehr von der «Produktformel» bei der Risikodefinition (Produkt von Schadensausmaß und Eintrittswahrscheinlichkeit), mit der man bis dahin selbst ein sehr hohes «Restrisiko» auf nahezu null heruntergerechnet hatte, war eine Wende im Risikokalkül von potentiell größter Tragweite: Hätte man die Konsequenz daraus gezogen, hätte man – sofern man aus der Kernenergie nicht ausstieg – zu neuartigen Reaktortypen mit weitaus höherer inhärenter Sicherheit übergehen müssen. Die letztliche Tragik dieser wie so vieler anderer Heldengeschichten besteht darin, dass der Erfolg nicht von Dauer war, die Nachfolgekommission sich wieder an einem unfruchtbaren Pro und Kontra in Sachen Schneller Brüter festbiss und daran zerbrach und der politische Erdrutsch von der sozialliberalen Regierung zur Ära Kohl dann ohnehin alles überrollte.

Zweite Geschichte: Die Enquete-Kommission war lediglich ein wissenschaftliches Beratungstheater für Politik und Öffentlichkeit, indem sie «den Part des Chores in der antiken Tragödie» spielte (Cornelia Altenburg).[35] Sie vollzog nur das, was ihr aufgetragen war:[36] mehrere politische Optionen zu formulieren und mit wissenschaftlicher Autorität zu schmücken. Die mit Expertise ausgestattete Diskussion entwickelte nicht wirklich eine eigene politisch kreative Kraft. Wissenschaft und Politik waren und blieben unterschiedliche Subsysteme, die unterschiedlichen Codes und Rationalitäten folgen: im ersten Fall der Suche nach Wahrheit, im letzten dem Powerplay. Der Wissenschaftler, der sich ernsthaft der Suche nach Wahrheit widmet, ist für die Politik nicht zu gebrauchen; der Experte, der politische Handlungsanweisungen gibt, hat politische Prämissen in seine Expertise hineingemogelt. Zum «Experten», der lukrative politische Beratungsaufträge bekommt, wird man in aller Regel dadurch, dass man einer beteiligten Institution angehört; eben deshalb ist man jedoch kein wirklich unparteilicher Gutachter. Expertengutachten sind ohnehin nicht sehr ernst zu nehmen, da Berater keine Verantwortung tragen und für die Folgen ihrer Expertise nicht einstehen müssen. Und abgesehen davon: Auf Expertenebene spielen sich ähnliche Parteiungen wie in der Politik ab; keine Rede von einem höheren Niveau der Vernunft.

Der «Erfolg» der Ueberhorst-Kommission gründete sich aus dieser sarkastischen Sicht auf keine Qualität der Kommunikation, sondern auf die politischen Vorgaben und darauf, dass führende Exponenten der Nuklearpartei wie Häfele («Wenn ich den Brüter nur durch einen Bürgerkrieg bekommen kann, dann will ich ihn nicht mehr») durch die Heftigkeit des

Widerstands eingeschüchtert waren. Der viel gerühmte «historische Kompromiss» war letztlich durch den vorausgegangenen Kampf, nicht durch rationale Kommunikation zustande gekommen; für einen Häfele war und blieb der Brüterbau eine Überlebensfrage unserer Zivilisation, und der Verzicht darauf war irrational. Im Übrigen verdankte sich der Erfolg dieser Enquete-Kommission einem «old boys network»:[37] Häfele und Meyer-Abich, die prominentesten Sprecher beider Seiten, waren beide Mitarbeiter Carl Friedrich von Weizsäckers gewesen und konnten darauf vertrauen, dass keiner die Gespräche zur öffentlichen Bloßstellung des anderen benutzen würde.[38] Weizsäcker ging zu jener Zeit im Gedanken an das unberechenbare Terroristenrisiko, gegen das es keine zuverlässige Vorkehrung gab, zur Kernenergie auf vorsichtige Distanz: zur tiefen Verunsicherung der nuklearen «Community», deren Halbgott er bis dahin gewesen war. Last but not least gründete sich der «Erfolg» der Kommission darauf, dass ihre Empfehlungen in puncto Kernenergie dilatorisch waren und man den Schwarzen Peter – die aktuelle Brüterfrage – an die Nachfolgekommission weiterschob, die denn auch prompt daran scheiterte. Auch das Bekenntnis zum Energiesparen war ein billiger Konsens; denn für Energievergeudung kann niemand sein, jedenfalls nicht in der deutschen Öffentlichkeit.

Dennoch ist die «Habermas-Variante» unter den beiden möglichen Geschichten kein bloßes Produkt des Wunschdenkens. Wären die sozialen Subsysteme gegeneinander hermetisch abgeschlossen, hätte die Kommunikation über große Themen, die die Grenzen des Spezialistentums überschreiten, keine Chance; aber ganz so ist es nicht: Das zeigen die Diskussionen der ersten Enquete-Kommission. Die gemeinsame Einarbeitung in die Finessen der Sachproblematik besaß zumindest für einen Teil der Kommissionsmitglieder einen intellektuellen Reiz; davon zeugen die aus der Ueberhorst-Kommission hervorgegangenen Elmshorner Gesprächsabende, die sich über Jahrzehnte fortsetzten. In der zweiten Enquete-Kommission ist eine derartige Gesprächsatmosphäre offensichtlich nicht entstanden. Und selbst dann, wenn man feststellt, dass der Erfolg lediglich in einem dilatorischen Konsens bestand, erwies sich dieses Resultat als nützlich. Denn im Laufe der 1980er Jahre erledigten sich die Brüter- und Wiederaufarbeitungsprojekte von selbst, wie sich überhaupt viele Probleme im Zuge der Zeit lösen. Allerdings enthält auch die Luhmann-Variante ein Stück Wahrheit: Politik ist und bleibt im Kern kein Seminar, keine unendliche Diskussion, sondern Powerplay, Entscheidung und Entscheidungsdurchsetzung.

Und doch: Die «einsame Entscheidung» des Mächtigen ist ein Mythos, der selbst auf die allermeisten Entscheidungen Adenauers nicht zutrifft. Der kluge und erfolgreiche Politiker ist kein Stammtischstratege, der mit der Faust auf den Tisch haut nach dem Motto: «Wenn ich das sage, dann ist das so!», sondern einer, der sich erst einmal sorgfältig informiert und ein Gespür für die Chancen der Situation besitzt. Wenn Wissen und Handeln im Prinzip verschiedene Welten sind, schließt das nicht aus, dass in vielen konkreten Fällen des Agierens ein bestimmtes Wissen höchst nützlich sein kann (und andersherum ein praktisches Interesse für die Wissenschaft produktiv ist). Manchmal ist Politik weder «Kampf» noch «Bohren harter Bretter», sondern ein auf Wissen gestütztes Spiel mit Optionen. Selbst wenn es mit der Unabhängigkeit der Experten oft nicht weit her ist, müssen Experten, die einen Ruf zu verlieren haben, doch von Zeit zu Zeit ihre Unabhängigkeit demonstrieren; und das war gerade einem Häfele wohlbewusst. Wer dafür bekannt ist, dass er stets automatisch bestimmte Positionen vertritt, verliert auf die Dauer seinen legitimatorischen Wert als Experte: In ebendieser Gefahr war der «Brüterpapst».[39]

Der seinerzeitige Soziologiepapst Helmut Schelsky bemerkte – Jahre bevor er durch die 68er-Erfahrung tief verbittert wurde –, dass alle diejenigen, die lediglich die Reform wollten, ohne etwas «anscheinend Utopisches» zu wagen, nicht einmal die Reform erreichten, sondern nur ihre Ohnmacht kaschierten[40] – eine Lehre, die sich viele Achtundsechziger merkten. Das ist das Grundproblem: Zwar haben gewaltsame Revolutionen nur selten die Verhältnisse menschenfreundlicher gemacht; aber die *Furcht* herrschender Eliten vor der Revolution war doch oft nützlich, um diese gesprächs- und kompromissbereit zu machen.

Die Kosten des Konflikts. Der Atomkonflikt ist in seiner ganzen Heftigkeit ungeheuer produktiv gewesen; wohl noch nie haben sich Scharen deutscher Intellektueller derart intensiv in Detailfragen der Technik eingearbeitet und sind auf diesem Wege auch an ökologische Grundprobleme der Moderne gelangt. Aber auch der Preis des Konflikts war hoch. Gegenüber neuartigen und hypothetischen Risiken wäre es an und für sich für alle Beteiligten rational, sich vorsichtig in diese Terra incognita hineinzutasten und nicht zu rasch in festen Fronten einzugraben. Die in der Energiewirtschaft gesammelte Kompetenz wäre eigentlich auch für die Vorkämpfer alternativer Energien von größtem Nutzen gewesen. Die Komplimente selbst eines führenden RWE-Managers wie Bernd Stoy an die Solarenergie deuten darauf hin, dass beide Seiten einander viel zu sagen gehabt hätten;[41] aber derartige Ansätze blieben vorerst stecken. Das Erfolgsgeheimnis der Anti-AKW-Bewegung bestand entscheidend darin, dass sie zumindest in Sachen Brüter und Wiederaufarbeitung in einer geheimen Konvergenz mit den Interessen der Energiewirtschaft agierte, die an diesen extrem teuren Technologien gar kein ökonomisches Interesse besaß; aber dieses Geheimnis blieb den meisten Kämpfern verborgen. Auf beiden Seiten bildete sich eine Bunkermentalität: Wer die Positionen der eigenen Seite auch nur ein wenig zur Disposition stellte, musste befürchten, bei den eigenen Leuten als Verräter zu gelten. Der Kampf führt, wenn es hart auf hart geht, auf beiden Seiten zu Orgien der Rechthaberei: zu einem Denk- und Diskussionsstil, der vielen Umweltproblemen, wo man es mit Unbekannten zu tun hat, nicht adäquat ist.

Das gilt nicht nur für den Straßenkampf, sondern auch für den Kampf vor Gericht. Frank Uekötter zieht aus seiner Rekapitulation von nahezu einem Jahrhundert Luftreinhaltepolitik in Deutschland und den USA die Quintessenz, dass sich «vor allem der Weg der gerichtlichen Auseinandersetzung ... oft als überaus kontraproduktiv erwiesen hat». «Gerichtsverfahren führten regelmäßig zu einer Verhärtung der Fronten, der Prozessverlauf war vielfach von einem ebenso intensiven wie fruchtlosen Austausch von Gutachten und Gegengutachten geprägt, und der Richter war im Gewitter der konfligierenden Expertenmeinungen oft ebenso ratlos wie jeder andere technische Laie; dass solche Verfahren für ihre Dauer und Komplexität geradezu berüchtigt waren, versteht sich da nahezu von selbst.»[42] Und dabei wirkt der Rauch aus den Fabrikschloten neben den hypothetischen Risiken der Kernkraftwerke als Problemfeld noch geradezu kinderleicht. Aber auch eine andere Quintessenz liegt nahe: Wenn die Gerichtsprozesse selbst kontraproduktiv sind, so hat sich die *Furcht vor* Prozessen doch nicht selten als heilsam erwiesen. Auch in der Geschichte des Atomkonflikts fehlt es dafür nicht an Beispielen.

Innerhalb der Kerntechnik hätte es eine Reihe alternativer Reaktorkonzepte gegeben, die möglicherweise ein erheblich höheres Maß an inhärenter Sicherheit geboten hätten als der Ende der 1960er Jahre weltweit zum Sieg gelangte Leichtwasserreaktor: Diese gerieten jedoch in ein Niemandsland zwischen den Fronten.[43] Das könnte sich als Verhängnis erweisen, falls die Kernenergie in Zukunft doch eine Renaissance erleben sollte, alle Alternativen zum Leichtwasserreaktor jedoch längst in der Versenkung verschwunden sind. Besonders hoch war der Preis der gewalttätigen Kämpfe an Reaktorbaustellen; dadurch wurden viele, die der

Kerntechnik sonst kritisch gegenüberstanden, abgeschreckt. Wie sich im Laufe der 1980er Jahre zeigte, waren grüne Sympathien in der deutschen Bevölkerung viel weiter verbreitet, als die Desperadokämpfe der Hardliner in den 70er Jahren hätten vermuten lassen. Auch in Frankreich erwies sich die Strategie der «direkten Aktion» bis hin zu Molotowcocktails, die militante Kernkraftgegner in den späten 70er Jahren erprobten und mit der sie die Staatsgewalt insgesamt zu treffen suchten, für die Umweltbewegung als Fiasko.[44] Mochten Kampfszenen in Frankreich nostalgische Erinnerungen an die Revolution wachrufen,[45] schufen sie doch keineswegs politische Allianzen.

Das stärkste Argument der Atomwirtschaft war der Mangel an überzeugenden Alternativen der Energieproduktion jenseits der fossilen Energieträger, von den großen Wasserkraftwerken abgesehen, die ebenfalls weltweit zur Zielscheibe von Umweltaktivisten wurden. Aber gerade zur Durchsetzung dezentraler erneuerbarer Energieträger sind weitverzweigte Allianzen nötig. Die Protagonisten der Kernkraft brauchten nur die Spitzen der großen Energiekonzerne zu überzeugen; regional angepasste Kombinationen von Solar-, Wind-, Wasser- und Bioenergie dagegen brauchen breite Bündnisse mit Kommunalverwaltungen und Verbrauchern. Da wirken Strategien blockierend, die auf Spaltung und Polarisierung hinauslaufen.

In der Auseinandersetzung mit der Kerntechnik lernte man ungeheuer viel, und doch hatte die monomanische Fixierung der grünen Bewegung auf das nukleare Risiko auch seinen Preis: Viele wurden dadurch zeitweise in einem Maße absorbiert, dass sie andere Umweltrisiken nicht beachteten und auch viele potentielle Verbündete im Kampf für den Umweltschutz nicht wahrnahmen. Kein Wunder, dass bei den Grünen, als sie 1983 in den Bundestag einzogen, über Jahre gerade in Umweltfragen eine gewisse Orientierungslosigkeit herrschte; der einigende Fixpunkt war der Kampf gegen die Nachrüstung. Nach dem 26. April 1986, nach Tschernobyl, war dann urplötzlich wieder das nukleare Risiko das alles beherrschende Thema. Kein Wunder, dass militante Anti-AKW-Kämpfer ihre Stunde gekommen sahen. Aber die Gegenstimmung gegen die Kernenergie war in der Bundesrepublik nunmehr ohnehin allgemein; der sich abzeichnende breite Konsens konnte durch militante Aktionen nur gestört werden.

Am 28./29. Juni 1986 tagte in Frankfurt eine Anti-Atom-Konferenz, deren Veranstalter sich in einer anschließenden Presseerklärung «energisch gegen die Versuche der letzten Wochen» verwahrten, «mit dem

Hochkochen der sog. ‹Gewaltfrage› von der Gemeingefährlichkeit der Atomanlagen und den Maßnahmen des ‹Atomstaats› abzulenken». Das löste bei einer breiten Front führender Politiker der Grünen, mit Petra Kelly und Gert Bastian an der Spitze, sowie prominenter Sympathisanten – da fand man die Crème der damaligen Linksintelligenz versammelt – eine heftige Gegenreaktion aus: Nicht ohne Grund sah man in der Frankfurter Erklärung ein Signal an alte Kämpen aus den K-Gruppen, wieder einmal ohne Rücksicht loszuschlagen und auf diese Weise die historische Chance zu einem großen grünen Konsens zu verderben. Man spürt die Wut: «Gewalttäter in unseren Reihen müssen heute wissen, dass sie uns nicht helfen, nicht unserer Sache nützen, sondern gewollt oder ungewollt die Geschäfte unserer Gegner besorgen, wenn sie Seite an Seite mit bezahlten Provokateuren agieren, als wären sie eine Hilfstruppe der Atomlobby ...» Härter ging es nicht.

Matthias Küntzel, ein Kernkraft-Experte der Grünen,[46] schlug ebenso wütend zurück, und es ist aufschlussreich, wie er sich dabei auf zehnjährige Erfahrungen beruft. Entscheidend ist für ihn der Punkt, dass man die Gewaltdiskussion nicht vor der Öffentlichkeit austragen dürfe: Damit spalte man die Bewegung und liefere einen radikalen Flügel der Kriminalisierung aus. «Genau dieses Rezept: Differenzen intern austragen, aber dem Atomstaat gegenüber zusammenhalten, macht seit 10 Jahren die Unberechenbarkeit und Radikalität der Anti-AKW-Bewegung aus. Nicht die keimfreie ‹Gewaltfreiheit›, sondern nur die unberechenbare Widerstandsmixtur konnte den politischen Preis für die Durchsetzung der Atomtransporte ins Wendland und den Weiterbau der WAA so hoch treiben, wie geschehen.» Wie man zwischen den Zeilen von Hans Christoph Buchs Gorlebener Tagebuch erkennt, war auch das eine plausible Lesart der bisherigen Geschichte der Anti-AKW-Bewegung, mit der sich Küntzel besser auskannte als Petra Kelly. Gert Bastian jedoch, der solche Briefe sonst selten schrieb, suchte Küntzel in einem langen und scharfen Brief von der Unsinnigkeit eines jeglichen Flirts mit der Gewalt zu überzeugen.[47] Als ehemaliger Offizier wusste er am besten, dass die Protestler bei einer Gewalteskalation gegenüber der Staatsmacht nicht die leiseste Chance hatten, sondern nur Sympathien in der Bevölkerung verspielten.

Neben dem Atomkonflikt war es in der Bundesrepublik der 1980er Jahre vor allem der Protest gegen die Startbahn-West des Frankfurter Flughafens, der wiederholt an die Gewaltschwelle geriet. Diese aus dem Horror vor dem Fluglärm hervorgegangene Protestbewegung, die im

Zuge der Öko-Ära dann auch mit dem Waldschutz argumentierte, genoss breite Sympathien: Jeder Eigenheimbesitzer konnte nachempfinden, dass sein Lebensglück durch eine in der Nähe angelegte Startbahn zerstört wird. Da wird auch ein gewisses Maß an Militanz als legitim empfunden. Zum «schwarzen Tag» der Anti-Startbahn-Bewegung wurde jedoch der 2. November 1987, der sechste Jahrestag der Räumung des Hüttendorfes, als bei einem nächtlichen Zusammenstoß zwischen Demonstranten und Polizei zwei Polizeibeamte erschossen wurden. «Die Anti-Startbahnbewegung hat dieses Ereignis nicht überwinden können. Die Sympathie der Bürger und ihre Identifizierung mit der Bürgerinitiative ging nun ganz rapide zurück.»[48]

Probleme der Umweltkämpfer mit dem Feindbild. «Herr, rette uns in dieser Not, da uns der Feind bedroht!» stand auf einem Spruchband, das Pfarrer im Talar mit Prophetenbärten auf einer bundesdeutschen Anti-Kernkraft-Demonstration trugen. Aber wer war der Feind; wie hatte man sich ihn vorzustellen, ganz konkret? Für die Marxisten aus der 68er-Bewegung, die der Protestbewegung zuströmten und schon relativ rasch einschlägige Literatur produzierten,[49] war das ein klarer Fall: Der Feind war das Kapital, genauer das Großkapital, das Monopolkapital. Aber bauten nicht auch kommunistische Staaten Kernkraftwerke? Und spielte nicht bei alledem der Staat eine Schlüsselrolle; mussten sich nicht die Demonstranten an den Reaktorbauplätzen mit der Staatsmacht, konkret der Polizei, herumschlagen?

Dieses Dilemma löste die aus der DDR importierte Stamokap-Theorie, die Theorie vom «staatsmonopolistischen Kapitalismus». In Deutschland gab es ja die vom Staat abgesicherten regionalen Versorgungsmonopole der großen Energieunternehmen, die mit der Staatsverwaltung vielfach verfilzt waren. Wer jedoch die Geschichte kannte, musste wissen, dass gerade der größte deutsche Stromproduzent, RWE, bis in die späten 1960er Jahre den Einstieg in die Kernenergie eher gebremst hatte, und zwar in einer Weise, die in der Bundesregierung Ärger auslöste.[50] Historisch betrachtet, stand am Anfang der Kernenergieentwicklung die Wissenschaft, nicht die Energiewirtschaft. Erfahrene Kraftwerksingenieure standen der Kerntechnik lange Zeit zurückhaltender gegenüber als die Theoretiker der Atomphysik, die nichts zu verantworten hatten. Hauptakteur war in den 70er Jahren offensichtlich eine «Community», die sich quer durch Wirtschaft, Wissenschaft und Staatsverwaltung zog.

Das berühmteste Feindbild, von dem berühmtesten Bestseller der bundesdeutschen Anti-AKW-Bewegung verkündet, war Robert Jungks *Atomstaat* (1977). Da wird die «Community» zur kriminellen Mafia, und das NS-Feindbild der Achtundsechziger wird in sie auf suggestive Art hineinprojiziert: «Beraten durch die früheren wirtschaftlichen Helfer Hitlers», habe Bonn sich in die Plutoniumwirtschaft begeben.[51] Auch das konnte den Kenner der Geschichte nur begrenzt beeindrucken; denn ein fleißiger Historiker findet mit Leichtigkeit Altnazis auch unter den Kritikern der Kernkraft. Und hatten nicht Emigranten, die vor dem NS-Regime geflohen waren, den Anstoß zum Bau der ersten Atombomben gegeben? Kein anderer als Jungk selbst hatte zwei Jahrzehnte davor in seinem Bestseller über das «Schicksal der Atomforscher» die NS-Verbindungen einstiger Gegner der «jüdischen» Atomphysik hervorgehoben und aus den deutschen Atomphysikern während des Zweiten Weltkrieges eine Art von passiven Widerständlern gemacht – was diese in Wahrheit nach dem, was wir heute wissen, nicht waren.[52]

Gerade Jungk hätte aus eigener Erfahrung am besten wissen müssen, dass es irreführend war, die nukleare Gemeinde in der Art des «Atomstaates» zu einer von Grund auf bösen Macht zu stilisieren, und dass die Atomeuphorie der 1950er Jahre in ihren Motiven der späteren Umweltbewegung nicht ganz ferngestanden hatte: in der Suche nach einer Energiequelle, die emissionsfrei, erneuerbar und dank minimaler Transportkosten überall verfügbar war.[53] So verstanden, bot die Kerntechnik ein Lehrstück dafür, dass auch solche Lösungswege, die unter bestimmten Aspekten selbst im Blick auf die Umwelt ideal wirkten, sich am Ende als das genaue Gegenteil herausstellen, sobald sie in großem Maßstab realisiert und in diesem Prozess noch ganz andere Aspekte sichtbar werden. Ebendies erleben wir in jüngster Zeit mit dem Methan, das jahrzehntelang als Erdgas ein besonders umweltfreundliches Image besaß,[54] dann jedoch als üble Belastung der Atmosphäre entdeckt wurde, etwa zwanzigmal klimaschädlicher als Kohlendioxid.[55] Und war die nukleare Community wirklich so ausgeprägt diabolisch, wie ihr einstiger Bewunderer Robert Jungk sie schildert? Manche Umweltaktivisten, die sich nach dem Atomkonflikt mit der Automobil- oder der Chemielobby anlegten, fanden die Atomlobby aus der Rückschau noch vergleichweise wenig hartgesotten.

Ein junger SPD-Bundestagsabgeordneter empfand 1982 die Grünen, mit Petra Kelly an der Spitze, als eine von Aggressivität sprühende Aktivistenzene. «Jeder Obergrüne trägt einen Vorrat von jeweils passenden aggressiven Sprüchen mit sich herum» und baue gegenüber jedem

Andersdenkenden sogleich ein Feindbild auf.[56] Und doch tat sich Petra Kelly schwer damit, ihr Feindbild so weit zu konkretisieren, dass sie einen Gegner hatte, auf den sie ihren Kampf konzentrieren konnte. Der diffuse Zug ihrer politischen Tätigkeit spiegelt sich auch in ihren Horrorbildern, die ihr Hass und Verfolgungswahn eingaben. «Wie gefangene Fliegen, so sah Petra Kelly es, zappeln wir im Netz einer großen, anonymen Spinne, die sich auf unsere Kosten satt saugt, größer und fetter wird und immer allmächtiger. Ob man dieses monströse Ungeheuer nun Staat, Verwaltung oder Bürokratie nennt, das Ergebnis bleibt dasselbe: wir sind hilflos, entmündigt.»[57]

Feindbild Eurokratie? Petra Kellys Feindbild spiegelt eine diffuse Wut, die sich oft genug gegen Mitglieder der eigenen Partei richtete. Sehr konkret dagegen wird das *Schwarzbuch Umwelt Europa* mit dem Obertitel *Die Öko-Bremser* (1993),[58] dessen Verfasser mehrheitlich leitende Positionen in der Stiftung Europäisches Naturerbe (Euronatur) bekleiden, einer von mehreren Umweltverbänden – BUND und NABU an der Spitze – gegründeten Organisation, die die EU-Politik zu beeinflussen sucht, erfolgreich Spenden aus der Wirtschaft einwirbt, aber auch Naturschutzprojekte direkt vor Ort unterstützt mit einer Konzentration auf Ost- und Südosteuropa.[59] Das *Schwarzbuch* bietet einen europaweiten Überblick über Umweltskandale, wie es ihn bis dahin noch nicht gegeben hatte – von der Umleitung des Acheloos in Griechenland bis hin zum «lautlosen Sterben» der spanischen Dehesas, der Eichenwälder für die Schweinemast –, zugleich von Fall zu Fall mit konkreten Hinweisen auf Instanzen, bei denen man Protest einlegen kann.

Die dort angeprangerten «Öko-Bremser» beschränken sich jedoch nicht auf bestimmte Personen und Instanzen, gegen die sich ein Generalangriff führen ließe, sondern sind weit verstreut, teilweise abstrakt und reichen bis zu dem inneren Schweinehund in einem selbst. Um gegen all die dort angeprangerten Skandale vorzugehen, wären mindestens ein Dutzend Bürgerinitiativen nötig. Und doch gibt es einen Konzentrationspunkt: Hauptzielscheibe dieses ersten in breiter Front auf europäischer Ebene agierenden Umweltdachverbandes ist immer wieder die Brüsseler EU-Bürokratie, deren Subventionsprogramme «Kriminelle anlocken wie Misthaufen die Fliegen».[60] Da will das Schwarzbuch die Augen öffnen, wo der ahnungslose Stadtmensch bis dahin nur blühende Natur wahrgenommen hat: «In einem Jahr kann es passieren, dass im zeitigen Frühjahr überall der Raps gelb leuchtet. In einem anderen Jahr fällt auf, dass im Hochsommer überall, so weit das Auge reicht, Sonnenblumen blühen. Das alles ist kein Zufall, sondern das Ergebnis einer von Brüssel aus gelenkten Agrarpolitik, welche die Landwirte längst in einen Teufelskreis aus Subventionen, Garantiepreisen, Abhängigkeit und intensiver Landbewirtschaftung gedrängt hat ...»[61]

Der Inhalt des Buches ist insgesamt jedoch weit differenzierter, als der Titel ahnen lässt, und entspricht darin der pragmatischen Strategie von Euronatur, der jeder aggressive Fanatismus fernliegt. Die von ihr angeprangerte Vergeudung von Steuergeldern für umweltschädliche Zwecke durch die Brüsseler Bürokratie[62] wurde vom EU-Rechnungshof mit Material beliefert[63] und war keineswegs Ausdruck einer fundamentalen Frontstellung gegen die EU, wie man auf den ersten Blick vermuten könnte. Die Verfasser erkannten im Gegenteil an, die EU habe «unbestreitbar Maßstäbe im Umweltrecht» gesetzt, so mit der Einführung einer Umweltverträglichkeitsprüfung und der Vogelschutzrichtlinie[64] – die FFH-Richtlinien waren noch kein Thema. Es war die Zeit, als man in Brüssel drauf und dran war, die Umweltpolitik als neues grenzübergreifendes Aktionsfeld der EU zu entdecken und den Ursprung des neuen Europa aus der Europäischen Atomgemeinschaft (Euratom)[65] in Vergessenheit zu bringen. Die Euronatur-Polemik zielte darauf, die ohnehin im Gange befindliche Umsteuerung voranzutreiben. Frühzeitig erkannten sie, dass die von ihnen angeprangerte «Regelungswut der Eurokratie»[66] auch die Brüsseler Umweltpolitik verderben und zu wichtigtuerischen Pseudoaktivitäten führen kann, die der Natur im Endeffekt nichts nützen. Ihr Schreckbeispiel für Öko-Bluff ist die zu 75% aus EU-Mitteln finanzierte aufwendige «Biologische Station» auf der Sporadeninsel Alonnisos, vorgeblich zum Schutz der bedrohten Mönchsrobbe, in Wahrheit kaum mehr als eine Bauruine.[67]

Von der «Benzin-Blei-Schlacht» zum «deutschen Konsensmodell». Selbst Bonner Politiker gerieten bei Umweltthemen mitunter in Kampfstimmung, auch wenn bei der Staatsgewalt die Gewaltfrage entfiel. Genscher kündigte auf dem Stockholmer Umweltgipfel von 1972 einen «Feldzug für die Umwelt» an, und noch dreißig Jahre darauf bekannte Menke-Glückert mit Stolz: «Das Wort und die Strategie des Feldzuges stammte von mir. Zusammen mit einem Journalisten führte ich auch Kampagnen an Schulen durch, um den Feldzuggedanken den Kindern näher zu bringen. Das Motto lautete: Der Krieg gegen die Natur muss beendet werden durch Volksaufstand und Boykott umweltschädlicher Produkte.»[68] Aber damals, noch vor dem Sturm der Demonstranten auf die Reaktorbaustellen, stellte man sich den «Volksaufstand» eher metaphorisch vor.

Konkret wurde der Kampf, wieder in den Worten Menke-Glückerts, in der sogenannten «Benzin-Blei-Schlacht», bei der es um die stufenweise Senkung des Bleigehalts im Benzin ging und die Umweltschützer im Innenministerium frontal mit dem Bundesverband der Deutschen Industrie (BDI) zusammenprallten. Anfangs handelte das Ministerium rasch und offensiv: Bereits am 5. August 1971 wurde das sogenannte «Benzinbleigesetz» erlassen, das drei Tage darauf in Kraft trat. ADAC und Mineralölwirtschaft schlugen jedoch 1973 Alarm: Wenn die im Gesetz vorgesehene weitere Stufe der Bleireduzierung durchgeführt würde, müssten Millionen von Autos stehen bleiben. Die Hauszeitung von Daimler-Benz schrieb, Abgeordnete dürften ein derartiges Gesetz gar nicht beschließen, da sie nicht in der Lage seien, die technische Problematik zu verstehen, während die damals in der Opposition befindliche CDU der Bundesregierung ein zu zögerliches Vorgehen vorwarf. Da wurde Genscher für seine Verhältnisse ungewöhnlich scharf: «Wir sind doch keine Bananenrepublik, die Gesetze erlässt und dann nicht fähig ist, deren Beachtung durchzusetzen.»[69] Menke-Glückert nennt die «Benzin-Blei-Schlacht» «die erste große verlorene Umweltschlacht der Industrie». Aber schon 1975 folgte der Rückschlag: Nach jener ominösen vom Bundeskanzleramt veranstalteten Klausurtagung auf Schloss Gymnich am 3. Juni 1975, die die Kehrtwende des Kanzlers Helmut Schmidt gegen den umweltpolitischen Elan der frühen Jahre markiert[70] und wo Regierungsangehörige sich die Klagen von Industrie- und Gewerkschaftsvertretern über Umweltauflagen anhörten, wurde das Programm der Schadstoffminderung im Benzin auf Druck der Industrie wieder zurückgefahren. Dazu noch einmal Menke-Glückert: «Seit dieser Zeit glaube ich der Industrie kein Wort mehr, wenn es nicht mindestens zehnmal rückgeprüft wurde.»[71]

Das in der Folge gerade gegenüber der Autolobby praktizierte «bundesdeutsche Konsensmodell»[72] führte dazu, dass die Bundesrepublik gegenüber den USA weit ins Hintertreffen geriet, was die umweltfreundlichere Gestaltung des Autoverkehrs anbelangte, vom Katalysator bis zum Tempolimit.[73] Erst im Februar 1988 folgte ein komplettes Verbot von verbleitem Benzin, und auch dieses ließ in Absprache mit den Mineralölverbänden den Tankstellen bis zur gänzlichen Einstellung des Verkaufs von verbleitem Superbenzin noch bis 1996 Zeit. Anders als bei den Amerikanern, wo Ford schon 1911 mit der Fließbandproduktion seines T-Modells begonnen hatte, war die Liebe der Bundesdeutschen zum Auto noch jung; selbst das Gros der Umweltaktivisten traute sich an dieses Thema nicht so recht heran – am ehesten noch die lokalen Bürgerinitiativen, die zumindest in ihrem eigenen Wohnviertel Ruhe und gute Luft haben wollten. Dieser Mangel an einer verbreiteten Konfliktbereitschaft machte sich in einer fehlenden Nachhaltigkeit der Bonner Politik bemerkbar. Wo massive Industrieinteressen im Spiel waren, ging es eben doch nicht ohne Kampf: Kampf mit den Mitteln des Rechts und der Administration. Mit diesen Mitteln ließ sich eine Senkung der Emissionen, allerdings nicht eine Zurückdrängung des Automobils durch öffentliche Verkehrsmittel erzwingen. Es war amerikanischer Stil, an bestimmten Punkten in Sheriff-Manier hart durchzugreifen; der *American way of life*, der Kern des Problems, blieb davon jedoch unberührt.

Die Environmental Protection Agency: vom «Gorilla im Schrank» zum Löwenfraß. Auf den Kampf ums Recht war und ist das amerikanische Gerichtswesen eingestellt, wo bereits bei der Faktenermittlung ein Wettstreit zwischen Anklage und Verteidigung entbrennt;[74] und den gleichen Kampfgeist entwickelte die amerikanische Umweltbehörde (EPA) in den 1970er Jahren, der *environmental decade*, unter ihrem dynamischen Gründervater William Ruckelshaus. Wie Richard N. L. Andrews, der Verfasser des bislang umfangreichsten Standardwerks zur Geschichte der amerikanischen Umweltpolitik, rückblickend feststellt: «Von ihren ersten Tagen an war es eine politische Schlüsselentscheidung der EPA, auf eine aggressive Festlegung von Standards und mehr auf Erzwingung anstatt auf Verhandlung und Unterstützung zu setzen.» Das habe dem aggressiven Stil entsprochen, mit dem Ruckelshaus bis dahin als *law enforcement officer* die Luft- und Wasserverschmutzung in Indiana bekämpft habe, und seine dortige Erfahrung habe ihn in der Überzeugung bestärkt, «dass ein starker Zwang der Bundesregierung notwendig war, um die widerspenstigsten Verschmutzer dazu zu bringen, etwas zu tun». Diese Nationalisierung der bis dahin lokal und regional ausgetragenen Umweltkonflikte war typisch für die 1970 anbrechende neue Ära. Auf nationaler konnte man mehr als auf regionaler Ebene mit Resonanz bei einer kritischen Öffentlichkeit rechnen, und da gewann man größere Distanz zu örtlichen Industrielobbys, die auf die Nutzung lokaler Ressourcen fixiert waren.

Die amerikanische Öffentlichkeit stand noch unter dem frischen Eindruck des *Earth Day*, und Ruckelshaus konnte darauf bauen, dass die Medien ihm bei der Jagd auf Umweltverschmutzer applaudierten wie den legendären Sheriffs bei der Jagd auf Ganoven. Gerade weil er der Republikanischen Partei angehörte, war er umso mehr darauf bedacht, den Demokraten durch seine Courage gegenüber den *big corporations* zu imponieren. Der Kern seiner Strategie bestand darin, die Macht und Glaubwürdigkeit der EPA durch medienwirksame Schauprozesse zu festigen und auf diese Weise eine Gegenmacht gegen die großen Umweltverschmutzer aufzubauen. Er suchte seinen Rückhalt in einer auf besseren Umweltschutz drängenden Öffentlichkeit, nicht innerhalb der etablierten Machtapparate.

Die EPA entstand aus einem Zusammenschluss bereits bestehender Instanzen zur öffentlichen Hygiene; aber in ihren ersten sechzig Tagen griff diese neue Behörde fünfmal so oft mit *enforcement actions* durch wie bis dahin alle ihre Vorläufer zusammen in einem vergleichbaren Zeitraum. Selbst dort, wo Ruckelshaus kein gesetzliches Zwangsmittel besaß, schüchterte er industrielle Kontrahenten durch Mobilisierung der öffentlichen Meinung ein. So statuierte er gleich zu Anfang ein Exempel an der mächtigen *Union Carbide*, die sich bis dahin allen Ermahnungen von staatlichen Stellen gegenüber dickfellig gezeigt und in alter Weise schwarzen Qualm emittiert hatte. Ohne rechtliche Grundlage stellte er dem Konzern ein auf nur zehn Tage befristetes Ultimatum und übergab dieses sogleich der Presse; da wich das Unternehmen zurück.[75] In seinem Tochterunternehmen im indischen Bhopal, in dem sich am 2. Dezember 1984 die bislang größte Chemiekatastrophe der Geschichte ereignete, verhielt es sich allerdings auch weiterhin nicht gerade skrupulös.

Bis dahin hatten zwischen Industrie und Staatsstellen bei Emissionsfragen ein vertraulicher Ton und kooperativer Stil vorgeherrscht; jetzt schlug Ruckelshaus einen neuen scharfen Ton an und machte auf diese Weise seine EPA in Teilen der Öffentlichkeit zum Helden – zumindest für geraume Zeit.[76] Mit diesem Rückhalt gingen auch manche Einzelstaaten offensiver gegen Luft- und Wasserverschmutzer vor; sie sahen sich direkter mit der Macht der Industrielobbys konfrontiert und schoben die Schuld daran nach außen hin gerne der EPA in die Schuhe. Unter der Hand jedoch begrüßten viele die neuen EPA-Standards, wie Ruckelshaus meint: «Die EPA war ihr ‹Gorilla im Schrank› *(gorilla in the closet)* – der Sündenbock, auf den sie alles abwälzen konnten, wenn sie mächtigen Industrieunternehmen neue Restriktionen auferlegten.»[77]

Die EPA als «Gorilla im Schrank» wurde zum geflügelten Wort. Ganz konkret bestand der «Gorilla» in der Drohung, gegen hartnäckige Umweltsünder Strafgelder bis zu 25 000 Dollar pro Tag zu verhängen; und unter Ruckelshaus und seinem kämpferischen Mitstreiter Murray Stein, der mit Vergnügen ein abschreckendes Exempel statuierte,[78] war die EPA sehr wohl fähig, mit dieser Drohung Ernst zu machen. Aber im agonalen Klima der USA braute sich ein umso heftigerer Widerstand zusammen; und ab 1980 begann unter Reagan ein Gegenangriff von einer Härte, wie ihn Europa (bislang) nie gesehen hat. Selbst aus der späteren Sicht mancher Umweltaktivisten ging die EPA in den 1970er Jahren manchmal zu weit und machte es ihren Gegnern leicht, sie als Feind von «free enterprise», einen unamerikanischen Behördenapparat mit einem Hang zur Überregulation zu attackieren.[79] Unter amerikanischen Bedingungen blieb das institutionelle Eigengewicht der Umweltbehörde begrenzt und schrumpfte erheblich, sobald sie den Rückhalt beim Präsidenten verlor. 1989, als Umweltschutz erneut Hochkonjunktur hatte und selbst der republikanische Präsident Bush beteuerte, er wolle ein «Umweltpräsident» werden,[80] trat die EPA wieder einmal als der sprichwörtliche «Gorilla im Schrank» in Erscheinung, als sie die ohnehin am Rande des Bankrotts befindliche Stadt New York anwies, für eine korrekte Wasserqualität zu sorgen. Eine entsprechende Filtrieranlage hätte sechs bis acht Milliarden Dollar gekostet: Da setzte sich die Idee durch, unter der Devise *watershed protection* ein zweitausend Quadratmeilen großes kommunales Waldgebiet unter Schutz zu stellen.[81] Das arg heruntergekommene New York wurde in der Folge für sein gutes Trinkwasser berühmt. Daraus wurde eine beispielhafte Kombination von Ökonomie und Ökologie; nicht nur hier wurde der Wasserschutz eine Patentwaffe des Umweltschutzes. Der jüngere George Bush dagegen strich in seinem ersten Etat 223 EPA-Stellen – ein republikanischer Lobbyist der Pestizidbranche hatte die EPA unter Clinton als «Gestapo» attackiert. Eine Karikatur zeigte den einstigen «Gorilla» daraufhin als zitternden Winzling im Amphitheater vor dem aufgerissenen Rachen des Riesenlöwen «Business Interests», während in der Imperatorenloge «Georgius Cäsar» den Daumen nach unten hält: «Friss ihn!»[82]

Die Dreieinigkeit der Öko-Ära: Vorsorge-, Verursacher- und Kooperationsprinzip. In der bundesdeutschen Umweltpolitik war es seit den 1970er Jahren üblich, drei Grundprinzipien des Umweltrechts zu proklamieren: das Vorsorge-, das Verursacher- und das Kooperationsprinzip. Wie bei «Freiheit, Gleichheit, Brüderlichkeit», der Trias der Französischen Revolution, die revolutionäre Schärfe der ersten beiden Prinzipien durch die Brüderlichkeit versöhnt wurde, so das Vorsorge- und das Verursacher-

durch das Kooperationsprinzip. Gertrude Lübbe-Wolff, von 2000 bis 2002 Vorsitzende des bundesdeutschen Sachverständigenrats für Umweltfragen, die praktische Erfahrungen als Leiterin des Bielefelder Wasserschutzamtes gesammelt und einen Blick für die Distanz zwischen juristischen Prinzipien und Realitäten vor Ort gewonnen hatte, schöpfte durch ihre Einblicke in den Verwaltungsalltag Verdacht, dass das Kooperationsprinzip zu oft nur als ein «Euphemismus» fungiere, «mit dem eine heruntergekommene Staatsgewalt ihre Durchsetzungsunfähigkeit oder Durchsetzungsunwilligkeit gegenüber dem industriellen Interesse an billiger Umweltnutzung verschleiert». Sie beobachtet im Umweltschutz eine «Zwei-Zungen-Strategie»: «Den Umweltinteressierten würden schöne Gesetze geboten und den nicht Umweltinteressierten ein mangelhafter Vollzug derselben.»[83] Der kooperative Stil sei zwar für die Umweltbeamten bequemer als der inquisitorische, da sie dabei nicht eigene Erhebungen anstellen und anschließend vor dem Werkstor im Regen warten müssten, sondern von den Industrieherren freundlich zu Tisch geladen und mit vorbereitetem Material versehen würden, aber er habe nicht einmal den Vorzug, die Dinge einfacher zu machen: «In Wahrheit ist nichts so aufwendig wie der ‹rein kooperative› Vollzug.» Oft sei es viel einfacher, die Industrie klipp und klar mit festen Standards zu konfrontieren, die für alle gelten und auf deren Durchsetzung sich jeder verlassen kann:[84] Das ist der von der amerikanischen EPA in den 1970er Jahren unter Ruckelshaus durchgesetzte Stil. Deutsche Industrielobbys beklagen immerfort die zunehmende Kompliziertheit der Umweltschutzbestimmungen, und eine beängstigende Komplizierung hat sich in der Tat vollzogen; aber kompliziert wird es gerade durch die zahlreichen von den gleichen Lobbys durchgesetzten Einschränkungen und Sonderbestimmungen und langwierig und unübersichtlich auch durch die in der deutschen Rechtspraxis für den Einzelfall gelassenen Verhandlungsspielräume. Allerdings gilt hier wie überall in der Welt: Wo bequeme Beamte skrupellosen Managern gegenüberstehen, nützen die besten Gesetze und Institutionen nicht viel.

Eine stillschweigende Voraussetzung des Kooperationsprinzips besteht darin, dass man es mit einem ehrlichen Unternehmer zu tun hat, der den guten Willen besitzt, für den Umweltschutz sein Möglichstes zu tun: eine besonders bei anonym geführten, nicht ortsgebundenen Konzernen mit häufig wechselndem Management und Versessenheit auf zweistellige Profitraten durchaus gewagte Prämisse. Im Übrigen liegt diesem Prinzip die folgende Überlegung zugrunde: Die Senkung der

Emissionen ist im Kern ein technisches Problem. Der erforderliche technische Sachverstand findet sich jedoch nicht in der Verwaltung, sondern in der Industrie; es sei so oder so aussichtslos, Emissionsgrenzen effektiv durchzusetzen, wenn die Ingenieure der Industrie dabei nicht mitzögen. Dieser Gedanke war an und für sich nicht unrealistisch: Wo aufwendigere Filteranlagen zur Senkung der Emissionen nicht ausreichen, sondern es auf eine Veränderung der Produktionsprozesse ankommt, ist in der Tat der Erfindergeist der Ingenieure gefragt und helfen administrative Vorschriften nicht weiter. Ein zentraler Lernprozess der Öko-Ära, der noch längst nicht abgeschlossen ist, besteht darin, dass bloße *End-of-the-pipe*-Technologien und immer aufwendigere Recycling-Prozesse für den Umweltschutz zur Sackgasse werden und dauerhafte Lösungen nur darin bestehen, dass bereits durch die Gestaltung der Produktionsprozesse schädliche Abfälle vermieden werden und durch die Gestaltung der Produkte eine Wiederverwendung möglich gemacht wird:[85] Eine derartige Umsteuerung der Wirtschaft, die den Umweltschutz zugleich sehr viel unkomplizierter machen würde, ist nur durch Zusammenarbeit mit der Industrie möglich, und in einer Zeit zunehmender Verknappung der Rohstoffe liegt die Wiederverwertbarkeit der Produkte in deren eigenem Interesse.

Es war also nicht so, dass das deutsche Konsensmodell, das so extrem zu der Szenerie des dortigen Atomkonflikts kontrastiert, gegenüber dem härteren Stil der amerikanischen Umweltpolitik der 1970er Jahre nicht auch seine Vorzüge gehabt hätte. Die amerikanische Gesellschaft spaltete sich zunehmend in Freunde und Feinde des Umweltschutzes,[86] während in der deutschen Gesellschaft die sich in der militanten Phase des Atomkonflikts abzeichnende Spaltung der Gesellschaft in den 1980er Jahren überwunden wurde. Konflikt und Konsens sind in der Geschichte keine Alternativen, sondern oftmals Phasen des gleichen Prozesses, über die sich kein Werturteil unabhängig von Situation und Sachproblematik fällen lässt. Die Konfliktfrage ist geradezu ein Musterbeispiel dafür, dass es sinnlos ist, über Umweltstrategien überhistorisch und pauschal zu reden.

Zwischenbetrachtung zur Essenz von Umweltproblemen. Es ist eine alltägliche Lebenserfahrung: In bestimmten Situationen ist Konfliktfähigkeit nötig, damit man überhaupt ernst genommen wird und das Gegenüber sich auf Verhandlungen einlässt; es ist eine Frage des Stils, den Konflikt auf eine Art zu führen, dass eine Chance zur Verständigung besteht. Wenn man in dem Kontrahenten allerdings einen Kriminellen erkennt, gibt es keinen Kompromiss, sondern nur das eine Ziel, den Gegner unschädlich zu machen. Umweltkonflikte sind nicht allesamt alternativ dem einen oder dem anderen Konflikttyp zuzuordnen. Ohne Zweifel hat es oftmals Umweltschädigungen gegeben, die schlicht und einfach kriminell waren. Zugleich gab und gibt es jedoch zahllose Umweltveränderungen, deren Beurteilung ein Stück weit Ansichtssache ist und die eine mehr oder weniger normale Begleiterscheinung des menschlichen Wirtschaftens sind.

Ein Endsieg der Ökologie über die Ökonomie ist unmöglich; auf dieser grundsätzlichen Ebene ist ein Freund-Feind-Denken sinnlos und schädlich. Wer dem Ideal der unberührten Natur huldigt und in jeder Umweltveränderung eine Umweltschädigung erblickt, verfällt zwangsläufig in ohnmächtige Wut oder igelt sich in Reservaten ein. Da gibt es nichts zu verhandeln; es gibt kein Konzept von Gerechtigkeit, auf das sich beide Seiten auch nur im Prinzip einigen könnten. Vergleicht man jedoch typische Umweltkonflikte mit anderen klassischen Konflikttypen, fällt auf, in welchem Maße in Umweltfragen Spielräume für kreative Lösungen bestehen, bei denen beide Seiten gewinnen.[87] Das ärgste Manko der allzu verbissen ausgetragenen Konflikte besteht darin, dass aus der Bunkermentalität heraus der Blick auf solche kreativen Lösungen versperrt wird.

Klassische Konflikttypen sind territoriale Kämpfe zwischen Nationen, Glaubenskriege zwischen Religionen, Lohnkonflikte zwischen den Tarifparteien. Das sind alles Nullsummenspiele: Der Gewinn der einen ist der Verlust der anderen Seite. Dagegen ist die Senkung der Emissionen und des Ressourcenverbrauchs in der Industrie in vielen Fällen identisch mit einer Erhöhung der Effektivität. «Smoke means waste» war bereits die Parole der Anti-Rauch-Kämpfer in amerikanischen Städten um 1900. Wenn man sich nicht in Standortkämpfe verbeißt, sind für neue Industrieansiedlungen oft Industriebrachen zu finden, die es unnötig machen, ein schönes Landschaftsbild zu verschandeln. Der klassische Ort für kreative Lösungen ist der Wald, der Ursprung des Konzepts der nachhaltigen Wirtschaft: Mischwälder sind weniger schädlingsanfällig und häufig mehr einer wechselnden und differenzierten Holznachfrage angepasst als einförmige Monokulturen. Der von Bioethikern inszenierte Fundamentalkonflikt «biozentrisches kontra anthropozentrisches Naturverständnis» lenkt von den in der Praxis bestehenden kreativen Konsenschancen ab. Die gleiche Gefahr droht, wenn Umweltaktivisten zu sehr auf Medieneffekte schielen; denn die Aufmerksamkeit der Medien erregt man am sichersten durch einen möglichst spektakulär ausgetragenen Konflikt.

Von den Wäldern von Oregon bis zum Weißen Haus: der große Streit um den Fleckenkauz. Ein krasses Beispiel für Probleme des amerikanischen Konfliktstils wie der Konfliktstrategie bei Umweltfragen überhaupt bietet die in den Wäldern des amerikanischen Nordwestens entstandene Kontroverse um die *Spotted Owl*, in der Steven L. Yaffee bereits 1994 nicht weniger als fünf Phasen seit dem Ursprung des Streits in den ersten Nachkriegsjahrzehnten unterschied.[88] In der Alten Welt ist dieser Dauerkonflikt selbst in Umweltkreisen nahezu unbekannt,[89] und nur mit Mühe ist der deutsche und lateinische Name für diese Eulenart zu ermitteln: Fleckenkauz, *Strix occidentalis*. Aus europäischer (und ohne Zweifel noch mehr aus asiatischer) Distanz wirkt es kurios, mit welchem Ernst, welcher Verbissenheit und welch kolossalem Aufwand dieser Konflikt über Jahre und Jahrzehnte ausgetragen wurde: von einer immer breiteren Front von Umweltaktivisten, einer ebenso immer breiteren Phalanx von Forstleuten und schließlich von Kongressabgeordneten, die den Eulenkampf aus den Wäldern von Oregon bis ins Weiße Haus hinaufbeförderten – wo man ihn verständlicherweise an die Kontrahenten zurückgab mit der Aufforderung, sich auf einen Kompromiss zu einigen.[90]

Aber wie soll man einen Kompromiss finden, wenn konträre Wertsysteme aufeinanderprallen: Schutz der Natur um ihrer selbst willen und Nutzung der Natur als Ressource für den Menschen? Ähnlich wie in der Bundesrepublik die Stellung zur Kernenergie entschied in Teilen der USA über geraume Zeit die Stellung zur *Spotted Owl* darüber, wer «Enviro» und wer Enviro-Gegner war. Aber wie kam diese Priorität zustande; wieso konzentrierte sich der Elan so vieler amerikanischer Umweltaktivisten ausgerechnet auf den Fleckenkauz, der in Europa bis heute nicht einmal erfahrenen Vogelschützern ein Begriff ist?

Folgt man Yaffees fünfaktigem Drama, steht am Anfang die Masterarbeit eines Studenten der Oregon State University, Eric Forsman, aus dem Jahr 1972. Forsman machte Spotted-Owl-Paare an 37 Stellen in forstlich noch ungenutzten Altbeständen der Wälder von Oregon ausfindig und startete eine Ein-Mann-Kampagne zum Schutz solcher Altbestände.[91] Nun liefert eine studentische Masterarbeit als solche keine befriedigende Erklärung für eine Umweltbewegung, die sich quer durch die USA bis nach Washington ausbreitete. Der entscheidende Punkt besteht in dem neuen Zauberwort *old-growth forests*, das an Anziehungskraft dem alten

Reizwort *wilderness* gleichkam. Die Masse der Urwaldfreunde stieß zu den Eulenfreunden. Andy Stahl, dem es gelang, den Sierra Club für die Spotted Owl zu mobilisieren, erklärte 1988 mit verblüffender Offenheit, die Attraktivität des Fleckenkauzes erkläre sich daraus, dass er als «Surrogat für den Urwaldschutz (old-growth protection)» fungiere. «Ich habe oft gedacht, gottlob entwickelte sich der Fleckenkauz im Nordwesten, denn hätte er das nicht getan, hätten wir ihn mittels Gentechnik erzeugen müssen.»[92] Bis dahin hatte dieser Kauz kaum Beachtung gefunden. Wenn Eric Forsman einen Forstbeamten darauf ansprach, dass es in seinem Wald ein Spotted-Owl-Paar gab, blickte der ihn oftmals nur verständnislos an: «Was?»[93]

Der europäische Beobachter wundert sich: Warum kämpften die amerikanischen Waldfreunde nicht gegen den immer noch vorherrschenden Kahlschlag, den Kern des Skandals; warum machten sie stattdessen den Fleckenkauz zu ihrer Parole, mit dem sie von der Gegenseite so leicht lächerlich gemacht werden konnten?[94] Aber in der Ära der Ökologie musste man mit dem Habitatschutz argumentieren, um etwas in der Hand zu haben, was justiziabel war. In der Alten wie in der Neuen Welt standen die Vogelschützer ja typischerweise in der vordersten Front des Naturschutzes. Die neue Botschaft der Ökologie ging nun dahin, dass es beim Tierschutz entscheidend auf den Habitatschutz ankommt; auf diese Weise gewannen die Vogelschützer Anschluss an Hauptströme des Natur- und Umweltschutzes. John Muir hatte die Vögel noch nicht beachtet (zur Verblüffung von Theodore Roosevelt); er kämpfte für die Wildnis, weil ihn der erhabene Anblick mächtiger Bäume und die grandiose Szenerie schroffer Felsen und Wasserfälle überwältigte. Nach 1970, im Zeichen der Ökologie, lieferten spirituell angehauchte ästhetische Argumente jedoch keine scharfen Waffen mehr, mit denen man bei gerichtlichen Konflikten bestehen konnte. 1973 erließ der Kongress den *Endangered Species Act* (ESA); dieser stellte erst einmal lediglich ein Potential dar, das von Umweltkämpfern konkretisiert und aktiviert werden musste.[95] Konnte man indes glaubhaft machen, dass es sich bei dem Fleckenkauz um eine gefährdete Art handelte, die zum Überleben auf forstliche Altbestände in Oregon und im angrenzenden Staat Washington und nur auf diese angewiesen war, konnte man hoffen, den neuen kampfeslustigen Stil der Umweltpolitik für die eigene Sache zu mobilisieren.

Das Problem war allerdings: Der Fleckenkauz, den nur wenige je zu Gesicht bekamen, war kein charismatisches Tier – kein Vergleich mit Dian Fosseys Gorillas. Dieser Kauz weckte als solcher keine Leidenschaft.

Die großen Naturschutz-NGOs, vom Sierra Club bis zur Wilderness Society, verhielten sich denn auch gegenüber den Fleckenkauz-Aktivisten jahrelang unschlüssig und zögernd,[96] zumal nicht ganz sicher war – womit die Gegenseite, versteht sich, immer wieder voller Hohn auftrumpfte –, ob die Spotted Owl tatsächlich gefährdet war, ob es sie nicht auch anderswo gab, ob sie wirklich ausschließlich Altbestände brauchte und nicht auch in jüngeren Beständen brüten konnte und ob die zu ihrem Überleben nötigen Altbestände tatsächlich so ausgedehnt sein mussten, wie von den «Enviros» behauptet.[97] Im Juli 1989 sammelten sich in Forks im Staat Washington, der «Holzfäller-Hauptstadt der Welt», eine Menge wütender Holzfäller, die auf die rhetorische Frage des Redners «Do you think Spotted Owls can survive in old growth only?» wie in einem Refrain «No! No! No!» respondierten.[98]

Auf der Gegenseite stand die regionale Holzindustrie mit den Holzfällern, und sie fand in großen Teilen des dortigen *Forest Service* (FS) einen Anwalt, der mit dem ökologischen Jargon der Gegenseite zur Not mithalten konnte. Der FS hatte in seiner heroischen Gründerzeit unter Gifford Pinchot die Holzunternehmen, die, ohne viel zu fragen und sich um Nachhaltigkeit zu sorgen, die Wälder im *public land* ausbeuteten, als «Landdiebe» bekämpft, sich jedoch mittlerweile mit der Holzwirtschaft längst zusammengerauft, da zumindest Holzgiganten wie Weyerhaeuser[99] im eigenen Interesse einsahen, dass eine ungeregelte Plünderung der Wälder in den Ruin führte. Die Freunde der Wildnis hatten ihre Nationalparks bekommen, vorwiegend in gebirgigen Gegenden, wo die Holznutzung ökonomisch ohnehin nicht attraktiv war; daher hatte bis in die 1960er Jahre im Allgemeinen eine friedliche Koexistenz zwischen den verschiedenen Waldinteressenten vorgeherrscht. Als David Brower seit den späten 1950er Jahren gegenüber den Forstleuten angriffslustiger wurde und polterte, die ganze Weisheit des *Forest Service* sei auf eine Kettensägenkompetenz geschrumpft, zuckte der Klubvorstand zusammen und glaubte, Brower sei verrückt geworden.[100]

Spätestens in der Öko-Ära geriet jedoch der Konsens zwischen den Forstleuten und den Freunden der Wildnis in die Krise. Die Holzfäller drangen in Altbestände vor, die bis dahin – auch ohne zu Nationalparken zu gehören – ungenutzt geblieben waren;[101] unter den Freunden der Wildnis verbreitete sich ein neuer Kampfgeist, und sie fanden den Forest Service gegenüber der legendären Zeit von Pinchot in seinem geistigen Niveau und seinem Berufsethos erbärmlich heruntergekommen.[102] Und doch lag dieser Kampf in wichtigen Punkten quer zur «ökologischen Revolution» von 1970: Die Szenerie war von biologischen Spezialisten im Blick auf juristische Rahmenbedingungen abgesteckt. Die Rettung einer einzelnen Tierart war die Parole, nicht die Rettung eines großen Ganzen, der Gesamtheit des Ökosystems. Und wichtiger noch: Hier ging es nicht um die Rettung der Lebensgrundlagen der Menschheit, sondern um Naturschutz *gegen* die Menschen, und zwar in einem Ausmaß, welches die Existenzgrundlagen ganzer Holzfällerorte bedrohte. Kein Wunder, dass diese zupackenden Muskelmänner mobil wurden, gewiss von ihren Firmen angestachelt, aber auch aus eigenem Antrieb. Auch Chuck Leavell, der einstige Keyborder der Rolling Stones, bemerkte verärgert, als er zum Waldbesitzer geworden war: «Die öffentliche Meinung hat sich gewandelt: Die Rechte des Fleckenkauzes gelten beispielsweise als genauso wichtig wie die Rechte der Holzfäller, die Bäume in öffentlichen Wäldern ernten wollen. Offen gesagt werden sie vielleicht sogar höher eingeschätzt.»[103]

Die «Enviros» operierten über Expertengutachten, Juristen und Medien; die Holzfäller demonstrierten in Washington. Die *Grassroots*-Bewegung entstand hier nicht bei den Umweltaktivisten, sondern auf der Gegenseite. Ron Arnold und Alan Gottlieb – ein notorischer Waffennarr und Herausgeber der *Gun Week* –, die aggressivsten Wortführer der sich sammelnden «Wise-Use»-Bewegung, für die die Fleckenkauz-Kontroverse ein gefundenes Fressen war,[104], konstruierten auftrumpfend ein kernig-amerikanisches Wir *gegen* die Enviros, so als ob es die schweren Krisen der Land- und Weidewirtschaft des Westens durch Winderosion und Überweidung[105] nie gegeben hätte. Man muss es im amerikanischen Originaltext lesen: «*We wise users are the real environmentalists. We are the real stewards of the land. We're the farmers who have tilled this land and the ranchers who have managed this land and we've done it sucessfully for generations. We're the miners and the loggers who depend for our livelihood on this land. ... These critics who call themselves environmentalists, they're actually elitists.*»[106]

Selbst unter amerikanischen «Enviros» kursierte die Scherzfrage: «Are you an environmentalist, or do you make a living?» Der «Kampf für die Natur» war, soziologisch betrachtet, ein Kampf städtischer Mittelständler, für die der Wald ein Ort der Erholung war, gegen Bevölkerungsgruppen, die seit alters vom Wald lebten und ihm auf ihre sehr handfeste Art verbunden waren.[107] Aber in der überregionalen Öffentlichkeit wirkten die Holzfäller gegenüber den Umweltschützern wie beschränkte Hinterwäldler. Die Stimmung wurde umso aggressiver, als die Holzbranche gegenüber der vordringenden «New Economy» ohnehin ins Hintertreffen geriet. Da bot sich der Fleckenkauz mit seinen Fans als famoser Sündenbock an, der von strukturellen Ursachen der Krise ablenkte.[108] In der Holzbranche kursierten schwarze Listen mit Namen von Umweltschützern, gegen die zum Telefonterror aufgerufen wurde: «This is a spotted-owl-loving son of a bitch.»[109] Die Medien zeigten Fleckenkauze, die abgeschossen und an Hinweisschilder des Forstdienstes genagelt waren.[110] Gewalt lag in der Luft – bei keinem anderen amerikanischen Umweltthema so sehr wie bei dem Kauz.[111]

Die Spotted-Owl-Kampfszene war unter solchen Bedingungen ein gefundenes Fressen für die unter Reagan zum Gegenangriff übergehenden Anti-Enviros,[112] und auch sein Nachfolger, George Bush, machte die Naturschützer als *«spotted owl people»* lächerlich.[113] Dadurch wurde es für die Umweltschützer erst recht zur Ehrensache, zum Fleckenkauz zu stehen; und die in den späten 1980er Jahren einsetzende neue Öko-Konjunktur gab ihnen Auftrieb. Aber diese Frontstellung hatte ihren Preis. Anders als unter Theodore Roosevelt, der *Conservation* zum Inbegriff altamerikanischer Tugenden und Manneskraft erhob, vertraten die Umweltaktivisten in dieser neuen Konfliktkonstellation nicht auf überzeugende Art Gemeinwohlinteressen und amerikanische Werte, sondern aus der Sicht ihrer Gegner nichts als die fixe Idee einer einflussreichen Gruppe von Vogelschützern. Unter solchen Umständen boten sie die beste Zielscheibe für gehässige Attacken: Die Zukunft der Kinder in den Holzfällerdörfern sei doch – verdammt noch mal – wichtiger als die Zukunft der Fleckenkäuze. Indem die Umweltkämpfer das Konfliktthema durch die Spotted Owl definierten, versperrten sie Verständigungsmöglichkeiten.

Dabei hätten gerade die Wälder an und für sich beste Chancen für eine Verbindung von Ökonomie und Ökologie geboten, schon gar in der Weite Nordamerikas. Aber von solchen Chancen führte der Eulenkonflikt ab. Da findet man nichts von dem Geist von Rio 1992, von dem neuen Zauberwort *sustainable development*. Im Vergleich dazu wirkt die deutsche Waldszenerie, wo in der Vergangenheit so viele Kämpfe getobt hatten, ausgerechnet in der Öko-Ära überraschend friedlich. Das «Waldsterben» verlagerte die Hauptschuld an trüben Waldzuständen aus den Wäldern heraus und präsentierte nur ein undeutliches Feindbild, das kaum Ziele für Demonstrationen, allenfalls solche für Schornsteinkletterer bot.

Vom Atomkonflikt zum Streit um die Gentechnik: Probleme beim Transfer des Kampfstils. Wie wir sahen, suchten in den 1980er Jahren viele bundesdeutsche Umweltaktivisten das Modell «Atomkonflikt» auf die Gentechnik zu übertragen. Dieser Transfer gelang jedoch nur auf verbaler Ebene, nicht auf der Ebene der Aktion. Bei der Gentechnik fehlten Angriffsziele und Demonstrationsobjekte von der Art der Kernkraftwerke. Hier und da wurden genetisch manipulierte Pflanzen aus den Versuchsfeldern gerissen; aber die in der Anti-AKW-Szene so heiß diskutierte Gewaltfrage stellte sich nicht. Der Bundestag setzte 1984 eine Enquete-Kommission «Chancen und Risiken der Gentechnologie» ein: Der Titel erinnerte an den «Bürgerdialog Kernenergie» mit seinen Pro-und-Kontra-Diskussionen ein Jahrzehnt zuvor, aber für den Vorsitzenden, den SPD-Abgeordneten Wolf-Michael Catenhusen, war es frühzeitig ausgemacht: Anders als bei der Kerntechnik gebe es hier kein Nein, sondern nur differenzierte Positionen.[114] Ohnehin waren sowohl die Chancen wie auch die Risiken in diesem Fall viel hypothetischer als bei der Kerntechnik. Das Grunddilemma bestand darin, dass beides erst durch Ausprobieren, durch *trial and error,* zu ermitteln war.[115] Beide Seiten neigten dazu, den Unterschied zwischen genetisch manipulierten und anderen, mit «konventioneller» Methode hochgezüchteten Arten zu übertreiben.

Theoretisch war denkbar, dass bestimmte Richtungen der Gentechnologie zu einer «grünen» Technik werden könnten, indem sie den Bedarf an Pflanzenschutzmitteln drastisch senkten; allerdings war gerade bei robusten Arten das Risiko besonders hoch, dass sie sich epidemisch vermehrten: für Anhänger wie für Kritiker eine unübersichtliche Situation. Manche Kritiker suchten ihrer Position durch pathetische Anklagen gegen Menschenzüchtung etwas Fundamentales zu geben; dieser Kampfgestus war jedoch ein bloßes Schattenboxen, da die Industrie an Menschenzüchtung (vorerst zumindest) gar nicht interessiert war und allenfalls ehrgeizige Wissenschaftler diesen alten Frankenstein-Ehrgeiz hegten.

Brisant wurde es mit dem Einsatz der Gentechnik in der Agrarindustrie. Nicht Probleme der technischen Sicherheit, sondern die Frage der Patentierbarkeit gentechnisch manipulierter Arten und die daraus zu befürchtenden großindustriellen Agrarmonopole schufen eine Gegenfront, die von Bayern bis nach Bengalen reichte. Da traf das linke Misstrauen gegen das Profitinteresse des Kapitals den kritischen Punkt; aber gerade hier fanden die Kritiker der Gentechnik Verbündete weit abseits der Linken: in der CSU und bei den bayerischen Bauern. Und noch in einem anderen Punkt befanden sich die Kritiker auch ohne diabolisches Feindbild in einer überlegenen Position, und zwar im ökonomisch entscheidenden: Zumindest in der EU bestand nach dem Einsatz genetisch manipulierter Arten gar kein Bedarf – die ewige Crux der mittel- und westeuropäischen Landwirtschaft war die Überproduktion, nicht der Mangel an Nahrungsmitteln. Das Bonmot ging um, die allerschwierigste unter den noch ausstehenden Erfindungen der Gentechnik sei die Erfindung eines Bedarfs. Daher setzte sich innerhalb der europäischen Landwirtschaft auch ohne aggressiven Massenprotest gegenüber der Gentechnik insgesamt eine zurückhaltende Einstellung durch.[116] Anders war es in manchen Branchen der Pharmaindustrie: Gegen die Entwicklung eines besser verträglichen Insulins mit Methoden der Gentechnik war schwer etwas einzuwenden.

Das Zürcher Konsensmodell in der Verkehrspolitik. Überall auf der Welt gibt es zwei Politikbereiche von immenser Dimension, die – obwohl sie in aller Regel nicht zum Umweltressort gehören – für die Umwelt noch wichtiger sind als klassische Bereiche der Umweltpolitik: die *Verkehrs- und Agrarpolitik.* In beiden Bereichen erfordert der Umweltschutz kreative Lösungen, keine bloße Entscheidung zwischen bereits vorhandenen Alternativen; und daher droht sich in beiden Fällen eine bis zur Polarisierung der Positionen getriebene Konfrontation als Blockade für einen nachhaltigen Umweltschutz auszuwirken.

Wer am liebsten die gesamte Menschheit aufs Fahrrad setzen würde, wird von erfahrenen Vorkämpfern alternativer Verkehrssysteme belehrt,[117] dass man der Autolobby keinen größeren Gefallen erweisen kann, als mit einer derartigen Utopie zu kommen, mit der man alle Autobesitzer und solche, die es werden möchten, gegen sich aufbringt. Seit etwa 1985 ist die Schweiz, mit Zürich an der Spitze, auf unauffällige Weise international zum Vorbild der Anhänger einer umweltfreundlichen Umsteuerung des Verkehrs geworden. Einer der Zürcher Akteure, der Ingenieur Willi Hüsler, berichtete 1990 auf dem Frankfurter Umweltkongress «Fortschritt vom Auto», diese Wende sei einem spezifisch schweizerischen Konservatismus entsprungen: «Es sind tatsächlich konservative Elemente, Elemente des Erhaltens, Elemente des Schützens des Vorhandenen, die immer wieder in entscheidenden Fragen zu einem nationalen Konsens führen, einem Konsens, der in sehr weitem Maß über die Parteigrenzen, über die Links-Rechts-Schemen Brücken baut.»

Der Schweizer Konservatismus führte allerdings nicht aus sich heraus zur Verkehrswende, sondern bedurfte dazu eines kräftigen Anschubs durch das neue Umweltbewusstsein: Aus dieser Verbindung – so Hüsler – sei Mitte der 1980er Jahre in Zürich «plötzlich ein gewaltiger Druck» entstanden, und es sei «richtig herrlich zuzusehen», mit welch offensivem Selbstbewusstsein der öffentliche Verkehr seither initiativ geworden sei. Und eine bezeichnende Pointe: «Was sehr entscheidend ist, man hat sich nicht gegen die Wirtschaft gestellt. Viele Vertreter des öffentlichen Verkehrs haben ein ausgeprägtes Feindbild gegenüber der Wirtschaft, das ist völlig falsch. Gerade der Detailhandel der Innenstädte ist sehr interessiert am öffentlichen Verkehr, der bringt nämlich die Kunden.»[118] Ein wichtiger Hintergrund ist offensichtlich die Geomorphologie dieses Gebirgslandes, in dessen engen Tälern jeder vernünftige Mensch einsehen muss, dass eine unbegrenzte Expansion des Automobilverkehrs die Lebensqualität verdirbt.

Naturnahe gegen naturzerstörende Landwirtschaft? Agrarische Konfliktfronten und Kreativitätschancen. Wohl am allerwichtigsten für das Schicksal der Umwelt überall in der Welt ist die *Landwirtschaft;* aber sie war in der Zeit des *Earth Day* von 1970 nur ein marginales Thema, obwohl Rachel Carsons Angriff auf das DDT sie eigentlich von Anfang an zu einem zentralen hätte machen müssen. In der Zeit des New Deal und des *Dust Bowl* hatte der Boden mehr im Mittelpunkt gestanden als in den Jahren der «ökologischen Revolution». Obwohl (oder weil?) Petra Kelly eine Liebesbeziehung zu Sicco Mansholt hatte, war für sie die vom Mansholt-Plan vorangetriebene agrarische Strukturrevolution kein Thema. Ob man die Bauern als potentielle Verbündete oder als Feinde betrachten sollte, darüber herrschte in Öko-Szenen große Unsicherheit: kein Wunder, denn die Umweltbewegung kam aus den Städten, und das Gros der Umweltaktivisten kannte die Bauern nicht aus der Nähe. Und je mehr sich der Naturschutz auf Naturschutzgebiete konzentrierte, desto weniger kümmerten sich die Naturschützer um die Landschaft außerhalb ihrer Reservate.

Im deutschen Kulturraum gab es schon seit 1924 die von Rudolf Steiner begründete Tradition der «biologisch-dynamischen» Landwirtschaft, die weithin auf überkommenem bäuerlichen Wissen aufbaute und daher in der Anfangszeit von der gängigen bäuerlichen Praxis noch nicht sehr weit entfernt war. Durch die chemisch-technische Revolution in der Landwirtschaft wurde sie jedoch zu einer kleinen Sekte, bis sie in der Öko-Ära durch den neuen Zeitgeist zunehmend Rückenwind bekam und sich mit anderen Strömungen des zuerst «biologischen», dann «ökologischen» Landbaus traf.[119] In vielen Dörfern entwickelte sich ein feindseliges Schisma zwischen konventionellen und Biobauern, wobei die Letzteren eine kleine, aber umso selbstbewusstere Minderheit waren. Sie knüpften stärker an die traditionelle Bauernwirtschaft an; aber das musste nicht unbedingt so bleiben. In anderen Ländern gab es unterschiedliche Konstellationen. In den Alpenländern wurden – Ökologie hin, Ökologie her[120] – aus touristischen und sozialpolitischen Gründen die Bergbauern mit ihrer Almwirtschaft subventioniert, die die neuerlichen Rationalisierungsprozesse schon aus technischen Gründen nicht mitmachen konnten.

Auch französische Bauern vermochten in jüngster Zeit den Kulturstolz ihres Landes gegen billige Massenimporte von industriell produziertem amerikanischen «Junkfood» und hormonell gepuschtem Fleisch zu mobilisieren. José Bové, ein Schafzüchter aus dem Larzac, wurde landesweit berühmt, als er am 12. August 1999 zusammen mit anderen Schafzüchtern in Millau, einer Kleinstadt im Süden der Cevennen, eine McDonald's-Filiale demolierte. Die Aktion war angekündigt, und die Polizei schaute gemütlich zu; natürlich bekam Bové für diese illegale Aktion dennoch einen Prozess, und er ließ sich mit strahlendem Lächeln in Handschellen fotografieren. Für viele Landsleute war er von nun an ein Held, und in der Folgezeit wurde er zum Star der französischen Antiglobalisierungsbewegung und auch vieler Grüner.[121] Hier war die globale mit der regionalen Dimension perfekt vereint, und dazu war eine populäre Frontstellung gegeben: gute alte regionale Bauern- und Geschmackskultur, mit der berühmten französischen Käseplatte im Mittelpunkt, gegen den von US-Konzernen bescherten uniformen «Scheißfraß» – Bové milderte sein ursprüngliches Schimpfwort «bouffe de merde» zu «malbouffe» ab, und dieses Neuwort verbreitete sich durch die frankophone Welt.[122] Aus Italien dagegen kam im Hohn auf *Fast Food* die *Slow Food*-Bewegung.

England besaß schon seit den 1940er Jahren seine eigene Tradition des naturgemäßen Landbaus. Die 1946 unter der Leitung von Eve Balfour gegründete *Soil Association* führte jahrzehntelang ein marginales Dasein, obwohl ihre Gründerin, die der britischen Oberschicht angehörte, viele Länder der Welt bereiste und dort ihre Ideen propagierte. In der Öko-Ära dagegen stieg diese Vereinigung zur weltweit größten Organisation des «organischen» Landbaus auf.[123] Da England seit dem Sieg der Freihändler im 19. Jahrhundert einen Großteil der Agrarprodukte aus den Kolonien bezog – auch dies eine Rahmenbedingung der britischen Parklandschaft –, war die Macht des konventionellen Landbaus hier schwächer als auf dem Kontinent. Die Kritik an der Gentechnik gab der Kontroverse um die Agrartechnik auch hier eine neue Schärfe. Vor allem in den 1990er Jahren zog der Protest gegen «Genfood» in Großbritannien weite Kreise und fand die Unterstützung von Prinz Charles. Der Agrarkonzern Monsanto wurde «zum Symbol des schlechthin Bösen», und sein Name wurde zu «Nonsanto» und «Monsatan» verballhornt.[124]

Ein gänzlich anderes Bild bieten die Niederlande mit ihren dem Meer abgerungenen Ackerflächen und riesigen Treibhäusern, wo es – zum Entsetzen vieler Bauern – das futuristische Projekt eines unter bestimmten Gesichtspunkten ökologisch perfekten, jedoch extrem technisierten Landbaus in Hochhauskomplexen mit vielen Etagen («vertical farming») gibt.[125] Bisher stieß dieses Projekt im eigenen Land auf unüberwindlichen Widerstand und bekam nur bei Schanghai eine Chance zur Realisierung. Die holländischen Gewächshaustomaten wurden in den Jahren um 1990 zum Spott der an kulinarischem Selbstbewusstsein gewinnenden Biobauern und ihrer Kunden – vom «geschmacklosesten Gemüse der Welt» bis zu «Wasserbomben» und zum «vierten Aggregatzustand des Wassers» reichten die Attribute;[126] und doch lassen sich Tomaten mit Geschmack nicht nur unter freiem Himmel, sondern auch in Gewächshäusern züchten.

Nicht zwangsläufig führen Ökologie und Gourmandise zur traditionellen Bauernwirtschaft zurück; das «Bauernsterben» wird nicht automatisch durch die Biowelle gestoppt. Gerade in Glasbauten, die hermetisch von der Außenwelt abgeschlossen sind, fällt der Verzicht auf jegliche Pestizide unter Umständen leichter als im freien Land. So widersinnig es auf den ersten Blick wirkt, zwischen dem Kult der Wildnis und dem *vertical farming* besteht doch eine Konvergenz: Je geringer der Flächenverbrauch der Landwirtschaft wird, desto größere Flächen kann man der Verwilderung überlassen. Das dürfte allerdings vielen Naturfreunden ein böses Erwachen bescheren; denn diese von Wald und Gestrüpp überwucherten neuen Wildnisse sehen aller Voraussicht nach sehr anders aus als die Landschaften, die die Naturliebhaber gerne durchstreifen.[127]

Wiederum ganz anders ist die Szenerie in den USA, wo es an abwechslungsreichen traditionellen Agrarlandschaften für Wanderfreunde wenig zu verlieren gibt, jedoch im Unterschied zu den Niederlanden keinerlei Grund besteht, aus Mangel an Fläche den Ackerbau in die Vertikale zu treiben. Unter den Yankee-Farmern hatten von vornherein Traditionen nachhaltiger Landwirtschaft, auf die heute zurückgegriffen werden könnte, einen viel schwächeren Stand als bei europäischen Bauern. Stattdessen stand seit dem *Dust Bowl* der 1930er Jahre die Bekämpfung der Winderosion im Mittelpunkt: durch Bewässerung, durch Pflügen parallel zu den Höhenlinien und durch Ersetzung des tiefen Pfluges durch oberflächliche Bodenauflockerung.[128] Nur kleine Grüppchen wie die Amish- und die Hutterer-Sekte, Pennsylvania-Deutsche[129] oder auch kalifornische Öko-Freaks praktizierten biologischen Landbau europäischen Stils und fanden im Zuge der Öko-Ära lukrative Marktnischen.

In weiten Teilen der Dritten Welt entstand eine Kluft zwischen Großbauern und Agrarunternehmern, die von der Grünen Revolution profitierten, und traditionell wirtschaftenden Kleinbauern, die ins Abseits gerieten. In Indien machte sich, wie wir sahen, Vandana Shiva zur wortgewaltigen Anwältin der traditionellen Bauernwirtschaft und der ihr innewohnenden ökologischen Vernunft und Naturnähe. Masanobu Fukuoka (1913–2008), der weltweit bekannteste Vorkämpfer der Permakultur in Japan, der nach dem taoistischen Prinzip des Wu Wei, des Gewährenlassens, eine Landwirtschaft lehrte, die die natürlichen Prozesse so weit wie möglich sich selbst überließ, sprach in seinen alten Tagen von dem «Zusammenbruch der japanischen Landwirtschaft» wie von einer evidenten Tatsache.[130]

Alles in allem gibt es auf der Welt also sehr unterschiedliche Konstellationen, mit denen es der Umweltschutz in Agrarfragen zu tun hat. Manche Konstellationen, ob in Frankreich oder in Indien, bieten durchaus Munition für harte Kämpfe – aber diese können in der Landwirtschaft nur dann etwas bewirken, wenn sie *mit* den Bauern geführt werden. In frontalem Kampf *gegen* die Bauern lässt sich eine neue Landwirtschaft unmöglich realisieren; auch jene technische Revolution in der Agrarwirtschaft des 20. Jahrhunderts, die die alten bäuerlichen Traditionen über den Haufen warf, ist nur in einem langen Prozess der Übersetzung von Expertenwissen in Bauernregeln durchgesetzt worden.[131] Wo jedoch das alte bäuerliche Wissen mehr oder weniger in Vergessenheit geraten ist, lässt sich ein Kampf für die Umwelt nicht mehr als bäuerlicher Defensivkampf gegen den Agrarchemiekomplex inszenieren.

Auf umfangreiche historische Erfahrungen gestützt, vertritt Frank Uekötter in seiner agrarischen Wissensgeschichte[132] die These, dass sich Umweltschützer unter mitteleuropäischen Verhältnissen mit einem polarisierten Kampfszenario «ökologische gegen konventionelle Landwirtschaft» hoffnungslos in Sackgassen manövrieren und – schlimmer noch – Chancen verspielen, und dies aus mehreren Gründen. Vieles, was bisher als Bio- oder Öko-Landbau läuft, ist lediglich ein Nischenmodell, das besonders engagierte Bauern und – hier ganz besonders entscheidend[133] – Bäuerinnen voraussetzt und auf begrenzte Konsumentenkreise zielt, die bereit sind, für «Bio»-Lebensmittel erheblich mehr zu zahlen. Verallgemeinern lassen sich lediglich Zwischenlösungen zwischen diesem Öko-Landbau und dem bisherigen agrarischen Mainstream: ein «mittlerer Weg» im Sinne der «buddhistischen Ökonomie» E. F. Schumachers. Mit zunehmender Massennachfrage nach «Bio»-Lebensmitteln setzen sich de facto ohnehin längst Zwischenlösungen durch; nicht immer aber sind sie ein optimaler «mittlerer Weg» im Sinne Schumachers.

Eine radikale ökologische Konsequenz ist in der Landwirtschaft schon deshalb nicht möglich, weil «ökologisch» in diesem Fall (und nicht nur hier) ein mehrdeutiger Begriff ist: Er kann auf die Erhaltung der Bodenfruchtbarkeit und Verhinderung von Bodenerosion, aber auch primär auf Unterbindung schädlicher Umweltwirkungen durch Pflanzenschutzmittel und Überdüngung und auf möglichst perfekte Stoffkreisläufe und energetische Selbstversorgung durch Biogaserzeugung zielen; oder die naturgemäße Tierhaltung kann im Mittelpunkt stehen oder die Produktion «natürlicher» Nahrungsmittel ohne fremde Zusätze, auch unter Beibehaltung regionaler Besonderheiten ohne uniformierende Standardisierung. Viele verstehen unter Biolandbau überdies eine Art von Bauernwirtschaft, die sich zumindest optisch nicht zu krass von der alten Wirtschaftsweise entfernt, sondern die anheimelnde bäuerliche Landschaft einigermaßen erhält.

Alle diese Ziele lassen sich miteinander kombinieren, aber die Synthese vollzieht sich nicht von selbst. Perfekter Stoffkreislauf, energetische Selbstversorgung und Verzicht auf Pestizide führen – wie nicht nur niederländische Projekte zeigen – in höchster Konsequenz zu einer Hightech-Landwirtschaft, die den letzten Rest von ländlicher Idylle eingebüßt hat.[134] Biogasanlagen lohnen sich am ehesten bei Großbetrieben, und ihr Anblick ist keine Freude für den Wanderer. Nicht automatisch und in jedem Fall erzeugt «naturgemäße» Landwirtschaft besonders schmackhafte Produkte, für die die Käufer mehr zahlen: Karl Ludwig Schweisfurth, der sich in den 1980er Jahren vom Chef des größten europäischen Fleischkonzerns zu einem Vorkämpfer artgerechter Tierhaltung und naturnaher Nahrungsmittel wandelte, stellte bei ersten Versuchen zu seiner Enttäuschung fest, dass er beim Fleisch der in Freiheit gehaltenen Schweine kaum einen Unterschied schmeckte.[135] In der ersten Zeit haftete vielen Bionahrungsmitteln ein Stigma der Lustfeindlichkeit an; erst nach und nach entwickelte sich auf Öko-Basis eine neue Art von kulinarischem Genießertum. Der Siegeszug der italienischen, indischen, thailändischen und japanischen Küche im Westen öffnete der leichten und vegetarischen Küche ganz neue und exquisite Möglichkeiten;[136] die bei der Fleisch essenden Mehrheit bis dahin übliche Gleichsetzung von vegetarisch mit langweilig wurde zum Anachronismus. Da vieles im Menschen nicht über den Kopf, sondern über den Bauch läuft, sind vermutlich nicht wenige Geheimnisse der Geschichte in diesem noch weithin unerforschten Terrain zu suchen. Aber die vegetarische Ernährung führte nicht zwangsläufig zum nahe gelegenen Biobauern. Die Kombination der unterschiedlichen Ziele – ökologischer Landbau, naturgemäße wie genussvolle Ernährung – ist ein in hohem Maße kreativer Vorgang, keine bloße Wahl zwischen bereits vorhandenen Alternativen. Letztlich liegt sie im Eigeninteresse der Bauern, deren Zukunft daran hängt, dass sie die Güte ihres Bodens erhalten und für ihre Produkte Abnehmer finden. Wenn der Biolandbau bessere Produkte zu bezahlbarem Preis erzeugt, bedarf es keiner kämpfenden Umweltaktivisten, um ihm den Weg aus der Nische heraus zu öffnen.

Der größte Triumph der Biobauern: der BSE-Alarm. Kein Impetus wirkt stärker als die Sorge um die eigene Gesundheit. Jeder Skandal um Hormone und Antibiotika in den Tierfabriken bedeutete für Biobauern bares Geld. Ein besonders dramatischer Anstoß kam von dem BSE-Alarm,[137] der vor allem in den 1990er Jahren die Nachfrage nach Fleisch aus artgerechter Tierhaltung sprunghaft erhöhte. Meldungen über die *Rinderseuche* BSE (Bovine spongiforme Enzephalopathie, sinngemäß etwa «Rinderkrankheit durch schwammartige Gehirnverformung»), in der Umgangssprache «Rinderwahn», 1985/86 in England an zehn Rindern und bis 1992 an 36 000 registriert, erregten eine anhaltende Welle von Ekel und Wut auf die fabrikmäßige Fleischproduktion und stürzten die Tierfabriken in eine Krise. Als Ende 2000 erstmals bei einer deutschen Kuh BSE diagnostiziert wurde, löste dieser Befund auch in Deutschland eine wahre Hysterie aus. Die Ursachen der Seuche sind bis heute nicht vollständig geklärt; aber als besonders plausibel galt die Erklärung, dass die Rinder – von Natur aus Pflanzenfresser – naturwidrig mit Tiermehl aus Schlachthausabfällen und Tierkörperbeseitigungsanlagen gefüttert und auf diese Weise mit dem Erreger von erkrankten Tieren infiziert worden seien.

In diesem Fall bildeten Anhänger des Biolandbaus, Tierschützer und Nahrungsmittelhygieniker eine geschlossene Front, und sie hatten die Konsumenten auf ihrer Seite. Ein Land nach dem anderen verbot den Import von britischen Rindfleischprodukten. In Großbritannien wurden fast vier Millionen Rinder geschlachtet und ihre Kadaver verbrannt, damit das Fleisch nicht über dunkle Kanäle doch noch auf den Markt oder ins Tiermehl gelangte.[138] Es war ein schauerliches Spektakel, bei dem vielen der Appetit auf Fleisch verging. Da sich die Lehrmeinung durchgesetzt hatte, BSE trage epidemischen Charakter, genügten schon einzelne BSE-Fälle in einer Herde, damit die Vernichtung aller Tiere verordnet wurde. 1994 wurde die Verfütterung von Tiermehl an Wiederkäuer europaweit verboten. Im Ökolandbau war das schon immer der Fall gewesen, «und zwar nicht nur aus Gründen des Verbraucher- und Tierschutzes, sondern auch aufgrund ethischer Erwägungen: Die Tiere in der Landwirtschaft sollen nicht ihre toten Artgenossen verfüttert bekommen» (Manuel Schneider).[139] BSE bot eine utilitaristische Rechtfertigung dieser Tierethik.

Die Heftigkeit der Reaktion wäre ohne die vorausgegangene ökologische Sensibilisierung der Öffentlichkeit schwer vorstellbar; denn die Gefahr für den Menschen war lediglich hypothetischer Art: Die Zahl mutmaßlicher menschlicher Opfer blieb unter zwanzig, betrug also nur einen winzigen Bruchteil der Opfer vieler anderer Schadensquellen, die keinen großen Alarm auslösten.[140] Spötter konnten darauf hinweisen, dass das enge Zusammenleben mit Tieren und deren Krankheitserregern auf den alten Bauernhöfen aller Wahrscheinlichkeit nach unendlich viel mehr Menschenleben gekostet habe und heutzutage das Risiko, einem Verkehrsunfall zum Opfer zu fallen, hundertmal höher sei als das BSE-Risiko: «Man sollte besser Autoherden keulen statt Rinderherden.»[141] Eine Ironie der Geschichte bestand darin, dass die BSE-Seuche – sofern die genannte Hypothese zutrifft – aus einer Konsequenz des Stoffkreislaufprinzips entstand, das im Prinzip als Gebot der Ökologie galt: Abfälle nicht wegzuwerfen, sondern wiederzuverwerten.[142] Auch die Tücken des Recycling gehören zum Hell-Dunkel im Gesamtbild der Öko-Ära.

Eine spezifische Problematik der BSE-Krise wurde in diesem Fall von der Öffentlichkeit ebenso wenig begriffen wie bei anderen großen Kontroversen der Öko-Ära: dass es hier um den Umgang mit einem *hypothetischen Risiko* ging, nicht mit einer evidenten Katastrophe. Sensationshungrige Medien stilisierten wie stets das hypothetische Risiko zur akuten Gefahr. Ihnen ist daraus nur ein geringer Vorwurf zu machen; denn auch führende Experten erweckten den Eindruck, Ursache und epidemischer Charakter von BSE seien klar erwiesen. Wenn die Agrarpolitiker zu drastischen Maßnahmen angehalten waren, Millionen Rinder vernichtet und noch viel höhere Summen für entsprechende Forschungen und Agrarsubventionen aus dem EU-Haushalt ausgeschüttet wurden, war es Sache der Experten, einen festen «Stand der Forschung» zu präsentieren, der starke Belastungen aushielt.

Für den Laien war die Sachproblematik noch undurchsichtiger als beim Atomkonflikt; wer sich in die Details der modernen Massentierhaltung vertiefte, dem stieg so oder so bald der Ekel in die Kehle. Solange man sich auf das Verbot der Verfütterung von Tiermehl beschränkte, befand man sich auf der sicheren Seite; selbst ein Kritiker der herrschenden BSE-Lehre wie der Münchener Biochemiker Roland Scholz erinnerte in einem Interview daran: «Bedenken Sie, was in dieser widerlichen Mixtur aus Kadavern und Fäkalien alles stecken kann: Schwermetalle, Insektizide, Herbizide und, und, und ...»[143] Und auch aus der Sicht seines Mitstreiters Sievert Lorenzen wiesen alle Indizien darauf hin, dass die Wurzel des «Rinderwahns» in einer naturfernen, vom «Wachstumswahn» besessenen Tierzucht zu suchen sei, die die Kühe zu «Hochleistungskrüppeln» gemacht habe: BSE «traf fast nur die Hochleistungskrüppel».[144] Wenn die Biobauern BSE zu ihrem Nutzen ausbeuteten, war dies auch aus heutiger Rückschau berechtigt. Ob allerdings die ebenso gigantische wie schauerliche Rinderverbrennungsaktion durch Wissenschaft und Risikophilosophie gedeckt war, bleibt eine offene Frage.

Besonders riskant wird ein Freund-Feind-Denken auf internationaler Ebene, wo mit der Gefahr zu rechnen ist, dass dabei alte nationale Animositäten hochkommen: kein Wunder, dass die Umweltbewegung gerade in der globalpolitischen Konjunktur von Rio mit Feindbildern vorsichtig wurde. Jörg Bergstedt, der die Konnexionen großer Umweltverbände mit Staat und Wirtschaft anprangert und sich zu der Losung alter Anti-AKW-Kämpen «Konsens ist Nonsens» bekennt, klagt darüber, im Zeichen von Rio '92 und der dort zum Zauberwort erhobenen «Nachhaltigkeit», überhaupt mit dem mehr denn je dominanten «Bedürfnis nach Konsens und Dialog» und dem ganzen Jargon der «Agenda», der «Mediation» und «Effizienzrevolution» gingen «die Feindbilder verloren». Den neuen «Trend der Umweltbewegung in den 90er Jahren» erkennt er darin, «statt konkreter Aktionen oder Forderungen unklare Debatten zu führen nach dem Motto ‹Dabeisein ist alles›».[145] Wer die Inflationierung von «Nachhaltigkeit» auf vielen Podiumsdiskussionen und anderen Proklamationen miterlebt hat, die die praktische Brauchbarkeit dieses Begriffs in Frage stellt, muss zugeben, dass Bergstedt in der Tat eine Gefahr des Konsenstrends benennt. Aber pauschale Urteile über die Umweltbewegung besitzen in der Regel ein rasches Verfallsdatum. Nicht zuletzt durch die Sinnlosigkeit grundsätzlicher Alternativentscheidungen zwischen Konflikt und Konsens bekommt der historische Zugang seinen Sinn.

Die Motorpumpe: noch gefährlicher als der große Damm? Blickt man auf weite Regionen der Dritten Welt, stellt sich die Frage, ob die Konflikte um die großen Staudämme die Aufmerksamkeit von weitaus brisanteren Umweltproblemen abgezogen haben; diese Frage ist bis heute offen. Ohne Zweifel wäre es sinnlos, gegen Dämme jeglicher Art zu kämpfen; der Protest galt ja nur den *großen* Staudämmen – aber was heißt hier «groß»? Und unter welchen Bedingungen lässt sich die Anlage von Dämmen befürworten? Da fehlt die internationale Enquete-Kommission, die verschiedene Optionen durchspielt und durchdiskutiert. Wenn man Kohle- wie Atomkraftwerke ablehnt, aber auch den großflächigen Anbau von Energiepflanzen in Ländern, in denen Hunger herrscht, für unverantwortlich hält, kann man die Wasserkraftnutzung nicht prinzipiell ablehnen. Und in ariden und semiariden Regionen kann man auch unmöglich den Grundsatz vertreten, dass nur die Flussanrainer ein Recht auf Wasser haben. Die Alternative zur Bewässerung mit Flusswasser ist die Tiefbohrung nach Grundwasser; aber heute deutet vieles darauf hin, dass in weiten Teilen der Welt die Übernutzung des Grundwassers und die Ausbeutung nichtregenerativen Tiefenwassers die tückischste ökologische Zeitbombe ist. Womöglich wird sich herausstellen, dass die Motorpumpe, die die Nutzung immer tieferer Wasserressourcen ermöglicht, eine noch gefährlichere Innovation ist als der Bau großer Dämme. Aber sie ist eine unauffällige Technik, die kein Feindbild für Protestbewegungen liefert.

«We have met the enemy and he is us.» Das Problem mit dem Feindbild ist universal. Das *Sierra Club Handbook for Environmental Activists* von 1970 enthält den Beitrag eines Studenten der University of Washington am Lake Washington bei Seattle, im Nordwesten der USA. Zusammen mit anderen Studenten hatte er ein Sumpfgebiet direkt hinter der Universität als «ökologisches Wunderland» entdeckt und ein Projekt initiiert, dieses bedrohte Gebiet als «Union Bay Life-After-Death Resurrection Park», abgekürzt *Life Park*, unter Schutz zu stellen und zum ökologischen Kleinod der Universität zu machen. Als sich herausstellte, dass die Universität mit diesem Gebiet andere Pläne hatte, ließ die Umweltgruppe ein Flugblatt mit der Drohung zirkulieren: Setze die Universität die Zerstörung dieses Naturparadieses fort, dann «wird die Universität als eine der großen böswilligen Umweltschurken unserer Zeit angeprangert werden, in einer Reihe mit Georgia Pacific, Kennecott Kopper, der Pestizid-Industrie, dem Vatikan und der Wegwerfflasche».[146]

Bis zur Kupfermine und Pestizidindustrie konnte das Feindbild noch bitterernst wirken, aber der Vatikan (als Gegner der Empfängnisverhütung) und die Wegwerfflasche in einem Atemzug, das war – versteht sich – gewollte Komik. Natürlich folgte kein Barrikadenkampf; vielmehr zeigte sich die Universitätsleitung zur «vollen Kooperation» mit den Umweltschützern bereit. Nichts hätte dem Sierra Club ferner gelegen, als zur Gewalt aufzurufen; nur musste er um 1970 darauf bedacht sein, das Image eines allzu zahmen Honoratiorenklubs loszuwerden. Aber auch der weitaus militantere Barry Commoner, ein führender Kopf der Neuen Linken, hielt die Konzentration auf bestimmte Feindbilder für abwegig, ja für ein Zeichen dafür, dass man den komplexen Charakter der Umweltprobleme nicht begriffen habe. Zu Beginn seines *Closing Circle* lässt er eine lange Reihe von Schuldzuweisungen Revue passieren, um am Ende zu der Pointe zu gelangen: «We have met the enemy and he is us.»[147]

Das grüne Gewissen vor der Gewaltschwelle

Ein Ausreißer: die britische Animal-Liberation-Bewegung. Unter all den geschilderten Heroinen der Umweltbewegung fällt *eine* durch ihren Hang zu körperlicher Gewalt aus dem Rahmen: Dian Fossey, die leidenschaftliche Liebhaberin der Berggorillas. In auffallender Analogie dazu wirkt die britische Tierrechtsbewegung, so wie sie sich im Zuge der Öko-Ära radikalisierte, unter den Umweltinitiativen der gesamten westlichen Welt wie ein Exot; und dies eher noch mehr vor dem Hintergrund der bis dahin eher moderaten und dezenten britischen Umweltbewegung[148] und insbesondere auch der altberühmten Tradition des Tierschutzes im Vereinten Königreich.[149] Dort gab es, wie wir sahen, schon seit der Zeit der König Victoria und von ihr persönlich protegiert die höchst honorige *Royal Society for the Prevention of Cruelty to Animals* (RSPCA), zu der noch bis weit in die 1970er Jahre sogar eine Elite von Jägern gehörte;[150] denn mit der Abscheu vor der Tierquälerei ließ sich die Beschränkung der Jägerei auf eine privilegierte Kaste professioneller Jäger, die (zumindest in ihren Jägergeschichten) die Tiere mit genau gezieltem Schuss erlegten, gegenüber der Öffentlichkeit legitimieren, so wie es auch der Reichsjägermeister Hermann Göring bei dem von ihm 1933 durchgepeitschten Reichsjagdgesetz tat.

Ebenfalls im Laufe des 19. Jahrhunderts wurde England international Vorreiter im Vogelschutz, im Vegetarismus und in der Antivivisektionsbewegung: ein Quartett von Pionierrollen, die – wenn auch untereinander nur locker verbunden und nicht ohne Spannungen – es den Tierschützern möglich machten, die Tierliebe zur britischen Tugend und zum Bestandteil des Nationalstolzes zu erheben. Noch 1984 erklärte ein britischer Tierrechtler, es sei kein Wunder, dass England im Tierschutz weltweit vorangehe; denn es sei «the most civilised of nations».[151] Am frühesten lässt sich dieser britische Sonderweg bei den Quäkern identifizieren;[152] diese waren jedoch Dissenter und zugleich Pioniere der Gewaltfreiheit.

Aber die leidenschaftliche Tierliebe enthält auch ein Gewaltpotential. Wer Tiere für gleichberechtigt mit den Menschen hält, für den ist der, der Tiere tötet, ein Mörder und darf als solcher behandelt werden. Am Anfang stand die Gewalt von Aktivisten gegen sich selbst in der Märtyrertradition: Aus Protest gegen Vivisektionen übergoss sich 1972 Olive Parry mit Paraffin und setzte sich in Brand, und die *British Union for the Abolition of Vivisection* (BUAV) zeigte nicht Entsetzen, sondern Bewunderung für die Tat.[153] Obwohl die Tierschützer meistens ohne Verbindung mit den Umweltschützern operieren, erkennt man deutlich, wie in der Öko-Ära auch im Tierschutz eine neue Militanz aufkommt. 1976 wird die *Animal Liberation Front* (ALF) gegründet, die auch auf viele andere Länder ausstrahlt; 1982 die noch militantere *Animal Rights Militia* (ARM) – direkte Aktion wird Trumpf.[154]

Vor allem in den 1980er Jahren wandelt sich die einst wohlanständige Szene: «Young vegetarians and Positive Punks have replaced kindly middle-aged ladies in hats», beobachtet die *Times* 1983.[155] Jetzt werden die Jäger zu Feinden: Die neuen Tierrechtler werden erfinderisch in der Sabotage der Jagd. Mit Jagdhörnern lenken sie die Hundemeute ab; mit Anisspray verwischen sie die Fährte, während ihre deutschen Gesinnungsgenossen, der Andersartigkeit deutscher Jagdusancen entsprechend, Hochsitze ansägen.[156] Die Bewegung spaltet sich in gemäßigte und militante Jagdgegner; von den Letzteren werden manche zu Opfern der Jäger.[157] Noch bunter wird es in den 90er Jahren: Eine von der RSPCA begonnene Kampagne gegen Lebendtiertransporte, bei denen die Tiere ein erbärmliches Dasein fristeten, wurde von Radikalen aufgegriffen. Südenglische Häfen und Flughäfen «unterlagen zeitweise einem wahren Belagerungszustand» (Mieke Roscher).[158] Militante *Animal-Rights*-Gruppen werden zur Sensation, von denen manche sich nicht auf Gewalt gegen Sachen beschränken, sondern bis zu Brief- und Autobomben gehen, vor allem gegen Mediziner und Firmen, die an Tierversuchen beteiligt sind. Wie schon früher richtete sich die größte Wut auf die Tierquälerei, mehr noch als auf das Töten von Tieren. Manche gingen bei Terroristen der IRA (Irish Republican Army) in die Schule.[159]

Selbst bei dem Historiker Eric Hobsbawm, der sonst gegenüber revolutionärer Gewalt nicht pingelig war, hörte bei den *Animal-Rights*-Attentätern jedes Verständnis auf, und er sah dort «irrsinnige Psychotiker und Fanatiker» am Werk.[160] Kein Wunder, denn radikale Tierrechtler wollten die Gleichberechtigung konsequent auf alle Lebewesen ausdehnen, auch auf Bakterien und Bandwürmer.[161] Die Chance auf politische Realisierbarkeit interessierte sie nicht die Bohne, ganz im Gegenteil: Offensichtlich waren sie geradezu ängstlich auf Vorkehrungen dagegen bedacht, von irgendeiner pragmatischen Richtung vereinnahmt und in einen politischen Alltag überführt zu werden, wo sie das wilde Rebellentum eingebüßt hätten. Auch an einer breiten Front zusammen mit den etablierten Tierrechtlern waren sie nicht im Mindesten interessiert und ebenso wenig an Lobbyismus im Parlament.[162] Dabei wären die politischen Chancen exzellent gewesen: Schon seit den 1970er Jahren – auch hier erkennt man die Wirkung der Öko-Konjunktur – beanspruchte kein anderes Problem so viel Aufmerksamkeit der Abgeordneten wie der Tierschutz. Bei keinem anderen Thema wurden sie derart von Briefen ihrer Wähler überschüttet wie bei diesem.[163]

Wie lässt sich unter solchen Umständen eine derartige Militanz, und das ausgerechnet in England, erklären? Die Antwort darauf ist bis heute weithin offen;[164] gewiss spielen Einzelpersonen und Kleingruppen eine entscheidende Rolle. Auffallend ist die Parallelität zu der Militanz der gleichzeitigen *Reclaim-the-Streets*-Bewegung. Man kann sich vorstellen, dass sich unter der Fuchtel der «Eisernen Lady» Margaret Thatcher in den 1980er Jahren eine Menge Groll gegen ein Establishment zusammengebraut hatte, das mit einer Härte und Arroganz auftrat wie schon lange nicht mehr. Insofern liegt es nahe, den neuen Radikalismus nicht als direkte Konsequenz der traditionellen britischen Tierliebe zu interpretieren – wenn er auch ein subversives Potential dieser Tradition ausspielte –, sondern darin mindestens so sehr eine Rebellion gegen die traditionelle britische Kultur zu sehen: die Kultur des Pragmatismus, des Beefsteaks, des Kolonialimperialismus und der Fuchsjagden. Schon 1977 beobachtete der adlige Vizepräsident der RSPCA auf einem Tierrechtskongress in Cambridge, dass die Teilnehmer auf Aktion um jeden Preis drängten, nur weg von dem «middle-class concept that is conducting our welfare and business». «You are on the streets; you break the windows. You may be called vandals but really you are martyrs.»[165] Auch das aber ist, wie es scheint, nicht das Ende der Geschichte.

Seit der Zeit um 1990 wurde auch der Fast-Food-Konzern McDonald's zum gemeinsamen Feindbild von Tier- und Umweltschutzgruppen.[166] Umweltschützer bombardierten 1989 ein McDonalds-Restaurant aus Protest gegen die diesem Konzern vorgeworfene Regenwald-Zerstörung.[167] hier trafen sie sich mit der von José Bové geführten französischen Bauernbewegung. Im Übrigen ist es in der Literatur umstritten, inwieweit die Kämpfer für die Tierrechte, die andere britische Umweltinitiativen an Öffentlichkeitswirkung weit übertrafen, als Teil der Umweltbewegung gelten können.[168] Die Beziehungen zu anderen Umweltgruppen waren gespannt.[169] Kämpfer gegen giftige Industrieemissionen stützen sich auf toxikologische Befunde, und die Toxikologie beruhte wesentlich auf Tierversuchen. Die Vogelschützer gerieten über den Habitatschutz in den Hauptstrom des Natur- und Umweltschutzes; das war bei den *Animal-Rights*-Aktivisten in der Regel nicht der Fall. Wer den Landschaftsschutz für vordringlich hielt, für den waren diejenigen, die sich fanatisch auf bestimmte Tiere und sonst nichts fixierten, besessene Egomanen, die ihre persönliche Marotte austobten. 1986 geriet die Leitung von *Greenpeace International* mit ihrem britischen Büro aneinander, als dieses partout auf einer Anti-Pelz-Kampagne bestand. Für die meisten anderen Greenpeace-Sektionen war das ein typisch britischer Spleen. Wie der Greenpeace-Chef David McTaggart schreibt: «Im Vergleich zu den echten Problemen dieser Erde» sei das verflixte Pelzthema «ziemlich bedeutungslos». Die Büros in Schweden und Dänemark, mehr noch in den USA und Kanada gingen gegen den britischen Vorstoß «auf die Barrikaden».[170] Allerdings: War der Kampf gegen den Walfang, das immer wiederkehrende Leitmotiv von Greenpeace, solange es von seinem Gründer David McTaggart geleitet wurde, vom Prinzip her etwas anderes als der Kampf gegen die Pelzmode?

Der sehr viel breitere und ältere Mainstream, aus dem sich die radikalen Tierrechtler abspalteten, waren die *Vegetarier*. Diese, ursprünglich religiös und moralisch, in der Öko-Ära auch von der Sorge um die Gesundheit motiviert, bekamen seit den späten 1980er Jahren unerwartete Schützenhilfe von den Ökologen, die die Vernichtung weiter Regenwälder durch die Rinderbarone, dann aber – schlimmer noch – die Gefährdung der Erdatmosphäre durch das von den Rindern emittierte Methan anklagten.[171] Der Methan-Alarm hatte allerdings nicht unbedingt tierfreundliche Konsequenzen: James Lovelock, der in der weltweit expandierenden Weidewirtschaft «die größte Bedrohung für Gaias Gesundheit» erblickt und zudem die Öffentlichkeit zuweilen gerne schockt, plädierte dafür, die Rinderherden der Welt mit einer Viruskrankeit zu infizieren und für jedes tote Tier einen Baum zu pflanzen.[172]

Naturschutz und Jagd: historische Affinität und emotionale Kollision. Bei Jagdkonflikten liegt die Gewaltschwelle niedrig: nicht nur bei erbitterten Tierrechtlern, für die die Jäger nichts als Lustmörder sind, sondern auch bei den Jägern, die das Gewehr schon in der Hand haben. Diese konnten den Tierrechtlern entgegenhalten, dass sie, die Jäger, der Urnatur folgten; denn auch unter den Tieren jagt ja das eine das andere, und Tierrechte existierten einzig in Menschenhirnen. Unter rein ökologischen Aspekten gäbe es, nüchtern besehen, für Umweltschützer an und für sich keinen Grund, sich derart hasserfüllt mit den Jägern anzulegen; im Gegenteil war ein Bündnis zwischen Jagd und Ökologie von der Sache her nicht schwer[173] und auch in der Geschichte angelegt. Wie wir sahen, waren die Jäger eine Säule der RSPCA gewesen. Die Jagdherren, die Forste einhegten, hatten schon seit dem Mittelalter gewusst, was viele Tierschützer erst nach und nach lernten: dass die Erhaltung des Wildbestandes einen Habitatschutz erfordert. Historisch gesehen, stammt der landesherrliche Waldschutz in vielen europäischen Regionen aus der Jagdleidenschaft. Die fast tausendjährige Geschichte der im Jagdinteresse erlassenen Forstordnungen zeugt davon. Unter den Förstern haben die passionierten Jäger eher ein Herz für den Laubmischwald als diejenigen, die sich strikt am maximalen Holzertrag orientieren.

Wie schon erwähnt, betrieben britische Großwildjäger, die dafür den Spitznahmen «Penitent Butchers» bekamen, um 1900 die Errichtung der ersten afrikanischen Wildschutzgebiete; für Theodore Roosevelt waren die Bärenjäger die prachtvollsten aller Amerikaner. Bei Hermann Löns, dem Charismatiker der Heideromantik, hingen glühende Naturliebe und Jagdleidenschaft (und auch Freude an Wein, Weib und Gesang) eng miteinander zusammen; sein «grünes Buch» von 1901, das eine Auflage nach der anderen erlebte,[174] enthält Jägergeschichten, die nach Jägerart mit dem tödlichen Schuss auf das Tier enden.[175] «Wenn ich jage», schrieb er, «will ich Wildnis haben, will ich keinen Menschen, keinen Wagen hören, nichts hören und sehen will ich dann von Kultur. Urmensch will ich sein in der Urnatur.»[176] Das Wild ist die Seele der Wildnis; in der Jagd liegt die historische Hauptwurzel des Wildniszaubers.

Bernhard Grzimek – dem es ebenfalls nur um das Wild und nicht um den Wald ging – legte sich bei seinem Kampf für den Serengeti-Nationalpark mit den Großwildjägern an, die denn auch prompt zurückschlugen und ihm – nicht ohne Berechtigung – vorwarfen, mit falschen Zahlen eine Gefährdung der Elefanten durch die Jäger suggeriert zu haben. Selbst der bis dahin mit Grzimek befreundete Henry Makowski, den wir bereits als kämpferischen Naturschützer kennengelernt haben, belieferte den *Spiegel* für seinen Grzimek-Titel vom 14. September 1960 mit Material gegen diesen Star der Wildnis,[177] worauf dieser ihm unterstellte, von den Jägern mit 300 000 DM bestochen worden zu sein. Aber bei einem ausgiebigen Zechgelage versöhnten sich die beiden wieder miteinander und kehrten zur Kooperation zurück.[178] Makowski hatte keine Probleme damit, als Naturschützer weiterhin den Kontakt zu Jägern zu pflegen.[179] Das hatte nicht nur persönliche Gründe, sondern war auch von der Sache her nicht schwer: Es waren eben keine rationalen ökologischen Überlegungen, sondern heiße Emotionen, die zur Feindschaft zwischen Jägern und Naturschützern führten. Bei kaum einem anderen Konfliktfeld im gesamten Problemszenario der Umwelt sind heftige Emotionen derart als Faktor *sui generis* zu isolieren.

Sucht man nach einem medialen Ursprung der eskalierenden Emotionen gegen die Jagd, lässt sich dieser unschwer identifizieren: in dem Reh-Roman *Bambi* des Wiener Bohèmien Felix Salten, 1924 auf Deutsch und 1928 auf Englisch erschienen, frenetisch bejubelt und 1939 von Walt Disney verfilmt. Ausgerechnet Salten, der unter Pseudonym den Pornoklassiker *Josephine Mutzenbacher* verfasst und 15 Kilometer vor Wien ein eigenes Jagdrevier erworben hatte, produzierte den größten, allerdings auch hintergründigen, vom Geiste Schopenhauers durchdrungenen[180] Welterfolg der trivialen Tierliteratur, der viele Leser zu Todfeinden der Jäger machte – noch nie war ein Tier so erfolgreich vermenschlicht worden. Liest man Matt Cartmills abenteuerliche Erfolgsgeschichte des Bambi-Mythos, kommen einem Zweifel, ob am Anfang des populären Umweltbewusstseins wirklich Rachel Carsons *Silent Spring* steht oder nicht stattdessen schlicht und einfach *Bambi*. Aber natürlich war die Vermenschlichung der Tiere das Gegenteil von Ökologie.

Nicht ohne Grund hegen erfahrene Jäger das Selbstbewusstsein, die Natur in ihrem Revier besser zu kennen als die Ökologen. Damit soll keineswegs behauptet werden, zwischen Jagd und Ökologie ergebe sich problemlos eine Konvergenz; davon kann keine Rede sein. Das Heureka-Erlebnis Aldo Leopolds unter dem Eindruck der Kaibab-Affäre bestand ja darin, dass es ein kapitaler Fehler gewesen war, im Nationalpark systematisch alles Raubwild abzuschießen, da sich unter diesen Umständen das Rotwild in einem Maße vermehrte, dass es den Wald ruinierte. Daraus zog er die Lehre, dass es am besten sei, die wilde Natur sich selbst zu überlassen. Aber in weiten Teilen Europas gab es kein Raubwild mehr; da mussten Jäger dessen Rolle übernehmen. Wenn sie jedoch in ihrer Jagdleidenschaft das Wild überhegten, waren sie es, die den Wald ruinierten. Intelligente Waldbesitzer, die die Jagd liebten, mussten eigentlich im eigenen Interesse für einen Laubmischwald sorgen, der dem Wild Nahrung bot; aber bei hoher Wilddichte kommt Laubwald nicht hoch. Und gerade Sonntagsjäger, die sich nicht auf die Pirsch verstehen, brauchen einen hohen Wildstand, um überhaupt ein Tier vor die Flinte zu bekommen. Horst Stern, der Herausgeber der Streitschrift *Rettet den Wald* (1979), konnte dieses Bestreben «wegen der horrend gestiegenen Jagdpachtpreise» sogar nachvollziehen. «Am meisten zu tadeln» seien daher «jene Forstbeamten, denen Wild vor Wald geht».[181] Andererseits ist gerade in der Logik des Bambi-Gegners Horst Stern auf den jagenden Förster am wenigsten zu verzichten.

Ein Naturschützer, der die Jagd prinzipiell ablehnt, würde erwidern, dass ein Wald, dessen Holzwert durch einen hohen Wildstand verdorben ist, deshalb nicht unbedingt ökologisch minderwertig zu sein braucht, sich vielmehr über Nadelwald-Monokulturen mit nachfolgendem Borkenkäferbefall irgendwann von selbst ein ökologisches Gleichgewicht in der Artenvielfalt herstellt. Aber wer Ökologie mit Ökonomie verbinden will, kommt so nicht weiter. Am schärfsten hat der streitbare Wilhelm Bode, damals Leiter des Forstressorts an der Saar und zugleich NABU-Sprecher in Fragen des Waldes, die waldschädliche Überhege von Wild für Sonntagsjäger attackiert. Aber mit gleichem Nachdruck betont er die Notwendigkeit, die Jagd zum «ökologischen Handwerk» zu machen.[182] Für forstliche Laien ist es nicht leicht, sich auf diesem Terrain zu orientieren, zumal die Welt der Jagd von ihrer aristokratischen Tradition bis heute etwas Esoterisches behalten hat und die ganze Thematik im Gros der forstlichen Literatur mehr oder weniger tabu ist.[183]

Jagdkonflikte sind keine britische und deutsche Spezialität; schon längst gibt es sie auch in Frankreich und Italien. Dort sind die Jagdgegner jedoch stärker in der Defensive und können kaum riskieren, wie ihre britischen und deutschen Gesinnungsgenossen zum Angriff überzugehen. Denn die Jagd ist in den romanischen Ländern auf dem Lande Volkssport geblieben und präsentiert sich als ein Element ländlicher Volkskultur, selbst dort, wo sie de facto von wohlhabenden städtischen Jagdpächtern ausgeübt wird. Die im späten 19. Jahrhundert entstandene Spaltung in ein germanisches und romanisches Europa, wenn es um die freie Vogeljagd geht, setzte sich bis in die Öko-Ära fort.

In *einer* Hinsicht allerdings machten es die italienischen Jäger ihren Gegnern leichter als die deutschen: Wenn auch von der neuen Öko-Rhetorik nicht unberührt, nahmen sie doch in der Regel nicht für sich in Anspruch, Naturschützer zu sein.[184] Als italienische Umweltschützer, durch den Erfolg des Referendums von 1987 gegen die Kernkraft ermutigt, im Mai 1990 zwei weitere Volksabstimmungen gegen die Jagd und gegen den Einsatz von Pestiziden durchsetzten, erlitten sie in beiden Fällen eine Niederlage, da die Beteiligung an den Abstimmungen die erforderlichen fünfzig Prozent nicht erreichte. Die Jäger- und Agrarverbände hatten zum Boykott der Abstimmung aufgerufen und konnten auf diese Weise kontrollieren, wer sich doch beteiligte und daher mutmaßlich für die Verbote stimmte.[185] Wie sich zeigte, waren diese neuen Themen etwas anderes als die Kernkraft; man konnte nicht darauf bauen, dass die, die gegen Kernreaktoren stimmten, auch gegen Jagd und Pestizide votierten. Anfang 1992 wurde «die Macht der 1 480 000 Jäger Italiens mobilisiert, um ein neues Jagdgesetz zu kastrieren, so dass dieses weder ihren Zugang zu einem Großteil der Nationalparke beschränkte noch die EU-Direktiven über schutzbedürftige Arten erfüllte» (Martin Rhodes).[186] Diese Niederlagen bedeuteten für die italienischen Grünen eine tiefe Ernüchterung, nachdem sie gerade noch im Aufwind gewesen waren.

Dramatischer noch wurde es in Frankreich, wo ebenfalls anderthalb Millionen Jäger registriert sind. Dort war in der berühmten Nacht vom 4. August 1789 auch das adelige Jagdprivileg abgeschafft worden, und seither behaupteten die Jäger die freie Jagd auf eigenem Grund und Boden als Symbol der Bürgerrechte. Genau zweihundert Jahre darauf, 1989, gründete sich eine neue Partei mit dem ungewöhnlich konkreten Namen *Chasse, Pèche, Nature, et Traditions* (CPNT) und gewann auf Anhieb fünf Prozent der Stimmen, wozu die Grünen viele Jahre gebraucht hatten.[187] Mehr als die italienischen Jäger suchten die französischen den Grünen das Zauberwort «Natur» zu entreißen, standen jedoch von Anfang an in schärfstem Gegensatz zu den Grünen. Je mehr französische Umweltschützer und Jagdkritiker Rückhalt bei der Linken und der ergrünenden EU fanden, desto stärker zogen ihre Gegner die Register des nationalen Konservatismus und Regionalismus gegen die Pariser Bürokratie und «das grüne Europa der idiotischen Einschränkungen» (so ein CPNT-

Flugblatt von 2001).[188] Offenbar spekulierten sie auf das Potential einer schweigenden Mehrheit. Bislang sind sie dennoch nicht dauerhaft über das Dasein einer Splitterpartei hinausgekommen.

Die politisierenden Jäger bekundeten Militanz, allerdings im Stil blinder Wut; 1998 äußerten einige von ihnen bei der Fahrt zu einer Demonstration in Nantes: «Ich bin hier, um alles kaputt zu machen»; «wir werden ihnen zeigen, was richtige Männer sind», nämlich Sicherheitspolizisten zusammenschlagen. Beobachter erkennen, wie sich in dieser Bewegung eine tiefe Frustration über die allgemeine Krise der ländlichen Kultur und die Verkümmerung des Lebens in einer Reihe von Regionen Luft machte, obwohl in Teilen der Landbevölkerung zugleich der alte bäuerliche Hass auf die aristokratische Jagd fortlebt und auch die Dominanz städtischer Jagdpächter auf dem Lande für böses Blut sorgt. Als Gegengewicht gegen die CPNT trat 1989 sogleich eine *Association pour une chasse écologiquement responsable* (ANCER) auf den Plan, brachte es jedoch nur auf 500 Mitglieder. Die Grünen reagierten mit Vorsicht und verwahrten sich gegen die Unterstellung, für ein Verbot der Jagd einzutreten. Da auch viele Wähler der Grünen an den alten bäuerlichen Landschaften hängen, ist die Feindschaft nicht unüberwindbar. Es gibt Anzeichen dafür, dass die antiökologische Frontstellung der CPNT bröckelt und man auch dort die Chance erkennt, Jäger zu kompetenten Naturschützern zu stilisieren.[189]

Die Höhe der Gewaltschwelle; Gedanken zum *Homo oecologicus*. In den modernen Mittelschichten der westlichen Welt – und diesen Schichten entstammt die Umweltbewegung zum allergrößtenTeil – liegt seit dem Zweiten Weltkrieg die Hemmschwelle gegenüber physischer Gewalt sehr hoch, in weiten Teilen Europas noch höher als in den USA.[190] Körperliche Gewalt, einst mehr oder weniger und in weiten Teilen der Welt und in sozial diskriminierten Schichten noch immer allgegenwärtig, ist in den westlichen Mittelschichten zu einer außergewöhnlichen Erscheinung, zu einem Phänomen *sui generis* geworden und als solches auch von der Geschichtsschreibung entdeckt worden. Johan Galtungs Begriff der «strukturellen Gewalt» tendierte in den 1970er Jahren dahin, den Unterschied zwischen der Macht der Herrschaftssysteme und der physischen Gewalt, die die Machtlosen mitunter als ihre einzige Waffe empfinden, zu verwischen; und gewiss können anonyme Strukturen für Betroffene unangenehmer sein als handgreifliche Auseinandersetzungen. Aber der Begriff der «strukturellen Gewalt» verlor seinen analytischen Wert durch seinen inflatorischen Gebrauch. Ein erklärungsbedürftiges Phänomen ist die körperliche Gewalt eben doch, seitdem der Staat seinen Anspruch auf das Gewaltmonopol durchgesetzt hat.[191]

Im Gesamtspektrum der Umweltbewegungen muss man nach ihr suchen. In den Registern der allermeisten Studien zur Umweltbewegung fehlen Stichwörter wie «Gewalt» oder «violence»: Das Gewaltthema ist derart weitab, dass man es fast vergessen kann. Das ist über alle Einzelepisoden hinaus das entscheidende Faktum. Es ist umso bemerkenswerter, als sich rein theoretisch von diversen Spielarten der Öko-Apokalypse ungeheuer viel Gewalt legitimieren ließe. Wenn das Überleben der Menschheit bedroht ist, wäre eigentlich jedes Mittel recht, um diese Gefahr abzuwehren. Wenn die Menschheit der «Krebs der Erde» ist und es viel zu viele Millionen Menschen auf der Erde gibt, könnte man mit Menschenleben eigentlich noch achtloser umgehen als Hitler und Stalin. Umso auffälliger kann man es finden, dass die Wirklichkeit der Umweltbewegung ganz anders aussieht.

Zur Erklärung kann man auf Karl Marx zurückgreifen: «Das Sein bestimmt das Bewusstsein» – und die allermeisten Umweltaktivisten befanden sich eben überhaupt nicht in einer Desperado-Situation, in der ihnen nur noch die Gewalt geblieben wäre. Der typische Umweltschützer ist gebildet; und wer seinen Gegner mit Worten vernichten kann, pflegt nicht Polizisten durch Wurfgeschosse zu provozieren. Oder man kann statt zu Marx zu Max Weber greifen, so wie ihn Wilhelm Hennis verstanden hat,[192] und sich dessen erinnern, dass es bei allen großen Bewegungen der Geschichte letztlich darauf ankommt, welches «Menschentum», welche Menschentypen, welche menschlichen Qualitäten und Lebensformen sie hervorgebracht haben. Die Gegner der Umweltbewegung gehen gerne davon aus, der «Öko» sei ein ganz bestimmter Menschentyp; aber wie der nun konkret aussieht, darüber kursieren alle möglichen, klischeehaften Vorstellungen – ein ewiges Blumenkind, ein grüner Froschmensch, ein lustfeindlicher Sauertopf oder ein regelungswütiger Ökokrat. Aber *eines* ist bei alledem doch recht deutlich: Einen Hang zu physischer Gewalt hat er nicht.[193] Gerne macht er Gandhi mit seiner Lehre vom gewaltlosen Widerstand – gerade die Gewaltlosigkeit als Zeichen von Seelenstärke – zum Gründervater der Umweltbewegung, mag auch die direkte Kontinuität von Gandhi zu den Umweltaktivisten noch so dürftig sein. Bei den Kämpfern von Greenpeace ist die Verbindung von «grün» und «Frieden» schon im Namen fundamental. Greenpeace trainierte seine Frontkämpfer durch simulierte Konfrontationen in Taktiken, mit denen sie es vermieden, gegenüber physischer Gewalt zurückzuschlagen, selbst wenn ihre Freundin vor ihren Augen von Werkschutzleuten geprügelt wird. Das konnte im Ernstfall natürlich hart sein: Bei einer Aktion gegen eine umstrittene Anlage zur Pestizidproduktion auf dem Gelände der Chemie Linz AG 1983 wurden Greenpeace-Leute «von den Werksarbeitern regelrecht zusammengeschlagen». Aber gerade dadurch, dass sie nicht zurückschlugen, wurden sie in der Öffentlichkeit zu Helden; und so erzielte dieser erste Coup von Greenpeace Österreich «einen enormen PR-Effekt».[194]

Aus welthistorischer Sicht ist die Umweltbewegung ein Phänomen in Zeiten des Friedens und der – zumindest relativen – Entspannung, wo der Blick auf gemeinsame Probleme der Menschheit frei wird, ja man sogar nach solchen die Menschheit vereinenden Problemen *sucht*. Mit Vorliebe berufen sich Öko-Aktivisten – selbst die Fundamentalisten der «Deep Ecology» – auf Gandhi und dessen Vorbild des gewaltfreien Widerstandes. Manche Anzeichen deuten allerdings darauf hin, dass es hier und da «an der Basis» mehr Gewalt gibt, als von der Literatur berichtet wird: ebendeshalb, weil jene Sympathisanten der Umweltaktivisten, die die Bücher schreiben, die Gewalt nicht mögen.[195] Auch die Militanz des Atomkonfliktes in Deutschland und zeitweise auch in Frankreich könnte ein Gegenargument sein; nur glückliche Zufälle haben verhindert, dass nicht mehr Blut floss, als geschehen ist. Zumindest in der Bundesrepublik ist jedoch recht deutlich, dass die Gewalt von außen kam: von den in die Bürgerbewegungen einströmenden K-Gruppen-Leuten, denen die bisherigen Protestthemen ausgegangen waren. Auch die Gewalttätigkeit mancher Umweltaktivisten im Baskenland war, wie es scheint, vorwiegend von außen induziert: durch die Militanz des baskischen Separatismus. Zugleich findet man bei dortigen Umweltkämpfern jedoch auch eine demonstrative Distanz zur Gewalttätigkeit der ETA, der baskischen Untergrundorganisation.[196] Wie wir sahen, ist ein Märtyrerkult in der Umweltbewegung insgesamt – sofern überhaupt vorhanden – eher verhalten geblieben; dies wäre bei einer gewaltbereiten Mentalität sicherlich anders gewesen.

Wildnis und Wildheit. Neben Dian Fossey waren die beiden am meisten Aufsehen erregenden Umweltkämpfer der westlichen Welt, die bei der von ihnen propagierten und praktizierten Gewalt gegen Sachen auch Menschenopfer riskierten, der Kanadier Paul Watson, der mit seinem Schiff «Whales forever» illegale Walfänger bekämpft, und der schon mehrfach erwähnte Dave Foreman, der Gründer von *Earth First!* und Kämpfer für die wilde Natur. Bezeichnenderweise sind alle drei Amerikaner und alle dem Schutz der Wildnis, nicht dem Umweltschutz im weiteren und vor allem humaneren Sinne zuzurechnen. Foreman erklärte geradezu: «Ich hasse das Wort *environment*. Du kannst einen Wald lieben. Du kannst einen Berg lieben. Du kannst eine Pflanze lieben. Aber wie kannst du ein abstraktes Konzept wie *the environment* lieben?»[197] Es hat seine Logik, dass sich mit der Begeisterung für die Wildnis die von der Zivilisation aufgebaute Gewaltschwelle am ehesten überwinden lässt, wenn Umweltschützer nicht gar durch brutale Gegengewalt provoziert wurden. Aber die Hardliner der Gegenseite hatten es in aller Regel nicht leicht, Umweltaktivisten zu finden, die bei der erstrebten Eskalation der Gewalt mitspielten. Der uns schon bekannte Ron Arnold, ein Wortführer knallharter amerikanischer Anti-Enviros, ließ seine Kampfschrift *Ecology Wars* dem «Ocean Warrior» Paul Watson mit der persönlichen Widmung zukommen: «To Captain Paul Watson – who understands what the war is about. Salute from an admiring opponent – Best wishes Ron Arnold».[198] *Ecology Wars* trägt den Untertitel «Environmentalism As If People Mattered» – eine ironische Anspielung und Replik auf Schumachers «Small is Beautiful» von 1973, das besonders in den USA zum Kultbuch wurde und den Untertitel trug: «A Study of Economics as if People Mattered». Arnold war einst selber beim Sierra Club gewesen; er kannte sich in der Öko-Szene aus.

Im Bann des Feindbildes: der «Ocean Warrior» Paul Watson. Paul Watson (geb. 1950), der als Angestellter der kanadischen Küstenwache begann, gehörte zu den Greenpeace-Seehelden der frühen Jahre – nach eigener, von Greenpeace bestrittener Darstellung war er sogar Mitbegründer von Greenpeace –, hatte jedoch schon 1977 an einer Rebellion der Mannschaft des «Rainbow Warrior» gegen den Greenpeace-Chef David McTaggart teilgenommen, die dieser ganz in Kapitänsmanier als «Meuterei» bezeichnete. McTaggart wollte damals eine Aktion gegen einen isländischen Walfänger vorerst stoppen, da die juristische Situation für Greenpeace brenzlig wurde und er ohnehin bei den Isländern einen Umschlag der öffentlichen Meinung zugunsten der Regenbogenkämpfer zu erkennen glaubte, der auf dem Spiel stand, wenn Greenpeace es so weit trieb, dass Island in seiner nationalen Ehre gekränkt wurde.[199] Das war ein diplomatisches Grundprinzip des klugen Gründervaters von Greenpeace, der nicht nur ein Kämpfer, sondern auch Geschäftsmann und nicht zuletzt ein erfahrener Charmeur war.

Der «Ocean Warrior» Paul Watson (geb. 1950) verließ 1977 Greenpeace im Streit und gründete die Sea Shepherd Conservation Society, die gegen die «Ausbeutung» von Meereslebewesen kämpft. Das Foto vom Januar 2006 zeigt ihn neben seinem Schiff, das von südafrikanischen Behörden im Hafen von Kapstadt festgehalten wird.

Aber das war genau jenes einfühlsame Abwägen, das Watson aus ganzem Herzen verachtete. In der Folge brach er mit Greenpeace, gründete seine eigene Organisation *Sea Shepherd Conservation Society*, fand sogar die Unterstützung der honorigen britischen RSPCA[200] sowie einen finanzkräftigen Sponsor in Cleveland Amory, dem Gründer eines *Fund for Animals*,[201] erwarb sein eigenes Schiff «Sea Shepherd», später «Whales forever», und beschimpfte seine früheren Mitstreiter als «Greenpisser»[202] und noch Schlimmeres. Während sich «Robin Wood» von Greenpeace löste, weil diesen Hamburger *Grassroots*-Aktivisten der Umweltmulti zu hierarchisch geworden war, übertraf Watson McTaggart eher noch in der alten Herrlichkeit des Kapitäns als «Master next God», ohne ein Kapitänspatent zu besitzen. Während Greenpeace aus der Sicht von «Robin Wood» zu einseitig auf die Weltmeere fixiert war, galt Watsons ganze Leidenschaft den Walen, sein ganzer Hass den Walfängern; andere Themen interessierten ihn nicht. Liebe und Hass, nicht Ökologie und Umweltpolitik waren seine Motive. Filmleute waren von Watsons Militanz begeistert; der «Ocean Warrior» wurde Gegenstand einer Reality-TV-Serie. Seine Popularität lässt sich auch daran ermessen, dass er in einer eigenen Cartoon-Serie *(South Park)* als Bruchkapitän und «Medienhure» lächerlich gemacht wird. Sea Shepherd und Greenpeace konkurrierten wiederholt auf den Weltmeeren um die Aufmerksamkeit der Medien. Es scheint, als ob Watson dazu beitrug, auch Greenpeace in Sachen des Walschutzes immer wieder neu zu mobilisieren.

Den Bug seines Schiffes ließ Watson mit 18 Tonnen Beton auskleiden, um mit dieser Ausstattung Walfänger kurzerhand zu rammen und dann am besten noch einmal zu rammen bis zur Versenkung. Er tat dies keineswegs in einem Geiste totaler Rechtsverachtung; vielmehr nahm er vor allem illegale Walfänger aufs Korn, die gegen internationale Abkommen zur Begrenzung des Walfangs verstießen. Unter Berufung auf die UN-Weltcharta argumentierte er, dass auf hoher See, wo die Exekutive zur effektiven Durchsetzung der Walfangabkommen fehlt, mutige Aktivisten dem Recht zum Siege verhelfen müssten, ähnlich wie die ritterlichen Helden in den Epen des Mittelalters. Piraten waren in seinen Augen nicht er selbst und seine Leute, sondern die Walfänger auf der anderen Seite. Watsons Position war rechtsphilosophisch nicht ohne Logik und Überzeugungskraft; in der Tat wurde er bei den Prozessen, die er sich aufhalste, nicht als Pirat behandelt, sondern gewann immer wieder seine Freiheit und sein Schiff zurück. Die Internationale Walfangkommission (IWC) anerkannte «Sea Shepherd» sogar in den ersten Jahren als Umweltschutzorganisation, entzog ihr diesen Status jedoch, nachdem Watson sich 1986 öffentlich dazu bekannt hatte, zwei isländische Walfangboote versenkt und eine Walfleisch verarbeitende Fabrik in Reykjavik verwüstet zu haben. Von seinem Stützpunkt im kanadischen Vancouver aus erklärte er die isländischen Walfänger zu Kriminellen.[203] Er hatte den Triumph, dass Island im Blick auf die weltweite Empörung über den Walfang nicht einmal Klage erhob.[204] Seine Rechtsphilosophie besaß allerdings etwas Beliebiges: Wenn er nicht mehr vom Recht der IWC gedeckt war, berief er sich auf das Naturrecht, dies jedoch nicht im Sinne der humanen Naturrechtler der frühen Neuzeit, sondern im Sinne der «Gesetze der Ökologie».[205]

Watson begann als tollkühner Einzelkämpfer. Nach eigener Aussage hatte er sein Erweckungserlebnis, als er in die Augen eines sterbenden Pottwals blickte, der von einem sowjetischen Walfänger harpuniert worden war; er sprang auf den toten Wal, als die Russen ihn auf ihr Schiff zogen. Am Anfang seiner von Abenteuergeist erfüllten Memoiren steht ein Motto des Kapitän Ahab aus Melvilles *Moby Dick:* «Was ich gewagt, ich habe es gewollt; und was ich gewollt, das werde ich tun.» Dabei präsentiert er sich selbst als Anti-Ahab, von der Jagd auf die Walfänger nicht weniger besessen als Ahab von der Jagd auf die Wale. Zu Beginn baut er erst einmal ein Feindbild auf, ein möglichst widerwärtiges, nicht vom Format eines Ahab: den illegalen Walfänger «Sierra», einen Ganoven der Weltmeere, im Sold der Japaner, unter portugiesischer Flagge und unter einem norwegischen Kapitän. Bevor er das Schiff mehrmals rammte – es war der 15. Juli 1979 –, beschimpfte er über Funk den Kapitän: «Du gottverdammter Walschlächter, du Hurensohn, deine Karriere ist hiermit beendet.»[206] Einem kanadischen Interviewer erklärte er: «Das Rammen des Walfängers war mit das Befriedigendste, was ich je in meinem Leben getan habe.»

Er hatte das Glück, dass niemand von der Besatzung verletzt wurde; denn er selbst musste zugeben: «Angriffe gegen Walfangschiffe waren anscheinend gesellschaftlich akzeptabel; falls allerdings ein Walfänger verletzt oder getötet wurde, konnte die öffentliche Meinung sich rasch gegen uns kehren.»[207] Als er jedoch 1978 das Schwesterschiff der «Sierra», die «Tonna», versenkte, wobei der Kapitän sich nach alter heroischer Art von seinem Schiff mit in die Tiefe reißen ließ, triumphierte Watson und «feierte den Tod des Walschlächters».[208] Man gewinnt den Eindruck, dass er die physische Gewalt gegen Menschen vorwiegend aus Rücksicht auf Gerichte und Medien ablehnte. Wo es jedoch um das Leben charismatischer Tiere geht, wird Gewalt gegen Jäger mitunter auch von solchen Menschen toleriert, die Gewalt grundsätzlich ablehnen. Der Bambi-Mythos tut seine Wirkung.

Vielen anderen ging jedoch die Versenkung eines Schiffes zu weit, auch wenn die Besatzung sich retten konnte. «Der Mainstream der Umweltschützer warf mir vor, ich hätte die Sache der Wale um ein Jahrzehnt zurückgeworfen.»[209] Auch wenn man es einem Walfänger, der ohne Rücksicht auf Fangquoten und jegliche Nachhaltigkeit selbst Jungtiere erlegt, von Herzen gönnt, dass er ohne Umstände gerammt wird, wird das stereotype Freund-Feind-Denken heikel, wenn Watson es nicht nur auf Greenpeace, sondern auf normale japanische Fischer überträgt, die Delphine töten, so wie er dies 1981 in seinem «Delphinkrieg» betrieb. Ein Pressesprecher von Greenpeace hatte zuvor gewarnt, die «Sea Shepherd» werde nichts erreichen, denn «die Japaner haben es satt, sich von amerikanischen Umweltschützern erzählen zu lassen, was sie mit ihren Fischen machen sollen».[210] Die Rücksicht auf das japanische Nationalgefühl war begründet; denn immerhin waren die Japaner die Opfer amerikanischer Atombomben geworden. Nicht zwar der Walfang auf hoher See, wohl jedoch der Wal- und Fischfang vor den Küsten war alte japanische Tradition, und noch in den Hungerjahren nach der Niederlage hätten viele Japaner ohne die Erträge der Fischerei nicht überlebt.

Ein Sprecher von Greenpeace Japan beschwor Watson, wie dieser selbst in seinen Memoiren berichtet: «Captain Watson, ich bin Japaner, und ich glaube, ich verstehe das japanische Volk besser als Sie. Sie sollten wieder nach Hause fahren und es uns überlassen, dieses Problem zu lösen. Das japanische Volk wird nur aus eigenem Antrieb aufhören, Delphine zu töten.» Ein Fischer klagte, vor der Küste von seinem Dorf Iki gebe es «mehr als dreihunderttausend Delphine», die die Fische fräßen und den Fischern ihre Nahrung nähmen. «Wenn Sie die Wahl hätten, einem Delphin oder einem Fischer von Iki das Leben zu retten, wie würden Sie sich dann entscheiden?» Watson, stolz auf seine eigene brutale Offenheit: «Ich würde den Delphin retten. Das ist meine Aufgabe. Ich bin nicht nach Iki gekommen, um Fischer zu retten.» Er scheint es geradezu genossen zu haben, die Fischer, die zu ihm bemerkenswert friedlich waren, aus der Fassung zu bringen.[211] Man kann verstehen, dass Stephen Maxwell, ein alter Bekannter Watsons von Greenpeace, ihn vor der japanischen Küste anbrüllte: «Du mit deinen Gewaltmethoden wirst mehr Delphine umbringen als die Japaner selber, du egozentrischer Scheißkerl ...»[212]

Mit unverhohlenem Behagen referiert Watson selbst alle vernünftigen Gegenargumente gegen seinen Kampfstil: Er will ja überhaupt nicht vernünftig sein, er will kämpfen, koste es, was es wolle. Während Greenpeace mit Rücksicht auf nationale Empfindlichkeiten geflissentlich darauf achtet, nicht immerzu die gleichen Nationen zur Zielscheibe zu wählen, sind Watson derartige Rücksichten gleichgültig, und er nimmt mit Vorliebe die Japaner, die hartnäckigsten Walfänger, aufs Korn. Der offenkundige Zynismus, mit der die IWC vor allem auf Druck der Japaner die Fortsetzung des Walfangs zu «wissenschaftlichen» Zwecken gestattete, verlieh den Aktionen der «Sea Shepherd» in den Augen der Walfreunde immer wieder ein höheres Recht. Auch Anhänger der Gewaltfreiheit mussten zugeben, dass man auf rein rechtlichem Wege gegen hartgesottene Waljäger nicht vorankam. Watsons Gegner suchten ihn zum Terroristen abzustempeln, ein in der westlichen Öffentlichkeit vernichtendes Stigma; aber das gelang ihnen nicht. Das *Time Magazine* kürte ihn am 26. April 2000 sogar zu einem der Umwelthelden des 20. Jahrhunderts.

Auf einem Tierrechtlertreffen im Jahr 2002 soll er den – leider nicht ganz unrealistischen – Ausspruch getan haben: «Solange du siegst, ist nichts dabei, ein Terrorist zu sein. Dann schreibst du Geschichte.»[213] Umso bemerkenswerter ist, dass er 2003 für drei Jahre sogar ins Direktorium des Sierra Club gewählt wurde. Während er den wilden Einzelkämpfer spielte, war er doch auch darauf bedacht gewesen, Verbündete zu finden. Frühzeitig hatte er Foreman und *Earth First!* als Gleichgesinnte begrüßt und auch zu den militanten britischen Tierrechtlern Kontakt gefunden. Mit Foreman war er sich darin einig, dass viel zu viele Menschen auf der Welt lebten. Seine Laufbahn spiegelt sich in seinen Ehen: Zuerst war er mit einer Gründerin von Greenpeace Quebec verheirat, zuletzt – nach einer zweiten Ehe mit einem früheren *Playboy*-Modell – mit einer Tierrechtsaktivistin.

Arne Naess, der norwegische Philosoph der *Deep Ecology*, missbilligte den Walfang: nicht aus ökologisch-rationalen Gründen, weil die Wale eine bedrohte Spezies seien oder eine Sonderstellung unter den Säugetieren einnähmen (wie Walfreunde behaupteten), sondern aus einem fundamentalen Respekt vor dem «Reichtum und der Vielfalt der Formen des Lebens auf der Erde».[214] Es ist jedoch nichts davon bekannt, dass er sich mit ähnlich spektakulären Aktionen wie mit seiner Abseilung über dem bedrohten Fjord mit den norwegischen Walfängern angelegt hätte. Diese Zurückhaltung hatte ihren Grund: Mit einer derartigen Konfrontation hätte er die Sympathie selbst umweltbewusster Landsleute riskiert, die ihn als Vordenker verehrten. Seine *Deep Ecology* besaß keinen doktrinären Zug; vielmehr stand er als Philosoph in der Tradition der Erkenntniskritik, und zu seinen «sechs Normen für eine sachliche Diskussion» gehört auch das Gebot, den Kontrahenten nicht zum Buhmann zu machen. Er plädierte für radikales Denken, aber nicht für radikales Handeln. Als Anhänger Gandhis neigte er dazu, die direkte Konfrontation zu meiden, bei der es in Sachen Walfang in Norwegen hart auf hart gegangen wäre. Selbst auf dem *World Wilderness Congress*, der 1993 in Norwegen tagte, fand ein Beobachter eine «mysteriöse Art von Einmütigkeit unter allen Norwegern, gleich welcher politischen Couleur oder Einstellung, welchen Berufes und welchen Alters», die einem konträren Konsens aller anderen Kongressteilnehmer entgegenstand: «Den Norwegern soll es erlaubt sein, so viele Wale zu jagen, wie sie wollen, und sie wissen selber am besten, was innerhalb ihrer souveränen Gewässer die angemessene Fanggrenze ist.»[215] Die norwegische Premierministerin Gro Harlem Brundtland, die als vermeintliche Erfinderin der «nachhaltigen Entwicklung» von Rio 1992 von der internationalen Öko-Szene als «grüne Göttin» verehrt wurde,[216] ließ es gleichwohl zu, dass norwegische Walfänger unter ihrer Regierung entgegen den Direktiven der IWC im Jahr von Rio fast hundert Minkwale töteten.[217] In ihren Memoiren[218] schweigt sie zum Thema Walfang.

Noch riesenhafter als die Wale: das Problem des Rechts auf den Weltmeeren. Von der ersten Nachkriegszeit bis heute besitzt der Kampf gegen illegalen Walfang, in einem größeren umweltpolitischen Kontext betrachtet, zwei Seiten: Er kann als Schlüssel zu einem der allergrößten Umweltprobleme der Gegenwart und noch mehr der Zukunft gelten, der Durchsetzung umweltverträglicher Regeln bei der Ausbeutung der Ressourcen der Weltmeere. Er kann jedoch bei monomanischer Fixierung auf die Wale – deren Existenz für das gesamte ozeanische Ökosystem, wie es bislang scheint, von sehr viel geringerer Bedeutung ist, als die Größe der Wale suggeriert[219] – von dem viel größeren Grundproblem ablenken und Befriedigung durch symbolische Siege verschaffen. Für Greenpeace war dieser Kampf bei aller Ausbeutung der Medieneffekte lediglich ein Schritt auf dem Wege zur Inangriffnahme des größeren Problems, ebenso wie 1995 die Aktion gegen «Brent Spar». Und bei dessen Lösung konnte man auf die Kooperation von Ländern wie Japan und Norwegen, die sich – wenn es nicht gerade um die Wale ging – für Fragen des Umweltschutzes im Prinzip aufgeschlossen zeigten, nicht gut verzichten.

Eine andere Konfliktszenerie, die bei der Geschichte des Umweltschutzes gewöhnlich außen vor bleibt, dürfte in diesem Zusammenhang noch wichtiger sein als der Kampf um den Walfang: der wiederholte «Kabeljaukrieg» zwischen Großbritannien und Island, als Island seine Hoheitsgewässer schrittweise ausdehnte und sich dabei auf die Reichweite seines submarinen Schelfsockels und die vitale Bedeutung des Kabeljaufangs für die eigene Wirtschaft berief. Als Island am 15. Oktober 1975 seine Hoheitsgewässer erneut ausdehnte – diesmal auf zweihundert Meilen –, verlegte es sich, dem Geist der Öko-Ära entsprechend, auf eine ökologische Argumentation: Der Schelf sei der Laichplatz der Fische, und nur die Kontrolle des Fischfangs auf dem isländischen Schelf durch den eigenen Staat könne den rapiden Schwund der Kabeljaubestände aufhalten. Das war angewandter Garrett Hardin: Nur durch exklusive Eigentumsrechte ist die «Tragödie der Allmende» zu stoppen; globale Gemeingüter, zu denen alle Zugang haben, werden zwangsläufig geplündert. Es war die Gegenposition zu Watson, der sein Recht, die Wale zu schützen, daraus ableitete, dass die Weltmeere der Menschheit gehörten. Aber Islands Beispiel machte damals Schule: «Die ganze Welt ging in Richtung Zweihundertmeilenzone» (Mark Kurlansky).[220] Selbst in den Augen des führenden britischen Naturschützers Max Nicholson war der britische Kabeljaukrieg eine Schande.[221] In dem UN-Seerechtsabkommen, das 1982 nach zehnjährigen Verhandlungen endlich unterschriftsreif wurde und das selbst Henry Kissinger, obwohl die USA nicht unterzeichneten, das bedeutendste Abkommen in der Menschheitsgeschichte nannte, wurden die Ozeane und ihre Ressourcen zum gemeinsamen Erbe der Menschheit erklärt.[222] Was diese Erklärung jedoch konkret bedeutet, ist bis heute offen. Die genossenschaftliche Nutzung einer Allmende hat in der Geschichte, soweit sich erkennen lässt, nur auf engem und übersichtlichem Raum funktioniert. Zwar gibt es zum Seerecht Schränke voll Literatur; aber selbst in Zeiten, wo die meisten Richter unter Überlastung stöhnen, haben die Seerichter nur wenig zu tun: Wo es keine Zeugen gibt, gibt es keine Kläger, und wo kein Kläger ist, ist auch kein Richter.

Eine trickreiche Allianz in der Ägäis: mit Fischern für die fischfressende Mönchsrobbe. Zu der Art und Weise, wie Watson und die «Sea Shepherd» mit Fischern umgehen, bildet die Strategie von Euronatur bei der Errichtung des *Meeresnationalparks Nördliche Sporaden* in der Ägäis einen Kontrast, wie er extremer nicht sein könnte. Von dem Prinzen Sadruddin Aga Khan und Daimler-Benz finanziell unterstützt,[223] setzte die Stiftung Europäisches Naturerbe in den 1990er Jahren den Nationalpark in Zusammenarbeit mit einer Fischereikooperative auf der Sporadeninsel Alonnisos durch. Die Basis dafür war, dass die Mitglieder der Kooperative in ihrem herkömmlichen Fischfang ungestört blieben, mehr noch, der Nationalpark dazu diente, auswärtige Fischdampfer herauszuhalten. Für Dogmatiker des selbstlosen Naturschutzes ein moralisch dubioser Handel, politisch jedoch die Patentlösung schlechthin. Es war die gleiche Strategie, die bereits die *Riverkeeper* am Hudson, die Pioniere der neuen Umweltbewegung, zum offensiven Schutz des Flusses gegen Industrieemissionen anwandten, indem sie die *Hudson River Fishermen's Association* gründeten.[224] Generell gewinnt man den Eindruck, dass Umweltinitiativen in Griechenland vor allem dort vital waren und sind, wo sie ihre Kraft aus dem Zusammenhalt und gemeinsamen Interesse einer Kommune schöpfen – und nicht zuletzt auch aus der Erbitterung über die autoritäre Bevormundung durch die Bürokratie der Metropole.[225]

In der Ägäis ging es um den Schutz der Mönchsrobbe. Diese war traditionell wegen ihres unersättlichen Appetits auf Fische bei den Fischern von Alonnisos ähnlich verhasst wie der Delphin bei den japanischen Fischern, schon gar zu einer Zeit, in der die Fischbestände der Ägäis ohnehin dramatisch zurückgingen. Den Fischern wurde jedoch bewusst, «dass nicht die Robben für den dramatischen Rückgang der Fischbestände verantwortlich zu machen waren, sondern die ‹Gri-Gri-Boote›, die von außerhalb zu den Sporaden kamen und in der Nacht mit Lampen und großen Kreisschließnetzen das Gebiet leerfischten».[226] «Nationalpark» klang attraktiv für Touristen – die Nördlichen Sporaden avancierten sogar zu den «Galapagos des Mittelmeers»; zudem fanden sich engagierte Mitstreiter vor Ort: So kam das *Ecological and Cultural Movement of Alonnisos* zustande. Man beachte «und kulturell»: Den Naturschützern wurde vor Ort zuerst entgegengehalten, in Griechenland gebe es keine Natur, sondern nur Kultur zu schützen. Auf den nördlichen Sporaden, die lange Zeit den Athos-Mönchen unterstanden hatten, ließ sich der Schutz der Mönchsrobbe, die die allermeisten Touristen in natura nie zu Gesicht bekommen, mit dem Schutz einer im Vergleich zu vielen anderen griechischen Inseln einigermaßen gut erhaltenen traditionellen Kulturlandschaft verbinden.[227] Die von Athos mit einer alten Rinderrasse betriebene Weidewirtschaft wurde der zerstörerischen Ziegenweide als ökologisches Vorbild gegenübergestellt. Für orthodoxe Ökologen hingegen wäre bereits die Restaurierung alter Klöster im Nationalpark inkorrekt gewesen.

Auf das dortige Vorkommen der Mönchsrobbe, die schon als ausgestorben gegolten hatte, machte zuerst der Naturforscher und Naturfilmer Thomas Schultze-Westrum (geb. 1937) aufmerksam,[228] der auch das Interesse der Medien zu wecken verstand. Zugleich vertrat er die Überzeugung, durch die amerikanischen Nationalparke sei der Naturschutz auf einen Irrweg geleitet worden: Naturschutz lasse sich erfolgreich nur als Kulturschutz, nur zusammen mit der lokalen Bevölkerung betreiben.[229] Bevor er den Naturschutz propagierte, machte er sich 1982 bei den Fischern beliebt, indem er ihnen zu einer Eismaschine verhalf, in der sie ihre Fische konservieren konnten.[230] Abschreckendes Beispiel war für ihn der 1962 errichtete Nationalpark Samaria-Schlucht auf Kreta, wo im Zeichen des Wildnisideals gleich zu Beginn das pittoreske alte Holzfällerdorf Samaria ausgesiedelt wurde, in deren Überresten heute die Parkverwaltung untergebracht ist.[231] Schultze-Westrum betrieb also nicht einen lediglich auf die Mönchsrobbe fixierten punktuellen Naturschutz. Die IUCN nahm die Mönchsrobbe unter die zwölf am meisten bedrohten

Tierarten der Welt auf.[232] 1978 fand auf Rhodos die erste *Monk Seal Conference* statt; jetzt wurde der Schutz dieser Robbenart attraktiv. Die Dodekanes konkurrierte mit den Sporaden um die Einrichtung eines Schutzgebietes. Anders als die von Brigitte Bardot wütend geliebten Robben des Nordens war die Mönchsrobbe für Experten ein reizvolles Schutzobjekt, und so bildete sich eine internationale Mönchsrobben-Community, die sogar die griechisch-türkische Gegnerschaft überbrückte; denn Mönchsrobben gab es auch an den Dardanellen vor der Küste der Türkei. Bei alledem macht sich Euronatur nicht die Illusion, dass die Gefährdung der Robben das ökologische Hauptproblem der Ägäis sei, sondern weist darauf hin, dass zwar die EU an allen Küsten Kläranlagen obligatorisch machen wolle, Thessaloniki gleichwohl «die Abwässer von mehr als einer Million Menschen tagtäglich in die Ägäis» entlasse.[233]

Die Geschichte von der Rettung der Mönchsrobbe durch ein Bündnis mit den lokalen Fischern besitzt exemplarischen Charakter; denn der von oben verordnete Artenschutz steht vor dem Dilemma, dass er Gefahr läuft, das Gegenteil des Beabsichtigten zu bewirken. In Deutschland wie in den USA sind Geschichten zu hören, dass unter Grundeigentümern der Geheimtipp kursiert, einer bedrohten Art – ob Eule oder Orchidee – lieber den Garaus zu machen, sobald sie diese auf ihrem Terrain entdecken; denn sie verlören das freie Verfügungsrecht über ihr Eigentum, sobald die Naturschützer von der Existenz dieser Rarität Wind bekämen.[234] Ein allgemeines Rezept für die Verknüpfung von Ökonomie und Ökologie scheint es für solche Fälle nicht zu geben; Erfolgsgeschichten tragen oftmals lokalen Charakter.

Haarscharf an der Schwelle zur Gewalt: *Earth First!* im Kampf für Baumriesen und Bären. Dave Foreman und *Earth First!* sind uns schon wiederholt begegnet: Sie wurden in den 1980er Jahren zum Inbegriff eines militanten Kampfes für die wilde Natur. *Earth First!* entstand 1980 als Sezession aus der wohletablierten Wilderness Society: genau richtig zum Beginn von Reagans «Anti-environmental Revolution»,[235] als die Umweltaktivisten zeigen konnten, ob sie Mut hatten und fähig waren, auch einmal *gegen* den politischen Mainstream zu schwimmen. Bis dahin hatten die Freunde der Wildnis erwartet, dass *public lands* mit urwaldartigen Beständen großzügig unter Schutz gestellt würden; jetzt wurde Washington damit auf einmal kleinlich und gab dem Druck der Holzlobby nach. Dave Foreman, der bis dahin Umweltlobbyismus in Washington betrieben hatte, geriet in Wut; und am Ende bekannte er sich zu seiner Wut.

Jetzt erschien ihm die vermeintliche Erfolgsgeschichte der großen amerikanischen Umweltorganisationen als ein Niedergang, ein Absturz in eine bürokratische Blutleere. Um seine Konfessionen zu zitieren:

«Die Krise, mit der wir jetzt konfrontiert sind, ruft nach Leidenschaft. Als ich als Umweltlobbyist in Washington arbeitete, wurde ich angewiesen, mein Herz in einen Safe einzuschließen und mein Gehirn durch einen Taschenrechner zu ersetzen. ... Man sagte mir, ich verlöre die Glaubwürdigkeit, wenn ich meine Emotionen zeigte.

Aber, verdammt, ich bin ein Lebewesen (animal). Ein Lebewesen aus Fleisch und Blut, aus Sturm und Wut. Die Ozeane der Erde strömen durch meine Adern, der Wind vom Himmel füllt meine Lungen, meine Knochen bestehen aus dem Urgestein des Planeten. ... Wenn eine Kettensäge in das Kernholz eines zweitausend Jahre alten Redwood-Riesen der Küste schneidet, schneidet sie mir in die Eingeweide. Wenn ein Bulldozer in den Regenwald des Amazonas eine Schneise schlitzt, schlitzt er mir in die Seite. Wenn ein japanischer Walfänger eine explodierende Harpune in einen großen Wal feuert, springt mein Herz in tausend Stücke. Ich bin das Land, das Land bin ich.»[236]

Das war das Lebensgefühl der *Deep Ecology* von Arne Naess: die Ausweitung des eigenen Ich zur Welthaltigkeit, allerdings mit praktischen Konsequenzen, die der norwegische Philosoph vermied. «Kein Kompromiss bei der Verteidigung von Mutter Natur», wurde die Parole von *Earth First!*, mehr noch: «Der Mensch hat zurückzutreten, wenn es um das Überleben der Natur geht.» Einen kapitalen Fehler im Mainstream der amerikanischen Umweltbewegung erblickte Foreman darin, dass sie den Kampf gegen die «Bevölkerungsbombe» abgeblasen hatte und nicht mehr den Mut hatte, mit brutaler Offenheit auszusprechen, dass es viel zu viele Menschen auf dieser Erde gebe.[237]

Der Gegner Nummer eins von *Earth First!* war die Holzindustrie, jedoch ohne dass Foreman hier ein konkretes Feindbild aufgebaut hätte: Sein wahrer Gegner war viel größer. Sehr im Gegensatz zu «Sea Shepherd» gab es bei *Earth First!* keine Hierarchie und kein Hauptquartier: Auf diese Weise wurde jeglicher Bürokratisierung vorgebeugt, mit der beabsichtigten Folge, dass die Organisation für ihre Gegner schwer zu fassen war. Durch den Vergleich bekommt *Earth First!* spezifische Konturen. Obwohl Foreman auf dem Cover seiner Konfessionen als hemdsärmelig-ruppiger Muskelmann posiert, war er weit mehr als Watson ein Büchermensch und einer der belesensten Führer der amerikanischen Umweltbewegung.[238] Weit weniger als bei dem «Ocean Warrior» spürt

Enttäuscht davon, was er als «professionalising» der US-amerikanischen Umweltbewegung in den 1970er Jahren betrachtete, gründete Dave Foreman (geb. 1947) zusammen mit Freunden Anfang der 80er Jahre die Bewegung *Earth First!*, als deren Chefstratege er sich weit über die Ökologie hinaus einen Namen machte.

man bei Watson eine pure Kampfeslust um des Kampfes willen; er vermeidet die direkte Konfrontation mit dem Gegner.

Foreman propagierte die «Ecotage», die «ökologische Sabotage»; die Spezialität von *Earth First!*, die das größte Aufsehen erregte, war das *tree spiking:* das Eintreiben langer Nägel in bedrohte Baumriesen, die die Bäume nicht schädigten, aber Kettensägen zerspringen ließen. Auf diese Weise konnten sich Waldarbeiter schwere Verletzungen zuziehen; aber Foreman lehnte Gewalt gegen Menschen ab und legte Wert darauf, dass die Arbeiter im Voraus über diese Sabotageakte informiert wurden. Tatsächlich scheint kein Waldarbeiter dieser «Ecotage» zum Opfer gefallen zu sein, während zumindest ein Aktivist zu Tode kam, als Holzfäller einen Baum auf ihn stürzen ließen.[239]

1984 kam es in einer Kampagne zur Rettung von Urwäldern in Oregon zu einer Kontroverse zwischen *Earth-First!*-Hardlinern und Gandhi-Anhängern, wie weit man mit vorbeugender Gewaltvermeidung gehen sollte.[240] Der phantasievolle Foreman hatte sich von einem 1975 erschienenen Roman *The Monkey Wrench Gang* von Edward Abbey inspirieren lassen (leider verliert «monkey wrench» in dem deutschen Pendant «Universalschraubenschlüssel» die humorige Assonanz an «monkey», den Affen) und veröffentlichte 1985 seine Anleitung zur «Ecotage» – im Stil eines flapsigen Hilfsbüchleins für Heimwerker – unter dem Titel *Ecodefense: A Field Guide to Monkey-wrenching.*[241] Ein

Freund entgegnete ihm, auch Maschinen verdienten Respekt. Foreman erwiderte, wenn der Bulldozer die Erde zerstöre, handele er gegen sein wahres Wesen, denn aus der Erde sei er gekommen. Um seinen buddhistischen, auch zur Entwaffnung von Gandhi-Anhängern bestimmten Witz im Original zu zitieren: «The monkeywrencher is a boddisattva performing an act of satyagraha, enabling the bulldozer to find its true dharma nature, its Buddhahood, by returning it to Earth as a lump of rusting metal.»[242] Die Sabotage für die Natur stellte er in die «stolze Tradition» der Boston Tea Party von 1773, die zum Gründungsmythos der USA gehört. Die Bebilderung des Buches gab zu verstehen, dass sich auch Strommasten zum Ansägen anböten: um die gleiche Zeit auch ein Sport «sägender Zellen» unter den bundesdeutschen Autonomen. Es kam, was kommen musste: 1989 wurde Foreman mit vier Mitkämpfern – in der Folge als «die Fünf aus Arizona» ähnlich legendär wie die «Glorreichen Sieben» des Western – als «Umweltterroristen» verhaftet, am Ende jedoch freigesprochen.[243]

Innerhalb der amerikanischen Umweltbewegung, über deren Mainstream er sich so verachtungsvoll ausgelassen hatte, machte Foreman sich – das ist besonders bemerkenswert – mit seinen Methoden und seinen Sprüchen keineswegs zum verrückten Außenseiter, dessen man sich geniert hätte, sondern bekam selbst in Elite-Universitäten *standing ovations*. Selbst die keineswegs gewaltfreundliche *Encyclopedia of World Environmental History*, die Watson und «Sea Shepherd» mit keiner Silbe erwähnt, schließt ihren Artikel über *Earth First!* geradezu emphatisch: «Von einer kompromisslosen Ethik angetrieben», sei dieser Kampfverband *(tribe)* zum «Gewissen der Umweltbewegung geworden».[244]

Wie wir schon sahen, spürt man selbst an der Spitze des *Sierra Club* und der *Wilderness Society* immer wieder die Sorge, die zu Geld und Ansehen gekommenen Wildnisschützer könnten zu sehr domestiziert werden; daher hatten selbst dort viele eine Schwäche für einen Foreman, zumal dieser in seinem Denken keineswegs so simpel war, wie manche seiner Parolen glauben machen könnten. Im Unterschied zu Watson war *Earth First!* nicht nur auf Baumriesen und Grizzly-Bären fixiert – auch wenn Foreman seine Faszination durch die Grizzlys nicht verleugnet –, sondern verfolgte ein breiteres Spektrum von Zielen und wurde auch durch Kampagnen gegen Rindfleischimporte bekannt, die aus gerodeten Regenwäldern stammten. James Lovelock, der Schöpfer der Gaia-Theorie, schätzte bei Foreman den visionären Blick auf das Ganze der Erde; David Quammen, einer der einflussreichsten naturkundlichen Publizisten der

USA, rühmte Foreman als Vollender der kopernikanischen Revolution, die die Menschheit aus ihrer eingebildeten Zentralposition in der Schöpfung vertrieben habe.[245]

Die Kämpfer von *Earth First!* wollten eine *Grassroots*-Bewegung bleiben, führten teilweise ein einfaches Leben in Kommunen und fuhren auf Fahrrädern.[246] Eine in England gegründete *Earth-First!*-Gruppe nahm am Kampf der Tierrechtler teil und suchte anders als ihre amerikanischen Mitstreiter – Foreman selbst outete sich 1983, von einem Baggerführer als *dirty communist bastard* beschimpft, als eingeschriebener Republikaner[247] – die Verbindung zur Linken.[248] Eine Eskalation der Gewalt wusste *Earth First!* stets zu vermeiden. Foreman verwahrte sich gegen die Unterstellung, die «Ecotage» für die einzig sinnvolle Methode des Öko-Aktivismus zu halten,[249] und wandte sich in späteren Jahren von Sabotagepraktiken ab. Er war kein fanatischer Hasser, sondern fand es wichtig, dass auch Umweltkämpfer über sich selbst lachen können und sich nicht gar zu ernst nehmen.[250] Wer sich an den menschenfeindlichen Zügen von Foremans Denken stößt, sollte doch auch dieses Bekenntnis beachten und seine Parole «Zurück ins Pleistozän», mit der er seine Leser gelegentlich schockte, nicht zu wörtlich nehmen.[251]

«Water Wars», «Wars in the Woods»: das Eskalationspotential von Wasser- und Waldkonflikten. Inwieweit Umweltbewegungen gewaltfrei sind und bleiben, hängt auch von ihren Gegnern ab und von den Bedingungen, unter denen sie agieren. In einem sozialen Umfeld, in dem viel Hass in der Luft liegt, die Menschenrechte nur auf dem Papier stehen und die Gewaltschwelle bei der Staatsmacht wie bei anderen Mächten und bei Rebellen generell niedrig ist, ist es naturgemäß viel schwerer, an der Gewaltfreiheit festzuhalten, als in einem stabilen Rechtsstaat mit relativem sozialem Frieden. Damit soll nicht der Eindruck erweckt werden, dass ein gewaltfreier Umweltprotest in der Dritten Welt keine Chance habe: Wie wir wissen, war der größte Verkünder der Gewaltfreiheit ein Inder, und «die» Dritte Welt als homogenes Gebilde existiert nur als rhetorische Figur. So wie man einen Großteil der globalen Umweltgeschichte an dem Umgang mit Wasser und Wald, den beiden klassischen Gemeingütern, entfalten kann – und in der Umweltpolitik geht es ja in der Essenz um den Umgang mit Gemeingütern –, gewähren auch Konflikte um Wasser und Wald in vielen Weltregionen Einblicke in antagonistische Konstellationen ebenso wie in Konsenschancen. Gerade deshalb, weil die Konflikte hier so alt sind – beim Wasser meist noch viel älter als beim Wald –, aber auch die Notwendigkeit, sich auf die Dauer irgendwie zu arrangieren, ebenfalls von alters her offenkundig war, besitzen hier Regelungsformen, oft in Verbindung von obrigkeitlichen mit genossenschaftlichen Komponenten, vielerorts eine lange Tradition, sehr im Unterschied zum Umgang mit industriellen Emissionen und noch mehr zur Ausbeutung der Weltmeere. Bei großen Strömen, die durch mehrere Länder fließen, handle es sich um Rhein oder Donau, Euphrat oder Mekong, ist die Konfliktregelung eine Angelegenheit politischer Institutionen und kein Aktionsfeld für Bürgerbewegungen. *Water Wars, Wars in the Woods:* schon die Alliteration verführt zu Buchtiteln;[252] schaut man aber in die Bücher hinein, stellt man fest, dass «Krieg» hier in aller Regel nur metaphorisch gemeint ist. Bedenkt man die vitale Bedeutung des Wassers in vielen Weltregionen, die von Dürre bedroht sind, wundert man sich nicht über die Vielzahl der Konflikte, sondern eher darüber, wie selten sie gewalttätig eskalierten.[253]

Wie wir schon mehrfach sahen, sind Konflikte um große Staudämme und Stauseen der charakteristische hydraulische Konflikttyp der Öko-Ära; alte Regelungsinstanzen und allgemein anerkannte Normen dessen, was gerecht ist, fehlten hier. Streitigkeiten über die Verteilung des Wassers dagegen waren uralt, nicht nur in ariden Gebieten, sondern auch im regenreichen Deutschland zwischen Wassermüllern und Bauern mit Wässerwiesen.

In ariden Gebieten ging es bei diesem Streit bekanntlich um die nackte Existenz, und in Gebieten mit künstlicher Bewässerung war die Wasserzuteilung in typischen Fällen geradezu penibel in den sozialen Strukturen verankert.[254] Natürlich wimmelte es von kleinen Konflikten; aber man wusste, auf welche Art und in welcher Arena man sie auszutragen hatte. Mit Blick auf Gegenwart und Zukunft besteht das Problem nicht so sehr in den vorhandenen Konflikten,[255] sondern weit mehr darin, dass das tückischste Problem vieler wasserarmer Regionen, die Übernutzung des Grundwassers durch immer tiefere Pumpen und Fernleitungen in die Metropolen, unsichtbar ist und keine aufreizenden Zielobjekte für Protestbewegungen bietet. Nomadensippen kämpften um Wasserstellen; aber wenn die Dorfbrunnen austrocknen, ist der Schuldige nicht ohne weiteres evident. Der heutige Trend, selbst ein längst erkennbares Absinken des Grundwassers auf die globale Erwärmung zu schieben, droht die wahren Ursachen zusätzlich zu verschleiern.

Ein Extrembeispiel: Israel. Kein anderes Problem der innerstaatlichen Wasserverteilung enthält in jüngster Zeit so viel weltpolitischen Sprengstoff wie die höchst ungleichmäßige Proportion der Wasserzuteilung an Juden und Palästinenser in *Israel*. Die bloßen Zahlen waren und sind aufreizend, selbst aus israelischer Sicht: 1975 erhielten arabische Bauern, die in Israel zehn Prozent der Ackerfläche bebauten, ganze zwei Prozent des für Bewässerung verfügbaren Wassers. 1996 lag der Wasserverbrauch bei der jüdischen Bevölkerung pro Kopf dreimal so hoch wie bei der arabischen.[256] Keinem Araber gelang der Aufstieg in eine höhere Position bei der israelischen Wasserbehörde.[257] Das Bild durstiger Palästinenserkinder, die selber nicht einmal fließendes Wasser haben und hasserfüllt über ein Tal hinweg auf die Swimmingpools jüdischer Villen schauen, gehört zu den Ikonen der arabischen Propaganda.[258] Die Wasservorkommen Israels zwischen Juden und Arabern so aufzuteilen, dass die Palästinenser die Wasserverteilung unter sich regeln können, ist aus hydrogeographischen Gründen unmöglich.[259]

Immerhin, über die Verteilung des Wassers lässt sich im Prinzip nüchtern-rational reden; das Bedürfnis ist bei Juden und Arabern das gleiche, seine Legitimität im Prinzip unbestritten, während es zwischen Zionismus und Islamismus keine Verständigungsbasis gibt. Fortschritte in der Verständigung hat es beim Wasser denn auch gegeben. Mehr Hass als der Wasserstreit erregte die 1977 eingerichtete *Grüne Patrouille* der israelischen *Nature Reserves Authority* (NRA), die arabische Siedler gewaltsam aus Naturschutzgebieten vertrieb. «Die Brutalität der Grünen Patrouille und deren Einschüchterungstaktiken sind geradezu ein neues Kapitel in der lokalen Folklore der Beduinen geworden» (Alon Tal).[260] Für die Betroffenen war nichts davon zu erkennen, dass diese auf Härte trainierte Spezialeinheit im Dienste eines gemeinsamen höheren Interesses am Schutz der Natur handelte.

Verschärft wurde und wird die Situation dadurch, dass Israel – wie ein führender israelischer Naturschützer beklagt – an der ökologischen Wende des Westens nicht teilgenommen hat.[261] Darin besitzt es eine merkwürdige Ähnlichkeit mit seinen arabischen Gegnern: Auch die islamischen Staaten des Nahen Ostens sind bislang auf der Landkarte der Umweltbewegungen nahezu ein weißer Fleck. Kaum ein Land der Welt hätte ein stärkeres Motiv, in der Nutzung der Solarenergie voranzugehen und die Macht des Öls zu brechen, als das sonnenreiche Israel, da das Öl die stärkste Waffe seiner arabischen Gegner ist. Solarkollektoren zur Warmwasserbereitung sieht man dort allenthalben auf den Dächern;

aber bei der Stromproduktion aus Solarzellen hinkt das Land hinterher:[262] ein Ausdruck der Schwäche der dortigen Umweltbewegung.

Zwar ist Israel weltweit ein Pionier in der Entwicklung der wassersparenden Tröpfchenbewässerung; aber diese aus der Not geborene Spitzenstellung ist nicht Ausdruck eines umfassenderen Umweltbewusstseins, obwohl der Zionismus einst, wie wir an der Wirkung des New Dealers Lowdermilk sahen, ein ökologisches Selbstbewusstsein eigener Art hervorgebracht hatte – aber eben mit der Bewässerung im Zentrum. Israelische Forst- und Agrarpolitiker setzten auf Eukalyptushaine und Orangenplantagen, beide mit extrem hohem Wasserverbrauch. Ari Shavit, ein führender israelischer Journalist, klagte 1997, der Zionismus führe einen «erheblichen Teil dieses kleinen und verletzbaren Landes» in eine «ökologische Katastrophe».[263] Wie nicht anders zu erwarten, wird die Umweltkrise durch die Feindseligkeit zwischen Juden und Arabern verschärft. Eigentlich brauchte dieses winzige Land so dringend wie nur irgendein Land auf der Welt eine gesellschaftliche Anerkennung der Geburtenkontrolle; diese ist jedoch bei orthodoxen Juden wie bei Arabern als unpatriotisch streng verpönt.[264] Insofern bietet Israel, überhaupt der Nahe Osten die Gegenprobe zu der in diesem Buch vertretenen These, dass das Umweltbewusstsein am besten in einer Atmosphäre des Friedens gedeiht.

Erheblich jünger sind in den meisten Ländern außerhalb Mittel- und Westeuropas landesherrliche Regulierungen der Waldnutzung; nichtschriftliche dörfliche Traditionen dürften oft älter sein. Seit wann der Zusammenhang zwischen Waldzuständen und dem Wasserhaushalt der dort entspringenden Flüsse – die elementare ökologische Einsicht schlechthin – Beachtung fand, ist bis heute nicht ganz klar und war von Region zu Region unterschiedlich; logische Gründe wie historische Indizien sprechen dafür, dass dies am ehesten in Kulturlandschaften in nächster Nähe hoher bewaldeter Berge der Fall war, in der Schweiz und in Südfrankreich ebenso wie in Nordindien und Japan.

Gewaltfreier Kampf für den Wald im Geiste Gandhis: die Chipko-Bewegung. Der berühmteste Fall einer Protestbewegung gegen Abholzung, die auch durch Überschwemmungen ausgelöst wurde oder zumindest diese als Argument ausspielte, war die *Chipko*-Bewegung («Umarmt die Bäume!») am Südrand des Himalaya, die uns schon wiederholt begegnet ist und als Ursprung der indischen Umweltbewegung gilt, der stärksten in der außerwestlichen Welt. Ihr erster Anfang reicht zu einer Überschwemmungskatastrophe im Jahr 1970 zurück.[265] Überschwemmungen hatte

Die indische Chipko-Bewegung macht es sich seit 1973 zur Aufgabe, die kommerzielle Abholzung von Bäumen und die daraus resultierende Zerstörung von Lebensgrundlagen zu verhindern. Bekannt wurde die vor allem von Frauen getragene Bewegung durch ihre Methode, Bäume zu umarmen; der Name «Chipko» stammt vom Hindi-Wort für «Umarmen».

es schon früher gegeben; 1970 aber war der Monsunregen besonders heftig ausgefallen. Auch hier erkennt man in der Art, wie die Region diesmal reagierte, eine Fernwirkung der «ökologischen Revolution». Als am 27. März 1973 dreihundert Eschen, die die Forstverwaltung an eine Sportartikelfirma in Allahabad versteigert hatte, in der Nähe des Dorfes Mandal, in der Provinz Garhwal, gefällt werden sollten, «schlugen die Dorfbewohner ihre Trommeln, eilten in den Wald und erklärten, dass sie die Bäume umarmen und das Abholzen nicht zulassen würden. Die Holzfäller zogen ab.» Die Nachricht muss sich rasch verbreitet haben; denn als die Firma anderswo Konzessionen bekam, erlebten die Holzfäller das Gleiche.[266] Ähnliche Protestbewegungen zur Erhaltung dörflicher Waldrechte wagten sich auch in anderen Regionen Indiens hervor.[267]

Im Westen wurde die Chipko-Bewegung, bei der Frauen in einer bis dahin ungewöhnlichen Weise hervortraten, später als ökofeministische Bewegung gefeiert.[268] Demgegenüber hat Ramachandra Guha, der führende indische Umwelthistoriker, die These vertreten, die Chipko-Rebellion stehe in einer «langen Reihe von Bauernbewegungen gegen die kommerzielle Forstwirtschaft», die unter britischer Kolonialherrschaft beginnt.[269] Gewiss ging es der Chipko-Bewegung um Dorfrechte, nicht um Ökologie und Feminismus; und doch kann man die von Guha vorgenommene Historisierung nicht ohne Einschränkung gelten lassen. Unter britischer Herrschaft hatten sich diese Proteste nämlich immer wieder in der Form von Brandstiftungen an den Wäldern Luft gemacht.[270] Vor diesem Hintergrund markiert der Chipko-Protest *für* den Wald eine bemerkenswerte Wende zu einer Zeit, in der indische Forstverwaltungen im Unterschied zu ihren kolonialen Vorgängern zum Kahlschlag übergegangen waren und zur Förderung der Industrie beim Holz eine Niedrigpreispolitik betrieben.

Vandana Shiva und westliche Ökofeministinnen heben einen halbmythologischen[271] Ursprung der Chipko-Bewegung hervor: Im Jahr 1730 – nach anderer Angabe 1763 – hätten 363 Dorfbewohner, vor allem Frauen, unter Führung von Amrita Devi zum Fällen bestimmte Khejribäume (Celtis australis) umarmt und sich von Holzfällern des Maharadscha von Jodhpur mit Äxten töten lassen – nicht lediglich zur Verteidigung von Besitzrechten, sondern als Angehörige der Hindu-Sekte Bishnoi, denen diese Bäume heilig sind. Darauf sei der Herrscher so erschüttert gewesen, dass er die Khejribäume unter Schutz gestellt habe.[272] Das Umarmen von Bäumen, von indischen Frauen ab 1973 in derartigen Situationen immer wieder praktiziert, war also ein hochsymbolischer Akt, der eine alte spirituelle Tradition beschwor und traditionsbewusste Inder bezauberte.[273] Allerdings durften die Frauen von Mandal 1973 trotz der heftigen Reaktion der Forstverwaltung darauf vertrauen, dass ihnen das Schicksal von Amrita Devi und ihren Mitstreiterinnen erspart blieb und das Bekenntnis zur Gewaltfreiheit im Geiste Gandhis und zum Schutz des Waldes kurz nach Stockholm 1972 die Wirkung auf die indische Öffentlichkeit nicht verfehlte. Die «Umarmt die Bäume»-Bewegung fand viel rascher als der spätere Protest gegen die Staudämme breite Sympathien und führte zum Erfolg: Die Dörfer erhielten ihre Waldrechte zurück. Die Bewegung selbst indes wurde zum Opfer ihres Erfolges und löste sich auf: Eloquente Sprecher waren in Talkshows gefragt, während die Frauen aus dem Dorf nur ihre Lieder singen konnten.[274]

Wie stets in der Geschichte ist das Happy End kein definitives Ende. Mittlerweile gibt es in Indien eine Entmythologisierung der Chipko-Bewegung. Auch abgelegene Dörfer bleiben auf die Dauer nicht immun gegen den Kommerz. Mit der Zeit kamen auch die Chipko-Dörfer bei der Vermarktung ihres Holzes auf den Geschmack. Gerade dadurch, dass sie die Autorität der staatlichen Forstverwaltung geschwächt hatten, machten sie die Bahn frei für einen unkontrollierten Holzschlag, ja zum Hochkommen einer «Holzmafia».[275] Eine verblüffend ähnliche Geschichte wie die von den Kaiapò am Amazonas, die einst in Europa als Öko-Indios verehrt wurden, nach Erlangung eines Reservats jedoch einen schwunghaften Handel mit dem kostbaren Mahagoni betrieben.[276] Auf die Länge der Zeit verschwimmt im Umweltschutz oftmals die scharfe Grenze zwischen Guten und Bösen; auch Freund- und Feindbilder haben ihre Zeit. Keine außerwestliche Forstgeschichte ist so gut erforscht wie die indische; und doch lässt sich dort ebenso wenig wie in Deutschland generell sagen, inwieweit die Dörfer eine nachhaltige Waldwirtschaft betrieben haben oder nicht, was schon in Anbetracht der Quellenlage nicht verwundert. Wert und Unwert staatlicher Forstverwaltungen für den Waldschutz lassen sich nicht pauschal und nicht ein für alle Mal bestimmen.

Im Dunkel der Wälder Südostasiens: Lichtblicke um 1990. Unter härteren Bedingungen kämpften Dorfbewohner, die ihre traditionellen Waldnutzungen verteidigten, in Ländern wie Malaysia, Thailand, Indonesien und auf den Philippinen, deren Waldbestände für ausländische, vor allem japanische Holzfirmen sehr attraktiv waren. Immer wieder finden wir den Typus des Chipko-Konflikts, dort jedoch anders als in Indien ungeschützt durch die ehrwürdige Tradition eines Mahatma Gandhi und durch eine vitale Zivilgesellschaft und noch dazu viel stärker der Willkür der Polizei oder privater Prügelgarden ausgeliefert. «Auf den Philippinen gilt Gewaltlosigkeit als ein Luxus, den sich Aktivisten nicht leisten können» (Timothy Doyle).[277] Vieles ist in bestimmten Grundmustern typisch und auch in der früheren Vergangenheit Mittel- und Westeuropas zu finden: Da Holzschlag und Holztransport meist staatlicher Kontrolle unterliegen, brauchen Holzmagnaten Beziehungen zu Regierungsstellen. Kein Wunder, dass das große Holzgeschäft von Irland bis nach Indonesien traditionell von einem dicken Dunst von Filz und Korruption umhüllt ist.[278]

Die Undurchsichtigkeit verstärkt sich dadurch, dass nur schwer zu kontrollieren ist, was in der Tiefe der Wälder geschieht, sofern es überhaupt jemand kontrollieren will. Wenn man sieht, wie viel Konflikte bis hin zu Gewalttätigkeiten es selbst in deutschen Wäldern in früheren Jahrhunderten gegeben hat, verwundert es kaum, dass es in weiten Teilen der Welt, wo es um Rechtssicherheit und gesellschaftlichen Grundkonsens schlecht bestellt ist, ebenfalls viel Streit und gewalttätige Auseinandersetzungen um Waldrechte gibt. Eher ist schon erstaunlich, wie wenig derartige Konflikte bislang eine eskalierende Spirale der Gewalt ausgelöst haben, und dies, obwohl dort oftmals mehr noch als früher in Mitteleuropa fremde Welten aufeinanderstoßen: ausländische Großunternehmen und Waldvölker, die selbst im eigenen Lande als Wilde gelten. Wo ist da eine Verständigungsbasis?

1981 vertrieben Papuas auf Neuguinea japanische Holzfäller aus ihrem Stammesgebiet, und ihr Häuptling drohte, wenn sie wiederkämen, würde man sie «töten und aufessen».[279] Mehrere Faktoren trugen jedoch dazu bei, diese Konflikte nicht in einen Dauerkrieg ausarten zu lassen. Zuerst und vor allem fiel es – ebenso wie früher in deutschen Landen – einem Unternehmen, das es darauf anlegte, im Allgemeinen nie schwer, einen Teil der Einheimischen für den Holzschlag zu gewinnen, wenn es diesen Verdienstmöglichkeiten bot. Das musste auch der Schweizer Bruno Manser erleben, als er in den 1980er Jahren das Waldvolk der Penan in dem zu Malaysia gehörenden Sarawak auf Borneo beim Widerstand gegen eine ausländische Holzfirma unterstützte, die den Lebensraum des Waldvolkes zu zerstören drohte, und die Weltöffentlichkeit dafür zu mobilisieren suchte.[280] Auf diese Weise brachte er es in Malaysia «fast zum Staatsfeind Nummer eins».[281] Die Anfälligkeit vieler Waldleute für derartige finanzielle Köder ist desillusionierend, wenn auch nicht überraschend; aber das ist nicht alles. Gerade in Südost- und Ostasien sind die neuen Eliten in wachsendem Maße für Waldschutz aufgeschlossen, und sei es nur im Blick auf den Tourismus. Gewiss ist der Widerstand von Walddörfern und Waldvölkern nicht im modernen Sinne ökologisch motiviert; im Zeichen der Ökologie wird er dagegen von Angehörigen der neuen Eliten – nicht zuletzt auch von Richtern – nicht mehr als bloße Halsstarrigkeit von Hinterwäldlern, sondern als ein im Prinzip legitimes Engagement wahrgenommen.

Die Wirkung der internationalen Umweltgipfel, ob Stockholm 1972 oder Rio 1992, ist dabei zwiespältig.[282] Auf der einen Seite haben sie wesentlich dazu beigetragen, den Schutz der überkommenen Artenvielfalt der Wälder, zuvor ein Element der Rückständigkeit, zu einem Zeichen von Modernität aufzuwerten. Auf der anderen Seite entwickelte sich auf den Gipfelkonferenzen regelmäßig das Rollenspiel, dass die Erste Welt – von den mit dem tropischen Regenwald verbundenen Paradiesträumen geleitet – Drittweltländer über eine nachhaltige Waldnutzung hinaus (die in der Tat sehr oft nur auf dem Papier stand) zu einem möglichst weitgehenden Schutz der Wildnis zu überreden suchte und diese sich trotzig gegen diese Bevormundung wehrten. Muhammed Mahathir, der Premierminister von Malaysia, spornte in Rio eine «Gruppe der 77», die als Vertreter des Südens auftrat, vehement dazu an, sich einer bindenden Verpflichtung über die Wälder zu widersetzen.

Auch die Kampagnen westlicher Umweltorganisationen zum Tropenholzboykott wurden von den Tropenländern als ausländische Einmischung und kolonialistische Bevormundung angeprangert.[283] «Was wollt ihr denn?», brauste der malaysische Minister für Primärindustrie, Lim Keng Yaik, einem deutschen Besucher gegenüber auf; immer noch seien rund sechzig Prozent seines Landes von Wald bedeckt, ein doppelt so hoher Anteil wie der der Bundesrepublik, und noch immer verfüge Malaysia über schätzungsweise acht Millionen Hektar Primärwald, achtzigmal so viel, wie Deutschland unter Naturschutz gestellt habe. «Und ausgerechnet ihr wollt uns etwas vom Raubbau am Regenwald erzählen!»[284] Mahathir drohte, er würde Malaysias Wälder durch Plantagen ersetzen, wenn das Holz des Landes unverkäuflich würde, und bekam so «seinen festen Platz im Gruselkabinett der Umweltbewegung».[285] Immerhin empfing er 1992 Bruno Manser in Rio, allerdings nur, um ihm vorzuwerfen, er, der als Schweizer aus dem Land mit dem höchsten Lebensstandard der Welt komme, wolle, dass sich die Penan für alle Zeit «von Affen ernähren».[286]

Umwelt-NGOs verdammten die unter Mahathirs Regie verkündete *Kuala Lumpur Declaration*, die jegliche internationale Einmischung abwehrte, als «Kettensägen-Charta».[287] Daraus ist jedoch nicht zu folgern, dass diese Länder an jeglichem Waldschutz uninteressiert seien. Ab 1987 erließen nacheinander Indonesien, die Philippinen und Thailand drastische Maßnahmen gegen die drohende Vernichtung ihrer Wälder, vom Holzexportstopp bis zum totalen Verbot des Holzschlags.[288] Allein 1990 erfolgten in Thailand nicht weniger als 11 684 Verhaftungen wegen Verdachts auf illegalen Holzschlag:[289] Man wird an die Zeiten der vormärzlichen Forstreform in Deutschland erinnert, als Holzdiebstahl zum Massendelikt wurde. Selbst Sarawak, der von den Holzfirmen besonders begehrte, auf Borneo gelegene Bundesstaat von Malaysia, wo die Zerstörung der Regenwälder die internationale Öko-Szene ähnlich alarmierte wie am Amazonas – und dies mit Grund –,[290] bekräftigte 1988 das Bekenntnis zur forstlichen Nachhaltigkeit,[291] nachdem im Vorjahr Dayakstämme durch Straßenblockaden den Holztransport lahmgelegt und Sympathien in der Weltöffentlichkeit erlangt hatten.[292] Im malaysischen Penang tagte im April 1989 das *World Rainforest Movement Meeting*:[293] Ein solches Treffen gleichsam in der Höhle des Löwen war immerhin möglich. Bedenkt man im Übrigen, in welchem Maße die Forstpolitik in diesen Ländern ein hochsensibles innenpolitisches Thema war und ist, lässt sich der grundsätzliche Widerstand gegen eine Internationalisierung der Waldpolitik verstehen. Und doch blieb Rio 1992 in Südostasien nicht ohne Eindruck.[294] Auch dort erkennt man in jener Zeit eine allgemeine Zunahme von Umweltbewusstsein; mehr und mehr werden Umwelt-NGOs von Staatsstellen als Verhandlungspartner akzeptiert.[295]

Der neu aktivierte staatliche Waldschutz im Zeichen der Nachhaltigkeit kollidierte indessen immer wieder mit alten Gewohnheitsrechten der Dörfer. 1989 wurde aus thailändischen Bergdörfern berichtet, die Mädchen müssten an Bordelle verkauft werden, seit die Regierung in Bangkok zum Schutz der Wälder die Brandrodung verboten habe.[296] Die Situation war insgesamt wenig dazu angetan, unter Umweltschutzaspekten starre und dauerhafte Freund-Feind-Fronten entstehen zu lassen. 1989 unterstützte selbst ein Berater der deutschen Bundesregierung die Kampagnen zum Boykott von Tropenholz;[297] aber wenige Jahre darauf bemühte sich ein forstlicher Berater von Greenpeace mit Erfolg darum, die Regenbogenkämpfer von dem Boykott- und Konfliktkurs wieder abzubringen:[298] Erfolg war am ehesten über kooperative Strategien zu erzielen. Die verbreitete Art und Weise, die jüngste Geschichte der Tropenwälder als hoffnungslose Tragödie zu schildern, würdigt zu wenig, dass hier im Vergleich zu anderen großen Umweltproblemen – man denke nur an die Weltmeere – die Chancen zur Verständigung vergleichsweise günstig sind, sofern man nicht die Wildnis pur zum Dogma erhebt und einen Fundamentalkonflikt zwischen Ökonomie und Ökologie konstruiert. Feindfronten verstellen den Blick auf kreative Möglichkeiten von «Agroforestry», artenreichen und ökologisch stabilen Kombinationen von Ackerbau und Waldnutzung.

Eine rein ökologische Sicht der Auswege aus der Krise der Tropenwälder verkennt überdies, dass der Schlüssel zur Lösung außerhalb der Wälder liegt.[299] Ähnlich wie bei deutschen Waldbesitzern in der frühen Neuzeit, die – ob fürstlich oder bäuerlich – den Wald als «Schatz» oder «Sparkasse» betrachteten, fungieren die Wälder heutzutage in Drittweltländern vielfach als eine Ressource, mit der man Schulden bezahlt; zwischen Überschuldung der Staaten und Übernutzung der Wälder besteht in typischen Fällen ein Zusammenhang. Im Falle des boomenden Malaysia, auf dessen Rechnung 1983 nicht weniger als 58 Prozent der Tropenholzexporte der Welt kamen,[300] handelt es sich bei dem Lamento über den angeblichen Zwang der Not allerdings um bloßes Armutstheater.[301]

Synthese von Ökonomie und Ökologie im Zeichen der Nachhaltigkeit? Eine ökologisch nachhaltige Kombination von kommerzieller Holzwirtschaft und dörflicher Waldnutzung setzt eine Kooperation zwischen beiden Akteuren voraus. Wenn der Kampf um den Wald zu heftig wird, führt er dazu, dass die Kontrahenten ihn um die Wette ausbeuten. Die Problematik verschärft sich dadurch, dass Ökonomie und Ökologie in Tropenwäldern mit fragilen Böden schwerer in Einklang zu bringen sind als in Mitteleuropa mit seinen schweren Böden und vergleichsweise artenarmen Wäldern. Wenn forstliche Versuchsanstalten nachweisen, dass nachhaltige Waldwirtschaft auch in den Tropen prinzipiell möglich ist, bedeutet das für die Praxis erst einmal nicht viel: Forstleute mit hoher Kompetenz und ebenso hohem Berufsethos sind gefordert; und diese sind bislang eine rare Spezies. Wie es scheint, steht in weiten Teilen der Welt «nachhaltige Waldwirtschaft», obwohl offiziell anerkanntes Ziel, nur auf dem Papier.

Aber man vergesse nicht: «Nachhaltigkeit» ist ein mehrdeutiger Begriff. Die Freunde der Wildnis verstehen darunter in den Tropenwäldern die ungeschmälerte Erhaltung der ursprünglichen Artenvielfalt. Ist man auf dieses Ideal fixiert, erblickt man überall nur Zerstörung. Aber auch Sekundärwälder, die nach der Abholzung hochwachsen, besitzen vielfach – vor allem auf fruchtbaren Vulkanböden – ihre eigene Vitalität und Artenvielfalt. Ohnehin sind viele vermeintliche «Urwälder» – wie wir heute wissen – streng genommen Sekundärwälder, die die Spuren früherer Brandrodungen aufweisen. Trotz aller trüben Erfahrungen ist der Wald, aus dem das Konzept der Nachhaltigkeit stammt, immer noch mehr als andere Umweltbereiche dazu angetan, *sustainable development* mit konkreter Substanz zu füllen.

Von der Legitimität zur Legalität: Umweltschutz und Justiz. Wenn die Hemmschwelle gegenüber physischer Gewalt für Umweltaktivisten im Allgemeinen sehr hoch war – höher als für radikale Mitstreiter der meisten früheren Bewegungen der Geschichte –, lässt sich dies teilweise auf den sich in der Öko-Szene sammelnden Menschentyp zurückführen, teilweise auch auf die vergleichsweise friedliche Gesamtsituation, in der das Gewaltmonopol des Staates in aller Regel gewahrt blieb, und auf die Rücksichtnahme auf eine Öffentlichkeit, die physische Gewalt missbilligte. Aber noch ein weiterer Grund ist schon an vielen Punkten deutlich geworden: Die Umweltschützer hatten oftmals gute Chancen, das Recht auf ihrer Seite zu haben und vor Gericht respektabel dazustehen. Der ehemalige Straßenkämpfer Joschka Fischer machte als hessischer Umweltminister «die bemerkenswerte Erfahrung, dass eine der schärfsten Waffen in seiner Hand die getreue Durchsetzung von Gesetzen war, welche ausschließlich von nicht-grünen Landtagen und Bundestagen beschlossen worden waren».[302] Gianfranco Amendole, ein «populärer grüner Guru» Italiens, der es zu seiner Strategie gemacht hatte, den Umweltschutz über die Gerichte voranzubringen, mahnte sogar dazu, diese Waffe nur mit Vorsicht zu benutzen, um die Grünen in einem Land, wo die Staatsmacht schlecht angesehen ist, nicht unpopulär zu machen.[303] Da brauchte man in der Bundesrepublik nicht so ängstlich zu sein. Immer wieder kam es vor, dass die Richter bei angeklagten Umweltaktivisten zwar Verstöße gegen formale Bestimmungen zu beanstanden hatten, den Angeklagten jedoch mildernd zurechneten, dass sie nicht aus niederen Beweggründen, sondern aus einem wohlbegründeten Rechtsgefühl heraus gehandelt hätten. Das gute Gewissen, ein höheres Recht zu vertreten, verschaffte Umweltschützern obendrein eine innere Stärke: auch dies ein nicht zu unterschätzender Umstand.

Carl Schmitt stellte einst, 1932, die höhere Legitimität der formalen Legalität der Weimarer Republik entgegen, die er als einen «gegenstands- und beziehungslosen Formalismus» abtat.[304] Viele Umweltschützer erkannten jedoch die Chance, auf die Dauer auch die formale Legalität auf ihrer Seite zu haben und Gerichtsprozesse zu gewinnen. Der Kampf für die Umwelt wurde immer erfolgreicher als Kampf ums Recht geführt; ein gewalttätiger Kampf konnte diesen Erfolg nur gefährden. Wir haben gesehen, wie sorgfältig Greenpeace seine Aktionen im Hinblick darauf kalkulierte, sich bei Gesetzesverstößen vor Gericht auf ein höheres Recht berufen zu können,[305] und wie selbst der militante Greenpeace-Apostat Paul Watson, mochte er die Juristen im Herzen auch verachten, doch immer wieder darauf bedacht war, sich auf internationales Recht berufen zu können. «Jedes Jahr wurden Dutzende von unseren Leuten verhaftet und jedes Jahr wieder freigesprochen – auf Kosten des Staates, die nicht unerheblich waren», trumpft er in seinen Memoiren auf.[306] Von Anfang an bestanden Konvergenzen zwischen Umweltbewegung und Jurisprudenz; von daher kann man sich wundern (oder auch nicht, im Blick auf die mittelständische Basis der Umweltbewegung), dass es noch Jahrzehnte dauerte, bis *environmental justice* zur Parole wurde. Aus dem Umweltrecht ließ sich unendlich viel machen; es war ein viel versprechendes Terrain für junge ehrgeizige Juristen. Auf der Ebene bestimmter rechtlicher Grundprinzipien ließen sich die heterogenen Seiten des Umweltschutzes fast noch leichter vernetzen als auf ökologischer Ebene.

Wir haben gesehen, welche führende Rolle Juristen von Anfang an in der amerikanischen Umweltbewegung spielten; man gewinnt den Eindruck, dass die großen Umwelt-NGOs geradezu von Rechtsanwälten dominiert wurden.[307] Das bedeutete Kampf, aber doch nach bestimmten Regeln sorgfältig kalkuliert. Da nach amerikanischem Recht – frühzeitig auch nach schweizerischem und skandinavischem[308] – von Anfang an die Verbandsklage zulässig war und selbst in solchen Fällen zugelassen wurde, wo keine Verbandsmitglieder zu den Geschädigten gehörten,[309] besaßen die Verbände hier rechtliche Möglichkeiten, die sie anderswo, wenn überhaupt, erst nach geraumer Zeit erlangten, so in Deutschland im Jahr 2000. Auch dort konnten die Verbände jedoch individuellen Klägern finanziellen und juristischen Rückhalt geben.

Beim bundesdeutschen Atomkonflikt starrten die Massenmedien wie gebannt auf die Kampfszenen an den Reaktorbauplätzen; aber auch dort vollzog sich Entscheidendes auf unauffälligere Art in der Justiz, vor allem in den Verwaltungsgerichten. Die erste deutsche Anti-AKW-Initiative – diesmal noch ohne den Kampfstil der Achtundsechziger, dafür vom konservativen Weltbund zum Schutze des Lebens und von dem prominenten Naturheiler Max-Otto Bruker unterstützt und von einem lokalen Rechtsanwalt vertreten[310] – richtete sich gegen das im Bau befindliche Kernkraftwerk Würgassen an der Oberweser. Die Inbetriebnahme des Kernkraftwerks vermochte sie nicht zu verhindern; dafür erwirkte sie jedoch beim Bundesverwaltungsgericht am 16. März 1972, drei Jahre vor Beginn der militanten Phase des Atomkonflikts, das sogenannte Würgassen-Urteil. Dieses bestimmte, dass die Sicherheitsvorkehrungen von Kernkraftwerken dem derzeitigen «Stand der Wissenschaft» entsprechen müssten; das ging weiter als der bis dahin vorgeschriebene «Stand der Technik». Und nicht weniger bedeutsam war der darauffolgende Satz: «Der Schutzzweck des Atomgesetzes hat, obwohl er in §1 AtG erst an zweiter Stelle genannt wird, den Vorrang vor dem Förderungszweck.»[311]

Im Vertrauen auf den absoluten Vorrang der Förderung hatte RWE noch in den 1960er Jahren die Reaktorsicherheitskommission bei der Errichtung des ersten deutschen Versuchsreaktors bei Kahl, in nächster Nähe des Frankfurter Ballungsraums, geradezu brüskiert und ihr wiederholt demonstriert, dass man ihre Genehmigung gar nicht brauchte, sondern auf die Schaffung vollendeter Fakten setzte.[312] Seit den frühen 1970er Jahren wehte jedoch ein anderer Wind; die wachsende Flut besorgter Bürgereingaben ließ einen Teil der Richter nicht unbeeindruckt. Am 14. März 1977, zwei Jahre nach der Bauplatzbesetzung von Wyhl, erging das «Wyhl-Urteil» des Verwaltungsgerichts Freiburg, das das probabilistische Risikokalkül abqualifizierte, mit dem die Atomwirtschaft das nukleare Risiko bagatellisierte, indem sie extreme Schadensausmaße mit einer noch weit minimaleren Eintrittswahrscheinlichkeit multiplizierte. Die Freiburger Richter entschieden, dass die Folgen bei einem Bersten des Reaktordruckbehälters «derart ungeheuer» seien, dass Vorkehrungen dagegen getroffen werden müssten, auch wenn ein solcher Katastrophenfall «äußerst unwahrscheinlich» sei.[313] Diese Forderung bedeutete konkret, die Reaktorkuppeln mit einer weiteren Betonummantelung, einem «Berstschutz», zu umgeben; dieser kolossale Aufwand hätte die Konkurrenzfähigkeit der Kernenergie in Frage gestellt. «Die besten Verbündeten des Umweltschutzes waren die Verwaltungsgerichte, in die inzwischen die 68er-Studentengeneration als Richter eingezogen war», verriet um 1980 ein Insider.[314] Die Position der Freiburger Richter war unter bundesdeutschen Richtern jedoch umstritten. Hans-Jürgen Papier, der spätere Bundesverfassungsrichter, beklagte 1981 als Studienleiter einer Verwaltungsakademie das «latente Verhinderungspotential des Verwaltungsrechtsschutzes gegen Großanlagen».[315] Vor allem seit den späten 1980er Jahren spielte der Europäische Gerichtshof eine «umweltpolitische Vorreiterrolle» und stärkte entsprechende Initiativen des Europaparlaments.[316]

Auch außerhalb der westlichen Welt erkennt man immer wieder, dass der Erfolg von Umweltinitiativen sich nicht zuletzt darauf gründete, dass sie ein überzeugendes Konzept von Gerechtigkeit vertraten und auf die Sympathie mancher Richter rechnen konnten. Oft traten sie mit dem Selbstbewusstsein auf, dass sie mit Gesetzesbestimmungen Ernst machten, die bis dahin toter Buchstabe gewesen waren. Ein indischer Umweltaktivist, der scharfe Kritik an der kolonialen, gegen überlieferte Dorfrechte gerichteten Tradition der indischen Forstgesetzgebung übt, hebt doch zugleich hervor, dass sich durch richterliche Rechtschöpfung – unter Berufung auf den Artikel 21 der Verfassung, der das «Recht auf Leben» in die Grundrechte aufnimmt – seit den 1970er Jahren in Indien ein von der kolonialen Vergangenheit «dramatisch unterschiedener Typ von Umweltrecht» entwickelt habe. «Es ist wichtig zu erkennen, dass viele der für die Umwelt bedeutsamen Aktionen in den Bergen, wie die Unterbindung eines ökologisch zerstörerischen Bergbaus oder der Errichtung von Dämmen, in Verhandlungen vor dem Obersten Gerichtshof ihren Ausdruck gefunden haben.»[317] Mit der Katastrophe von Bhopal am 2. Dezember 1984 war die indische Justiz allerdings überfordert; das schleppende Gerichtsverfahren, das nach über 25 Jahren auf lächerliche Strafen[318] und eine beschämend unzulängliche Entschädigung der Opfer hinauslief, wurde für viele von ihnen zur «zweiten Katastrophe».[319] Das lag nicht nur an einem Mangel an gutem Willen bei den Richtern, sondern auch an der Unzulänglichkeit überkommener individualistischer Begriffe von Schuld und Verantwortung sowie der Forderung nach dem exakten Kausalnachweis gegenüber den unübersichtlichen Risiken moderner hochkomplexer Techniken.[320] Das war keineswegs nur ein indisches Problem.

Besonders eindrucksvoll ist das japanische Beispiel. Die «fundamentale Wende, die um 1970 in Japans Umweltpolitik einsetzte», wurde – so Helmut Weidner – entscheidend angestoßen durch die dort zum stehenden Begriff gewordenen «großen Vier»: «vier zivilrechtliche Gerichtsverfahren, in denen Opfer von Umweltverschmutzungen hohe Schadenersatzzahlungen von den beklagten Unternehmen erstritten». Die Entschädigungssummen waren teilweise so hoch, dass der durch den Minamata-Skandal besonders berüchtigte Chisso-Konzern «nur durch öffentliche Finanzhilfen vor dem Bankrott bewahrt werden» konnte. Im Blick auf den sonst bei den japanischen Eliten verbreiteten hohen Respekt vor den Großkonzernen ein höchst ungewöhnliches Geschehen! Dennoch ist diese Wende nicht allein das Verdienst der Justiz. Die gesetzliche Grundlage bestand schon vorher – 1967 hatte Japan eines der ersten umfassenden Umweltgesetze der Welt erlassen –, aber sie hatte bis dahin nur auf dem Papier gestanden. Öffentlicher Druck und die internationale Trendwende waren notwendig, um das gesetzliche Potential zu aktivieren. Diese Aktivierung war situationsgebunden und nicht von Dauer.[321] Aber das Potential blieb bestehen.

Selbst in Staaten Südostasiens, die in rechtsstaatlicher Hinsicht keinen guten Ruf genossen und deren Ressourcen bis in die 1980er Jahre von japanischen Firmen hemmungslos ausgebeutet wurden, blieb das neue Rechtsbewusstsein auf Dauer nicht ohne Wirkung, zumal wenn es sich gegen die Ausbeutung durch das Ausland mobilisieren ließ. 1993 verfügte der Oberste Gerichtshof von Malaysia die Schließung einer dortigen japanischen Fabrik, die illegal radioaktive Abfälle in die Landschaft gekippt hatte.[322] Es wäre allerdings voreilig, sich aus derartigen Entscheidungen zu ökooptimistischen Generalisierungen verführen zu lassen. 1993 sprach der Oberste Gerichtshof von Indonesien entgegen dem

Entscheid der Regierung 34 Bauernfamilien, die bei Anlage des Kedungombo-Stausees ausgesiedelt worden waren, eine für dortige Verhältnisse hohe Entschädigung zu (aber veröffentlichte dieses Urteil nicht); im darauffolgenden Jahr nahm der gleiche Gerichtshof diese Entscheidung auf Druck der Regierung wieder zurück. «Wir (Richter) werden oft von der Regierung gebeten, im Namen der Entwicklung den Vollzug einer Entscheidung des Obersten Gerichtshofes auszusetzen oder zu verschieben.»[323]

Würdigt man die Bedeutung der Gerichte für den Umweltschutz, bedeutet das keine Abwertung der Umweltbewegung: Diese findet eben nicht nur auf der Straße statt, sondern nicht zuletzt auch in den Amtsstuben; und ohne eine derartige Bewegung bleiben Umweltgesetze machtlos. Oft waren rechtliche Grundprinzipien zum Umweltschutz längst da, aber sie blieben bis in die Öko-Ära hinein wirkungslos. Dass niemand seinen Nachbarn im Genuss seines Eigentums beeinträchtigen darf, war uraltes, bereits dem Römischen Recht entstammendes Grundprinzip; und doch musste gegen die Schädigung der Nachbarschaft durch industrielle Emissionen ein Jahrhundert lang gekämpft werden. Auch der Schutz von Gemeingütern bis hin zu Wasser und Luft war uraltes Rechtsprinzip – schon das Römische Recht enthält, wie man in der Öko-Ära wiederentdeckte, den Grundsatz «Aerem corrumpere non licet» («Die Luft zu verderben ist nicht erlaubt»). Und doch mussten schutzwürdige Gemeingüter immer neu definiert und es mussten Organe geschaffen werden, um diesen Schutz durchzusetzen. Rudolf von Jherings These vom notwendigen «Kampf ums Recht», 1872 verkündet, ist in nur wenigen anderen Rechtsbereichen so aktuell wie im Umweltrecht, wo die Kluft zwischen den Gesetzesbestimmungen und der Wirklichkeit in aller Regel besonders weit ist. Wirksamer Umweltschutz ist im Übrigen ganz entscheidend eine Frage der Information; solange die Verwaltung dort, wo es um Daten über die Umweltschädigung geht, ihre alte Gewohnheit der Geheimniskrämerei fortsetzt, haben Umweltaktivisten in vielen Fällen keine Fakten in der Hand, mit denen sie wirksam argumentieren können.

Robert H. Boyle, zusammen mit Robert F. Kennedy ein Initiator der *Riverkeeper*-Bewegung am Hudson – einer der frühesten amerikanischen Umweltinitiativen der neuen Art –, verglich die *Consolidated Edison Company*, den schlimmsten Verschmutzer des Hudson, mit Dschingis Khan; und einer der Mitstreiter schlug vor, ein Floß mit Dynamit unter den Hafenpier von Con Edison zu bugsieren. Da wies Boyle darauf hin, dass er den *Rivers and Harbors Act* von 1888 entdeckt habe, der nicht nur jegliche Verschmutzung amerikanischer Gewässer verbot, sondern dazu noch dem, der eine Verschmutzung anzeigte, eine großzügige Belohnung versprach. «Wir sollten nicht darüber sprechen, wie wir das Gesetz brechen, sondern darüber, wie wir seine Durchsetzung erzwingen.»[324] Falls diese Geschichte nicht stimmt, ist sie doch gut erfunden. Aus den Riverkeepers ging das *Natural Resources Defense Council* (NRDC) hervor, das zu den Big Ten der amerikanischen Umweltverbände gehört. Vom NRDC heißt es, bei allem Eifer in der Publizistik und im politischen Lobbying sei doch «sein Herz bei den Gerichtsverfahren» geblieben.[325]

Ein Gegenbeispiel bot zeitweise Frankreich. Dort hatte Robert Poujade, der erste Umweltminister, der Schaffung einer gesetzlichen Grundlage des Naturschutzes hohe Priorität gegeben; und das 1976 endlich perfekte umfassende Naturschutzgesetz wurde von einem Amtsnachfolger als «stille Revolution» gefeiert. Es trug mehr die Handschrift des Ingenieurs als des Juristen und bestand aus einer «riesigen Akkumulation von zehntausend sehr präzisen technischen Verboten», allerdings ohne ein durchweg erkennbares Rechtsprinzip und eine Vision, aus der sich die Einzelbestimmungen hätten ableiten lassen. Und vor allem: Es fehlte jegliche Exekutive, um diese Flut von Bestimmungen durchzusetzen – nichts von Ermittlern, die Verletzungen aufspürten, und Rangern, die Missetäter aufgriffen und den Gerichten übergaben.[326] Zugleich erkennt man ein neues, zukunftsträchtiges Problem der Öko-Ära: die Gefahr, dass die administrative Regelungswut solche Formen annimmt, dass sich all die Regeln selbst bei gutem Willen nicht einhalten lassen und sich ein stillschweigender Konsens bildet, viele Umweltbestimmungen schlichtweg zu ignorieren.

Ein neues Naturrecht? Besonders spannend und zukunftsträchtig ist die Frage, ob sich im internationalen Umweltrecht über die unablässig anschwellende Flut spezieller Bestimmungen hinaus, die im juristischen Laien Beklommenheit auslöst, eine neue Systematik und eine neue philosophische Grundlage des Rechts herausbildet, die ihrerseits den Umweltschutz in Bewegung hält und zugleich in seiner Rechtsgrundlage transparenter macht. Die westliche Rechtskultur hat sich – zumindest der Idee nach – auf naturrechtlicher Grundlage herausgebildet. Bei der «Natur», die in der frühen Neuzeit zur höchsten Autorität wurde, handelte es sich jedoch zunächst um eine säkularisierte Gottesvorstellung, um ein Abstraktum: «Natur» als Wesen, als «Natur der Dinge». Je mehr die organische, die blühende Natur die Natur des Naturrechts durchdrang, desto mehr haftete dem Naturrecht der Makel subjektiver Willkür an; das Standardargument der Gegner lautet bis heute, mit der «Natur» könne man alles und jedes begründen.[327] Aber auch die Gegenposition, der Rechtspositivismus, der die Autorität des Rechts auf den Staat zurückführt, rief seit den Erfahrungen mit den totalitären Staaten des 20. Jahrhunderts Unbehagen hervor; der Positivismus hatte doch stillschweigend eine gewisse Rechtschaffenheit des Staates vorausgesetzt, die nunmehr in Zweifel geriet.

Nach dem Niedergang des alten Naturrechts eröffnete sich in der Öko-Ära, als die Natur wieder einen verbindlicheren Zug bekam, die Chance für ein Naturrecht neuer Art,[328] das die Autorität nicht nur des Umweltrechts, sondern des Rechts schlechthin begründete. Gewiss war für ernsthafte Juristen der von Öko-Fundamentalisten geforderte Weg, die nichtmenschliche Natur mit eigenen Rechten auszustatten, eine Sackgasse, die zum Spott herausforderte: Was sollten Tierrechte, wenn doch kein Tier mit dem Gesetzbuch unter dem Arm vor Gericht ziehen konnte? Aber die natürlichen Grundlagen der menschlichen Existenz bekamen in der Öko-Ära schärfere Konturen. Das wurde von amerikanischen Umweltaktivisten deutlicher formuliert als von deutschen; man spürt die starke naturrechtliche Tradition der USA. Zwei Hudson-*Riverkeeper*, darunter Robert F. Kennedy junior, heben hervor: «Die frühen Erfolge der *Hudson River Fishermen's Association* verdankten sich zum großen Teil der gerichtlichen Anerkennung, dass die Eigentumsgefühle der Fischer gegenüber dem Fluss keine irrationalen Hirngespinste marginaler Quacksalber waren, sondern ihren festen Grund in altem ‹natürlichen› oder von Gott gesetztem Recht besaßen.»[329] Daher sei überhaupt die ab 1970 einsetzende Kaskade von Umweltgesetzen («legislative onslaught») im Kern eine «konservative Revolution» gewesen.[330] Im Zeichen des Umweltschutzes wurde das uralte Konzept des Gemeinwohls, des öffentlichen Interesses, des *bonum commune* und der *salus publica* neu aktualisiert.[331] Und es handelt sich sogar um ein auf die körperliche Natur des Menschen gegründetes Naturrecht, wenn ein Menschenrecht auf sauberes Wasser proklamiert wird. Diese Rechtsphilosophie gerät allerdings in Spannung zu dem Kalkül, dass die Wasserversorgung nur durch sparsamen Umgang mit dem Wasser gewährleistet ist und dieser wiederum nur dadurch, dass das Wasser einen spürbaren Preis bekommt. Genau dies war – in der Abkehr von bisherigen Global-Commons-Vorstellungen – die Grundposition der Internationalen Wasserkonferenz in Dublin 1992, im Jahr von Rio.[332]

Niklas Luhmann, der Spötter, verglich die Definition des «öffentlichen Interesses» 1962 mit dem tollkühnen Erklettern der Eiger-Nordwand;[333] aber ebenso wie der Aufstieg an der Eiger-Nordwand haben sich die Wege zur Bestimmung des öffentlichen Interesses in der Ära der Ökologie deutlich verbessert, gerade weil nunmehr die Auffassung zum Anachronismus geworden ist, dass das Gemeinwohl nur dem Staat einsichtig sei und nur von ihm dekretiert werden könne (wobei das Gemeinwohl in die Nähe der Staatsräson geriet).[334] Die neue Erfahrung jahrzehntelanger ökologischer Kommunikation in einer breiten Öffentlichkeit hat neue Konzepte des Gemeinwohls hervorgebracht, auch wenn dessen Bestimmungen in vielen konkreten Fällen umstritten bleiben.[335] Mit dem Leitziel «Nachhaltigkeit» hat sich der Umweltschutz zur Zukunftsvorsorge rationalisiert; eben auf der Zukunftsvorsorge hat auch stets zu einem Gutteil die Legitimität des Staates und der Rechtsordnung beruht. Insofern erscheint die Erwartung nicht ganz grundlos, dass der Umweltschutz dazu beitragen könnte, dem Rechtswesen die verlorene höhere Legitimation zurückzugeben.

Zwei Grenzfälle: Häuserkampf und «Guerilla Gardening». Zu den aufregendsten Beispielen für ein prekäres Verhältnis der Legitimität zur Legalität gehören die *Hausbesetzungen*, die in der Bundesrepublik der 1970er Jahre neben dem Atomkonflikt am meisten ein Klima der Militanz schufen. Unter einem engen ökologischen Aspekt haben sie mit der Umweltbewegung nichts zu tun; historisch gesehen besteht dagegen ein enger Zusammenhang. Nicht zufällig erfolgte die erste Frankfurter Hausbesetzung am 19. September 1970. Im Herbst 1971 begann der «Frankfurter Häuserkampf»: eine militante Verteidigung von Altbauvierteln im Frankfurter Westend gegen Baulöwen und Grundstücksspekulanten, die Wohnblöcke zum Abriss aufkauften und die Bewohner mit rüden Methoden herauszuekeln suchten.[336] Ein, zwei Jahrzehnte darauf wurde dieser Kampf durch die phänomenale Karriere des einstigen Streetfighters Joschka Fischer bis hinauf zum Bundesaußenminister zu einer pikanten Erinnerung; eine historische Relevanz des Häuserkampfes besteht jedoch auch unabhängig davon. Jahre nach den großen Anti-Schah- und Anti-Vietnamkrieg-Demonstrationen entstand hier erneut eine «Aura der Gewalt» (Iring Fetscher).[337] Aus der Rückschau besteht eine merkwürdige Ambivalenz darin, dass diese Straßenkämpfe zwar ein historisches Bindeglied zwischen 1968 und den Terrorakten der RAF, zugleich jedoch auch ein Missing Link zur Umweltbewegung darstellen und auch zur

Breitenwirkung des damaligen Radikalismus beitrugen. Denn die Wut auf die Zerstörung anheimelnder Stadtviertel durch Immobilienhaie war allgemein. Die Straßenkämpfer genossen ungeachtet ihres antibürgerlichen Outfits in der Frankfurter Bürgerschaft breite Sympathie; und später outete sich selbst der damalige Polizeipräsident Knut Müller, der ehedem den Ruf des Hardliners gehabt hatte, als klammheimlicher Sympathisant: «Die haben das Frankfurter Westend vor der Zerstörung durch Hochhausbauten bewahrt.»[338] Da der Boden ein begrenztes Gut ist und nicht beliebig produziert werden kann, ist es selbst in der Logik der liberalen Wirtschaftslehre ein unerträglicher Zustand, wenn weite Bodenflächen von Geldleuten monopolisiert werden, die bisherige Bewohner vertreiben und die Mieten auf ein Maximum steigern; das war um 1900 der Ausgangspunkt der deutschen Bodenreformbewegung, von der selbst Adenauer und Erhard beeinflusst waren.

Wie wir beim Kampf von Jane Jacobs gegen Robert Moses in New York sahen, ließ sich die Erhaltung gewachsener Stadtviertel gegen brutale Sanierer auch stadtökologisch verteidigen. In Frankfurt allerdings gab es keine Jane Jacobs. Der Frankfurter Häuserkampf begann ohne Theorie, ja entgegen den grassierenden Derivaten des Marxismus, für die sich solche Kämpfe nicht auf den Produktions-, sondern auf den Reproduktionssektor richteten und insofern von «falschem Bewusstsein» zeugten.[339] Wie der frühere *Titanic*-Redakteur Christian Schmidt bemerkt: «Echt spontaneistisch war die Entscheidung, einfach deshalb auf Hausbesetzungen zu setzen, weil sich offensichtlich mehr Leute für diese Aktionsform mobilisieren ließen als Arbeiter für Streiks und Sabotage.»[340] Erst nach und nach begriff man die Chance, derartige Aktionen mit Legitimität und am Ende auch mit Legalität zu versehen; manche «Autonome» wollten sie nicht begreifen.

Zum Schluss soll eine Parodie auf die Kampfmetaphorik in der Umweltbewegung nicht unerwähnt bleiben: das *Guerilla Gardening*, das 1973 vom New Yorker East Village seinen Ausgang nahm und seither bis in manche Winkel von Berlin gedrungen ist – das eigenmächtige Besamen und Bepflanzen von verwahrlosten öffentlichen Flächen, für die sich keine Behörde verantwortlich fühlt. Da verwandeln sich Schandflecke in blühende Landschaften; öffentlicher Raum wird dem Gemeinnutz oder doch zumindest der gemeinsamen Freude dienstbar gemacht. Da ist die Legitimität von formal illegalen Aktionen besonders charmant. Die Bewegung entstand noch unter dem frischen Eindruck der 68er-Revolutionsromantik, zitiert gerne aus Maos Rotem Buch und benutzt ein militantes Vokabular und heroisches Pathos, aber als offenkundigen Jux.[341] Der Grundgedanke ist jedoch ökologisch aufgeklärt und seriös: Großstädte enthalten eine Fülle von Nischen für eine neue Art von Biodiversität, weit mehr als viele heutige Agrarlandschaften.

Ökologie und Ökonomie: Die große Herausforderung

Ein bloßes Schattenboxen? Die Suggestion des Begriffspaars und die historische Erfahrung. Die Begriffsgeschichte von «Ökologie» besitzt ihre Komik. Erfunden wurde der Begriff ursprünglich von Ernst Haeckel; der gebraucht ihn in seiner «Generellen Morphologie» von 1866, aber doch nur ganz sporadisch: Er macht daraus noch keine eigene Sparte der Wissenschaft und schon gar keine Superwissenschaft, sondern erwähnt die Ökologie nur als Teil der Physiologie. So wurde er zum Amerigo Vespucci der Ökologie, der dem neu entdeckten Kontinent den Namen gab, ohne dessen Dimensionen zu ahnen.[342] Viele, die kein Griechisch können, bilden sich ein, «Öko» habe etwas mit Natur zu tun; aber «oikos» bedeutet «Haus», und der von Haeckel in Analogie zu «Ökonomie» geprägte Begriff bedeutet mehr oder weniger das Gleiche. Zu Haeckels Zeit war «Ökonomie» im ursprünglichen Sinne bereits ein Anachronismus: Anders als in der frühen Neuzeit meinte sie damals schon weit mehr als die Hauswirtschaft. «Ökologie» bekam seinen Sinn nur als Ableitung von «Ökonomie»: als Lehre vom «Haushalt der Natur».

Nur durch die Assonanz zu «Ökonomie» entwickelte der Begriff «Ökologie» im Verlauf des 20. Jahrhunderts seine suggestive Kraft. Er ließ die fixe Idee aufkommen, zwischen Ökologie und Ökonomie müsse es irgendeine systematische, eine prinzipielle Beziehung geben, ob eine Verwandtschaft oder einen Antagonismus – «Naturhaushalt» als Gegenüber des menschlichen Haushalts. Der «Naturhaushalt» geistert bis heute durch die Öko-Literatur; aber ist die Natur eine Hausfrau? Die einen rühmen den sparsamen, die anderen den freigiebigen Umgang der Natur mit ihren Schätzen. Man muss sich jedoch der durchaus künstlichen und willkürlichen Analogie und Assonanz der Begriffe bewusst werden, um nicht auf das Verwirrspiel hereinzufallen. Zwischen beiden Größen gibt es keine grundsätzliche, keine theoretische Beziehung, sondern eine im Laufe der Geschichte wechselnde Vielzahl von Beziehungen: Überschneidungen sowie wirkliche und eingebildete Antagonismen.

Viele Umweltaktivisten haben es von ihrer ideologischen Provenienz her lange Zeit zu wenig verstanden, ökonomische Register zu ziehen. Atomkraftgegner, die die Kernenergie als Ausgeburt des Kapitalismus bekämpften, haben früher oft übersehen, dass das ökonomische Fundament der Kernkraftwerke, privatwirtschaftlich betrachtet, nicht sehr solide war: Hätten die Energieunternehmen von Anfang an alle Folgelasten – volle Haftung für Störfälle, Endlagerung des Atommülls, Abbau stillgelegter Kernkraftwerke – ohne Abstriche tragen müssen, wären die nuklearen Kostenrechnungen wie Kartenhäuser in sich zusammengefallen. William Kapps *Social Costs of Private Enterprise,* ursprünglich 1950 in der Harvard University Press erschienen – zwanzig, dreißig Jahre darauf hätte er von «sozialen und ökologischen Kosten» gesprochen –, legt auch aus heutiger Sicht den Akzent auf einen entscheidenden Punkt: dass es den Privatunternehmen gestattet ist, soziale und Umweltkosten zu externalisieren. Die ökonomische Logik war stets eine der besten Waffen der Umweltbewegung.

Das von Öko-Fundamentalisten konstruierte Gegeneinander von Ökologie und Ökonomie ist für den Historiker erst einmal ein bloßes Schattenboxen. Wer sich einbildet, die «Natur an sich» zu lieben, ist in Wahrheit nur in seine eigene Naturvorstellung verliebt: Weltweit und über die Länge der Zeit betrachtet besteht überhaupt kein Zweifel, dass die Umweltbewegung menschlichen Interessen entspringt. Mehr noch: Über die Jahrhunderte und Jahrtausende der Weltgeschichte hinweg drängt sich der Eindruck auf, dass zwischen ökonomischer und ökologischer Energie – die Letztere als Fähigkeit zum nachhaltigen Umgang mit den natürlichen Grundlagen des eigenen Lebens verstanden – ein intimer Zusammenhang besteht, der nicht wenig vom Gang der Geschichte erklärt. Die mit Abstand längste Dauer besaßen die altägyptische und die chinesische Kultur: beides Stromkulturen, die sich darauf gründeten, dass Überschwemmungen mit nährstoffhaltigem Flusswasser die Fruchtbarkeit des Bodens immer wieder regenerierten und durch Dränage zugleich die Versalzung verhinderten. Venedig, über Jahrhunderte die stärkste Seemacht des Mittelmeers und schon durch seine singuläre und zugleich prekäre Lage in der Lagune zur Umweltpolitik gezwungen, ging unter den mediterranen Mächten im Waldschutz voran und betrieb in seiner Lagune eine umsichtige Strategie der Balance zwischen Überschwemmung und Versumpfung. Die moderne Umweltbewegung entstand in den erfolgreichsten westlichen Industriestaaten. Und außerhalb des Westens war es Japan, das nicht nur mit Abstand am frühesten den industriellen Vorsprung des Westens aufholte, sondern auch schon früher als die allermeisten anderen Länder der Welt eine einigermaßen nachhaltige Waldpolitik betrieb, ebenso wie es ab 1970 rascher und energischer als die meisten anderen Staaten umweltpolitisch die Initiative ergriff. Hongkong und Singapur folgten – wohlverstanden vorwiegend in bestimmten Bereichen, wo sich eine Konvergenz von Umweltschutz und Geschäftsinteresse abzeichnete.[343]

Der Eigenwille der Subsysteme. Aber lassen wir uns nicht durch die Assonanz der Begriffe und den globalen Blick zum Glauben an eine prästabilierte Harmonie von Ökonomie und Ökologie verführen. Hier ist es nützlich, sich an Niklas Luhmanns Theorie der Gesellschaft zu erinnern: Die moderne Ökonomie ist nicht in ihrer Gesamtheit ein konsistentes System, das zur Ökologie – wie auch immer – in eine Beziehung zu treten vermöchte, sondern es zerfällt in eine Vielzahl von Subsystemen mit beschränktem Horizont und eigenem Code. Und die Marx'sche Doktrin, dass das Kapital nach Profitmaximierung strebt, gilt nach dem Niedergang des Marxismus uneingeschränkter als zuvor, als der Kapitalismus noch gegen den Kommunismus zusammenhalten musste und gerade Marxisten, die an die Existenz eines steuernden Superhirns, genannt «Staatsmonopolkapitalismus» (Stamokap), glaubten, übertriebene Vorstellungen von der Macht eines «Gesamtkapitals» jenseits der einzelnen Firmeninteressen hegten.

Wir haben gesehen, wie rasch in den USA die panerotische Euphorie des *Earth Day* vom 22. April 1970 verflog, und wie Ruckelshaus als erster Chef der EPA, obwohl von Hause aus Republikaner, gegenüber der Industrie unverzüglich auf Konfliktkurs ging. Das tat er nicht zuletzt deshalb, um Rückhalt in einer ökologisch erweckten Öffentlichkeit zu gewinnen; aber auch in der Bundesrepublik kam man allein mit dem Kooperationsprinzip nicht weit. «Alle empirischen Untersuchungen zum Vollzug des Umweltordnungsrechts bestätigen, was jeder mit der Vollzugspraxis Vertraute ohnehin weiß: dass nämlich der Vollzug des Umweltrechts regelmäßig mit ökonomisch motiviertem Gegendruck zu kämpfen hat und dass hier die tiefste Ursache für die Schwerfälligkeit und Langsamkeit der Rechtsdurchsetzung liegt» (Gertrude Lübbe-Wolff).[344] Und selbst Günter Hartkopf, der führende Kopf der Bonner Umweltpolitik der 1970er Jahre, der wo immer möglich den Konsens suchte, erklärt 1983 lapidar: «Industrieverbände und Unternehmen sind naturgemäß die Gegenspieler der Bundesregierung in der Umweltpolitik. Wirtschaftliche Tätigkeit führt regelmäßig zu Beeinträchtigungen der natürlichen Umwelt.»[345] Wirklich «naturgemäß»? Nun, bei solchen Feststellungen muss man den Zeitpunkt beachten: Damals hatte sich «Umwelttechnik», «Greentech», noch nicht zur lukrativen Branche entwickelt, die zu deutschen Exporterfolgen beitrug. Und doch kam es noch später vor, dass selbst solche Unternehmen, die als Produzenten von Umwelttechnik an Umweltauflagen verdienten, gegen neue Umweltschutzmaßnahmen erst einmal in Abwehrstellung gingen, einfach aus einem eingewurzelten Anti-Öko-Reflex der Industrie heraus.[346] Damit mussten Umweltpolitiker rechnen.

Marktkonforme Instrumente des Umweltschutzes: Ökosteuern, Emissionsbonds und Zertifikate. Um derartige Konfrontationen von vornherein zu vermeiden, stand schon seit den 1970er Jahren – vor allem aus den USA kommend, aber mittlerweile auch von der EU übernommen – die Forderung nach *marktkonformen* Methoden des Umweltschutzes im Raum. Drei Methoden hatten dabei bis heute die größte Bedeutung: (1) Ökosteuern, die eine Erweiterung der ohnehin bestehenden Treibstoffsteuern, manchmal nur ein neuer Name für die Mineralölsteuern sind, sich daher mit bisherigen administrativen Methoden einziehen lassen und zumindest potentiell alle ohne Unterschied treffen; (2) Emissionsbonds: Emissionsrechte, die große Emittenten denen abzukaufen haben, die auf bestimmte Emissionsmengen verzichten; (3) Zertifikate, die bestimmten Produkten die umweltverträgliche Herstellung bescheinigen, so dass der Käufer – wenn der will – den Firmen das Umweltbewusstsein honorieren kann. Nach derzeitiger Lage der Dinge haben sich Öko-Steuern, vor allem international, eher als politische Sackgasse erwiesen, wohingegen der Emissionshandel einen «staunenswerten Siegeszug» (Hans-Jochen Luhmann)[347] erlebt hat, wie man ihn vor wenigen Jahrzehnten noch nicht erwartet hätte.[348] Ausgerechnet die EU, die diese Methode in Kyoto von den USA nur widerwillig übernommen hatte, konnte sich damit in der Folge gegenüber den Amerikanern profilieren.

Alle drei Methoden haben ihre Tücken. Bei den Ökosteuern handelt es sich um Verbrauchssteuern, die Niedrigverdiener härter treffen als die Reichen und daher seit einem Jahrhundert das Angriffsobjekt der Sozialreformer sind;[349] daher kann man diese Steuerschraube nur sehr begrenzt anziehen. Im Übrigen entstand auf Druck der Industrie regelmäßig die Tendenz, ausgerechnet den größten Energieverbrauchern Steuernachlässe einzuräumen. Emissionsbonds besitzen etwas Demoralisierendes, indem sie es gerade den finanzstarken Unternehmen, die bei Umweltschutzvorkehrungen vorangehen könnten, möglich machen, weiter zu emittieren wie bisher, zumal bislang die Preise der Emissionsbonds nicht so hoch waren, dass von ihnen ein starker Impetus zur Emissionssenkung ausgegangen wäre. Für ärmere Länder ist die Versuchung groß, erst einmal so viel wie möglich zu emittieren, damit sie sich hernach umso mehr Emissionen abkaufen lassen können.

Die Zertifizierung ist mittlerweile zu einer eigenen lukrativen Branche geworden; die Crux besteht jedoch darin, dass die Zertifizierer von den zertifizierten Unternehmen bezahlt werden und daher ein Interesse daran haben, es sich mit diesen nicht zu verderben. Im Übrigen ist die Wirksamkeit der beiden letztgenannten Methoden bislang extrem undurchsichtig, und vieles weist darauf hin, dass hier der Teufel im Detail steckt. Wird eine Senkung von Emissionen, die man sich bezahlen lassen kann, dadurch hinreichend dokumentiert, dass über Mülldeponien eine große Plastikplane gebreitet wird?[350] Wie «nachhaltig» ist eine solche Emissionsminderung; inwieweit lassen sich Emissionen überhaupt messen, selbst in solchen Ländern, die ihre Emissionen am liebsten verschleiern? Inwieweit ist der Emissionshandel eine Einladung zum Bluff?[351] Auf welche Weise lässt sich feststellen, ob Tropenholz aus nachhaltiger Waldwirtschaft herrührt, wenn nicht einmal darüber Übereinstimmung herrscht, auf welche Weise Nachhaltigkeit in den Tropenwäldern möglich ist?[352]

Emissionsbonds und Zertifikate sind kein marktkonformes Happy End der Umweltpolitik, sondern gehören zu jenen Lösungsversuchen, die manche Probleme erst in aller Schärfe offenlegen. Erneut erkennt man, dass wirksamer Umweltschutz ohne das Trio von Bürgerbewegung, engagierten Medien und umweltbewussten Staatsdienern keine Chance hat. Ein Problem ist die mangelnde Transparenz der genannten Methoden für Außenstehende und nicht nur für sie. Aber werden wir nicht hyperkritisch![353] Wer an die Existenz einer großen und endgültigen Lösung der Umweltprobleme glaubt, dem erscheinen alle real existierenden Strategien des Umweltschutzes, jede für sich genommen, als hoffnungslos beschränkt. Bislang sieht es jedoch nicht so aus, als ob es diese große Lösung gibt. Umweltschutz ist ein unendlicher Prozess aus lauter unvollkommenen Einzelschritten.

Herbert Kitschelt wetterte 1984, damals noch ganz im Stil linker Kernkraftkritiker, gegen den zunehmenden Einfluss von Amory Lovins auch in deutschen Anti-AKW-Kreisen, der die «sanften Energiequellen» als die selbst «marktwirtschaftlich billigste» Alternative zur Kernkraft propagierte. Er entwarf ein «Win-win»-Szenario – so ein neuer Amerikanismus –, aus dem die Energiewirtschaft ebenso wie ihre Kritiker als Gewinner hervorgehen würden und eine umweltfreundliche Umsteuerung der Wirtschaft unter den Bedingungen des Konkurrenzkapitalismus am Horizont erschien. Das, so Kitschelt, sei ein naiver «Amerikanismus und Utopismus», der als «ideologisches Schmiermittel» für das bestehende Wirtschaftssystem fungiere. Daher sei es «an der Zeit, dass aufgeklärte Teilnehmer des ökologischen Diskurses damit aufhören, Lovins zu zitieren»; stattdessen sollten sie sein «Kartenhaus weltfremder Konstruktionen» zum Einsturz bringen.[354]

Aber wenige Jahre darauf zerstob der letzte Rest der sozialistischen und schon gar der ökosozialistischen Utopie: Lovins war zeitgemäßer denn je, denn nun gab es vorerst nur ökologische Alternativen innerhalb des kapitalistischen Systems. Der stets von praktisch realisierbaren Ideen sprühende Lovins behielt seinen Nimbus. Seine Wirtschaftsfriedlichkeit wurde gleichwohl von dem Gros der amerikanischen Industrie bis heute nicht honoriert. Auf einen Generalnenner lässt sich das Verhältnis von Ökonomie und Ökologie nicht bringen. Über dieses von den Begriffen suggerierte Gegenüber lässt sich nicht abstrakt und prinzipiell reden; man muss die Thematik bis in bestimmte Branchen und Situationen hinein verfolgen. Von besonderem Interesse sind dabei solche Wirtschaftssektoren, von denen man am ehesten erwarten könnte, dass ihnen eine gewisse Umweltfreundlichkeit inhärent ist, so dass sich jene Kaskaden von Kontrollmaßnahmen erübrigen, die den Umweltschutz immer unübersichtlicher machen.

Das schmutzige Geheimnis des Naturschutzes: der Tourismus. Das um 1970 durchbrechende neue Umweltbewusstsein mit seinem globalen Horizont verbreitete sich synchron mit einem von billigen Charterflügen transportierten, geradezu explosionsartig wachsenden Ferntourismus; und der Verdacht liegt nahe, dass zwischen beidem ein geheimer Zusammenhang besteht, obwohl es in der Öko-Szene zum guten Ton gehört, den Massentourismus mit Verachtung zu kommentieren. In den 90er Jahren bemerkten deutsche Statistiker, dass Wähler der Grünen überproportional viele Langstreckenflüge in die Ferien unternähmen.[355] Noch angesichts des Klima-Alarms war eine drastische Besteuerung des Flugbenzins, von der Sache her denkbar naheliegend, selbst in Öko-Kreisen weithin ein Tabuthema. Seit über einem Jahrhundert besitzt die Beziehung des Naturschutzes zum Tourismus ausgeprägte Züge einer Hassliebe; nicht selten überwog der Hass. Die Bedeutung des Tourismus für das moderne Umweltbewusstsein ist offensichtlich riesengroß; aber dieses bekennt sich nur höchst ungern zu diesem seinem illegitimen Erzeuger.

Nicht zufällig wurde der Naturschutz im Zeitalter der Eisenbahn geboren. Wir haben gehört, wie Ernst Rudorff 1880 in seinem Essay *Über das Verhältnis des modernen Lebens zur Natur*, dem Gründungstext des deutschen Naturschutzes, über den damals durch die Bahn – bis hin zur Drahtseilbahn im Hochgebirge – zur Massenbewegung anschwellenden Naturtourismus klagte: Der Naturgenuss sei zur «Manie» geworden, aber ebendadurch werde die Natur «prostituiert» und «in ihrem eigenen Wesen» zerstört. Heute lautet ein geflügeltes Wort der ökologischen Tourismuskritik: «Der Tourismus zerstört das, was er sucht, indem er es findet.» Wahre Hasstiraden auf die Touristen, die wie Heuschrecken über die Wälder herfallen, ziehen sich durch das Schrifttum des deutschen Naturschutzes; und auch ein böhmischer Naturschützer, Rudolf Korb, bekannte 1925 seinen «lebenslangen leidenschaftlichen Hass gegen die Fremdenindustrie».[356] Conwentz, der Pragmatiker, erblickte dagegen im Tourismus einen potentiellen Verbündeten; als «großartigstes Beispiel» nannte er den Norwegischen Touristenverein.[357] Aber so politisch dachten viele Naturschützer nicht, wollten sie nicht denken.

Die Feindseligkeit des Naturschutzes gegenüber dem Tourismus ist manchmal als deutscher Sonderweg kritisiert worden;[358] und in der Tat waren in dieser Hinsicht amerikanische Wildnisfreunde zunächst argloser: Anfangs sah es so aus, als ob sich die Touristen in den Weiten der amerikanischen Nationalparks verliefen. John Muir wollte den Tourismus – er dachte damals nur an die Wanderer – sogar gezielt als Gegenkraft gegen die Lobby der Holzindustrie mobilisieren.[359] Aber diese Unbefangenheit sollte sich im Zeichen der Massenmotorisierung ändern; und da verging auch angloamerikanischen Naturschützern der Optimismus.[360] Noch 1929 schwärmte Arthur Newton Park, der Präsident der *American Nature Association:* «Das allergrößte Vergnügen, das jedem Automobilbesitzer freisteht, ist es, bequem durch die wilderen Regionen unseres Landes zu fahren.» Er könne nur noch lachen über seine frühere Einbildung, den wahren Naturgenuss erlange man bei einer Eisenbahnfahrt.[361] Auch in der europäischen Literatur ist es nicht schwer, begeisterte Worte über den durch das Automobil bescherten Naturgenuss zu finden; noch Alwin Seifert, der oberste NS-deutsche Landschaftsschützer und angesagter Gegner der Reichsbahnbürokratie, zog seinen Schwung aus solchen Erlebnissen, wenn er beim Autobahnbau mitarbeitete.

Hermann Hesses *Steppenwolf* (1927) allerdings schwelgte in der Phantasie, wie die lange genug von den Autos gejagten Fußgänger ihrerseits Jagd auf die Autofahrer machen, um diese «samt ihren großen, hustenden, böse knurrenden, teuflisch schnurrenden Automobilen totzuschlagen».[362] Schon 1922 erklärte Robert Sterling Yard, Präsident der *National Parks Association*, mit Blick auf die Autofahrer: «Während wir noch dafür kämpfen, das Nationalparksystem vor seinen Feinden zu schützen, möchten wir es auch vor seinen Freunden zu schützen haben.»[363] Ab 1920 kam in den USA neben den Nationalpark-Initiativen eine Naturparkbewegung innerhalb der Einzelstaaten auf, die zunächst Hand in Hand mit der Autolobby agierte; aber schon rasch gerieten die Naturfreunde ins Schaudern, als sich Blechlawinen in die bisherige Einsamkeit wälzten, und eine neue Wildnisbewegung kam auf, die den Straßenbau in den Naturparks bekämpfte.[364]

Die Beziehungstragödie zwischen Auto und Natur hat ein Lustspiel als Nebenhandlung: das Zusammenwachsen von Fahrrad und Natur nach anfänglichen Missverständnissen. Um 1900 fungierte das Fahrrad, das damals neu und aufregend war, als Einübung in den neuen individuellen Geschwindigkeitsrausch; es war vorzugsweise ein Vehikel für Sportsleute und rücksichtslose Raser. Für den Autor einer Streitschrift gegen «Radfahrseuche und Automobilenunfug» von 1902 ist der Radler noch schlimmer als der Automobilist: «Stieren Blickes, den Rücken weit vornüber gebeugt, rasen sie über die staubbedeckten Straßen, unbekümmert um die herrlichen Reize der Natur, ohne Rücksicht auf den frohen Wandersmann, der sorgenlos des Weges wandert ...»[365] (Heutige Mountainbiker, die die Wanderwege in den Bergen unsicher machen, stehen noch in dieser Tradition.)

Noch ein Jugendbuch von 1950 *Immer diese Radfahrer!* – zu jener Zeit eine gängige Redensart – beschreibt mit hämischer Freude, wie eine wilde Radlerbande einen vertrottelten alten Naturfreund, der gerade «Ja, grün ist die Heide» anstimmt, in eine Staubwolke hüllt und von oben bis unten bespritzt.[366] Heute jedoch hat das Fahrrad längst als Tempodroge ausgedient. Ivan Illich suchte es 1974 zum Symbol des ökologischen Zeitalters zu machen; die Erfindung des Zweirades könne an Energieeffizienz nur mit der «Erfindung des Rades beim Anbruch der Zivilisation» verglichen werden. «Mit diesem Gerät ausgestattet, übertrifft der Mensch nicht nur die Leistung aller Maschinen, sondern auch die aller Tiere.» Und der besondere Trumpf kurz nach dem Ende des Vietnamkrieges: «Ein grausamer Wettkampf zwischen Fahrrad und Motor ging soeben zu Ende. In Vietnam versuchte eine hyperindustrialisierte Armee ein auf Grund der Fahrradgeschwindigkeit organisiertes Volk zu unterwerfen – doch sie konnte es nicht besiegen.»[367] Das Fahrrad ist der Inbegriff jener «mittleren Technologie» E. F. Schumachers, die moderne Errungenschaften auf eine Weise nutzt, die auch den Massen der Dritten Welt zugänglich ist und die Umwelt schont. Illich jedoch wollte sich um keinen Preis von irgendeiner Bewegung vereinnahmen lassen, sondern begab sich mit seiner Gegnerschaft gegen alle Institutionen und seinem immer radikaleren Antimodernismus sehenden Auges ins Abseits, schon gar, als er sich zu alledem mit führenden amerikanischen Feministinnen anlegte.[368]

Die Fahrradkultur verbindet Mitteleuropa mit der Dritten Welt. Im Übrigen markiert jedoch das Flugzeug die neueste Phase des Tourismus, gerade in der Öko-Ära. Es ist kein Geheimnis, dass der Naturschutz in der Dritten Welt – und nicht nur dort – vom Tourismus lebt. In Afrika folgten auf die Großwildjäger die auf der Jagd nach Fotomotiven befindlichen Touristen; sie waren die Lobby Grzimeks, der mit dem 1954 gegründeten Tourismusunternehmen *Marco Polo Reisen* zusammenarbeitete,[369] und ihnen ist zu verdanken, wenn sich die Nationalparke trotz ihres kolonialen Ursprungs weiter ausdehnten, oft auf Kosten der dort ansässigen Bevölkerung.[370] Die Dominikanische Republik bot unter Balaguer das gerade für Lateinamerika höchst ungewöhnliche Schauspiel einer Öko-Diktatur und wurde zugleich zum Tourismusmagneten. In Costa Rica war es vor allem der Tourismus, insbesondere der Öko-Tourismus, der eine ökologische Wende auslöste, nachdem das Land noch in den 1980er Jahren die höchste Entwaldungsrate Lateinamerikas aufgewiesen hatte. In den 90er Jahren wurde der Öko-Tourismus zur größten Einnahmequelle des Landes. Nicht weniger als ein Viertel des Landes wurde unter Naturschutz gestellt; Costa Rica suchte sich der Welt als Musterland nachhaltiger Entwicklung zu präsentieren, auch wenn Informationen von außerhalb der Naturschutzgebiete weniger erfreulich waren und Robin Wood 1993 dem Staat den «heuchlerischsten Öko-Tourismus» der Welt attestierte. Nicht immer war klar, ob die Naturschutzgebiete nur auf dem Papier bestanden oder tatsächlich geschützt wurden; manche mussten in heftigen Konflikten gegen die dort ansässige Bevölkerung durchgesetzt werden.[371] Wie dem auch sei: Misst man nicht an absoluten Maßstäben, sondern am Vergleich mit vielen anderen lateinamerikanischen Staaten, steht Costa Rica in der vor allem von touristischen Interessen geleiteten Umweltpolitik nicht schlecht da. Nicht nur rühmt sich das winzige Land einer höheren Biodiversität als ganz Nordamerika, die USA und Kanada zusammengenommen; auch im Pro-Kopf-Einkommen und durchschnittlichen Bildungsniveau hält es in Mittelamerika die Spitze.[372]

Die Mongolei, mit industriellen Produkten auf dem Weltmarkt nicht konkurrenzfähig, jedoch mit einer bislang nur wenig durch Überweidung geschädigten Steppenlandschaft, bot sogar im Zuge der durch Rio 1992 angefachten Umweltkonjunktur, jedoch auch im Blick auf künftige Jagdtouristen, an, das gesamte Land unter Naturschutz zu stellen. Der Gorillaschutz wurde in Ruanda, wie wir sahen, in dem Moment effektiv, als Dian Fossey ermordet worden war und der Allianz mit einheimischen Tourismusinteressen nichts mehr im Wege stand. Auf der anderen Seite verlor in Simbabwe das berühmte CAMPFIRE-Programm *(Communal Areas Management Programme for Indigenous Resources)*, das Vorbild eines auf Kooperation mit der ansässigen Bevölkerung gegründeten Wildnisschutzes, nach 2000 rapide an Rückhalt, als die dortigen politischen Verhältnisse unsicher wurden und der Tourismus zurückging.[373]

Aber man braucht nicht einmal in die Ferne zu gehen, um den Zusammenhang zwischen Naturschutz und Tourismus zu erkennen. Wenn innerhalb Deutschlands Bayern im Natur- und Umweltschutz voranging und schon 1970 als «weltweit das erste Land überhaupt» ein Ministerium eigens für Umweltfragen schuf, obwohl es zugleich die Hochburg des politischen Konservatismus war, ist die Wirkung touristischer Interessen nicht zu verkennen.[374] In Frankreich, dem ersten Autoland Europas, waren es vor allem der *Touring Club* und der *Alpine Club*, die schon seit den letzten Jahren vor dem Ersten Weltkrieg Nationalpark-Projekten eine kräftige Lobby gaben; nicht zuletzt ihnen war es zu verdanken, wenn 1923 der Erste Internationale Naturschutz-Kongress in Paris tagte.[375]

Innerhalb Griechenlands waren in den 1980er Jahren unter den Umweltprotesten die Ionischen Inseln überrepräsentiert, die befürchten mussten, durch Abwässer und Müllhalden die Touristen zu verscheuchen.[376] Das bislang größte griechische Naturschutzprojekt allerdings vollzieht sich abseits der Touristenzentren und ist den meisten Griechenland-Touristen unbekannt: die von Euronatur betriebene Unterschutzstellung des Nestosdeltas im Nordosten des Landes, des größten Auenwalds auf der gesamten Balkanhalbinsel, im Konflikt mit einem Staudammprojekt zur Elektrizitätserzeugung und auch mit einer EU-subventionierten Ausdehnung der Agrarflächen speziell zum Spargelanbau.[377] Urwald gehört nicht zum touristischen Griechenland-Image, und die Fotos vom Nestosdelta fallen aus der üblichen Griechenland-Ikonologie heraus.

Natürlich ist es, ökologisch gesehen, der pure Horror, wenn sich in monströsen Hotelkomplexen auf ausgedörrten Inseln im Hochsommer

Millionenmassen von Touristen mehrmals täglich duschen. Analog zur «harten» und «sanften» Energietechnik wurde in der Öko-Ära auch für den Tourismus ein Freund-Feind-Kontrast erfunden: der Gegensatz von «hartem» und «sanftem» Tourismus. Aber wie die meisten Freund-Feind-Konstrukte ist auch dieses zeitgebunden und vergänglich. Den «sanften» Rucksacktouristen, die zu Fuß verborgene Naturidylle entdecken und sich in Dorftavernen unter die Einheimischen mischen, ist auf die Länge der Zeit nicht selten der stets nach neuen Reizen suchende organisierte Massentourismus gefolgt, so dass sich mittlerweile viele Naturfreunde zu der Auffassung bekehrt haben, am umweltfreundlichsten sei jener Tourismus, der die Massen in jenen großen Touristengettos belässt, wo nicht mehr viel zu verderben ist und sich die «Spaßgesellschaft», die in den letzten Jahrzehnten die Welt der Besserverdiener erobert, ungehemmt austoben kann. «Öko-Tourismus» ist seit langem das neue Zauberwort; aber Jost Hermand hält dagegen, es wäre besser, die eigene Lebenswelt daheim mitsamt dem Vorgarten wieder naturhafter zu gestalten, als «Natur» als etwas Exotisches in der Ferne zu suchen.[378]

Kritik der Tourismuskritik; Betrachtungen zur Wissensgeschichte der Ökologie. Blättert man durch die Literaturmassen zum modernen Tourismus und sucht man nach fundierten Informationen, erkennt man eine Gefahr darin, dass dieses Thema – sehr im Unterschied zu den Italienreisen der Goethezeit – zur Ironie verführt. Der sarkastische Ton des Intellektuellenschrifttums zum Thema Tourismus wechselt nur zwischendurch mit dem samtweichen Singsang der affirmativen Literatur zum «sanften» Öko-Tourismus. Seit einem halben Jahrhundert macht Enzensbergers *Theorie des Tourismus* von 1958 Schule, obwohl bereits diese Tourismuskritik eine Kritik der Kritik enthielt: «In unserer Zivilisation» – so Enzensberger – gebe es «wenig Erscheinungen, die so ausgiebig mit Hohn überschüttet, so geflissentlich kritisiert» würden wie der Tourismus. Aber dann stößt der Autor selbst kräftig in das Horn der kritisierten Kritik: «Die Flut des Tourismus ist eine einzige Fluchtbewegung aus der Wirklichkeit, mit der unsere Gesellschaftsverfassung uns umstellt.»[379] «Flucht aus der Wirklichkeit» ist in Verbindung mit dem Tourismus ein derartiger Topos geworden, unzählige Male wiederholt, dass man ganze Seminare zur Tourismusgeschichte abhalten kann, ohne dahin zu gelangen, über den Tourismus auch einmal unabhängig von solchen Denkmustern nachzudenken – und dies, obwohl offenkundig ist, dass die, die den Tourismus kritisieren, oft selber noch mehr als andere herumreisen.

Ein banales Phänomen ist der Tourismus ganz gewiss nicht. Es hat seinen Grund – wenn auch nicht unbedingt einen erfreulichen –, wenn das Reisen heute für viele Menschen *der* Lebenssinn schlechthin ist, ohne den der Alltag hoffnungslos wäre. Wenn Max Weber mit einem Untergrund von Trauer die «Entzauberung der Welt» als einen Basisprozess der Moderne darstellt,[380] zeichnet sich eine Möglichkeit zur welthistorischen Sinngebung des Tourismus wie des Naturschutzes ab: Beide bemühen sich auf ihre Art um eine Wiederverzauberung der Welt. Wiederverzauberung ist jedoch in der Logik Webers nicht gleichbedeutend mit der Hingabe an Illusionen, die den Blick für die Wirklichkeit versperren; sie kann auch das Wahrnehmungsvermögen erweitern.

Wie würde Rudorff, der sich schon über die paar Drahtseilbahnen seiner Zeit entsetzte, den letzten Rest von Fassung verlieren, wenn er die Masse der modernen Skilifte mitsamt dem zu seiner Zeit noch unvorstellbaren Rummel erblickte. In der Tat markieren sie im Alpentourismus einen großen Sprung hin zur Umweltzerstörung – zugleich jedoch sind die zurückweichenden Gletscher zum Standard-Schreckbild des Klima-Alarms geworden, während es im Unterland selbst erfahrenen Bio-Ökologen oft kaum möglich ist, den Faktor Klimawandel unter den Faktoren der Landschaftsveränderung zu identifizieren. Auch grundsätzliche Überlegungen zum Umweltwissen verweisen auf die Bedeutung des Reisens:[381] Schützenswerte Schönheiten in der Landschaft, aber auch deren Gefährdung bemerkt oft nur der Reisende, der von außen kommt und mit anderen Landschaften vergleicht. Nicht selten überschätzt er sogar die Gefährdung einer Landschaft, wenn er den Mittelmeerraum nur ausgedörrt im Hochsommer erlebt, nicht nach den Winterregen, wenn alles blüht, oder Landschaften am Himalaya nur nach den Monsunregen, die Erdrutsche verursacht haben – die jedoch nach einiger Zeit von der Natur wieder zurückerobert werden.[382] Auch die pessimistischen und alarmistischen Züge im Umweltbewusstsein haben manche Ursprünge im Tourismus. Gerade deshalb, weil der Tourist so schöne Wunschbilder in sich trägt, gehört auch die periodische Ernüchterung zum Reiseerlebnis. Badeurlauber, Schnorchler und Taucher werden durch die Algen- und Quallenpest und das Absterben der Korallenriffe für die Verschmutzung und Erwärmung der Weltmeere sensibilisiert. In Reiseführern und Reiseprospekten findet man schon längst jene Synthese von Natur und Kultur, mit der sich Ökologen und professionelle

Naturschützer noch immer schwertun. Pauschale Freund-Feind-Konstrukte versperren den analytischen Zugang zu der Beziehungsgeschichte von Umweltschutz und Tourismus, die ähnlich spannungsgeladen ist wie die Beziehungsgeschichte von Umweltschutz und Jagd – und das will etwas heißen.

Die Spaltbarkeit des Holzes: der holprige Weg zur «großen grünen Allianz». Schon wiederholt wurde deutlich: Von der Sache her gesehen, wäre kein Gegenstand so sehr zum materiellen Inbegriff der Synthese von Ökonomie und Ökologie geschaffen wie das Holz. Zum Wachstum braucht es nichts als Solarenergie, im Wachsen verbessert es den Wasserhaushalt des Bodens und erfreut die Naturfreunde, in die Häuser verbaut beschert es ein ideales Raumklima und ein Gefühl von naturhaftem Leben, und seine Abfälle sind bis auf den letzten Rest nützlich verwertbar. Schon 1949 sinnierte ein UNESCO-Beamter über mögliche Verbindungen von Naturschutz und Ökonomie: «Adler und Elefanten wären keine *cash crop*, aber Bäume wären eine.»[383]

Die in Rio 1992 zum globalen Richtziel erhobene *nachhaltige Entwicklung* stammt aus der deutschen Forstwirtschaft und dürfte im Forstwesen, wo «Nachhaltigkeit» bei aller Vieldeutigkeit noch am ehesten präzise zu definieren ist, bessere Chancen zur praktischen Realisierung haben als in anderen Bereichen der Umweltpolitik. Anders als bei teuren Umwelttechnologien gibt es hier gute Chancen zur Kooperation von Erster und Dritter Welt. In Callenbachs *Ökotopia* sind nicht nur die Häuser, sondern auch die Badewannen aus Holz. Ein «alter Holzwurm» aus Österreich verheißt seiner Branche: «Sollte es gelingen, alle am Holz Interessierten – vom Wald bis zum verarbeitenden Betrieb und der Forschung – an einen Tisch zu bringen, wäre der Werkstoff Holz unschlagbar.»[384] Aber bislang ist von einer solchen Unschlagbarkeit keine Rede; der «Holzwurm» lässt selber erkennen, dass eine «große grüne Allianz», so ein Schlagwort der Schweizer Holzbranche, vorerst ein Wunschtraum ist – und noch ferner die noch größere Allianz von Holzbranche und Umweltbewegung.[385]

Da würde der Soziologe Niklas Luhmann triumphieren; denn es ist die Ausdifferenzierung der modernen Gesellschaft in eine Vielzahl von Subsystemen mit eigener Sprache, eigenen Kommunikationsnetzen, eigenen Scheuklappen, die die große Synthese immer wieder durchkreuzt. Die Forst- und Holzbranche ist eine Welt für sich, die sich Außenstehenden als Blackbox präsentiert, durch Menschentypen und Mentalität von den Öko-Szenen markant unterschieden; und obendrein ist sie in sich noch zersplittert wie zerbrochenes Holz. Forstwirte und diverse Holzverbraucher treten sich auf dem Markt als Kontrahenten und Konkurrenten gegenüber; darüber hinaus ist es nicht zuletzt die viel gerühmte Vielseitigkeit des Holzes, die eine Zersplitterung der Branche begünstigt, in Mittel- und Westeuropa noch mehr als in Skandinavien und Nordamerika.

Mehrere Alarmwellen der Öko-Ära waren eigentlich wie geschaffen dazu, die Forst- und Holzbranche und die Umweltschützer in eine gemeinsame Front zu bringen: im Norden der Alarm über die Schädigung der Wälder durch den sauren Regen, im Süden der Alarm über die Vernichtung der Wälder durch die vordringenden Rinderbarone. Stattdessen ließ die Kampagne zum Tropenholzboykott zwischen Umweltkämpfern und Teilen der Holzbranche eine neue Feindseligkeit entstehen, während das «Waldsterben», das sich ohnehin als überzogenes Schlagwort herausstellte, den kommerziellen Wert des Holzes kaum beeinträchtigte. Mindestens so epochemachend wie die Warnungen vor dem «Waldsterben» wurde 1990 der Orkan «Wiebke» für die deutsche Forstwirtschaft. Während die neuartigen Waldschäden zum Teil auch Laubmischwälder betroffen hatten, demonstrierte der Orkan die besondere Anfälligkeit der Fichte – zumindest der an falschen Standorten gepflanzten Fichten-Reinbestände – und erinnerte an den wahren Kern des Verses der alten «Dauerwald»-Anhänger: «Willst du den Wald vernichten / So pflanze nichts als Fichten.» Die Anhänger des «naturgemäßen Waldbaus», vom forstlichen Mainstream lange als Schwärmer und Schwätzer abgetan und als «Zeugen Jehovas der Forstwirtschaft» verspottet, ja in Erinnerung an die kurzlebige «Dauerwald»-Phase der NS-Forstpolitik sogar «ewiggestriger» Gesinnung verdächtigt,[386] fanden aus ihrer Isolation heraus. Auch steigende Lohnkosten machten die Naturverjüngung attraktiv, mit der man die Pflanzkosten sparte. Die meisten amerikanischen Forstleute waren ohnehin nie auf die Idee gekommen, Wälder künstlich aufzuforsten:[387] Dort bestand *forestry* gewohnheitsmäßig nur aus Baumfällen, nicht auch aus Baumpflanzen und herrschte seit eh und je ganz ohne Ökologie, aus purer Ökonomie die Naturverjüngung, zumal diese besser funktionierte, als einst die Pessimisten geglaubt hatten, die die Vernichtung der amerikanischen Wälder prophezeit hatten.[388]

Wenn Hans Leibundgut, ein Schweizer Pionier der ökologischen Forstwirtschaft, den Forstleuten empfahl, «raffiniert faul zu sein»,[389] ließen sich viele von ihnen diesen Rat fortan gefallen. Das alte forstliche

Schisma verlor einen Teil seiner Schärfe. Wird die globale Erwärmung in Zukunft ganz von selber die Nadelholz-Monokulturen zum Rückzug zwingen, zur erneuten Dominanz des Laubwaldes in Mitteleuropa führen und auf diese Weise den jahrhundertelangen Glaubenskrieg erledigen? Ganz bereinigt ist der Konflikt zwischen naturnaher und scharf kalkulierender Forstwirtschaft jedoch noch nicht. In Europa grollt er heute in der Regel mehr im Untergrund; in der streitbaren Zivilgesellschaft der USA, wo der Privatwald vorherrscht und das kompromisslose Ideal der Wildnis auf eine hochorganisierte private Forstwirtschaft trifft – seit 1993 in der *American Forest and Paper Association* (AF&PA) vereint –, prallen die Fronten mitunter heftiger aufeinander.[390] Da es im amerikanischen Westen noch Urwälder mit Baumriesen gibt, wie man sie in Europa kaum mehr kennt, besitzt der Kampf für die «Wildnis» hier eine viel stärkere Emphase als in der Alten Welt, wo man erkannt hat, dass die vermeintliche Wildnis keine ist.

Heftige Auseinandersetzungen tobten jedoch um den *Nationalpark Bayerischer Wald.* Eine erste Phase des Kampfes begann im Juli 1966, als der bayerische Ministerpräsident Alfons Goppel, von Bernhard Grzimek medienwirksam unterstützt, öffentlich ankündigte, die Möglichkeiten zur Errichtung eines solchen Nationalparks zu prüfen. Auch manche Naturschützer waren alarmiert, da das (nicht unbegründete)[391] Gerücht umging, Grzimek wolle ohne Rücksicht auf den deutschen Wald und überhaupt auf die standortgemäße Vegetation eine bayerische Serengeti einrichten. Auch die Forstwirtschaft ging zunächst gegen den Nationalpark auf die Barrikaden, ließ sich jedoch durch einen von Wolfgang Haber entworfenen Kompromiss, der von dem Ideal der reinen Wildnis Abstriche machte und den regionalen touristischen Interessen entgegenkam, einigermaßen beruhigen.[392] Als dieser erste große bundesdeutsche Nationalpark am 7. Oktober 1970 mit einem Volksfest eröffnet wurde und «Natur» allenthalben schlagartig im Kurs stieg, war er auch bei vielen Anwohnern populär, die große Hoffnungen auf den Tourismus setzten. Das Holz war zu jener Zeit ohnehin nicht viel wert. Kritisch wurde es, als die Nationalparkleitung auch dann auf Nichtintervention in die Natur beharrte, als 1983 ein Sturm in den Wäldern erhebliche Schäden anrichtete und sich der Borkenkäfer in den gestürzten Bäumen – vor allem Fichten-Monokulturen – rasant und in einem so nicht erwarteten Ausmaß vermehrte. Auch Naturfreunde, die im Herzen Naturästheten waren, wurden nun am Ideal der Wildnis irre; denn die Baumleichen boten kilometerweit einen deprimierenden Anblick – mit der Attraktion für die

Touristen war es vorbei. Und schon gar die umliegenden Waldbesitzer befürchteten von dem Borkenkäfer den Ruin ihrer eigenen Wälder: Das jetzt war ein wirkliches «Waldsterben», von dem ein wirtschaftliches Fiasko drohte.

Als die bayerische Regierung dazu noch 1995 eine beträchtliche Erweiterung des Nationalparks beschloss, organisierten sich die Gegner. Wie Horst Stern klagte, ertönten hasserfüllte Tiraden gegen den «Nazi-Analpark», selbst im Namen der Natur: Der Nationalparkleitung wurde Naturzerstörung im Zeichen des Naturschutzes vorgeworfen. Manche Naturschützer haben aus dieser bitteren Erfahrung Konsequenzen gezogen:[393] Inmitten von Nadelwäldern lässt sich nicht abrupt «Wildnis pur» praktizieren, ohne solche Waldschäden zu riskieren, die auch den ästhetischen Sinn vieler Naturfreunde kränken. Mehr noch: «Wildnis« wird zunehmend als irreführendes Leitbild erkannt. Das, was der Naturfreund als «Wildnis» liebt, ist in der Regel ein einstiger Plenterwald oder eine alte Weide- und Allmendelandschaft: eine Kulturlandschaft, die vergeht, wenn man sie ganz sich selbst überlässt.

Diese Einsicht ermöglicht eine Wiederaussöhnung von Naturschutz und naturnaher Waldwirtschaft, nicht nur in Deutschland, sondern auch in anderen Weltregionen. Dem entspricht das aus dem UN-Projekt *Man and Biosphere* (MAB) – das war noch vor der neuen Frauenbewegung! – hervorgegangene Modell «Biosphärenreservat» (eine misslungene Eindeutschung von *Biosphere Reserve*): Schutz einer traditionellen Kulturlandschaft unter Einbeziehung der dort ansässigen Bevölkerung. Der Naturschutz tut sich freilich mit praktischen Konsequenzen aus dieser Einsicht schwer,[394] und auch dies hat seinen Grund. Das Leitbild «Wildnis» ist in der Praxis einfach und billig und entspricht auch dem bürokratischen Verlangen nach klarer Kompetenzenabgrenzung: Es wird ein Raum abgegrenzt, in dem – außer bestimmten konzessionierten Jägern und Hirten – niemand etwas zu suchen hat. Das wird bei dem Modell «Schutz traditioneller Kulturlandschaft» anders. Da besitzen die Naturschutzbeamten nicht mehr die alleinige Kompetenz. Ganz perfekt ist dieses Modell überdies kaum je zu realisieren, da traditionelle Kulturlandschaften mit menschlichen Kulturformen verbunden sind, die nur noch in Einzelelementen – manchmal lediglich durch Subventionen – fortleben, in ihrer Gesamtheit jedoch unwiederbringlich vergangen sind. Auch daran erinnert der historische Rückblick. Anhänger des naturnahen Waldes befürchten heute, durch steigende Holzpreise werde der Anreiz zu einer auf maximalen Ertrag ausgerichteten Waldwirtschaft so übermächtig werden, dass ein Naturwald nur noch in den Kernzonen der Nationalparks, wo jegliche Nutzung unterbunden ist, eine Chance habe.

In der Geschichte der Umweltbewegung erkennt man in Sachen Wald und Holz mehrere Phasen und Lernprozesse. Eine erste naive Phase war von der Grundüberzeugung getragen: «Ökologisch richtig» ist gleichbedeutend mit «gut» im moralischen Sinne; was gut ist, ist eindeutig, und alles Gute steht miteinander im Einklang. Diese Denkweise stand, meist ohne sich dessen bewusst zu sein, in einer Tradition klassisch-antiken Denkens. Sie geriet jedoch im Dickicht des Waldes und gegenüber der Unübersichtlichkeit der Holzbranche in Verwirrung. Von Anfang an war die Öko-Bewegung von einer starken, wenn auch oft unbestimmten Sehnsucht nach «Natur» getragen: nach natürlicher Lebensweise, naturnahem Wohnen, nach Naturstoffen und Naturholz, unter Abkehr von dem Synthetik- und Plastikboom der Zeit davor. Die Präferenz für «Bio»-Produkte reichte noch weit über die Öko-Bewegung hinaus – nicht zuletzt auch die sich ausbreitende Saunakultur begründete eine instinktive Assoziation von Wellness und Naturholz. Dabei tappte man jedoch in manche Fallgruben und musste lernen, dass «Natur» kein eindeutiges Ideal ist. Viele Naturfasern, die angenehm auf der Haut sind, sind mit ähnlich viel Chemie hergestellt wie synthetische Fasern. Ein Sprecher der Schweizer Möbelbranche klagte: «Der Kunde schreit nach Natur, dabei toleriert er beim Naturprodukt keinen Makel.»[395]

Ein Sprecher der österreichischen Zimmerer erinnerte sich 1988: Bis in die 1960er Jahre hatte das Holz im Bausektor den Makel des Verlierers. Nach 1970 dagegen kam «der große Umschwung».[396] Der neue Holzboom im Bauwesen, verbunden mit dem erhöhten Anspruch an Komfort, führte zunächst zu einem oft unüberlegten Einsatz von Holzschutzmitteln, die sich als ungesund herausstellten. Eine ambivalente Situation: Man sehnte sich nach «Naturholz», vertraute jedoch nicht seinen natürlichen Eigenschaften und imprägnierte das Holz – durch die Bangemache der Holzschutzmittelwerbung verführt – selbst in beheizten Räumen, wo dies ganz überflüssig gewesen wäre, mit Chemiegiften, die nicht nur für Insekten, sondern auch für Menschen gefährlich waren. Mancher Skandal hätte sich bei besserer Kommunikation zwischen Holzbranche und Umweltschutz vermeiden lassen. Klaus Töpfer, von 1987 bis 1994 deutscher Bundesumweltminister, fuhr einmal die versammelten Holzindustriellen an, sie seien «Rindviecher»: Statt immerfort über Umweltauflagen zu jammern und die Schädlichkeit chemischer Holzschutzmittel so lange wie möglich zu vertuschen, sollten sie lieber den neuen Trend zur Natur als Chance begreifen und als Erste die Initiative ergreifen, Holz so gesund und umweltfreundlich wie möglich zu machen. Die Holzlobby hatte vergeblich versucht, das in Deutschland verhängte Verbot des dioxinhaltigen Holzschutzmittels PCB über die EU zu Fall zu bringen, und damit unliebsames Aufsehen erregt.[397]

Die von Holzschutzmitteln drohenden Gesundheitsgefahren waren am frühesten von Arbeitsmedizinern bei Beschäftigten der Holzindustrie erkannt worden; zum öffentlichen Skandal wurden sie jedoch erst in der Form von «Umwelt»-Gefahren, die auch die Konsumenten trafen. Es war die gleiche Zeit, als auch die Formaldehydemissionen der Holzwerkstoffe Schlagzeilen machen. Als besonders übel erwiesen sich Holzschutzmittel mit dem Wirkstoff PCP (Pentachlorphenol), der dem Dioxin ähnelte, das mit der Chemiekatastrophe von Seveso am 10. Juli 1976 eine neue Ära des Umweltalarms begründet hatte. Nun wirkte der Alarmruf «Seveso ist überall!» plausibel. 1983 kam es in Deutschland zur Gründung einer Interessengemeinschaft der Holzschutzmittelgeschädigten. 1985 verbot die amerikanische EPA den Einsatz von PCP; andere Länder folgten diesem Beispiel. Die Umweltbewegung aktivierte auch den Arbeitsschutz in Bereichen, die viel zu lange vernachlässigt worden waren. 1985 warnte die deutsche Gewerkschaft Holz und Kunststoff, im Holzstaub – zumal wenn er mit chemischen Substanzen gemischt sei – ticke «eine Zeitbombe»; 1987 wurden in der Holzbranche erstmals bestimmte Krebsleiden als entschädigungspflichtige Berufskrankheiten anerkannt.[398]

Auch das Heizen mit Holzabfällen, die einiges an Chemie enthielten, erwies sich längst nicht immer als umweltfreundlich. Was man früher nicht beachtet hatte: Heizen mit Holz verursacht hohe Feinstaubemissionen. Das optimale Heizen mit Holz, das die Holzsparliteratur des 18. Jahrhunderts zu einer hohen Kunst entwickelt hatte, musste neu erlernt werden. Dazu kam der größte Zwiespalt der Naturfreunde: Als Konsument wollte man möglichst viel Holz im Haus; als Naturfreund jedoch mochte man das Baumfällen nicht mitansehen. Als Kohle- und Kernkraftgegner forderte man die Umstellung auf nachwachsende Rohstoffe; als Waldfreund dagegen hätte man am liebsten einen wilden Wald gehabt. Oft fanden Naturschützer nicht einmal mit Vorkämpfern des naturnahen Waldbaus eine gemeinsame Basis.

Alle diese Diskrepanzen wurden merkwürdig wenig ausdiskutiert. Das war typisch für die naive Haltung: Was «gut» ist, steht nicht zur Diskussion; jeder Kompromiss hat etwas Charakterloses an sich. «Natur» kann man nicht diskutieren, abwägen, aushandeln; man kann auf ihr nur wütend insistieren und Andersdenkende aus der eigenen Szene heraushalten. Da die Forst- und Holzbranche überdies in sich zersplittert und im Allgemeinen nicht sehr öffentlichkeitsfreundlich war, gab es oftmals kein Gegenüber, keinen Gesprächspartner; und wurden die Beteiligten dennoch an einen Tisch gebracht, verstand man sich nicht. Im Zuge der Professionalisierung der Umweltbewegung wurde mancher ideologische Rigorismus schwächer; dafür schufen die Bürokratisierung und Institutionalisierung des Umweltschutzes ihre eigene Art von Rigidität. Für die Forstwirtschaft war die Bürokratie an und für sich gar nichts Neues; dennoch entstand für sie seit der «ökologischen Revolution» und nicht zuletzt auch durch den «Waldsterben»-Alarm eine neue Unübersichtlichkeit. Die exklusive Kompetenz der Forstleute für den Wald wurde in Frage gestellt, und die wortkarge Holzbranche kam mit der eloquenten Umweltrhetorik nicht mit.

Der Klima-Alarm und das Holz. Theoretisch wäre eigentlich alles so einfach, schon gar in der Ära des Klima-Alarms. Nachhaltige Holzwirtschaft stabilisiert den CO_2-Gehalt der Atmosphäre automatisch; man braucht keinen riesigen Verordnungs-, Kontroll- und Sanktionsaufwand. Es scheint jedoch, dass gerade dies der Punkt ist: Holzlösungen sind zu einfach und zu konventionell. Die Umweltinstanzen sind ganz überwiegend auf andere Themen spezialisiert. Im Unterschied zu Klimaforschung, solarem Wasserstoff, Offshore-Windkraft oder Nutzung der Meereswellenenergie bieten Projekte in Sachen Wald und Holz wenig Stoff für das, was gemeinhin als «Spitzenforschung» gilt. Innovationen auf dem Wald- und Holzsektor sind nicht nobelpreisverdächtig; sie bieten vergleichsweise geringe Chancen für ambitionierte Großforschungsprojekte. Zudem war es der Öffentlichkeit unter dem Eindruck des Waldsterben-Alarms lange Zeit nicht klar, dass der Holzschlag in weiten Teilen Mitteleuropas seit langem hinter dem Nachwuchs zurückgeblieben war und das Holz noch erhebliche ungenutzte Potentiale enthielt.[399]

Vom globalen Horizont fasziniert, aber auch vom internationalen Tagungstourismus beflügelt, tendiert das Umweltdenken der Intellektuellen mit Vorliebe in Richtung von Modellen der Globalsteuerung. Eine globale Forstpolitik wäre jedoch, von historisch-ökologischen Einsichten her betrachtet, das Unsinnigste, was sich denken ließe. Es fällt auf, dass forstliche Erfolgsberichte gerade aus den Entwicklungsländern in aller Regel die Form *lokaler* Geschichten haben, wo durch Initiative kleiner Gruppen Baumpflanzung entsprechend den örtlichen Interessen und ökologischen Gegebenheiten betrieben wird, ob von den Frauen der kenianischen Kitui[400] oder von der Gemeinde Kalibo an den Mangrovenwäldern der Philippineninsel Panay.[401] Schon Bestrebungen zu einer gemeinsamen Forstpolitik der EU weckten bei den beteiligten Staaten starkes Misstrauen, aus dem begreiflichen Horror davor, dass der Agrarprotektionismus der EU ein forstliches Pendant bekommen könnte. Im Vergleich zur Agrargeschichte fällt in der Forstgeschichte bislang trotz aller staatlichen Regulierung der relativ geringe staatliche Protektionismus auf. Eine mächtige Bewegung für Schutzzölle auf Forstprodukte hat es in Deutschland nicht gegeben, obwohl selbst Bismarck als Waldbesitzer ein Interesse an Holzzöllen hatte. Deutschland war ja bis in die Mitte des 20. Jahrhunderts Holzexportland und ist gegenwärtig dabei, es beim Nadelschnittholz wieder zu werden.

Die allerneueste Situation nach der Jahrtausendwende: Klima-Alarm und zugleich rapide steigende Energiepreise, geben dem Holz potentiell eine Chance, wie es sie seit zwei Jahrhunderten nicht mehr besaß. Forstkreise werden durch die Nachricht in Erregung versetzt, der Ölkonzern Shell sei mittlerweile der größte Waldbesitzer auf der ganzen Welt, und Experten diskutierten bereits darüber, die Holzpreise künftig nach dem «Barrel-Äquivalent» zu kalkulieren. Finanzberater empfehlen, Geld in Wälder zu investieren: Das sei auf lange Sicht eine sichere Anlage, selbst wenn sonst alles unsicher geworden ist. Die deutschen Wälder, die als ökonomischer Faktor über ein halbes Jahrhundert nahezu belanglos erschienen, sind auf einmal weltweit begehrt: ein Grund für Waldbesitzer, schärfer als bisher ökonomisch zu denken. Zeitweise entwickelte sich ein förmlicher Run chinesischer Importeure auf deutsches Buchenholz, das im eigenen Land, seit es als Brennstoff nicht mehr gebraucht wurde, vielfach als «verlorene Holzart» gegolten hatte.[402]

Waren der Holzindustrie die heimischen Wälder als Rohstoffbasis über Jahrzehnte als mehr oder weniger austauschbar erschienen, wird jetzt mit der Aussicht auf weltweite Holzverknappung die regionale Forstwirtschaft auf einmal als Bündnispartner wieder interessant, und «Cluster» wird zum neuen Zauberwort: regionale sowie technisch optimal vernetzte Langzeitkooperation zwischen Forst- und Holzbranche. Nicht nur Vertreter der Holzwirtschaft, sondern auch Umweltschützer, die das Holz als erneuerbare Ressource propagieren, stöhnen mitunter – so das Wuppertal Institut für Klima, Umwelt, Energie –, die «Holzmobilisierung» sei eine «Herkulesaufgabe». Viele kleine Waldbesitzer wollten ihr Holz nicht verkaufen, da sie glaubten, übervorteilt zu werden. Ein Sprecher der finnischen Holzindustrie monierte, bislang sei in Deutschland der Weg des Rundholzes vom Wald zum Werk ein «Hürdenlauf». «Daraus müsse ein Staffellauf werden.»[403] Senkung der Transaktionskosten und vertrauensbildende Kooperation gelten als neues Erfolgsgeheimnis im Holzhandel, in dem es schon seit jeher auf ein Vertrauensverhältnis zwischen Käufer und Verkäufer ankam; denn die Unregelmäßigkeit des Naturstoffs Holz hat zur Folge, dass man Holzfehler nicht leicht erkennt.

Was man sich lange nicht vorstellen konnte: Deutsches Holz wird in Massen nach Amerika und in den Fernen Osten exportiert, in einem Maße, dass man fortan wieder genauer prüfen muss, welcher Holzeinschlag sich in deutschen Wäldern mit dem Gebot der Nachhaltigkeit verträgt. Hatte gerade noch die *Charta für Holz* (2004), gestützt auf einen von der Holzindustrie bis zu den Grünen reichenden Konsens, die Steigerung der Holznutzung zum offiziellen bundespolitischen Ziel erhoben, bereitete schon kurz darauf ein unerwarteter Anstieg der Nachfrage nach Holz Turbulenzen. Selbst Totholz im Wald ist mittlerweile als Brennstoff begehrt. Wurden Holzabfälle jahrzehntelang fast gratis als Brennstoff abgegeben – in einer Zeit, in der sich das Heizen mit Holz nicht einmal in Forsthäusern rentierte –,[404] steht jetzt die gezielte Aufzucht von «Energiewäldern» in Aussicht.

Aber auch diese Situation hat ihre Tücken. Die explodierende Nachfrage nach Holzpellets und Hackschnitzeln, die vordem nur aus Restholz hergestellt worden waren, kommt mehr und mehr dem Nutzholzbedarf ins Gehege und ruft dort wütende Reaktionen hervor. Mit den Begriffen «Dendromasse» («holzartige Biomasse», die sich für «höherwertige» Verwendungen wie Haus- und Möbelbau nicht eignet) und «Wertholz» sucht man den Energie- vom Nutzholzmarkt abzukoppeln; aber mit steigenden Energiepreisen beginnen sich die Märkte zu überlappen: Wie kaum je zuvor in der Geschichte ist ein integraler Holzmarkt im Entstehen. Dieser verschärft jedoch die Konkurrenz unter den verschiedenen Holznutzern und schafft neue Spannungen zu den Naturfreunden. Holz als Energieträger ist innerhalb der Szene zu einem Reizthema geworden, das Ökologen wie Ökonomen aufbringt und Emotionen aufwühlt. Für Holzliebhaber ist es eine Schande, Holz zu verheizen, aus dem man dauerhafte Utensilien machen könnte. Der historisch versierte Naturfreund könnte dagegenhalten, dass die zur Brennholzgewinnung dienenden Niederwälder artenreicher waren als viele für Nutzholz aufgeforstete

Hochwälder. (Aber wird das auch für die Energieplantagen der Zukunft gelten?) Im Übrigen konkurriert die Holzpelletproduktion bislang im Allgemeinen nur mit der Papier-, Zellstoff- und Spanplattenindustrie, nicht mit den Sägewerken, die Bau- und Möbelholz produzieren.[405]

Gibt der Klima-Alarm dem Holz eine neue Chance? In der Zeit der Klimakonferenz von Kyoto (1997) und danach war umstritten, ob man Aufforstungen als Kompensation von Emissionen gelten lassen kann. Die Zweifel waren begründet; denn wenn nur aufgeforstet wird, um die Bäume danach wieder abzuholzen, ist der Endeffekt auf die CO_2-Bilanz der Atmosphäre gleich null, sofern nicht mit der Holznutzung zugleich der Verbrauch fossiler Energieträger eingespart wird. Vertrackter noch ist das Problem, dass das Baumpflanzen als solches nicht viel bedeutet: Es kommt darauf an, die Bäume zu bewässern, gegen Weidevieh zu schützen und nachhaltig zu bewirtschaften; und all das lässt sich nur über die Länge der Zeit feststellen und aus der Ferne nur schwer kontrollieren. Daher ist der Verdacht begründet, dass ein Bonus für Aufforstung ähnlich wie bereits in der Entwicklungshilfe nur eine Einladung zur Korruption darstellt.

Auf der anderen Seite scheint eine globale Klimapolitik, die vor allem auf Kontrolle und Restriktion setzt, ohne über wirksame Sanktionen zu verfügen, ohnehin zum Misserfolg verurteilt zu sein. Langfristig haben nur solche Strategien Aussicht auf Erfolg, die von den Beteiligten im Eigeninteresse aufgegriffen werden. Wie die Geschichte zeigt, ist ein nachhaltiger Umgang mit den Wäldern meist nur unter dieser Bedingung gelungen. Ein wachsender Anteil des Holzes an der Weltwirtschaft, verbunden mit nachhaltiger Waldwirtschaft, schafft einen Wirtschaftssektor, wo sich die CO_2-Bilanz auf die Länge der Zeit von selbst ausgleicht, auch ohne Kontrollen und Restriktionen. Wald und Holz sind populär oder haben zumindest die Chance, populär zu werden; Restriktionen dagegen sind nie populär. So gesehen hat eine offensive Beteiligung der Wald- und Holzbranche an den Prozessen der Klimapolitik eine Chance. Für Projektemacher ist allerdings ein futuristisches Megaprojekt wie die unterirdische CO_2-Sequestrierung attraktiver als die allzu konventionelle CO_2-Bindung per Aufforstung.

Zu Max Webers viel zitierter Unterscheidung von formaler und materialer Rationalität liefert die Umweltpolitik reichlich konkreten Stoff. Unbeabsichtigte Nebeneffekte als Folge der stofflichen Seite allen Handelns sind ja ihr Thema. So können sich bestimmte Wege der Umweltpolitik insofern durch exzellente formale Rationalität auszeichnen, als sie die Umstellung der Wirtschaft auf erneuerbare Energiequellen zielstrebig vorantreiben. Ihr materieller Effekt kann jedoch von einer Art sein, dass sich nicht nur Umweltaktivisten die Haare sträuben. Sozialpolitiker, die die Hungernden der Dritten Welt vor Augen haben, erklären es für ein «Verbrechen an der Menschheit», Biotreibstoffe als Flächen zu produzieren, die Menschen ernähren könnten.[406] Aber der traditionelle Standort des Waldes sind überall in der Welt die Gebirge und andere für agrarische Nutzung ungeeignete Gebiete; im Zuge der Technisierung zieht sich der Ackerbau ohnehin aus den Bergen zurück. Insofern ist Holz als Energieträger nicht den gleichen sozialpolitischen Vorwürfen ausgesetzt wie der Mais.

Am Horizont die Sonne? Landeprobleme bei der Niederkunft der Solarzellen aus dem Weltraum. Holz als Energieträger ist, von den heutigen Möglichkeiten der Technik her betrachtet, eine nur wenig interessante Art der Nutzung der Solarenergie. In historischer Sicht handelt es sich jedoch um diejenige Art, mit der die Menschen die Sonnenenergie die allerlängste Zeit zur Erzeugung von Wärme genutzt haben, und ein Großteil der Menschheit tut dies bis heute. Auf neuen Wegen zur Nutzung der Solarenergie zurückzukehren würde zumindest theoretisch einen Großteil der Umweltprobleme dieser Erde mit einem Schlag lösen, ganz ohne eine nicht endende Flut von Verordnungen, Restriktionen, Steuern, Kontrollen, Filter-, Entsorgungs- und Recycling-Techniken. Vorbei wären die Emissionsprobleme und die Sorgen um die Erdatmosphäre, erledigt auch das Problem der Endlichkeit der fossilen Energieträger und ihrer höchst ungerechten Verteilung über die Welt; ganz im Gegenteil bekämen gerade die heißesten Länder, die heute in aller Regel die ärmsten sind, eine ungeheure Chance.

All das hat man im Prinzip stets gewusst. Und man hat auch seit langem errechnet, dass der Energiegehalt der Sonneneinstrahlung auf die Erde selbst auf dem heutigen Niveau etwa 15 000-mal so hoch ist wie der gesamte Energieverbrauch der Erde. (Innerhalb der Bundesrepublik schrumpft das Verhältnis freilich auf 120 : 1, aber man könnte ja Solarstrom importieren.) Schon diese bloße Zahl besaß stets eine überwältigende Faszination, obwohl sie keine praktische Bedeutung besitzt. «Es gibt kein Energieproblem, es gibt nur ein Phantasieproblem», ein Problem der technischen Phantasie, wurde zur Parole der Solar-Enthusiasten. Hätte nicht der Fortschritt hin zur Solarenergie von Anfang an auf der ganzen Welt *das* Leitmotiv der Umweltbewegungen sein müssen? Müsste man all diese Bewegungen nicht danach bewerten, ob sie dieses Ziel im Auge behalten haben oder sich davon haben ablenken lassen?

Wer sich in die Geschichte der Solartechnik vertieft, gerät über zweierlei ins Staunen, das überhaupt nicht zusammenpasst: zum einen darüber, wie weit die Entwicklungsgeschichte dieser Technik in die Vergangenheit zurückreicht, aber ebendeshalb zum anderen darüber, wie marginal die Nutzung der Solarenergie trotz aller Fortschritte bis heute geblieben ist und wie randständig dieses Thema über weite Strecken selbst innerhalb der Umweltbewegung bleibt. Nicht nur Fortschritte, sondern auch Rückschritte lassen sich beim Streben nach Nutzung der Sonnenkraft erkennen. 1979 entwarf das schwedische Sekretariat für Zukunftsforschung für das Jahr 2015 ein «solares Schweden», zur Hälfte auf Schwedens gewaltige Wälder gestützt;[407] heute, wo dieses Jahr nahe herangerückt ist, ist Schweden dabei, zur Kernenergie zurückzukehren.

Gerhard Meners voluminöse *Geschichte der Sonnenenergienutzung in Deutschland und den USA* – das bislang mit Abstand umfangreichste und gründlichste Opus zur Technikgeschichte der erneuerbaren Energien – beginnt bereits im Jahr 1860.[408] Schon 1900, als futuristische Visionen in der Luft lagen, plädierte Friedrich Kohlrausch, damals als Nachfolger von Helmholtz Präsident der Physikalisch-technischen Reichsanstalt, im Blick auf die kommende Solartechnik für einen solaren Kolonialismus in sonnenreichen Wüsten: Im Zeichen der Zukunftsvorsorge sei es ratsam, «wenn eine Nation sich schon jetzt einen Anteil an solchen Gegenden sicherte. Sehr große Flächen sind nicht einmal nötig; *einige Quadratmeilen in Nordafrika würden für den Bedarf eines Landes wie das Deutsche Reich genügen.*» Offenbar ist es für ihn nur eine Frage der Zeit, bis Techniken vorhanden sind, die dort von Solarkollektoren konzentrierte Wärme nach Deutschland zu transportieren – das ist bereits die komplette Grundidee des gegenwärtigen *Desertec*-Projekts.

August Bebel, für den technischer und gesellschaftlicher Fortschritt nahezu identisch waren, übernahm diese Vision mit Begeisterung in darauffolgende Auflagen seines Bestsellers *Die Frau und der Sozialismus*,[409] und auf diese Weise ging diese Zukunftsvision ins Erinnerungsgut der Sozialdemokratie ein. Dort allerdings verblieb sie bis in die Zeit nach Tschernobyl mehr oder weniger in einer latenten Tiefenschicht. Man konnte an eine ferne solare Zukunft glauben; aber aktuell gab es für diese Zukunft so recht nichts zu tun, jedenfalls keine faszinierenden Großprojekte, um die sich Interessen kristallieren und die ihre Dynamik entwickeln konnten. Es war die längste Zeit die Crux der Solarenergie, dass sie weder offene Feinde hatte, gegen die man zum Kampf aufrufen konnte, noch potente Freunde, die eine mehr als platonische Liebe zur Sonnenkraft bekundeten.

Und dazu, heute fast vergessen: Die Atomeuphorie der 1950er Jahre absorbierte für geraume Zeit die solare Vision. Denn diese Euphorie gründete sich auf die Überzeugung, dass die Kernspaltreaktoren mit der Gesetzmäßigkeit der Generationenabfolge zu Kernfusionsreaktoren hinführen würden.[410] Seit 1938 war bekannt, dass die Energie der Sonne durch Fusion von Wasserstoffkernen entsteht; mit der Kernfusion holte man also gleichsam die Sonnenenergie in hochkonzentrierter Form auf die Erde, statt nach den diffusen Sonnenstrahlen zu haschen. Selbst die seriöse Zeitschrift *Außenpolitik* fiel 1954 auf die absurde Prognose herein, die Kernfusion werde voraussichtlich «in zwei Jahren etwa praktisch verwendungsreif sein».[411] Unter indischen Physikern hatte es noch in den 1940er Jahren eine Begeisterung für die Solarenergie gegeben – was lag näher, als diesen Trumpf des sonnenreichen Landes gegen das neblige Großbritannien auszuspielen, das mit seinen Kohlezechen die Welt beherrschte? Aber Homi Bhabha, der noch 1952 als engagierter Anhänger der Solarenergie hervortrat, wandte sich unter der von Washington ausgelösten weltweiten «Atoms-for-Peace»-Euphorie der Atomkraft zu und wurde Vorsitzende der indischen Atomkommission und der Genfer Atomkonferenz von 1955.

Der österreichische Atomphysiker Hans Thirring, ein Kämpfer gegen den Kalten Krieg, warnte 1952, eine Nutzung der Kernenergie sei erst dann zu verantworten, wenn die Potentiale der Solar- und Wasserenergie gänzlich erforscht und ausgeschöpft seien. Dass er jedoch an eine verantwortungsbewusste Planungsfähigkeit der Entscheidungsträger nicht glaubte, verrät sein Nachsatz: «Dixi et salvavi animam meam» – «Ich habe gesprochen und meine Seele gerettet.»[412] Das war ein sprichwörtliches Gewissensalibi, das aus dem Buch Hesekiel stammte: Auch wenn die Gottlosen der Verdammnis verfallen, rettet man doch seine eigene Seele, indem man sie warnt – wohl wissend, dass sie auf die Warnung nicht hören. In der Tat hätte es zu jener Zeit keine politische Instanz mit breitem Rückhalt in Wirtschaft und Öffentlichkeit gegeben, die ein derartiges Langzeitexperiment hätte durchhalten können: erst einmal alle Chancen der regenerativen Energien auszutesten, bevor man sich auf die Kernkraft einließ. Dennoch, gänzlich von der Bildfläche verschwunden ist die Solartechnik nie.[413] Die Fusionsenergie, in der Zeit der Genfer Atomkonferenz scheinbar so nah, entschwand mehr und mehr in eine unbestimmte Ferne; in den 1970er Jahren war sie weitaus irrealer geworden als die Solarenergie.

Während in den 1960er Jahren auf der Erde die Kernkraft die Solarenergie weit überflügelte, schlugen in der Raumfahrt die Solarzellen die Reaktoren als Antrieb aus dem Feld. Gerade in der Zeit der «ökologischen Revolution» um 1970 erreichte die Raumfahrt mit ihrem größten Triumph, der Mondlandung vom 19. Juli 1969, auch den Zenith, von dem an es abwärtsging. Wider Willen vermittelte die Raumfahrt der neuen ökologischen Aufklärung die Basisinformation: dass der Weltraum menschenfeindlich ist und wir nur diese eine Erde haben. Obendrein gerieten die US-Finanzen durch den Vietnamkrieg in die Krise; da boten sich die Milliarden der Raumfahrt als Objekt für Streichungen an. Der um die Raumfahrt entstandene gewaltige Forschungs- und Technologiekomplex musste zusehen, sich auf der Erde nützlich zu machen.[414] Die Welle der Warnungen vor den Risiken der Kernkraft und der Ölversorgung kam da wie gerufen. Zumindest im Prinzip widerlegten die für die Raumfahrt entwickelten Solarzellen den Haupteinwand, dem sich die Nutzung der Solarenergie so lange ausgesetzt sah, wie es nur die Solarkollektoren, die großen konkaven Spiegel, gab: dass diese Technik nur bei strahlender Sonne Energie produzierte.

Und doch war das Bündnis von Solartechnologie und Umweltbewegung alles andere als leicht. Die Solarkollektoren reizten zur Gigantomanie; in den französischen Hochpyrenäen entstand ab 1973 bei Odeillo ein «Solarofen» zur Metallschmelze mit einem turmhohen Parabolspiegel: heute Monument einer vergangenen Zukunft.[415] Die Riesenspiegel weckten Ängste, geblendet oder gar verbrannt zu werden. Um Winzlinge handelte es sich hingegen bei der aufregendsten Innovation: den Solarzellen. Jedoch stammte die erste Expertengeneration aus dem mit der Rüstung verfilzten Forschungskomplex: Keine Herkunft konnte den meisten Umweltaktivisten anrüchiger sein.[416] Unangenehmer noch: Die Solarzellen waren in Forschungszentren entwickelt worden, wo Geld keine Rolle spielte. Sie stammten nicht nur aus der *Star-Wars*-Forschung, sondern waren auch astronomisch teuer. Selbst wenn sie winzig waren, passte das *Small Is Beautiful* vorerst überhaupt nicht auf sie. Die Kosten von Photovoltaikgeneratoren aus Silizium, die in der Raumfahrt eingesetzt wurden, betrugen pro Kilowatt 100 000 bis 200 000 Dollar.[417] Nun, auch die Computer hatten bis um 1970 exorbitante Preise gehabt; aber dann folgte mit der Miniaturisierung und Massenproduktion ein dramatischer Preissturz, wie ihn niemand erwartet hatte. Konnte man etwas

Ähnliches auch von den Solarzellen erwarten, die über das Silizium mit der Elektronik verwandt waren? Auch da begannen die Preise mit wachsender Produktionsmenge herunterzugehen, aber doch langsamer als bei den Computern; erst über die Jahrzehnte zeichnete sich dieser Trend deutlich ab.

Aber selbst bei sinkenden Preisen blieben noch drei Umstände, die die Solarperspektiven belasteten und selbst bei Sympathisanten kein rechtes Vertrauen aufkommen ließen: Zum einen galt diese wetterabhängige Energie als unzuverlässig; zum anderen gab es noch keine befriedigende Speichertechnik, die die Schwankungen in der Stromproduktion ausgeglichen hätte; und zum Dritten fiel die Solarenergie extrem dezentral an, wenn sie nicht gerade auf Großflächen in heißen Wüsten produziert wurde. Auf welche Weise die Vielzahl von Kleinerzeugern vernetzt und der Gesamtprozess von Erzeugung und Verbrauch gesteuert werden sollte, war erst einmal nebulös; die bestehenden Strukturen der Energiewirtschaft waren nicht im Mindesten darauf eingerichtet. Dixy Lee Ray, wütend über die Auflösung der zuletzt von ihr geleiteten amerikanischen Atomkommission, übergoss 1974 die Solarenthusiasten mit Hohn und Spott: «Die technische Realisierung der Nutzung von Sonnenenergie ist in etwa der Schwierigkeit vergleichbar, die von 10 Millionen Flöhen aufbringbare Kraft dadurch nutzbar zu machen, dass man den Flöhen beibringt, alle zur gleichen Zeit in die gleiche Richtung zu hüpfen.»[418] Das war 1974 ein guter Witz; zwanzig Jahre später jedoch in ihrem neuen Generalangriff auf alles, was irgendwie «öko» ist, wiederholte sie ihn nicht mehr und schwieg zur Solarenergie.[419] Die fixe Idee, Systeme müssten zentral gesteuert werden, war im Zeitalter der Elektronik anachronistisch geworden.

Im Verlauf der Öko-Ära beschrieb die Entwicklung der Solartechnik in den USA und in Deutschland ganz unterschiedliche Entwicklungskurven. In den 1970er Jahren waren die Amerikaner den Deutschen erst einmal weit voraus. Das war kein Wunder; denn hier befanden sich ja die größten Zentren der Raumfahrtforschung, aus der die Solarzellen stammten; und zudem verfügen die USA über unvergleichlich viel größere sonnenreiche Gebiete als Deutschland. Zu einem Eldorado der Sonnenkraft versprach Kalifornien zu werden: Da gab es Sonne in Hülle und Fülle, und da tummelten sich Scharen von Althippies und Jungdynamikern in Forschung und Technologie, die nach neuen Ufern strebten. In der kalifornischen Mojawe-Wüste entstanden neun Solarkraftwerke auf Kollektorenbasis, die mit ihren insgesamt 354 Megawatt zeitweise neunzig Prozent der auf der ganzen Welt installierten thermalen Solarkapazität ausmachten.[420] Bei dem Gros der amerikanischen Umweltaktivisten, unter denen sich frühzeitig viele Wissenschaftler befanden, waren Berührungsängste gegenüber der Militär- und Industrieforschung geringer als bei den bundesdeutschen Anti-AKW-Kämpfern der 1970er Jahre, die oft vom Marxismus herkamen.

Aber diese Konstellation sollte sich ändern. Der amerikanische Solarboom der 70er Jahre war eine vergängliche Mode ohne solide ökonomische Basis und nachhaltige Wirkung. Präsident Carter ließ auf dem Dach des Weißen Hauses eine solarthermische Anlage zur Wassererwärmung anbringen; sein Nachfolger Reagan ließ sie wieder abmontieren.[421] Dafür stieß Deutschland im Laufe der 1980er Jahre an die vorderste Front derer, die die Solarenergie voranbrachten.[422] Schon das Faktum als solches deutet darauf hin, dass der Fortschritt in der Solartechnik wesentlich an dem politischen Einfluss der Umweltbewegung in einem Land hängt. In den USA war ein wesentlicher Anstoß dazu aus der Anti-Kernkraft-Bewegung gekommen;[423] direkt und indirekt kam die besondere Stärke dieser Bewegung in der Bundesrepublik auf die Dauer der Solarenergie zugute. In diesem Land, wo viele unter der Sonnenarmut leiden, fiel es lange Zeit allerdings selbst Anti-AKW-Kämpfern schwer, an die Kraft der Sonne zu glauben. Frühe Ausstellungen zur Solartechnik weckten wenig Vertrauen – und auf das Vertrauen kam es an, nicht anders als bei der Kernenergie.[424] In diesem Punkt von der Kernenergie nicht gar so unterschieden, leiden die erneuerbaren Energien bis heute unter Vertrauensverlusten, die durch ein überstürztes Vorpreschen und eine Unterschätzung des notwendigen Erfahrungslernens hervorgerufen wurden.[425]

Ein ungewöhnlicher Fall war auf dem Höhepunkt des Atomkonflikts Bernd Stoy, RWE-Direktor im Bereich Energieanwendung und zugleich Vorsitzender des Bundesverbandes Solarenergie, der 1977 ein populäres Handbuch zur Solartechnik veröffentlichte, das bis 1980 auf fast 700 Seiten anschwoll, und obendrein die bis dahin vorwiegend von Kernkraftkritikern vertretene These, dass sich das Wirtschaftswachstum von einem Wachstum des Energieverbrauchs «entkoppeln» lasse, mit der Autorität des energiewirtschaftlichen Insiders unterstützte.[426] Man erkennt, wie Stoy zwischen der Loyalität gegenüber RWE und der Leidenschaft für die Sonnenenergie hin- und hergerissen wurde.[427] Die Firmenloyalität wahrt er dadurch, dass er private Solaranlagen in Verkopplung mit der Wärmepumpe propagiert und auf diese Art die Strategie des Stromriesen unterstützt, in den Wärmemarkt vorzudringen.[428]

Mit versteckter Selbstironie empfiehlt er diesen Verbund als Erleichterung des Umweltgewissens;[429] er ist auch ehrlich genug, darauf hinzuweisen, dass erst einmal Energie verbraucht werden muss, damit die Wärmepumpe funktioniert und nach Bedarf Kälte produziert. «Wer nicht badet, muss warmes Bier trinken.»[430]

Wenn sich norddeutsche Sozialdemokraten, ja selbst Grüne[431] gegen die Kerntechnik wandten, war ihre Alternative zumeist ganz einfach, auch wenn sie das nicht laut sagten: die Kohle. Die gab es ja noch für unabsehbare Zeit; das Ruhrrevier, die größte traditionelle Bastion der SPD, litt seit 1957 schwer unter dem Einbruch der Kohlenachfrage. In den 1980er Jahren jedoch begannen umweltbewusste Kernkraftgegner diese Alternative als fragwürdig einzuschätzen: zuerst durch den Alarm über das vermeintliche «Waldsterben», dann ab 1986 durch den Alarm über die globale Erwärmung als Folge der Kohlendioxidemissionen, der mit dem Schock von Tschernobyl zusammentraf. Von jetzt ab gerieten die Dinge in stürmische Bewegung.[432] Der Aufwärtstrend wurde selbst von der deutschen Vereinigung nicht unterbrochen. Von 1990 bis 1992 förderte die von der CDU geführte Bundesregierung die dezentrale Produktion von Solarenergie mit dem «Tausend-Dächer-Programm», das zwischen 1999 und 2003 mit dem «Hunderttausend-Dächer-Programm» der rot-grünen Regierung noch weit übertrumpft wurde,[433] aber selbst dieser gewaltige Quantensprung brachte die Solarenergie nicht aus ihrer marginalen Position heraus.

In der Person des alten *Ludwig Bölkow* (1912–2003), eines Gründervaters des mächtigen Rüstungskonzerns Messerschmidt-Bölkow-Blohm (MBB), Freund von Franz Josef Strauß und lange Zeit treibende Kraft der bundesdeutschen Raumfahrt, bekam die Solarszene unerwartet einen «starken Mann» und einen prominenten und feurigen Vorkämpfer. Die Solartechnik wurde sein Ruhestandshobby, und aus der Raumfahrt brachte er Kompetenz und Ressourcen mit. Er machte sich darüber lustig, dass die Kernenergie – einst Inbegriff der «neuen Technologie» – immer noch «die heiligste Kuh unserer konservativen Industriewelt» sei.[434] Auf seine Initiative hin wurde 1986 mit Bundesförderung im oberpfälzischen Neunburg vorm Wald – bei Wackersdorf, um das damals noch die letzte große Schlacht im Atomkonflikt tobte – eine mit Solarzellen betriebene Anlage zur Wasserstoffproduktion errichtet, einer potentiellen Lösung des Energiespeicherproblems. Die Anlage wurde als größte der Welt gepriesen, war allerdings nach Maßstäben der Energiewirtschaft ein Nichts. Als Quintessenz seines langen Lebens hob Bölkow hervor: «Die Lösung eines

Problems muss in das Gesamtsystem passen.»[435] In der Tat, das war der Punkt: In das Gesamtsystem passte die Solarenergie bislang nicht hinein.

Nach 1986 brach vor allem unter umweltbewussten Sozialdemokraten jahrelang eine solare Wasserstoffeuphorie aus, und man erinnerte sich an Bebels Vision vor fast hundert Jahren.[436] Selbst der *Spiegel* machte den solaren Wasserstoff am 11. August 1987 zum Titelhelden, wobei das sonst für seinen Sarkasmus berühmte Magazin eine ungewohnte Begeisterungsfähigkeit zeigte.[437] Die Welle der Begeisterung erstarb jedoch schon geraume Zeit vor Bölkows Tod: Der explosive Wasserstoff war eine tückische Substanz, die man nicht im Sturm erobern, sondern in die man sich nur mit großer Vorsicht hineintasten konnte. Unterdessen hatte sich jedoch unauffällig eine womöglich bahnbrechende Innovation vollzogen: 1989 wurde als Stand der Technik anerkannt, dass sich dezentral vom Verbraucher erzeugte Energie ins Netz einspeisen lässt, wobei der Stromzähler rückwärtsläuft.[438] Darauf basierte das 1991 zum Gesetz gewordene deutsche Fördermodell der Einspeisevergütung für Strom, den private Stromverbraucher aus erneuerbaren Energiequellen erzeugen: auch aus amerikanischer Sicht ein entscheidender Fortschritt gegenüber dem früheren amerikanischen Modell, die Solarenergie durch Subventionen an die großen Stromproduzenten zu fördern; denn diese Subventionen erlitten oft das typische Schicksal der «Entwicklungshilfe» und wurden zweckentfremdet, wenn nicht gar zu konträren Zwecken verwendet.[439] Auch das deutsche Fördermodell hat freilich die Tücke aller Subventionen: Diese können die Unwirtschaftlichkeit bestimmter Entwicklungen verschleiern. Immer noch bleibt ein Misstrauen bestehen, ob die Solartechnik nicht ohne Subventionen wie ein Kartenhaus zusammenbricht.

Seit jüngster Zeit steht nun das faszinierende Megaprojekt im Raum, das in der Solartechnik so lange fehlte: das *Desertec*-Projekt zur Versorgung von Europa mit Solarstrom aus der Sahara, also genau die Vision des Physikers Kohlrausch an der Jahrhundertwende, die schon Bebel begeisterte und 1987 von dem einstigen «Brüterpapst» Häfele als «harte Sonnenenergie» charakterisiert wurde.[440] Der *Club of Rome*, einst ein Thinktank der Öko-Ära, und das *Deutsche Zentrum für Luft- und Raumfahrt* (DLR) warben gemeinsam in der Industrie für das abenteuerliche Wüstenprojekt,[441] dessen Kosten auf 400 Milliarden Euro geschätzt werden, und wer die Geschichte kennt, der weiß, dass derartige Voranschläge in der Regel viel zu niedrig sind. Die um den Klimawandel besorgte Münchener Rück, die größte Rückversicherungsgesellschaft der Welt, stieg ebenfalls ein und trieb das Projekt voran.[442] Ein derartiges

Szenario hatte es in der Geschichte der Solartechnik noch nie gegeben: Die Großen der Wirtschaft drängen in die Vorbereitungsgremien hinein wie ein halbes Jahrhundert zuvor in die Atomkommissionen.

Heute wie damals muss man allerdings genau hinschauen, ob diese Beteiligung einen verbindlichen Charakter besitzt und auch mit einer Beteiligung am Risiko und einem erheblichen Einsatz eigener Mittel verbunden ist. Merkwürdig ist auch zweierlei: zum einen, dass die Energiegewinnung in der Wüste vorwiegend auf konventionelle Weise durch Kollektoren, nicht durch Photovoltaik geschehen soll; und zum anderen, dass die geplanten Anlagen eine gigantische Ausdehnung haben sollen, obwohl das *upscaling* bei der Solarenergie, anders als bei fossiler und nuklearer Energie, keine Kosteneinsparung verspricht, dagegen die Abhängigkeit von politisch recht unsicheren Regionen erhöht. Technisch machbar sei das Projekt, wird von den Beteiligten plausibel versichert, zumal es im Kern nicht einmal auf der teuren Photovoltaik, sondern auf vergleichsweise konventionellen solarthermischen Anlagen[443] basiert. Fraglich ist nur, ob es Bölkows Kriterium erfüllt und auch das implizierte Gesamtsystem realistisch ist. Zugleich ist *ein* Effekt evident: Mit diesem gigantischen Projekt gerät die Solarenergie wieder ganz in die Regie der Großunternehmen, der sie mit den dezentralen Anlagen zu entgleiten droht. In genau diesem Umstand besteht auch die spezifische Attraktivität der *Offshore*-Windparks auf dem Meer. Demgegenüber sprechen gewichtige Argumente dafür, dass sich der Durchbruch der Solarenergie nicht in der Energiewirtschaft, sondern im solaren Bauen vollzieht.[444] Das ist jedoch ein Prozess, der sich nicht durch gigantische Projekte vorantreiben, überhaupt nur begrenzt von oben steuern lässt.

Blinde Flecke in der «ökologischen Kommunikation». Je mehr man über die Solarenergie liest und nachdenkt, desto gründlicher wird man von der Einbildung kuriert, wir befänden uns im Umweltschutz an einem Ende der Geschichte. Stattdessen lauter offene Fragen. Dass die Solarenergie nach über hundert Jahren technischer Entwicklungsansätze selbst in sonnenreichen Ländern in ihrem Anteil an der Energieversorgung noch so marginal ist, nur so «atemberaubend langsam» (Hermann Scheer) vorankommt und manchmal sogar wieder eine rückläufige Tendenz aufweist: Könnte dies ein Indiz dafür sein, dass die physikalisch-technischen Probleme, von Nischenbereichen abgesehen, doch unüberwindlich sind? Oder sind es die etablierten Mächte der Energiewirtschaft, die diesen Fortschritt hintertreiben? Ist die Umstellung der Wirtschaft auf Solarenergie technisch möglich, und sind nur unsere bestehenden politischen und wirtschaftlichen Systeme von dieser Aufgabe überfordert? Wie erkennen wir, ob sich in bestimmten Regionen die Solartechnik «unterm Strich» lohnt, also ob sie erheblich mehr Energie produziert, als zu ihrer Produktion und Entsorgung aufgewandt wird? Lässt sich erkennen, ob die Solartechnik noch ganz erhebliche Entwicklungspotentiale besitzt und qualitative Sprünge in der Effizienz zu erwarten sind? Könnte es sein, dass der optimale Weg noch nicht gefunden ist und noch Alternativen zu erproben sind? Werden solche Fortschritte durch Subventionen gefördert oder blockiert? Ist bei der Förderung der erneuerbaren Energien das Speicherproblem sträflich vernachlässigt worden? Kommt man durch Megaprojekte à la Desertec voran oder ganz im Gegenteil durch eine Strategie der kleinen Schritte und der sorgfältigen Auswertung von Erfahrungen?[445] Bedeutet Desertec ein Signal, dass sich die Nutzung der Solarenergie in einem Land wie Deutschland nicht lohnt? Sind derart gigantische Projekte nötig, um der Solarenergie den großen Sprung zu verschaffen, oder zeigt die historische Erfahrung, dass ein großer Sprung oft in ein Nichts führt und Großprojekte einen fatalen Sog ausüben, der die Ressourcen von nützlicheren Dingen abzieht? Soll man Tendenzen zur Verstaatlichung der Energieversorgung unterstützen, oder ist es gerade im Blick auf die erneuerbaren Energien besser, wenn die Energieproduktion ein Tummelfeld der Privatinitiative ist? Lohnt sich der Kampf für eine Rekommunalisierung der Energieversorgung, oder muss man befürchten, dass die Stadtwerke auf die Länge der Zeit wieder in ihren sprichwörtlichen «Dornröschenschlaf» zurückfallen?

Und darüber hinaus die entscheidende Frage: Wie gehen wir mit all diesen Unsicherheiten um; wie erkennen und diskutieren wir unterschiedliche Optionen, und wie gelangen wir zu Entscheidungen? Die Geschichte der «ökologischen Kommunikation» ist unendlich, und doch erkennt man an diesem Punkt besonders deutlich, dass sie bislang auch eine Geschichte von Defiziten ist. Über die meisten dieser Fragen gibt es in der Öffentlichkeit keine große Diskussion; und im kleinen Kreis hört man dazu selbst innerhalb der Öko-Szene ganz unterschiedliche Meinungen. Die Pro-und-Kontra-Diskussion über die Kernenergie hat keinen Kommunikationsstil geschaffen, der mit dieser Pluralität der Optionen umzugehen vermag. Freund-Feind-Kategorien blockieren hier das Denken.

Bei alledem sollte man jedoch nie vergessen, was in wohlmeinenden Diskussionen zu oft verdrängt wird: Bei Fragen der Energiepolitik geht es in eminentem Maße um Macht; durch Kommunikation allein werden sie nicht entschieden. Die bestehende Energiewirtschaft tendiert unter den «Erneuerbaren» in aller Regel zu zentralistischen Lösungen. Ein im Blick auf die Zukunft vernünftiger Konsens kann nur über Konflikte zustande kommen.[446] Manche Ölkonzerne suchten den Eindruck zu erwecken, man könne ihnen, da sie die Grenzen der Erdölressourcen am besten kennen, getrost die Entwicklung der erneuerbaren Energien überlassen: BP bedeute nunmehr «Beyond Petrol»; aber mittlerweile wurde die Weltöffentlichkeit gründlich eines anderen belehrt. Die von BP verursachte *Deepwater-Horizon*-Ölkatastrophe im Golf von Mexiko gibt einen Vorgeschmack von den Umweltdesastern, die zu erwarten sind, wenn die Ölgiganten an die umfangreichen submarinen und in Sänden und Schiefern enthaltenen Ölressourcen gehen; dabei handelt es sich um Risikobereiche, auf deren Bewältigung die Energiewirtschaft, wie sich überdeutlich zeigt, nicht auch nur annähernd gerüstet ist. Die Erdöl- und Energiewirtschaft hat die größten Machtzusammenballungen der Wirtschaftsgeschichte entstehen lassen; diese sind in hohem Maße dazu fähig, den Informationsfluss zu beeinflussen. Informationen zu Energiefragen sind selten ganz unschuldig; viele der einschlägigen Themen haben bereits ihre Geschichte und sind durch Interessen, Kontroversen und Sprachregelungen belastet.

Nicht nur aus historischer, sondern auch aus aktueller Sicht ist noch eine weitere Frage besonders spannend: Ist nicht nur die Kerntechnik durch ihre Herkunft aus dem Militärkomplex geprägt, sondern sind auch alternative Energietechniken dauerhaft durch ihre Genese imprägniert?[447] Hängt es der Photovoltaik bis heute an, dass sie aus der Raumfahrt stammt, wo Geld keine Rolle spielte?[448] Mag es auch für viele komisch klingen, mit Franz Alt die Rettung der Menschheit vom Schilfgras zu erhoffen:[449] Könnte es entscheidend darauf ankommen, dass wir uns ganz neue Wege offenhalten, die einer neuen Denkweise entspringen?[450] Geschichte ist Wandel; der historische Zugang leistet der Gegenwart den besten Dienst, wenn er den Blick für diese Möglichkeit offenhält.

Nicht wenige Erfahrungen gerade der jüngsten Zeit deuten darauf hin, dass es für die Umweltbewegung nicht nur wegen des Umweltschutzes, sondern auch um ihrer selbst willen wichtig wäre, über bisherige blinde Flecke der «ökologischen Kommunikation» vernünftig zu reden. «Umweltschutz» ist ein vieldeutiges Wort, und in Deutschland wie anderswo gilt die Regel, dass innerhalb der Umweltbewegung, je mehr sie an Einfluss gewinnt, sich desto mehr auch innere Spannungen zuspitzen. Sie ist ja um 1970 aus heterogenen Bestrebungen mit sehr unterschiedlicher Geschichte zusammengewachsen; der Verbund war oft nur äußerlich, durch gemeinsame Gegner und das gemeinsame Gefühl der Ohnmacht vermittelt. Sobald dieser Zusammenhalt fehlt, besteht die Gefahr, dass die Umweltbewegung wieder in ihre ursprünglichen Bestandteile zerfällt. Das zeigt sich gerade in Deutschland, wo der politische Einfluss der Umweltbewegung über die Grünen stärker wurde als in den meisten anderen Ländern der Welt. Besonders heftig wurde hier der Konflikt zwischen global orientierten Umweltschützern auf der einen und Natur- und Landschaftsschützern auf der anderen Seite im Zuge der massiven staatlichen Förderung der erneuerbaren Energien. Hermann Scheer, der wortgewaltigste Vorkämpfer der Solarenergie, ging in jüngster Zeit so weit, den Hauptgegner nicht mehr in der Energiewirtschaft, sondern in «der Umweltbewegung» – konkret vor allem den Landschaftsschützern – zu sehen, die allenthalben Windpark- und Wasserkraftpläne sowie großflächige Solarprojekte erbittert durchkreuzten. «Unzählige Projekte mit erneuerbaren Energien sind so unter Berufung auf Natur- und Landschaftsschutz verhindert worden.»[451] Obwohl es in Norddeutschland oft leichter ist, an die Kraft des Windes als an die der Sonne zu glauben, machte der *Spiegel*, der viele Jahre den Kernkraftgegnern Schützenhilfe geleistet hatte, am 29. März 2004 mit dem Titel Furore: «Der Windmühlen-Wahn – Vom Traum umweltfreundlicher Energie zur hoch subventionierten Landschaftszerstörung». Die Titelstory zitierte mit Genuss den Gründer einer Initiative «Rettet die Uckermark» mit der – historisch recht ahnungslosen – Behauptung, die Windparks seien «die schlimmsten Verheerungen seit dem Dreißigjährigen Krieg». Wenn man über grüne Zielkonflikte nicht zu reden versteht, richtet sich die Kampfeslust der Umweltbewegung gegen sich selbst.

Doch ein Grundwiderspruch? In den Anfangsjahren der «ökologischen Revolution» waren die «Grenzen des Wachstums» ein Leitmotiv der Umweltdiskussionen. Als dann das Öl aus dem Nahen Osten doch wieder ungehindert floss, waren es eher die Grenzenlosigkeit des Wachstums und die unaufhaltsam wachsenden Emissionen, die Grund zur Unruhe gaben. Im Übrigen konzentrierten sich die Umweltaktivisten jedoch auf konkretere Ziele, wo es etwas zu tun gab. In neuerer Zeit dagegen, im Zuge der Weltherrschaft des aller Grenzen entledigten Kapitalismus, wurde der Gedanke zum Gemeingut vieler Umweltdiskussionen, dass der in unserem Wirtschaftssystem enthaltene Zwang zum Wachstum – oder zumindest die Zwangsvorstellung, ein Ende des Wachstums sei gleichbedeutend mit Niedergang – die letzte Ursache der meisten Umweltprobleme sei. Wenn das zuträfe, gäbe es doch einen Grundwiderspruch zwischen Ökonomie und Ökologie. In der nach 1972 weltweit geführten Debatte über die Studie des *Club of Rome* erblickten jedoch damalige Koryphäen der Ökonomie wie Jan Tinbergen in den Grenzen des Wachstums, die sie nicht bestritten, nicht zwangsläufig auch ein Grundproblem des Wirtschaftssystems.[452] Beruhte nicht der Marktkapitalismus seit eh und je auf der Knappheit der Güter? Im Schlaraffenland braucht man keine Ökonomen.[453]

Nur ausgerechnet der sonst besonnene Wirtschaftshistoriker Hans Rosenberg, der 1934 in seinem Klassiker zur *Weltwirtschaftskrise von 1857–1859* geschildert hatte, wie schon dem allerersten industriellen Wachstumsboom prompt die Krise folgte, schäumte 1973 über die «apokalyptische Reiteridee des ‹Nullwachstums›».[454] Die Wachstumsfixiertheit der Wirtschaftswissenschaften stammt nicht von den ökonomischen Klassikern von Smith bis Keynes, sondern vor allem von Walt W. Rostow und seinen *Stages of Economic Growth: A Noncommunist Manifesto* (1960). Vom theoretischen Niveau her war dieses Buch ein Rückfall in ein primitives mechanistisches Denken: Wenn man die Investitionsrate, wie auch immer, über vierzehn Prozent hinaus erhöht, setzt ihm zufolge – Flugzeugmetapher – ein *Take-off* zu einem sich selbst tragenden Dauerwachstum ein. Gerade in der Entwicklungshilfe wurde diese Theorie populär, obwohl sie dort nie funktionierte; zu einem zum Selbstläufer werdenden Take-off hat Rostow dagegen – später als *America's Rasputin* in Erinnerung[455] – als einflussreicher Präsidentenberater im Vietnamkrieg beigetragen. Danach war es mit seiner Reputation dahin.

Jan Tinbergen gehörte 1991 zusammen mit dem Weltbank-Berater Herman Daly zu denen, die in einem «Ökologischen Arbeitspapier» der Weltbank in Auslegung des Brundtland-Berichtes mit Nachdruck hervorhoben, *sustainable development* dürfe in den hochindustrialisierten Staaten keinesfalls im Sinne eines fortgesetzten Wachstums verstanden werden.[456] So gesehen, führt die Ökologie die Ökonomie auf ihren ursprünglichen Sinn der «Haushaltslehre» zurück. Oder gibt es ein unendliches «qualitatives Wachstum», das nicht zwangsläufig mit einem erhöhten Ressourcenverbrauch verknüpft ist? Wenn überhaupt, erscheint dieses nur bei einem Ende des Bevölkerungswachstums vorstellbar. Auch dies, ein zentrales Thema der «ökologischen Revolution» um 1970, wurde seither zu einem blinden Fleck der ökologischen Kommunikation. Die Geschichte ist nicht zu Ende.

4. Die Zeitenwende um 1990 – Von der sozialen zur Generationengerechtigkeit?

Drittes Zeitfenster: Die Umweltkonjunktur von Tschernobyl bis Rio, 1986–1992

26. April 1986	Reaktorkatastrophe von Tschernobyl; am 29. April erste Sitzung der dafür eingesetzten «Operativen Gruppe» des ZK der KPdSU. Am 5. Mai erster *Spiegel*-Titel über Tschernobyl («Mörderisches Atom»).
23. Mai 1986	Indien: Environment (Protection) Act, in verspäteter Reaktion auf die Chemiekatastrophe von Bhopal am 2. Dezember 1984.
7. Juni 1986	Gewalttätige Zusammenstöße zwischen Demonstranten und Polizei am Baugelände der geplanten Wiederaufarbeitungsanlage Wackersdorf; zugleich Großdemonstration am Kernkraftwerksgelände Brokdorf.
5. Juni 1986	Bundesministerium für Umwelt, Naturschutz und Reaktorsicherheit gegründet; erster Bundesumweltminister: Walter Wallmann.
10. Juni 1986	Erster Jahrestag der Versenkung des *Rainbow Warrior* durch den französischen Geheimdienst; Greenpeace-Aktivisten blockieren überall auf der Welt französische Botschaften und Konsulate und rufen zum Stopp der Atomtests auf.
1986	USA: *Emergency Planning and Community Right-To-Know Act*, der – durch eine auf die Chemiekatastrophe von Bhopal (3.12.1984) zurückgehende Bürgerbewegung veranlasst – Chemieunternehmen zur Offenlegung ihrer Emissionen und Katastrophenpläne zwingt. Die EPA wird ermächtigt, solchen Unternehmen, die gegen Umweltvorschriften verstoßen haben, Umwelt-Audits vorzuschreiben: umfassende Bestandsaufnahmen der von dem Unternehmen verursachten Auswirkungen auf die Umwelt.
1986	Paul Watson und seine Mitstreiter von der *Sea Shepherd* zerstören die gesamte Walverarbeitungsanlage in Reykjavik und versenken die halbe isländische Walfangflotte, ohne dass die isländische Staatsanwaltschaft Klage erhebt.
1986	Simbabwe: CAMPFIRE *(Communal Areas Management Programme for Indigenous Resources)* nach langer Vorlaufzeit gegründet.
1986	*Conservation International* wird neben dem World Wildlife Fund (WWF) und The Nature Conservancy (TNC) zu einer

	international besonders aktiven Wildnisschutz-NGO. Beginn der steilen Karriere des Leitziels «Biodiversity».
3. Juli 1986	Das sowjetische Politbüro wird erstmals umfassend über die Risiken der sowjetischen Kernkraftwerke aufgeklärt.
August 1986	Gorbatschow gibt das bis 1868 zurückreichende Dawydow-Projekt auf: Umleitung sibirischer Flüsse zur Bewässerung Innerasiens.
11. August 1986	*Spiegel*-Titel «Die Klima-Katastrophe» mit dem Bild des zu zwei Dritteln unter Wasser stehenden Kölner Doms.
2. September 1986	Umweltbibliothek in Räumen der Ostberliner Zionsgemeinde gegründet.
Oktober 1986	Peter Wensierski: *Von oben nach unten wächst gar nichts. Umweltzerstörung und Protest in der* DDR (erste aufrüttelnde Reportage über ostdeutsche Umweltprobleme).
1986	Die Internationale Walfangkommission (IWC) reduziert die Walfangquoten auf null. In der Folge wird das Verbot des Walfangs unter dem Mantel «wissenschaftlicher» Zwecke wieder aufgeweicht.
1986	Indien: Beginn der Kampagne gegen den Bau des Narmada-Staudamms.
1. November 1986	Großbrand bei der Sandoz AG bei Basel. 1351 t Chemikalien gehen in Flammen auf und schockieren die Öffentlichkeit.
1986	Auf Initiative von Ludwig Bölkow entsteht mit Bundesförderung in Neunburg vorm Wald (Oberpfalz) eine mit Solarenergie betriebene Anlage zur Wasserstoffproduktion.
1986	Ulrich Beck: *Risikogesellschaft. Auf dem Weg in eine andere Moderne.*
1986	Bertrand Schneider (Generalsekretär des *Club of Rome*): *Die Revolution der Barfüßigen* (Bericht an den Club of Rome, der für Einbeziehung von NGOs in die Entwicklungshilfe plädiert, teilweise im Blick auf die damit verbundenen ökologischen Probleme).
Anfang 1987	Christa Wolf: *Störfall.*
1987	*Einheitliche Europäische Akte;* die Europäische Gemeinschaft (EG) erlangt die Kompetenz für Umweltpolitik und das Recht, entsprechende Beschlüsse mit Mehrheit zu fällen.
1987	Gründung der «Stiftung Europäisches Naturerbe» (Euronatur), zunächst vorwiegend auf Initiative des BUND, dann auch unter Beteiligung anderer Umweltverbände; das erste Projekt richtete sich auf die Rettung der Save-Auen.
1987	Die zweite Nordseeschutzkonferenz verfügt unter dem Eindruck einer Greenpeace-Kampagne das Ende der Industriemüllverklappung auf See bis zum Jahresende 1989.

1987	Italien: Ein Referendum entscheidet den Ausstieg aus der Kernenergie.
1987	Klaus Töpfer wird Bundesumweltminister (bis 1994).
1987	«Brundtland-Report» (Report der 1983 von der UNO eingerichteten *World Commission on Environment and Development*) *Our Common Future* mit dem Plädoyer für eine Strategie des *sustainable development*: *«Development that meets the needs of the present without compromising the ability of future generations to meet their own needs.»* Grundlegend für Rio 1992.
1987	USA: Die *Commission for Racial Justice of the United Churches of Christ* veröffentlicht einen Bericht *Toxic Wastes and Race in the United States*: grundlegend für die *Environmental-Justice*-Bewegung.
1987	Richard Register: *Ecocity Berkeley: Building Cities for a Healthy Future* (ebenfalls grundlegend für *environmental justice*).
1987	Vollständiges Verbot des Holzexports durch Indonesien und die Philippinen.
1987	Im Blick auf die erste Konferenz der ITTO *(International Tropical Timber Association)* in Yokohama im März 1987 und in Reaktion auf die internationale Kritik an der Zerstörung der Regenwälder gründet sich das *Japan Tropical Forest Action Network* (JATAN).
25. Januar 1987	Bundestagswahl: Der Stimmenanteil der Grünen wächst auf 8,3 %.
März 1987	In Sarawak (Borneo) beginnen Dayak-Stämme mit Straßenblockaden gegen auswärtige Holzfällerfirmen.
18. März 1987	In seiner Regierungserklärung unterstützt Bundeskanzler Kohl das Konzept «Schuldenerlass gegen Umweltschutz» für Drittweltländer *(Debt for Nature Swap)*. Die Idee hatte Thomas Lovejoy (World Wildlife Fond) 1984 aufgebracht.
April 1987	Sowjetunion: Einsetzung einer Regierungskommission über die ökologische Situation im Aralbecken.
1987	Auf «Debt-for-Nature»-Basis gründet Costa Rica den *Guanacaste National Park* als «Megapark» von tropischem Regenwald, erstmals unter Einbeziehung traditioneller einheimischer Formen der Landnutzung *(Costa Rica Debt Conservation Plan)*. Die Regierung von Bolivien und *Conservation International* (CI) schließen das erste *Dept-for-Nature-Swap*-Abkommen.
1987	Nach der Aufhebung des Kriegsrechts am 15. Juli in Taiwan tritt eine breite antinukleare Bewegung in der Öffentlichkeit hervor.
September 1987	Unterzeichnung des *Montreal Protocol on Substances That Deplete the Ozone Layer.*
24. November 1987	DDR: Die Umwelbibliothek wird vom MfS besetzt.

27. November 1987 Bundestags-Enquetekommission «Vorsorge zum Schutz der Erdatmosphäre» eingesetzt (bis 1991). Eine 1991 eingesetzte zweite Kommission zum gleichen Thema findet weniger Beachtung.

1988 Das *United Nations Environment Programme* (UNEP) und die *World Meteorological Organization* (WMO) gründen gemeinsam das IPCC *(Intergovernmental Panel on Climate Change)*.

1988 Eine internationale Bewegung zum Schutz der Tropenwälder, nunmehr auch als Beitrag zum Klimaschutz, ist im Entstehen; Beginn von Aufrufen zum Tropenholzboykott. Im Oktober *World Rainforest Week;* Demonstrationen vor japanischen Botschaften.

1988 José Lutzenberger, in der Folge bis zur Konferenz von Rio brasilianischer Staatssekretär für Umweltfragen, erhält den Alternativen Nobelpreis für seine Verdienste im Kampf um die Erhaltung des Regenwalds.

1988 In Belem (Brasilien) findet der erste Internationale Kongress für Ethnobiologie statt; dort wird die *International Society of Ethnobiology* gegründet. In einer Erklärung heißt es: «Indigenous peoples have been stewards of 99 percent of the world's resources.»

1988 Sowjetunion: Die Zeitschriften *Nowij Mir* und *Pamir* organisieren eine Expedition in die Aralregion, die die Aufmerksamkeit der Öffentlichkeit auf die dortige ökologische Katastrophe lenkt.

1988 Sowjetunion: Gründung der «Sozio-Ökologischen Union», die Beziehungen zur internationalen ökologischen Community aufnimmt, Informationen verbreitet und Aktionen koordiniert.

1988 Lettland: Auf öffentlichen Druck hin wird ein Staatliches Komitee für Naturschutz geschaffen: einer der ersten Schritte zum Wege der baltischen Staaten in die Unabhängigkeit.

1988 Protestbewegung in Ungarn gegen einen bei Nagymaros geplanten Donaustaudamm.

1988 Thailand: Nach anhaltenden Protesten gibt die Regierung den Plan auf, am größten Zufluss des River Kwai einen Staudamm zu errichten.

1988 Korea: Mehrere Verbände gegen Umweltverschmutzung schließen sich zur Massenorganisation zusammen: *Korean Anti-Pollution Movement Association* (KARMA). In der Folgezeit verschärfter Protest gegen Atommülldeponien.

1988 Vandana Shiva: *Staying Alive. Women, Ecology and Survival in India.*

1988 Das Robbensterben in der Nordsee – obwohl vermutlich nicht durch Meeresverschmutzung, sondern durch einen

	Virus verursacht – ruft eine breite öffentliche Erregung hervor und gibt dem Schutz des Wattenmeers einen noch nie da gewesenen öffentlichen Rückhalt.
1988	Gründung der Europäischen Vereinigung für Erneuerbare Energien durch den SPD-Politiker Hermann Scheer.
Februar 1988	Bundesrepublik: Verbot von verbleitem Benzin.
März 1988	Die Weltbank richtet auf Stabsebene eine Umweltabteilung zur Integration des Umweltschutzes in ihre sämtlichen Aktivitäten ein.
März 1988	Australien: Mehrere grüne Gruppen vereinigen sich zur *Rainbow Alliance*, unter der Devise: *Remaking Australia, People in Control of Politics, the Economy and the Environment.*
27. April 1988	Walerij A. Legassow, stellvertretender Direktor des sowjetischen Kurtschatow-Instituts für Atomenergie, der zur Leitung der Aufräumarbeiten nach Tschernobyl abkommandiert war, erhängt sich.
Mai 1988	Brice Lalonde, zu jener Zeit der bekannteste grüne Politiker Frankreichs, wird in die Regierung berufen: zunächst als Staatssekretär, dann als Minister für Umweltfragen. 1990 gründet er die Partei Génération écologie.
Mai 1988	Grüne Bewegung Estlands gegründet, ihrem Statut nach «eine demokratische radikale Bürgerinitiative zur Verhütung einer ökologischen Katastrophe, zur Herausbildung einer naturverbundenen Lebensweise und zur Liquidierung der bürokratisch-technokratischen Macht, die der Umwelt Gegenüber feindlich gesinnt ist».
5. Juni 1988	Leipzig: Erster Pleißegedenkmarsch auf der kilometerlangen Abdeckung des zur Kloake gewordenen Flusses, von der Initiativgruppe Leben und Arbeitsgruppe Umwelt (AGU) vorbereitet.
Juni 1988	Auf Einladung der kanadischen Regierung tagt in Toronto die Konferenz *The Changing Atmosphere: Implications for Global Security*, die vor dem Hintergrund einer «Jahrhundertdürre» auch in den USA Alarmsignale auslöst und später als Initialzündung für die dann folgenden Ansätze globaler Klimapolitik gewertet wird. Sie setzt das Ziel, bis 2005 die CO_2-Emissionen um 20 % zu reduzieren
Juni 1988	Ostberlin: In Spannung zur Umweltbibliothek konstituiert sich die «Arche Nova» («Grün-ökologisches Netzwerk Arche»). Ihre spektakulärste Aktion ist der noch im gleichen Monat unter strenger Geheimhaltung gedrehte Dokumentarfilm *Bitteres aus Bitterfeld*, der nach Westberlin geschmuggelt wird.
Juni 1988	Michael Beleites: *Pechblende* (Enthüllungen über den Uranbergbau der *SDAG* Wismut in Sachsen und Thüringen).

1988	Die Bezirksgruppe Berlin-Pankow der offiziellen *Gesellschaft für Natur und Umwelt* (GNU) gründet eine Interessengemeinschaft Stadtökologie, die zu einem Sammelbecken der Opposition wird.
8. Juli 1988	Das Europäische Parlament stimmt einer Resolution über Einfuhrbeschränkungen über Tropenholz aus Malaysia zu.
Oktober 1988	Jahrestreffen der *Friends of the Earth International* in Krakau, der bis dahin einzigen großen Umweltorganisation, die bereits bis in Ostblockländer reichte.
November 1988	Die Ankündigung einer Kahlschlagsanierung im Ostberliner Stadtviertel Prenzlauer Berg ruft Unruhe unter der dortigen Bevölkerung hervor. Auch die Potsdamer Stadtökologiegruppe ARGUS, zunächst innerhalb der GNU, gewinnt den Charakter einer autonomen Bürgerinitiative.
Dezember 1988	USA: *Ancient Forest Alliance* gegründet. Die Bewegung zum Schutz des Fleckenkauz-Habitats gewinnt breiteren Rückhalt.
22. Dezember 1988	Ermordung von Chico Mendes.
Jahresbeginn 1989	Titel der *Time:* Statt des zu Jahresbeginn üblichen *Man of the Year* dieses Mal *Planet of the Year – Endangered Earth*, ein von Christo eingewickelter Globus vor einem Sonnenuntergang.
1989	Nach verheerenden Überschwemmungen erlässt Thailand ein landesweites Holzschlagverbot.
1989	Bruno Manser, der in Sarawak den Stamm der Penan gegen auswärtige Holzfäller unterstützt, macht die *International Tropical Timber Organization* (ITTO) auf die Verletzung der Rechte der Indigenen beim Holzschlag in Sarawak aufmerksam. Seit 1987 zeigte sich die ITTO über die zunehmende Zerstörung der Tropenwälder besorgt. Ab 1989 macht sie sich das Konzept der Zertifizierung zur Durchsetzung von Standards nachhaltiger Forstwirtschaft zu eigen.
1989	COICA *(Coordinating Body of Indigenous Organizations of the Amazonas Basin)* appelliert an die «community of concerned environmentalists», zusammen mit dem Tropenwald auch die indigenen Kulturen zu schützen, und wirft ihr vor, sie «have left us, the Indigenous Peoples, out of your vision of the Amazonian Biosphere».
1989	Beschluss der Weltbank, von jetzt ab auch NGOs in Entscheidungsprozesse über zu fördernde Projekte einzubeziehen.
1989	Die EPA erteilt New York die Weisung, die Wasserqualität der Metropole drastisch zu verbessern, worauf diese, statt eine extrem teure Filtrieranlage zu bauen, ein Waldschutzprojekt betreibt.
März 1989	Havarie des Öltankers «Exxon Valdez» vor Alaska.
1989	Der Aralsee teilt sich in zwei getrennte Seen; die Katastro-

	phe des Sees erregt die Aufmerksamkeit der westlichen Medien.
ab 1989	Immer mehr Informationen über Langzeitschäden in den radioaktiv verstrahlten Gebieten um Tschernobyl dringen nach außen; Beginn internationaler Hilfsaktionen; Protestbewegung in Kasachstan gegen dortige Atomwaffentests. In Georgien entsteht eine erste grüne Partei innerhalb der zerfallenden Sowjetunion.
1989	Der Dalai-Lama erhält den Friedensnobelpreis.
1989	Dai Qing: *Yangtse! Yangtse!*
1989	In Georgien wird der Bau eines großen Staudamms gestoppt, da bei Erdbeben eine Überschwemmungskatastrophe befürchtet wird.
April 1989	In Penang (Malaysia) tagt das *World Rainforest Movement Meeting.*
1989	Die ITTO plädiert erstmals für Holzzertifikate.
1989	Die Regionalregierung der Balearen stellt auf Druck seitens des Hoteliersverbandes und der Naturschützer etwa ein Drittel der gesamten Fläche der Inselgruppe unter Naturschutz. Im November 1992 Großdemonstration gegen die Einschränkung dieses Gesetzes.
1989	Bundesrepublik: In Erfüllung einer entsprechenden EWG-Richtlinie wird nach über zehnjähriger Diskussion eine Umweltverträglichungsprüfung bei raumordnungsrelevanten Projekten vorgeschrieben. Diese wird jedoch mit der «Beschleunigungsgesetzgebung» von 1996 wieder abgeschafft.
31. Mai 1989	Einstellung der Bauarbeiten für die geplante Wiederaufarbeitungsanlage bei Wackersdorf.
8. Juni 1989	Kalifornien: Eine Volksabstimmung entscheidet die Abschaltung des Kernkraftwerks Rancho Seco, das bereits eine Reihe von Pannen hinter sich hatte; seit 1987 hatte eine *Grassroots*-Gruppe *Sacramentans for Safe Energy* eine Kampagne gegen dieses Kernkraftwerk geführt.
9. Juni 1989	Die Errichtung einer nuklearen Wiederaufarbeitungsanlage bei Clairborne (Louisiana) wird angekündigt, in der Nähe von Siedlungen, die vor allem von Farbigen bewohnt waren. Der Widerstand gegen dieses Projekt, bei dem schwarze Kirchen eine führende Rolle spielen und der am Ende zum Erfolg führt, wird ein erster Höhepunkt der *Environmental-Justice*-Bewegung.
28. September 1989	In der indischen Stadt Harsud (Madhya Pradesh), die durch den geplanten Narmada-Stausee überflutet werden wird, erste Großkundgebung der im gleichen Jahr organisierten

	Protestbewegung *Narmada Bachao Andolan* («Rettet die Bewegung des Narmada»).
16. November 1989	Eine Woche nach der Maueröffnung: ARD-Film *Die unbewohnbare Republik? Umweltzerstörung in der DDR.*
Dezember 1989	Die UNO-Vollversammlung fordert eine weltweite Einstellung der Treibnetzfischerei bis 1992.
Dezember 1989	Beschluss der Umweltkonferenz in Rio 1992 durch die UNO-Vollversammlung entsprechend der Empfehlung der Brundtland-Kommission.
1990	Bundesrepublik: «Tausend-Dächer-Programm» zur Förderung der Solarenergie.
1990	Bundesrepublik: Ausstieg aus den FCKWs bis 1995; dieser Termin wird kurz darauf bis 1993 vorgezogen.
1990	Die Dünnsäureverklappung in der Nordsee wird verboten; sie war bereits das Zielobjekt der ersten Aktion von Greenpeace Deutschland 1980 gewesen.
1990	Monika Griefahn, bis dahin Vorsitzende von Greenpeace Deutschland, wird Umweltministerin von Niedersachsen.
1990	Ernst Ulrich von Weizsäcker: *Erdpolitik – Ökologische Realpolitik an der Schwelle zum Jahrhundert der Umwelt.*
1990	USA: Ein Amendment zum *Clean Air Act* von 1970 führt Emissionsbonds für Schwefeldioxid ein: entscheidender Durchbruch beim Handel von Emissionsrechten.
1990	Paul Watson («Sea Shepherd») rammt zwei japanische Treibnetzschiffe, ohne dass Japan Klage erhebt.
Februar 1990	Siemens kauft *Arco Solar*, den größten amerikanischen Produzenten von Solarzellen.
Frühjahr 1990	Auf Veranlassung japanischer NGOs erstes *International Narmada Symposium.*
April 1990	Der Europäische Rat beschließt die Errichtung der Europäischen Umweltagentur zur Erarbeitung eines europaweiten Umweltinformationssystems.
22. April 1990	Der amerikanische *Earth Day* im Zeichen der *Save-the-Ozone*-Kampagne; IBM und andere Silicon-Valley-Unternehmen geraten als weltgrößte FCKW-Verbraucher ins Visier. Im Silicon Valley hat sich eine eigene Umweltinitiative gegründet: die *Silicon Valley Toxics Coalition* (SVTC).
1990	IPCC-Bericht *Political Impacts of Climate Change* mit der Feststellung: «Die Abholzung der Wälder wird erst dann aufhören, wenn der natürliche Wald wirtschaftlich für die darin und ringsherum lebenden Menschen wertvoller ist als jede andere Nutzung desselben Bodens.»
1990	Die *World Parks Commission* der IUCN setzt das Ziel, zehn Prozent der Landfläche der Erde unter Naturschutz zu stel-

	len. Dieses Ziel wurde in den darauf folgenden zwei Jahrzehnten sogar überschritten: Mittlerweile stehen zwölf Prozent der Landfläche unter Naturschutz. In den ersten Jahren ab 1990 vor allem starke Zunahme von Nationalpark- und Schutzgebietsgründungen in Staaten des ehemaligen Ostblocks.
Mai 1990	Die ITTO veröffentlicht einen Bericht über Sarawak, in dem sie die Einschränkung des Holzschlags empfiehlt.
30. Mai 1990	BSE-Alarm: Frankreich erlässt ein vollständiges Importverbot für britisches Rindfleisch.
18. Juli 1990	Deutsche Bundesstiftung Umwelt (DBU) mit dem Privatisierungserlös der Salzgitter AG von umgerechnet 1,3 Milliarden Euro gegründet.
12. September 1990	Der DDR-Ministerrat beschließt auf seiner letzten Sitzung vor der deutschen Vereinigung das bis dahin bei Weitem umfangreichste Nationalparkprogramm der deutschen Geschichte.
28. September 1990	Bundesrepublik: Die GmbH *Der Grüne Punkt – Duales System Deutschland – Gesellschaft für Abfallvermeidung und Sekundärrohstoff-Gewinnung* wird gegründet.
Oktober 1990	China: Dreitägige internationale Konferenz über die Integration von wirtschaftlicher Entwicklung und Umweltschutz – erste von China einberufene Konferenz über Umweltprobleme.
2. Dezember 1990	Bundestagswahlen: Die Grünen scheitern an der Fünf-Prozent-Klausel.
1991	Zerfall der Sowjetunion.
1991	Washington: Erster *National People of Color Environmental Leadership Summit.*
1991	Bundesrepublik: «Stromeinspeisungsgesetz» zur Förderung der erneuerbaren Energien.
1991	Der im März 1990 gegründete «Naturschutzbund der DDR» schließt sich mit dem Deutschen Bund für Vogelschutz (DBV) zum *Naturschutzbund Deutschland (*NABU) zusammen, der unter seinem neuen Präsidenten Jochen Flasbarth (ab 1992) zum einflussreichsten deutschen Naturschutzverband wird.
1991	Wuppertal Institut für Klima, Umwelt, Energie vom Land Nordrhein-Westfalen gegründet.
1991	Aus einer in Reaktion auf Tschernobyl entstandenen Bürgerinitiative gegen Atomkraft gehen die *Elektrizitätswerke Schönau* (EWS) im Schwarzwald hervor: Vorreiter einer wachsenden Zahl kommunaler «Rebellenkraftwerke», die maximal erneuerbare Energieträger und umweltschonende Wege der Energieerzeugung nutzen.

21. März 1991	Die Bundesregierung verfügt aus sicherheitstechnischen und politischen Bedenken die Stilllegung des Schnellen Brüters SNR-300 bei Kalkar, der seit seiner Fertigstellung 1985 durch Einspruch der Regierung von Nordrhein-Westfalen ohnehin nie in Betrieb genommen worden war.
ab April 1991	Erfolglose Greenpeace-Kampagne gegen die Verlegung einer Pipeline durch die Nordsee.
1991	Das Europäische Parlament fordert ein Verbot der Schleppnetzfischerei im EU-Bereich.
August 1991	Der Präsident von Kasachstan, Nasarbajew, verfügt nach einem darauf zielenden Bergarbeiterstreik, dass auf kasachischem Boden nie wieder Atomtests durchgeführt werden dürfen.
16. September 1991	*Spiegel*-Titel: «Geldmaschine Greenpeace – Umweltkonzern im Zwielicht».
Sept. 1991–Juli 1992	Im Auftrag der Weltbank überprüft die Morse Commission das Narmada Projekt und gelangt zu einem negativen Resultat.
7. November 1991	Abschluss der Alpenkonvention in Salzburg zwischen den Alpenstaaten und der EU insbesondere zur umweltverträglichen Gestaltung des Alpentourismus.
1991	Dave Foreman *(Earth First!): Confessions of an Eco-Warrior.*
1992	England: Nach dem Vorbild der *Animal Liberation Front* gründet sich eine militante *Earth Liberation Front.*
1992	Al Gore: *Earth in the Balance – Ecology and Human Spirit;* Clinton wird amerikanischer Präsident, mit Al Gore als Vizepräsidenten.
1992	Bundesrepublik: Wissenschaftlicher Beirat Globale Umweltveränderungen eingerichtet.
1992	Potsdam Institut für Klimafolgenforschung gegründet.
1992	Studie der *Friends of the Earth Netherlands*: *Sustainable Netherlands*, wegweisend für die Wuppertal-Studie *Zukunftsfähiges Deutschland.*
1992	4. Ozonkonferenz der UNO in Kopenhagen: Das Verbot der für die Ozonschicht schädlichen Aerosole wird auf den 1. 1. 1996 vorverlegt.
1992	USA: Die EPA gründet ein *Office of Environmental Equity.*
26.–31. 1. 1992	*International Conference on Water and Development* (ICWD) in Dublin: In Abkehr von bisherigen Leitlinien internationaler Wasserkonferenzen wird der Grundsatz verkündet, das Wasser müsse «als ökonomisches Gut betrachtet werden».
Februar 1992	Die Anliegerstaaten des Aralsees gründen zu dessen Erhaltung ein *Intergovernmental Coordination Committee for Water Supply* (ICCWS).

Mai 1992	FFH-Richtlinie («Flora, Fauna, Habitat») von der EG erlassen. Der EG-Agrarkommissar MacSherry betreibt vorübergehend eine Umsteuerung der Agrarsubentionen, um die Förderung einer umweltverträglichen Landwirtschaft mit der Erhaltung eines kleinen und mittleren Bauerntums zu verbinden.
Juni 1992	UNCED *(United Nations Conference on Environment and Development)* in Rio.
1992	Nach einem enormen Spendenboom in den vorausgegangenen Jahren wegen des Rückgangs der Spenden Entlassungswelle bei Greenpeace.
11. September 1992	Türkei: Gründung der TEMA (Türkische Stiftung zur Bekämpfung der Bodenerosion, zur Wiederaufforstung und zum Schutz der natürlichen Habitats), der seither führenden türkischen Umwelt-NGO. Bereits 1991 wurde ein türkisches Umweltministerium gegründet.
1. Oktober 1992	Tod von Petra Kelly und Gert Bastian.
Dezember 1992	Unter Beteiligung zahlreicher NGOs richtet die UNO ein Internationales Komitee für die Ausarbeitung einer «Wüstenkonvention» zur Bekämpfung der Desertifikation (INCD) ein.

Tschernobyl und der Zerfall der Sowjetunion

Eine neue globale Synergie: überraschende Datendichten und Gleichzeitigkeiten. Nachdem wir über eine lange Strecke mehr leitmotivisch als chronologisch verfahren sind, ist hier der Punkt, wieder den Blick auf ein Stück Zeitleiste zu werfen. Gerade auf einem Gebiet wie dem der Umweltinitiativen, wo viele Geschehnisse für das kollektive Gedächtnis bislang in einem geschichtslosen Spiralnebel verschwimmen, ist es immer wieder klärend und aufklärend, in altmodischer Historikermanier sämtliche Fakten so weit wie möglich an bestimmten Daten zu verorten und in eine zeitliche Reihenfolge zu bringen. Dabei kann man Überraschungen erleben. Dass sich um den *Earth Day* von 1970 herum die Daten häufen, ist nicht zu verwundern, wenn auch bislang, wie es scheint, selbst den meisten Historikern unbekannt, in welchem Maße sie sich dort massieren. Dass jedoch die Jahre um 1990 einen noch markanteren Knotenpunkt darstellen, ist erst einmal unerwartet, ja verblüffend. Erst im globalen Überblick tritt diese Verdichtung der Daten hervor.

Aus rein deutscher Sicht käme man nicht auf die Idee, gerade dort einen Höhepunkt des Ökologismus zu verorten; ebenso wenig aus amerikanischer und japanischer Sicht. In der Bundesrepublik erlebten zwar viele die Reaktorkatastrophe von Tschernobyl im ersten Schock als tiefste

Zäsur seit dem Zweiten Weltkrieg und als Beginn einer neuen Ära der Angst; aber wenige Jahre darauf erfolgte ein radikaler Szenenwechsel durch den Zerfall der DDR und die deutsche Vereinigung, und die Grünen, gerade noch im antinuklearen Aufwind, erlebten mit ihren antinationalen Parolen ihren bislang tiefsten Sturz. In den USA nahmen selbst umweltbewusste Kreise Tschernobyl als Wendepunkt gar nicht wahr; in der großen amerikanischen *Encyclopedia of World Environmental History*, die selbst der sonst kaum bekannten Chimurenga-Baumschutzbewegung in Simbabwe einen ganzen Artikel widmet, fehlt das Stichwort.[1] Die amerikanischen Umweltschützer befanden sich 1986 noch tief in der Ära Reagan und hatten andere Sorgen, wenn sich Reagan auch in seiner zweiten Amtszeit von seiner ursprünglichen harten Anti-Enviro-Linie abkehrte. Aber noch Ende der 80er Jahre sah der Vorsitzende des Sierra Club den Umweltschutz auf einem Tiefpunkt und fand in der amerikanischen Umweltpolitik nichts als ein heilloses Durcheinander. Gerade die Herausforderung durch einen feindlichen Präsidenten führte im Laufe der Jahre jedoch zu einer Revitalisierung der Umweltbewegung, wobei ihr nicht nur junge militante Kräfte zuströmten, sondern sich auch das Budget des Sierra Club verzehnfachte.[2]

Neben den USA und der Bundesrepublik hatte auch Japan 1970 und in den Jahren danach zu den Vorreitern der neuen Umweltpolitik gehört. 1990 jedoch hatte auch dieses Land andere Sorgen: Politik und Öffentlichkeit waren ganz und gar von dem Platzen der *bubble economy* in Beschlag genommen: jener in den Jahren davor zu abenteuerlichen Dimensionen angeschwollenen Spekulationsblase, mit deren Zerplatzen eine Ära der Depression und der Desillusionierung begann. Ohnehin war Japan zu jener Zeit in der internationalen ökologischen Kommunikation von einem Musterland zur feindlichen Macht geworden: Die Empörung über die Zerstörung der Regenwälder in Südostasien und Chile richtete sich in erster Linie auf Japan und ebenso die Wut über den fortgesetzten Walfang. Den japanischen Umweltaktivisten wurde es peinlich, wie ihr Land das Gesicht verlor. Zum Teil auf Initiative der internationalen *Friends of the Earth* wurde 1987 das *Japan Tropical Forest Action Network* (JATAN) gegründet.[3]

Greenpeace, der größte Aufsteiger der frühen Öko-Ära, hatte in der Zeit um 1990 vor allem in den USA kritische Jahre – schwindende Ziele, Medieneffekte und Spenden und infolgedessen eine drastische Reduktion der Beschäftigten; der Greenpeace-Gründer David McTaggart trat 1991 zurück. Diese Krise war jedoch nicht von Dauer, und zudem machte in jenen Jahren umso mehr der Greenpeace-Apostat und «Ocean Warrior» Paul Watson Furore. Wenn Peter Bahouth, der langjährige Geschäftsführer von Greenpeace USA, in der damaligen Krise von Greenpeace den Spiegel einer generellen Krise der Umweltbewegung erblicken wollte und diese auf den Zusammenbruch des Kommunismus und die Desorientiertheit der westlichen Gesellschaft durch den Verlust des Feindbildes zurückführte,[4] war diese Zeitdiagnose eindeutig falsch.

Vor allem durch den globalen Überblick gewinnt man, wie schon die Zeittafel erkennen lässt, ein ganz anderes Bild. Zugleich wird deutlich, dass es bei aller «Ökologie des Ökologismus», bei aller Heterogenität der Gruppen und Grüppchen sowie der nationalen und regionalen Sonderwege, doch seinen Sinn hat, auf weltweite Zusammenhänge zu achten und die Geschichte des Umweltschutzes mit globalem Horizont zu schreiben. Wieweit es darüber hinaus einen Sinn macht und nicht nur Ausdruck von Wunschdenken ist, von einer «Weltgesellschaft» zu sprechen, ist nach wie vor zweifelhaft; aber wer auf die Zeit der Weltkriege und des Kalten Krieges zurückblickt, erkennt sofort den kolossalen Wandel, der sich seit den späten 1980er Jahren vollzogen hat. Und es war nicht zuletzt die ökologische Kommunikation, die – bis dahin immer wieder durch Ost-West-Spannungen blockiert – der neuen grenzüberschreitenden Gemeinsamkeit einen Inhalt gab.

Zwischendurch mögen einen zwar Zweifel überkommen: Bringt man da nicht Geschehnisse zusammen, die in Wirklichkeit nichts miteinander zu tun haben – die bundesdeutsche Anti-Atomkraft-Bewegung, den Kampf amerikanischer Wildnisfans für das Habitat des Fleckenkauzes, die Straßenblockaden der Dayak in Sarawak gegen auswärtige Holzfäller? Ist man nicht doch, in den Scheuklappen der eigenen Zeit befangen, auf die suggestive Wirkung des «Umwelt»-Begriffs hereingefallen? Keine Frage: In diesen drei Fällen kämpften ganz unterschiedliche Menschengruppen aus ganz unterschiedlichen Motiven heraus. Aber schon wenn wir die Datenreihen durchgehen, stoßen wir auf Querverbindungen. Der «Tschernobyl-Effekt» gab bis nach Ostasien dem Protest gegen die Kernkraft und zugleich Demokratisierungsbewegungen Auftrieb.[5] Indem die Reaktorkatastrophe zum Zerfall der Sowjetunion beitrug, wurde sie zum Auslöser ganzer Kettenreaktionen, aus denen auch für den Umweltschutz eine neuartige Situation hervorging.

Der Vergleich mit der ökologischen Erweckung von 1970 ist aufschlussreich: Viel eindeutiger als damals steht dieses Mal am Anfang eine große Umweltkatastrophe. Da könnte man die Zwischenfrage stellen: Warum begann der neue globale Schub im Umweltbewusstsein nicht bereits mit der Chemiekatastrophe im indischen *Bhopal* am 3. Dezember 1984?[6] Damals entwich aus der dortigen Chemiefabrik des US-Konzerns Union Carbide (heute Dow Chemical) eine hochgiftige Wolke des Gases Methylisozyanid. Binnen weniger Tage starben an die fünftausend Menschen – überwiegend arme Leute. Die Zahl der Langzeit-Todesopfer wird heute auf etwa 20 000 geschätzt, und die Schätzungen über die Zahl derer, die in ihrer Gesundheit geschädigt wurden – das Gas kann Blindheit, Nerven- und Lungenleiden und genetische Schäden verursachen –, schwanken zwischen 150 000 und 500 000. Es war die bislang schlimmste Katastrophe der Industriegeschichte. Die Chemiefabrik in Bhopal produzierte Pestizide: Es war genau die Branche, auf die bereits Rachel Carson ihre Anklagen konzentriert hatte. Die Chemiekatastrophe im italienischen Seveso vom 10. Juli 1976, die im Zeichen des Alarmrufs «Seveso ist überall» die Risiken der Chemie ins Zentrum der öffentlichen Aufmerksamkeit rückte,[7] wirkt im Vergleich dazu fast harmlos: Damals gab es keine eindeutig auf das Chemieunglück zurückzuführenden Todesfälle. Auch in Tschernobyl war die Zahl derer, die unmittelbar an den Unfallfolgen starben, weitaus geringer als in Bhopal.[8]

Aber Tschernobyl war unheimlicher; noch viel mehr als Bhopal nährte es die Gerüchtebildung. Bhopal hatte «nur» umliegenden Armenvierteln Verderben gebracht; Tschernobyl schürte die Krebsangst in weiten Teilen Europas. Die radioaktive Wolke zog über Skandinavien und Mitteleuropa; über die dadurch auf die Länge der Zeit verursachten Krebsfälle und Missbildungen bei neugeborenen Kindern gab es schlimmste Hochrechnungen. Selbst der russische Katastrophenminister – den gab es nun – führte im Jahr 2000 etwa 300 000 Todesfälle auf den Super-GAU zurück;[9] besonderes Grauen erregten Spekulationen über gehäufte Leukämiefälle bei Kindern. Allein die Zahl der «Liquidatoren», die sich bei Entaktivierungsmaßnahmen vor Ort einer hohen Strahlenbelastung ausgesetzt hatten und später vielfach als Todgeweihte galten, reichte jedoch an die 600 000, andere Schätzungen errechneten bis über eine Million Opfer. Möglicherweise waren sie viel zu hoch; aber wer wollte das wissen?[10]

Bei Bhopal war die Schuldfrage für die Öffentlichkeit eher undurchsichtig; da fehlte das klare Feindbild.[11] Lag das Katastrophenrisiko im Wesen dieser Chemiesparte – aber wie wollte man das durchschauen? – oder in schlampigem Management? Sollten indische Umweltaktivisten den Feind bei den «Multis», den multinationalen Konzernen, suchen, die es in der Dritten Welt mit Sicherheitsvorkehrungen nicht so genau nahmen, oder vielmehr im eigenen Land? Lag die Hauptschuld bei der amerikanischen Konzernleitung oder bei den indischen Managern, die mittlerweile vor Ort die Leitung innehatten – oder auch bei dem Mangel an einer effektiven staatlichen Gewerbeaufsicht?

Diese Situation machte es zuständigen Industriemanagern und Richtern in Indien und den USA nur allzu leicht, die Verantwortung hin und her zu schieben, so dass der Chemiekatastrophe – wie eine detaillierte Analyse der darauffolgenden Gerichtsverhandlungen feststellt – noch eine «zweite Katastrophe» für die Opfer folgte: ein endloser Leidensweg durch die juristischen Instanzen.[12] Vor Ort scheint keine einflussreiche NGO die Partei der Opfer ergriffen zu haben: Von den Hauptthemen der indischen Umweltbewegungen lenkte Bhopal eher ab.[13] Tschernobyl dagegen warf ein scharfes Licht auf die Schwächen eines ohnehin bröckelnden Systems. Beim Vergleich der Wirkungen von Bhopal und Tschernobyl erkennt man die Bedeutung des gesamthistorischen Kontextes. Tschernobyl aktivierte und reaktivierte die Anti-Atomkraft-Bewegung von Europa bis nach Korea und Taiwan, und zugleich beschleunigte es die Zerfallstendenzen in der Sowjetunion. Hier ließ sich deutlicher als in Bhopal ein Feindbild konstruieren und die Empörung in nachhaltige Aktionen umsetzen.

Begünstigt durch den Zerfall des Ostblocks, wuchs die Zahl der NGOs in den Jahren um 1990 geradezu explosionsartig an; manche Beobachter sprechen von einer *global associational revolution* und von einer «NGOisierung» mancher aus der Konkursmasse der Sowjetunion hervorgegangener neuer Staaten. Auf dem Umweltgipfel von Rio trat eine Elite von NGOs in einer Weise wie nie zuvor als Avantgarde einer entstehenden globalen Zivilgesellschaft in Erscheinung.[14] Kapitel 27 der *Agenda 21*, des Aktionsprogramms von Rio, trägt die Überschrift «Stärkung der Rolle der nichtstaatlichen Organisationen – Partner für eine nachhaltige Entwicklung» und beginnt mit dem Diktum, NGOs spielten «eine entscheidende Rolle bei der Ausformung und Umsetzung einer teilhabenden Demokratie». «Ihre Glaubwürdigkeit ist durch die verantwortliche und konstruktive Rolle begründet, die sie in der Gesellschaft spielen.»[15] Die Weltbank vollzog einen schrittweisen Schwenk hin zu einer stärkeren Berücksichtigung von Umweltaspekten bei den von ihr geförderten Projekten und bezog NGOs in ihre Entscheidungsprozesse ein.

Als «Umweltbewegung» wurden Protestinitiativen, die vordem als Reaktion unbelehrbarer Hinterwäldler gegolten hätten, zu Anwälten des

Gemeinwohls und Pionieren einer neuen Moderne. Medien, Konferenzen sowie Umweltverbände trugen zur transnationalen Vernetzung bei. Die Havarie des amerikanischen Supertankers «Exxon Valdez» vor der Küste von Alaska, bei der etwa 40 000 Liter Öl ausliefen, erregte weit größeres Aufsehen als die «Ixtoc-Uno»-Katastrophe im Golf von Mexiko zehn Jahre zuvor, bei der eine Million Tonnen ausgelaufen waren.[16] Kein Tod eines Umweltschützers erregte weltweit eine derartige Empörung wie der Mord an Chico Mendes am 22. Dezember 1988, obwohl dieser kein Naturschützer, sondern ein Vertreter der Kautschukzapfer gewesen war.

All das war letztlich nur deshalb möglich, weil der Zusammenhang nicht nur durch das Schlagwort «Umwelt» vermittelt war, sondern weil zwischen vielen Problemen zumindest indirekt auch ein realer, naturgegebener Zusammenhang bestand. Aus einer Begriffs- und Diskurslogik allein heraus lässt sich der Umweltboom jener Jahre unmöglich erklären. Im selben Jahr wie Tschernobyl ertönte der erste große *Global-Warming*-Alarm, der von den Risiken der Kerntechnik ablenkte. Bis einige Jahre davor hatte – heute längst vergessen – die Angst vor einem «nuklearen Winter» den Klima-Alarm noch mit der antinuklearen Bewegung verknüpft; die Konzentration des neuen Klima-Alarms auf das Kohlendioxid dagegen löste diesen Verbund und entfernte sich außerdem von dem Kampf gegen lokale giftige Emissionen, auf die sich die frühe Umweltpolitik – an die Arbeitsmedizin anknüpfend – eingeschossen hatte. Auch der sich kurze Zeit nach Tschernobyl rasch international verbreitende Alarm über die Zerstörung der Tropenwälder stand in keinem Zusammenhang mit der Reaktorkatastrophe. Er wurde sekundär mit dem Klima-Alarm vernetzt, war diesem jedoch nicht entsprungen. Von Tschernobyl führte keine Diskurslogik nach Rio; es waren historische Kontexte, durch die ein Zusammenhang entstand. Tschernobyl trug zum Zerfall des sowjetischen Machtblocks bei; die Ost-West-Rivalität in der Dritten Welt fiel von nun an als Antrieb der Entwicklungshilfe aus – da bot sich der Umweltschutz und dieses Mal zuoberst der Klimaschutz als neue Legitimation an.

In der Wahrnehmung der Medien entstand zwischen dem Klima-Alarm und dem im Jahr darauf schrillenden Alarm über das Ozonloch[17] eine Synergie. Wie Ernst Ulrich von Weizsäcker, der 1991 das fortan einflussreiche *Wuppertal Institut für Klima, Umwelt, Energie* gründete, 1989 in seinem programmatischen Buch *Erdpolitik* feststellte: Nachdem das Umweltbewusstsein in den letzten zwei Jahrzehnten weltweit «fast kontinuierlich, scheinbar unaufhaltsam» angestiegen sei, müsse es etwa 1988 «eine kritische Schwelle überschritten haben». «Für die Medien wurden das Ozonloch, die globale Erwärmung, die tropischen Wälder zu einem der wichtigsten Aufmacher. ... Der Weltwirtschaftsgipfel hatte die Regenwälder 1988 auf der Tagesordnung. ... Wer heute behauptet, wir gingen auf ein Jahrhundert der Umwelt zu, der spricht nur noch aus, was im Grunde jeder weiß.»[18] Gro Harlem Brundtland stellte 1987 auf ihren permanenten Weltreisen fest: «Das Umweltinteresse war im Wachsen. Das Wissen war im Wachsen. Die Ozonschicht und der Klimawandel demonstrierten, dass es bei der Umweltaktion jetzt um mehr ging als um Pflanzen- und Tierschutz und um den Kampf gegen Industrieemissionen.»[19] Noch aus heutiger Sicht sind die späten 1980er und frühen 90er Jahre in Deutschland wie in anderen Ländern eine formative Phase der Umweltpolitik, von der der Umweltschutz bis heute zehrt.

In mehrfacher Hinsicht ist es aufschlussreich, die Umweltkonjunktur um 1990 mit der «ökologischen Revolution» von 1970 zu vergleichen. In beiden Fällen haben wir es mit einem Wechselspiel von Bürgerinitiativen und Initiativen aus den Staatsapparaten zu tun; einseitige Ansätze, die sich nur auf die sozialen Bewegungen oder nur auf staatliche Instanzen richten, schießen an der Realität vorbei. Der globale Horizont war bereits 1970 in Sicht; aber unter den Bedingungen von 1990 war die Globalisierung zumindest der ökologischen Kommunikation, wenn auch nicht unbedingt der Umweltpolitik viel nachhaltiger als zwei Jahrzehnte davor. Nicht nur hatte sich der Eiserne Vorhang zwischen Ost und West gehoben; auch eine bestimmte Art von Nord-Süd-Konfrontation hatte sich mehr oder weniger erledigt: Längst war es evident, dass Umweltbewusstsein kein bloßer Luxus der Ersten Welt war, sondern Umweltprobleme in der Dritten Welt mindestens so brennend waren wie in den alten Industriestaaten.

Während die Umweltbewegungen der Ersten Welt bereits Alterserscheinungen und Symptome der Etablierung aufwiesen, ging der Umweltaktivismus in weiten Teilen Asiens und Osteuropas jetzt erst richtig los. «Gibt es eine Umweltbewegung in der Sowjetunion?», fragte 1985 ein *Spiegel*-Interviewer den sowjetischen Schriftsteller Walentin Rasputin, der in seinem Roman *Abschied von Matjora* eine Bäuerin, die nach einem Staudammbau in ihrem überfluteten Dorf blieb, zur Heldin gemacht hatte. «Ja», erwiderte Rasputin, «aber sie ist, im Gegensatz zu Ihren Grünen, nicht organisiert, sondern spontan.» Es gebe noch keine Mitgliederstatistik. «Um zu dieser Bewegung zu gehören, braucht man sehr wenig:

Man muss sich erinnern und vergleichen, was unsere Erde vor zwanzig oder gar zehn Jahren war und was daraus geworden ist.»[20] Also eine grüne Bewegung in der Ursprungsphase und im Bewusstsein eines rapiden Niedergangs der konkreten eigenen Umwelt. Im Westen wurde die Rhetorik der «Dritten Welt» mehr und mehr von der Rhetorik der «Einen Welt» abgelöst; Dritte-Welt-Häuser nannten sich in Eine-Welt-Häuser um, und mehr als alles andere waren es von nun an Umweltthemen, an der Spitze die Gefährdung des Klimas, die die Eine Welt mit kommunikativer Substanz füllten.

Unterdessen bekam die neue entgrenzte Welt jedoch noch eine ganz andere Substanz, die die ökologische Kommunikation zu unterlaufen droht: mit den globalen Finanzströmen, die durch keine kommunistische Gefahr mehr eingeschüchtert wurden. Bis dahin war «global» für nicht wenige Umweltaktivisten nahezu gleichbedeutend mit «gut» gewesen; aber nach Abklingen der ersten Eine-Welt-Euphorie bekam die Globalisierung zunehmend beängstigende Züge. Eine von Anfang an bestehende latente Spannung in der Umweltbewegung, die mit der Parole «Global denken – lokal handeln» nur verbal überbrückt wurde, entwickelte sich zu einem tiefen Zwiespalt.

Das politische und ideologische Vakuum, das der Zerfall des Kommunismus hinterließ, besaß für die Umweltbewegung ein höchst ambivalentes Gesicht. Zeitweise wurde sie von diesem Vakuum angesogen; nach dem Niedergang der großen politischen Ideologien hatte sie als Einzige noch so etwas wie eine Vision, einen höheren Sinn, manchmal sogar spirituelle Erfahrungen zu bieten. Aus Teilen der ehemaligen Sowjetunion war zu hören, die Ökologie sei zur neuen Religion geworden, manchmal in Verbindung mit esoterischen Elementen.[21] Auf der anderen Seite bekam die globale Machtergreifung eines ungezügelten Kapitalismus für Umweltschützer zunehmend erschreckende Züge. Ramachandra Guha registriert in Indien als Folge der welthistorischen Wende einen «tremendous backlash against environmentalists».[22] Traditionell hatte es in typischen Fällen – ob mit oder ohne tiefere Gemeinsamkeit – ein Bündnis der Umweltaktivisten mit Teilen der politischen Linken gegeben; nun bekamen auch die Umweltschützer die Schwächung der Linken zu spüren. Zumal bei zunehmender Arbeitslosigkeit ging die Konfliktfähigkeit gegenüber Wirtschaftsinteressen zurück; pragmatische Umweltschützer setzten von nun an ganz auf die Konvergenz von Ökologie und Ökonomie: eine Konvergenz, die – auch wenn sie insgesamt und auf lange Sicht besteht – in vielen konkreten Fällen doch erst einmal fehlt.

Alles in allem ist die neue Ära der Ökologie, die um 1990 einsetzt und bis in die Gegenwart reicht, durch tiefe Spannungen und Widersprüche gekennzeichnet. Man erkennt keinen linearen Mainstream, sondern viel Auf und Ab, besonders extrem in Osteuropa und den Gebieten der ehemaligen Sowjetunion, wo auf den Umweltboom um 1990 in vielen Fällen schon bald eine tiefe Baisse folgte. Da erwies sich die Umweltkonjunktur als kontextabhängig: Als der Umweltprotest nicht mehr als Katalysator der Demokratisierung und der Konstituierung neuer Nationalstaaten gebraucht wurde, verlor er in vielen Fällen an Schubkraft. Ökonomische Sorgen traten allenthalben an die erste Stelle. In der zweiten Hälfte des Jahres 1990, als die Sowjetunion sichtbar vor dem Abgrund stand, tauchte in der sowjetischen Presse der Vorwurf des «ökologischen Masochismus» gegen die Umweltschützer auf; ökonomische Sorgen rangierten nunmehr weit vor den Umweltängsten.[23] Zwei Jahrzehnte nach Tschernobyl äußerte Gorbatschow, mittlerweile in Deutschland populärer als in seinem eigenen Land, Franz Alt gegenüber die Hoffnung, Deutschland möge zur «Öko-Weltmacht» werden.[24]

Die Liberalisierung der Wirtschaft erweiterte in den meisten Weltregionen die Kluft zwischen Arm und Reich, teilweise auch zwischen armen und reichen Ländern. Neben den Umweltproblemen bedeutet diese Kluft die größte Herausforderung für das politische Denken der Gegenwart; und nirgends besteht nach dem Niedergang des Sozialismus ein derartiges ideologisches Vakuum wie hier. Die Frage, wie es der Natur- und Umweltschutz mit der sozialen Gerechtigkeit hält, war von Anfang an die Gretchenfrage an die Umweltbewegung; heute kann man vermuten, dass sie zur Schicksalsfrage wird.

Ökozid in der UdSSR. «Verstorben am Ökozid», könnten Historiker bei einer Autopsie der Sowjetunion auf dem Totenschein vermerken, beginnt ein im Jahr nach dem Zerfall der Weltmacht erschienenes Buch von zwei renommierten amerikanischen Experten über den *Ökozid in der* UdSSR.[25] Dabei stand Tschernobyl an erster Stelle. Spätestens mit der Reaktorkatastrophe vom 26. April 1986 – so scheint es – gewinnt die Auseinandersetzung mit Umweltrisiken endgültig eine welthistorische Tragweite. Zwanzig Jahre darauf erklärte Gorbatschow, der seinerzeitige Partei- und Regierungschef: «Der Reaktorunfall von Tschernobyl ... war vielleicht mehr noch als die von mir begonnene Perestroika die wirkliche Ursache für den Zusammenbruch der Sowjetunion fünf Jahre später. Tschernobyl stellt einen historischen Wendepunkt dar: Es gab die Zeit vor der Katastrophe, und es gibt die völlig andere Zeit, die danach folgte. ... Mehr als alles andere hat die Katastrophe von Tschernobyl die Durchsetzung der freien Meinungsäußerung ermöglicht. Das System, wie wir es kannten, konnte nicht mehr weiterexistieren. Es wurde absolut klar, wie wichtig es war, die Glasnost-Politik weiterzuführen. Ich selber fing an, die Zeit gedanklich in die Zeit vor und die Zeit nach Tschernobyl einzuteilen. ... Tschernobyl hat mir wie kein anderes Ereignis die Augen geöffnet.»[26]

In der Zeit unmittelbar nach Tschernobyl findet man allerdings keine Äußerungen Gorbatschows, die auf ein derartiges Bewusstsein einer Zeitenwende hindeuten.[27] Manchen Sowjetexperten ist eine derartige Kausalerklärung viel zu simpel; man könnte sie als eine Geschichtskonstruktion aus der Retrospektive abtun, aus dem Munde des Hauptverantwortlichen für den Zerfall der UdSSR, der eine externe Ursache sucht, um von seiner eigenen Verantwortung abzulenken. Die Historikerin Julia Obertreis sieht eine künftige Erforschung der sowjetischen Umweltgeschichte geradezu dazu aufgerufen, «sich von einer Katastrophengeschichte zu emanzipieren, laut der sich ökologische Probleme so lange auftürmten, bis der ‹Ökozid› erreicht war und die Sowjetunion auseinanderfiel». Noch immer sei die «große Frage» offen, «inwieweit die Umweltproblematik zum Zerfall der Sowjetunion beigetragen hat». Ob das Regime in Umweltfragen derart versagte, «wie ein Teil der Literatur suggeriert», sei noch zu überprüfen.[28] In der Tat, das ist die Frage: Was lässt sich beweisen; was erscheint von dem her, was wir bislang wissen, zumindest plausibel? Wieso konnte eine Reaktorkatastrophe eine ganze Weltmacht von Grund auf erschüttern?

Aus der Sicht deutscher Kernkraftkritiker bewies Tschernobyl zuerst und vor allem die extreme Gefährlichkeit der Kerntechnik generell, nicht so sehr spezifische Mängel der sowjetischen Reaktoren und des dortigen Krisenmanagements, die zu jener Zeit für westliche Beobachter nicht zu durchschauen waren. Seit dem Start des Sputnik am 4. Oktober 1957 genossen sowjetische Spitzentechniker auch im Westen hohen Respekt, mochte man im Übrigen auch das Sowjetsystem verabscheuen. Beifällig referierte der CSU-Abgeordnete Engelsberger in einer Bundestagsrede am 10. Dezember 1981 einen in Moskau gehaltenen Vortrag des sowjetischen «Umweltministers»[29] Jurij Israel: «Von Reaktorunfällen wisse er nichts ... Die sowjetischen Kernkraftwerke seien hundertprozentig sicher.» Einen ironischen Zwischenruf des sozialdemokratischen Technologiepolitikers Catenhusen, des späteren Leiters der Enquete-Kommission zur Gentechnik, bestätigte er: «Hier wären die Russen für uns zum ersten Mal Vorbild, Herr Catenhusen.»[30]

Umso mehr ist zu bemerken, dass innerhalb der Sowjetunion – und zwar sowohl an der Spitze wie auch von Außenstehenden – in dem nuklearen Desaster doch ein spezifisch russisch-sowjetisches Versagen erkannt wurde, das man sich in hoch entwickelten Industriestaaten des Westens in diesem Ausmaß kaum hätte vorstellen können. Zehn Jahre darauf erinnerte sich die damalige Bundesumweltministerin Angela Merkel, die Tschernobyl als Physikerin in der DDR erlebte: «Tschernobyl war für mich in erster Linie wieder ein Beweis für die Schlamperei in Russland, die ich von Reisen her kannte.»[31] Noch weiter ging der sowjetische Historiker Alexander Rewalski, der in Tschernobyl «eine Katastrophe der russischen Mentalität» erblickte. Der Russe gehe mit Maschinen wie der Droschkenkutscher mit seinem Gaul um. «Wie redet der Russe mit der Maschine? Nur unter Flüchen. Oder mit dem Vorschlaghammer, mit Fußtritten.»[32]

Offenbar ging er davon aus, die Bedienungsmannschaft habe mit dem Reaktor puren Unfug getrieben; darüber kursierten wilde Gerüchte. In der Tat lautete die offizielle Sprachregelung, die 1987 sogar in den Abschlussbericht der Brundtland-Kommission übernommen wurde, die Mannschaft auf der Reaktorwarte habe sich grob fahrlässig verhalten.[33] Diese Schuldzuweisung nach dem Muster «Den Letzten beißen die Hunde» war typisch und begegnet ebenso bei Reaktorstörfällen im Westen.[34] Anscheinend dauerte es bis Anfang Juli 1986, bis es dem sowjetischen Politbüro klar wurde, dass der sowjetische RMBK-Reaktortyp als solcher ein hohes Risiko enthielt. Offenbar genügte ein kleines Versehen, um eine große Explosion auszulösen.[35] Es kam heraus, dass es sich um einen ursprünglich zur Plutoniumproduktion für militärische Zwecke konstruierten Reaktor handelte, der international isoliert dastand und an der sicherheitstechnischen Weiterentwicklung der Reaktoren im Westen nicht teilgenommen hatte – ein Befund, der ganz zu der These von der «Stagnation» passte, die unter Gorbatschow zum stehenden Begriff für die vorangegangenen Jahrzehnte wurde.

«Alle Länder mit einer entwickelten Reaktortechnik arbeiten mit einem anderen Reaktortyp als wir», erklärte A. P. Alexandrow, der damalige Präsident der sowjetischen Akademie der Wissenschaften, am 3. Juli 1986 dem anscheinend überraschten Politbüro. Als Gorbatschow bei Walerij A. Legassow, dem stellvertretenden Direktor des Moskauer Kurtschatow-Instituts für Atomenergie, gereizt nachhakte, ob es zutreffe, dass der RMBK-Reaktor «am wenigsten erforscht sei», erwiderte der Gefragte lakonisch und ohne weiteren Kommentar: «Ja, das ist so.»[36] Er musste es wissen; das Kurtschatow-Institut hatte den RMBK-Reaktortyp entwickelt.[37] Auf einem öffentlichen Hearing der Brundtland-Kommission in Moskau am 8. Dezember 1986 – schon dies ein unerhörtes Novum im sowjetischen Umgang mit Umweltproblemen – erklärte Legassow, der bis Tschernobyl ein bedenkenloser Protagonist des sowjetischen Reaktorbaus gewesen war:[38] «Die Konsequenzen von Tschernobyl haben die sowjetischen Spezialisten erneut eine Frage stellen lassen: Ist nicht die Entwicklung der Kernenergie im industriellen Maßstab verfrüht? Wird sie nicht unheilbringend für unsere Zivilisation, für das Ökosystem unseres Planeten sein? Auf unserem an allen Arten von Energiequellen so reichen Planeten kann diese Frage ganz ruhig diskutiert werden.» Diese Erklärung wurde in den Schlussbericht der Kommission aufgenommen.[39] Legassow, der zur Leitung der Aufräumarbeiten nach Tschernobyl abkommandiert wurde, war hohen Strahlendosen ausgesetzt und sah sich als einer der wenigen, die frühzeitig offen redeten, zunehmend zum Sündenbock gestempelt; am 27. April 1988 erhängte er sich.[40]

Die ukrainische Journalistin Alla Jaroshinskaja, in der Endphase der UdSSR Abgeordnete des Obersten Sowjet, die schon kurz nach der Reaktorkatastrophe im Umkreis des Unglücksreaktors eigene Untersuchungen über die Strahlenschäden angestellt hatte, rettete in einer Art Handstreich ZK-Geheimprotokolle aus den Monaten nach Tschernobyl vor dem Verschwinden und brachte sie an die Öffentlichkeit; sie bekam dafür 1992 den Alternativen Nobelpreis. Sie erhob gegen die Sowjetführung heftige Anklage, diese habe von Anfang an eine perfide und verlogene Politik systematischer Fehl- und Desinformation betrieben.[41] Diese Kritik war nach Tschernobyl in der westlichen Öffentlichkeit allgemein. Gorbatschow wies diesen Vorwurf später zurück: «Tatsächlich kannte niemand die Wahrheit, und deshalb waren all unsere Versuche, vollständige Informationen über das Ausmaß der Katastrophe zu bekommen, vergeblich.»[42]

Die von der couragierten Journalistin ans Licht der Öffentlichkeit gebrachten ZK-Protokolle stützen Gorbatschows Selbstverteidigung zumindest bis zu einem gewissen Grade. Eine gezielte Desinformation scheint eher von unteren Instanzen ausgegangen zu sein, mit dem Effekt, dass man selbst an der Spitze die Lage nur unzulänglich überblickte; was dort an zögernder und abwiegelnder Informationspolitik geschah, war nicht ganz so weit von der Art entfernt, wie sich vermutlich auch westliche Regierungen in einer solchen Situation verhalten hätten. In der zur Bewältigung der Störfallfolgen eingesetzten «Operativen Gruppe» des ZK suchte man sich zwar informiert und kompetent zu geben; aber die Protokolle offenbaren zwischen den Zeilen, dass man dies nicht wirklich war.[43]

Besonders aufschlussreich sind die Dokumente dadurch, dass sie zu erkennen geben, dass selbst die Spitze einer totalitären Diktatur ohne unabhängige Medien und eine kritische Öffentlichkeit nicht imstande ist, bei einer neuartigen Krisensituation, auf die der Apparat nicht gerüstet ist, den Über- und Durchblick zu erlangen. Das Fiasko musste für Gorbatschow eine Lehre sein, dass «Glasnost» – Transparenz – nicht nur eine Parole der Demokratisierung, sondern auch ein Erfordernis effektiver Herrschaft war. Ohne diese durch freie Medien hergestellte Transparenz wurde die Regierungsspitze selbst zum Opfer der Bürokratie.[44] Dem frisch bestallten deutschen Bundesumweltminister Walter Wallmann erklärten leitende sowjetische Atomwissenschaftler auf der Wiener Sonderkonferenz der Internationalen Atomenergiebehörde im September 1986 ganz offen, «Tschernobyl habe das sowjetische System der Verheimlichung und Vertuschung ökologischer Desaster endgültig delegitimiert». Die Reaktorkatastrophe habe «die letzten Bastionen gegen die Politik der ‹Glasnost›» zertrümmert.[45] In der Tat beginnt die Ära der Glasnost, im Unterschied zu der schon vorher eingeleiteten ökonomischen Perestroika, erst einige Zeit nach Tschernobyl. Als die Schrecken der Reaktorkatastrophe enthüllt wurden, gab es auch kein Halten mehr bei der Enthüllung des vollen Ausmaßes der stalinistischen Verbrechen. Die Medien gerieten der sowjetischen Staatsführung außer Kontrolle.

Die ZK-Protokolle verraten ungewollt jedoch noch etwas anderes, was Gorbatschow – wie es scheint – zu spät erkannte:[46] Selbst bei bestem Willen lässt sich in einem solchen Fall ein effektives Krisenmanagement von ganz oben unmöglich betreiben; dazu bedarf es kompetenter und entscheidungsfähiger Instanzen vor Ort.[47] Über zwei Jahre nach Tschernobyl bekannte Gorbatschow auf der Gesamtsowjetischen Konferenz der KPdSU: «Von oben haben wir schon viel versucht. Das brachte nichts.»[48] Kein Wunder; denn selbst ein totalitäres System funktioniert nur ganz begrenzt durch zentrale Planung; auch hier geschieht – ob geplant oder im Verborgenen – Entscheidendes auf unterer Ebene.

Jurij Lebedinskij glaubte 1989 zu erkennen, der Super-GAU habe eine «Explosion im gesellschaftlichen Bewusstsein» ausgelöst.[49] Nicht nur über die Kerntechnik, sondern auch über Flussumleitungen und andere bisherige Tabuthemen wurde jetzt in einem ganz neuen kritischen Ton geredet. Zu einer Zeit, als allenthalben Inkompetenz und Korruption entdeckt wurden, galten Umweltschützer als vertrauenswürdig.[50] Oleg

Yanitskj, der führende russische Umweltsoziologe, bemerkte aus der Rückschau von 1995: «Während der Jahre von 1987 bis 1989 war der ökologische Protest die erste legale Verkörperung eines breiten demokratischen Protests und einer Solidarität der Bürger als Bürger.»[51]

Zunächst sah es so aus, als gebe Tschernobyl der von Gorbatschow verkündeten Politik der «Perestroika», des «Umbaus», einen kräftigen Schub. Während die Moskauer Informationspolitik in den ersten Monaten nach der Katastrophe den Verdacht aufkommen ließ, bei «Glasnost» handele es sich nur um ein neues Kapitel sowjetischer Heuchelei,[52] ist es Gorbatschow in der Folgezeit gelungen, aus Tschernobyl den schlagenden Beweis für die vitale Notwendigkeit einer neuen Transparenz zu machen. Und doch sieht es aus der Rückschau so aus, als sei ihm gerade durch Tschernobyl die Reformpolitik außer Kontrolle geraten. Denn die von ihm verkündete neue Ära bestand im Kern doch aus einer Reform von oben. Im Zentrum seiner Ziele stand die «Beschleunigung des wissenschaftlich-technischen Prozesses», ein «radikaler Durchbruch in allen Entwicklungsbereichen der Forschung und Technik».[53]

Seit dem Start des ersten Sputnik 1957 war der Glaube an die «wissenschaftlich-technische Revolution» die große Hoffnung gerade der reformerischen Kräfte im Ostblock.[54] In diesem Szenario war der Wissenschaftler, und nicht mehr der mythische Proletarier, der neue Held der Revolution, und der Wissenschaftler, zumindest der ideale, besaß einen natürlichen Trieb nach geistiger Freiheit. Auch im Westen kursierte der Mythos der modernen wissenschaftlich-technischen Elite, die unaufhaltsam vordringe und die Trägheit und ideologische Verbohrtheit des alten Systems überwinden werde.[55] Vor allem die Wissenschaft war stets das Refugium des Naturschutzes gewesen, selbst wenn die Naturschützer in ihrem Herzen mindestens so sehr von spirituellen Motiven getrieben wurden.[56]

Dieser Naturschutz bestand die längste Zeit in friedlicher Koexistenz mit den technokratischen Ambitionen. Die Raumfahrt war der Trumpf dieser neuen Elite; aber auch die aus der theoretischen Physik entsprungene Kerntechnik war seit den 1950er Jahren der Inbegriff der «wissenschaftlich-technischen Revolution». Gerade zu einer Zeit, als der Glaube an den Marxismus-Leninismus schwand, war die Sputnik-Religion, der neue Glaube an die revolutionäre Kraft der Spitzentechnik eine Quelle der Hoffnung und eine Legitimation der staatlichen Planwirtschaft, die – wie selbst im Westen viele glaubten[57] – viel besser als der private Kapitalismus in der Lage sei, große neue wissenschaftsbasierte technische

Systeme aus dem Boden zu stampfen. Die Ostblockstaaten beeindruckten lange durch die große Zahl der dort ausgebildeten Ingenieure: für viele ein Argument, dass der Osten auf die Dauer doch überlegen sein würde.

Mochte man in den sowjetischen Betrieben noch so viel Schlendrian sehen, so glaubten viele bis hinauf zu Gorbatschow noch lange an den befreienden Fortschritt durch Spitzentechnik. Es war vor allem dieser Glaube, der durch Tschernobyl im Kern getroffen wurde.[58] Durch den Verlust dieses Mythos wurde das sowjetische System perspektivlos.[59] Die offenkundige Unfähigkeit der Zentrale, mit den Folgen der Reaktorkatastrophe umzugehen, war der letzte Beweis für die Haltlosigkeit des Glaubens, die zentrale Planwirtschaft sei für die Bewältigung der «wissenschaftlich-technischen Revolution» prädestiniert. Nicht bei korrupten Führungskräften, sondern im System selbst lag die Wurzel der Misere. Tschernobyl konnte auch von den reformerischen Kräften der Sowjetunion nicht produktiv verarbeitet werden.

Selbst im Untergrund gab es keine Anti-Atomkraft-Bewegung, die ein alternatives Konzept von Energiepolitik gehabt hätte und dieses Desaster in einen positiven Impuls hätte verwandeln können; bis heute gibt es im Bereich der Sowjetunion nur wenige Initiativen zur Erschließung erneuerbarer Energien, viel weniger als in China oder Japan.[60] Die Verschmutzung des Baikalsees durch ein Zellstoffkombinat hatte die russischen Naturfreunde schon seit den späten 1950er Jahren mobilisiert; die Liebe zu den Flüssen und Seen hatte in Russland eine alte Tradition. Wer für solche Ziele kämpfte, wurde schon zur Sowjetzeit in den Augen der Öffentlichkeit zum Helden.[61] Kein Wunder, dass der *Dawydow-Plan* einer Umlenkung der russisch-sibirischen Ströme Onega, Ob und Irtysch fort von dem russischen Boden nach Zentralasien, wobei viele alte Kulturdenkmäler überflutet worden wären, schon seit den 1970er Jahren eine breite Empörung hervorgerufen hatte.[62] Es war Gorbatschow, der dieses Projekt, dessen erste Ursprünge bis 1868 zurückreichten und das in seinen Dimensionen alle anderen landschaftsverändernden Projekte der Welt in den Schatten stellte, im Tschernobyl-Jahr endgültig begrub.[63] Noch im Jahr zuvor hatte Walentin Rasputin erklärt: «Alles hängt jetzt von der großen Umleitung der sibirischen Flüsse ab. Das ist der Wendepunkt, der eine immense Rolle im Schicksal der Nation spielen kann. Wenn das durchgeht, dann wird es unmöglich sein, unsere Industrie-Manager zu stoppen, dann können wir nichts mehr machen.»[64] Man erkennt, welche Signalwirkung der Abbruch dieses Projektes besaß. Georgi

Arbatow, Institutsdirektor der sowjetischen Akademie der Wissenschaft, wetterte auf der Gesamtsowjetischen Konferenz von 1988 gegen die Absurdität der geplanten «Umkehrung der sibirischen Flüsse»: ein Irrsinnsprojekt, das nur bei einem Fehlen jeglicher kritischer Öffentlichkeit hatte verfolgt werden können.[65] Die Reaktorkatastrophe dagegen traf auf keine Kräfte, die sie hätte mobilisieren können.

Aufschlussreich ist das Protokoll dieser Gesamtsowjetischen Konferenz der KPdSU in Moskau vom 28. Juni bis zum 1. Juli 1988. Es war noch, kurz bevor der Zerfall der Sowjetunion sichtbar wurde, einer der eindrucksvollsten rhetorischen Höhepunkte der Perestroika, wenn man auch erkennen kann, dass die neue Parteilinie mit ähnlicher Linientreue befolgt wurde wie frühere Parteilinien: Pflichtgemäß schimpfte ein Redner nach dem anderen auf die Bürokraten, obwohl die meisten Sprecher selber zu den führenden Apparatschiks gehörten. Es wurden viele Worte gemacht; aber auch das Ungesagte fällt auf: Obwohl sich viele Redner mit tolstoianischem Wahrheitspathos über die bislang herrschende Verlogenheit empörten, schwiegen sie über Tschernobyl. Das Thema war offensichtlich tabu; nicht einmal als Impetus für Reformer war es zu gebrauchen. Nur Anatoli Logunow, der weißbärtige Rektor der Moskauer Lomonossow-Universität, beklagte den «Verlust der Berufsehre bei Fachleuten», der «zu leichtsinnigen Projekten, zu ökologischen Störungen und Unfällen geführt» habe. Es gebe «eine ganze Plejade sogenannter Fachleute, die ... jederzeit bereit ist, fast jeden x-beliebigen Auftrag einer Behörde zu begründen und zu erfüllen». Das sei «eine ernstzunehmende Krankheit, die sich in unserer Gesellschaft ausgebreitet hat».[66] Nach Tschernobyl wurde auch in der Sowjetunion offenbar, was die Kernkraftkritiker in den USA schon seit den 1960er Jahren verkündet hatten: Die etablierte Wissenschaft ist nicht per se eine Kraft des unabhängigen und kritischen Denkens.

Tschernobyl durchkreuzte auch dadurch Gorbatschows «Reformen von oben», die eine funktionsfähige Zentrale voraussetzten, indem der Super-GAU einem sich allenthalben bei den sowjetischen Nationalitäten zu Wort meldenden «Öko-Nationalismus» Auftrieb gab.[67] Bei den Großrussen wie bei den anderen Nationalitäten trifft man in typischen Fällen auf eine Verbindung von Umweltbewusstsein und Heimatgefühl. Diesen Verbund findet man überall auf der Welt; er ist gerade im Sinne eines umfassenden, nicht nur punktuellen Umweltbewusstseins nicht prinzipiell negativ zu bewerten. In den Zerfallsprodukten der Sowjetunion konnte dieser neue Nationalismus und Regionalismus allerdings – wie sich in der Folge herausstellte – auch sehr andere Allianzen eingehen. Gerade im Blick auf die Schwierigkeit, die Reaktorkatastrophe im eigenen Land produktiv zu verarbeiten, kann man es bezeichnend finden, dass ausgerechnet in Weißrussland (Belorus), auf das siebzig Prozent der Strahlenbelastung von Tschernobyl niedergegangen waren – das nach erlangter Unabhängigkeit allerdings seine Abhängigkeit vom russischen Erdgas unangenehmer als andere zu spüren bekam –, sich besonders wenig an Umweltbewegung rührte,[68] weit mehr dagegen in Kasachstan, wo sich nunmehr eine allgemeine Wut darüber Luft machte, dass das eigene Land rücksichtslos als Testgelände für sowjetische Atomwaffen missbraucht wurde. 1989 formierte sich dort eine Bürgerbewegung mit dem Namen *Nevada – Semipalatinsk*, nach den Atomtestgeländen der USA und der Sowjetunion.[69] Auf dem Testgelände 150 Kilometer von der 700 000-Einwohner-Stadt Semipalatinsk entfernt waren in über vier Jahrzehnten 456 Nuklearexplosionen ausgelöst worden; selbst nach dem Zerfall der Sowjetunion kam erst nach und nach das ganze Ausmaß der dortigen radioaktiven Verseuchung heraus, zumal manche Testorte immer noch unbekannt waren.[70] Nach erlangter Unabhängigkeit verzichtete Kasachstan freiwillig auf die auf seinem Territorium stationierten Atomwaffen und damit auf die verführerische Chance, «zur einzigen offiziellen Atommacht in der muslimischen Welt zu werden» (Artem Ermilow). Dafür entwickelte der neue Staat den Ehrgeiz, zum größten Uranproduzenten der Welt aufzusteigen; er besitzt etwa ein Fünftel der weltweiten Uranvorkommen und liegt damit dicht hinter Australien.[71]

Die von den atomaren Waffen drohende Gefahr war ein Kontext, in dem Gorbatschow Tschernobyl am frühesten gebrauchen konnte: indem er den Horror der entfesselten Radioaktivität gegen das von Reagan neu angeheizte Wettrüsten ausspielte, freilich auf eine Art, die die Wirkung des Reaktorunfalls relativierte. Am 14. Mai 1986 erklärte er in einer Fernsehansprache: «Die Havarie von Tschernobyl hat erneut sichtbar gemacht, welch ein Abgrund sich auftut, falls ein Kernwaffenkrieg über die Menschheit herfällt. Gespeicherte Kernwaffenarsenale verbergen Tausende und Abertausende von Katastrophen, viel schlimmer als die von Tschernobyl.»[72] Die Warnung vor den Atomwaffen gehörte seit Chruschtschow zur offiziellen sowjetischen Rhetorik; nun konnte Kasachstan sie gegen Moskau ausspielen.

Auf der Grenze von Kasachstan und Usbekistan liegt der Aralsee. In einem 1995 im Auftrag der UNO publizierten weltweiten 600-Seiten-Überblick über ökologische Risikoregionen schreibt Nikita F. Glazovsky,

Direktor am Institut für Geographie der Russischen Akademie der Wissenschaften, unter all den in dieser Untersuchung behandelten Fallbeispielen sei der Aralsee das «klarste Exempel einer ‹Krisenregion›».[73] Es handelte sich um eine Fernwirkung von Chruschtschows Agrarpolitik: der in großem Stil betriebenen Forcierung von künstlich bewässertem Baumwollanbau in Zentralasien. Das war ebenso wie die lautstarke Maiskampagne ein ökologisches Vabanquespiel,[74] dessen Auf und Ab über das politische Schicksal Chruschtschows mitentschied. Zunächst, durch regenreiche Jahre vom Glück begünstigt, konnte der Staatschef mit einem Meer weißer Baumwollbüschel in einer bisherigen Wüste auftrumpfen; als dann aber die Dürre kam, ging es mit Chruschtschows Nimbus bergab, mehr noch, die Begeisterung für die Urbarmachung von Neuland, die bis dahin eine der stärksten moralischen Kraftquellen des Sowjetkommunismus gewesen war, verwandelte sich in Katzenjammer.[75] Wie in den USA schon ein halbes Jahrhundert zuvor im Anblick des *Dust Bowl* wurde der Pflug vom Stolz des agrarischen Pioniers zum Fluch des Bodens und zum Werkzeug der Bodenzerstörung.[76]

Nur durch künstliche Bewässerung in großem Stil konnte der Baumwollanbau fortgeführt werden; zu diesem Zweck war seit 1954 der Karakum-Kanal im Bau, seinerzeit das «gigantische Prestigeprojekt» der Turkmenischen Sowjetrepublik.[77] Der Kanal bezog jedoch sein Wasser aus dem Amu-Darja, der bis dahin den Aralsee gespeist hatte; dieser wurde in Teilen zur Salzsteppe, und fortan verwüsteten salzhaltige Sandstürme die Ackerflächen und machten vielen Bewohnern das Leben zur Hölle. Einer der nachhaltigsten umweltpolitischen Effekte der Perestroika bestand darin, dass die sowjetische Öffentlichkeit über die dortige Umweltkatastrophe aufgeklärt wurde. Im Jahr nach Tschernobyl wurde unter dem Vorsitz Jurij Israels eine Regierungskommission zur ökologischen Situation des Aralsees geschaffen. Diese richtete nicht viel aus; aber die im darauffolgenden Jahr von den Zeitschriften *Nowyj Mir* und *Pamir* ganz im Geist der Glasnost organisierte Expedition Aral-88, die vor Ort Zeugenaussagen der Opfer und auch der Verantwortlichen der Katastrophe sammelte, rüttelte die sowjetische Öffentlichkeit auf.[78] Drei Jahre darauf wurden die zentralasiatischen Sowjetrepubliken im Zuge der allgemeinen Auflösung der Union selbständig. Dass Moskau sich fortan um dieses ökologische Fiasko nicht mehr zu kümmern brauchte, war für die dortigen Machthaber gewiss eine positive Seite des Zerfalls der einstigen Weltmacht.

Bei alledem sollte man eine Ironie der Umweltgeschichte nicht übersehen: Auf ihre Art waren auch manche von denen, die die Ableitung der Zuflüsse des Aralsees projektierten, geschichtsbewusst gewesen. Denn historische Geographen hatten ermittelt, dass dieser See schon in früheren Zeiten manchmal erheblich kleiner gewesen war und seine Zuflüsse in der Ebene mal hierhin, mal dorthin geflossen oder auch von Menschen umgeleitet worden waren.[79] Musste es den Aralsee überhaupt geben? War nicht die mit seinem Wasser gewonnene Baumwolle viel nützlicher? Im Unterschied zum Baikalsee war diese unansehnliche Wasserfläche nie Idol einer russischen Nationalromantik gewesen. Aus heutiger Sicht ist das Aralsee-Desaster eine Mahnung, dass man auch beim «Lernen aus der Umweltgeschichte» genau hinschauen und den Wandel der Zeiten beachten muss: Salzige Sandstürme, die in Zeiten der Siedlungsleere kaum jemanden gestört hatten, wurden zur Katastrophe, sobald diese Region intensiv bewirtschaftet wurde.[80]

Wenn sich die Aufmerksamkeit der Weltöffentlichkeit auf den See konzentrierte, lenkte sie von dem Desaster ringsum ab, das dadurch noch erheblich verschlimmert wurde, dass auf den Baumwollfeldern Pestizide in einem horrenden Maße versprüht worden waren, welches die schlimmsten Visionen von Rachel Carson übertraf. Mit den Staubstürmen vergifteten diese auch die Nahrungsmittel der dort lebenden unglücklichen Bevölkerung, deren Sterblichkeit sich in einem Jahrzehnt verfünffachte. Am härtesten betroffen war die zu Usbekistan gehörige Region Karalpakistan an der Mündung des Amu-Darja in den Aralsee.[81] Angesichts der Salzhaltigkeit der dortigen Böden verursachte gerade die Bewässerung wie in so vielen Regionen der Erde – vom amerikanischen Westen bis hin nach Australien – eine irreversible Bodenversalzung, die ihrerseits den Anbau und die Bewässerung auf immer neue Böden drängte: «In ihrem Drang nach Baumwolle verursachte die Sowjetunion das größte Bewässerungsdesaster des zwanzigsten Jahrhunderts», und dies dazu noch sehenden Auges.[82] Theoretisch hätte gerade die zentrale Planung der Sowjetunion zu einer ganzheitlichen Betrachtungsweise solcher Projekte mitsamt ihren Nebenwirkungen führen können, und wer den imposanten sowjetischen Machtapparat nur von außen sah, konnte an eine derartige Fähigkeit glauben – aber das war graue Theorie und übersah die in einer unkontrollierten Bürokratie grassierende Kompetenzen- und Verantwortungsdiffusion.

Aber noch eine andere Ironie der Umweltgeschichte verdient Beachtung: Gerade das Dawydow-Projekt, das von Gorbatschow endgültig kassiert wurde, hätte den Aralsee retten und die Umgebung vor salzigen Sandstürmen bewahren können. Nicht zuletzt aus diesem Grunde hatte sich einst Reimar Gilsenbach, später ein halboffizieller, misstrauisch von der Stasi observierter Öko-Weiser der DDR, für das Projekt begeistert: diesen «größten Plan zur Umgestaltung der Natur, der je von Menschen erdacht worden ist».[83] Als Gorbatschow im Jahr 1988 Mittelasien bereiste, kamen Delegationen der Anrainer des Aralsees zu ihm, die für eine Wiederaufnahme dieses Projektes plädierten; und Gorbatschow versprach sogar, die negative Entscheidung noch einmal zu überdenken.[84] Noch nach der Wende von 1990/91 forderten usbekische «Grüne», den Aralsee durch die Umleitung von Ob und Irtysch zu retten.[85] Aber für das neue Russland nach dem Zerfall der Sowjetunion war der Aralsee kein Problem mehr.

Neben Weißrussland war die Ukraine von der Reaktorkatastrophe am stärksten betroffen; auf ihrem Gebiet liegt Tschernobyl, etwa hundert Kilometer Luftlinie nördlich der Hauptstadt Kiew, am Zufluss zu einem lang gestreckten Stausee des Dnjepr, der bis kurz vor Kiew reicht. Zwar blies der Wind kurz nach dem Unglück die radioaktive Wolke vorwiegend nach Weißrussland und dann weiter nach Nordwesten bis hin nach Schweden, wo die ersten alarmierenden Messungen internationales Aufsehen erregten; aber die radioaktive Verseuchung des Wassers traf die Ukraine. Als man in Moskau das Ausmaß der Katastrophe noch nicht begriffen hatte, brach in Kiew bereits eine Massenpanik aus.[86]

Tschernobyl wurde zum Stimulus für das neu erwachte ukrainische Nationalgefühl und für die Wut auf die Moskauer Zentrale. Sobald jedoch nach erlangter Souveranität die energiepolitische Unabhängigkeit gegenüber Russland oberste Priorität erlangte, war Tschernobyl – nun Tschornobyl geschrieben – nur noch zur Erlangung westlicher Subventionen zu gebrauchen. Der 26. April wurde kein ukrainischer Gedenktag. Die durch den Brand nicht zerstörten Tschernobyl-Reaktoren liefen weiter, zum Entsetzen westlicher Beobachter. Selbst nach der «Orangenen Revolution» von 2004, als sich der Spielraum für Bürgerbewegungen erweiterte, wurde die auf Kernenergie gestützte Energiepolitik fortgesetzt, obwohl Meinungsumfragen zeigten, dass zwei Drittel der Bevölkerung die Kernenergie ablehnten, Tschernobyl also auf die unveröffentlichte Meinung nach wie vor wirkte.[87]

Offiziell jedoch wurde seit der Unabhängigkeit weit mehr noch als Tschernobyl der «Holodomor» zum nationalen Memento: die ukrainische Hungerkatastrophe der frühen 1930er Jahre, die nunmehr als absichtlicher Genozid von Seiten der sowjetischen Führung hingestellt wurde. Der Begriff «Holodomor» wurde in Assonanz an den Holocaust geprägt; ukrainische Nationalisten versuchten die Leugnung der absichtsvollen Verursachung dieser Hungerkatastrophe ähnlich wie die Verleugnung des Holocaust zu kriminalisieren, obwohl die speziell gegen die Ukraine gerichtete Absicht der sowjetischen Agrarpolitik jener Jahre zweifelhaft ist: Durch den Hunger wollte Stalin, der Georgier, den bäuerlichen Widerstand gegen die Kollektivierung brechen, egal ob von Ukrainern oder von Großrussen.[88]

Welche allgemeine Lehre hat Tschernobyl hinterlassen, von spezifischen Folgerungen über den dortigen Reaktortyp und über das sowjetische Krisenmanagement abgesehen? Während noch bei dem Störfall von Harrisburg sieben Jahre zuvor umstritten gewesen war, ob es sich tatsächlich um einen über den «größten anzunehmenden Unfall» hinausgehenden «Super-GAU» handelte – damals gingen keine Horrorberichte über todgeweihte Strahlenopfer um die Welt –, war dieser bis dahin hypothetische Störfall Realität geworden: zu einer Zeit, in der es im Allgemeinen um die Kernenergie still geworden war und sich selbst Kernkraftgegner die reale Möglichkeit einer derartigen Katastrophe nicht mehr recht hatten vorstellen können. Insofern war Tschernobyl der schlagende Beweis dafür, dass die Sicherheitsphilosophie der Vorsorge nicht nur gegen bekannte Gefahren, sondern auch gegen hypothetische Risiken bei neuartigen Technologien wohlbegründet war.

Gewiss war und ist die praktische Umsetzung dieser Sicherheitsphilosophie nicht ohne Probleme. Aaron Wildavsky (1930–1993), Sohn jüdischer Immigranten aus der Ukraine und zur Zeit von Tschernobyl Präsident der *American Political Science Association*, hat noch nach der Reaktorkatastrophe mit all seinem Scharfsinn darzulegen versucht, dass es die Gesellschaft lähmen würde, wenn man das Vorsorgeprinzip bis in alle Konsequenzen in die Praxis umsetzen würde.[89] Nicht ohne Bosheit wies er darauf hin, dass auch die Protagonisten des Wettrüstens auf ihre Art mit Vorsorgeprinzip und *worst-case*-Szenario operierten.[90] Noch als er selbst an Lungenkrebs starb – vielleicht sogar gerade deshalb –, wollte er nichts davon wissen, dass sich Politik und Öffentlichkeit mit potentiellen Krebsursachen quälten.[91] Als einer der einflussreichsten Risikotheoretiker der amerikanischen Politikwissenschaft trug er dazu bei, dass sich das Vorsorgeprinzip bis heute in der amerikanischen Umweltpolitik nicht so recht durchzusetzen vermag; das zeigt sich besonders deutlich in der Klimapolitik. Im Register der meisten Untersuchungen zur amerikanischen Umweltbewegung sucht man das Stichwort *Precautionary Principle* vergeblich. Es hätte auch nicht zu dem zupackenden Aktionismus der EPA gepasst; dieser Politikstil funktionierte am besten bei klar erwiesenen Gefahren.

Und in der Tat ist bei der Konstruktion hypothetischer Risiken einer wilden Phantasie keine Grenze gesetzt; gegen die Risiken allesamt Vorkehrungen zu treffen wäre weder möglich noch vernünftig. Man muss verschiedene Grade der Hypothetizität unterscheiden. Vorkehrungen sind am ehesten gegenüber solchen Risiken durchsetzbar, für deren Realität es handfeste historische Ansatzpunkte gibt, nicht gegen solche, die vorerst reine Phantasieprodukte sind. Aber schon vor Tschernobyl gab es solche sehr realen Indizien für die Existenz eines hohen nuklearen Risikos in Hülle und Fülle. Die Reihe ominöser Fast-Katastrophen in Kernreaktoren war bereits recht lang; da manches die längste Zeit vertuscht worden war – so die Folgen des Störfalls im britischen Windscale 1957 und die Atomkatastrophe des gleichen Jahres in Kyschtym im Südural[92] –, war der Umfang des Störfallregisters dem Gros der Öffentlichkeit jedoch nicht in vollem Maße bewusst. Manches lag auch schon so weit zurück, dass es verblasste.

Heute beginnt selbst die Erinnerung an Tschernobyl zu verblassen und das Risikobewusstsein wieder hinter den nach dem 26. April 1986 erreichten Stand zurückzufallen. Schon 1997 stellte der prominente russische Umweltschützer Alexej Jablokov – unter Boris Jelzin zuerst Mitglied im Sicherheitsrat und dann ins politische Abseits gedrängt – frustriert fest, in Russland sei die Umweltbewegung wieder da, wo sie vor zehn Jahren gestanden habe: Erneut müsse man von vorne beginnen und den Russen erst einmal «beibringen, dass die Umwelt wichtig ist».[93] Ähnliches scheint für die neuen Staaten Zentralasiens zu gelten.[94] Das war in anderen Ländern anders; aber auch dort drohen Tschernobyl und die Folgen in Vergessenheit zu geraten. Der Umwelthistoriker, der dem alten Fortschrittsmythos abgesagt hat, sollte keinem neuen Fortschrittsmythos aufsitzen.

Die Ausstrahlung von Tschernobyl, die stecken gebliebene Umweltbewegung der DDR und das grüne Fiasko bei der deutschen Vereinigung. Zusammen mit Glasnost und Perestroika markiert Tschernobyl auch eine Wendezeit in der DDR,[95] obwohl die ostdeutsche Parteiführung den neuen sowjetischen Kurs aus ihrem Land herauszuhalten suchte. Nicht zuletzt deshalb, weil die Sowjetunion von nun an nicht mehr offiziell das große Vorbild war, wurde es weniger riskant, über die Risiken der sowjetischen Reaktoren zu reden; und die Reaktoren der DDR stammten aus der UdSSR, wenn auch nicht vom gleichen Typ wie dem in Tschernobyl. In der Öffentlichkeit spielte die SED-Führung die Auswirkungen der Reaktorkatastrophe herunter; intern war man über Sicherheitsmängel der Kernkraftwerke sehr wohl besorgt, zumal man dort wusste, dass die Kernkraftwerksblöcke des KKW Nord bei Lubmin erst nach wiederholten Ausbesserungen hatten in Betrieb gehen können und bereits eine Reihe bedenklicher Störfälle hinter sich hatten.[96] Nach Tschernobyl verfügte die Regierung für das schon seit den frühen 1970er Jahren im Bau befindliche Kernkraftwerk Stendal, dessen Fertigstellung sich immer wieder verzögert hatte und das nie in Betrieb gehen sollte, eine lange Reihe zusätzlicher Sicherheitsvorkehrungen. Der Aufwand eines kuppelförmigen Containments in Beton, das im Westen längst Standard geworden war und bei dem Störfall von Harrisburg die radioaktive Verseuchung des Umlandes verhindert hatte, wurde allerdings – wie überall im Ostblock – nach wie vor vermieden.[97]

Honecker bekannte damals westlichen Gesprächspartnern gegenüber: Wenn die DDR Steinkohle besäße, würde sie auf Kernenergie verzichten.[98] Das war nicht die Position des für die Wirtschaftspolitik zuständigen Günter Mittag; unter Insidern sprach sich jedoch herum, dass Honecker nicht zu denen gehörte, für die die Kernenergie den Fortschritt hin zur «WTR», zur «wissenschaftlich-technischen Revolution», verkörperte. Nicht umsonst war er 1971 als Kritiker der Technomanie der späten Ära Ulbricht an die Macht gekommen. Unter seiner Herrschaft braute sich bei den Protagonisten der «neuen Technologien» ein untergründiger Groll darüber zusammen, dass zwar der WTR nach wie vor Lippenbekenntnisse geleistet wurden, de facto jedoch die DDR-Industrie in technologischer Hinsicht mehr und mehr stagnierte.[99] Um nicht missverstanden zu werden: Auch nach Tschernobyl gehörte es nach wie vor zur *political correctness* der DDR, die Kernenergie im Prinzip zu befürworten. Auch danach blieb es riskant und erforderte Mut, die Risiken dieser Technik öffentlich zur Sprache zu bringen. Und doch war nach 1986 deutlich ein Bann gebrochen, nicht nur in Fragen des nuklearen Risikos;[100] die lähmende Angst vor dem totalitären Kontrollapparat ließ nach, und je mehr man spürte, dass dieser nicht mehr die Rote Armee im Rücken hatte, desto mehr wurde er zum Gegenstand des Spottes.[101] Umweltinitiativen, die deutlich auf Konfliktkurs mit der herrschenden Linie gingen, fallen durchweg in die Zeit nach 1986.

Über das Fernsehen und über zahllose andere Kanäle waren die DDR-Bürger über die westdeutsche Umweltbewegung informiert;[102] die Umweltinitiativen der DDR sind ohne diesen Hintergrund nicht zu verstehen. Nicht zuletzt aus dem Westen bezogen sie die Sicherheit, dass sie mit ihrer Kritik an einer rücksichtslosen Industriepolitik keine Reaktionäre waren, sondern sich im Gegenteil auf dem neuesten Stand der Modernität befanden. Manches deutet sogar darauf hin, dass im Unterschied zu anderen Ostblockländern die Attraktivität dieses unmittelbar vor Augen stehenden westlichen Vorbilds die Entstehung einer Umweltbewegung, die den spezifischen Bedingungen der DDR entsprochen hätte, eher hemmte. Denn zweifellos war selbst für viele umweltbewusste Ostdeutsche die Kernkraft nicht das Hauptproblem. Die Umweltbelastung Nummer eins – allgegenwärtig schon durch den in der Luft liegenden penetranten Geruch – war die auf der ganzen Welt einzigartige Abhängigkeit von der Braunkohle, deren Qualität sich zusehends verschlechterte und deren Abfall- und Emissionsmengen sich gleichlaufend erhöhten. Das ab 1956 in Hoyerswerda errichtete Kombinat «Schwarze Pumpe» – *nomen est omen* – war der mit Abstand größte Braunkohleveredlungskomplex der Welt, der zeitweise über die Hälfte der gesamten Investitionsmittel der DDR absorbierte;[103] auf Braunkohle beruhte auch das finstere «Chemiedreieck» Bitterfeld-Halle-Merseburg. «Braunkohle ist Sozialismus», verkündete Erich Rammler, der führende Braunkohletechnologe an der Bergakademie Freiberg, im simplen Stil jener vielen roten Spruchbänder, die in der DDR hingen; auf dem Sterbebett allerdings seufzte er: «Das mit dem Sozialismus ist doch schwerer, als ich dachte.»[104] Und die Braunkohle brachte kaum geringere Probleme mit sich. Sie wurde immer mehr zum Schicksal der DDR, ökonomisch wie ökologisch.

Anfang der 1970er Jahre, im Vorfeld des Umweltgipfels von Stockholm, hatte die DDR-Führung noch geglaubt, sich in der Umweltpolitik international profilieren zu können und auf diese Weise endlich die westliche Anerkennung zu erreichen.[105] Bereits im November 1971, fünfzehn Jahre vor der Bundesrepublik, hatte sie ein Umweltministerium geschaffen; und auf dem Papier wirkte die Umweltgesetzgebung der DDR eindrucksvoll.[106] Die linken Umweltaktivisten des Westens waren davon überzeugt, dass der letzte Grund der Umweltschäden im privaten Profitstreben liege; die DDR-Führung hörte das gerne, und ihre Versicherung, ostdeutsche Umweltprobleme seien lediglich eine «Hinterlassenschaft des Imperialismus», klang lange Zeit mehr oder weniger glaubwürdig, stammte doch das «Chemiedreieck» mit seinem Horror nicht von Walter Ulbricht, sondern von Walther Rathenau. In den frühen 1970er Jahren, der in der allgemeinen Wahrnehmung besten Zeit der DDR, scheint die

SED-Führung, Honecker voran, vorübergehend im Umweltschutz eine besondere Chance der zentralen Planwirtschaft erblickt zu haben. Damit war es jedoch schon 1974, nach der ersten Ölkrise, definitiv vorbei; die «Wochen der sozialistischen Landeskultur» wurden ersatzlos gestrichen, und 1976 wurde der bei der Akademie der Wissenschaften geschaffene Umweltrat wieder aufgelöst.[107] Man vergesse nicht: Auch in der Bundesrepublik wäre die Öko-Ära mit dem von Helmut Schmidt einberufenen Spitzengespräch auf Schloss Gymnich am 3. Juni 1975 beendet gewesen, hätte es nicht die breite Bürgerbewegung gegeben.

Solange die DDR hochwertige Braunkohle besaß und von der Sowjetunion billiges Öl bekam, bestand nach Kernenergie kein dringender Bedarf; zum Kummer ostdeutscher Technologen war die Entwicklung eigener Reaktortypen schon in den frühen 1960er Jahren auf ein Machtwort Ulbrichts hin abgebrochen worden.[108] Aber spätestens nach 1980 war es mit der guten Braunkohle und dem billigen Öl vorbei. In dieser Situation, als man ganz auf sowjetische Reaktoren angewiesen war, beschloss die DDR-Führung mit dem «Staatsplan Kernenergie» (1983) das ehrgeizigste Kernkraftprogramm der ostdeutschen Geschichte.[109] Wie dieses Programm im Anblick des drohenden Staatsbankrotts finanziert werden sollte, blieb unklar. Vorerst war man ganz auf die zusehends zur «Blumenerde» herunterkommende Braunkohle angewiesen. An aufwendige Filteranlagen war nicht mehr zu denken.

Unter den vom Braunkohleabbau verursachten Umweltschäden sind die klaffenden Wunden, die die Bagger der Landschaft zufügen, besonders aufreizend. Nun sind die dadurch entstehenden «Mondlandschaften», wie wir heute wissen, für Mensch und Natur nicht für alle Zeiten verloren. Bemühungen um Rekultivierung der Halden im Interesse der Landwirtschaft reichen bis in die Frühzeit der DDR zurück; 1951 wurde sogar die «Mutterbodenwirtschaft», die Rettung der Humusschicht beim Braunkohleabbau, gesetzlich vorgeschrieben.[110] Nirgendwo anders sammelte man in Ost- wie in Westdeutschland so großflächige Erfahrungen in der Schaffung neuer Landschaft wie bei der Rekultivierung der Braunkohlereviere. Da war die DDR zu jener Zeit sogar den USA voraus. Und in Ost wie West trat neben die Rekultivierung mehr und mehr auch die *Renaturierung* zur Schaffung von Erholungslandschaften: eine Wende, die in der DDR in etwa mit dem Übergang von Ulbricht zu Honecker einherging und dem neuen Geist der Öko-Ära entsprach.

Die Crux war nur die, dass die zentrale Planung aus Kostengründen vor allem ab 1973 immer mehr davon abging, schon bei der Abbautechnik die spätere Rekultivierung zu berücksichtigen.[111] Und ebendies wäre mehr und mehr nötig gewesen; denn je größer die Bagger wurden, desto sorgfältiger musste darauf geachtet werden, den «Mutterboden» zu retten. Auch hier schlug in der Spätzeit der DDR die allgemeine Lethargie durch. Hier wie anderswo scheint das Umweltministerium so gut wie nichts getan zu haben;[112] und die Leipziger hatten schon genug damit zu tun, den Kohleabbau an der Grenze ihrer Stadt zu stoppen. In gewisser Weise half die Natur sich selbst: Es war eine Überraschung, dass die riesigen Löcher sich mit der Zeit in Seen verwandelten, die nach und nach natürlichen Seen immer ähnlicher wurden und gleiche Freizeitattraktionen boten.[113] Und eine weitere Überraschung war die, dass manche Bio-Ökologen über das Verschwinden der «Mondlandschaften» am Ende gar nicht glücklich waren, da unter diesen ungewöhnlichen Bedingungen ungewöhnliche Ökotope entstanden und Orchideen gewachsen waren.[114] Aber diese Neuentdeckungen, die einmal mehr ein Licht auf das Werturteilsproblem in Sachen Natur werfen, reichen über die Geschichte der DDR hinaus.

Alles, was bislang bekannt ist, deutet darauf hin: In Umweltfragen herrschte spätestens nach 1980 in der DDR-Führung der pure Fatalismus. Wie sich nach Öffnung der Akten gezeigt hat, war die Indifferenz gegenüber Umweltschäden intern sogar noch größer, als man sich dies zu DDR-Zeiten gerne vorgestellt hatte. Das Umweltministerium führte eine Phantomexistenz; bis heute blicken selbst Experten für die ostdeutsche Umweltgeschichte nicht durch, was dieses Haus in seinen fast zwei Jahrzehnten eigentlich getrieben hat.[115] Briefe, die der Umweltminister Hans Reichelt an den allmächtigen Günter Mittag schrieb, fand man dort nach der Wende ungeöffnet.[116] In den Augen von Reimar Gilsenbach war Reichelt der Potjomkin der ostdeutschen Umweltpolitik, der «Politik der Umweltlüge».[117] Am 16. November 1982 verabschiedete der Ministerrat der DDR, ohne dies der Öffentlichkeit bekannt zu geben – selbst die Geheimhaltung blieb geheim –, die berüchtigte «Anordnung zur Sicherung des Geheimschutzes auf dem Gebiet der Umweltdaten», die umweltrelevante Daten – und schon gar solche, die auf Krisenpunkte hinwiesen – zum Staatsgeheimnis erklärte.[118] Das war für Umweltinitiativen in der DDR kaum weniger fatal als die Angst vor der Stasi; denn ein wirksamer Umweltprotest ist in den meisten Fällen wesentlich eine Frage der Information. Wer in der DDR in Umweltfragen Alarm schlug, hatte es besonders schwer, dem Zahlenmaterial der regimekonformen Professoren etwas entgegenzusetzen. In der DDR sahen sich die Umweltaktivisten von den Wissenschaftlern nahezu im Stich gelassen; kein Wunder, dass ihre Eingaben oftmals dilettantisch wirkten.

In eine ganz andere, freundlichere Welt, in der es Idyllen und Erfolgsgeschichten gibt, gerät man beim ostdeutschen *Naturschutz*.[119] Von Mecklenburg bis in die Uckermark wird noch Kurt Kretschmann (1915–2007), der Erfinder des mittlerweile bundesweiten Naturschutzsymbols der Waldohreule, als Seele des Naturschutzes in Erinnerung gehalten.[120] Kretschmann begann 1949 als ehrenamtlicher Naturschützer in Freienwalde, kooperierte geschickt mit seiner Ehefrau, der Kreisrätin für Volksbildung, und bluffte gelegentlich bei der Durchsetzung von Naturschutzbelangen gegen lokale LPG-Leute sogar erfolgreich damit, die gefährliche Staatsmacht hinter sich zu haben, wenn davon in Wahrheit keine Rede war. Seine Biographie bietet über die gesamten vier Jahrzehnte DDR bis über die Wende hinaus eine von Anfang bis Ende erfüllte Lebensgeschichte ohne tiefe Brüche: eine Vita, wie man sie heute unter ostdeutschen Biographien nicht häufig findet.[121] Nicht anders als im Westen war der Naturschutz auch in den Augen der östlichen Machthaber eine zwar nicht sehr wichtige, aber doch im Prinzip ehrenwerte Angelegenheit, solange er nicht mit starken wirtschaftlichen Interessen kollidierte. Mehr noch als in der Bundesrepublik blieb in der DDR der alte Verbund von Natur- und Heimatschutz zumindest im Sprachduktus erhalten. «Heimat», den auf Mobilität versessenen westdeutschen Modernisierern ein anrüchiger, angeblich NS-belasteter Begriff, war in der DDR stets ein positiv besetztes Reizwort. Selbst führende SED-Leute machten sich vermutlich wenige Illusionen darüber, dass es weit mehr die Liebe zur Heimat als die Liebe zum Kommunismus war, die die Leute im Lande hielt.

Selbst Reimar Gilsenbach, in seinem Herzen lebenslang ein Anarchosozialist mit einem Hang zu den Zigeunern, begann 1952 als Redakteur der Zeitschrift *Natur und Heimat*, die ein Forum für den Naturschutz war.[122] Um dem Naturschutz eine revolutionäre Tradition zu schaffen, grub er die Schriften des radikalen Achtundvierzigers Emil Adolf Roßmäßler (1806–1867) wieder aus, dessen Zeitschrift *Aus der Heimat* einen prominenten Platz in der Vorgeschichte des Naturschutzes einnimmt.[123] Seit 1986 reisten Gilsenbach und seine neue Partnerin Hannelore Kurth, er nunmehr in einer pittoresken Mischung von Hippie- und Prophetenlook, mit Ökoliedern durch die DDR. Seit 1981 sammelte er in dem einsam-romantisch zwischen sieben Seen gelegenen Dörfchen Brodowin in der Uckermark Schriftsteller, Künstler und Umweltexperten zu Diskussionsrunden.[124] Noch am 28. Mai 1988 begann die «Erklärung von Oybin» der zum Arche-Netzwerk gehörenden Umweltgruppe Zittau mit der Behauptung: «In den letzten Jahren wird auch in unserem Land das Heimatbewusstsein wieder stärker geprägt.»

Wie einst Roßmäßler und nach ihm Gilsenbach operieren auch die Zittauer mit einem Heimatbegriff, der mit einer lebendigen Vielfalt von Natur eine neue Substanz gewonnen hat, zugleich aber eine Spitze gegen die staatliche Industriepolitik bekommt: «Heimat ist nicht der Vorgarten mit einer Chemiedichte, hinter der jeder Maisacker verblasst; unsere Heimat ist das ‹Gartl›, in dem auch Mönchsgrasmücke und der Igel Platz haben.»[125] In den gerade in der Spätzeit der DDR expandierenden «Datschen» – dem aus der Sowjetunion stammenden Begriff für die einst in Sachsen erfundenen Schrebergärten –, ohne die für viele DDR-Bürger das Leben nicht mehr auszuhalten gewesen wäre, erkennt man nicht nur die Sehnsucht nach kleinbürgerlicher Idylle, sondern auch viel unartikulierte Sehnsucht nach einem Leben in der Natur. Man darf das real existierende ostdeutsche Umweltbewusstsein nicht nur in den Büchern suchen. Kurt Kretschmann plädierte gegen die Datschophobie orthodoxer Naturschützer und gegen den «Reservats»- und «Nolimetangere»-Naturschutz dafür, auch die Gärten in die Naturschutzwelt einzubeziehen.[126] Sächsische Naturschützer dagegen begrüßten die Wende als Chance zur Rettung der Elbauen vor der bis dahin unaufhaltbaren Expansion der Datschen.[127]

Kein Zweifel: Der Naturschutz führte in der DDR ein Nischendasein. Da die DDR dünner besiedelt war als die Bundesrepublik und im Motorisierungsgrad und Straßenbau hinter den Weststaat immer weiter zurückfiel, blieben zahlreiche alte Alleen bis zur Wende erhalten. Naturschützer konnten es sich in vielen Winkeln gemütlich machen und in einer mehr oder weniger friedlichen Koexistenz mit einer Industriepolitik leben, die mit frühindustrieller Rücksichtslosigkeit betrieben wurde. Selbst im Raum Bitterfeld gab es kleine Idyllen, die in Naturschutzblättern liebevoll geschildert wurden.[128] An der Ehrlichkeit und Ernsthaftigkeit der meisten Naturschützer ist nicht zu zweifeln; aber spätestens in den 1980er Jahren bekam der Umweltschutz im Gesamtszenario des ostdeutschen Umgangs mit der Umwelt doch eine Ablenkungsfunktion.

Vorwiegend dem Naturschutz widmete sich die staatstreue *Gesellschaft für Natur und Umwelt* (GNU), die 1980 innerhalb des Kulturbundes der DDR gegründet wurde und bis zur Wende auf 60 000 Mitglieder in 1600 Arbeitsgruppen anwuchs: Dimensionen, die die kühnsten Träume der autonomen Umweltgrüppchen bei Weitem übertrafen. Um eine bloße Farce handelte es sich nicht: Im Naturschutz engagierte sich die GNU nicht ohne Erfolg. Entgegen dem, was nach der Wende manchmal behauptet wurde, war die Mitgliedschaft freiwillig: So gesehen, ist auch das Wachstum der GNU ein Stück Umweltbewegung,[129] wenn diese auch von oben gegründet wurde, um grüne Bestrebungen in der Bevölkerung aufzufangen und gleichzuschalten. Im Großen und Ganzen scheint dies auch gelungen zu sein. Vor allem die sich in den letzten Jahren der DDR im Rahmen der GNU bildenden «Interessengemeinschaften Stadtökologie», die sich aus der Naturschutznische herauswagten und die trüben Zustände in den verfallenden Städten anklagten, gerieten mit dem Staat aneinander.[130] Wie später zwei Mitglieder der «Arche» erinnern: «Der desolate Zustand der Städte in der DDR» – wenn auch «für reine Umweltschützer kein Thema» – «war vielleicht das sichtbarste Zeichen für die wirtschaftliche, kulturelle und soziale Inkompetenz der DDR-Führung.» «Dass die Demonstrationen des Herbstes 1989 in Leipzig, der wohl am stärksten verschlissenen Stadt der DDR, begannen, ist sicherlich kein Zufall.»[131]

Ähnlich wie die Mobilisierung der Leute von Greenwich Village in New York durch Jane Jacobs entwickelte auch in der späten DDR der Kampf für die Rettung des heimatlichen Wohnviertels am Ende politische Sprengkraft. Der Vorsitzende der GNU Harald Thomasius, Professor an der Forsthochschule Tharandt, brachte den Naturschutz mit «Heimatverbundenheit und Patriotismus» in Verbindung, hob aber auch die «untrennbare Einheit von Frieden und Umweltschutz» hervor.[132] Die Verbindung von Friedens- und Umweltbewegung bei der latenten Opposition hatte ihr Pendant innerhalb der GNU. 1987 stellte Thomasius fest, Tschernobyl habe «uns schmerzlich vor Augen geführt», «dass Umweltprobleme nicht einfach durch das Erscheinen des realen Sozialismus von der Bühne der Weltgeschichte verschwinden».[133] Nach Tschernobyl ein neuer Ton auch in der GNU.

Die Geschichte des ostdeutschen Naturschutzes endet am Vorabend der deutschen Vereinigung mit einem Triumph, der alle Erfolge in einem Jahrhundert Naturschutzgeschichte in den Schatten stellt: mit dem vom DDR-Ministerrat auf seiner letzten Sitzung am 12. September 1990 gefassten Beschluss zur Schaffung von 14 Nationalparken und Biosphärenreservaten, womit ein Zehntel des Landes unter Naturschutz gestellt wurde:[134] ebendie Größenordnung, die 1990 die *World Parks Commission* als Ziel für die ganze Welt setzte. Als die DDR, die zu Lebzeiten so grau gewesen war, mit der Maueröffnung vom 9. November 1989 einen Untergang erlebte, wie ihn kein romantischer Opernregisseur überwältigender hätte inszenieren können, war es vor allem der ostdeutsche Naturschutz, dem ein großer Coup gelang, der zu dieser historischen Stunde passte. Bundesumweltminister Töpfer feierte die großen nunmehr in Aussicht stehenden Naturparadiese als «Tafelsilber der deutschen Einheit»; das wurde zum geflügelten Wort.

Einige Zeit darauf war allerdings nicht mehr sicher, ob dieser «im Handstreich» von einer «Viererbande» prominenter Naturschützer – mit unauffälliger Bonner Hilfe – erzielte Triumph nicht ein Pyrrhussieg war; denn ihm haftete das Odium des Naturschutzes von oben an: Vor Ort fühlten sich viele überfahren.[135] Westdeutsche Naturtouristen entdeckten von Brandenburg bis Usedom eine Einsamkeit und Weite, wie man sie in der alten Bundesrepublik nicht gekannt hatte; aber nicht wenige der dort Ansässigen wollten nicht zur Serengeti für die Wessis werden, sondern verlangten nach Industrieansiedlungen, die Arbeitsplätze brachten. Der brandenburgische Landwirtschaftsminister forderte 1992 sogar – ein in der Naturschutzgeschichte beispielloses Vorkommnis – die Bauern dazu auf, die Schranken vor dem für den Naturschutz sichergestellten Gelände niederzuschlagen, was diese sich nicht zweimal sagen ließen.[136] Aber ob mit oder ohne Naturschutz: Die erwarteten Industrieansiedlungen kamen in vielen Fällen ohnehin nicht; und so wurde der Naturtourismus doch für viele Gebiete im Norden der Ex-DDR die große Chance. Soweit bisherige Staatsjagdgebiete betroffen waren, die in der DDR noch über die Zeiten Hermann Görings hinaus ausgedehnt worden waren,[137] gab es ohnehin gegen die Unterschutzstellung kaum etwas einzuwenden.

Im Kontrast zu den Grünen gehörten führende bundesdeutsche Naturschutzverbände zu den Gewinnern der Wende, ja bekamen durch diese sofort in sichtbarer Weise neuen Schwung: Der bisherige *Deutsche Bund für Vogelschutz* (DBV), der – nachdem er den finanziellen Rückhalt bei der Fabrikantenfamilie Hähnle verloren hatte (1965) – über geraume Zeit trotz Öko-Ära ins Abseits geraten war und nicht einmal mehr ein Büro besessen hatte,[138] wandelte sich unter seinem neuen dynamischen Vorsitzenden Jochen Flasbarth zum *Naturschutzbund* (NABU)[139] und fusionierte mit dem aus der GNU hervorgegangenen *Naturschutzbund der DDR*[140]. Der BUND gründete 1987 zusammen mit anderen Umweltverbänden die *Stiftung Europäisches Naturerbe* (Euronatur), die sich, wenn auch mit Blick nach Brüssel, besonders in Osteuropa-Projekten engagierte.[141] Weit über die DDR hinaus entdeckten die Naturschützer von nun an mit wachsender Begeisterung «Europas wilden Osten»; Euronatur ernannte die Narew zu «Europas Amazonas».[142] Wildnisromantik und Nationalparkpläne amerikanischer Dimension bekamen einen neuen Auftrieb. Nirgendwo anders demonstrierte man 1990 so wirkungsvoll eine deutsch-deutsche Gemeinsamkeit wie im Naturschutz, allerdings vorwiegend auf oberer Ebene.

Auch die Kernkraftgegner, die in der alten Bundesrepublik nur einen begrenzten Erfolg erzielt hatten, erlangten in der Ex-DDR mühelos einen totalen Sieg: Die bestehenden Kernkraftwerksblöcke wurden abgeschaltet und der Bau des Kernkraftwerks Stendal gestoppt. Hauptakteur war bei diesem Ausstieg sogar die westdeutsche Energiewirtschaft; mit ihren Überkapazitäten war sie in der Lage, auch Ostdeutschland mit Strom zu versorgen, und ein dortiger Super-GAU hätte augenblicklich die gerade abklingende Tschernobyl-Panik wieder hochkochen lassen. Nicht nur alte Anti-AKW-Kämpen bezeichneten die vier Reaktorblöcke bei Lubmin als «Tschernobyl-Nord»; Anfang 1990 warnte der *Spiegel*, die Geschichte dieser aus der Sowjetunion importierten Reaktoren gleiche einer «Horrorchronik»: «Knapp zwei Autostunden von Hamburg, Hannover und Berlin entfernt ist gleichsam ein atomarer Sprengsatz in Betrieb, der jeden Moment in die Luft fliegen und eine Strahlenwolke freisetzen kann, die ganz Mitteleuropa radioaktiv verseucht.»[143]

In der Tat lag seit Tschernobyl die Folgerung nahe, dass das, was dort geschah, auch in Lubmin geschehen konnte, und zwar umso eher, je mehr man vor sowjetischen Ingenieuren grundsätzlich Respekt hatte und die Reaktorkatastrophe nicht einfach auf «russische Schlamperei» zurückführte. An warnenden Stimmen hat es denn auch in der DDR nach 1986 nicht gefehlt; die Besorgnis reichte bis in führende Kreise. Und doch urteilt im Rückblick Wolfgang Rüddenklau, einer der Initiatoren der Umweltbibliothek in der Ostberliner Zionskirche: «Eine radikale Anti-Atombewegung konnte in der DDR nicht entstehen.»[144] Die Leidenschaft und Courage, die man bei der Friedensbewegung der DDR seit den späten 1970er Jahren findet, sucht man bei den Kritikern der Kernenergie nahezu vergebens. Im Dunst der Braunkohle behielt die Kernenergie viel länger als in der Bundesrepublik den Charme des Fortschritts und der auf Wissenschaft gegründeten sauberen neuen Technologie. Selbst manche von denen, die über die ostdeutschen Zustände unglücklich waren, empfanden die westdeutsche Aufregung über Tschernobyl als typische Überempfindlichkeit eines Luxuslandes.

Es gab jedoch *einen* sehr bemerkenswerten Coup der Kernkraftkritiker: die Enthüllungen von Michael Beleites im Juni 1988 über horrende Gesundheits- und Umweltgefährdungen durch den unter sowjetischer

Regie in Sachsen und Thüringen betriebenen Uranabbau. Das *Kirchliche Forschungsheim Wittenberg*, unter seinem Leiter Hans-Peter Gensichen schon seit 1979 ein Sammelpunkt kritischer Informationen zur Umweltsituation der DDR, hektographierte seine Schrift *Pechblende – Der Uranbergbau in der* DDR und seine Folgen.[145] Vor Tschernobyl wäre eine derartige Enthüllung, die auf den Rohstoff der sowjetischen Atomwaffenproduktion zielte, vermutlich als Vaterlandsverrat schlimmster Art bestraft worden.[146] Auch jetzt blieben Beleites üble Schikanen der Stasi nicht erspart; aber er blieb in Freiheit. Die Sowjetmacht war dabei, ihr bedrohliches Aussehen zu verlieren; da mag sich bei der DDR-Führung der Ärger geltend gemacht haben, dass ihr durch die Sowjets der Zugriff auf die Uranressourcen des eigenen Landes verwehrt wurde. Untersuchungen nach der Wende offenbarten, dass Beleites in der Tat ein Risikopotential von Tschernobyl-Dimension getroffen hatte: «Die ökologisch bedrohlichen Hinterlassenschaften des Wismut-Komplexes sind gigantisch. Es handelt sich um einen der größten radioaktiven Strahlenschäden der Welt; in Ronneburg z. B. türmen sich etwa 40 Millionen Kubikmeter strahlenden Abraums auf einer Fläche von 210 Hektar, mehr als das zwanzigfache des Volumens der Cheopspyramide», so Carlo Jordan in seinem Bericht für die Bundestags-Enquetekommission über «Geschichte und Folgen der SED-Diktatur».[147]

Zu jenen mutigen Aktionen, die den Bann brachen, der fast vierzig Jahre auf der DDR lag, gehört auch – ebenfalls im Juni 1988 – der von Mitgliedern des «Grün-ökologischen Netzwerks Arche» in strenger Geheimhaltung gedrehte Dokumentarfilm *Bitteres aus Bitterfeld*. Es gelang den Arche-Mitgliedern, den Film nach Westberlin zu schmuggeln, von wo er über das Fernsehen in die DDR ausgestrahlt wurde. Bitterfeld, das kein westlicher Tourist vom Ansehen kannte, besaß bis dahin in der westlichen Literaturszene eine positive Assoziation: Im dortigen Elektrochemischen Kombinat war am 24. April 1959 der Aufruf *Greif zur Feder, Kumpel!* ergangen; die Arbeiter sollten selber ihre Arbeitswelt beschreiben. Der «Bitterfelder Weg» erwies sich jedoch in der Literatur als Sackgasse; eine realistische Schilderung der Arbeitsverhältnisse im «Chemiedreieck» hätte auch schwerlich die Zensur der DDR passiert. Spätestens seit dem Juni 1988 avancierte Bitterfeld stattdessen zur «schmutzigsten Stadt Europas». Der Symbolwert dieses Ortes für die DDR hatte sich um 180 Grad gedreht. Aber gerade «am Beispiel der Bitterfeld-Aktion» erkennen zwei Initiatoren der «Arche» «ein wichtiges Dilemma der DDR-Umweltgruppen»: «Vielen in der DDR waren die Zustände in Bitterfeld nicht unbekannt. Nur die wenigsten *er*kannten die Situation aber auch – selbst die Bitterfelder lebten mit ihrem Kopf im Westen und nahmen ihre eigene, unmittelbare Lebenswirklichkeit erst wahr, als sie sie durch den Arche-Film *Bitteres aus Bitterfeld* via West-Fernsehen in die heimischen Wohnzimmer geliefert bekamen.»[148]

Aber da befinden wir uns bereits im Vorfeld der Wende. Während es westliche Umweltaktivisten, dem Gesetz der modernen Massenmedien folgend, darauf anlegten, so stark wie möglich aufzufallen, kam es unter den Verhältnissen der DDR erst einmal darauf an, möglichst unauffällig vorzugehen und sich wie ein Chamäleon der Umgebung anzupassen, um nicht den Argwohn der Stasi zu erregen. Statt offen Emissionsschäden anzuprangern – und im Erzgebirge war das «Waldsterben» anders als in vielen westlichen Wäldern evidente Realität –, begnügte man sich mit versteckten Anspielungen, indem man Bäume pflanzte, wogegen niemand etwas haben konnte (und dennoch griff die Stasi gelegentlich ein); man wird an Wangari Maathais Baumpflanzbewegung im diktatorisch regierten Kenia erinnert. Mit Baumpflanzaktionen begann in typischen Fällen der ostdeutsche Umweltaktivismus; das Pflanzen von Bäumen nahm sogar «teilweise Züge einer Massenbewegung an» (Ehrhart Neubert).[149]

Mit welch bescheidenen Schritten Umweltinitiativen unter dortigen Bedingungen beginnen mussten, die sich mit der exzessiven Art, in der die westdeutsche Öko-Szene ihre Spontaneität austobte und die Medien kirre machte, überhaupt nicht vergleichen ließen, zeigt die bloße Tatsache, dass bereits die Gründung von Umwelt-Bibliotheken ein erster und der vorerst einzige Akt war. Besonders die Umwelt-Bibliothek in der Berliner Zionsgemeinde, die am 2. September 1986 eröffnet wurde, entwickelte sich «rasch zu einem der Kommunikationszentren der Berliner und später der DDR-Opposition» (Ehrhart Neubert).[150] Ihr größter Erfolg entsprang ihrer größten Krise. Am 24. November 1987 schlug die Stasi zu: Die Bibliothek wurde besetzt, die Mitarbeiter verhaftet. Auf diese Weise wurde eine Bibliothek zum Fanal; sie löste eine breite Solidarisierungsaktion aus, und die Verhafteten kamen wieder frei.[151] Es war eines jener Geschehnisse, von denen ein direkter Weg zu der öffentlichen Explosion des Unmuts im Herbst 1989 führte.[152] An vielen Anzeichen erkennt man, dass sich 1988 der Bann der Angst vor der Staatsmacht löste.

Und doch vermochten sich die verschiedenen Umweltinitiativen nicht aus sich heraus zu einer breiten Bewegung zu vereinigen. Zwischen den Zeilen der hinterlassenen Dokumente bemerkt man viel sektiererische

Enge und eifersüchtige Rivalität. Da wurde zwischen der Umweltbibliothek und der Arche Nova der alte Streit «Basisdemokratie kontra Parteiendemokratie» ausgetragen – aus der Distanz ein bizarres Schauspiel, wenn man die minimalen Handlungsspielräume beider Seiten bedenkt. Das Fehlen einer freien Öffentlichkeit, in der man sich über Divergenzen hinweg hätte zusammenraufen können, wird in bedrückender Weise spürbar. Und dazu die Atmosphäre des Misstrauens, da man nie genau wusste, wer ein Stasi-Spitzel war. Die Angst vor Unterwanderung führte dazu, dass viele Gruppen sich gegen Neue abkapselten.[153] Zu alledem kam der Dauerstreit über diejenigen, die sich nach dem Westen absetzten, ob man in ihnen Fahnenflüchtige oder nützliche Kontaktleute zur bundesdeutschen Umweltbewegung zu sehen habe. Die immer erstickendere Atmosphäre in jener Zeit der progressiven Paralyse der DDR, die kleinlichen Schikanen des Machtapparates der SED, die verquaste Sprache jener offiziellen Texte, die um die Umweltprobleme herumredeten,[154] all das wirkte sich auch auf die Oppositionsversuche aus. Ein «Kairos», ein historischer Augenblick, war nötig, damit aus diesen Grüppchen eine unwiderstehliche Massenbewegung entstand.

Fragt man nach einer spezifischen «Ökologie des Ökologismus» in der DDR, sind diejenigen Ansätze von besonderem Interesse, die aus der dortigen Not eine Tugend zu machen suchten. Grübelte man im Westen ratlos darüber, wie man der Wirtschaft das Wachstum austreiben sollte, war das Nullwachstum in der DDR der 1980er Jahre Realität: Konnte man diesen Zustand, der selbst innerhalb der SED mehr und mehr Frust auslöste, nicht auch positiv sehen? Der im Westen geführte Kampf gegen die «Wegwerfgesellschaft» erübrigte sich mehr oder weniger in einem Land mit knappem Warenangebot, wo man so leicht nichts wegwarf, was sich noch irgendwie wiederverwenden ließ. In diesem Punkt war die DDR vorbildlich: Sie organisierte ein System zur Sammlung und Wiederverwertung des Industrie- und Haushaltsmülls, mit dessen Hilfe auch ohne aufwendige Recycling-Technologie knapp vierzig Prozent der Abfälle wiederverwertet wurden.[155]

Vor allem unter dem schützenden Dach der Kirche entwickelte sich ein Ökologismus der Genügsamkeit, des einfachen Lebens, der Beschränkung auf die elementaren Lebensbedürfnisse. Was im Westen leicht zu einem lustfeindlichen Krampf ausartete, war in der DDR ein gelassenes Sich-Abfinden mit einer ohnehin herrschenden Knappheit. Protestanten entdeckten die katholische Tradition des Fastens; das gemeinsame Fasten wurde geradezu «eine Art Bewegung».[156] Zu einer Zeit, als noch kaum jemand an eine bevorstehende deutsche Vereinigung glaubte, suchten ostdeutsche Umweltgruppen den Sozialismus als Chance zum Umweltschutz zu begreifen; es wäre unfair, sie nach der Vereinigung dafür zu tadeln.

Zu einer charakteristischen Selbstdarstellung ostdeutscher Umweltgruppen wurden Fahrrad-Demonstrationen; die Idee stammte angeblich von Robert Havemann, dem prominentesten ostdeutschen Vordenker eines asketischen Ökologismus, der dabei auch an den Nebeneffekt dachte, dass sich Fahrrad-Demonstranten umständlicher verhaften ließen als Demonstranten zu Fuß. Denn en masse passten die Fahrräder in die Polizeiwagen nicht hinein; und sie einfach unbeaufsichtigt liegen zu lassen widersprach der Korrektheit der Volkspolizei. «Mobil ohne Auto» wurde «die kirchliche Umweltaktivität mit dem größten Bekanntheitsgrad» (Hans-Peter Gensichen).[157] Selbst Gilsenbach, der die Kirche als Schutzdach nicht brauchte, erinnerte 1986 in seinem Brodowin daran, Jesus habe nicht gelehrt: «Dein höchstes Streben sei ein Mercedes!», vielmehr dies: «Sammelt auch nicht Schätze auf Erden, wo Motten und Rost sie zunichte machen und wo Diebe einbrechen und stehlen.»[158]

Eigentlich hätte das DDR-Regime, wäre es nicht in seiner alten Vorstellung vom Fortschritt erstarrt gewesen, diesen Ökologismus als Retter in der Not begrüßen können; und gerade in kirchlichen Kreisen glaubte man bis in die letzten Jahre der DDR Anzeichen zu erkennen, dass dieses in der Führungsschicht hier und da sogar der Fall war.[159] Hätte es an der Spitze der DDR kühne Neuerer vom Format eines Gorbatschow gegeben, wäre im Zeichen der Ökologie eine Strategie denkbar gewesen, die die DDR vom armen Verwandten in ein Vorbild des westlichen Wirtschaftswunderlandes verwandelt hätte.[160] Dieser Neuerer hätte es jedoch schwer gehabt, das Gros der DDR-Bürger, die von westlichem Wohlstand träumten, für sein Ideal zu begeistern. Der sich auf Jesus berufende Ökologismus des einfachen Lebens behielt einen sektenhaften Zug.[161] Auf geschicktere Weise appellierten Umweltschützer an das ostdeutsche Selbstbewusstsein, wenn sie ihre Stimme gegen westdeutsche Giftmüllexporte in die DDR erhoben und dagegen protestierten, dass ihr Staat wie ein Dritte-Welt-Land zur Müllkippe des Westens verkam.[162]

Unter den bundesdeutschen Parteien hätten die Grünen in mehrfacher Hinsicht die besten Chancen gehabt, zu den größten Gewinnern der Wende in der DDR zu werden. Führende Grüne, Petra Kelly voran, hatten frühzeitig Kontakte zu ostdeutschen Bürgerrechtlern geknüpft und am 12. Mai 1983 – ein damals einzigartiger und spektakulärer Akt – auf dem Ostberliner Alexanderplatz für die Abrüstung demonstriert, bis sie von

Volkspolizisten fortgetragen wurden. Zwischen den Dissidenten des Westens und des Ostens gab es situationsbedingt eine elementare Solidarität. Der Export von westdeutschem Giftmüll in die DDR war auch aus der Sicht westdeutscher Grüner ein Skandal.

Bereits das Gorleben-Projekt war – wenn auch selbst von seinen Gegnern merkwürdig wenig beachtet – eine Dreistigkeit gegenüber der DDR gewesen: das riskanteste bundesdeutsche Nuklearprojekt ausgerechnet in dem am weitesten in die DDR hineinragenden Zipfel der Bundesrepublik.[163] Das «Waldsterben», neben Tschernobyl der größte Trumpf westdeutscher Umweltaktivisten, war in Sachsen weitaus evidenter als im Rheinland; nicht umsonst war die Erforschung emissionsbedingter Waldschäden schon im 19. Jahrhundert von Freiberg und Tharandt ausgegangen. Und gerade die Stadtökologie-Gruppen, einer der mutigsten Zweige der ostdeutschen Umweltbewegung, standen in innerer Verwandtschaft zu den westdeutschen Kämpfern zur Erhaltung alter Stadtviertel, über die Joschka Fischer zur Umweltbewegung gekommen war. Warum wurden die Grünen stattdessen die größten Verlierer der Wende – und das nur wenige Jahre nach Tschernobyl, als ansonsten der Umweltschutz weltweit eine neue Hochkonjunktur erlebte?

Die Lösung dieses Rätsels wirft ein neues Licht auf die «Ökologie des Ökologismus», «Ökologie» hier im kulturellen Sinne verstanden. Die Grünen, die sich gerade 1989/90 teilweise so antideutsch gebärdeten, waren in Wahrheit die deutscheste aller Parteien, «deutsch» hier als bundesdeutsch verstanden. Keine andere Partei war in gleichem Maße die Ausgeburt speziell bundesdeutscher Szenen der 1970er Jahre, die es in der DDR nicht gab. Für viele Altachtundsechziger war «antifaschistisch» noch immer gleichbedeutend mit «gut»; und daher galt die DDR, auch wenn man dort nicht leben wollte, irgendwo als das bessere Deutschland, während viele DDR-Bürger, die nicht regimekonform waren, die «antifaschistische» Rhetorik längst nicht mehr hören konnten, die dort nur zu oft zur willkürlichen Verteufelung von Missliebigen hergehalten hatte. Unter einer «linken» Diktatur war auch «links» für Dissidenten nicht mehr Synonym für «gut».

Das war bei vielen West-Grünen sehr anders. Die große Dokumentation über die erste Legislaturperiode der Grünen im Bundestag hat die fatale Rolle enthüllt, die der gerade in deutsch-deutschen Fragen ungemein geschäftige Dirk Schneider im Hintertreiben grüner Kontakte zur DDR-Opposition spielte.[164] Schneider wurde 1991 als MfS-Spitzel enttarnt, war mit seiner unverhohlenen Sympathie für die SED jedoch eher offizieller als inoffizieller Mitarbeiter der Stasi. Aber das war es nicht allein, was die Dissidenten des Westens und des Ostens voneinander trennte. Die aus dem Umfeld der Kirche kommenden Ost-Grünen entsprachen in ihrem Profil teilweise jenen Wertkonservativen, die die grüne Linke schon ganz zu Anfang aus der Partei herausgedrängt hatte. Statt «offener Grenzen» plädierten sie für ein «Einwanderungsgesetz». Da gingen West-Grüne hoch, die innerlich mehr in Nicaragua waren als in Sachsen-Anhalt. Erst nach langwierigen Verhandlungen kam im Januar 1993 der Zusammenschluss von West- und Ost-Grünen zum *Bündnis 90/Grüne* zustande; es war keine «Liebesheirat», sondern eine «Vernunftehe» – ohne diese Fusion hätten die Grünen riskiert, aus dem Bundestag auszuscheiden.[165]

Aus der Rückschau ist es merkwürdig, wie spät die horrenden Umweltschäden in der DDR selbst in der westlichen Öko-Szene Beachtung fanden. Jeder DDR-Reisende, der mehr als Sightseeing betrieb, hätte darüber längst manches wissen können; aber man hatte keine Lust, sich darum zu kümmern: Das Thema lenkte damals nur ab. Erst durch Tschernobyl entstand ein Kontext, um auch über Bitterfeld Alarm zu schlagen. Ein tieferer Grund für das grüne Desaster von 1989/90, als die eben noch so triumphalen Grünen nicht mehr in den Bundestag zurückkehrten und dort nur die Ost-Grünen vertreten waren, bestand offenbar darin, dass viele Grüne von der deutschen Vergangenheit her zu sehr in der Frontstellung erstarrt waren, noch zu einer Zeit, in der die Kriege der Nationalstaaten der Vergangenheit angehörten, in allem «Nationalen» den Feind Nummer eins zu sehen, und nicht begriffen hatten, dass mittlerweile weitaus größere Gefahren von ökonomischen Aspekten der Globalisierung und von der Erosion der Handlungsfähigkeit des Nationalstaates drohen, ohne den nach wie vor weder eine effektive Umwelt- noch Sozialpolitik möglich ist. Trotz der rapide wachsenden Popularität des Umweltschutzes in der deutschen Bevölkerung hegten viele Grüne – wie Antje Vollmer nach dem Fiasko von 1990 bekannte – nach wie vor die fixe Idee, in der Bundesrepublik «wie in Feindesland» zu leben.[166]

In dieser Begriffsstutzigkeit entstand sogar eine fatale Einmütigkeit zwischen den eben noch zerstrittenen «Fundis» und «Realos»: Beiden ging das neue deutsche Nationalbewusstsein auf die Nerven. Selbst Joschka Fischer, der Ober-Realo, vertrat mit Günter Grass die Auffassung, die deutsche Zweistaatlichkeit müsse als selbst verschuldete Folge von Auschwitz hingenommen werden. Auf Ostdeutsche musste diese Beschwörung des Holocaust als purer Hohn wirken – als Kaschierung von westdeutschem Egoismus unter dem Schein höherer Moral. Denn sie selbst sollten ja wieder einmal bestraft werden, nachdem sie schon über vierzig Jahre am meisten unter den Folgen der NS-Verbrechen hatten leiden müssen. Dass die Grünen auch noch mit dem Sponti-Kalauer «Alle reden von Deutschland, wir reden vom Wetter» im Herbst 1990 in den Wahlkampf zogen (während Klimaforscher den Laien stets vergeblich beizubringen suchten, dass «Klima» etwas anderes ist als «Wetter»), mag ihrer Popularität den Rest gegeben haben; erstaunlich lange hatten Meinungsforscher ihnen noch Wahlresultate bis nahe an zehn Prozent prophezeit.[167] Wenn sich die Grünen in den 1990er Jahren erstaunlich rasch von den Folgen ihrer politischen Blindheit erholten, zeugt diese Wiederkehr nicht so sehr von einer politischen Klugheit dieser Partei, sondern weit mehr von der Stärke und Dauerhaftigkeit des Umweltbewusstseins in der deutschen Bevölkerung. In den vier Jahren ab 1990 wurden 80 Milliarden DM für die Sanierung industrieller Altlasten in den neuen Bundesländern ausgegeben: Es war die bis heute bei Weitem aufwendigste Umweltschutzaktion der Welt. Dies wurde ohne öffentliche Kontroverse unter den Kosten der deutschen Einheit verbucht, während die 20 Milliarden Dollar, die die EPA in zwölf Jahren über den Superfund (s. u.) für die Altlastensanierung ausgab, von einer heftigen Polemik gegen die Vergeudung von Steuerngeldern begleitet wurden.

In den neuen Bundesländern erlitt die Popularität, die die Umweltaktivisten in der Zeit der Wende erlangt hatten, nach der deutschen Vereinigung einen Rückschlag. Soll man daraus schließen, dass die Umweltbewegung der DDR nicht «echt» war, sondern der Umweltschutz, der auch in der DDR ein im Prinzip legales Anliegen war, Oppositionellen nur als Tarnung diente, die nach der Wende nicht mehr nötig war? Dass es jedoch bei «Umwelt»-Bewegungen nicht nur um die Umwelt, sondern auch um anderes geht – in typischen Fällen um Demokratisierung und um bürgernahe Politik –, ist überall auf der Welt normal und beweist einmal mehr, dass man die Umweltbewegung nicht aus imaginären ökologischen Imperativen heraus deduzieren kann, sondern aus historischen Kontexten heraus verstehen muss. Dass der Umweltschutz zu einer Zeit, in der die rapide Deindustrialisierung und zunehmende Arbeitslosigkeit zum ostdeutschen Problem Nummer eins wurde, viel von seinem ursprünglichen Impetus verlor, ist nicht zu verwundern und kein Beweis dafür, dass vorherige Sorgen um die Umwelt nicht ernst gemeint waren. Vielleicht wird man sogar in Zukunft finden, dass die kirchlichen Umweltgruppen mit ihren Fasten-Exerzitien vielen westlichen Umweltschützern ein Stück voraus waren und der Wachstumsdrang der «freien Wirtschaft» am Ende das allergrößte Umweltproblem darstellt.

Die Suche nach ökologischer Gerechtigkeit

Debt-for-Nature Swap, Ozon-Diplomatie und Sustainable Development: vom Ost-West-Konflikt zur Nord-Süd-Gerechtigkeit. Schon seit den 1950er Jahren war es ein gängiger Blickwechsel: Wer aus den Fronten des Kalten Krieges herauswollte, blickte auf die nun so genannte «Dritte Welt». Was heute fast vergessen ist: «Entwicklungsländer» war damals noch kein Euphemismus für «unterentwickelte Länder», sondern viele glaubten, dort im Süden vor allem sei die Menschheit in Bewegung, da sei die Zukunft, während die Mächte des Nordens in ihren Schützengräben erstarrt seien. Die «Dritte Welt», die Welt von Albert Schweitzer, enthielt noch die alte Magie der Zahl drei, das Erlösungsversprechen. Dazu auch eine handfeste wirtschaftliche Perspektive: Da dort das größte Wachstumspotential vermutet wurde, flossen die Kredite allzu großzügig.

Spätestens nach dem Ölpreissprung von 1973 wurde jedoch deutlich, dass die Dritte Welt in Wirklichkeit hinter die führenden Industriestaaten immer weiter zurückfiel. Umso lauter wurde der Ruf nach Gerechtigkeit. Damals wurde es bei all denen, die das Denken des Kalten Krieges überwinden wollten, zu einer rhetorischen Standardfigur, die Fixierung auf den Ost-West-Konflikt lenke von dem wahren großen Problem der Menschheit ab: der Herstellung der Nord-Süd-Gerechtigkeit. Aber wie fügte sich dieses Denkmuster in die Öko-Ära ein?

Es begann mit dem Thema «Schuldenfalle»: Seit den 1970er Jahren wurde es evident, dass viele Drittweltländer an wachsender Überschuldung litten und die gesamte Entwicklungshilfe durch die Schuldenlast absorbiert wurde. Als Mitte der 1980er Jahre der weltweite Alarm über die rapide fortschreitende Vernichtung der Tropenwälder ertönte, bot sich sogleich der Kausalnexus an: Hinter der Umweltkrise stecke die Schuldenkrise; die Überschuldung zwinge die Länder des Südens zum Raubbau an ihren Wäldern. Genau besehen, traf das nicht überall zu: Gerade Malaysia, weltweit der Tropenholzexporteur Nummer eins, wurde zugleich das Boomland Südostasiens, und in Teilen Lateinamerikas waren es die Rinderbarone, denen viel Wald zum Opfer fiel. Aber ein Zusammenhang zwischen Überschuldung und Übernutzung der natürlichen Ressourcen bestand offensichtlich, ähnlich wie bereits im Europa des 18. Jahrhunderts die Überschuldung der Fürstenhöfe dazu geführt hatte, die Wälder, den «Schatz» der Fürsten, kräftig anzugreifen.

Ein Schuldenerlass ohne Gegenleistung wäre ein Affront gegen diejenigen Regierungen gewesen, die ihre Verpflichtungen ernst nahmen und eine solide Finanzwirtschaft betrieben. Da brachte Thomas Lovejoy vom *World Wildlife Fund* (WWF) 1984 eine Idee von genialer Einfachheit mit ebenso suggestivem Titel auf, die zugleich den großen Naturschutz-NGOs eine Schlüsselrolle zuspielte und ihre Attraktivität für Spender erhöhte: die Idee des *Debt-for-Nature Swap* (DNS), des Tausches von «Schulden gegen Natur». NGOs sollten Schulden von Drittweltländern mit reizvollen Wildnissen aufkaufen und diesen die Annullierung der Schulden anbieten, wenn diese ein entsprechendes Stück Wildnis unter Schutz stellten und durch Ranger überwachen ließen. Voraussetzung war natürlich, dass die NGOs über entsprechende Mittel verfügten, darüber hinaus aber noch etwas anderes: Mit Grund rechneten die DNS-Protagonisten damit, die Schuldverschreibungen weit unter Wert kaufen zu können, da die Banken damit rechnen mussten, ihr Geld so oder so in absehbarer Zeit nicht wiederzusehen, und sich außerdem Vorteile für ihr Image ausrechnen durften, wenn sie sich an Urwaldschutzaktionen großen Stils beteiligten. Obendrein ließen sich Spenden für den Naturschutz in den USA und anderswo von der Steuer absetzen.[168]

Das Neue war gegenüber den Serengeti-Kampagnen Grzimeks, dass es nunmehr vor allem um den Wald ging, nicht mehr so sehr um die Savannen, die Tummelfelder der Elefanten, und dass der Waldschutz ab 1986 zugleich als Klimaschutz präsentiert wurde: die großen Wälder der Welt als CO_2-Speicher. Ab 1987 folgte ein DNS-Abkommen dem anderen. Jetzt ging es nicht mehr um bloße Waldromantik, sondern um die Rettung der Menschheit. De facto stand die Schaffung neuer Nationalparks zwar gerade in Afrika noch immer in der kolonialen Tradition, aber jetzt war eine neuartige, zum Geist der Öko-Ära passende Legitimation da; es ging nicht mehr nur um die Fotojagden der Safari-Touristen. Wie man an den Werbebroschüren der NGOs erkennt, war es nach wie vor die paradiesische Faszination des Urwalds mit seiner «charismatischen Megafauna», die diesen Neuansatz des Wildnisschutzes attraktiv machte; aber jetzt war die Verbindung mit der Umwelt- und Menschheitspolitik da, die Synthese von Romantik und Rationalität.

Alles in allem wurde der *Debt-for-Nature Swap* ein Erfolg und ist es bis heute geblieben: zuerst in Lateinamerika, dann aber auch in Afrika und Südostasien. Neben führenden NGOs traten auch Staatsregierungen in Aktion; in seiner Regierungserklärung vom 18. März 1987 machte sich Bundeskanzler Kohl das Konzept zu eigen. Auch in Drittweltländern wurde dieser Tauschhandel beliebt, schlug man doch zwei Fliegen mit einer Klappe: Man wurde ein Stück von den Schulden los und tat zugleich etwas für den Tourismus. Und gerade seit den späten 1980er Jahren, als auch die Weltbank schrittweise eine Wende zur Ökologie vollzog, stellte sich heraus, dass ein zur Schau gestelltes Umweltbewusstsein in einer auch ökonomisch nützlichen Weise das Image des eigenen Landes aufpolierte. In den darauffolgenden ein, zwei Jahrzehnten wuchsen die Schutzgebiete auf der ganzen Welt dramatisch an. Das im Jahr 1990 von der *World Parks Commission* der IUCN gesetzte Ziel von zehn Prozent der Landfläche der Erde wurde sogar noch überschritten: 2009 standen zwölf Prozent der Landfläche unter Naturschutz, ein Gebiet größer als ganz Afrika und halb so groß wie die Gesamtfläche des bebauten Landes.[169] Der Naturschutz, der mit Vorliebe den einsamen Kämpfer auf verlorenem Posten gespielt hatte – noch 1982 brachte *Der Spiegel* ein Buch mit dem Titel heraus: *Natur ohne Schutz*[170] –, war auf unauffällige Weise zur Weltmacht geworden.

Nun ist ein Aufstieg zur Macht selten ein ganz unschuldiger Prozess, und das gilt auch hier. *Debt for Nature* hat zu einer erheblichen Expansion der Schutzgebiete geführt, damit jedoch auch die Gefahr des Etikettenschwindels und einer substanzlosen «Inflation von Nationalparken» (Henry Makowski)[171] erhöht und im Übrigen keineswegs die Schuldenlast der Dritten Welt auf ähnlich drastische Art verringert; etwas anderes war auch kaum zu erwarten. Zwar sprach dieses Tauschgeschäft auf geschickte Art ein aktuelles ökonomisches Interesse der Drittweltländer an; aber der Naturschutz fungierte hier doch als Gegenleistung an die reichen Länder, nicht als etwas, das die Länder der Dritten Welt im eigenen Interesse taten. Darin lag eine prinzipielle Crux dieses Handels.

Zwar versicherten die Fürsprecher des DNS, und dies nicht ohne Grund, dass die Gegenleistungen der Drittweltländer deren eigenem wahren Interesse entsprächen; denn die Länder des Südens hatten eine globale Erwärmung mehr zu fürchten als die des Nordens. Dort jedoch wurde *global warming* vorwiegend als Thema des Nordens und als hypothetisches Zukunftsrisiko wahrgenommen; im eigenen Land hatte man erst einmal andere konkretere und akutere Probleme.[172] Wie wir sahen, rebellierte ausgerechnet Chico Mendes dagegen, dass man ihn zum Klimaretter hochstilisierte: Nicht darum gehe es ihm, sondern um die Lebensgrundlage seiner eigenen Leute.[173] Aus ganz ähnlichen Motiven heraus – der Erhaltung der überkommenen Lebensweise und Rechte auf die Nutzung der lokalen Ressourcen – rebellierten im Jahr 2002 alte Kämpfer der Zapatistenrebellion der 1990er Jahre im südmexikanischen Bundesstaat Chiapas gegen die Einrichtung des Biosphärenreservats

Montes Azules, im Öko-Jargon eine der letzten «Lungen der Welt».[174] Während man sonst im Westen von Anti-Öko-Rebellionen ungern etwas hört, besitzt die Zapatistenrevolte so viel pittoreske mexikanische Revolutionsromantik, dass sie als bislang einzige solcher Widerstandsbewegungen auch in der westlichen Drittweltszene populär wurde, zumal die Echtheit der ökologischen Motive der Unterschutzstellung der Montes Azules nicht über alle Zweifel erhaben ist. Die lokale Presse beschuldigte *Conservation International*, Militär angeworben zu haben, um Familien aus einem für das Schutzgebiet vorgesehenen Wald zu vertreiben.[175]

Hier stoßen wir auf den heikelsten Aspekt der Erfolge des Wildnisschutzes: das Schicksal der Einheimischen in den unter Schutz gestellten Gebieten, die in aller Regel eben *keine* menschenleere Wildnis waren. Das galt bereits für die Gebiete des amerikanischen Westens, die zu Nationalparken erklärt wurden: Von Anfang an gab es Hinweise darauf, dass der malerische Charakter der Vegetation ein Ergebnis sorgfältig kontrollierter indianischer Brandwirtschaft war;[176] und doch vertrieb die amerikanische Kavallerie die Indianer aus den Nationalparks.

Mit Anbruch der Öko-Ära wandelte sich jedoch die populäre Sichtweise der Indianer von Grund auf; «neue ökologische Indianer platzten (exploded) in die Szene» (Shepard Krech) und wurden zu einem Bestandteil der Popkultur.[177] Die ökologische Weisheit der alten Indianer wurde nicht nur entdeckt, sondern oftmals übertrieben. Besonders berühmt und immer wieder wie ein authentischer Text zitiert wurde die Rede des Häuptlings Seattle in dem Film *Home* (1972; deutsch: *Söhne der Erde*), die großenteils fiktiv und «mit ökologischem Gedankengut aufgebauscht» war.[178] Zu einer Zeit, als die Popularität Karl Mays in Deutschland zurückging, wurden die Indianer auf neue Weise populär. In den «Stadtindianern» der Häuserkämpfe spiegelt sich diese Popularität. Die Führung des Sierra Club geriet 1973/74 in eine höchst peinliche Situation, als sie sich zeitweise – noch ganz im Zeichen des alten Ideals von «Wildnis pur» – der Erteilung begrenzter Landnutzungsrechte im *Grand-Canyon*-Nationalpark an einen dort lebenden Indianerstamm, die Havasupai, widersetzte: Die Medien wandten sich gegen den Club, und während er gerade noch einen Boom an Neuzugängen erlebt hatten, liefen ihm nun auf einmal die Mitglieder davon.[179]

Seither präsentiert sich in der Bewegung zum Schutz der Wildnis ein insgesamt widersprüchliches und verwirrendes Bild. Die aus der Zeit Rousseaus stammende Idealvorstellung des edlen Wilden und unverdorbenen Naturmenschen erlebte eine neue Hochblüte. Eigentlich hätte man von Lévi-Strauss, einem der großen Vordenker der neuen Ära, lernen können, dass auch die angeblichen «Naturvölker» in Wahrheit Kulturvölker sind, mitnichten organisch aus der sie umgebenden Natur herausgewachsen; von den Mbaya im Amazonasgebiet schreibt dieser Sozio-Ethnologe sogar, «in den Gesichtsmalereien wie in der Abtreibung und im Kindsmord» brächten sie «ihren Abscheu vor der Natur zum Ausdruck».[180] Gleichwohl haben gerade seine *Traurigen Tropen* durch die Suggestion der Geschichten und Bilder – und schon durch den Titel – vermutlich wie kein anderes Buch zur Verzauberung der Indigenen der Amazonaswälder und zur Trauer über die Bedrohung ihres Lebensraumes beigetragen. Wie mit dem *Wilden Denken* (1962) stieg Lévi-Strauss nicht zuletzt über die durch seine Titel suggerierten Missverständnisse zu Weltruhm auf.

Dass mit den tropischen Regenwäldern zugleich auch die Kulturen der dortigen indigenen Völker geschützt werden müssen, war und blieb eine selbstverständliche Grundposition der Öko- und Dritte-Welt-Szenen Europas und der USA.[181] Sie war in den 1980er Jahren die Ausgangsbasis des *World Rainforest Movement* ebenso wie des *Rainforest Action Network*.[182] Die Versicherung, die Indigenen seien die geborenen Treuhänder («stewards») der Wildnis, war ein Credo der Tropenwaldschützer; sie ging noch in der *Agenda 21* von Rio ein.[183] Aus der Ferne, wo man Wunschbilder projizieren konnte, war diese Position allerdings leichter zu vertreten als aus der Nähe. Vor Ort war oft immer schwerer zu sagen: Wer ist indigen, wer ist zugewandert; wer verkörpert noch eine autochthone Kultur, wer bereits die moderne Einheitszivilisation? Am ehesten war dies noch in entlegenen Regionen des Amazonas und auf Borneo möglich oder bei den Aborigines in der Wüste Australiens; besonders ergreifend vereinten sich Schutz der Wildnis und der indigenen Kulturen in der Gestalt von Bruno Manser. Aber schon in Afrika war es schwerer und wurde immer schwieriger. Da waren schon traditionell Wanderfeldbau und Wanderweide verbreitet; urtümliche bodenständige Kulturen waren immer schwerer zu finden.

Aber mussten sie unbedingt alteingesessen sein, um als Partner für den Umweltschutz zu taugen? Gerade seit den späten 1980er Jahren wurde stets betont und bekräftigt, dass ein Schutz der Natur unbedingt in Zusammenarbeit mit den dort lebenden Menschen geschehen müsse. Für die bisherige Art von Wildnisschutz, der ein Stück Tropenwald von Menschen säuberte und gegen Menschen abriegelte, kam der Spottname *Fortress Conservation* (in kleinen deutschen Naturschutzgebieten: «Käseglocken-Naturschutz») auf.[184] *Community-based Conservation* war die neue Parole.

Aber mit einem neuen Modebegriff wandelt sich nicht automatisch die Realität. Selbst ein Berater des deutschen Bundeskanzlers kritisierte 1989 «die mangelnde bzw. meist völlig fehlende Einbindung der ansässigen Bevölkerung» bei *Debt-for-nature*-Projekten: ein Skandal nicht nur aus ethischer Sicht, sondern auch im Blick auf die Effizienz, da die Ortsansässigen ihre Heimat «wesentlich wirksamer gegen eindringende Siedler verteidigen als teure und meist völlig unzuverlässige, korrupte Polizeikräfte».[185] Mochte auch die am 27. Dezember 1985 in Ruanda ermordete Dian Fossey zur tragischen Heldin stilisiert werden, bestand doch weitgehende Einigkeit darüber, dass ihre Art von Gorillaliebe, mit der sie penetrant den Hass der Einheimischen auf sich gezogen hatte, ein völlig falscher Weg war.

Wie nicht zu verwundern, gibt es jedoch für die Kooperation mit den Einheimischen kein allgemeines Rezept, sondern nur regional angepasste Lösungen; und auch mit diesen sind die Probleme nicht ein für alle Mal geregelt. Der einfachste Weg ist stets derjenige der alten *Fortress Conservation*, ein reizvolles Stück Wildnis rigoros abzusperren, die dort Lebenden auszusiedeln, einige von ihnen dadurch zu gewinnen, dass man sie als bewaffnete Ranger einstellt, und sich im Übrigen Rückhalt bei den Tourismusinteressenten zu verschaffen. Wenn man auf eine Kombination von Naturschutz und einheimischen Wirtschaftsweisen zielt, wird es unübersichtlicher und unvorhersehbarer; Wirtschaftsweisen wandeln sich, und was alles vor sich geht, wenn man die Bewohner in dem unter Schutz gestellten Gebiet belässt, ist kaum abzusehen.[186] Der *Debt-for-Nature Swap* dagegen erforderte für eine finanzielle Leistung eine ebenso klare Gegenleistung. Mit dem 1977 geschaffenen *Man and Biosphere Reserve Programme* (MAB) propagierte die UNESCO das Modell *Biosphere Reserve* (unglückliche Verdeutschung: «Biosphärenreservat»): ein Ideal lebendiger Interaktion zwischen einer vielfältigen Natur und menschlicher Natur; aber im Endeffekt unterschieden sich viele der geschaffenen «Biosphärenreservate» nicht wesentlich von den Nationalparken. Die Synthese von Natur und Kultur, ohne die es nicht geht, ist trotz verheißungsvoller Ansätze wie dem schon zur «Ikone» gewordenen CAMPFIRE in Simbabwe[187] nach wie vor eine Aufgabe für die Zukunft.

Ob Paradoxie oder tragische Ironie: Während der Schutz des tropischen Regenwaldes in der Fantasie der westlichen Öko-Szene zugleich ein Schutz der dort lebenden Einheimischen sein sollte, führte er de facto nicht selten zu deren Vertreibung. Die meisten Fälle sind aus Afrika bekannt. In welchen Dimensionen sich die Zahlen der «Naturschutzflüchtlinge» bewegen – ob in Zehntausenden, Hunderttausenden oder gar Millionen –, ist umstritten[188] und schwer zu überblicken, bei Halbnomaden ohnehin kaum exakt zu beziffern; in der Regel wollten es weder die Naturschützer noch die Regionalverwaltungen wissen. Die Staudamm-«Oustees» haben seit den späten 1980er Jahren ihre Anwälte in NGOs, die die internationale Öffentlichkeit erreichen. Den aus den Nationalparken Ausgesiedelten fehlen solche Sprecher; erst in jüngster Zeit haben sie breitere Aufmerksamkeit gefunden.

Der Anthropologe Colin M. Turnbull, einst berühmt durch seine liebevolle Schilderung der fröhlichen Waldkultur der Mbuti-Pygmäen (1961), schockierte seine Verehrer 1972 mit der Antiutopie der Ik im Norden Ugandas, die aus dem Kidapo-Nationalpark ausgesiedelt worden waren und, an ein herumschweifendes Jägerleben gewohnt, nun zu einer armselig-sesshaften Lebensweise in karger Umgebung gezwungen wurden. Da hatte die Umsiedlung ausgerechnet «Indigene» im vollen Sinne, ein ganz in ihrer Umwelt verwurzeltes Volk, getroffen. Der Verlust der Heimat und gewohnten Lebensform hatte den Ik den Sinn für jegliche Freundlichkeit, ja selbst für lustvollen Sex genommen, sie in den Worten Turnbulls zu einem «Volk ohne Liebe» werden lassen.[189]

Im Gegensatz zu der Begeisterung, die sein Buch über die Mbuti *(The Forest People)* hervorgerufen hatte, löste sein Buch über die Ik *(The Mountain People)* vorwiegend Irritation aus; es wurde mehr abgelehnt als diskutiert.[190] 1972 mochte man die Ik noch für einen Ausnahmefall halten; heute ist nicht mehr zu bezweifeln, dass es sich um ein typisches Schicksal handelt, wenn auch gewiss die Errichtung von Nationalparken nur eine unter vielen Ursachen der Entwurzelung in der Dritten Welt ist. *Debt for Nature* war von der Idee her eine Verbindung von Umweltschutz und Nord-Süd-Gerechtigkeit, die – und gerade das ist sehr wichtig – gegenüber anderen umweltpolitischen Konzepten den Vorzug der Einfachheit hatte. Es wäre ungerecht, die Meriten dieses durchaus wirkungsvollen Vorstoßes zu leugnen; und doch blieb er mit der Problematik des «Top-down»-Naturschutzes und der ungeklärten Rolle der Menschen in den «Naturlandschaften» behaftet.[191]

Ein Lichtblick in dieser Szenerie ist die Kooperation der Naturschützer mit den Sherpas im Himalaya, was freilich bei diesen Lastträgern und Lieblingen der von ihnen geführten Trekking-Touristen nicht überrascht.

Selbst sie drohten in den 1970er Jahren zu Naturschutzvertriebenen zu werden, als der Sagarmatha-Nationalpark in ihrer traditionellen Heimat im Hochhimalaya geschaffen wurde; 1978 wurden bei der Schaffung des Rara-Nationalparks im Westen Nepals zwei Dörfer der hinduistischen Chetris ohne Entschädigung ausgesiedelt.[192] Aber die dem tibetischen Buddhismus anhängenden Sherpas, die ihre Bevölkerungszahl durch den hohen Anteil von Mönchen relativ stabil halten und in ihrer fragilen Hochgebirgsumwelt Traditionen des behutsamen Umgangs mit Wald und Feld fortsetzen,[193] boten sich für *community-based conservation* geradezu an und werden in einem weltweiten Überblick zu diesem Thema, der insgesamt skeptisch bis pessimistisch gehalten ist, als besonders glückliches Beispiel und als Kontrast zu dem trüberen Schicksal der einst berühmten Massai in Ostafrika hervorgehoben. Neuseeländische Umweltschützer, der WWF und eine vom nepalischen König höchstpersönlich gegründete NGO, die eher GONGO-Charakter besitzt, kooperierten mit den Sherpa-Dörfern, und Sherpas bewährten sich als Nationalpark-Wärter.[194] Wieder und wieder stellt sich heraus, dass es für eine Fundierung des Umweltschutzes auf Lebensinteressen der Einheimischen keine allgemeinen Rezepte, sondern vorwiegend lokale Geschichten als Paradigmen gibt.

Alles geht leichter, wenn ein kleiner Kreis von Spitzenleuten der Ersten Welt unter sich ist und es ein klar umrissenes und realistisches Ziel gibt. Ebendies war bei der Konferenz von Montreal im September 1987 der Fall, die sich mit der Bedrohung der Ozonschicht der Erdatmosphäre durch Aerosole befasste; und das dort beschlossene *Montreal Protocol on Substances That Deplete the Ozone Layer* ist noch über zwei Jahrzehnte danach das erfolgreichste Beispiel globaler Umweltpolitik.[195] Das Problem war klar oder erschien es zumindest, und zudem war es denkbar hautnah nicht nur im übertragenen, sondern auch in ganz wörtlichem Sinne. Ebenfalls klar waren die zu treffenden Gegenmaßnahmen: die Ersetzung der die Ozonschicht schädigenden Aerosole (Verbindungen aus Flüssigkeit und Gas) durch unschädliche Stoffe; der Aufwand hielt sich in Grenzen, ja eröffnete den betroffenen Chemieunternehmen sogar Profitchancen. All das stand in extremem Kontrast zu der ebenfalls vor kurzem entdeckten Gefährdung der Erdatmosphäre durch die ins Unendliche wachsenden CO_2-Emissionen, wo die Zahl der Verursacher und die zu lösenden Probleme nahezu unendlich waren und sind. Der Vergleich zwischen der Art und Weise, wie die Welt mit diesen beiden Gefährdungen der Erdatmosphäre – die in der Öffentlichkeit manchmal durcheinandergeworfen wurden – umging und umgeht, ist aufschlussreich.

Während die USA später in der Klimapolitik zu dem großen Bremser wurden, standen sie bei der Gefährdung der Ozonschicht am Anfang, mit einem weiten Vorsprung selbst gegenüber Europa. Das überrascht umso mehr, weil der Kausalzusammenhang zwischen den Aerosolen, dem «Ozonloch» und dem erhöhten Hautkrebsrisiko bei Menschen hier vorerst teilweise hypothetischer Art war und Gegenmaßnahmen jenem Vorsorgeprinzip entsprachen, das sich in den USA nie so recht durchzusetzen vermochte. Aber die EPA, ihrem Schwerpunkt auf umweltbedingten Krebsrisiken entsprechend bei der Ozonpolitik vorneweg,[196] machte aus dem potentiellen Risiko eine akute lebensbedrohliche Gefahr: ein Grund, weshalb die Entfesselung der Ozonpanik später zur Standard-Story der ökorevisionistischen Literatur wurde, die davon ausging, dass allein Gegenmaßnahmen gegen klar erwiesene Gefahren einen Sinn hätten.[197] «Die politische Aktion gegen die ozonabbauenden Chemikalien hatte sich rascher entwickelt als das wissenschaftliche Verständnis des Ozonloches selbst» (Erik M. Conway).[198] Wie auch sonst war die Prioritätensetzung kein ganz unschuldiger Prozess, bei dem die reine Vernunft allein regiert hätte. Der entscheidende Punkt war wohl der, dass es in diesem Fall um Hautkrebs durch Sonneneinstrahlung ging: um ein Risiko, bei dem alle sonnenhungrigen Menschen, für die das Sonnenbad der Inbegriff der Urlaubslust war, innerlich aufschrien. Da genügte ein hypothetisches Risiko, um Panik auszulösen.

Schon in der Anfangszeit der Öko-Ära ertönte der erste Ozon-Alarm: Damals richtete sich der Verdacht auf die Überschallflugzeuge und trug dazu bei, dass der zeitweilige Supersonic-Boom ein jähes Ende fand: Es war einer der ersten spektakulären Erfolge der neuen Umweltbewegung.[199] Ab 1974 wurden dann die *Fluoridkohlenwasserstoffe* (FCKW) zum Angriffsobjekt, die in Kühlschränken, Klimaanlagen und Spraydosen verwendet wurden: charakteristischen Requisiten des *American way of life*. In diesem Fall handelte es sich, anders als bei Blei- und Quecksilberemissionen, um den Prototyp einer neuartigen Risikosubstanz, die den Menschen nicht auf direkte Weise schädigte, sondern nur indirekt über Reaktionen in großer Höhe, die dem Laienverstand entzogen und nur über die Raumfähre *Discovery* der NASA und in Chemielabors zu ermitteln waren. Für sich genommen sind die FCKW-Substanzen geradezu der Inbegriff gänzlich unverdächtiger Stoffe: «Sie sind für alle Lebewesen ungiftig und äußerst stabile Verbindungen, sie brennen nicht, reagieren nicht mit anderen Substanzen und verursachen keinerlei Korrosion.»[200] Aber der Gedanke an Hautkrebs erregte das pure Grauen; das ging noch mehr unter die Haut – und in diesem Fall wörtlich, nicht nur metaphorisch – als der später prophezeite Treibhauseffekt, an dem die Länder des Nordens ein klammheimliches Vergnügen haben konnten. Prompt kam es weltweit zu einem wahren Boom von Forschungsprogrammen über die Chlorchemie in der Atmosphäre, ähnlich wie ein Jahrzehnt darauf der CO_2-Alarm weltweite Forschungsapparate entstehen ließ.

Der beispiellose Erfolg des Ozon-Alarms zeigt, in welchem Maße die Krebsangst zur treibenden Kraft der Umweltpolitik wurde.[201] Die in dem Wirrwarr von Umweltproblemen nach wirkungsvollen Prioritäten suchenden amerikanischen Umweltschützer fanden hier ein ideales Zielobjekt. Ihr erstes Opfer wurde die Spraydose. Zwar drohte von ihr keineswegs die größte FCKW-Belastung der Atmosphäre; aber sie war besonders gut zu skandalisieren: «Es grenze an Irrsinn, meinten sie, das Leben auf der Erde zu gefährden, nur um sich mit einem Deodorant zu besprühen.» 1978 verboten die USA den FCKW-Einsatz als Treibgas.[202] Aber das war nur ein Vorspiel dessen, was in den 1980er Jahren folgte.

Nunmehr, in der Ära Reagan, waren es die Europäer, die die Initiative übernahmen: ein Vorpreschen, das dann jedoch auch wieder die USA aktivierte, zumal jetzt Reagan unter Hautkrebs litt. Nicht zuletzt der Ozon-Alarm trug dazu bei, dass er in seiner zweiten Amtszeit, wo ihm das Feindbild Sowjetunion mehr und mehr abhandenkam – was man jedoch als einen amerikanischen Triumph interpretieren konnte –, auch im Kampf gegen die «Enviros» zurücksteckte. Auch hier wie auf so manchen anderen Feldern der Umweltpolitik gerieten die Dinge ab 1986 in Bewegung; noch 1985 war eine Konferenz in Wien praktisch ergebnislos verlaufen.[203] Lag das, wie verschiedentlich in der Literatur zu lesen, an neuen Befunden der Forschung über die Brisanz des Ozonproblems, so insbesondere an der Entdeckung des «Ozonlochs» über der Antarktis, die in jener Zeit zur Mediensensation wurde?[204]

Aber dieser Ozonschwund am Südpol, weitab von den FCKW-Emissionen, war erst einmal vieldeutig; keines der Atmosphärenmodelle hatte es vorhergesagt.[205] Kein anderer als Richard E. Benedick, der energische amerikanische Verhandlungsführer, bekannte nachträglich offen über die Wissenssituation jener Zeit: «Die Wissenschaft war noch spekulativ und gründete sich auf Projektionen, die aus noch in der Entwicklung befindlichen Computermodellen über unvollkommen verstandene Prozesse in der Stratosphäre stammten – Modellen, die jedes Mal, wenn sie verfeinert wurden, wechselnde, manchmal widersprüchliche Prognosen über künftige Ozonverluste auswarfen.»[206] Seine Quintessenz ist klar: Der Politiker kann gegenüber Umweltrisiken solcher Art nicht seine Zuflucht zu den Experten nehmen; er muss es wagen, in einer Situation der Unsicherheit zu entscheiden. Genau das Gleiche betonte mit Nachdruck der damalige Chef der EPA, Lee Thomas: Es gehe nicht an, angesichts «all dieser wissenschaftlichen Unsicherheit» eine *Wait-and-see*-Haltung einzunehmen und bis zur empirischen Verifizierung zu warten. Man müsse handeln; wenn man die letzte wissenschaftliche Sicherheit abwarte, sei die Krise da.[207]

Ironischerweise gehörte damals ausgerechnet James Lovelock, der bei der NASA die Methode zur Messung des Ozonsgehalts der Stratosphäre entwickelt hatte und wie kein anderer die ganzheitliche Betrachtung des Ökosystems «Gaia» förderte, zu den Dissidenten.[208] Noch aus seiner späteren Sicht war der entscheidende Punkt bei der Einwirkung der FCKW auf die Atmosphäre nicht das vermeintliche Hautkrebsrisiko, das die Panik ausgelöst hatte, vielmehr die Verstärkung des Treibhauseffekts.[209] Vermutlich haben nicht alle Beteiligten in einer Situation, in der die Medien Alarm schlugen – *Spiegel*-Titel vom 30. November 1987: «Das Ozonloch – Lebensgefahr aus der Dose»[210] –, das Element der Hypothetizität bei diesem Risiko, mit dem sie umgehen sollten, begriffen. Auf jeden Fall reagierte die Politik einzigartig prompt, und dies auf internationaler Ebene: Im September 1987 wurde das *Montreal Protocol on Substances That Deplete the Ozone Layer* unterzeichnet, und es folgten Schlag auf Schlag Nachfolgekonferenzen, die die Forderung nach dem Ausstieg aus den Risiko-Aerosolen nicht etwa aufweichten, sondern noch vorverlegten.

Kein Erfolg der internationalen Umweltpolitik hat in dem Maße wie Montreal 1987 und die Nachfolgekonferenzen die Hoffnung genährt, dass in essenziellen Fragen des Ökosystems Erde auch ohne Welt-Ökodiktatur ein globales Umweltregime eine reale Chance besitzt. «Die Wissenschaft wurde zur treibenden Kraft hinter der Ozonpolitik», resümiert Richard E. Benedick,[211] obwohl gerade er zu erkennen gibt, dass der «Stand der Wissenschaft» in diesem Fall ein schwankender Boden war. Beweist die «Ozon-Diplomatie», dass wir endgültig in die «Wissenschaftsgesellschaft» eingetreten sind und zugleich in die «Weltgesellschaft»? Über zwei Jahrzehnte danach ist eine endgültige Antwort nicht möglich. Die Geschichte von der Etablierung des globalen Ozon-Regimes besitzt bis heute mehrere Lesarten. Eine wichtige Initiator- und Moderaturfunktion übte der Ägypter Mustafa Tolba aus, der dynamische Leiter der Agentur des Umweltprogramms der UNO (UNEP), der – von Hause aus Biologe – bereits Mitte der 1970er Jahre dem Schutz der Ozonschicht höchste Priorität gegeben hatte.[212]

Die entscheidenden Akteure waren jedoch weder UNO noch EU, sondern Nationalstaaten; durch sie wurden die Verhandlungen in Situationen, wo sie ins Stocken gerieten, immer wieder vorangetrieben. Dabei wechselte die Initiative zwischen den USA, Großbritannien und der Bundesrepublik hin und her; es war die Bonner Regierung, die das Widerstreben der EU gegen eine Regelung überwand. Dagegen war es die «eiserne Lady» Margaret Thatcher, sonst als Gegnerin der «Enviros» berüchtigt, die in einer entscheidenden Situation den US-Präsidenten Reagan dazu bewog, in diesem Fall seinen Widerstand gegen eine staatliche Intervention in Industrieangelegenheiten aufzugeben.[213] Zuvor hatte sich England «binnen weniger Monate von einem widerwilligen Mitläufer in einen *world leader* beim Streben nach dem Schutz der Ozonschicht verwandelt».[214] Im Rückblick hebt Benedick als eine Lehre der «Ozon-Diplomatie» für eine künftige Klimapolitik hervor, dass einzelne Nationen auch einmal mit eigenen Vorleistungen vorpreschen müssten und nicht immer abwarten sollten, bis andere etwas tun oder ein genereller Beschluss zustande kommt.[215]

Dennis L. Meadows, schon 1972 bei den *Grenzen des Wachstums* ein Hauptakteur innerhalb des *Club of Rome*, zog zusammen mit seiner Frau Donella aus der Ozon-Diplomatie die hoffnungsvolle Quintessenz: «Man braucht keine Weltregierung, um globale Probleme zu lösen – wohl aber globale wissenschaftliche Zusammenarbeit, ein weltweites Informationssystem und ein anerkanntes internationales Forum mit der Kompetenz, Übereinkünfte zu entwickeln.» Und dazu noch einiges andere: «einige nationale Regierungen, die bereit sind, die Führungsrolle zu übernehmen; flexible und verantwortungsbewusste Firmen und Interessenvertreter».[216] Aber offenbar auch einen gewissen Korpsgeist führender Wissenschaftler, die ein bestimmtes Paradigma zur Herrschaft bringen,[217] und eine Wechselwirkung zwischen Wissenschaft und Medien, ähnlich wie bei dem Alarm über den drohenden Treibhauseffekt; nicht zu vergessen führende Industrieunternehmen, die bei einem Verbot bestimmter Substanzen auch an Ersatzstoffen gut verdienen können.[218] Und nicht zuletzt eine entsprechende Zeitstimmung: Ganz besonders dies lässt die historische Synopse erkennen. 1987, auf dem Höhepunkt der Perestroika, war es mit dem Ost-West-Konflikt sichtbar vorbei; der bisherige sowjetische Widerstand gegen FCKW-Restriktionen ließ nach, und dafür machten die

Westmächte in Montreal der Trägheit der sowjetischen Planwirtschaft Konzessionen.[219]

Auch auf Nord-Süd-Gerechtigkeit war man in Montreal und auf den Folgekonferenzen bedacht: Man klammerte die Dritte Welt von den Restriktionen vorerst aus und schuf einen Fonds, um sie bei der Umstellung auf Ersatzstoffe für die FCKW-Substanzen zu unterstützen. Im Prinzip bestand darüber frühzeitig Übereinstimmung; die konkrete Realisierung dagegen erwies sich als mühsam: «Keine andere Materie erforderte so viele Sitzungen und Beratungen und erzeugte eine derartige Menge an Dokumentation.»[220] In dieser Hinsicht und auch durch die Beteiligung führender Umwelt-NGOs an den Entscheidungsprozessen[221] wirken Montreal und die Folgekonferenzen als Vorübung für das *sustainable development* von Rio 1992. Nach rhetorischen Ausbrüchen gegen *environmental colonialism* stimmten am Ende Indien und selbst China dem Protokoll von Montreal zu, zumal die von den Westmächten unterstützte Umstellung auf Alternativprodukte ein Mittel war, um an neueste westliche Technologie heranzukommen.[222]

Wie im Theater des antiken Athen dem ernsten Drama ein Satyrspiel folgte, so folgte der ernst gemeinten «Ozon-Diplomatie» in der Bundesrepublik der 1990er Jahre eine Posse: das auf einen neuen «Ozon-Alarm» – der auf kein «Ozonloch» zielte, sondern im Gegenteil auf eine dem Wohlbefinden abträgliche Ozonkonzentration bei Sommersmog – reagierende «Ozongesetz», das schon durch seine vielen Ausnahmeregelungen und unzulänglichen Ausführungsbestimmungen auf Wirkungslosigkeit angelegt war, den Spitznamen «Bonner Lachgas-Verordnung» angehängt bekam und seither als Musterbeispiel für eine «symbolische Umweltpolitik» in Erinnerung gehalten wird, die sich noch treffender als Öko-Bluff kennzeichnen ließe.[223]

Montreal und Rio, die bisherigen Gipfel globaler Umweltdiplomatie, sind einander historisch benachbart und stehen doch zugleich zueinander in einem Kontrast von geradezu idealtypischer Schärfe. In Rio gipfelte eine Aktionslinie, die bereits in den späten 1970er Jahren mit der von Willy Brandt geleiteten Nord-Süd-Kommission begonnen hatte. Die Formel *sustainable development*, die durch Rio weltberühmt wurde, stand damals wenn nicht wortwörtlich, so doch vom Inhalt her im Raum. Von Anfang an war klar, dass es in der neuen Nord-Süd-Diplomatie darauf ankam – wie es Richard Sandbrock vom Internationalen Institut für Umwelt und Entwicklung auf einem Hearing der Brundtland-Kommission in Oslo im Klartext formulierte –, «die Umweltlobby des Nordens und die Entwicklungslobby des Südens zusammenzubringen».[224]

Auf rein begrifflicher Ebene war das nicht schwer. Dass sich dahinter ein weitaus vertrackteres reales Problem verbarg, war Willy Brandt bewusst. Treffend bemerkte er in seinem Vorwort zum Schlussbericht der Nord-Süd-Kommission, es gelte, «von der ständigen Verwechslung zwischen Wachstum und Entwicklung wegzukommen». Ulrich Grober bemerkt dazu in seiner Geschichte der Nachhaltigkeitsidee, dies sei ein Ansatz gewesen, den Begriff «Entwicklung» wieder auf seine ursprüngliche Bedeutung «Evolution» zurückzuführen: auf die Bezeichnung eines naturhaften Prozesses, von dem das technokratische *development* abgeführt hatte.[225] In der Natur gibt es ja kein grenzenloses Wachstum, zumindest nicht in einem linearen Sinne.

Und doch war im Englischen der Begriff *development* nicht mehr wegzubekommen und durch *evolution* zu ersetzen. «Development must be central» war nun einmal die Prämisse aller Nord-Süd-Diplomatie:[226] Darauf bestanden die Vertreter der «Dritten Welt», die den Begriff «Entwicklungsländer» trotz seines abwertenden Untertons für ihre eigenen Staaten bereitwillig übernommen hatten, da er das Recht auf «Entwicklungshilfe» implizierte; und aus der Dritten Welt kam die Mehrheit der Mitglieder der Brundtland-Kommission. Für die meisten von ihnen verstand es sich von selbst, dass *development* Wachstum bedeutete, und zwar industrielles Wachstum,[227] obwohl schon zu jener Zeit erkennbar war, dass das Wachstum in typischen Fällen keineswegs der sozialen Gerechtigkeit zugute kam, sondern die Kluft zwischen Arm und Reich vertiefte. Die Formel *sustainable development* stammte – was später in Vergessenheit geriet – aus dem Naturschutz: Er war in der auf Initiative der IUCN und UNEP zustande gekommenen Erklärung zur *World Conservation Strategy* vom 5. März 1980 enthalten.[228] Im Kontext des Naturschutzes war klar, dass *sustainable development* gegenüber grenzenlosem Wachstum eine Bremse enthielt; losgelöst davon, konnte diese schillernde Formel jedoch auch im Sinne eines sich selbst erhaltenden Wachstums verstanden werden.

Schon mit der Nord-Süd-Kommission begann jener Globetrotter-Politikstil, der dem in jener Zeit explodierenden Ferntourismus und auch den exotischen Sehnsüchten der Öko-Szene innerlich verwandt war und bei dem sich der Exkanzler Willy Brandt weit wohler fühlte als in der Bonner Politik. Wie sein Biograph Peter Merseburger schreibt: Wie immer, wenn er dem «provinziellen, dumpfen Bonn», über das er zu lästern pflegte, entrinnen konnte (aber war der Politikbetrieb in Bangkok oder Bogotá etwa weitsichtiger?), «bessert sich seine Laune sofort». «Kaum hat Brandt den Sitzgurt im Flugzeug geschlossen, das ihn in ein anderes, möglichst fernes Land bringen soll, hellt sich seine Miene auf.»[229] Damit war er – kein Zweifel – ein Typ seiner Zeit; den Memoiren von Gro Harlem Brundtland, für die mit der nach ihr benannten Kommission eine «zweijährige Welttournee» begann,[230] kann man entnehmen, dass es ihr ähnlich ging und sie das Herumreisen schon als Wert an sich empfand, auch wenn das Resultat oft nebulös blieb.

Vor allem in *einem* Punkt wollte sie «aus den Fehlern der Brandt-Kommission lernen»: Sie wollte ebenso viel Energie wie auf die Entscheidungsprozesse auf die Verbreitung der von ihrer Kommission beschlossenen Botschaften in aller Welt verwenden. Die Brandt-Kommission habe – so ihre Kritik – «keinerlei klare Informationsstrategie» gehabt, «obwohl Willy Brandt Hunderte von Reden hielt».[231] Ob diese Art von Umweltpolitik, die sich mit Rio fortsetzte, zu substanziellen Ergebnissen führte oder ein eher luftiges Phänomen war und blieb, ist bis heute eine offene Frage. Schon in der Literaturlage besteht bislang zwischen Montreal und Rio ein Kontrast, wie er krasser kaum sein könnte: Zu Montreal und den Nachfolgekonferenzen liegt eine ansehnliche Galerie sorgfältiger und detaillierter Analysen vor, an der Spitze das Opus des amerikanischen Verhandlungsführers Richard E. Benedick; über die Brundtland-Kommission, die *«road to Rio»* und den Ablauf der von ihren Dimensionen her beispiellosen Konferenz dagegen ist die Literaturlage erstaunlich dürftig.[232] Wer sich durch die Dokumente dieses Konferenzmarathons hindurchackern wollte, müsste ganze Papiergebirge bewältigen, ohne so leicht eine Antwort auf die Frage zu finden, was von dem allen bloßes Papier und was wirklich wichtig ist.

Zum Unglück für künftige Historiker wurde über die Diskussionen in der Brundtland-Kommission kein Protokoll geführt.[233] Das hat offenbar zu einer Atmosphäre freier Diskussion beigetragen; und auch die gemeinsamen Reisen zu Hearings in fernen Weltregionen schufen, wie es scheint, eine animierende «ökologische Kommunikation» unter den Beteiligten, die eine gewisse Eigendynamik entwickelte und aus einem stereotypen Pingpong-Spiel zwischen eingefahrenen nationalen Positionen herausführte. Den meisten Konfliktstoff enthielt auch hier die Kernenergie. Das Thema stand schon vor Tschernobyl auf der Tagesordnung. Am vehementesten plädierte der japanische Vertreter für die Kernkraft, wobei zu bedenken ist, dass Japan neben der Rockefeller-Stiftung zu den

Hauptsponsoren der Brundtland-Kommission gehörte. Hier spielte der im bundesdeutschen Bürgerdialog Kernenergie erfahrene Volker Hauff den Diskussionsleiter. Nach dem Vorbild der Ueberhorst-Kommission forderte er die Pro- wie die Kontra-Seite auf, die aus ihrer jeweiligen Sicht bestehenden nuklearen Probleme aufzulisten; dabei kam heraus, dass in der Definition der Probleme zwischen beiden Seiten weitgehend Übereinstimmung bestand. Damit hatte man die Basis für das entsprechende Kapitel im Kommissionsbericht. Es fällt auf, dass sich sowohl der sowjetische wie der amerikanische Vertreter – und bei ihnen handelte es sich um keine Geringeren als um Sokolov, den Helden im Kampf für den Baikalsee, und um Ruckelshaus, den starken Mann der EPA – in den Beratungen der Brundtland-Kommission bedeckt hielten. Daraus muss man schließen, dass sie die Kommission nicht wichtig nahmen; zur Legende wurde diese – auf das Zauberwort[234] *sustainable development* reduziert – in der Tat erst später.[235] Wer *environment* für ein typisches Reizwort der Ersten Welt hält, hört mit Verblüffung, dass sich Shridath Ramphal aus Guyana, Bernard Chidzero aus Simbabwe und Emil Salim aus Indonesien durch besonderes Engagement auszeichneten.

Vergebens sucht man in den Brundtland-Memoiren nach Auskunft darüber, was man sich bei *sustainable development* gedacht und welche Probleme man dabei gesehen hat. Man schöpft Verdacht, dass es sich bei der Botschaft von Rio um einen Mythos handelt, dem ein scharfes Hinsehen schlecht bekommt. Der aus dem Brundtland-Report von 1987 am meisten zitierte Satz – ja überhaupt der einzige, der in umweltbewussten Kreisen in Erinnerung geblieben ist – ist die Definition der «nachhaltigen Entwicklung»: «Development that meets the needs of the present without compromising the ability of future generations to meet their own needs.» Im Übrigen war die Verbreitung des Gesamttextes nicht sehr nachhaltig. Schon nach einigen Jahren war er nicht mehr griffbereit; wie sich herausstellte, enthielt er bereits für Rio 1992 zu viel Konfliktstoff. Die berühmt gewordene Definition gründet sich auf das Prinzip der *Generationengerechtigkeit:* jener Art von Gerechtigkeit, die zum Grundbestand des westlichen Öko-Denkens wurde; aber die Politiker der Dritten Welt waren viel zu sehr von aktuellen Problemen absorbiert, als dass bei ihnen der Gedanke an künftige Generationen viel Raum gehabt hätte. Im Brundtland-Bericht überwog, was die künftigen Generationen betraf, bei Weitem die Sorge, dass diese zahlenmäßig zu groß werden könnten; sehr im Unterschied zu Rio war das Plädoyer für Geburtenkontrolle ein Leitmotiv des Berichts.

Die Definition von *sustainable development* warf sogleich Fragen auf: Woher kennen wir die Bedürfnisse künftiger Generationen? Offenbar können wir nicht für jegliche beliebigen subjektiven Bedürfnisse künftiger Menschen vorsorgen; was sind jene legitimen Bedürfnisse, für die Vorsorge getroffen werden kann und soll, und wer bestimmt, welches diese Bedürfnisse sind? Der Report erläutert den Begriff der «Bedürfnisse»: Gemeint seien insbesondere «Grundbedürfnisse der Armen in der Welt, denen Priorität eingeräumt werden sollte».[236] Anders war der Begriff ja schwerlich zu verstehen: Vorhersehbar sind einzig die elementaren Lebensbedürfnisse. Aber was musste sich verändern, damit sich die Politik an den Bedürfnissen der Armen ausrichtete? Diese Frage wurde begreiflicherweise offengelassen; der Bericht, so wortreich er ist, schweift doch rasch von den heiklen Fragen ab.

In der deutschen Forstwirtschaft besaß der Grundsatz der Nachhaltigkeit damals bereits eine über zweihundertjährige Geschichte, und von dort hatte er sich über die Forstschulen der Welt verbreitet. Diese Geschichte ist überaus lehrreich auch im Blick auf die Probleme dieses Konzepts und auf die Methoden seiner praktischen Umsetzung – aber nichts lässt erkennen, dass diese Geschichte in der Brundtland-Kommission präsent gewesen wäre.[237] Das Bekenntnis zur Nachhaltigkeit hätte mit viel historischer Tiefe und Weisheit ausstaffiert werden können; damals jedoch fungierte *sustainable development* als bloße Kompromissformel, um die «Umweltlobby des Nordens und die Entwicklungslobby des Südens» auf einen Nenner zu bringen.[238] Sogar bei Nord-Süd-Differenzen innerhalb der EU erwies sich *sustainable development* im Jahr von Rio als patente «Versöhnungsformel».[239]

Zuerst wurde *sustainable* mit «stabil» verdeutscht; erst in der Folge setzte sich der bis dahin etwas altfränkische, außerhalb der Forstlehre nur wenig gebräuchliche Begriff «nachhaltig» durch. Aus der Sicht des Historikers eigentlich eine Renaissance potentiell reizvoller Art: Ein Elementarproblem des menschlichen Wirtschaftens, das – in der späten Vormoderne auf den Begriff gebracht – im industriellen Wachstumsrausch lange Zeit verdrängt worden war und noch bei der Konzentration der frühen Umweltbewegung auf bestimmte industrielle Schadstoffe unbeachtet blieb, wurde bei der globalen Ausweitung des Horizonts wiederentdeckt. Gerade aus historischer Sicht könnte das Richtziel «nachhaltige Entwicklung» sinnvoll sein. Aber es ist charakteristisch für den Mangel an Geschichtsbewusstsein in der Öko-Szene, dass diese historische Dimension in der jüngsten Rezeptionsgeschichte von «nachhaltig» fehlt. So ist dieses altertümliche Wort vielen Deutschen bis heute ein nebulöser Begriff geblieben. Das englische *sustainable* ist verständlicher.

In der Geschichte der Forstwissenschaft war «nachhaltig» in zunehmendem Maße mehrdeutig, aber doch nicht beliebig deutbar geworden.[240] Ursprünglich bezog sich «nachhaltig» auf die Holzmasse eines Waldes, bald auch auf den – in Wahrheit für künftige Zeiten unmöglich vorherzusagenden – Holzertrag, später obendrein auf die Bodengüte, die Artenvielfalt und die Erholungsqualität des Waldes. Und über alledem die Frage, wer die Nachhaltigkeit zu definieren hat und mit welchen Methoden man im konkreten Fall nachhaltige Forstwirtschaft exakt ermittelt und kontrolliert. «Nachhaltigkeit» war von Anfang an kein unschuldiger Begriff, sondern einer, der eine Intervention von oben legitimierte. In einem regional begrenzten Holzmarkt hielt man mit nachhaltiger Waldnutzung die Preise hoch. Der Nutzen des Waldes für die bäuerliche Subsistenzwirtschaft blieb in der Regel unbeachtet – die bäuerlichen Niederwälder regenerierten sich ohnehin auch ohne Förster –, wenn das Postulat nachhaltiger Forstwirtschaft nicht gar die Verdrängung bäuerlicher Nutzungen aus dem Wald legitimierte.

Der gleiche Vorgang – durch Rio mit höherer Legitimation versehen – vollzog sich in der Öko-Ära in Waldgebieten der Dritten Welt, die bis dahin den Bauern zur Gewinnung von Brennholz und Futterlaub dienten. Unter solchen Umständen konnte es geschehen, dass gerade die von oben aufoktroyierte «Nachhaltigkeit» das ländliche Interesse an den Wäldern zerstörte und im Endeffekt der Waldzerstörung Vorschub leistete.[241] Die schon aus der deutschen Vergangenheit bekannten Tücken der nachhaltigen Forstwirtschaft multiplizieren sich in den Tropenwäldern, und sie multiplizieren sich zusätzlich, wenn man das Kriterium Nachhaltigkeit nicht nur an die Forstwirtschaft, sondern an die Wirtschaft insgesamt, wenn nicht gar an die ganze Gesellschaft anlegt. Hätte man sich bei dem Ziel «nachhaltige Entwicklung» wirklich etwas gedacht und hätte man es ernst gemeint, hätte es dringend einer ausführlichen Präzisierung und Operationalisierung bedurft.[242] Diese Aufgabe ist bis heute ungelöst; ob sie in Zukunft zur produktiven Herausforderung wird, ist offen.

Hier und da wurde diese Herausforderung jedoch schon früh aufgenommen. In der Zeit von Rio lernten namhafte Protagonisten des Umweltschutzes – an der Spitze der Weltbank-Berater Herman Daly und der Nobelpreisträger für Ökonomie Jan Tinbergen[243] – den Brundtland-Bericht nachträglich schätzen; denn in einer Reihe entscheidender Punkte war er doch klarer und kompromissloser als jene Formulierungen, die dann in Rio oder bereits im Vorfeld ausgehandelt wurden. Während spätere Werbebroschüren der Luftfahrt sogar von *sustainable aviation* schwärmten, sprach der Brundtland-Bericht trotz aller Konzessionen an die Dritte Welt doch deutlicher aus, als dies in der Folge in Rio geschah, dass «nachhaltige Entwicklung» keineswegs im Sinne eines endlos fortgesetzten Wachstums zu verstehen sei.[244] Da von einem fortgesetzten Bevölkerungswachstum unweigerlich ein Zwang zu weiterem Wirtschaftswachstum ausging, führte der Bericht auch in seinem Plädoyer für die Verbreitung von Mitteln zur Empfängnisverhütung eine deutliche Sprache, während man angesichts einer unheiligen Allianz von amerikanischen Konservativen, katholischer Kirche und Dritte-Welt-Nationalisten vor diesem Punkt in Rio ebenso wie zehn Jahre darauf in Johannesburg zurückscheute.

Der Brundtland-Bericht warnte im Zusammenhang mit den fossilen Energieträgern mit starken Worten vor der Gefährdung der Erdatmosphäre;[245] im Vorfeld von Rio legte Washington gegen einen entsprechenden EU-Vorstoß ein hartes Veto ein:[246] ein Vorspiel davon, was sich auf späteren Klimakonferenzen vollziehen sollte. Natürlich brachte die Brundlandt-Kommission keine Einmütigkeit in Sachen Kernenergie zustande;[247] aber sie sprach die heiklen Sicherheitsprobleme an und blendete in ihren Bericht ein offenes Wort des unglücklichen Legassow ein. Der Brundtland-Report griff die damals zur weltweiten Bewegung anschwellenden Klagen über die Zerstörung der Tropenwälder auf, wenn auch auf brasilianischen Druck nur ganz allgemein;[248] in Rio ließ man sich von dem Veto des Gastgebers Brasilien und auch von der von Malaysia angeführten Gegenfront einschüchtern. Dabei hatte Rio sich nicht zuletzt aus dem Grunde um den Konferenzort beworben, weil es sein durch die Tropenwaldkampagne und den Mord an Chico Mendes geschädigtes Image aufbessern wollte.[249] In Rio sahen sich die meisten *Grassroots*-Bewegungen ausgeschlossen; der Brundtland-Bericht dagegen brachte immer wieder Stimmen von unten – oder erweckte zumindest diesen Eindruck. Obwohl sich Brasilien eine namentliche Erwähnung der Amazonaswälder verbeten hatte, kam in den Stellungnahmen, die in den Bericht eingeblendet wurden, auch ein Sprecher der Kautschukzapfer des Amazonas mit einem eindringlichen Plädoyer gegen die Waldzerstörung zu Wort: ein Kollege des damals noch lebenden Chico Mendes.[250] Bei alldem ist zu bedenken, dass in Rio nicht wie in der Brundtland-Kommission allgemein gehaltene Empfehlungen, sondern verbindliche Beschlüsse anstanden; das verengte bei Konfliktpunkten den Spielraum.

Und nicht zu vergessen: Mit einigem Recht konnte Brasilien darauf insistieren, dass die führenden Industriestaaten erst einmal selber durch drastische Senkung ihrer Emissionen etwas für den Klimaschutz taten, bevor sie Brasilien dazu verpflichteten, das Klima mit den Wäldern des Amazonas zu schützen.

Zweifellos wirkte Rio vor allem aus der Ferne dennoch gewaltig, ja überwältigend. Und zwar keineswegs nur als bloßes Medienspektakel, sondern auch vor dem Hintergrund von zwei Jahrzehnten nationaler und internationaler Umweltpolitik seit Stockholm 1972. Vielen erschien die Mammutkonferenz als der große welthistorische Integrationsakt, der dem Umweltschutz bis dahin gefehlt hatte. Natur- und Umweltschutz waren zu oft voneinander getrennt gelaufen: Rio dagegen wollte auch für die Erhaltung der Artenvielfalt der Erde sorgen – *biodiversity* war das neue Zauberwort, wissenschaftlicher und weniger US-amerikanisch klingend als die alte *wilderness*. Ökologie und Ökonomie, die sich so viele unfruchtbare Schaukämpfe gegeneinander geliefert hatten, waren in *sustainable development* vereint, ebenso wie Umwelt und Entwicklung, die Leitthemen des Nordens und des Südens. Im Zeichen der neuen Liberalisierung, des aufkommenden Zauberworts *Zivilgesellschaft* war in Rio auch eine Elite von NGOs vertreten: Je mehr die Bürokratien als ineffizient und korrupt verschrien waren, desto mehr wurde – ob zu Recht oder zu Unrecht – schon die bloße Nichtzugehörigkeit zum Staatsapparat zum Gütesiegel.

Mit der *Agenda 21*, der Aktionsdirektive für das 21. Jahrhundert, deren Kapitel 28 eine Förderung lokaler Umweltinitiativen in Aussicht stellte, schien die alte Parole *Global denken – lokal handeln* endlich in großem Stil in die Praxis umgesetzt zu werden. «Nachhaltigkeit» sollte nicht nur ökologisch und ökonomisch, sondern auch sozial verstanden werden: Die alte Spannung zwischen Umwelt- und Sozialpolitik schien sich in Wohlgefallen aufzulösen. Wie es schien, eine Erfüllung aller Wünsche – was wollte man mehr? In der Brundtland-Kommission war der Ostblock nur durch die Sowjetunion vertreten gewesen, und deren Repräsentant war kaum hervorgetreten; jetzt war der sowjetische Machtblock zerfallen, und die neuen Regierungen strömten voll Eifer herbei. Noch nie war bis dahin ein so breites Spektrum von Staaten der Dritten Welt dabei gewesen. An die 175 Nationen waren vertreten, davon über hundert durch ihre Regierungschefs: Umweltpolitik war sichtbar zur Weltpolitik geworden. Maurice Strong, schon 1972 Generalsekretär der Stockholmer Konferenz und jetzt Generalsekretär der UNCED *(United Nations Conference on Environ-*

ment and Development), wie der offizielle Titel von Rio lautete, erklärte in seiner Schlussansprache am 14. Juni 1992, dies sei *«the largest high-level intergovernmental conference held on our planet. And clearly the most important.»*[251] Und zugleich warnte er arg übertreibend: «Wenn Rio scheitert, wäre dies das Startsignal für einen Krieg zwischen Arm und Reich.»[252]

Jeder, der auch nur ein wenig politische Erfahrung besitzt, erkennt auf den ersten Blick, dass in einem derart heterogenen Riesengremium Entscheidungsprozesse unmöglich sind, sofern nicht vorweg im kleinen Kreis Entscheidungen sorgfältig vorbereitet und ausgehandelt werden. Und ebenso schöpft der, der den Politikbetrieb kennt und die gewaltige *Agenda* – das neue Modewort – von Rio sieht, sofort Verdacht, dass man dort gar nicht wirklich handeln, jedenfalls nicht effektiv etwas bewirken, sondern vor allem sich selbst darstellen und sich gegenseitig in seinem welt- und umweltpolitischen Verantwortungsbewusstsein bestätigen wollte. Öko-Theoretiker mochten Rio gegenüber Montreal als Fortschritt vom *single-issue-* zum *holistic approach* feiern; aber Montreal hatte immerhin etwas Konkretes bewirkt, und wer bedenkt, dass politisches Handeln klare Ziele braucht, konnte angesichts des ambitiösen Programms von Rio zweifeln, ob hinter diesem Spektakel irgendein konkretes Interesse, irgendein praktischer Antrieb stand.

War Rio wirklich die Einlösung von *Global denken – lokal handeln*, oder lautete die wirkliche Devise insgeheim ganz anders: «Durch globale Pseudoaktivitäten nationale Prestigegewinne erzielen», wobei sowohl das Denken wie das Handeln auf der Strecke blieben? Selbst der offizielle Bericht über Rio gibt zu, dass man vorher eine *two-week gold-pen-cum-massive photo-opportunity* erwartet habe:[253] eine repräsentative Veranstaltung mit reichlich Gelegenheit für die Politiker, vor Kameras zu posieren und mit goldenem Füller in aller Feierlichkeit vorbereitete Dokumente zu unterzeichnen. Aber dafür gab es – für Beobachter eher überraschend – dann doch in der brasilianischen Hauptstadt zu viele Kontroversen. Offenbar ging es in der Tat um essenzielle Positionen; um eine bloße Farce handelte es sich bei UNCED nicht. Aber worum ging es?

Wie es scheint, ist des Rätsels Lösung vor allem bei der *Weltbank* zu suchen, der globalen Institution für günstige Entwicklungskredite, über die die finanzielle Hilfe für *sustainable development* laufen sollte[254] und die den Weg zur Konferenz von Rio von Anfang an begleitete. Als Gro Harlem Brundtland – zu jener Zeit die einzige zur Regierungschefin aufgestiegene Umweltministerin der Welt – 1983 die Leitung der von der UNO eingesetzten *World Commission on Environment and Development* übernahm, ließ sie sich von Willy Brandt beraten, der mit der Nord-Süd-Kommission über die meisten einschlägigen Erfahrungen verfügte. Wie sie in ihren Memoiren berichtet, schärfte Brandt ihr ein, es komme entscheidend darauf an, «weiterhin auf der Rolle der Weltbank aufzubauen», so wie er, Brandt, das bereits getan habe; sie erläutert allerdings – typisch für ihre Memoiren – mit keinem Wort, was damit konkret gemeint war.[255]

Darüber plausible Vermutungen anzustellen ist jedoch nicht schwer. In den 1980er Jahren geriet die von der Weltbank gesteuerte Entwicklungshilfe nicht nur an den Stammtischen, sondern auch bei Insidern und in den USA ebenso wie in Europa mehr und mehr in Misskredit. 1985 erschien die auf ausgiebige eigene Erfahrungen gestützte Brandschrift der früheren SPD-Bundestagsabgeordneten Brigitte Erler *Tödliche Hilfe*.[256] Ein Gutachten des für Kulturarbeit im Ausland zuständigen Goethe-Instituts suchte die Frau als klinischen Fall von Hysterie abzutun;[257] aber im Jahr darauf spielte selbst der hochangesehene Bundespräsident Richard von Weizsäcker auf dieses Buch an, als er im Vorwort zu Bertrand Schneiders Bericht an den Club of Rome *Die Revolution der Barfüßigen*, einer geharnischten Kritik an sozial und ökologisch horrenden Entwicklungsprojekten, die neuerliche These referierte, «unsere Entwicklungshilfe töte die Menschen: Nahrungsmittel in die Hungerlager der Sahelzone zu schicken verlängere lediglich die Lebensunfähigkeit der dortigen Region, anstatt die langfristig allein rettende Eigenproduktion zu fördern».[258]

Natürlich war die Entwicklungshilfe von Anfang an als «Hilfe zur Selbsthilfe» gedacht – wozu denn sonst, da die Menschen der Dritten Welt weder Kleinkinder noch Schwerbehinderte sind. Es ist jedoch bezeichnend, dass diese Maxime immer wieder als neue Einsicht präsentiert wurde; denn die Realität sah anders aus. Dass die Entwicklungshilfe zum größten Teil in korrupten Bürokratien versickerte, war längst ein offenes Geheimnis; mehr und mehr stellte sich jedoch heraus, dass sie selbst dann, wenn sie dort anlangte, wohin sie bestimmt war, oftmals im Endeffekt Unheil anrichtete. «Hilfe für die Hungernden» schwächte die regionale Subsistenzwirtschaft; Straßenbau in «unterentwickelten» Regionen erleichterte den Abfluss dortiger Ressourcen in die Metropolen; und vollends die Lieblingsprojekte der *developer* seit den Zeiten der TVA, die großen Staudämme, führten zur Überflutung dicht besiedelter Täler mit fruchtbaren Böden und wurden gerade in den späten 1980er Jahren zum Hauptangriffsziel von Umweltschützern in mehreren Weltregionen.

In dieser Situation war das *sustainable development* von Rio die ideale Lösung: In einer Situation, in der durch das Ende des Kalten Krieges ohnehin ein Hauptmotiv für die Entwicklungshilfe entfiel, bekam sie durch den Umweltschutz eine neue Legitimation; und die Verkoppelung mit ökologischen Kriterien verhieß zugleich eine gewisse Vorsorge gegen umweltschädliche Auswüchse von Entwicklungsprojekten. Hinter den vielen großen Worten von Rio steht also letztlich ein simples Tauschgeschäft nach dem Muster des *Debt-for-Nature Swap:* Entwicklungshilfe gegen Umweltschutz. «Die UNCED drehte sich von Anfang bis Ende ums Geld», versichert auf der Basis gründlicher Weltbank-Studien Bruce Rich, der Direktor des *Environmental Defense Fund* in Washington.[259] Das muss im Prinzip nicht schlecht sein, ja könnte den Realismus auf dem Grund von Rio dokumentieren. Das Grunddilemma eines derartigen Tauschhandels blieb jedoch bestehen: Der Umweltschutz fungierte dabei als Interesse des Nordens, und dies umso mehr, je mehr der Norden darauf drängte und je größere Subventionen er dafür in Aussicht stellte. Selbst wenn er dabei selbstlos handelte – und Staaten handeln selten selbstlos –, wirkte das auf den Süden nicht überzeugend; umso misslicher, als wirksamer Umweltschutz in vielen Bereichen nur dann gelingen kann, wenn ein Land ihn als seine eigene Sache begreift und in Angriff nimmt. Nur in diesem Fall besteht die Chance, dass die Nachhaltigkeit nachhaltig fortwirkt.

Aber gegenüber *Debt for Nature* kam noch ein weiteres Dilemma dazu: Die Nachhaltigkeit von wirtschaftlicher Entwicklung, ja schon der Forstwirtschaft lässt sich unendlich viel schwerer von außen kontrollieren als der Schutz eines eingezäunten Nationalparks, in dem Ranger patrouillieren. Deswegen ist es sehr fraglich, ob man es bedauern soll, dass dieser Tauschhandel, der – wie es scheint – den Kern von Rio ausmachte, nicht so recht in Gang kam und die Geberländer sich nicht sehr großzügig zeigten. Viele Umweltschützer trauten dem *sustainable development* nicht und hatten dafür ihre Gründe. Bei diesem Handel wurde der Umweltschutz nicht nur mit dem Filz von Korruption belastet, der sich um die Apparate der Entwicklungshilfe gebildet hatte, sondern auch mit der Tücke der «Entwicklung» selbst. Gerade dann, wenn man demonstrieren wollte, wo das Geld geblieben ist, brauchte man sichtbare Großanlagen; aber vor allem durch diese wurde die «Entwicklung» zum Umweltschädling. Und die Entwicklungshilfe hatte bei allem guten Willen stets einen strukturell bedingten Hang zu Großprojekten, durch die man Expertise demonstrieren konnte und bei denen etwas Vorzeigbares herauskam.

Wenn Möchtegern-Entwicklungshelfer aus den USA zu Ivan Illich nach Cuernavaca (Mexiko) kamen, verabreichte er ihnen eine kalte Dusche: «Wenn Sie den Armen in Lateinamerika wirklich helfen wollen, dann kaufen Sie sich eine Rückfahrkarte, und zwar heute noch.»[260] Für ihn war das Projekt «Entwicklungshilfe» von Grund auf verlogen, weil es Modernisierungsprojekte vorantrieb, von denen vorwiegend die Eliten profitierten und die die Kluft zwischen Arm und Reich vertieften. Mochte man sich auch theoretisch unter «Entwicklung» mancherlei vorstellen, so entsprach die real wirksame Vorstellung von «Entwicklung» doch genau jener Fortschrittsidee, gegen die die ökologische Aufklärung kämpfte. Aus jahrzehntelanger Erfahrung klagte Max Nicholson, der Doyen des britischen Naturschutzes, in seinem *New Environmental Age* von 1987, «zwei der größten Quellen der globalen Umweltschädigung» seien «das Versagen des von New York aus betriebenen Entwicklungsprogramms der UNO und angeschlossener Hilfsagenturen sowie das internationale Kreditbanksystem mit seinem weitgehend amerikanischen Hintergrund».[261] Susan George, Kodirektorin des transnationalen Instituts (New York/Amsterdam), ging so weit, in ihrem Vorwort zu Vandana Shivas *Staying Alive* (1988) «Entwicklung» als «blutrünstigen Moloch» zu bezeichnen.[262] Und von einer ganz anderen Philosophie her verkündete der «Eco-Warrior» Dave Foreman 1991 die Parole: «Klettere auf die Berge, begegne dem Grizzly – und piss auf die Gräber der *developer*.»[263]

Viele andere Umweltschützer taten sich allerdings in Sachen Entwicklung schwerer. Rein von der Idee her enthielt ja «Entwicklung» ein Potential von naturgemäßer Evolution; und mit vielen Sprechern der Dritten Welt konnte man nicht reden, wenn man sich nicht zur Entwicklungshilfe bekannte. Zwischen den westlichen Öko- und Dritte-Welt-Szenen bestanden oft fließende Übergänge: Da sammelten sich ähnliche Mentalitäten und Menschentypen, mit ähnlichem moralischem Pathos, ähnlichen Retterträumen und exotischen Sehnsüchten, die den Alltag transzendierten.[264] Ohne ein Bekenntnis zur Entwicklungshilfe fühlte man sich mitschuldig am Elend in der Dritten Welt. Auch wenn man sah, dass ein Großteil der bisherigen Entwicklungshilfe schädlich war, führte man das doch gerne darauf zurück, dass diese noch nicht begriffen habe, dass Entwicklungshilfe «Hilfe zur Selbsthilfe» sein und in Kooperation mit den Einheimischen und mit Rücksicht auf die regionale Umwelt erfolgen müsse.

In der Tat verlagerte sich der Schwerpunkt der Entwicklungshilfe in Reaktion auf die Kritik um 1990 für einige Zeit stärker auf *rural develop-*

ment und eine Förderung der Kleinbauern, die bei der «Grünen Revolution» meist das Nachsehen gehabt hatten;[265] aber danach verlegte man sich mehr denn je auf eine Alimentierung der Staatsapparate der Dritten Welt: Entwicklungshilfe als politisch-ökonomisches Schmiergeld.[266] Al Gores *Earth in the Balance* (1992), das im Jahr von Rio erschien, mündete in einen Aufruf zu einem «globalen Marshallplan»,[267] obwohl bereits der alte auf nationaler Ebene agierende Marshallplan entgegen dem Mythos für das bundesdeutsche «Wirtschaftswunder» nur von geringer Bedeutung gewesen war und ohne die speziell deutschen Bedingungen nie hätte wirken können.[268] Eine globale Dimensionierung der Entwicklungshilfe hätte deren strukturelles Dilemma noch potenziert. Aber selbst die Antiglobalisierungsbewegung *Attac* machte sich später den «Marshallplan für die Erde» zu eigen, obwohl dieser nach menschlichem Ermessen den Prozess der Globalisierung noch mit einem zusätzlichen Treibsatz versehen würde. Dabei vermochte Al Gore als Vizepräsident nicht einmal eine amerikanische Kehrtwende in der Klimapolitik durchzusetzen.

Nicht nur diejenigen Umweltkämpfer, die in Rio ausgesperrt blieben, sondern auch Gro Harlem Brundtland, die sich über norwegische Demonstranten in Rio ärgerte, war von den Resultaten des Umweltgipfels enttäuscht und distanzierte sich von dem Eigenlob vieler anderer Staatsoberhäupter, die in Rio dabei gewesen waren. In einigen Bereichen sei ein moderater Fortschritt zu verzeichnen, in vielen jedoch überhaupt nichts. Besonders empörte sie, dass ein Plädoyer für die Geburtenkontrolle hintertrieben worden war.[269] Aber die Empfängnisverhütung ließ sich so oder so unmöglich von globaler Ebene aus organisieren. Das meiste Aufsehen in den Medien erregte damals die brüske Art, in der Präsident Bush die USA schon im Vorfeld von Rio durch seine Erklärung, der *American way of life* sei kein Gegenstand von Verhandlungen, international isolierte, obwohl gewiss kein Politiker der Welt von dem Präsidenten ernstlich erwartet hatte, dieser würde den amerikanischen Lebensstil abschaffen. Bundesumweltminister Klaus Töpfer unkte, offenbar seien die USA drauf und dran, nach Verlust des Feindbildes «Kommunismus» den Ökologismus als neues Feindbild aufzubauen.[270] Wie jedoch die darauffolgende Wahlniederlage der Republikaner zeigte, war mit Antiökologismus zu jener Zeit keine Stimmen zu gewinnen. Ernst Ulrich von Weizsäcker verkündete sogar: «In Rio trugen Zigtausende den verschwenderischen Lebensstil der Nordamerikaner zu Grabe.»[271]

Ebendies ist jedoch die Frage. *Development* hat bis heute, so wie man es in weiten Teilen der Welt versteht, seinen amerikanischen Beigeschmack behalten. Realistisch betrachtet, ist und bleibt der *American way of life* für den größten Teil der Menschheit unerreichbar. Die Eliten der Dritten Welt, die hauptsächlichen Nutznießer der «Entwicklungshilfe», haben ihn jedoch erreicht, und das Leitbild «Entwicklung» trägt dazu bei, diesen privilegierten Lebensstil, der sie von der Masse der Bevölkerung trennt, als normal und legitim zu empfinden. Das moderne Umweltbewusstsein enthält eigentlich ein ganz anderes Potential. *Lebensqualität, quality of life* war die Parole der «ökologischen Revolution» von 1970. Da vereinten sich neues Umweltbewusstsein und alte Lebensweisheit. Das Lebensglück besteht ja wesentlich in dem, was man um seiner selbst willen tut, und nicht in dem, was man wegen seines Tauschwertes anstellt; daher braucht der in Dollareinkünften bezifferte «Lebensstandard», bei dem der allergrößte Teil der Menschheit miserabel abschneidet, über die Lebensqualität nicht viel zu besagen.[272] Die Fixierung auf den Tauschwert – darin liegt eine bleibende Wahrheit des Marxismus – kann geradezu den Sinn für den Lebenswert verderben.

Gegenüber dem *American way of life* gaben europäische Lebensstile bei all ihrer Unvollkommenheit zumindest eine Ahnung von einer Alternative: wie man mit weitaus geringerem Energie- und Ressourcenverbrauch eine höhere Lebensqualität erreicht. In einer Welt, wo sich vieles zu Fuß und mit dem Fahrrad erreichen lässt, lebt es sich besser als in einer Welt, wo man auf Mobilität mit Auto und Flugzeug angewiesen ist. Gemeinschaft macht glücklicher als Konkurrenz, Geselligkeit ist eine wohltuendere Freizeitbeschäftigung als der ziellose Bummel durch gigantische Shoppingcenter. Eine gewisse Toleranz für Schwitzen und Körpergerüche zeugt von einem sinnenhafteren Dasein als ein ständiges Leben in klimatisierten Räumen mit mehrmaliger Dusche am Tag: ein für die ariden Gebiete der Welt geradezu verhängnisvolles Lebensstilleitbild. In Rio und auf nachfolgenden internationalen Umweltkonferenzen haben immer wieder EU-Vertreter den Amerikanern Kontra gegeben; aber der Charme Europas liegt nicht zuletzt in seiner Vielfalt, und die Europäer hatten keinen standardisierten *European way of life* als Alternativmodell zu dem so viel beneideten amerikanischen Vorbild zu propagieren.

Aber ein Ansatz dazu war in Rio da. Bleibt man beim historischen Realismus, wird man sich mit einer Hyperkritik an Rio zurückhalten; auch eine Kritik an der üblichen Rio-Kritik ist angebracht. Die ewig spannungsvolle Beziehung zwischen Mensch und Natur lässt sich durch keine große Friedenskonferenz harmonisieren. Bei allen rhetorischen Seifenblasen im Konferenzzentrum von Rio wird der, der sich an die vorausgegangene Szenerie des Kalten Krieges erinnert, den Szenenwechsel trotz allem erfreulich finden. Der Autor der bislang umfangreichsten historischen Untersuchung zur Umweltpolitik der USA (1999) erblickt in dem «Fehlen einer kohärenten Vision des Umweltgemeinguts» den größten Mangel der amerikanischen Umweltpolitik; *sustainable development* sei immerhin derzeit die engste Annäherung an eine solche Vision gewesen.[273]

Das Hauptproblem von Rio bestand darin, dass die Konferenz durch den voraufgegangenen Öko-Boom in der internationalen Öffentlichkeit mit Erwartungen vollkommen überfordert war. Nach dem Ende des Kalten Krieges wurde die «Friedensdividende» zum Schlagwort, das der Erwartung Ausdruck gab, die bislang für die Rüstung vergeudeten Milliarden und Billionen würden fortan der Entwicklungshilfe und dem Umweltschutz zur Verfügung stehen. Dieser «Erdgipfel», so 14 Jahre später Klaus Töpfer, «war ohne jeden Zweifel ein Gipfel der euphorischen Aufbruchsstimmung, ein Gipfel des Optimismus»; und in der Tat seien dort «Grundprinzipien der globalen Umwelt- und Entwicklungspolitik» verabschiedet worden, «die, würde man sie heute neu verhandeln müssen, wohl nie wieder in der gleichen Prägnanz angenommen werden würden».[274] «Sonny» Ramphal, der Berater des Generalsekretärs Maurice Strong, forderte vor Konferenzbeginn: «Rio muss für die Menschheit ein Wendepunkt werden, der Anfang einer Phase verstärkter Entschlossenheit in dem Prozess, unser Lebenserbe auf der Erde wiederzugewinnen.»[275] Aus der Rückschau von ein, zwei Jahrzehnten danach wirkt Rio dagegen fast schon eher als ein Ende: als Finale einer Phase einer internationalen Hochkonjunktur der Beachtung von Umweltproblemen. Nicht zufällig markiert die Zeit von Rio auch das Ende einer ersten Phase des Klima-Katastrophismus.[276] Aber das war, wie wir heute wissen, nur ein vorläufiges Ende.

Der Titel der Einführung zu dem offiziellen Bericht über die UNCED spielt in Selbstironie auf die überzogenen Erwartungen an: «Did We Really Save the Earth at Rio?» Die Frage enthält bereits die Antwort: «Natürlich nicht!», und der Autor bemerkt über die viel gerühmte, jedoch selten gelesene *Agenda 21*, diese sei «in reality the softest of ‹soft law›, exhortatory in nature, a cafeteria where self-service is the order of the day».[277] Am allermeisten in Sachen Waldschutz sei Rio «an almost unmitigated disaster» gewesen.[278] Eine Paradoxie: Rio versagte am meisten dort, wo Nachhaltigkeit aus historischer Sicht am ehesten einen handfesten Sinn besitzt. Aber Waldschutz aus globaler Ebene zu betreiben ist kaum weniger unsinnig als Empfängnisverhütung aus der Höhe des UN-Wolkenkratzers in New York. Eher kann man von Glück reden, dass derart megalomanische Projekte abgeblockt wurden; und man kann es den Drittweltländern nicht verübeln, dass sie sich in derart sensible Bereiche nicht hineinreden lassen wollten. Ebenso wenig gibt es Grund zum Bedauern, dass der Megadeal «Entwicklungshilfe gegen Umweltschutz» nur sehr unzulänglich gelang: Wirksamer Umweltschutz kann nur dann gelingen, wenn die Region selbst im eigenen Interesse die Initiative übernimmt; und die Verkoppelung von Umweltschutz und Entwicklungshilfe war und ist eine höchst fragwürdige Mesalliance. Der Umweltaktivist José Lutzenberger (1926–2002), der 1988 den Alternativen Nobelpreis erhielt und 1990 zum brasilianischen Umweltminister berufen wurde, besaß den Mut und die Offenheit, in einer Rede vor der UNO drei Monate vor Rio die Industrienationen davor zu warnen, für Umweltzwecke Gelder an Entwicklungsländer zu vergeben, da diese «vielleicht nur in den Händen der Korruption landen werden»; darauf wurde er von dem brasilianischen Präsidenten Fernando Collor prompt seines Amtes enthoben.[279]

Bestimmte Standardkritiken an Rio zeugen von gekünstelter Naivität: Natürlich bewirkte dieser Umweltgipfel keine Abkehr von der Wachstumswirtschaft, natürlich blieb er gegenüber der unendlichen Komplexität der globalen Umweltprobleme «unterkomplex», natürlich war er nicht basisdemokratisch – wie hätte er das sein können? – und bezog nur einen ausgewählten Kreis etablierter NGOs ein;[280] natürlich ersetzte er nicht den utilitaristischen Umgang mit den natürlichen Ressourcen durch ein ehrfurchtsvolles Verharren vor der Natur. Gewiss lasen nur die wenigsten den Hunderte von Seiten umfassenden Text der *Agenda 21*, dessen verklausulierte Amtssprache die Spuren eines sich über Tage und Nächte vollzogenen Tauziehens um Kompromissformeln trägt und der heute durch zahllose neue unter der Rubrik *Agenda 21* laufende Konzeptionspapiere verdrängt ist.[281] Die vielen lokalen *Agenda-21*-Aktivitäten bis hin zu der Schaffung ökologischer Ausgleichsflächen für überbaute Grundstücke waren nicht wirklich von Rio inspiriert; aber der Horizont von Rio trug doch dazu bei, ihnen in der allgemeinen Wahrnehmung einen etwaigen Geruch lokaler Borniertheit zu nehmen.

Wie man Rio bewertet, hängt wesentlich davon ab, wie hoch man den Wert dieses Wandels in der Wahrnehmung taxiert. Und weiter noch hängt die Bewertung an der Frage, in welchem Maße Denkstrukturen und Wortfiguren auf die Länge der Zeit das alltägliche Verhalten prägen: die Gretchenfrage an die Diskursgeschichte. Eine endgültige Antwort auf diese Frage dürfte es kaum jemals geben. Zwischen den Extremen der Bagatellisierung und Zelebrierung von Rio – hier Jahrmarkt der Eitelkeiten, dort Ouvertüre zur grünen Globalisierung – muss man zusehen, zu einer präziseren und realistischeren Bestimmung der Tragweite dieser Konferenz zu gelangen. Dies ist erst aus der Rückschau nach geraumer Zeit möglich; die Frage, ob das ökologische Engagement auf globaler Ebene zum Ziel oder vielmehr in eine Sackgasse gelangt, wird uns bis zum Schluss begleiten. Auf die Frage nach der Bedeutung von Rio erinnerte ein Beteiligter an die Antwort, die der chinesische Außenminister Chou En-lai im Gedanken an die Jahrtausende der chinesischen Geschichte gab, als er nach der Bedeutung der Französischen Revolution gefragt wurde: «Es ist noch zu früh, dies zu beurteilen.»

Generationengerechtigkeit – Steuergerechtigkeit – Environmental Justice: Die mehrdeutige Beziehung zwischen Umweltschutz und Gerechtigkeit. Barry Commoner betonte von Anfang an mit ganzer Emphase, Umweltschutz und soziale Gerechtigkeit seien nicht voneinander zu trennen: «Die Erde ist nicht deshalb verschmutzt, weil der Mensch ein besonders schmutziges Lebewesen wäre oder weil es zu viele von uns gäbe. Der Fehler liegt in der menschlichen Gesellschaft – in den Wegen, für die sich die Gesellschaft entschieden hat, jene Güter, die durch menschliche Arbeit aus den Ressourcen der Erde extrahiert worden sind, in Gewinne zu verwandeln und zu verteilen.»[282] In gewissem Sinne war Gerechtigkeit von Anfang an ein Grundprinzip der «ökologischen Revolution»: Wenn es ungerecht sei, dass ein Privatunternehmen die sozialen Folgelasten seiner Wirtschaftsweise der Gesellschaft aufbürde, so gelte das Gleiche für die ökologischen Folgelasten. *Polluter Pays* war eine simple Logik der Gerechtigkeit. Bei diffusen Umweltwirkungen des modernen Lebensstils allerdings griff dieser Grundsatz nicht.

Ökologie ist Gerechtigkeit ist Sicherheit, lautet vierzig Jahre darauf eine Überschrift in der umfangreichen Studie des Wuppertal Instituts *Zukunftsfähiges Deutschland in einer globalisierten Welt*, die den altmodischen Begriff «nachhaltig» durch «zukunftsfähig» ersetzt.[283] Dabei handelt es sich jedoch um eine Feststellung von der Art «So soll es sein», nicht um eine historische Bilanz der bisherigen vier Jahrzehnte Öko-Ära. Die Spannung zwischen Ökologie und Ökonomie ist in dieser Zeit oft hervorgekehrt, ja nicht selten überbetont worden; bei der Beziehung zwischen Ökologie und Gerechtigkeit dagegen handelt es sich jedoch um das wohl größte *latente* Spannungsfeld, das die bisherige Geschichte der Öko-Ära durchzieht. Für Wolfgang Haber[284] gehört es zu den «unbequemen Wahrheiten der Ökologie», «dass es keine ökologische Gerechtigkeit geben kann, allein schon weil alle lebenswichtigen Ressourcen von der Sonneneinstrahlung über Landmassen, Nährstoffe, Süßwasser, Vegetation, Böden bis zu den Mineralien so ungleich über die Erde verteilt sind». Bedeutet «ökologische Gerechtigkeit», Wasser aus regenreichen in aride Gebiete zu pumpen, wie es mit der modernen Technik über immer weitere Entfernungen möglich ist? Aber haben die Bewohner wasserreicher Gebiete nicht ein Recht auf ihre vertraute Umwelt; ist nicht die Freiheit, mit Wasser großzügig umzugehen, ein gerechter Ausgleich dafür, dass die Sonne so oft von Regenwolken verhüllt wird?

Hinter vielen «Umweltproblemen» verbergen sich soziale Ungleichgewichte;[285] das Umweltbewusstsein kann zu ihnen hinführen, aber auch von ihnen ablenken. Gegenwärtig besteht in Teilen der Welt der Trend, eine in Wahrheit durch Übernutzung des Grundwassers verursachte Dürre dem *global warming* anzulasten. Der Alarm über die «Bevölkerungsbombe», der nicht nur in den USA am Anfang der Umweltbewegung stand, verleugnete zwar nicht notwendig soziale Aspekte der Umweltprobleme, lenkte jedoch de facto nicht selten von ihnen ab; da wurde es zur besten Vorsorge für künftige Generationen, diese nicht zu zahlreich werden zu lassen. Erst als die Regierung Reagan die Geburtenkontrolle attackierte, bekam die Empfängnisverhütung wieder einen rebellischen Zug.[286] Die Umweltbewegung wird üblicherweise den *neuen sozialen Bewegungen* zugerechnet. Beide Bewegungen scheinen einander innerlich verwandt zu sein; und doch ist diese Verwandtschaft keineswegs frei von innerer Fremdheit und Animosität.

Gerechtigkeit ist ein Leitmotiv der Nord-Süd-Verhandlungen; da wird sie jedoch – wenn auch oftmals mehr rhetorisch als sachlich fundiert – von Sprechern des Südens gegen das Insistieren des Nordens auf Umweltschutz ausgespielt. *Sustainable development* kann im Prinzip durchaus im Sinne von Gerechtigkeit ausgelegt werden und wurde in der Rhetorik von Rio auch so verstanden; aber faktisch ist es oft so, dass moderne und finanziell gut ausgestattete Unternehmen, die sich ihren eigenen Nachhaltigkeitsbeauftragten halten, am ehesten ökologische Korrektheit im Sinne von Rio demonstrieren können, ähnlich wie die landesherrlichen Montanunternehmen des 18. Jahrhunderts besser als die

Bergbauern nachhaltige Forstwirtschaft schwarz auf weiß zu dokumentieren vermochten.

«Entwicklung» kann rein theoretisch vieles bedeuten; de facto fungierte *development* jedoch in der ganzen Welt als ein Leitbild, das – aller wohlmeinenden Absichten ungeachtet – das Interesse von den traditionellen Lebensformen der ländlichen Bevölkerung abzog; mit Grund wurde es von Vandana Shiva vehement bekämpft. In der bisherigen Realität lenkte *Sustainability* typischerweise von Fragen der sozialen Gerechtigkeit ab; von einer automatischen Konvergenz des einen mit dem anderen kann keine Rede sein.[287] Der amerikanische Philosoph Peter Wenz, ein Pionier im Durchdenken von *environmental justice*, hat ausführlich dargestellt, dass es rein theoretisch möglich ist, dass Umweltschutz in vieler Hinsicht der sozialen Gerechtigkeit zugute kommt, dass es jedoch ebenfalls denkbar ist, dass die Umweltpolitik in ebenso vieler Hinsicht die soziale Ungleichheit verstärkt.[288] Was in der bisherigen Geschichte tatsächlich der Fall war, wurde noch wenig untersucht; die einschlägige Literatur trägt ganz überwiegend normativen Charakter.

Wir haben gesehen, in welchem aus deutscher Sicht überraschenden Maße Juristen von Anfang an eine führende Rolle in der amerikanischen Umweltbewegung spielten und der Kampf für den Umweltschutz dort in typischen Fällen vor Gericht als ein «Kampf ums Recht» ausgetragen wurde. Aber in der Regel haben nicht die Armen die besten Anwälte; und wo das Recht durch den Sieg im Kampf zustande kommt, bleibt die Idee der Gerechtigkeit leicht auf der Strecke. Da soziale Spannungen in der westlichen Welt während der Jahrzehnte des großen Booms durch wirtschaftliches Wachstum aufgefangen wurden, müsste bei einem Nullwachstum die Frage der sozialen Gerechtigkeit mehr denn je ins Zentrum rücken. Bislang war jedoch das Gegenteil der Fall.

Der ökologische Horror, den das Sowjetsystem hinterließ und der in den ersten Jahren nach 1990 noch übertrieben zu werden pflegte, zerstörte jegliche Illusion, dass die Umweltzerstörung ein überwiegend kapitalistisches Phänomen sei, und nährte dafür die neue Illusion, die Umweltprobleme seien allein mit marktkonformen Methoden zu lösen. Die Weltherrschaft des von allen Beschränkungen befreiten Kapitalismus nach dem Ende des Kommunismus hat die Sozialpolitik in einem Maße marginalisiert, wie dies seit hundert Jahren nicht mehr der Fall gewesen war. Hatte es in den ersten Jahrzehnten der Bundesrepublik noch eine Galerie profilierter Sozialpolitiker gegeben, sucht man für die neueste Zeit nach solchen Namen vergebens.

Ausgerechnet eine rot-grüne Bundesregierung übertrug die Neugestaltung der Arbeitslosenversicherung einem Industriemanager, gegen den wenige Jahre darauf ein Strafverfahren wegen Untreue in 44 Fällen eröffnet wurde; derartiges wäre bei der Rentenreform von 1957, als sich selbst der 80-jährige Bundeskanzler wochenlang in die spröde Materie einarbeitete,[289] ganz und gar undenkbar gewesen. In Joachim Raschkes 960-Seiten-Opus über die deutschen Grünen ist einer grünen Sozialpolitik nicht das kleinste Unterkapitel gewidmet. Und in der 1130-Seiten-Dokumentation der ersten grünen Bundestagsfraktion findet sich zur Sozialpolitik nur ein undatiertes und inhaltlich recht diffuses Positionspapier von Eberhard Bueb, der einige Zeit darauf angesichts der «chaotischen Arbeitsweise in der Fraktion» explodierte.[290] Wenn er – einer seiner wenigen sowohl konkreten wie originellen Vorschläge – für die «Streichung des Ehegattensplittings» plädierte, war das weder sozial noch ökologisch, sondern spiegelte die Interessen der bei den Grünen stark vertretenen Singles, von denen viele zu den Besserverdienenden gehörten und – jeder mit eigenem Haus und eigenem Auto, dazu oft mit ausgeprägter Reiselust – die Umwelt weit überproportional belasteten. Außerdem entsprach es schwerlich dem so gerne beschworenen Interesse der kommenden Generationen, wenn beide Eheleute Ganztagsjobs ausübten.

Eigentlich wären die Grünen – so könnte man meinen – zur Synthese von Umwelt- und Sozialpolitik prädestiniert gewesen, da ihre Führungsschicht aus der Neuen Linken von 1968 kam. Während jedoch in Paris die rebellierenden Studenten eine Strecke weit Seite an Seite mit Gewerkschaftlern kämpften, war in der Bundesrepublik das Verhältnis zwischen den Achtundsechzigern und den Arbeitern, sofern es nicht gemeinsam gegen die Notstandsgesetze ging, oftmals kühl und gespannt; die von der Studentenbewegung hinterlassenen Papiermassen enthalten zwar eine Fülle von sozialistischen Utopien, aber kaum brauchbare Konzepte für die Sozialpolitik.[291]

Das «soziale» Element bei den späteren Grünen bestand denn auch vorwiegend in dem wahllosen Werben um diverse «Randgruppen»,[292] die von sich aus nicht unbedingt miteinander und mit den Grünen viel zu tun haben wollten, so um Ausländer und Homosexuelle. Dabei besitzen gerade Zuwanderer ein besonders starkes Interesse an wirtschaftlichem Wachstum. Der «Multikulturalismus» war zwar, oberflächlich betrachtet, eine Nachahmung der amerikanischen Umweltbewegung, de facto jedoch unter den damaligen bundesdeutschen Bedingungen etwas ganz anderes. In den USA, wo die Umweltbewegung unter dem unmittelbaren Eindruck der schwarzen Bürgerrechtsbewegung und ihres neuen Gandhi Martin Luther King entstand, war das Engagement für die Rechte der Farbigen, der Latinos, Indianer – der *Native Americans* – ein Gebot elementarer Fairness und der Bejahung der Vielfalt des eigenen Landes, da es um die Gleichberechtigung alteingesessener Mitbürger ging, die zur amerikanischen Kultur dazugehörten, obendrein in einem traditionellen Einwandererland mit weiten Räumen. Der bundesdeutsche Multikulturalismus dagegen bedeutete die Öffnung eines bereits dicht besiedelten Landes für einen wachsenden Zuwandererstrom aus verschiedensten Kulturen – von Kurdistan bis Kasachstan –, auf dessen Integration die deutschen Institutionen in keiner Weise eingerichtet waren.

Pragmatisch wurde gerne versichert, die Zuwanderer seien nötig, um einer alternden Bevölkerung die Renten zu sichern; das war – wie wir heute wissen – bestenfalls eine Halbwahrheit und wäre bei den von vielen Grünen geforderten «offenen Grenzen» nicht einmal das gewesen. Aber emphatische Multikulturalisten wollten nun einmal um jeden Preis die Ferne ins eigene Land holen und ein möglichst buntes Gewimmel auf deutschen Straßen sehen, und Andersgesinnte wagten aus Furcht vor dem «Rassismus»-Vorwurf nicht zu widersprechen;[293] ob dabei der deutsche Sozialstaat bankrottgehen würde, war kein Thema. Tatsächlich ist kaum etwas davon zu erkennen, dass sich namhafte Politiker der Grünen ernsthaft in die Probleme des Sozialstaats und die Folgeprobleme der Zuwanderung eingearbeitet hätten. Eher gewinnt man den Verdacht, dass dagegen eine förmliche Sperre bestand. Vor diesem Hintergrund ist die Sozialpolitik der rot-grünen Bundesregierung nicht überraschend. Es passt dazu, dass die gleiche Regierung 2002, im Gründerjahr von «Hartz IV», die Kapitaltransaktionssteuer aufhob: auch hier die Globalisierungsreligion der Aufhebung aller Grenzen.

Bei den französischen Grünen unterscheidet Michael Bess unter Berufung auf die Idealtypenlehre Max Webers einen *nature-centered environmentalism* und einen *social environmentalism*, betont jedoch zugleich, dass es sich dabei lediglich um eine idealtypische Trennscheide handele und es in der Realität viel Querverbindungen und wechselseitige Sympathien gebe. Dabei machen es die Naturfreunde den sozialen Aktivisten dadurch leichter, dass sie mehr als viele andere Naturschützer der Welt die vom Menschen gestaltete Natur, die traditionelle bäuerliche Landschaft, zu schätzen wussten; und darin waren sie sich mit vielen Umweltschützern einig.[294] Im Register der Dokumentation über die Grüne Bundestagsfraktion 1983–1987 kommt dagegen das Stichwort «Naturschutz» nur ein einziges Mal vor, gegenüber 15 Seitenverweisen auf «Homosexualität» und über dreißig auf teilweise seitenlange Passagen unter der Rubrik «Dritte Welt».

In der Tat, nur äußerlich bildete seit 1970 der «Umweltschutz» ein breites Dach über all den darunter versammelten Strömungen, die bis dahin mehr oder weniger voneinander getrennt gelaufen waren. In Deutschland wie in den USA und anderswo waren Naturschützer und Umweltaktivisten auch weiterhin oftmals unterschiedliche Menschentypen, und mit einem sozialpolitischen Engagement waren wiederum andere Mentalitäten verbunden. Gerade der Naturschutz verkörperte die schöne Seite der Umweltbewegung; vor allem hier konnten sich Liebe und Begeisterung entwickeln, aber gerade hier war die Ferne zur Sozialpolitik oft auch besonders weit. Die Menschheit als «Krebs der Erde» war ein Topos von Öko-Fundamentalisten. Je leidenschaftlicher die Naturliebe war, desto stärker oft der Horror vor Menschenmassen. Besonders krass verband sich typischerweise die Tierliebe mit Menschenfeindschaft, nicht nur bei Dian Fossey und der alternden Brigitte Bardot, die vom Sexstar zur Robbenfreundin geworden war.[295] Die Verbindung von Hundeliebe und Menschenverachtung findet man bei dem alten Friedrich II. von Preußen, der sich neben seinen Lieblingshunden begraben ließ,[296] ebenso wie auf dem neuerlichen britischen T-Shirt-Slogan «The more people I meet, the more I love my dog».[297]

Sind Naturschutz und soziale Bewegungen durch unterschiedliche Leidenschaften und libidinöse Erfahrungen voneinander getrennt, über die zu diskutieren keinen Sinn macht? Max Weber schrieb 1916, «der alte nüchterne Empiriker John Stuart Mill» habe gesagt, «rein vom Boden der Erfahrung aus gelange man nicht zu *einem* Gott ..., sondern zum Polytheismus».[298] Er liebte dieses Zitat und brachte es immer wieder, um zu einem seiner Kerngedanken hinzuführen, dass sich in der wirklichen Welt – anders als in der reinen Wissenschaft – ein Kampf zwischen verschiedenen Göttern, sprich verschiedenen Grundwerten, vollziehe, zwischen denen es keine dauerhafte Vermittlung gebe. Bei diesem viel zitierten Weber-Wort sind allerdings Zeit und Kontext zu beachten: Es stammt aus dem Ersten Weltkrieg, und konkret ging es um die Alternative Bergpredigt oder Krieg. Ein Vorteil des historischen Zugangs zur Umweltbewegung besteht darin, dass man wieder und wieder verfolgen kann, wie Positionen, die auf theoretischer Ebene miteinander unvereinbar erscheinen, im Prozess der Geschichte dann doch zusammenfinden. Das gilt auch für Umweltschutz und Sozialpolitik.

Inwieweit die Synthese jedoch real oder nur rhetorisch ist, muss von Fall zu Fall geprüft werden. Besonders genau hinschauen muss man bei jener Art von Gerechtigkeit, die von den 1970er Jahre bis heute am allermeisten mit dem Umweltschutz verknüpft wurde: der *Generationengerechtigkeit.* «Wir haben die Erde von unseren Kindern nur geborgt», stand bereits auf dem ersten Wahlplakat der deutschen Grünen, 1979 für den Europawahlkampf, für den die Partei der Grünen gegründet worden war. Wie Kathrin Fahlenbach in ihrer ikonologischen Analyse erläutert: «Das Plakat zeigt eine vermeintliche Kinderzeichnung mit Blumenwiese, Bäumen, einer lachenden Sonne, einem Vogel und einem Haus.» Der professionellen Wahlpropaganda der etablierten Parteien wird «programmatisch ein politikfremder Bildcode entgegengesetzt, dessen ‹Unprofessionalität› und ‹Authentizität› als Ausweis politischer Glaubwürdigkeit und moralischer Integrität verwendet werden».[299] Ein Stück von dieser Selbststilisierung hat sich bei den Grünen bis heute gehalten.

Bei der Wahlparole handelt es sich um einen aus den USA übernommenen, seither unendlich oft zitierten Pseudo-Indianerspruch: «We do not inherit the Earth from our Ancestors, we borrow it from our children.» Selbst im Internet sucht man vergeblich nach einer bestimmten Quelle. Falls ein Indianer dies je gesagt haben soll, muss er das von einem Weißen souffliert bekommen haben; denn der Spruch ist noch unindianischer als die neu erfundene «Rede des Häuptlings Seattle».[300] Echte Indianer hätten den weißen Eindringlingen gegenüber mit Vehemenz darauf insistiert, dass sie ihr Land von ihren Ahnen ererbt hätten. Die Komik erhöht sich dadurch, dass die Legitimation durch «unsere Kinder» ausgerechnet durch die Pillenknickgeneration erfolgte, deren Kinder vielfach gar nicht existierten. Die Norm der Generationengerechtigkeit scheint denn auch in Wahrheit weder von den Indianern noch aus der Öko-Szene zu stammen. Innerhalb der Neuen Linken stammte die Originalversion aus dem Marx'schen *Kapital,* das die Vorsorge für kommende Generationen gegen die Eigentumsidee ausspielt: Nicht einzelne Menschen, nicht einmal ganze Gesellschaften könnten «Eigentümer der Erde» sein. «Sie sind nur ihre Besitzer, ihre Nutznießer und haben sie als boni patres familiae den nachfolgenden Generationen verbessert (n. b.! J. R.) zu hinterlassen.»[301] Heute führt Wikipedia die vermeintliche Indianerweisheit auf den Ökonomen James Tobin zurück, der mit seiner Forderung nach einer Kapitaltransaktionssteuer später dem Antiglobalisierungsnetzwerk *Attac* die Ausgangsidee lieferte und der 1974 schrieb: «Die Treuhänder der Stiftungen sind die Vormünder der Zukunft gegen die Ansprüche der Gegenwart. Es ist ihre Aufgabe bei der Verwaltung der Stiftungen, für die Gleichheit unter den Generationen vorzusorgen.»

Generationengerechtigkeit, *intergenerational equity*, diente also bei Tobin dazu, die Notwendigkeit von Institutionen innerhalb der Marktwirtschaft zu begründen. Aber dieser Kontext geriet später in Vergessenheit. In den 1990er Jahren erlebte die Generationengerechtigkeit international eine stürmische Karriere; und diese wirft ein Schlaglicht auf einen untergründigen Zusammenhang zwischen der Nachhaltigkeitskonjunktur in der Öko-Kommunikation und der Deregulierung der Wirtschaft, der – wie es scheint – dem Gros der Öko-Szene verborgen blieb. Das Schlagwort «Generationengerechtigkeit» wurde ähnlich inflationär gebraucht wie «Nachhaltigkeit». Es war die Zeit, in der der zunehmende Alterungsprozess der westlichen (wie auch der ostasiatischen) Gesellschaften Schlagzeilen machte und eine eigene Alarm-Publizistik hervorbrachte. Dabei wurde in der Regel vergessen, dass zwar heutige Gesellschaften viel mehr Alte ernähren müssen als frühere, die Gesellschaften früherer Zeiten jedoch dafür viel mehr Kinder und Jugendliche, die nicht das Erwachsenenalter erreichten.

1994 veröffentlichte die Weltbank eine Studie *Averting the Old Age Crisis*, die international «wie ein Fanfarenstoß wirkte» (Hans Günter Hockerts).[302] Die Grundthese dieses Krisenalarms bestand darin, dass die Altersvorsorge mit staatlich geregelten Umlageverfahren nicht mehr zu leisten sei, sondern zum großen Teil auf private Kapitalvorsorge verlagert werden müsse. Dies wurde als ein Gebot der Generationengerechtigkeit ausgegeben, obwohl es die soziale Ungleichheit verstärkte; denn natürlich können Reiche besser Vorsorge betreiben als Arme, und die Last der Altersversorgung wird – genau besehen – nicht wirklich von den künftigen auf die derzeit berufstätigen Generationen verlagert, sondern innerhalb der künftigen auf diejenigen, die keine Staatsschuldverschreibungen geerbt haben.[303] Das ist kein Akt der Gerechtigkeit. In Wahrheit war das neue Modell der Altersvorsorge denn auch keineswegs der Ethik entsprungen. «Wenig bekannt ist, dass die Investmentbranche einer der wesentlichen Impulsgeber zur Reform der Altersvorsorge in Deutschland war», bemerkte im Jahre 2002 der Hauptgeschäftsführer des Bundesverbandes Deutscher Investment- und Vermögensverwaltungsgesellschaften,[304] der es wissen musste. In der globalisierten Welt wurde die Altersvorsorge zu einer neuen gigantischen Wachstumsbranche der Großfinanz. «Generationengerechtigkeit» klang so ähnlich wie jener «Generationenvertrag», auf dem die dynamische Rente von 1957 beruht hatte; sie lief jedoch, so verstanden, auf das genaue Gegenteil hinaus. Generationengerechtigkeit klang nachhaltig; gerade viele Grüne scheinen das Jonglieren mit den Begriffen nicht durchschaut zu haben.

All das ändert nichts daran, dass die Vorsorge für künftige Generationen, rein philosophisch betrachtet, ein ebenso vernünftiges wie humanes Prinzip ist. Wo die «Generationengerechtigkeit» jedoch zum politischen Schlagwort wird, ist stets die misstrauische Frage angebracht, ob sich dahinter nicht in Wahrheit etwas anderes verbirgt; denn künftige Generationen haben in der Politik keine Lobby und entscheiden keine Wahlen. Dabei bleibt unbestritten, dass das Altern der Gesellschaft in der Tat den Sozialstaat unter Druck setzt. Für die Umweltpolitik bringt dieser Alterungsprozess jedoch auch große Chancen mit sich, solange man nicht darangeht, die Alpen behindertengerecht umzubauen. Tempolimit, Ausbau der öffentlichen Verkehrsmittel, Stadt der kurzen Wege: All das entspricht den Bedürfnissen eines wachsenden Anteils alter Menschen, ebenso wie es eine kinderfreundliche Gesellschaft kennzeichnet. Zwischen den Bedürfnissen der Alten und denen der Kinder gibt es viel Konvergenz: auch dies eine noch wenig beachtete Chance einer Generationengerechtigkeit, die diesen Namen verdient.

Ein neuralgischer Punkt aller Gerechtigkeit, soweit diese mit Politik zu tun hat, ist die *Steuergerechtigkeit.* Gerade hier besteht eine Spannung zwischen der Gerechtigkeit im ökologischen und der im sozialen Sinne. Ökologische Gerechtigkeit wird generell so verstanden, dass die Art der Besteuerung gewährleistet, dass die Preise auch die mit den Gütern verbundenen Umweltkosten enthalten. Natürlich enthält deren genaue Bezifferung stets ein Element der Willkür. Aus sozialpolitischer Hinsicht besteht die Crux darin, dass es sich dabei – ob direkt oder indirekt – um Verbrauchssteuern handelt, die in der Regel die Einkommensschwachen stärker belasten als die Wohlhabenden, und dass dieser Trend durch das ökologische Kriterium noch verstärkt wird. Solange es sich bei Verbrauchssteuern um «Luxussteuern» handelte – und seit dem 18. Jahrhundert galten diesen die Vorliebe der Steuerphilosophie –, ließen sie sich auch sozialpolitisch vertreten. Bei der «Ökosteuer» drohte sich dies jedoch umzukehren; denn geht man davon aus, dass bei zunehmendem Einkommen der Konsum dem Trend «Klasse statt Masse» folgt, kann man in der Regel annehmen, dass die Umweltbelastung relativ zu den Ausgaben abnimmt.

Projekte einer ökologischen Steuerreform haben das sozialpolitische Problem frühzeitig gesehen und zu berücksichtigen versucht, wenn auch ein Dilemma bestehen blieb. Ein international einflussreicher Vordenker war bereits in den späten 1970er Jahren der schweizerische Ökonom Hans Christoph Binswanger (geb. 1929), der zunächst nur von einer «Energiesteuer» sprach, die vor allem die energieintensiven Industriebranchen traf,[305] in der Folge jedoch die Idee propagierte, diese Steuereinnahmen zur Reduktion der Sozialversicherungsbeiträge zu benutzen.[306] «Energie statt Arbeit besteuern» wurde die Parole; das bedeutete, mit der Ökosteuer zugleich die Arbeitslosigkeit zu bekämpfen. Dieses Konzept auf überzeugende Art politisch durchzusetzen war und ist allerdings nicht leicht: Die Industrie droht üblicherweise bei steigenden Energiekosten mit dem Verlust von Arbeitsplätzen, und der Steuerzahler befürchtet im Blick auf den unersättlichen Finanzbedarf des Staates, dass am Ende Energie *und* Arbeit besteuert werden. Zahlreiche empirische Untersuchungen widmeten sich dem Zusammenhang zwischen Energieverbrauch und Arbeitseinsatz. Ob man damit rechnen konnte, über die Verteuerung der Energie zugleich Arbeitsplätze zu schaffen, war eine der spannendsten Fragen bei der Diskussion über Ökosteuerkonzepte. Ein geringfügiger positiver Effekt eines verringerten Energieverbrauchs auf die Beschäftigung wurde in der Tat errechnet; sehr deutlich war dieser Effekt freilich nicht.[307]

Schon Hans Matthöfer, der Binswanger gelesen hatte, unternahm 1981/82 einen Vorstoß in Richtung dessen, was später unter «Ökosteuer» lief, damals in SPD-Kreisen allerdings noch unter dem weniger attraktiven Etikett «Ölpapier» gehandelt wurde; in der Tat bestand der Kern in einer drastischen Erhöhung der Mineralölsteuer. Der akute Handlungsdruck war durch den zweiten Ölpreissprung von 1979 und durch das wachsende Haushaltsdefizit entstanden. Verminderung der Abhängigkeit vom Nahostöl, Stabilisierung des Staatshaushalts, Schluss mit der fortgesetzten Expansion der Sozialleistungen war die für Sozialdemokraten nicht gerade verlockende Devise. In einer Situation, in der SPD-Wähler zu den Grünen übergingen, wollte Matthöfer die von ihm geplante Finanzreform großen Stils als «Schritt zur Versöhnung von Ökonomie und Ökologie» populär machen. Nicht nur sollte die erhöhte Besteuerung des Öls einen kräftigen Anreiz zum Energiesparen schaffen; der Ertrag der Steuer sollte ebenfalls energiesparenden Projekten zugute kommen, «von der Fernwärme über den Ausbau des Schienenverkehrs und die Förderung des öffentlichen Personennahverkehrs bis zu einem umfassenden Sonderprogramm ‹Mikroelektronik und Energieverbrauch›».[308] Bei der Mineralölsteuer hatte die Zweckbindung – die an und für sich dem modernen Prinzip der Einheit des Staatshaushalts widersprach – ohnehin Tradition; nur war sie früher für den Straßenbau erfolgt.

Unglücklicherweise fiel Matthöfers Vorstoß in die Endphase der sozialliberalen Koalition, als diese zu kühnen Reformprojekten nicht mehr fähig war. Erst am 1. April 1999, unter der neuen rot-grünen Bundesregierung, kam die «Ökosteuer», erneut vor allem in der Form einer Energiesteuer.[309] Theoretisch konsequent und von einem einfallsreichen Vordenker wie Amory Lovins befürwortet, wäre eine breiter gefächerte Ökosteuer, die alle Produkte träfe, deren Entsorgung aufwendig ist. Aber natürlich würde es damit kompliziert, während Energiesteuern fast überall längst eine gängige Praxis waren. Wie Ernst Ulrich von Weizsäcker 1988 angesichts einer Vielzahl von Ökosteuer-Ideen monierte: «Idealerweise sind Umweltsteuern, die an ganz einfachen und fundamentalen Parametern angreifen, sehr einfach zu administrieren, einfacher jedenfalls als ... das Wasserhaushaltsgesetz und das Abfallgesetz.»[310]

Auf diese Weise landete man immer wieder bei einer Erhöhung der Energiesteuer. In Ländern wie den USA und Großbritannien traf allerdings eine drastische Erhöhung auf den massiven Widerstand der mächtigen Öllobby. Das angloamerikanische Wikipedia führt noch heute unter «Ecotax policies enacted» nur die Balearen, wo die Touristen zur Kasse gebeten werden, und die Bundesrepublik als Beispielländer auf. 2002 wurde in Deutschland die Mineralsteuer noch einmal erhöht, jedoch ausgerechnet für Unternehmen mit besonders hohem Energieverbrauch gesenkt; Fluggesellschaften waren und sind ohnehin davon befreit. Im Geiste Binswangers fließt ein Großteil der Einnahmen aus der Ökosteuer in die Rentenversicherung. Dennoch verstärkte sich auch in der Bundesrepublik bei ohnehin steigenden Energiekosten der Widerstand, nicht zuletzt von gewerkschaftlicher Seite. Auf EU-Ebene wurde die Energiebesteuerung trotz aller guten Vorsätze von Rio schon Anfang der 1990er Jahre «von der Industrielobby ausgebremst». Das war möglich, weil sie als Steuerfrage die Einstimmigkeit im Ministerrat erforderte. Weit bessere Chancen besitzt auf europäischer Ebene der Emissionshandel; denn er läuft als Umweltpolitik, und damit gilt bei Abstimmungen das Mehrheitsprinzip.[311]

Vor dem Hintergrund der eher quälenden Geschichte der Ökosteuer und der dubiosen Seiten des Emissionshandels erkennt man den Vorteil einer technologisch ausgerichteten Umweltpolitik; denn «Umwelttechnik» schafft Arbeitsplätze und zieht kreative Tatmenschen an. Aber auch diese Strategie hat ihre Kehrseite, wie wir bereits bei der Solarenergie sahen: Die Erfahrungen mit staatlicher Technologiepolitik sind nicht durchweg ermutigend; Unternehmer haben oft einen besseren Blick als Beamte dafür, welche Wege den meisten Erfolg versprechen. Man kann verstehen, dass sich die Politik in solchen Fragen ungern einem harten Entweder-Oder stellt. Nicht nur hier dürfte die beste «Lehre der Geschichte» in der Einsicht bestehen, dass es keine unabhängig von Raum und Zeit gültigen Lehren gibt.

Während man bei der Suche nach der *finanziellen* Umweltgerechtigkeit über vertrackte Probleme stolpert, mit denen sich viele Umweltaktivisten ungern konfrontieren, bekam die Umweltbewegung von dem Streben nach *materieller* Umweltgerechtigkeit immer wieder kräftige neue Impulse. Von den USA ausgehend, gilt seit den 1990er Jahren *environmental justice* als die neue Parole, die die Umweltbewegung von unten aktiviert: zur gleichen Zeit, wo sie von ganz oben durch die Gipfeldiplomatie der Nord-Süd-Gerechtigkeit einen globalen Horizont bekam wie noch nie. Da es bei der amerikanischen Umweltgerechtigkeit der 90er Jahre vor allem gegen solche Industrieemissionen ging, die vorwiegend von Farbigen bewohnte Stadtviertel trafen, konnte man sogar einen inneren Zusammenhang herstellen: «Global denken – lokal handeln» in Reinkultur. Genau besehen, lief unter *environmental justice* eine Vielfalt lokaler Initiativen, aber die amerikanische Öko-Publizistik machte daraus rasch eine zusammenhängende *environmental justice movement*, für die sich schon bald das Kürzel «EJ» einbürgerte. Gerade um 1990 gab es auch Kundgebungen in Washington, wo sich diese Initiativen gemeinsam politisch artikulierten. In der Zeit von Rio konnte man derartige Proteste nicht mehr als lokal bornierte NIMBY-Initiativen abtun.

Mittlerweile hat auch diese Bewegung bereits ihre Ursprungsgeschichten.[312] Wie so oft kann man über den Ursprung unterschiedliche Geschichten erzählen; am häufigsten findet man die Geschichte von der Revolte von Warren County, Nord-Carolina, 1992, wo 414 Protestler – nach anderen Berichten über fünfhundert – verhaftet wurden, als sie die Durchfahrt von Lastwagen blockierten, die mit PCB (polychlorierten Biphenylen) vergifteten Boden zu der Warren County-Deponie in der vorwiegend von Schwarzen bewohnten Gemeinde Afton transportierten.[313] 1987 machte eine mit der Autorität der *United Church of Christ* versehende Untersuchung zitierfähig, was keinen Kenner der Materie überraschen konnte: dass Wohngegenden farbiger Unterschichten besonders stark von gesundheitsschädlichen Industrieemissionen betroffen waren. Für den, der die Geschichte kannte, war es der klassische Umweltskandal schlechthin, den bereits Friedrich Engels 1845 in der *Lage der arbeitenden Klassen in England* angeprangert hatte und der somit am Ursprung des Marxismus stand. In den USA, wo sich die Umweltaktivisten mit der Anknüpfung an diese Tradition suspekt gemacht hätten, wurde noch stärker als die soziale die rassische Diskriminierung zur Zielscheibe gemacht; *environmental racism* wurde der stehende Begriff für diesen Skandal. Bis dahin hatten die Farbigen in der amerikanischen Öko-Szene fast ganz gefehlt; auch jetzt blieben sie noch meist für sich. Besonders über das Einwerben von Spenden entwickelten sich Spannungen zu etablierten weißen NGOs.[314] Und doch kamen diese neuen Verbündeten dem guten Gewissen des *environmentalism* sichtlich zugute.

Seit der Hygienebewegung des späten 19. Jahrhunderts bestand die «Lösung» von Umweltproblemen meist nur in ihrer Verlagerung, so dass zumindest die sensiblen und tonangebenden Schichten der Bevölkerung sie mit den Sinnen nicht mehr wahrnahmen: der Verlagerung von niederen in hohe Luftschichten, von den innerstädtischen Wasserläufen in die Flüsse und die Meere, von der oberirdischen Welt unter die Erde und – auch das überall typisch – vom «Westend», den Wohnvierteln der «besseren Schichten», in die Nähe der Unterschichtenviertel, in die der Rauch der Schornsteine wehte. Diesem letzten Zweck diente die seit dem späten 19. Jahrhundert fortschreitende «Zonierung» der Städte:[315] deren Einteilung in reine Wohn-, Industrie- und gemischte Viertel. Vor diesem Hintergrund erkennt man die säkulare Bedeutung der *Environmental-Justice*-Bewegung, mochten auch ihre Triebkräfte weit mehr sozialer als ökologischer Natur sein. Sie trug dazu bei, die Umweltpolitik der bloßen Verlagerung zu stoppen und zum Kern des Problems hinzuführen: der Vermeidung des Entstehens von Schadstoffen. Dieses industriepolitische Ziel war allerdings durch lokale Initiativen allein nicht zu erreichen.

Ulrich Beck, in der Folge auch in den USA viel zitiert, hatte in seiner *Risikogesellschaft* von 1986 in kursivem Druck verkündet: *«Not ist hierarchisch, Smog ist demokratisch.»*[316] In dieser Kurzformel kannten die Umweltschäden keine Klassengrenzen mehr, sondern betrafen alle Menschen; die alte sozialreformerische Rhetorik mit ihren Anklagen gegen die Oberen war in der Öko-Ära passé, und selbst die Konzentration auf altbekannte Giftstoffe wirkte im Zeichen des Kohlendioxid- und Ozon-Alarms zeitweise altmodisch, als seien diese Gefahren im Prinzip behoben. Die Wirklichkeit sah sehr anders aus, ob in den USA, in Osteuropa oder in den Metropolen der Dritten Welt. Der Protest der Farbigen in den finsteren Vierteln amerikanischer Städte brachte ein Problem von globaler Tragweite auf die Agenda. Auch die EPA trug dazu bei, dass dieser neue Protest nicht punktuell blieb, sondern sich vernetzte und politische Dynamik gewann. Die Umweltbehörde, die unter Reagan mit dem Rücken zur Wand gekämpft hatte, fand hier einen neuen Rückhalt in dem reformwilligen Teil der Bevölkerung und der Medien. Unter *environmental justice* sammelten sich Impulse, die die EPA aufnehmen konnte, mehr noch, die an ihre bisherigen Aktionslinien anknüpften und diese zugleich aus einer Sackgasse führten.

Die EPA-Politik der 1980er Jahre hatte im Zeichen des sogenannten *Superfund* gestanden. Das war der gängige Name für den amtlich-umständlichen *Comprehensive Environmental Response, Compensation and Liability Act* (CERCLA) von 1980 und insbesondere für dessen finanziellen Kern, den zur Sanierung von Altlasten geschaffenen Fonds, der zum Teil gemäß dem *Polluter-Pays*-Prinzip von den Verursachern bestritten, in etwa einem Drittel der Fälle jedoch auch – wo die Schuldigen nicht mehr zu belangen waren – durch eine spezielle Besteuerung der Erdöl- und Chemiebranche finanziert wurde: die amerikanische Variante der Ökosteuer. Den ersten Anstoß dazu hatte der *Love-Canal*-Skandal von 1978 gegeben, der damals von den Medien zur Katastrophe hochgespielt worden war. Der Unternehmer William Love hatte in den 1890er Jahren begonnen, oberhalb der Niagarafälle einen Schifffahrtskanal zu bauen, war darüber jedoch bankrottgegangen, und das liegen gebliebene Kanalstück hatte der *Hooker Chemical Company* als Müllhalde gedient, darunter – wie 1978 enthüllt wurde – auch als Giftmülldeponie. Über Müllhalden verlor man bis in die 1970er Jahre zu beiden Seiten des Atlantiks nicht viele Worte; als der «Liebeskanal» bis oben gefüllt war, verkaufte die Firma das Gelände für einen Dollar an eine lokale Schulbehörde, und dort entstand in den 1950er und 60er Jahren eine Schule mitsamt einer idyllischen Vorstadtsiedlung.

Umso schockierender, als sich das Idyll dann als trügerisch entpuppte. Inwieweit der Giftmüll bei den Bewohnern tatsächlich Gesundheitsschäden hervorgerufen hat, ist bis heute nicht geklärt;[317] aber der Skandal besaß paradigmatischen Wert, und vor allem eine religiöse Gruppe, die *Ecumenical Task Force* (ETF), machte ihn zur *cause célèbre*.[318] Lokalisierbare Giftskandale boten der Aktivität der EPA und der Umweltjuristen geeignetere Ziele als grenzüberschreitende Grundprobleme der Umweltbelastung. Die Konzentration auf die Altlasten hatte darüber hinaus den gerade in der Ära Reagan besonders nützlichen Vorteil, dass man dabei keiner laufenden Industrieproduktion ins Gehege kam. Da eröffnete sich ein schier unendliches Aktionsfeld: In den Weiten der USA hatte man mit dem Müll noch achtloser umgehen können als in den dichtbesiedelten Regionen Europas; ohne Zweifel gab es Tausende von Deponien mit dubiosem Müll zu entdecken.

Aber natürlich konnte man unmöglich alle auf einmal in Angriff nehmen; und ein Problem bestand überdies darin, dass Gesundheitsschädigungen durch Altlasten in den meisten Fällen schwer nachweisbar sind. Da kam es ganz darauf an, ob die Kläger durch einen exzellenten Anwalt vertreten waren, und dieser kostete sein Geld; war der Prozess erfolgreich, zahlte der «Superfund». Kritiker klagten später darüber, ein Drittel des Fondsvermögens sei für Anwaltshonorare draufgegangen.[319] Aber selbst Parteigänger des *environmentalism* hatten an der «Superfund»-Politik keine rechte Freude: Der bürokratische Aufwand bei der Prioritätensuche unter der immensen Zahl suspekter Plätze war enorm, und im Endeffekt wurden im Laufe der 1980er Jahre von 799 registrierten «Superfund sites» nur ganze sechzehn saniert. Das Verhältnis zwischen Aufwand und Ertrag wirkte eher peinlich.[320] Es waren auch nicht unbedingt die Ärmsten, die von dem «Superfund» profitierten.

In dieser Situation bekam der Umweltschutz im Zeichen von *environmental justice* wieder den Elan einer sozialen Bewegung. 1992 gründete die EPA, noch in der letzten Phase der Ära Bush, ein *Office of Environmental Equity*.[321] Besonders spektakulär und symbolhaltig war ein Proteststurm im schwarzen Osten Washingtons am Ufer des Anacosta-River, den – obwohl nur wenige Autominuten vom Weißen Haus entfernt – kaum je ein Washington-Besucher zu Gesicht bekommt, gegen die Einleitung giftiger Industrieabwässer in den Fluss und die Absperrung der Bewohner vom Flussufer durch eine Stadtautobahn.[322] Ähnliche Proteste gab es auch an der *Bay Area* von San Francisco,[323] zumal lokale Umweltinitiativen gerade an den Küsten Kaliforniens, wenn auch im Prinzip politisch progressiv, de facto eher Schickeria-Charakter besessen hatten und dem Wunsch exquisiter Wohnviertel entsprungen waren, die Ruhe und schöne Aussicht zu behalten.[324] Gerade das sich um 1970 verbreitende neue Umweltbewusstsein hatte in typischen Fällen die «white flight» – den Auszug der Weißen aus rassisch gemischten Wohnvierteln – verstärkt.[325]

Pioniercharakter besaß auch eine Initiative gegen schädlichen Elektronikschrott im Silicon Valley *(Silicon Valley Toxics Coalition)*, das durch die elektronische Revolution zur Legende wurde; denn dieser Protest machte der Öffentlichkeit bewusst, dass keineswegs nur die *old and dirty indus-*

tries ihre Umwelt vergifteten.[326] Das Grundproblem allerdings blieb auch hier bestehen: dass Gesundheitsschäden, die durch Emissionen verursacht sind, sich individuell zumeist nur sehr schwer exakt nachweisen lassen und das individualrechtliche Prinzip in der amerikanischen Kultur tief verwurzelt ist.[327] Dieses Dilemma führte in der *Environmental-Justice*-Bewegung zu Frustrationen und Stagnationserscheinungen.[328] Man bedenke: Viele Opfer von Tschernobyl hatten es nicht nur unter russischen Rechtsverhältnissen sehr schwer, sondern hätten es auch unter amerikanischen nicht leicht gehabt, sofern sie keine Staranwälte bezahlen konnten.

Wegweisend für die Umweltbewegung insgesamt war die Art und Weise, wie hier der *Habitat*-Begriff aus den Wäldern in das Dickicht der Städte und auf die Nachbarschaften übertragen wurde:[329] In dieser Hinsicht stehen typische *Environmental-Justice*-Initiativen in innerer Nähe zu dem von Jane Jacobs in den 1960er Jahren geführten Kampf für Greenwich Village ebenso wie zu den Häuserkämpfen in Frankfurt und Berlin, den Stadtökologie-Gruppen der späten DDR und den Initiativen zur Erhaltung der extrem durch Industrieemissionen bedrohten Altstadt von Krakau, einem besonders populären Ursprung der polnischen Umweltbewegung.[330] In gewissem Sinne sind diese dezidiert lokalen Bewegungen sogar besonders global: Gerade da gibt es eine innere Verwandtschaft zwischen Umweltaktivisten in vielen Ländern der Welt,[331] auch wenn diese nichts voneinander wissen. Ansätze zu einer globalen Vernetzung sind vorhanden, scheinen hier bislang jedoch eher schwach geblieben zu sein.[332] Die Vitalität dieser Initiativen ist lokalen Ursprungs. Da es hier um die ganz konkrete eigene Lebenswelt geht, ist der Anteil der Frauen höher als bei anderen Umweltbewegungen.[333]

Auch von einer israelischen Bewegung, die sich für eine Gleichberechtigung der arabischen Palästinenser besonders bei der Wasserzuteilung einsetzt, ist die Forderung nach *environmental justice* aufgegriffen worden: Es handelt sich um eine der mutigsten Bewegungen dieser Art, die einen Nerv der nationalen Politik berührt, und zugleich um eine, die ein Problem von globaler Tragweite in Angriff nimmt.[334] Hätte es zur Zeit der Chemiekatastrophe von Bhopal (1984) bereits eine *Environmental-Justice*-Bewegung gegeben, wäre diese Katastrophe das stärkste nur denkbare Memento geworden; denn die Opfer gehörten durchweg zu den Ärmsten der Bevölkerung. Auch in der Öko-Ära enthält das Streben nach Gerechtigkeit ein produktives Potential, das etwas bewegen kann.

5. Umweltpolitik zwischen Globalisierung und Antiglobalisierungsbewegung

Neues in der neuesten Zeit. Blicken wir zurück auf die ersten beiden Jahrzehnte der Öko-Ära, auf die Zeit von Stockholm bis Rio, von den *Limits to growth* bis zu *Sustainable Development*, und betrachten dann die allerjüngste Zeit, die noch namenlose Epoche, dann erkennen wir zwar nicht wenige Wiedergänger – immer wiederkehrende Leitmotive und Skandalquellen –, mehr noch dagegen fällt das Neuartige der letzten beiden Jahrzehnte auf. Bis dahin hatte der *environmentalism* weltweit sehr unterschiedliche Prioritäten gehabt, und auch innerhalb einzelner Länder hatten die Prioritäten gewechselt; das von der Ökologie geforderte «vernetzte Denken» machte die Bestimmung von Prioritäten zum Problem, und diese Schwierigkeit war immer wieder durchgeschlagen. In den letzten beiden Jahrzehnten dagegen hielt sich *eine* Priorität mit phänomenaler Zähigkeit, und zwar weltweit: die Gefährdung des Klimas durch den Treibhauseffekt.

Wer in der Logik der Ökologie dachte, pflegte früher zu prophezeien, der Trend des *environmentalism* verlaufe im Zuge wachsender ökologischer Aufklärung zwangsläufig vom *top-issue-* hin zum *multiple-issue approach*; aber dann stieg mit dem *global warming* doch ein *top issue* auf, der sich beharrlich hielt. Der Vorsitzende des Sierra Club bemerkte 1992, am Ende sei es bei allem Hin und Her stets die Erhaltung der wilden Natur, die die Menschen begeistere;[1] mit dem Klimaschutz ließen sich jedoch Proteste von Naturschützern gegen Wasserkraftwerke und Windrotoren, Biosprit-Plantagen und großflächige Solarfarmen abschmettern.[2] Medienwissenschaftler lehrten schon in den 1990er Jahren, den Gesetzen der modernen Massenmedien zufolge sei ein Alarmthema – zumal dann, wenn keine evidente Katastrophe vor Augen stehe – nach einigen Jahren unweigerlich abgenutzt und könne die Hauptschlagzeilen nicht mehr zurückerobern. In der Tat bot zwischendurch der Spott der Klimaskeptiker immer wieder den besseren Unterhaltungseffekt – aber dann setzte sich doch die Sorge wieder durch.

Das ist gerade in diesem Fall noch aus einem anderen Grund besonders bemerkenswert. Früher fand vor allem ein solcher Umwelt-Alarm breite Resonanz, der Emissionen wie Blei, Quecksilber oder Schwefel ins Visier nahm, deren Unannehmlichkeiten seit alter Zeit bekannt waren, und wo bereits die Arbeitsmedizin dem *environmentalism* vorgearbeitet hatte. Das Letztere galt selbst noch für das Asbestrisiko, das nicht zu den altbekannten Risiken gehörte. Bei dem CO_2 war es anders. Und doch wurde das Kohlendioxid jetzt dermaßen zum Feindbild, dass manche Umweltaktivisten im Übereifer des Klima-Alarms nunmehr «CO_2-freie Städte» forderten und vergaßen, dass Kohlenstoff ein Grundstoff der organischen Welt ist und ein gewisser CO_2-Gehalt der Atmosphäre zur Lebenswelt gehört.[3]

Noch merkwürdiger wird die internationale Herrschaft dieser neuen Priorität des Umweltschutzes dadurch, dass sie ausgerechnet von den Industriestaaten des Nordens propagiert wurde, die bis dahin den höchsten CO_2-Ausstoß pro Kopf verursacht hatten, jedoch vom *global warming* am wenigsten zu befürchten haben. Da erleben wir seit über zwei Jahrzehnten eine Doppelbödigkeit, die Stoff für Satiren bietet: Es ist geradezu das Erste Gebot der ökologischen Korrektheit, öffentlich in den Chor der Warner vor der globalen Erwärmung einzustimmen; hinter vorgehaltener Hand dagegen schmunzelt man in kühlen Regionen über die wärmere Luft, die dort eine bis dahin kaum bekannte südländische Freizeitkultur der Gartenrestaurants und Straßencafés sprießen lässt. Um die Bodenschätze der abschmelzenden Arktis hat bereits ein Wettrennen eingesetzt. Warme Zeiten galten traditionell in Mittel- und Nordeuropa stets als gute Zeiten; vor einer Erwärmung Angst zu empfinden ist dort schwer, zumindest so lange, wie sie in so milder Form auftritt wie bisher. Auf der einen Seite war die Apokalypse noch nie so konkret definiert wie mit dem *global warming*; auf der anderen Seite war sie für Nordländer noch nie so wenig furchteinflößend.

Handelt es sich bei den öffentlichen Warnungen vor dem Treibhauseffekt um Heuchelei? Es kann nicht bezweifelt werden, dass sie in vielen Fällen ernst gemeint sind. Eher bestätigt sich durch die bisherige Geschichte des Klima-Alarms *eines* erneut in aller Klarheit: Nicht panische Angst, sondern eine über den Intellekt vermittelte Sorge ist die entscheidende Triebkraft der Öko-Ära. Gewiss ist sie voller Emotionen; und doch gehört sie im Kern in die Geschichte der Aufklärung, auch wenn sie häufig als Ausdruck von Massenhysterie verspottet wurde. Alles in allem lebte sie mehr aus dem Kopf als aus dem Bauch. Immer wieder ergaben Umfragen zumindest in der Bundesrepublik, dass die Befragten auch dann, wenn sie über den globalen Zustand der Umwelt besorgt waren, doch in ihrer eigenen konkreten Umwelt kaum etwas Beängstigendes erkannten.

Brachte die Ära der Ökologie folglich die Wissens- oder gar die Wissenschaftsgesellschaft zur Herrschaft, wie viele Wissenschaftler und solche, die es werden wollen, in jüngster Zeit gerne glauben? Aber unter diesem Gesichtspunkt fällt noch etwas ganz anderes auf: Ära der Ökologie ist mitnichten gleichbedeutend mit einer Herrschaft der ökologischen Wissenschaft. Ganz im Gegenteil: Verglichen mit dem ausgeprägten Korpsgeist der heutigen Klimaforschung, ist es überraschend, wie wenig in den ersten Jahrzehnten der Öko-Ära von einem Korpsgeist der wissenschaftlichen Ökologie und von volltönenden ökologischen Forderungen an die Politik zu finden ist. Die ökologische Wissenschaft im strengen Sinne bietet weder eine Basis für Werturteile noch für Aktionsprogramme. Wenn alles mit allem zusammenhängt, jedes Handeln unbeabsichtigte Nebenwirkungen hat, die Natur auch ohne menschliche Einwirkungen in stetem Wandel ist und wir die unendliche Welt der Mikroorganismen ohnehin nicht auch nur annähernd überschauen: Woher bezieht da ein Öko-Prophet seine Autorität, wenn er mit düsterer Miene und dröhnender Stimme zur Buße ruft?

Die steile Karriere der Klimaforschung wird von vielen Laien mit einer Machtergreifung der ökologischen Wissenschaft gleichgesetzt; aber Klimaforschung ist keineswegs gleich Ökologie, auch wenn in der Öffentlichkeit der Eindruck entsteht, als seien mit Modellrechnungen über die längerfristige Entwicklung der Durchschnittstemperaturen Aussagen über deren ökologische Folgen gleichsam nebenbei zu machen. Davon kann in Wahrheit keine Rede sein. Eher kann es verblüffen, in welchem Maße neuere Entwicklungen der Ökologie am populären Umweltbewusstsein vorbeilaufen.

Die wichtigste theoretische Innovation in der Ökosystem-Forschung seit den 1980er Jahren ist die Chaostheorie, die über statische Systemmodelle hinausführt, die Bedeutung nichtlinearer, «chaotischer» Entwicklungen in der organischen Welt betont und den prognostischen Wert von Modellen relativiert.[4] Nicht nur Veränderungen in Ökosystemen und Populationen, sondern auch der Klimawandel enthält ein «chaotisches», nur begrenzt prognostizierbares Element. Aus diesem Sachverhalt praktische Folgerungen zu ziehen ist nicht leicht. Umso bemerkenswerter ist es – aus historischer ebenso wie aus ökologischer Sicht –, in welchem Maße es die Klimaforschung seit den 1980er Jahren verstanden hat, zu einer internationalen Autorität zu werden – wenn nicht für die effektive Politik, so doch für die ökologischen Postulate. Das ist umso erstaunlicher, als es selbst dem engagierten und wissbegierigen Laien, der die Risiken der Kerntechnik und der Pestizide nachzuvollziehen vermochte, ganz und gar unmöglich ist, den Computerrechnungen der modernen Klimaforschung zu folgen. Nur scheinbar gibt der Begriff «Treibhauseffekt» den Zusammenhängen eine simple, durch die unmittelbare Anschauung evidente Logik.

Damit kommen wir auf ein weiteres Novum. Frühere Leitmotive des *environmentalism* – ob es um Kernkraftwerke, Staudämme, industrielle Emissionen oder Flussverschmutzung ging – erhielten in aller Regel wesentliche Impulse durch Bürgerbewegungen, *grassroots movements*. Damit wird es bei der Gefährdung des Klimas schwierig.[5] Wo soll man da demonstrieren? «Da müsste ich ja vor meinem eigenen Kamin demonstrieren», bemerkte ein Politiker der deutschen Grünen. Kann es überhaupt eine Klimabewegung geben? Wenn, dann nur als «Bewegung» in einem neuen Sinne. Volker Hauff bemerkte sogar 2006 auf dem zwanzigjährigen Jubiläum des Bundesumweltministeriums, die größten Umweltschützer säßen heutzutage nicht mehr in den Umweltverbänden, sondern bei den Rückversicherungsunternehmen, die sich über wachsende Anforderungen an die Versicherungen als Folge des Klimawandels sorgten.[6] Auch das eine Bewegung? Oder bewegt sich etwas und wird etwas bewegt, wenn Grundschullehrerinnen mit ihren Kindern «Klimafrühstücke» veranstalten, die die Atmosphäre minimal belasten? Man muss sich von einem «Bewegungs»-Stereotyp lösen, bei dem man vor seinem inneren Auge Demonstranten mit Spruchbändern in körperlicher Bewegung sieht. Mitunter sind Verwaltungsinstanzen sogar beweglicher als manche «Bewegungen».[7]

Aber ob Bewegung oder nicht: Vor dem Hintergrund der früheren Jahrzehnte wird deutlich, dass die internationale Vernetzung des *environmentalism* seit der Zeit von Rio eine neue Qualität gewonnen hat. Gewiss, die Parole *Global denken – lokal handeln* stand von Anfang an im Raum, und David Brower, der sie ausgegeben hatte, versuchte mit den *Friends of the Earth* als einer der Ersten, mit dieser Devise ernst zu machen; und doch wussten die allermeisten Umweltinitiativen lange Zeit nur sehr wenig über Gleichgesinnte in anderen Ländern, falls sie sich überhaupt dafür interessierten. Der von den Raumfahrern fotografierte «blaue Planet» Erde war von Anfang an eine Ikone des Umweltbewusstseins, in der untergründig auch ein neuer globaler Machtrausch lauerte;[8] aber dieses im weltweiten Horizont des neuen Umweltbewusstseins enthaltene Potential blieb doch bis in die 1990er Jahre mehr oder weniger latent und diffus. Erst mit dem Projekt eines globalen Klimaregimes wurde es offen und konkret. Wie Laurens Jan Brinkhorst, der EU-Generaldirektor Umwelt, 1991 auf dem Mainauer Gespräch zur europäischen Umweltpolitik erklärte: Durch die «globalen Dimensionen» werde die Umweltpolitik zur «Machtpolitik», und dies «immer mehr». «Mit Politik der Entwicklung insgesamt von unserem ganzen Globus.»[9]

Selbst dann, wenn die globale Klimapolitik keinen praktischen Erfolg hat, stärkt sie doch überall die Legitimität zentraler Herrschaft. Auf diese Weise verschärfte sich die untergründige Spannung zwischen den regionalen Wurzeln und den globalen Horizonten der Umweltbewegung. Als die Bundesrepublik den Ehrgeiz entwickelte, bei den erneuerbaren Energien zum Spitzenreiter zu werden, brachen vielerorts offene Konflikte zwischen Natur- und Umweltschützern aus; eine mentale Fremdheit hatte an der Basis stets bestanden, selbst wenn die Dachorganisationen diese Differenz zu überbrücken suchten. Auch der Anti-AKW-Protest, die weitaus stärkste bundesdeutsche Bürgerbewegung, drohte durch den Klima-Alarm – in den die hier endlich einmal aus der Schusslinie geratene Atomlobby, soweit sie nicht zugleich für Kohlekraftwerke stand, mit Begeisterung einstimmte – ins Abseits zu geraten. Nebenbei war es ein besonders eklatanter Beweis dafür, wie wenig sich die Metamorphosen des *environmentalism* aus einer immanenten Logik «des» Öko-Diskurses ableiten lassen, zumal auch der CO_2-Alarm den Protest gegen die Kernkraft keineswegs zum Verstummen brachte.

Peter Menke-Glückert – einst, Ende 1969, der Erfinder der bundesdeutschen Umweltpolitik in Genschers Bundesinnenministerium – feierte dreißig Jahre darauf geradezu überschwänglich die mit Rio 1992 beginnende neue Ära: Damals sei weltweit «die ökologische Wende» Wirklichkeit geworden. Im Zeichen der Nachhaltigkeit sei eine «Weltgemeinschaft» entstanden. «Auch die Wirtschaft hat – nach langer Zeit des Filibusterns, Protestierens, Antichambrierens – ihre Umwelt-Lektionen gelernt.» Mehr noch: Aus diffusen umweltpolitischen Ansätzen sei eine große Einheit geworden. «Die RIO-Konferenz hat dabei endgültig den Weg isolierter Fachpolitiken und Rettet-den-Wachtelkönig-Kampagnen verlassen und sich wieder konzentriert auf den Kern des Umweltdilemmas: Übernutzung der natürlichen Hilfsquellen für das Überleben von jetzt schon sechs Milliarden Menschen auf dieser Erde.»[10]

Auch Klaus Töpfer, zur Zeit von Rio Bundesumweltminister und von 1998 bis 2006 Exekutivdirektor des UN-Umweltprogramms (UNEP), glaubt aus der Rückschau, dieser Gipfel habe die Umweltpolitik «aus ihrer fast elitären Randlage heraus» in den Hauptstrom der Weltpolitik befördert; und doch nennt er «die Konsequenzen von Rio insgesamt enttäuschend». Gewiss auch aus dem persönlichen Grund, weil das

UNEP damals entgegen seiner Hoffnung nicht zu einer Behörde mit Handlungskompetenz weiterentwickelt worden war,[11] aber auch aus der mittlerweile gewonnenen Einsicht heraus, «dass noch so wichtige Abkommen, Prinzipien und Agenden allein, selbst wenn sie auf höchster politischer Ebene verabschiedet wurden, nicht unmittelbar Veränderungen bewirken». Eine «wirkliche Erfolgsgeschichte» von Rio habe sich vor allem auf der Ebene lokaler Projekte abgespielt, in Umsetzung der *Local Agenda 21*.[12] Effektive Umweltpolitik bleibt in der Essenz regional; und regional sind in aller Regel ebenfalls solche Umweltinitiativen, denen es ernst ist und die nicht nur «symbolische Politik» betreiben, sondern etwas ganz Konkretes bewirken wollen: Das ist das Dilemma der Gipfelpolitik.

Der gerade im Gefolge von Rio ausufernde globale Umweltkonferenztourismus forderte mehr und mehr zum Spott heraus. Im März 2003 tagte das Dritte Weltwasserforum in drei japanischen Städten zugleich: in Kyoto, Osage und Shiga. Hatte das Zweite Weltwasserforum in Den Haag im Jahr 2000 noch knapp 6000 Teilnehmer gehabt, waren es jetzt viermal so viele, die sich auf die dreifache Zahl von Veranstaltungen verteilten. Der Wasserexperte Asit Bitwa klagte, schon durch diese Dimensionen und die thematische Breite sei vorprogrammiert gewesen, dass niemand mehr den Überblick behielt und es schier unmöglich war, irgendein klares Resultat der Mammutveranstaltung zu erkennen. Von irgendwelchen Lehren aus dieser sinnlosen Megashow war keine Rede. Das Fünfte Weltwasserforum in Istanbul 2009 sprengte mit 33 058 Teilnehmern aus 192 Ländern noch einmal alle bisherigen Konferenzrekorde. «Ein zentrales Konferenzergebnis ist nicht zu erkennen; der 192 Seiten starke Endbericht stellt vor allem das mit Grußworten und Bildern angereicherte Programm dar.»[13] Kein Wunder, dass derweil das wirklich Wichtige auf Konferenzen wie den G-9-Gipfeln geschah, wo Regierungschefs der mächtigsten und finanzkräftigsten Länder in kleinem Kreis beisammen waren. Dagegen der *World Summit on Sustainable Development* (WSSD) von Johannesburg 2002, zehn Jahre nach Rio und eigentlich als Super-Rio gedacht, fand in der Weltöffentlichkeit nur noch wenig Beachtung und war bald vergessen; kaum jemand konnte sagen, was dieser Umweltgipfel gebracht hatte.

Dieser Konferenzstil lief zusehends ins Leere; da entstand eine Atmosphäre der Unverantwortlichkeit, Unverbindlichkeit und Unübersichtlichkeit. Nach der Devise «Alles total global» brachte die *Frankfurter Rundschau* Ende 2001 eine Glosse zu einem imaginären «Welt-Toilettengipfel», der in Antwort auf eine globale Toilettenkrise ein Menschenrecht auf menschenwürdige Toiletten verkündet.[14] Der Naturschützer Hannes Knapp, auf der Insel Vilm in einer ebenso anmutigen wie eng umgrenzten Umwelt, karikierte den internationalen Naturschutz im Stil von Rio, den er an und für sich für potentiell nützlich hält, mit folgenden Versen: «Hundert graubetuchte Beamte / aus aller Herren Länder / hetzen per Airbus rings um den Erdball / von internationaler Konferenz zu Konferenz / und verhandeln bei Kunstlicht / in vollklimatisierten Sitzungsräumen / mit Hilfe von Simultanübersetzern / in schalldichten Kabinen / um Buchstaben und Satzzeichen / von Konferenzpapieren / Aktenordner für Aktenordner / zur Rettung der biologischen Vielfalt / unseres Planeten Erde.»[15] Da ist Goethes «Wie herrlich leuchtet mir die Natur» eine Stimme aus einer anderen Welt – aber doch ebenjener Welt, der das Charisma des Naturschutzes entstammt!

Wie wir sahen, gab es eine Zeit, in der gerade auch in der Öko-Szene «global» fast schon ein Synonym für «gut» war und Umweltaktivisten bei Reizworten wie «grenzenlos» und «ohne Grenzen» ein panerotisches Kribbeln und ein Hochgefühl diesseitiger Transzendenz überkam. Vor allem die Vogelschützer, von Anfang an die Kerntruppe des Naturschutzes, sehnten sich aus Sorge um die Zugvögel stets nach einem «Naturschutz ohne Grenzen». Nicht zu vergessen: In der Zeit des Kalten Krieges klang das Bekenntnis zur Einen Welt noch anders als in der Zeit danach; es besaß apotropäische Funktion gegenüber der Gefahr eines Dritten Weltkrieges.

Zusehends jedoch drang der Jargon der Grenzenlosigkeit auch in die Wirtschaftswerbung ein, hier apotropäisch gegenüber dem Gespenst der Grenzen des Wachstums. Als ab Mitte der 1990er Jahre das Internet wirklich international wurde und sich explosionsartig über die ganze Welt verbreitete, waren die neuen Möglichkeiten auch für viele Umweltaktivisten berauschend; noch nie hatte es eine derart glänzende Chance gegeben, Informationsnetze an den etablierten Organisationen und Medien vorbei zu installieren. Natürlich hätte auch dieses Buch niemals ohne Internet geschrieben werden können. In welcher Weise sich die Bewegtheit der Umweltbewegung durch dieses neue Informations- und Kommunikationsnetz verändert hat, ist bislang noch gar nicht zu übersehen. Aber natürlich wussten nicht nur Umweltgruppen diese neuen Möglichkeiten zu nutzen, mochten diese auch die anderen Ebenen der Globalisierung vergessen, solange sie nur in ihren eigenen Netzwerken surften. Im Internet gab und gibt es ein scheinbar grenzenloses Wachstum der Information und Kommunikation; und es hat, wie es scheint, nicht wenig dazu beigetragen, auch in der Wirtschaft die Illusion grenzenlosen Wachstums neu aufleben zu lassen.

Dasjenige globale Regime, das sich in den Jahren nach Rio etablierte und, wenn es darauf ankam, hart durchzugreifen wusste, war kein Regime des Klimaschutzes und des *sustainable development*, sondern eines, das nach dem Zerfall des kommunistischen Machtblocks überall in der Welt den Freihandel und die Deregulierung der Wirtschaft durchzusetzen suchte. Dieses Ziel verfocht am rigorosesten die am 1. April 1994 in Marrakesch gegründete *World Trade Organization* (WTO), die im Unterschied zu ihrem Vorläufer, dem 1947 abgeschlossenen GATT (General Agreement on Tariffs and Trade), kein bloßes Zollabkommen, sondern eine supranationale Organisation ist, der – so ihr Erzfeind Jean Ziegler – «Zwangsmittel und weitreichende Sanktionen zu Gebote stehen».[16] Von diesen machte die WTO vor allem gegenüber schwachen Staaten der Dritten Welt kräftig Gebrauch. Zugleich entwickelte der 1944 zusammen mit der Weltbank in Bretton Woods gegründete Internationale Währungsfond (IWF), ebenfalls vorwiegend gegenüber schwachen und hochverschuldeten Drittweltländern, ohne Rücksicht auf deren Souveränität einen neuen interventionistischen Stil mit konkreten Auflagen zur Währungsstabilisierung mittels einer Senkung der Staatsverschuldung.[17]

Das entsprach der allgemeinen Abkehr der Ökonomen vom Keynesianismus; Arbeitsbeschaffung sollte fortan nicht mehr auf Kosten der Währungsstabilität betrieben werden. Nun sind Freihandel und Währungsstabilität durchaus nicht prinzipiell schädlich für die Umwelt, ebenso wenig wie Schutzzölle und Ausweitung des Staatssektors prinzipiell der Umwelt zugute kommen. Auch Umweltschützer haben keinen Grund, unter dem Eindruck der Antiglobalisierungsdemonstrationen sämtliche historischen Einsichten des ökonomischen Liberalismus über Bord zu werfen: Eine hinter Schutzzollmauern hochgezüchtete Schwerindustrie ist ebenso wenig umweltfreundlich wie ein über Staatsverschuldung forciertes Wirtschaftswachstum ohne zivilen Bedarf. Aber in Verbindung mit der neuen Kommunikationstechnik und dem dank unbesteuertem Schiffs- und Flugzeugtreibstoff rasant anwachsenden Fernverkehr hat dieses neue ökonomische Regime doch erheblich zur Belastung der Erdatmosphäre und zur Schwächung regionaler Ökonomien beigetragen, wo der Verursacher von Umweltschäden greifbarer war als in einer globalisierten Ökonomie und somit eine Chance bestand, dass Umweltschutz innerhalb der Region geregelt wurde.

Das bedeutet jedoch nicht, dass die Nation als Arena der Umweltpolitik definitiv der Vergangenheit angehört. Seit den 1990er Jahren wurde es Mode, die Neuartigkeit und allumfassende Reichweite der Globalisierung zu übertreiben. Es wurde zu einem Standardargument gegen nationale Umweltauflagen, dass derartige Auflagen in der heutigen globalisierten Welt nur international erfolgen dürften, da die Industrie des eigenen Landes andernfalls in der weltweiten Konkurrenz ins Hintertreffen gerate. Dabei war es in vielen Fällen klar, dass eine internationale Übereinkunft in absehbarer Zeit nicht kommen würde. Die Globalisierung, einst eine rhetorische Lieblingsfigur von Umweltaktivisten, wandelte sich zur faulen Ausrede der Gegenseite. Demgegenüber hat Martin Jänicke darauf hingewiesen, dass gerade diejenigen vier Sektoren, die «für den Umweltschutz die stärksten Hemmnisse darstellen» – Energie, Verkehr, Agrar- und Bauwirtschaft – einem globalen Wettbewerb relativ wenig, wenn überhaupt ausgesetzt sind.[18] Kein Zweifel: Weite Spielräume für Pionierländer im Umweltschutz sind sehr wohl vorhanden. Und alle Erfahrungen der Geschichte weisen darauf hin, dass Neues vor allem durch Pioniere vorankommt. So war es einst mit der Industrialisierung; bekanntlich ist sie nicht durch Beschluss einer globalen Gipfelkonferenz zustande gekommen.

Biodiversität und der Geist von Rio. Mit Rio beginnt die rasante, vorher nicht einmal von Naturschützern erwartete Karriere des Zauberworts *biodiversity*, das 1985 von dem amerikanischen Biologen Walter Rosen geprägt und in der Folgezeit vor allem von dem einflussreichen Edward O. Wilson popularisiert wurde – mit einem prompten und durchschlagenden Erfolg, der ihn selbst überraschte.[19] Wilson erhob zugleich die «Biophilie» zum menschlichen Naturtrieb – wohlgemerkt als Hypothese, nicht als These[20] – und gründete mithin den Schutz der äußeren auf die innere menschliche Natur: eine Basis, die allem Anschein nach in der Tat stabiler ist als die Ökologie.[21] Die *Convention on Biological Diversity* wurde neben *sustainable development* das Markenzeichen von Rio; von der Konzeption her also eine Synthese von Natur- und Umweltschutz.

Im Unterschied zur Klimarahmenkonvention von Rio entstand über die Absichtserklärung, für die Erhaltung der Artenvielfalt etwas zu tun, ohne große Konflikte ein weltweiter Konsens, und der Begriff *biodiversity* ging um die Welt. Genau besehen, war es ein ganz unbestimmtes Richtziel, das jegliche Prioritäten und konkreten Maßnahmen erst einmal offenließ, jedenfalls von der einseitigen Fixierung auf bestimmte «gefährdete Arten» fortführte. Diese Unbestimmtheit erleichterte den

Konsens. Streng genommen gehörten zur Biodiversität auch die Mikroorganismen, die Bakterien; aber wer hätte sich für diese engagiert? Die Erhaltung einer maximalen Artenvielfalt trifft sich durchaus nicht unbedingt mit der Nachhaltigkeit im Sinne von Erhaltung der Bodenfruchtbarkeit, im Gegenteil: Entwaldete Regionen mit heruntergewirtschafteten Böden verfügen nicht selten über eine hohe Artenvielfalt. Die übliche Rangfolge der umweltpolitischen Musterländer wird verkehrt; Albanien rangiert vor der Bundesrepublik; Tropenländer stehen mit Abstand an der Spitze. Daher können sich viele industriell zurückgebliebene Länder der Welt mit *biodiversity* besser anfreunden als mit teuren Umweltschutzauflagen. Maximale Biodiversität ist keineswegs mit ökologischer Stabilität identisch; besonders hoch ist die Vielfalt im Garten, der ohne ständige Pflege nicht bestehen kann. Höchste Artenvielfalt harmoniert auch keineswegs mit der Devise «Natur Natur sein lassen», denn viele Regionen würden, ganz sich selbst überlassen, von dichtem Wald überwachsen, der die Artenvielfalt der offenen Landschaft erstickte.[22]

Was kann man mit dem Leitziel «Biodiversität» überhaupt praktisch anstellen? Da gab Edward O. Wilson deutliche Hinweise: Wenn für seine Person auch gewiss ein Naturenthusiast aus Leidenschaft, suchte er doch ökonomische Interessen zugunsten der Artenvielfalt zu mobilisieren. Dazu reaktivierte er das aus dem 18. Jahrhundert stammende Konzept der «verborgenen Naturschätze». «Die Biodiversität ist unsere wertvollste, doch zugleich die am wenigsten geschätzte Ressource», und zwar wertvoll in einem durchaus ökonomischen Sinne. Krankheitsresistente Hochleistungsarten, die die Gentechniker mit oft nur bescheidenem Erfolg, dafür unter den Angriffen der Naturschützer neu zu kombinieren suchten, fände man in den Tropenwäldern evolutionserprobt vor, wenn man nur sorgfältig recherchiere. Einigermaßen übertreibend, behauptete er sogar: «Während der letzten zwanzig Jahre vollzog sich eine Revolution im Naturschutzdenken, eine neue Umweltschutzgesetzgebung hat dazu geführt, dass man erstmals den praktischen Wert wildlebender Pflanzen erkannte.»[23] Im Zeichen der neuen *biodiversity* endlich die große Synthese von Ökonomie und Ökologie!

Das prägte bereits das Abkommen über die biologische Vielfalt in Rio: Es sah Regelungen vor, die den industriellen Zugang zu «genetischen Ressourcen» – Artenvielfalt als «Ressource»! – erleichterten. «Die Biotechnologie wird als Bestandteil der für den Schutz der biologischen Vielfalt relevanten Technologien angesehen.» 1989 wurde in Costa Rica das *Instituto National de Biodiversidad* (INBio) als eine «private, autonome und gemeinnützige Institution» gegründet, um die biologische Vielfalt dieses zum ökologischen Musterland Lateinamerikas avancierenden Staates zu untersuchen und «für eine nachhaltige Nutzung zu sorgen». 1992, im Jahr von Rio, machte INBio durch einen mit dem US-Pharmakonzern Merck & Co. geschlossenen Vertrag international Schlagzeilen, in dem sich das Institut «zur Lieferung einer begrenzten Anzahl von pflanzlichen und tierischen Extrakten für die pharmazeutische Forschung» verpflichtete.[24] In Verbindung mit dem durch keine Ost-West-Barrieren mehr gehemmten globalen Aktivismus multinationaler Konzerne ist das Leitziel *biodiversity* seither ins Zwielicht geraten. Agrar- und Pharmakonzerne haben sich als Treuhänder der Artenvielfalt inszeniert, indem sie genetische Ressourcen der Dritten Welt einkauften und zugleich zu patentieren und zu monopolisieren suchten.[25] Dies hat vor allem in Indien zu leidenschaftlichen Protesten geführt. In der Tat ist es ein Hohn auf «nachhaltige Entwicklung», wenn es Biotech-Konzerne den von ihnen mit Saatgut belieferten Bauern unmöglich machen, aus ihrer eigenen Ernte Saatgut abzuzweigen, um sie zu zwingen, alle Jahre neues Saatgut bei den Konzernen zu kaufen: eine in der Weltgeschichte beispiellose Art, die Bauern in Abhängigkeit zu bringen und die agrarischen Kreisläufe zu zerstören. Für viele ist «Biodiversität» heute nicht mehr eine Parole der Ökologie, sondern multinationaler Pharma- und Agrarkonzerne.

Am allerbesten jedoch wusste die Brüsseler EU-Zentrale, die die Umweltpolitik mit ihren grenzüberschreitenden Dimensionen als große neue Chance entdeckt hatte, mit der *biodiversity* von Rio etwas sehr Konkretes anzufangen, und zwar augenblicklich und in großem Stil: mit der von den EU-Mitgliedstaaten 1992 einstimmig beschlossenen FFH-(Fauna-Flora-Habitat-)Richtlinie.[26] Diese markiert – so Karl-Heinz Erdmann und Hans Dieter Knapp vom Bundesamt für Naturschutz – eine neue Phase «einer geradezu stürmischen Entfaltung internationaler Naturschutzaktivitäten»,[27] die am Ende – so Wolfgang Haber – zu einem europaweiten «Quantensprung» im Naturschutz führte,[28] ähnlich wie weltweit *«Debt for Nature»* im Schutz der Wildnis. Die bis dahin defensive Grundhaltung des Naturschutzes schlägt, obendrein durch die Öffnung des Ostens in Euphorie versetzt, in einen neuen Offensivgeist um. Zugleich entdeckten Naturschützer, die die Brüsseler Eurokratie mit ihrer Förderung von Agrarfabriken und Kernkraftwerken bis dahin als Feind betrachtet hatten,[29] in freudiger Überraschung[30] die famosen Chancen des EU-Hebelwerkes. Umweltaktivisten wurden zu freien Mitarbeitern von EU-Instanzen und machten sich dort als Experten unentbehrlich; Brüssel wurde mit seinen finanziellen

Förderangeboten für den Natur- und Umweltschutz sogar derart großzügig, dass diese zeitweise von einschlägigen NGOs mangels personeller Kapazitäten nicht ausgeschöpft werden konnten.[31]

Die Ausarbeitung der FFH-Richtlinie war schon im Juni 1988 vom Europäischen Rat unter deutschem Vorsitz beschlossen worden (während sie von deutschen Widersachern später als Oktroi aus Brüssel angeprangert wurde); sie wurde jedoch 1992 als Instrument zur Durchsetzung der in Rio eingegangenen Verpflichtung zum Schutz der Artenvielfalt präsentiert, obwohl das genau genommen nicht zutraf.[32] Man erkennt, dass eine internationale Vereinbarung eine legitimatorische Wirkungskraft entwickeln kann, sofern auf unteren Ebenen Handlungskapazitäten und ein Handlungswille vorhanden sind. Historisch gesehen handelte es sich um eine Fortsetzung des schon 1973 von der damaligen Europäischen Gemeinschaft (EG) verabschiedeten Aktionsprogramms für den Vogelschutz und der daraus hervorgegangenen Vogelschutzrichtlinie, die am 2. April 1979 in Kraft trat.[33] Wieder war der Vogelschutz der Pionier des Natur- und Umweltschutzes. Ein europäischer Konsens war hier relativ leicht: Bei den Zugvögeln war die Notwendigkeit transnationaler Schutzmaßnahmen evident, hier gab es eine bis ins späte 19. Jahrhundert zurückreichende Tradition. Zudem rührten Restriktionen gegen das Sammeln von Vogeleiern nicht an den Nerv der Wirtschaft.

Rio setzte mit *biodiversity* eigentlich ein unendliches und unbestimmtes Ziel; faktisch jedoch stand die im Zeichen der FFH-Richtlinie betriebene Ausweisung von Schutzgebieten mehr oder weniger in jener alten Tradition des Naturschutzes, die sich auf bestimmte gefährdete und zugleich geliebte Arten richtete. Wie hätte es auch anders sein können, wenn man nicht einfach «Natur Natur sein lassen», sondern etwas Bestimmtes tun wollte? «Management des Feldhamsters» war ein Thema, das Sachsen-Anhalt zu einer deutschen Bestandsaufnahme über die praktische Umsetzung der FFH-Richtlinie beisteuerte,[34] während für andere Naturschützer das «Hamster-Management» eine unfreiwillige Komik enthält und der Hamsterschutz in manchen Medien eine ähnliche Häme hervorrief wie der amerikanische Wirbel um den Fleckenkauz.[35] Bisherige Vogelschutzgebiete wurden von nun an als FFH-Gebiete geführt.

Das FFH-Modell war den Bedingungen im dichtbesiedelten Europa angepasst, wo der Transfer des amerikanischen Nationalparkkonzepts rasch an Grenzen stieß. Die FFH-Gebiete brauchten nicht größer zu sein als viele bisherige Naturschutzgebiete; aber sie sollten durch Korridore miteinander verbunden werden, über die sich die bedrohten Arten verbreiten und vermehren können: Dieses «Biotopverbundnetz», das dem Geist der beginnenden Internetära entsprach, war der Kern der neuen EU-Vision *Natura 2000*, mit säkularem Titel wie die Agenda 21 von Rio. Aus der Vogelschutzrichtlinie übernahm die FFH-Richtlinie das «Verschlechterungsverbot»: Mindestanforderung war die Erhaltung der bisherigen Habitatbedingungen für bestimmte schützenswerte Arten. Das war eine pragmatische Lösung auf der Grundlage des Status quo, der die Fortsetzung überkommener Nutzungsarten gestattete; aber sie schränkte die Handlungsfreiheit der betroffenen Bauern ein, und nicht selten gingen die FFH-Auflagen über die bloße Erhaltung des Status quo hinaus.[36]

Worin überhaupt die Essenz der im Wortlaut mehrdeutigen FFH-Richtinie besteht, darüber hört man bis heute von verschiedener Seite unterschiedliche Meinungen.[37] Auch bleibt in der Schwebe, in welchem Umfang die Bauern Anspruch auf Entschädigung für entgangene Erträge haben.[38] Eine europaweite Sammlung von Fallstudien zur Implementation von *Natura 2000* erkennt als Gesamttendenz, dass «substanzielle Ansprüche auf Legitimität» an Überzeugungskraft verlieren, während die «prozedurale Legitimität» an Durchsetzungskraft zunehme.[39] Das ist eine dezente akademische Ausdrucksweise. Im Klartext der Alltagssprache: Der wohlmeinende kooperative Gutmenschen-Jargon in allen Ehren – aber gegen bäuerliche Dickköpfe kommt man nur an mit festem Auftreten und dem Gesetzbuch unter dem Arm. Mag dann die ältere Generation noch grollen, findet sich die jüngere auf die Dauer mit dem Naturschutz ab oder findet ihn sogar gut. Hinter Einwänden versteckt sich nur das Verlangen nach immer noch weiteren Subventionen. Da die Bauern heutzutage ohnehin zum großen Teil von Steuergeldern leben, ist es nichts als recht und billig, wenn sie ihre Landwirtschaft dem Gemeinwohl unterordnen. Ganz unrealistisch ist dieses Vertrauen auf «prozedurale Legitimität» wohl nicht. Es setzt allerdings voraus, dass das landschaftliche Endergebnis überzeugend dem Gemeinwohl entspricht. Andernfalls kann dieser *Top-down*-Aktionsstil das Gegenteil bewirken und bei den Bauern zu einer Trotzhaltung gegen alles, was «öko» ist, führen – Anzeichen dafür gibt es genug, gerade in Deutschland.[40] Immer wieder hört man Geschichten, wie Bauern schleunigst Orchideen abmähen, sobald auch nur von ferne eine Unterschutzstellung als FFH-Gebiet droht.

Da fragt sich: Wäre die Umstellung der Landwirtschaft auf umweltverträgliche Wirtschaftsmethoden nicht viel wichtiger als der Ausweis neuer

FFH-Gebiete? Wäre das nicht eine weit überzeugendere Kombination von Gemeinwohl und bäuerlichem Eigeninteresse, und entspräche diese Kombination von *biodiversity* und *sustainable development* nicht weit mehr dem Geist von Rio?[41] Sind die Naturschützer zu sehr in den Scheuklappen des alten Reservatsnaturschutzes befangen, um das nicht zu sehen?[42] Bei der triumphierenden Fixierung auf die FFH-Chancen geriet oft in Vergessenheit, dass die Agrarsubventionen nach wie vor den Löwenanteil des EU-Haushalts ausmachten, die Macht der Agrarlobby in Brüssel vorerst noch ungebrochen war und jene Agrarpolitik weiterlief, die – ökonomisch wie ökologisch gleichermaßen unsinnig – zugleich eine Hochleistungsagrarproduktion und die dadurch erzeugten agrarischen Überschüsse subventionierte – ein Skandal größten Stils, wie er aufreizender kaum sein konnte![43] 1999 stellten wohlinformierte Wortführer von Euronatur fest: «Der ökologische Landbau wird ausschließlich deshalb gefördert, weil man ihn als eine Extensivierungsmaßnahme einstuft, die dazu beiträgt, Agrarüberschüsse abzubauen.»[44] Auch damit war es nach der Jahrtausendwende bald vorbei: durch den im Zeichen der Ökologie subventionierten Biosprit-Boom.

In den ersten Jahren nach 1992 sah es so aus, als sei FHH nur ein weiteres Beispiel symbolischer Umweltpolitik, die in Brüssel ohnehin zur Routine geworden war (wobei die Hauptschuld freilich bei den Mitgliedstaaten lag);[45] es tat sich nicht viel, und selbst die einschlägige Öko-Literatur beachtete die Richtlinie nur wenig. Gerade die Bundesrepublik, die sich sonst gerne als umweltpolitisches Musterland aufführte, tat sich mit der Umsetzung der FFH-Richtlinie, die hier bei den Ländern lag, jahrelang schwerer als andere EU-Staaten. Aber dafür entwickelte sich gegen Ende der 1990er Jahre zwischen den Bundesländern ein förmlicher Wettlauf bei der Ausweisung von FFH-Gebieten, und die Naturschützer, der die EU-Zentrale bis dahin höchst suspekt gewesen war und die sich von den Umweltschützern oft überfahren vorkamen, wurden von einer «regelrechten Goldgräberstimmung» (Jörg Haafke),[46] einem siegesbewussten Aktionsrausch erfasst, der nur mit der ersten Euphorie nach dem Reichsnaturschutzgesetz von 1935 zu vergleichen ist. Widersprüche gegen festgesetzte FFH-Gebiete hatten keine aufschiebende Wirkung.

Dieses Durchsetzungsvermögen begründet allerdings nicht unbedingt eine Bereitschaft, geduldig auf Bedenken zu hören. Ob die FFH-Richtlinie eine famose Wunderwaffe oder ein Pyrrhussieg des Naturschutzes ist,[47] der durch die Verfeindung mit den Bauern am Ende dessen Untergang herbeiführen werde,[48] darüber hört man bis heute konträre Meinungen; mitunter schwankt sogar ein und derselbe Beobachter hin und her. Umso mehr kann es frappieren, dass es an einer großen öffentlichen Diskussion über dieses allerwichtigste aktuelle Thema des europaweiten Naturschutzes fehlt, obwohl bei nur wenigen anderen Themen der Diskussionsbedarf so groß ist wie hier.[49] Nicht nur hier lässt sich beobachten: Die wortreichen Podiumsdiskussionen zu Naturthemen, die es seit Jahrzehnten in Hülle und Fülle gibt, besitzen ganz überwiegend – wenn überhaupt – nur einen geringen konkret-praktischen Bezug. Wo dagegen gehandelt wird, und zwar mit Macht und auf breiter Front, da macht man möglichst wenig Worte.

Atmosphärenpolitik im Höhenrausch: von Kyoto bis Kopenhagen. In den späten 1990er Jahren, in denen die EU als Vorkämpferin des Naturschutzes ein neues Profil gewann, begann sie sich ebenfalls international als Vorreiterin des Klimaschutzes – auch hier die «Schutz»-Terminologie! – zu profilieren. Nun geriet in Vergessenheit, dass hier ebenso wie bei dem Alarm über das «Ozonloch» in den 1970er Jahren die ersten Warnsignale aus den USA, speziell aus der Raumfahrtforschung, gekommen waren.[50] Im Gefolge der Klimakonferenz von Kyoto (1997) machte sich die EU das in Europa bis dahin als typisch amerikanisch verschriene[51] Konzept des Emissionshandels zu eigen, mit dem die USA schon längst beim Schwefeldioxid, einer in ihrer Schädlichkeit längst bekannten Emission der Industrie, Erfahrungen gesammelt hatten.[52] Aus der Sicht des amerikanischen Kyoto-Kritikers David G. Victor ist das europäische Emissionshandelsystem heute das bedeutendste umweltpolitische Experiment der Welt.[53]

Spätestens auf dem Kopenhagener Klimagipfel von 2009 wirkte der Klimaschutz – obwohl dieser Eindruck täuschte – geradezu als ein speziell europäisches Anliegen, das sich einer ebenso übermächtigen wie unheiligen Allianz der USA, Chinas und Indiens gegenübersah: einer welthistorisch ungewohnten und überraschenden Koalition. Die EU gewann seit Kyoto international ein neues Profil; und der umweltpolitische Kontrast zwischen Europäern und Amerikanern verschärfte sich in einem Maße, dass er seither im Öko-Schrifttum oftmals übertrieben wird. Seit Kyoto wurden die USA zur stärksten Gegenkraft gegen die Etablierung eines globalen Klimaregimes – vorausgesetzt, ein derartiges Regime ist überhaupt möglich und die Auseinandersetzungen darüber sind kein bloßes Schattenboxen. Eine globale Politik gegen die USA ist aussichtslos, zumal wenn Washington auch noch Rückhalt bei der neuen Weltmacht China findet.

Diese Konstellation wirft die Frage auf, ob sich der *environmentalism* mit der neuen Priorität des globalen Klimaschutzes in eine Sackgasse verrannt hat, wo die Umweltschutzenergie wirkungslos in einer politischen Stratosphäre verpufft. Keine andere Frage in der neueren Geschichte des Umweltschutzes ist heutzutage so brisant. Wie ist es zu dieser Prioritätensetzung und diesem Engagement der Europäer gekommen, und welche Indizien liefern die historischen Erfahrungen zur Beurteilung der Zukunftschancen? Wie aus der gesamten früheren Darstellung hervorgeht, handelt es sich um einen denkwürdigen Szenenwandel in der Dynamik des *environmentalism*, der sich keineswegs von selbst versteht und sich auch nicht ganz leicht erklärt;[54] hier haben künftige Forscher noch viel zu tun.

Die Theorie vom Treibhauseffekt mit CO_2 als Treibgas war an und für sich alles andere als neu: Sie wurde bereits 1896 durch Svante Arrhenius begründet. Damals war sie jedoch erst einmal eine Hypothese und eine für Skandinavier überhaupt nicht unangenehme;[55] inwieweit sie ein dominanter Faktor im Klimageschehen war, blieb bis in die 1980er Jahre offen. Der Mediävist Lynn White bemerkte in seiner Weihnachtsansprache von 1966, die zum Gründungsdokument der historischen Umweltforschung wurde, unser gegenwärtiger Verbrauch fossiler Brennstoffe drohe die Erdatmosphäre zu verändern; aber in welcher Weise, darüber schwieg er sich aus. Es handelte sich lediglich um einen Nachsatz zu einem Rückblick auf den Londoner Smog-Alarm von 1285.[56] Gerade dem aus der älteren Geschichte kommenden Historiker war bewusst, in welch unheimlichem Maße die Verbrennung fossiler Energieträger in der Moderne aus der gesamten bisherigen Menschheitsgeschichte herausfällt – kaum vorstellbar, dass dies auf die Dauer ohne fatale Folgen bleiben würden; aber welcher Art diese wären, blieb vorerst im Nebel.

Noch unsicherer waren die Folgen für Natur und Kultur. Zwar fehlte es nicht an Thesen über den Einfluss des Klimawandels schon auf frühere historische Entwicklungen, aber diese genossen in der Fachwelt nicht den besten Ruf. Selbst die Auswirkung der Kleinen Eiszeit vom 16. bis zum 18. Jahrhundert auf den Gang der Geschichte ist bis heute nicht leicht solide nachzuweisen; wie es scheint, sind Klimaschwankungen in der Geschichte so häufig[57] und menschliche Kulturen gegenüber diesem Wechsel – schon als Folge der weit heftigeren Pendelausschläge des Wetters – notgedrungen so anpassungsfähig, dass sich der Klimawandel als Determinante der Geschichte nur sehr schwer identifizieren lässt. Am leichtesten fallen Kausalitätskonstrukte solchen Autoren, die aus Mangel an historischem Breitenwissen außer dem Klima keine anderen Erklärungen im Kopf haben.[58]

Schon 1979 schlug der *Spiegel* gelegentlich mit dem Treibhauseffekt Alarm (9/1979: «Tod im Treibhaus»); aber damals grassierten noch mit ähnlicher Vehemenz Prophezeiungen einer bevorstehenden neuen Eiszeit.[59] Der 1980 publizierte Bericht an den US-Präsidenten *Global 2000*, der 1977 von Carter in Auftrag gegeben worden war und für den das *Council on Environmental Quality* verantwortlich zeichnete – das prominenteste Beratergremium in Umweltfragen –, entwarf zur Klimazukunft mit ähnlicher Methodik wie die bundesdeutsche Enquete-Kommission jener Zeit vier verschiedene Szenarien, von «starker globaler Abkühlung» bis zu «starker globaler Erwärmung».[60] Alle beginnen mit dem «seit den 40er Jahren des 20. Jahrhunderts weltweit beobachtbaren Abkühlungstrend»; noch nichts ist von einer deutlich zu beobachtbaren aktuellen Trendwende zu lesen.[61] «Die nächste Eiszeit kommt bestimmt», war bis dahin auch in Alltagsgesprächen bei kaltem Wetter eine gängige Redensart.[62] Erst seit den späten 1990er Jahren wurde die Klimageschichte in einer Art rekonstruiert, dass sich daraus die alarmierende «Hockeyschläger-Kurve» ergab: der aktuelle fast senkrechte Anstieg einer schon lange kaum merklich voranschreitenden Erwärmung.[63] Typisch für die Zeit des Kalten Krieges war eher die Angst vor einem «nuklearen Winter» als Folge der durch Atomexplosionen verursachten Emissionen. Noch in der durch die nukleare «Nachrüstung» der frühen 1980er Jahre ausgelösten Alarmstimmung kam diese alte Angst wieder hoch;[64] mit dem Ende des Kalten Krieges geriet sie schlagartig in Vergessenheit. Mitte der 1980er Jahre wurde die These vom *global warming* in bemerkenswert kurzer Zeit zur – wenn auch keineswegs unangefochtenen – herrschenden Lehre. Für denjenigen, der die Umweltdiskurse jener Zeit in ihrer ganzen Vielfalt verfolgte, war es eine überraschende Wende; und die Qualität dieses Prozesses verdient untersucht zu werden. Handelt es sich in der Essenz um Wissenschaftsgeschichte; gaben neue eindrucksvolle Entdeckungen der Klimaforschung den Ausschlag? War es die damals aktuelle Klimaentwicklung? Oder war die historische Gesamtkonstellation jener Zeit entscheidend: die durch Synergieeffekte bewirkte weltweite Hochkonjunktur des Umweltbewusstseins von Tschernobyl bis Rio? Oder spielten noch spezifischere Triebkräfte wie der Ozon-Alarm hinein?

Eine definitive Antwort darauf ist auf dem derzeitigen Forschungsstand nicht möglich. Offenkundig waren Fortschritte der Forschung von Bedeutung, die erst mit moderner Technik möglich geworden waren. Das gilt vor allem für die Eisbohrkerne in Arktis und Antarktis, die es seit den 1960er Jahren, je mehr sie in die Tiefe getrieben wurden, möglich machten, den CO_2-Gehalt der Atmosphäre über Jahrzehntausende, ja über Jahrhunderttausende zurück zu verfolgen.[65] Daraus ergab sich, dass der CO_2-Anteil im Verlaufe der neueren Menschheitsgeschichte in der Tat angestiegen war. Zwar hatte dieser Anteil auch schon in früheren Erdzeitaltern zugenommen; dass jedoch dieser neuerliche Anstieg vorwiegend auf den Menschen zurückging, war die plausibelste Erklärung. Theoretisch hätte man annehmen können, dass die anthropogenen CO_2-Emissionen durch verstärktes Wachstum der Vegetation und durch Organismen der Weltmeere absorbiert werden. Wie jedoch immer deutlicher wurde, war das nur partiell der Fall. Auf die Selbstregulation des Ökosystems Erde gegenüber dem explosionsartigen Wachstum der menschlichen Zivilisationswirkungen ist offenbar nur begrenzt Verlass.

Aber natürlich ist der Mensch auch in moderner Zeit nicht der alleinige Klimafaktor. Gab es noch andere Faktoren, die das *global warming* möglicherweise durchkreuzten, zumal ja das Zeitalter der Kohle und des Öls bislang keineswegs von einer kontinuierlichen Erwärmung begleitet gewesen war? Offenbar wirkt der durch CO_2 hervorgerufene Treibhauseffekt nur mit Verzögerung: Das machte den Nachweis von Ursache-Wirkungs-Kausalitäten schwierig. «Die Wahrheit liegt nicht in der Geschichte, sondern in den Modellen», war die Antwort der Computermodellierer auf die Mehrdeutigkeit der bisherigen Klimageschichte; aber Modelle enthalten als solche keine Wahrheit, sondern bedürfen der Verifizierung durch die Faktizität.[66] Seit den späten 1970er Jahren ist im Großen und Ganzen zu erkennen, dass die *Global-warming*-These auch innerhalb der Klimaforschung in dem Maße an Überzeugungskraft gewann, je länger die um 1975 einsetzende aktuelle Erwärmung dauerte, auch wann diejenigen, die an die Wahrheit aus dem Computer glauben, dies zu bestreiten pflegen.

Der schwedische Klimaforscher Bert Bolin, der Gründervater und langjährige Vorsitzende des 1988 eingerichteten *Intergovernmental Panel on Climate Change* (IPCC), das seither zur führenden wissenschaftlichen Autorität der Klimapolitik wurde, betont zwar, der Aufstieg des Klimawandelthemas sei primär von der Wissenschaft vorangetrieben worden,[67] gibt jedoch im Rückblick offen zu erkennen, dass auch in den 1980er Jahren und danach von einer Sicherheit der Klimaprognosen keine Rede war.[68] Sarkastisch kommentierte er den Anfang 1989 von einer internationalen Klimakonferenz in Delhi geschlagenen Alarm, die globale Erwärmung bedeute die größte Krise, mit der die Menschheit je konfrontiert gewesen sei: Das – so Bolin – sei ein «verzweifelter Schrei nach politischer Aktion ohne adäquate wissenschaftliche Analyse» gewesen.[69] Aber auch das IPCC wollte politisch etwas bewegen. Es war eben kein bloßer wissenschaftlicher Debattierklub, sondern ein zum Teil unter politischen Gesichtspunkten zusammengesetztes Gremium,[70] das der Politik klare Signale setzen sollte; dieses Faktum ist für den weiteren Gang der Dinge von Bedeutung.

Bolin weist selber darauf hin, dass vor allem der heiße und trockene Sommer von 1988, der in den USA schwere Ernteausfälle verursachte, in der öffentlichen Meinung eine Wende auslöste und die Überzeugung verbreitete, dass das *global warming* bitterer Ernst sei.[71] Natürlich war ein einzelner heißer Sommer für die Validität der Klimamodelle belanglos; aber dass auch innerhalb der Klimaforschung erst seit etwa 1980 der Treibhauseffekt als dominanter Klimafaktor zur herrschenden Lehre aufstieg, deutet darauf hin, dass selbst die Experten, die erdgeschichtliche Zeiträume im Blick hatten, von der aktuellen Temperaturentwicklung nicht unbeeinflusst waren. Denn in den 1980er Jahren überstiegen die Durchschnittstemperaturen alles, was seit Beginn der großräumigen Temperaturmessungen registriert worden war. Diese reichten jedoch nicht hinter die Moderne zurück; die Klimageschichte hatte nach wie vor keine eindeutigen Lehren zu bieten, schon gar nicht über die Folgen eines Klimawandels. Und etwas Beängstigendes besaß die Erwärmung der 1980er und 90er Jahre, für sich genommen, in den gemäßigten Breiten überhaupt nicht. Erst ein Zusammenwirken diverser Faktoren brachte den Alarm in die Hauptschlagzeilen und machte ihn zu einem Bestandteil des Alltagsbewusstseins.

Auch Bolin gibt zu erkennen, dass die Motive des Klima-Alarms nicht allesamt unschuldig waren und der reinen Wissenschaft entsprangen. Zu den ersten Staatschefs, die lautstark in diesen Alarm einstimmten, gehörte Margaret Thatcher, Englands «eiserne Lady», der – wie Bolin zugibt – die Attacke auf das CO_2 als Waffe gegen die Kohleindustrien, die Bollwerke der Labour Party und der Gewerkschaften, hochwillkommen war und die die Zukunft ihres Landes in der New Economy suchte. Sie behauptete sogar eine Erwärmung von einem Grad pro Jahrzehnt: eine arge Übertreibung![72] Helmut Schmidt warnte – man staune! – sogar schon 1977 vor den Folgen einer Anreicherung des CO_2-Gehalts der Atmosphäre und hätte dieses Thema am liebsten auf die Agenda von Willy Brandts Nord-Süd-Kommission gesetzt.[73] Diesem Kanzler waren Öko-Argumente gewöhnlich nur lästig; aber hier konnte er sie gebrauchen, um die Kernkraftgegner mit ihren eigenen Waffen zu schlagen. Auch der schwedische Premierminister Olof Palme, zu dessen Beratern Bolin gehörte, benutzte den Treibhauseffekt, um die grüne Opposition gegen sein umfangreiches Programm zum Ausbau der Kernkraft mattzusetzen.[74] Für die mächtige NASA bot der Klima-Alarm ebenso wie die Gefährdung der Ozonschicht eine gute Gelegenheit, nach dem Niedergang der Raumfahrt den eigenen Nutzen für die Menschheit auf zeitgemäße Art zu dokumentieren; aus der NASA kam Robert Watson, einer der eindrucksvollsten und einflussreichsten Warner vor dem *global warming* und Bolins Nachfolger als Vorsitzender des IPCC. Die Klima-Alarmisten pflegten ihre Gegner als Söldlinge der Kohle-, Öl- und Automobillobby abzutun, teilweise zu Recht; aber materielle und Machtinteressen gab es auch auf ihrer Seite – vor allem die immensen Fördermittel, die der Alarm für die Klimaforschung lockermachte! Allein in der Bundesrepublik stiegen die Ausgaben für die Klimaforschung von 3,6 Mio. DM im Jahr 1982 auf 220 Mio. DM im Jahr 1994 – ein in der Wissenschaftsgeschichte außerhalb des Umfeldes der Militärforschung beispielloses Wachstum.[75]

Bedenkt man, in welchem Maße das Prestige eines Wissenschaftlers heutzutage an der Einwerbung von Fördermitteln hängt – die für Gelehrte alten Schlages eher mit einem Geruch von Korruption behaftet waren –, kann man ermessen, wie hoch der Anreiz ist, sich unter mehreren begründbaren Hypothesen diejenige zu eigen zu machen, die die höchsten Fördermittel verheißt. Da die empirischen Befunde in aller Regel mehrdeutig sind, gibt es da gewöhnlich einigen Spielraum. Dazu muss man keine bewusste Verfälschung von Forschungsergebnissen annehmen: Delikte solcher Art dürften in der wissenschaftlichen Community, wo man sich wechselseitig so scharf beobachtet, die Ausnahme sein. Der in den Pamphleten der Gegenseite erhobene Vorwurf des «Klimaschwindels» geht an der Realität vorbei. Dass die Annahme einer fortschreitenden Erwärmung als Folge des zunehmenden CO_2-Gehalts der Atmosphäre eine plausible Interpretation der Befunde darstellt, ist vernünftigerweise nicht zu bezweifeln.

Argumente für eine Skepsis gegenüber den Alarmrufen gab es jedoch auch weiterhin; und in den USA, wo die Gegner des *environmentalism* anders als in der EU mit offenem Visier kämpften, bildete sich in den 1990er Jahren eine förmliche Anti-Klimaschutz-Lobby, die *Global Climate*

Coalition (GCC). Führenden Ölkonzernen wie BP und Shell kamen allerdings bald Zweifel, ob sie dort in guter Gesellschaft waren und ihr Image förderten, und sie gingen zur GCC auf Distanz.[76] Angesichts des Umstands, dass die größten Wirtschaftsmächte unserer Zeit – die Öl- und die Automobilindustrie – die geborenen Gegner der *Global-warming*-Alarmisten sind und deren Gegenspielern einen üppigen finanziellen Rückhalt versprechen, ist es bemerkenswert, wie wenig überzeugende Gegenentwürfe zum *greenhouse effect* bislang bekannt geworden sind. Der prominenteste Gegenspieler des IPCC innerhalb der Elite der Klimaforschung wurde Richard S. Lindzen, seit 1983 Professor für Meteorologie am berühmten Massachusetts Institute of Technology (MIT), der anfangs mit dem IPCC zusammengearbeitet hatte. Er schrieb dem mit wachsender Erwärmung zunehmenden Wasserdampf, der die Sonneneinstrahlung auf die Erde verminderte, eine das Klima regulierende Funktion zu. Aber inwieweit dieses in sich logische Modell tatsächlich für den Großteil der Erdatmosphäre bedeutsam war, blieb unsicher;[77] Lindzen hielt sich von einem medienwirksamen Generalangriff auf das IPCC zurück.

Scharf gegen das IPCC zu Felde zog dagegen Fred Singer, der sich in den 1950er und 60er Jahren einen Namen in der Entwicklung von Wettersatelliten gemacht hatte und dessen Kritik an den IPCC-Berechnungen selbst Bolin anfangs als konstruktiv empfand.[78] Singer bestritt nicht die Möglichkeit, dass die Global-Warming-Hypothese zutreffen könnte; aber es sei eine Hypothese, mehr nicht, und es sei ein Riesenskandal, wenn die USA und andere Industriestaaten ihre Wirtschaft in den Ruin treiben würden, nur um eine Klima-«Katastrophe» zu mildern, die «lediglich in Computerausdrucken und in den Fieberphantasien professioneller Umweltzeloten» existiere. Wenn man partout etwas tun wolle, dann möge man die Ozeane düngen, damit die vermehrten Mikroorganismen mehr CO_2 absorbierten: Das sei unendlich viel billiger und auch wirksamer als die Bekämpfung der Industrie- und Automobilemissionen.[79] Da taucht die Idee des «Geo-Engineering» auf!

Der Däne Björn Lomborg, der international bekannteste Gegenspieler des Establishments der Klimaforschung, selber jedoch kein Klimaforscher, sondern Wirtschaftsstatistiker, bestritt nicht die Realität und den anthropogenen Ursprung der globalen Erwärmung, suchte jedoch vorzurechnen, dass man die zu deren Bekämpfung aufgewandten Mittel wirkungsvoller anderweitig zum Nutzen der Menschheit verwenden könnte: ein Allround-Argument, das sich gegen so gut wie alle Projekte ins Feld führen lässt. Demgegenüber erzielten die Klimaschützer ihren allergrößten Öffentlichkeitserfolg, als 2006 der ehemalige Chefökonom der Weltbank Nicholas Stern vorrechnete oder vorzurechnen behauptete, dass der Klimawandel der Menschheit zehnmal teurer zu stehen kommen würde als die Gegenmaßnahmen.[80] Vor dem Hintergrund der Aufrechnungen eines Singer oder Lomborg erkennt man die bahnbrechende Bedeutung von Sterns Rechenexempel gerade bei einem Publikum, das in Kosten-Nutzen-Kalkulationen zu denken pflegt. Natürlich enthielt die eine wie die andere Rechnung viele Unbekannte. Das einzig triftige Gegenargument gegen die Warner ist der Hinweis auf den chaotischen Charakter der Klimaentwicklung, der sich nicht in Modellen einfangen lässt. Bis heute steht der These vom *global warming* keine ernst zu nehmende Antithese gegenüber, die glaubhaft macht, auf welche Weise unsere Erde den immens gewachsenen CO_2-Ausstoß auf eine für den Menschen unschädliche Art bewältigt; die Gegenposition besteht vielmehr in ihrer Essenz in Agnostizismus, Skepsis oder Ablenkung. Allerdings kann auch die Skepsis wissenschaftlich respektabel sein.

Stern-report

Wie dem auch sei, den Fortschritten der Klimaforschung und ihrer gewaltigen Medienresonanz entsprechen bislang keine Fortschritte der Klimapolitik, die auch nur entfernt mit diesen Erfolgen mithalten können. Über Legitimation verfügte die Klimapolitik in Hülle und Fülle; aber wenn Max Weber lehrte, dass eine dauerhafte Herrschaft der Legitimation bedarf, so zeigt die Geschichte der Klimapolitik, dass Legitimation allein keine Herrschaft hervorbringt. Diese Fehlanzeige ist aus historischer Sicht nicht schwer zu erklären. Mit der Klimarahmenkonvention von Rio begann der Weg zum Kyoto-Protokoll; zugleich jedoch markiert das Jahr 1992 das Ende der ersten Phase des Klima-Katastrophismus.[81] Die Gründerjahre der internationalen Klimapolitik – von der Konferenz von Toronto 1988 bis zur Klimarahmenkonvention von Rio 1992 – fielen in eine Phase allgemeiner umweltpolitischer Hochkonjunktur, die bisherigen Realisierungsversuche dagegen – von Kyoto 1997 bis Kopenhagen 2009 – in eine Zeit, in der die Ökonomie mit einem heftigen Auf und Ab von Boom und Depression die Hauptenergie von Politik und Öffentlichkeit an sich sog. Man versteht das Schicksal des Umweltschutzes nur im Gesamtkontext der Zeit.

Aber das war es nicht allein: Die Aufgabe einer weltweiten drastischen Minderung der CO_2-Emissionen war in der Geschichte ohne Beispiel; da fehlten die adäquaten Institutionen und Instrumente. Aus oberflächlicher Sicht konnte es anfangs erscheinen, als brauche man nur die «Ozon-Diplomatie» auf das CO_2 übertragen; aber dieser Eindruck täuschte. Den FCKW-Ausstoß konnte man einfach unterbinden und diese die Ozonschicht schädigende Substanz durch andere Stoffe ersetzen; das konnten die politischen Vertreter der führenden FCKW-Produzenten im kleinen Kreis beschließen, und zwar im Einvernehmen mit den betroffenen Firmen, denen die Ersatzstoffe sogar bessere Gewinne versprachen. Ein generelles Verbot der Emission von CO_2 war dagegen eine absurde Idee; das ließ sich technisch unmöglich realisieren. Da gab es stärkste ökonomische Widerstände, und der Kreis der Betroffenen war riesengroß.

Das Kyoto-Protokoll – ähnlich viel zitiert und wenig analysiert wie der Bericht der Brundtland-Kommission zwölf Jahre davor – suchte die Industriestaaten darauf zu verpflichten, ihre Treibhausgasemissionen bis 2012 gegenüber dem Stand von 1990 um 5,2 Prozent zu reduzieren. Das warf sofort die Frage auf, mit welcher Methode dieses Ziel in einer Ära weltweiter Liberalisierung zu erreichen sei, in der immer weniger Staatsführungen ihre Wirtschaft einfach kommandieren konnten.[82] Das wirksamste Mittel wäre eine Energiesteuer gewesen; aber diese hätte so hoch sein müssen, dass der Aufschrei nicht nur der Wirtschaft, sondern auch der Masse der Autofahrer alles Bisherige übertroffen hätte. Daher setzte sich das andere marktkonforme Instrument durch: die Ausgabe von Emissionsbonds. Indem die Emissionen von 1990 als Bezugsgröße genommen wurden, köderte man die bisherigen Ostblockstaaten, deren CO_2-Emissionen seither durch den Zusammenbruch weiter Teile der Industrie ohne umweltpolitische Anstrengungen so stark reduziert waren, dass sie viel «heiße Luft» zu verkaufen hatten: Emissionen, die ihre Industrie gar nicht mehr ausstieß. All dies und die Erniedrigung der Erdatmosphäre zum Handelsobjekt besitzen etwas moralisch Widerwärtiges.

Bei der Kritik darf man freilich nicht vergessen, dass bislang *die* große Lösung der Klimaproblematik nirgends in Sicht ist und es auch allen Anlass zum Zweifel gibt, ob es sie jemals geben wird. Es ist stets allzu leicht zu demonstrieren, dass die Erfolgsaussicht aller Maßnahmen der Klimapolitik höchst unsicher ist und es eigentlich das Ideale wäre, wenn es viel weniger Menschen auf der Erde gäbe und diese viel bescheidener lebten; aber derartige Räsonnements sind ohne praktischen Wert, ja eher dazu angetan, den *environmentalism* zu diskreditieren. Auch gegenüber zu hohen Anforderungen an die Umweltpolitik ist Misstrauen geboten: Gerade in solchen Ländern, wo sich niemand, der etwas auf sich hält, eine offene Gegnerschaft gegen den Umweltschutz leisten kann, ist es ein bewährter

Trick, umweltpolitische Strategien durch Überforderung und Überkomplizierung lahmzulegen.[83] Alle Umweltpolitik ist Stückwerk; und moralisch anstößige Praktiken, die tatsächlich ein wenig bewirken, sind idealen Konzepten vorzuziehen, die schöne Worte bleiben. Fragt sich nur, *ob* Emissionsbonds etwas ausrichten und ob das *«Monitoring»*, die Überprüfung von Emissionen auch in solchen Staaten und Unternehmen möglich ist, die sich auf Bluff und Verschleierung verlegen.[84]

Mangelt es nur an wirksamen Instrumenten; oder besteht der Kern des Dilemmas in Wahrheit darin, dass bei dem Gros der Regierenden der *Wille* fehlt? Das ist nur schwer zu durchschauen: Dazu müsste man interne Akten kennen, und möglicherweise geben nicht einmal diese über eine derart delikate Frage klare Auskunft. Grund zum Zweifel gibt es in der Tat. Die globale Erwärmung, die erst seit wenigen Jahrzehnten spürbar ist und noch kaum dramatische Formen angenommen hat – die zurückweichenden Gletscher und abbröckelnden arktischen Eismassen sind für die meisten weit weg –, ruft bislang bei den Großmächten der Welt keinen wirklichen Leidensdruck hervor. Zwar werden Überschwemmungen und Wirbelstürme beschworen, um einen Leidensdruck zu erzeugen; aber selbst Bolin gibt zu, dass man derartige «extreme Ereignisse» nicht direkt mit dem *global warming* in Verbindung bringen darf.[85] Von den Metropolen der Welt ist Peking am meisten von der Dürre bedroht; und es scheint, dass die chinesische Führung die Gefahr der Erwärmung ernst nimmt, sosehr sie sich auch im Blick auf die derzeitige Kohleabhängigkeit ihres Landes einer kurzfristigen Reduktion der CO_2-Emissionen widersetzt. Aber die zunehmende Austrocknung Nordchinas ist bislang noch deutlicher auf Entwaldung und Übernutzung des Grundwassers zurückzuführen. Immerhin gibt sie einen Vorgeschmack von anzunehmenden Folgen des *global warming*. Es wäre voreilig, aus dem bisherigen Verlauf der Klimagipfel zu folgern, die Warnungen würden von den Mächtigen als bloßer «Klimaschwindel» abgetan. Nur gegenüber der Forderung nach sofortigen einschneidenden Maßnahmen, die das Handlungsvermögen der Mehrzahl der Regierenden vermutlich überfordern, bildet sich eine Gegenfront.

Die Klimakatastrophe, von der so viel geredet wird, ist noch nicht wirklich aktuelle Realität; es ist fragwürdig, wenn sie von zahlreichen populären Publikationen bereits zu einer solchen hochstilisiert wird. Da liegt wie bei dem «Waldsterben»-Alarm der frühen 1980er Jahre die Überzeugung zugrunde, nur durch akuten Katastrophenalarm bringe man die Politik in Bewegung. Historische Erfahrungen sprechen jedoch eher dagegen. His-

Instrus o. Wille???

toriker, die den Ursprung von Innovationen in Katastrophen suchten, wurden selten fündig. Der «Waldsterben»-Alarm wurde nur aus dem Grunde produktiv, weil eine technische Abhilfe längst parat stand: die Rauchgasentschwefelung. In akuten Katastrophensituationen, die auf viele erst einmal lähmend wirken oder zu kurzsichtigen Panikreaktionen führen, bleibt nichts anderes übrig, als zu konventionellen Rettungsmethoden zu greifen; grundlegende Innovationen brauchen ihre Zeit. Erinnern wir uns an die «ökologische Revolution» von 1970: Dort sucht man vergeblich nach einer Umweltkatastrophe, die den entscheidenden Anstoß gegeben hätte. Das Neue des damals in Bewegung gesetzten Umweltschutzes bestand in der Vorsorge gegen Zukunftsrisiken, die teilweise lediglich hypothetischer Art waren – niemand konnte um 1970 die Gesamtheit der Umweltbedingungen auf der ganzen Welt überschauen. Es ist eben nicht so, dass Menschen vor allem durch akute Katastrophen auf neue Wege gebracht und zu besonderen Anstrengungen verleitet werden; viele Mauern alter Städte zeugen davon, mit welchem Aufwand die Menschen auch Vorsorge gegen künftige Gefahren betreiben. Ansonsten wäre die Macht von Religionen, die mit der Angst vor ewiger Verdammnis nach dem Tode operieren, nicht zu erklären. Aber selbst die Kirchenväter haben vermutlich in ihrem Innern an eine unmittelbar bevorstehende Apokalypse nicht geglaubt: Sonst hätten sie keine Kirchenorganisation von einer Nachhaltigkeit begründet, die die Jahrtausende überdauerte!

Warum also nicht offen zugeben, dass Klimaprognosen ihre Unsicherheiten enthalten und auch dann, wenn die Wahrscheinlichkeit auf lange Sicht für eine stetig zunehmende Erwärmung spricht, eine Katastrophe in allernächster Zeit doch keineswegs gesichert ist?[86] Dieses Eingeständnis muss überhaupt nicht zur Tatenlosigkeit führen; es kann sogar einen unüberlegten Aktivismus verhindern.[87] Glaubte man ernsthaft an die bevorstehende Katastrophe, müsste man zu ebenso gigantischen wie überstürzten Gegenmaßnahmen schreiten, bei denen sich ähnlich wie bei dem «friedlichen Atom», dem großen Retter der 1950er und 60er Jahre, am Ende herausstellen könnte, dass sie selbst ein größeres Problem sind als der Klimawandel. Der Katastrophismus begünstigt überdies einen Politikstil der Forcierung um jeden Preis, der auf internationalem Parkett kontraproduktiv ist und bei Ländern, die zu sofortigen drastischen CO_2-Reduktionen nicht fähig sind, Trotzreaktionen hervorruft. Es ist bemerkenswert, dass sich Bert Bolin in seiner Altersweisheit von dem Alarmismus eines Al Gore und dessen *Inconvenient Truth* distanziert;[88] die nicht sehr beeindruckende umweltpolitische Bilanz jener Zeit, in der Al Gore amerikanischer Vizepräsident war, lässt erkennen, dass Alarmismus keineswegs identisch ist mit wirkungsvollem Aktivismus.

Schon gibt es vor allem in den USA – noch sträuben sich den meisten Europäern dabei die Haare – wilde technokratische Phantasien von *geo engineering* und *climate engineering*, schon «CE» abgekürzt. Besonders animierend scheint dabei die von Vulkanausbrüchen inspirierte Idee zu sein, Schwefeldioxid in die Stratosphäre zu sprühen und dadurch die Sonneneinstrahlung zu vermindern.[89] Freilich muss man da mit gewissen Restrisiken rechnen: nicht nur, dass der strahlend blaue Himmel der Vergangenheit angehört und das Blau künftig einen Stich ins Schwefelgelbe bekommt, sondern auch, dass die asiatischen Monsune gestört werden, an denen die Ernährung Hunderter von Millionen hängt.[90] Das Fatale liegt vor allem darin, dass derartige Science-Fiction-Konzepte, selbst wenn sie nie realisiert werden, der amerikanischen Politik doch einen Vorwand liefern, die Reduzierung der CO_2-Emissionen nicht mehr für dringlich zu erklären. Auch wenn der Historiker aus Erfahrung mit Prophezeiungen so vorsichtig wie nur möglich ist, spricht doch einiges dafür, dass der Weg zu einem weltweit nachhaltigen und umweltverträglichen Klimaschutz mehr durch Aufforstung, Fahrrad und Antibabypille markiert ist als durch Geo-Engineering, unterirdische CO_2-Sequestrierung oder gigantische Windkraftparks, von den als Klimaretter angepriesenen Kernkraftwerken ganz zu schweigen!

Selbst dann, wenn das Kyoto-Protokoll von allen Beteiligten ratifiziert und in die Tat umgesetzt worden wäre, würde dies gegen den Klimawandel, soweit sich das berechnen lässt, nur wenig ausrichten. Aber abgesehen davon besteht ein Grundproblem der globalen Klima-Diplomatie mit ihren immer neuen Anläufen zur pauschalen Verpflichtung auf bestimmte Prozente der Reduzierung des CO_2-Ausstoßes in dem oft übersehenen Umstand, dass sich das Problem der CO_2-Senkung, das von der Globalrhetorik als globales Problem definiert wird, konkret besehen aus einer Fülle verschiedenartiger nationaler und regionaler Probleme zusammensetzt und die Handlungsmöglichkeiten verschiedener Akteure höchst unterschiedlich sind, insbesondere auch die Chancen, die CO_2-Reduktion im Sinne einer *Win-win*-Strategie mit eigenen Vorteilen zu verknüpfen. Ein Land wie Frankreich mit extrem hohem Atomstromanteil steht auf Klimagipfeln mühelos als Musterland da, ähnlich wie das stark deindustrialisierte England, frühere Ostblockstaaten, deren alte Industrien mit ihren rauchenden Schloten teilweise zusammengebrochen sind, oder die Bundesrepublik, die eine Spitzenstellung in der Umwelttechnik behauptet.

So gesehen hat es die EU auf internationalen Klimakonferenzen relativ leicht, Reduktionen zu fordern, die andere Länder in die Bredouille bringen. Es sieht so aus, als seien auf diese Weise auch manche Chancen zur Verständigung verspielt worden. Auch dürften die Megakonferenzen, die schon aufgrund ihrer Größe zu kreativen Entscheidungsprozessen kaum fähig sind und auf denen die Ölländer mitsamt den von ihnen gekauften Drittweltstaaten vieles blockieren können, ein Politikstil sein, der unweigerlich ins Leere läuft. Die Forderung nach möglichst breiter Partizipation klingt demokratisch korrekt; aber auch sie trägt zur Sackgasse der globalen Klimapolitik bei. Der *Global Environment Outlook 2000* des UNEP, das es aus eigener schmerzlicher Erfahrung wissen musste, gelangt aus asiatischen Erfahrungen zu der Einsicht: «Allgemein gilt, dass die Resonanz in lokalen Massenmedien umso stärker ist, je kleiner die Zahl der Beteiligten bei einem (Umwelt-) Abkommen ist. Der *Ganges Water Sharing Treaty* beispielsweise ist auch den ärmsten Farmern in den entlegensten Teilen von Bangladesch und West-Bengalen bekannt.»[91]

Fragwürdig ist auch jene gut gemeinte Rhetorik der «Klima(un)gerechtigkeit», die besonders auf Kirchentagen beliebt ist, wo «ökumenisch» zunehmend zum Synonym von «ökologisch» geworden ist (was heutzutage im Prinzip seinen guten Sinn hat). Wäre es wirklich so, wie dort zur Rechtfertigung der Entwicklungshilfe stets behauptet wird, dass ausgerechnet die Hauptschuldigen des Klimawandels am allerwenigsten unter ihm zu leiden hätten, dann gäbe es keine Hoffnung. Keine Weltmacht wird ihre Wirtschaft mit Rücksicht auf Bangladesch oder die Seychellen einschneidenden Restriktionen unterwerfen. Es ist offensichtlich kontraproduktiv, wenn die internationale Klimapolitik – so wie bisher immer wieder geschehen – in die überkommene Schiene der Nord-Süd-Diplomatie hineingerät und eine Konstellation entsteht, bei der Klimaschutz eine Forderung des Nordens ist, auf die sich der Süden als Konzession an den Norden für Entwicklungshilfe als Gegenleistung einlässt. Klimaschutz hat nur dann eine Chance auf Nachhaltigkeit und auf eine über Pseudoaktivitäten hinausgelangende Wirksamkeit, wenn er von dem Gros der Akteure im eigenen Interesse betrieben wird. In Wirklichkeit sind ja die USA und China von einer globalen Erwärmung stärker bedroht als die meisten EU-Länder, und China hat neuerdings die USA als größter CO_2-Emittent überholt. Und das Methan, das als besonders gefährliches Treibhausgas entdeckt wurde und auch beim Reisanbau emittiert wird,[92] bringt vieles in den bisherigen Argumentationsmustern durcheinander –

so sehr, dass es vielfach noch gar kein Bestandteil des Klimadiskurses geworden ist. Die Methanemissionen lassen sich, wie es scheint, noch weit weniger als das CO_2 von globaler Ebene aus regulieren; hier haben nur solche Strategien eine Chance, die die in Frage stehenden Länder im Eigeninteresse betreiben.

Auch bei der Wasserpolitik[93] und der Bekämpfung der Erosion, Desertifikation und Bodenzerstörung – der für die Menschheit langfristig vermutlich allerwichtigsten Art des Umweltschutzes[94] – dürften die Problemkonstellationen und Lösungswege in der Essenz regional sein. Bei der Desertifikation hat sich die Sinnlosigkeit einer globalen Steuerung längst gezeigt, mit dem Effekt, dass dieses Thema in der Ära der (versuchten) Globalpolitik weit unter Kurs lief. Daraus folgt das Desiderat eines neuen Stils transnationaler Umweltdiplomatie, der den regionalen Besonderheiten der Problemlagen angepasst ist und sich nicht auf Mammutkonferenzen, sondern in entscheidungsfähigen Kreisen vollzieht. Nur auf diese Weise kommen auch andere Problembereiche der Umwelt zu ihrem Recht, die nicht weniger gravierend sind als der Klimawandel. All das erkennt man nach den Enttäuschungen der letzten zwei Jahrzehnte deutlicher als in der Euphorie von Rio 1992. Bereits die bisherigen Erfahrungen der Umweltpolitik deuten auf den spezifischen Vorteil kleiner Länder – ob der Alpenländer[95] oder der skandinavischen Staaten,[96] Costa Ricas oder Bhutans.

Im Öko-Schrifttum der jüngsten Zeit werden oftmals Wassernöte und Bodenschädigungen in weiten Teilen der Welt unter den globalen Klimawandel subsumiert; aber wer einige Jahrzehnte zurückblickt, erinnert sich daran, dass diese Umweltprobleme schon vor dem Klima-Alarm bestanden und auch ohne ihn zu erklären sind. Die erste große Dürrekatastrophe in der Sahelzone um 1970, die in die Zeit der «ökologischen Revolution» fiel und erstmals seit der *Dust-Bowl*-Ära die Aufmerksamkeit der Weltöffentlichkeit auf die Desertifikation lenkte,[97] geschah zu einer Zeit, in der Klimaforscher noch Anzeichen für eine neue Eiszeit zu erkennen glaubten. Ohne Zweifel ist die Erwartung irreführend, über globale Klimapolitik könne man auch die anderen großen Umweltprobleme der Erde in *einem* Aufwisch bereinigen. Dagegen besteht die Gefahr, dass die Klimawandelrhetorik als Ablenkungsmanöver fungiert. Wenn Metropolen ariden ländlichen Gebieten den Grundwasserspiegel absenken oder das Wirtschafts- und Bevölkerungswachstum zur Übernutzung der Wasserressourcen führt, ist es ein billiger Trick, die Schuld auf das *global warming* zu schieben, um einen Handlungsbedarf vom eigenen Land abzuwehren. Der internationale Klimakonferenz-Tourismus, der für viele Umweltschützer gerade marginaler Länder attraktiv ist, kann die Aufmerksamkeit von den wirklich drängenden Umweltproblemen vor Ort ablenken.[98]

«Global denken – lokal handeln»: Wie löst sich die Paradoxie? Nicht nur die Essenz vieler Umweltprobleme, sondern auch die Kraftquelle vieler Umweltinitiativen besitzt nach wie vor einen ausgeprägt regionalen Zug; da besteht eine teils latente, teils offene Spannung zu dem globalen Trend im *environmentalism* vor allem seit der Zeit von Rio.[99] David G. Victor gewinnt aus Dutzenden von Politikerinterviews in Europa und Japan den Eindruck, dass die dortigen Regierungen, die bei dem Protokoll von Kyoto die Initiative hatten, in Sachen Klimaschutz eine Politik betreiben, die sie auch ohne Kyoto betrieben hätten, und zwar deshalb, weil sie unter «öffentlichem Druck» stünden.[100] Auch in der Ära der scheinbar globalen Klimapolitik kommt es letztlich auf die nationalen und regionalen Umweltinitiativen an. Und diese sind keineswegs generell im Niedergang, wie man von der neueren Literatur über die Europäisierung und Globalisierung des *environmentalism* her vermuten könnte. Da bieten Statistiken ein gutes Gegengewicht gegen die Globalisierungsrhetorik eines Teils der Literatur.[101] Selbst manche Umweltlobbyisten in Brüssel sind sich angesichts der heutigen Renaissance des Regionalismus nicht sicher, ob sie nicht daheim mehr ausrichten könnten. «Rebecca Willis von der Green Alliance etwa entscheidet sich bei der hypothetischen Frage, ob sie eine weitere Person eher für die Lobbyarbeit in Brüssel oder beim neu eingerichteten schottischen Parlament einsetzen würde, ohne Zögern für Schottland.»[102] Besonders überraschend ist der übereinstimmende Befund mehrerer einschlägiger Untersuchungen, die offenbar gerne das Gegenteil herausbekommen hätten, dass sich die Umweltpolitiken verschiedener Staaten selbst innerhalb der EU, die nach außen ein so markantes umweltpolitisches Profil gewonnen hat, nicht einander annähern:[103] ein deutliches Indiz dafür, dass die Umweltpolitik weit mehr aus nationalen und regionalen Triebkräften lebt als aus Impulsen der «Weltgesellschaft».

Unter diesen Umständen ist schon seit geraumer Zeit die von der Wissenschaft noch kaum erfasste Frage besonders spannend, in welchem Umfang die Umweltbewegung mit der Antiglobalisierungsbewegung zusammenwächst und sich dort nicht nur ein auf bestimmte Situationen beschränktes, sondern stabiles und produktives Bündnis herausbildet. Das bekannteste transnationale Antiglobalisierungsnetzwerk ist Attac, und viele Deutsche wissen nicht, dass der Name im ursprünglichen Sinn nichts mit «Attacke» zu tun hatte, sondern französischen Ursprungs ist – Daniel Cohn-Bendit charakterisiert Attac geradezu als nachgeholte französische Version der Ökologiebewegung[104] –, und zwar eine Abkürzung von *Association pour une taxation des transactions financières pour l'aide aux citoyens.* Das war ein neuer Ton in der Geschichte der Protestbewegungen: ein trickreiches Understatement – eine scheinbar geringfügige, im Rahmen des bestehenden Wirtschaftssystems völlig korrekte Forderung, die gleichwohl geeignet war, die seit den 1990er Jahren lawinenartig wachsenden internationalen Finanzströme einzudämmen und auf diese Weise der nationalen Politik Handlungsspielräume zurückzugewinnen.

Der G7-Gipfel in Genua vom Juli 2001, bei dem sich Regierungsvertreter der sieben führenden Industriestaaten trafen und gegen den etwa hunderttausend Globalisierungsgegner demonstrierten, verkündete, dass «nachhaltiges wirtschaftliches Wachstum weltweit eine erneute Verpflichtung auf den Freihandel erfordert». Das *sustainable development* von Rio war zum *sustainable growth* umgedreht! Aber kurz darauf folgte der erste große Crash der New Economy, und er sollte nicht der letzte bleiben. Die auf die Jahrtausendwende folgenden schweren Wirtschaftskrisen gaben all jenen ganz und gar recht, die prophezeit hatten, dass die gänzliche Entfesselung der freien Wirtschaft keineswegs zu einer neuen, sich selbst regulierenden Weltordnung führen, vielmehr im Chaos enden werde. Die Forderung von Attac konvergierte mit dem Bestreben des Umwelt- und gerade auch des Klimaschutzes, den auf der Grundlage von steuerfreiem Treibstoff explosionsartig wachsenden Welthandel einzudämmen; beides konvergierte mit den Bedürfnissen sehr vieler Menschen, der mit der zunehmenden globalen Konkurrenz wachsenden Unsicherheit und Unübersichtlichkeit einen Damm entgegenzusetzen. Allerdings war das nicht der einzige Trend im *environmentalism*; vielmehr ist die Atmosphäre in der Umwelt- und Eine-Welt-Szene seit geraumer Zeit durch ein merkwürdiges Zwielicht von Globalisierungs- und Antiglobalisierungsstimmungen gekennzeichnet.[105]

Wie so vielen Protestbewegungen fällt es auch vielen Sprechern von Attac leichter, auf den Begriff zu bringen, *wogegen,* als *wofür* sie sind. Das hat bei Attac spezifische Gründe: Dieses Netzwerk umfasst in Frankreich zwei unterschiedliche Milieus mit teilweise konträren Mentalitäten – Anhänger der alten nationalen Souveränität sowie Abkömmlinge der Neuen Linken. Diese Diskrepanz ist so stark, dass viele sich scheuen, positive

Leitbilder überhaupt zur Diskussion zu stellen, aus Sorge, dass in dem Moment die latente Spannung zum offenen Konflikt würde.[106] In deutschen Szenen, die für Proteste mobilisierbar sind, ist der Nationalstaat als Leitbild noch stärker tabu als bei französischen Gesinnungsgenossen. Da jedoch der Nationalstaat das einzige potentielle Gegengewicht gegen den Sog der Globalisierung ist, gerät die Formulierung positiver Konzepte fast zwangsläufig zu einem argumentativen Eiertanz, oder man flüchtet sich in große Worte. Eine Ironie liegt darin, dass ausgerechnet Attac ganz im Gegensatz zu dem ursprünglichen Ansatz, mit einem kleinen Mittel Großes zu bewirken, einen «Marshallplan für die Welt» mit einem Jahresetat von mindestens 50 Milliarden Euro fordert, obwohl dieser von Al Gore übernommene vollmundige Begriff megalomanischer Globalisierungsjargon reinsten Wassers ist, wie geschaffen zur Legitimation mächtiger globalökonomischer Steuerungsinstanzen.[107]

Aber es wäre billig, darüber gar zu sehr zu spotten. Attac steht der gleichen Schwierigkeit gegenüber wie die moderne Umweltbewegung: In einer Ära weltweit agierender Wirtschaftsmächte ist es, ob in der Ökonomie oder der Ökologie, zum Anachronismus geworden, mit ausschließlich regionalem Horizont zu agieren. Die vorliegende Darstellung hat zwar immer wieder deutlich gemacht, dass die Verbindung von Natur- und Heimatschutz alles andere als ein deutscher Sonderweg ist und dass die Umweltbewegung zur Erhaltung ihrer Vitalität ähnlich wie der mythische Riese Antäus immer wieder den Kontakt zur Mutter Erde braucht. Es ist bezeichnend, dass die Agenda 21 von Rio – ob sie nun gelesen wurde oder nicht – vor allem als höhere Legitimation lokaler Initiativen wirksam wurde. Dabei wurde jedoch ebenso deutlich, dass der globale Horizont von Anfang an zur Dynamik und integrativen Kraft der Umweltbewegung beitrug und es kurzsichtig wäre, internationale Konferenzen und transnationale Netzwerke im Bausch und Bogen zu bagatellisieren und ausschließlich auf Regionen, Kommunen und Dorfgemeinschaften als politische Akteure zu bauen. Es gibt nicht nur Geschichten von substanzlosem internationalem Konferenztourismus, sondern ebenso Geschichten von engstirnigen Stadträten, die – jeder kritischen Öffentlichkeit entzogen – mit lokalen Wirtschaftsmächten unter einer Decke stecken. «Global denken – lokal handeln» fungiert längst auch bereits als eine gegen Staatsinterventionen gerichtete Parole der von der WTO vorangetriebenen Deregulierung; das gibt zu denken.

Vandana Shiva erhob leidenschaftliche Anklagen gegen die Globalisierung, aber sie agierte auf internationaler Ebene und scheint sogar in

Teilen der westlichen Öko-Szene berühmter zu sein als im eigenen Land. Auch Sunderlal Bahaguna, der Sprecher der Chipko-Bewegung, empfand den Kontakt mit Gesinnungsgenossen aus aller Welt als Stärkung. Medha Patkar, die Kämpferin gegen den Narmada-Staudamm, suchte zwar ganz die Verwurzelung in einer engen, durch den Stausee bedrohten Region und war geflissentlich darauf bedacht, nicht in den Ruf zu kommen, vom Ausland finanziert zu werden; und doch wurde ihr der Rückhalt bei der Weltbank und der Weltöffentlichkeit in bestimmten Situationen zur Rettung. Ähnliches gilt für Wandari Maathai, die «Mutter der Bäume», in Kenia. Auch gegen Flughafen- und Schnellstraßenprojekte kommt man allein mit lokalen Argumenten nicht an; man braucht den Rückhalt bei neuen Verkehrskonzepten.

«Alle Beschränkung beglückt», glaubte Schopenhauer in seinen *Aphorismen zur Lebensweisheit.* «Je enger unser Gesichts-, Wirkungs- und Berührungskreis, desto glücklicher sind wir; je weiter, desto öfter fühlen wir uns gequält, oder geängstigt.» Nun, auch Schopenhauer hat in seinen alten Tagen seinen wachsenden Ruhm genossen; und uneingeschränkt gilt diese seine Maxime in moderner Zeit wohl nicht mehr. Man erinnere sich, wie Hermann Löns 1911 dem Naturschutz vorwarf, er betreibe nichts als «Pritzelkram»! Und nicht nur auf ihn, sondern auch auf viele andere Naturfreunde wirkte der Naturschutz oftmals hoffnungslos kleinkariert. Vor diesem Hintergrund kann man ermessen, was der neue globale Horizont ab 1970 und noch stärker seit der Zeit um 1990 bedeutet. Der «Pritzelkram»-Vorwurf ist seither passé.

Die Parole *Think globally – act locally* wird in der Umweltbewegung gewöhnlich auf David Brower zurückgeführt. Was hat er sich damals, in der Zeit der «ökologischen Revolution» von 1970, konkret dabei gedacht? 1969 warb er, damals noch Vorsitzender des Sierra Club, in ganzseitigen Anzeigen in der *New York Times* für einen *Earth National Park:* ein in den Augen der meisten Naturschützer gewiss unsinniges, nur aus der Euphorie jenes historischen Augenblicks verständliches Projekt, da die in Nationalparken geschützte, ganz konkrete Natur in der Essenz national und regional ist – eben darin besteht ihr Reiz, ihre schützenswerte Kostbarkeit. Nicht zuletzt über dieser Anzeigenkampagne kam Brower als charismatischer Führer dieses Wildnis-Eliteklubs zu Fall; nicht ohne Grund wurde ihm sinnlose Vergeudung von Klubmitteln vorgeworfen.[108]

Ganz anders die darauf folgende internationale Kampagne der von Brower gegründeten *Friends of the Earth* gegen die zivile Kerntechnik: sie gab dem *Think globally – act locally* einen konkreten Sinn. Der von diesem transnationalen Netzwerk in Gang gebrachte Informationsfluss steht am Anfang der bundesdeutschen Anti-Atomkraft-Bewegung, die ihre amerikanischen Vorläufer bei weitem übertreffen sollte. Zwar gilt auch bei dem Anti-AKW-Protest die Regel, dass dieser nur durch lokale Betroffenheit eine durchschlagende Kraft erlangte: Solange das «friedliche Atom» eine Zukunftsvision war, bot es eine Projektionsfläche für Wunschträume; erst dann, wenn ein Kernkraftwerk in nächster Nähe anstand, wurde man durch das «Restrisiko» aufgeschreckt. Ohne überregionale Verbindungen und Informationen behielt jedoch der lokale Widerstand leicht etwas Hinterwäldlerisches.[109]

In jüngster Zeit ist die Initiative beim Klimaschutz in den USA von der Bundesregierung auf die Städte übergegangen. Das hat seine Logik; denn – wie Hermann Scheer immer wieder predigte – die Wege zur Energiewende sind in der Essenz lokal. Der Bürgermeister von Chicago, Richard M. Daley, der inspiriert von einer Europareise, speziell nach Frankfurt am Main, die Parole *Greening Chicago* ausgab, brachte es zur allgemeinen Verblüffung fertig, die Rollbahn eines auf einer Insel im Michigan-See befindlichen Flughafens, der die grüne Schauseite von Chicago störte, am 30. März 2003 in einer Nacht-und-Nebel-Aktion ganz einfach umbaggern zu lassen, als ihm das Palaver im Stadtrat zu lange dauerte:[110] welch ein Kontrast zu dem erfolglosen Kampf gegen die Frankfurter Startbahn West! Aber natürlich werden durch ausschließlich lokale Initiativen die Umweltprobleme lediglich verlagert, ähnlich wie Chicago ein Jahrhundert zuvor mit einer Dreistigkeit ohnegleichen seine Abwässer, die ihm den See verdarben, durch einen Kanal in den Mississippi geleitet und dieses als Großtat gefeiert hatte, ohne dass das Schicksal von St. Louis und anderer Mississippi-Anrainer dabei überhaupt ein Thema gewesen wäre. Die lokale «Lösung» von Umweltproblemen durch bloße Verlagerung: das ist das Leitmotiv einer über hundertjährigen Geschichte von Umweltpolitik. Man sollte sich daran erinnern, wenn gegenwärtig aus Wut und Enttäuschung über die Globalisierung «lokal» auf dem besten Wege ist, zum Synonym von «gut» zu avancieren.

Global denken – lokal handeln: in aller Regel kann man nicht beides zugleich, ohne in Schizophrenie zu verfallen. Wenn einer lokal handelt, empfiehlt es sich, auch mit den Gedanken ganz vor Ort zu sein. Wie sich globales Denken und lokales Handeln miteinander vereinen lassen, das lässt sich nicht ein für alle Mal durch ein theoretisches Modell bestimmen, sondern nur mit kreativer Phantasie auf wechselnde Art je nach Situation in der Praxis realisieren. Nur in längeren Prozessen lassen sich die Chancen der unterschiedlichen Ebenen miteinander verknüpfen. Auf die Länge der Zeit wird manches möglich, was im Moment unmöglich erscheint: Das zeigt die Geschichte.[111] Sie demonstriert allerdings zugleich, dass es dabei keineswegs nur erfreuliche, sondern auch unerfreuliche Überraschungen gibt.

Postskript: Nach Abschluss meines Manuskriptes wies mich der brasilianische Umwelthistoriker José Padua darauf hin, dass *Marina Silva* (geb. 1958), derzeit die populärste Grüne Brasiliens, das beste Beispiel dafür biete, wie ein lokaler Protest, dem «Ökologie» erst einmal ein Fremdwort ist, in den weltweiten Strom des Umweltschutzes mündet: wenn nicht durch innere Logik, so doch durch die Dynamik der Geschichte. Der bisherige Lebensweg dieser Frau portugiesisch-afrikanischer Herkunft, von der Analphabetin und minderjährigen Kautschukzapferin bis hin zur Umweltministerin und Präsidentschaftskandidatin, wirkt wie ein Märchen, wo im Anblick des Abgrunds Wunder geschehen. Drei Jahre nachdem ihr Held Chico Mendes ermordet worden war, erlitt sie eine chronische Gesundheitsschädigung durch eine Vergiftung mit Schwermetallen; aber nach weiteren drei Jahren wurde sie in den brasilianischen Senat gewählt, als bisher jüngste Abgeordnete in der Geschichte Brasiliens; und 2003 berief Luiz Inácio Lula, der neugewählte Präsident aus der Arbeiterpartei, sie als Umweltministerin in seine Regierung. Aber 2008 resignierte sie von dem Amt, verließ die Arbeiterpartei und schloss sich der Partei der Grünen (Partido Verde) an. Die Regenwaldschützer feierten sie als Heldin, da die unter ihrer Mitwirkung durchgebrachten Gesetze die Abholzung der Amazonaswälder um 80 Prozent verringert hätten; andere Umweltaktivisten waren jedoch enttäuscht, da sie mit Rücksicht auf Lula beim Bau von Kernkraftwerken und großen Staudämmen, gegen die selbst Bischöfe protestierten, stillgehalten hatte. Wieder: Innere Spannungen der Umweltbewegung verkörpern sich gerade in Frauen oft auf besonders schmerzende Art – und auch das Hin und Her bei der Suche nach einem ethischen und spirituellen Halt. Marina Silva, ursprünglich Anhängerin der katholischen Befreiungstheologie, schloss sich einer evangelikalen Pfingstbewegung an, der «Assembleia de Deus», die mit Wunderheilungen und Abtreibungsgegnerschaft von sich reden machte. Dieses Chamäleon *environmentalism!* Keine andere Gestalt machte mir derart wie diese Brasilianerin beim Abschluss dieses Buches die Unabgeschlossenheit des Themas von neuem bewusst.

SCHLUSS: DIE DIALEKTIK DER GRÜNEN AUFKLÄRUNG

Vor kurzem ging ein spanischer Film durch die Kinos: *Cenizas del Cielo*, auf deutsch: *Federicos Kirschen*. Der Held ist der nordspanische Bauer Bugallo, der im Schatten eines gigantischen Kraftwerks lebt und seine Obstbäume mit Folien abdeckt, wenn der Wind den Rauch herüberweht. Seine große Hoffnung ist das Klima-Protokoll von Kyoto: In seiner Gutgläubigkeit bildet er sich ein, dadurch würde das Kraftwerk gezwungen werden, unverzüglich dichtzumachen. In dieser Hoffnung tauft er sein neugeborenes Kälbchen auf den Namen «Kyoto». Er klettert sogar wie ein Greenpeace-Aktivist auf den Kühlturm des Kraftwerks und lässt sich wieder herunterholen – vorerst geschieht nichts. Aber schließlich kommen die Umweltschützer doch an die Macht; das Kraftwerk, eine ohnehin veraltete Dreckschleuder, wird abgeschaltet. Da passiert allerdings vorübergehend das, womit die Propaganda der Energiewirtschaft immer Angst machte: Die Lichter gehen aus. Nun, da zündet man eben Kerzen an; und irgendwann werden die Lichter auch wieder hell. Glücklich und zufrieden geht Federico in den Wald, um Brennholz zu sammeln. Aber er wird wegen Waldfrevels von Umwelt-Rangern verhaftet. Das bricht ihm das Herz, und er stirbt, während das Kälbchen Kyoto munter auf der Weide herumtollt.

Eine humoristische Parodie auf die Devise *Global denken – lokal handeln*, aber auch eine Anspielung auf das geflügelte Wort des französischen Girondisten Pierre Vergniaud im Anblick der Guillotine: «Die Revolution verschlingt wie Saturn ihre Kinder.» In der Tat, im Rückblick auf die vergangenen vierzig Jahre kann es betroffen machen, wie ungeheuer viele Menschen, Ideen, Energien die Umweltbewegung verbraucht und verschlissen hat. Die Geschichte der Öko-Ära ist nicht nur die Geschichte einer neuen Aufklärung, nicht nur eine Wissens-, sondern auch eine Vergessensgeschichte. Viele Namen, die einst eine Zeitlang die Zukunft zu verkörpern schienen, sind heute selbst innerhalb der Öko-Szene unbekannt; zahllose Bücher, die für kurze Zeit die Menschen bewegten, sind längst im Ramsch gelandet. Den charismatischen Momenten der Erleuchtung und spontanen Begeisterung folgte eine nicht endende Flut von Umweltverordnungen, die nicht einmal mehr Experten für Umweltrecht auch nur annähernd überblicken. Die «sanften», «alternativen» Energien klangen lieblich, solange sie Zukunftsmusik waren; jetzt sind nicht wenige Naturfreunde im Anblick der Windparks und der Monotonie der für Bio-Kraftstoff subventionierten Maisfelder verstört.[1]

Theodor W. Adorno und Max Horkheimer hatten in ihren «Philosophischen Fragmenten», die sie *Dialektik der Aufklärung* betitelten, 1947 dargestellt, wie sich die zur Herrschaft gelangte Aufklärung selber in die Mechanismen der Macht verstrickt, ihre eigene Art von Intoleranz erzeugt und ihr ehedem höchstes Ideal, die Vernunft, zum Herrschaftsinstrument macht. Auf dogmatische Art beriefen sich die Aufklärer auf die Natur, aber unterdrückten zugleich das wilde, ungebändigte Element in der Natur, nicht zuletzt in der weiblichen Natur. Die beiden vor der NS-Diktatur geflohenen Gelehrten, die sich – wie sich zeigen sollte – darauf verstanden, intellektuelle Hegemonie zu erlangen, deuteten den Nationalsozialismus nunmehr als «Revolte der Natur» und verliehen ihm bei aller Abscheu eine Art von historischer Logik:[2] eine Provokation, die merkwürdigerweise im Ozean der NS-Forschung mehr oder weniger untergegangen ist.

Heute möchte man die «Dialektik der Aufklärung» fortschreiben: Die Umweltbewegung – auch hierin eine «neue Aufklärung» – setzte genau an dem wundesten Punkt der alten Aufklärung an. Die Natur der neuen Ökologie ist in ihrem Eigenleben unendlich viel differenzierter und raffinierter, als es sich die Physikotheologen des 18. Jahrhunderts träumen ließen; aber sie ist auch viel verletzbarer und enthält daher an den Menschen die doppelte Aufforderung, sie zu schonen, jedoch auch, sie zu schützen, aktiv zu werden mit aller Kraft, da es um das Überleben der Erde geht.

Max Weber hat die Modernisierung als einen Prozess der Entzauberung beschrieben, jedoch mit einem Unterton von Trauer, aus dem sich heraushören lässt, dass diese Ernüchterung eine Sehnsucht nach Wiederverzauberung hervorruft;[3] Adorno und Horkheimer haben dargestellt, wie die zur Herrschaft gelangte Aufklärung ihre eigenen Mythen hervorgebracht und mit der Autorität der Wahrheit versehen hat. Die Umweltbewegung hat den Prozess der Entzauberung fortgesetzt, indem sie auch den Mythos des Fortschritts – den machtvollsten Mythos der Aufklärung – entzaubert hat; zugleich jedoch enthält der in die Offensive gegangene Naturschutz, der allenthalben eine schutzbedürftige Artenvielfalt entdeckt, einen grandiosen Entwurf der Wiederverzauberung der Welt, der sich in der Bilderpracht zahlloser Natur-Publikationen spiegelt. Mit dem

Kult der bunten Biodiversität wird gewissermaßen auch der magische Zauber in die Natur zurückgeholt; er ist jedoch zugleich ein Instrument der Macht.

Michel Foucault hat den Begriff der *biopouvoir* geprägt, um eine neue Dimension der Herrschaft in der Ära des aufgeklärten Absolutismus zu kennzeichnen: Nicht nur wurden jetzt Forst- und Landwirtschaft, die Wachstumsprozesse in Wald und Feld zum Politikum; dasselbe widerfuhr auch der menschlichen Sexualität, damals im Sinne einer Bevölkerungspolitik, die zum Zwecke der Untertanenvermehrung solche Sexualpraktiken, die nicht der Fortpflanzung dienten, als «unnatürlich» und krankhaft diskreditierte. Am Anfang der neuen Umweltbewegung steht der Alarm über die «Bevölkerungsbombe», also der genaue Gegenalarm zu dem Gezeter der Bevölkerungsstrategen über den im Bett begangenen «Betrug an der Natur»; gemeinsam ist jedoch dem alten und dem neuen Streben nach *biopouvoir* der Wunsch nach Regulierung des Zeugungsvorgangs, der mit den modernen Verhütungsmitteln elegante Instrumente erlangt hatte.

Auch die globale Rhetorik, die die «ökologische Revolution» von Anfang an kennzeichnet, verrät einen untergründigen Machttraum. Dieser blieb in den ersten beiden Jahrzehnten der Öko-Ära mehr oder weniger latent. Seit der zweiten großen Öko-Konjunktur um 1990 ist er offener zutage getreten, am meisten in dem Projekt eines globalen Klimaregimes. Denkt man freilich an die Chancen, die der globale Umweltschutz für die Legitimation von Herrschaft bietet, kann man es bemerkenswert finden, wie wenig diese Chancen bislang trotz aller Umweltgipfel wahrgenommen wurden. Da fehlt eben der passende Akteur: eine Weltregierung, die imstande wäre, diese Potentiale auszuschöpfen. Zudem sind die Gegenkräfte bislang übermächtig: Noch immer bietet das fortgesetzte Wirtschaftswachstum weltweit attraktivere machtpolitische Chancen als der Umweltschutz. Kein Zweifel: Wenn der Umweltschutz nicht selbst zu einer Macht wird, hat er gegen diese Mächte keine Chance. Insofern wäre eine basisdemokratische Fundamentalkritik an dem im Umweltschutz enthaltenen Machtpotential politisch naiv.

Man vergesse nicht, dass sich jene Probleme, die seit den letzten vierzig Jahren als «Umweltprobleme» firmieren, auch auf sehr andere Art etikettieren und mit Handlungsimperativen versehen lassen. Die Einsicht in die Begrenztheit und die zunehmend spürbare Erschöpfung der natürlichen Ressourcen dieser Erde war bis dahin ein mächtiger Antrieb des imperialistischen Wettkampfes um einen maximalen Anteil an der

Welt gewesen; es ist keineswegs ausgeschlossen, dass die «Umweltprobleme», deren Lösung implizit als gemeinsame Aufgabe der Menschheit begriffen wird, künftig erneut in dieser Weise umdefiniert und mit aggressiven Handlungsimperativen versehen werden – schon jetzt sind entsprechende Ansätze deutlich zu erkennen. Der Terroranschlag vom 11. September 2001 hat den «Kampf der Kulturen» zum Mainstream des amerikanischen Denkens gemacht; zugleich hat Greenpeace in den USA einen katastrophalen Absturz erlebt.

Noch etwas anderes kommt heute hinzu. Die Amerikanisierung der Welt hat der großen Mehrheit der Menschen kein Glück gebracht. Schon aus ökologischen Gründen ist der amerikanische Lebensstandard für den Großteil der Menschheit unerreichbar; bereits der Versuch, ihm näher zu kommen, vertieft die Kluft zwischen Arm und Reich und verschärft ökologische Krisen. Gemessen an dem in Dollar bezifferten Pro-Kopf-Einkommen müssen sich die allermeisten Länder der Welt hoffnungslos minderwertig vorkommen. Die wachsende Popularität eines aggressiven religiösen Fundamentalismus in den islamischen Ländern ist als Trotzreaktion auf diese ebenso frustrierende wie aufreizende Situation psychologisch nicht unverständlich.

In dieser Lage enthält der *environmentalism*, sofern er sich vom *American way of life* gründlich emanzipiert und sich auf sein ursprüngliches Ziel besserer Lebensqualität zurückbesinnt, ein Alternativangebot: die Möglichkeit eines neuen Selbstwertgefühls auf der Grundlage der Wertschätzung autochthoner Traditionen der Lebensweise, die den ökologischen Bedingungen des eigenen Landes angepasst sind. Wohl nicht zufällig ist die islamische Welt – mit der bedeutungsvollen Ausnahme von Indonesien – in der Landschaft der Umweltbewegungen der bei weitem größte weiße Fleck:[4] Dort bietet sich der ohnmächtigen Wut über die Amerikanisierung, die die eigene Kultur entwertet und der Masse der Menschen doch keinen besseren Ersatz bietet, keine andere Gegenmacht als der religiöse Fanatismus.

Auch Umweltpolitiker müssen machtbewusst sein und sich der Herrschaftsinstrumente zu bedienen wissen. Flächendeckender Umweltschutz ist ohne gekonnten Einsatz des Staatsapparates aussichtslos; und man muss nicht alle Krokodilstränen ertappter Umweltsünder über den «polypenartig wuchernden Bürokratismus» für bare Münze nehmen. Dass der Umweltschutz «von der Bewegung zur Verwaltung» wird, ist bis zu einem gewissen Grade unvermeidlich; und doch liegt in diesem Prozess zweifellos eine Gefahr. Je mehr sich der Umweltschutz mit politischer und ökonomischer Macht verbündet, desto mehr wird es zur Aufgabe historisch-politischer Umweltforschung, diesen Prozess kritisch zu begleiten. Die historische Erfahrung zeigt, dass der Staat keineswegs per se das Gemeinwohl verkörpert und auch ein formal zentralisierter Staatsapparat mitnichten eine ganzheitliche Inangriffnahme der Umweltprobleme garantiert, die Bürokratie vielmehr zur Diffusion der Kompetenzen und Verantwortungen tendiert. Und «Umweltschutz» ist ein vieldeutiges Projekt; auch der Öko-Bluff hat bereits seine Geschichte.

Verwaltungsjuristen neigen nicht selten – in Deutschland noch etwas mehr als in manchem anderen Land[5] – zu einer Überregulierung, bei der der Aufwand in keinem Verhältnis mehr zum Effekt steht.[6] Der Präsident des Bundesverwaltungsgerichts, Everhardt Franßen, der es wissen muss, zog die Bilanz: «Wir haben heute keine Regelungsdefizite, sondern Vollzugsprobleme, die durch das ständige Drehen an der rechtlichen Regulierungsschraube nicht behoben, sondern nur vermehrt werden.»[7] Professionelle Insider der Umweltpolitik haben im Eigeninteresse die Tendenz, den Umweltschutz so kompliziert wie möglich zu machen, damit der Laie einsieht, dass er nicht mitreden kann. Wer dagegen auf praktisch wirksamen Umweltschutz bedacht ist, sollte besser überlegen, wie sich die Dinge vereinfachen lassen, statt in üblicher Experten-Wichtigtuerei zu bemängeln, dass die Politik gegenüber der Komplexität der Umweltprobleme «unterkomplex» sei. Selbst einem Henry Makowski, in der Mobilisierung der Staatsmacht für den Naturschutz sonst nicht schüchtern, zucken die Mundwinkel, wenn er bemerkt, beim Überschlag über all die internationalen Verträge zum Schutz des Wattenmeers sei er auf die Rekordzahl von sechzehn gekommen.[8] Von Insidern hört man die Klage, der Landschaftsschutz komme in Deutschland immer schlechter voran, da er sich mit Verwaltungsaufwand überfordere.

Der globale und nachhaltige Erfolg des Umweltschutzes dürfte entscheidend daran hängen, ob es gelingt, ihn an einer begrenzten Zahl von klaren und einfachen, allen vernünftigen Menschen einsichtigen Regeln festzumachen, ähnlich wie sich das Rauchverbot in öffentlichen Räumen im Zuge der Öko-Ära mehr und mehr auf der ganzen Welt durchsetzt.[9] Ebendarin besteht der praktische Nutzen eines Rückblicks über die vergangenen Jahrzehnte: hinter dem bis ins Unendliche anschwellenden Wust der Umweltschutzbestimmungen doch die einfachen Grundmotive wiederzuerkennen. Wenn ein Menschenrecht auf sauberes Wasser, gute Luft, gesunde Ernährung und ruhigen Schlaf – ein ganz simples und elementares, allen Menschen einsichtiges Naturrecht – in all seinen Konsequenzen durchgesetzt wird, dann wird damit zugleich auch ein Großteil der Umweltprobleme in Angriff genommen. Nur im Einklang mit der menschlichen Natur kann die menschliche Beziehung zur Natur reformiert werden. Die Klimapolitik verrennt sich als bloße Klimapolitik in Sackgassen; eine wirklich globale Grundlage erhält sie nur, wo sie auf vitale und gegenwärtige Bedürfnisse der Menschen trifft. Bei aller Rhetorik der Nachhaltigkeit und Biodiversität sollte man nicht vergessen: Der Umweltschutz findet eine vitalere Basis in den Lebensbedürfnissen hier und jetzt als in der Vorsorge für eine ferne und unbestimmte Zukunft und für ein unübersichtliches Ganzes der Erde, und er hat auch nur dann eine Chance, wenn er erst einmal an den menschlichen Selbsterhaltungstrieb und nicht nur an die Selbstlosigkeit – an die spirituelle Selbstauflösung in einem großen Ganzen – appelliert. Das eine schließt das andere nicht aus. Wie Max Weber in seiner *Protestantischen Ethik* zeigte, entspringen die stärksten Triebkräfte der Weltgeschichte einer in sich eigentlich unlogischen Synthese von metaphysischen und sehr physisch-materiellen Motiven.

Der aus der Praxis immer wieder entspringende Zwang, innerhalb der Unendlichkeit der Umweltprobleme Prioritäten zu bestimmen, verbunden mit dem Trägheitsgesetz, das nicht nur der Bürokratie, sondern auch den etablierten Umweltverbänden innewohnt, bringt die Gefahr mit sich, dass sich die Umweltpolitik allzu einseitig auf bestimmte Aktionspfade fixiert und darüber andere, möglicherweise gewichtigere Umweltprobleme vernachlässigt. Da die Natur immer wieder Überraschungen bietet – in den unbeabsichtigten Nebenwirkungen besteht ja die Essenz der gesamten Umweltproblematik! –, ist die Fixierung auf bestimmte Prioritäten in der Umweltpolitik potentiell fataler als in anderen Politikbereichen. Aus alldem ergibt sich die praktische Folgerung, dass zur grünen Aufklärung auch der Öko-Revisionismus gehört. Es wäre grundfalsch, alle diejenigen, die gegenüber einem bestimmten Öko-Alarm Skepsis bekunden, pauschal als Häretiker zu disqualifizieren. Manche von ihnen mögen eigennützige Interessen mit Öko-Argumenten kaschieren; aber auch der, der es mit dem Umweltschutz ernst meint, muss sich selbst immer wieder prüfen, ob er sich nicht aus sehr persönlichen Motiven an bestimmten Punkten festbeißt und Grund zur Toleranz hätte gegenüber Dissidenten, die andersartige Sichtweisen einbringen.

Man erinnere sich, dass das Projekt «Umweltschutz» von Anfang an die Allianz von historisch durchaus heterogenen Bestrebungen bedeutete und untergründig stets von Spannungen und Verständnisbarrieren begleitet war. Es ist sehr wohl möglich, dass diese Allianz in Zukunft wieder zerfällt und Wasser- und Luftreinhaltung, Natur- und Tierschutz, erneuerbare Energien und alternative Verkehrskonzepte erneut ihr voneinander separiertes Eigenleben führen. Tendenzen dazu zeichnen sich bereits in der Gegenwart ab. Die Priorität der Klimapolitik hat zwar Teilbereiche des Umweltschutzes mit nie dagewesenem Durchsetzungsvermögen versehen, dafür jedoch den Zusammenhalt der gesamten Umweltbewegung auf eine harte Probe gestellt, zumal wenn der Klimawandel als Totschlagargument gegen jegliche Bedenken fungiert, die bestimmten unter Klimaschutz laufenden Projekten entgegenstehen.[10] Gerade die beiden Hauptangriffsziele des Umweltprotestes auf der ganzen Welt – Kernkraftwerke und Staudämme – geraten durch den Klima-Alarm aus der Schusslinie, ja lassen sich als Klimaschutz verkaufen. Auch der Natur- und Landschaftsschutz sieht sich durch eine absolute Priorität der Forcierung erneuerbarer Energien vor den Kopf gestoßen. Der latente Zielkonflikt spitzt sich dadurch zu, dass auch der Naturschutz in den letzten zwanzig Jahren unter der Parole der Biodiversität von einem globalen Expansionsrausch erfasst ist.[11]

Die Fähigkeit, mit inneren Spannungen und Zielkonflikten auf besonnene Art umzugehen, war, wie es scheint, für die Zukunft der Umweltbewegung noch nie so entscheidend wie heute. Wer jeden, der an der Hockeyschläger-Klimakurve zweifelt, wie einen Holocaust-Leugner behandelt, strapaziert den Zusammenhalt der Umweltbewegung ebenso wie der, für den jeder ein Feind ist, der nicht alle Formen der Kerntechnik radikal und bedingungslos ablehnt, oder derjenige, der nur den als zugehörig empfindet, dem das ungestörte Sich-Paaren von Unken wichtiger ist als eine ICE-Trasse. Schon Jeremy Bentham, der seine Katzen, aber auch die Mäuse in seinem Arbeitszimmer zärtlich liebte, kam um die Einsicht nicht herum, dass es in der Naturliebe Zielkonflikte gibt.[12] Aber der Konflikt zwischen der Katzen- und der Mäuseliebe ist noch harmlos im Vergleich zu den Zielkonflikten der Zukunft.

Eine überlegte Umgangsweise mit diesen Konflikten wird durch die Einsicht erleichtert, dass es bei den großen Umweltproblemen der Welt ohnehin keine endgültige Lösung gibt, vielmehr alle Lösungswege vorläufigen Charakter tragen und zeitgebunden sind. Nicht zuletzt in dieser Einsicht dürfte der praktische Wert des Geschichtsbewusstseins für den Umweltschutz liegen. Die Geschichte ist – vom Ballast dogmatischer «Lehren der Geschichte» entrümpelt – ein gutes Antidot gegen eine Rechthaberei, die zu unnötigen Reibungsverlusten führt, politischen wie menschlichen. Es gibt keinen Grund zu der Einbildung, unser heutiges

Umweltbewusstsein sei der höchstmögliche und definitive Stand ökologischer Einsicht; wie wir sahen, war man in mancher früheren Zeit in bestimmten Punkten sogar weiter als wir heute: im 18. Jahrhundert in der Verbindung von Naturliebe und Menschenliebe, um 1900 in der Verbindung von Naturschutz und Lebensreform, in den 1930er Jahren mit der Konzentration auf den Bodenschutz. Vielleicht wird es sich in Zukunft überhaupt als zeitbedingter Irrweg erweisen, Natur- und Umweltschutz als separate Bereiche zu etablieren, anstatt sie als integrale Bestandteile von Agrar-, Energie-, Verkehrs- und Baupolitik zu begreifen.

In der Einsicht in das ort- und zeitgebundene Moment der Dinge liegt die innere Verwandtschaft zwischen Geschichtswissenschaft und Ökologie, auch wenn beide Disziplinen diese ihre Verwandtschaft bislang noch kaum gewürdigt haben. Und auch in der Erinnerung an all das, was der große Verbund «Umweltschutz» seit der «ökologischen Revolution» von 1970 ungeachtet all seiner inneren Heterogenität geleistet hat, besteht der praktische Nutzen des historischen Rückblicks. Die dem Menschen innewohnende Naturliebe ist in ihren Spielarten vielfältig wie der Eros, ja wahrscheinlich sogar noch vielfältiger und bizarrer («polymorph-pervers» in der Terminologie Freuds); monomanisch von partikularen Leidenschaften getriebene Umweltinitiativen sind, separat operierend, nicht imstande, das im Menschen enthaltene, sehr umfangreiche Potential an Naturliebe und Umweltbewusstsein aufzufangen und in Aktionen umzusetzen, deren Wirkung über momentane und punktuelle Effekte hinausgeht.

Friedrich Nietzsche hat in seiner 1873 entstandenen Schrift *Vom Nutzen und Nachteil der Historie für das Leben* vor allem von der Gefährdung des prallen Lebens durch ein «verzehrendes historisches Fieber», ein betäubendes und sinnverwirrendes Sirren und Flimmern einer Flut von Assoziationen aus fernen Vergangenheiten gehandelt. Aber diese Schrift entstand auf dem Höhepunkt des Historismus, während wir heute längst in einer Zeit der Enthistorisierung der meisten Wissenschaften leben. Davon ist auch die Umweltbewegung gezeichnet; keine der großen Bewegungen der neueren Geschichte hat bislang so wenig Geschichtsbewusstsein besessen wie diese. Und dabei enthielte die Geschichte für sie so viele Potentiale: nicht unbedingt schulmeisterliche «Lehren der Geschichte», eher belebende Impulse. Geschichtsbewusstsein, richtig verstanden, bedeutet eben nicht nur, im Gegenwärtigen das Vergangene zu suchen, sondern auch das Neue der Gegenwart zu entdecken, das Fließende des Hier und Jetzt intensiver zu erleben und zu durchdenken. Aus der Geschichte erkennt man, dass es den historischen Augenblick gibt, wo das Trägheitsmoment bestehender Strukturen durchbrochen wird und manches möglich wird, was bis dahin als unmöglich galt. Das beste «Nutzen der Historie für das Leben» besteht vielleicht darin, den Blick für derartige historische Augenblicke in der eigenen Gegenwart zu schärfen. Wer weiß, vielleicht erleben wir einen solchen Augenblick schon bald.

POSTSKRIPT: ÖKOLOGISCHE KOMMUNIKATION KONKRET

Die «ökologische Kommunikation», die sich Niklas Luhmann aus seinen legendären Zettelkästen konstruierte, ist mir in ihrer ganzen Unendlichkeit stets sehr konkret gewesen, und dies mittlerweile seit bald vierzig Jahren. Umso schwerer fällt es mir, diese Kommunikation als in sich logisches Konstrukt zu erfinden. Und doch gewinnt sie über die Länge der Zeit auch in meiner nicht allzu theoriebeflissenen Erfahrung ihre charakteristischen Leitmotive und Spannungszonen; diese spiegeln sich in der Gesamtanlage dieses Buches. Um sie der Reihe nach durchzugehen:

(1) Die Priorität des Prioritätenproblems – der für den Aktivisten entstehende Zwang, inmitten der Buntscheckigkeit der unter der Rubrik «Umwelt» gesammelten Themen eine *Priorität* zu bestimmen. Darauf stieß ich vor allem durch Kontakte zu solchen Wissenschaftlern, die vielerfahren in politischen Kontroversen waren. In Gesprächen mit Klaus Traube und Regine Kollek, lange Zeit führend unter den kritischen Experten in Sachen Kern- und Gentechnik, wurde mir neben vielem anderen mehr als einmal bewusst, wie sehr es darauf ankommt, in der verwirrenden Vielfalt potentieller Risiken einen Blick für die politikfähigen Punkte zu gewinnen – womit nicht gesagt ist, dass derartige Prioritäten ein für alle Mal festlägen. Es gibt einen Öko-Alarmismus, der ablenkt und desorientiert. Durch Regine Kollek wurde mir bewusst, dass die medienwirksamen Frankenstein-Phantasien von Menschenzüchtung per Gentechnik von dem weitaus realeren Risiko der Monopolisierung lukrativer Arten durch Agrarkonzerne ablenkt. Klaus Traube warnte die Kernkraftgegner davor, sich in technische Detailprobleme locken zu lassen und darüber das Grundproblem aus den Augen zu verlieren: die Unmöglichkeit einer politischen Steuerung von technischen Megaprojekten.

Aber oft ist es nicht gut, sich zu rasch auf eine Priorität zu fixieren. Die Pharmakologin Erika Hickel, die zur ersten Bundestagsfraktion der Grünen gehörte, berichtete mir von ihrem eigenen Lernprozess: Das damals bei den Grünen übliche endlose Hin und Her ungeregelter Diskussionen, das jeden zielstrebigen und disziplinierten Menschen über kurz oder lang kribbelig macht, habe sich oftmals (nicht immer) doch gelohnt und am Ende mehr Klarheit gebracht – oder doch zumindest Leute herausgeekelt, denen es nicht ernst gewesen sei. Aber gerade die Unübersichtlichkeit der Umweltprobleme verführt zu vorschnellen Positionen. Edda Müller, deren Karriere sich zwischen Umweltpolitik und Verbraucherschutz bewegte und die mir Einblicke in die «Innenwelt der Umweltpolitik» gab – so der Titel ihres Buches –, wies mich darauf hin, dass sich gerade auf einem extrem diffusen Terrain besonders leicht fixe Ideen festsetzen; dieser Gedanke war mir ein Aha-Erlebnis.

Das trifft sich mit Grundgedanken von Reinhard Ueberhorst, der 1979/80 die Bundestags-Enquetekommission «Künftige Kernenergiepolitik» leitete, und auf dessen Elmshorner Gesprächsabenden ich seit über zwanzig Jahren unendlich viel gelernt habe: seiner Warnung, sich in Umweltfragen vorschnell auf festen Positionen zu verschanzen, und seiner Forderung nach einer «diskursiven Politik», die sich mit einer Mehrzahl möglicher Optionen konfrontiert. Auf welche Weise man in einem derart unübersichtlichen Revier dennoch zu politischen Entscheidungen gelangt – diese Frage lässt sich, wie mir scheint, besser durch den Blick auf die Geschichte als auf prinzipielle Weise beantworten. Zu den eindrucksvollsten Erlebnissen dieser Gesprächsabende gehörten die Begegnungen mit dem kürzlich verstorbenen Hermann Scheer, dem Charismatiker der Solarenergie. Besonders in Erinnerung blieb mir seine These, die Steuerfreiheit des Flugbenzins sei einer der allergrößten und zugleich verschwiegensten Umweltskandale. Keiner traue sich, an dieses Tabu zu rühren – und dabei würden mit einem Schlage nicht wenige negative Folgen der gegenwärtigen Globalisierung vermindert, wenn sich der Flugverkehr drastisch verteuere. Das wurde mir ein Memento: Umweltschutz könnte so einfach sein – wenn nicht die ebenso einfachen wie wirkungsvollen Wege systematisch versperrt würden!

«Der gerade Weg ist meistens der Weg, der verbaut ist» – das ist eine Quintessenz von Gerhard Wallmeyer, Mitbegründer von Greenpeace Deutschland, nach 30 Jahren Erfahrung als Regenbogenkämpfer. Also müsse man strategische Umgehungsmanöver machen: über die Wale und über die Dünnsäureverklappung zu den ganz großen und heiklen Problemen der Ausbeutung der Weltmeere. Hinderlich sei dabei das fixe Bild, das die Öffentlichkeit von den Regenbogenkämpfern habe: Wenn Greenpeace zu Lande gegen die Gentechnik mobil mache, werde das als

Greenpeace-Aktivität gar nicht wahrgenommen (so dass Greenpeace in einer Novembernacht des Jahres 1996 im Schlauchboot die erste Lieferung genmanipulierter Sojabohnen von Monsanto im Hamburger Hafen in Empfang nahm). Wenn dagegen der Greenpeace-Rivale Paul Watson seine Jagd auf Walfänger mache, hielten viele das für eine Greenpeace-Aktion.

(2) Charisma und Bürokratisierung. Von Max Weber herkommend, achtete ich in den Umweltbewegungen auf Charismatiker, auf spirituelle Motive und zugleich auf Prozesse der Bürokratisierung und Veralltäglichung. Die spirituellen Beweggründe waren ein Dauerthema mit Orlinde, meiner Frau, über die ich vor vielen Jahren mit buddhistischem Gedankengut in Berührung kam. Tenzin Choegyal, der jüngere Bruder des Dalai-Lama, verabreichte uns da eine kalte Dusche, indem er die ökologische Stilisierung des Buddhismus durch seinen berühmten Bruder verwarf: Dem Buddhismus gehe es um die Befreiung des Menschen aus dem Kreislauf des Seins, nicht um die Wiederherstellung materieller Stoffkreisläufe. Über Baumkult zu reden sei verlorene Zeit. Aber auch der Respekt vor allen Lebewesen gehört zum Buddhismus. Und ist es nicht das gute Recht heutiger Menschen, vor dem Hintergrund moderner Probleme den Buddhismus neu zu begreifen? Ist das nicht authentischer als die Selbstkostümierung mit einem Buddhismus, der aus fernen Zeiten und Kulturen stammt?

Auf einer Japanreise lernte ich den Kulturhistoriker Ryuichiro Usui kennen, der über Ishimure Michiko arbeitet. Er erkennt in dieser «japanischen Rachel Carson» einen ganz eigenwilligen Buddhismus und dazu ein Substrat von urjapanischem Animismus, aber auch – und das überraschte mich – eine innere Beziehung zu der Lehre vom mutterrechtlichen Urgrund der Kultur: zu Johann Jakob Bachofen und zu Ludwig Klages. Nimmt in der weltweiten «ökologischen Kommunikation» jenseits aller kultureller Diversität doch eine «Weltgesellschaft» Gestalt an – eine, die nicht nur im Konferenztourismus kleiner Eliten besteht, sondern sich auf elementare menschliche Dispositionen gründet, naturhafte wie spirituelle? Gerne würde ich glauben, dass es die von Edward O. Wilson vermutete «Biophilie» als menschliche Naturanlage gibt.

Der bärtige Prophetentypus gehört zum grünen Milieu; aber zum Charismatiker im Weber'schen Sinne gehört auch eine entsprechende Jüngerschaft, und Michael Vesper, der als grüner Fraktionssekretär seiner Partei ein Mindestmaß an Disziplin beizubringen suchte, wies mich darauf hin, die Grünen hätten unglaublich viele Menschen verbraucht und verschlissen. Ich selbst war bei der Durchsicht meiner Materialmassen oft betroffen, auf wie viele Namen ich stieß, die früher eine Zeitlang die Zukunft zu verkörpern schienen, aber längst vergessen sind. Manchmal beschäftigte mich die Frage, ob die Öko-Szene einen Sinn für Märtyrer habe. Auf der Blumeninsel Mainau lernte ich 1993 Bruno Manser kennen, der den Stamm der Penan im Regenwald von Sarawak gegen auswärtige Holzfirmen zu mobilisieren suchte. Dem *Spiegel* zufolge setzte die «Holzmafia» 50 000 Dollar auf seinen Kopf.[1] Im Mai 2000 verschwand er spurlos im Urwald – bleibt die Erinnerung lebendig? Ein früherer Student von mir, Klaus-Jürgen Sucker, der sich im Gorillaschutz engagierte, aber auch fragwürdigen Praktiken von Holzfirmen in Zentralafrika nachging, wurde 1994 in Uganda erhängt aufgefunden; ich war betroffen, wie still es um sein Schicksal blieb.[12]

(3) Paradigma Atomkonflikt? Da ich in den 1970er Jahren vor allem über den Atomkonflikt zur Umweltbewegung gestoßen war, treibt mich seither die Frage um, ob dieser Konflikt ein Paradigma auch für andere Arenen der Umweltpolitik abgibt oder gerade *nicht*. Bei diesem Thema war ich am allermeisten frappiert, wie konträr man die Dinge sehen kann und in welchem Maße sich aus der Sicht verschiedener Beteiligter ganz gegensätzliche Geschichten der Umweltbewegung ergeben. Für Gerhart Baum und andere Umweltpolitiker der 1970er Jahre im Bundesinnenministerium war es ganz evident, dass niemand anders als sie selbst die deutsche Umweltbewegung ins Leben gerufen hatten, indem sie entsprechende Bürgerinitiativen gezielt förderten, um ein Gegengewicht gegen die Lobbys der Industrie aufzubauen. Diese wohlüberlegte Strategie, die einen Weg zu einem breiten Konsens hätte bahnen können, sei von dem plumpen Proteststurm gegen die Kernkraftwerke durchkreuzt worden. Für alte Kämpen der Anti-AKW-Bewegung eine Geschichte, die die Dinge auf den Kopf stellt; und doch lässt sie sich begründen. Einen wertvollen Gesprächspartner fand ich in der Endphase meiner Arbeit in Volker Hauff, der 1975 als Staatssekretär unter dem Bundesforschungsminister Matthöfer den «Bürgerdialog Kernenergie» ins Leben gerufen und seither als Bundesforschungs- und Verkehrsminister, deutsches Mitglied der Brundtland-Kommission und Vorsitzender des Rates für Nachhaltigkeit die Umweltpolitik kontinuierlich verfolgt hatte und mir anschaulich schilderte, wie sehr auch die Umweltpolitik von Außenimpulsen lebt. Die säuberliche Trennung von Staatsapparat und «Zivilgesellschaft» ist eine typische Kopfgeburt der 1990er Jahre im Zeichen der Deregulierung. NGO-Aktivisten fungieren als Ranger in Nationalparken. Wie mir Gerhard Wallmeyer berichtete, leistete Greenpeace dem darniederliegenden Russland sogar Polizeidienste, als es um die Abwehr japanischer Fischdampfer ging.

Auf dem Höhepunkt des Atomkonflikts wohnte ich Wand an Wand mit einem Beamten der politischen Polizei, der in Jeans und Pullover in der Universität erschien, wenn sich dort Anti-AKW-Demonstranten sammelten, und mir gestand, dass er sich in der Universität in Feindesland fühlte. (Ich versprach, ihm notfalls in meinem Büro Asyl zu gewähren.) Dabei mehrten sich, wie er mir berichtete, auch in den Reihen der Polizei die Kernkraft-Gegner; es war naiv, unter dem Eindruck der Zusammenstöße am Bauzaun von Kernkraftwerken «die Bullen» als Feindbild aufzubauen. Aber erst Gisela Diewald-Kerkmann, die sich über die Frauen der RAF habilitiert hat, brachte mich 30 Jahre später darauf, mich intensiver mit der *Gewaltfrage* in der Umweltbewegung, gerade auch weltweit, zu befassen. Mit ihr zusammen unternahm ich eine Seminarexkursion zur Hamburger Greenpeace-Zentrale und war überrascht und beeindruckt, in welchem Maße das strategische Denken nicht nur auf die Aktion, sondern auch auf die Legitimation abzielt. Bei allen Eklats ein kalkulierter Konsens mit den Gerichten: auch dies ein Schlüssel zum Erfolg bei Umweltaktionen!

Die in Umweltkonflikten vielerfahrene Gertrude Lübbe-Wolff – früher Leiterin des Bielefelder Wasserschutzamtes, dann Vorsitzende des Deutschen Umweltrates und jetzt Mitglied des Bundesverfassungsgerichtes –, bei der ich mir auf gemeinsamen Waldwanderungen Aufklärung über juristische Seiten des Umweltschutzes holte, brachte mir, der ich eine klammheimliche Anarcho-Sympathie nicht ganz verleugnen konnte, immer wieder die fundamentale Bedeutung von *Institutionen* für den Umweltschutz zu Bewusstsein. Räsonnements über die Rettung der Welt seien heiße Luft, wenn man nicht die Institutionen mitdenke, die die Kompetenz besitzen, um die guten Absichten in die Tat umzusetzen. Die Geringschätzung der Institution sei eine schlechte deutsche Tradition. Die staatlichen Instanzen bedürften jedoch in Umweltfragen unbedingt der Anstöße von außen. Daher sei es gedankenlos, Umweltaktivisten, die administrative Verantwortung übernähmen, als «Bürohengste» zu verspotten.

Seit dreißig Jahren gehört die Geschichte der Wald- und Holzwirtschaft zu meinen Hobbys: Nirgendwo anders haben Konflikt und Konvergenz zwischen Ökonomie und Ökologie eine so alte und vieldiskutierte Geschichte wie dort, nicht nur in Mitteleuropa, sondern in neuerer Zeit überall auf der Welt. 1993 lernte ich auf dem Stuttgarter Mammutkongress *Natur im Kopf* Vandana Shiva kennen, die den längsten Beifall der Tagung bekam und damals die berühmteste «Öko-Frau» Indiens, ja überhaupt der Dritten Welt war. Sie, Tochter eines Försters, der aus der Tradition der britischen Kolonialverwaltung kam, versicherte mir, für die Forstschule in Dehra Dun sei sie «der Teufel» gewesen; und doch lag es ihr fern, auch ihrerseits die staatlichen Förster zu Teufeln zu stilisieren. Zu viele Wald- und Umwelthistoriker gehen in die Irre, weil sie noch an den Dualismus von Guten und Bösen in der Geschichte glauben, egal, ob sie das Gute bei den staatlichen Forstverwaltungen oder bei der alten Waldbauernweisheit suchen. Vandana Shiva machte mir bewusst, dass eine weltweite Verständigung unter den Umweltinitiativen nur unter Anerkennung der regionalen Verschiedenheiten gelingen kann und die Parole «Global denken» Humbug ist, wenn sie auf die Projektion eigener Präferenzen in den Rest der Welt hinausläuft.

(4) Naturschutz für oder gegen den Menschen? Ich suchte nicht nur nach der Wut, sondern auch nach der Liebe: vor allem nach der Liebe zur Natur. Aber diese Libido hat es in sich; nicht einmal Sigmund Freud hat sie zu analysieren vermocht. Der *Naturschutz* bot unter allen Umweltschutzbereichen den mit Abstand allermeisten Gesprächsstoff. Als ich auf dem Bamberger Naturschutztag 2000 einen der Vorträge hielt, erlebte ich zum ersten Mal voller Überraschung, wie viel Groll es unter den Naturschützern über die Umweltschützer gab; nur von der Ferne wirken Natur- und Umweltschutz als Kontinuum. Als ich 2002 zusammen mit Frank Uekötter in ministeriellem Auftrag die Berliner Konferenz *Naturschutz und Nationalsozialismus* leitete,[3] war ich konsterniert, in welchem Maße dieses Thema, das mir im Vergleich zu Themen wie «IG Farben und Nationalsozialismus» recht harmlos erschien, nach wie vor ein vermintes Gelände ist. Da gerieten wir von zwei Seiten unter Beschuss: Die eine unterstellte uns Apologie des NS-Regimes, die andere Diffamierung des Naturschutzes.

Heinrich Spanier, der die Naturschützer im Bundesumweltministerium mehr von ihrer lobbyistischen als von ihrer spirituellen Seite erlebte, schärfte mir immer wieder ein, wie überall stelle sich auch im Naturschutz die Forderung nach einem vernünftigen Verhältnis von Aufwand und Ertrag. Ihm bin ich zu ganz besonderem Dank verpflichtet;

denn er hat in seiner akribischen Art mein gesamtes Manuskript gegengelesen. Überdies verdanke ich ihm seit zehn Jahren eine Fülle von Insider-Einblicken in das Innenleben der Natur- und Umweltschutzpolitik, nicht zuletzt auch in deren komisches Element, das mir unlängst wieder sehr anschaulich wurde, als ich auf einen Asbest-Alarm hin binnen einer Stunde meinen Büroraum in der Universität räumen musste, in dem ich über drei Jahrzehnte lang gehaust hatte. Wie ich aus den USA erfuhr, gab es dort schon vor dreißig Jahren ähnliche Szenen.

Auch Wolfgang Haber, der Doyen der deutschen Ökologie und Naturschutzpolitik, hat meinen gesamten Text mit großer Genauigkeit gegengelesen: Dieses sein Entgegenkommen war für mich Nichtökologen von unschätzbarem Wert. Ich lernte ihn zuerst bei den Mainauer Gesprächen kennen, die viel dazu beigetragen haben, Umweltinitiativen einen weiteren Horizont zu geben und Zielkonflikte diskutierbar zu machen; auf der Blumeninsel im Bodensee ist die Bedeutung des Gartens für die Mensch-Natur-Beziehung stets präsent. Haber wurde mir zu einem Vorbild geistiger Unabhängigkeit und vermittelte mir seine in Kämpfen und unter Revision eigener früherer Positionen erworbene Lebenserfahrung, Naturschutz in der Demokratie müsse den betroffenen Menschen kommunizierbar sein und dürfe nicht einfach von dem Dogma «Wildnis» her kategorisch Forderungen stellen, koste es, was es wolle.

Bei einem verbeamteten Naturschützer erlebte ich, wie er an dem einen Tag in den Bauern, an dem anderen Tag dagegen in radikalen Tierschützern seine Feinde sah, denen es ihm zufolge einzig darum gehe, dass sich Kröten ungestört paaren könnten, während ihnen Polizisten, die durch Molotow-Cocktails verletzt würden, egal seien. Wiederholt stieß ich darauf, dass die Beziehung zwischen Naturschützern und Jägern eines der heikelsten Themen der Öko-Szene ist: fast zu heiß, um es zum Gegenstand der Forschung zu machen. Henry Makowski gab mir in seiner temperamentvollen Art zu dieser wie zu anderen Kampffronten des Naturschutzes eine bunte Fülle von Informationen. Thomas Neiss, über viele Jahre der dynamische Leiter der Naturschutzabteilung im Düsseldorfer Umweltministerium, erzählte mir, er habe den organisierten Jägern gesagt, bei seiner Beerdigung sollten sie blasen: «Die Sau ist tot.» Daraufhin hätten diese gekränkt erwidert, auch sie seien doch Naturschützer!

Lois Gibbs, Sprecherin einer amerikanischen Initiative gegen Umweltgifte in Unterschichten-Wohnvierteln, die gewöhnlich der *Environmental-justice*-Bewegung zugerechnet wurde, mochte das Etikett «environmental movement», das für andere Initiativen ein Gütesiegel ist, nicht leiden: Die Leute sollten wissen, «that we are protecting people, not birds or bees.»[4] Naturschützer in der DDR begrüßten die Wende von 1989/90 als Chance zur Rettung der Natur vor der bis dahin unaufhaltbaren Expansion der «Datschen»: der Kleingärten, die das letzte Mittel der SED-Diktatur waren, ihren Bürgern ein Rest von Zufriedenheit zu geben.[5] Aber waren nicht viele Kleingärten kleine Paradiese der Artenvielfalt – und fungierte der Naturschutz in der DDR nicht mitunter als Ablenkung von immensen Umweltzerstörungen ringsum? «Naturschutz ist nicht automatisch das, was sich Naturschutz nennt», war eine Quintessenz Frank Uekötters aus seinen Recherchen zur Naturschutzgeschichte. Ein spanischer Umweltaktivist erklärte mir, für die Artenvielfalt sei es am besten, die traditionelle Land- und Weidewirtschaft zu kultivieren; die Nationalpark-Kampagnen lenkten von dem, worauf es ankomme, nur ab.[6] Mit Verblüffung erfuhr ich, dass spanische Naturschützer die Neubelebung der Transhumanz feiern: die Wiederkehr der riesigen Schafherden, in denen spanische Agrarreformer einst den Verderb des Landes gesehen hatten.

Das Vertrackte ist nur: Es ist so leicht, die rationale Basis des Naturschutzes zu zerpflücken – aber möchte der Naturfreund ernsthaft auf jeglichen Naturschutz verzichten? Dennoch, die Frage nach der Realität hinter den Worten ist die Kernfrage eines kritischen Zugriffs, gerade bei so vieldeutigen Begriffen wie «Natur» und «Umwelt». Während der Vorarbeiten zu diesem Buch hat der mit Umweltschutz getriebene Etikettenschwindel mit jener der kriselnden Automobilbranche zugeschanzten «Umweltprämie», die der Volksmund treffend «Abwrackprämie» getauft hat, einen bislang singulären Höhepunkt erreicht.

(5) «Global» – «lokal»: auch das ein unendliches Thema! Als Bruno Manser auf der Blumeninsel Mainau gefragt wurde, was wir für den Wald tun könnten – und der Frager dachte an die Tropenwälder –, erwiderte er mit sanfter Stimme: «Der deutsche Wald den Deutschen», nicht für die skandinavische Zellstoffindustrie, dafür sollten wir kämpfen. Yannis Vlaikos, Leiter einer Fischerei-Kooperative auf der ägäischen Insel Alonnisos und zugleich Vorkämpfer des von Euronatur gesponserten Meeresnationalparks Nördliche Sporaden, vermittelte mir an Ort und Stelle ein lebendiges Bild davon, welche Chancen ein undogmatischer Naturschutz durch die Kooperation mit lokalen Interessen und Genossenschaften besitzt, während ein von allzu weit oben dekretierter Naturschutz oftmals nur auf dem Papier besteht. Daher genügt es nicht, sich über Umweltorganisationen nur aus dem Internet zu informieren; man muss auch vor Ort erkunden, was sie bewirken – und ob sie überhaupt etwas bewirken.

Mit Christel Schröder, der Vizepräsidentin von Euronatur, unternahm ich immer wieder Wanderungen durch die Senne, wo sie eine biologische Station leitet, und wurde von ihr kräftig darin bestärkt, dass der Naturschutz auch Historiker brauche, die einen Sinn für die konkrete Anschauung vor Ort hätten, während ein gewisser Typ doktrinärer Ökologen nur in der Bürokratie zu gebrauchen sei. Ihre Erfahrungen im praktischen Naturschutz führten sie dazu, jedes Jahr eine Regel umzustoßen. Über sie lernte ich Lutz Ribbe kennen, der Euronatur seit fast zwei Jahrzehnten beim Europa-Parlament vertritt und sich mit der EU-Politik seit langem temperamentvoll, jedoch ohne fixe Feindbilder herumgeschlagen hat und sich intensiv um eine Verbindung von Naturschutz und Agrarpolitik bemüht: einen der heikelsten Problembereiche der EU. Er bestärkte mich in der Überzeugung, dass ein wirksamer Umweltschutz gerade heute, wo die Spezialisierung überhandnehme, Generalisten brauche, um nicht ganz und gar in Klimaschützer, Gesundheitsschützer und Fledermausschützer zu zerfallen. Auch dies ein Fingerzeig, wie sich Historiker politisch nützlich machen können.

Udo Simonis, seit vielen Jahren ein engagierter Fürsprecher globaler Umweltpolitik, kritisierte in seinen Rezensionen von *Natur und Macht* immer wieder mein Zögern, mir Lovelocks Gaia-Theorie zu eigen zu machen. Auf meine Gegenfrage, wie ich das als Historiker fertigbringen solle, erwiderte er schmunzelnd, das wisse er nicht; das herauszukriegen sei meine Sache. Ein junger niederländischer Umwelthistoriker dagegen meinte – ebenfalls lächelnd – mir und meinem Weltgeschichtsprojekt gegenüber, ökologisch angehauchte *world history* sei etwas für alte Hippies, die sich an einem rosaroten *Peace-and-love*-Idyll vom Zusammenwachsen der «Einen Welt» ergötzten. Vielleicht sind die Hippies in der Tat der bislang am wenigsten gewürdigte Ursprung der grenzüberschreitenden Umweltbewegung.

Ich habe jedoch nie zu ihnen gehört. Eine globale Geschichte der Umweltbewegung ist, sobald man genauer hinschaut, keine harmonische Geschichte. Im Gegenteil, gerade durch den transnationalen Vergleich erkennt man, in welch unterschiedlichen Welten viele Umweltinitiativen leben und wie wenig sie in Wahrheit voneinander wissen. Eine grenzüberschreitende Kommunikation kann erst dann gelingen, wenn man sich die Unterschiede bewusstmacht und akzeptiert, dass die Öko-Bewegung ihre eigene Ökologie hat, sobald sie ihre jeweilige Umwelt konkret wahrnimmt und nicht nur «die» Umwelt als Abstraktum beschwört. Was nun nicht bedeutet, dass man vor jeglichem Umwelt-Nationalismus Respekt haben müsste. Vor zwanzig Jahren erlebte ich auf einer internationalen Umweltkonferenz in Skandinavien, wie eine mitteleuropäische Teilnehmerin, die gegen den Walfang gesprochen hatte, von einem Norweger lächerlich gemacht wurde: Sie sei «unschuldig wie eine Meerjungfrau»!

Um der Gefahr einer germanozentrischen Sichtweise von Anfang an nach Kräften zu begegnen, diskutierte ich ein erstes Konzept zu dem vorliegenden Buch im September 2005 in der Peking University. Da trug ich die These des australischen Ökologen Timothy F. Flannery vor, dass sich die Länder mit zunehmendem Umweltbewusstsein auseinanderentwickeln – logischerweise, denn die Umweltbedingungen seien ja in verschiedenen Regionen höchst unterschiedlich.[7] Frank Uekötter, der mich begleitete, inszenierte eine wissenschaftliche Kontroverse und verfasste ein Gegenpaper *(Environmentalism Worldwide: A Different Perspective)*, in dem er zwar darin mit mir übereinstimmte, dass die Identifizierung «nationaler Stile» des *environmentalism* ein vielversprechendes Projekt sei, jedoch: «Obviously, there is nothing natural about a nation's environmentalism.» In der Tat, da berührte er einen kritischen Punkt, an dem auch die Frage hängt, ob nationale Varianten des Umweltbewusstseins hinzunehmen oder als zu überwindende Borniertheiten anzusehen sind: eine Frage, deren Brisanz mit der Internationalisierung der Umweltpolitik wächst. Eine pauschale Antwort gibt es nicht.

Gerhard Wallmeyer brachte mir immer neue Beispiele dafür, dass bestimmte Kulturen zu Greenpeace besser passen als andere: die streitbare indonesische Kultur besser als die sanfte thailändische. Dass das Umweltbewusstsein nicht einfach ökologisch determiniert, sondern in stärkstem Maße kulturell geprägt ist, ist unmöglich zu bezweifeln – jedoch die Kultur, die «nachhaltig» ist und mehr als eine bloße Mode, enthält ihrerseits ein Stück Natur. Aber auch dann, wenn sich das Umweltbewusstsein auf die regionale Natur gründet, bietet diese Natur oft Raum für unterschiedliche Interpretationen. Selbst innerhalb der Neuenglandstaaten, die sich mit Stolz als Pioniere des *environmentalism* bezeichnen, gibt es verschiedene Arten von Umweltbewusstsein: Das eine treibt einen Kult mit den dortigen artenreichen Wäldern (die jedoch großenteils erst sekundär nach dem Rückgang der Landwirtschaft entstanden sind), das andere mit den vergleichsweise traditionellen Agrarlandschaften,[8] und Industriearchäologen entdecken das Tal des Connecticut River als Standort früher Fabriken, die die regenerative Wasserkraft nutzten.

Die tief verwurzelte Regionalität der Umweltbewegung ist jedoch nur die eine Seite: Der globale Horizont, so imaginär er auch sein mochte, gehörte frühzeitig dazu. Das wurde mir, trotz anfänglicher Skepsis, durch viele Gespräche mit Anna Wöbse deutlich, die die umweltpolitischen Ansätze des Völkerbundes und die Initiativen zu einer internationalen Umweltpolitik in der Zeit nach dem Kriegsende von 1945 wiederentdeckte und archivalisch recherchierte. Da konnte ich auch vieles einordnen, was sich bei mir über die Jahre an Impulsen durch Gesprächspartner aus aller Welt angesammelt hatte. Das Gros der amerikanischen Literatur nimmt die internationalen Umweltgipfel nicht sehr wichtig, und ich selbst dachte lange Zeit ähnlich; aber Bao Maohong, Historiker an der Peking University und einer der Begründer der Umweltgeschichte in China, vermittelte mir aus der Sicht seines Landes ein sehr anderes Bild: Da kamen entscheidende umweltpolitische Anstöße von den großen internationalen Konferenzen.

Aus der Sicht des Greenpeace-«Fundraisers» reagierte Gerhard Wallmeyer geradezu gereizt auf die Idee, man müsse die Leute in ihrem Vorgarten abholen. Ganz im Gegenteil, für Exotisches gäben sie am liebsten Geld. Im Übrigen werde nirgends so viel gemauschelt wie auf lokaler Ebene. Wer als Sympathisant der Basisdemokratie die Initiativen «von unten» schätzt, sollte gleichwohl nicht blind dafür sein, dass die Geschichte oft durch «Top-down»-Impulse bestimmt wird. Während ich an diesem Buch arbeitete, ist der Anlauf zu einer globalen Klimapolitik erneut gescheitert: ein Beweis für die Sinnlosigkeit von Globalpolitik oder eher ein Beweis dafür, dass diese Gipfelpolitik nicht vorankommt, wenn sie keinen Unterbau von Umweltbewegungen besitzt und weder einen spürbaren Leidensdruck hinter sich noch konkrete Ziele vor sich hat? Aber ist ein solcher Unterbau überhaupt denkbar?

Mein primärer Impuls, als ich die Umweltinitiativen als «meine» Bewegung empfand, war vor vierzig Jahren der Hass auf den Lärm und den unaufhaltsam vordringenden Autoverkehr. Motive solcher Art sind durch die Ökologisierung der Umweltbewegung an den Rand geraten. Für Global-Ökologen ist das Lärmproblem uninteressant; Anti-Lärm-Initiativen, die per se lokal sind, werden als bornierte NIMBY-Bewegungen («Not in my backyard») abgetan.[9] Sabine Dworog jedoch, die seit Jahren über die Bewegung gegen die Startbahn West forscht, versicherte mir, in der historisch-politischen Realität sei es unmöglich, selbstlose von NIMBY-Bewegungen zu trennen.[10]

Weniges hat mich von Anfang an derart in Wut gebracht wie die Zerstörung gewachsener Stadtviertel durch Baulöwen und Immobilienspekulanten. Schützenswert ist nicht nur das Wachstum in der Natur, sondern sind auch gewachsene Stadtviertel, die Heimat – ökologisch: Habitat – geworden sind. Es wäre ganz ahistorisch, den Kampf um die Erhaltung solcher Viertel, der in der Geschichte der Umweltinitiativen eine mobilisierende Kraft ersten Ranges war, aus der Geschichte der Öko-Ära nur deshalb auszuklammern, weil derartige Initiativen weder ökologisch noch global ausgerichtet sind. Manches spricht dafür, dass die flächendeckende Machtergreifung des Autos die Umweltkatastrophe war, die der «ökologischen Revolution» von 1970 vorausging – nach einer im engeren Sinne ökologischen Katastrophe, die der Auslöser hätte sein können, sucht man ja vergebens.

Auf der Vilmer Sommerakademie 2001, auf der es um die Rehabilitation des Heimatschutzes für den Naturschutz ging und bei der ich überrascht war, in welchem Maße dieses Thema mit konträren Emotionen aufgeladen ist,[11] ging Ulrich Eisel bis zu der These: Das einzig Populäre, an das der Naturschutz anknüpfen könne, sei die Heimatliebe – «Nachhaltigkeit» lasse die Leute kalt! Ein deutscher Sonderweg mit dubioser Tradition? Eine Quintessenz dieses Buches besteht darin, diesen neudeutschen Irrglauben zu widerlegen. Heute stößt man in den umweltbewussten Neuenglandstaaten geradezu auf die provokative Gegenparole zu dem traditionellen Slogan *Think globally – act locally:* nämlich auf die Devise «Think locally»! Ernst Bloch, der einst vor dem NS-Regime in die USA fliehen musste und dort wie so viele Mitemigranten das Heimweh kennenlernte, schließt sein *Prinzip Hoffnung* mit der Hoffnung auf «etwas, das allen in die Kindheit scheint und worin noch niemand war: Heimat.» Heimat im Sinne Blochs und auch im Sinne der Umweltbewegung ist kein Uterus, in den man zurückzukriechen sucht, sondern etwas nicht perfekt Vorgegebenes, das man durch mutiges Engagement erst schaffen muss. Ob ein Konnex von Natur- und Heimatschutz dies leistet, ist die entscheidende Frage.

«Think locally» – nein, das geht zu weit. Zwar neigt man als Historiker in Deutschland eher dazu, sich über gar zu blauäugige Hoffnungen auf ein globales Umweltregime durch UN- und UNESCO-Gremien lustig zu machen: Das Gros der *Global-Governance*-Literatur bewegt sich in einer geistigen Galaxie, in der alle konkrete Erfahrung in Spiralnebeln verschwimmt, und ist für Historiker unlesbar. In den USA dagegen überkommt einen eher eine gewisse Beklommenheit, wenn man sieht, wie wenig dort internationale Institutionen und Konferenzen zählen und mit welcher Selbstverständlichkeit dort selbst von einem Al Gore die größte

Chance des globalen Umweltschutzes in einer globalen amerikanischen Hegemonie erkannt wird. Auch das Nachdenken über Perspektiven internationaler Umweltpolitik begleitet dieses Buch. Operiert man mit historischen Analogien, sind deren Chancen nur ganz begrenzt – aber die Geschichte zeigt, dass es immer wieder auch Neues, Ungeahntes gibt, das bis dahin unmöglich erschien.

Kontakte zur amerikanischen Öko-Szene, die sich dessen rühmt, die Umweltbewegung erfunden zu haben, sind eine unerlässliche Voraussetzung für eine globale Geschichte der Öko-Ära. Je mehr man jedoch Gespräche mit amerikanischen Öko-Aktivisten führt, desto mehr lernt man auch manche Fortschritte in Europa und im eigenen Land schätzen. Allan Abramson, der 35 Jahre lang in der amerikanischen Umweltbehörde EPA tätig war, machte mir bewusst, dass sich trotz der langen und beeindruckenden Galerie amerikanischer Umweltgesetze das Vorsorgeprinzip, das zumindest im Grundsatz innerhalb der EU weithin anerkannt ist, in den USA nicht durchgesetzt habe: «It has been attacked as fuzzy European thinking which would cripple the economy. Schade!» Das antagonistische amerikanische Rechtssystem, in dem Ankläger und Verteidiger mit detektivischem Ehrgeiz konträre Ermittlungen betreiben, besitzt den Reiz des Wettkampfs und hat viele dramatische Szenen im Kampf um das Recht beschert; aber bislang lenkte es die Energien vorwiegend auf die Nachsorge, nicht auf die Vorsorge.

Der härteste Brocken wurde für mich die Klimapolitik. Im Sommer 2002 unternahm ich mit Studenten und Kollegen eine umwelthistorische Alpenexkursion. In Grindelwald stieß der Schweizer Klimahistoriker Christian Pfister zu uns, damals die treibende Kraft hinter der im Jahr 2000 gegründeten *European Society for Environmental History* (ESEH). Er führte uns Flachländler so lange über steile Geröllhalden zu den zurückgewichenen Gletscherrändern, bis die Studenten aus Erschöpfung streikten. Völlig außer Atem bekannte ein Kollege, hier sei er vom Saulus zum Paulus geworden: Jetzt glaube er an das *global warming*. Und doch, die Anschaulichkeit, die die globale Erwärmung an den Gletscherrändern bekommt, ist trügerisch: Noch in den 1980er Jahren rückten manche Gletscher vor, und auch heute weichen sie nicht überall auf der Welt zurück. Erst durch Verbindung von empirischen Fakten und Computermodellen gelangt man zu der These von der unaufhaltsam voranschreitenden Erwärmung. Zwischen Klimahistorikern und Klima-Modellierern besteht gleichwohl, wie wir hörten, eine Spannung. Modelle und empirische Befunde fügen sich ebenso wenig problemlos ineinander wie die Idealtypen Max Webers mit der widersprüchlichen Fülle historischer Fakten. Kontakte zu dem von Peter Weingart, Anita Engels und Petra Pansegrau über viele Jahre durchgeführten Klimaprojekt vermittelten mir aufregende Einblicke in ein anderes Spannungsfeld: die Wechselbeziehung zwischen Klimaforschung und Medien.[12] Als sich auf einer Tagung im Dezember 1996 Klimaforscher und Journalisten wechselseitig die Schuld an einem überzogenen Alarmismus gaben, flogen die Fetzen.

Immer wieder suchte ich jedoch nicht nur nach Strukturen, sondern auch nach lebendigen Menschen. Erst 17 Jahre, nachdem mir Bruno Manser sein Buch *Stimmen aus dem Regenwald* gab, machte mich meine Frau darauf aufmerksam, dass er mir eine Widmung hineingeschrieben hatte, in der eine ganze Philosophie enthalten war: «Jede kleine gute Tat ein Kieselsteinchen ins wunderbare Mosaik des Lebens». Der moderne Ökologe würde kommentieren: Das ist angewandte Chaostheorie – es liegt in der Natur der Natur, dass auch der Einzelne mit kleinen Taten eine weltweite Wirkung anstoßen kann, so wie der berühmte Schmetterlingsflügel in Kalifornien einen Wirbelsturm in Asien auszulösen vermag. In der Tat, eine Historie des *environmentalism* muss auch von lebendigen Menschen handeln, diesen «nichtlinearen» Momenten des Geschehens: Nicht zuletzt dadurch entsteht eine Affinität zwischen Geschichte und Ökologie.

Viele weitere Gesprächsfetzen sind in den Anmerkungen versteckt. Last but not least gilt mein Dank Thomas Gorsboth, meinem Freund und Gesprächspartner seit einem Vierteljahrhundert, der mich immer wieder auf unkonventionelle Ideen brachte und trotz eigener starker Arbeitsbelastung mein Manuskript gegengelesen hat. Als wissenschaftlicher Leiter einer Gewerkschaftsakademie hat er mich stets daran erinnert, dass es auch eine Welt außerhalb der Universität gibt: eine für das konkrete Umweltbewusstsein überhaupt nicht unwichtige Einsicht. Er kennt meine Schwächen und Schrullen am besten und hat sich stets bemüht, diese ein wenig zu korrigieren. Hoffentlich ist ihm das auch hier geglückt.

Bielefeld im Februar 2011
Joachim Radkau

ANHANG

ANMERKUNGEN

Einleitung

1 Vgl. Niklas Luhmann: Ökologische Kommunikation. Kann die moderne Gesellschaft sich auf ökologische Gefährdungen einstellen? Opladen 1986, vor allem S. 75 ff. Ähnlich das Kapitel «Protestbewegungen», in ders.: Soziologie des Risikos, Berlin 2003, S. 135 ff. Beide Bücher hängen innerlich zusammen und machen einen Kern des Luhman'schen Denkens aus; dazu Michael King/Chris Thornhill: Niklas Luhmann's theory of politics and law, New York 2003, S. 182 ff. («Risk and the Environment»). Für wertvolle Hinweise danke ich Klaus Dammann, der an einer Luhmann-Biographie arbeitet.

2 Dazu Jörg Requate/Martin Schulze-Wessel (Hrsg.): Europäische Öffentlichkeit. Transnationale Kommunikation seit dem 18. Jahrhundert, Frankfurt 2002.

3 Im Flüsterwitz der NS-Zeit gelobte das BDM-Mädchen: «Ich werde das Braunhemd stets hochhalten und die Bewegung nicht vergessen.»

4 India, Department of Environment, Forests and Wildlife (Hrsg.): Environmental NGOs in India: a directory, New Delhi 1989.

5 Ausgerechnet im Register des Sammelbandes *Asia's Environmental Movements* (hrsg. von Yok-shiu L. Lee und Alvin Y. So, Armonk, New York 1999) fehlt Gandhis Name! Auch in der bislang gründlichsten Geschichte des ökologischen Denkens in Indien kommt Gandhi nicht vor; vgl. Michael L. Lewis: Inventing Global Ecology. Tracking the Biodiversity Ideal in India, 1947–1997, Athens, Ohio 2004.

6 Jost Hermand: Grüne Utopien in Deutschland. Zur Geschichte des ökologischen Bewusstseins, Frankfurt 1991.

7 Und auch die Akten sind mitunter kryptisch. Warum wird dieses und nicht jenes Gebiet unter Naturschutz gestellt? Niels Franke (1. 12. 2004) berichtete aus Recherchen in BUND-Akten, man verstehe einen Bestand erst dann, wenn man mit dem für ein Gebiet engagierten Naturschützer durch sein Revier gegangen sei.

8 René Dubos: Franciscan Conservation versus Benedictine Stewardship, in: David and Eileen Spring (Hrsg.): Ecology and Religion in History, New York 1974, S. 124.

I. Spurensuche im Öko-Dschungel – Umweltschutz denken

1 Die Erziehung des Henry Adams, von ihm selbst erzählt, Zürich 1953, S. 591.

2 Die Grünen im Bundestag. Sitzungsprotokolle und Anlagen 1983–1987, bearbeitet von Josef Boyer und Helge Heidemeyer, Düsseldorf 2008 (Quellen zur Geschichte des Parlamentarismus und der politischen Parteien, 4. Reihe, 14/1), 2. Halbband, S. 912.

3 Ulrich Linse: Ökopax und Anarchie. Eine Geschichte der ökologischen Bewegungen in Deutschland, München 1986, S. 7. Als «monumentally ahistorical» hat Michael Rand Hoare auch die britische Umweltbewegung beschrieben (Times Higher Education Suppl., 1. 2. 1991); und Ramachandra Guha versicherte ganz das Gleiche auch für die indische Umweltbewegung: ders.: How Much Should a Person Consume? Environmentalism in India and the U.S., Berkeley 2006, S. 35. Man denke nur an die ganz unterschiedliche Bewertung Gandhis!

4 Mit Verblüffung stößt man selbst bei einem so alterfahrenen bayerischen Umweltpolitiker wie Alois Glück auf die absurde Behauptung: «Wer sich damals (bis in die 1960er Jahre; J. R.) für die bedrohte Natur besorgt zeigte, galt als ‹harmloser Irrer›.» In: Umweltpolitik mit Augenmaß, hrsg. Henning v. Köller, Berlin 2000, S. 99. Als ob nicht der Naturschutz von Wilhelm II. bis Adenauer als ein grundsätzlich honoriges Anliegen gegolten hätte!

5 Vgl. etwa Christopher C. Horner: The Politically Incorrect Guide to Global Warming and Environmentalism, Washington, D. C. 2007.

6 Václav Klaus: Blauer Planet in grünen Fesseln. Was ist bedroht: Klima oder Freiheit? (aus dem Tschech.), Wien 2007.

7 Die Grünen im Bundestag, S. 914.

8 Carl Anthony: The Environmental Justice Movement: An Activist's Perspective, in: David Naguib Pellow/Robert J. Brulle (Hrsg.): Power, Justice, and the Environment. A Critical Appraisal of the Environmental Justice Movement, Cambridge, Mass. 2005, S. 92.

9 Darauf verweist Dave Foreman: Confessions of an Eco-Warrior, New York 1991, S. 201.

10 Heinrich Schipperges, der sich mit der «Natur» besonders im Kontext der Naturheilverfahren befasst hat, spricht in seinem «Natur»-Beitrag zu den «Geschichtlichen Grundbegriffen» (Bd. 4, Stuttgart 1978, S. 243) mit Recht von der «auffälligen Stabilität der Naturidee», obwohl deren Begriffsgeschichte über weite Strecken auf den ersten Blick wie ein Dschungel wirkt!

11 Zum Naturbegriff der Gegenwart. Kongreßdokumentation zum Projekt «Natur im Kopf», hrsg. vom Kulturamt Stuttgart, 2 Bde., Stuttgart 1994.

12 Joachim Radkau: Natur und Macht. Eine Weltgeschichte der Umwelt, 2. erw. Auflage, München 2002, S. 31 f.

13 So kursiert auch die Anekdote, BUND und NABU könnten sich nicht einigen, da der BUND die Frösche, der aus dem Vogelschutz kommende NABU die Störche schützen wolle!

14 In: Jochen Bölsche (Hrsg.): Die deutsche Landschaft stirbt. Zerschnitten – Zersiedelt – Zerstört, Reinbek 1983, S. 289.

15 Robert Gottlieb: Forcing the Spring. The Transformation of the American Environmental Movement, Washington, D. C. 1993, S. 130.

16 Das betont gerade auch Ute Hasenöhrl, die ihre Dissertation auf der Basis des Konzeptes der «Zivilgesellschaft» begann. Ute Hasenöhrl: Zivilgesellschaft und Protest. Zur Geschichte der Naturschutz- und Umweltbewegung in Bayern 1945 bis 1980, Göttingen 2011.

17 Wäre die bundesdeutsche Umweltbewegung im Kern eine staatliche Veranstaltung geblieben, wäre sie durch die am 3. Juni 1975 von Helmut Schmidt auf Schloss Gymnich einberufene Gesprächsrunde begraben worden, die – wie Henning v. Köller (Umweltpolitik mit Augenmaß, S. 8) schnoddrig, aber treffend bemerkt – unter der Devise stand: «Jetzt reicht's.»

18 Miranda A. Schreurs: Environmental Politics in Japan, Germany, and the United States, Cambridge 2002, S. 247.

19 Dazu Koichi Hasegawa: Constructing Civil Society in Japan: Voices of Environmental Movements, Melbourne 2004, S. 11: «The stereotypical image of the obedient Japanese who silently follows the traditional order is still strong internationally, but the voices of people interested in environmental movements ... are loud and diverse.»

20 Martin Leonhard: Umweltverbände, Opladen 1986, S. 58.

21 So die sehr prononcierte Bilanz von Frank Uekötter: Von der Rauchplage zur ökologischen Revolution. Eine Geschichte der Luftverschmutzung in Deutschland und den USA 1880–1970, Essen 2003, S. 507: Entgegen dem in der Öko-Szene verbreiteten Mantra, die Schaffung eines «neuen Bewusstseins» sei der Kern des Problems, zeige die Masse historischer Evidenz ganz deutlich: «Das prinzipielle

Bewusstsein vom Wert der Luftreinhaltung war in der Vergangenheit in vielen Fällen das geringste Problem.» Die Crux lag stets in der praktischen Umsetzung, und davon lenke die Fixierung auf die großen Worte ab. Nicht auf diese komme es an, sondern darauf, dass die Juristen der Gewerbeaufsicht Normen in einer Art formulieren, dass die Ingenieure sie technisch umsetzen können. Ebendaran habe es oft gefehlt.

22 Uekötter: Rauchplage, S. 508: «So mancher vollmundige Aufruf zur Bekämpfung der Luftverschmutzung erwies sich in organisatorischer Beziehung als stillschweigende Aufforderung zum ‹Weiter so›.»

23 So Schreurs: Environmental Politics, S. 248 ff.

24 Shawn William Miller: An Environmental History of Latin America, Cambridge 2007, S. 215.

25 John R. McNeill: Something New Under the Sun. An Environmental History of the 20th Century World, New York 2000, S. 355.

26 Das hat niemand eindrucksvoller und aus der Fülle eigener Erfahrung dargestellt als Carl Amery: Bileams Esel. Konservative Aufsätze, München 1991, S. 211 ff. («Kultur und Ökologie: Zwischen den Stühlen der Kulturen»).

27 Joachim Raschke: Die Grünen. Wie sie wurden, was sie sind, Köln 1993, S. 67–78.

28 Ebd., S. 33.

29 Samuel P. Hays: Beauty, Health, and Permanence. Environmental Politics in the United States 1955–1985, Cambridge 1987.

30 Nachdrücklich in diesem Sinne Andrew Szasz: Grassroots Environmentalism in the United States: Implications for Asia's Environmental Movements, in: Yok-shiu F. Lee/Alvin Y. So (Hrsg.): Asia's Environmental Movements, Armonk 1999, S. 193, 196 f.

31 Selbst Wolfgang Haber, der Doyen der deutschen Ökologie, der den oft willkürlichen und wissenschaftlich anfechtbaren Gebrauch von «Ökologie» als Legitimation im Naturschutz wiederholt anprangerte und mit dem ich über die terminologische Problematik korrespondierte, gestand mir zu (Brief vom 4. 9. 2010), in einer historischen Darstellung müsse man «von dem ‹verwaschenen› populären Ökologie-Begriff ausgehen».

32 Bernd Hansjürgens/Gertrude Lübbe-Wolff (Hrsg.): Symbolische Umweltpolitik, Frankfurt 2000.

33 Am 15. 3. 2006 im Gespräch mit Verf.

34 Aus eigener Erfahrung Günter Hartkopf/Eberhard Bohne: Umweltpolitik – Grundlagen, Analysen und Perspektiven, Opladen 1983, S. 221: Vor allem bei freiwilligen Umweltschutzvereinbarungen zwischen der Privatwirtschaft und staatlichen Stellen spiele sich vieles «hinter verschlossenen Türen» ab. Die Verhandlungsergebnisse seien «häufig nicht oder nur teilweise» schriftlich niedergelegt; vieles bleibe «gesprochenes Wort».

35 Edda Müller: Innenwelt der Umweltpolitik. Sozial-liberale Umweltpolitik – (Ohn)-macht durch Organisation? 2. Aufl. Opladen 1995, S. 204.

36 Deborah Lynn Gruber: The Grassroots of a Green Revolution. Polling America on the Environment, Cambridge, Mass. 2003, S. 175. Zwei Seiten darauf allerdings bemerkt sie: «while environmental concern is widespread, behavior is not.»

37 Karl-Wilhelm Weeber: Smog über Attika. Umweltverhalten im Altertum, Zürich 1990, als Taschenbuch Reinbek 1993.

38 Joachim Radkau: Max Weber – Die Leidenschaft des Denkens, München 2005, S. 120 f.

39 Frank Uekötter: Von der Rauchplage zur ökologischen Revolution. Eine Geschichte der Luftverschmutzung in Deutschland und den USA 1880–1970, Essen 2003.

40 Frank Uekötter: Wie neu sind die Neuen Sozialen Bewegungen? Revisionistische Bemerkungen vor dem Hintergrund der umwelthistorischen Forschung, in: Mitteilungsblatt des Instituts für soziale Bewegungen 31/2004, S. 131.

41 Dirk van Laak: Planung. Geschichte und Gegenwart des Vorgriffs auf die Zukunft, in: Geschichte und Gesellschaft 34/2008, S. 317 ff.
42 Donald Worster: Nature's Economy. A History of Ecological Ideas, Cambridge 1977, S. 340.
43 Uekötter: Rauchplage, S. 519: «Wer die Umweltpolitik der vergangenen Jahrzehnte nüchtern analysiert, der wird mit großer Wahrscheinlichkeit zu dem Ergebnis kommen, dass die Umweltbewegung eine der erfolgreichsten Bewegungen des 20. Jahrhunderts war. Spricht man jedoch mit Vertretern der Umweltbewegung selbst, dann ergibt sich ein sehr viel tristeres Bild ...»
44 Dazu Joachim Radkau: Zwanzigstes Jahrhundert – ein Jahrhundert des Naturschutzes? Historische Reflexionen zu hundert Jahren Naturschutz (Vortrag auf dem Deutschen Naturschutztag 2000 in Bamberg), in: Jahrbuch für Naturschutz und Landschaftspflege 53/2001, S. 294 f.
45 Jochen Bölsche: Natur ohne Schutz. Neue Öko-Strategien gegen die Umweltzerstörung, Hamburg 1982, S. 16: «Keine gesellschaftliche Strömung in der Bundesrepublik» sei «so erfolglos wie der Naturschutz»!
46 UNEP (United Nations Environment Programme) (Hrsg.): Global Environmental Outlook 2000, London 1999, S. 67, 56.
47 Jost Hermand: Grüne Utopien, S. 134.
48 William T. Markham: Environmental Organizations in Germany. Hardy Survivors in the 20th Century and Beyond, New York 2008, S. 5, 11.
49 Ralf Fücks (Hrsg.): Sind die Grünen noch zu retten? Reinbek 1991. Hubert Kleinert: Aufstieg und Fall der Grünen. Analyse einer alternativen Partei, Bonn 1992. Carsten Daniel Gerwin: Geschichte der Prognosen über die Grünen, Bachelorarbeit, Bielefeld 2006, S. 3: «Untergangsprognosen über die Grünen» hätten sich «schon großer Beliebtheit erfreut».
50 In seinem Semesterabschlussvortrag in der Universität Bielefeld am 21. 7. 2010.
51 Die Heidelberger Oberbürgermeisterin Beate Weber, bundesweit als Vorreiterin kommunaler Umweltpolitik hoch angesehen, betonte 1999 aus ihrer Erfahrung im EU-Parlament: «Viele Nachbarländer sind deutlich weiter als wir. Die Franzosen beim Verbraucherschutz, die Skandinavier beim Umweltschutz und bei sozialen Fragen.» (fairkehr 1/1999, S. 22) Auf einer Tagung zur Umweltgeschichte im Juli 2006 in Tübingen frotzelte ein italienischer Teilnehmer, die Deutschen bildeten sich mit ihrer Mülltrennung und ihrem «Dualen System Deutschland» so viel auf ihr Umweltbewusstsein ein; dabei kauften sie alle zwei Jahre ein neues Auto, flögen gerne in der Welt herum und wohnten in Eigenheimen mit hohem Wärmeverbrauch. Die Italiener dagegen wohnten eng aufeinander – da hätten getrennte Mülltonnen schon aus räumlichen Gründen keinen Platz –, benutzten schon deshalb viel öffentliche Verkehrsmittel und führen ihr Auto so lange, wie es irgend ginge. Natürlich tun sie das nicht der Umwelt zuliebe – unbeabsichtigte Umweltwirkungen des Lebensstils sind viel wichtiger als der absichtsvolle Umweltschutz!
52 Francis Haskell: Die Geschichte und ihre Bilder. Die Kunst und die Deutung der Vergangenheit, München 1995, S. 220 f.
53 Reiner Scholz: betrifft: Robin Wood. Sanfte Rebellen gegen Naturzerstörung, München 1989, S. 22.
54 Anthony Doerr, der den «Kollaps» im *Spiegel* (50/2005, S. 184 f.) besprach, klagte: «Niemand will sich eine Schmährede anhören.» In Wahrheit beweist Diamonds Bestsellererfolg eher das genaue Gegenteil: Gerade die Apokalypse verkauft sich oftmals besser als Bücher ohne dröhnende Prophetenbotschaft!
55 Vgl. neuerdings das Gegenopus von Patricia A. McAnany/Norman Yoffee (Hrsg.): Questioning Collapse. Human Resilience, Ecological Vulnerability, and the Aftermath of Empire, Cambridge 2010.
56 Josef H. Reichholf: Comeback der Biber. Ökologische Überraschungen, München 1993; ders.: Die falschen Propheten. Unsere Lust an Katastrophen, Berlin 2002.

57 So versuchte ich es vor 25 Jahren in einem Vortrag in der Evangelischen Akademie Loccum in der Aufbruchsstimmung kurz nach Tschernobyl, abgedruckt unter dem Titel «Wald- und Wasserzeiten, oder: Der Mensch als Makroparasit? Epochen und Handlungsimpulse einer menschenfreundlichen Umweltgeschichte», in: Jörg Calließ u. a. (Hrsg.): Mensch und Umwelt in der Geschichte, Pfaffenweiler 1989, S. 139–174.

58 Dazu und auch zur Frage der Berechtigung der «falschen Alarme» Frank Uekötter/Jens Hohensee (Hrsg.): Wird Kassandra heiser? Die Geschichte falscher Ökoalarme, Wiesbaden 2004.

II. Umweltbewegungen vor der Umweltbewegung

1 Reimar Gilsenbach im Interview mit Regine Auster, in: naturmagazin 9–10/2000, S. 10 f.; Karl Friedel/Reimar Gilsenbach: Das Roßmäßler-Büchlein, Berlin 1956.

2 Joachim Radkau: Warum wurde die Gefährdung der Natur durch den Menschen nicht rechtzeitig erkannt? Naturkult und Angst vor Holznot um 1800, in: Hermann Lübbe/Elisabeth Ströker (Hrsg.): Ökologische Probleme im kulturellen Wandel, Paderborn 1986, S. 48 ff.

3 Wolf Lepenies: Historisierung der Natur und Entmoralisierung der Wissenschaften seit dem 18. Jahrhundert, in: Hubert Markl (Hrsg.): Natur und Geschichte, Wien 1983, S. 265 f.

4 Roy Pascal: Der Sturm und Drang, Stuttgart 1963, S. 250.

5 Alfred Schmidt: Der Begriff der Natur in der Lehre von Karl Marx, Neuausgabe Frankfurt 1971, S. 133 f.

6 Wolfgang Riedel: «Homo Natura». Literarische Anthropologie um 1900, Berlin 1996, S. 53.

7 Jürgen Mittelstraß: Der idealistische Naturbegriff, in: Heinz-Dieter Weber (Hrsg.): Vom Wandel des neuzeitlichen Naturbegriffs, Konstanz 1989, S. 160 ff., bes. S. 170.

8 Zweiter Abschnitt, 1. Zusatz («Von der Garantie des ewigen Friedens»).

9 Joachim Radkau: Holzverknappung und Krisenbewußtsein im 18. Jahrhundert, in: Geschichte und Gesellschaft 9/1983, S. 513–543.

10 Arlette Brosselin/Andrée Corvol/Francois Vion-Delphin: Les doléances contre l'industrie, in: Denis Woronoff (Hrsg.): Forges et forets. Recherches sur la consummation proto-industrielle de bois, Paris 1990, S. 11, 13. «La peur de manquer semble une fièvre récurrente sous l'Ancien Régime»: Mit diesem Satz beginnt auch das große Werk von Andrée Corvol, das die Traditionen der Forstgeschichtsschreibung durchbricht: L'Homme aux Bois. Histoire des relations de l'homme et de la forêt XVIIe–XXe siècle, Paris 1987.

11 Konrad Rubner: Forstgeschichte im Zeitalter der industriellen Revolution, Berlin 1967, S. 105.

12 Joachim Radkau: Holz – Wie ein Naturstoff Geschichte schreibt, München 2007, S. 150 f.

13 Kritisch über die «Holznotdebatte»: Bernd-Stefan Grewe: Der versperrte Wald. Ressourcenmangel in der bayerischen Pfalz (1814–1870), Köln 2004, S. 26–33. Er gelangt gleichwohl zu dem Schluss (S. 33), die Debatte könne «nicht als ‹erledigt› zu den Akten gelegt werden».

14 Radkau: Holz, S. 158.

15 Das verkennen solche Autoren, die nach allgemeingültigen Lehren aus der Geschichte suchen, so der unter amerikanischen Umwelthistorikern in jüngster Zeit einflussreiche James C. Scott mit seinem ganz im Geiste der Deregulierung geschriebenen Opus: Seeing Like a State. How Certain Schemes to Improve the Human Condition Have Failed, New Haven 1998. Da markiert die deutsche «wissenschaftliche» Forstreform des frühen 19. Jahrhunderts den Sündenfall des

Umweltmanagements: den Beginn einer Umweltpolitik von oben mit bürokratischem Schematismus. «The German forest became the archetype for imposing on disorderly nature the neatly arranged construct of science.» (Ebd., S. 15) Dabei zeigt er jedoch nur eine dürftige und oberflächliche Kenntnis dieser Forstreformer, die in Wirklichkeit vielfach aus regionalen Erfahrungen schöpften und überwiegend Formen des Mischwaldes, keine Nadelholz-Monokulturen propagierten. Dazu Joachim Radkau: Holz – Wie ein Naturstoff Geschichte schreibt, München 2007, besonders S. 185 f.

16 Andrée Corvol: L'homme et l'arbre sous l'Ancien Régime, Paris 1984, S. 178; dies.: L'Homme aux Bois, S. 305.

17 Joachim Radkau: Das Rätsel der städtischen Brennholzversorgung im «hölzernen Zeitalter», in: Dieter Schott (Hrsg.): Energie und Stadt in Europa. Von der vorindustriellen ‹Holznot› bis zur Ölkrise der 1970er Jahre, Stuttgart 1997, S. 69.

18 Allgemein dazu Uwe Meiners/Werner Rösener (Hrsg.): Allmenden und Marken vom Mittelalter bis zur Neuzeit, Cloppenburg 2004; Jeanette M. Neeson (Hrsg.): Commoners: Common Right, Enclosure and Social Change in England, 1700–1820, Cambridge 1993.

19 Diskussionsband zur Hardin-These: John A. Baden/Douglas S. Noonan (Hrsg.): Managing the Commons, 2nd ed., Bloomington 1998.

20 Elinor Ostrom: Die Verfassung der Allmende. Jenseits von Staat und Markt, Tübingen 1999 (amerikan.: Governing the commons. The evolution of institutions for collective action, 1990).

21 Bernd Marquardt: Umwelt und Recht in Mitteleuropa. Von den großen Rodungen des Hochmittelalters bis ins 21. Jahrhundert, Zürich 2003, S. 285 ff.

22 Wilhelm Roscher: Nationalökonomik des Ackerbaues, 13. Aufl., Stuttgart 1903, S. 351.

23 J. A. Yelling: Common Field and Enclosure in England 1450–1850, London 1977, S. 214.

24 Hierzu besonders ausführlich Martin Stuber: Wälder für Generationen. Konzeptionen der Nachhaltigkeit im Kanton Bern (1750–1880), Köln 2008, S. 217 ff. (Entdeckung der «Alpenplage» gegen die von dem liberalen Karl Kasthofer propagierten Forstreformen.)

25 Vgl. Richard Pott/Joachim Hüppe: Die Hudelandschaften Nordwestdeutschlands, Münster 1991.

26 Anschaulich schreibt Ernst Pitz (Studie zur Entstehung des Kapitalismus, in: Otto Brunner u. a. (Hrsg.): Festschrift für Hermann Aubin zum 80. Geburtstag, Wiesbaden 1965, S. 29, 32), selbst ein Oberförster wurde «grau und alt, stumpf und verdrossen», ehe er seinen Wald ganz und gar kennengelernt hatte.

27 Im Gespräch mit Verf. Am 28. 9. 2010; Hauff war der deutsche Vertreter in der Brundtland-Kommission, die durch das Richtziel «nachhaltige Entwicklung» in die Geschichte einging.

28 Vgl. Ulrike Gilhaus: «Schmerzenskinder der Industrie». Umweltverschmutzung, Umweltpolitik und sozialer Protest im Industriezeitalter in Westfalen 1845–1914, S. 46 ff.

29 Corvol: L'Homme aux Bois, S. 314.

30 Radkau: Warum wurde die Gefährdung, S. 63.

31 Ludger Lütkehaus: «O Wollust, o Hölle». Die Onanie – Stationen einer Inquisition, Frankfurt 1992, S. 94 ff.

32 Radkau: Holz, S. 164 f.

33 Ernst Moritz Arndt: Ein Wort über die Pflegung und Erhaltung der Forsten und der Bauern im Sinne einer höheren, d. h. menschlichen Gesetzgebung, Schleswig 1820, S. 49.

34 Wilhelm Heinrich Riehl: Die Naturgeschichte des deutschen Volkes (urspr. 1853), Kurzausgabe von G. Ipsen, Stuttgart 1939, S. 80, 83, 87.

35 Radkau: Holz, S. 180.

36 Ingrid Schäfer: «Ein Gespenst geht um.» Politik mit der Holznot in Lippe 1750–1850, Detmold 1992.
37 George P. Marsh: Man and Nature, Or, Physical Geography as Modified by Human Action, Neuausgabe Cambridge, Mass. 1974, S. 189.
38 Conrad Totman: The Green Archipelago. Forestry in Preindustrial Japan, Berkeley 1989, S. 233 f., 96 f.
39 Darüber besonders Luke S. Roberts: Mercantilism in a Japanese Domain. The Merchant Origins of Economic Nationalism in 18th-Century Tosa, Cambridge 1998, S. 74 ff. u. a.
40 Ostrom: Die Verfassung der Allmende, S. 85 ff.
41 Totman: Green Archipelago, S. 80.
42 Sendai Sho-ichiro: Vers des espaces figés: La gestion des forets et les Trois Montagnes, depius la fin du XIXe siècle, in: UNESCO (Hrsg.): Atlas historique de Kyoto, Paris 2008, S. 413 ff.
43 Ostrom: Die Verfassung der Allmende, S. 30.
44 Besonders reichhaltig ist die einschlägige Literatur zu Nepal, wo infolge der dort konzentrierten Entwicklungshilfe sowohl der Entwaldungsalarm wie auch der forstliche Revisionismus besonders markant sind; vgl. dazu Radkau: Natur und Macht, S. 313 ff. und 416 f. Für afrikanische Savannenregionen vgl. James Fairhead/Melissa Leach: Misreading the African Landscape. Society and ecology in a forest-savanna mosaic, Cambridge 1996.
45 Radkau: Warum wurde die Gefährdung der Natur, S. 63.
46 Vgl. Engelbert Schramm (Hrsg.): Ökologie-Lesebuch, Frankfurt 1984, S. 62 ff.
47 Ernst Moritz Arndt: Ein Wort über die Pflegung und Erhaltung der Forsten und der Bauern im Sinne einer höheren, d. h. menschlichen Gesetzgebung (1820), in: ders.: Agrarpolitische Schriften, Goslar 1942, S. 355 f.
48 Bahnbrechend war in Deutschland während der 1840er Jahre vor allem der bayerische Agrarreformer Carl Fraas (1810–1875), ein enttäuschter Philhellene, der sich in Griechenland an Aufforstungsprojekten versucht hatte; vgl. Engelbert Schramm (Hrsg.): Ökologie-Lesebuch. Ausgewählte Texte zur Entwicklung ökologischen Denkens vom Beginn der Neuzeit bis zum «Club of Rome» (1971), Frankfurt 1984, S. 66 ff. und 112 f.
49 Michael Williams: Americans and their Forests. A Historical Geography, Cambridge 1989, S. 381.
50 Gregory A. Barton: Empire Forestry and the Origins of Environmentalism, Cambridge 2002, S. 29 ff.
51 Das berühmteste Beispiel ist die Chipko-Bewegung am Rand des Himalaya; vgl. aber auch Daniel J. Klooster: Forest Struggles and Forest Policy. Villagers' Environmental Activism in Mexico, in: Christof Mauch u. a. (Hrsg.): Shades of Green. Environmental Activism Around the Globe, Oxford 2006, S. 191 f.
52 Ernst Robert Curtius: Europäische Literatur und lateinisches Mittelalter, 4. Aufl., Bern 1948, S. 116 f. Die Vorstellung ist letztlich wohl animistischen Ursprungs: Wenn Bäume und Flüsse beseelte Wesen sind, muss man befürchten, dass sie sich für Verletzungen rächen.
53 Ebd., S. 127 ff.
54 Horst Bredekamp: Der Mensch als Mörder der Natur. Das ‹Iudicium Iovis› von Paulus Niavis und die Leibmetaphorik, in: Heimo Reinitzer (Hrsg.): All' Geschöpf ist Zung' und Mund. Beiträge aus dem Grenzbereich von Naturkunde und Theologie, Hamburg 1984, S. 261–283.
55 Hermand: Grüne Utopien, S. 77.
56 Noch bei Carl von Linné (1707–1778), dem großen Klassifizierer der Botanik, begegnet dieses Denkmuster merkwürdigerweise in einer ganz moraltheologischen Form; vgl. Carl von Linné: Nemesis Divina, hrsg. von Wolf Lepenies und Lars Gustafsson, München 1981.

57 Dem wird von Rechtshistorikern entgegengehalten, die «Natur» des Naturrechts sei eine abstrakte Natur gewesen, nicht die blühende, vitale Natur. Da wird die Aufklärung jedoch zu sehr mit einem blutleeren Rationalismus gleichgesetzt. Dazu Joachim Radkau: Natur als Gesetzgeberin und Natur als Erfahrung bei Montesquieu und Max Weber, in: Effi Böhlke/Etienne François (Hrsg.): Montesquieu. Franzose – Europäer – Weltbürger, Berlin 2005, S. 38 ff.
58 Franz Wieacker: Privatrechtsgeschichte der Neuzeit, Göttingen 1952, S. 152.
59 Jean-Jacques Rousseau: Bekenntnisse (urspr. 1781), Frankfurt 1985, S. 883 f.
60 Carolyn Merchant (Hrsg.): Major Problems in American Environmental History. Documents and Essays, Lexington 1993, S. 352.
61 Robert H. Wiebe: The Search for Order 1877–1920, New York 1967, S. 45.
62 Jan Holm: Die angloamerikanische Ökotopie. Literarische Entwürfe einer grünen Welt, Frankfurt 1998, S. 74.
63 Edward P. Thompson: William Morris. Romantic to Revolutionary, 2. Aufl. New York 1976, S. 716.
64 Das gilt etwa für den «Internationalen Frauenbund für Vogelschutz», der sich 1904 in Berlin konstituierte (Mitt. von Anna Wöbse).
65 Cornelia Regin: Selbsthilfe und Gesundheitspolitik. Die Naturheilbewegung im Kaiserreich (1889–1914), Stuttgart 1995, S. 453.
66 Ulrich Linse: Ökopax und Anarchie. Eine Geschichte der ökologischen Bewegungen in Deutschland, München 1986, S. 60 ff.
67 Winfried Mogge/Jürgen Reulecke (Hrsg.): Hoher Meißner 1913. Der Erste Freideutsche Jugendtag in Dokumenten, Deutungen und Bildern, Köln 1988, S. 48, 50.
68 Theodore Roosevelt: Aus meinem Leben, Leipzig 1914, S. 248.
69 Mogge/Reulecke: Hoher Meißner, S. 183, 188.
70 Ebd., S. 181.
71 Linse: Ökopax, S. 44.
72 Rolf Peter Sieferle: Die Krise der menschlichen Natur. Zur Geschichte eines Konzepts, Frankfurt 1989, S. 109.
73 Frank Uekötter: Wie neu sind die Neuen Sozialen Bewegungen? In: Mitteilungsblatt des Instituts für soziale Bewegungen 31/2004, S. 109; ausführlich darüber Jürgen Büschenfeld: Flüsse und Kloaken. Umweltfragen im Zeitalter der Industrialisierung (1870–1918), Stuttgart 1997, S. 79–87.
74 Mogge/Reulecke: Hoher Meißner, S. 173.
75 Barthelmeß: Vögel, S. 169: «Der Vogelschutz lebte seit seinen ersten Regungen stets nur von nachgewiesener oder behaupteter Abnahme von Arten- oder Individualitätenzahl. Der Suche nach gegenteiligen Beispielen fehlte also die Motivation.» Daher zählte kaum ein Vogelschützer nach, ob mit dem Rückgang bestimmter Vogelarten in einer Gegend andere Arten zunahmen!
76 Radkau: Natur und Macht, S. 274 ff.
77 Ebd., S. 280 f.
78 Joel A. Tarr: The Search for the Ultimate Sink. Urban Pollution in Historical Perspective, Akron 1996, S. 11.
79 Anthony S. Wohl: Endangered Lives. Public Health in Victorian Britain, London 1983, S. 142 ff., 146 ff.
80 John von Simson: Kanalisation und Städtehygiene im 19. Jahrhundert, Düsseldorf 1983, S. 24.
81 Engelbert Schramm: Im Namen des Kreislaufs. Ideengeschichte der Modelle vom ökologischen Kreislauf, Frankfurt 1995, vor allem S. 211 ff. («Vergötzung des Kreislaufs»).
82 J. H. Vogel (Hrsg.): Die Verwertung der städtischen Abfallstoffe. Im Auftrage der Deutschen Landwirtschafts-Gesellschaft, Sonderausschuß für Abfallstoffe, Berlin 1896 (700 Seiten starkes Handbuch, das auch viel von außerdeutschen Erfahrungen und Projekten berichtet!).

83 Tim Cooper: Modernity and the Politics of Waste in Britain, in: Sverker Sörlin/Paul Warde (Hrsg.): Nature's End. History and the Environment, Houndmills 2009, S. 260.
84 Justus von Liebig: Die Chemie in ihrer Anwendung auf Agricultur und Physiologie, Teil I, Braunschweig 1862, S. 133. In späteren Auflagen ist dieser Angriff auf England gestrichen.
85 Vogel: Verwertung der städtischen Abfallstoffe, S. 286.
86 Alwin Seifert: Ein Leben für die Landschaft, Düsseldorf 1962, S. 129.
87 Ruhrverband/Ruhrtalsperrenverein (Hrsg.): 75 Jahre im Dienst für die Ruhr, Essen 1988, S. 299.
88 Reichskanzler Hans Luther im Vorwort zur Festschrift: 25 Jahre Emschergenossenschaft, Essen 1925: In ganz Europa gebe es nichts Vergleichbares. «Wer im Ruhrgebiet gelebt hat, vermag sich überhaupt nicht vorzustellen, dass die Aufgaben der Abwasserbeseitigung und der Frischwasserversorgung ... anders gelöst werden können als durch die großen genossenschaftlichen Zusammenschlüsse, unter denen die Emschergenossenschaft Ruhm und Recht der Erstgeburt für sich in Anspruch nehmen darf.» Noch 1966 fand der damalige amerikanische Innenminister Udall auf einer Deutschlandreise die Art und Weise, wie man an der Ruhr die immensen Umweltprobleme in regionalem Rahmen anging, vorbildlich; dazu Kai F. Hünemörder: Die Frühgeschichte der globalen Umweltkrise und die Formierung der deutschen Umweltpolitik (1950–1973), Wiesbaden 2004, S. 124.
89 Jochen Stemplewski: Auf dem Weg ins Neue Emschertal. Die Emscher – vom ungeliebten Fluss zum Sympathieträger der Region, in: Heimat Dortmund 2/2006 (Das Wasser der Emscher), S. 39 ff.
90 Volker Rödel: Ingenieurbaukunst in Frankfurt a. M. 1806–1914, Frankfurt 1983, S. 71 ff.
91 Uekötter: Rauchplage, S. 116 ff.
92 Ebd., S. 259.
93 Arthur Schopenhauer: Aphorismen zur Lebensweisheit (urspr. 1851), Stuttgart 1956, S. 8.
94 Richard J. Evans: Tod in Hamburg. Stadt, Gesellschaft und Politik in den Cholera-Jahren 1830–1910, Reinbek 1990, vor allem S. 618 ff. Parallelstudie zu Neapel, das die höchste Sterberate aller europäischen Großstädte aufwies und seine schlimmste Cholera-Katastrophe 1884 erlebte: Frank M. Snowden: Naples in the Time of Cholera, 1884–1911, Cambridge 1995.
95 Martin Melosi: The Sanitary City. Urban Infrastructure in America from Colonial Times to the Present, Baltimore 2000, S. 111.
96 Thomas Gorsboth/Bernd Wagner: Die Unmöglichkeit der Therapie. Am Beispiel der Tuberkulose, in: Kursbuch 94 (Die Seuche), Berlin 1988, S. 134.
97 Joachim Radkau: Das Zeitalter der Nervosität. Deutschland zwischen Bismarck und Hitler, München 1998, S. 88.
98 Ebd., S. 49 ff.
99 Otto Dornblüth: Die Psychoneurosen. Neurasthenie, Hysterie und Psychasthenie, Leipzig 1911.
100 Radkau: Zeitalter der Nervosität, S. 59. Immer wieder diese Wendezeit um 1880: Auch in Paris wuchs seit jenem Jahr die Erregung über üble Gerüche rapide an, obwohl diese damals gewiss nichts Neues waren. Sabine Barles: L'invention des eaux usées: l'assainissement de Paris, de la fin de l'Ancien Régime à la seconde guerre mondiale, in: Christoph Bernhardt/Geneviève Massard-Guilbaud (Hrsg.): Le démon moderne. La pollution dans les sociétés urbaines et industrielles d'Europe, Clermont-Ferrand 2002, S. 142.
101 Ebd., S. 310.
102 Ebd., S. 235 f.
103 Wilhelm His: Medizin und Überkultur, in: Deutsche medizinische Wochenschrift 34 (1908), S. 627, 625.

104 Ralph Waldo Emerson: Natur, neu hrsg. von Harald Kiczka, Schaffhausen 1981, S. 43.
105 Alfred Runte: National Parks. The American Experience, 3. Aufl. Lincoln 1997, S. 82.
106 Tom Lutz: American Nervousness 1903. An Anecdotal History, Ithaca 1991.
107 Ebd., S. 90 f., 63 ff.
108 Ebd., S. 224 ff.
109 Hollm: Angloamerikanische Ökotopie, S. 147 ff. («Herland»).
110 Vgl. Marijke Gijswijt-Hofstra/Roy Porter (Hrsg.): Cultures of Neurasthenia. From Beard to the First World War, Amsterdam/New York 2001. Auf dem Amsterdamer Symposium 2000, aus dem dieser Sammelband hervorging, konnte man sogar den Eindruck gewinnen, dass die Deutschen in der Neurasthenie selbst den Amerikanern voraus waren!
111 Thomas Dupke: Hermann Löns. Mythos und Wirklichkeit, Hildesheim 1994, S. 136.
112 Merlin Waterson: The National Trust, London 1994, S. 25. Noch 1982 berichtete die Psychotherapeutin Christa Meves auf dem Mainauer Gespräch über den «Grünen Konservatismus»: «85 % der Jugendlichen, die zu mir in die Praxis kommen, sind grün, und zwar fanatisch grün.» In: Mainauer Gespräche 1, Konstanz 1983, S. 54. Auch solche Befunde sind vermutlich zeitgebunden und besonders kennzeichnend für Phasen grüner Apokalyptik, die labile Menschen am stärksten erregen.
113 Wohl: Endangered Lives, S. 142.
114 Ebd., S. 155, 187, 185.
115 Keith Thomas: Man and the Natural World. Changing Attitudes in England 1500–1800, London 1984, S. 159.
116 Ulrich Tröhler/Andreas-Holger Maehle: Anti-vivisection in 19th-century Germany and Switzerland: Motives and Methods, in: Nicolaas A. Rupke (Hrsg.): Vivisection in Historical Perspective, London 1987, S. 149.
117 Schmoll: Erinnerung an die Natur, S. 115 ff.
118 Walther Schoenichen: Naturschutz, Heimatschutz. Ihre Begründung durch Ernst Rudorff, Hugo Conwentz und ihre Vorläufer, Stuttgart 1954, S. 279 f. Schoenichen, 1933–1938 Direktor der nunmehrigen Reichsstelle für Naturschutz, bemerkt dazu, diese Schmährede sei für Löns «schwer beschämend. Er musste wissen, dass Conwentz mit überlegener Taktik und einem fast übermenschlichen Einsatz die junge Naturschutzbewegung ins Leben gerufen hatte.»
119 Knaut: Zurück zur Natur! S. 41.
120 Auf die Bedeutung dieses Rückhalts verweist der seinerzeit prominente Naturschützer Wilhelm Lienenkämper: Grüne Welt zu treuen Händen. Naturschutz und Landschaftspflege im Industriezeitalter, Stuttgart 1963, S. 13 f.
121 Hays: Conservation, S. 1 f.; das wird zu einem durchgängigen Leitmotiv des Buches, neben der These von dem «wissenschaftlichen» Grundzug der «Conservation».
122 Friedemann Schmoll: Erinnerung an die Natur. Die Geschichte des Naturschutzes im deutschen Kaiserreich, Frankfurt 2004, S. 212–218.
123 Die Lüneburger Heide als Produkt einer «Umweltkatastrophe»: Joska Pintschovius: Heidschnucken und Donnerbesen. Lüneburger Landschaften, Wien 2001, S. 17.
124 Florence Shipek: Kumeyaay Plant Husbandry: Fire, Water, and Erosion Management Systems, in: Thomas C. Blackbourn/Kat Anderson (Hrsg.): Before the Wilderness: Environmental Management by Native Californians, Melo Park 1993, S. 388: «Die schädlichste Fehlkonzeption, die die Europäer nach Kalifornien ebenso wie in den Rest des Kontinents mitbrachten, war der Glaube, dass sie eine ‹natürliche Wildnis› beträten.» Denn aus diesem Grunde hätten sie gemeint, die Indianer aus den Nationalparken aussiedeln und die Brandwirtschaft unterbinden zu müssen.
125 Emil Kraepelin: Lebenserinnerungen, hrsg. von H. Hippius, Berlin 1983, S. 79 ff.
126 Spritzig geschildert in dem Roman von T. C. Boyle: The Road to Welville, New York 1993, der im darauffolgenden Jahr von Alan Parker verfilmt wurde. Gegenüberstel-

lung mit Bircher-Benner: Albert Wirz: Die Moral auf dem Teller, dargestellt am Leben und Werk von Max Bircher-Benner und John Harvey Kellog, Zürich 1993.

127 Paolo Mantegazza: Das nervöse Jahrhundert, Leipzig o. J. (italien.: Il secolo nevrosico, 1887), S. 104 f.

128 Bernd Tenbergen: Westfalen im Wandel. Von der Mammutsteppe zur Agrarlandschaft: Veränderungen der Tier- und Pflanzenwelt unter dem Einfluss des Menschen, Gütersloh 2002, S. 68.

129 Reinhard Johler: Vogelmord und Vogelliebe: Zur Ethnographie konträrer Leidenschaften, in: Historische Anthropologie 5/1997, S. 20–27.

130 Alfred Barthelmeß: Vögel – Lebendige Umwelt. Probleme von Vogelschutz und Humanökologie geschichtlich dargestellt und kommentiert, München 1981, S. 146 ff.

131 Andreas Knaut: Zurück zur Natur! Die Wurzeln der Ökologiebewegung, Greven 1993, S. 360, 366.

132 Ebd., S. 28 ff.

133 Hugo Conwentz: Die Heimatkunde in der Schule, Berlin 1906, S. 56.

134 Dabei wurde Eduard Spranger, der prominenteste Programmatiker der Heimatkunde in der Weimarer Republik, nach dem 20. Juli 1944 als Mitverdächtiger verhaftet!

135 Erwin Schwartz (Hrsg.): Von der Heimatkunde zum Sachunterricht, Braunschweig 1977. Wie ich selber erlebte, war «Von der Heimatkunde zum Sachunterricht» über viele Jahre *das* Standardthema in den Prüfungen angehender GrundschullehrerInnen, stets mit dem stereotypen Tenor: von der reaktionären, braun angehauchten Heimatkunde zum «fortschrittlichen» Sachunterricht!

136 Karl Friedel/Reimar Gilsenbach: Das Roßmäßler-Büchlein, Berlin 1856.

137 Selbst auf der 2003 vom Bundesamt für Naturschutz (BfN) veranstalteten Vilmer Sommerakademie, wo man sich um eine Reaktivierung der alten Verbindung von Heimat- und Naturschutz bemühte, quälte man sich noch mit merkwürdiger Verbissenheit mit der vermeintlichen NS-Belastung des Heimatbegriffes ab; vgl. Reinhard Piechocki/Norbert Wiersbinski (Hrsg.): Heimat und Naturschutz. Die Vilmer Thesen und ihre Kritiker, Bonn (BfN) 2007.

138 Karl Ditt: Naturschutz zwischen Zivilisationskritik, Tourismusförderung und Umweltschutz. USA, England und Deutschland 1860–1970, in: Matthias Frese/Michael Prinz (Hrsg.): Politische Zäsuren und gesellschaftlicher Wandel im 20. Jh., Paderborn 1996, S. 517.

139 Thomas Rohkrämer: Eine andere Moderne? Zivilisationskritik, Natur und Technik in Deutschland 1880–1933, Paderborn 1999, S. 138. Einen ausgeprägt nationalistischen Zug trug der Naturschutz am ehesten in den USA, wo er sich mit der Kampagne *«See America first»* verband. (Ditt: Naturschutz, S. 505) Von den Rocky Mountains ließen sich nationale Kraftträume besser inspirieren als von dem sanften Hohen Meißner!

140 Anna Wöbse: Der Schutz natürlicher Schönheit und die Ursprünge des Weltnaturerbes, Mskr. Bremen 2010, S. 8.

141 Knaut: Zurück zur Natur! S. 170.

142 Wöbse: Schutz natürlicher Schönheit, S. 7.

143 Dies.: Naturschutz global – oder: Hilfe von außen. Internationale Beziehungen des amtlichen Naturschutzes im 20. Jahrhundert, in: Hans-Werner Frohn/Friedemann Schmoll (Hrsg.): Natur und Staat. Staatlicher Naturschutz in Deutschland 1906–2006, Bonn 2006, S. 629 ff. Douglas R. Weiner: Models of Nature. Ecology, Conservation and Cultural Revolution in Soviet Russia, Pittsburgh 2000, S. 230.

144 Merlin Waterson: The National Trust. The First Hundred Years, London 1994, S. 23 f.

145 Uekötter: Von der Rauchplage zur ökologischen Revolution, S. 50.

146 Ernst Rudorff: Über das Verhältnis des modernen Lebens zur Natur, in: Preußische Jahrbücher XLV/1880, H. 3, S. 262 ff.

147 Wöbse: Schutz natürlicher Schönheit, S. 13.
148 Jonathan S. Adams/Thomas O. McShane: The Myth of Wild Africa. Conservation Without Illusion, Berkeley 1992, S. 46.
149 Mark Cioc: The Game of Conservation. International Treaties to Protect the World's Migratory Animals, Athens, Ohio 2009, S. 14 ff. («Africa's Apartheid Parks»!); William Beinart/Lotte Hughes: Environment and Empire, Oxford 2007, S. 289 ff.
150 Wolfgang Krabbe: Die Lebensreformbewegung, in: Kai Buchholz u. a. (Hrsg.): Die Lebensreform, Bd. 1, Darmstadt 2001, S. 25.
151 Wenn sich diese Ausweitung nur zögernd vollzog, so hatte das nicht nur psychologische, sondern auch ökologische Gründe. Nicht erst Josef H. Reichholf entdeckte, dass sich viele Vögel gerade in Städten wohlfühlen; schon Otto Schnurre schrieb 1921 in seinem Buch «Die Vögel der deutschen Kulturlandschaft»: «In der Tat ist es gerade die vonseiten des Naturschutzes so viel geschmähte Kultur, der wir den Vogelreichtum unserer Gärten und Parks zu verdanken haben. Die verhältnismäßige Vogelarmut der Urwälder sticht sehr scharf dagegen ab.» Zit. n. Barthelmeß: Vögel, S. 170.
152 Schmoll: Erinnerung an die Natur, S. 257.
153 Erich Mühsam: Ascona (urspr. 1905), Berlin 1982, S. 31, 37.
154 Krabbe: Lebensreformbewegung, S. 27.
155 Zit. n. Miriam Zerbel: Tierschutz und Antivivisektion, in: Kerbs/Reulecke: Handbuch der deutschen Reformbewegungen, S. 44.
156 So Ulrich Beck: Risikogesellschaft, Frankfurt/Main 1986, S. 264: Der ältere Naturschutz habe niemals das Stigma der «Fortschrittsfeindlichkeit und Rückständigkeit» loswerden können.
157 Linse: Ökopax, S. 57.
158 Schmoll: Erinnerung an die Natur, S. 159.
159 Monte Verità. Berg der Wahrheit. Lokale Anthropologie als Beitrag zur Wiederentdeckung einer neuzeitlichen sakralen Topographie. Dokumentation von Harald Szeemann u. a. (aus dem Italien.), München 1980.
160 Joachim Radkau: Die Verheißungen der Morgenfrühe. Die Lebensreform in der neuen Moderne, in: Kai Buchholz u. a. (Hrsg.): Die Lebensreform. Entwürfe zur Neugestaltung von Leben und Kunst um 1900, Bd. 1, Darmstadt 2001 (Begleitband zur Ausstellung auf der Darmstädter Mathildenhöhe), S. 55–60.
161 Muir donnerte, wenn die Bewohner von San Francisco das Hetch-Hetchy-Tal zum Stausee machten, könnten sie ebenso gut ihre Kathedralen und Kirchen in Wassertanks verwandeln, «for no holier temple has ever been consecrated to the heart of man.» Daniel M. Berman/John T. O'Connor: Who Owns the Sun? White River Junction 1996, S. 78.
162 Ulrich Linse: «Der Raub des Rheingoldes»: Das Wasserkraftwerk Laufenburg, in: ders. u. a.: Von der Bittschrift zur Platzbesetzung. Konflikte um technische Großprojekte, Bonn 1988, S. 11–62.
163 Schmoll: Erinnerung an die Natur, S. 13.
164 Barthelmeß: Vögel, S. 90.
165 Mary Ann Elston: Women and Anti-Vivisection in Victorian England, 1870–1900, in: Rupke: Vivisection, S. 270.
166 Joachim Radkau: Technik in Deutschland. Vom 18. Jahrhundert bis heute, Frankfurt 2008, S. 156 ff.
167 So in Otto Julius Bierbaums «Empfindsamer Reise im Automobil» von 1903; dazu Joachim Radkau: Auto-Lust: Zur Geschichte der Geschwindigkeit, in: Tom Koenigs/Roland Schaeffer (Hrsg.): Fortschritt vom Auto. Umwelt und Verkehr in den 90er Jahren, München 1991, S. 119 f.
168 Michael P. Cohen: The History of the Sierra Club 1892–1970, San Francisco 1988, S. 25.
169 Reinhard Falter: Achtzig Jahre «Wasserkrieg»: Das Walchensee-Kraftwerk, in: Linse u. a.: Von der Bittschrift, S. 63–127.

170 Wolfgang Schivelbusch: Entfernte Verwandtschaft. Faschismus, Nationalsozialismus, New Deal 1933–1939, München 2005, S. 100: «In einem ganz realen unmetaphorischen Sinne wieder *Boden*, einen neuen tragfähigen und verlässlichen Boden unter die Füße zu bekommen, lässt sich vielleicht als der mächtigste kollektive Trieb des Jahrzehnts bezeichnen.»

171 Joachim Radkau: Mensch und Natur in der Geschichte, Leipzig 2002, S. 27–66.

172 Gilbert W. Robinson: Die Böden. Ihre Entstehung, Zusammensetzung und Einteilung. 3. Aufl. Berlin 1939 (engl. Erstauflage 1936), S. 78: «Die Ausdehnung der Erosion in den Tropen und in gewissen Teilen der Subtropen wird kaum voll erfasst von Personen, die nur mit den europäischen Bedingungen vertraut sind.» Man musste Extremfälle der Erosion vor Augen haben, um auch die schleichende Erosion zu beachten. Schon seit dem 19. Jahrhundert gab es Alarmrufe über die voranschreitende Desertifikation aus den afrikanischen Kolonien, in der Regel ohne zu beachten, dass diese gerade durch die Kolonisierungsmaßnahmen selbst verursacht wurde; dazu Diana K. Davis: Resurrecting the Granary of Rome. Environmental History and French Colonial Expansion in North Africa, Athens, Ohio 2007, S. 169 ff. Anton Metternich: Die Wüste droht, Bremen 1947, S. 35: «‹Die Wüste frißt Afrika! ... – Die Wüste beraubt die Erde immer mehr um ihr Land!› So lauten seit einem Menschenalter die Überschriften alarmierender Artikel in der Presse sämtlicher Kolonialstaaten.»

173 Radkau: Natur und Macht, S. 47 f.

174 Vgl. Udo E. Simonis: Globale Umweltpolitik – Ansätze und Perspektiven, Mannheim 1996, S. 61 ff. Dort erkennt man jedoch zugleich, dass der Boden für eine globale Umweltpolitik am allerwenigsten geeignet ist.

175 Worster: Nature's Economy, S. 232, 223.

176 Ebd., S. 233 f.; ders.: Dust Bowl. The Southern Plains in the 1930s, Oxford 1979, S. 200.

177 Tom Dale/Vernon Gill Carter: Topsoil and Civilization, Norman, Oklahoma 1955.

178 Richard N. L. Andrews: Managing the Environment, Managing Ourselves. A History of American Environmental Policy, New Haven 1999, S. 177.

179 Philip Shabecoff: A Fierce Green Fire. The American Environmental Movement, New York 1993, S. 82 f.; Benjamin Kline: First Along the River. A Brief History of the U.S. Environmental Movement, Lanham 2007, S. 66.

180 Lewis Mumford: Technics and Civilization (urspr. 1934), New York 1964, S. 255 f.

181 Shabecoff: A Fierce Green Fire, S. 81.

182 Worster: Dust Bowl, S. 212 ff.

183 Zit. n. Wilhelm Lienenkämper: Grüne Welt zu treuen Händen. Naturschutz und Landschaftspflege im Industriezeitalter, Stuttgart 1963, S. 93.

184 William E. Leuchtenburg: Franklin D. Roosevelt and the New Deal, New York 1963, S. 173.

185 David E. Lilienthal: TVA – Democracy on the March, New York 1944, S. 79.

186 Richard S. Kirkendall: The New Deal and Agriculture, in: John Braeman u. a. (Hrsg.): The New Deal, Bd. 1, Columbus, Ohio 1975, S. 95. Carolyn Merchant: The Columbia Guide to American Environmental History, New York 2002, S. 177.

187 Ebd., S. 106.

188 Davon gibt der reich bebilderte Band von William R. Van Dersal und Edward H. Graham eine anschauliche Vorstellung: The Land Renewed. The Story of Soil Conservation, New York 1946. Wasserbauanlagen stehen dort längst nicht derart im Zentrum wie in der Praxis der TVA. Den Staudämmen wird jedoch in einem Abschnitt über Biberdämme (S. 84 f.) etwas Naturhaftes gegeben. «Beavers are soil conservationists of long experience.»

189 Wilbur Zelinsky: The imprint of central authority, in: Michael P. Conzen (Hrsg.): The Making of the American Landscape, New York 1990, S, 327. Die Behauptung auf S. 326: «The landscape legacy of the New Deal is rich and varied in kind and

effect», wird durch die Abbildung auf S. 327 mit einer Landschaft nach monotonem Schachbrettschema widerlegt!

190 So William Vogt, der Pionier der ökologischen Ökonomie, zit. n. Reimar Gilsenbach: Die Erde dürstet. 6000 Jahre Kampf ums Wasser, Leipzig 1961, S. 240.

191 Water = Special Issue von National Geographic, vol. 217, No. 4, April 2010, S. 130 f.

192 R. Douglas Hurt: American Agriculture. A Brief History, Ames, Iowa 1994, S. 292: «When the war began, the problems of soil conservation remained far from resolved.» Die Kriegskonjunktur, in der die ruinierten Farmer Arbeit fanden, verdeckte, beseitigte jedoch nicht das Problem.

193 Merchant: Columbia Guide, S. 176. Merkwürdigerweise datiert Carolyn Merchant den Beginn der «Era of Environmentalism» dennoch auf 1940!

194 Berman/O'Connor: Who Owns the Sun?, S. 100.

195 David E. Lilienthal: Change, Hope, and the Bomb, Princeton 1963.

196 Worster: Nature's Economy, S. 205–220, 237 f.; Ludwig Trepl: Geschichte der Ökologie. Vom 17. Jahrhundert bis zur Gegenwart, Frankfurt 1987, S. 144–153.

197 Worster: Dust Bowl, S. 213 f.

198 Dazu mit ausführlichem historischen Rückblick das provokative Buch von Marc Reisner: Cadillac Desert. The American West and Its Disappearing Water, aktualisierte Neuausgabe New York 1993.

199 Martin Holdgate: The Green Web. A Union for World Conservation, London 1999, S. 99.

200 Radkau: Natur und Macht, S. 82 f.

201 Thomas R. Dunlap: Nature and the English Diaspora. Environment and History in the U.S., Canada, Australia, and New Zealand, Cambridge 1999, S. 181 f.

202 Charles E. Little: Green Fields Forever. The Conservation Tillage Revolution in America, Washington, D. C. 1987, S. 30 ff. Das Buch ist dem Andenken an Faulkner gewidmet.

203 Worster: Nature's Economy, S. 271.

204 John Opie: Nature's Nation. An Environmental History of the United States, Fort Worth 1998, S. 396, meint sogar: «No name is more revered in contemporary environmental circles than Aldo Leopold». Seine 1949 posthum veröffentlichte «Land Ethic» sei «the undisputed sacred text of the modern environmental movement». Diese Sicht ist jedoch, wie so manches Öko-Geschichtskonstrukt, an bestimmte Szenen gebunden.

205 Im damaligen Kontext meinte er konkret, dass der Berg das Rotwild, nicht die Wölfe fürchte. Stephen J. Pine: Fire in America. A Cultural History of Wildland and Rural Fire, Seattle 1982, S. 520.

206 Susan L. Flader: Thinking Like a Mountain: Aldo Leopold and the Evolution of an Ecological Attitude Toward Deer, Wolves, and Forests, Columbia, Missouri 1974, S. 29.

207 In Analogie zur Kaibab-Affäre stand jedoch zur gleichen Zeit das «Möwenproblem», das unter Vogelschützern an der Nordseeküste zum stehenden Begriff wurde. Nachdem anfangs die Silbermöwen, die Lieblinge der Touristen, unter Schutz gestellt worden waren, bekamen die Vogelschützer mit der Zeit lange Gesichter, je mehr sie den Rückgang anderer Vogelarten als Folge der Vermehrung der Silbermöven statistisch überblickten. Am Ende wurden ihnen die Möwen zu «Ratten der Lüfte»!

208 Worster: Nature's Economy, S. 270 ff.

209 Zit. n. Georg Sperber: Naturschutz und Forstwirtschaft – Die Geschichte einer schwierigen Beziehung, in: Stiftung Naturschutzgeschichte (Hrsg.): Wegmarken. Beiträge zur Geschichte des Naturschutzes, Essen 2000, S. 72 f.

210 Wilhelm Bode/Elisabeth Emmert: Jagdwende. Vom Edelhobby zum ökologischen Handwerk, München 1998, S. 139 ff.

211 Pyne: Fire in America, S. 279.

212 Gottlieb: Forcing the Spring, S. 319.

213 Christopher C. Sellers: Hazards of the Job. From Industrial Disease to Environmental Health Science, Chapel Hill 1997, S. 187 ff.
214 Ebd., S. 2, 223; Linda Lear: Rachel Carson, London 1997, S. 347, 356 f., 375 u. a.
215 Sellers: Hazards, S. 225.
216 Ebd., S. 235 f.
217 Uekötter: Von der Rauchplage, S. 189, 194.
218 Joel Tarr/Carl Zimring: The Struggle for Smoke Control in St. Louis: Achievement and Emulation, in: Andrew Hurley (Hrsg.): Common Fields. An environmental history of St. Louis, St. Louis 1997, S. 199–220.
219 Tarr: The Search for the Ultimate Sink, S. 227 ff.
220 Robert Proctor: Blitzkrieg gegen den Krebs (engl.: The Nazi War on Cancer), Stuttgart 2002.
221 Ebd., S. 132.
222 Dunlap: Nature and the English Diaspora, S. 173 ff., 183 ff.; Libby Robbin: Ecology: A Science of Empire? In: dies./Tom Griffiths (Hrsg.): Ecology & Empire. Environmental History of Settler Societies, Seattle 1997, S. 70 ff.
223 Robbin: Ecology, S. 70.
224 Dunlap: Nature, S. 186.
225 Selbst das größtenteils ganz unalarmistische, international renommierte Standardwerk von Gilbert W. Robinson: Die Böden, Berlin 1939 (engl. Erstausgabe 1936), schließt (S. 486) bemerkenswert pessimistisch: Heute seien «weite Bodengebiete fast restlos durch unklugen Raubbau zerstört». Der bis vor kurzem vorherrschende agrarische Wachstumsoptimismus halte einer «sorgfältigeren Betrachtung der Lage» nicht stand (ebd., S. 485).
226 Walter Clay Lowdermilk: Forestry in Denuded China, Philadelphia 1930.
227 Mit Farbe und Schwung geschildert in den Memoiren, die seine Witwe im Alter von 95 Jahren publizierte: Inez Marks Lowdermilk: All in a Lifetime. An Autobiography, Berkeley (Lowdermilk Trust) 1983. Auf seiner Palästina-Reise erklärte Lowdermilk (ebd., S. 173): «There is ample evidence that this land was a fertile, productive land in Biblical times, supporting a large population that even exported excess food. When I retire, what I would most like to do is to come back here und put the Holy Land into contour farming to stop erosion, reforest the hills ... to renew this ancient land.» In Wahrheit sind unsere Kenntnisse über das alte Israel höchst vage, und vieles deutet auf halbnomadische Elemente bereits zu jener Zeit hin, wie schon Max Weber erkannte (Joachim Radkau: Max Weber, München 2005, S. 689 ff.).
228 Walter Clay Lowdermilk: Palestine – Land of Promise, New York 1944, S. 200; Alon Tal: Pollution in a Promised Land. An Environmental History of Israel, Berkeley 2002, S. 55.
229 Diana K. Davis: Resurrecting the Granary of Rome. Environmental History and French Colonial Expansion in North Africa, Athens, Ohio 2007. Nordafrika als warnendes Beispiel für Lowdermilk: Inez Marks Lowdermilk: All in a Lifetime. An Autobiography, Berkeley 1983, S. 173.
230 Philip R. Pryde: Environmental Management in the Soviet Union, Cambridge 1991, S. 198 ff.
231 Anton Metternich: Die Wüste droht. Die gefährdete Nahrungsgrundlage der menschlichen Gesellschaft, Bremen 1949, S. 184 ff.
232 Vor allem nach der großen Dürre von 1890–1992: Willard Sunderland: Taming the Wild Field. Colonization and Empire in the Russian Steppe, Ithaca 2004, S. 202 ff.
233 D. G. Wilenski: Bodenkunde (russ. Erstausgabe 1954), Berlin 1957, S. 29 ff., 198 f.
234 Metternich: Wüste, S. 185.
235 Hans Walter Flemming (1940–1945 Hauptgeschäftsführer des Reichsverbandes der Deutschen Wasserwirtschaft): Wüsten, Deiche und Turbinen. Das große Buch von Wasser und Völkerschicksal, Göttingen 1957, S. 122, über die «großartigen Aussichten der Bewässerung im heutigen Russland» und den dadurch verheißenen «unvor-

stellbaren Reichtum». «Wenige Reiche haben noch so unerschöpfliche Möglichkeiten, nicht nur reiche Provinzen, sondern neue Großmächte im Innern ihrer Grenzen zu gewinnen wie das riesige Russland.» Wenn selbst ein einst führender wasserpolitischer Experte NS-Deutschlands der Sowjetunion solche Chancen attestierte, wird die aus der Rückschau so verhängnisvolle Agrarpolitik Chruschtschows verständlich!

236 Stefan Merl: Entstalinisierung, Reformen und Wettlauf der Systeme 1953–1964, in: Stefan Plaggenborg (Hrsg.): Handbuch der Geschichte Russlands, Bd. 5, Stuttgart 2002, S. 212 ff., 218.

237 Fr. Christoph (Ministerialrat a. D.) (Hrsg.): Die Technik in der Landwirtschaft, Berlin 1926, S. 405, 410.

238 Die beste historische Untersuchung dazu bezieht sich auf das Oberrheingebiet: Dieter Hassler u. a. (Hrsg.): Wässerwiesen, Karlsruhe 1995.

239 Christoph: Technik in der Landwirtschaft, S. 102.

240 Thomas Zeller: «Ganz Deutschland sein Garten»: Alwin Seifert und die Landschaft des Nationalsozialismus, in: Joachim Radkau/Frank Uekötter (Hrsg.): Naturschutz und Nationalsozialismus, Frankfurt 2003, S. 305.

241 Vgl. Franz W. Seidler: Fritz Todt – Baumeister des Dritten Reiches, Frankfurt 1988, S. 118 f.

242 Robert A. Caro: The Power Broker: Robert Moses and the Fall of New York, New York 1974.

243 Alwin Seifert: Gärtnern, Ackern ohne Gift (urspr. 1948, Überarbeitung 1957), Neuausgabe im 250. Tausend der Gesamtauflage München 1971, wobei Jürgen Dahl im Nachwort (S. 214) bekennt, dass er «nie dahintergekommen» sei, worin das Neue dieses Kultbuches «eigentlich besteht», abgesehen davon, dass Seiferts praktische Anweisungen recht kurz und dürftig seien.

244 Alwin Seifert: Die Versteppung Deutschlands, in: ders.: Im Zeitalter des Lebendigen. Natur – Heimat – Technik, Planegg 1942, S. 25. Er konnte sich jedoch auch für kleine Wasserkraftwerke begeistern, die sich einigermaßen der Landschaft anpassten. In den 1950er Jahren wirkte er als Berater bei der Kanalisierung der Mosel und der Anlage einer ganzen Kette kleiner Wasserkraftwerke mit.

245 Ebd., S. 36 f.

246 Ebd., S. 46, 39.

247 Ebd., S. 29.

248 Ebd., S. 43 f.; Lilienthal: TVA, Abb. nach S. 144.

249 Zeller: Seifert, S. 284.

250 Lienenkämper: Grüne Welt, S. 99.

251 Seidler: Todt, S. 282.

252 Frank Uekötter: The Green and the Brown. A History of Conservation in Nazi Germany, Cambridge 2006, S. 116–124.

253 David Blackbourn: Die Eroberung der Natur – Eine Geschichte der deutschen Landschaft (engl.: The Conquest of Nature: Water, Landscape and the Making of Modern Germany), München 2007, S. 280; vgl. dazu Joachim Radkau: Wasserbaugeschichte als deutsches Drama, in: Gaia 17/2 (2008), S. 233–235.

254 Adolf Hitler: Mein Kampf, 263. Auflage München 1937, S. 146 f.

255 Uekötter: The Green and the Brown. Vgl. ebd., S. 164 f., auch das entzückende Gedicht von Wilhelm Lienenkämper, einer charismatischen Persönlichkeit des deutschen Naturschutzes, der, obwohl überzeugter Nationalsozialist, doch die verstohlene Klage eines munteren Bächleins über den Arbeitsdienst in Reime fasst: «Von jedem blanken Spaten fühlt er sich bedroht», der Bach; «Und hört und sieht er zwei in festem Gleichschritt gehen / Hält er sofort die Strömung an und stellt sich tot.» Und am Schluss: «Und darfst mich nicht nach seinem Namen fragen – / Um Gottes willen nicht! Der Arbeitsdienst hört mit!» Parodie auf die Kriegsdevise: «Psst – Feind hört mit»: der Arbeitsdienst als Feind!

256 Kurzbiographie und Charakteristik Kloses bei Hans-Werner Frohn: Naturschutz macht Staat – Staat macht Naturschutz. Von der staatlichen Stelle für Naturdenkmalpflege in Preußen bis zum Bundesamt für Naturschutz 1906 bis 2006 – eine Institutionengeschichte, in: ders./Friedemann Schmoll (Hrsg.): Natur und Staat, S. 213. Klose stand «für eine konzeptionelle Erweiterung des Naturschutzes hin zur Landschaftspflege» unter Einbeziehung der Menschen und wurde damit «zum Antipoden Schoenichens». Er «rettete fintenreich den Bestand der Reichsstelle (für Naturschutz) in die Bundesrepublik hinüber» und war noch nach 1945 von großem Einfluss. In seiner Tradition kämpfte sein Nachfolger Gert Kragh gegen einen «Glasglockennaturschutz» (ebd., S. 208 f.). Insofern war sein Erbe zukunftsträchtig.

257 Thomas M. Lekan: Organische Raumordnung: Landschaftspflege und die Durchführung des Reichsnaturschutzgesetzes im Rheinland und in Westfalen, in: Radkau/Uekötter: Naturschutz und Nationalsozialismus, S. 162.

258 Hitler: Mein Kampf, S. 144.

259 Seifert: Zeitalter, S. 54.

260 Vgl. dazu Luc Ferry: The new ecological order, Chicago 1995 (frz. Erstausgabe 1992), S. 91–107 («Nazi Ecology»); Anna Bramwell: Ecology in the 20th Century – A History, New Haven 1989 (S. 161–174: «Was There a Generic Fascist Ecologism?» Eine Frage, die sie dezidiert verneint: Es handele sich vielmehr um einen deutschen Sonderweg!); Uekötter: The Green and the Brown; Franz-Josef Brüggemeier/Mark Cioc/Thomas Zeller (Hrsg.): How Green Were the Nazis? Nature, Environment, and Nation in the Third Reich, Athens, Ohio 2005; Radkau/Uekötter (Hrsg.): Naturschutz und Nationalsozialismus; dazu u. a. die Rezensionen von Willi Oberkrome in: Neue Politische Literatur 49 (2004), S. 515 f.; Florentine Fritzen in: Historische Zeitschrift Bd. 279 (2004), S. 533 f.; Verena Winiwarter in: ÖZV Jg. 2004, S. 404 ff.; Charles E. Closmann in: sehepunkte 4 (2004), Nr. 11.

261 Werner Ebert u. a.: Natur und Geschichte in der Schorfheide, Eberswalde 2001, S. 27 ff.

262 So Seifert bei Fritz Todt; vgl. Seidler: Todt, S. 279 f.

263 Radkau: Natur und Macht, S. 264.

264 Uekötter: The Green and the Brown, S. 85–99.

265 Ludwig Finckh 1876–1964, Gedenkgabe des Arbeitskreises für deutsche Dichtung, Kronberg 1964, S. 26.

266 Besonders eklatant ist der Fall von Heinrich Wiepking-Jürgensmann; dazu Uekötter: The Green and the Brown, S. 78 und 157 ff.

267 So noch heute Roger S. Gottlieb (im Gespräch mit Rabbi Arthur Waskow): A Greener Faith. Religious Environmentalism and Our Planet's Future, New York 2006, S. 200.

268 Hans Klose: Fünfzig Jahre staatlicher Naturschutz. Ein Rückblick auf den Weg der deutschen Naturschutzbewegung, Gießen 1957, S. 32, 35.

269 Michael Wettengel: Staat und Naturschutz 1906–1945. Zur Geschichte der Staatlichen Stelle für Naturdenkmalpflege in Preußen und der Reichsstelle für Naturschutz, in: Historische Zeitschrift 257 (1993), S. 389 f.

270 Heinrich Rubner: Deutsche Forstgeschichte 1933–1945: Forstwirtschaft, Jagd und Umwelt im NS-Staat, S. Katharinen 1985, S. 54, 72 ff., 85 f., 104 ff.

271 Anna Bramwell: Blood and Soil: Richard Walther Darré and Hitler's ‹Green Party›, Abbotsbrook 1985, beginnt ihr Buch mit der Provokation, aus *political correctness* wolle man nicht sehen, dass das NS-Regime der bislang erfolgreichste Pionier ökologischer Landwirtschaft gewesen sei. Da werden jedoch zu einseitig ökologisch klingende Zitate aus dem Zusammenhang gerissen und Worte mit Taten verwechselt. Einschränkend dazu Gunter Vogt: Entstehung und Entwicklung des ökologischen Landbaus, Bad Dürkheim 2000, S. 136 ff.; Gesine Gerhard: Breeding Pigs and People for the Third Reich. Richard Walther Darré's Agrarian Ideology, in: Brüggemeier u. a. (Hrsg.): How Green, S. 129–146.

272 Peter Münch: Stadthygiene im 19. und 20. Jahrhundert, Göttingen 1993, S. 105 f., 266 f., 280 f.
273 Uekötter: The Green and the Brown, S. 142.
274 Vogt: Entstehung und Entwicklung, S. 141 ff.
275 Johannes Zscheisler u. a.: Handbuch Mais, 4. Aufl. Frankfurt 1990, S. 20.
276 Peter-Michael Steinsiek: Forst- und Holzforschung im «Dritten Reich», Remagen 2008, S. 179 f.
277 Ebd., S. 209. «Forschen für ein grünes Europa unter deutscher Vorherrschaft» ist der Titel des Hauptteils von Steinsieks Buch (S. 70).
278 Dabei kappte er jedoch innerhalb der preußischen Ministerialverwaltung die seit Conwentz' Zeiten bestehende Verbindung von Natur- und Denkmalschutz, indem er den Naturschutz aus dem Kultusministerium herauslöste und seinem Innenministerium einverleibte, und zwar mit folgender Begründung gegenüber dem zuständigen Referenten im Kultusministerium: «was die Menschen gemacht haben, das gehört Ihnen, und was die Natur gemacht hat, das gehört mir!» Günter W. Zwanzig: 50 Jahre Reichsnaturschutzgesetz (RNG), in: Natur und Landschaft 60 (1985), S. 276.
279 Rubner: Deutsche Forstgeschichte 1933–1945, S. 104.
280 Joska Pinschovius: Heidschnucken und Donnerbesen – Lüneburger Landschaften, Wien 2002, S. 89 ff.; Hermann Cordes u. a. (Hrsg.): Naturschutzgebiet Lüneburger Heide. Geschichte – Ökologie – Landschaftsschutz, Bremen 1997, S. 311.
281 Anton Metternich: Die Wüste droht. Die gefährdete Nahrungsgrundlage der menschlichen Gesellschaft, Bremen 1947, S. 87.
282 Ebd., S. 250–258.
283 Anna Wöbse: Der Schutz natürlicher Schönheit und die Ursprünge des Weltnaturerbes, Mskr., Bremen 2010, S. 25.
284 Anna Wöbse: Der Schutz der Natur im Völkerbund – Anfänge einer Weltumweltpolitik, in: Archiv für Sozialgeschichte 43/2003, S. 177–190.
285 Ebd., S. 64.
286 Encyclopedia of World Environmental History, Bd. 3, S. 1324.
287 Mark Cioc: The Game of Conservation. International Treaties to Protect the World's Migratory Animals, Athens, Ohio 2009, S. 127 ff.
288 Richard Ellis: Mensch und Wal. Die Geschichte eines ungleichen Kampfes, München 1993, S. 353.
289 Ebd., S. 344 ff., 377 ff.
290 Anna Wöbse: Die Bomber und die Brandgans. Zur Geschichte des Kampfes um den Knechtsand – eine historische Kernzone des Nationalparks Niedersächsisches Wattenmeer (Mskr.).
291 Ludwig Fischer u. a. (Hrsg.): Das Wattenmeer. Kulturlandschaft vor und hinter den Deichen, Stuttgart 2005, S. 28 ff.
292 Damals grundlegend Wolfgang Erz: Nationalpark Wattenmeer, Hamburg 1972, mit Geleitwort von Bernhard Grzimek. Dort wird die Knechtsand-Lektion auf dem «Weg zum Nationalpark Wattenmeer» (S. 99 ff.) allerdings nicht erwähnt; diese Insel ist aus der Liste der dortigen Naturschutzgebiete (S. 75–84) verschwunden! Grzimek erweckt dort den Eindruck, als stehe die Gründung dieses Nationalparks schon damals, 1972, unmittelbar bevor; in Wirklichkeit erfolgte sie erst 1985. Wie in der Nationalpark-Literatur leider üblich, werden entgegenstehende Interessen und Sichtweisen der Anwohner kaum erwähnt und noch weniger ernst genommen.
293 John McCormick: Reclaiming Paradise. The Global Environmental Movement, Bloomington 1989, S. 33.
294 Ebd., S. 31: «The continental Europeans prevailed, thus denying environmentalists an effective input into UN affairs for nearly thirty years.»
295 Anna Wöbse: Framing the Heritage of Mankind: National Parks on the International Agenda, Mskr., Bremen 2008.

296 Martin Holdgate: The Green Web. A Union for World Conservation, London 1999, S. 34.
297 McCormick: Reclaiming Paradise, S. 37.
298 Holdgate: Green Web, S. 55.
299 McCormick: Reclaiming Paradise, S. 210, klagt mit Recht: «His enormous influential role in the evolution of British and international environmentalism has been consistently underestimated in the literature.»
300 Max Nicholson: The New Environmental Age, Cambridge 1987, S. 104: «I suspected that any early launching of a new International Union would either prove as abortive as its forerunners or could only be brought up to standard by an input of specialist and managerial effort and money from the United Kingdom, which was entirely out of the question.» Für ihn stand damals außer Frage, dass England in Sachen Naturschutz die europäische Führungsmacht war, während die Schweizer damals, auf ihren ersten europäischen Nationalpark pochend, durch einen Überraschungscoup die Führung zu erlangen suchten und danach die Belgier mit dem ebenso dynamischen wie kompetenten Jean-Paul Harroy, dem früheren Gouverneur von Ruanda! Der Greenpeace-Gründer McTaggart explodierte noch 1986 über die nationale Enge britischer Regenbogenkämpfer: «Das britische Büro kann anscheinend einfach nicht international denken. Sie wollen das Geld, das sie gesammelt haben, nur für nationale Angelegenheiten verwenden – wie etwa für die Orkney-Seehundskampagne. ... (K)ein anderes europäisches Büro ist so grässlich egoistisch.» David McTaggart: Rainbow Warrior, München 2001, S. 267.
301 Holdgate: Green Web, S. 41, 19.
302 Wöbse: Framing The Heritage, S. 10 ff.
303 McCormick: Reclaiming Paradise, S. 35.
304 Holdgate: Green Web, S. 33.
305 Ebd., S. 37.
306 Ebd., S. 40: «The Union was clearly seen as the centre of a network ... The corresponding network is a system well known in science ... but by adopting it IUPN set out to work with and through an elite.» Vgl. Julian Huxley: Ein Leben für die Zukunft – Erinnerungen, München 1981 (engl. Original ursprünglich 1970/73), S. 274, über die Gründerzeit der UNESCO in Paris: «Welch eine erlesene Schar von Begabungen fand sich damals in Paris!» Er spricht in diesem Zusammenhang u. a. von Claude Lévi-Strauss: Auch dieser zu Weltruhm aufsteigende Sozioethnologe gehörte dazu, der unter dem Eindruck der «traurigen Tropen», des Niedergangs der indigenen Kulturen im Amazonas, emphatisch die Warnungen vor der kommenden Umweltkatastrophe unterstützte! (In: Oltmans [Hrsg.]: Grenzen des Wachstums Pro und Contra, S. 88–94) In gleichem Geist Lewis Mumford, später ein Vordenker der amerikanischen Öko-Bewegung, in seiner 1944 entstandenen «*Condition of Man*»; sein Biograf Donald L. Miller (Lewis Mumford – A Life, Pittsburgh 1989, S. 420) bemerkt dazu: «Balanced personalities like Patrick Geddes and Albert Schweitzer (and surely Mumford grouped himself with them) would be the precursors and initiators, the Bacons and the Leonardos, of the emerging organic age.»
307 McCormick: Reclaiming Paradise, S. 38.
308 Wöbse: Naturschutz global, S. 710 f.
309 Gunnar Myrdal: Anstelle von Memoiren, Frankfurt 1974, S. 203.
310 Bill Jay: The Family of Man. A Reappraisal of the «Greatest Exhibition of All Time», in: Insight (Rhode Island), Nr. 1, 1989.
311 Holdgate: Green Web, S. 59; Matthew Connelly: Fatal Misconception. The Struggle to Control World Population, Cambridge, Mass. 2008, S. 128 ff.
312 Ein Musterbeispiel ist die Gorillaschützerin Dian Fossey, deren Kindheitstraum von Afrika erst einmal zerstob, als sie 1963 zum ersten Mal dort war: «Außer Wüsten und Sümpfen gab es kaum noch Orte, die nicht von Menschen überlaufen waren.» Farley Mowat: Das Ende der Fährte, Zürich 1988, S. 11. Für die Reize bäuerlicher

Landschaften Afrikas, die Naturfreunde ebenfalls hätten entdecken können, besaßen die Romantiker der Wildnis nur selten einen Blick!

313 Huxley: Ein Leben für die Zukunft, S. 157.

314 Joachim Radkau: Mensch und Natur in der Geschichte, Leipzig 2002, S. 85 ff.

315 Bernhard Grzimek: Kein Platz für wilde Tiere, München 1973 (urspr. 1955), S. 13.

316 Huxley: Ein Leben für die Zukunft, S. 132 f.; Bernard Asbell: Die Pille und wie sie die Welt veränderte, München 1996.

317 Joachim Radkau: Aufstieg und Krise der deutschen Atomwirtschaft 1945–1975. Verdrängte Alternativen in der Kerntechnik und der Ursprung der nuklearen Kontroverse, Reinbek 1983, S. 78 ff.

318 Huxley: Ein Leben für die Zukunft, S. 253 f.

319 Georg Borgstrom: Der hungrige Planet, München 1965, S. 9.

320 Joachim Radkau: Der atomare Ursprung der Forschungspolitik des Bundes, in: Peter Weingart/Niels C. Taubert (Hrsg.): Das Wissensministerium, Weilerswist 2006, S. 53.

321 Radkau: Aufstieg und Krise, S. 96 ff.; Michael Bess: The Light-Green Society, S. 93.

322 Radkau: Aufstieg und Krise, S. 67 ff.

323 Ernst Bloch: Das Prinzip Hoffnung, Bd. 2, Frankfurt 1973, S. 775.

324 Ebd., Bd. 1, S. 511.

325 Friedrich Wagner: Die Wissenschaft und die gefährdete Welt. Eine Wissenschaftssoziologie der Atomphysik (urspr. 1964), 2. Aufl. München 1969, S. 281 f.

326 Ebd., S. 522.

327 Robert Jungk/Hans Josef Mundt (Hrsg.): Das umstrittene Experiment Der Mensch. 27 Wissenschaftler diskutieren die Elemente einer biologischen Revolution, München 1966, S. 384.

328 Ilona Stölken-Fitschen: Atombombe und Geistesgeschichte. Eine Studie der fünfziger Jahre aus deutscher Sicht, Baden-Baden 1995, S. 215 ff.

329 Ebd., S. 31–51.

330 R. Samuel Deese: A Dialogue on the Destiny of Species. Julian and Aldous Huxley in the Cold War Era, Paper für die Konferenz «Environmental History and the Cold War», German Historical Institute, Washington, D. C., März 2007.

331 Jan Hollm: Die angloamerikanische Ökotopie, Frankfurt 1998, S. 232.

332 Ebd., S. 178, 184.

333 Huxley: Ein Leben für die Zukunft, S. 453.

334 Julian Huxley im Vorwort zur englischen Ausgabe des *Silent Spring*, London 1963, S. 20.

335 Ebd., S. 340.

336 So der erste Generalsekretär der IUPN und ab 1963 erster Sekretär des Europäischen Komitees für Umweltschutz in Straßburg, Jean-Paul Harroy: Morgen werden sie verhungern oder Die Verschwörung des Schweigens, Frankfurt 1985, S. 21: «Die schlimmsten Auswirkungen auf das labile Gleichgewicht von Mensch und Natur, wie es sich in den ‹traurigen Tropen› über die Jahrhunderte einigermaßen gehalten hatte, brachte der in Arzt und Tierarzt personifizierte Fortschritt.»

337 Albert Schweitzer: Aus meinem Leben und Denken, Frankfurt 1980 (urspr. 1931), S. 188 f.

338 «Der Spiegel» 38/1960, S. 84.

339 Huxley: Ein Leben für die Zukunft, S. 172.

340 Ebd., S. 444 f.

341 Wöbse: Schutz natürlicher Schönheit, S. 59.

342 Bernhard Grzimek: Auf den Mensch gekommen. Erfahrungen mit Leuten, München 1974, S. 315 ff.

343 Jonathan S. Adams/Thomas O. McShane: The Myth of Wild Africa. Conservation Without Illusion, Berkeley 1992, S. 52: Grzimeks Propaganda für den Schutz der Serengeti-Steppe sei «filled with misleading, often falsified data». McShane schrieb

dies als Program Officer for Africa des WWF. Ähnlich der zu anderen Zeiten mit Grzimek befreundete und nicht weniger kämpferische Naturschützer Henry Makowski: Nationalparke in Deutschland, Neumünster 1997: «Hatte nicht schon Deutschlands St. Bernhard I. ... seine Gemeinde mit Daten über Tiere gefüttert, die nicht der Wirklichkeit entsprachen? Statt der von ihm angegebenen Zahl der Tiere von 376 000 im Nationalpark der Serengeti gab es zur Zeit seiner Zählungen schon über eine Million. Das war dem Zoodirektor bekannt. Doch Geschichten über zu erwartende Öko-Katastrophen ziehen nun mal mehr.»

344 Manfred Behr/Hans Otto Meissner: Keine Angst um wilde Tiere. Fünf Kontinente geben ihnen Heimat, München 1959; teilweise dadurch angereizt der Grzimek-Titel des *Spiegel* (38/1960).

345 Grzimek: Auf den Mensch gekommen, S. 331 f.

346 Ebd., S. 437 ff.

347 Das konnte man schon zu jener Zeit wissen: Auf dem Internationalen Naturschutzkongress in Athen 1958 stimmten die Fachleute darin überein, dass in der Serengeti eine Symbiose zwischen dem Wild und der von den Massai betriebenen Viehhaltung ohne Weiteres möglich sei. «Der Spiegel» 38/1960, S. 85.

348 Adams/McShane: Myth of Wild Africa, S. 50 f.

349 Huxley: Ein Leben für die Zukunft, S. 479.

350 Ebd., S. 216 f.

351 Holdgate: Green Web, S. 55.

352 Ebd., S. 44.

353 Encyclopedia of World Environmental History, Bd. 1, S. 433.

354 McCormick: Reclaiming Paradise, S. 39.

355 Ebd., S. 41 f.

356 Der Greenpeace-Gründer McTaggart, dem es an eigenem Selbstbewusstsein nicht mangelte, zeigte noch 1980 gegenüber dem WWF-Gründer Sir Peter Scott einen ungewöhnlichen Respekt: «Offen gestanden denke ich, dass er auf der evolutionären Leiter ein paar Stufen über mir steht ...» McTaggart: Rainbow Warrior, S. 220.

357 WWF (Hrsg.), Bernard Stonehouse: Die Rettung der Tiere – 20 Jahre World Wildlife Fund. Seine Leistungen und Erfolge in aller Welt, Frankfurt 1982, S. 11, 19 f.

358 Jörg Bergstedt: Agenda, Expo, Sponsoring – Recherchen im Naturschutzfilz, Frankfurt 1998, S. 70 ff. Trotz des kritischen Grundtons gegenüber dieser massiven Allianz von Naturschutz und Großindustrie erkennt auch Bergstedt an, dass der WWF effektive Arbeit geleistet habe, gegebenenfalls auch ohne Rücksicht auf widerstreitende Wirtschaftsinteressen.

359 Worster: Nature's Economy, S. 339 f.

360 Radkau: Aufstieg und Krise, S. 89 ff.

361 Ebd., S. 436.

362 Bodo Manstein: Im Würgegriff des Fortschritts, Frankfurt 1961, S. 122.

363 Ebd., S. 149–189. Wenn Bergstedt: Agenda, S. 150, Manstein mit Holocaust-Leugnern in Verbindung bringt, so ist das pure Diffamierung und wird durch den angeführten Beleg nicht im Mindesten bewiesen! Der gesamte Tenor von Mansteins Buch ist kritisch-aufklärerisch und steht in nichts rechtsradikalen Positionen nahe.

364 In ihrem Brief an ihre Freundin Dorothy Freeman vom 1. Februar 1958, wo sie erstmals das Buchprojekt erläutert, aus dem der *Silent Spring* wurde, schreibt sie: «I suppose my thinking began to be affected soon after atomic science was firmly established.» Vorher – sie spricht auch von den «pre-Sputnik days» – habe sie am liebsten geglaubt, «that much of Nature was forever beyond the tampering reach of man». Martha Freemen (Hrsg.): Always, Rachel. The Letters of Rachel Carson and Dorothy Freeman 1952–1964 – The Story of a Remarkable Friendship, Boston 1994, S. 248.

365 Linda Lear: Rachel Carson, London 1997, S. 374 f.

366 Der Monsanto-Konzern, der später international zur Zielscheibe der Kritiker der

Gentechnik wurde, schlug auf *Silent Spring* mit einer Broschüre *The desolate year* zurück, in der als Folge des Pestizidverbots das Schreckbild eines Weltuntergangs durch Hunger, Insekten und Krankheiten ausgemalt wird! Petra Dobner: Wasserpolitik, Frankfurt 2010, S. 193 Fn.

367 Zum Folgenden Joachim Radkau, Vorwort zur deutschen Neuausgabe von Rachel Carson: Der stumme Frühling, München 2007.

368 Holdgate: Green Web, S. 42, 52, 61.

369 Radkau: Natur und Macht, S. 159, 301 f.

370 Lear: Rachel Carson, S. 364 ff.

371 Lear: Rachel Carson, S. 373.

372 Christian Simon: DDT – Kulturgeschichte einer chemischen Verbindung, Basel 1999, S. 165.

373 Deutsches Gartenmuseum Erfurt (Hrsg.): Die ganze Welt im Garten, Erfurt 2003, S. 80 f.

374 Barbara Ward/René Dubos: Wie retten wir die Erde? Umweltschutz: Bilanz und Prognose, Freiburg 1972, S. 14, 16, 210 u. a.

375 Allan Abramson an Verf., 9. 2. 2010.

376 Encyclopedia for World Environmental History, Bd. 3, S. 1092 f.

377 Ernst Jünger: Sämtliche Werke, 2. Abt., Bd. 10, Stuttgart 1980, S. 331 (Essay «Forscher und Liebhaber»).

378 Lear: Rachel Carson, S. 411 f.

379 Willibald Steinmetz: Contergan, in: Haus der Geschichte der BRD (Hrsg.): Skandale in Deutschland nach 1945, Bonn 2007, S. 57.

380 Robert Wizinger: Chemische Plaudereien, Bonn 1934, S. 5.

381 Robert Gottlieb: Forcing the Spring, Washington, D. C. 1993, S. 240 ff.

382 Günther Schwab: Der Tanz mit dem Teufel. Ein abenteuerliches Interview, zuerst 1958, 15. unveränderte Auflage, Hameln 1991. Da triumphiert ein Teufel (S. 281): «Mein Lieblingsgiftchen aber ist und bleibt das herrliche, wunderbare und unausrottbare DDT.»

383 Lear: Rachel Carson, S. 318.

384 Ebd., S. 464 f.

385 Vgl. Gottlieb: Forcing the Spring, S. 308: «Of all these changes, it is the passing of the Cold War that has the greatest consequences.»

386 Martha Freeman (Hrsg.): Always, Rachel. The Letters of Rachel Carson and Dorothy Freeman 1952–1964. The Story of a Remarkable Friendship, Boston 1995, S. 525 ff.

III. Die «ökologische Revolution» um 1970

1 Holdgate: Green Web, S. 101.

2 Max Nicholson: The Environmental Revolution. A Guide for the New Masters of the World, London 1970, S. 12.

3 Max Nicholson: The new environmental age, Cambridge 1987, S. 120 ff.

4 So selbst nach dem Geständnis von Denis Hayes, der den Earth Day organisierte; Philip Shabekoff: A Fierce Green Fire. The American Environmental Movement, New York 1993, S. 119.

5 Der erste, für die damalige Zeit vorzügliche Überblick über die deutsche Umweltbewegung endet 1971: Raymond H. Dominick: The Environmental Movement in Germany. Prophets and Pioneers, 1871–1971, Bloomington 1992. Ähnlich das 550-Seiten-Opus von Michael P. Cohen: The History of the Sierra Club 1892–1970, San Francisco 1988.

6 Frank Uekötter: Von der Rauchplage zur ökologischen Revolution. Eine Geschichte der Luftverschmutzung in Deutschland und den USA 1880–1970, Essen 2003, S. 467 ff.

7 Ebd., S. 488.
8 Ebd., S. 389.
9 Hubert Weinzierl: Naturschutz ist Menschenschutz, in: Karl Stankiewitz: Babylon in Bayern. Wie aus einem Agrarland der modernste Staat Europas werden sollte, Regensburg 2004, S. 134.
10 Arbeitsgemeinschaft Naturschutz westlicher Bodensee: Umweltschutz am Bodensee. Eine Regionalstudie, Stuttgart 1971, S. 54.
11 Das begann schon in der Zeit des Earth Day. Die rechtsradikale *John Birch Society* stänkerte damals, der Earth Day sei eine dürftig verschleierte Art, den Geburtstag Lenins, ebenfalls am 22. April, zu begehen. Der Senator Gaylord Nelson, der Initiator des Tages, bluffte zurück – auf die historische Ignoranz seiner Kontrahenten vertrauend –, der 22. April sei der (in Wahrheit unbekannte) Geburtstag von Franz von Assisi. Shabecoff: Fierce Green Fire, S. 115.
12 Jeremy Rifkin: Der europäische Traum. Die Vision einer leisen Supermacht, Frankfurt 2004, S. 338 ff. («Eine zweite Aufklärung») über das europäische Umweltbewusstsein; ders.: Der europäische Traum, in: Die Umweltmacher. 20 Jahre BMU – Geschichte und Zukunft der Umweltpolitik, Hamburg 2006, S. 382–395.
13 Noch 1991 hob John McCormick hervor, dass «Britain has the oldest, strongest, best-organized and most widely supported environmental lobby in the world». Zit. n. Chris Rootes: Britain – Greens in a cold climate, in: ders. und Dick Richardson (Hrsg.): The Green Challenge. The development of Green parties in Europe, London 1995, S. 66.
14 Ernst Ulrich v. Weizsäcker/Helmut Schreiber: Luftreinhaltung – Der Schwierige Konsens, in: Lothar Gründling/Beate Weber (Hrsg.): Dicke Luft in Europa. Aufgaben und Probleme der europäischen Umweltpolitik, Heidelberg 1988, S. 163 ff. Ein «explosive growth of all things ‹green› during the 1980s» in England registriert Jonathan Porritt (Hrsg.): Friends of the Earth Handbook, London 1987, S. 17.
15 Irmela Hijiya-Kirschnereit im Vorwort zur deutschen Ausgabe: Ishimure Michiko: Paradies im Meer der Qualen, Frankfurt 1995, S. 8.
16 Während ausgerechnet die *New York Times* weit hinterherhinkte; vgl. deren späterer Umweltkorrespondent Philip Shabecoff im Vorwort zu *A Fierce Green Fire*!
17 Michael Egan: Barry Commoner and the Science of Survival. The Remaking of American Environmentalism, Cambridge, Mass. 2007, S. 93 ff.
18 Eva Sternfeld: Umweltpolitik und Industrialisierung in der Volksrepublik China (1949–1985), Berlin 1984, S. 23; Bernhard Glaeser: Umweltpolitik in China, Bochum 1983, S. 15. Bao Maohong, Professor für Umweltgeschichte an der Peking University, hat diese Bedeutung von Stockholm mir gegenüber voll und ganz bestätigt.
19 Qu Geping/Li Jinchang: Population and the Environment in China, London 1994.
20 Edda Müller meinte sogar zu mir (22. 3. 2006), der jahrelange Vorlauf zur Stockholmer Konferenz habe mehr bewirkt als die Konferenz selbst!
21 Günter Küppers/Peter Lundgreen/Peter Weingart: Umweltforschung – die gesteuerte Wissenschaft? Frankfurt 1978, S. 123: Von denjenigen, die an der Ausarbeitung des ersten Bonner Umweltprogramms beteiligt waren, werde mit Vorliebe die Vorbereitung der Stockholmer Konferent als Hauptmotiv hervorgehoben, der amerikanische Einfluss dagegen heruntergespielt. Demgegenüber spricht Edda Müller (Innenwelt der Umweltpolitik, S. 53) davon, um 1969/70 sei der Umweltschutz «in die Bundesrepublik gleichsam importiert» worden, und zwar vor allem aus den USA.
22 Hartkopf/Bohne: Umweltpolitik, S. 140.
23 James Lovelock: Das Gaia-Prinzip. Die Biographie unseres Planeten, Frankfurt 1993, S. 27.
24 Radkau: Natur und Macht, S. 324 f.
25 Mit Recht macht Franz-Josef Brüggemeier (Tschernobyl 26. April 1986 – Die ökologische Herausforderung, München 1998) auf das Merkwürdige des Vorgangs

aufmerksam, dass der bis dahin kaum bekannte und durch keinerlei Großtaten ausgewiesene *Club of Rome* fast schlagartig den Nimbus erlangte, «das moralisch-wissenschaftliche Weltgewissen zu verkörpern»!

26 Kai F. Hünemorder: Die Frühgeschichte der globalen Umweltkrise und die Formierung der deutschen Umweltpolitik (1950–1973), Wiesbaden 2004, S. 154 ff.

27 Joachim Radkau: Scharfe Konturen für das Ozonloch: Zur Öko-Ikonografie der *Spiegel*-Titel, in: Gerhard Paul (Hrsg.): Das Jahrhundert der Bilder. 1949 bis heute, Göttingen 2008, S. 535; Küppers/Lundgreen/Weingart: Umweltforschung, S. 114 ff.

28 Edda Müller: Innenwelt der Umweltpolitik. Sozial-liberale Umweltpolitik – (Ohn)-macht durch Organisation? 2. Aufl. Opladen 1995, S. 51 ff.

29 Alois Glück, ab 1974 Vorsitzender des neu gebildeten bayerischen Ausschuses für Landesentwicklung und Umweltfragen, der «Bayern als Vorreiter in der Umweltpolitik» hervorhebt, schildert zugleich die frühe Umweltpolitik als charakteristisches Phänomen einer «sehr planungsgläubigen Zeit», in der man glaubte, «man müsse dem Staat vermehrt Instrumente an die Hand geben, damit er in alles und jedes, auch in die Naturräume, planend und regulierend eingreifen könne.» In: Die Umweltmacher – 20 Jahre BMU, S. 114. Aus der Futurologie kam auch Robert Jungk, ein späterer Vordenker der Umweltbewegung!

30 Unmittelbar davor hatte Menke-Glückert ein Buch veröffentlicht: «Friedensstrategien. Wissenschaftliche Techniken beeinflussen die Politik» (Reinbek 1969). Das Buch ist ganz und gar von dem damals neumodischen Ehrgeiz einer Verwissenschaftlichung der Politik getragen, wobei diese Verwissenschaftlichung technologisch verstanden wird. Merkwürdigerweise kommt die «Umweltforschung» dabei nur ein einziges Mal und ganz kursorisch vor (S. 89)! Man gewinnt den Eindruck, dass das Engagement bei diesem zu spontaner Begeisterung fähigen Mann 1969 ziemlich abrupt kam!

31 Hünemorder: Frühgeschichte, S. 156 ff.; Interview mit Menke-Glückert vom 7. 3. 2001, das mir Kai F. Hünemörder dankenswerterweise zur Verfügung stellte; «Die Zeit» 11. 7. 1980: «Ein aufmüpfiger Beamter. Umweltexperte Peter Menke-Glückert ist ständig im Clinch mit seinen Ministern in Bonn.»

32 Diesen Eindruck vermittelt zumindest die 900-Seiten-Biografie Willy Brandts von Peter Merseburger (2002).

33 Radkau: Aufstieg und Krise der deutschen Atomwirtschaft, S. 374 f.; Werner Abelshauser (Hrsg.): Die BASF, München 2002, S. 511 ff.

34 Henning v. Köller, in: ders. (Hrsg.): Umweltpolitik mit Augenmaß, Berlin 2000, S. 7.

35 Hartkopf/Bohne: Umweltpolitik, S. 163 f.: «In keinem anderen Politikbereich findet ein so enger Kontakt zwischen Regierungsstellen – insbesondere dem Bundesinnenministerium – und Bürgergruppen statt wie in der Umweltpolitik.» Die Verfasser schildern die Position der Umweltpolitik im Bonner Powerplay gleichwohl als generell frustrierend! Spannungsvoller scheint die Beziehung zwischen Administration und Umweltverbänden in den USA gewesen zu sein. Allan Abramson (7. 2. 10 an Verf.) nach 35-jähriger Tätigkeit im EPA: «Unfortunately, the EPA too often has treated NGO's as antagonists, rather than as natural allies. There are many good examples of working together, but there are too many examples of working against each other.»

36 Uekötter: Rauchplage, S. 389 ff.

37 John Opie: Nature's Nation. An Environmental History of the United States, Fort Worth 1998, S. 421; Shabecoff: Fierce Green Fire, S. 100.

38 Cohen: Sierra Club, S. 416.

39 Das erkennt man deutlich in seinen Memoiren: For Earth's Sake. The Life and Times of David Brower, Salt Lake City 1990.

40 In seinen Memoiren überhäuft er den Sierra Club mit Vorwürfen, obwohl er zugleich dessen große Verdienste anerkennt (Brower: Fort Earth's Sake, S. 438): «The

Sierra Club compromised enough to lose its best antinuclear group. The club has compromised enough to be of little force or effect in slowing the arms race. ... The club did not join in the fight to block the new San Onofre reactors (a failure of which, quite possibly, could make Southern California uninhabitable).» Er wirft dem Club auch eine schnöde Behandlung von Dave Foreman vor, der später als Gründer von *Earth First!* die «ecotage» (ökologische Sabotage) propagierte! Die Direktoren des *Sierra Club* hatten ihm vorgeworfen, aus der gemeinsamen Aktivität eine «One-man-Show» zu machen, den Club durch Missmanagement in eine finanzielle Krise manövriert und Aktivitäten in einer Spendenkampagne für das megalomanische Ziel eines «Earth National Park» verzettelt zu haben. Shabecoff: Fierce Green Fire, S. 101.

41 Holger Strohm: Friedlich in die Katastrophe. Eine Dokumentation über Kernkraftwerke, Hamburg 1973.

42 So in seiner ironisch angehauchten Charakteristik Donald Fleming: Wurzeln der New-Conservation-Bewegung, in: Rolf Peter Sieferle (Hrsg.): Fortschritte der Naturzerstörung, Frankfurt 1988, S. 248.

43 So in seinem Bestseller: The Closing Circle. Nature, Man, and Technology, New York 1971, S. 58 ff. In den folgenden Jahren konzentrierte er sich noch stärker auf die Kampagne gegen die zivile Kernkraft.

44 Fleming: Wurzeln, S. 254 ff. Ihm zufolge war Ende der 60er Jahre die Fischausbeute in dem angeblich «ermordeten» See größer denn je. In der Commoner-Biografie von Michael Egan (2007) kommt diese Kampagne nicht vor!

45 Shabecoff: Fierce Green Fire, S. 113.

46 J. Brooks Flippen: Nixon and the Environment, Albuquerque 2000.

47 Christoph Spehr: Die Jagd nach Natur. Zur historischen Entwicklung des gesellschaftlichen Naturverhältnisses in den USA, Deutschland, Großbritannien und Italien am Beispiel von Wildnutzung, Artenschutz und Jagd, Frankfurt 1994, S. 193.

48 Eric M. Conway: High-Speed Dreams, Baltimore 2005, S. 154 f.

49 Der Begriff, auch auf die Präferenz für Umweltschutz bezogen, kam durch den amerikanischen Politologen Ronald Inglehard in Umlauf, vor allem durch sein Opus *The Silent Revolution: Changing Values and Political Styles among Western Publics*, Princeton 1977.

50 Shabecoff: Fierce Green Fire, S. 113, bereits über den Earth Day von 1970: «Many of the day's activities focused on the dangers of pollution to human health, the issue that would be at the core of the new broad-based environmentalism.»

51 Encyclopedia of World Environmental History Bd. 3, S. 1206.

52 Ebd., Bd. 1, S. 355.

53 Hünemörder: Frühgeschichte, S. 119.

54 Nicholson: Environmental Revolution, S. 12, 245 ff.; auch ders.: New Environmental Age, S. 45 f.

55 McCormick: Reclaiming Paradise, S. 91: «If there was any single issue that spawned Stockholm, it was acid pollution.» Encyclopedia of World Environmental History Bd. 1, S. 43.

56 Vgl. Andrew Jamison u. a.: The Making of the New Environmental Consciousness. A Comparative Study of the Environmental Movements in Sweden, Denmark and the Netherlands, Edinburgh 1990.

57 Claes Bernes/Lars J. Lundgreen: Use and Misuse of Nature's Resources. An Environmental History of Sweden, Värnamo (Schweden) 2009, S. 121.

58 Jeremy Rifkin: Der europäische Traum, Frankfurt 2004, S. 338 ff.; Joachim Radkau: Die Kernkraft-Kontroverse im Spiegel der Literatur – Phasen und Dimensionen einer neuen Aufklärung, in: Armin Hermann/Rolf Schumacher (Hrsg.): Das Ende des Atomzeitalters? Eine sachlich-kritische Dokumentation, München 1987, S. 307–334.

59 Hermand: Grüne Utopien in Deutschland, S. 134 ff.

60 Schon 1971 wetterte Hartkopf über die um sich greifende «Massenhysterie» in Umweltfragen; s. Engels: Naturpolitik, S. 290.
61 Interview mit Kai Hünemörder, 7. 3. 2001.
62 Oltmans: Grenzen des Wachstums Pro und Contra, S. 120.
63 Willem L. Oltmans (Hrsg.): «Die Grenzen des Wachstums» Pro und Contra (aus dem Holländ.), Reinbek 1974. Es dürfte kaum einen Sammelband der letzten Jahrzehnte – wenn überhaupt jemals – geben, der eine derart breite Revue der intellektuellen Elite seiner Zeit bietet wie dieser, von Margaret Mead bis Herbert Marcuse, von Ernest Mandel bis Sicco Mansholt und von Jan Tinbergen bis zu Claude Lévi-Strauss.
64 Helmut Weidner: Entwicklungslinien und Merkmale der Umweltpolitik, in: Manfred Pohl/Hans Jürgen Mayer (Hrsg.): Länderbericht Japan, Bonn 1998, S. 125. Gerade Weidner stilisiert das Japan der darauffolgenden Zeit zum umweltpolitischen Musterland! Bo Gunnarsson: Japans ökologisches Harakiri oder Das tödliche Ende des Wachstums. Eine Warnung an die überindustrialisierten Staaten, Reinbek 1974 (zuerst Stockholm 1971).
65 Miranda A. Schreurs: Environmental Politics in Japan, Germany, and the United States, Cambridge 2002, S. 38 ff.
66 Vgl. ebd., S. 40.
67 Radkau: Aufstieg und Krise der deutschen Atomwirtschaft, S. 438 ff. Einen ersten Durchbruch in eine etwas weitere Öffentlichkeit brachte der vom «Weltbund zum Schutze des Lebens» inspirierte Brandartikel des Naturarztes Max Otto Bruker in der DFU-nahen «Deutschen Volkszeitung» (Düsseldorf) im Juli 1968 «Der Notstand der Demokratie – aufgezeigt am Atomkraftwerk Würgassen».
68 David Okrent: Nuclear Reactor Safety. On the History of the Regulatory Process, Madison (Wisconsin) 1981, S. 294 ff. u. a.
69 Ebd., S. 330.
70 Karl Wirtz: Im Umkreis der Physik, Karlsruhe 1988, S. 111; mündl. zum Verf.: Das damals von Hoechst geplante Kernkraftwerk, das den Chemiekonzern mit Prozesswärme versorgen sollte, hätte den Untergang von Hoechst bedeutet, da dort «alles radioaktiv» geworden wäre; denn die dazu nötigen Leitungen seien nie absolut dicht zu kriegen!
71 Radkau: Aufstieg und Krise, S. 372 ff.
72 Alvin M. Weinberg: Social Institutions and Nuclear Energy, in: Science, 7. 7. 1972, S. 33 f. Dazu Thomas R. Wellock: Critical Masses: Opposition to Nuclear Power in California, 1958–1978, Madison, Wisc. 1998, S. 99: «Alvin Weinberg, an ardent fan of nuclear power, had meant Faust to be a challenge to the nuclear industry», und zwar Herausforderung im positiven Sinne. Wie die Kritiker dann die Pointe umdrehten, gehört zu den Ironien des Atomkonflikts.
73 Edda Müller aus Insiderkenntnis: Die Abfassung des ersten Bundesumweltprogramms wurde von den Akteuren «primär als intellektuelle Herausforderung begriffen.» Dies.: Innenwelt der Umweltpolitik, 2. Aufl. Opladen 1995, S. 65.
74 Egan: Commoner, S. 117.
75 Motto zu Cornelis Jan Briejèr: Silberne Schleier. Gefahren chemischer Bekämpfungsmittel (aus dem Holländ.), München 1970.
76 Radkau: Natur und Macht, S. 300 f.
77 James Lovelock: Das Gaia-Prinzip. Die Biographie unseres Planeten, Frankfurt 1993 (engl. 1988), S. 230.
78 Louis C. McCabe (Hrsg.): Air Pollution. Proceedings of the U.S. Technical Conference on Air Pollution, New York 1952, S. 453, 482.
79 Uekötter: Rauchplage, S. 354.
80 Daniel Fiorino: Making Environmental Policy, Berkeley 1995, S. 128. Ausführlich in Mark Landy u. a.: The Environmental Protection Agency. Asking the Wrong Questions. From Nixon to Clinton, New York 1994, S. 172–203 («Forging a Cancer

Policy»). Dass die Konzentration auf Gesundheitsfragen ein Grundfehler der EPA gewesen sei, ist eine der Hauptthesen des Buches. Allan Abramson stimmte ihr mir gegenüber aus 35-jähriger EPA-Erfahrung zu. Als konkrete Gegenmaßnahme hatte die EPA vor allem die Sanierung giftiger Altlasten zu bieten; dass diese jedoch eine wesentliche Krebsursache seien, war schwer nachzuweisen.

81 Encyclopedia of World Environmental History, Bd. 1, S. 22 f.

82 David Zierler: Against Protocol: Ecocide, Détente, and the Question of Chemical Warfare in Vietnam, 1969–1975. Paper für die GHI-Konferenz «Environmental History and the Cold War», Washington 2007.

83 Brower: For Earth's Sake, S. 295.

84 Gregg Easterbrook: A Moment of Earth, New York 1995, S. 232.

85 Egan: Barry Commoner, S. 109 f.

86 Gottlieb: Forcing the Spring, S. 106 f.

87 Harold Sprout: The Environmental Crisis in the Context of American Politics, in: Leslie L. Roos (Hrsg.): The Politics of Ecocide, New York 1971, S. 49.

88 Shabecoff: Fierce Green Fire, S. 113.

89 Encyclopedia of World Environmental History, Bd. 1, S. 355.

90 Michael McCloskey: Twenty Years of Change in the Environmental Movement: An Insider's View, in: Riley E. Dunlap/Angela G. Mertig (Hrsg.): American Environmentalism, Washington, D. C. 1992, S. 78.

91 Lynn White jr.: The Historical Roots of Our Ecological Crisis, in: Science 155/1967, S. 1203–1207; gekürzte deutsche Fassung in Michael Lohrmann (Hrsg.): Gefährdete Zukunft. Prognosen angloamerikanischer Wissenschaftler, München 1970, S. 20–29.

92 René Dubos (in kritischer Distanz zu Lynn White!): Franciscan Conservation versus Benedictine Stewardship, in: David and Eileen Spring: Ecology and Religion in History, New York 1974, S. 118: Die Hippie-Zeitschrift *The Oracle* (San Francisco) druckte Whites Vortrag nach, und die White-These wurde zu einem «Glaubensartikel».

93 John Bassett McCleary: The Hippie Dictionary, Berkeley 2004, S. 163.

94 In Theodore Roszak: Gegenkultur, Düsseldorf 1971 (amerikan.: The Making of a Counter-Culture, 1968), dem fundiertesten Überblick über die Hippie-Bewegung *vor* 1970, sucht man das Thema «Umweltschäden» fast vergeblich: Von daher gibt es Grund zur Vorsicht gegenüber später konstruierten Kontinuitäten von den Hippies zur Umweltbewegung!

95 Gottlieb: Forcing the Spring, S. 140 ff. Encyclopedia of World Environmental History, Bd. 2, S. 875: «Since its founding, the NRDC has become one of the largest and most powerful environmental organizations in America.»

96 Shabecoff: Fierce Green Fire, S. 116, 133 f.

97 Charles A. Reich: The Greening of America, New York 1970, S. 11.

98 Siegfried Schmidt-Joos/Barry Graves: Rock-Lexikon, 2. Aufl. Reinbek 1975, S. 385.

99 Hans Christoph Buch: Bericht aus dem Inneren der Unruhe, Reinbek 1984, S. 325.

100 Darauf verweist wiederholt und nicht ohne maliziösen Unterton Donald Fleming, ein «Top Man» der amerikanischen Wissenschaftsgeschichte, in seiner aus Insiderwissen schöpfenden Abhandlung über die «Wurzeln der New-Conservation-Bewegung», in: Sieferle (Hrsg.): Fortschritte der Naturzerstörung, S. 216–306. Rachel Carson hielt nur ein einziges Mal einen rein wissenschaftlichen Vortrag vor einer professionellen akademischen Organisation und fühlte sich dabei unsicher; Lear: Rachel Carson, S. 250 f.

101 Egan: Barry Commoner, S. 104.

102 Gunnar Myrdal in seinem Vortrag auf der Stockholmer Konferenz 1972 (ders.: Anstelle von Memoiren, S. 206): «Alle Schätzungen, auf die sich die Warnungen vor Rohstofferschöpfung und Umweltverschmutzung stützen, sind äußerst unsicher», wie selbst René Dubos, ein Vordenker der Konferenz, zugegeben habe.

103 Samuel P. Hays: Beauty, Health, and Permanence, Cambridge, Mass. 1987, S. 329 ff.

104 Mit Recht bemerkte Barry Commoner, der den Riesenrummel um die Club-of-Rome-Studie lächerlich fand: «Um zu behaupten, dass dem Wachstum Grenzen gesetzt sind, braucht man keinen Computer.» Oltmans: Die Grenzen des Wachstums Pro und Contra, S. 126.

105 Andreas Daum: Wissenschaftspopularisierung im 19. Jahrhundert. Bürgerliche Kultur, naturwissenschaftliche Bildung und die deutsche Öffentlichkeit 1848–1914, München 2002 (vgl. dort besonders über die Humboldt-Vereine, Emil Adolf Roßmäßler und Ernst Haeckel!).

106 Erik M. Conway: High-Speed Dreams. NASA and the Technopolitics of Supersonic Transportation, 1945–1999, Baltimore 2005; n. b. den Hinweis auf S. 303: «How the *space* agency was reoriented toward the *earth* sciences in general is a subject that needs more investigation.» In der Tat! Aus der NASA kam James Lovelock, der Schöpfer der Gaia-Hypothese!

107 Überraschenderweise rechnete Hans-Dietrich Genscher auch Herbert Marcuse, den philosophischen Star der 68er, zu jenen Denkern, deren Einfluss die ökologische Wende geprägt habe. In: v. Köller (Hrsg.): Umweltschutz mit Augenmaß, S. 20.

108 Kursbuch 33 (1973), S. 40, zit. n. Eva Sternfeld: Umweltpolitik und Industrialisierung in der VR China, S. 91.

109 Das gilt für Frankreich ebenso wie für die Bundesrepublik. Michael Bess (The Light-Green Society, Chicago 2003, S. 79) verweist auf das Paradox, dass zwar die meisten grünen Aktivisten, nach den Wurzeln ihres Engagements gefragt, prompt auf die Studentenbewegung verweisen, man jedoch im Mai 1968 vergeblich nach «grünen» Parolen sucht.

110 Jamison u. a.: The Making of the New Environmental Consciousness, S. 66.

111 Dieses Thema steht denn auch im Zentrum der Aufsatzsammlung von Garrett Hardin: Living Within Limits. Ecology, Economics, and Population Taboos, New York 1993.

112 «Indien und sein Hungerschicksal» steht an der Spitze des Schreckensszenarios in dem für das neue Umweltbewusstsein grundlegenden Buch von Georg Borgstrom: Der hungrige Planet. Welternährung von der Krise zur Katastrophe? München 1967 (schwed. Original 1965). Dazu ebd. S. 89: «Das eigentliche Problem Indiens ist die Überbevölkerung in einem Grad, der jedes vernünftige Maß weit überschritten hat.»

113 Paul R. Ehrlich: Die Bevölkerungsbombe, München 1971, S. 15.

114 Ebd., S. 13.

115 Egan: Barry Commoner, S. 118 ff.

116 Fleming: Wurzeln der New-Conservation-Bewegung, S. 260; Lane Simonian: Defending the Land of the Jaguar. A History of Conservation in Mexico, Austin 1995, S. 170.

117 Barbara Ward/René Dubos: Wie retten wir die Erde? (engl.: Only One Earth), Freiburg 1972, S. 209 f.

118 Paul R. Ehrlich/Anne H. Ehrlich: Betrayal of Science and Reason. How Anti-Environmental Rhetoric Threatens Our Future, Washington, D. C. 1996, S. 212.

119 Paul Ehrlich verwahrte sich heftig gegen diese Unterstellung und ging sogar bis zu der Erklärung, dass «the birth of each American child is 50 times the disaster for the world as the birth of a child in India»! Connelly: Fatal Misconception, S. X.

120 Matthew Connelly: Fatal Misconception. The Struggle to Control World Population, Cambridge, Mass. 2008, S. 145 f. Borgstrom: Der hungrige Planet, S. 98: «Nehru hatte den Mut, der Heuchelei über die demographischen Verhältnisse in Indien entgegenzutreten. In seiner großartigen Radioansprache, die dieses Problem zum Thema hatte, versicherte er 1953, dass Indien ein viel glücklicheres Volk sein könnte, wenn seine Bevölkerung nur halb so groß wäre.» Eine damals in der Weltgeschichte einzig dastehende Ansprache eines Regierungschefs! Margret Sanger, die Sponso-

rin und leidenschaftliche Protagonistin der «Anti-Baby-Pille», hatte sich noch von Gandhi eine Abfuhr geholt! Dabei bestritt auch Gandhi keineswegs, dass eine Geburtenbeschränkung wünschenswert war; aber nach seinem Willen sollte sie allein durch sexuelle Askese geschehen. (Connelly, S. 99 ff.) Man kann es Margret Sanger nicht verdenken, wenn sie eine solche Position nicht ernst nahm!

121 Myrdal: Anstelle von Memoiren, S. 217.

122 Ward/Dubos: Wie retten wir unsere Erde?, S. 193.

123 Hermand: Grüne Utopien, S. 130.

124 Joachim Raschke: Die Grünen. Wie sie wurden, wie sie sind, Köln 1993, S. 126.

125 Gottlieb: Forcing the Spring, S. 227 ff.

126 Im Hippie Dictionary kommt Ehrlichs *Population Bomb* wie eine erwiesene Tatsache vor!

127 J. Donald Hughes: North American Indian Ecology, El Paso 1996, S. 97.

128 Klaus Taschwer/Benedikt Föger: Konrad Lorenz, Wien 2003, S. 244 ff.

129 Konrad Lorenz: Die acht Todsünden der zivilisierten Menschheit, 2. Aufl. München 1973, S. 20. Ganz im gleichen Sinn kurz darauf Jan Tinbergen, Träger des Nobelpreises für Ökonomie von 1969, in einem Interview über die «Grenzen des Wachstums» als gebürtiger Niederländer: In den Niederlanden führe die «Übervölkerung» «bereits zu ständiger Gereiztheit, wie wir um uns herum beobachten können». In: Oltmans: Grenzen des Wachstums Pro und Contra, S. 31.

130 Daher erscheint es mir nicht als begründet, wenn Connelly (Fatal Misconception) schon zu Anfang seines Vorwortes von einer «population control movement» spricht und diese streckenweise mit der Umweltbewegung vermengt. Gerade ab 1970, als die Umweltschützer einen wachsenden Einfluss auf die Politik gewannen, spielt die «Bevölkerungsbombe» als verbindende Sorge keine große Rolle mehr; das lässt auch Connellys Darstellung erkennen. Aufschlussreich ist sein Hinweis auf S. 130: «But before *Silent Spring*, environmentalists did not have confidence they could stand alone.» Aber spätestens ab 1970 vermochten die Umweltschützer auf eigenen Füßen zu stehen! Connelly schildert die Bemühungen, das Bevölkerungswachstum zu bremsen, durchweg abschätzig, begründet jedoch nicht, was ihn zu der Auffassung verleitet, diese Bemühungen seien zu ihrer Zeit fragwürdigen Motiven entsprossen. Er suggeriert als deren Wurzel eugenische Machtträume; die Evidenz der Fakten deutet jedoch viel mehr darauf hin, dass die von oben forcierte Geburtenkontrolle gerade in Ländern wie Indien und China als unpopuläre Notmaßnahme zu verstehen ist, gerade weil sie im Widerspruch zur ursprünglichen Ideologie stand (Gandhi in Indien, Mao in China).

131 Müller: Innenwelt der Umweltpolitik, S. 55, 51. Ähnlich aus Schweizer Sicht Patrick Kupper: Die «1970er Diagnose». Grundsätzliche Überlegungen zu einem Wendepunkt der Umweltgeschichte, in: Archiv für Sozialgeschichte 43/2003, S. 325 ff., vor allem S. 342. Wenn er sodann die Erklärung in der Schweizer Gesellschaftsgeschichte sucht, bietet er keine verallgemeinerbare Lösung des Rätsels.

132 Michael Bess: The Light-Green Society. Ecology and Technological Modernity in France, 1960–2000, Chicago 2003, S. 77.

133 Commoner: The Closing Circle, S. 293.

134 Christian Pfister (Hrsg.): Das 1950er Syndrom: Der Weg in die Konsumgesellschaft, Bern 1995; dazu Radkau: Natur und Macht, S. 284 ff. und 409 (Anm. 2).

135 Shabecoff: Fierce Green Fire, S. 134.

136 Ebd., S. 132.

137 Ebd., S. 94.

138 Wolfgang Kunath: «Die UN-Umweltschutzbehörde hat den Ruf als ‹Saftladen› weg», in: Frankfurter Rundschau, 25. 10. 1997, S. 2. Allgemein Wöbse: Naturschutz global, S. 701: «Die internationalen Verwaltungsapparate fielen noch leichter der Trägheit der Masse anheim als die auf nationaler Ebene.»

IV. Die großen Dramen der Umweltbewegung

1. Das ewige Wechselspiel zwischen vernetztem Denken und praktischer Priorität

1 James Lovelock: Das Gaia-Prinzip. Die Biographie unseres Planeten, Frankfurt 1993, S. 290–296.
2 Jared Diamond: Kollaps. Warum Gesellschaften überleben oder untergehen, Frankfurt 2005, S. 613.
3 Allan Abramson an Verf. (7. 2. 2010) zu einer Liste von Buchtiteln zur US-Umweltpolitik: «The only person I recognize with real world experience in the list is Dan Fiorino, who actually served in the field.»
4 Daniel J. Fiorino: Making Environmental Policy, Berkeley 1995, S. 151.
5 So Hans-Dietrich Genscher und Peter Menke-Glückert in: Henning v. Köller (Hrsg.): Umweltpolitik mit Augenmaß. Gedenkschrift für Staatssekretär Dr. Günter Hartkopf, Berlin 2000, S. 18, 121 f.
6 Ernst U. v. Weizsäcker: Erdpolitik, Darmstadt 1989, S. 14.
7 Vgl. Beispielsweise Andrew Jamison u. a.: The Making of the New Environmental Consciousness. A Comparative Study of the Environmental Movements in Sweden, Denmark and the Netherlands, Edinburgh 1990, S. 75: 1961 erklärte Vagn Jensen, der neu gewählte Präsident der dänischen Naturschutzgesellschaft, den «old conservationist single case approach» für unzulänglich – ein Anzeichen der beginnenden ökologischen Wende in Dänemark!
8 Uekötter: Rauchplage, S. 22 f. In der Analyse der Art und Weise, wie die von Mancur Olson beschriebene «Logik des kollektiven Handelns» die Auseinandersetzung mit der Rauchplage durchzieht und wie sich das «Olson-Paradox» überwinden lässt, besteht eine Leitlinie von Uekötters Werk. Ähnlich Thomas Ellwein im Vorwort zu Martin Leonhard: Umweltverbände, Opladen 1986: «Auch im Bereich des Umweltschutzes lassen sich speziellere Interessen leichter organisieren als allgemeine.»
9 Timothy Doyle: Environmental Movements in Majority and Minority Worlds, New Brunswick 2005, S. 116, glaubt, Robert Michels' «ehernes Gesetz der Oligarchie» gelte lediglich für institutionell verfestigte Organisationen, nicht für die «neuen sozialen Bewegungen». Aber gerade der Verzicht auf formale Regeln kann die Undurchsichtigkeit von Entscheidungsprozessen erhöhen und dazu führen, dass diese von kleinen Gruppen an sich gezogen werden. Insofern enthält der unvermeidliche Prozess der Institutionalisierung auch eine Chance, dem «Olson-Paradox» zu entrinnen!
10 Axel Meyer: Die Entstehung der Arten. Neue Theorien und Methoden, in: Ernst Peter Fischer/Klaus Wiegandt (Hrsg.): Evolution. Geschichte und Zukunft des Lebens, Frankfurt 2003, S. 77.
11 John Cronin/Robert F. Kennedy jr.: The Riverkeepers, New York 1997, S. 163.
12 Commoner: Closing Circle, S. 33.
13 Ebd., S. 10.
14 Ebd., S. 139, 128.
15 Carolyn Merchant (Hrsg.): Green Versus Gold. Sources in California's Environmental History, Washington, D. C. 1998, S. 420 ff.
16 Commoner: Closing Circle, S. 31, 202; er legt auf dieses ökologische Argument stärkeres Gewicht als auf die Lärmbelästigung, die gewiss das Hauptmotiv der damaligen Protestbewegung war.
17 Egan: Barry Commoner, S. 161.
18 Uekötter: Rauchplage, S. 515.
19 Michael Kloepfer: Umweltrechtsentwicklungen in Deutschland nach 1945, in: ders. (Hrsg.): Schübe des Umweltbewußtseins und der Umweltrechtsentwicklung, Bonn 1995, S. 108 f.

20 Fiorino: Making Environmental Policy, S. 223.

21 Kline: First Along the River, S. 78; Shabecoff: Fierce Green Fire, S. 106; Gottlieb: Forcing the Spring, S. 125, hält die von Nader geführten Verbraucherschutzkampagnen sogar für noch wichtiger für den neuen «environmentalism» als die Wildnisschützer, bemerkt allerdings S. 171, Naders Einfluss «still remains to be fully explored». Nader schrieb die Einführung zu ecotactics: The Sierra Club Handbook for Environment Activists (1970).

22 Wöbse: Naturschutz global, in: Frohn/Schmoll (Hrsg.): Natur und Staat, S. 707.

23 Seit Löns' «Pritzelkram» finden sich in der Literatur immer neue Spottnamen für bornierte Naturschützer; so spricht Peter Menke-Glückert (Köller: Umweltpolitik mit Augenmaß, S. 121) von den «Rettet-den-Wachtelkönig-Kampagnen»! Aber natürlich kann man sich nur für solche ganz konkrete Natur begeistern, nicht für die abstrakte «Umwelt»!

24 Vgl. Hartmut Blick/Horst Obermann: Stiefkind Naturschutz – Misere des Naturschutzes in Deutschland, in: Köller: Umweltpolitik mit Augenmaß, S. 107 ff.

25 Edda Müller (Innenwelt, S. 3) will in ihrem Opus die «bürokratischen Mechanismen» aufdecken, «die den Naturschutz in den 70er Jahren zahnlos gemacht haben». Die BFANL (Bundesforschungsanstalt für Naturschutz und Landschaftspflege), die Vorläuferin des BfN (Bundesamtes für Naturschutz), sei bis in die 90er Jahre «ein verschlafener Wissenschaftler-Verein gewesen», der sich darauf beschränkt habe, «fleißig die Mauerritzenbiotope oder das Straßenbegleitgrün in Bonn und Umgebung» zu kartieren (Edda Müller an Verf., 22. 3. 2010). Das ist die Sicht der Umweltpolitikerin, die bedauerte, dass das Bundesinnenministerium damals keine Naturschutzkompetenz erlangte – die Naturschützer selbst sahen sich anders! Das lässt der 730 Seiten starke Jubiläumsband der BfN erkennen: Hans-Werner Frohn/Friedemann Schmoll (Hrsg.): Natur und Staat. Staatlicher Naturschutz in Deutschland 1906–2006, Bonn 2006. Aber auch dort stellt Anna Wöbse fest (Naturschutz global – oder: Hilfe von außen. Internationale Beziehungen des amtlichen Naturschutzes im 20. Jahrhundert, S. 698), die BFANL habe bei dem Europäischen Naturschutzjahr 1970 und der Vorbereitung der Stockholmer Konferenz nicht recht mitzuspielen vermocht: «Dort steckte man augenscheinlich zwischen Baum und Borke.» Von dem neuen Medienwirbel um die «Umwelt» war man verblüfft und fühlte sich überrollt (S. 700 f.). Dennoch resümieren zwei kritische Beobachter: «Im Sog der Umweltbewegung ... erlangte der Naturschutz seit den 70er Jahren eine bedeutende Stellung im gesellschaftspolitischen Geschehen. ... In unzähligen Formen war der Naturschutzaufschwung spürbar.» Häpke/Haafke: Vom «Todfeind der Kreatur» zum Spielball naturschützerischer Forderungen, in: Ditt u. a. (Hrsg.): Agrarmodernisierung und ökologische Folgen, S. 601. Die puren Fakten sprechen für diese These!

26 Michael McCloskey, der damalige Vorsitzende des Sierra Club, in Dunlap/Mertig: American Environmentalism, S. 80, nach einem Überblick über das breite Spektrum des *environmentalism*: «However, the issues that captured the hearts of its members were protecting wilderness, defending Alaska's wildlife, saving old-growth forests, and ‹keeping the money changers out of the temples›.»

27 Das ist die Position von Edda Müller: Innenwelt der Umweltpolitik, 2. Aufl. Opladen 1995 (zuerst 1986). Sie hat diese zwar mit Blick auf Anfangserfolge des 1986 gegründeten Bundesumweltministeriums revidiert, vermutet jedoch weiterhin (Vorwort zur 2. Auflage), dass sich die Umweltpolitik als eigenes Ressort nur in Zeiten der «Umwelt»-Hochkonjunktur gegen altetablierte Ressorts durchzusetzen vermag.

28 Dazu bemerkt der Hegel-Kenner Ludwig Siep (an Verf., 13. 5. 2010) fragend: «So konkretisiert sich der Weltgeist zwar stets neu, aber in einem Fortschritts- und Bewusstwerdungsprozess auf immer höherer Stufe. Ob man das für die Umweltbewegung und den Umweltbegriff sagen kann?» In der Tat ist zu fürchten, dass dort die Analogie zu dem Hegel'schen Weltgeist aufhört!

29 Graham Chapman, Keval Kumar u. a.: Environmentalism and the mass media: The North-South divide, London 1997, S. 274.
30 Ramachandra Guha: How Much Should a Person Consume? Environmentalism in India and the United States, Berkeley 2006, S. 11.
31 Chapman: Environmentalism and the mass media, S. 274.
32 Alois Glück: Vorreiter Bayern, in: Die Umweltmacher. 20 Jahre BMU – Geschichte und Zukunft der Umweltpolitik, Hamburg 2006, S. 115.
33 Michael Bess: The Light-Green Society. Ecology and Technological Modernity in France, 1960–2000, Chicago 2003, S. 84.
34 Barbara Ward/René Dubos: Wie retten wir unsere Erde? Freiburg 1973, S. 15.
35 Timothy Flannery: The fate of empire in low- and high-energy ecosystems, in: Tom Griffiths/Libby Robin (Hrsg.): Ecology and Empire. Environmental History of Settler Societies, Seattle 1997, S. 58.
36 Christopher Rootes (Hrsg.): Environmental Protest in Western Europe, Oxford 2003, S. 77, 236, 250 f. u. a.; die vor allem auf Presseartikel gestützten Untersuchungen beziehen sich vor allem auf die Dekade von 1988 bis 1997, als die EU umweltpolitisch die Initiative ergriff.
37 Wolfgang Rüdig: Anti-nuclear movements: a world survey of opposition to nuclear energy, Harlow 1990.
38 Manuel Jiménez, in: Rootes (Hrsg.), Environmental Protest, S. 177 ff.
39 Ebd., S. 174.
40 Michael Flitner (Hrsg.): Der deutsche Tropenwald. Bilder, Mythen, Politik, Frankfurt 2000.
41 Frank Uekötter: The Old Conservation History – and the New: An Argument for Fresh Perspectives on an Established Topic, in: Historical Social Research 29 (2004), No. 3, S. 180: «there was nothing comparable in German observation to the American pride in the natural wonders of West. While American conservationists saw the national parks as physical proof of their cultural mission, there was no similar sentiment in the German conservation community.»
42 Auch derjenige russische Roman, der die Liebe zum Wald am stärksten propagiert: *Der russische Wald* von Leonid Leonov (1953), der 1957 mit dem ersten Leninpreis ausgezeichnet wurde, wirkt eher wie ein Bildungsroman, der die damalige Aufforstungspolitik popularisieren sollte; nicht umsonst steht ein Forstwissenschaftler im Mittelpunkt. Vgl. dazu Vera Meyer: Idyll, Ware, Ökosystem – Der Wald in der russischen Literatur, in: Osteuropa 58/2008, H. 4 (Grünbuch Politische Ökologie im Osten Europas), S. 100 ff.
43 Wassilij Kliutschewskij: Geschichte Russlands, Bd. 1, Stuttgart 1925, S. 57, 59.
44 Douglas R. Weiner: A Little Corner of Freedom. Russian Nature Protection from Stalin to Gorbachev, Berkeley 1999, S. 414 ff.
45 Radkau: Natur und Macht, S. 14. Allgemein dazu J. Baird Callicott/Michael P. Nelson (Hrsg.): The Great New Wilderness Debate, Athens, Georgia 1998; darin besonders William Cronon: The Trouble with Wilderness, or, Getting Back to the Wrong Nature (S. 414–442).
46 Bernhard Kegel: Die Ameise als Tramp. Von biologischen Invasionen, Zürich 1999, S. 299.
47 Klaus Vollmer: Die bemerkenswerte Abwesenheit von Raubtieren. Naturbilder in Japan, in: politische ökologie 99 (März 2006), S. 39.
48 Mitsuo Fujiwara: Silviculture in Japan, in: Yoshiya Iwai (Hrsg.): Forestry and the Forest Industry in Japan, Vancouver 2002, S. 18 ff.
49 Takashi Iguchi: Depopulation and *Mura-Okoshi* (Village Revival), in: Iwai: Forestry, S. 259–277.
50 Bess: Light-Green Society, S. 126.
51 Conrad Totman: The Green Archipelago. Forestry in Preindustrial Japan, Berkeley 1989, S. 2.

52 Vgl. Rootes: Environmental Protest, S. IX, 52.
53 Holger Krawinkel: Für eine neue Energiepolitik. Was die Bundesrepublik Deutschland von Dänemark lernen kann, Frankfurt 1991.
54 Im Juni 2006 sprach ich den Leiter der Energieabteilung im niederländischen Wirtschaftsministerium auf dieses Thema an. Er: Das sei in der Tat ein wunder Punkt in der Öko-Szenerie seines Landes. In den 1970er Jahren habe man bei der Förderung der Windenergie in der ersten Begeisterung zu hoch gepokert; darauf habe sich Enttäuschung verbreitet. Man wird in der Annahme schwerlich fehlgehen, dass diese Enttäuschung auch durch den dort beheimateten Shell-Konzern gehörig bestärkt wurde!
55 So auch für Maxie Wander: «Guten Morgen, du Schöne.» Frauen in der DDR, Darmstadt 1978, S. 54.
56 «Die bayerischen Grünen geben Rätsel auf» sei der typische Tenor einschlägiger Zeitungsberichte: so Raschke: Die Grünen, S. 266.
57 Dieter Rucht/Jochen Roose in Christopher Rootes (Hrsg.): Environmental Protest in Western Europe, Oxford 2003, S. 81, 108.
58 Martin Jänicke: Pionierländer im Umweltschutz, in: Die Umweltmacher, S. 464.
59 Heiner Monheim: Zum Eisenbahnland Nr. 1, der Schweiz; und Walter Moser: Die Bahnstrategie der Schweiz und der SBB – Mit Systemdenken zum Erfolg, in: Heiner Monheim/Klaus Nagorni (Hrsg.): Die Zukunft der Bahn. Zwischen Bürgernähe und Börsengang, Karlsruhe 2004, S. 67–82.
60 Kurt Zurfluh: Steinerne Pfade. 160 Jahre Urner Wirtschaftsgeschichte, Altdorf 1990, S. 307 ff.
61 Joachim Radkau: Technik in Deutschland – Vom 18. Jahrhundert bis heute, Frankfurt 2008, S. 383 ff.
62 Ernst Ulrich v. Weizsäcker/Helmut Schreiber: Luftreinhaltung – Der schwierige Konsens, in: Lothar Gündling/Beate Weber (Hrsg.): Dicke Luft in Europa, Heidelberg 1988, S. 168.
63 Kurt Möser: Geschichte des Autos, Frankfurt 2002, S. 276 ff.
64 Für Doyle: Environmental Movements (S. 93–117), sind die «anti-road movements» im weltweiten Vergleich überhaupt das Spezifikum der britischen Umweltbewegung!
65 Derek Wall: Mobilising Earth First! In Britain, in: Christopher Rootes (Hrsg.): Environmental Movements – Local, National and Global, London 1999, S. 84 ff., auch S. X.
66 Christopher Rootes: Acting Globally, Thinking Locally? Prospects for a Global Environmental Movement, in: ders.: Environmental Movements, S. 291.
67 Michael Kraack u. a.: Umweltintegration in der Europäischen Union. Das umweltpolitische Profil der EU im Politikvergleich, Baden-Baden 2001, S. 150 f.
68 Eine typisch britisch-deutsche Kontroverse über Emissionsgrenzwerte anschaulich geschildert bei Ernst Ulrich v. Weizsäcker: Erdpolitik. Ökologische Realpolitik an der Schwelle zum Jahrhundert der Umwelt, Darmstadt 1989, S. 44 f.
69 James Beattie: W. L. Lindsay, Scottish Environmentalism and the ‹Improvement› of 19th-Century New Zealand, in: Tony Ballantyne/Judith A. Bennett (Hrsg.): Landscape/Community – Perspectives from New Zealand, Dunedin/New Zealand 2005, S. 53.
70 Richard Grove: Scotland in South Africa: John Crumbie Brown and the roots of settler environmentalism, in: Tom Griffiths/Libby Robbin (Hrsg.): Ecology & Empire. Environmental History of Settler Societies, Edinburgh 1997, S. 139 ff.
71 Brendan Hill u. a.: Popular Resistance and the Emergence of Radical Environmentalism in Scotland, in: Bron R. Taylor (Hrsg.): Ecological Resistance Movements, New York 1995, S. 245; John M. MacKenzie: Empires of Nature and the Natures of Empires: Imperialism, Scotland and the Environment, East Linton 1997, S. 65 ff.
72 Reiner Luyken: «Nur noch dunkler Tann – Londoner Geschäftsleute entdecken die Forstwirtschaft als gewinnträchtige Branche», in: «Die Zeit», 31. 10. 1986, S. 20.

73 John Cronin/Robert F. Kennedy jr.: The Riverkeepers, New York 1997, S. 229.
74 Ebd., S. 20.
75 Kristine Kern: Politische Kultur und Umweltpolitik. Amerikanische Erfahrungen und europäische Perspektiven, in: Europas Kulturen und ihr Umgang mit der Natur, Insel Mainau 1999 (= Mainauer Gespräche Bd. 14), S. 43.
76 Die These des Agrarhistorikers Avery Craven (1926), die Bodenerschöpfung sei eine Haupttriebkraft der Expansion nach Westen gewesen, trifft am meisten für die Südstaaten mit ihren Baumwolle-, Mais- und Tabakkulturen zu; vgl. Radkau: Natur und Macht, S. 211.
77 Vgl. Radkau: Natur und Macht, S. 211, über die Craven-These.
78 Kern: Politische Kultur, S. 43, 49.
79 Dokumente zur kalifornischen Umweltbewegung in Carolyn Merchant (Hrsg.): Green Versus Gold. Sources in Californian Environmental History, Washington, D. C. 1998, S. 429–462. Voraus geht ein Kapitel «The Rise of Environmental Science»: Die Struktur des Buches suggeriert, dass die Wissenschaft der Hauptursprung der dortigen Umweltbewegung sei.
80 Kevin R. Marsh: «Save French Pete». Evolution of Wilderness Protests in Oregon, in: Michael Egan/Jeff Crane (Hrsg.): Natural Protest. Essays on the History of American Environmentalism, New York 2009, S. 223 ff.
81 Steven Lewis Yaffee: The Wisdom of the Spotted Owl. Policy Lessons for a New Century, Washington, D. C. 1994.
82 Kern: Politische Kultur, S. 45.
83 Merchant: Green Versus Gold, S. 423.
84 Mike Davis: Ökologie der Angst. Los Angeles und das Leben mit der Katastrophe (Ecology of Fear. Los Angeles and the Imagination of Desaster, 1998), München 1999.
85 Auch im Blick auf die stets prekäre Wasserversorgung: «Ein großes Erdbeben könnte zwei Drittel der Kalifornier von der Wasserzufuhr abschneiden.» Joel K. Bourne jr.: California's Pipe Dream, in: Water, National Geographic: Special Issue, April 2010, S. 142.
86 Sheldon Novick: Katastrophe auf Raten. Wie sicher sind Atomkraftwerke? (amerikan.: The Careless Atom, 1969), München 1971, S. 38–53; Thomas R. Wellock: Critical Masses: Opposition to Nuclear Power in California, Madison, Wisc. 1998, S. 17–67.
87 Uekötter: Rauchplage, S. 350, 358.
88 Daniel M. Berman/John T. O'Connor: Who Owns the Sun? People, Politics, and the Struggle for a Solar Economy, White River Junction 1996, S. 197, 191.
89 Vgl. ebd. S. 5 über dortige im alternativen Landbau engagierte Exhippies, die an «clean air, healthy babies, honest work, nonviolence, safe energy, cheap transportation, and rock and roll» glaubten!
90 «Spiegel» 41/2003, S. 118, in dem Kalifornien-Report S. 112–123 «Das bedrohte Atlantis».
91 Mike Davis: City of Quartz. Excavating the Future in Los Angeles, London 2006 (urspr. 1990), S. 156 ff., 170 ff. Ebd., S. 159, maliziös über die Umweltbewegung der Bay Area in jener Zeit: «Environmentalism is a congenial discourse to the extent that it is congruent with a vision of eternally rising property values in secure bastions of white privilege.»
92 Nicholas Targ: The States' Comprehensive Approach to Environmental Justice, in: David N. Pellow/Robert J. Brulle (Hrsg.): Power, Justice, and the Environment. A Critical Appraisal of the Environmental Justice Movement, Cambridge, Mass. 2005, S. 175 ff.
93 Vgl. Christopher C. Horner: The Politically Incorrect Guide to Global Warming and Environmentalism, Washington, D. C. 2007, S. 7: «Consider that communism and anti-Americanism remain vibrant and complementary political forces in those same

areas of the world where environmentalists hold their greatest sway: mainly Europe.» Der ahnungslose Leser muss annehmen, Kommunismus und Antiamerikanismus seien im heutigen Europa weitaus mächtiger als selbst in China! S. 258: «Europe is harming itself so much that it has decided it needs to harm the U.S., too. Thus, the EU is considering a greenhouse gas *trade war* ...»

94 Jeremy Rifkin: Der Europäische Traum. Die Vision einer leisen Supermacht, Frankfurt 2004, vor allem S. 341–357.

95 Radkau: Max Weber, S. 375 ff.

96 G. Knight: Concorde: The Inside Story, London 1976, S. 77.

97 In der Bundesrepublik war das Vorsorgeprinzip bereits im Umweltprogramm von 1970 enthalten; dazu Hans-Dietrich Genscher in: Köller (Hrsg.): Umweltpolitik mit Augenmaß, S. 22. Stärkere Verbindlichkeit erlangte es mit den «Leitlinien Umweltvorsorge» der Bundesregierung vom 19. 9. 1986.

98 Davon und von den breiten Ermessensspielräumen vermitteln Hartkopf/Bohne: Umweltpolitik, S. 91 ff., ein eindrucksvolles und sehr detailliertes Bild! Für Frankreich Bess: Light-Green Society, S. 250.

99 Bess: Light-Green Society, S. 197.

100 Dazu Holger Bonus/Ivo Bayer: Symbolische Umweltpolitik aus der Sicht der Neuen Institutionenökonomik, in Hansjürgens/Lübbe-Wolff (Hrsg.): Symbolische Umweltpolitik, S. 292: «In Deutschland war eine Diskussion darüber in den vergangenen Jahrzehnten so gut wie unmöglich. Das lag an der Symbolkraft der Gedankenfigur von *Mutter Natur*, die durch solche Zertifikate *prostituiert* würde, da das Recht zu ihrem Missbrauch meistbietend versteigert würde.» Das war ironisch; aber dieser Seitenhieb ist mittlerweile über zehn Jahre alt. Wie man heute erkennt, gibt es gegen den Emissionshandel nach wie vor rationale Vorbehalte!

101 Pro- und Kontra-Beiträge in Elmar Altvater/Achim Brunnengräber (Hrsg.): Ablasshandel gegen Klimawandel? Marktbasierte Instrumente in der globalen Klimapolitik und ihre Alternativen – Reader des wissenschaftlichen Beirats von attac, Hamburg 2008.

102 Timothy Doyle: Environmental Movements in Majority and Minority World – A Global Perspective, New Brunswick/N. J. 2005, S. VII f., 20, 171 f.

103 Ebd., S. 162. Der Ursprung dieses Konzeptes – dessen zweihundertjährige Vorgeschichte in der deutschen Forstwissenschaft der damaligen Brundtland-Kommission nicht bewusst gewesen zu sein scheint – hat bis heute etwas merkwürdig Mysteriöses enthalten; nicht einmal die Memoiren der norwegischen Politikerin Gro Harlem Brundtland (Madame Prime Minister – A Life in Power and Politics, New York 2002), mit deren Namen seither *sustainable development* verbunden ist, geben darüber klare Auskunft (vgl. ebd. S. 337, 339 u. a.)!

104 Ähnlich sah es kurz nach Rio der Doyen der amerikanischen Umweltgeschichte, Donald Worster: Auf schwankendem Boden – Zum Begriffswirrwarr um nachhaltige Entwicklung, in: Wolfgang Sachs (Hrsg.): Der Planet als Patient, Berlin 1994, S. 95 ff.

105 Doyle: Environmental Movements, S. 68. Aber Australien ist groß; und Beth Powell, dortige «Medienkoordinatorin» von Greenpeace, entwarf von dem Fünften Kontinent um 1990 ein ganz anderes Bild: «Alles in allem agiere man hier eher in einem medialen Kraut-und-Rüben-Salat.» Bernhard Knappe: Das Geheimnis von Greenpeace, Wien 1993, S. 61.

106 Sehr treffend darüber die Kamerunerin Axelle Kabou: Weder arm noch ohnmächtig. Eine Streitschrift gegen schwarze Eliten und weisse Helfer (frz.: Et si l'Afrique refusait le développement? 1991), Basel 1995.

107 Kritisch zur Konstruktion eines «third world environmentalism» Philip Hirsch in dem von ihm hrsg. Sammelband Seeing Forest for Trees: Environment and Environmentalism in Thailand, Chiang Mai 1996, S. 4 f.

108 Detailliert und aus eigener Erfahrung darüber José Lutzenberger, bis zur Umwelt-

konferenz von Rio 1992 brasilianischer Staatssekretär für Umweltfragen, der früher als Agraringenieur bei der BASF angestellt gewesen war und 1988 für seine Verdienste um die Erhaltung des Regenwaldes den Alternativen Nobelpreis erhielt: José Lutzenberger/Michael Schwartzkopff: Giftige Ernte. Tödlicher Irrweg der Agrarchemie – Beispiel: Brasilien, Greven 1988. Sarkastisch blickt er auf das Verhalten brasilianischer Vertreter auf der Stockholmer Umweltkonferenz von 1972 zurück, die deren Intentionen lächerlich gemacht hätten: «Bringt uns unsere Umweltverschmutzung, wir haben noch genug Flüsse, die verschmutzt werden können.» (Ebd., S. 34) Es scheint allerdings, dass Lutzenberger in der Öko-Szene der Ersten Welt populärer war als im eigenen Land.

109 Kim Reimann: Going Global. The Use of International Politics and Norms in Local Environmental Protest Movements in Japan, in: Pradyumna P. Karan/Unryu Suganuma (Hrsg.): Local Environmental Movements. A Comparative Study of the U.S. and Japan, Lexington, Kentucky 2008, S. 52 f.

110 Philip Hirsch/Carol Warren (Hrsg.): The politics of environment in southeast asia – resources and resistance, London 1998.

111 Joachim Radkau: Scharfe Konturen für das Ozonloch – Zur Öko-Ikonographie der *Spiegel*-Titel, in: Gerhard Paul (Hrsg.): Das Jahrhundert der Bilder, 1949 bis heute, Göttingen 2008, S. 538 f.

112 Henning v. Köller in der Widmung zu: Umweltpolitik mit Augenmaß. Gedenkschrift für Staatssekretär Dr. Günter Hartkopf, Berlin 2000, S. 9.

113 Carolyn Merchant: The Columbia Guide to American Environmental History, New York 2002, S. 185 ff.

114 Jackie Smith: Global Politics and Transnational Social Movement Strategies: the Transnational Campaign against International Trade in Toxic Wastes, in: Donatella della Porta u. a. (Hrsg.): Social Movements in a Globalising World, Basingstoke 1999, S. 170–188.

115 Darauf verweist McCloskey: Twenty Years of Change in the Environmental Movement, S. 80.

116 Radkau: Natur und Macht, S. 108 ff.

117 Radkau: Mensch und Natur in der Geschichte, S. 78 ff.

118 Otto Krätz: Alexander von Humboldt. Wissenschaftler, Weltbürger, Revolutionär, München 2000, S. 124 f.

119 Radkau: Natur und Macht, S. 192.

120 Mario Diani und Francesca Forno über die italienische Umweltbewegung (in: Rootes [Hrsg.]: Environmental Protest, S. 163): «In general, environmental activism was driven mainly by urban ecology.»

121 Aufschlussreiche Beiträge dazu in Susanne Frank/Matthew Gandy (Hrsg.): Hydropolis. Wasser und die Stadt der Moderne, Frankfurt 2006.

122 Vandana Shiva: Der Kampf um das blaue Gold. Ursachen und Folgen der Wasserverknappung (Originaltitel: Water Wars: Privatization, Pollution and Profit), Zürich 2003, S. 143.

123 David Blanchon: Atlas mondial de l'eau. De l'eau pour tous?, Paris 2009, S. 65.

124 Maude Barlow/Tony Clarke: Blue Gold. The Fight to Stop the Corporate Theft of the World's Water, Neuausgabe New York 2005, S. 154 ff. Hans Huber Abendroth: Der «Wasserkrieg» von Cochabamba, Wien 2004 (= Informationen zur Umweltpolitik 161).

125 Shiva: Kampf, S. 101.

126 Ebd., S. 94 f.

127 Sunderlal Bahaguna u. a.: India's Environment – Myth and Reality, Dehra Dun 2007, Teil A, S. 11.

128 Vandana Shiva: Das Geschlecht des Lebens. Frauen, Ökologie und Dritte Welt (Originaltitel: Staying Alive. Women, Ecology and Survival in India), Berlin 1989, S. 198.

129 Edward Goldsmith/Nicholas Hildyard: The Social and Environmental Effects of Large Dams, San Francisco 1984, S. 277 ff.

130 Bahnbrechend hier Marc Reisner: Cadillac Desert. The American West and Its Disappearing Water, zuerst New York 1986.

131 Dave Foreman: Confessions of an Eco-Warrior, New York 1991, S. 21.

132 Aus weltweitem Überblick Simonis: Globale Umweltpolitik, S. 101.

133 Tirunellai N. Seshan: The Degeneration of India, New Delhi 1995, S. 128, 177. Auf S. 139 zeigt er sogar Sympathie für Medha Patkar, die Kämpferin gegen das Narmada-Staudammprojekt! Man erkennt sein Unbehagen gegenüber den großen Staudammprojekten; und doch bekennt er sich (S. 105) zu Nehrus Wort von den Dämmen als den «modernen Tempeln», soweit es sich um «multipurpose dams» handele.

134 Das galt auch für Deutschland, ja bereits für den Anfang des 20. Jahrhunderts, als die Stauseen zunächst zur Trinkwasserversorgung geplant wurden und deren hydroelektrisches Potential noch eine «unbekannte Größe x» war; so David Blackbourn: Die Eroberung der Natur. Eine Geschichte der deutschen Landschaft, München 2007, S. 263 f.

135 Davon geben seine Memoiren ein eindrucksvolles Bild: Sir William Willcox: Sixty Years in the East, Edinburgh 1935.

136 J. Donald Hughes: An Environmental History of the World, London 2001, S. 162 ff.

137 John R. McNeill: Sustainable Survival, in: McAnany/Yoffee (Hrsg.): Questioning Collapse, S. 363.

138 Karlernst Ringer: Die Landwirtschaft, in: Willy Kraus (Hrsg.): Afghanistan – Natur, Geschichte und Kultur, 2. Aufl. Tübingen 1974, S. 323; Heinz Gstrein: Die Sozial- und Wirtschaftsordnung des Islam, in: Beate Kukertz (Hrsg.): Das grüne Schwert. Weltmacht Islam – Bedrohung oder Erlösung?, München 1992, S. 112. Auf diese Geringschätzung des Bauern wird vielfach die insgesamt eher ungünstige Auswirkung der islamischen Kultur auf die Bodenökologie zurückgeführt, so mit besonderer Schärfe in dem großen Werk von Xavier de Planhol: Kulturgeographische Grundlagen der islamischen Geschichte, Zürich 1975.

139 Christian Vogg: Die Grünen in Ägypten. Die erste Umweltpartei der arabischen Welt, Münster 1995, S. 42, 49, 86, 132.

140 Hans Walter Flemming (1940–1945 Hauptgeschäftsführer des Reichsverbandes der Deutschen Wasserwirtschaft): Wüsten, Deiche und Turbinen. Das große Buch von Wasser und Völkerschicksal, Göttingen 1957, S. 46 f.

141 McNeill: Something New, S. 161.

142 Ebd., S. 161.

143 Shiva: Kampf um das blaue Gold, S. 102 f.; die Bewegung war durch den erfolgreichen Widerstand gegen zwei frühere Staudammprojekte ermutigt, den Silent-Valley- und den Bodhgat-Damm.

144 Ranjit Dwivedi: People's Movements in Environmental Politics: A Critical Analysis of the Narmada Bachao Andolan in India, Working Paper No. 242 des Institute of Social Studies, The Hague 1997, S. 6.

145 Ira Stubbe-Diarra: Die Bedeutung des Wassers in den Religionen Asiens, in: Hoffmann (Hrsg.): Wasser in Asien, S. 88.

146 Manche spirituelle Indienliteratur sucht die Verschmutzung des Ganges als unwesentlich hinzustellen: Der Ganges besitze eine reinigende Kraft, der das Baden in ihm trotz aller Schadstoffe unschädlich mache. Der mit der Geschichte der Epidemien und Endemien vertraute Historiker wird dennoch vorsichtig sein. Ein indischer Intellektueller aus Kalkutta versicherte mir, gewiss sei der Ganges eine «dreckige Brühe», aber einem Menschen mit spiritueller Kraft schade das Gangesbad nicht. Sunderlal Bahaguna (ders.: India's Environment, Teil A, S. 3) wusste es besser: «The holy Ganga in India, whose waters were regarded as the purest and had magical curative qualities, ... has become a carrier of deadly waterborne diseases ...»

147 Graham Chapman, Keval Kumar u. a.: Environmentalism and the mass media: The North-South divide, London 1997, S. 77. Die dortige Untersuchung der indischen

Presse lässt die Umrisse einer Gegengeschichte zum Öko-Narrativ erkennen: dass der Widerstand gegen das Narmada-Projekt keineswegs von «der» regionalen Bevölkerung getragen wurde, sondern vorwiegend von einer kleinen Gruppe um Medha Patkar, die weiten Widerhall in der westlichen Öko-Szene bis hin zur Weltbank fand, während innerhalb der Region die positive Einstellung gegenüber solchen Projekten der «Entwicklung» weiterhin überwogen habe. Wie bei so vielen Umweltkonflikten haben sich auch hier konträre, gegeneinander abgeschottete Informationsnetze entwickelt, so dass es für den Außenstehenden nicht leicht ist, so etwas wie eine «objektive» Wahrheit zu ermitteln! Die Bundesstaaten Gudjarat und Rajasthan unterstützten das Narmada-Großprojekt teilweise mit Vehemenz, während Madhya Pradesh und Maharashtra für ein reduziertes Projekt eintraten; darüber viel Material bei Wood (s. folgende Anm.).

148 John R. Wood: The Politics of Water Resource Development in India: The Narmada Dams Controversy, Los Angeles 2007, S. 118, 236; Diane Raines Ward: Water Wars. Drought, Flood, Folly, and the Politics of Thirst, New York 2002, S. 212.

149 Shiva: Kampf um das blaue Gold, S. 87.

150 Wood: Politics of Water Resource, S. 142.

151 Lori Udall: The World Bank and Public Accountability: Has Anything Changed? In: Jonathan A. Fox/L. David Brown (Hrsg.): The Struggle for Accountability. The World Bank, NGOs and Grassroots Movements, Cambridge, Mass. 1998, S. 394 ff.

152 Bruce Rich: Die Verpfändung der Erde. Die Weltbank, die ökologische Verarmung und die Entwicklungskrise (Originaltitel: Mortgaging the Earth, 1994), Stuttgart 1998, S. 258 ff.

153 Sebastian Mallaby: The World's Banker. A Story of Failed States, Financial Crises, and the Wealth and Poverty of Nations, London 2004, S. 58 f.

154 Shiva: Kampf um das blaue Gold, S. 106.

155 Vgl. die Karte ebd., S. 215.

156 Bruni Weißen: «... aber am Ende werden wir gewinnen». Der Widerstand gegen den Narmada-Staudamm in Indien, in: Thomas Hoffmann (Hrsg.): Wasser in Asien. Elementare Konflikte, Osnabrück 1997, S. 425.

157 Engl. Ausgabe: Dai Qing: Yangtze! Yangtze!, London (Earthscan) 1994.

158 «Der Spiegel» 46/1997, S. 218; «Neue Westfälische» 13.10.2007.

159 Dai Qing: Yangtze! Yangtze!, S. 66 ff., 135.

160 Ebd., S. 163 f.; Judith Shapiro: Mao's War Against Nature. Politics and the Environment in Revolutionary China, Cambridge 2001, S. 51 ff. Das Sanmenxia-Fiasko wird mittlerweile selbst in einer offiziellen chinesischen Veröffentlichung zugegeben. Zheng Ping: Chinas Geographie – Natur, Wirtschaft, Kultur, Beijing 1999, S. 66 f.

161 Vgl. das Interview mit Dai Qing in: «Der Spiegel» 25/2001, S. 142 f.

162 «Der Spiegel» 48/2007, S. 169.

163 Vgl. Teil I (Large dams, community and nation) von Philip Hirsch/Carol Warren (Hrsg.): The Politics of Environment in Southeast Asia – Resources and Resistance, London 1998, S. 29–89, sowie Teil 6 (Wasser als Waffe – Politische Konflikte um Wasser) von Thomas Hoffmann (Hrsg.): Wasser in Asien – Elementare Konflikte, Osnabrück 1997, S. 225–261.

164 Philip Hirsch/Carol Warren in der Einführung zu dies. (Hrsg.): The Politics of Environment in South-East Asia, S. 14 f.

165 George J. Aditjondro: Large dam victims and their defenders. The emergence of an anti-dam-movement in Indonesia, in: Hirsch/Warren (Hrsg.): Politics of Environment, S. 49 f.

166 Rich: Verpfändung der Erde, S. 43–47; McNeill: Something New, S. 279 ff.

167 Aditjondro: Large dam victims, S. 44 f.

168 Zu Rasputins Bedeutung Vera Meyer: Idyll, Ware, Ökosystem, S. 105.

169 Douglas R. Weiner: A Little Corner of Freedom. Russian Nature Protection from Stalin to Gorbachev, Berkeley 1999, S. 423.

170 Udall: World Bank, S. 396.

171 Klaus Taschwer/Benedikt Föger: Konrad Lorenz, Wien 2003, S. 256 ff. Zu der «Pressekonferenz der Tiere»: Auf meine Frage, welche Aktionstypen sich als Flop erwiesen hätten, nannte Gerhard Wallmeyer (Greenpeace) am 7.12.2010 vor allem derartige Tier- und Baummaskeraden. Den Aktivisten selbst mache eine solche Kostümierung Spaß; aber potentielle Förderer wollten ernsthafte Signale!

172 Otto Koenig: Naturschutz an der Wende, Wien 1990, S. 25 f.

173 Ebd., S. 34 f., 38, 28.

174 Ebd., S. 107 ff.

175 Robert Jungk: Weltweiter Widerstand. Umrisse einer informellen Internationale, in: Lutz Mez (Hrsg.): Der Atomkonflikt. Berichte zur internationalen Atomindustrie, Atompolitik und Anti-Atombewegung, Berlin 1979, S. 8 ff.

176 Wolf Häfele: Hypotheticality and the New Challenges: The Pathfinder Role of Nuclear Energy, Laxenburg 1973 (IIASA Research Report 73–14).

177 Wolfgang Rüdig: Anti-nuclear movements: a world survey of opposition to nuclear energy, Harlow 1990; Dieter Rucht: The impact of anti-nuclear power movements in international comparison, in: Martin Bauer (Hrsg.): Resistance to new technology. Nuclear power, information technology and biotechnology, Cambridge 1995, S. 277–291; Dieter Rucht/Jochen Roose: Germany, in: Rootes: Environmental Protest, S. 104.

178 Dieter Rucht, der über viele Jahre mit breitem Spektrum die Anti-Atomkraft-Bewegungen im transnationalen Vergleich untersuchte, führte in seinem Erstlingswerk zum Thema (Von Wyhl nach Gorleben – Bürger gegen Atomprogramm und nukleare Entsorgung, München 1980, S. 74) das «Trauma der Vergangenheit» als ersten Antrieb der Atomkraftgegner an: «Ein Hauptgrund für das Engagement vieler Bürger gegen atomare Anlagen liegt in der tiefsitzenden Angst vor dem ungeheuren Zerstörungspotential der Atomenergie.» Aber natürlich erklärt dies nicht die deutsche Sonderstellung, ebenso wenig wie es die Schwäche der Anti-Atomkraft-Bewegung ausgerechnet in Japan und auch in der Atommacht England erklärt!

179 Joachim Radkau: Aufstieg und Krise der deutschen Atomwirtschaft 1945–1975. Verdrängte Alternativen in der Kerntechnik und der Ursprung der nuklearen Kontroverse, Reinbek 1983, S. 371 f.

180 Das war ein Grund, weshalb ich die Geschichte der Atomwirtschaft nicht – wie in der einschlägigen Literatur bis dahin üblich – nach den vier bundesdeutschen Atomprogrammen gliederte, sondern nach der «spekulativen Phase» und der Ära der «Schaffung vollendeter Fakten» (Radkau: Aufstieg und Krise, Teile II und III).

181 Vgl. ebd., S. 446 ff.

182 Bess: Light-Green Society, S. 89; Kiersch/v. Oppeln: Kernenergiekonflikt, S. 53.

183 Joachim Radkau: Die Kernkraft-Kontroverse im Spiegel der Literatur. Phasen und Dimensionen einer neuen Aufklärung, in: Armin Hermann/Rolf Schumacher (Hrsg.): Das Ende des Atomzeitalters? Eine sachlich-kritische Dokumentation, München 1987, S. 318.

184 Vgl. Christian Deubner/Wolfgang Hertle: Frankreich – Vive l'atome?, in: Metz (Hrsg.): Atomkonflikt, S. 130–146; Michael Bess: The Light-Green Society – Ecology and Technological Modernity in France, 1960–2000, Chicago 2003, S. 13 ff. (Europe's Nuclear Macho? Perceptions of France as a Relatively «Ungreen» Nation).

185 Dazu und zum Folgenden Gerhard Kiersch/Sabine v. Oppeln: Kernenergiekonflikt in Frankreich und Deutschland, Berlin 1983; Joachim Radkau: Die Nukleartechnologie als Spaltstoff zwischen Frankreich und der Bundesrepublik, in: Yves Cohen/Klaus Manfrass (Hrsg.): Frankreich und Deutschland – Forschung, Technologie und industrielle Entwicklung im 19. und 20. Jahrhundert, München 1990, S. 302–318.

186 Bess: Light-Green Society, S. 93 f.

187 Ebd., S. 94 f.

188 Wolfgang Fach/Georg Simonis: Die Stärke des Staates im Atomkonflikt. Frankreich und die Bundesrepublik im Vergleich, Frankfurt 1987. Dort wird allerdings, wie so oft in politologischen Studien, eine zeitgebundene Konstellation zur überzeitlichen Struktur gemacht.

189 Politikwissenschaftliche Untersuchungen zu Protestbewegungen betonen seit den 1980er Jahren die *political opportunity structures* als wesentliche Bedingung; das ist ein Muster, auch die spezifisch historischen Bedingungen unterzubringen und unter die Strukturen einzureihen. Wegweisend war dabei nicht nur hinsichtlich der Anti-AKW-Bewegung Herbert P. Kitschelt: Political Opportunity Structures and Political Protest: Anti-Nuclear Movements in Four Democracies (= Bundesrepublik, Frankreich, die USA und Schweden; J. R.), in: British Journal of Political Science 16 (1986), S. 57–85. Wie bei generalisierenden Ansätzen nur schwer zu vermeiden, gerät dabei die Spezifik des nuklearen Risikos aus dem Blickfeld, und auch die Sonderstellung der Bundesrepublik lässt sich auf diesem Wege nur teilweise erklären.

190 Radkau: Aufstieg und Krise, S. 173.

191 Gegen den Atomstaat. 300 Fotodokumente von Günter Zint, Frankfurt 1979, S. 116.

192 Auch in dem von Carolyn Merchant herausgegebenen umfangreichen Quellenband *Major Problems in Amerikan Environmental History* fehlt die Kerntechnik!

193 Arthur R. Tamplin/John W. Gofman: Kernspaltung – Ende der Zukunft? (amerikan: ‹Population Control› through Nuclear Pollution, 1970) Hameln 1974, S. 87–109.

194 Vgl. dazu die bahnbrechende Untersuchung auf der Grundlage interner Akten von David Okrent: Nuclear Reactor Safety. On the History of the Regulatory Process, Madison 1981, S. 167 ff. und passim!

195 Stephanie Cooke: Atom. Die Geschichte des nuklearen Zeitalters, Köln 2010, S. 318 ff.

196 Grundlegend für die Wende der amerikanischen Atompolitik unter Carter: Das Veto. Der Atombericht der Ford-Foundation (amerikan.: Nuclear Power. Choice and Issues), Frankfurt 1977.

197 Das Protokoll des Hannoveraner Hearings ist die wohl inhaltsreichste und intellektuell erregendste Dokumentation des gesamten deutschen Atomkonflikts: Deutsches Atomforum (Hrsg.): Rede – Gegenrede. Symposium der Niedersächsischen Landesregierung zur grundsätzlichen sicherheitstechnischen Realisierung eines integrierten nuklearen Entsorgungszentrums, Hannover 1979.

198 Über die Gorleben-Kontroverse und ihre Folgen noch Jahre darauf vgl. die 870-Seiten-Dissertation von Anselm Tiggemann: Die «Achillesferse» der Kernenergie in der Bundesrepublik Deutschland: Zur Kernenergiekontroverse und der Geschichte der nuklearen Entsorgung von den Anfängen bis Gorleben, 1955 bis 1985, Lauf 2004. In den USA war die Kernkraft zu jener Zeit bereits ökonomisch erledigt; da bedurfte es keiner Demonstrationen. Vgl. dazu James Cook: Nuclear Follies, in «Forbes», 11. 2. 1985, zit. n. Wellock: Critical Masses, S. 243: Die Nuklearindustrie «ranks as the largest managerial disaster in business history, a disaster on a monumental scale.» Selbst dieses renommierte Wirtschaftsmagazin erklärte die Kernenergie für «tot».

199 Joachim Radkau: Das überschätzte System. Zur Geschichte der Strategie- und Kreislauf-Konstrukte in der Kerntechnik, in: Technikgeschichte Jg. 56/1988, S. 207–215.

200 David E. Lilienthal: Change, Hope, and the Bomb, Princeton 1963.

201 Tamplin/Gofman: Kernspaltung, S. 159, 53 u. passim.

202 Radkau: Aufstieg und Krise, S. 96 ff.

203 Michael Egan: Barry Commoner and the Science of Survival. The Remaking of American Environmentalism, Cambridge, Mass. 2007, S. 139 ff.; am Schluss (S. 197) spricht er von Commoners Lebensgeschichte als von einer «Tragödie»!

204 Ilona Stölken-Fitschen: Atombombe und Geistesgeschichte. Eine Studie der fünfziger Jahre aus deutscher Sicht, Baden-Baden 1995, S. 92 ff.

205 Gesine Foljanty-Jost: Japan – Vom Atomopfer zum Atomstaat, in: Metz (Hrsg.): Atomkonflikt, S. 181.

206 In dem 400-Seiten-Opus von Jeffrey Broadbent: Environmental Politics in Japan – Networks of Power and Protest, Cambridge 1998, kommt die Kernenergy so gut wie gar nicht vor. Nur auf S. 289 heißt es beiläufig: «Nuclear power plants and ski/golf resorts were few in number and had less immediately obvious ill-effects on health and livelyhood than the heavy industrial projects of the 1960s. Therefore, they did not call forth protest in many communities around the country.» Die Kernkraftwerke in einem Atemzug mit Golfplätzen! Ähnlich schon zwanzig Jahre davor auf dem Höhepunkt des bundesdeutschen Atomkonflikts Gesine Foljanty-Jost: Japan – Vom Atomopfer zum Atomstaat, in: Metz (Hrsg.): Atomkonflikt, S. 176–197. Ebd., S. 193: Damals, 1979, gab es in Japan fast nur lokale Anti-AKW-Initiativen, die von Fischern und Bauern getragen wurden, die eine Schädigung ihrer Lebensgrundlagen befürchteten.

207 Monika Sperr: Petra Kelly, München 1983, S. 119 ff.

208 Robert Jay Lifton: Death in Life. The Survivors of Hiroshima, New York 1967; Elke Tashiro/Jannes K. Tashiro: Hiroshima – Menschen nach dem Atomkrieg, München 1982.

209 Schon im Jahr nach dem Abwurf der Atombomben findet sich in japanischen Zeitzeugnissen ein optimistischer Typus von Hiroshima-Wahrnehmung: eine Rührung unter Tränen, dass schon im Frühling nach der Katastrophe die Natur wieder in Blüte steht, als wäre nichts geschehen! Robert Jay Lifton: Death in Life. The Survivors of Hiroshima, New York 1967, S. 101 ff.

210 Christopher Rootes in: ders. (Hrsg.): Environmental Protest in Western Europe, S. 21: «by comparison with its European counterparts, the anti-nuclear campaign confirmed the moderate character of environmental protest in Britain.» Wo es dagegen um Tierrechte und Blockade des Baus von Schnellstraßen ging, war die britische Art von Umweltprotest oftmals keineswegs «moderat»!

211 Hans-Jürgen Mayer: Umweltpolitik auf internationaler Ebene: Anpassungsdruck als «Motor des Fortschritts», in: ders./Manfred Pohl (Hrsg.): Länderbericht Japan, Bonn 1998, S. 182.

212 Nathalie Cavasin: Citizen Activism and the Nuclear Industry in Japan – After the Tokai Village Disaster, in: Pradyumna P. Karan/Unryu Suganuma (Hrsg.): Local Environmental Movements. A Comparative Study of the U.S. & Japan, Lexington, Kentucky 2008, S. 65–73.

213 Ebd., S. 68.

214 Hsin-Huang Michael Hsiao u. a.: The Making of Anti-Nuclear Movements in East Asia: State – Movements Relationships and Policy Outcomes, in: Yok-shiu F. Lee/Alvin Y. So (Hrsg.): Asia's Environmental Movements – Comparative Perspectives, Armonk, New York 1999, S. 262 f.

215 Allan Ambramson (Gespräch mit dem Verf., 29.10.2009) aus seiner EPA-Erfahrung trotz grundsätzlicher Ablehnung der Kernenergie: Wenn die Kernkraftwerke einmal da seien und nicht beseitigt werden könnten, bleibe nichts anderes übrig, als nach Maßstäben für einen verantwortlichen Umgang mit dem Atommüll zu suchen. Ihn angesichts der Proteste einfach bei den Kernkraftwerken liegen zu lassen, sei auf die Dauer nicht zu verantworten. Es komme jedoch entscheidend darauf an, die Endlager unter Kontrolle zu haben, und die verantwortungslosesten Strategien seien diejenigen, die sich zur Vermeidung von Konflikten einzig daran orientierten, wie man den Müll am besten aus dem Blick bekäme: durch Versenkung auf dem Meeresgrund oder Verteilung in der Wüste.

216 Joachim Radkau: Angst und Angstabwehr als Regulative der Technikgeschichte: Gedanken zu einer Heuristik der Furcht, in: Max Kerner (Hrsg.): Technik und Angst. Zur Zukunft der industriellen Zivilisation, 2. Aufl. Aachen 1997, S. 91–119.

217 Friedrich Münzinger: Atomkraft, 3. Aufl. Berlin 1960, S. 178, 242, 236.

218 Solange Fernex: «Elsaß-Lothringen werden sie nicht kriegen!» in: Claus Leggewie/Roland de Miller (Hrsg.): Der Wahlfisch (sic!). Ökologie-Bewegungen in Frankreich, Berlin 1978, S. 113 ff.; über Waechter Bess: Light-Green Society, S. 107, 121.

219 Wie sie mir versicherte (8. 3. 2007), war es ihr selbst dabei jedoch nicht um die Bäume gegangen: Das seien «häßliche Kiefern» gewesen. Einen reizvollen Einblick in die Ökologie des Ökologismus im taiwanesischen Atomkonflikt gibt Shiang-Ling Hu: Two Lectures – Expertendiskurse über die Kernenergienutzung in der sich demokratisierenden Gesellschaft Taiwans, Diss. Bielefeld 1999. Gerade nach Tschernobyl war Taiwan eine der markantesten Bastionen der Kernenergie in der Welt; dort verband sich ähnlich wie in Südkorea die Kritik daran mit der Demokratisierungsbewegung. Ab 1993 entstand dort außerdem eine Verbindung der Opposition gegen die Kernkraft mit dem Naturschutz, und zwar über deformierte Fische, die vor einem an der Küste gelegenen Kernkraftwerk gefangen wurden. Obwohl nicht klar war, ob die Deformation durch radioaktive Abwässer hervorgerufen war, avancierte der missgebildete Fisch rasch zum nationalen Symbol: «Der kranke Fisch verkörperte in der Öffentlichkeit Taiwans die von Atomkraftwerken ausgehenden Gefahren für Mensch und Umwelt.» (Ebd., S. 112)

220 Radkau: Aufstieg und Krise, S. 92 ff.

221 Ebd., S. 21; über die Hintergründe Joachim Radkau: Das RWE zwischen Braunkohle und Atomeuphorie 1945–1968, in: Dieter Schweer/Wolf Thieme (Hrsg.): «Der gläserne Riese». RWE – Ein Konzern wird transparent, Essen 1998, S. 188 ff. Ebd., S. 190: Als Schöller dann doch dem Bau des Versuchskernkraftwerkes Kahl zustimmte, war dies, wie er bekannte, «von dem Gedanken bestimmt, dass, wenn schon der Staat durch übereilten Bau von Kraftwerken Dummheiten machen will, wir diese Dummheiten dann doch besser selber machen wollen, um sie unter Kontrolle zu halten».

222 Joachim Radkau: Der atomare Ursprung der Forschungspolitik des Bundes, in: Peter Weingart/Niels C. Taubert (Hrsg.): Das Wissensministerium. Ein halbes Jahrhundert Forschungs- und Bildungspolitik in Deutschland, Weilerswist 2006, S. 52–61 (Entstehung und Zerfall des atomaren Charismas und der atomaren Community).

223 Günther Schwab: Morgen holt dich der Teufel. Neues, Verschwiegenes und Verbotenes von der «friedlichen» Atomkernspaltung, Salzburg 1968.

224 Vgl. das lange Interview mit Nina Gladitz in der Roten Fahne vom 12. 1. 1977 und das Buch zum Film: Nina Gladitz: Lieber aktiv als radioaktiv – Wyhler Bauern erzählen, Berlin 1976.

225 In der Schweiz, wo zu Ostern 1975 – kurz nach der Bauplatzbesetzung beim nahe gelegenen Wyhl – der Bauplatz des Kernkraftwerks Kaiseraugst bei Basel besetzt worden war, wurde 1978 auf massiven öffentlichen Druck hin das bestehende Atomgesetz in restriktivem Sinne revidiert; dazu Susan Boos: Strahlende Schweiz. Handbuch zur Atomwirtschaft, Zürich 1999, S. 179 ff.

226 Über Schweden und andere Länder Dieter Rucht: The impact of anti-nuclear power movements in international comparison, in: Bauer (Hrsg.): Resistance to new technology, S. 181 ff.

227 Italien hatte in den 50er Jahren einen stürmischen Schnellstart in die Kernenergie gewagt; aber schon 1963 hatte die dortige nukleare Community durch den Ippolito-Skandal in der Öffentlichkeit nahezu jeglichen Kredit verloren (Radkau: Aufstieg und Krise, S. 24). Auch die dortige Umweltbewegung besaß eine markante antinukleare Komponente; aber diese traf doch auf einen stark angeschlagenen Gegner. 1987, unter dem Eindruck von Tschernobyl, hatte ein von den Grünen durchgebrachtes Referendum gegen die Kernenergie Erfolg. Dazu Martin Rhodes: Italy – Greens in an overcrowded political system, in: Dick Richardson/Chris Rootes (Hrsg.): The Green. The development of Green parties in Europe, London 1995, S. 171.

228 Aufschlussreich ist die im Auftrag des Bundesforschungsministers herausgebrachte Dokumentation von Hartmut Albers: Gerichtsentscheidungen zu Kernkraftwerken, Villingen-Schwenningen 1980. Da erkennt man deutlich, wie sich die juristische Diskussion in den späten 1970er Jahren über die bei den damaligen Kernkraftwerken vorhandenen Sicherheitsvorkehrungen hinausbewegte! Dazu auch Joachim Radkau: Sicherheitsphilosophien in der Geschichte der bundesdeutschen Atomwirtschaft, in: S + F (Sicherheit und Frieden), Jg. 6/1988, H. 3, S. 110–116.

229 Commoner: Closing Circle, S. 33 ff.

230 Dazu Hermand: Grüne Utopien, S. 137.

231 Das Symposium im ZiF (Zentrum für interdisziplinäre Forschung), an dem ich teilnahm, fand im Rahmen des von Peter Weingart geleiteten Projektes «Klimakommunikationen» statt; vgl. dazu Peter Weingart/Anita Engels/Petra Pansegrau: Von der Hypothese zur Katastrophe. Der anthropogene Klimawandel im Diskurs zwischen Wissenschaft, Politik und Massenmedien, 2. Aufl. Opladen 2008.

232 Alois Glück in: v. Köller (Hrsg.): Umweltpolitik mit Augenmaß, S. 102.

233 Beate Weber, fünf Jahre lang Vorsitzende des Umweltausschusses des EU-Parlaments, erinnerte sich, in der EU seien früher der Grüne und der Graue Umweltschutz unterschieden worden: Grün war der Natur- und Landschaftsschutz und grau die Entsorgung von Abfällen. In: Mainauer Gespräche H. 8 (Umweltpolitik als europäische Aufgabe, 1991), S. 54.

234 Schon Wilhelm Lienenkämper, von den 30er bis in die 60er Jahre ein führender Kopf des westfälischen Naturschutzes, beschreibt das bis heute ungelöste Grunddilemma der Naturfreunde mit der Publicity: «Mancher Orchideenstandort führt bittere Klage, dass sein Dasein gesicherter gewesen sei, solange darüber geschwiegen wurde, und dass er zusehends verarme und vor der Ausrottung stehe, seitdem die Zeitung über seine Unterschutzstellung berichte.» Ders.: Grüne Welt zu treuen Händen. Naturschutz und Landschaftspflege im Industriezeitalter, Stuttgart 1963, S. 30.

235 Nicholson: Environmental Revolution, S. 257, 260.

236 Wöbse: Naturschutz global, in: Frohn/Schmoll (Hrsg.): Natur und Staat, S. 710.

237 Edda Müller (Innenwelt der Umweltpolitik, S. 123) hebt die Verdienste der kritischen Berichterstattung in den Medien gerade auch bei der «Politisierung» des Umweltschutzes hervor.

238 In: Christopher Rootes (Hrsg.): Environmental Movements – Local, National and Global, London 1999, S. 300.

239 Konrad Lorenz, der schon damals wusste, wie man die Medien beeindruckte, schrieb 1970: «Das einzige Druckmittel, das uns vernünftigen Leuten gegenüber Politikern zur Verfügung steht, ist die Beeinflussung der öffentlichen Meinung.» Tascher/Föger: Konrad Lorenz, Wien 2003, S. 245.

240 Bernhard Knappe: Das Geheimnis von Greenpeace. Die andere Seite der Erfolgsstory, Wien 1993, S. 30.

241 Captain Paul Watson: Ocean Warrior, München 1995, S. 38. Bezeichnend ist die Erfahrung von Michael Braungart, der viel mit Greenpeace zusammenarbeitete: Selbst ein hochqualifizierter Chemiker wie er wurde von Ciba-Geigy erst dann als Gesprächspartner akzeptiert, als er mit einem Schlauchboot vor die Abflussrohre des Chemiekonzerns gefahren war!

242 Joachim Radkau: Scharfe Konturen für das Ozonloch. Zur Öko-Ikonographie der *Spiegel*-Titel, in: Gerhard Paul (Hrsg.): Das Jahrhundert der Bilder, 1949 bis heute, Göttingen 2008, S. 532–541.

243 Matt Cartmill: Tod im Morgengrauen. Das Verhältnis des Menschen zu Natur und Jagd, Zürich 1993, S. 195 ff. («Das Bambi-Syndrom»); Otto Koenig: Naturschutz an der Wende, S. 112: «Eine der schlimmsten Presseaktionen war die sachunkundige Tierschützer entfachte Propaganda zur Rettung kleiner Igel im Herbst. ... Erst als nicht mehr zu übersehen war, dass ein Großteil der künstlich überwinterten Igel

krank wurde und starb, stellte man die angebliche Igelrettungsaktion ein.» Das alte Dilemma der naiv-besitzergreifenden Tierliebe: Am liebsten möchte man das Tier, das in die freie Natur gehört, als Haustier!

244 Richard Ellis: Mensch und Wal. Die Geschichte eines ungleichen Kampfes, München 1993, S. 385; Bess: Light-Green Society, S. 72 ff.: Cousteau «ultimately became something of a pariah among French greens, and his achievements are completely ignored in virtually all the French environmentalist literature.»

245 Bezeichnend ist der Titel eines neueren BUND-Jubiläumsbandes: «Keine Berufsprotestierer und Schornsteinkletterer». 25 Jahre BUND in Nordrhein-Westfalen, hrsg. von der Stiftung Naturschutzgeschichte, Essen 2003.

246 Schon im Oktober 1987 überraschte Volker Lange, ehemaliger Pressesprecher von *Robin Wood* und «Aktivist der ersten Stunde», seine Mitstreiter mit einer Generalabrechnung, in der er die These vertrat, der auf das pure Spektakel abgestellte «Aktionismus», der sich «in den letzten Jahren fast inflationsartig ausgebreitet» habe, werde im Informationszeitalter zum Anachronismus: «Warum nicht eine Datenbank, ein Datennetzwerk einrichten zu einer Zeit, in der Zigtausende Kleincomputer in privaten Wohnstuben und Initiativen-Büros stehen?» Reiner Scholz: betrifft: Robin Wood. Sanfte Rebellen gegen Naturzerstörung, München 1989, S. 108. Auch Prophezeiungen dieser Art, dass der spektakuläre Aktionismus passé sei, wurden allerdings immer neu widerlegt. Gerhard Wallmeyer (7. 12. 2010) zum Verf.: Nach Tschernobyl habe Greenpeace, verblüfft wie alle anderen, über eine ganz besondere und komplizierte Aktion gegrübelt, während die Konkurrenz von Robin Wood ganz einfach auf den Schornstein des AKW Stade geklettert sei und auf diese Weise die Show für sich gehabt habe!

247 McCloskey: Twenty Years of Change, in: Dunlap/Mertig (Hrsg.): American Environmentalism, S. 82 f.

248 Benjamin Kline: First Along the River. A Brief History of the U.S. Environmental Movement, Lanham/Maryland 2007, S. 141. Auch da bleibt es jedoch zweifelhaft, ob das Internet eine neue Qualität in die Umweltbewegung bringt: «Although the Web has become a dominant site of the debate, the environmental movement has not lost its propensity to take direct action.» (S. 142) Klines Bemerkung, das Computerzeitalter habe der Umweltbewegung eine neue «Runzel» (wrinkle) beschert (S. 141), klingt etwas augenzwinkernd! Auch Christopher Rootes (ders.: Environmental Protest in Western Europe, S. IX), der ein Projekt *The Transformation of Environmental Activism* (TEA) unternommen hat, kommt zu der Feststellung, wider Erwarten gehe der bemerkenswerteste Wandel des *environmentalism* Mitte der 90er Jahre in mehreren Ländern in Richtung eines neuen Radikalismus, der sich von den etablierten Umwelt-NGOs mehr oder weniger unabhängig mache.

249 Anselm Doering-Manteuffel/Lutz Raphael: Nach dem Boom. Perspektiven auf die Zeitgeschichte seit 1970, 2. Aufl. Göttingen 2010, S. 98 ff. Aufschlussreich ist der Hinweis von Joachim Raschke (Die Grünen, Köln 1993, S. 668), dass die Grünen (1987) mit einem Anteil von 1,7 % der Wähler den «niedrigsten Organisationsgrad aller im Bundestag vertretenen Parteien» aufwiesen. Die «Basis», auf die sich grüne Basisdemokraten gerne beriefen, war ein mehr oder weniger imaginäres Gebilde!

250 Jonathan A. Fox/L. David Brown in der Einführung zu: dies. (Hrsg.): The Struggle for Accountability. The World Bank, NGOs, and Grassroots Movements, Cambridge, Mass. 1998, S. 30. Auch Gerhard Wallmeyer (Greenpeace) zum Verf., 7. 12. 2010: In Indien und Ostasien komme man einzig dadurch voran, dass man die Menschen direkt anspreche.

251 Landy u. a.: The Environmental Protection Agency, S. 254 f.

252 Rudi Holzberger: Das sogenannte Waldsterben. Zur Karriere eines Klischees: Das Thema Wald im journalistischen Diskurs, Bergatreute 1995.

253 Ebd., S. 70 f.

254 Horst Stern u. a.: Rettet den Wald, München 1979.

255 Hermann Graf Hatzfeld: Der Wald hat keine Lobby», in: «Die Zeit», 4.1.1980, S. 38.
256 Vgl. etwa das breit dokumentierte 380-Seiten-Buch von Forstmeister Max Lincke: Der Wildschaden in Wald und Feld und die Mittel zu seiner Verminderung, Neudamm 1938.
257 Auch in *Rettet den Wald!* werden die durch Überhege von Wild hervorgerufenen Waldschäden – wohl mit Rücksicht auf viele Förster – nur sporadisch angesprochen.
258 Jens Ivo Engels: Naturpolitik in der Bundesrepublik. Ideenwelt und politische Verhaltensstile in Naturschutz und Umweltbewegung 1950–1980, Paderborn 2006, S. 254 f.
259 Auf diesen Aspekt verweist Edda Müller: Die Beziehung von Umwelt- und Naturschutz in den 1970er Jahren, in: Stiftung Naturschutzgeschichte (Hrsg.): Natur im Sinn. Zeitzeugen im Naturschutz, Essen 2001, S. 39.
260 Edda Müller: Innenwelt der Umweltpolitik, S. 224.
261 Holzberger: Das sogenannte Waldsterben, S. 149: «Umweltschützer» träten als Informationsquelle in den Alarmberichten nur sporadisch in Erscheinung.
262 Holzberger: Das sogenannte Waldsterben, S. 9.
263 Guntolf Herzberg/Kurt Seifert: Rudolf Bahro, Berlin 2002, S. 413.
264 Kenneth Anders/Frank Uekötter: Viel Lärm ums stille Sterben: Die Debatte über das Waldsterben in Deutschland, in: Frank Uekötter/Jens Hohensee (Hrsg.): Wird Kassandra heiser? Die Geschichte falscher Ökoalarme, Wiesbaden 2004, S. 122. Auch Anders/Uekötter erblicken jedoch in den Warnungen vor dem Waldsterben keinen ganz und gar «falschen Alarm»!
265 Ebd., S. 116.
266 Joachim Radkau: Das RWE zwischen Kernenergie und Diversifizierung, in: Schweer/Thieme (Hrsg.): Der gläserne Riese, S. 240.
267 Auch Anders/Uekötter: Viel Lärm, S. 121, heben dies als Verdienst der «Waldsterbens»-Phase in der Geschichte des deutschen Umweltbewusstseins hervor.
268 Heinrich Spiecker u. a. (Hrsg.): Growth Trends in European Forests, Berlin 1996; dazu «Der Spiegel» 46/1996, S. 256 f.
269 Holzberger: Das sogenannte Waldsterben, S. 99.
270 Vor dem Hintergrund der jahrhundertelangen Waldgeschichte, so wie er sie sah, in Bernhard Ulrich: Die historische Entwicklung des Beziehungsgefüges Wald – Mensch – Umwelt, in: Bernd Herrmann/Angela Budde (Hrsg.): Natur und Geschichte. Naturwissenschaftliche und historische Beiträge zu einer ökologischen Grundbildung, Hannover 1989, S. 103. Bis dahin habe man als Folge der Emissionen des Industriezeitalters und der Aufhebung alter bäuerlicher Waldnebennutzung eher eine *Ent*säuerung der Waldböden registriert!
271 Auch Kenneth Anders und Frank Uekötter ziehen ungeachtet der «falschen Ökoalarme» im Untertitel des Buches am Schluss ihres Beitrages (Viel Lärm, S. 137) die Bilanz: «Tatsächlich bietet die Debatte über das Waldsterben einen geradezu mustergültigen Beleg für die Vitalität des Vorsorgeprinzips im bundesdeutschen Umweltschutz.» Nur stellte sich die Vorsorge eben nicht als Vorkehrung gegen künftige Eventualitäten, sondern als Verhinderung einer unmittelbar bevorstehenden Katastrophe dar!
272 Duncan Poore: Changing Landscapes. The Development of the International Tropical Timber Organization and its Influence on Tropical Forest Management, London 2003, S. 39 ff.
273 Scholz: Robin Wood, S. 98.
274 Ebd., S. 99 ff.; Derek Wall: Mobilizing Earth First! In Britain, in: Rootes (Hrsg.): Environmental Movements – Local, National and Global, S. 83, 86.
275 Willem L. Oltmans: «Die Grenzen des Wachstums» Pro und Contra, Reinbek 1974, S. 93.
276 Beate von Devivere: Das letzte Paradies. Die Zerstörung der tropischen Regenwälder und deren Ureinwohner, Frankfurt 1984, S. 149.

277 Susanna Hecht/Alexander Cockburn: The Fate of the Forest. Developers, Destroyers and Defenders of the Amazon, London 1990, S. 237.

278 «Der Spiegel» 6/2003, S. 150: «Kampf ums grüne Gold. Holzfäller und Indianer in Brasilien betreiben einen verbotenen Handel mit Mahagoni. Die Umweltbehörde kann gegen die Holz-Mafia kaum etwas ausrichten.» Ähnlich GEO, 4. 4. 2010: «So operiert die Holzmafia. Die dunklen Machenschaften der Regenwald-Plünderer».

279 «Der Spiegel» 12/2001, S. 256.

280 Das gilt auch für die historische Umweltforschung; dazu J. Baird Callicott/Michael P. Nelson (Hrsg.): The Great New Wilderness Debate, Athens, Georgia 1998.

281 Herbert Hesmer: Der kombinierte land- und forstwirtschaftliche Anbau, 2 Bde., Stuttgart 1966/70 (= Wiss. Schriftenreihe des Bundesministeriums für wirtschaftl. Zusammenarbeit 8 und 17); Olaf Christen: «Wenn Wald und Feld eine Einheit bilden. Agroforstwirtschaft weltweit häufiger genutzt», in: FAZ 17. 12. 1997.

282 Vgl. Christian Küchli: Wälder der Hoffnung, Zürich 1997; Asia-Pacific Forestry Commission (Hrsg.): In Search of Excellence: Exemplary forest management in Asia and the Pacific, Bangkok 2005.

283 Jürgen Dahl: Auf Gedeih und Verderb. Kommt Zeit, kommt Unrat. Zur Metaphysik der Atomenergie-Erzeugung, Ebenhausen 1977.

284 Werner Abelshauser: Nach dem Wirtschaftswunder. Der Gewerkschafter, Politiker und Unternehmer Hans Matthöfer, Bonn 2009, S. 344; Wehner: «Die Zeit», 18. 3. 1977.

285 Radkau: Die Kernkraft-Kontroverse im Spiegel der Literatur, S. 307 ff.

286 William T. Markham: Environmental Organizations in Modern Germany. Hardy Survivors in the 20th Century and Beyond, New York 2008, S. 320.

287 Jeremy Rifkin: Das Imperium der Rinder (Beyond Beef. The Rise and Fall of the Cattle Culture), Frankfurt 1994.

288 Dazu und zu dem Folgenden Joachim Radkau: Hiroshima und Asilomar – Die Inszenierung des Diskurses über die Gentechnik vor dem Hintergrund der Kernenergie-Kontroverse, in: Geschichte und Gesellschaft 14 (1988), S. 329–363; ders.: Learning from Chernobyl for the fight against genetics? Stages and stimuli of German protest movements – a comparative synopsis, in: Bauer (Hrsg.): Resistance to new technology, S. 335–355.

289 Jost Herbig: Die Gen-Ingenieure. Durch Revolutionierung der Natur zum Neuen Menschen?, München 1978, S. 107; vgl. auch James D. Watson/John Tooze: The DNA Story. A Documentary History of Gene Cloning, San Francisco 1981.

290 Sheldon Krimsky: Genetic Alchemy. The Social History of the Recombinant DNA Controversy, Cambridge, Mass. 1982, vor allem S. 312 ff. Dorothy Nelkin dagegen, die die Art und Weise, wie das Risiko der Gentechnik analog zu dem nuklearen Risiko unter Beschuss genommen wurde, für irrational hält, findet es verwunderlich, wie stark die Opposition gegen die Gentechnik noch in den 90er Jahren selbst in den USA war: Dorothy Nelkin: Forms of intrusion: comparing resistance to information technology and biotechnology in the USA, in: Bauer (Hrsg.), Resistance to new technology, S. 379–390.

291 Das ist die These von Luitgard Marschall: Im Schatten der chemischen Synthese. Industrielle Biotechnologie in Deutschland (1900–1970), Frankfurt 2000.

292 Steven Rose: Gentechnologie und biologische Waffen, in: Regine Kollek u. a. (Hrsg.): Die ungeklärten Gefahrenpotentiale der Gentechnologie, München 1986, S. 9 f.

293 Deutscher Bundestag, 10. Wahlperiode, Protokolle der Enquete-Kommission «Chancen und Risiken der Gentechnologie», 26/245 (4. 2. 1986).

294 «Der Spiegel», 27. 3. 1978, S. 212 f. Es handelte sich um eine offenkundige Zeitungsente: Kolportage eines Gerüchtes von einem geklonten US-Millionär.

295 Das ist die These von Hans-Jochen Luhmann: Die Entdeckung der Gefahr einer ubiquitären Dioxin-Verbreitung – Ein Beispiel einer latent schleichenden Katastrophe, in: Günter Altner (Hrsg.): Jahrbuch Ökologie 1993, München 1992, S. 225.

296 Grüblerisch-grundsätzlich mit weitem historischem Horizont bei Engelbert Schramm (damals Institut für sozial-ökologische Forschung in Frankfurt/Main): Denken in Entwicklungslinien und Verzweigungen: Die Alkalichlorid-Elektrolyse und ihre Genese als Fallbeispiel, in: Martin Held (Hrsg.): Leitbilder der Chemiepolitik. Stoffökologische Perspektiven der Industriegesellschaft, Frankfurt 1991, S. 42–54. Vgl. auch die Klage der Medienkoordinatorin von Greenpeace USA, Blair Palese: «Dioxingift ist natürlich lange nicht so sexy wie Wale oder Robben!» Knappe: Das Geheimnis von Greenpeace, S. 107.

297 Armin Radünz/Andreas Borgmann: Chemiepolitik für Chlorkohlenwasserstoffe, in: Henning Friege/Frank Claus (Hrsg.): Chemie für wen? Chemiepolitik statt Chemieskandale, Reinbek 1988, S. 149.

298 Al Gore: Wege zum Gleichgewicht (Earth in the Balance): Ein Marshallplan für die Erde, Frankfurt 1992, S. 147.

299 Schramm: Denken in Entwicklungslinien, S. 54: «Ohnehin haben sich in der chemisch-industriellen Geschichte häufig die Substitutionsstoffe problematischer erwiesen als die zu ersetzenden Chemikalien. Die anfänglichen Hoffnungen und (auf Kurzzeitbetrachtungen basierenden) Bewertungen in die Ungefährlichkeit der Ersatzstoffe wurden immer wieder enttäuscht.»

300 Jessica van Horssen: Allies Burning for a Hinterland: Asbestos and the Second World War, Paper für die World Conference on Environmental History, Kopenhagen 2009.

301 Paul Weindling: Asbestose als Ergebnis institutioneller Entschädigung und Steuerung, in: Dietrich Milles (Hrsg.): Gesundheitsrisiken, Industriegesellschaft und soziale Sicherungen in der Geschichte, Bremerhaven 1993, S. 352 f.; allgemein Jean Pütz (Hrsg.): Asbest-Report. Vom Wunderstoff zur Altlast, Köln 1989; Deutsches Hygiene-Museum (Hrsg.): Feuerfest. Asbest: Zur Geschichte eines Umweltproblems (Begleitband zur Ausstellung), Dresden 1991.

302 Gene D. Robinson in: Encyclopedia of World Environmental History, Bd. 1, S. 69.

303 Allan Abramson an Verf., 7. 2. 2010. Öko-Revisionisten: Dem Asbest-Alarm widmet Aaron Wildavsky (But Is It True? Cambridge, Mass. 1995, S. 185 ff.) ein ganzes Kapitel (Darren Schulte: «Is Asbestos in Schoolrooms Hazardous to Students' Health?»). Landy u. a.: The Environmental Protection Agency, führen ihn jedoch *nicht* unter den aus ihrer Sicht falschen Prioritäten der EPA auf. Ganz unbegründet war er eben doch nicht!

304 Steve Schwarze: The Silences and Possibilities of Asbestos Activism: Stories from Libby and Beyond, in: Ronald Sandler/Phaedra C. Pezzulo (Hrsg.): Environmental Justice and Environmentalism. The Social Justice Challenge to the Environmental Movement, Cambridge, Mass. 2007, S. 165–187.

305 Müller: Innenleben der Umweltpolitik, S. 135. Joschka Fischer zum Verf. (21. 10. 1993): Aus den «Grabenkämpfen um das Chemikaliengesetz» habe er gelernt, dass die Chemielobby «noch viel schlimmer als die Atomlobby» sei, sosehr er auch als hessischer Umweltminister im Eltviller Gästehaus der Farbwerke Hoechst mit exquisiten Weinen geködert worden sei. Eine Verhöhnung des Chemiekaliengesetzes aus den Chefetagen der Chemie zitiert Barbara Zeschmar-Lahl: Chemikaliengesetz und Altstofferfassung, in: Henning Friege/Frank Claus (Hrsg.): Chemie für wen? Chemiepolitik statt Chemieskandale, Reinbek 1988, S. 95.

306 Edda Müller: Die Beziehung von Umwelt- und Naturschutz in den 1970er Jahren, in: Natur im Sinn, S. 39.

307 Egmont R. Koch/Fritz Vahrenholt: Seveso ist überall. Die tödlichen Risiken der Chemie, mit Vorwort von Erhard Eppler, Köln 1978.

308 Joachim Radkau: Umweltfragen in der Bielefelder Industriegeschichte, in: Florian Böllhoff u. a. (Hrsg.): Industriearchitektur in Bielefeld, Bielefeld 1986, S. 87.

309 In: Die Umweltmacher, S. 52.

310 In: Hansjürgens/Lübbe-Wolff (Hrsg.): Symbolische Umweltpolitik, S. 56.

311 Frank Hoffmann/Theo Romland: Die Recycling-Lüge, Stuttgart 1993.
312 Fritz Vahrenholt: «Der Ökochonder als Leitbild», in: «Der Spiegel» 3/1996, S. 51.
313 Kritischer Rückblick auf die Geschichte des Kreislaufideals: Engelbert Schramm: Im Namen des Kreislaufs. Ideengeschichte der Modelle vom ökologischen Kreislauf, Frankfurt 1997.
314 Karl Otto Henseling an Verf., 5.7.2010. Darauf verwies bereits Eberhard Weise (Bayer): Grundsätzliche Überlegungen zu Verbreitung und Verbleib von Gebrauchsstoffen (use pattern), in: Held (Hrsg.): Leitbilder der Chemiepolitik, S. 55 ff.
315 Koch/Vahrenholt: Seveso ist überall, S. 252 f. Mit kritischem Akzent Landy u. a.: The Environmental Protection Agency, S. 113: Die EPA habe Ende der 1970er Jahre zu dem «growing climate of media-hype and public hysteria over toxic vaste» beigetragen.
316 Fritz Vahrenholt, der einstige Mitverfasser von *Seveso ist überall*, glaubte 1996 sogar feststellen zu können (was andere Umweltschützer freilich übertrieben fanden): «Fast 20 Jahre nach der Giftgaskatastrophe im italienischen Seveso sind die Sicherheitsstandards der Chemieindustrie in Deutschland auf höchstem Niveau, sind die Emissionen drastisch gesenkt, ist das Dioxinproblem nahezu gelöst. ... Die deutsche chemische Industrie hat die Seveso-Lektion gelernt wie kaum eine andere auf der Welt ...» In: «Der Spiegel» 3/1996, S. 50. Er spricht allerdings nur von *End-of-the-pipe*-Maßnahmen.
317 So aus langjährigen Erfahrungen im UBA Karl Otto Henseling an Verf., 5.7.2010.
318 Scholz: Robin Wood, S. 34.

2. Charismatiker und Ökokraten

1 Clive Ponting: A Green History of the World, London 1991, S. 1 ff. (The Lessons of Easter Island); Jared Diamond: Kollaps. Warum Gesellschaften überleben oder untergehen, Frankfurt 2005, S. 103 ff. (Schatten über der Osterinsel).
2 Terry L. Hunt/Carl P. Lipo: Ecological Catastrophe, Collapse, and the Mythe of «Ecocide» on Rapa Nui (Easter Island), in: Patricia A. McAnany/Norman Yoffee (Hrsg.): Questioning Collapse – Human Resilience, Ecological Vulnerability, and the Aftermath of Empire, New York 2010, S. 21–44.
3 Max Nicholson (The New Environmental Age, Cambridge 1987, S. 194, 193) blickt später auf das «Doomsday syndrome» um 1970 und die damalige «orgy of pessimism» aus kritischer Distanz zurück; in Wahrheit sei das damalige Wissen über ökologische Zusammenhänge der Welt noch dürftig gewesen.
4 Michael Egan: Barry Commoner and the Science of Survival – The Remaking of American Environmentalism, Cambridge, Mass. 2007, S. 79.
5 Ebd., S. 104.
6 Das ist die Schlusspointe von Kai F. Hünemörder: Kassandra im modernen Gewand. Die umweltapokalyptischen Mahnrufe der frühen 1970er Jahre, in: Frank Uekötter/Jens Hohensee (Hrsg.): Wird Kassandra heiser? Die Geschichte falscher Ökoalarme, Wiesbaden 2004, S. 78–97.
7 Heinrich Spanier (BMU) verweist mich auf ein Zitat von Gershom Scholem (Judaica I, Frankfurt 1963): «Stets ist das messianische Denken mit Apokalyptik verbunden. Und umgekehrt. Der Messianismus ist eine Katastrophentheorie, und hinter jedem Untergangspropheten steckte noch immer ein Heilsverkünder.»
8 Das ist ein Leitmotiv von Landy u. a.: The Environmental Protection Agency, zugleich mit Kritik daran, dass es der EPA nach dem Abtreten von Ruckelshaus an einer derartigen Führung gefehlt und diese daher die sich durch die Regierung Clinton gebotene historische Chance nicht wahrgenommen habe (ebd., S. 240 f.).
9 Allgemein zu dem Problem, die Geschichte der Emotionen zu rekonstruieren, Peter N. Stearns: American Cool. Constructing a 20th-Century Emotional Style, New

York 1994: Die sich in der Medienwelt austobenden Emotionen seien das Negativbild zu der «coolen» Temperierung der alltäglichen Befindlichkeit.

10 Marianne Weber: Max Weber. Ein Lebensbild (Urspr. 1926), München 1989, S. 605.

11 Radkau: Max Weber, S. 697.

12 Herbert Gruhl: Überleben ist alles. Erinnerungen, Frankfurt 1990, S. 217.

13 «Spirituell» ist treffender als «religiös»; denn «Religion» enthält die «Bindung» an Autoritäten, während «spirituell» die eigene Erleuchtung, die persönliche Immediatbeziehung zur Offenbarung betont.

14 Radkau: Scharfe Konturen für das Ozonloch, in: Paul (Hrsg.): Jahrhundert der Bilder, S. 538.

15 Erst gegen Schluss seines Buches lässt Jonas erkennen, dass sein Buch gegen Blochs «Prinzip Hoffnung» gerichtet ist. Hans Jonas: Das Prinzip Verantwortung. Versuch einer Ethik für die technologische Zivilisation, Frankfurt 1984, S. 390.

16 Das ist das Manko des sich zu sehr in Ironie ergehenden, ansonsten kenntnisreichen Artikels von J. Baird Callicott: That Good Old-Time Wilderness Religion (1991), in: ders./Michael P. Nelson (Hrsg.): The Great New Wilderness Debate, Athens, Georgia 1998, S. 387–394, wie auch anderer Beiträge dieses 700-Seiten-Sammelbandes!

17 Lynn White jr.: The Historical Roots of Our Ecological Crisis, in: David und Eileen Spring (Hrsg.): Ecology and Religion in History, New York 1974, S. 28.

18 Arnold Toynbee: The Religious Background of the Present Environmental Crisis, in: ebd., S. 137–149.

19 René Dubos: Franciscan Conservation versus Benedictine Stewardship, in: ebd., S. 114–136.

20 Yi-fu Tuan: Discrepancies between Environmental Attitude and Behaviour: Examples from Europe and China, in: ebd. S. 91–113.

21 Joachim Radkau: Holz – Wie ein Naturstoff Geschichte schreibt, München 2007, S. 294 f.

22 Roderick Frazier Nash: Wilderness and the American Mind, 4. Aufl. New Haven 2001, S. 35 ff. Auch David Vogel erkennt eine Verbindung von Protestantismus und *environmentalism* trotz der Assonanz seines Titels an Max Weber nicht so sehr in der protestantischen Ethik wie vielmehr in gewissen Defiziten des Protestantismus; vgl. ders.: The Protestant Ethic and the Spirit of Environmentalism: Exploring the Roots of Contemporary Green Politics, in: Zs. f. Umweltpolitik und Umweltrecht, Jg. 25/2002, S. 297–323.

23 Man denke etwa an die Frömmigkeit von Thomas Cole, einem der größten Romantiker der amerikanischen Malerei, der in Wildnisphantasien schwelgte! Louis Legrand Noble: The Life and Works of Thomas Cole (urspr. 1853), Hensonville, NY 1997, S. 301 ff.! Dazu Nash: Wilderness, S. 78 ff. «Wilderness had a religious as well as an aesthetic significance for him.» Auch Nash untersucht jedoch nicht den spezifischen Charakter dieser Religiosität.

24 Arne Naess: Selbst-Verwirklichung: Ein ökologischer Zugang zum Sein in der Welt, in: John Seed u. a.: Denken wie ein Berg, Freiburg o. J. (1993), S. 34.

25 Hubert Weinzierl: Naturschutz ist Menschenschutz, in: Karl Stankiewitz: Babylon in Bayern, Regensburg 2004, S. 134.

26 Engelbert Schramm (Hrsg.): Ökologie-Lesebuch, Frankfurt 1984, S. 26 ff.; namengebend war die «Physiko-theologie» des britischen Kanonikers und Naturforschers William Derham (um 1712).

27 Ernst Robert Curtius: Europäische Literatur und lateinisches Mittelalter, 4. Aufl., Bern 1963, S. 323 ff.

28 Stephen Fox: John Muir and His Legacy: The American Conservation Movement, Boston 1981, S. 107.

29 David Brower: Earth's Sake, Salt Lake City 1990, S. 261.

30 Frank Uekötter: The Green and the Brown. A History of Conservation in Nazi Germany, New York 2006, S. 142.

31 Almut Leh: Zwischen Heimatschutz und Umweltbewegung. Die Professionalisierung des Naturschutzes in Nordrhein-Westfalen 1945–1975, Frankfurt 2006, S. 152, 157.

32 Wilhelm Lienenkämper: Grüne Welt zu treuen Händen. Naturschutz und Landschaftspflege im Industriezeitalter, Stuttgart 1963, S. 62.

33 Uekötter: The Green and the Brown, S. 1 f.

34 Lienenkämper: Grüne Welt, S. 175 f.

35 Theodore Roosevelt: Aus meinem Leben, Leipzig 1914, S. 248. Das besondere Charisma der Vögel gibt Anlass zu Betrachtungen. Warum waren beim Naturschutz in aller Regel die Vogelschützer vorneweg? Da kam vermutlich mehreres zusammen: Die Vögel wirken auf Auge und Ohr; man kann sie im Haus halten und durch Futter locken; morgendliche Exkursionen zur Beobachtung von Vögeln schaffen Zusammenhalt; Vögel galten vielen Ratgebern der Bauern als nützlich; und, last but not least: Der typische Vogelfreund neigt dazu, die Vögel zu zählen, und kann daher stets mit Zahlen über die Verminderung bestimmter Vogelarten aufwarten. (Gespräch mit Anna Wöbse, 2. 12. 2010)

36 Georg Wilhelm Friedrich Hegel: Phänomenologie des Geistes, hrsg. von Johannes Hoffmeister, Hamburg 1952, S. 485 (Die Pflanze und das Tier).

37 Joachim Radkau: Die Heldenekstase der betrunkenen Elefanten: Das Natursubstrat bei Max Weber, in: Leviathan 4/2006, S. 556 ff.

38 Die ökologische Rehabilitation der Wölfe gehört zu den markantesten Ereignissen im *Wildlife Management* der jüngsten Zeit. Vgl. Simon A. Levin (Hrsg.): The Princeton Guide to Ecology, Princeton 2009, S. 699 (Mark S. Boyce u. a.): «In a celebrated example, wolves were restored to Yellowstone National Park in 1995 where they had been eliminated about 70 years earlier. ... Although not fully understood, wolf recovery has precipitated a ‹trophic cascade› in some localities ... This in turn has restored habitats for beavers, songbirds, and other animals.»

39 Mark Dowie: Conservation Refugees. The Hundred-Year Conflict Between Global Conservation and Native Peoples, Cambridge, Mass. 2009, S. XI. Eine Interaktive Wanderausstellung (2009), die eindrucksvoll für die Wiedereinbürgerung von Bär, Wolf und Luchs in mitteleuropäischen Wäldern warb, trug den Titel «Die großen Vier» (wobei das Titellogo erkennen ließ, dass mit dem vierten Raubtier der Mensch gemeint war); gefördert wurde sie von großen Acht: vom WWF bis zum Landesjagdverband Bayern. Die Begleitbroschüre enthält ein freimütiges Kapitel: «Ziegen und Schafe – gefundenes Fressen». Auch der Landesverband Bayerischer Schafhalter gehört zu den Förderern: Die Schafhaltung bringt hierzulande nicht mehr viel ein, aber wenn ein Schaf von einem Wolf gerissen wird, gibt es Anspruch auf Entschädigung!

40 Vgl. das im Ton höchster Begeisterung geschriebene Kapitel über die Rettung des Panda in: Tang Xiyang: Living Treasures. An Odyssey Through China's Extraordinary Nature Reserves, New York 1987, S. 17–38. Tang Xiyang, während der Kulturrevolution in ein Arbeitslager verschickt, wurde 1980 Chefredakteur des chinesischen Magazins *Natur*.

41 Henry Makowski: Nationalparke in Deutschland, Neumünster 1997, S. 36.

42 Wolfgang Haber: Naturschutz in der Kulturlandschaft – ein Widerspruch in sich?, in: Laufener Spezialbeiträge 1/08, S. 22. Heinrich Spanier an Frank Uekötter, 22. 3. 2004: «In Abdera, der Heimat Demokrits, hatte man die Frösche für heilig erklärt. In der Naturschutzszene bin ich mir aber nicht sicher, ob das Pathos der Religiosität nur sprachliche Spielerei ist oder ob es wirklich so gemeint ist. Ich neige zu Letzterem ... Insofern ist das Pathos auch politisches Programm. Auf alle Fälle ist das Religiöse des Naturschutzes (als) Thema in Geschichte, Gegenwart und Zukunft weitere Untersuchungen wert.»

43 Dave Foreman: Confessions of an Eco-Warrior, New York 1991, S. 3, 105, 116, 175, auch 19, 51, 73, 90.

44 Ebd., S. 39.
45 Dazu Radkau: Aufstieg und Krise der deutschen Atomwirtschaft, S. 34–45.
46 So in Gesprächen mit mir (1979) Elisabeth Heisenberg, die Witwe Werner Heisenbergs und Schwester Fritz Schumachers.
47 Hierzu und zum Folgenden die von Schumachers Tochter verfasste Biographie: Barbara Wood: Alias Papa. A Life of Fritz Schumacher, London 1984.
48 Edward Conze: Eine kurze Geschichte des Buddhismus, Frankfurt 1986 (engl. Original 1980), S. 104.
49 Vgl. ebd., S. 159 f.
50 Wood: Alias Papa, S. 320 f.
51 E. F. Schumacher: Die Rückkehr zum menschlichen Maß. Alternativen für Wirtschaft und Technik – «Small is Beautiful», Reinbek 1977, S. 140 (engl. Original: Small is Beautiful. A Study of Economics as if People Mattered, London 1973).
52 Wood: Alias Papa, S. 352.
53 Ebd., S. 342.
54 In meinem eigenen Exemplar finde ich eine Notiz von 1978: «Das Buch wirkt zunächst auf mich enttäuschend senil und zerfahren.» Nach Jahren des Atomkonflikts war man bereits professionellere, schärfer zupackende Literatur über technische Alternativen gewohnt!
55 Auf diese Paradoxie verweist Roger S. Gottlieb: A Greener Faith. Religious Environmentalism and Our Planet's Future, Oxford 2006, S. 223.
56 Knappe: Das Geheimnis von Greenpeace, S. 16 f.
57 Darauf verweist der Greenpeace-Vorsitzende Thildo Bode in: Greenpeace (Hrsg.): Das Greenpeace Buch. Reflexionen und Aktionen, München 1996, S. 255.
58 Eindrucksvolles Zeitzeugnis dafür: Der Bahro-Kongreß. Dokumentation des Bahro-Kongresses vom 16.–19. November 1978 in der TU Berlin, Berlin 1979, mitsamt den dort abgedruckten Pressestimmen.
59 «Der Spiegel», 14. 11. 1983, S. 64 (Hubert Seipel).
60 Rudolf Bahro: Die Alternative. Zur Kritik des real existierenden Sozialismus, Köln 1977, S. 311.
61 So am 25. 9. 1986 mündlich zu mir in Wien nach gemeinsamer Teilnahme an einer Demonstration gegen den dort als Reaktion auf Tschernobyl tagenden internationalen Atomgipfel: auch ein Zeichen für Gruhls rigide Denkstrukturen! Bahro, zu jener Zeit längst in Distanz zur Linken, bemerkte seinerseits über Gruhl, es sei seine «Schwäche, dass er auf jene altmodische Art konservativ bleibt, die an der Belehrung Adams und Evas bei der Vertreibung aus dem Paradiese festsitzt, während es doch gerade eine Kontinuität von dort zur ökologischen Krise gibt». Rudolf Bahro: Logik der Rettung. Wer kann die Apokalypse aufhalten? Ein Versuch über die Grundlagen ökologischer Politik, Stuttgart 1987, S. 47. Vermutlich denkt er an das Dominium-terrae-Gebot im Paradies – zugleich jedoch hat er sich der apokalyptischen Stimmung Gruhls genähert! Auch er übernimmt die These, dass der (vermeintliche) Selbstmord der Osterinsulaner ein Menetekel für das nahe bevorstehende Schicksal der Menschheit sei! (Ebd., S. 33 f.)
62 Jörg Bergstedt: Agenda, Expo, Sponsoring – Recherchen im Naturschutzfilz, Frankfurt 1998, S. 177.
63 «Der Spiegel», 13. 6. 1983, S. 27.
64 Guntolf Herzberg/Kurt Seifert: Rudolf Bahro – Glaube an das Veränderbare. Eine Biographie, Berlin 2002, S. 336.
65 Ebd., S. 422.
66 Heinrich v. Treitschke: Deutsche Geschichte im 19. Jh., 2. Bd., 4. Aufl., Leipzig 1893, S. 386.
67 Herzberg/Seifert: Rudolf Bahro, S. 523 ff.
68 Herzberg/Seifert: Rodolf Bahro, S. 407.
69 Fraktionssitzung vom 28. 4. 1983; in: Die Grünen im Bundestag, Sitzungsprotokolle

1983–1987, Bd. 1, Düsseldorf 2008, S. 108 f. Bahro warf seinerseits Petra Kelly vor, ihr politisches Sendungsbewusstsein sei «mit der Schlacke narzisstischer Eitelkeit und des aus einem Gotteskomplex herrührenden Allmachtswunsches verquickt». Saskia Richter (Die Aktivistin – Das Leben der Petra Kelly, München 2010, S. 135) hält dies für die «treffendste» zeitgenössische Charakteristik Petra Kellys. Sie hätte jedoch auch auf Bahro selbst gepasst!

70 Ebd., S. 334 (15. 11. 1983).

71 Spretnak: Die Grünen, S. 64.

72 Ebd., S. 104 (eigene Aussage Bahros).

73 Radkau: Max Weber, S. 814.

74 Religion in Geschichte und Gegenwart, Bd. 3, 2. Aufl. Tübingen 1929, Sp. 836.

75 Bernhard Knappe: Das Geheimnis von Greenpeace. Die andere Seite der Erfolgsstory, Wien 1993, S. 39.

76 Andrew Revkin: The Burning Season: The Murder of Chico Mendes and the Fight for the Amazon Rain Forest, Boston 1990, S. 260 f.

77 Chico Mendes: Rettet den Regenwald!, Göttingen 1990, S. 121 f.

78 Ebd., S. 88 ff.

79 Knappe: Das Geheimnis von Greenpeace, S. 31; ähnlich Svenja Koch (Pressesprecherin von Greenpeace Deutschland) zum Verf., 7. 7. 2006.

80 Maude Barlow/Tony Clarke: Blue Gold. The Fight to Stop the Corporate Theft of Water, New York 2005 (urspr. 2002), S. 231; auch dieses von Kanadiern verfasste Buch ist dem Andenken an Domico gewidmet.

81 Manfred Loimeier: Ken Saro-Wiwa, Göttingen 1996, S. 54, 41 ff.

82 Vgl. Ken Saro-Wiwa: Flammen der Hölle. Nigeria und Shell: Der schmutzige Krieg gegen die Ogoni, Reinbek 1996.

83 Ebd., S. 93.

84 Vgl. ebd., S. 169 ff., eine Gegendarstellung von Shell: «Der größte Teil des Erdöls und Erdgases liegt in kleinen, verstreuten Feldern im Nigerdelta. Es ist ein schwieriges Einsatzgebiet, das großenteils aus Sümpfen besteht, und das Pipeline-Netz, das die Felder verbindet, würde in einer Linie von London bis New York reichen.» So gesehen gibt dieser Skandal einen Vorgeschmack von den Umweltdesastern, die auf die Welt zukommen, wenn nach Erschöpfung der vergleichsweise leicht ausbeutbaren Ölfelder auch diejenigen vorgenommen werden, wo die Ölförderung prekärer wird! Shell führte einen Teil der Verschmutzung auf Sabotageakte an den Pipelines zurück.

85 Loimeier: Ken Saro-Wiwa, S. 21.

86 Ken Saro-Wiwa: Flammen der Hölle, S. 74 f.

87 Ebd., S. 78.

88 Jürgen Streich: Vorbilder. Menschen und Projekte, die hoffen lassen – Der Alternative Nobelpreis, o. O. 2005, Biographie Nr. 56 (keine durchlaufende Paginierung). Das Buch ist u. a. dem Andenken von Ken Saro-Wiwa gewidmet.

89 Ken Saro-Wiwa: Flammen der Hölle, S. 114.

90 Es ist erschütternd, die Afrikabücher des einst hochgerühmten Rolf Italiaander, die ich als Schüler verschlungen habe, heute wieder zu lesen: wie er dort noch 1960 Nigeria als afrikanisches Musterland und Land der Zukunft unter Führung einer britisch gebildeten Elite schildert! Vgl. Italiaander: Die neuen Männer Afrikas, Düsseldorf 1960, S. 265 ff.

91 Loimeier: Ken Saro-Wiwa, S. 15. Ken Saro-Wiwa kritisierte selber die einseitige Konzentration der westlichen Öffentlichkeit auf den Schutz der Wildnis, wenn es um Afrika ging: «Der Westen macht sich Sorgen um das Leben von Elefanten und stoppt die Ausfuhr von Elfenbein. Aber es kümmert niemanden, wenn Menschen sterben.» Ebd., S. 23.

92 Anna Wöbse: Die Brent-Spar-Kampagne. Plattform für diverse Wahrheiten, in: Uekötter/Hohensee (Hrsg.): Wird Kassandra heiser?, S. 153; Greenpeace (Hrsg.): Brent

Spar und die Folgen. Analysen und Dokumente zur Verarbeitung eines gesellschaftlichen Konfliktes, Göttingen 1997; ebd. Besonders die Dokumente 86 (FAZ 6.11.1995: «Wo bleibt Greenpeace im Ogoni-Land?») und 87 (Dirk Kurbjuweit: «Die Rollen sind uns näher – Warum ‹Brent Spar› die Menschen mehr aufrüttelte als das Schicksal von Ken Saro-Wiwa»). Anna Wöbse an Verf., 4. 6. 2010: «Es herrscht eine seltsame Vergessenheit um die Shell-Geschichte» in Nigeria. Die Erinnerung an Ken Saro-Wiwa sei nur noch in kleinen Kreisen präsent. «Ich fürchte, die Herzen von Menschenrechts- und Umweltschutzaktivisten sind immer noch weit voneinander entfernt.»

93 Alvin Y. So/Yok-shiu F. Lee: Environmental Movements in Thailand, in: dies. (Hrsg.): Asia's Environmental Movements – Comparative Perspectives, Armonk, NY 1999, S. 127; On-Kwok Lai u. a.: The Contradictions and Synergy of Environmental Movements and Business Interests, in: ebd., S. 280.

94 Chiang Mai Mail Vol. VII No. 18, 29. 4.–5. 5. 2008, www.chiangmai-mail.com.

95 On-Kwok Lai: Contradictions, S. 280.

96 Jim Taylor: «Thamma-Chaat»: Activist Monks and Competing Discourses of Nature and Nation in Northeastern Thailand, in: Philip Hirsch (Hrsg.): Seeing Forests for Trees. Environment and Environmentalism in Thailand, Chiang Mai 1997, S. 39–46.

97 David L. Gosling: Religion and Ecology in India and Southeast Asia, London 2001, S. 98. Für Gosling ist der Mönch Buddhadasa Bhikku der geistige Führer eines religiös motivierten Umweltschutzes in Thailand. Hier wie anderswo erkennt man, dass die Ergriffenheit durch bestimmte Charismatiker dazu führt, andere nicht zu beachten!

98 Kamala Tiyavanich: Forest Recollections. Wandering Monks in 20th-Century Thailand, Honolulu 1997, S. 245 ff.; Bruce Rich: Die Verpfändung der Erde. Die Weltbank, die ökologische Verarmung und die Entwicklungskrise, Stuttgart 1998, S. 26 f.

99 Kamala Tiyavanich: Forest Recollections. Wandering Monks in 20th-Century Thailand, Honolulu 1997, S. 245 ff., 80 ff. Die Ausführungen über Prajak beruhen teilweise auf Gesprächen mit diesem Mönch.

100 Christian Küchli: Wälder der Hoffnung, Zürich 1997, S. 156 ff.

101 Taylor: «Thamma-Chaat», S. 43.

102 Vgl. Joyce Hannam: The Death of Karen Silkwood, Oxford 1991 – immerhin Oxford University Press!

103 Jochen Reiss: Greenpeace. Der Umweltmulti – sein Apparat, seine Aktionen, München 1990, S. 192–202.

104 Bess: Light-Green Society, S. 33–36.

105 Reiss: Greenpeace, S. 202.

106 Knappe: Das Geheimnis von Greenpeace, S. 163 f.

107 Werner Abelshauser: Nach dem Wirtschaftswunder. Der Gewerkschafter, Politiker und Unternehmer Hans Matthöfer, Bonn 2009, S. 344 f.

108 Selbst Dieter Rucht (Von Wyhl nach Gorleben) widmet ihm nur eine Fußnote (S. 246)!

109 Friedemann Bedürftig: Geschichte der DDR, Köln 2007, S. 158 ff.

110 François Fejtö: Die Geschichte der Volksdemokratien, Bd. 2, Graz 1972, S. 476.

111 Jürgen Horlemann/Peter Gäng: Vietnam – Genesis eines Konflikts, Frankfurt 1966, S. 142 f.

112 Herzberg/Seifert: Rudolf Bahro, S. 553 f., 560 f.

113 «Der Spiegel», 10. 7. 1995, S. 182.

114 Martin Rhodes: Italy, in: Dick Richardson/Chris Rootes (Hrsg.): The Green. The development of Green parties in Europe, London 1995, S. 187.

115 Mieke Roscher: Ein Königreich für Tiere, Marburg 2009, S. 392.

116 Luc Ferry: The new ecological order (frz.: Le nouvel ordre écologique: L'arbre,

l'animal et l'homme, 1992), Chicago 1995, S. 116; für das Folgende vgl. auch das gesamte Kapitel: «In Praise of Difference, or The Incarnations of Leftism: The Case of Ecofeminism», ebd. S. 108–126. Ferry war ein notorischer Gegner des Ökologismus und ein Freund von Alain Renaut, dessen philosophische Apotheose des Stierkampfes als «Begründung des modernen Humanismus», der Demonstration der Überlegenheit des menschlichen Geistes über das Tier, er in kongenialem Ton zitiert (S. 50 f.)!

117 Hans Jonas: Das Prinzip Verantwortung, Frankfurt 1984, S. 85.

118 Jakob von Uexküll: Die geschaute Welten. Die Umwelten meiner Freunde – ein Erinnerungsbuch, Berlin 1936, S. 174.

119 Sunderlal Bahaguna: People's Programme for Change, in: ders. U. a.: India's Environment – Myth and Reality, New Delhi 2007, A 9.

120 Anna-Katharina Wöbse: Lina Hähnle – eine Galionsfigur der frühen Naturschutzbewegung, in: Stiftung Naturschutzgeschichte (Hrsg.): Naturschutz hat Geschichte, Essen 2003, S. 113–130.

121 Vgl. Ludmilla Tüting: Die Chipko-Bewegung, in: dies. (Hrsg.): Menschen, Bäume, Erosionen. Kahlschlag im Himalaya – Wege aus der Zerstörung, Löhrbach 1987, S. 29 ff.

122 Ramachandra Guha: The Unquiet Woods. Ecological Change and Peasant Resistance in the Himalaya, Delhi 1989 (S. 157 über die «Geburt» der Chipko-Bewegung: «Young men cemented the oath with signatures of blood.»); Haripriya Rangan: Of Myths and Movements. Rewriting Chipko into Himalayan History, London 2000, vor allem S. 32–35 kritisch über das vor allem von Vandana Shiva begründete ökofeministische Chipko-Narrativ.

123 Marieluise Beck-Oberdorf/Elke Kiltz: Dogmatismus macht nicht stark. Warum die Grünen das Frauenthema an die Etablierten verlieren, in: Ralf Fücks (Hrsg.): Sind die Grünen noch zu retten?, Reinbek 1991, S. 94 f. Die Pressesprecherin von Greenpeace Deutschland, Svenja Koch, zum Verf. (Juli 2006): Die Mehrzahl der Förderer von Greenpeace sei weiblich.

124 Sara Parkin: Green Parties. An International Guide, London 1989, S. 260.

125 Ich danke Saskia Richter (Berlin), deren Biographie Petra Kellys ich erst nach Fertigstellung meines Manuskriptes erschien (Die Aktivistin, München 2010), für wertvolle Hinweise und kritische Gegenlektüre der ersten Fassung meines Textes.

126 Monika Sperr: Petra Kelly – Politikerin aus Betroffenheit, München 1983, S. 13; Spretnak: Die Grünen, S. 62. Für die Amerikanerin Charlene Spretnak, die vor allem der grünen Spiritualität nachspürt, war 1984 – kein Wunder! – vor allem Petra Kelly die Verkörperung der deutschen Grünen.

127 Spretnak: Die Grünen, S. 63: «Viele Journalisten verglichen Petra Kelly mit Jeanne d'Arc.»

128 Die Grünen im Bundestag, Bd. 2, S. 546 (Offener Brief an Antje Vollmer, 13. 7. 1984). Vgl. auch Saskia Richter: Die Aktivistin, S. 287, nach der Erinnerung von Wilhelm Knabe: Petra Kelly «brach jede Unterhaltung ab, wenn in der Nähe ein Journalist auftauchte, dem sie ihre Standpunkte erläutern konnte».

129 Petra K. Kelly: «Zuallererst sind wir menschlich gescheitert.» Offener Brief an die grüne Partei, in: Ralf Fücks (Hrsg.): Sind die Grünen noch zu retten?, Reinbek 1991, S. 29.

130 Benjamin Henrichs in «Die Zeit», 5. 11. 1982 («Weltliche Nonne»), zit. n. Sperr: Kelly, S. 181.

131 Alice Schwarzer: Eine tödliche Liebe. Petra Kelly und Gert Bastian, Köln 1993, S. 138.

132 Ebd., S. 170.

133 Petra K. Kelly: Religiöse Erfahrung und politisches Engagement, in: Gunter Hesse/Hans-Hermann Wiebe (Hrsg.): Die Grünen und die Religion, Frankfurt 1988, S. 35.

134 Joachim Radkau: Die Sehnsucht nach Grenzenlosigkeit. Argumente gegen Grundsatzerklärungen über «offene Grenzen», in: Karl A. Otto (Hrsg.): Westwärts – Heimwärts? Aussiedlerpolitik zwischen «Deutschtümelei» und «Verfassungsauftrag», Bielefeld 1990, S. 115–131.
135 Schwarzer: Eine tödliche Liebe, S. 81.
136 Spretnak: Die Grünen, S. 63.
137 Sperr: Kelly, S. 139: «Auch Petra Kelly sah das Raumschiff Erde immer schneller ins Verderben treiben ...», S. 158 über ihr «Endzeitempfinden».
138 Schwarzer: Eine tödliche Liebe, S. 117.
139 Kelly: Religiöse Erfahrung, S. 31 f.
140 Die Grünen im Bundestag, Sitzungsprotokolle 1983–1987, Bd. 1, S. 48.
141 Schwarzer: Eine tödliche Liebe, S. 118.
142 Dazu schreibt mir Saskia Richter (31. 5. 2010): «Tibet ist eine Chiffre für Konfliktlosigkeit, die sie auf allen Ebenen in ihrem Leben und in der Welt anstrebte.» Also das Gegenbild zu ihrem realen Dasein!
143 Allerdings nicht in Publikationen; vgl. Petra K. Kelly/Gert Bastian (Hrsg.): Tibet – ein vergewaltigtes Land, Reinbek 1988.
144 Ebd., S. 28.
145 Eigene Beobachtungen bei dieser Veranstaltung.
146 Jutta Ditfurth: Entspannt in die Barbarei. Esoterik, (Öko-)Faschismus und Biozentrismus, Hamburg 1996, S. 118.
147 Jutta Ditfurth attackierte zeitweise zusammen mit Colin Goldner den Dalai Lama und seine Anhänger und wollte ursprünglich an Goldners 730 Seiten starkem und von Stänkereien nur so strotzendem Anti-Dalai-Lama-Buch mitarbeiten, das den Kult um den Dalai Lama in NS-Traditionen stellt, zerstritt sich dann jedoch mit Goldner; vgl. Colin Goldner: Dalai Lama – Fall eines Gottkönigs, Aschaffenburg 2008, S. 400 und 702.
148 Erich Thiesen: Es begann im Grünen Kreml. Agrarpolitik zwischen Rendsburg und Brüssel, Neumünster 1997, S. 222–228; Dietmar Stutzer: Geschichte des Bauernstandes in Bayern, München 1988, S. 298–304.
149 Sperr: Kelly, S. 93 f.
150 Sperr: Kelly, S. 93–117, behandelt ausführlich Petra Kellys Brüsseler Zeit mitsamt ihrer Liebesbeziehung zu Mansholt; dabei erwähnt sie jedoch bezeichnenderweise den Mansholt-Plan mit keinem Wort! Das ist umso bemerkenswerter, als andere Sprecher der Grünen (vor allem Antje Vollmer und ihr damaliger Partner, der Biobauer Friedrich Wilhelm Graefe zu Baringdorf) bereits in den frühen 80er Jahren auf die gerade als Folge der EU-Politik forcierte Chemisierung der Landwirtschaft als ein, wenn nicht sogar *das* Kernproblem der Umweltpolitik hinwiesen; vgl. Spretnak: Die Grünen, S. 78. War es die Liebe zu Mansholt, die Petra Kelly an diesem Punkt blockierte? Aber im Zuge der Öko-Ära bekam Mansholt selber Zweifel an der Klugheit seines Plans: so «Der Spiegel» vom 10. 7. 1995, S. 182, im Nachruf auf ihn.
151 Sperr: Kelly, S. 113 f.
152 Ebd., S. 180.
153 Die Grünen im Bundestag, Bd. 2, S. 709.
154 «Der Spiegel» 13. 6. 1983, S. 27.
155 Die Grünen im Bundestag, Bd. 2, S. 812 (taz vom 31. 8. 1985).
156 Kelly: «Zuallererst sind wir menschlich gescheitert», S. 27.
157 Die Grünen im Bundestag, Bd. 1, S. 107 (offener Brief von Petra Kelly «an Fraktion, Gremien der Partei und die grüne Basis»), April 1983.
158 Bess: Light-Green Society, S. 207.
159 Sara Parkin: Green Parties – An International Guide, London 1989, S. 102.
160 Sara Parkin (ebd., S. 99) erkennt darin das damalige Dilemma der französischen Grünen: «a need for a charismatic leader to attract votes yet difficulty in finding one acceptable to the movement».

161 Alistair Cole/Brian Doherty: France: Pas comme les autres – the French Greens at the crossroad, in: Richardson/Rootes (Hrsg.): The Green, S. 56 ff.
162 Vgl. ebd., S. 61.
163 Bess: Light-Green Society, S. 127.
164 Vgl. Cole/Doherty: France: Pas comme les autres, S. 52 f.
165 Bess: Light-Green Society, S. 207.
166 Ebd., S. 112 f.
167 Selbst der früher oft als «Brüterpapst» apostrophierte Wolf Häfele, der als Leiter des Schnellbrüterprojekts im Kernforschungszentrum Karlsruhe in den 60er Jahren das Schicksal unserer Zivilisation vom Brüterbau abhängig gemacht hatte, erklärte am 19. 5. 2009 mir gegenüber wörtlich: «Wir ersticken im Plutonium.» Und das, obwohl in Deutschland viel weniger Kernkraftwerke betrieben werden als in Frankreich!
168 Bess: Light-Green Society, S. 113.
169 Ebd., S. 207.
170 Ebd., S. 208, 114.
171 Eric Le Boucher (Chefredakteur) in: Le Monde, 30. 9. 2007 (zit. n. Wikipedia).
172 Ingrid Gilcher-Holtey: «Die Phantasie an die Macht». Mai 68 in Frankreich, Frankfurt 1995, S. 328 ff.
173 Ein Direktor des Sierra Club hebt zwar 1970 Alaska und die Everglades als die aktuell wichtigsten Kampffelder des Wildnisschutzes hervor, spricht jedoch nur von dem Club als Hauptakteur und würdigt die beiden Frauen keiner Erwähnung; vgl. Paul Brooks: Notes on the Conservation Revolution, in: ecotactics: The Sierra Club Handbook for Environment Activists, New York 1970, S. 36–42.
174 Über sie vgl. Encyclopedia of World Environmental History, Bd. 1, S. 340, den Nachruf im «Spiegel» 22/1998, S. 230, und den ausführlichen Wikipedia-Artikel, teilweise auf der Grundlage ihrer zusammen mit John Rothchild verfassten Autobiographie *Voice of the River* (1987).
175 Alfred Runte: National Parks. The American Experience, Lincoln, Nebraska 1997 (urspr. 1979), S. 135 f. Dieses Standardwerk zur amerikanischen Nationalparkgeschichte, das die Auseinandersetzungen um die Everglades ausführlich behandelt, würdigt Marjory Douglas keiner Erwähnung: auch ein Indiz, wie umstritten ihre Bedeutung selbst innerhalb der Nationalpark-Bewegung ist!
176 Der mit prachtvollen Fotos ausgestattete Life-Klassiker «Our National Parks – Celebrating America's Natural Splendor» enthält noch in seiner neuesten Auflage kein einziges Foto aus den Everglades!
177 «A swamp is a swamp», spottete noch 1932 William T. Hornaday, seinerzeit ein führender Protagonist der Wildnis. Er habe in den Everglades «absolutely nothing that was picturesque or beautiful» entdeckt. Runte: National Parks, S. 131.
178 Ebd., S. 108.
179 Nachruf von Margaria Fichter im *Miami Herald*, 14. 5. 1998, zit. n. Wikipedia.
180 Dave Foreman: Confessions of an Eco-Warrior, New York 1991, S. 201. Ebd., S. 15: Dass Celia Hunter als Exekutivdirektorin der Wilderness Society 1978 durch Bill Turnage, «an eager young businessman», ersetzt wurde, war eines der Ärgernisse, das Foreman den Anstoß zur Gründung von *Earth First!* gab.
181 Selbst in der 550-Seiten-Anthologie von Selbstzeugnissen David Browers (Earth's Sake, Salt Lake City 1990), der mit einem Alaska-Kapitel endet, kommt Celia Hunter nicht vor! Das wirft ein Licht auf die Unsicherheit, in der Öko-Szene Führungsgestalten zu identifizieren.
182 Nash: Wilderness, S. 280.
183 Runte: National Parks, S. 256.
184 Our National Parks, New York (Life Books) 2009, S. 85.
185 Jon Kracauer: In die Wildnis. Allein nach Alaska, München 1997, S. 249, 243.
186 Carl Pope/Paul Rauber: Strategic Ignorance. Why the Bush Administration is Recklessly Destroying a Century of Environmental Progress, San Francisco 2004, S. 133.

187 Hays: Beauty, Health, and Permanence, S. 59.
188 Runte: National Parks, dessen Darstellung in einem Kapitel «Decision in Alaska» kulminiert, würdigt Celia Hunter sogar überhaupt keiner Erwähnung: ein weiteres Zeichen dafür, in welchem Maße ihre Bedeutung Interpretationssache ist und von dem Wunsch nach einer weiblichen Heldin beeinflusst wird!
189 Roderick Frazier Nash: Wilderness and the American Mind, 4. Aufl. New Haven 2001, S. 272–275.
190 Ebd., S. 272.
191 Encyclopedia of World Environmental History, Bd. 3, S. 218 (Peter Coates); Peter Coates: The Trans-Alaska Pipeline Controversy, Fairbanks 1993.
192 Runte: National Parks, S. 237.
193 Ebd., S. 255.
194 Hammond: Tales (s. Anm. 207), S. 170.
195 Nash: Wilderness, S. 276: «No technology is more important in Alaska than that associated with aviation.»
196 Ebd., S. 289.
197 Ebd., S. 290.
198 Ebd., S. 299; Runte: National Parks, S. 246.
199 Nash: Wilderness, S. 310 f. Es ist bezeichnend, dass Hammonds Autobiographie (Tales of Alaska's Bush Rat Governor: The extraordinary autobiography of Jay Hammond, wilderness guide and reluctant politician, Fairbanks 1994) eine Hauptquelle des ausführlichen Wikipedia-Artikels über Celia Hunter darstellt, obwohl ihr Name in dem Buch gar nicht vorkommt! Über die Umweltkonflikte ebd. S. 167–180.
200 Anthony Flint: Wrestling with Moses. How Jane Jacobs Took On New York's Master Builder and Transformed the American City, New York 2009.
201 Jane Jacobs: The Death and Life of Great American Cities (urspr. 1961), New York 1992, S. 433 f., 443 f.
202 Wobei Jane Jacobs jedoch frei ist von jenem missgelaunten psychoanalytischen Schulmeistertum, in das Mitscherlich immer wieder verfällt, wenn er etwa zu wissen glaubt, dass in dem Gros der von Rasen umgebenen Einfamilienhäuser eine «leblose oder auch gereizte Stimmung» herrsche (Mitscherlich: Die Unwirtlichkeit unserer Städte, S. 60)! Was das Landschaftspanorama beeinträchtigt, muss durchaus nicht notwendig bei den dort Lebenden Neurosen hervorrufen!
203 Alexander Mitscherlich: Die Unwirtlichkeit unserer Städte. Anstiftung zum Unfrieden, Frankfurt 1965, S. 39; zu Jane Jacobs ebd., S. 37, und ders.: Thesen zur Stadt der Zukunft, Frankfurt 1971, S. 52 f.
204 Hierzu und zum Folgenden Ric Burns/James Sanders: New York – Die illustrierte Geschichte von 1609 bis heute, München (GEO) 2002 (amerikan. Original 1999), S. 510–520; Edmund T. Delaney/Charles Lockwood: Greenwich Village. A Photographic Guide, 4. Aufl. New York 1984 (zuerst 1976).
205 Jane Jacobs: The Death and Life of Great American Cities, S. 4.
206 Robert A. M. Stern u. a.: New York 1900. Metropolitan Architecture and Urbanism 1890–1915, New York 1983, S. 40 f.
207 Flint: Wrestling with Moses, S. 188.
208 Burns/Sanders: New York, S. 517.
209 Ebd., S. 434.
210 Miller, Lewis Mumford, S. 475.
211 Mitscherlich: Thesen zur Stadt der Zukunft, S. 52.
212 Miller: Lewis Mumford, S. 473 ff.
213 Lewis Mumford: The City in History. Its Origins, Its Transformations, and Its Prospects, New York 1989 (zuerst 1961), S. 429.
214 Burns/Sanders: New York, S. 496, 506; Miller: Lewis Mumford, S. 360. Aber noch in «The City in History» schweigt der sonst so streitbare Mumford über Robert Moses!

215 Vgl. Jane Jacobs: The Death and Life of Great American Cities, Neuausgabe New York 1992, S. 20 f. und 207 Kritik an Mumford, S. 360 ff. an Moses. Man kann sogar den Eindruck gewinnen, dass sie vor Moses mehr Respekt empfand als vor Mumford!

216 Flint: Wrestling with Moses, S. 156 ff., 186.

217 Miller: Lewis Mumford, S. 475 f.

218 Jacobs: Death and Life, S. 6.

219 Flint: Wrestling with Moses, S. 190.

220 Streich: Vorbilder, unter dem Jahr 1984 (Verleihung des Alternativen Nobelpreises).

221 Max Weber: Die «Objektivität» sozialwissenschaftlicher und sozialpolitischer Erkenntnis (1904), in: ders.: Gesammelte Aufsätze zur Wissenschaftslehre, hrsg. von Johannes Winckelmann, 7. Aufl. 1988, S. 191.

222 Farley Mowat: Das Ende der Fährte. Die Geschichte der Dian Fossey und der Berggorillas in Afrika, Bergisch Gladbach 1990 (Original: Woman in the Mists, 1987), S. 501.

223 Jonathan S. Adams/Thomas O. McShane: The Myth of Wild Africa. Conservation Without Illusion, Berkeley 1992, S. 192: «her attention rarely shifted from the great apes to the wider environment.»

224 In den ursprünglich um 1930 erschienen Rolf-Torring-Heften, die meine Kindheit begleiteten, kam es vor (Heft 40: «In misslicher Lage»), dass die beiden deutschen Helden im Urwald des Kongo plötzlich in die Gewehrmündungen belgischer Ranger blickten und auf der Stelle verhaftet und gefesselt wurden, weil sie in Notwehr einen Gorilla erschossen hatten.

225 Adams/McShane: Myth of Wild Africa, S. 194.

226 Nach ihrer Ermordung verurteilte das zuständige Gericht in Ruanda den Studenten Wayne McGuire, der die Leiche entdeckt hatte, in absentia als Mörder zu Tode. Als Mordmotiv gab es an, der Student habe die Forschungsberichte der Frau stehlen wollen. Dazu bemerkt Harold Hayes: The Dark Romance of Dian Fossey, London 1992, S. 348 f.: «But that made no sense to anyone who knew anything about Dian Fossey and her research. There was really nothing there to steal.»

227 «Der Spiegel», 30. 1. 1989, S. 141.

228 Mowat: Das Ende der Fährte, S. 489 f.

229 Ebd., S. 520; Adams/McShane: Myth of Wild Africa, S. 198.

230 Mowat: Das Ende der Fährte, S. 377.

231 Hayes: Dark Romance, S. 302–313 («Her War with the Students»).

232 Mowat: Das Ende der Fährte, S. 501.

233 Hayes: Dark Romance, S. 325.

234 Mark Dowie: Conservation Refugees. The Hundred-Year Conflict between Global Conservation and Native Refugees, Cambridge, Mass. 2009, S. 66 ff. und 300 f.

235 Adams/McShane: Myth of Wild Africa, S. 194.

236 Ebd., S. 185 f.

237 Stefan Ehlert: Wangari Maathai – Mutter der Bäume, Freiburg 2004, S. 141, 128.

238 Ebd., S. 43.

239 Wangari Maathai: Afrika, mein Leben. Erinnerungen einer Unbeugsamen, Köln 2008 (amerikan.: Unbowed. A Memoir, 2006), S. 218 f.

240 Ehlert: Wangari Maathai, S. 80.

241 Maathai: Afrika, S. 218.

242 Ebd., S. 251.

243 Stephen N. Ndegwa: The Two Faces of Civic Society. NGOs and Politics in Africa, West Hartford, Conn. 1996, S. 95.

244 Maathai: Afrika, S. 214; Ndegwa: Two Faces, S. 96: 1988 erließ Präsident Moi den bis dahin unabhängigen Pfadfinderinnen, denen ein Finanzskandal vorgeworfen wurde, eine Steuerschuld, wofür diese sich die Eingliederung in die Regierungspartei gefallen lassen mussten.

245 Ndegwa: Two Faces, S. 93 f.
246 Maathai: Afrika, S. 158.
247 Ehlert: Wangari Maathai, S. 61, 59.
248 Radkau: Natur und Macht, S. 48 und 348.
249 Ehlert: Wangari Maathai, S. 84 ff., 122.
250 Maathai: Afrika, S. 225 f., 222 f.
251 Ndegwa: Two Faces, S. 86.
252 Ndegwa: Two Faces, S. 85, über die Green Belt Movement auf der Grundlage von Archivalien dieser Bewegung: «The cornerstone of the GBM's short- and long-term objectives is empowering local communities to respond to local needs.» Ebd., S. 86: «The GBM's lack of institutionalization is underscored by a conspicuous absence of icons such as permanent headquarters or bureaucratic procedures (except for payment procedures).»
253 Ebd., S. 105.
254 Ebd., S. 86.
255 Im Allgemeinen ist sie auch bemerkenswert frei von der sonst in der Dritten Welt und bei Drittweltgruppen des Westens beliebten Manier, die Schuld am Elend in der Dritten Welt pauschal auf die Erste zu schieben und dementsprechend eine Erhöhung der Entwicklungshilfe zu fordern, sondern stellt ganz im Geist von Max Webers «Protestantischer Ethik» nüchtern fest: «Unsere Weigerung, Fähigkeiten und Leistung anzuerkennen und zu belohnen, ist einer der Gründe, warum die Entwicklung in Kenia nach wie vor stockt.» Ebd., S. 212.
256 Ebd., S. 260.
257 Ebd., S. 311.
258 Robert Bache (Universität Bielefeld), der über die GNU recherchiert, warnt davor, die oppositionellen Umweltinitiativen pauschal als die «wahre» Umweltbewegung und die GNU-Mitglieder vorwiegend als opportunistische Heuchler anzusehen. In nicht wenigen Fällen könne man den Akzent gerade umgekehrt setzen: Viele Regimegegner seien nicht wirklich an Umweltfragen interessiert gewesen und nur deshalb in kirchliche Umweltgruppen gegangen, weil sie dort noch am ehesten gegen Verhaftung geschützt gewesen seien, während es vielen GNU-Mitgliedern tatsächlich nur um die Umwelt und um nichts anderes gegangen sei!
259 Maathai: Afrika, S. 247 ff.
260 Ebd., S. 296.
261 Ehlert: Wangari Maathai, S. 137.
262 Christian Küchli: Wälder der Hoffnung, Zürich 1997, S. 86–99 («Kenya – Die Frauengruppe unter dem Akazienbaum»).
263 Ehlert: Wangari Maathai, S. 153.
264 Maathai: Afrika, S. 335 ff.
265 Ebd., S. 168.
266 Ehlert: Wangari Maathai, S. 62, 83.
267 Ebd., S. 19.
268 Ebd., S. 44 f.
269 In ihrer Autobiographie distanziert sie sich jedoch wiederholt von einem engen und puritanischen Katholizismus; vgl. Maathai: Afrika, S. 107, 117 f.
270 Bernd Hansjürgens/Gertrude Lübbe-Wolff (Hrsg.): Symbolische Umweltpolitik, Frankfurt 2000.
271 Radkau: Natur und Macht, S. 282 f.
272 Ich fragte den indischen Umwelthistoriker Ranjan Chakrabarti, welche dieser beiden Frauen ihm wichtiger erscheine, da ich zunächst nur eine der beiden unter die «Heroinen» aufnehmen wollte. Er erklärte sich zu einer solchen Entscheidung außerstande: Beide Frauen seien jeweils auf ihre Art von Bedeutung und doch in ihrem Profil zu unterschiedlich, als dass man sie gegeneinander abwägen könne. «Vandana's activism is backed by a solid scholarship and original ideas while Medha

is more down to earth.» Unter Umweltaktivisten in Südasien sei Medha Patkar gegenwärtig «more in circulation» (4. 5. 2010).

273 Streich: Vorbilder (ohne durchlaufende Paginierung), unter dem Jahr 1993.

274 Haripriya Rangan: Of Myths and Movements. Rewriting Chipko into Himalayan History, London 2000, S. 32. Umso merkwürdiger, dass sie bei Vandana Shiva: Der Kampf um das blaue Gold – Ursachen und Folgen der Wasserverknappung, Zürich 2003, S. 102, nur ein einziges Mal nebenbei erwähnt wird – und in der deutschen Ausgabe als Mann!!

275 Ramachandra Guha: How Much Should a Person Consume? Environmentalism in India and the United States, Berkeley 2006, S. 59. Ihr zur Seite stellt er Gaura Devi, «a remarkable and still unsung heroine of the Chipko Andolan»: «The story of this illiterate woman activist provides us in fact a deeper insight into the constituent elements of an ‹environmentalism of the poor›.» Ein Ansatz zu einer Geschichte der Umweltbewegung, die auch «die im Dunkeln» einbezieht!

276 John R. Wood: The Politics of Water Resource Development in India. The Narmada Dams Controversy, Los Angeles 2007, S. 134. Diese bislang objektivste und fundierteste Darstellung des Konflikts auch zu den folgenden Ausführungen.

277 Lori Udall: The World Bank and Public Accountability: Has Anything Changed?, in: Jonathan A. Fox/L. David Brown (Hrsg.): The Struggle for Accountability. The World Bank, NGOs, and Grassroots Movements, Cambridge, Mass. 1998, S. 395.

278 Udall: World Bank, S. 396; Guha: How Much, S. 66.

279 David A. Wirth: Partnership Advocacy in World Bank Environmental Reform, in: Fox/Brown: Struggle, S. 62.

280 Patrick McCully: Silenced Rivers. The Ecology and Politics of Large Dams, London 1996, S. 299.

281 Tirunellai N. Seshan: The Degeneration of India, Delhi 1995, S. 139.

282 Dort gab es sogar eine von prominenten Gandhi-Anhängern geführte Pro-Damm-Bewegung, die Ende 1990 zu einer von Medha Patkar angeführten Großdemonstration eine Gegendemonstration veranstaltete! Wood: The Politics of Water Resource, S. 144.

283 Wood: The Politics of Water Resource, S. 245 f.

284 Susan George im Vorwort zu Vandana Shiva: Das Geschlecht des Lebens, S. 7.

285 Vandana Shiva: Concepts of Nature and Ecological Reality: An Indian Perspective, in: Zum Naturbegriff der Gegenwart, Bd. 1, S. 185–192 (Vortrag auf dem Stuttgarter Kongress von 1993 «Natur im Kopf»). Meinen Hinweis auf die Witwenverbrennung bagatellisierte sie: Das geschehe «einmal in fünfzig Jahren».

286 Vandana Shiva: Einige sind immer globaler als andere, in: Wolfgang Sachs (Hrsg.): Der Planet als Patient. Über die Widersprüche globaler Umweltpolitik, Berlin 1994 (engl. Original: Global Ecology – A New Arena of Political Conflict, 1993), S. 176.

287 Vandana Shiva: India Divided – Diversity and Democracy Under Attack, New York 2005, S. 41 f.

288 Ebd., S. 95 ff., 102 u. a.

289 McCully: Silenced Rivers, S. 301.

290 Das Gleiche gilt für den Ökofeminismus, dessen Register von Vandana Shiva stärker gezogen werden als von Medha Patkar. Westliche Ökofeministinnen mögen sich davon beeindrucken lassen, wenn Vandana Shiva die Welt der indischen Frauen der Geldwirtschaft gegenüberstellt; ihre indische Kritikerin Haripriya Rangan (Of Myths and Movements, S. 32 ff. und 199 f.) dagegen äußert sich sarkastisch über ihre Unterstellung, die Dorffrauen besäßen keine Neigung, sich an der Geldwirtschaft zu beteiligen! In einem frühen für indische Leser bestimmten Artikel über die Chipko-Bewegung stilisiert sie diese nicht so stark zu einer aus einem femininen Wesen geborenen Frauenbewegung wie in späteren für ein internationales Publikum bestimmten Veröffentlichungen; s. Vandana Shiva/Jayanto Bandyopadhay:

Chipko – India's Civilisational Response to the Forest Crisis, urspr. 1986, wieder abgedruckt in: Sunderlal Bahaguna u. a.: India's Environment – Myth and Reality, Dehra Dun 2007 (ohne durchlaufende Paginierung), Text B.

291 Rangan, Of Myths and Movements, S. 157.

292 So auch Anil Agarwal/Sunita Narain: Plädoyer für grüne Dorfrepubliken in Indien, in: Wolfgang Sachs (Hrsg.): Der Planet als Patient. Über die Widersprüche globaler Umweltpolitik, Berlin 1994, S. 260 f.: «Das größte Problem bereitet die Entfremdung der Dorfbewohner von ihrem Gemeinbesitz ...»

293 In: Bahaguna: India's Environment, Text L, S. 7.

294 Graham Chapman u. a.: Environmentalism and the mass media. The North-South divide, London 1997, S. 79. Die Gesamttendenz dieser teilweise auf die indische Regionalpresse gestützten Untersuchung ist der Anti-Damm-Bewegung gegenüber kritisch, wenn nicht gar substil diffamierend; vgl. ebd., S. 78: «The campaign against the dam is world-wide, mostly because such schemes have become anathema in the eyes of many thinking and all unthinking (!!) environmentalists.»

295 Guha: How Much, S. 70.

296 So richtete sich die Protestbewegung der «Oustees» gegen das Projekt des Kedung Ombo Dam in Indonesien nicht gegen den Staudamm als solchen, sondern forderte lediglich höhere Entschädigungen und neue Siedlungen in der Nähe der alten. Augustinus Rumansara: Indonesia: The Struggle of the People of Kedung Ombo, in: Fox/Brown (Hrsg.): The Struggle for Accountability, S. 123–149.

297 Jawaharlal Nehru: Briefe an Indira. Weltgeschichtliche Betrachtungen, Düsseldorf 1957, S. 492, 491.

298 So in ihrer Stuttgarter Rede von 1993: «The North has been living parasitically on the earth and the Third World.» Shiva: Concepts of Nature, in: Zum Naturbegriff der Gegenwart, Bd. 1, S. 192.

299 In einem Gespräch mit mir am 26. 6. 1993 wies sie u. a. darauf hin, dass erst 1965 in indischen Wäldern der Kahlschlag eingeführt worden sei! Die britische Forstverwaltung in Indien, in der zweiten Hälfte des 19. Jahrhunderts durch den deutschen Forstwissenschaftler Dietrich Brandis gegründet, hatte sich ernsthaft – wenn auch nicht durchweg mit Erfolg – um eine nachhaltige Forstwirtschaft bemüht, Brandis hatte sogar – wenn auch mit wenig Erfolg – nach einer rechtlichen Verankerung der traditionellen dörflichen Waldnutzungen gestrebt. Über ihn das eindrucksvolle große Werk von Herbert Hesmer: Leben und Werk von Dietrich Brandis, 1824–1907. Begründer der tropischen Forstwirtschaft, Förderer der forstlichen Entwicklung in den USA, Botaniker und Ökologe, Opladen 1975.

300 Vgl. Dai Qing: Yangtse!, Yangtse! London 1994, S. 248–258. Erst in ihrem zweiten Yangtse-Buch, das anscheinend nur auf Englisch erschien, steht die Umsiedlungsproblematik im Zentrum, und auch die Erhaltung landschaftlicher Schönheiten und archäologischer Stätten hat an Bedeutung gewonnen: Dai Qing: The River Dragon Has Come! The Three Gorges Dam and the Fate of China's Yangtse River and Its People, London 1998. Der Schreckensruf des Obertitels «The River Dragon Has Come» erinnert an ein Dammbruchinferno im August 1975, als ein Taifun in Verbindung mit sintflutartigen Regenfällen in Zentralchina gleich zwei Staudämme auf einmal zum Einsturz brachte. Es ist bemerkenswert, dass diese traumatische Erinnerung erst über zwei Jahrzehnte darauf aktiviert wird!

301 Patrick McCully: Silenced Rivers. The Ecology and Politics of Large Dams, London 1996, S. 67.

302 Stärker in den Mittelpunkt rückt das Aussiedlerproblem in dem späteren von Dai Qing herausgegebenen Sammelband: The River Dragon Has Come!

303 Dai Qing: Yangtse! Yangtse!, S. 266.

304 Er war auch nicht ohne Wirkung, laut Peter Ho: Sprouts of Environmentalism in China? Government-Organized NGOs and Green Organizations in Disguise, in: Mauch (Hrsg.): Shades of Green, S. 140.

305 Elizabeth C. Economy: The River Runs Black. The Environmental Challenge to China's Future, Ithaca 2004, S. 144.
306 Jung Chang/Jon Halliday: Mao. Das Leben eines Mannes, das Schicksal eines Volkes, München 2005, S. 791 ff.
307 Ian Buruma: Chinas Rebellen. Die Dissidenten und der Aufbruch in eine neue Gesellschaft, München 2004 (amerikan. Original: Bad Elements. Chinese Rebels from Los Angeles to Beijing, 2001).
308 Dai Qing: River Dragon, S. XXIII.
309 Dai Qing: Tiananmen Follies. Prison Memoirs and Other Writings, Norwalk 2005, S. 90.
310 Ebd., S. XXVII.
311 Buruma: Chinas Rebellen, S. 60 f., 65 f.
312 Ebd., S. 64: «Was ist ein Dissident?» habe Dai Qing ihn, Buruma, immer wieder gefragt, um «mit spöttischem Lächeln» hinzuzusetzen: «Halten Sie mich für eine Dissidentin?»
313 Ebd., S. 128 ff.
314 Shapiro: Mao's War Against Nature, S. 91.
315 Buruma: Chinas Rebellen, S. 68 f.
316 Dai Qing: Yangtse! Yangtse!, S. 7.
317 Ebd., S. 8.
318 «Der Spiegel» 23/2003, S. 117.
319 Zit. n. Shang Wie: A Lamentation for the Yellow River: The Three Gate Gorge Dam, in: Dai Qing: The River Dragon Has Come! The Three Gorges Dam and the Fate of China's Yangtse River and Its People, New York 1998, S. 155.
320 Economy: River Runs Black, S. 144.
321 Shapiro: Mao's War Against Nature, S. 28.
322 He Bochuan: China on the Edge. The Crisis of Ecology and Development, San Francisco 1991, S. 76.
323 Dai Qing: The River Dragon Has Come!, S. 8 f.
324 Irmela Hijiya-Kirschnereit in der Einführung zu Ishimure Michiko: Paradies im Meer der Qualen, Frankfurt, 1995, S. 8.
325 Helmut Weidner: Von Japan lernen? Erfolge und Grenzen einer technokratischen Umweltpolitik, in: ders./Shigeto Tsuru: Ein Modell für uns: Die Erfolge der japanischen Umweltpolitik, S. 185: «Nirgendwo sonst waren dermaßen viele Krankheits- und Todesfälle so eindeutig auf Umweltverschmutzung zurückzuführen, nirgendwo sonst waren die Krankheiten so qualvoll gewesen.»
326 Ebd., S. 9.
327 Ebd., S. 121.
328 Ebd., S. 15.
329 Ebd., S. 363.
330 Ebd., S. 360; Ishimure Michiko: Reborn from the Earth Scared by Modernity: Minimata Disease and the Miracle of the Human Desire to Live, in: Japan Focus, 27. 4. 2008; www.japanfocus. org/articles/print_article/2732. Da erkennt man einen generellen Abscheu vor vielen Erscheinungen der modernen Zivilisation, ganz besonders in Japan: «When I foolishly switch on the television, the behaviour of the performers, the colour and shape of the things they wear on their body: everything is the utmost in vulgarity. We Japanese exceed all global standards on this; when it comes to vulgarity, we really are number one, aren't we?» Eine glühende Liebe zur Kultur der alten Zeit, in einem Land, wo die Nostalgie, wie es scheint, noch nicht so verbraucht ist wie in Mitteleuropa!
331 Ishimure Michiko: Paradies, S. 13.
332 Ryuichiro Usui: Die Minamata-Krankheit und die Sprache jenseits des ius talionis. Auf der Suche nach der Sprache der Anima im *Paradies im Meer der Qualen* von Michiko Ishimure, in: Heinz-Dieter Assmann u. a. (Hrsg.): Grenzen des Lebens –

Grenzen der Verständigung, Würzburg 2009, S. 64 f. Ich verdanke Ryiuchiro Usui, der an einem Buch über Ishimure Michiko arbeitet, und Naoko Morita wertvolle Hinweise zur Bedeutung dieser Schriftstellerin.

333 Das ist die These von Ryiuchiro Usui (s. vorige Anm.).

334 «Der Spiegel», 8. 4, 1985, S. 69 ff. (Rolf Lamprecht).

335 Ishimure Michiko: Paradies, S. 352.

336 Alex Kerr: Dogs and Demons. The Fall of Modern Japan, London 2001, S. 57.

337 Nicht einmal in der ausführlichen Darstellung der Minamata-«Quecksilberkatastrophe» bei Bo Gunnarsson: Japans ökologisches Harakiri, oder: Das tödliche Ende des Wachstums, Reinbek 1974! Ebenso wenig bei Shigeto Tsuru: Zur Geschichte der Umweltpolitik in Japan, in: Tsuru/Weidner: Modell für uns (S. 25–29 über den Minamata-Skandal).

338 Gunnarsson: Japans ökologisches Harakiri, S. 19.

339 Helmut Weidner: Entwicklungslinien und Merkmale der Umweltpolitik, in: Manfred Pohl/Hans Jürgen Mayer (Hrsg.): Länderbericht Japan, Bonn 1998, S. 127.

340 Ryuichiro Usui an Verf., 9. 9. 2010. Vor allem darin erblickt er die Lösung des – auch aus seiner Sicht – Rätsels, weshalb Ishimure Michiko in der englischsprachigen Literatur kaum rezipiert wurde. Selbst in der japanischen Literaturkritik sei sie teilweise zur «Schamanin» gestempelt und der Ultrarechten zugeordnet worden.

341 Vgl. Elisabeth Mann Borgese: Das Drama der Meere, Frankfurt 1977 (amerikan. 1975), S. 89 f.

342 Encyclopedia of World Environmental History, Bd. 2, S. 533 ff., und Bd. 3, S. 1115 (Shrimp-Industrie).

343 Elisabeth Mann Borgese: Seafarm. The Story of Aquaculture, New York 1980, S. 214.

344 Udo E. Simonis: Globale Umweltpolitik, Mannheim 1996, S. 85 f.

345 Elisabeth Mann Borgese: Mit den Meeren leben, Hamburg 1999, S. 93.

346 Ebd., S. 29 f. über ihre Enttäuschung von Rio.

347 Elisabeth Mann Borgese: Die Meer-Frau. Gespräch mit Amadou Seitz, hrsg. von Ingo Hermann, Göttingen 1993, S. 59.

348 Thomas Ellwein im Geleitwort zu Martin Leonhardt: Umweltverbände, Opladen 1986.

349 Max Weber: Wirtschaft und Gesellschaft. Grundriss der verstehenden Soziologie, hrsg. von Johannes Winckelmann, Berlin 1964, Bd. 2, S. 1059.

350 Max Weber: Gesammelte Aufsätze zur Soziologie und Sozialpolitik, hrsg. von Marianne Weber, 2. Aufl. Tübingen 1988, S. 413, 414.

351 Auf der vom Bundesamt für Naturschutz veranstalteten Tagung auf der Insel Vilm im Juli 2001: «‹Heimat› und Naturschutz».

352 Niklas Luhmann: Soziologie des Risikos, Berlin 2003, S. 139.

353 Elizabeth Dore: Capitalism and ecological crisis: legacy of the 1980s, in: Helen Collinson (Hrsg.): Green Guerillas. Environmental Conflicts and Initiatives in Latin America and the Caribbean, London 1996, S. 16 f.

354 Lane Simonian: Defending the land of the Jaguar. A history of conservation in Mexico, Austin, Texas 1995, S. 207.

355 So jedenfalls Jared Diamond: Kollaps, Frankfurt 2005, S. 425–432. Balaguer ist einer der wenigen Lichtblicke in dem insgesamt eher apokalyptischen Szenario dieses Weltbestsellers. Frank Moya Pons allerdings, der Verfasser der derzeit ausführlichsten Geschichte der Dominikanischen Republik, charakterisiert Balaguers Herrschaft als «economic dictatorship» und würdigt dessen Umweltpolitik keiner Erwährung (ders.: The Dominican Republic. A National History, Princeton 1998, S. 427 ff.).

356 James Fairhead/Melissa Leach: Misreading the African Landscape. Society and ecology in a forest-savanna mosaic, Cambridge 1996, S. 253.

357 Radkau: Natur und Macht, S. 57–62.

358 Niklas Luhmann (Soziologie des Risikos, S. 135), sarkastisch wie stets, spricht ganz

treffend von dem «Notbegriff der ‹neuen sozialen Bewegungen›», der sich daraus erkläre, dass das Gemeinte «in kein vorgegebenes Schema» passe. Was heißt schon «neu»!?

359 So Bergstedt: Agenda, Expo, Sponsoring, S. 252.

360 So in Bertrand Schneider (damaliger Generalsekretär des Club of Rome): Die Revolution der Barfüßigen. Ein Bericht an den Club of Rome (frz. Original: La révolution aux pieds nus), Wien 1986.

361 Bergstedt: Agenda, Expo, Sponsoring, S. 104 ff.; Leonhard: Umweltverbände, S. 190 ff.

362 In der Encyclopedia of World Environmental History fehlt der Begriff GONGO! Anderswo nehmen die ironischen Analogiebildungen kein Ende: FONGOs (F für «foreign»); MONGOs (M für «Mafia»); GRINGOs (Government-Initiated NGOs); QUANGOs (Quasi-NGOs)! Vgl. u. a. Le Monde diplomatique (Hrsg.): Atlas der Globalisierung, Berlin 2006, S. 74.

363 Darauf hat mich immer wieder Heinrich Spanier (seit 1979 Naturschutzreferent zuerst im Bundesministerium für Landwirtschaft, dann im Bundesministerium für Umwelt) hingewiesen. In einem Brief vom 4. 2. 2005 an Frank Uekötter äußert er sich kritisch über die heutzutage von dem Begriff «Zivilgesellschaft» ausgehende Suggestion: «Aus der Zivilgesellschaft so einen modernen Popanz zu machen, als wenn die Aufklärung eine neue Dimension und die Menschenrechte ihre endgültige Verwirklichung erfahren, das ist mir denn doch etwas viel. ... Diese Zivilgesellschaftler sind schließlich nichts anderes als eine Interessenvertretung, die nur sich selbst vertritt und kein darüber hinausgehendes Mandat hat, für Dritte oder gar das Volk – als Volksvertretersurrogat – zu sprechen. ... In den rotgrünen Regierungsjahren ist der Haushaltstitel für Projekte von Naturschutzverbänden um über 60 % gestiegen ... Der sog. Private Naturschutz verfügt für die Bundesebene bestimmt drei- bis viermal so viel Mitarbeiter, wie wir selbst im Ministerium haben.» Viele Mitarbeiter des Bundesamtes für Naturschutz (BfN) seien zugleich in Naturschutzverbänden aktiv.

364 Die offiziöse englischsprachige Beijing Review (Vol. 42 No. 28) brachte am 12. Juli 1999 ein Titelheft *All Out for Cleaner Environment* mit einer alarmierenden Titelgeschichte von Li Wen: «China's Environmental Conditions in 1998» (S. 13 ff.), die die Bilanz zieht: «China continues to face a grim situation», und zwar in nahezu jeder Hinsicht. Der Tenor des Artikels geht über Gorbatschows «Glasnost» noch erheblich hinaus. Volker Hauff teilte mir mit (28. 9. 2010), im Deutschen Rat für Nachhaltigkeit sei die damalige chinesische Offenheit als «Sensation» empfunden worden. Zu einer Zeit, in der die ganze Welt das rasante chinesische Wirtschaftswachstum bewundert habe, habe Peking kein Hehl daraus gemacht, dass dieses zum erheblichen Teil wieder durch Umweltschäden zunichtegemacht wird. Elizabeth Economy, eine renommierte Expertin für die chinesische Umweltproblematik, hatte noch 1997 den Eindruck, dass die Forcierung des Wirtschaftswachstums für die chinesische Staatsführung absolute Priorität besitze, bei allem Respekt vor den Warnungen einer Elite von Umweltschützern mit Qu Geping an der Spitze. Dies.: Chinese policy-making and the global climate change: two-front diplomacy and the international Community, in: dies./Miranda A. Schreurs (Hrsg.): The Internationalization of Environmental Protection, Cambridge, Mass. 1997, S. 19–41.

365 Aktuelle Bestandsaufnahme in «Der Spiegel» 52/2009, S. 46 ff. («Der Gestank des Reichtums – Während die Welt China nur als skrupellosen Klimasünder wahrnimmt, gibt es im Land den Willen zum Umweltschutz. Die Menschen wehren sich gegen die Vergiftung ihres Lebensraums, und manchmal sieht die Regierung in den grünen Kämpfern sogar Verbündete»), u. a. über die *All-China Environment Federation.*

366 Elizabeth Economy: The River Runs Black, S. 138–141. Einen farbigen Eindruck des von ihm und seinen Mitarbeitern verkörperten Naturenthusiasmus gibt Tang

Xiyang: Living Treasures. An Odyssey Through China's Extraordinary Nature Reserves, New York 1987. Am Anfang und im Zentrum steht – wie könnte es anders sein? – der Panda! Tang Xiyang ist von Hause aus kein Zoologe; man erkennt den ästhetischen Grundzug dieser Beziehung zur Natur, zugleich die Begeisterung der Neuentdeckung verbliebener Naturschönheiten Chinas. Er sucht seine Leser jedoch auch für den Schutz der Krokodile zu erwärmen; vielleicht seien diese eine Inkarnation des chinesischen Drachen! (Ebd., S. 157 ff.)

367 Peter Ho: Sprouts of Environmentalism in China? Government-Organized NGOs and Green Organizations in Disguise, in: Christof Mauch u. a. (Hrsg.): Shades of Green. Environmental Activism Around the Globe, Lanham, Maryland 2006, S. 135–160, besonders S. 144 f. und 149 f. Bao Maohong: Environmental NGOs in transforming China, Mskr., Peking University, 2007. Dort bereits erstaunliche statistische Befunde: In China gebe es nicht weniger als 2768 Umwelt-NGOs mit insgesamt 69 000 Vollzeit- und 155 000 Teilzeitangestellten! (Quelle: Newsletter of All-China Environment Federation, No. 5, 2006: The blue book of ENGOs in China; ENGOs = Environmental NGOs) Diese Zahl ist nur vorstellbar, wenn sich staatliche Initiativen mit einem Engagement aus der Bevölkerung treffen. Ich bin Bao Maohong, der mich 2005 zu Vorträgen in Beijing und Xi'an einlud, für viele Hinweise dankbar.

368 Vgl. Samuel P. Hays: Beauty, Health, and Permanence. Environmental Politics in the U.S. 1955–1985, Cambridge 1987, S. 465 f. In Deutschland ist es seit den 1990er Jahren üblich geworden, von den Großen Vier zu sprechen: BUND, NABU, Greenpeace Deutschland und WWF. Deren Leiter treffen sich ein- bis zweimal im Jahr und informieren einander über beabsichtigte Aktionen.

369 Michael McCloskey: Twenty Years of Change in the Environmental Movement: An Insider's View, in: Riley E. Dunlap/Angela C. Mertig (Hrsg.): American Environmentalism. The U.S. Environmental Movement 1970–1990, New York 1992, S. 84.

370 Robert Gottlieb: Forcing the Spring. The Transformation of the American Environmental Movement, Washington 1993, S. 130. Vgl. Auch ebd. S. 118: «this myriad of laws, regulatory agrencies ..., new administrative bodies, and court decisions had developed into an environmental policy system.» Zwischen den Zeilen spurt man den Seufzer!

371 Allan Abramson an Verf., 7. 2. 2010.

372 Timothy Doyle: Environmental Movements in Majority and Minority Worlds. A Global Perspective, New Brunswick 2005, S. 28.

373 McCloskey: Twenty Years of Change, S. 79.

374 Doyle: Environmental Movements, S. 32.

375 Sunderlal Bahaguna: People's Programme For Change, in: ders. u. a.: India's Environment. Myth and Reality, Dehra Dun 2007 (keine durchlaufende Paginierung), Teil A, S. 12.

376 Jörg Bergstedt: Agenda, Expo, Sponsoring. Recherchen im Naturschutzfilz, Frankfurt 1998; Interview mit ihm («Öko-Bewegung besser unabhängig») im «StadtBlatt» (Bielefeld), 17. 9. 1998, S. 38. Bergstedt konzentriert sich allerdings ganz auf innere Hierarchien der Umweltverbände und deren Finanzierung durch Sponsoren aus der Wirtschaft; die Konnexionen mit Staatsstellen und EU-Behörden berührt er nur am Rande.

377 So erkennt er bei Michael Succow «fehlende(s) politische(s) Gespür», weil dieser es für sinnlos hielt, den Bau der ICE-Trasse Berlin–Hannover mit Hinweis auf die dadurch gestörte Großtrappenpopulation zu bekämpfen, zumal man die Großtrappe sehr viel einfacher in Spanien oder in Südrussland schützen könne. Auf diese Weise habe Succow die Position derer geschwächt, die die Trasse ablehnten oder verändern wollten (Bergstedt: Agenda, S. 66). Stattdessen kann man genau an diesem Punkt bei Succow politisches Augenmaß erkennen! Dazu schreibt Wolfgang Haber (17. 8. 2010 an Verf.): «Ich habe damals Succows Auffassung unterstützt und noch

darauf hingewiesen, dass örtliche Naturschützer in jedem nass-kaltem Frühjahr die Großtrappen-Eier einsammeln, künstlich erbrüten lassen, die Küken aufziehen und dann freisetzen – weil sie sonst alle zugrunde gehen würden.»

378 Sebastian Mallaby: The World's Banker, New York 2004, S. 48: «The toughest NGOs hailed from the environmental movement, which moved from the political fringe to the mainstream during the 1980s.» Sarkastisch der Globalisierungskritiker Jean Ziegler: Die neuen Herrscher der alten Welt und ihre globalen Widersacher, München 2003 (frz. 2002), S. 171: Viele «Kader der NGOs werden später diskret in die höheren Etagen der Weltbank gehievt. Durch ihre ‹vernünftige›, ‹maßvolle›, ‹kompetente› Kritik an den von der Weltbank furchgeführten Investitionsvorhaben und ihrer Politik der forcierten Privatisierung erkaufen sie sich eine schöne Karriere bei der Bank.» Ihre Kritik an der Weltbank werde «plötzlich milder». «Diese NGOs verhalten sich letztlich wie wohlfeile Dirnen.» NGOs wie Greenpeace und Amnesty International nimmt er jedoch von dieser schneidenden Kritik ausdrücklich aus: Solche Aktivisten seien «das Salz der Erde».

379 Per Kurowski: Voice and Noise, o. O. 2006, S. XXX f. Er fährt fort: «Also, from the very start, I decided not to name any single individual NGO in this book ... If that makes me somewhat of a coward, so be it! I might be in enough trouble as is.» Ein Schlaglicht auf Informationsprobleme über Querverbindungen zwischen NGOs, der Weltbank und anderen Mächten in Politik und Wirtschaft! Im Gespräch mit mir am 20. 3. 2007 übte Kurowski insbesondere Kritik daran, dass Umweltschützer der Ersten Welt, Weltbank-Manager eingeschlossen, der Dritten Welt viel zu teure Umweltschutztechniken aufschwatzen wollten.

380 Wolfgang Sachs (Hrsg.): Der Planet als Patient. Über die Widersprüche globaler Umweltpolitik, Berlin 1994 (engl. 1993), S. 7.

381 Foreman: Confessions of an Eco-Warrior, S. 11.

382 Andreas Knaut: Zurück zur Natur! Die Wurzeln der Ökologiebewegung, Greven 1993, S. 103.

383 Zu diesem Befund gelangt auch Ute Hasenöhrl, die vom Konzept der Zivilgesellschaft ausgeht; vgl. dies.: Zivilgesellschaft und Protest. Zur Geschichte der bayerischen Naturschutz- und Umweltbewegung 1945 bis 1980, Diss. FU Berlin 2008, S. 116.

384 Martin Leonhard: Umweltverbände. Zur Organisation von Umweltschutzinteressen in der Bundesrepublik Deutschland, Opladen 1986, S. 291.

385 Ernst Hoplitschek: Der Bund Naturschutz in Bayern. Traditioneller Naturschutzverband oder Teil der neuen sozialen Bewegungen? Diss. FU Berlin 1984, S. 131 f.

386 Joachim Radkau: Vom Naturschutzverein über die Bürgerinitiativen zum anerkannten Umweltverband: Der BUND-NRW vor dem Hintergrund der deutschen Umwelt- und Naturschutzbewegung, in: Stiftung Naturschutzgeschichte (Hrsg.): «Keine Berufsprotestierer und Schornsteinkletterer». 25 Jahre BUND in Nordrhein-Westfalen, Essen 2003, S. 11–22.

387 Peter Menke-Glückert: Die Mühen der Ebenen – Umweltziele im Behördenalltag, in: Köller: Umweltpolitik mit Augenmaß (Gedenkschrift für Hartkopf), S. 123.

388 Immer wieder mit einer Mischung aus Ärger und widerwilligem Respekt über Flasbarth Jörg Bergstedt: Agenda, Expo, Sponsoring, S. 64 f. u. a. Auf S. 94 will er zeigen, «wie wenig politischen Spürsinn Flasbarth hat»; insgesamt zeigt er jedoch eher das Gegenteil! Vor allem auf Flasbarths Betreiben war er 1990 aus dem NABU ausgeschlossen worden, und er hält es in Selbstanalyse für möglich, dass er mit seinem Buch Flasbarth «einfach mal eins auswischen» wollte! (S. 17)

389 Anna-Katharina Wöbse an Verf., 4. 6. 2010.

390 William T. Markham: Environmental Organizations in Modern Germany. Hardy Survivors in the 20th Century and Beyond, New York 2008, S. 315. Interessant ist, dass führende deutsche Umweltverbände aus der Sicht dieses amerikanischen Beobachters die längste Zeit vergleichsweise unprofessionell und ohne effektives zentrales Management geführt wurden (ebd., S. 259).

391 Radkau: Vom Naturschutzverein, S. 20 f., 18.
392 Hoplitschek: Der Bund Naturschutz in Bayern, S. 144, 346.
393 Aus BMI-Insiderkenntnis Edda Müller: Innenwelt der Umweltpolitik, 2. Aufl. Opladen 1995, S. 119: «Mit der Gründung des BBU» (Bundesverband der Bürgerinitiativen Umweltschutz) – wobei die Reisekosten der Teilnehmer vom BMI bezahlt wurden (mündliche Mitt. von Edda Müller an Verf.) – «machte die Umweltbewegung 1972 den Versuch, sich auf die institutionellen Erfordernisse einer wirksamen einflussnahme auf die Politikvorbereitung auf Bundesebene einzustellen, ohne jedoch zugleich den Anspruch aufzugeben, durch direkte spontane öffentliche Aktionen die Umweltpolitik voranzutreiben. Dieser Versuch einer Doppelstrategie gelang dem BBU jedoch nur unvollkommen. Ständig auf der Furcht, seine Integrationskraft gegenüber der Bürgerinitiativbewegung durch zu große Nähe zur Macht zu verlieren, war er für die Umweltschützer in der Ministerialverwaltung ein wenig verlässlicher und kalkulierbarer Verhandlungspartner ...» Da spielte der radikale atmosphärische Wandel durch den Atomkonflikt hinein!
394 John G. Mitchell/Constance L. Stallings (Hrsg.): ecotactics. The Sierra Club Handbook for Environment Activists, New York 1970, S. 88.
395 Riley E. Dunlap/Angela G. Mertig: The Evolution of the U.S. Environmental Movement from 1970 to 1990: An Overview, in: dies. (Hrsg.): American Environmentalism, S. 3 f.
396 McCloskey: Twenty Years, S. 82: «Lobbying had been used since the beginning of the conservation movement in the 1890s, along with publicity campaigns. Litigation was added as another basic tool in the 1970s, with the movement having hundreds of cases pending at any one time.»
397 Cohen: History of the Sierra Club, S. 450.
398 Frank Uekötter: Ein Zweiter Frühling? Die Krise der Umweltbewegung und Wege zu ihrer Überwindung (Mskr.).
399 Shiva: Der Kampf um das blaue Gold, S. 129 ff.
400 Medha Patkar: Suvarnarekha Project: An Untold Tragedy, abgedruckt am Schluss von Bahaguna u. a.: India's environment.
401 Antoinette G. Royo: The Philippines: Against the People's Wishes, the Mt. Apo Story, in: Fox/Brown (Hrsg.): Struggle for Accountability, S. 173.
402 Bezeichnend ist schon der Untertitel des von Jonathan A. Fox und L. David Brown herausgegebenen 570-Seiten-Sammelbandes («The Struggle for Accountability»): The World Bank, NGOs, and Grassroots Movements.
403 Bertrand Schneider: Die Revolution der Barfüßigen. Ein Bericht an den Club of Rome, mit einem Vorwort von Richard von Weizsäcker, Wien 1986.
404 Jane G. Covey: Is Critical Cooperation Possible? Influencing the World Bank through Operational Collaboration and Policy Dialogue, in: Fox/Brown (Hrsg.): Struggle for Accountability, S. 84 f.
405 Global Environment Facility: Operational Report on GEF Projects, June 30, 2001.
406 In Fox/Brown: The Struggle for Accountability, markiert besonders der Konflikt um Arun III eine Wende im Politikstil der Weltbank, hin zu einer kritischeren, stärker multiperspektivischen Betrachtung vor allem großer Wasserkraftprojekte, den traditionellen Lieblingskindern der Entwicklungshilfe. So bereits in der Einführung S. 3 f. und dann wieder S. 408–422 (Lori Udall: The World Bank and Public Accountability: Has Anything Changed?) und im Schlussresümee S. 486 ff. (Lessons from the Arun III Dam Campaign). Polemischer Bruce Rich: Die Verpfändung der Erde. Die Weltbank, die ökologische Verarmung und die Entwicklungskrise (engl.: Mortgaging the Earth), Stuttgart 1998, S. 336 ff. (Die Monster des Himalayas). Er erkennt jedoch an (S. 337), dass sich die Weltbank mittlerweile durch deutlich «höhere Transparenz» auszeichne als «Entwicklungsagenturen der EU». Auch dieses Ranking ist zeitgebunden!
407 Während lokale Projekte auch ohne Regierung, Weltbank und Entwicklungshilfe

möglich sind: Ein junger Sherpa, den ich 1999 in Nepal kennenlernte, tat sich mit einigen Dorfbewohnern und einem Ingenieur zusammen, und gemeinsam bauten sie mit bescheidensten Mitteln ihrem Dorf ein Mini-Wasserkraftwerk, das 80 Haushalte mit Strom versorgt: und das zu einer Zeit, da das Tal von Kathmandu fortwährend unter Stromausfällen leidet!

408 Ulrich Gruber: Reiseführer Natur: Nepal, Sikkim und Bhutan, München 1995, S. 102.

409 «Der Spiegel», 51/2000, S. 96. Gute Vorsätze dieser Art waren freilich an der Spitze der Weltbank nichts Neues; bereits Robert McNamara hatte als Präsident der Weltbank den Kampf gegen die Armut offensichtlich ernst gemeint, wie auch von Bruce Rich nicht bezweifelt wird (Rich: Die Verpfändung der Erde, S. 90 ff.). Nicht individueller Mangel an gutem Willen war das Problem!

410 Mitt. des Musikwissenschaftlers Gert Wegner, der seit 30 Jahren als Dozent in Nepal lebt. Wenn Rich: Verpfändung, S. 336, schreibt, «nepalesische NGOs» hätten «Einwände gegen den ökologischen und wirtschaftlichen Segen des Projekts» geltend gemacht, ist wohl zu bedenken, dass in jener Situation ökologische Bedenken international besonderen Eindruck machten!

411 Ingrid Decker: David und Goliath – Wasser als politischer Konfliktherd zwischen Nepal und Indien, in: Thomas Hoffmann (Hrsg.): Wasser in Asien – Elementare Konflikte, Osnabrück 1997, vor allem S. 231 f.

412 Das erkennt man selbst bei der in ihrer analytischen Schärfe von vorbildlichen Diss. von Martin Leonhard: Umweltverbände; vgl. ebd., S. 299, seine Schlussfolgerung: «Der Eintritt in die umweltpolitische Problembearbeitung bedarf zuvorderst eines Koordinatensystems, anhand dessen sich das Maß der für den Menschen und die Gesellschaft tolerierbaren Belastungen und Veränderungen der natürlichen Umwelt bestimmen lässt» usw. Das ist eine ganz und gar unrealistische Anforderung, der gegenüber alle Umweltverbände klein und hässlich werden! Auf solche Weise kommen keine Umweltinitiativen zustande, und ebenso wenig entsteht auf solche Art eine Umweltpolitik, die praktisch etwas bewirkt.

413 Ernst Forsthoff: Der Staat der Industriegesellschaft, dargestellt am Beispiel der Bundesrepublik Deutschland, München 1971, S. 120.

414 Rudolf von Jhering: Der Kampf um's Recht, neu hrsg. von Felix Ermacora, Berlin 1992, S. 35.

415 Vgl. das Lob für Jhering in dem im Auftrag des Deutschen Bundestages entstandenen Bericht von Gertrude Lübbe-Wolff: Modernisierung des Umweltordnungsrechts. Vollziehbarkeit – Deregulierung – Effizienz, Bonn 1996, S. 202.

416 Diese Gefahr benennt das Handbuch *«ecotactics»* des Sierra Club bereits 1970; vgl. ebd., S. 73, Cliff Humphrey (Doing Ecology Action): «Unfortunately, there is a growing tendency to find niches or categories for various environmental groups, just as we tend to over-classify environmental problems. The universal nature of survival crisis transcends all such schemes of classification.» Zwischen den Zeilen erkennt man in den Reihen des Sierra Club den vergänglichen Wunschtraum, die gesamte neue Umweltbewegung unter dem eigenen Banner zu vereinen!

417 Frank Uekötter: Umweltgeschichte im 19. und 20. Jahrhundert, München 2007, S. 78.

418 Die Grünen im Bundestag, Bd. 1, S. 353, 355.

419 Hubert Kleinert, grüner Realo und dann frustrierter Historiker der Grünen, explodierte nach dem grünen Wahlfiasko von 1990 gegenüber einem «Spiegel»-Interviewer: «Ich habe in diesem Wahlkampf eine Grunderfahrung gemacht. Das ganze Geschwätz aus den siebziger Jahren, diesen ganzen abgestandenen Pseudoradikalismus aus Versatzstücken der sechziger Jahre, das Reden von Systemüberwindung mit den üblichen Soziologismen, die will keiner mehr hören. Die jungen Leute können damit überhaupt nichts mehr anfangen ...» «Der Spiegel» 3. 12. 1990, S. 13.

420 Gilsenbach erblickte darin vor allem ein Bürokratiephänomen. So im Gespräch mit Regine Auster: Die Naturschutz-Verlautbarungen würden «in dem Maße mangelhafter, in dem sie umständlicher geraten, bürokratischer und abstrakter.» «Die

Sprache der amtlichen Naturschützer verkommt immer mehr. Nehmen wir das Wort ‹Akzeptanz›. Akzeptanz ist etwas, was ich bloß hinnehme. Naturschutz nur hinnehmen? Wie erbärmlich! Ich wünsche mir aber, dass die Bürger die Natur ihres Landes lieben ...» (naturmagazin 9+10/2000, S. 14) Das Problem ist nur: Liebe lässt sich nicht organisieren!

421 Mitt. von Heinrich Spanier, 26. 5. 2010: Dies sei keine BMU-spezifische Regelung gewesen, vielmehr habe bis 2009 generell gegolten, dass Beamte bei einer oberen Bundesbehörde mindestens ein halbes Jahr auch Außendienst getan haben müssten.

422 Jochen Reiss: Greenpeace. Der Umweltmulti – sein Apparat, seine Aktionen, München 1990, S. 39.

423 Bernhard Knappe: Das Geheimnis von Greenpeace. Die andere Seite der Erfolgsstory, Wien 1993, S. 21.

424 «Der Spiegel» 38/1991, S. 87–105.

425 Christian Krüger/Matthias Müller-Hennig: Greenpeace auf dem Wahrnehmungsmarkt, Hamburg 2000, S. 121 ff. («Die Kampagne gegen die Europipe 1991–93: die Geschichte eines Flops»).

426 Reiner Luyken: «Blick fürs Wesentliche», in: «Die Zeit», 23. 6. 1995. Ähnlich, wenn auch nicht ganz so schroff Ulrich Jürgens («Greenpeace contra Greenpeace») in: Das Greenpeace Buch, München 1996, S. 282 ff. S. 284: «Es bedurfte einer organisationsinternen Überzeugungs-, ja, einer regelrechten Lobbyarbeit, damit wir uns durchsetzen und vor allem auch die nötigen personellen und finanziellen Mittel auftreiben konnten.» Eher die Gegenposition vertritt in dem Band anschließend Wolfgang Sachs: Liegt Greenpeace vorn im 21. Jahrhundert? (Ebd., S. 291 ff.) Der Historiker würde vor apodiktischen Aussagen über ein Jahrhundert, das damals noch nicht einmal begonnen hatte, aus Erfahrung warnen!

427 «Neue Westfälische», 23. 6. 1995, Georg Alexander: «Weltweiter Mitglieder- und Spendenschwund – Für Greenpeace kommt der Sieg wie gerufen».

428 Ivar A. Aune/Nikolaus Graf Praschma, Greenpeace – Umweltschutz ohne Gewähr, Neudamm 1996, S. 93 ff. stellen diese Behauptung in Frage. Wie dem auch sei, Krüger/Müller-Hennig: Greanpeace auf dem Wahrnehmungsmarkt, S. 206 ff. weisen an der Chronologie der Ereignisse nach, dass die gewaltige Wirkung nichts mit diesen Zahlen zu tun hatte.

429 Anna-Katharina Wöbse: Die Brent-Spar-Kampagne. Plattform für diverse Wahrheiten, in: Uekötter/Hohensee (Hrsg.): Wird Kassandra heiser?, S. 139–160.

430 Michael Günther: Greenpeace und das Recht, in: Das Greenpeace Buch, S. 68. Eine Gegenposition bei Simonis: Globale Umweltpolitik, S. 76 f.: «Das Hauptproblem der Meeresumweltpolitik ist weder die Versenkung von Bohrinseln noch die Öllache im Kielwasser der Tanker: Siebzig bis achtzig Prozent der marinen Umweltbelastung erfolgt vielmehr durch diffuse Einleitungsquellen vom Lande aus, die von der chemie-intensiven Landwirtschaft, dem Kraftzeugverkehr, den Kraftwerken und Chemiefabriken bis zu den Haushaltsabwässern reichen.»

431 Greenpeace (Hrsg.): Brent Spar und die Folgen. Analysen und Dokumente zur Verarbeitung eines gesellschaftlichen Konfliktes, Göttingen 1997. Rechenfehler: ebd., Dokument 49. Hobsbawm: ebd., Dokument 9. Auch wenn der britische Historiker die Greenpeace-Aktion für sachlich nicht begründet hielt und deren Erfolg dem Rückhalt bei der Regierung Kohl zuschrieb, räumte er am Schluss immerhin ein: «Und doch haben die Grünen recht.»

432 Ebd., Dokument 11.

433 Aune/Graf Praschma: Greenpeace, S. 66 ff.

434 Besonders ausgiebig in dem Titel 19/2007: «Hilfe ... die Erde schmilzt! Die große Klima-Hysterie».

435 Vgl. «Der Spiegel» 45/2004, S. 66 ff., Schlagzeile: «‹Wir brauchen Phantasie.› Greenpeace steckt in einer Sinnkrise: Die Umweltschützer horten Millionenbeträge, aber die Ideen gehen ihnen aus. Jetzt greift die Zentrale in Amsterdam durch,

um die Truppe straffer zu organisieren.» Also teilweise der gleiche Tenor wie schon 1991!

436 Bernhard Knappe: Das Geheimnis von Greenpeace. Die andere Seite der Erfolgsstory, Wien 1993, S. 185: «Die Tatsache, dass es bei Greenpeace kaum jemand länger als zehn Jahre aushält, ist erschreckend genug und sollte eigentlich die Verantwortlichen der Umweltorganisation aus dem Bett läuten.»

437 Der Kampf gegen die Robbenjagd, in Frankreich besonders fanatisch von Brigitte Bardot proklamiert, geriet in Teilen der Öko-Szene damals ins Zwielicht, als bekannt wurde, dass damit zugleich den Eskimos (Inuit) die traditionelle Lebensgrundlage genommen wurde. Dazu der «Spiegel»-Titel vom 4.4.1983: «Robbenschlacht – Tierschutz im Zwielicht», nachdem den Leser noch am 7.3.1983 auf dem Titel «Weltwunder Wattenmeer stirbt» eine traurige Robbe angeblickt hatte. In der Folge führte die Kampagne gegen die Robbenjagd auch zu Auseinandersetzungen innerhalb von Greenpeace. McTaggart sprach schließlich ein Machtwort, brach die Kampagne ab und feuerte den britischen Greenpeace-Vorsitzenden Pete Wilkinson, der den Kampf für die Robben unter dem Druck der englischen Animal-Rights-Aktivisten fortsetzen wollte. Ivar A. Aune/Nikolaus Graf Praschma: Greenpeace – Umweltschutz ohne Gewähr, Neudamm 1996, S. 20.

438 Reiner Scholz: betrifft: Robin Wood. Sanfte Rebellen gegen Naturzerstörung, München 1989, S. 22.

439 Paul Watson: Ocean Warrior. Mein Kreuzzug gegen das sinnlose Schlachten der Wale, München 1995; ebd., S. 12: «Meine Erfahrungen mit Greenpeace untermauerten Margaret Meads Ansicht: man darf sich nicht darauf verlassen, dass etablierte Institutionen eine Veränderung in Gang setzen. Als Greenpeace noch eine Gemeinschaft engagierter Einzelpersonen war, stellte sie eine schlagkräftige Organisation dar. Leider wurde aus dieser Vereinigung eine Institution und dann eine Bürokratie, die nun selber Teil des Problems ist.»

440 Encyclopedia of World Environmental History, Bd. 1, S. 171.

441 McCloskey: Twenty Years of Change, in: Dunlap/Mertig (Hrsg.): American Environmentalism, S. 85, 84.

442 Hier hörte selbst Hobsbawms Sympathie für Radikalismus auf, zumal Arbeiter in der Regel besonders schwer zum Vegetarismus zu bekehren sind: «Es gibt auch in solchen Bewegungen irrsinnige Psychotiker und Fanatiker, wie zum Beispiel in der Animal-Rights-Bewegung in England.» Dok. 9 in Greenpeace (Hrsg.): Brent Spar und die Folgen.

443 In dem besonders spektakulären Kampf gegen den Bau einer Schnellstraße durch das Naturidyll von Twyford Down bei Winchester gestand Greenpeace seinen lokalen Gruppen eine Beteiligung nur unter der Bedingung zu, dass diese den Namen «Greenpeace» aus dem Spiel ließen, da hier kostspielige Prozesse drohten und Greenpeace sich grundsätzlich nur dort engagierte, wo es das Gesetz auf seiner Seite wusste. Christopher Rootes in der Einführung zu ders. (Hrsg.): Environmental Protest in Western Europe, S. 5.

444 Dunlap/Mertig: American Environmentalism, S. 6.

445 Interview mit Franz Alt in: Brennpunkt Tibet, 2/2010, S. 19 f.

446 Jun Jing: Environmental Protests in Rural China, in: Elizabeth J. Perry/Mark Selden (Hrsg.): Chinese Society: Change, Conflict and Resistance, London 2000, S. 143, 155.

447 Christopher Rootes in der Einführung zu ders. (Hrsg.): Environmental Protest in Western Europe, S. V und XIV.

448 McCloskey: Twenty Years, S. 78.

449 Radkau: Max Weber, S. 471.

450 Otto Koenig: Naturschutz an der Wende, Wien 1990, S. 105, 106.

451 Lexikon für Theologie und Kirche, Bd. 5, Freiburg 1960, Sp. 1243.

452 Mit Recht mokiert sich Christopher Rootes (in ders. Hrsg.: Environmental Movements – Local national and global, London 1999, S. 91) über diesen Begriff, der

eigentlich eine Contradictio in adjecto ist! Treffend von ihm auch die Schlussbemerkung in ders. (Hrsg.): Environmental Protest in Western Europe, Oxford 2003, S. 253: «this useful concept has been overburdened by being stretched to include all manners of the factors that bear upon the outcomes of political contention, so that genuinely structural factors are confounded with others that are merely contingent or conjunctural.»

453 Raschke: Die Grünen, S. 421 ff.

454 Marina Gambaroff u. a.: Tschernobyl hat unser Leben verändert. Vom Ausstieg der Frauen, Reinbek 1986.

455 Riley E. Dunlap: Trends in Public Opinion Toward Environmental Issues: 1965–1990, in: Dunlap/Mertig (Hrsg.): American Environmentalism, S. 102 ff.

456 Nicht nur die Umweltbewegung in den USA; vgl. Ullrich Fichter: «Mr. Tapfer, der Retter der Welt» (über Klaus Töpfer als Chef der Unep), in: «Der Spiegel» 24/2001, S. 80: «Seit in den USA ein Öko-Schurke an den Hebeln sitzt, atmet die Öko-Bewegung auf. Endlich, ein Feind.»

3. Freund-Feind- oder Win-win-Szenario?

1 Lilo Weinsheimer: Held oder Spinner? Professor Scheer gilt als wilder Kommunist, in: «Die Zeit», 27. 2. 1976, S. 14; Leserbriefe D. v. Ehrensteins in «Der Spiegel», 21. 2. 1977, S. 14, und «Die Zeit», 19. 9. 1980, S. 53. Kompendium: Zum richtigen Verständnis der Kernindustrie – 66 Erwiderungen, Berlin 1975, hrsg. von der Autorengruppe des Projektes SAIU (Schadstoffbelastung am Arbeitsplatz und in der Industrieregion Unterweser) an der Universität Bremen. Das Buch zielte auf eine Werbebroschüre der Gegenseite «66 Fragen, 66 Antworten: Zum besseren Verständnis der Kernenergie», deren Autor, der HEW-Manager Johannes Kopper – Ironie der Geschichte – 1979 als Stasi-Spitzel enttarnt wurde (Michael Naumann: Spitzel, Stasi und Spione, in: «Die Zeit», 23. 2. 1979, S. 9).

2 Dazu Edda Müller: Innenwelt der Umweltpolitik, S. 89 ff.

3 Wilhelm Lienenkämpfer: Grüne Welt zu treuen Händen, Stuttgart 1963, S. 180.

4 Henry Makowski: Nationalparke in Deutschland – Kampfplätze des Naturschutzes, Neumünster 1997, S. 93 ff.

5 Carl Schmitt: Der Begriff des Politischen (urspr. 1932), Berlin 1963, S. 26 f.

6 Radkau: Max Weber, S. 222 f.

7 Horst Baier zeichnet als Mitherausgeber der Max-Weber-Gesamtausgabe.

8 Der grüne Konservatismus, Mainau 1983 (= Mainauer Gespräche Bd. 1), S. 53.

9 Oder doch nicht so sehr ironisch? Claudia Honegger erkennt bei Braudel einen ausgeprägten Hang zum geographischen Determinismus. Dies. (Hrsg.): M. Bloch, F. Braudel, L. Febvre u. a. Schrift und Materie der Geschichte. Vorschläge zur systematischen Aneignung historischer Prozesse, Frankfurt 1977, S. 23.

10 Fernand Braudel: Frankreich, Bd. 1: Raum und Geschichte, Stuttgart 1989, S. 330.

11 Ulrich Beck: Risikogesellschaft. Auf dem Weg in eine andere Moderne, Frankfurt 1986, S. 48.

12 Klaus Traube vertrat in Gesprächen wiederholt die Auffassung, nicht die Proteste, sondern die immer höheren Kosten seien es gewesen, die die nuklearen Pläne der frühen 1970er Jahre zunehmend gebremst hätten. Die Kostensteigerungen waren jedoch teilweise eine Auswirkung der aufwendigeren Sicherheitsauflagen, von denen man annehmen kann, dass sie zu einem Gutteil eine Fernwirkung der Kontroverse waren.

13 Aus der Fülle der Wyhl-Broschüren ist besonders das Buch des Vorsitzenden des Bundesverbandes Bürgerinitiativen Umweltschutz (BBU) hervorzuheben: Hans-Helmut Wüstenhagen: Bürger gegen Kernkraftwerke. Wyhl – der Anfang? Reinbek 1975. Die Gorleben-Kontroverse hat das bislang mit weitem Abstand umfangreichste

Opus zur deutschen Anti-AKW-Bewegung hervorgebracht: Anselm Tiggemann: Die «Achillesferse» der Kernenergie in der Bundesrepublik Deutschland: Zur Kernenergiekontroverse und Geschichte der nuklearen Entsorgung von den Anfängen bis Gorleben 1955 bis 1985, Lauf 2004.

14 Eine verbreitete Stimmung schon wenige Jahre darauf spiegelt das Schlussresümee von Dieter Rucht: Von Wyhl nach Gorleben – Bürger gegen Atomprogramm und nukleare Entsorgung, München 1980, S. 217 f.: «Die Gewaltfrage wird letztlich zum entscheidenden Kriterium für die Glaubwürdigkeit der gesamten Bürgerinitiativbewegung.» Zumindest die meisten, die über Umweltfragen Bücher schrieben, sahen es so! Vgl. Ulfrid Kleinert (Hrsg.): Gewaltfrei widerstehen. Brokdorf-Protokolle gegen Schlagstöcke und Steine, Reinbek 1981. Die Steinewerfer schrieben keine Bücher!

15 Hans Christoph Buch: Bericht aus dem Inneren der Unruhe. Gorlebener Tagebuch (urspr. 1979), Reinbek 1984, S. 15. Ich stellte 1981 in einem für das Deutsche Museum geschriebenen Buch fest, dass die Gefahrenpotentiale der WAA «die der Kernkraftwerke selbst – sogar nach Angabe des Atom-Befürworters Mandel (1971) – um das Hundertfache überstiegen», und berief mich dabei auf einen Artikel Heinrich Mandels, dem zufolge «das KKW mindestens 100mal weniger zur Umweltbelastung beiträgt als das Kohlekraftwerk», die Freisetzung von Radioaktivität aus Aufbereitungsanlagen allerdings «beim gegenwärtigen Stand der Technik» diesen Vorteil wieder aufhebe. Jochim Varchmin/Joachim Radkau: Kraft, Energie und Arbeit. Energie und Gesellschaft, Reinbek 1981, S. 224. Ich hatte darüber einen scharfen Disput mit einem Sprecher der Atomwirtschaft, der mir eine Verfälschung des Mandel-Zitats vorwarf. Klar ist zumindest dies, dass sich die WAA auch in Kreisen der nuklearen «Community» keiner besonderen Beliebtheit erfreute. Insbesondere bei den Physikern des Kernforschungszentrums Karlsruhe war die erst nach langer Verzögerung dort errichtete Klein-WAA das «bestgehasste» Projekt (Radkau: Aufstieg und Krise der deutschen Atomwirtschaft, S. 295, zit. aus einem Brief von Otto Haxel an Verf., 11. 3. 1981). Kurt Jaroschek, ein Berater des RWE in Sachen Kernenergie, seufzte schon 1962, die bei der WAA zu bewältigenden Schwierigkeiten erinnerten an das biblische Wort, «dass wir im Schweiße unseres Angesichts unser Brot essen müssen» (ebd., S. 356).

16 Buch: Bericht aus dem Inneren, S. 17, 72, 313, 323–325.

17 Text ebd., S. 177–179. Zur Bedeutung des Aufrufs Tiggemann: «Achillesferse», S. 496 f.

18 Herbert Meyer: Zur neueren Entwicklung der Bürgerinitiativbewegung im Bereich der Kernenergie, Bochum (Selbstverlag) 1981, S. 9. Im gleichen Sinne Hans Eckehard Bahr, Dorothee Sölle u. a.: Franziskus in Gorleben. Protest für die Schöpfung, Frankfurt 1981.

19 Winfried Kretschmer: Wackersdorf: Wiederaufarbeitung im Widerstreit, in: Ulrich Linse u. a.: Von der Bittschrift zur Platzbesetzung – Konflikte um technische Großprojekte, Berlin 1988, S. 165–218. Aufschlussreich ist die Beobachtung (S. 215): «Proklamationen im Stil der Erklärungen der badisch-elsässischen Bürgerinitiativen finden sich im Wackersdorfer Konflikt nicht. Große Worte – «in Wyhl haben wir Geschichte gemacht» – fehlen weitgehend. Die ökologische Aufbruchsstimmung der späten siebziger Jahre ... ist verblasst.» Aus eigener Erinnerung habe ich den Eindruck, dass die heftigen Kämpfe um Wackersdorf in den 80er Jahren außerhalb der Region von denen, die in den 70er Jahren in der Auseinandersetzung mit der Kerntechnik engagiert waren, jetzt jedoch nach einem breiteren Umweltspektrum suchten, nicht mehr sehr wichtig genommen wurden. Wie ein Anti-AKW-Kämpe der älteren Generation damals zu mir meinte: «Jetzt noch auf die Atomtechnik einzuschlagen ist Leichenschändung.»

20 Claus-Jürgen Roepke im Vorwort zu Martin Held (Hrsg.): Wiederaufarbeitungsanlage Wackersdorf. Befürworter und Kritiker im Gespräch. Beiträge und Ergebnisse

eines wissenschaftlichen Kolloquiums vom 12. bis 14. Mai 1986, Tutzing 1986. Zwischen den Zeilen merkt man der Diskussion an, dass sie keine drei Wochen nach Tschernobyl stattfand!

21 «Der Spiegel», 10. 11. 1986, S. 82 ff.: «Schleichweg zum Atomwaffenstaat? Möglichkeiten der Gewinnung von Plutonium für den Bau von Atombomben in Wackersdorf». In den darauffolgenden Jahren wurde in dem Arbeitskreis für Proliferationsverhütung der Forschungsstätte der ev. Studiengemeinschaft (FEST) verschiedentlich über diese Möglichkeit diskutiert, zumal der Wunsch nach Offenhaltung der waffentechnischen Option als Hintergedanke bei der frühen bundesdeutschen Atompolitik durchaus im Spiel gewesen war; dass jedoch dieses Kalkül in Bonn noch in den 80er Jahren bestand, ist wenig wahrscheinlich. Prinzipiell ist es ja möglich, Plutonium als Reaktorspaltstoff zu verwenden; und dem Laien erschien es auch logisch, dass die Endlagerung des «Atommülls» erleichtert wurde, wenn zuvor das hochgefährliche Plutonium mit seiner über Jahrzehntausende dauernden Halbwertszeit daraus entfernt wurde! Wie in so manchem Bereich der Kerntechnik steckte hier der Teufel im Detail.

22 Werner Abelshauser: Nach dem Wirtschaftswunder – Der Gewerkschafter, Politiker und Unternehmer Hans Matthöfer, Bonn 2009, S. 344.

23 Helmut Kreuzer (Hrsg.): Die zwei Kulturen. Literarische und naturwissenschaftliche Intelligenz. C. P. Snows These in der Diskussion, München 1987 (urspr. 1967).

24 Carl Amery: Persönliches zu Charles Percy Snow, in: ders.: Bileams Esel. Konservative Aufsätze, München 1991, S. 220.

25 Das Veto. Der Atombericht der Ford-Foundation, Frankfurt 1977 (amerikan.: Nuclear Power. Issues and Choices, 1977).

26 Hans Matthöfer (Hrsg.): Schnelle Brüter Pro und Contra, Villingen 1977 (= Argumente in der Energiediskussion 1), S. 66; über das «Restrisiko», konkret: die Frage der inhärenten Stabilität des Brüters, ebd., S. 93–103. 32 Jahre darauf, am 19. 5. 2009, betonte Häfele in einem Gespräch mit Cornelia Altenburg und mir mehrmals: «Wir ersticken im Plutonium.» Selbst aus der Sicht des einstigen «Brüterpapstes» wäre es also widersinnig, mit exorbitanten Kosten zusätzliche Mengen von Plutonium durch Brutreaktoren und Wiederaufarbeitungsanlagen zu erzeugen!

27 Aufschlussreiche Bilanzen der bundesdeutschen Brüterpolitik kurz vor dem endgültigen Aus: Klaus M. Meyer-Abich/Reinhard Ueberhorst (Hrsg.): AUSgebrütet – Argumente zur Brutreaktorpolitik, Basel 1985.

28 Klaus M. Meyer-Abich an Verf., 19. 8. 2010.

29 Abschlußbericht: Zukünftige Kernenergie-Politik. Kriterien – Möglichkeiten – Empfehlungen. Bericht der Enquete-Kommission des deutschen Bundestages, Bonn 1980 (= Zur Sache 1/80 und 2/80). Die folgenden Ausführungen stützen sich in weiten Teilen auf Cornelia Altenburg: Kernenergie und Politikberatung – Die Vermessung einer Kontroverse, Diss. Bielefeld 2009. (Die Druckfassung, Wiesbaden 2010, konnte hier nicht mehr zugrunde gelegt werden.) Außerdem Joachim Radkau: Die Kernkraft-Kontroverse im Spiegel der Literatur, in: Armin Hermann/Rolf Schumacher (Hrsg.): Das Ende des Atomzeitalters? Eine sachlich-kritische Dokumentation, München 1987, S. 321 f.

30 Andreas Vierecke: Die Technik- und Umwelt-Enqueten des Deutschen Bundestages: Vermessene Zukunft – vertane Zeit, in: Günter Altner u. a. (Hrsg.): Jahrbuch Ökologie 1996, München 1995, S. 255–268.

31 Altenburg: Kernenergie und Politikberatung, S. 21, 193, 270.

32 Volker Hauff, der damalige Bundesforschungsminister, betonte mir gegenüber (28. 9. 2010), die Enquete-Kommission sei «Ueberhorsts Baby» gewesen und habe in zahlreichen Gesprächen zwischen ihm und Ueberhorst Gestalt angenommen. Cornelia Altenburg an Verf. (14. 9. 2010): «Meine These ist, dass Ueberhorst die Mitglieder der Kommission so geschickt dahin geführt hat, dass es nicht deutlich wurde, dass es hier ministerielle Vorschläge gab.» Dazu Hauff lächelnd: «Vielleicht – das ist Politik!» Ueberhorst, der bei einer Brokdorf-Demonstration eine Tränen-

gasgranate aus einem Polizeihubschrauber abbekommen hatte, war zu jener Zeit kaum weniger der Anti-AKW-Bewegung als der SPD-Bundestagsfraktion verbunden. Man kann es umso bemerkenswerter finden, dass es ihm gleichwohl gelang, sich auch bei Häfele Respekt zu verschaffen!

33 Volker Hauff: Das schwedische Modell zur öffentlichen Diskussion über Energiepolitik, Bonn 1977.

34 Zukünftige Kernenergie-Politik, S. 32.

35 Altenburg: Kernenergie und Politikberatung, S. 55.

36 Ebd., S. 111, 143.

37 Ebd., S. 88, 112.

38 Dazu Klaus M. Meyer-Abich an Verf., 19. 8. 2010: «Was Häfele und mich angeht, so wollten wir einander nicht nur nicht bloßstellen, sondern teilten die intellektuelle Redlichkeit und den guten Willen, wissenschaftlich Beweisbares (worauf wir uns also einigen konnten) von bewertenden Erwartungen ... zu unterscheiden. Diese Redlichkeit hat auch dazu beigetragen, dass der Pfad 4 (ohne Kernenergie) überhaupt mit aufgenommen wurde.»

39 Volker Hauff, der als Bundesforschungsminister die Initiative zu der Enquete-Kommission ergriff, explodierte geradezu im Herbst 1986, nach Tschernobyl, als ihn ein sowjetischer Experte mit einer Studie des IIASA (International Institute for Applied Systems Analysis) in Laxenburg, das unter der Leitung Häfeles stand, zu belehren suchte, dass die Kernenergie unverzichtbar sei. Hauff: Das stamme doch alles von Häfele, «der mir damals den Schwachsinn mit dem Schnellen Brüter eingebrockt hat». Zuerst habe er die Kosten auf 335 Millionen veranschlagt; jetzt drohe er mindestens sieben Milliarden zu verschlingen und werde obendrein womöglich nie in Betrieb gehen. «Soviel zu Ihrem Herrn Häfele und zu seinen Prognosen. Diesen Herrn kenne ich nur zu gut.» «Der Spiegel» 13. 10. 1986, S. 46.

40 Helmut Schelsky: Einsamkeit und Freiheit. Idee und Gestalt der deutschen Universität und ihrer Reformen, Reinbek 1963, S. 64. In dem völlig zerlesenen Exemplar, das ich mir gleich 1963 als Student im 1. Semester kaufte und verschlang, finde ich an dieser Stelle: «gut!!!» Ich habe sie über fast fünfzig Jahre stets in Erinnerung behalten.

41 Vgl. das 686-Seiten-Buch von Bernd Stoy: Wunschenergie Sonne, 3. Aufl. Heidelberg 1980. Stoy war damals Vorsitzender des Bundesverbandes Solarenergie. Mag das RWE Stoy vorwiegend aus PR-Gründen gehalten haben, um einen Anschein von Offenheit gegenüber den «Alternativen» zu vermitteln, war es Stoy selbst mit der Solarenergie zweifellos Ernst.

42 Frank Uekötter: Von der Rauchplage zur ökologischen Revolution, Essen 2003, S. 513.

43 Mein in den Jahren um 1980 als Habilitationsschrift entstandenes Buch «Aufstieg und Krise der deutschen Atomwirtschaft 1945–1975: Verdrängte Alternativen in der Kerntechnik und der Ursprung der nuklearen Kontroverse» (Reinbek 1983) – zu einer Zeit geschrieben, als die Aussichten der erneuerbaren Energien noch höchst unsicher waren –, gründete sich auf die Annahme, dass Alternativen innerhalb der Kerntechnik eine viel gründlichere Prüfung verdient hätten und das Fehlen einer derartigen Erprobungsphase ein Hauptmanko des bisherigen Verlaufs der Kernenergieentwicklung sei. Selbst manche grundsätzlichen Befürworter der Kerntechnik, die jedoch alternative Reaktortypen bevorzugten, begrüßten mir gegenüber die Protestbewegung: Erst durch den Sturz des Leichtwasserreaktors bekämen nukleare Alternativen eine Chance! Aber kurz nach dem Schnellen Brüter wurde auch sein latenter Rivale, der Thorium-Hochtemperaturreaktor, beerdigt. Mit einer Tagung in Aachen am 17./18. Mai 1989, an der ich teilnahm, bekam er immerhin ein Begräbnis erster Klasse; Tagungsband: VDI-Gesellschaft Energietechnik (Hrsg.): AVR – 20 Jahre Betrieb. Ein deutscher Beitrag zu einer zukunftsweisenden Energietechnik, Düsseldorf 1989. Wolfgang D. Müller, der langjährige Chefredak-

teur der Zeitschrift «atomwirtschaft», mokierte sich auf der Tagung mir gegenüber, alle Vorträge hätte man auch schon vor zwanzig Jahren halten können, und das sei bezeichnend: Beim Hochtemperaturreaktor (HTR) sei immer nur von *Perspektiven* die Rede, nie von Fakten und Erfahrungen! Rudolf Schulten, der Konstrukteur des deutschen HTR, klagte im kleinen Kreis, *ein* falsches Wort habe genügt, um aus der «Community» ausgeschlossen zu werden. Aber auch bei den Grünen war der HTR längst ebenso in Verruf wie die anderen Reaktoren. In einer Fraktionssondersitzung nach Tschernobyl am 30. April 1986 bestätigte der in Sachen Reaktorsicherheit versierte Lothar Hahn, der es später zum Geschäftsführer der Gesellschaft für Reaktorsicherheit brachte, «dass sich ein solcher Kernschmelzunfall auch in der Bundesrepublik ohne weiteres ereignen kann, am Bspl. des graphitgekühlten (muss heißen: graphitmoderierten; J. R.) Reaktors HTR in Hamm-Uentrop.» Die Grünen im Bundestag, Bd. 2, S. 915. Die Katastrophe in Tschernobyl war durch einen Graphitbrand entstanden; dieser war in der Bundesrepublik nur beim THTR möglich.

44 Michael Bess: The Light-Green Society. Ecology and Technological Modernity in France, 1960–2000, Chicago 2003, S. 101.

45 Ein einst aus NS-Deutschland nach Frankreich emigrierter Alt-Trotzkist, mittlerweile Manager in der Computerindustrie, sagte 1977 zu mir, Andreas Baader und Gudrun Ensslin würden in Frankreich zwar den Titel «Freiheitskämpfer» bekommen, im Übrigen jedoch von der Justiz nicht besser behandelt werden als in Deutschland. Svenja Koch, Pressesprecherin von Greenpeace, klagte mir jedoch 2006, dass Umweltaktivisten, die für die Deutschen Helden seien, in Frankreich als Terroristen gälten.

46 Küntzel vertrat damals mit besonderer Schärfe die These, dass die bundesdeutsche Kernenergieentwicklung insgeheim von dem Ziel einer deutschen Atomwaffenproduktion geleitet worden sei; vgl. ders.: Bonn und die Bombe – Deutsche Atomwaffenpolitik von Adenauer bis Brandt, Frankfurt 1992, und schon in der Zeit von Tschernobyl der von ihm redigierte Konferenzband: Atombomben Made in Germany? Atomenergie – Schleichwege zum Atomwaffenstaat, Köln 1986. Diese These war dazu angetan, der Anti-AKW-Bewegung die Schubkraft der gegen die nukleare Nachrüstung gerichteten neuen Friedensbewegung zu verleihen und zugleich beide Bewegungen zu radikalisieren und die Gegenseite zu kriminalisieren. Klaus Traube zitierte dagegen (ebd., S. 32) meine These (Aufstieg und Krise der deutschen Atomwirtschaft, S. 195): «Eine zielstrebige Steuerung der deutschen Atomentwicklung im militärischen Interesse ist nicht zu erkennen und ist auch wenig wahrscheinlich.» Der Bau einer bundesdeutschen Atombombe wäre politisch heller Wahnsinn gewesen und hätte das westliche Bündnis auf eine Zerreißprobe gestellt. Noch einige Jahre davor war ich eher dafür kritisiert worden, dass ich Indizien dafür gesammelt hatte, dass es die Regierung Adenauer – was auch der Adenauer-Biograph Hans-Peter Schwarz bestätigte – sehr wohl darauf angelegt hatte, die Option zum Bombenbau zu öffnen – mehr freilich nicht. Damals hatte das Thema «Bombe» in der Anti-AKW-Bewegung noch als Ablenkung gegolten.

47 Die Grünen im Bundestag, Bd. 2, S. 954–959.

48 Hartmut Johnsen: Der Startbahn-West Konflikt. Ein politisches Lehrstück? Frankfurt 1996, S. 49.

49 Zu einigen dieser Schriften Joachim Radkau: Die Kernkraft-Kontroverse im Spiegel der Literatur, in: Hermann/Schumacher (Hrsg.): Das Ende des Atomzeitalters, S. 313 f.

50 Radkau: Aufstieg und Krise der deutschen Atomwirtschaft, S. 211 ff.

51 Robert Jungk: Der Atomstaat. Vom Fortschritt in die Unmenschlichkeit, München 1977, S. 129, auch S. 124 f., 128.

52 Robert Jungk: Heller als tausend Sonnen. Das Schicksal der Atomforscher, Reinbek 1977 (urspr. 1956), S. 38, 91 ff.; dazu Radkau: Aufstieg und Krise, S. 34 ff.

53 Daher kann ich die Empörung des einst von Robert Jungk umworbenen Carl Fried-

rich von Weizsäcker ebenso wie dessen Qualitätsurteil über den «Atomstaat» nachvollziehen: «ich bin nicht imstande, mich nicht zu empören über Jungks Methode, seine Sachgegner persönlich zu verunglimpfen durch meist unkontrollierbare Anekdoten, die, wo ich sie nachprüfen konnte, stets tendenziös erzählt, ja schlicht falsch waren.» Jungk schrieb seinerseits in seinen Memoiren (Trotzdem. Mein Leben für die Zukunft, München 1993, S. 286, 298), von den vielen Atomforschern, die er früher interviewt hatte, habe ihn keiner, «vielleicht unabsichtlich», «so irregeführt wie Carl Friedrich von Weizsäcker», indem er ihm «zu verstehen» gegeben habe, die deutschen Atomforscher des Heisenberg-Kreises hätten «ganz bewusst den Bau einer deutschen Atombombe zu verhindern gesucht». Explizit hatte Weizsäcker das jedoch nicht behauptet: Wäre es wirklich so gewesen, hätte er das nach 1945 doch mit Stolz hervorheben können!

54 Noch in der Encyclopedia of World Environmental History von 2004, Bd. 2, S. 873 (Vaclav Smil), wird Methan nur im Kontext mit Erdgas als Energieträger erwähnt, mit der Feststellung: «No fossil fuel is more environmentally friendly than natural gas», ohne die Gefährdung des Klimas durch Methan mit einem Wort zu erwähnen!

55 Simon A. Levin (Hrsg.): The Princeton Guide to Ecology, Princeton 2009, S. 357.

56 Hans Wallow: Kreativität als Clownerie, in: «Die Zeit», 6. 8. 1982, abgedruckt bei Monika Sperr: Petra K. Kelly, S. 174.

57 Ebd., S. 159.

58 Claus-Peter Hutter u. a.: Die Öko-Bremser. Schwarzbuch Umwelt Europa, Stuttgart 1993.

59 Informativ, jedoch mit dem üblichen maliziösen Unterton Jörg Bergstedt: Agenda, Expo, Sponsoring, S. 296 ff., der Euronatur jedoch zu einseitig als eine von der Wirtschaft abhängige Spendensammelorganisation schildert. Soweit mir bekannt, stammt nur der kleinere Teil des Euronatur-Etats aus der Wirtschaft, obwohl Daimler Benz und die Lufthansa die Sponsoren der ersten Stunde waren.

60 Hutter: Öko-Bremser, S. 22.

61 Hutter: Öko-Bremser, S. 12; Acheloos: S. 120 ff.; Dehesas: S. 35.

62 Volker Angres u. a.: Bananen für Brüssel. Europa – wie unsere Steuern vergeudet werden, München 1999.

63 Vgl. Hutter: Öko-Bremser, S. 269 ff. Später wurde der Präsident des EU-Rechnungshofes von Euronatur mit einem Preis geehrt.

64 Ebd., S. 127.

65 Radkau: Aufstieg und Krise, S. 170 ff.; in neueren EU-Handbüchern ist diese unrühmliche Atomgemeinschaft der *damnatio memoriae* verfallen!

66 Hutter: Öko-Bremser, S. 103.

67 Ebd., S. 24 ff.; im September 2006 habe ich mich vor Ort davon überzeugt, dass dieses negative Urteil nach wie vor zutrifft.

68 Im Interview zu Kai Hünemörder am 7. 3. 2001.

69 Werner Filmer/Heribert Schwan: Hans-Dietrich Genscher, Düsseldorf 1988, S. 153.

70 Edda Müller: Innenwelt der Umweltpolitik, S. 97 ff.

71 Im Interview mit Kai Hünemörder, 7. 3. 2001.

72 Kurt Möser: Geschichte des Autos, Frankfurt 2002, S. 279.

73 Dietmar Klenke: «Freier Stau für freie Bürger». Die Geschichte der bundesdeutschen Verkehrspolitik, Darmstadt 1995, S. 104 ff.

74 Es verdiente eine Untersuchung eigener Art, inwieweit das Kreuzverhör – auch dies bei amerikanischen Hearings anders als bei deutschen gang und gäbe – bei Umweltfragen ein geeignetes Ermittlungsverfahren ist. Viele nehmen dies an. Hans Prüfer allerdings, der mich oft bei juristischen Fragen beriet, versichert aus jahrzehntelanger Erfahrung als Richter in Berlin, auch bei politischen Prozessen, dass das Kreuzverhör das am wenigsten geeignete Mittel zur Wahrheitsfindung sei, man vielmehr nur dadurch vorankomme, dass man die Befragten reden lasse und über

das Gesagte nachdenke. Allgemein dazu Hans Prüfer: Aussagebewertung in Strafsachen, Köln 1986. Meine eigenen Erfahrungen aus Interviews mit Managern der Atomwirtschaft weisen in die gleiche Richtung.

75 Marc K. Landy u. a.: The Environmental Protection Agency. Asking the Wrong Questions. From Nixon to Clinton, expanded edition, New York 1994, S. 35 f.

76 Richard N. L. Andrews: Managing the Environment – Managing Ourselves. A History of American Environmental Policy, New Haven 1999, S. 230.

77 Ebd., S. 231.

78 Allan Abramson an Verf.. (2. 9. 2010): «The overall strategy could be called ‹hang one publicly, to deter hundreds of others›.»

79 Allan Abramson an Verf., 7. 2. 2010, auf die Frage, ob die EPA in ihrem ersten Jahrzehnt Fehler begangen und erst dadurch die heftige Gegenreaktion möglich gemacht habe: «Yes, the early years of EPA sometimes did go too far, either issuing complicated rules or trying to over-regulate.» Als Beispiel hebt er besonders die Panikmache bei Asbest in Schulen und die dadurch erzwungenen kostenträchtigen und übertriebenen Renovierungsmaßnahmen hervor. Er betrachtet die Ära Ruckelshaus insgesamt gleichwohl als vorbildlich: als die große Zeit der amerikanischen Umweltpolitik!

80 Ernst U. v. Weizsäcker: Erdpolitik, Darmstadt 1989, S. 12.

81 Gretchen C. Daily/Katherine Ellison: The New Economy of Nature. The Quest to Make Conservation Profitable, Washington, D. C. 2002, S. 63 ff.

82 Carl Pope (Executive Director des Sierra Club): Strategic Ignorance. Why the Bush Administration Is Recklessly Destroying a Century of Environmental Progress, San Francisco 2004, S. 50, 181, 180. Aufschlussreiche Einblicke in die Grenzen des EPA-Aktionsstils dort, wo es nicht um klar erwiesene Schäden, sondern um teilweise hypothetische Risiken geht, gibt Marie-Monique Robin: Mit Gift und Genen – wie der Biotech-Konzern Monsanto unsere Welt verändert, München 2010, S. 57 ff. und 86 ff.

83 In der nachfolgenden Diskussion zu ihrem Vortrag «Modernisierung des umweltbezogenen Ordnungsrechts», in: Alexander Roßnagel/Uwe Neuser (Hrsg.): Reformperspektiven im Umweltrecht. Dokumentation der «Haydener Hochschul-Gespräche 1995», Baden-Baden 1996, S. 120.

84 Gertrude Lübbe-Wolff: Das Kooperationsprinzip im Umweltrecht – Rechtsgrundsatz oder Deckmantel des Vollzugsdefizits?, in: Natur + Recht, Jg. 1989 H. 7, S. 295, 302.

85 Das ist der Grundgedanke des Chemikers Michael Braungart, der als Leiter der Chemieabteilung bei Greenpeace begann und seither seine Produktideen in Zusammenarbeit mit der Industrie zu verwirklichen sucht. Michael Braungart/William McDonough: Einfach intelligent produzieren. Cradle to cradle: Die Natur zeigt, wie wir die Dinge besser machen können, Berlin 2003; S. 27 ff. über seinen Werdegang.

86 Aus der Anti-Enviro-Perspektive Ron Arnold: Ecology Wars (Ausgabe von 1993), S. 9: «When it comes to the environment, emotions flare, discussions of specific problems in specific places stop, and minds grab the closest stereotype for support. ... From the North Slope to the Everglades, the gulf of economic/ecologic misunderstanding is enormous and unbridgeable.» Wobei kein anderer als er selbst an der Spitze derer standen, die Öl ins Feuer gossen! Er kontrastiert die Feindbilder beider Seiten: «It's profit-mad developers against tree-hugging little old ladies in tennis shoes.» Aber wenn die Enviros nur aus «kleinen alten Frauen» bestünden, könnte man aus ihnen keine Bedrohung der amerikanischen Freiheit machen. Er baut denn auch ein sehr viel furchteinflößenderes Feindbild auf: machthungrige Öko-Bürokraten, die das «free enterprise» hassen.

87 Das ist die Grundthese des von Willy Brandt eingeleiteten Buches von Tom R. Burns und Reinhard Ueberhorst: Creative Democracy. Systematic Conflict Resolution and Policymaking in a World of High Science and Technology, New York 1988, in das

Ueberhorsts Erfahrungen aus der von ihm geleiteten Enquete-Kommission eingeflossen sind.

88 Steven Lewis Yaffee: The Wisdom of the Spotted Owl. Policy Lessons for a New Century, Washington, D. C. 1994. Das exzellent dokumentierte und in vieler Hinsicht höchst anregende 430-Seiten-Opus, das aus der Fülle der Literatur zu amerikanischen Umweltbewegungen herausragt, besteht zu fast zwei Dritteln aus Überlegungen zu «Lehren aus der Geschichte» und Folgerungen für die künftige Politik. Der Autor geht also von der – in globaler Sicht sehr fragwürdigen – Annahme aus, es handele sich um einen beispielhaften Umweltkonflikt, der eine Fülle von generellen Folgerungen zulasse! Seine Analyse ist scharfsinnig in ihrer Kritik; aber es wird nicht recht klar, wie er sich eine bessere Politik konkret vorstellte.

89 Sogar im Register der Encyclopedia of World Environmental History fehlt die Spotted Owl!

90 Gregg Easterbrook zufolge, für den die Spotted-Owl-Kontroverse ein Musterbeispiel für fehlgeleiteten *environmentalism* ist, wurden die Forderungen der Fleckenkauzfreunde schon 1991 durch eine Gerichtsentscheidung weitgehend erfüllt, die so weite Wälder im Nordwesten unter Schutz gestellt habe, dass Tausende von Holzfällerjobs verloren gegangen seien. Durch «Clintons Eulenplan» drohten weitere Zehntausende gut bezahlter Jobs zu verschwinden (Gregg Easterbrook: A Moment on the Earth. The Coming Age of Environmental Optimism, New York 1995, S. 211, 227). Das war jedoch nicht das Ende der Geschichte; das Hin und Her ging weiter; die Kontroverse schwelt in manchen Bundesstaaten bis heute. Laut Wikipedia bestätigte eine Bundesrichterin, Susan Bolton, 2008 die Entscheidung des für den Schutz gefährdeter Arten zuständigen U.S. Fish and Wildlife Service, 34 800 Quadratkilometer Wald in Arizona, Utah, Colorado und New Mexico als Habitat des Fleckenkauzes unter Schutz zu stellen; die Arizona Cattle Growers' Association erhob Einspruch dagegen.

91 Yaffee: Wisdom of the Spotted Owl, S. 14 ff.

92 Ebd., S. 215 f. Kein Wunder, dass die letzte Vorsitzende der U.S. Atomic Energy Commission in ihrer antienvironmentalistischen Kampfschrift mit diesem Zitat auftrumpfte! Dixy Lee Ray (zus. mit Lou Guzzo): Environmental Overkill. Whatever Happened to Common Sense?, New York 1993, S. 86.

93 Yaffee: Wisdom of the Spotted Owl, S. 24.

94 Dazu schreibt mir (9. 10. 2010) Wolfhard v. Boeselager, Sprecher des Bündnisses PRO WALD NRW, der wie kaum ein anderer über langjährige forstliche Erfahrungen sowohl im Sauerland wie auch im amerikanischen Nordosten verfügt: Er habe wiederholt mit amerikanischen Forstleuten und Waldschützern darüber diskutiert, ob es klug gewesen sei, gerade den Schutz des Fleckenkauzes zur Parole zu machen, zumal für die meisten dortigen Förster «das Stichwort Fleckenkauz negativ besetzt» sei. Ross Waley, ein führender Waldschützer im Staat New York, «dachte auf meine Frage hin gut nach und entschied sich dann dafür, dass die Vorteile dieses Streits die Nachteile überwogen hätten. Es sei nötig gewesen und durch diese Debatten gelungen, mit diesem Vogel als Ikone das Bewusstsein der Menschen und der Politik zu wecken, sowohl für die bedrohten Arten als auch durch die durch schonungslose Großkahlschläge zerstörten Urwaldökosysteme.» Ein leitender Jurist der Adirondack Park Agency unterstützte diese Auffassung. In einem Land, in der eine populäre Kultur des Waldwandern und somit die unmittelbare Walderfahrung fehlen, ist offenbar eine solche Ikone nötig, um das Bewusstsein zu wecken!

95 Yaffee: Wisdom of the Spotted Owl, S. 216.

96 Ebd., S. 230: «it is surprising how long it took before the national environmental groups jumped on the old growth/owl bandwagon. The larger groups were not major players in the controversy until 1987 or so.»

97 Ebd., S. 170 ff.; Samuel P. Hays: Wars in the Woods. The Rise of Ecological Forestry in America, S. 162.

98 Dave Foreman: Confessions of an Eco-Warrior, New York 1991, S. 120.

99 Michael Williams: Americans and their forests. A historical geography, Cambridge 1989, S. 310–315.
100 Michael P. Cohen: The History of the Sierra Club 1892–1970, San Francisco 1988, S. 337 f.
101 Yaffee: Wisdom of the Spotted Owl, S. 45.
102 Ebd., S. 321: «Staff and leadership burnout, low morale, and a brain drain that looks like so many rats leaving a sinking ship can result in an organization incapable of making the very chances needed for renewal and revitalization.»
103 Chuck Leavell: Forever Green. Ein Porträt des amerikanischen Waldes, Alfeld 2004, S. 189.
104 So auch für Dixy Lee Ray: Environmental Overkill, S. 85 ff.
105 Radkau: Natur und Macht, S. 212.
106 Alan Gottlieb in der Einführung zu Ron Arnold: Ecology Wars. Environmentalism As If People Mattered, 4. Aufl. Bellevue, Washington 1993.
107 Yaffee: Wisdom of the Spotted Owl, S. 228.
108 Ebd., S. 161.
109 David Hervard: The War Against the Greens. The «Wise-Use» Movement, the New Right, and the Browning of America, Boulder, Colorado 2004, S. 79.
110 Ebd., S. 54.
111 Vgl. Ehrlich: Betrayal of Science and Reason, S. 19.
112 Yaffee: Wisdom of the Spotted Owl, S. 243: «The spotted owl issue came into full bloom at the same time that the so-called Reagan Revolution took place.»
113 Ebd., S. 141.
114 «Hier gibt es kein Nein»: So wörtlich zum Verf., 1987.
115 Joachim Radkau: Hiroshima und Asilomar. Die Inszenierung des Diskurses über die Gentechnik vor dem Hintergrund der Kernenergie-Kontroverse, in: Geschichte und Gesellschaft 14 (1988), S. 357 Anm.
116 Dagegen genehmigte die U.S. Food and Drug Administration 1994 den Einsatz eines gentechnisch hergestellten Rinderwachstumshormons (rBGH, Recombinant bovine growth hormone), das die Milchproduktion der Kühe um bis zu 20 % erhöht und unter dem Handelsnamen Polisac allein vom dem Agrargiganten Monsanto vertrieben wird. Ein Standardwerk zum «Whole Food» – dem amerikanischen Pendant zu den «Bio»-Produkten – weist auf die Absurdität dieser Innovation angesichts der «Milchschwemme» (glut of milk) hin. Evelyn Roehl: Whole Food Facts. The Complete Reference Guide, Rochester, Vermont 1996, S. 5. Evelyn Roehl war Mitbegründerin und von 1979 bis 1988 Leiterin des Food Learning Center in Seattle. Es ist charakteristisch für die USA, dass dort eine umweltfreundliche Umsteuerung der Agrarwirtschaft vor allem vom Verbraucherschutz vorangetrieben wird.
117 So der Schreiber dieser Zeilen von Klaus Traube!
118 Willi Hüsler: Konservatismus in der Verkehrspolitik: Das Schweizer Beispiel, in: Tom Koenigs / Roland Schaeffer (Hrsg.): Fortschritt vom Auto? Umwelt und Verkehr in den 90er Jahren, München 1991, S. 255, 264 f.
119 Gunter Vogt: Entstehung und Entwicklung des ökologischen Landbaus im deutschsprachigen Raum, Bad Dürkheim 2000.
120 Aus der Sicht eines Vorkämpfers der «Permakultur» im Lungau ist das übliche österreichische Bergbauerntum noch keineswegs auf der Höhe einer Wirtschaftsweise, die die von der Natur gegebenen Chancen nutzt; vgl. Sepp Holzer: Der Agrar-Rebell, 8. Aufl. Graz 2004.
121 Das betont selbst Daniel Cohn-Bendit, die längste Zeit der Star der grünen Linken: «In Frankreich gibt es die totale Bové-Verehrung. Der Bauer José Bové steht für die alimentäre Souveranität. Das ist in Frankreich sehr, sehr populär» (in: Christiane Grefe u. a.: attac, Berlin 2002, S. 203). Ein besonders aufschlussreiches Schlaglicht in die Ökologie des Ökologismus – und auf das, was in Deutschland noch nahezu fehlt!

122 José Bové/Francois Dufour: Le monde n'est pas une marchandise. Des paysans contre la malbouffe – Entretiens avec Gilles Luneau, Paris 2000; über «malbouffe»: ebd., S. 77 ff.; Interview mit Bové im «Spiegel» 26/2001, S. 132. Bové bekennt sich zwar zur naturgemäßen Landwirtschaft, jedoch ohne ökologischen Jargon.

123 Joan Thirsk: Alternative Agriculture. A History. From the Black Death to the Present Day, Oxford 1997, S. 224 f. Leider endet dieses Werk der führenden britischen Agrarhistorikerin genau dort, wo der Begriff «alternative Landwirtschaft» erst seinen heutigen Sinn bekommt: in der Öko-Ära! Erin Gill: The international aspirations of the British organic food and farming movement, Referat auf der 1. Weltkonferenz zur Umweltgeschichte in Kopenhagen, August 2009.

124 Bernhard Gill: Streitfall Natur. Weltbilder in Technik- und Umweltkonflikten, Wiesbaden 2003, S. 199; Marie-Monique Robin: Mit Gift und Genen – wie der Biotech-Konzern Monsanto unsere Welt verändert, München 2010, S. 293 f.

125 Marco Evers: «Koteletts aus dem vierten Stock. In den Niederlanden macht ein kühner Vorschlag Furore: Agrar-Visionäre planen, im Hafen von Rotterdam ein Hochhaus für Schweine, Hühner und Champignons zu bauen. Der Landwirtschaftsminister hält das Projekt für ökologisch vorbildhaft», in: «Der Spiegel» 43/2000, S. 238–241; ähnliche Ideen eines Mikrobiologen in Martin Häusler: Die wahren Visionäre unserer Zeit, München 2010, der sogar Jakob von Uexküll, den Gründer des Alternativen Nobelpreises, unter seinen Vordenkern aufführt.

126 Hutter: Öko-Bremser, S. 21; Olaf van Kooten, Professor für Gewächshausproduktion an der Landwirtschaftsuniversität Wageningen («Der Spiegel» 43/2000, S. 240): «Für die Niederländer war die ‹Wasserbomben›-Geschichte ein ungeheuerlicher Schock. Die Deutschen als unsere wichtigsten Abnehmer haben sich in kollektiver Abneigung gegen uns gestellt. Der Absatz ist dramatisch eingebrochen.» Aber nicht die Zucht in Treibhäusern als solche sei der Grund des Malheurs.

127 Auf der LVR-Tagung «Naturschutz und Kulturlandschaft» im Kloster Knechtsteden am 26./27. 5. 2010 erklärte der Landschaftshistoriker Hansjörg Küster, wenn der letzte Rest traditioneller Landwirtschaft durch Kürzung der Subventionen verschwinde, drohe der Landschaft die «Katastrophe». Heinrich Spanier, im Bundesumweltministerium für Naturschutz zuständig, hielt dagegen, eine ökonomisch funktionslos gewordene Form der Landwirtschaft künstlich durch Subventionen zu erhalten sei lächerlich: Wie in dem Rokoko-Arkadien von Versailles würden die Bauern gleichsam als Schauspieler bezahlt! Er verwies auf einen entsprechenden Artikel von Christian Schwägerl: «Das alte Mosaik von Wald, Wiese und Dorf – Wenn die Bauern keine Lebensmittel mehr produzieren, wird der ländliche Raum zur Projektionsfläche einer neuen ‹Land Art›», FAZ, 24. 8. 2004.

128 Charles E. Little: Green Fields Forever. The Conservation Tillage Revolution in America, Washington, D. C. 1986.

129 Peirce F. Lewis in Michael P. Conzen (Hrsg.): The Making of the American Landscape, New York 1990, S. 88 ff.; R. Douglas Hurt: American Agriculture. A Brief History, Ames, Iowa 1994, S. 36, 54. Neuerdings ist auch Vermont zu einem Zentrum des im Zeichen von Ökologie und «Local Food» neubelebten traditionellen Landbaus geworden; darüber Ron Krupp: Lifting the Yoke; Local Solutions to America's Farm and Food Crisis, 2. Aufl. Milton, Vermont 2010.

130 Masanobu Fukuoka: Rückkehr zur Natur. Die Philosophie des natürlichen Anbaus, Darmstadt 1987, S. 27 ff.

131 Das ist der Hauptgegenstand der Habilitationsschrift von Frank Uekötter: Die Wahrheit ist auf dem Feld. Eine Wissensgeschichte der deutschen Landwirtschaft, Göttingen 2010.

132 S. vorige Anm.

133 Als ich mit einem alten Bauern, der auf seinem eigenen Hof die Rationalisierungswelle der Nachkriegsjahrzehnte mitgemacht hatte, einen Biobauernhof besichtigte, gestand er mir mit Tränen in den Augen, genau dies hätte auch er am liebsten gehabt;

aber dazu hätte er eine andere Frau gebraucht – ohne eine gleichgesinnte Bäuerin sei die Umstellung auf Biolandbau unmöglich.

134 Der Landschaftsökologe Michael Machatschek, der einen Kärntner Bergbauernhof bewirtschaftet und mehrere Bücher zu Elementen der traditionellen Agrarlandschaft publiziert hat, schickte mir ein Manuskript «Der Ökolandbau kappt seine Wurzeln», in dem er feststellt: «Auf dem Papier klingt der Verzicht auf synthetische Kunstdünger und Spritzmittel fantastisch. Allerdings kann man mit den hofeigenen organischen Düngern auch das Grünland kaputtwirtschaften und Böden unter dem Druck der Maschinen stark verdichten. Die Pflanzengesellschaften bestätigen zwischen konventioneller und ökologischer Arbeitsweise keinen Unterschied.»

135 Karl Ludwig Schweisfurth: Wenn's um die Wurst geht. Gedanken über die Würde von Mensch und Tier – Autobiographie, o. O. 1999, S. 259 f.

136 Das ist ein wichtiger Hinweis bei Mieke Roscher: Ein Königreich für Tiere, S. 292.

137 Vgl. dazu die Streitschrift des wissenschaftlichen Geschäftsführers der Schweisfurth-Stiftung Manuel Schneider: Mythen der Landwirtschaft. Argumente für eine ökologische Agrarkultur. Fakten gegen Vorurteile, Irrtümer und Unwissen, 2. Aufl. Bad Dürkheim 2001, S. 43 ff. Korrekterweise weist er darauf hin (S. 45), dass auch Öko-Betriebe «keinen hundertprozentigen Schutz vor BSE» bieten.

138 Roland Scholz / Sievert Lorenzen: Phantom BSE-Gefahr. Irrwege von Wissenschaft und Politik im BSE-Skandal, o. O. (Innsbruck) 2005, S. 62.

139 Schneider: Mythen der Landwirtschaft, S. 43, 44.

140 Encyclopedia of World Environmental History, Bd. 1, S. 316 (Raymond Pierotti).

141 Roland Scholz (vormals Institut für Biochemie und Zellbiologie der Universität München): Eine Ansteckung mit BSE grenzt an ein Wunder, in: ders. / Lorenzen: Phantom BSE-Gefahr, S. 152.

142 Vgl. etwa die auch in Deutschland als wegweisend gerühmte, vom Geist von Rio 1992 erfüllte Studie der Friends of the Earth Netherlands: Sustainable Netherlands; deutscher Untertitel: Aktionsplan für eine nachhaltige Entwicklung der Niederlande, Frankfurt (Institut für sozial-ökologische Forschung) 1993, S. 159 ff. Realistischerweise gibt die Studie zu erkennen, dass die Umstellung auf Nachhaltigkeit kein reines Win-win-Spiel ist; so werde «ein erheblicher Teil der Viehzüchter zweifellos Einkommensverluste hinnehmen müssen», eine für die von der Viehhaltung dominierte Landwirtschaft der Niederlande bittere Wahrheit. Die gesamte Studie argumentiert streng von ökologischen Imperativen her, nicht von Handlungsmöglichkeiten der Landwirte.

143 Scholz: Eine Ansteckung mit BSE grenzt an ein Wunder, S. 151.

144 Sievert Lorenzen: BSE – Wie das Rind dem Wachstumswahn geopfert wird, in: ebd., S. 134.

145 Bergstedt: Agenda, Expo, Sponsoring, S. 32, 252, 39, 249 ff.

146 Mitchell / Stallings (Hrsg.): ecotactics, S. 109.

147 Commoner: The Closing Circle, S. 10. Sein Biograph Michael Egan stellt dieses Wort als Motto über das Kapitel, das vom Earth Day und der Umwelt-Revolution von 1970 handelt (Egan: Commoner, S. 109).

148 Vgl. Chris Rootes: Britain – Greens in a cold climate, in: ders. / Dick Richardson (Hrsg.): The Green Challenge. The development of Green parties in Europe, London 1995, S. 66 ff. Rootes in ders. (Hrsg.): Environmental Protest in Western Europe, Oxford 2003, S. 38 über England: «With the exception of animal rights protest, violent action was notable by its absence.»

149 Die folgenden Ausführungen stützen sich vor allem auf die exzellente Dissertation von Mieke Roscher: Ein Königreich für Tiere. Die Geschichte der britischen Tierrechtsbewegung, Marburg 2009. Es handelt sich auch im internationalen Vergleich um eine der gründlichsten und anregendsten Arbeiten zu einer einzelnen Bewegung. Außerdem Robert Garner: Animals, politics and morality, Manchester 1993;

Rachel Monaghan: Animals Rights and Violent Protest, in: Terrorism und Political Violence, vol. 9, No. 4 (Winter 1997), S. 106–116.

150 Roscher: Königreich für Tiere, S. 294 f.

151 Ebd., S. 417.

152 Ebd., S. 102 ff.

153 Ebd., S. 392.

154 Monaghan: Animal Rights and Violent Protest, S. 109 ff.

155 Roscher: Königreich für Tiere, S. 302.

156 Ebd., S. 335, 420 ff., 514.

157 Ebd., S. 429.

158 Ebd., S. 337.

159 Ebd., S. 264 f.

160 FAZ, 24. 6. 1996 = Dok. 9 in Greenpeace (Hrsg.): Brent Spar und die Folgen. Er setzte freilich hinzu: «Das ist nicht wichtig, solange solche Leute die grüne Bewegung nicht beherrschen.»

161 Roscher: Ein Königreich für Tiere, S. 286.

162 Ebd., S. 323: «Die militanten Gruppen zogen sich fast gänzlich aus den Versuchen parlamentarischer Beeinflussung zurück.»

163 Ebd., S. 321.

164 Die Erklärungen von Mieke Roscher (ebd., S. 518 ff.) erscheinen mir großenteils als zu allgemein. In diesem Punkt dürfte man nur durch den Vergleich mit anderen Ländern weiterkommen.

165 Ebd., S. 290.

166 Ebd., S. 293.

167 Rootes: Environmental Protest in Western Europe, S. 38.

168 Ebd., S. 33, 44 ff.

169 Die Encyclopedia of World Environmental History (Bd. 1, S. 54, Carol J. Adams) bemerkt lakonisch: «The relationship between environmental activism and animal rights is vexed.»

170 David McTaggart: Rainbow Warrior. Ein Leben gegen alle Regeln. Die Autobiographie des Greenpeace-Gründers, München 2001, S. 268.

171 Am öffentlichkeitswirksamsten Jeremy Rifkin: Das Imperium der Rinder, Frankfurt 1994 (engl. 1992), vor allem S. 167 ff. und 191 f., bei Methan mit Hinweis auf Fred Pearce: Methane: The Hidden Greenhouse Gas, in: New Scientist, 6. 5. 1990. Der Methan-Alarm hat sich seither noch erheblich verstärkt!

172 Zit. n. Robert Lawlor: Am Anfang war der Traum: Eine Kulturgeschichte der Aborigines, München 1993, S. 158, der diesen «unsäglichen» Vorschlag als abschreckendes Beispiel «einäugiger» Globalplanung erwähnt.

173 Eine Bekannte des Verfassers, die auf dem Dorf lebt, machte als Leiterin einer biologischen Station den Jagdschein, weil sie über die Jägerei am ehesten jene Bauern erreichte, die ein Herz für den Naturschutz hatten. Sie brachte es jedoch nicht über sich, ein Tier zu erschießen.

174 Zum Trost immerhin: Noch viel erfolgreicher allerdings war «Mein braunes Buch» von 1906, das Naturerzählungen ohne Schießkünste enthielt. Thomas Dupke: Hermann Löns – Mythos und Wirklichkeit, Hildesheim 1994, S. 84.

175 Dazu schreibt Henry Makowski (28. 7. 2010 an Verf.): «Löns selbst hat nie einen Rothirsch oder ein Wildschwein erlegt. ... Er hatte noch nicht einmal ein eigenes Gewehr.»

176 Hermann Löns: Mein grünes Buch, 10. Aufl. Hannover o. J. S. 65 f. (Am Fuhrenkamp).

177 Vgl. «Der Spiegel» 38/1960, S. 83 ff. Ebd., S. 84: «Wohin es nämlich führt, wenn in Afrika kein Schuß mehr fällt und das von Grzimek propagierte Tierparadies verwirklicht wäre, demonstrierte Makowski sehr eindringlich am Flußpferd-Problem im Queen-Elizabeth-Nationalpark (Uganda). In diesem Park, in dem absolutes

Abschußverbot besteht, haben sich die Flußpferde so rapide vermehrt, daß die natürlichen Weidegründe ... nicht mehr ausreichen. Die Tiere verwüsten den Boden, zertrampeln die Grasnarbe und vernichten damit die Lebensgrundlage für das andere Wild.» 37 Jahre später Makowski: Nationalparke in Deutschland, S. 28: «Hatte nicht Deutschlands St. Bernhard I., Frankfurter Zoodirektor und TV-Star, seine Gemeinde mit Daten über Tiere gefüttert, die nicht der Wirklichkeit entsprachen? Statt der von ihm angegebenen Zahl der Tiere von 376 000 im Nationalpark der Serengeti gab es zur Zeit seiner Zählungen schon über eine Million.»

178 Henry Makowski zum Verf., 8. 6. 2000. Grzimek selbst schweigt in seinen Memoiren (Auf den Mensch gekommen – Erfahrungen mit Leuten, München 1974) über Makowski; über die an ihm 1959/60 geübte Kritik ebd., S. 316 ff.

179 Vgl. das Interview mit ihm aus Anlass seines 80. Geburtstages in «Wild und Hund» 24/2007, S. 40–42. An der diplomatischen Ausdrucksweise, die sonst nicht sein Stil ist, merkt man immerhin, dass die Beziehung zwischen Jagd und Naturschutz in der deutschen Öffentlichkeit heikel geworden war!

180 Matt Cartmill: Tod im Morgengrauen. Das Verhältnis des Menschen zu Natur und Jagd (aus dem Engl.), Zürich 1993, S. 197: Saltens «Bambi» strahle «die kalte Aura eines Schopenhauerschen Pessimismus ab». Aber natürlich auch das Schopenhauer'sche Mitleiden mit den Tieren. Ein «grimmiger Ernst» habe sich selbst der Drehbuchschreiber Walt Disneys bemächtigt (S. 207), was etwas heißen will.

181 Horst Stern (Hrsg.): Rettet den Wald!, München 1979, S. 25 f. Diese Kritik wird in den anderen, meist von Forstwissenschaftlern verfassten Beiträgen des Bandes nur verhalten aufgenommen, bezeichnenderweise: Jagdschäden sind unter Forstleuten ein Thema, das man ungern an die Öffentlichkeit bringt.

182 Wilhelm Bode/Martin von Hohnhorst: Waldwende. Vom Försterwald zum Naturwald, vor allem S. 41 ff., 127 ff.; Wilhelm Bode/Elisabeth Emmert: Jagdwende. Vom Edelhobby zum ökologischen Handwerk, 2. Aufl. München 1998.

183 Treffend Horst Stern in seinem «Offenen Brief an den Jäger Walter Scheel», den damaligen (1975) Bundespräsidenten: «Man hatte die Jagd so sehr im Halbdunkel der Zunftriten und der Tiermythologie gehalten, daß nichtjagenden Politikern, Parlamentariern und Beamten der Mut fehlte, ihr dreinzureden. Die Jagd war eine geschlossene Gesellschaft.» Mehr oder weniger ein Tabu ist die Bedeutung der Jägerei für den Naturschutz auch in der neueren Literatur zur Naturschutzgeschichte; dazu der kritische Artikel Henry Makowskis zu dem Jubiläumsband des Bundesamtes für Naturschutz in: «Wild und Hund», 24/2006, S. 40–45 («Was das Bundesamt verschweigt – Was haben Jäger für den Naturschutz bewirkt? Ein historisch unbewältigtes Thema zum 100. Jubiläum des staatlichen Naturschutzes»).

184 Mitt. von Charlotte Tacke (10. 12. 2001), die über vergleichende italienisch-deutsche Jagdgeschichte forscht. Auch dies ist nicht mehr unangefochten; dazu Sergio Della Bernardina: L'invention du chasseur écologiste: Un example italien, in: Terrain 13 (1989), S. 130–139. In einem «processus de création mythique collective» sei eine mit der Natur in perfekter Harmonie befindliche Jagd erfunden worden, als handele es sich dabei um eine alte Tradition. Ich verdanke dieses Hinweis Antoine Acker.

185 Mario Diani und Francesca Forno in: Rootes (Hrsg.): Environmental Protest in Western Europe, S. 137, 149.

186 Richardson/Rootes (Hrsg.): The Green Challenge, S. 183.

187 Bess: Light-Green Society, S. 137.

188 Hierfür und für die folgenden Ausführungen zum französischen Jagdkonflikt Antoine Acker: Jagdkrise und Jägerbewegung in Frankreich seit den 70er Jahren. Die Geschichte einer antiökologischen Massenbewegung?, Magisterarbeit, Universität Bielefeld 2007. Acker stützt sich besonders auf Dominique Darbon: La crise de la chasse in France: la fin d'un monde, Paris 1997; Céline Vivent: Chasse Pèche Nature et Traditions entre écologisme et poujadisme? Socio-anthropologie d'un mouvement des campagnes, Caen 2005.

189 Das ist die These von Céline Vivent (s. vorige Anm.).

190 Seinerzeit bahnbrechender Sammelband: Hugh Davis Graham/Ted Robert Gurr (Hrsg.): Violence in America. Historical and Comparative Perspectives, revised edition, Beverly Hills 1979. Die erste Fassung war 1969 in Erwartung einer Welle von Gewalt als Ausfluss der Protestbewegung gegen den Vietnamkrieg und rassische Diskriminierung entstanden; die Neuausgabe von 1979 zeigt in ihren Postskripten Erleichterung darüber, dass diese Gewaltwelle nicht gekommen ist. So mit einem Hauch von 68er-Nostalgie Robin Brooks: Domestic Violence and America's Wars – An Historical Interpretation, im Epilog zehn Jahre nach 1969 (ebd., S. 319): «Looking back to the end of the 1960s a decade later, I am struck by how ephemeral the threat of revolution was. At the time it seemed real enough, and scholars were certainly affected by the rhetoric of radical hopes and conservative fears. But how swiftly has real disaffection, expressed as violent action justified by the delegitimization of dominant institutions and values, been transposed into public truce and private selfishness.»

191 Dirk Schumann: Gewalt als Grenzüberschreitung. Überlegungen zur Sozialgeschichte der Gewalt im 19. und 20. Jahrhundert, in: Archiv für Sozialgeschichte 37 (1997), S. 366 ff.

192 Wilhelm Hennis: Max Webers Fragestellung, Tübingen 1987.

193 Der Amerikaner Michael Bess bemerkt in seinem Buch über den französischen *environmentalism* (The Light-Green Society, S. 136), nach den heftigen Kämpfen auf den Reaktorbauplätzen «one of the distinguishing features of the French greens, as compared with those of many other nations, lay in their relative moderation, both in ideology and in concrete practice». Aber Christopher Rootes bemerkt ganz Ähnliches über die britische Umweltbewegung, die Tierrechtler ausgenommen; die Gewaltfreiheit ist durchaus kein Spezifikum der französischen Grünen!

194 Bernhard Knappe: Das Geheimnis von Greenpeace. Die andere Seite der Erfolgsstory, Wien 1993, S. 29. Bei einer Exkursion mit Studenten nach Hamburg zu Greenpeace Deutschland am 7. 7. 2006 verriet uns die Pressesprecherin Svenja Koch, die größte Gefahr seien freundliche Werkschutzleute, die den hungrig und verfroren auf dem Posten ausharrenden Regenbogenkämpfern frisch gebrühten Kaffee und warme Hörnchen anbieten! Der Chemiker Michael Braungart allerdings, der als Regenbogenkämpfer von Greenpeace auf den Schornstein von Ciba-Geigy geklettert war, ließ es sich gefallen, dass der Firmenchef Anton Schaerli die vom Schornstein herabgestiegenen Aktivisten mit Blumen und heißer Suppe empfing. «Es ergab sich daraus eine ganze Serie von Gesprächen mit dem Ciba-Geigy-Vorstand.» Braungart/McDonaugh: Einfach intelligent produzieren, S. 28. Über das Umdenken der Unternehmensspitze von Ciba-Geigy nach dem Großbrand von 1986, der einiges von den Risiken der Chemie offengelegt hatte, Martin Forter: Farbenspiel. Ein Jahrhundert Umweltnutzung durch die Basler chemische Industrie, Zürich 2000, S. 414 ff. («Ciba-Geigy und ökologische Chemie im Sinne der ‹beginning- of-the-pipe›-Ansätze: Der Versuch, aus den Verhaltensmustern einer Branche auszubrechen»).

195 Vgl. Christopher Rootes (Hrsg.): Environmental Protest in Western Europe, Preface to the Paperback Edition, S. VII.

196 Inaki Barcena u. a.: The Basque Country, in: ebd., S. 205, 210.

197 «The Sun», Dec. 2005, S. 6.

198 Paul Watson jedoch wusste dieses Kompliment seines Feindes, wie es scheint, nicht zu würdigen und gab das ihm gewidmete Buchexemplar in den Ramsch – wo ich es zu einem lächerlichen Preis erstand! Dieses Schnäppchen gehört zu den Heureka-Erlebnissen, die mir bei diesem Kapitel die Augen öffneten. Dass Ron Arnold einen Paul Watson schätzt, gibt Grund zum Zweifel an der positiven Wirkung von Watsons brachialen Methoden: Damit lieferte er der Gegenseite genau das Feindbild, das sie brauchte!

199 McTaggart: Rainbow Warrior, S. 205 ff.
200 Watson: Ocean Warrior, S. 26.
201 Richard Ellis: Mensch und Wal. Die Geschichte eines ungleichen Kampfes, München 1993 (amerikan. 1991), S. 396 ff. Auf die dortige Darstellung, zusammen mit den Memoiren Watsons, stützen sich auch die folgenden Ausführungen.
202 Captain Paul Watson: Ocean Warrior. Mein Kreuzzug gegen das sinnlose Schlachten der Wale, München 1995, S. 137. Gerhard Wallmeyer (7. 12. 2010 zum Verf.): Wo Paul Watson auf den Weltmeeren auftauche, halte Greenpeace sich fern, da Watson den Regenbogenkämpfern durch seine ungehemmte Militanz die Show klaue!
203 Ellis: Mensch und Wal, S. 418; «Neue Westfälische», 19. 1. 2008 («Chaos auf hoher See»).
204 Bernhard Knappe: Das Geheimnis von Greenpeace, Wien 1993, S. 175.
205 Paul Watson: An Open Letter to Norwegians, in: Sea Shepherd Log, 1993/1, S. 5 ff.
206 Ebd., S. 16.
207 Ebd., S. 44.
208 Watson: Ocean Warrior, S. 31.
209 Ebd., S. 48.
210 Ebd., S. 111.
211 Ebd., S. 119.
212 Ebd., S. 113. Der Greenpeace-Aktivist und Meeresbiologe Thilo Maack, der seit 2001 als Beobachter von Greenpeace an den Treffen der Internationalen Walfang-Kommission teilnimmt, weist darauf hin, dass der japanische Walfang längst sein ökonomisches Motiv verloren hat: «In Japan liegen über 4000 Tonnen Walfleisch ungenutzt in Kühlhäusern.» Nur dank staatlicher Subventionen werde der Walfang fortgesetzt. Japan befürchte beim Nachgeben «einen Gesichtsverlust, eine tiefe Verletzung in den Augen der japanischen Volksseele». («Neue Westfälische», 2. 10. 2010) Diese Trotzhaltung konnte durch Watsons Aktionen bestärkt werden!
213 Douglass F. Rohrman: Environmental Terrorism, in: Frontiers in Ecology and the Environment 2/2004, S. 332.
214 David Rothenberg: Have a Friend for Lunch: Norwegian Radical Ecology Versus Tradition, in: Taylor (Hrsg.): Ecological Resistance Movements, S. 217 f.
215 Ebd., S. 212.
216 Ebd., S. 201.
217 Hutter: Die Öko-Bremser, S. 161 f.
218 Gro Harlem Brundtland: Madam Prime Minister. A Life in Power and Politics, New York 2002.
219 In dem 800-Seiten-Handbuch «The Princeton Guide to Ecology» (2009) kommen zwar die Wölfe vor, deren Wiedereinführung in den Yellowstone-Nationalpark 1995 in einer ökologischen Kettenreaktion die Biodiversität erhöhte (ebd., S. 699), nicht jedoch die Wale. Da die Weltmeere noch unvergleichlich viel mehr *terra incognita* in sich bergen als die amerikanischen Nationalparke, mag es gut sein, dass die Wale mit ihrem kolossalen Fischkonsum eine Bedeutung für die Meeresökologie besitzen, die wir nicht ahnen!
220 Mark Kurlansky: Kabeljau – Der Fisch, der die Welt veränderte, München 1999, S. 181 ff.
221 Max Nicholson: The New Environmental Age, Cambridge 1987, S. 140 f. Dass man die Meeresressourcen nur erhalten könne, indem man das Meer «tranchiere», war schon in den 1920er Jahren die Auffassung von Paul Sarrasin, einer führenden Gestalt des damaligen internationalen Naturschutzes (Mitt. von Anna Wöbse).
222 Kai Kaschinski: Waterworld. Über die Bedeutung der Meerespolitik für das Nord-Süd-Verhältnis, in: Verein für Internationalismus und Kommunikation (Hrsg.): Wem gehört das Meer?, Bremen 2009, S. 8.
223 Gerald Hau/Claus-Peter Hutter: Nördliche Sporaden – Natur zwischen Inseln und Meer, Überlingen 1997 (= im Folgenden Hau/Hutter I), S. 121, 139; die folgenden

Ausführungen gründen sich auf dieses Büchlein sowie auf dessen Neuausgabe: Claus-Peter Hutter/Gerald Hau (Hrsg.): Ägäis: Nördliche Sporaden. Natur entdecken und erleben, Radolfzell o. J. (2002) (= Hau/Hutter II); Hutter u. a.: Die Öko-Bremser, S. 25–30; euronatur Heft 2/2007 (20 Jahre Euronatur) S. 24 f. («Fischer schützen Mönchsrobben»); dazu eigene Recherchen in den Unterlagen bei dem Vorsitzenden des ECMA auf Alonnisos, Yannis Vlaikos, im September 2006.

224 John Cronin/Robert F. Kennedy jr.: The Riverkeepers, New York 1997, S. 40 ff.

225 Maria Kousis auf der Basis umfangreicher Forschungen zu Umweltinitiativen in Griechenland: «As in other southern European countries that emerged from dictatorial regimes in the early 1970s, environmental protest in Greece was strongly marked by the presence of community-based groups.» In: Rootes (Hrsg.): Environmental Protest in Western Europe, Oxford 2003, S. 131.

226 Hau/Hutter II, S. 31. Dass es auch den Nationalpark-Rangern oft nicht gelang, die auswärtigen Fangschiffe rechtzeitig zu entdecken und zu vertreiben, stellte «die Kooperationsbereitschaft (der lokalen Fischer) auf eine schwere Probe». Euronatur 2/2007, S. 24.

227 Als ich im September 2006 mit Yannis Vlaikos auf Alonnisos wanderte, war ganz unverkennbar, dass er bei seinem Engagement in der ECMA durch eine vielfältige Naturliebe und auch Wertschätzung dortiger traditioneller Kultur motiviert war. Sein Wunschtraum war die Wiederbelebung des bis auf die antike Polis zurückreichenden kommunalen politischen Sinns der Griechen, umso mehr, als der heutige griechische Staat nur wenig Vertrauen genießt. Aber auch die byzantinische Kultur der Athos-Mönche war aus seiner Sicht in ihrem sensiblen Umgang mit der Umwelt vorbildlich. Seine private Bibliothek war voller historischer Bücher.

228 Ganz uneigennützig scheinen seine Beweggründe nicht gewesen zu sein. Bei Yannis Vlaikos entdeckte ich einen Brief Schultze-Westrums an einen Rechtsanwalt des Athos-Klosterstaats, vom 12. 9. 1992, in der er seinen Wunsch äußerte, in der Tradition der Athos-Wächter künftig alle verderblichen Einflüsse von den Inseln des Nationalparks fernzuhalten. «The islands will be used as a retreat for myself in order to meditate and to write.»

229 Wie ich in seiner Korrespondenz entdeckte, hasste Schultze-Westrum gleichwohl die dort auf großen Flächen zur Holzgewinnung kultivierte Aleppokiefer – die mit ihrem noch im Hochsommer leuchtend hellen Grün die Touristen entzückt – als die «egoistischste» aller Baumarten, da sie keinen Humus produziere.

230 Hau/Hutter II, S. 32.

231 Mike Liebscher: Griechenland – Naturreiseführer, Münster 2003, S. 420 ff.

232 Hau/Hutter I, S. 83.

233 Hutter: Öko-Bremser, S. 26 f.

234 Gretchen C. Daily/Katherine Ellison: The New Economy of Nature. The Quest to Make Conservation Profitable, Washington, D. C. 2002, S. 158.

235 Samuel P. Hays (War in the Woods, Pittsburgh 2007, S. 159 ff.) spricht sogar für die Präsidentenschaft des älteren Bush von einer «Anti-environmental Revolution», obwohl dieser im Vergleich zu der Präsidentenzeit seines Sohnes aus der Rückschau wie ein gemäßigter Umweltfreund wirkt.

236 Dave Foreman: Confessions of an Eco-Warrior, New York 1991, S. 4 f.

237 «The Sun», Dec. 2005, S. 8, Foreman zu einem Interviewer: «In 1970, when I first got involved into conservation» – immer wieder 1970 als Zäsur! – ‹ «population growth was at the top of everybody's list. Now there are twice as many people in the world, and we pretend the problem doesn't exist. Even the Sierra Club doesn't talk about overpopulation anymore; it's too controversial.»

238 «The Sun», Dec. 2005, S. 6: «Foreman has read and digested more books on wilderness and the environment than perhaps anyone alse alive.»

239 Encyclopedia of World Environmental History, Bd. 1, S. 357 (Rik Scarce).

240 Foreman: Confessions of an Eco-Warrior, S. 173 f.

241 Ebd., S. 119.
242 Ebd., S. 132. Kommentar meiner im Buddhismus bewanderten Frau, Orlinde Radkau: «Der kennt sich aus.» Als pure Parodie auf den Buddhismus sei das Zitat nicht zu verstehen, eher als Mischung von Scherz und Ernst.
243 Bron Taylor: Religion, Violence and Radical Environmentalism: From Earth First! To the Unabomber to the Earth Liberation Front, in: Terrorism and Political Violence, Vol. 10, No. 4 (Winter 1998), S. 6; «The Sun», Dec. 2005, S. 4.
244 Encyclopedia of World Environmental History, Bd. 1, S. 357 f. (Rik Scarce).
245 So die «Endorsements» auf dem rückwärtigen Einband von Foreman: Confessions of an Eco-Warrior.
246 Encyclopedia of World Environmental History, Bd. 1, S. 357.
247 «The Sun», Dec. 2005, S. 6.
248 Roscher: Ein Königreich für Tiere, S. 287 f., 386. In Mieke Roschers Darstellung spielt Earth First! jedoch nur eine marginale Rolle.
249 Foreman: Confessions of an Eco-Warrior, S. 172.
250 Ebd., S. 175.
251 Ganz ernst nimmt Jutta Ditfurth diese Parole (dies.: Entspannt in die Barbarei. Esoterik, (Öko-)Faschismus und Biozentrismus, Hamburg 1996, S. 129), die auch in diesem Fall mit Faschismuszuweisungen großzügig umgeht und – offenbar ohne Sinn für Naturpoesie – in dem Aufruf Foremans «Träume den Bison zurück, sing den Schwan herbei» nichts als «Gebrabbel» erkennt (ebd., S. 132).
252 Allein 2002 zweimal «Water Wars: Vandana Shiva: Water Wars: Privatization, Pollution and Profit, Cambridge, Mass. 2002; Diane Raines Ward: Water Wars: Drought, Flood, Folly, and the Politics of Thirst, New York 2002. Samuel P. Hays: Wars in the Woods: The Rise of Ecological Forestry in America, Pittsburgh 2007.
253 Radkau: Natur und Macht, S. 109.
254 Klassische Untersuchungen dazu von Clifford Geertz in Indonesien; dazu Radkau: Natur und Macht, S. 121–125.
255 Selbst der Überblick in dem im Auftrag des Essener Asienhauses herausgegebenen 460-Seiten-Sammelband (Thomas Hoffmann [Hrsg.]: Wasser in Asien – Elementare Konflikte, Osnabrück 1997) – der derzeit umfangreichste in deutscher Sprache zum Thema – ist bei Weitem nicht vollständig. Besonders aktuelle und informative geographische Schaubilder enthält David Blanchon/Aurélie Boissière: Atlas mondial de l'eau – De l'eau pour tous?, Paris 2009; ebd., S. 66–69, Überblick über die jahrzehntelange internationale Konferenzkultur zu Fragen der Wasserverteilung: Auch hier ist Stockholm 1972 epochal.
256 «Le Monde diplomatique» zufolge 2007 sogar fünfmal so hoch: Atlas der Globalisierung spezial: Klima, Berlin 2008, S. 24 (Rafael Kempf).
257 Alon Tal: Pollution in a Promised Land. An Environmental History of Israel, Berkeley 2002, S. 334. Dieser 550-Seiten-Band steht innerhalb der sonst spärlichen Literatur zur israelischen Umweltgeschichte einzig da; sein Verfasser ist Gründer des Arava Institute for Environmental Studies in wüstenhafter Umgebung und gilt als führender Kopf der kleinen israelischen Umweltbewegung (Carmit Lubanov an Verf., 17. 7. 2005). Gerade weil er aus seiner Verbundenheit mit dem Zionismus keinen Hehl macht, verdient seine objektive Darstellung des diskriminierenden Umgangs mit den Palästinensern besondere Beachtung.
258 Ebd., S. 356.
259 Ebd., S. 357.
260 Ebd., S. 347 ff.
261 Ebd., S. 410; ähnlich zu mir der israelische Historiker Moshe Zimmermann (Sept. 2008).
262 Ebd., S. 427.
263 Ebd., S. 409.
264 Ebd., S. 365.

265 Ramachandra Guha: The Unquiet Woods. Ecological Change and Peasant Resistance in the Himalaya, Oxford 1989, S. 156, unter Berufung auf einen Artikel von Sunderlal Bahaguna, dem geistigen Führer der Chipko-Bewegung, vom 4. 10. 1970: «The 1970 flood marks a turning-point in the ecological history of the region.» Erst damals hätten die betroffenen Dorfbewohner den Zusammenhang zwischen Abholzung, Erdrutschen und Überschwemmung deutlich erkannt. Ob das wirklich erst damals der Fall war, sei dahingestellt (vgl. auch Guha, ebd., S. 168) – die Quellen für das frühere Umweltbewusstsein von Bauern sind dürftig –, aber deutlich wird, dass 1970 der Zeitpunkt war, wo man diesen Konnex wirkungsvoll in der Öffentlichkeit zur Verteidigung der alten Dorfrechte am Wald ausspielen konnte.

266 Vandana Shiva: Das Geschlecht des Lebens. Frauen, Ökologie und Dritte Welt, Berlin 1989, S. 88; Alok Kumar Ghosh: State Versus People: The Indian Experience of Environmentalism, in: Ranjan Chakrabarti (Hrsg.): Situating Environmental History, Manohar 2007, S. 66 ff.

267 Ramachandra Guha: How Much Should a Person Consume? Environmentalism in India and the United States, Berkeley 2006, S. 118 f.

268 Maria Mies: Indische Frauen zwischen Unterdrückung und Befreiung, 2. Aufl. Frankfurt 1986, S. 271 f.

269 Guha: Unquiet Woods, S. XI.

270 So auch Guha, ebd., S. 116, der allerdings diese Brandstiftungen zu rationalisieren sucht: Die Bauern hätten nur solche Wälder angezündet, die allein im kommerziellen Interesse, ohne Nutzen für die Dorfleute aufgeforstet worden seien. Aber Brandstiftungen sind nicht leicht zu rationalisieren; Gegenargumente bei Ajay Skaria: Hybrid Histories. Forests, Frontiers and Wildness in Western India, Delhi 1999, S. 275 mit Fn.

271 Vgl. dazu Guha: Unquiet Woods, S. 173.

272 Shiva: Geschlecht des Lebens, S. 81; breiter ausgeschmückt bei Ludmilla Tüting: Umarmt die Bäume. Die Chipko-Bewegung in Indien, Berlin 1983, S. 16 ff. Dort auf dem Cover sieht man noch Sunderlal Bahaguna, den geistigen Führer der Chipko-Bewegung, wie er einen Baum umarmt, dagegen vier Jahre darauf – ikonographische Feminisierung des Chipko-Mythos! – eine Frauengruppe beim Umarmen eines Baumes: Ludmilla Tüting (Hrsg.): Menschen, Bäume, Erosionen. Kahlschlag im Himalaya. Wege aus der Zerstörung, Löhrbach 1987, S. 33.

273 Das anerkennt auch Guha: Unquiet Woods, S. 175.

274 Richard Tucker zum Verf., März 2007.

275 Haripriya Rangan: Of Myths and Movements. Rewriting Chipko into Himalayan History, London 2000, S. 164 ff. Diese Entmythologisierung der Chipko-Bewegung gründet sich freilich auf die Prämisse, dass «Entwicklung» und Modernisierung etwas Wünschenswertes seien, das von der Mehrheit jener Region erstrebt werde.

276 Udo Gümpel: «Sündenfall am Amazonas», in: «Die Zeit», 22. 5. 1992.

277 Doyle: Environmental Movements in Majority and Minority Worlds, S. 18; auch S. 64. Marites Danguilan Vitug: The politics of logging in the Philippines, in: Philip Hirsch/Carol Warren (Hrsg.): The Politics of Environment in Southeast Asia, London 1998, S. 127: In Rebellengebieten pflegte die kommunistische *New People's Army* von den Holzfirmen «revolutionäre Steuern» zu erheben. Wenn diese die Schutzgelder verweigerten, zerstörten die Guerillas die Ausrüstungen der Holzfäller. Natürlich wurden die Kommunisten dadurch zu keiner Waldschutzbewegung; stattdessen gewinnt man den Eindruck, dass erst durch den Niedergang des Kommunismus in der politischen Protestszene ein Vakuum entstand, das von stärker umweltorientierten Bewegungen besetzt werden konnte.

278 «Conservatism and corruption marked the system by which the navy received and used its timber», beginnt schon Albion kurz und hart sein Kapitel über die Holzbeschaffung der Navy bis ins 19. Jahrhundert. Robert G. Albion: Forests and Sea Power. The Timber Problem of the Royal Navy 1652–1862, Cambridge 1926. Über vergleichbare «patron-client links» im Holzgeschäft Südostasiens bis in die Gegen-

wart Peter Dauvergue: Shadows in the Forest. Japan and the Politics of Timber in Southeast Asia, Cambridge, Mass. 1997, S. 8 und passim.

279 Jörg Becker: Papiertechnologie und Dritte Welt, Eschborn 1986, S. 7.

280 Bruno Manser: Stimmen aus dem Regenwald. Zeugnisse eines bedrohten Volkes, Bern 1992, S. 78.

281 So Norbert Kostede in «Die Zeit», 24.4.1992, S. 8.

282 Zu Rio Philippa England: UNCED and the implementation of forest policy in Thailand, in: Philip Hirsch (Hrsg.): Seeing Forests for Trees. Environment and Environmentalism in Thailand, Chiang Mai 1997, S. 53–71.

283 Aus diesem Grund suchte Knut Sturm, damals Forstexperte von Greenpeace, diese Organisation, wie er mir im November 1993 auf dem damaligen Mainauer Gespräch «Wozu braucht der Mensch den Wald?» berichtete, von ihrer Kampagne zum Tropenholzboykott abzubringen. Als der anwesende Bruno Manser bei dem gleichen Gespräch gefragt wurde, was wir Deutschen für den Tropenwald tun könnten, und der Frager vermutlich eine Aufforderung zur Teilnahme an der Boykottkampagne erwartete, erwiderte Manser schlicht, unser Ziel sollte sein: «Der deutsche Wald den Deutschen.» Implizit also, wie es scheint, ein Rat zur Zurückhaltung bei den öffentlichen Boykottaufrufen. In seinem Buch (S. 253 ff.) berichtet er von der internationalen Boykottkampagne und zeigt sogar ein Foto (S. 246), auf dem holländische Aktivisten zur Brandmarkung der Japaner einen schweren Baumstamm auf ein Mitsubishi-Auto (allerdings mit niederländischem Kennzeichen) donnern lassen; aber die am Schluss stehende Erklärung von Greenpeace Schweiz und WWF Schweiz (S. 297) enthält keinen Boykottaufruf, stattdessen die Forderung: «Für Tropenwaldprodukte wie Holz, Rattan, Gummi, Kakao, Nüsse etc. müssen höhere, realistische Preise bezahlt werden.»

284 Norbert Kostede in: «Die Zeit», 24.4.1992, S. 8.

285 Dirk Maxeiner/Michael Miersch: Öko-Optimismus, Düsseldorf 1996, S. 230, 227.

286 Ruedi Suter: Bruno Manser. Die Stimme des Waldes, Oberhofen am Thunersee 2005, S. 205 f. Auch Manser selbst (Stimmen aus dem Regenwald, S. 27 f.) erwähnt, dass die Affen zur Ernährung der Penan gehören.

287 England: UNCED, S. 57.

288 Dauvergne: Shadows in the Forest, S. 171; Küchli: Wälder der Hoffnung, S. 166.

289 England: UNCED, S. 61.

290 Michael Leigh: Political Economy of Logging in Sarawak, Malaysia, in: Hirsch/Warren (Hrsg.): The Politics of Environment in Southeast Asia (1998), S. 94: Sarawak «has experienced the most rapid log clearance in the whole Southeast Asian region, an export volume that rivalled the rate of extraction for the whole Amazon basin.»

291 Duncan Poore: Changing Landscapes, London 2003, S. 81.

292 Al Gedicks: International Native Resistance to the New Resource Wars, in: Bron Taylor (Hrsg.): Ecological Resistance Movements, Albany 1995, S. 96.

293 Al Gedicks: International Native Resistance to the New Resource Wars, in: Taylor (Hrsg.): Global Emergence of Radical and Popular Environmentalism, S. 97.

294 England: UNCED, S. 67, 58.

295 Philip Hirsch und Carol Warren in der Einleitung zu dies. (Hrsg.): The Politics of Environment in Southeast Asia, S. 8: «The institutional basis for environmentalism has also grown dramatically within the bureaucracy of most countries, stimulated by and contributing to (!) pressures exerted by the media and NGOs.» Für die Philippinen Vitug: Politics of logging, ebd., S. 128; Robin Broad/John Cavanagh: Plundering Paradise. The Struggle for the Environment in the Philippines, Berkeley 1993, S. 132 ff. («From Plunder to Sustainability»). Bernard Eccleston/David Potter: Environmental NGOs and Different Political Contexts in South-East Asia: Malaysia, Indonesia and Vietnam, in: Michael J. G. Parnwell/Raymond L. Bryant (Hrsg.): Environmental Change in South-East Asia. People, Politics and Sustainable Development, London 1996, S. 63 f., über Indonesien: «Prior to the 1990s, NGOs tried to

work in what they referred to as a ‹climate of terror›. ... By the beginning of the 1990s, however, a little ‹political space› had opened up for NGOs ...»

296 «Der Spiegel», 16.10.1989, S. 233.

297 Dieter Oberndörfer: Schutz der tropischen Regenwälder durch Entschuldung, München 1989, S. 19 f.

298 Knut Sturm zum Verf. am 25.11.1993 bei dem Mainauer Gespräch «Wozu braucht der Mensch den Wald?».

299 Das ist die Schlusspointe von Duncan Poore: Changing Landscapes. The Development of the International Tropical Timber Organization (ITTO) and its Influence on Tropical Forest Management, London (ITTO/Earthscan) 2003, S. 255. In der «dangerous segregation» des Forstwesens von dem politischen Umfeld erkennt er auch einen Grundfehler von Rio 1992.

300 Al Gedicks: International Native Resistance to the New Resource Wars, in: Taylor (Hrsg.): Global Emergence of Radical and Popular Environmentalism, S. 94.

301 Vgl. Manser: Stimmen aus dem Regenwald, S. 274.

302 Ernst U. v. Weizsäcker: Erdpolitik, Darmstadt 1989, S. 29.

303 Sara Parkin: Green Parties – An International Guide, London 1989, S. 154 f.

304 Carl Schmitt: Legalität und Legitimität, 4. Aufl. Berlin 1988, S. 14.

305 Michael Günther: Greenpeace und das Recht, in: Greenpeace (Hrsg.): Das Greenpeace Buch, München 1996, S. 65–81, bes. S. 66.

306 Watson: Ocean Warrior, S. 144.

307 Landy u. a.: The Environmental Protection Agency, S. 25. Ähnlich Benjamin Kline: First Along the River. A Brief History of the U.S. Environmental Movement, Lanham 2007, S. 86 («lawyer-scientist-based organizations»).

308 Jochen Bölsche (Hrsg.): Die deutsche Landschaft stirbt, Reinbek 1983, S. 64.

309 Richard Forrest u. a.: A Comparative History of U.S. and Japanese Environmental Movements, in: Pradyumna P. Karan/Unryu Suganuma (Hrsg.): Local Environmental Movements – A Comparative Study of the U.S. and Japan, Lexington, Kentucky 2008, S. 35 heben dies als Vorteil amerikanischer Umweltgruppen gegenüber japanischen hervor.

310 Radkau: Aufstieg und Krise der deutschen Atomwirtschaft, S. 445 f.

311 Hartmut Albers: Gerichtsentscheidungen zu Kernkraftwerken, Villingen 1980, S. 83: auch dies ein außerordentlich informativer Band in der Reihe der im Auftrag des Bundesforschungsministeriums zur Förderung des «Bürgerdialogs Kernenergie» vertriebenen Bücher.

312 Radkau: Aufstieg und Krise, S. 404 ff.

313 Albers: Gerichtsentscheidungen, S. 121. Christoph Wehner (Bochum), der über Kernenergie und Versicherungswesen promoviert, stellte in den Akten der Allianz-Versicherung fest, dass auch diese im Falle von Kernkraftwerken dem Probabilismus nicht traute.

314 Edda Müller: Innenwelt der Umweltpolitik, S. 136.

315 «Neue Westfälische», 16.10.1981.

316 Michael Kraack u. a.: Umweltintegration in der Europäischen Union, Baden-Baden 2001, S. 49 f.

317 Chatrapati Singh: The Framework of Environmental Laws in India, in: Sunderlal Bahaguna u. a.: India's Environment – Myth and Reality, Dehra Dun 2007 (ohne durchlaufende Paginierung), Kap. 9, S. 8 f. Damit ist nicht gesagt, dass ein Entgegenkommen gegenüber lokalen Forderungen automatisch dem Umweltschutz zugute kommt: So entschied der Oberste Gerichtshof gegen die Regierung von Himachal Pradesh, dass ein Dorf ein Recht auf eine Straßenverbindung habe.

318 Zwei Jahre Haft und umgerechnet 2000 Euro Geldstrafe für die acht Angeklagten, für eine Katastrophe, die schätzungsweise 25 000 Todesopfer forderte! Birger Heinzow (Toxikologe und Mitglied der Internationalen medizinischen Bhopal-Kommission): «Das ist Verrat an den Opfern», in: zeozwei 3/2010, S. 10.

319 Jamie Cassels: The Uncertain Premise of Law. Lessons from Bhopal, Toronto 1993, S. 250.

320 Zum Klassiker über diese neue Herausforderung an den Umgang mit Risiken wurde das im Jahr von Bhopal erschienene Buch von Charles Perrow: Normal Accidents. Living With High-Risk Technologies, New York 1984.

321 Helmut Weidner: Entwicklungslinien und Merkmale der Umweltpolitik, in: Pohl/Mayer (Hrsg.): Länderbericht Japan, S. 127, 125.

322 Hirsch/Warren: The Politics of Environment in Southeast Asia, S. 9.

323 George J. Aditjondro: Large dam victims and their defenders. The emergence of an anti-dam movement in Indonesia, in: ebd., S. 41.

324 John Cronin/Robert F. Kennedy jr.: The Riverkeepers, New York 1997, S. 23 ff.; John Kerry/Teresa Heinz Kerry: This Moment on Earth. Today's New Environmentalists and Their Vision for the Future, New York 2007, S. 85.

325 Cronin/Kennedy: Riverkeepers, S. 39.

326 Bess: Light-Green Society, S. 199.

327 Überblicke über die neuere deutsche Diskussion vor der Öko-Ära bei Werner Maihofer (Hrsg.): Naturrecht oder Rechtspositivismus?, Darmstadt 1966; Wolf Rosenbaum: Naturrecht und positives Recht, Neuwied 1972.

328 Michael Günther: Greenpeace und das Recht (in: Das Greenpeace Buch, S. 66), rechnet das «Naturrecht» neben dem Völker- und dem Verfassungsrecht zu jenem «höherrangigen Recht», das Gesetzesverstöße legitimiert. Er erläutert allerdings nicht, was er unter «Naturrecht» versteht. Ein wichtiges, aber bislang noch ganz unausgegorenes Thema der Umweltbewegung! Das oft proklamierte «Eigenrecht der Natur» ist selbstverständlich etwas anderes als das Naturrecht der katholischen und der aufklärerischen Tradition.

329 Cronin/Kennedy: Riverkeepers, S. 156.

330 Ebd., S. 154.

331 Darin besteht ein Leitgedanke der Diss. von Uta Hasenöhrl: Zivilgesellschaft und Protest. Zur Geschichte der bayerischen Naturschutz- und Umweltbewegung 1945 bis 1980, Berlin 2008. Dabei meldet sie Zweifel an gegenüber der neuerlichen, als Antithese zur traditionellen deutschen Staatsgläubigkeit vorgebrachten Auffassung, die Bestimmung des Gemeinwohls sei allein Sache der «Zivilgesellschaft» (ebd., S. 524 u. a.). Wie sie zeigt, entwickelte sich der Umweltschutz in Bayern in einem Wechselspiel zwischen staatlichen Instanzen und Bürgerbewegungen; und das ist gewiss kein bajuwarischer Sonderweg.

332 Petra Dobner: Wasserpolitik. Zur politischen Theorie, Praxis und Kritik globaler Governance, Frankfurt 2010, S. 102 f.

333 Zit. n. Peter Häberle: Europäische Rechtskultur, Baden-Baden 1994, S. 323 («Die Gemeinwohlproblematik in rechtswissenschaftlicher Sicht»).

334 Ebd., S. 335.

335 Ein umstrittener Fall bei Dietrich Murswiek: Freiheit und Umweltschutz aus juristischer Sicht, in: Michael Kloepfer (Hrsg.): Umweltstaat als Zukunft, Bonn 1994, S. 58 f.: «Abfallentsorgungsanlagen – so argumentiert das Bundesverwaltungsgericht – würden immer – also auch dann, wenn sie von Privaten betrieben werden – auch aus Gründen des Gemeinwohls zugelassen. Die Abfallentsorgung sei nämlich eine grundsätzlich öffentliche Aufgabe. Sie sei eine Aufgabe der Daseinsvorsorge und zugleich eine Maßnahme des Umweltschutzes, der Seuchenabwehr und der Landschaftspflege und verfolge damit ‹Gemeininteressen von hoher Bedeutung›.» Diese Art, Umweltschutz zum Totschlagargument zu machen, wird von Murswiek mit guten Gründen angefochten. Die Trennung von Produktion und Entsorgung sei «ein phänomenaler Zaubertrick», mehr noch: Sie sei eine «Katastrophe». «Aus einem schwerwiegenden Eingriff in Natur und Landschaft, aus dem Risiko der Kontamination des Grundwassers oder aus der Belastung der Luft durch Deponiegase macht sie ein Projekt, das geradezu dem Umweltschutz dient.»

336 Jürgen Roth: z. B. Frankfurt: Die Zerstörung einer Stadt, München 1975, S. 59, schildert regelrechte «Terrormaßnahmen». Ich erinnere mich, dass mich seinerzeit kein Umweltskandal derart empörte wie diese Art von «Sanierung» und dass ich – obwohl grundsätzlich Gegner physischer Gewalt – die Militanz derer, die diese Altbauviertel im eigenen Interesse verteidigten, als berechtigt empfand.

337 Wolfgang Kraushaar: Fischer in Frankfurt. Karriere eines Außenseiters, Hamburg 2001, S. 11.

338 Ebd., S. 75.

339 Christian Fischer: Wir sind die Wahnsinnigen. Joschka Fischer und seine Frankfurter Gang, München 1998, S. 47, in Korrektur der Selbstdarstellung Joschka Fischers: «Die Genossen vom RK (Revolutionären Kampf) beteiligten sich nicht an den Hausbesetzungen, und für die Wohnungskämpfer hatten sie nur ein müdes Lächeln übrig.»

340 Ebd., S. 50.

341 Richard Reynolds: Guerilla Gardening. Ein botanisches Manifest, 2009.

342 Anna Bramwell: Ecology in the 20th Century – A History, New Haven 1989, S. 39 ff.; Ludwig Trepl: Geschichte der Ökologie. Vom 17. Jahrhundert bis zur Gegenwart, Frankfurt 1987, S. 114. Trepl würdigt Haeckel nicht einmal eines Unterkapitels.

343 On-Kwok Lai u. a.: The Contradictions and Synergy of Environmental Movements and Business Interests, in: Yok-shiu F. Lee/Alvin Y. So (Hrsg.): Asia's Environmental Movements. Comparative Perspectives, Armonk, N. Y. 1999, S. 269–286.

344 Gertrude Lübbe-Wolff: Modernisierung des umweltbezogenen Ordnungsrechts, in: Alexander Roßnagel/Uwe Neuser (Hrsg.): Reformperspektiven im Umweltrecht, Baden-Baden 1996, S. 101.

345 Günter Hartkopf/Eberhard Bohne: Umweltpolitik, Opladen 1983, S. 159. Man muss den Kontext beachten: Das war Hartkopfs stärkstes Argument gegen die Einrichtung eines gesonderten Umweltressorts. Nur ein starkes Ministerium – so seine Argumentation – könne diesen Widerstand brechen.

346 Edda Müller zum Verf., 22. 3. 2006.

347 Hans-Jochen Luhmann (Wuppertal Institut): Der staunenswerte Siegeszug des Emissionshandels über die Klimasteuern in Europa oder Wie aus einer mehrfachen Niederlage ein großer Erfolg zu werden verspricht, Mskr., dem Verf. am 26. 7. 2010 übersandt.

348 Wuppertal Institut für Klima, Umwelt, Energie (Hrsg.): Zukunftsfähiges Deutschland in einer globalisierten Welt, Frankfurt 2008, S. 380. Vorbildlich abwägende Analyse der Vorzüge und Probleme des Emissionshandels im Umweltgutachten 2002 des Rates von Sachverständigen für Umweltfragen, Stuttgart 2002, S. 231–240.

349 Aufschlussreich dazu Werner Abelshauser: Nach dem Wirtschaftswunder. Der Gewerkschaftler, Politiker und Unternehmer Hans Matthöfer, Bonn 2009, S. 522–527: «Das Scheitern der Ökosteuer», die Matthöfer als Bundesfinanzminister Anfang der 1980er Jahre propagierte. «Ökosteuer» war damals in der bundesdeutschen Öffentlichkeit synonym mit Ölsteuer. Bei Matthöfer wird deutlich, dass bei ihm nicht der Umweltschutz, sondern die Konsolidierung des Staatshaushalts mittels einer zeitgemäß etikettierten Steuer im Mittelpunkt stand.

350 Das ist die Methode der auf Nachweis verkäuflicher Emissionsrechte spezialisierten Firma COMP-ANY (Grünbach), wie mir ein Manager dieses Unternehmens im April 2007 auf einer Bahnfahrt auseinandersetzte.

351 Kontroverse Beiträge in Elmar Altvater/Achim Brunnengräber (Hrsg.): Ablasshandel gegen Klimawandel? Marktbasierte Instrumente in der globalen Klimapolitik und ihre Alternativen, Hamburg 2008.

352 Uwe Meier (Julius-Kühn-Bundesforschungsinstitut für Kulturpflanzen in Braunschweig), der in Ländern der Dritten Welt u. a. die Zertifizierung von Palmöl, Soja und Blumen betrieb, betonte mir gegenüber (10. 8. 2009), durch den bloßen Augenschein bei Kurzvisiten einmal im Jahr – so der übliche Turnus – sei Nachhaltigkeit

unmöglich zu ermitteln: «Man muss die Geschichte des Unternehmens kennen.» Nur dann könne man die Glaubwürdigkeit der von dem Unternehmen vorgelegten Informationen beurteilen. Sein Mitarbeiter Falko Feldmann hob außerdem hervor, der Wert von Zertifikaten hänge von der Existenz einflussreicher Umwelt-NGOs in dem betreffenden Land ab.

353 In diesem Sinne ein ebenso ausgewogenes wie aufschlussreiches Fallbeispiel über die Funktionsweise der Zertifizierung unter höchst prekären politischen Rahmenbedingungen: Antonina Kuljasova: Russlands globaler Wald. Zertifizierung als Schutz vor Raubbau, in: Grünbuch Politische Ökologie im Osten Europas (= Osteuropa 4–5:2008), S. 439–446. Bilanz (S. 446): «Am Beispiel der zertifizierten Forstwirtschaft zeigen sich deutlich die positiven Folgen der Globalisierung für die Ökologie der russländischen Wälder. ... Gleichzeitig bietet die Zertifizierung allein – ohne die Mithilfe der staatlichen Forstschutzstellen – keine Sicherheit vor Schwarzfällern.»

354 Herbert Kitschelt: Der ökologische Diskurs. Eine Analyse von Gesellschaftskonzeptionen in der Energiedebatte, Frankfurt 1984, S. 213. «Weltfremd» ist Lovins gewiss nicht; eher kann es verblüffen, dass er vor nichts zurückschreckt: So sucht er heute unter der Parole «outgreening al-Qaeda» den amerikanischen Besatzern im Irak die dezentral-regenerativen Energietechniken mit ihren militärischen Vorzügen schmackhaft zu machen – so der Bestseller des New-York-Times-Kolumnisten Thomas C. Friedman: Hot, Flat, and Growded. Why We Need a Green Revolution – And How It Can Renew America, New York 2008, S. 274.

355 Walter Krämer und Götz Trenkler, zit. n. «Focus» 23/1996, S. 55.

356 Andreas Knaut: Zurück zur Natur! Die Wurzeln der Ökologiebewegung, Greven 1993, S. 407.

357 Anna-Katharina Wöbse: Naturschutz global, in: Hans-Werner Frohn/Friedemann Schmoll (Hrsg.): Natur und Staat, Bonn 2006, S. 631.

358 So von Karl Ditt: The perception and conservation of nature in the Third Reich, in: Planning Perspectives 15 (2000), S. 169. Zu einem ähnlichen Ergebnis führt ein deutsch-britischer Vergleich für die Nachkriegszeit: ders.: Naturschutz und Tourismus in England und in der Bundesrepublik 1949–1980, in: Archiv für Sozialgeschichte 43, 2003, S. 241–274, vor allem S. 256 ff. Im Zuge der Öko-Ära jedoch, «seit den 1970er Jahren», habe eine «Synchronisierung der Entwicklung des Natur- und Landschaftsschutzes in Deutschland» begonnen (ebd., S. 273).

359 Michael P. Cohen: The History of the Sierra Club, 1892–1970, San Francisco 1988, S. 18 f.

360 Max Nicholson: The New Environmental Age, Cambridge 1987, S. 141: «The vast expansion recently of international tourism has inflicted immense harm on vulnerable and hitherto unspoiled environments.»

361 Alfred Runte: National Parks. The American Experience, Lincoln, Nebraska 1997, S. 157.

362 Dazu Joachim Radkau: Technik in Deutschland, Neuausgabe Frankfurt 2008, S. 316 f.

363 Ebd., S. 169.

364 Paul S. Suter: Driven Wild. How the Fight against Automobiles Launched the Modern Wilderness Movement, Seattle 2002, S. 36 ff., 159 ff.

365 Joachim Radkau: Wie mit dem Fahrrad der Temporausch erfunden wurde, in: LVR (Landschaftsverband Rheinland) (Hrsg.): FarRadZeit, Solingen 2001, S. 20.

366 Peter Pries: Immer diese Radfahrer, Augsburg 1950, S. 153.

367 Ivan Illich: Die sogenannte Energiekrise oder Die Lähmung der Gesellschaft. Das sozial kritische Quantum der Energie, Reinbek 1974, S. 56, 59. Auf einem Radler-Festival der neu gegründeten *Amis de la Terre* strömten 1972 an die 20 000 Radfahrer nach Paris, wo *la Véloration* (vélo-revolution) ausgerufen wurde. Bess: Light-Green Society, S. 85.

368 Martina Kaller-Dietrich: Ivan Illich (1926–2002). Sein Leben, sein Denken, Weitra 2007. Am meisten Aufsehen erregte er durch seine radikale Kritik an der modernen Medizin und an der «Verschulung» der Menschheit.
369 Otto Schneider: Die Ferien-Macher. Eine gründliche und grundsätzliche Betrachtung über das Jahrhundert des Tourismus, Hamburg 2001, S. 295 f.; in seinen Memoiren erwähnt Grzimek diese Zusammenarbeit nicht.
370 William Beinart/Lotte Hughes: Environment and Empire, Oxford 2007, S. 289–309 («National Parks and the Growth of Tourism»), mit Beispielen von Afrika über Indien bis Neuseeland.
371 Radkau: Natur und Macht, S. 326 f., 420 (Anm. 72); «the most hypocritical ecotourism»: Sterling Evans: The Green Republic. A Conservation History of Costa Rica, Austin 1999, S. 231. Der Grundtenor des Buches ist gegenüber den umweltpolitischen Leistungen dieses Staates gleichwohl anerkennend. Ludwig Ellenberg u. a.: Ökotourismus, Heidelberg 1997, S. 273, urteilt allerdings: «Costa Rica gilt als Vorreiter in Ökotourismus und ist in vieler Hinsicht lediglich ein erfolgreicher Umweltheuchler.» Man sollte sich allerdings nicht zu sehr von der in der Öko-Literatur grassierenden Neigung zu Hyperkritik und Nörgelei beeinflussen lassen.
372 Evans: Green Republic, S. 1 f.
373 Michael Stubbe: Naturschutz in der Mongolei. Eine nationale und internationale Herausforderung, in: Karl-Heinz Erdmann (Hrsg.): Internationaler Naturschutz, Heidelberg 1997, S. 281–308; Beinart/Hughes: Environment and Empire, S. 304.
374 Vgl. Alois Glück: Bayern als Vorreiter in der Umweltpolitik, in: Die Umweltmacher – 20 Jahre BMU, Hamburg 2006, S. 110–120. Merkwürdig (aber auch bezeichnend) jedoch, dass der Autor – einer der eloquentesten bayerischen Umweltpolitiker – den Tourismus als Motor dieser bayerischen Pionierrolle unerwähnt lässt, sondern diese auf die «ungewöhnlich enge, auch emotional geprägte Verbindung der Bayern zu ihrer «heimischen Landschaft» zurückführt (ebd., S. 110). Über die vor 1970 weit zurückreichende Bedeutung des organisierten Tourismus für den Natur- und Umweltschutz in Bayern – vom Isartalverein bis zum Alpenverein – ausführlich Ute Hasenöhrl: Zivilgesellschaft und Protest. Zur Geschichte der bayerischen Naturschutz- und Umweltbewegung 1945 bis 1980, Diss. Berlin 2008. Im Blick auf die Alpenkonvention von 1992, die sich u. a. um eine Harmonisierung von Massentourismus und Ökologie bemühte, das Mainauer Gespräch Bd. 9/1992: Massentourismus als Plage – was muß anders werden?, Insel Mainau 1993.
375 Michael Bess: The Light-Green Society, Chicago 2003, S. 68 f.
376 Maria Kousis in Rootes (Hrsg.): Environmental Protest in Western Europe, S. 116.
377 Mike Liebscher: Griechenland Naturreiseführer, Münster 2003, S. 354–367; Hutter u. a.: Die Öko-Bremser, Stuttgart 1993, S. 153 ff.; Akademie für Natur- und Umweltschutz Baden-Württemberg (Hrsg.): Feuchtgebietsschutz und Naturschutzmanagement in Nordost-Griechenland – dargestellt am Beispiel des Nestosdeltas. Ergebnisse eines internationalen Seminars, Stuttgart 1990. Hier gingen wie so oft im Naturschutz die Vogelschützer voran, da das Nestos-Delta «eine Schlüsselfunktion im internationalen System der Zugvogel-Rastplätze» einnimmt (ebd., S. 11). Da der Auenwald des Nestos im griechischen Bürgerkrieg (1946–1953) als Versteck für Partisanen gedient hatte, war hier zunächst der klassische Konnex von Rodung und Herrschaft gegeben: Mit der Vernichtung des Waldes beseitigt man die Schlupfwinkel von Räubern und wilden Völkern!
378 Jost Hermand: Grüne Utopien in Deutschland, Frankfurt 1991, S. 197.
379 Wieder abgedruckt in Hans Magnus Enzensberger: Einzelheiten I. Bewusstseins-Industrie, Frankfurt 1964, S. 182, 204.
380 Hartmut Lehmann: Die Entzauberung der Welt. Studien zu Themen von Max Weber, Göttingen 2009; dazu Joachim Radkau: ‹Weber-These› und kein Ende?, in: Neue Politische Literatur 54 (2009), S. 400.
381 Vgl. dazu das Kapitel «Ökologische Psychologie, Umweltpsychologie» in dem

630-Seiten-Handbuch von Heinz Hahn/H. Jürgen Kagelmann (Hrsg.): Tourismuspsychologie und Tourismussoziologie – Ein Handbuch zur Tourismuswissenschaft, München 1993, S. 100–108, wo man freilich Verdacht schöpft, dass das Verhältnis zwischen theoretisch-methodologischem Aufwand einerseits und Erkenntnisertrag andererseits in diesem Themenbereich bislang nicht gerade günstig ist.

382 Jack D. Ives/Bruno Messerli: The Himalayan Dilemma. Reconciling development and conservation, London 1989, S. 92; Christian Küchli: Wälder der Hoffnung, Zürich 1997, S. 64 f.

383 Anna-Katharina Wöbse: Naturschutz global, in: Frohn/Schmoll (Hrsg.): Natur und Staat, S. 676.

384 Franz Solar in: Holzwirtschaft Österreichs – ein Rückblick auf die letzten 60 Jahre, geschildert von 22 Zeitzeugen, die diese Epoche wesentlich geprägt haben, Wien 2005 (= Lignovisionen 6), S. 117.

385 Die folgenden Ausführungen stützen sich weitgehend auf Joachim Radkau: Holz – Wie ein Naturstoff Geschichte schreibt, München 2007, S. 266–273.

386 Wolf Hockenjos: Waldpassagen. Gesammelte Versuche über Baum, Wald und Flur, Vöhrenbach 2000, S. 125.

387 Mitt. von Wolfhard v. Boeselager (26. 5. 2010), der über langjährige Erfahrungen in der amerikanischen wie in der deutschen Forstwirtschaft verfügt.

388 Dazu schreibt Wolfhard v. Boeselager (9. 10. 2010): «Auch im Nordosten der USA hat es mit dem Beginn forstlichen Managements im 20. Jahrhundert in geringem Umfang gepflanzte Forstkulturen gegeben, wie ich hörte, nach deutschem Vorbild. Die Umweltbewegung habe dann dazu beigetragen, dass die Förster mit dem Pflanzen weitgehend wieder aufgehört haben. Es kostete mich sehr viel Überredungskünste, in meinem Wald in New York einzelne heimische Baumarten durch Pflanzung und Saat in geringer Zahl wieder einzubringen, um die Vielfalt zu vergrößern.» Ein deutscher Anwalt der ökologischen Forstwirtschaft im Konflikt mit amerikanischen «Ökos»! In dem 600-Seiten Opus von Michael Williams, *Americans and Their Forests*, sind Pflanzung und Aufforstung nur ganz marginale Themen, die im Register fehlen.

389 Werner Catrina: Holzweg. Schweizer Holz – verkannter Rohstoff, Zürich 1989, S. 189.

390 Samuel P. Hays: Wars in the Woods. The Rise of Ecological Forestry in America, Pittsburgh 2007.

391 Aus einer autobiographischen Aufzeichnung Wolfgang Habers, dem Verf. mit Schreiben vom 26. 3. 2007 übersandt: «Grzimek vertrat gemäß dem Serengeti-Vorbild eine einseitig auf große Wildtierherden als Attraktion ausgerichtete Nationalpark-Auffassung und wollte daher eine Art ‹deutsche Serengeti› mit spektakulären großen Tierbeständen schaffen. Dafür entwarf er das Modell einer ‹Tierfreiheit› im Taunus, das ausgedehnte Waldrodungen für die Sichtbarkeit der Tiere, problematische Wild-Wiedereinbürgerungen und Umwidmungen von Kulturland erfordert hätte. Er musste es nicht nur wegen des massiven Widerstandes der Wald- und Grundbesitzer, vor allem auch der Forstwirtschaft aufgeben, sondern auch, wie er mir damals sagte, aus der schmerzlichen Einsicht, dass diese Tierfreiheit in der deutschen Landschaft ein ökologischer Fremdkörper sein würde.» Kaum ein Beispiel führt klarer vor Augen, wie wenig die Nationalpark-Idee der Ökologie und wie sehr sie einer ganz anderen Leidenschaft entsprang! Gerücht «nicht unbegründet»: mündl. Mitt. von Wolfgang Haber.

392 Georg Sperber: Entstehungsgeschichte eines ersten deutschen Nationalparks im Bayerischen Wald, in: Stiftung Naturschutzgeschichte (Hrsg.): Natur im Sinn. Zeitzeugen im Naturschutz, Essen 2001, S. 63–115.

393 Wolfgang Haber: Kulturlandschaften und die Paradigmen des Naturschutzes, in: Stadt und Grün, Jg. 55, Heft 12/2006, S. 20–25.

394 Wolfgang Haber an Verf., 17. 8. 2010: «Die Naturschützer blicken (bei den Biosphä-

renreservaten; J. R.) aber nur oder in erster Linie auf die Kernzonen (wo der Naturschutz dominiert; J. R.) und mit Misstrauen auf die (räumlich viel größeren) Entwicklungszonen, wo Nutzung vor Schutz geht. Aber was ist Nutzung? Zur Zeit wird z. B. gestritten, ob in den Entwicklungszonen von Biosphärenreservaten Windrotorenparks oder Solarzellenfelder errichtet werden dürfen ...»

395 Catrina: Holzweg, S. 168.

396 Hans Löcker: Zimmerei bleibt ein Handwerk mit Zukunft, in: Walter Heinzinger (Hrsg.): Die Chance Holz – Der andere Weg, Graz 1988, S. 252.

397 Christian Hey: Umweltpolitik in Europa. Fehler, Risiken, Chancen, München 1994, S. 20.

398 Hans-Otto Hemmer: Erfolge und Gefährdungen der Gewerkschaft Holz und Kunststoff von 1966 bis heute, in: Helga Grebing u. a. (Hrsg.): «Holzarbeiter, schließt die Reihen»: Das HolzArbeiterBuch. Die Geschichte der Holzarbeiter und ihrer Gewerkschaften, Köln 1993, S. 265.

399 Vgl. dazu den Präsidenten des Alpenforums Ian C. Meerkamp van Embden: Holz, das verkannte Naturprodukt – Ansätze zur vermehrten Nutzung, in: Günter Altner u. a. (Hrsg.): Jahrbuch Ökologie 2007, München 2006, S. 54–61.

400 Küchli: Wälder der Hoffnung, S. 86 ff.

401 Patrick B. Durst u. a.: In Search of Excellence. Exemplary Forest Management in Asia and the Pacific, Bangkok 2005, S. 39 ff.

402 Radkau: Holz, S. 44 f.

403 Holz-Zentralblatt, 18. 2. 2005.

404 Hockenjos: Waldpassagen, S. 49.

405 Josef Krauhausen (Redakteur des Holz-Zentralblatts) an Verf., 22. 1. 2010.

406 So Jean Ziegler auf dem Ökumenischen Kirchentag in München, Mai 2010.

407 Mans Lönnroth u. a.: Solar Versus Nuclear. Choosing Energy Futures, Oxford 1980.

408 Gerhard Mener: Zwischen Labor und Markt. Geschichte der Sonnenenergienutzung in Deutschland und den USA 1860–1986, Diss. München 2000. Dieses zu wenig bekannte Opus ist auch in seiner Quellenbasis einzigartig, endet nur leider ausgerechnet im Jahr 1986, als die Solarenergie in Deutschland durch Tschernobyl einen Anschub bekam wie noch nie!

409 August Bebel: Die Frau und der Sozialismus, 63. Aufl. Berlin 1974, S. 428. Bebel scheint mit seiner Begeisterung für die solare Kohlrauschvision zu seiner Zeit allerdings relativ allein gestanden zu haben; in der populären Technikliteratur jener Zeit suche ich sonst Verweise darauf vergeblich. Max Weber geht am Schluss seiner «Protestantischen Ethik» wie von einer evidenten Tatsache davon aus, dass der Kapitalismus spätestens dann untergehen werde, wenn «der letzte Zentner fossilen Brennstoffs verglüht ist». Natürlich hätte genau an dem Punkt Bebel triumphiert: Daraus folge der ökologische Zwang zum Sozialismus, da das Privatunternehmertum unfähig sei, eine derart fundamentale Umorganisation der Wirtschaft zu bewältigen!

410 Radkau: Aufstieg und Krise der deutschen Atomwirtschaft, S. 67 ff.

411 «Außenpolitik» 5/1954, S. 343 (redaktioneller Artikel von Arthur W. Just).

412 Radkau: Aufstieg und Krise der Atomwirtschaft, S. 88.

413 In diesem Punkt korrigiert Mener: Zwischen Labor und Markt, S. 5, überzeugend meine gegenteilige Behauptung in «Aufstieg und Krise der deutschen Atomwirtschaft», S. 88.

414 John Perlin: From Space to Earth: The story of solar electricity, Ann Arbor 1999.

415 Bess: Light-Green Society, S. 6 ff.

416 Mener: Zwischen Labor und Markt, S. 433 ff. («Spaltung der Solarforscher: Etabliertes Netzwerk gegen alternative Bewegungen»).

417 Ebd., S. 375.

418 Bernd Stoy: Wunschenergie Sonne, 3. Aufl. Heidelberg 1980, S. 47.

419 Dixy Lee Ray: Environmental Overkill. Whatever Happened to Common Sense?, New York 1993.

420 Encyclopedia of World Environmental History, Bd. 3, S. 1138.

421 Daniel M. Bermann/John T. O'Connor: Who Owns the Sun? People, Politics, and the Struggle for a Solar Economy, White River Junction, Vermont 1996, S. XV f. Das Buch geht davon aus, dass die «solare Bewegung» vorerst der Vergangenheit angehört; selbst zu der Zeit der Veröffentlichung, unter Präsident Clinton und dem Vizepräsidenten Al Gore, waren noch keine überzeugenden Signale einer neuen solaren Wende zu erkennen.

422 Die folgenden Ausführungen gründen sich auf Joachim Radkau: Von der Kohlennot zur solaren Vision: Wege und Irrwege bundesdeutscher Energiepolitik, in: Hans-Peter Schwarz (Hrsg.): Die Bundesrepublik Deutschland. Eine Bilanz nach 60 Jahren, Köln 2008, S. 478–484 (Die Förderung der erneuerbaren Energien: Eine symbolische Politik gewinnt reale Substanz); Joachim Radkau: Technik in Deutschland – Vom 18. Jahrhundert bis heute, Frankfurt 2008, S. 410–413.

423 Berman/O'Connor: Who Owns the Sun?, S. 135, behaupten sogar: «The solar energy movement grew out of the anti-nuclear movement.» Man erkennt in dem Buch allerdings die Prämisse, dass alles Gute von den *grassroots movements* komme. Die NASA, die bei Mener eine Schlüsselrolle spielt, wird kaum erwähnt.

424 In den 1970er Jahren berichtete mir ein führender Kopf der Kerntechnik, er habe in den 1950er Jahren zu dieser Technik Vertrauen gewonnen, als er auf einem amerikanischen Atom-U-Boot habe mitfahren dürfen: Auf einen Antrieb, der unter derart extremen Bedingungen funktioniere, sei Verlass. Kürzlich erklärte mir ein im Bereich der Kerntechnik tätiger Manager, er würde an die Solarenergie glauben, sobald er sehe, wie mit dieser ein Kupferschmelzwerk betrieben werde.

425 Das ist eine durch gründliche historische Studien fundierte These von Gerhard Mener: Stabilität und Wandel in der Energieversorgung: Geschichte der Sonnenenergie und der Kraft-Wärme-Kopplung, dem Verf. am 29. 8. 2010 übersandt.

426 Stoy: Wunschenergie Sonne; Werner Müller/Bernd Stoy: Entkopplung. Wirtschaftswachstum ohne mehr Energie?, Stuttgart 1978.

427 In welchem Maße ein RWE-Mann, der sich für die Solarenergie engagierte, bei dem vorherrschenden Freund-Feind-Denken zwischen die Fronten geriet, wurde mir deutlich, als ich von einer Seite hörte, Stoys Buch habe bei RWE drei Jahre lang «im Giftschrank» gelegen, bis es endlich zur Veröffentlichung freigegeben worden sei, von anderer Seite jedoch, Stoy sei ein falscher Freund der Solarenergie, der sie in Sackgassen manövriere.

428 Dazu Berthold Bode u. a.: Stromlücken (auf dem Titel korrigiert: «Stromlügen»!) und andere Märchen, und warum sie uns erzählt werden. Über Energiepolitik und ihre Hintergründe, Göttingen 1981, S. 130 ff. («Elektrowärmepumpe: Trojanisches Pferd der Elektrizitätslobby»).

429 Stoy: Wunschenergie Sonne, S. 287.

430 Ebd., S. 292.

431 Vgl. den Bericht von Christa Nickels: Die Grünen im Bundestag, Bd. 2, S. 586 (4. 9. 1984), der einen grünen «Antrag gegen die Verdrängung der Steinkohle durch Atomstrom» als ein Stück «Pionierarbeit ... im Verhältnis Grüne/Gewerkschaften» würdigt. Zu jener Zeit engagierte sich die grüne Bundestagsfraktion dafür, das Kohlekraftwerk Buschhaus «erst nach dem Einbau einer Entschwefelungsanlage mit dem bestmöglichsten Wirkungsgrad» in Betrieb zu nehmen. Ausgerechnet der saarländische Grüne Harry Kunz allerdings, als dessen «parlamentarisches Meisterstück» Christa Nickels den Buschhaus-Antrag würdigte, schoss unversehens quer (ebd., S. 597): «Das ganze Projekt sei ein ökologischer Wahnsinn, und technische Diskussionen würden die reale Problematik nur verzerren.»

432 «Der Spiegel», 9. 6. 1986, S. 100: «Der GAU hat es möglich gemacht. Denn das neue Interesse an der Sonnenenergie hat keine technischen Ursachen. Revolutionäre Durchbrüche hat es bei der Solartechnik in den letzten Jahren nicht gegeben.»

433 Radkau: Von der Kohlennot zur solaren Vision, S. 478.

434 Ludwig Bölkow: Erinnerungen. Aufgezeichnet von Brigitte Röthlein, München 1994, S. 344.
435 Ebd., S. 350.
436 Aber auch Adolf Hitler verkündete am Abend des 2. August 1941 im Führerhauptquartier: «Aber die Zukunft ist sicher: Wasser, Winde, die Gezeiten; als Heizkraft wird man wahrscheinlich Wasserstoffgas verwenden.» Werner Jochmann (Hrsg.): Adolf Hitler – Monologe im Führerhauptquartier 1941–1944, Hamburg 1980, S. 54.
437 Klaus Traube dagegen, von der Kostenexplosion des einst unter seiner technischen Leitung gebauten Schnellen Brüters her gebranntes Kind und seit 1977 zur Gegenseite übergewechselt, warnte schon am 14. 11. 1988 im «Spiegel» (S. 34 ff.), bereits «recht simple Überlegungen» führten zu dem Schluss, dass der solare Wasserstoff «schier unvorstellbar kostspielig» würde.
438 Mitt. von Wolf v. Fabeck; über vorausgegangene Entwicklungsarbeiten Mener: Geschichte der Sonnenenergienutzung, S. 473–475.
439 Berman/O'Connor: Who Owns the Sun?, S. 231 ff. («Why Rate-Based Incentives in Germany Work Better Than Federal Handouts to Utilities in the U.S.»).
440 VDI-Nachrichten 16. 10. 1987, S. 58.
441 Markus Fasse: «Solarstrom aus der Wüste hat noch weiten Weg vor sich – Sonnenenergie-Initiative gibt sich drei Jahre Zeit zur Klärung ihres Geschäftsmodells», in: Handelsblatt 14. 7. 2009, S. 18.
442 Axel Höpner/Jürgen Flauger: «Saubere Lösung? DESERTEC: Deutsche Konzerne gründen am Montag eine Initiative, um Strom in der Wüste zu produzieren. Doch die Hürden sind hoch», in: Handelsblatt 10. 7. 2009, S. 2.
443 Hans-Jochen Luhmann (Wuppertal Institut): Und die Sonne? Afrikanischer Solarstrom für Europa und Afrika, in: evangelische aspekte 1/2009, S. 17: «Das Problem des schwankenden Anfalls von Energie lässt sich bei der solarthermischen Stromerzeugung besser lösen als bei den Solarzellen. Denn diese liefern einfach Strom, und den zu speichern ist extrem teuer. Überhaupt muss ein noch nicht eingetretener technischer Fortschritt abgewartet werden, damit die Photovoltaik über Solarzellen großtechnisch genutzt werden kann.» Diese Feststellung dürfte in der Solarszene manchen Widerspruch finden, wirft jedoch ein Licht auf die eklatante Vernachlässigung des Speicherproblems in der öffentlichen Diskussion über erneuerbare Energien!
444 Das ist die Schlusspointe von Hermann Scheer: Solare Weltwirtschaft, München 1999, S. 315. Ähnliches pflegte auch der einstige Bauminister Klaus Töpfer zu betonen. Berman/O'Connor (Who Owns the Sun?) dagegen argumentieren in der amerikanischen Tradition der *public-vs.-private-power*-Kontroverse und erhoffen sich im Widerspruch zu ihrer basisdemokratischen Präferenz viel von einer zunehmenden Verstaatlichung der Energiewirtschaft. Ebd., S. 133: «Putting the private utilities in charge of efficiency and solar programs ... is simply setting the fox to guard the chicken coop.» In den 1950er Jahren jedoch wurde in den USA die Kernenergie stärker von der *public power* als von den privaten Energieunternehmen vorangetrieben, die genauer rechneten! Auch bisherige Erfahrungen mit der *Electricité de France* geben nicht gerade Grund zu der Hoffnung, dass Staatskonzerne prinzipiell eine Neigung zur Solarenergie haben.
445 Der in solchen Fragen vielerfahrene Rolf Bauerschmidt (Kernenergie oder Sonnenenergie, München 1985, S. 233) warnt davor, zu früh in großem Stil auf neue Technologien zu setzen; die dann folgenden Enttäuschungen blockierten dann oft die Weiterentwicklung. «Wesentlich besser ist eine stetige Entwicklung, die zwar später und langsamer einsetzt, sich dann aber kontinuierlich steigert.» «Entwicklung» also mehr im Sinne von «evolution» als von forciertem «development»! Werner Müller, der Mitverfasser der «Entkopplung», erklärte 1999 als Bundeswirtschaftsminister, zu viel staatliche Strukturvorgaben für die Energiewirtschaft seien ein kapitaler Fehler. «Wären nämlich die Energieprogramme früherer Jahre realisiert

worden, wäre die Energieversorgung 100 Milliarden Mark teurer, als sie ist.» «Neue Westfälische», 2.2.1999. Eine sensationelle Feststellung, sofern sie auch nur einigermaßen zutrifft!

446 Der streitbare Hermann Scheer erklärte sogar am 14.7.2006 auf einem Gesprächsabend bei Reinhard Ueberhorst in Elmshorn, auf dem es um Chancen für einen neuen Energiekonsens ging, er kenne kein relevantes Projekt im Bereich der erneuerbaren Energien, das per Konsens durchgekommen sei.

447 Wolf von Fabeck, Vorsitzender des Solarenergie-Fördervereins Deutschland und früher Offizier der Bundeswehr, erinnerte mir gegenüber (6.3.1998) daran, dass es das Projekt extraterrestrischer Solarkraftwerke gegeben habe, die die gewonnene Energie über Laserstrahlen zur Erde beförderten. Als alter Militär erkenne er sogleich, dass es sich bei einem solchen Projekt um eine im Militärkomplex ausgeheckte «Teufelei» handele. Bei Stoy: Wunschenergie Sonne, S.473 ff., wird dieses auf eine Idee von Peter Glaser, damals Präsident der amerikanischen *Solar Energy Society*, aus dem Jahr 1968 zurückgehende Projekt *Solar Power Satellit* ausführlich und ohne Kritik dargestellt; ein Schaubild zeigt, wie ein gigantischer Solarkollektor im Weltraum mit der gebündelten Strahlung die Erde ins Visier nimmt, auf eine Art, die den Eindruck erweckt, dass sich auf diese Weise mit Leichtigkeit ganze Länder verbrennen lassen. Die Idee taucht bereits in einem der frühesten Science-Fiction-Romane auf: bei Kurt Laßwitz, *Auf zwei Planeten* (1897).

448 Der technisch versierte Klaus Traube (mündl. Mitt.) hat den Eindruck, die Photovoltaik sei ein grundsätzlich viel zu teurer Weg der Nutzung der Solarenergie.

449 Franz Alt: Die Sonne schickt uns keine Rechnung. Die Energiewende ist möglich, München 1994, S.87 ff.

450 Rudolf Schulten, der Erfinder des nach ihm benannten Hochtemperaturreaktors mit kugelförmigen Brennelementen, der jedoch, je mehr er aus der nuklearen Community ausgegrenzt wurde, die Freude an der Kerntechnik verlor und eine mögliche Zukunft in der Solarenergie erblickte, meinte zu mir, es sei die Crux der Solartechnik, dass diese noch zu sehr von den Maschinenbauern dominiert werde. Auf diese Weise werde sie zu teuer und kompliziert. Vielleicht müsse man ganz neue, naturnähere Wege gehen.

451 Hermann Scheer: Energieautonomie. Eine neue Politik für erneuerbare Energien, München 2005, S.209 ff., S.201 ff. («Sand oder Öl im Getriebe? Die verlorene Unschuld der Umweltbewegung»). S.218 erinnert er daran, «dass die Umweltbewegung, wie sie aus den 70er Jahren hervorgegangen ist, keineswegs die treibende Kraft für erfolgte Aufbrüche zu erneuerbaren Energien war.» In einem unmittelbaren Sinne trifft das zu; auf vermittelte Weise hängt die Konjunktur von Solarenergieprojekten in den letzten Jahrzehnten, global gesehen, doch mit der Umweltbewegung zusammen: Das ist der Grundtenor von Berman/O'Connor: Who Owns the Sun? In Hermann Scheers früherem Buch «Solare Weltwirtschaft – Strategie für die ökologische Moderne» (München 1999) war eine derartige Breitseite gegen die Umweltbewegung noch nicht enthalten.

452 Vgl. Willem L. Oltmans (Hrsg.): «Die Grenzen des Wachstums» Pro und Contra, Reinbek 1974.

453 Joachim Radkau: Wachstum oder Niedergang: ein Grundgesetz der Geschichte?, in: Irmi Seidl/Angelika Zahrnt (Hrsg.): Postwachstumsgesellschaft – Konzepte für die Zukunft, Marburg 2010, S.37–49.

454 Vorwort zu Hans Rosenberg: Die Weltwirtschaftskrise 1857–1859 (urspr. 1934), Göttingen 1974, S.XXV.

455 David Milne: America's Rasputin. Walt Rostow and the Vietnam War, New York 2008; ebd., S.7: «America's Rasputin» stammte von dem Diplomaten Averell Harriman.

456 Bruce Rich: Die Verpfändung der Erde. Die Weltbank, die ökologische Verarmung und die Entwicklungskrise, Stuttgart 1998, S.276 f.

4. Die Zeitenwende um 1990 – Von der sozialen zur Generationen-Gerechtigkeit?

1 Zu dieser Enzyklopädie die Besprechung von Joachim Radkau in: Journal of World History, vol. 16 No. 1, March 2005, S. 99–102.

2 Michael McCloskey: Twenty Years of Change in the Environmental Movement: An Insider's View, in: Riley E. Dunlap/Angela G. Mertig (Hrsg.): American Environmentalism. The U.S. Environmental Movement 1970–1990, Washington, D.C. 1992, S. 83.

3 Anny Wong: The Anti-Tropical Timber Campaign in Japan, in: Arne Kalland/Gerard Persoon (Hrsg.): Environmental Movements in Asia, Richmond 1998, S. 140 f.

4 Bernhard Knappe: Das Geheimnis von Greenpeace. Die andere Seite der Erfolgsstory, Wien 1993, S. 158

5 Hsin-Huang Michael Hsiao u. a.: The Making of Anti-Nuclear Movements in East Asia: State-Movement Relationships and Policy Outcomes, in: Yok-shiu F. Lee/Alvin Y. So (Hrsg.): Asia's Environmental Movements – Comparative Perspectives, Armonk, New York 1999, S. 252.

6 In den USA allerdings scheint Bhopal einen stärkeren Eindruck hinterlassen zu haben als Tschernobyl; die Chemiekatastrophe rief in West-Virginia, wo es ähnliche Chemiefabriken gab, eine Umweltbewegung hervor, die 1986 ein Gesetz erwirkte, das Chemieunternehmen dazu zwang, über ihre Emissionen öffentlich Rechenschaft abzulegen und *worst-case scenarios* für Katastrophenfälle vorzulegen. Die *Encyclopedia of World Environmental History*, in der ein Artikel über Tschernobyl fehlt, enthält einen auf eine breite amerikanische Literaturbasis gestützten Artikel über Bhopal.

7 Egmont R. Koch/Fritz Vahrenholt: Seveso ist überall. Die tödlichen Risiken der Chemie, mit einem Vorwort von Erhard Eppler (urspr. 1978), überarbeitete Ausgabe 1980; «Seveso ist überall» lautete auch der «Spiegel»-Titel vom 30. 5. 1983.

8 Franz-Josef Brüggemeier, einer der Begründer der Umweltgeschichtsforschung in der Bundesrepublik, hält noch zwölf Jahre nach Tschernobyl nur die Zahl von «etwa fünfzig» Todesopfern für ein gesichertes Faktum: jene Personen, bei deren Tod ein Kausalzusammenhang mit der Katastrophe unmittelbar evident ist. Gegenüber den extrem hohen Schätzungen ist er skeptisch. Demgegenüber hält er aus der Rückschau für «eindeutig» erwiesen: «Die gesundheitlichen Schäden waren weit geringer als anfänglich befürchtet.» Ders.: Tschernobyl, 26. April 1986 – Die ökologische Herausforderung, München 1998, S. 20–24. Mir gegenüber meinte er (12. 1. 1999), Weißrussland habe die Zahlen der Opfer extrem hochgespielt, um Unterstützung zu erlangen. Dem widersprechen jedoch andere Berichte, denen zufolge Weißrussland die Folgen der Katastrophe herunterspielte. Abgesehen davon kommt man, wo es um Schadensfolgen radioaktiver Strahlung geht, nicht umhin, nicht nur von klar erwiesenen Kausalitäten, sondern auch von Wahrscheinlichkeiten zu reden. Gewiss ergibt sich daraus ein Problem zu bestimmen, was «Wahrheit» ist!

9 Klaus Gestwa: Die Explosion des «Roten Atoms», in: Damals 4/2001, S. 6 f.

10 Der vorzüglich informierte Zhores Medwedjew: Das Vermächtnis von Tschernobyl, Münster 1991 (urspr. 1990), S. 207 ff., geht noch vier Jahre nach der Katastrophe von der gänzlichen Unsicherheit aller Schätzungen über die Opfer aus, hat jedoch nach wie vor den Eindruck, dass die sowjetische Führung trotz Glasnost die Folgen herunterspiele.

11 Raphael Beguin: Bhopal als Beispiel einer komplexen Krise (Studienarbeit), München 2007.

12 Jamie Cassels: The Uncertain Promise of Law – Lessons from Bhopal, Toronto 1993, S. 250.

13 In Anbetracht des Ausmaßes dieser Katastrophe fällt auf, dass Bhopal in den Büchern von Vandana Shiva nur am Rande vorkommt. Nicht zu Unrecht geht sie von der neuen Einsicht aus, dass die folgenträchtigsten Emissionen der Chemie ihre

Produkte sind; und im Übrigen ging es ihr ja nicht darum, die schmutzige Großchemie durch eine «saubere» nach neuestem westlichen Standard zu ersetzen!

14 Jim Igoe: Conservation and Globalization: A Study of National Parks and Indigenous Communities from East Africa to South Dakota, Belmont, Carolina 2004, S. 11; teils kritisch, teils beifällig Le Monde diplomatique (Hrsg.): Atlas der Globalisierung. Die neuen Daten und Fakten zur Lage der Welt, Berlin 2006, S. 58 f. (Régis Genté), 74 f. (Bernard Dréano).

15 Umweltpolitik – Agenda 21, hrsg. vom Bundesministerium für Umwelt, Naturschutz und Reaktorsicherheit, Bonn 1997, S. 228.

16 Joanna Burger: Oil Spills, New Brunswick/New Jersey 1997; dies. in: Encyclopedia of World Environmental History, Bd. 3, S. 966 f.

17 «Spiegel»-Titel vom 30. 11. 1987: «Lebensgefahr aus der Dose – Das Ozonloch».

18 Ernst Ulrich von Weizsäcker: Erdpolitik. Ökologische Realpolitik an der Schwelle zum Jahrhundert der Umwelt, Darmstadt 1989, S. 12.

19 Gro Harlem Brundtland: Madam Prime Minister. A Life in Power and Politics, New York 2002, S. 226.

20 «Der Spiegel», 8. 4. 1985, S. 126.

21 Das betonte die russische Pädagogin Marina Ismenok im August 1996 auf einem internationalen Seminar zur Umweltgeschichte im Rahmen einer Sommeruniversität in Schloss Neubeuern.

22 Ramachandra Guha: How Much Should a Person Consume? Environmentalism in India and the United States, Berkeley 2006, S. 69. Die Protestbewegung gegen den Narmada-Staudamm hatte Unterstützung von kommunistischer Seite bekommen. Über die spannungsvolle Affinität zwischen Umweltbewegung und Marxisten in Indien Kunal Chattopadhyay: The Rocky Road to a Red-Green Alliance, Referat auf dem 1. Weltkongress für Umweltgeschichte in Kopenhagen, August 2009.

23 Gestwa: Ökologischer Notstand und sozialer Protest, S. 382.

24 Internet/google: «Gorbatschow: ‹Deutschland wird Öko-Weltmacht›.» Quelle: Franz Alt 2007.

25 Murray Feshbach/Alfred Friendly: Ecocide in the USSR. Health and Nature Under Siege, New York 1992, S. 1; ich stieß darauf durch Klaus Gestwa: Ökologischer Notstand und sozialer Protest. Ein umwelthistorischer Blick auf die Reformunfähigkeit und den Zerfall der Sowjetunion, in: Archiv für Sozialgeschichte 43/2003, S. 349. Das Buch stützt sich auf eine breite und für die damalige Zeit exzellente Basis sowjetischer Belege, besonders aus dem Medizinalbereich, neigt jedoch dazu, in seinem Pandämonium über das Ziel hinauszuschießen, wenn es kritiklos das Wort von Reagan übernimmt (S. 264), die Sowjetbürger lebten von einer «diet of sawdust»! Feshbach arbeitete für das amerikanische Verteidigungsministerium. Immerhin gestehen die Autoren auch für ihr eigenes Land zu (S. 95): «The United States in 1991, however, was still far from meeting all of ist clean-air goals.»

26 «Welt online», 21. 4. 2006: «Todesstoß für die UdSSR: Gorbatschow über die Folgen des Reaktorunfalls in Tschernobyl». Ähnlich Franz Alt in einem Interview mit Klemens Ludwig (in: Brennpunkt Tibet 2/2010, S. 20): «Gorbatschow hat mir selbst einmal gesagt, das Ende der Sowjetunion wurde nicht durch die nationale Frage oder die Demokratisierung in Osteuropa herbeigeführt, sondern durch Tschernobyl. Durch den Unfall und das schlechte Krisenmanagement hatte die Führung jeden Kredit verspielt. Die Bevölkerung hat ihr nichts mehr geglaubt.» In dem Zusammenhang äußert Alt die Überzeugung, die chinesische Regierung habe dies als warnendes Beispiel vor Augen und sei «in ökologischen Fragen auch deshalb sensibel». Schon früher John McNeill: Something New Under the Sun – An Environmental History of the 20th-Century World, New York 2000, S. 312: «The accident and initial denial and cover-up knocked one of the last props out from under the Soviet Union.»

27 Medwedjew: Das Vermächtnis von Tschernobyl, S. 87, über Gorbatschows Verhalten

in der ersten Zeit nach dem Unglück: «Tatsächlich war seine recht schwermütige Fernsehansprache vom 14. Mai 1986 enttäuschend. ... Ein großer Teil seiner Ansprache bestand aus traditioneller Agitprop ...» Aber ein kleiner Teil eben auch nicht; und schon das war damals an der Spitze der Sowjetunion ein neuer Ton!

28 Julia Obertreis: Der «Angriff auf die Wüste» in Zentralasien. Zur Umweltgeschichte der Sowjetunion, in: Grünbuch Politische Ökologie im Osten Europas (= Osteuropa 4–5/2008), S. 37, 42. Auch sie liefert jedoch nicht wenig Material, das die von ihr erst einmal in Frage gestellte Position stärkt.

29 In Wirklichkeit gab es in der Sowjetunion kein Umweltministerium. Israel war Leiter des Staatskomitees für Hydrometeorologie, das auch für Umweltfragen zuständig war. (Für diesen Hinweis danke ich Julia Obertreis.)

30 Joachim Radkau: Tschernobyl in Deutschland?, in: «Der Spiegel» 20/1986 (12. 5. 1986), S. 35.

31 Angela Merkel: Die Tschernobyl-Weintrauben, in: Karl-Heinz Karisch/Joachim Wille (Hrsg.): Der Tschernobyl-Schock. Zehn Jahre nach dem Super-GAU, Frankfurt 1996, S. 120.

32 In: Swetlana Alexijewitsch: Tschernobyl – Eine Chronik der Zukunft (urspr. 1997), Berlin 2006, S. 211 f.

33 Dagegen gelangte Zhores Medwedjew (Das Vermächtnis von Tschernobyl, Münster 1991, S. 9), ein scharfer Beobachter der sowjetischen Kerntechnik, zu folgendem Bild von dem auslösenden Vorgang: «Ein junger, übermüdeter und unerfahrener Operateur, Leonid Toptunow – er starb drei Wochen später qualvoll –, bewegte die Regelstäbe des Reaktorblocks 4 nur leicht unterhalb der korrekten Position. Dieses offenbar kleine Versehen führte zu einer riesigen Explosionswolke ...»

34 Das bemerkte mir gegenüber mit Blick auf den Störfall von Harrisburg Ludwig Merz (früher Siemens), der als langjähriges Mitglied der Reaktorsicherheitskommission seine Erfahrungen hatte; Radkau: Aufstieg und Krise der Atomwirtschaft, S. 552 f. (Anm. 147).

35 Medwedjew: Das Vermächtnis von Tschernobyl, S. 9, 55. Eines der aufregendsten Dokumente ist ein von Legassow verfasstes Manuskript, das nach seinem Selbstmord veröffentlicht wurde: «In meinem Safe habe ich eine Abschrift von den Telefongesprächen der Operateure unmittelbar vor dem Unfall. Die Lektüre lässt einen erschaudern.» Die Notizen verweisen auf eine miserable und konfuse Instruktion der Mannschaft auf der Reaktorwarte.

36 Alla Jaroshinskaja: Verschlußsache Tschernobyl. Die geheimen Dokumente aus dem Kreml, Berlin 1994, S. 160 ff. (Protokoll der Sitzung des Politbüros am 3. Juli 1986).

37 Stephanie Cooke: Atom. Die Geschichte des nuklearen Zeitalters, Köln 2010, S. 386.

38 Medwedjew: Das Vermächtnis von Tschernobyl, S. 294.

39 Unsere gemeinsame Zukunft. Bericht der Weltkommission für Umwelt und Entwicklung, Berlin 1988, S. 190.

40 Karl-Heinz Karisch: «Da muss sich Furchtbares ereignet haben.» Protokoll der Atomkatastrophe von Tschernobyl, in: ders./Joachim Wille (Hrsg.): Der Tschernobyl-Schock, S. 37 f.

41 Jaroshinskaja: Verschlußsache Tschernobyl; dies.: Lüge-86. Die geheimen Tschernobyl-Dokumente, in: Tschernobyl – Vermächtnis und Verpflichtung (= Osteuropa, 56. Jg., Heft 4/April 2006), S. 39–53.

42 «Welt online», 21. 4. 2006.

43 Man lese etwa die absurden Ausführungen darüber, dass Hochtemperaturreaktoren und Schnelle Brüter im Westen seit langem bewährte Technologien mit erwiesener hoher Sicherheit seien! Jaroshinskaja: Verschlußsache Tschernobyl, S. 346.

44 Douglas R. Weiner: A Little Corner of Freedom – Russian Nature Protection from Stalin to Gorbachev, Berkeley 1999, zitiert zustimmend Zhores A. Medvedev: «true *glasnost'*, in a macabre way, was born in the wreckage of reactor block no. 4. Only in light of Chernobyl can we understand the incredible candor and independence of the

speeches at the 8th Congress of the USSR Union of writers in late June 1986, an outpouring criticism of the planners and the bureaucrats for their despoliation of Russia.»

45 Walter Wallmann: Das erste Jahr: Umweltpolitik nach Tschernobyl, in: Die Umweltmacher, S. 18.

46 Mein Kollege Stefan Merl, Spezialist für die sowjetische Geschichte der Nach-Stalin-Zeit, am 10. 1. 2008 in einem Vortrag über die Bedeutung von Tschernobyl für den Zerfall der Sowjetunion: Gorbatschow habe nicht begriffen, dass gerade die von ihm bekämpfte Schattenwirtschaft auf unterer Ebene, bei den Betriebsleitungen, für das Funktionieren des Systems unerlässlich gewesen sei. Ähnlich Klaus Gestwa: Herrschaft und Technik in der spät- und poststalinistischen Sowjetunion. Machtverhältnisse auf den «Großbauten des Kommunismus», 1948–1964, in: Osteuropa 3/2001, S. 192: «In der sowjetischen Improvisationsökonomie waren alle Akteure auf ergänzende und unterstützende Arrangements angewiesen, die weder rechtlich sanktioniert noch schriftlich fixiert wurden.»

47 Noch zwei Monate nach der Katastrophe, am 25. Juni 1986, findet man im Sitzungsprotokoll der Operativen Gruppe des ZK die von permanenter Hilflosigkeit zeugende Bemerkung: «Die Operative Gruppe weist darauf hin, dass es bei den Projektierungsarbeiten immer noch viele ungelöste Fragen gibt. Ingenieurlösungen, die effektive Betriebsverfahren sowie die notwendige Kontrolle der Arbeitsvorgänge gewährleisten, liegen nicht in vollem Umfang vor.»

48 Offene Worte. Sämtliche Beiträge der 19. Gesamtsowjetischen Konferenz der KPdSU in Moskau, Nördlingen 1988, S. 261.

49 Gestwa: Ökologischer Notstand und sozialer Protest, S. 377; ähnlich Oleg Yanitsky, der führende Umweltsoziologe Russlands, 1995: «ecological protest during the years 1987–89 in the USSR was the first legal embodiment of broadly democratic protest and solidarity of citizens as citizens.» Zit. n. Laura A. Henry: Red to Green. Environmental Activism in Post-Soviet Russia, Ithaca 2010, S. 39.

50 Gestwa: Ökologischer Notstand und sozialer Protest, S. 379.

51 Laura A. Henry: Red to Green. Environmental Activism in Post-Soviet Russia, Ithaca 2010, S. 39.

52 So habe auch ich es noch fünf Monate nach dem Reaktorunglück empfunden, als ich mich am 25. September 1986 in Wien an einer Demonstration beteiligte, die die Zugänge zu der Konferenz der Internationalen Atomenergiebehörde blockierte, an der eine Delegation sowjetischer Spitzenleute teilnahm, wobei ich – zusammen mit Herbert Gruhl – nur mit Mühe der Verhaftung entging. Es war noch vor dem Ausbruch der deutschen «Gorbimanie». Damals überraschten die sowjetischen Vertreter in Wien ihre westlichen Kollegen erstmalig durch eine bis dahin ungewohnte Offenheit. Im eigenen Land praktizierten sie jedoch diese noch nicht. Dazu Zhores Medwedjew: Der Generalsekretär. Michael Gorbatschow. Eine politische Biographie. Aktualisierte Neuausgabe Darmstadt 1987, S. 303. Die Gesamttendenz dieser Biographie ging damals dahin, die im Westen ausbrechende «Gorbimanie» zu dämpfen!

53 So Gorbatschow am 28. Juni 1988 in seiner Eröffnungsrede zur gesamtsowjetischen Konferenz der KPdSU, in: Offene Worte, S. 31.

54 Joachim Radkau: Revoltierten die Produktivkräfte gegen den real existierenden Sozialismus? Technikhistorische Anmerkungen zum Zerfall der DDR, in: 1999, Heft 4/90, S. 17 ff. Der Aufsatz geht auf einen Vortrag auf der ost-westlichen Sommeruniversität in Berlin 1990 und daran anschließende Diskussionen zurück. Obwohl die Situation in der DDR damals noch höchst unübersichtlich war und ich die Informationen etwas wahllos zusammensuchen musste, erscheint die Hauptthese noch heute haltbar: Mehr noch als eine Vernachlässigung technischer Innovationen war eine gewisse Art von Technomanie das Unheil des «real existierenden Sozialismus».

55 Radkau: Technik in Deutschland, S. 398 f.
56 Eine Fülle von Material dazu in dem großen Werk von Douglas R. Weiner: A Little Corner of Freedom. Russian Nature Protection from Stalin to Gorbachev, Berkeley 1999. Dort S. 130 über die Bedeutung der *zapovedniki*, der Naturschutzgebiete für die dort engagierten Naturwissenschaftler: «They were the priests, the interpreters, and ultimately the keepers of these sacred territories, which they thought they had saved from the profane Stalinist mire.» Von dieser Art von wissenschaftlich verbrämtem Naturkult führte allerdings kein Weg zu den hautnahen Umweltproblemen des Alltags; dazu ders.: Environmental Activism in the Soviet Context – A Social Analysis, in: Christof Mauch u. a. (Hrsg.): Shades of Green. Environmental Activism Around the Globe, Lanham 2006, S. 129.
57 Radkau: Technik in Deutschland, S. 387 f.
58 Zwei Jahre nach Tschernobyl hatte ich auf alkoholischer Basis ein Gespräch mit einem führenden sowjetischen Reaktortechniker. Als ich ihn nach der sowjetischen Reaktorsicherheitsphilosophie fragte, erwiderte er lachend, davon gebe es zwei: eine vor und eine nach Tschernobyl. Beide seien ganz einfach. Vor Tschernobyl lautete die Philosophie: «Was sowjetische Ingenieure bauen, ist sicher.» Danach lautete sie: «Reaktorkomponenten aus der Bundesrepublik Deutschland sind sicher.» Heute allerdings proklamiert das offizielle Moskauer Geschichtsbild erneut einen auf Leistungen in der Spitzentechnik gegründeten Nationalstolz: «Gagarin ohne Gulag.» Gestwa: Ökologischer Notstand und sozialer Protest, S. 383.
59 Vgl. Gestwa: Herrschaft und Technik, S. 192 f.: «Die weiterhin gepflegte Kultur technologischer Superlative diente dabei als Instrument trotzig-polemischer Selbstbehauptung, als trügerisches Ablenkungsmanöver und Projektionsfläche realitätsblinder Träumerei. ... Der Technikkult spielte darum in der sowjetischen Herrschaftsgeschichte als zentrales Moment der verordneten Illusionskultur eine weit größere Rolle als in den westlichen Industrienationen ... Die sowjetischen Großbauten waren sakrale Fetischobjekte einer säkularen Religion, die, vollgespickt mit ausdrucksstarken Erlösungsmetaphern, den Weg ins irdische Paradies verhieß ...»
60 Petra Opitz: Strom aus erneuerbaren Energien – Stiefkind osteuropäischer Energiestrategien?, in: Tschernobyl – Vermächtnis und Verpflichtung, S. 187–198. Der Befund läuft auf eine Bejahung der Titelfrage hinaus. Schärfer noch Aleksej Grigor'ev (IUCN)/Vladimir Cuprov (Greenpeace Russland): Energiezwerg Russland. Erneuerbare Energien im Land der ungenutzten Potentiale, in: Grünbuch Politische Ökologie im Osten Europas, S. 275–286. Die Autoren kommen noch im Jahre 2008 zu dem Befund: «Keine Energiewende in Sicht.» (S. 285)
61 Douglas R. Weiner: A Little Corner of Freedom. Russian Nature Protection from Stalin to Gorbachev, Berkeley 1999, S. 372 im Kontext Baikalsee: «Fighting for nature made one a hero.»
62 Dazu «Der Spiegel», 3. 12. 1990, S. 148 ff. Der Geologe Sergej Tschernyschow, der als einer der Ersten den Widerstand gegen dieses Projekt organisierte, berief sich dabei nicht auf die Natur, sondern auf die Kultur und auf die Geschichte: «Das Projekt war ein Angriff auf unsere ganze Kultur, wir hätten alle Zeugnisse der alten Völker des Nordens verloren.» Über die Bedeutung der sogenannten «Dorfschriftsteller» und deren «Ökologie der Kultur» in diesem Zusammenhang Gestwa: Ökologischer Notstand und sozialer Protest, S. 374 f.
63 Dirk van Laak: Weiße Elefanten. Anspruch und Scheitern technischer Großprojekte im 20. Jahrhundert, Stuttgart 1999, S. 174–178.
64 «Der Spiegel», 8. 4. 1985, S. 127.
65 Offene Worte, S. 173.
66 Ebd., S. 271.
67 Gestwa: Die Explosion des «Roten Atoms», S. 6.
68 David Marples: Diktatur statt Ökologie. Krisenmanagement in Lukasenkas Belarus, in: Tschernobyl – Vermächtnis und Verpflichtung (= Osteuropa 4/2006), S. 117–129.

Kaum ein anderer Nachfolgestaat der Sowjetunion bietet ein derart finsteres Gesamtbild wie Weißrussland unter dem diktatorischen Regime Lukaschenkos. Informationen über die von der Reaktorkatastrophe verursachten Schadenswirkungen werden systematisch unterdrückt; in jüngster Zeit wird sogar der Bau eines neuen Kernkraftwerks geplant.

69 Wladimir Jakimets: Erfolgreicher als die Friedensbewegung im Westen – Bürgerproteste stoppen die Atomtests in Kasachstan, in: Valentin Thurn/Bernhard Clasen (Hrsg.): Klassenfeind Natur. Die Umweltkatastrophe in Osteuropa, Gießen 1992, S. 71–79. Jakimets, Berater des Präsidenten der kasachischen Antiatomtestbewegung, weist darauf hin (ebd., S. 76), auf der ganzen Welt gebe es «kein Land, das mehr an der Atomindustrie gelitten hat als Kasachstan». Ebd., S. 132–152, auch Gundula Bahro: Steppenbrand in Kasachstan – Vom Katastrophengebiet zum ökologischen Vorreiter. Heute, fast zwei Jahrzehnte danach, wirkt der von Rudolf Bahros erster Ehefrau verfasste Artikel, der zu erkennen glaubt, Kasachstans neuer «starker Mann» Nasarbajew sei «im Grunde genommen ein ‹Grüner›», freilich allzu euphorisch: Spiegel der damaligen Aufbruchsstimmung! Schon damals war jedoch in Kasachstan von dem Bau von fünf neuen Kernreaktoren die Rede (ebd., S. 149).

70 Richard Stone (Redakteur bei *Science International*): «Strahlende Steppe. Langsam begreifen die Forscher, welch schmutziges Erbe sowjetische Atomtests in Kasachstan hinterlassen haben.» In: Süddeutsche Zeitung, 3. 6. 2003, S. V2/15.

71 Artem Ermilow: Atomtests, Uranförderung und Ölindustrie. Strahlenbelastung und Strahlenschutz in Kasachstan, in: Grünbuch Politische Ökologie im Osten Europas, S. 174. Ermilov (Institut für Nuklearphysik, Almaty) hebt hervor, dass die Konzentration auf den Fall-out der Atomtests davon ablenke, dass die durch die Uran- und auch die Ölförderung freigesetzten Radionuklide eine «viel größere Gefahr» darstellten (ebd., S. 169).

72 Jaroshinskaja: Verschlußsache Tschernobyl, S. 227.

73 Nikita F. Glazovsky: The Aral Sea basin, in: Jeanne X. Kasperson u. a. (Hrsg.): Regions at Risk. Comparison of Threatened Environments, Tokyo 1995, S. 135.

74 Schon lange vor Bekanntwerden des Araldesasters Georg Borgstrom: Der hungrige Planet. Welternährung von der Krise zur Katastrophe?, München 1965, S. 152: «Das große Projekt ‹Land unter dem Pflug› wird oft als Chruschtschows größtes Glücksspiel bezeichnet.» Damals konnte sich selbst dieser insgesamt zum Pessimismus neigende Autor der Faszination dieses «Glücksspiels» mit seinen welthistorisch einzigartigen Dimensionen nicht entziehen. Diese Faszination war zu jener Zeit eben keineswegs nur ein sowjetisches Phänomen!

75 Stefan Merl: Entstalinisierung, Reformen und Wettlauf der Systeme 1953–1964, in: Stefan Plaggenborg (Hrsg.): Handbuch der Geschichte Russlands, Bd. 5, Stuttgart 2002, S. 215 ff. Stefan Merl zum Verf.: Es sei Chruschtschows Unglück gewesen, dass er sich im Unterschied zu Stalin einbildete, von der Landwirtschaft etwas zu verstehen. Durch das Maisfiasko sei dieser ewig bramarbasierende Staatschef zur «lächerlichen Figur» geworden; das *System* dagegen habe erst durch Tschernobyl den Respekt der Massen verloren. Der Osteuropahistoriker Malte Griesse an Verf. (31. 7. 2010): Bei der breiten Masse der russischen Bevölkerung hätten die «Technologie-Phantasien ihrer Führung» spätestens nach Chruschtschows «Maisreinfall nur noch Zynismus» ausgelöst. Teile der Eliten mögen noch bis Tschernobyl an das Sputnik-Evangelium geglaubt haben; den einfachen Leuten jedoch sei «immer klarer» geworden: «Sie waren die Letzten, die vom technischen Fortschritt profitieren würden. Im Gegenteil, sie hatten die Rechnung zu bezahlen.»

76 So Fjodor Morgun, Vorsitzender des Staatskomitees der UdSSR für Umweltschutz, am 1. Juli 1988 auf der Gesamtsowjetischen Konferenz (Offene Worte, S. 390 f.): «Die Hauptschuldigen am Humusverlust und am Bodenverfall sind der Streifenpflug und das Tiefpflügen. ... Der Pflug ist der Zerstörer, aber trotzdem bauen wir jährlich 200 000 neue Pflüge.»

77 Obertreis: «Angriff auf die Wüste», S. 45.
78 René Létolle/Monique Mainguet: Der Aralsee. Eine ökologische Katastrophe, Berlin 1996, S. 328.
79 Ebd., S. 93, 387–394.
80 Ebd., S. 337.
81 Julia Obertreis an Verf., 4. 8. 2010; Glazovsky: The Aral Sea basin, S. 107: Der Pestizideintrag habe in dieser Region 54 Kilo pro Hektar betragen, gegenüber einem gesamtsowjetischen Durchschnitt von drei Kilo pro Hektar – und auch anderswo in der Sowjetunion war man mit dem Einsatz von Pestiziden nicht pingelig! Ebd., S. 100: In manchen Regionen habe der Einsatz von DDT die zulässige Menge um das 46-Fache übertroffen! Létolle/Mainguet: Der Aralsee, S. 317.
82 McNeill: Something New Under the Sun, S. 162.
83 Reimar Gilsenbach: Die Erde dürstet. 6000 Jahre Kampf ums Wasser, Leipzig 1961, S. 290 ff. Wegen dieses Buches hing ihm später in der Öko-Szene der DDR der Spitzname «Wassermann» an. Aufschlussreich sind zwei Beiträge des politisch einflussreichen Vorsitzenden des Instituts für Geographie der sowjetischen Akademie der Wissenschaften Innokentii P. Gerasimov zur Umweltgeschichte der Aralsee-Region aus der Zeit vor der öffentlichen Kontroverse um das Dawydow-Projekt und das Aralsee-Desaster in dem Sammelband von William C. Brice (Hrsg.): The Environmental History of the Near and Middle East Since the Last Ice Age, London 1978, S. 319–349. Da besteht die Lehre aus der Umweltgeschichte darin, dass Umleitung von Flüssen und künstliche Bewässerung in dieser Region eine uralte Tradition haben. «The principal way of preserving the Aral Sea will be to replenish its basin with additional water from the great Siberian rivers.» (Ebd., S. 348, The Past and the Future of the Aral and the Caspian Seas)
84 Létolle/Mainguet: Der Aralsee, S. 346.
85 Bahro: Steppenbrand in Kasachstan, S. 150.
86 Cooke: Atom, S. 397.
87 Tobias Münchmeyer (Greenpeace): Ukrainian energy policy – between Chornobyl and the Kremlin, Paper für Lutz Mez u. a. (Hrsg.): International Perspectives of Energy Policy and the Role of Nuclear Power, Berlin 2008; Irina Stavcuk: Ukraine: Doppelter Klimawandel, in: Grünbuch Politische Ökologie im Osten Europas, S. 237–250.
88 Diese Ausführungen stützen sich auf einen Vortrag von Kerstin S. Jobst in der Universität Bielefeld: «Katastrophendiskurse: Der Holodomor und das Reaktorunglück von Chornobyl' im ukrainischen kollektiven Gedächtnis», auch auf die darauffolgende Diskussion.
89 *«Rejecting the Precautionary Principle»* ist der Titel der *Conclusion* von Wildavskys Opus But Is It True? A Citizen's Guide to Environmental Health and Safety Issues, Cambridge, Mass. 1995. Erblickt man eine wesentliche Aufgabe moderner Umweltpolitik in der Vorsorge gegen hypothetische Risiken, ist schon der Titel falsch formuliert: Denn da gibt es kein «wahr» und «falsch»!
90 Ebd., S. 428.
91 Ebd., S. 441. Nicht ganz ohne Grund scheint er zu argwöhnen, die Spekulationen über die Vielfalt möglicher Ursachen von Lungenkrebs könnten von der einen klar erwiesenen Hauptursache ablenken: dem Zigarettenrauchen!
92 Zhores Medwedjew: Bericht und Analyse der bisher geheim gehaltenen Atomkatastrophe in der UdSSR, Hamburg 1979. Der emigrierte sowjetische Biochemiker enthüllte, dass auch die atomare Community des Westens das Ihre dazu beigetragen hatte, dass diese wahrscheinlich größte zivile Nuklearkatastrophe vor Tschernobyl der Öffentlichkeit über zwanzig Jahre verborgen blieb.
93 Gestwa: Ökologischer Notstand und sozialer Protest, S. 383.
94 Julia Obertreis an Verf., 4. 8. 2010.
95 Dazu und auch als Grundlage der folgenden Ausführungen Ehrhart Neubert: Ge-

schichte der Opposition in der DDR 1949–1989, 2. Aufl. Bonn 1998, hier S. 626 ff. («Tschernobyl ist überall»). Es handelt sich um das bislang umfassendste Werk zum Thema. Über die «Entstehung einer Anti-Atomkraft-Bewegung» in der DDR (wobei dieser Begriff von bundesdeutschen Vorstellungen her weit übertriebene Erwartungen weckt) Wolfgang Rüddenklau: Störenfried. DDR-Opposition 1986–1989. Mit Texten aus den Umweltblättern, s. Aufl. Berlin 1992, S. 61 ff.

96 Auf der Grundlage interner Akten Mike Reichert: Kernenergiewirtschaft in der DDR. Entwicklungsbedingungen, konzeptioneller Anspruch und Realisierungsgrad (1955–1990), St. Katharinen 1999, S. 311 ff. S. 369: Tschernobyl «beunruhigte die Verantwortlichen in der DDR außerordentlich. ... Für den Bau des KKW Stendal erging die Auflage, gegenüber dem ursprünglichen Projekt 68 Änderungen durchzuführen, die sämtlich den sicherheitstechnischen Bereich betrafen.» Dennoch blieb «die starke Abhängigkeit der DDR von der UdSSR» in Sachen Reaktorsicherheit bestehen (ebd., S. 377). Ein Großbrand in Lubmin am 7. Dezember 1975, der leicht zum Super-GAU hätte werden können, wurde erst nach der Wende bekannt; darüber Jochen Luhmann: «Ein Fast-Harrisburg in Greifswald Ende 1975. Konflikte um die Sicherheit der Kerntechnik in der DDR», in: Neue Zürcher Zeitung, 16. 2. 2002.

97 Dazu die zu jener Zeit bahnbrechende Reportage von Peter Wensierski: Von oben nach unten wächst gar nichts. Umweltzerstörung und Protest in der DDR, Frankfurt 1986, S. 71.

98 Reichert: Kernenergiewirtschaft in der DDR, S. 423.

99 Radkau: Technik in Deutschland, S. 396 f.

100 Rüddenklau: Störenfried, S. 128: «Im Jahre 1987 wurde manches möglich, was früher ausgeschlossen war.» Im Sommer 1987 unternahm ich mit einer Studentengruppe eine technikhistorische Exkursion in die DDR, bei der wir u. a. das Schaubergwerk Lugau-Oelsnitz besichtigten, als Arbeitsstätte von Adolf Hennecke ein heiliger Ort der DDR. Die dortige Führerin stellte diesen unkollegialen «Helden der Arbeit», der mit seiner Übererfüllung der Norm um 387 % eine kolossale Steigerung der Arbeitsnormen gerechtfertigt hatte, kritisch dar und erwähnte, die Mitkumpels hätten das Auto abgefackelt, das er als Lohn für seine Leistungsshow bekommen habe. Als ich dies nach der Rückkehr dem einige Zeit davor aus der DDR geflüchteten Schriftsteller Helfried Schreiter mitteilte, fiel dieser aus allen Wolken: Das könne nicht sein, unmöglich, das müsse ich missverstanden haben!

101 Filmreifes Beispiel: Im Frühling 1987 erlag die Ehefrau des auf Reimar Gilsenbach angesetzten IM dem Charme des Bespitzelten! Hannelore Kurth-Gilsenbach: Trostlied für Mäuse, Eberswalde 1994, S. 21.

102 Verblüffend wenig allerdings im «Tal der Ahnungslosen», wo man kein Westfernsehen empfangen konnte. Als ich kurz nach der Wende in der TU Dresden einen Vortrag zur Geschichte der bundesdeutschen Atomwirtschaft hielt, belehrte mich ein dortiger Dozent, unter den Experten der DDR habe es Debatten über das mit der Kerntechnik verbundene Risiko gegeben, und fragte mich von oben herab, ob es solche Debatten auch im Westen gegeben habe!

103 Radkau: Technik in Deutschland, S. 394.

104 Mitt. von Eberhard Wächtler, der Rammlers Biographie schrieb.

105 Carlo Jordan: Umweltzerstörung und Umweltpolitik in der DDR, in: Machtstrukturen und Entscheidungsmechanismen im SED-Staat und die Frage der Verantwortung, Baden-Baden 1995 (= Materialien der Enquete-Kommission «Aufarbeitung von Geschichte und Folgen der SED-Diktatur in Deutschland», Bd. II/3), S. 1785.

106 Vgl. noch das für jene Zeit vorzügliche, vom Bundesministerium für innerdeutsche Beziehungen herausgebene DDR Handbuch, Bd. 2, 3. Aufl. Köln 1985, S. 1372 ff. Dort heißt es bemerkenswerterweise über das erste, bis 1975 reichende Umweltschutzprogramm der DDR: Obwohl vom dortigen Umweltministerium «kein Rechenschaftsbericht über die im damaligen Planjahrfünft erzielten Er-

folge veröffentlicht» worden sei, «kann vermutet werden, dass die geplanten Maßnahmen größtenteils realisiert worden sind». Aus eigener Erfahrung habe ich von dem Vorbereitungsseminar zu der von mir 1987 veranstalteten DDR-Exkursion in Erinnerung, wie schwierig es zu jener Zeit war, seriös wirkende kritische Literatur zur DDR zu beschaffen, ob über Fragen der Wirtschaft oder der Umwelt.

107 Jörg Roesler: Umweltprobleme und Umweltpolitik in der DDR, Erfurt (Landeszentrale für politische Bildung Thüringen) 2006, S. 38 f.; Nathan Stolzfus: Public Space and the Dynamics of Environmental Action: Green Protest in the German Democratic Republic, in: Archiv für Sozialgeschichte 43 (2003), S. 385–403.

108 Reichert: Kernenergiewirtschaft in der DDR, S. 227 ff. Noch nach der Wende wurde diese Entscheidung von ostdeutschen Technologen manchmal dem Sündenregister Ulbrichts zugeschlagen. In Sachen Kernenergie besaß dieser jedoch ohne Zweifel mehr Vernunft als Klaus Fuchs, der jahrzehntelange Leiter der ostdeutschen Atomforschung.

109 Reichert: Kernenergiewirtschaft in der DDR, S. 342 ff.

110 Christoph Bernhardt: Von der «Mondlandschaft» zur sozialistischen «Erholungslandschaft»? Die Niederlausitz als Exerzierfeld der Regionalplanung in der DDR-Zeit, in: Günter Bayerl/Dirk Maier (Hrsg.): Die Niederlausitz vom 18. Jahrhundert bis heute: Eine gestörte Kulturlandschaft?, Münster 2002, S. 125. Wilhelm Knabe, in den 1950er Jahren einer der Vordenker der Rekultivierung der Braunkohlegebiete in der DDR, an Verf. (30. 9. 2010): «Die Innovation bestand in der Integration der Rekultivierung in den Abbauprozess, indem jede einzelne Phase ... auf die Folgen für die spätere Landnutzung untersucht wurde.»

111 Wilhelm Knabe an Verf., 30. 9. 2010.

112 Bernhardt: Von der «Mondlandschaft», S. 313.

113 Michaela Lorck: Braunkohletagebau und Rekultivierung. Probleme und Chancen der Wiedernutzbarmachung im Braunkohlentagebau der DDR, Magisterarbeit, Bielefeld 2006.

114 Dieses Bedauern spürt man zwischen den Zeilen des opulent bebilderten Bandes von Lothar Eissmann und Armin Rudolph: Die aufgehenden Seen im Süden Leipzigs. Metamorphose einer Landschaft, 2. Aufl. Leipzig 2006. Die hübschen, aber langweiligen Seenlandschaften kontrastieren zu dem aufregend pittoresken Charakter der vorausgegangenen «Mondlandschaften»!

115 Horst Paucke: Chancen für Umweltpolitik und Umweltforschung – Zur Situation in der ehemaligen DDR, Marburg 1994, S. 40. S. 41: «In der SED-Führung hatte es nie die Absicht gegeben, die Umweltproblematik zentral zu behandeln. Es fand dazu weder ein Parteitag noch ein Plenum des Zentralkomitees, noch eine Politbürositzung oder auch nur eine Beratung seiner Wirtschaftskommission statt, auf der Umweltfragen oder eine Strategie zum Umweltschutz debattiert oder beschlossen worden wären.» Dieser Befund ist umso bemerkenswerter, als diese vom BdWi-Verlag veröffentlichte Untersuchung in ihrem Gesamttenor gerade *nicht* die Nach-Wende-Tendenz mitmacht, alles in der DDR in Grund und Boden zu verdammen!

116 Hans-Peter Gensichen: Umweltverantwortung in einer betonierten Gesellschaft: Anmerkungen zur kirchlichen Umweltarbeit in der DDR 1970 bis 1990, in: Franz-Josef Brüggemeier/Jens Ivo Engels (Hrsg.): Natur- und Umweltschutz nach 1945. Konzepte, Konflikte, Kompetenzen, Frankfurt 2005, S. 289 Anm. 12.

117 Hannelore Kurth-Gilsenbach: Trostlied für Mäuse, mit Texten von Reimar Gilsenbach, begleitet vom O-Ton der Stasi, Eberswalde 1994, S. 25.

118 Jordan: Umweltzerstörung und Umweltpolitik in der DDR, S. 1772; diese Geheimstellung war schon zu DDR-Zeit bekannt; dazu Wensierki: Von oben nach unten wächst gar nichts, S. 22 f.

119 Nicht zufällig gibt es zur Geschichte des Naturschutzes der DDR bereits ein Sammelwerk, das an Umfang und Materialreichtum alle bisherigen Publikationen zur ostdeutschen Umweltbewegung weit übertrifft: Institut für Umweltgeschichte und

Regionalentwicklung/IUGR (Hrsg.): Naturschutz in den neuen Bundesländern – Ein Rückblick, 2 Halbbde., Marburg 1998. Viel mehr als bei den Umweltgruppen der DDR findet man sich hier in einer auch aus dem deutschen Westen vertrauten Welt, bei der man die Politik oft vergessen kann! Wie üblich fällt Reimar Gilsenbach als bunter Vogel aus dem Rahmen; vgl. ders.: Die größte DDR der Welt – ein Staat ohne Nationalparke. Des Merkens Würdiges aus meiner grünen Donquichotterie, in: ebd., S. 533–546.

120 Als ich Hannelore Gilsenbach gegenüber am 23.8.2006 bekannte, Kretschmann nicht zu kennen, sank ich sichtlich in ihrer Achtung: «Bei Ihnen muss man ja ganz von vorne anfangen!» Der große Jubiläumsband des Bundesamtes für Naturschutz würdigt ihn nur als Gatten von Erna Kretschmann; Frohn/Schmoll: Natur und Staat, S. 589.

121 Marion Schulz: Ein Leben in Harmonie. Kurt und Erna Kretschmann – für den Schutz und die Bewahrung der Natur, Neuenhagen 1999; «bluffte»: ebd., S. 101. Reimar Gilsenbach zufolge (ebd., S. 116) war Kretschmanns ärgster Verstoß gegen die herrschende Linie, als er 1982 auf die Frage eines Fernsehmanns, warum er nicht einmal einen «Trabant» habe, erwiderte: «Aber ich habe eine Eiche!»

122 Reimar Gilsenbach: Wer im Gleichschritt marschiert, geht in die falsche Richtung. Ein biografisches Selbstbildnis, hrsg. von Hannelore Gilsenbach und Harro Hess, Bad Münstereifel 2004, S. 202 ff.

123 Karl Friedel/Reimar Gilsenbach: Das Roßmäßler-Büchlein, Berlin 1956; vgl. ebd., S. 43 ff.: «Die Natur zur Heimat machen.»

124 Hannelore Kurth: Kreuzfahrten für die Umwelt. Durch die Öko-Szene von Rostock bis Suhl, in: Susanne Raubold (Hrsg.): Go East! DDR – Der nahe Osten, Berlin 1990, S. 111 ff.

125 In: Carlo Jordan/Hans Michael Kloth (Hrsg.): ARCHE NOVA. Opposition in der DDR – Das «Grün-ökologische Netzwerk Arche» 1988–90, Berlin 1995, S. 263.

126 Hermann Behrens und Lebrecht Jeschke in: Schulz: Leben in Harmonie, S. 106, 109.

127 Rainer Pfannkuchen: Naturschutz in Dresden, in: Dresdner Hefte 67 (Von der Natur der Stadt – Lebensraum Dresden), Dresden 2001, S. 75.

128 Vgl. etwa in der Zeitschrift «Natur und Umwelt» (1/1986, S. 32–36), dem Organ der offiziellen GNU, den Artikel von Rainer Albrecht: Die Erfahrungen und Ergebnisse zweijähriger Arbeit der Gesellschaft für Natur und Umwelt im Kreis Bitterfeld, der allerdings – wie so viele DDR-Dokumente – dazu einlädt, zwischen den Zeilen zu lesen, und durchaus zu erkennen gibt, dass der Raum Bitterfeld alles andere als ein Idyll ist!

129 Das betont Robert Bache, der einen ersten Vorstoß unternommen hat, die bislang recht undurchsichtige Geschichte der GNU auf archivalischer Basis zu klären. Zumindest «von Seiten der Natur- und Heimatfreunde» – so sein Befund – sei die Gründung der GNU «als erfolgreiche, ‹eigensinnige›, naturschützerisch legitimierte Ermächtigung zu betrachten», wenn sie auch kein nonkonformes politisches Durchsetzungsvermögen besaß. Die von der SED-Führung beabsichtigte «Kanalisierung kritischer Umweltinitiativen» sei gleichwohl bis zur Gründung der Arbeitsgemeinschaften Stadtökologie «größtenteils erreicht» worden. Robert Bache: Umweltpolitischer Dissens innerhalb der Gesellschaft für Natur und Umwelt (GNU) der DDR, Bachelorarbeit, Bielefeld 2010, S. 19 f.

130 Bache: Umweltpolitischer Dissens, S. 22, gewinnt durch Quellenstudium den Eindruck, das Wachstum der GNU bis auf 60 000 Mitglieder (1987) sei nicht zuletzt der Attraktivität der Stadtökologie zu verdanken. Hermann Behrens u. a.: Wurzeln der Umweltbewegung. Die «Gesellschaft für Natur und Umwelt» (GNU) im Kulturbund der DDR, Marburg 1993; Stadtökologie: ebd., S. 69 ff. Wieweit die Tendenz dieses Bandes, die GNU zu einer «Umweltbewegung» im vollen Sinne zu machen, einer genaueren Überprüfung standhält, ist bis heute offen. Gilsenbach beurteilte

die GNU nach seinem Ausscheiden im November 1989 abfällig: «Die enge Bindung an Staat und Partei ließ nur Konformismus zu, kaum öffentliche Kritik, nicht den Schatten von Opposition.» (Ebd., S. 55 Anm. 106) Aber auch manche harschen Urteile aus der ersten Zeit nach der Wende bedürfen der Überprüfung. Immerhin hatte Gilsenbach bis dahin in der GNU an führender Stelle mitgearbeitet! Zur GNU vgl. auch Neubert: Geschichte der Opposition in der DDR, S. 453. Über die Stadtökologie-Gruppen Rüddenklau: Störenfried, S. 126 ff.

131 Jordan/Kloth: Arche Nova, S. 297. Ähnlich Neubert: Geschichte der Opposition in der DDR, S. 783 ff., so über den ersten Pleißegedenkmarsch «auf der kilometerlangen Abdeckung des zur Kloake gewordenen Flusses» am 5. Juni 1988, der von zwei Umweltgruppen vorbereitet wurde.

132 Harald Thomasius: Die Entwicklung der Gesellschaft für Natur und Umwelt im Kulturbund der DDR zu einem Zentrum sozialistischer Umweltpolitik und landeskulturellen Schöpfertums, in: Natur und Umwelt 2/1987, S. 7.

133 Ebd., S. 13.

134 Vgl. die triumphierend von drei Mitgliedern der «Viererbande» (der Vierte war Matthias Freude) beschriebene Geschichte von dem naturschützerischen Husarenstreich: Michael Succow/Lebrecht Jeschke/Hans Dieter Knapp: Die Krise als Chance – Naturschutz in neuer Dimension, Neuenhagen 2001, S. 35–55.

135 Arnulf Müller-Helmbrecht: Endspurt – das Nationalparkprogramm im Wettlauf mit der Zeit, in: Naturschutz in den neuen Bundesländern, S. 599, setzt sich in einer langen Anmerkung mit dem Vorwurf auseinander, das Nationalpark-Programm sei «undemokratisch» zustande gekommen. In der Tat war es auf eine Art durchgesetzt worden, die wohl in der DDR, nicht jedoch im Westen als «demokratisch» galt. Die gleiche Prozedur wäre «nach westdeutschen Verfahrens- und Beteiligungsvorschriften unmöglich gewesen».

136 Lutz Ribbe (Direktor von Euronatur): Neue Hoffnung – Umweltprojekte in Osteuropa, in: Akademie für Natur- und Umweltschutz Baden-Württemberg (Hrsg.): Umwelt in Osteuropa – von der kommunistischen Ausbeutung in den marktwirtschaftlichen Ausverkauf?, Stuttgart 1993, S. 55.

137 Gilsenbach: Die größte DDR der Welt, S. 544: «Die Staatsjagdgebiete, eingerichtet für auserlesene Politbüromitglieder mit dem Generalsekretär an der Spitze, hatten wie die Pest um sich gegriffen.»

138 Vgl. die offenherzige Jubiläumsbroschüre 100 Jahre NABU – ein historischer Abriß 1899–1999, Bonn 1999, S. 22 ff.

139 Ein gestandenes NABU-Mitglied zum Verf.: «Wäre dieser Wandel schon zwanzig Jahre früher geschehen, wäre der BUND nicht gegründet worden!»

140 100 Jahre NABU, S. 31 ff. Die Jubiläumsbroschüre bekennt: «Die West-Naturschützer brauchten einige Jahre, um die Vorteile der neuen Strukturen schätzen zu lernen.» 1992 nahm der NABU an der Konferenz von Rio teil; als Vogelschutzbund wäre er schwerlich zugelassen worden! Im Jahr von Rio wurde auch mit der Wahl des Rotkehlchens zum «Vogel des Jahres» «die Abkehr von den seltenen und hochgefährdeten Arten vollzogen» (ebd., S. 34), die solche Regionen kränkte, die zwar wunderschöne Natur, aber keine *endangered species* zu bieten hatten.

141 Vgl. das Jubiläumsheft «20 Jahre Euronatur – Gemeinsam für Europas Natur» (= euronatur Heft 2/2007). Angelika Zahrnt zum Verf. (7. 9. 2010): Bis zu jener Zeit habe der BUND keine transnationalen Kontakte gepflegt.

142 Titel von euronatur Heft 2/2010.

143 «Der Spiegel», 29. 1. 1990, S. 30 ff. Adolf Birkhofer, über Jahrzehnte die führende bundesdeutsche Autorität für Reaktorsicherheit, bekannte allerdings, dass die geringere Leistungsdichte dieser Reaktoren im Vergleich zu den westlichen Druckwassertypen auch ein Element relativer inhärenter Sicherheit darstelle. Jochen Luhmann: «Ein Fast-Harrisburg in Greifswald Ende 1975», in: Neue Zürcher Zeitung, 16. 2. 2002.

144 Rüddenklau: Störenfried, S. 129.

145 Michael Beleites: Untergrund. Ein Konflikt mit der Stasi in der Uran-Provinz, 2. Aufl. Berlin 1992; Rainer Karlsch: Uran für Moskau. Die Wismut – Eine populäre Geschichte, Bonn 2007, S. 192 f.
146 Vgl. Michael Beleites vor der Bundestags-Enquetekommission «SED-Dikatur» am 16. 3. 1994 (Bd. VII/1, S. 199): Bis dahin habe man über Wismut nicht sprechen dürfen, obwohl dort «Hunderttausende» beschäftigt gewesen seien. «Ein neuer Ansatz kam dann durch die Reaktorkatastrophe von Tschernobyl, als klar war, dass radioaktive Umweltbelastungen auch im Niedrigdosisbereich zu langfristigen Schäden führen. Es lag auf der Hand, dass die Umweltbelastung im Zusammenhang mit dem Uranbergbau dieselben Effekte haben muss.»
147 Jordan: Umweltzerstörung und Umweltpolitik in der DDR, S. 1777.
148 Jordan/Kloth: Arche Nova, S. 184.
149 Neubert: Geschichte der Opposition in der DDR, S. 451 f.
150 Ebd., S. 629.
151 Ebd., S. 645.
152 Jordan/Kloth: Arche Nova, S. 65. Dazu Wilhelm Knabe an den Verf., 16. 11. 2010: «Das war m. W. der erste offene Protest seit dem 17. Juni.» Gensichen: Kirchliche Umweltarbeit, S. 302, stellt gleichwohl in skeptischer Selbstbescheidung fest: «Vertreter der kirchlichen Umweltarbeit gehörten nicht zu den durch die Medien hervorgehobenen Protagonisten des Umbruchs.» Wieweit sie auf unauffällige Art doch dazugehörten, ist erst durch Erforschung der gesamten zur Wende führenden Dynamik zu klären.
153 Ebd., S. 23: «Der Argwohn gegenüber Neuen war in Basisgruppen stark entwickelt und führte in manchen Kreisen auf Dauer zur Abschneidung von neuen, frischen Kräften und zum Erlahmen der Motivation.»
154 Eine bundesdeutsche Umweltaktivistin, die Mitte der 80er Jahre mit Gleichgesinnten Osteuropa bereiste und überall die Diskussion über Umweltfragen suchte, berichtet über die Erfahrungen ihrer Gruppe in der DDR: «Sehnsüchtig dachten wir an die selbstkritischen Tschechen, an die Polen zurück, die uns ihre schlimmsten Umweltprobleme freimütig vorgeführt hatten.» Sabine Rosenbladt: Der Osten ist grün? Öko-Reportagen aus der DDR, Sowjetunion, Tschechoslowakei, Polen, Ungarn, Hamburg 1988, S. 91.
155 Brüggemeier: Tschernobyl, S. 269.
156 In: Wensierski: Von oben nach unten wächst gar nichts, S. 181.
157 Gensichen: Kirchliche Umweltarbeit, S. 291 f.
158 Kurth-Gilsenbach: Trostlied für Mäuse, S. 9.
159 Vgl. Rosenbladt: Der Osten ist Grün? (1988), S. 101, über eine Begegnung mit Gensichen, von dem die Verfasserin erfuhr, dass selbst Baumpflanzaktionen behindert und Fahrraddemonstrationen verboten worden waren. «Die Politik der SED-Führung ist das nicht», glaubt Gensichen, «die will mit uns zusammenarbeiten. Aber für mittlere Kader, die dreißig Jahre lang gewohnt waren, in Pfarrern die Vorposten des Kapitalismus zu sehen, war es natürlich schwierig, nun auf einmal zu kooperieren.»
160 Jürgen Kuczynski, der Grandseigneur und große alte Mann der DDR-Historikerschaft, zeitweise Berater Honeckers, äußerte bei Gesprächen in kleinem Kreis Bedauern darüber, dass selbst die DDR-Führung sich nicht vom westlichen Ideal des Lebensstandards zu lösen vermochte. Das westliche Konsumgüterangebot sei nun einmal ohne kapitalistischen Konkurrenzdruck nicht zu haben; daher sollte man sich in der DDR von diesem Ziel emanzipieren und stattdessen die soziale Sicherheit, die von der Konkurrenz unbelasteten menschlichen Beziehungen und die nicht durch Reizüberflutung gestörte geistige Ruhe schätzen lernen. Von anderen ostdeutschen Wissenschaftlern konnte man dagegen hören, J. K. habe gut reden: Er brauche die Stasi nicht zu fürchten und sei dank seines Westberliner Immobilienbesitzes der reichste Mann Ostberlins mit der größten Privatbibliothek. Also ein ähnliches Problem wie bei den – subjektiv gewiss ehrlichen – Bekenntnissen des schwerreichen Seneca zum einfachen Leben, wobei Kuczynski jedoch Honecker

weniger zu fürchten brauchte als Seneca den Kaiser Nero, der seinen einstigen Lehrer bekanntlich zum Selbstmord zwang!

161 Vgl. Rüddenklau: Störenfried, S. 12: «Bewußt war aber allen, dass die Mehrheit der Bevölkerung ganz andere Ziele als den Sozialismus hatte: Konsummöglichkeiten wie ihre Landsleute in Westdeutschland.»

162 Neubert: Geschichte der Opposition in der DDR, S. 746.

163 Mike Reichert zum Verf.: Die DDR erhob denn auch Einspruch dagegen, ließ jedoch zugleich durchblicken, dass sie sich diesen Einspruch gegen Devisen abkaufen lassen würde!

164 Vgl. z. B. Die Grünen im Bundestag Bd. 1, S. 320 ff. (Diskussion der Fraktion am 8. 11. 1983 über die von Petra Kelly und anderen unternommene DDR- und Moskau-Reise). Vgl. auch Jordan/Kloth: Arche Nova, S. 54 Anm. 7. Der aus der DDR zu den West-Grünen gestoßene Forstwissenschaftler Wilhelm Knabe: Westparteien und DDR-Opposition. Der Einfluß der westdeutschen Parteien in den achtziger Jahren auf unabhängige politische Bestrebungen in der ehemaligen DDR, in: Möglichkeiten und Formen abweichenden und widerständigen Verhaltens und oppositionellen Handelns, Baden-Baden 1995 (= Materialien der Enquete-Kommission SED-Diktatur Bd. VII/2), S. 1141: «Wir haben Dirks Sprache oft kritisiert. Aber beim Nachlesen der Texte heute erschrecke ich erneut, weil ich Stasi-Sprache lese. Festnageln, Verdrehen, Denunzieren, Diffamieren, persönlich Verunglimpfen, Abkanzeln – warum haben wir uns nicht gegen diese Sprache gewehrt? Warum haben wir nicht eher gemerkt, dass seine Begriffe ... beliebige Versatzstücke einer Totschlagsprache waren?»

165 Christoph Hohlfeld: Bündnis 90/Grüne – eine neue Partei?, in: Joachim Raschke: Die Grünen – Wie sie wurden, was sie sind, Köln 1993, S. 841 Anm. 11, 844 Anm. 22, 846, 839; noch vor der Vereinigung: Klaus-Dieter Feige: Wie Ausländer in der eigenen Partei – Anmerkungen eines Ost-Grünen, in: Ralf Fücks (Hrsg.): Sind die Grünen noch zu retten?, Reinbek 1991, S. 107–115. Manche Argumente der Arche gegen die Umwelt-Bibliothek tauchen in Kritik an den West-Grünen wieder auf! Bezeichnend ist, dass die Ost-Grünen noch 1992 selbst außerhalb des Horizontes von Hubert Kleinert (s. Anm. 167) liegen, der die abwehrende Haltung der Grünen gegenüber der deutschen Vereinigung kritisiert!

166 Antje Vollmer: Das Privileg der ersten, viele Fehler zu machen – Gründe für den Niedergang, in: Ralf Fücks (Hrsg.): Sind die Grünen noch zu retten?, Reinbek 1991, S. 15.

167 Hubert Kleinert: Aufstieg und Fall der Grünen. Analyse einer alternativen Partei, Bonn 1992, S. 143, 126. Eine These des «Realo» Kleinert lautet, dass Oskar Lafontaine 1990 als Kanzerkandidat der SPD den Grünen viele Wähler abgeworben habe. Dazu und zu Kleinerts Buch Lafontaine selbst: «Der Spiegel», 23. 11. 1992, S. 32 f. Seine Prognose allerdings, die Umweltbewegung habe «ihren Zenit wohl überschritten», und das sei der tiefere Grund des grünen Fiaskos, hat sich – wie so viele derartige Prognosen – bislang nicht bewahrheitet.

168 Dieter Oberndörfer: Schutz der tropischen Regenwälder durch Entschuldung, München 1989 (= Schriftenreihe des Bundeskanzleramtes 5), S. 22.

169 Mark Dowie: Conservation Refugees. The Hundred-Year Conflict between Global Conservation and Native Peoples, Cambridge, Mass. 2009, S. XX.

170 Jochen Bölsche (Hrsg.): Natur ohne Schutz. Neue Öko-Strategien gegen die Umweltzerstörung, Hamburg 1982. Da behauptete der Herausgeber (S. 13), die bundesdeutsche Naturschutzbewegung sei «so erfolglos wie keine andere gesellschaftliche Strömung»!

171 Im Blick darauf erkennt Henry Makowski (Nationalparke in Deutschland, S. 13) überhaupt seit eh und je die Aufgabe der IUCN nicht so sehr in der Schaffung von Nationalparken, sondern darin, «eine Inflation von Nationalparken auf der Welt zu verhindern»!

172 Vgl. auch der Grundlage von Forschungen in Senegal Anita Engels: Die geteilte Um-

welt. Ungleichheit, Konflikt und ökologische Selbstgefährdung in der Weltgesellschaft, Weilerswist 2003, S. 119: Wenn sich afrikanische Staaten an der internationalen Klimadiskussion beteiligten, gehe es nicht so sehr um die Lösung konkreter Umweltprobleme wie vielmehr darum, «sich als aktive Mitglieder der Weltgesellschaft zu definieren», trivialer ausgedrückt: beim internationalen Konferenztourismus dabei zu sein und an den sich dort auftuenden Fördermöglichkeiten zu partizipieren. Von den eigenen realen Problemen und Handlungsmöglichkeiten her hätte Afrika südlich der Sahara «allen Anlass, sich dem globalen Diskurs zum anthropogenen Klimawandel zu entziehen».

173 Andrew Revkin: The Burning Season: The Muder of Chico Mendes and the Fight for the Amazon Rain Forest, Boston 1990, S. 260 f.

174 Luz Kerkeling: La Lucha Sigue! (Der Kampf geht weiter!) EZLN – Ursachen und Entwicklungen des zapatistischen Aufstands, Münster 2003, S. 221 ff.

175 Mac Chapin: A Challenge to Conservationists, in: World Watch magazine Nov./Dec. 2004, S. 29; es handelt sich um eine bei aller Kürze besonders überzeugend belegte Darstellung des Problems der Naturschutzflüchtlinge, aufreizend auch durch die Belege, wie Bekenntnisse zur Rolle der Indigenen als «stewards of nature» mit deren Aussiedlung nebeneinanderher gingen!

176 Alfred Runte: Yosemite – The Embattled Wilderness, Lincoln, Nebraska 1990, S. 58 ff. Selbst Runte schweigt über das weitere Schicksal der Indianer! Es war kein Gedanke daran, ihnen das Management des Nationalparks zu übertragen.

177 Shepard Krech III: The Ecological Indian – Myth and History, New York 1999, S. 20.

178 William Arrowsmith/Michael Korth: Die Erde ist unsere Mutter. Die großen Reden der Indianerhäuptlinge, München 1995, S. 152; S. 17–25 ein Versuch, den tatsächlichen Text der Rede zu rekonstruieren.

179 Will McArthur: «It Seems Like We Should Be on the Same Side!» Native Americans, Environmentalists, and the Grand Canyon, in: Egan/Crane (Hrsg.): Natural Protest, S. 311.

180 Claude Lévi-Strauss: Traurige Tropen (urspr. 1955), Frankfurt 1978, S. 179.

181 Beispielhaft dafür Beate von Devivere: Das letzte Paradies. Die Zerstörung der tropischen Regenwälder und deren Ureinwohner, Frankfurt 1984.

182 Bron Taylor: Earth First! and Global Narratives of Popular Ecological Resistance, in: Ders. (Hrsg.): Ecological Resistance Movements, Albany, New York 1995, S. 18 ff.

183 «Indigenous peoples have been stewards of 99 percent of the worlds resources»: Diese rhetorische Hyperbel war in der Erklärung des Ersten Internationalen Kongresses für Ethnobiologie enthalten, der 1988 im brasilianischen Belem tagte und die *International Society of Ethnobiology* gründete. Dowie: Conservation Refugees, S. 114. Umweltpolitik – Agenda 21, S. 241 (Kap. 32: «Stärkung der Rolle der Bauern»): «Die ländlichen Haushalte, die indigenen Bevölkerungsgruppen und ihre Gemeinschaften und die landwirtschaftlichen Familienbetriebe, die zu einem erheblichen Teil von Frauen geführt werden, verwalten einen Großteil der Ressourcen dieser Erde. Die Bauern müssen ihre natürliche Umwelt bewahren, da diese ihre Existenzgrundlage darstellt.»

184 Dowie: Conservation Refugees, S. 88 ff.

185 Oberndörfer: Schutz der tropischen Regenwälder, S. 25.

186 Auch Dowie (Conservation Refugees, S. 111), der ganz auf seiten der *Community-based Conservation* steht, gibt zu (was sich im Grunde für jeden, der ein wenig Dritte Welt kennt, von selbst versteht): «not all indigenous people are perfect land stewards. Only cultural romantics believe that. And even those who were good stewards in years past may cease being so due to population growth, erosion of culture, market pressures, and the misuse of destructive technologies.»

187 Roderick P. Neumann: Imposing Wilderness. Struggles over Livelihood an Nature Preservation in Africa, Berkeley 1998, S. 208.

188 Klaus Pedersen (Pseud. von Peter Clausing) (Naturschutz und Profit. Menschen

zwischen Vertreibung und Naturzerstörung, Münster 2008, S. 30 f.) übernimmt von Charles Geisler, Professor für Agrarsoziologie in Wisconsin, allein für Afrika die geschätzte Zahl von 14 Millionen Menschen, die «im Namen des Naturschutzes» – was keineswegs im echten Interesse des Naturschutzes bedeutet – vertrieben worden seien. Diese Zahl beruht allerdings auf der unsicheren «Basis von Hochrechnungen aus Schutzgebietsflächen und Angaben zur Bevölkerungsdichte». Auch Dowie: Conservation Refugees, S. XXI, beruft sich mit der gleichen Schätzung auf Geisler und bringt an anderer Stelle (S. 52) folgenden Satz von ihm als Motto über ein Kapitel: «Conservation refugees are invisible because visibility raises the price of conservation.» Aber ebendiese Unsichtbarkeit macht Zahlenangaben sehr unsicher. Hendrik Hempel und Andrea Queiroz de Sousa (mündl. Mitt. zum Verf.), die mehrere Jahre in der Entwicklungshilfe in Ostafrika tätig waren, halten diese äußerst alarmierende Zahl für weit übertrieben und vermuten, dass sich die wirkliche Zahl der Ausgesiedelten in Afrika in der Größenordnung von Zehntausenden hält. Wenn es sich tatsächlich um Millionen handeln würde, also um einen Skandal schlimmster Art, wäre es nicht zu verstehen, dass kaum etwas von Widerstandsbewegungen bekannt ist und auch die einschlägige Literatur darüber nur wenig Konkretes berichtet. Wolfgang Haber schreibt mir dazu (4. 9. 2010), der Umfang der Vertreibungen aus Gebieten, die unter Naturschutz gestellt wurden, sei seines Wissens «noch nie genau untersucht worden». «Die Durchführung derartiger Untersuchungen würde wohl auch auf große nationale oder lokale Hindernisse stoßen.»

189 Colin M. Turnbull: Das Volk ohne Liebe: Der soziale Untergang der Ik, Reinbek 1973.

190 Werner Petermann: Die Geschichte der Ethnologie, Wuppertal 2004, S. 855 f.

191 Dazu schreibt mir Wolfgang Haber (4. 9. 2010), er «neige immer mehr zu dem Urteil, dass (bei dem Debt for Nature Swap, DNS; J. R.) die Nachteile überwiegen». Diesem Handel hafte nach Lage der Dinge nun einmal etwas Postkoloniales an. DNS verpflichte die Schuldnerstaaten, «Stücke ihres Landes in einem bestimmten – aber wiederum von den Industrieländern ausgewählten – Zustand zu erhalten oder (in einen solchen) zu versetzen. Dieser kann den betroffenen Ländern zwar auch Vorteile bieten ...; aber im Grunde beschränkt er die Verfügung über jene Landstücke zugunsten dritter, auswärtiger Interessen.»

192 Jack D. Ives/Bruno Messerli: The Himalayan Dilemma. Reconciling development and conservation, London (UN University) 1989, S. 61; Ulrich Gruber: Reiseführer Natur Nepal, Sikkim und Bhutan, München 1995, S. 47 f.

193 Stanley F. Stevens: Claiming the High Ground. Sherpas, Subsistence, and Environmental Change in the Highest Himalaya, Delhi 1996; teilweise in Korrektur des früheren Standardwerks von Christoph von Fürer-Haimendorf (The Sherpas Transformed. Social Change in a Buddhist Society of Nepal, Delhi 1984), der die Institutionen der Sherpas für ähnlich fragil hielt wie ihre alpine Umwelt.

194 Jim Igoe: Conservation and Globalization: A Study of National Parks and Indigenous Communities from East Africa to South Dakota, Belmont 2004, S. 154 ff., unter Berufung auf Stanley F. Stevens (s. vorige Anm.). Dabei huldigt er keineswegs einem Mythos von der Naturverbundenheit der Massai, bei denen er Feldstudien betrieb; im Gegenteil (S. 19): «The Maasai warriors where I lived rode motorcycles, listened to reggae, and watched Jackie Chan movies on a portable video monitor.» Bei aller Kritik an einem von westlichen NGOs initiierten Top-down-Wildnisschutz unterscheidet sich Igoe von anderen einschlägigen Autoren dadurch, dass ihm eine Idealisierung der indigenen Gemeinschaften fernliegt und er realistisch die Schwierigkeiten der Kooperation erkennt. «Community-based conservation in my research area was (and is) affected by competing interest groups. These groups claim the right to speak on behalf of Maasai communities, referred to as a ‹mandate› in current development-speak.» (Ebd., S. 33) Vgl. auch Thomas Schaaf: Der Beitrag

der UNESCO zur Förderung des Internationalen Naturschutzes, in: Erdmann (Hrsg.): Internationaler Naturschutz, S. 52; «Die Masai sind eine stolze Ethnie, die es strikt ablehnt, von Freunden fotografiert zu werden.» Fotografierende Touristen seien sogar umgebracht worden!

195 Grundlegend die Darstellung des amerikanischen Verhandlungsführers Richard E. Benedick: Ozone Diplomacy. New Directions in Safeguarding the Planet, Cambridge, Mass. 1991; Karen T. Litfin: Ozone Discouses. Science and Politics in Global Environmental Cooperation, New York 1994.

196 Encyclopedia of World Environmental History, Bd. 3, S. 975 (Verena Winiwarter). Eine Ironie der Geschichte besteht darin, dass zur gleichen Zeit Studien über die Gesundheitsrisiken hoher Ozonkonzentrationen einen Schwerpunkt der EPA-Arbeit bildeten; darüber Landy u. a.: The Environmental Protection Agency, S. 49 ff. («Revising the Ozone Standard») unter Hervorhebung dessen, dass sich die Ozonpriorität auf unzulänglicher wissenschaftlicher Basis und unter internen Konflikten vollzogen habe.

197 Wildavsky: But Is It True?, S. 304–339 («CFCs and Ozone Depletion: Are They as Bad as People Think?»); Gregg Easterbrook: A Moment on Earth, S. 528–550 («Radiation, Natural»); wie üblich in rüdem Stil noch darüber hinausschießend, dafür jedoch von Easterbrook (ebd., S. 544) als «almost comically» zurechtgewiesen die letzte Vorsitzende der Atomkommission Dixy Lee Ray: Environmental Overkill, S. 39–52 («The Ozone and Ultraviolet Rays – Why the Fuss?»). Sie ging so weit (ebd., S. 45), im FCKW-Verbot das Werk von «population-control environmentalists» zu erblicken, die durch Unterbindung billiger Kühltechniken in der Dritten Welt Hungersnöte auslösen wollten! Ausgewogener urteilt Easterbrook, in dessen Augen jedoch ebenfalls die Ozon-Aufregung exemplarisch für die Notwendigkeit von Öko-Revisionismus steht (S. 529): «Stratospheric ozone depletion is the archetypical issue drying out for ecorealism. The problem is real and does require action, yet the extent of peril has been so drastically overstated as to bear little more than glancing relationship to the reality of the subject.» Als besonders krasses Beispiel zitiert er (S. 528) Al Gore, der vor dem Senat die Zerstörung der Ozonschicht als «the greatest crisis humanity ever faced» bezeichnete.

198 Erik M. Conway: High-Speed Dreams. NASA and the Technopolitics of Supersonic Transportation, 1945–1999, Baltimore 2005, S. 228.

199 Commoner: The Closing Circle, S. 202: «The defeat of the SST (Supersonic Transport) over the massive, persistent opposition of the Nixon administration, the aircraft industry, and a number of labor unions is recognized as a crucial turning point in environmental politics.» Landy u. a.: The Environmental Protection Agency, S. 257; Conway: High-Speed Dreams, S. 157 ff. («Of Ozone, the Concorde, and SSTs»).

200 Donella und Dennis Meadows/Jorgen Randers: Die neuen Grenzen des Wachstums (amerikan.: Beyond the Limits, 1992), Reinbek 1993, S. 178.

201 Radkau: Natur und Macht, S. 300.

202 Meadows/Randers: Die neuen Grenzen des Wachstums, S. 186.

203 Ebd., S. 191.

204 Encyclopedia of World Environmental History, Bd. 2, S. 858 f. (Reiner Grundmann).

205 Litfin: Ozone Discourses, S. 99.

206 Benedick: Ozone Diplomacy, S. XII. Dixy Lee Ray (Environmental Overkill, S. 46) präsentiert triumphierend Benedick-Bekenntnisse dieser Art!

207 Litfin: Ozone Discourses, S. 103.

208 James Lovelock: Das Gaia-Prinzip. Die Biographie unseres Planeten, Frankfurt 1993, S. 216 f.

209 Ebd., S. 222.

210 Radkau: Scharfe Konturen für das Ozonloch, in: Paul (Hrsg.): Das Jahrhundert der Bilder, S. 533 ff.

211 Benedick: Ozone Diplomacy, S. 204.

212 Selbst Richard E. Benedick, der sonst nach Kräften die Bedeutung der USA und seiner selbst betont, erkennt an und widmet dem sogar ein ganzes Kapitel: «UNEP starts the process.» Benedick: Ozone Diplomacy, S. 40 ff. Auf S. 208 hebt er Tolbas Führungsqualitäten als Beispiel für das individuelle Moment derartiger politischer Erfolge hervor.

213 Easterbrook: A Moment on the Earth, S. 538.

214 Benedick: Ozone Diplomacy, S. 115.

215 Ebd., S. 210.

216 Meadows/Randers: Die neuen Grenzen des Wachstums, S. 196.

217 Das ist die konstruktivistische Hauptthese von Karen T. Litfin: Ozone Discourses, in Kritik an der Darstellung Benedicks, der jedoch auch bereits erkennen lässt, dass es keinen direkten Weg aus den wissenschaftlichen Labors zur Großen Politik gab.

218 Die Frage nach der Lehre aus Montreal hat es in sich. Für Udo Simonis (mündl. zum Verf., 11. 12. 2001) ist Montreal der schlagende Beweis, dass gegen die Autorität der Wissenschaft heutzutage nicht anzukommen sei; das sei der entscheidende Punkt. Dagegen Gerald Fricke: Von Rio nach Kyoto, Berlin 2001, S. 94 ff.: Einem «kritischen Blick» halte «diese vermeintliche Ozon-Erfolgsstory» nicht stand. Der «Erfolg» sei vielmehr in erster Linie darauf zurückzuführen, dass die großen FCKW-Produzenten, mit DuPont an der Spitze, an mittlerweile entwickelten Ersatzstoffen weit mehr hätten verdienen können. Auch in der Darstellung Benedicks trägt die Umorientierung von DuPont zu der Überzeugung bei, dass ein Verzicht auf FCKW realistisch sei und sich durchsetzen lasse. Vgl. Benedick: Ozone Diplomacy, S. 202: «The history of the efforts to protect the ozone layer clearly demonstrates the crucial role played by industry in developing and implementing international environmental policy.» Seit 1985 hätten betroffene Industriekreise dreimal *zugunsten* einer internationalen Regelung interveniert. Ein in der Geschichte der amerikanischen Umweltpolitik höchst ungewöhnlicher Vorgang!

219 Benedick: Ozone Diplomacy, S. 82 f., 101 f. («Ozone *Glasnost*»).

220 Ebd., S. 152 f.

221 Ebd., S. 206.

222 Ebd., S. 189 ff. («North-South Endgame»).

223 Rudolf Steinberg: Symbolische Umweltpolitik unter besonderer Berücksichtigung der Beschleunigungsgesetzgebung, in: Hansjürgens/Lübbe-Wolff (Hrsg.): Symbolische Umweltpolitik, S. 79 ff.; Monika Böhm: Institutionelle Rahmenbedingungen symbolischer Umweltpolitik, in: ebd., S. 243–248.

224 Our Common Future, hrsg. von der World Commission on Environment and Development, Oxford 1987, S. 64.

225 Ulrich Grober: Die Entdeckung der Nachhaltigkeit. Kulturgeschichte eines Begriffs, München 2010, S. 257; über den in Deutschland ursprünglich evolutionär verstandenen Begriff der technischen Entwicklung Radkau: Technik in Deutschland, S. 184 ff.

226 Vgl. Brundtland: Madam Prime Minister, S. 193.

227 Eine Stilblüte aus den Brundtland-Memoiren (S. 199) über den indonesischen Umweltminister Emil Salim: «Emil Salim was quite simply a warm person. ... He thought it was the villages that had to be taxed so that the money could be used to develop the big cities.» Dies bei Brundtland ohne Kommentar!

228 Grober: Die Entdeckung der Nachhaltigkeit, S. 249. Die Behauptung von Timothy Doyle (Environmental Movements, S. 162), *sustainable development* sei eine «particularly repressive idea», die aus der «public relations industry» des Big Business stamme, trifft historisch nicht zu. Aber Nachhaltigkeit ist im Ursprung zweifellos ein ökonomisches Konzept und nicht die ethische Norm, zu der Grober sie hochstilisiert.

229 Peter Merseburger: Willy Brandt 1913–1992, München 2004, S. 678.

230 Grober: Die Entdeckung der Nachhaltigkeit, S. 260.
231 Brundtland: Madam Prime Minister, S. 195.
232 Paradoxerweise enthält selbst die *Encyclopedia of World Environmental History* zwar einen kurzen Artikel zur Brundtland-Kommission, der sich auf überwiegend kritische Aufsätze stützt und deren Bedeutung für gering hält (Bd. 1, S. 172 f.), aber nicht den kleinsten Artikel zur Konferenz von Rio und ebenso wenig zur Entstehungsgeschichte des Konzepts *sustainable development*: offenkundig ein Spiegel der miserablen Literaturlage!
233 Die folgenden Ausführungen stützen sich auf mündliche Mitteilungen von Volker Hauff (28. 9. 2010), dem bundesdeutschen Mitglied der Brundtland-Kommission.
234 Wolfgang Haber an Verf., 4. 9. 2010: «Nachhaltige Entwicklung» wurde ein «Zauberwort» «mit einer ungeahnten Konjunkturwirkung von geradezu versklavendem Ausmaß». Aber fast niemand kenne den Brundtland-Bericht oder habe die Agenda 21 gelesen. «Man handelt sich eher Vorwürfe ein, wenn man das ‹Zauberwort› seines Zaubers entkleidet. Andererseits sind positive Wirkungen von ‹sustainability› nicht zu bestreiten, vor allem in der Wirtschaft, weniger in der Politik, wo die Lippenbekenntnisse überwiegen.»
235 Volker Hauff (28. 9. 2010) erinnerte daran, dass damals selbst Jürgen Trittin als Sprecher der Grünen die Brundtland-Kommission abfällig kommentiert habe! Wolfgang Haber, seit 1981 im bundesdeutschen Sachverständigenrat für Umweltfragen (SRU), schreibt mir dazu (4. 9. 2010): Den Brundtland-Bericht «haben wir im SRU kaum zur Kenntnis genommen, weil wir ihn lediglich für einen beschwichtigenden Nord-Süd-Kompromiss hielten und seine bald darauf eintretende politische Wirkung, gipfelnd in der Convention on Sustainable Development von Rio 1992 mit der Agenda 21, völlig unterschätzten oder falsch einschätzten.» Angelika Zahrnt sagte mir (7. 9. 2010), sie habe seinerzeit die Chance, als stellvertretende BUND-Vorsitzende an der Konferenz von Rio teilzunehmen, nicht genutzt, da sie die Konferenz nicht wichtig genommen und deren Bedeutung erst nachträglich erkannt habe: alles Schlaglichter auf das Problem der Beurteilung von Relevanz, besonders in der internationalen Umweltpolitik!
236 Our Common Future, S. 43.
237 Das ist Ulrich Grober (Die Entdeckung der Nachhaltigkeit), der Rio als Gipfel eines halben Jahrtausends forstlicher Weisheit schildert, offenbar nicht bewusst; auch mir selbst wurde es erst klar, als ich den Originaltext des Brundtland-Reports las.
238 Er war auch nicht direkt aus der angloamerikanischen Forstterminologie übernommen. «Nachhaltige Forstwirtschaft» heißt dort *sustained-yield forestry*, nicht *sustainable forestry*. Der weitaus populärere Begriff für das Gemeinte war in den USA jedoch *conservation*. Im Gros der amerikanischen Umweltliteratur kommen Verbindungen mit *sustainable*, wenn überhaupt, nur spärlich vor.
239 Christian Hey: Umweltpolitik in Europa, München 1994, S. 22.
240 Wiebke Peters: Nachhaltigkeit als Grundsatz der Forstwirtschaft, ihre Verankerung in der Gesetzgebung und ihre Bedeutung in der Praxis. Die Verhältnisse in der Bundesrepublik Deutschland im Vergleich mit einigen Industrie- und Entwicklungsländern, Diss. Hamburg 1984. Dieses Opus schenkte mir 1986 der Forstwissenschaftler Claus Wiebecke mit der Bemerkung: «Frauen sind Dickbrettbohrer.» Manche mögen es übereifrig finden, wenn sie im Anschluss an andere Autoren nicht weniger als 14 verschiedene Definitionen von «Nachhaltigkeit» unterscheidet (ebd., S. 7); im Laufe der weiteren Darstellung schrumpft diese Zahl jedoch. Dabei legt sie (S. 265) abschließend Wert darauf, auch das ideologische Element in der jeweiligen Definition von «Nachhaltigkeit» zu beachten.
241 Radkau: Holz, S. 286.
242 Maurice Strong, schon bei dem Stockholmer Umweltgipfel von 1972 die treibende Kraft und auch in der Brundtland-Kommission und im Vorfeld von Rio aktiv, bezifferte in seinem damaligen Bericht *Caring for the Earth* die Gesamtkosten einer

Strategie zur Erzielung einer nachhaltigen Lebensweise von 1992 bis 2001 auf insgesamt 1288 Milliarden Dollar. Shridat Ramphal (bis 1990 Generalsekretär des britischen Commonwealth und danach führend in der Vorbereitung von Rio): Das Umwelt-Protokoll. Partnerschaft zum Überleben, Frankfurt 1992, S. 361f.

243 Herman Daly verfasste 1991 zusammen mit dem Ökologen Robert Goodland ein «Ökologisches Arbeitspapier» für die Weltbank: «*Environmentally Sustainable Economic Development: Building on Brundtland*». Auch Tinbergen steuerte einen Beitrag bei. Die Autoren gelangten zu der Schlussfolgerung, dass bei den reichen Ländern ein Produktionszuwachs nicht mehr zu verantworten sei. Rich: Die Verpfändung der Erde, S. 276.

244 Nicholas Hildyard (Mitherausgeber der Zeitschrift *The Ecologist*): Wie Füchse als Wächter von Hühnern. Die Rio-Konferenz und ihre Akteure, in: Wolfgang Sachs (Hrsg.): Der Planet als Patient. Über die Widersprüche globaler Umweltpolitik, Berlin 1994, S. 50. Dieser Band ist auch eine Grundlage der folgenden Ausführungen.

245 Our Common Future, S. 174ff.

246 Ramphal: Das Umwelt-Protokoll, S. 389f.

247 Dazu Brundtland: Madam Prime Minister, S. 214.

248 Ebd., S. 201: «The Brazilian authorities made it clear that they did not want us to discuss only the Amazon. They did not want any interference in domestic affairs. We would simply have to discuss rain forests in general. We had no problem with that.» Als nicht so brisant war aus der Sicht der brasilianischen Regierung dagegen die extreme Umweltbelastung in der brasilianischen Industrie-Modellstadt Cubatao, die mit ihrer unerträglichen Luft und hohen Mortalitätsrate nicht nur in den Augen der ökologischen Community die Horrorstadt par excellence war: Ein damals populärer brasilianischer Song über Flitterwochen in Cubatao, voll von morbidem Humor, enthielt den Vers: «Komm, meine Liebste, nimm deine Gasmaske ab und küss mich» (Shawn W. Miller: An Environmental History of Latin America, Cambridge 2007, S. 209–211). Die Mitglieder der Brundtland-Kommission konnten eine Exkursion nach Cubatao machen. Der Eindruck war schlimm genug; aber hier konnte Brasilien in der Folge umweltpolitische Leistungsfähigkeit demonstrieren: Industrieemissionen von solcher Art ließen sich relativ rasch spürbar vermindern (Brundtland: Madam Prime Minister, S. 201).

249 Rich: Die Verpfändung der Erde, S. 285.

250 Our Common Future, S. 58.

251 The Earth Summit: The United Nations Conference on Environment and Development (UNCED), London 1993, S. 4, 521.

252 «Der Spiegel», 18.5.1992, S. 224.

253 The Earth Summit, S. 4.

254 Rich: Die Verpfändung der Erde, S. 279: Die Konferenz von Rio «bestätigte, dass die Weltbank für das Projekt des globalen Umweltmanagements unweigerlich die favorisierte Institution war». Wobei selbst der Weltbank-Kritiker Bruce Rich zugibt, dass im Blick auf «regionale Mafias» in UN-Organisationen «innerhalb des internationalen Systems die Weltbank vielleicht noch die transparenteste Institution mit der besten Rechenschaftslegung ist».

255 Brundtland: Madam Prime Minister, S. 193.

256 Brigitte Erler: Tödliche Hilfe. Bericht von meiner letzten Dienstreise in Sachen Entwicklungshilfe, Freiburg 1985. Mittlerweile gilt diese Streitschrift längst auch unter erfahrenen Entwicklungshelfern als mutig und treffend. Ähnliches gilt für das kurz darauf erschienene Buch des «natur»-Redakteurs und Afrikakenners Randolph Baumann: Afrika wird totgefüttert. Plädoyer für eine neue Entwicklungspolitik, Hamburg 1986. Soweit sich übersehen lässt, gilt seine Kernaussage noch heute (S. 80): «Es gibt nicht ein einziges funktionierendes Landwirtschaftssystem in Afrika, das seine Existenz und/oder sein Funktionieren der Entwicklungshilfe zu verdanken hätte.» Selbst von Entwicklungshelfern ist mitunter zu hören, dass Län-

der sich umso besser entwickeln, je mehr sie von Entwicklungshilfe verschont bleiben. In dem Sinne von afrikanischer Seite Axelle Kabou: Weder arm noch ohnmächtig. Eine Streitschrift gegen schwarze Eliten und weiße Helfer, Basel 1993 (frz. Original: Et si l'afrique refusait le développement?, Paris 1991).

257 «Der Spiegel», 24.2.1986, S. 44.

258 Bertrand Schneider (Generalsekretär des *Club of Rome*): Die Revolution der Barfüßigen. Ein Bericht an den Club of Rome (aus dem Französ.), Wien 1986, S. 9.

259 Rich: Die Verpfändung der Erde, S. 271.

260 Martina Kaller-Dietrich: Ivan Illich, Weitra 2007, S. 89.

261 Max Nicholson: The New Environmental Age, Cambridge 1987, S. 184.

262 Vandana Shiva: Das Geschlecht des Lebens – Frauen, Ökologie und Dritte Welt, Berlin 1989, S. 12.

263 Dave Foreman: Confessions of an Eco-Warrior, New York 1991, S. 175.

264 Erhard Eppler, der Vorkämpfer des Umweltschutzes in der SPD-Führungsschicht, der versichert, wenn er sich gegen Helmut Schmidt durchgesetzt hätte, hätte es die Grünen nicht gegeben, war und ist zugleich ein vehementer Verfechter der Entwicklungshilfe.

265 Aber selbst der in Teilen der Dritte-Welt-Szene begrüßte neue Weg der Mikrokredite und des *fair trade* besitzt in der Regel doch die potentielle Tücke, dass er die Bauern von der regionalen Subsistenzwirtschaft fort auf den überregionalen Handel orientiert, wo sie gegenüber den Großen in der Regel ins Hintertreffen geraten.

266 Vgl. den von vielen Experten unterzeichneten «Bonner Aufruf» *«Eine andere Entwicklungspolitik»* von 2008: «Nach einem halben Jahrhundert personeller und finanzieller Entwicklungshilfe für Afrika stellen wir fest, dass unsere Politik versagt hat. ... Unsere Entwicklungshilfe hat die Eigenverantwortung der Afrikaner nicht gefördert und gestärkt, sondern oft sogar das Gegenteil bewirkt.» Ähnlich neuerdings die aufrüttelnde Streitschrift einer Ökonomin aus Sambia, die von dem streitbaren britischen Historiker Niall Ferguson eingeleitet wird und zum *New York Times Bestseller* wurde und die AID im Endeffekt geradezu in die Nähe von Aids rückt: Dambisa Moyo: Dead Aid. Why Aid Is Not Working and How There Is a Better Way for Africa, New York 2009.

267 Al Gore: Wege zum Gleichgewicht. Ein Marshallplan für die Erde, Frankfurt 1992, S. 296 ff.

268 Vgl. Werner Abelshauser: Deutsche Wirtschaftsgeschichte seit 1945, München 2004, S. 130–154 («Der Marshallplan: Mythos und Realität»).

269 Brundtland: Madam Prime Minister, S. 338, 341.

270 «Der Spiegel» 25/1992, S. 150.

271 «Der Spiegel» 25/1992, S. 148 ff. Konträre Interpretation von Rio bei Pratap Chatterjeel / Matthias Finger: The Earth Brokers. Power, Politics and World Development, London 1994. Die Autoren, die besonders die Rolle des mit Maurice Strong befreundeten Schweizer Milliardärs Stephan Schmidheiny hervorheben (S. 115–132), erblicken in dem «Development»-Konzept von Rio nichts anderes als ein von Big-Business-Interessen bestimmtes Wachstumsmodell, berücksichtigen jedoch nicht, dass dies damals zuerst und vor allem eine Konzession an die Dritte Welt war.

272 Hier verdanke ich vieles den Gesprächen mit Veronika Bennholdt-Thomsen, die über langjährige Erfahrungen als Sozialanthropologin im Süden Mexikos verfügt, und ihrem Büchlein: Geld oder Leben. Was uns wirklich reich macht, München 2010. Sie plädiert (ebd., S. 87) für einen Ausbau der Subsistenzwirtschaft und hält diesen Weg nicht für utopisch, sondern für ein bewusstes Anknüpfen an die Art und Weise, wie wir ohnehin leben: «Alle Studien über die Praxis der Subsistenz, über das, was alltäglich, ohne dafür zu zahlen oder dafür bezahlt zu werden, unmittelbar für die lebensnotwendigen Dinge getan wird, ‹damit das Leben weitergeht›, kommen zu demselben Ergebnis: Die Menschen tun viel mehr für die unmittelbare Subsistenz, als ihnen bewusst wird, *und* es erfüllt sie mit Stolz und Genugtuung,

sobald sie das Ausmaß ihres eigenmächtigen Tuns erkennen.» Für nicht wenige Drittweltländer dürfte dieser Weg nicht nur lebensphilosophisch, sondern auch ökonomisch vernünftig sein. Als ein deutscher Ökonom in einem armen Land der Dritten Welt dortigen Wirtschaftsstudenten die üblichen Lehren über Erfolg in der globalisierten Wirtschaft vorgetragen hatte, gestand er mir anschließend, wenn er ehrlich gewesen wäre, hätte er den Studenten sagen müssen: «In der globalen Konkurrenz seid ihr immer die Unterlegenen; baut lieber eure traditionelle Subsistenzwirtschaft wieder auf!» Er glaubte allerdings, die Studenten wollten diese Botschaft nicht hören.

273 Richard N. L. Andrews: Managing the Environment, Managing Ourselves. A History of American Environmental Policy, New Haven 1999, S. 370.

274 In: Die Umweltmacher, S. 27.

275 Ramphal: Das Umwelt-Protokoll, S. 383.

276 Peter Weingart/Anita Engels/Petra Pansegrau: Von der Hypothese zur Katastrophe. Der anthropogene Klimawandel im Diskurs zwischen Wissenschaft, Politik und Massenmedien, 2. Aufl. Opladen 2008, S. 74.

277 Stanley P. Johnson in: The Earth Summit, S. 6.

278 Ebd., S. 5.

279 Rich: Die Verpfändung der Erde, S. 266; «Der Spiegel», 18. 5. 1992, S. 246. Vgl. dazu Siegfried Pater: Das grüne Gewissen Brasiliens: José Lutzenberger, Göttingen 1989, S. 111 ff. («Sinnlose Entwicklungspolitik»).

280 Besonders dies enthüllte in den Augen derer, die ausgeschlossen blieben, das «hässliche Gesicht der UNCED» (Rich: Die Verpfändung der Erde, S. 268 f.). Vor dem Hintergrund der vorausgegangenen Jahrzehnte ist es jedoch eher bemerkenswert, in welchem Maße in Rio NGOs einbezogen wurden. Dies wird in dem sonst überwiegend Rio-kritischen, von Wolfgang Sachs herausgegebenen Band «Der Planet als Patient» von dem Direktor des *Sustainable Development Policy Institute* in Islamabad (Pakistan) betont: Tariq Banuri: Die Konfliktlandschaft der Umweltdiplomatie, in: Sachs (Hrsg.): Der Planet als Patient, S. 76 ff. Aus späterer Rückschau markiert Rio geradezu – und dies nicht durchweg im positiven Sinne – die «NGOisierung» der Umweltpolitik!

281 Als ich im August 2010 in amazon *«Agenda 21»* eingab, kamen nicht weniger als 1918 Titel auf den Bildschirm; nach dem Originaltext von Rio suchte ich dagegen vergeblich!

282 Commoner: The Closing Circle, S. 178.

283 Zukunftsfähiges Deutschland in einer globalisierten Welt. Eine Studie des Wuppertal Instituts für Klima, Umwelt, Energie, hrsg. von Brot für die Welt, eed (Evangelischer Entwicklungsdienst) und BUND, Frankfurt 2008, S. 88.

284 Wolfgang Haber an Verf., 4. 9. 2010.

285 In den Brundtland-Bericht (Unsere gemeinsame Zukunft, S. 61) ist die Stellungnahme eines ungenannten Sprechers aus einem öffentlichen Hearing in Nairobi am 23. September 1986 eingeblendet: «Wenn die Wüste sich ausbreitet, der Wald verschwindet, die Unterernährung weiter zunimmt und die Menschen in städtischen Gebieten unter sehr schlechten Bedingungen leben, so liegt das nicht an einem Mangel an Ressourcen, sondern an der von unseren Regierenden, von der Elitetruppe, betriebenen Politik.»

286 Gottlieb: Forcing the Spring, S. 256 ff., 259.

287 Cheryl Margoluis (Forstwissenschaftlerin in Yale mit dem Schwerpunkt *community forest management* in Zentralamerika): Between Economic Justice and Sustainability, in: David Naguib Pellow/Robert J. Brulle (Hrsg.): Power, Justice, and the Environment. A Critical Appraisal of the Environmental Justice Movement, Cambridge, Mass. 2005, S. 277–292.

288 Peter Wenz: Does Environmentalism Promote Injustice fort he Poor?, in: Ronald Sandler/Phaedra S. Pezzullo (Hrsg.): Environmental Justice and Environmenta-

lism. The Social Challenge to the Environmental Movement, Cambridge, Mass. 2007, S. 57–83. Nachdem er gegen sieben Argumente, dass *environmentalism* die soziale Ungleichheit erhöht, ausführlich Gegenargumente vorgebracht hat, schließt er gleichwohl mit der Feststellung: «So situations may arise where serving justice conflicts with typical environmental goals. Nothing I have said precludes this possibility.»

289 Hans Günter Hockerts: Sozialpolitische Entscheidungen im Nachkriegsdeutschland, Stuttgart 1980, S. 279 ff. Im Gespräch mit mir (21. 7. 2010) fiel es Hockerts selber auf, dass ihm beim Nachdenken über die Sozialpolitik der letzten Jahrzehnte spätestens ab den 1990er Jahren kein Politiker mit Profil einfiel!

290 Die Grünen im Bundestag, Bd. 2, S. 541 ff., 827 f. Dieser Aufschrei bekam später historischen Charakter und wurde in einer Bundestagsrede von Norbert Lammert zum 25. Jubiläum des Einzugs der Grünen in den Bundestag zitiert, nunmehr mit der Pointe, «dass es seit damals einen Professionalisierungsschub gegeben hat, den die meisten sich damals nicht nur nicht hätten vorstellen können, sondern vermutlich für rufschädigend gehalten hätten».

291 Bei Veranstaltungen zur Geschichte der deutschen Sozialpolitik war ich immer wieder frappiert, dass sich zwar unschwer eindrucksvolle Texte aus der Zeit von Bismarck bis Adenauer finden lassen, sehr schwer jedoch für die Zeit seit den 1970er Jahren!

292 Als ich 1997 mit einem studentischen Seminar eine Exkursion zu einem Landeskirchenarchiv machte, fragte die Archivarin die Studenten, an welchen Aktenbeständen sie interessiert seien. Die Antwort: an Akten über «Randgruppen». Darauf die Archivarin: «Randgruppen, immerzu Randgruppen!» Heutige junge Besucher fragten ständig nach Akten über «Randgruppen»; niemand scheine sich mehr für das Schicksal der normalen Bürger zu interessieren!

293 Kein Wunder, dass ich mir manchen Ärger aufhalste, unter vier Augen jedoch auch Komplimente für gezeigte Courage bekam, als ich in der «Zeit» schrieb, «der *unbestimmte* Multikulturalismus des ‹je bunter, desto besser›» sei «eher eine Kodacolor- als eine Kulturphilosophie», und Natur- und Umweltschutz seien «mit einer beliebigen Normenpluralität» nicht vereinbar (Joachim Radkau: «Grün ist die Heimat – Die Ökopartei hat fast immer nur abgelehnt. Was ihr heute fehlt, ist ein positives Naturideal», in: «Die Zeit» 28. 9. 2000, S. 11). Schon ein Jahr darauf allerdings, nach dem 11. September 2001, als selbst bisherige «Multikultis» im Zorn enttäuschter Liebe den «Kampf der Kulturen» entdeckten, war eher ein Gegensteuern an der Zeit!

294 Bess: The Light-Green Society, S. 119, 129, 132; dort etwas übertreibend: «Among all the world's greens, the French arguavly offered one of the most unabashedly integrative conceptions of the human relationship with nature.»

295 «Der Spiegel» 29/2009, S. 137, nennt Brigitte Bardot sogar «Frankreichs prominenteste Tierschützerin» und zitiert ihr Bekenntnis, in ein Paradies wolle sie nach dem Tode nur dann kommen, wenn sie dort «von Vierbeinern umgeben sein könnte».

296 Wolfgang Wippermann/Detlef Berentzen: Die Deutschen und ihre Hunde, München 1998, S. 34, 39.

297 Peter Coates: Nature. Western Attitudes since Ancient Times, Cambridge 1998, S. 233, Anm. 92.

298 Am Ende seines Artikels «Zwischen zwei Gesetzen», MWG I/15, S. 98; wieder 1917 im «Sinn der Wertfreiheit» und in «Wissenschaft als Beruf.»

299 Kathrin Fahlenbach: Die Grünen – Neue Farbenlehre der Politik, in: Gerhard Paul (Hrsg.): Das Jahrhundert der Bilder, 1949 bis heute, Göttingen 2008, S. 476 f.

300 Und erst recht die Fortsetzung mit ihrem schwülstigen postmodernen Konstruktivismus: «We are more than the sum of our knowledge, we are the products of our imagination.»

301 Marx Engels Werke, Bd. 25, S. 784; ich danke Hans G. Nutzinger für den Hinweis.

302 Hans Günter Hockerts: Abschied von der dynamischen Rente – Über den Einzug

der Demografie und der Finanzindustrie in die Politik der Alterssicherung, in: Ulrich Becker u. a. (Hrsg.): Sozialstaat Deutschland – Geschichte und Gegenwart, Bonn 2010, S. 268. Diesem Artikel und einem Gespräch mit Hockerts verdanken auch die folgenden Ausführungen wesentliche Anregungen.

303 Ebd., S. 276.

304 Ebd., S. 271.

305 Hans Christoph Binswanger u. a.: Wege aus der Wohlstandsfalle. Der NAWU-Report: Strategien gegen Arbeitslosigkeit und Umweltzerstörung, Frankfurt 1979, S. 198 ff. (NAWU = Schweizer Gruppe für «Neue Analysen Wirtschaft Umwelt»).

306 Irmi Seidl an Verf., 4. 8. 2010.

307 Frank Springmann: Energieeinsparung durch Energieabgaben – eine Chance für die Zukunft, in: Hans G. Nutzinger/Angelika Zahrnt (Hrsg.): Öko-Steuern. Umweltsteuern und -abgaben in der Diskussion, Karlsruhe 1989, S. 193.

308 Werner Abelshauser: Nach dem Wirtschaftswunder. Der Gewerkschaftler, Politiker und Unternehmer Hans Matthöfer, Bonn 2009, S. 519, 521.

309 Torsten Montag: Theorie und Praxis der ökologischen Steuerreform. Eine Bewertung der deutschen Wirtschaftspolitik seit 1998 am Beispiel der Ökosteuer, München 2003, S. 10.

310 Ernst Ulrich von Weizsäcker: Ökologische Steuerreform als europäisches Thema. Wo stehen die EG-Partner, und wie lässt sich die ökologische Steuerreform im Binnenmarkt verwirklichen?, in: Nutzinger/Zahrnt (Hrsg.): Öko-Steuern, S. 327. Dort stellt er fest (S. 322), «dass kein Land der EG bislang auch nur Ansätze einer ökologischen Steuerreform zeigt».

311 Zukunftsfähiges Deutschland in einer globalisierten Welt, S. 380.

312 Richard A. Walker: The Country in the City. The Greening of the San Francisco Bay Area, Seattle 2007, S. 230: «Environmental justice has its origin stories, just as green conservation does.»

313 Robert Benford: The Half-Life of the Environmental Justice Frame: Innovation, Diffusion, and Stagnation, in: Pellow/Brulle (Hrsg.): Power, Justice, and the Environment, S. 49 f.; Dale Jamieson: Justice: The Heat of Environmentalism, in: Sandler/Pezzullo (Hrsg.): Environmental Justice and Environmentalism, S. 88.

314 Walker: The Country in the City, S. 241, 243.

315 Dieser aus der deutschen Urbanisierungsgeschichte des späten 19. Jahrhunderts wohlbekannte Prozess vollzog sich im Laufe des 20. Jahrhunderts auch in amerikanischen Großstädten; dazu Charles Lord: Environmental Justice: Process and Inequality (mit Schwerpunkt Baltimore), Referat auf dem Weltkongress für Umweltgeschichte in Kopenhagen im August 2009.

316 Ulrich Beck: Risikogesellschaft. Auf dem Weg in eine andere Moderne, Frankfurt 1986, S. 48.

317 Dixy Lee Ray (Environmental Overkill, S. 136–147) brandmarkt die gesamte Aufregung über Love Canal als eine durch «junk science»und Sensationshunger der Medien erzeugte Hysterie und den Superfund als Vergeudung von Steuergeldern. Wildavsky: But Is It True?, S. 126–184, enthält besonders detaillierte Kapitel über Love Canal (von Michelle Malkin) und den Superfund (von David Schleicher), die wie üblich weit differenzierter sind als die Polemiken der letzten AEC-Vorsitzenden und die zugrunde liegende Risikophilosophie ernster nehmen, aber doch ebenfalls erkennen lassen, welch breite Zielscheiben diese beiden untereinander zusammenhängenden Themen für den amerikanischen Öko-Revisionismus boten!

318 Elizabeth D. Blum: Parting the Waters. The Ecumenical Task Force at Love Canal and Beyond, in: Michael Egan/Jeff Crane (Hrsg.): Natural Protest. Essays on the History of American Environmentalism, New York 2009, S. 246 ff.

319 Wildavsky: But Is It True?, S. 153.

320 Gottlieb: Forcing the Spring, S. 188; Blum: Parting the Waters, S. 260. Ähnlich auch Allan Abramson aus seiner EPA-Insidererfahrung (2. 9. 2010): «Love Canal was im-

portant, but treating every hazardous waste site as a Love Canal was definitely a mistake. Not every site could be cleaned up to pre-contamination standards. Too expensive, for one. Not enough health or environmental impact, for another. I always thought that the Superfund was a distortion of priorities, and a waste of a lot of money ... Some Superfund sites just needed a high wall and some sump pumps ...» Wie man sieht, ist sinnlos übertriebener Aufwand ist nicht nur ein deutsches Behördenphänomen!

321 Bunyan Bryant/Elaine Hockman: A Brief Comparison of the Civil Rights Movement and the Environmental Justice Movement, in: Pellow/Brulle (Hrsg.): Power, Justice, and the Environment, S. 33.

322 Encyclopedia of World Environmental History, Bd. 1, S. 453.

323 Walker: The Country in the City, S. 229–248 («Green Justice: Reclaiming the Inner City»); das Aufkommen der *Environmental-Justice*-Bewegung an der Bay von San Francisco ist der Höhe- und Endpunkt der Darstellung. Der Rechtsanwalt Luke Cole, der Gründer des *Center on Race, Poverty, and the Environment* in San Francisco, habe «in a moment of enthusiasm» sogar behauptet: «the San Francisco Bay Area has the highest density, per capita, of environmental justice activists in the United States» (ebd., S. 232).

324 Mike Davis: City of Quartz. Excavating the Future in Los Angeles, London 2006, S. 159.

325 Andrew Hurley: Floods, Rats, and Toxic Waste. Allocating Environmental Hazards Since World War II, in: ders. (Hrsg.): Common Fields. An Environmental History of St. Louis, St. Louis 1997, S. 260.

326 Daniel M. Berman/John T. O'Connor: Who Owns the Sun?, White River Junction 1996, S. 189 ff. («Manufacturing Photovoltaics: Another Toxic Time Bomb?»); Walker: The Country in the City, S. 239, über die Partnerschaft zwischen der *Silicon Valley Toxics Coalition* und EJ-Gruppen.

327 Cassels: The Uncertain Promise of Law, S. 259; Bryant/Hockman: A Brief Comparison, S. 32.

328 Robert Benford: The Half-Life of the Environmental Justice Frame: Innovation, Diffusion, and Stagnation, in: Pellow/Brulle (Hrsg.): Power, Justice, and the Environment, S. 45 ff.

329 Walker: The Country in the City, S. 244 ff., 232: «Urban Habitat grew out of the first Eco-Cities Conference organized in Berkeley by Richard Register», mit Hinweis auf Richard Register: Ecocity Berkeley: Building Cities for a Healthy Future, Berkeley 1987. Je mehr amerikanische Metropolen durch Schnellstraßen zerschnitten wurden, desto mehr wurde «neighborhood» zum Zauberwort; selbst Chicago sucht sich heute zur «City of the Neighborhoods» zu stilisieren, vgl. Dominic A. Pacyga: Chicago – A Biography, Chicago 2009, S. 4 f. und 334 f. Mit dem Für-sich-Sein der Nachbarschaften kann allerdings auch die Rassentrennung legitimiert werden!

330 Rosenbladt: Der Osten ist grün?, S. 12 ff. («Krakau bröckelt»).

331 Vgl. die Beispiele aus aller Welt in dem Artikel *Environmental Justice* in der Encyclopedia of World Environmental History, Bd. 1, S. 451–454 (Brett Williams/Jon Adelson).

332 Vgl. J. Timmons Roberts: Globalizing Environmental Justice, in: Sandler/Pezzullo (Hrsg.): Environmental Justice and Environmentalism, S. 285–307.

333 Encyclopedia of World Environmental History, Bd. 1, S. 454.

334 Bei Alon Tal: Pollution in a Promised Land – An Environmental History of Israel, Berkeley 2002, S. 332–336, noch mit einer gewissen Distanz («The Elusive Concept of Environmental Justice»); seither ist diese Bewegung in Israel jedoch stärker geworden, wie ich aus wiederholten Gesprächen mit einer ihrer Sprecherinnen, Carmit Lubanov, erfuhr.

5. Umweltpolitik zwischen Globalisierung und Antiglobalisierungsbewegung

1 Michael McCloskey: Twenty Years of Change in the Environmental Movement: An Insider's View, in: Riley E. Dunlap/Angela G. Mertig (Hrsg.): American Environmentalism. The U.S. Environmental Movement 1970–1990, Washington, D.C. 1992, S. 80.

2 Im Allgemeinen wagten sich Naturschützer, auch wenn sie dem Klima-Alarm skeptisch und missmutig gegenüberstanden, mit den Alarmisten nicht frontal anzulegen. Die bekannteste Ausnahme ist unter den deutschen Ökologen Josef H. Reichholf; vgl. ders.: Die falschen Propheten. Unsere Lust an Katastrophen, Berlin 2002, und sein *Spiegel*-Interview von 2007, auf dem Höhepunkt des durch den Stern-Report ausgelösten Alarms (*Der Spiegel* 19/2007, S. 156 ff.): «Gerade als Naturschützer halte ich die Fokussierung auf den Treibhauseffekt für sehr gefährlich. Das Klima wird zunehmend zum Sündenbock gemacht, um von anderen ökologischen Untaten abzulenken. Ein typisches Beispiel sind die irreführenden Debatten nach Hochwasserkatastrophen, die ja in Wahrheit auf die Verbauung der Flüsse zurückzuführen sind ...» Vom *global warming* sei eher eine Erhöhung der Artenvielfalt zu erwarten – wobei dies jedoch auch nach Reichholf keineswegs mit ökologischer Stabilität gleichzusetzen ist! Dazu ders.: Der blaue Planet. Einführung in die Ökologie, München 1998, S. 75 f.

3 Jens Soentgen/Armin Reller (Hrsg.): CO_2 – Lebenselixier und Klimakiller, München 2009.

4 Vgl. Alan Hastings: Biological Chaos and Complex Dynamics, in: Simon A. Levin (Hrsg.): The Princeton Guide to Ecology, Princeton 2009, S. 172 ff.; Marten Scheffer: Alternative Stable States and Regime Shifts in Ecosystems, in: ebd., S. 395 ff.; Erika Zavaleta/Nicole Heller: Responses of Communities and Ecosystems to Global Changes, in: ebd., S. 407 ff.; Carolyn Merchant: The Columbia Guide to American Environmental History, New York 2002, S. 171 f. («The Influence of Chaos Theory»).

5 Eine echte globale Klimabewegung gebe es nicht, könne es vielleicht auch nicht geben, bemerkte die grüne Europa-Abgeordnete Rebecca Harms zu mir (8. 3. 2007). Der Klima-Alarm übertöne in jüngster Zeit alle anderen Umweltsorgen. Es wäre besser, die Klimaziele im Kontext mit Umwelt- und Entwicklungszielen und in Zusammenarbeit mit entsprechenden NGOs zu setzen. Energiewende, nachhaltige Landwirtschaft, Artenschutz, Schutz von Boden und Wasser, neue Verkehrspolitik brächten den Klimaschutz mehr voran als CO_2-Reduktionsziele. Wenn der Klimaschutz weiter einer Forscherelite und internationalen NGOs überlassen bleibt, werden die Ziele schwer zu erreichen sein.

6 Dazu ein aufschlussreiches Interview mit Nikolaus v. Bomhard, dem Chef der Münchener Rück, in: «Der Spiegel» 27/2010, S. 76–78. Dem «Spiegel»-Interviewer zufolge war die Münchener Rück, die zu den einflussreichsten Förderern von Desertec (Solarstrom aus der Sahara) gehört, «einer der ersten Warner vor den Folgen des Klimawandels». Das wird in «Spiegel»-Manier mit einer naheliegenden kleinen Spitze verbunden: «Kritiker werfen Ihnen vor, dass Sie mit Ihren Kassandrarufen eben auch die Preise Ihrer Policen befeuern.»

7 Vgl. Jochen Roose: Die Europäisierung von Umweltorganisationen, Opladen 2003, S. 267: «Die Bindung an die Mitglieder gepaart mit innerorganisatorischer Trägheit macht es Organisationen, die auf Spenden angewiesen sind, sehr schwer, ihr Aktivitätsrepertoire grundlegend zu ändern.» Zu den «Klimafrühstücken» meint die Berliner «Zeit»-Korrespondentin Christiane Grefe (11. 10. 2010 an Verf.), man solle sie nicht lächerlich machen. «Wir haben so vieles Kleinwuselige belächelt, aus dem dann die einzigen Alternativen entstanden sind.»

8 Wolfgang Sachs: Der blaue Planet. Zur Zweideutigkeit einer modernen Ikone, in: Zum Naturbegriff der Gegenwart. Kongreßdokumentation zum Projekt «Natur im Kopf» (1993), Bd. 1, Stuttgart 1994, S. 75–93. Machtrausch: Man erinnere sich an

den Untertitel von Max Nicholsons «Environmental Revolution» von 1970: «A Guide for the New Masters of the World».

9 Laurens Jan Brinkhorst: Möglichkeiten und Grenzen europäischer Umweltpolitik aus der Sicht der EG-Kommission, in: Wenn's dem Nachbarn nicht gefällt – Umweltpolitik als europäische Aufgabe, Mainau 1992 (= Mainauer Gespräche 8), S. 41.

10 Peter Menke-Glückert: Die Mühen der Ebenen – Umweltziele im Behördenalltag, in: Henning v. Köller (Hrsg.): Umweltpolitik mit Augenmaß (Hartkopf-Gedenkschrift), Berlin 2000, S. 121 f.

11 Selbst in seinem Essay über Töpfer als UNEP-Vorsitzenden «Mr. Tapfer, der Retter der Welt» («Der Spiegel», 24/2001, S. 78) frotzelte Ullrich Fichtner: «Noch immer ist Unep ein bürokratischer Alptraum. Das Organigramm der Behörde täuscht Rationalität nur vor. ... Schon knapp unterhalb der Leitungsebene verfilzen regionale und fachliche Spezialbüros, Reporting Units und wissenschaftliche Abteilungen, zu schweigen von dem verworrenen Netz der Einzelprogramme und Außenstellen ...» Zentralisierung auf globaler Ebene ist nicht nur hier bloß äußerer Schein!

12 In: Die Umweltmacher, S. 29.

13 Petra Dobner: Wasserpolitik. Zur politischen Theorie, Praxis und Kritik globaler Governance, Frankfurt 2010, S. 121, 123.

14 Frank Brandmaier: Bedenkenswertes vom Welt-Toilettengipfel, in: Jahrbuch Ökologie 2003, S. 244 f.

15 Hans Dieter Knapp: Internationaler Naturschutz – Phantom oder Notwendigkeit?, in: Karl-Heinz Erdmann (Hrsg.): Internationaler Naturschutz, Berlin 1997, S. 11.

16 Jean Ziegler: Die neuen Herrscher der Welt und ihre globalen Widersacher, München 2003 (frz. 2002), S. 142.

17 Joseph Stiglitz: Die Schatten der Globalisierung, Bonn 2002, S. 27 ff.

18 Martin Jänicke: Pionierländer im Umweltschutz, in: Die Umweltmacher, S. 464.

19 Encyclopedia of World Environmental History, Bd. 1, S. 125 ff. (Vicki Medland). Timothy J. Farnham: Saving Nature's Legacy. Origins of the Idea of Biological Diversity, New Haven 2007, S. 235 ff. Wilson selbst empfand den Begriff anfangs als «too glitzy». Farnham stellt dar, dass die Vorgeschichte dieses Richtziels weit hinter dieser Begriffskreation zurückreicht. Es sei in der Essenz eine Geschichte der Setzung von Werten, keine Geschichte der Ökologie.

20 Stephen R. Kellert/Edward O. Wilson (Hrsg.): The Biophilia Hypothesis, Washington, D. C. 1993.

21 Wolfgang Haber, der eine ökologische Begründung von *biodiversity* für unmöglich hält, lässt gleichwohl erkennen, dass eine anthropologische Begründung bessere Chancen besitzt: «Grundsätzlich ziehen wir Menschen intuitiv Vielfalt der Monotonie vor und versuchen stets, unser Dasein möglichst abwechslungsreich zu gestalten ...» Ders.: Zur Problematik europäischer Naturschutz-Richtlinien (s. u.), S. 12.

22 Wolfgang Haber: Welchen Naturschutz wollen wir? Vortrag auf Schloss Wiesenfelden, September 2007, erklärt sogar mit aller Schärfe, dass das Ziel «Biodiversität» nichts mit Ökologie zu tun habe, vielmehr ein «Danaergeschenk» für den Naturschutz bedeute. «Ein Existenzrecht aller bestehenden Arten nicht nur zu fordern, sondern sogar mit detaillierten (Verbots-)Vorschriften durchzusetzen, läuft allen ökologischen Erkenntnissen zuwider. ... Mit solchem Vorgehen verwandeln wir die Natur in einen botanischen und zoologischen Garten, wo jedes Individuum von uns behütet und gepflegt wird.»

23 Edward O. Wilson: Der Wert der Vielfalt. Die Bedrohung des Artenreichtums und das Überleben des Menschen, München 1995 (amerikan. 1992), S. 343 f.

24 Marc Auer/Karl-Heinz Erdmann: Schutz und Nutzung der natürlichen Ressourcen. Das Übereinkommen über die biologische Vielfalt, in: Karl-Heinz Erdmann (Hrsg.): Internationaler Naturschutz, Berlin 1997, S. 102, 111.

25 Udo E. Simonis: Globale Umweltpolitik. Ansätze und Perspektiven, Mannheim 1996, S. 49 ff. Eine Fülle von aufreizendem Material enthält das wohldokumentierte

500-Seiten-Opus von Marie-Monique Robin: Mit Gift und Genen – wie der Biotech-Konzern Monsanto unsere Welt verändert, München 2010 (frz. 2007).

26 Die scharfsinnigste mir bekannte Publikation zu den Prämissen und Problemen der FFH-Richtlinie ist der Artikel von Wolfgang Haber: Zur Problematik europäischer Naturschutz-Richtlinien, in: Jahrbuch des Vereins zum Schutz der Bergwelt, Jg. 72/2007, S. 95–110. Auf diesen Aufsatz stützen sich auch die folgenden Ausführungen.

27 Erdmann/Knapp: Internationaler Naturschutz, S. 19.

28 Haber: Zur Problematik europäischer Naturschutz-Richtlinien, S. 107.

29 Zum Bestseller wurde das von Euronatur-Sprechern verfasste Pamphlet: Bananen für Brüssel. Europa – wie unsere Steuern vergeudet werden, München 1999, das die FFH-Richtlinie – aus heutiger Rückschau verblüffend – nur ganz beiläufig erwähnt, jedoch erkennen lässt, in welchem Maße sich auch Steuerzahlerinteressen für den Natur- und Umweltschutz mobilisieren lassen: eine Chance, die durch die Frontstellung «Ökologie kontra Ökonomie» verdeckt wird! Immer wieder wird der EU-Rechnungshof als bester Verbündeter der Umweltschützer in Brüssel gerühmt; so bei Christian Hey: Umweltpolitik in Europa, München 1994, S. 149; Jochen Roose: Die Europäisierung von Umweltorganisationen – Die Umweltbewegung auf dem langen Weg nach Brüssel, Wiesbaden 2003, S. 140 ff., 149.

30 Christoph Knill: Europäische Umweltpolitik, Opladen 2003, S. 17, findet es «bemerkenswert», «dass die dynamische Entwicklung der europäischen Umweltpolitik vor dem Hintergrund der gegebenen rechtlichen und institutionellen Ausgangsbedingungen auf europäischer Ebene in dieser Form kaum zu erwarten war».

31 Mitt. von Anna Wöbse (4. 5. 2005).

32 Wolfgang Haber: Welchen Naturschutz wollen wir? (s. o.) («Biologische Vielfalt – ein Danauergeschenk?») «Der Einfluss des FFH-Schutzdenkens ist in Europa so stark, dass der Name der Konvention (von Rio über Biologische Vielfalt; J. R.) oft fälschlich, selbst in seriösen wissenschaftlichen Veröffentlichungen mit ‹*zum Schutz der* biologischen Vielfalt» (statt «*über* biologische Vielfalt») zitiert wird.»

33 Vgl. dazu die BMU-Broschüre «Natur ohne Grenzen – 25 Jahre EU-Vogelschutzrichtlinie», Berlin 2004. Das Erbschaftsverhältnis der FFH- zur Vogelschutzrichtlinie wühlte auch alte Konflikte wieder auf. Henry Makowski an Verf., 26. 8. 2010: «Die Vogelrichtlinie wurde schrittweise zur FFH weiterentwickelt. Die gleichen Basiskreise, die mit der Vogelrichtlinie verquer sind, bekamen nun neues Futter. Ganze Dorfschaften an der Elbe, die Feuchtgebiete vor der Haustür haben, haben sich gegen eine Nominierung zur FFH gewehrt.»

34 Martin Trost (LA für Umweltschutz Sachsen-Anhalt): Erfahrungen mit dem Management des Feldhamsters *Cricetus cricetus* (L.) in Sachsen-Anhalt, in: Sandra Balzer u. a. (Hrsg.): Management- und Artenschutzkonzepte bei der Umsetzung der FFH-Richtlinie, Bonn (Bundesamt für Naturschutz) 2008, S. 131–146.

35 Haber: Zur Problematik europäischer Naturschutz-Richtlinien, S. 101, auch mit dem Hinweis, dass bei europaweiter Betrachtung und insbesondere unter Einbeziehung der ungarischen Hamsterpopulationen der Feldhamster nicht zu den bedrohten Arten zu rechnen sei.

36 Ich selbst erlebte Anfang 2007 im Naturschutzgebiet «Großes Torfmoor» bei Lübbecke (Westfalen), wie dort im Zeichen von «Natura 2000» und der Annäherung an die ursprüngliche Öde des Moors – jedoch zur Empörung von Spaziergängern – mit Baggern eine flächendeckende Entfernung der Birken (Fachjargon: Entkusselung) stattfand, obwohl dies offenkundig weder der Schönheit noch der Artenvielfalt dieser Landschaft zugute kam und selbst die von der dortigen Landschaftsschützerin Dagmar Diesing verfasste Broschüre über dieses Moor auf dem Cover die Ästhetik der Birken nutzt! Vielerfahrene Ökologen, denen ich diesen Vorfall mitteilte, bezeichneten dies als Musterbeispiel dafür, dass man die Natur vor gewissen Naturschützern schützen müsse.

37 Wolfhard v. Boeselager zum Verf., 26.3.2010: Die FFH-Richtlinien seien eine «Fehlkonstruktion», da sie viel zu unpräzise seien.

38 Thomas Neiss, damals im Umweltministerium von NRW für den Naturschutz zuständig, am 26.7.2001 zum Verf.: Ein Bauer bekomme für den Quadratmeter vom Naturschutz 4 DM, vom Kiesunternehmer dagegen 4000 DM. Daher müsse der Naturschutz *gegen* die Bauern durchgekämpft werden. Ähnlich Lutz Ribbe am 3.12.2010 zum Verf.: Da dem Naturschutz nur 20 % des für Entschädigungszahlungen beantragten Budgets bewilligt worden sei, hätte der Bauernverband es leicht, die Bauern gegen FFH zu mobilisieren und sie als die Getäuschten hinzustellen.

39 Jozef Keulartz/Gilbert Leistra (Hrsg.): Legitimacy in European Nature Conservation Policy. Case Studies in Multilevel Governance, Berlin 2008 (= The International Library of Environmental, Agricultural and Food Ethics, Vol. 14). Das Buch lässt erkennen, dass die in Deutschland erkennbare Problematik beim Umgang mit dem FFH-Instrumentarium auch in anderen Ländern besteht. Ich danke Wolfgang Haber für den Hinweis.

40 Ein Landschaftsschützer in der thüringischen Rhön, wo die Schafzucht dank der Devisenarmut der DDR, die die Wolle nicht aus Australien beziehen konnte, bis zur Wende überlebt und arkadische Weidelandschaften erhalten hatte, tat mir gegenüber im Sommer 2000 den klassischen Ausspruch: Bei «Fauna, Flora, Habitat» gehe bei seinen Bauern gleich «die Klappe runter»; daher erkläre er ihnen: «FFH bedeutet Pflanzen, Viecher, Heimat.» Ein anderes hübsches Beispiel einer Sprachregelung bringt Axel Didion: Erfahrungen im grenzüberschreitenden Management von Natura-2000-Gebieten im Rahmen von LIFE-Projekten, in: Balzer (Hrsg.): Management- und Artenschutzkonzepte, S. 86: «Weil Borstgrasrasen in der Öffentlichkeit wohl nur wenig bekannt sind und das Borstgras auch nicht als Sympathieträger für ein transnationales Projekt taugt, verständigten sich die Vertragspartner vorab darauf, in der Öffentlichkeitsarbeit zukünftig von der ‹Regeneration und Erhaltung von Arnikawiesen› zu sprechen ...» Vgl. auch die sehr FFH-freundliche Magisterarbeit von Ingrid Azzolini: Naturschutz, Landwirtschaft und europäischer Habitatschutz – auch am Beispiel der Umsetzung der FFH-Richtlinie in den Kreisen Gütersloh und Lippe, Bielefeld 2006, die Interviews mit einigen betroffenen Landwirten enthält, die – zumindest verbal – dem Natur- und Umweltschutz im Prinzip verständnisvoll gegenüberstanden, jedoch durch das FFH-induzierte Procedere irritiert wurden.

41 Darin vor allem erkennt auch Wolfgang Haber (Zur Problematik europäischer Naturschutz-Richtlinien, S. 101 f., 106 f.) die in den FFH-Richtlinien enthaltene Chance.

42 So Jörg Haafke (s. folgende Anm.), S. 600: «Damit dürfte der Vision von einer nachhaltigen Landnutzung auf der gesamten Fläche jede Grundlage verloren gehen und sich der raumplanerische Ansatz der funktionalen Trennung aus den 70er Jahren – ‹Schmutzfläche hier – Schutzfläche dort› – endgültig durchgesetzt haben.»

43 Hart, aber treffend dazu das Büchlein des einst prominenten EU-Beraters Hermann Priebe: Die subventionierte Naturzerstörung. Plädoyer für eine neue Agrarkultur, München 1990.

44 Volker Angres u. a.: Bananen für Brüssel, München 1999, S. 203.

45 Vgl. die sarkastische Bilanz von Christoph Knill: Europäische Umweltpolitik. Steuerungsprobleme und Regulierungsmuster im Mehrebenensystem, Opladen 2003, S. 215: «Die Umweltpolitik ist unangefochtener Spitzenreiter im Hinblick auf die ineffektive Implementation europäischer Vorgaben.»

46 Ulrich Häpke/Jörg Haafke: Vom «Todfeind der Kreatur» zum Spielball naturschützerischer Forderungen. Zum Verhältnis von Naturschutz und Landwirtschaft und zu einigen Besonderheiten im Ruhrgebiet, in: Karl Ditt u. a. (Hrsg.): Agrarmodernisierung und ökologische Folgen. Westfalen vom 18. bis zum 20. Jh., Paderborn 2001, S. 598 ff. («Die neue Landnahme»).

47 Vgl. bei Haber: Zur Problematik europäischer Naturschutz-Richtlinien, S. 100,die Kritik an der «Art und Weise, wie wirklichkeitsblinde Naturschützer ‹FFH› triumphierend als Erfolg verkündeten». Auch ein solches Urteil mag in manchem zeitgebunden sein; gewiss hat es in Teilen des Naturschutzes in dieser Hinsicht Lernprozesse gegeben.

48 Die grüne Europa-Abgeordnete Rebecca Harms, die Ende der 1970er Jahre durch die Protestbewegung gegen die geplante WAA bei Gorleben politisiert wurde, äußerte sich im Gespräch mit mir (8. 3. 2007) sehr enttäuscht über die mit dem FFH-Hebel operierenden Naturschützer: Sie hätten es dahin gebracht, dass viele Bauern im Wendland, die sich bis dahin mit den Umweltaktivisten solidarisiert hätten, zu Feinden der Umweltbewegung geworden seien. Dass der Nationalpark Mittlere Elbe an der Klage eines Bauern scheiterte, sei möglich gewesen, weil ein sehr schlechtes Gesetz gemacht worden sei, das den Anforderungen einer Kulturlandschaft nicht entsprochen habe. Die angemessene Schutzform sei ein Biosphärenreservat, das Landwirtschaft und Naturschutz miteinander in Einklang bringt. – Immerhin, wie die gegenwärtigen (November 2010) Massendemonstrationen gegen das nukleare Endlager bei Gorleben zu zeigen scheinen, war die Kluft zwischen Bauern und Umweltschützern im Laufe der Jahre nicht unüberbrückbar!

49 Jörg Haafke in Häpke/Haafke: Vom «Todfeind der Kreatur», S. 599: «Und die konkrete Diskussion offenbart, dass den Meldevorschlägen (für FFH-Gebiete; J. R.) weder die richtungweisenden neuen Ansätze der FFH-Richtlinie zu Grunde lagen noch dass die Auswahlkriterien auch nur annähernd beachtet wurden.» Wobei man freilich bedenken sollte, dass sich die Auswahl bestimmter Gebiete für die Unterschutzstellung kaum jemals eindeutig aus bestimmten allgemeinen Kriterien deduzieren lässt, sondern in aller Regel von Opportunitäten mitbestimmt und teilweise Gefühlssache ist. Kein Wunder, dass die Naturschutzliteratur in aller Regel über diesen Prozess schweigt! Ein Naturschützer aus Steinhagen am Teutoburger Wald klagt, dass dortige anmutige Landschaften nach den (angeblichen) FFH-Kriterien nicht schutzwürdig seien: ein Beispiel dafür, «wie unsinnig die internationale Angleichung der Schutzkriterien ist». Heinz Lienenbecker: Naturschutzgebiete – Naturdenkmäler in Steinhagen, Amshausen 2009, S. 8.

50 Auch der schwedische Klimaforscher Bert Bolin, einer der frühesten Warner und Gründungsvorsitzende des IPCC, weist darauf hin: «Undoubtedly, the USA was leading the development of global climate models.» Bert Bolin: A History of the Science and Politics of Climate Change. The Role of the Intergovernmental Panel on Climate Change, Cambridge 2007, S. 33. Auch die folgenden Ausführungen stützen sich an erster Stelle auf dieses Buch, das der Verfasser kurz vor seinem Krebstod publizierte: in der Literaturflut zum Problem des Klimawandels die – soweit ich sehe – bislang bestinformierte, zugleich in ihrer Ausgewogenheit vorbildliche Insider-Veröffentlichung zu den Hintergründen der internationalen Klimapolitik seit den 1980er Jahren. Der nachdenkliche Grundton ist umso wohltuender, als der polternde Tonfall zum typischen Stil der populären Klimaliteratur gehört, sowohl der Alarmisten wie derer, die den «Klimaschwindel» anprangern. Hans-Jochen Luhmann (Wuppertal-Institut) ist allerdings über dieses Buch empört und wirft ihm vor, einer konsequenten Klimapolitik mit seiner wissenschaftlichen Zurückhaltung in den Rücken zu fallen: «Man sollte das Buch vorsichtshalber auf einen Index setzen mit der Überschrift ‹Für Studenten gesperrt› – sie könnten aufgrund der Lektüre vom Glauben an die Wissenschaft abfallen.» In: IPG 4/2008, S. 164. Aber ist «die Wissenschaft» etwas, an das man glauben soll? Volker Hauff versicherte mir gegenüber mit größtem Nachdruck, gerade der überzogene Klima-Katastophismus habe bislang verheißungsvolle Ansätze der Klimapolitik verpatzt.

51 Victor: Collapse (s. folgende Anm.), S. 5: Die EU habe sich das Konzept des Emissionshandels zu eigen gemacht «after vigorously decrying emission trade as an American ruse to avoid any serious cuts in greenhouse gas emissions».

52 David G. Victor: The Collapse of the Kyoto Protocol and the Struggle to Slow Global Warming, Princeton 2001, S. IX, XI. Auch auf diese vom amerikanischen Council on Foreign Relations veröffentlichte Untersuchung, die durch ihre Fundiertheit und ihren analytischen Scharfsinn hervorsticht, stützen sich die folgenden Ausführungen vor allem bei kritischer Beleuchtung der durch Kyoto eingeleiteten Klimapolitik. Gerade mit ihrer amerikanischen Sicht ist sie ein Korrektiv gegenüber der in der hiesigen Literatur verbreiteten europäischen Sichtweise.

53 Victor: Collapse, S. 140.

54 Kurios ist die Mutmaßung bei Victor: Collapse, S. 127, das EU-Engagement erkläre sich aus einer besonderen Verwundbarkeit Europas durch das *global warming*. Der amerikanische Mittelwesten ist für Dürre unvergleichlich viel anfälliger als das regenreiche West- und Mitteleuropa!

55 Tobias Krüger: Die Entdeckung der Eiszeiten. Internationale Rezeption und Konsequenzen für das Verständnis der Klimageschichte, Basel 2008, S. 501–515; dazu meine Rezension des Buches in H-Soz-Kult.

56 Lynn White jr.: The Historical Roots of Our Ecological Crisis, in: David und Eileen Spring (Hrsg.): Ecology and Religion in History, New York 1974, S. 18.

57 Rüdiger Glaser: Klimageschichte Mitteleuropas. 1000 Jahre Wetter, Klima, Katastrophen, Darmstadt 2001, als Abschlussbilanz S. 208: «Die Ausarbeitungen haben deutlich gemacht, dass Klimakatastrophen in Mitteleuropa ein ständiger Begleiter waren.»

58 Vgl. Radkau: Natur und Macht, S. 49. David Landes: Wohlstand und Armut der Nationen, Berlin 1999, S. 19: Besonders berühmt-berüchtigt war früher vor allem in den USA die Klimatheorie des Geographen Ellsworth Huntington, der die Weltgeschichte teilweise aus einem Prozess der Austrocknung erklärte. Damit habe er – so Landes – die amerikanische Geographie am Ende derart in Verruf gebracht, dass das Fach an führenden Universitäten abgeschafft worden sei.

59 Wolfgang Behringer: Kulturgeschichte des Klimas. Von der Eiszeit bis zur globalen Erwärmung, München 2007, S. 247: «In den 1960er Jahren waren Klimaforscher besessen von der Idee einer unmittelbar bevorstehenden Eiszeit.» Damals beobachtete man noch weltweit ein Wachstum der Gletscher, ähnlich wie heute Bilder vom Rückgang der Gletscher zu populären Ikonen des Klima-Alarms geworden sind. Als ich am 29. 11. 1996 ein Gespräch mit Hermann Flohn hatte, dem deutschen Doyen der Klimawandelforschung und einem der frühesten Warner vor dem *global warming*, tobte draußen ein Schneesturm. Als ich ihn mit Blick nach draußen fragte, ob es doch denkbar sei, dass wir einer neuen Eiszeit entgegengingen, erwiderte er, ganz auszuschließen sei das nicht. «Rückkopplungseffekte» seien beim Klimawandel mindestens so bedeutsam wie direkte Wirkungen von der Art des Treibhauseffektes. So oder so könne die Politik wenig ausrichten; die für den nachdenklichen Menschen adäquate Haltung sei der Fatalismus. Im Jahr darauf ist er gestorben.

60 Global 2000, deutsche Fassung: Frankfurt 1980, S. 212–227.

61 Besonders verblüfft aus der Sicht der heutigen «Klima(un)gerechtigkeits»-Literatur und ihrer Klage über die Diskrepanz zwischen Verursachern und Leidtragenden, dass das Szenario «starke globale Erwärmung» Indien als Nutznießer, einen Großteil der USA dagegen als Verlierer hervorhebt. «In Indien und anderen Teilen Asiens führt der Erwärmungstrend günstigere, mit denen des Zeitraums von 1930–1960 vergleichbare Klimaverhältnisse herbei.» Dem amerikanischen Mittelwesten dagegen, von den Appalachen bis zu den Rocky Mountains, drohe eine Wiederkehr der *Dust-Bowl*-Ära!

62 Bezeichnenderweise erschien die deutsche Fassung des amerikanischen Sensationsbuches *The Weather Conspiracy*, für das ein im Dienste des CIA stehendes «Impact Team» zeichnete und das eine starke Abkühlung prophezeite, unter dem Titel «Der Klimaschock – Die nächste Eiszeit kommt bestimmt» (München 1978).

63 Aufschlussreiche Hinweise dazu in dem ungeachtet seines pamphlethaften Charakters informativen Buch des Klimaskeptikers Christopher Booker: The Real Global

Warming Desaster, London 2009, S. 82 ff. («Enter Dr Mann and the ‹Hockey Stick›»). Selbst James Hoggan (Climate Cover-Up: The Crusade to Deny Global Warming, Vancouver 2009, S. 109 f.), der generell den «Klimaskeptikern» Inkompetenz und unlautere Motive unterstellt, würdigt die von Stephen McIntyre an dem «Hockeyschläger» geübte Kritik einer ernsthaften Auseinandersetzung.

64 Michael McCloskey: Twenty Years of Change in the Environmental Movement, S. 80, im Rückblick (1992) nicht ohne Ironie: «The nuclear winter issue also came and went with great fanfare in the early 1980s.»

65 Behringer: Kulturgeschichte des Klimas, S. 20 ff.

66 Das 1997 gegründete Max-Planck-Institut für Biochemie (MPI-BGC) in Jena wendet sich in jüngster Zeit bei der Erforschung des globalen Wasserkreislaufs von der in der Klimaforschung bis dahin üblichen Methodik, von hypothetischen Modellen auszugehen, ausdrücklich ab und legt es darauf an, die Messwerte selbst ein Modell erzeugen zu lassen, das auch nichtlineare Dynamiken beschreiben kann; so Eberhard Fritz (Mitarbeiter des MPI-BGC): «Dem Wasserkreislauf auf der Spur – Trotz Erwärmung der Atmosphäre nimmt die Verdunstung an der Erdoberfläche ab»), in: Neue Westfälische, 9. 11. 2010. Die bisherigen Ergebnisse sind – wie man der Schlagzeile entnehmen kann – keineswegs beruhigend und widerlegen den Optimismus Lindzens, der ebenfalls mit der Verdunstung argumentierte.

67 Bolin: A History of the Science and Politics of Climate Change, S. 77.

68 Ebd., S. 59, 88 f.

69 Ebd., S. 54 f.; ähnlich S. 49 über den voreiligen Global-Warming-Alarm des NASA-Forschers James Hansen.

70 Vgl. ebd., S. 49 f. Schärfer, jedoch ohne detaillierten Beleg behauptet Booker: The Real Global Warming Desaster, S. 2: «Contrary to general supposition, the IPCC was essentially not a scientific but a political body. ... the vast majority of its contributors were not climate experts and a great many were not scientists at all.» Dazu Silke Beck: Das Klimaexperiment und der IPCC. Schnittstellen zwischen Wissenschaft und Politik in den internationalen Beziehungen, Marburg 2009, S. 187 ff.: Sie erblickt in dem Umstand, dass das IPCC ein «Hybrid» aus Wissenschaft und Politik sei, eine besondere Wirkungschance, sofern Wissenschaft und Politik nicht bis zur Ununterscheidbarkeit miteinander vermischt würden.

71 Bolin: A History of the Science and Politics of Climate Change, S. 49. Auch Bookers Anti-Bolin-Buch (The Real Global Warming Deaster, S. 313 f.) verlegt die Wende in den heißen Sommer von 1988, erklärt jedoch diese neue Priorität des *environmentalism* auch daraus, dass die Kernenergie durch Tschernobyl erledigt worden sei und die Umweltschützer einen neuen Feind gebraucht hätten. Das mag hier und da zutreffen, ist jedoch als Gesamterklärung absurd; denn für den amerikanischen *environmentalism* war das Thema Kernkraft schon lange nicht mehr zentral, und Tschernobyl wurde als nicht entfernt so einschneidend empfunden wie in der Bundesrepublik. Im Übrigen war die Kernenergie damals keineswegs erledigt; vielmehr witterte die Atomlobby gerade durch den CO_2-Alarm Morgenluft!

72 Bolin, S. 56 f.

73 Werner Abelshauser: Nach dem Wirtschaftswunder. Der Gewerkschafter, Politiker und Unternehmer Hans Matthöfer, Bonn 2009, S. 349 f.

74 Booker: The Real Global Warming Disaster, S. 32.

75 Peter Weingart: Vom Umweltschutz zur Nachhaltigkeit. Förderung der Umweltforschung im Spannungsfeld zwischen Wissenschaftsentwicklung und Politik, in: ders./Niels C. Taubert: Das Wissensministerium. Ein halbes Jahrhundert Forschungs- und Bildungspolitik in Deutschland, Weilerswist 2006, S. 227.

76 Gerald Fricke: Von Rio nach Kyoto, Berlin 2001, S. 137.

77 Ein neues Buch von zwei amerikanischen Klimaforschern, die zeitweise mit dem IPCC zusammenarbeiteten, jedoch zu den «Skeptikern» gehören, erwähnt Lindzen nicht mehr und die Wasserdampf-Theorie nur nebenbei: Patrick J. Michaels/Robert

C. Balling jr.: Climate of Extremes. Global Warming Science They Don't Want You to Know, Washington, D.C. 2009. Der Inhalt des Buches ist gemäßigter als sein Titel. Auch Bolin (S. 182) erkennt jedoch an: «the role of clouds in the ongoing changes of the global climate is poorly understood and derserves further attention» – für den Laien, für den zwischen Wetter und Wolken der nächstliegende Zusammenhang besteht, eine eher verblüffende Information!

78 Ebd., S. 73.

79 S. Fred Singer: Hot Talk – Cold Science. Global Warming's Unfinished Debate, Oakland 1997, S. IX, 85.

80 Umso bemerkenswerter kann man finden, dass Bolin (S. 242) gegenüber dem Stern-Report auf Distanz geht: «The picture painted is, however, rather exaggerated and not always supported by the IPCC assessments.»

81 Peter Weingart/Anita Engels/Petra Pansegrau: Von der Hypothese zur Katastrophe. Der anthropogene Klimawandel im Diskurs zwischen Wissenschaft, Politik und Massenmedien, 2. Aufl. Opladen 2008, S. 65–84. Ähnlich Hey: Umweltpolitik in Europa, S. 10, 24, 27 f.

82 Victor: Collapse S. 115 mit einer für den Amerikaner typischen Mischung von Sympathie und Ironie gegenüber der EU: «European pressure was the main reason for the strict emission targets adopted in Kyoto. Yet the EU had no idea how it would achieve the target it proposed (a 15 % cut in emissions).» Immerhin – die Europäer machten sich in der Folge pragmatisch das amerikanische Konzept des Emissionshandels zu eigen – aber die Amerikaner ließen sich am Ende dennoch nicht auf das Kyoto-Protokoll ein! Der erste Satz des einschlägigen Artikels 12 des Kyoto-Protokolls liest sich in der deutschen Fassung wie eine Stilblüte: «Hiermit wird ein Mechanismus für umweltverträgliche Entwicklung festgelegt.» Der «Mechanismus» besteht jedoch aus lauter Kann-Bestimmungen.

83 Vgl. Michael Kraack u. a.: Umweltintegration in der Europäischen Union, Baden-Baden 2001, S. 231: «Die Reihe der ‹Integrationsparadoxien› kulminiert in dem Befund, dass die Mitgliedstaaten sich mehrheitlich gegen umweltpolitische Anforderungen seitens der Europäischen Union dadurch zu schützen versuchen, dass sie diesen Politikbereich programmatisch aufwerten. Diese Aufwertung impliziert eine systematische und, wie zu vermuten ist, gewollte Überforderung.»

84 Aufschlussreiche Hinweise dazu bei Victor: Collapse, S. 57 ff.: Bei CO_2 ist das Monitoring rein technisch vergleichsweise einfach – freilich nur dann, wenn ein Staat sich kooperativ verhält –, ziemlich hoffnungslos dagegen bei dem Methan: einem Problemkomplex, um den die Klimaschutz-Literatur mit Grund die längste Zeit einen Bogen machte! Ein vielsagender Hinweis ebd., S. 67: «Because it is so difficult to obtain accurate information to allow enforcement, perhaps emission trading should be restricted to advanced industrialized democracies – ‹liberal› nations.» Aber gerade die Länder, die Emissionsrechte anbieten, gehören voraussichtlich zu denjenigen Staaten, «where national legal institutions are weakest» (S. 69) – das ist das Problem! Eine Hauptkritik Victors (S. 17) geht denn auch darin: «Kyoto's architects gave little attention to the crucial role of monitoring.» Inneramerikanische Erfahrungen ließen sich nicht auf die internationale Ebene übertragen und Erfahrungen beim SO_2 nicht auf CO_2.

85 Bolin: A History of the Science and Politics of Global Change, S. 135. Ausführliche Kritik an dem Hurrikan- und Katrina-Argument (im August 2005 verheerte der Hurrikan Katrina New Orleans) bei Michaels/Balling: Climate of Extremes, S. 67–98.

86 Vgl. die kritische Bilanz der dem IPCC sonst wohlgesinnten Silke Beck: Das Klimaexperiment und der IPCC, S. 198: «Problematisch erweist sich in erster Linie die technokratische Erwartung, dass wissenschaftliche Sicherheit unbedingt notwendig ist, um politisch zu handeln.»

87 Vielleicht begreifen das umweltpolitisch engagierte Angehörige der jüngeren Generation sogar besser als die alten Kämpen. Frank Uekötter schreibt in seinem

Schlussbericht über ein mit mir zusammen auf der internationalen Sommeruniversität in Kloster Salem im August 2005 abgehaltenes Seminar über Geschichte und Zukunft der Umweltbewegung: «Ausführlich wurden die zahlreichen Unwägbarkeiten der Klimaentwicklung referiert, die Unsicherheiten hinter den Klimaszenarien offenbart und überhaupt die Komplexität der Materie so sehr betont, dass zeitweise nicht tiefe Betroffenheit, sondern fast schon Heiterkeit im Veranstaltungsraum regierte. Aber wer derlei als Indiz wertete, das Problem werde offenkundig nicht ernst genommen, wurde am folgenden Tag eines Besseren belehrt: Bei der Frage nach den wichtigsten Umweltproblemen landete der Klimawandel mit weitem Abstand auf dem ersten Platz ... Das ist mit Blick auf künftige Debatten bemerkenswert: Zweifel an den Resultaten der Klimaforschung ist für die heutige Studentengeneration kein Sakrileg. Man kann die Klimaszenarien kritisieren, ohne dass man dies gleich als Kniefall vor der Erdöl-Lobby oder George Bush empfindet.»

88 Bolin, S. 212.

89 Der bislang prominenteste Vertreter dieser abenteuerlichen Idee ist der Nobelpreisträger und Atmosphärenchemiker Paul Crutzen; ders. in: Altner: Die Klima-Manipulateure (s. folgende Anm.), S. 33–36 («Erdabkühlung durch Sulfatinjektion in die Stratosphäre»); Samiha Shafy: Giftkur fürs Weltklima, in: «Der Spiegel», 28/2006, S. 116.

90 Günter Altner u. a. (Hrsg.): Die Klima-Manipulateure. Rettet uns Politik oder Geo-Engineering?, Stuttgart 2010 (= Jahrbuch Ökologie 2011). Über das Entsetzen der Europäer Konrad Ott: Kartierung der Argumente zum Geoengineering, ebd., S. 20. Zum «Restrisiko» Monsune Steve Rayner: Geoengineering Governance – Regulierung der Klimamanipulation, ebd., S. 57. Roman Brinzanik und Thomas Hülswitt, die mich am 27. 11. 2010 interviewten und vorher Crutzen interviewt hatten, versicherten mir, Crutzen meine seine Geoengineering-Idee nur halbernst und wolle die Amerikaner mit diesem seinem «Plan B» vor allem schocken, um sie zum «Plan A» zu bewegen: zur Senkung der CO_2-Emissionen!

91 UNEP (Hrsg.): Global Environment Outlook 2000, London (Earthscan) 1999, S. 240.

92 Wichtige Kurzüberblicke dazu bei Udo E. Simonis: Globale Umweltpolitik, S. 11, 22 f., 25.

93 Dazu die vorzügliche Untersuchung von Petra Dobner: Wasserpolitik, Berlin 2010.

94 Schockierende Fakten dazu bei Simonis: Globale Umweltpolitik, S. 62 f. (65 % des afrikanischen und 74 % der zentralafrikanischen Ackerböden sind degradiert!)

95 Manche im Umweltschutz engagierten Schweizer halten es sogar für einen Vorteil, dass sich die Schweiz aus der EU herausgehalten hat, so – wenn auch mit Einschränkungen – der Präsident des Nationalrates Hans Rudolf Nebiker: Umweltpolitik in einem souveränen Kleinstaat – Möglichkeiten und Grenzen, in: Mainauer Gespräche 8/1991, S. 43–50. Bei dem Mainauer Gespräch wurde allerdings deutlich, dass die Schweiz allein aus eigener Kraft gegen den horrenden Transitverkehr durch ihr Land nicht ankommt: vgl. ebd., S. 30 die Heidelberger Oberbürgermeisterin Beate Weber über diese «schreckliche Erfahrung».

96 Heinrich Pehle, Experte für die Umweltpolitik skandinavischer Staaten, meinte sogar auf einer umwelthistorischen Tagung in Tübingen (Juli 2006): «Die kleinen Länder haben die Umweltpolitik erfunden.» Diese These wird man freilich mit Blick auf die USA relativieren.

97 Horst G. Mensching: Desertifikation. Ein weltweites Problem der ökologischen Verwüstung in den Trockengebieten der Erde, Darmstadt 1990, S. 52 ff.

98 Eine Fallstudie, die für dieses Dilemma die Augen öffnet, ist die schon erwähnte, auf Feldforschung in Senegal basierende Dissertation von Anita Engels: Die geteilte Umwelt. Ungleichheit, Konflikt und ökologische Selbstgefährdung in der Weltgesellschaft, Weilerswist 2003. Sie gelangt (S. 213) zu dem Ergebnis – wenn auch vorsichtig als Hypothese formuliert –, dass «gerade unter Bedingungen der Ungleichheit und der resultierenden starken Außenorientierung marginaler Entwick-

lungsländer globale Umweltdiskurse ein Übergewicht erlangen und die darin enthaltenen Handlungsmodelle die lokalen Bedürfnisse und Vorstellungen sogar weiter marginalisieren».

99 Darauf verweist nicht zuletzt Jürgen Habermas, der gerne als Vordenker der Globalisierungspolitik zitiert wird, am Schluss seines Opus magnum: Theorie des kommunikativen Handelns, Bd. 2, Frankfurt 1995 (zuerst 1981), S. 579 f.

100 Victor: The Collapse of the Kyoto Protocol, S. 134.

101 Das gilt selbst für Umweltinitiativen innerhalb der heute sonst so eng vernetzten EU; das erkennt man wiederholt in Christopher Rootes (Hrsg.): Environmental Protest in Western Europe, Oxford 2007. Vgl. ebd., S. XV, in der Conclusion: «there was no evidence at all of any interchange between British and French campaigners; differences in the ways the issues were framed in each country reflected deep-rooted and nationally peculiar attitudes to the countryside and national political contexts.»

102 Jochen Roose: Die Europäisierung von Umweltorganisationen – Die Umweltbewegung auf dem langen Weg nach Brüssel, Wiesbaden 2003, S. 213.

103 Christoph Knill: Europäische Umweltpolitik, Opladen 2003, S. 214; Kraack u. a.: Umweltintegration in der Europäischen Union, S. 223 f.

104 Christiane Grefe/Matthias Greffrath/Harald Schumann: attac – Was wollen die Globalisierungskritiker?,Berlin 2002, S. 203. Ebd.,S. 117: «Attac ist eben doch eine sehr französische Gründung, ein merkwürdiges Amalgam aus beharrlichem Regionalismus, dem Idealismus universeller Missionen und Geist der Straße.»

105 Daniel Cohn-Bendit bestätigt, «dass die Grünen die Globalisierungsthematik eben nicht auf die Agenda gesetzt haben». Grefe u. a.: attac, S. 206. Und doch mehrten sich personelle Querverbindungen zwischen attac und Umweltorganisationen.

106 Daniel Cohn-Bendit: «Die einen identifizieren mit der Globalisierungskritik einen neuen Zugang zum Sozialismus, die anderen wollen nichts davon hören. Sobald man konkret wird und beispielsweise diskutiert, wer oder welche Struktur eine Reform der WTO vorantreiben könnte, bricht das auseinander.» Grefe u. a.: attac, S. 204. Auch Bernard Cassen, einer der französischen Vordenker von Attac, warnt: Eine Debatte über die institutionelle Zukunft Europas würde gegenwärtig «die Gruppe der Gründer zerreißen» (ebd., S. 118).

107 Maliziös, aber treffend dazu Jörg Bergstedt: Mythos attac, Frankfurt 2004, S. 90 ff. («Die Klamottenkiste der Geschichte: Marshallplan reloaded»).

108 Thomas R. Wellock: Critical Masses. Opposition to Nuclear Power in California, 1958–1978, Madison/Wisconsin 1998, S. 90 f. (Er bezeichnet diese Kampagne Browers als «foolish»!)

109 Das erkennt man drastisch an dem Widerstand des Schwarzwald-Kurorts Menzenschwand gegen die dortige Uranprospektion in den 1960er Jahren. Radkau: Aufstieg und Krise der deutschen Atomwirtschaft, S. 442 ff.

110 Sally A. Kitt Chapel: Chicago's Urban Nature, Chicago 2007, S. 193, 59; Dominic A. Pacyga: Chicago – A Biography, Chicago 2009, S. 398 ff.

111 Rebecca Harms wies mich darauf hin (8. 3. 2007), Al Gore erinnere gerne daran, dass man zwanzig Jahre gebraucht habe, um die Macht der Tabak- und Zigarettenlobby zu brechen – und doch sei am Ende Wirklichkeit geworden, was am Anfang unmöglich erschien: dass das Rauchen in öffentlichen Räumen in zivilisierten Staaten als gesellschaftlich unmöglich gilt. Das sei ein Grund zu umweltpolitischem Optimismus. In der Tat handelt es sich hier um einen bislang von Historikern noch kaum analysierten Lebensstilwandel, der auf den anthropologischen Tiefgang der Öko-Ära hindeutet!

Schluss: Die Dialektik der grünen Aufklärung

1 Volker Hauff zum Verf., 28. 9. 2010: Eines habe er aus vier Jahrzehnten Energiepolitik gelernt: Am umweltfreundlichsten erscheine stets diejenige Energietechnik, die am weitesten in der Zukunft liege.

2 Rolf Wiggershaus zufolge (Die Frankfurter Schule, München 1986, S. 388 f.) ist das aus einer Vorlesung Horkheimers hervorgegangene Textstück «Die Revolte der Natur» die «Achse» der «Dialektik der Aufklärung».

3 Hartmut Lehmann: The Interplay of Disenchantment and Re-enchantment in Modern European History; or, the Origin and the Meaning of Max Weber's Phrase ‹Die Entzauberung der Welt›, in: ders.: Die Entzauberung der Welt – Studien zu Themen von Max Weber, Göttingen 2009, S. 9–20.

4 Am ehesten eine Ausnahme ist in dieser Hinsicht heutzutage bezeichnenderweise die Türkei, das am meisten verwestlichte Land der islamischen Welt. Das eindrucksvollste und informativste mir bekannte Opus, das eine Synthese von Islam und Umweltschutz umreißt, ist der große offiziöse türkische Repräsentationsband A Tale of Water, hrsg. von Turgay Türker, Istanbul 2000, der zur Istanbuler Weltwasserkonferenz von 2009 neu herausgegeben wurde. Er dokumentiert die herkömmliche Gleichsetzung des Fortschritts mit großen Staudämmen ebenso wie die in jüngster Zeit von Umweltverbänden vorgebrachten Bedenken gegen hydraulische Großprojekte in ariden, von Versalzung gefährdeten Regionen. Wie es bei einer aus der Wüste gekommenen Religion nur natürlich ist und in dem Band von kompetenten Autoren dargestellt wird, bildete sich Umweltbewusstsein im islamischen Raum vor allem um das Wasser. Charakteristisch ist die Wertschätzung des sauberen, vor allem des fließenden Wassers, daher das Misstrauen gegenüber Zisternen; die Versorgung der Bevölkerung mit solchem Wasser gilt als frommes Werk und ist traditionell die Aufgabe religiöser Stiftungen. Deren Verdienste werden in dem genannten Band hervorgehoben (S. 112 ff.), der zwischen Islamismus und Öffnung zum Westen balanciert, während früher, in der Ära des Antiklerikalismus, von dem «krebsartig wuchernden Unwesen der frommen Stiftungen» die Rede war, die im 19. Jahrhundert bei der Wasserversorgung des wachsenden Konstantinopel versagt hatten. Darüber mit dem Versuch eines ausgewogenen Urteils Noyan Dinckal: Istanbul und das Wasser, München 2004, S. 71 f.

5 Peter Knoepfel/Helmut Weidner: Luftreinhaltungspolitik im internationalen Vergleich, Bd. 1, Berlin 1985, S. 215 f.: «Im Vergleich der Paragraphenberge» zur Luftreinhaltung nehme die Bundesrepublik «eindeutig die Spitzenposition ein». Aber Quantität sei nicht gleich Qualität; vielmehr bestehe die Tendenz, auf «verwaltungsaufwandsteigernde Nebenbereiche auszuweichen». Ähnlich erkennt der französischschweizerische Umwelthistoriker François Walter in der schweizerischen Umweltpolitik eine «regelrechte Überreglementierung». Demgegenüber behaupteten die in zentralistischer Verwaltungspraxis erfahrenen Franzosen, den deutschen Vorwurf «ökologischer Trägheit» zurückgebend, «eine viel effizientere Regelung zur Lösung von Luft- und Wasserschutzproblemen gefunden zu haben, ohne dabei einen Berg von Verwaltungsakten zu produzieren». Ders.: Umweltbewusstsein und das Verhältnis zur Natur: Entwicklungen in der Schweiz und in Frankreich seit dem 19. Jh., in: Michael Kloepfer (Hrsg.): Schübe des Umweltbewußtseins und der Umweltrechtsentwicklung, Bonn 1995, S. 32 f.

6 Schon vor langer Zeit klagte mir ein Reaktortechniker – hoffentlich übertreibend –, mittlerweile gebe es an die 10 000 Reaktorsicherheitsvorschriften; auch beim besten Willen könne niemand diese auch nur annähernd im Kopf haben geschweige denn ständig befolgen.

7 Rudolf Steinberg: Symbolische Umweltpolitik unter besonderer Berücksichtigung der Beschleunigungsgesetzgebung, in: Bernd Hansjürgens/Gertrude Lübbe-Wolff (Hrsg.): Symbolische Umweltpolitik, Frankfurt 2000, S. 78.

8 Henry Makowski: Nationalparke in Deutschland: Schatzkammern der Natur – Kampfplätze des Naturschutzes, Neumünster 1997, S. 35.

9 Im Palmer House Hilton, dem berühmtesten Hotel von Chicago, wird die für Rauchen auf dem Hotelzimmer erhobene Strafgebühr von 200 Dollar als «environmental charge» bezeichnet!

10 Das gilt etwa für staatlich subventionierte Holzkraftwerke, die auf Holzpellets aus Kanada angewiesen sind: dem Chefredakteur des Holz-Zentralblatts, Josef Krauhausen, zufolge (12. 5. 2010 an Verf.) ein «Irrsinn der Energiepolitik». Ähnliches gilt Lutz Ribbe zufolge (am 3. 12. 2010 mündlich zum Verf.) für eine mit Subventionen – unter der Devise «Bio-Treibstoff» und mit kräftiger Nachhilfe der Agrarlobby – vorangetriebene Expansion des Maisanbaus, obwohl sich mit Solaranlagen das gleiche Energiequantum auf einer weit geringeren Fläche erzielen lasse.

11 Wolfgang Haber an Verf., 29. 11. 2010: Kürzlich habe die Internationale Biodiversitätskonferenz in Nagoya die Erweiterung der Fläche der Naturschutzgebiete auf 17 % der Landfläche der Erde beschlossen. (Lutz Ribbe dazu: Mit den 17 % sei die EU als Norm genommen worden, wo der Anteil der Schutzgebiete mittlerweile diesen Prozentsatz erreicht hat.) Diese Erweiterung sei «in ihren Folgen gar nicht überdacht worden». «Die Folge ist, dass bei weiter steigender globaler Bevölkerungszunahme und steigenden Ansprüchen auf anderen Flächen, also außerhalb der Schutzgebiete, um so intensiver Nahrung und Biomasse produziert werden muss – aber die (westliche) Umweltbewegung lehnt ja gerade eine solche Intensivierung ab und will eine Landnutzung ohne Mineraldünger, ohne Pestizide und erst recht ohne Gentechnik! Das kann einfach nicht gutgehen.»

12 Mieke Roscher: Ein Königreich für Tiere. Die Geschichte der britischen Tierrechtsbewegung, Marburg 2009, S. 87.

Postskript: Ökologische Kommunikation konkret

1 Jürgen Kremb: «Vom Dschungel verschlungen», in: «Der Spiegel» 3/2001, S. 128.

2 Am 1. 7. 1994 erschien in der «Neuen Westfälischen» nur eine kurze Notiz («Gorilla-Forscher erhängt aufgefunden»), erst 14 Jahre darauf endlich ein längerer Artikel (Nicole Hille-Priebe: «Tödliche Affenliebe – Bielefelder Gorilla-Forscher Klaus-Jürgen Sucker starb unter mysteriösen Umständen im Regenwald»). Dass er dort auch fragwürdigen Praktiken von Tropenholz-Unternehmen nachgegangen war, blieb unerwähnt.

3 Joachim Radkau/Frank Uekötter (Hrsg.): Naturschutz und Nationalsozialismus, Frankfurt 2003.

4 Robert Gottlieb: Forcing the Spring. The Transformation of the American Environmental Movement, Washington 1993, S. 318.

5 Rainer Pfannkuchen: Naturschutz in Dresden, in: Dresdner Hefte 67 (Von der Natur der Stadt – Lebensraum Dresden), Dresden 2001, S. 75.

6 Vgl. auch Mario Diani und Francesca Forno über Italien: «environmental protest was by no means restricted to specifically environmental actors; other actors also played a far from marginal, and largely autonomous, role.» In: Christopher Rootes (Hrsg.): Environmental Protest in Western Europe, Oxford 2003, S. 152. Auf der anderen Seite ist politische Macht von Grünen nicht stets gleichbedeutend mit effektivem Umweltschutz. Wie mir gegenüber vor zwanzig Jahren ein italienischer Umweltschützer mit sarkastischem Lächeln bemerkte: «In Mailand haben wir keine Kläranlage, dafür aber eine rotgrüne Stadtregierung.»

7 Timothy F. Flannery: The fate of empire in low- and high-energy ecosystems, in: Tom Griffith/Libby Robbin (Hrsg.): Ecology and Empire: Environmental History of Settler Societies, Seattle 1997, S. 58.

8 David R. Foster u. a.: Wildlands and Woodlands – A Vision for the New England Landscape, Petersham/Mass. 2010.
9 Laut Mike Davis: City of Quartz – Excavating the Future in Los Angeles, Neuausgabe New York 2006, S. 204, ein «California neologism of the 1980s».
10 Ganz in diesem Sinne und gegen den geringschätzigen Unterton von «NIMBY» auch der langjährige Umweltkorrespondent der «New York Times», Philip Shabecoff: A Fierce Green Fire. The American Environmental Movement, New York 1993, S. 237: «NIMBY is the authentic voice of people stating in no uncertain terms that they do not want the assault on their air, water, and soil to continue.»
11 Vgl. Reinhard Piechocki/Norbert Wiersbinski (Bearb.): Heimat und Naturschutz. Die Vilmer Thesen und ihre Kritiker, Bonn (Bundesamt für Naturschutz) 2007.
12 Peter Weingart/Anita Engels/Petra Pensegrau: Von der Hypothese zur Katastrophe. Der anthropogene Klimawandel im Diskurs zwischen Wissenschaft, Politik und Massenmedien, 2. Aufl. Opladen 2008.

BILDNACHWEIS

Seite 119: Underwood & Underwood/Corbis
Seite 144: Christopher Felber/Corbis
Seite 145: ullstein bild – Granger Collection
Seite 267: ullstein bild – Ludz
Seite 271: Reuters/Str Old
Seite 273: picture-alliance/dpa
Seite 285: ullstein bild – Schulze-Vorberg
Seite 292: ullstein bild – SIPA
Seite 295: Kevin Fleming/Corbis
Seite 297: Camp Denali
Seite 303: Bob Gomel/Time Life Pictures/Getty Images
Seite 309: ullstein bild – AP
Seite 312: ullstein bild – AP
Seite 319: Craig Golding/Getty Images
Seite 320: picture-alliance/dpa/dpaweb
Seite 325: picture-alliance/dpa
Seite 330: Mario Ambrosius, Tokyo
Seite 335: ullstein bild – Meller Marcovicz
Seite 421: picture-alliance/dpa
Seite 431: The Daily of the University of Washington/Archives
Seite 437: epd-bild/Rainer Hörig

PERSONENREGISTER